Kurt Boesch/Vanessa Duss Jacobi/Daniel Hunkeler/Pierre-Yves Marro
Felix C. Meier-Dieterle/Helen Renggli/Zeno Schönmann

KLAGEN UND RECHTSBEHELFE IM SCHULDBETREIBUNGS- UND KONKURSRECHT

Kurt Boesch/Vanessa Duss Jacobi/Daniel Hunkeler/Pierre-Yves Marro
Felix C. Meier-Dieterle/Helen Renggli/Zeno Schönmann

KLAGEN UND RECHTSBEHELFE IM SCHULDBETREIBUNGS- UND KONKURSRECHT

Einleitungsverfahren
Pfändung
Pfandverwertung
Konkursbetreibung
Sicherungsmittel
Sanierungsrecht

Helbing Lichtenhahn Verlag

Bibliographische Information der Deutschen Nationalbibliothek

Die Deutsche Nationalbibliothek verzeichnet diese Publikation in der Deutschen Nationalbibliographie; detaillierte bibliographische Daten sind im Internet unter http://dnb.d-nb.de abrufbar.

ISBN 978-3-7190-3918-9

www.helbing.ch

VORWORT

Das Prozessrecht dient der Durchsetzung des materiellen Rechts. Es regelt die prozessuale Geltendmachung von Rechten, die ihrer Verwirklichung dient.

Die verschiedenen Gestaltungsformen sind jeweils auf die einzelnen Rechtsgebiete zugeschnitten und keineswegs einheitlich. Aufgrund der zunehmenden Spezialisierung des materiellen und des prozessualen Rechts sind die jeweiligen Besonderheiten zudem nur schwer zu überblicken. Verzögerungen in der Rechtsdurchsetzung sind häufig auf Schwierigkeiten zurückzuführen, Klagen, Rechtsbehelfe, Anträge usw. den materiellen wie auch prozessualen Voraussetzungen entsprechend auszugestalten und zu formulieren.

Das vorliegende Werk ist ein Praktikerbuch, das nicht nur die Begehren selbst, sondern alle wichtigen prozeduralen Fragen im selben Zusammenhang aufgreift und beantwortet. Es richtet sich an alle, die auf prozessualem Weg die Verwirklichung des materiellen Rechts anstreben, m.a.W. einen Parteistandpunkt mit Hilfe von Gerichten oder Behörden durchsetzen wollen. Es soll dabei helfen, auch in nicht oder weniger vertrauten Rechtsmaterien sachgerecht Prozesse führen zu können. Es wendet sich namentlich an Prozesspraktiker, Personen, die ihre ersten Schritte im anwaltlichen Arbeitsalltag wagen, sowie an Anwaltsprüfungskandidaten. Ferner soll es auch als Nachschlagewerk für praktizierende Juristinnen und Juristen dienen.

Das vorliegende Werk erörtert die verfahrensrechtlichen Fragen zu den wichtigsten Behelfen des schweizerischen Schuldbetreibungs- und Konkursrechts. In ihm finden die Leser Hilfestellung für die tägliche Arbeit in Form von Vorschlägen zur Formulierung und Gestaltung von Begehren, Gesuchen, Klagen und Beschwerden. Zur effizienteren Nutzung haben wir die inhaltliche Gliederung bei den einzelnen Behelfen soweit möglich einheitlich gestaltet und im Anschluss an die Ausführungen jeweils eine tabellarische Zusammenfassung angefügt.

Danken möchten wir an dieser Stelle MLaw Dominic Buttliger, auf dessen Vorarbeiten zu den Einleitungskapiteln (§ 1–3) wir uns stützen und auf dessen Übersichtsschemen sowie einigen weiteren Teilen wir aufbauen durften. Ebenfalls zu Dank verpflichtet sind wir allen Personen, die seitens des Verlags mitgewirkt haben, vorab dem ehemaligen Verlagsleiter Men Haupt und unserer Lektorin, MLaw Stephanie Giese, für die Begleitung und sorgfältige Betreuung dieses Werks.

Die Autoren

INHALTSÜBERSICHT

INHALTSVERZEICHNIS

LITERATURVERZEICHNIS

AMONN, KURT/WALTHER, FRIDOLIN
Grundriss des Schuldbetreibungs- und Konkursrechts, 9. Aufl., Bern 2013
(zit. AMONN/WALTHER)

BAUMANN, WERNER
Die Konkurseröffnung nach dem Bundesgesetz über Schuldbetreibung und Konkurs, Diss. Zürich 1979
(zit. BAUMANN)

BK-BEARBEITER/-IN
Berner Kommentar zum Schweizerischen Privatrecht, Bern ab 1910, unterschiedliche Auflagen, die Nachweise beziehen sich grundsätzlich auf die laufende Auflage

BK-HAUSHEER/REUSSER/GEISER
Berner Kommentar, Kommentar zum schweizerischen Privatrecht, hrsg. von Arthur Meier-Hayoz, Bd. II, Das Familienrecht, 1. Abteilung, 3. Teilband, 1. Unterteilband, Bern 1992

BOESCH, KURT/GÜNGERICH, ANDREAS/STRITTMATTER, RETO
Tafeln zur Schweizerischen Zivilprozessordnung, Basel 2015
(zit. BOESCH/GÜNGERICH/STRITTMATTER)

BOHNET, FRANÇOIS
Actions civiles, Conditions et conclusions, Commentaire Pratique, Basel 2014
(zit. CPra Actions-BOHNET)

BRUNNER, ALEXANDER/GASSER, DOMINIK/SCHWANDER, IVO (Hrsg.)
Schweizerische Zivilprozessordnung (ZPO): Kommentar, Zürich/St.Gallen 2011
(zit. Brunner/Gasser/Schwander-BEARBEITER/-IN)

BRUNNER, ALEXANDER/REUTTER, MARK A.
Kollokations- und Widerspruchsklagen nach SchKG, Eine Einführung und Übersicht für die Praxis, 2. Aufl. Bern 2002
(zit. BRUNNER/REUTTER)

BSK BGG-BEARBEITER/-IN
Marcel Alexander Niggli/Peter Uebersax/Hans Wiprächtiger (Hrsg.), Basler Kommentar Bundesgerichtsgesetz, 2. Aufl., Basel 2011

BSK OR I-BEARBEITER/-IN
Heinrich Honsell/Nedim Peter Vogt/Wolfgang Wiegand (Hrsg.), Basler Kommentar Obligationenrecht I, Art. 1–529, 6. Aufl., Basel 2015

BSK OR II-BEARBEITER/-IN
Heinrich Honsell/Nedim Peter Vogt/Rolf Watter (Hrsg.), Basler Kommentar Obligationenrecht II, Art. 530–964 inkl. Schlussbestimmungen, 5. Aufl., Basel 2016

BSK LugÜ-BEARBEITER/-IN
Christian Oetiker/Thomas Weibel (Hrsg.) Basler Kommentar Lugano-Übereinkommen, 2. Aufl., Basel 2016

BSK SchKG I/II-BEARBEITER/-IN
Adrian Staehelin/Thomas Bauer/Daniel Staehelin (Hrsg.), Basler Kommentar zum Bundesgesetz über Schuldbetreibung und Konkurs, Art. 1–158, 2. Aufl., Basel 2010

BSK SchKG EB-BEARBEITER
Thomas Bauer/Daniel Staehelin, Basler Kommentar zum Bundesgesetz über Schuldbetreibung und Konkurs, Ergänzungsband zur 2. Aufl., Basel 2017

BSK ZGB I-BEARBEITER/-IN
Heinrich Honsell/Nedim Peter Vogt/Thomas Geiser (Hrsg.), Basler Kommentar Zivilgesetzbuch I, Art. 1–456, 5. Aufl., Basel 2014

BSK ZGB II-BEARBEITER/-IN
Heinrich Honsell/Nedim Peter Vogt/Thomas Geiser (Hrsg.), Basler Kommentar Zivilgesetzbuch II, Art. 457–977, Art. 1–61 SchlT ZGB, 5. Aufl., Basel 2015

BSK ZPO-BEARBEITER/-IN
Karl Spühler/Luca Tenchio/Dominik Infanger (Hrsg.), Basler Kommentar Schweizerische Zivilprozessordnung, 3. Aufl., Basel 2017

BUCHER, ANDREAS
Natürliche Personen und Persönlichkeitsschutz, 4. Aufl., Basel 2009
(zit. BUCHER)

CHK-BEARBEITER/-IN
Marc Amstutz/Peter Breitschmid/Andreas Furrer/Daniel Girsberger/Claire Huguenin/Markus Müller-Chen/Vito Roberto/Alexandra Rumo-Jungo/Anton K. Schnyder (Hrsg.), Handkommentar zum Schweizer Privatrecht, 3. Aufl., Zürich 2016

CR LP-BEARBEITER/-IN
Louis Dallèves/Bénédict Foëx/Nicolas Jeandin (Hrsg.), Commentaire Romand Poursuite et faillite, Basel 2005

DOLGE, ANNETTE
Internationale Zuständigkeit für zwangsvollstreckungsrechtliche Klagen nach dem revidierten Lugano-Übereinkommen, Zürich 2009
(zit. DOLGE)

GASSER, DOMINIK/RICKLI, BRIGITTE
Schweizerische Zivilprozessordnung, 2. Aufl., Zürich 2014
(zit. GASSER/RICKLI)

GEHRI, MYRIAM A. /JENT-SØRENSEN, INGRID/SARBACH, MARTIN
Kommentar Schweizerische Zivilprozessordnung, 2. Aufl., Zürich 2015
(zit. GEHRI/JENT-SØRENSEN/SARBACH)

GILLIÉRON, PIERRE-ROBERT
Commentaire de la loi féderal sur la poursuite pour dettes et la faillite, Partie speciale, Art. 159–270, Lausanne/Basel 2001
(zit. GILLIÉRON, Commentaire)

GILLIÉRON, PIERRE-ROBERT
Poursuilte pour dettes, faillite et concordat, 5. Aufl., Basel 2012
(zit. GILLIÉRON)

GIROUD, ROGER
Nachschusspflicht des Aktionärs, in: Anna Böhme/Fabian Gähwiler/Fabiana Theus Simoni/Ivo Zuberbühler (Hrsg.), Ohne jegliche Haftung – Festschrift für Willi Fischer – Beiträge zum Schweizerischen Haftpflicht- und Schuldrecht, Zürich 2016, 181 ff. *(zit. Giroud)*

GUT, BEAT/RAJOWER, FELIX/SONNENMOSER, BRIGITTA
Rechtsvorschlag mangels neuen Vermögens unter besonderer Berücksichtigung der zürcherischen Praxis, in: AJP 1998, 529 ff.
(zit. GUT/RAJOWER/SONNENMOSER, AJP 1998)

HAFTER, PETER
Strategie und Technik des Zivilprozesses, Einführung in die Kunst des Prozessierens, 2. Aufl., Zürich/Basel/Genf 2011
(zit. HAFTER)

HAUSHEER, HEINZ/WALTER, HANS PETER (Hrsg.)
Berner Kommentar, Kommentar Schweizerische Zivilprozessordnung (ZPO), Bd. II., Bern 2012
(zit. BK ZPO II-BEARBEITER/IN)

HUNKELER, DANIEL
Das Nachlassverfahren nach revidiertem SchKG, Diss. Freiburg 1996
(zit. HUNKELER)

JAEGER, CARL/WALDER, HANS ULRICH/KULL, THOMAS M./KOTTMANN, MARTIN
Bundesgesetz über Schuldbetreibung und Konkurs, 4. Aufl., Zürich, 1997/99
(zit. JAEGER/WALDER/KULL/KOTTMANN)

KRAMPF, MICHAEL
«Kein neues Vermögen» die Praxis zum Rechtsvorschlag, plädoyer 6/2013, 72 ff.
(zit. KRAMPF, plädoyer 2013)

KREN KOSTKIEWICZ, JOLANTA
Schuldbetreibungs- und Konkursrecht, 2. Aufl., 2014 Zürich
(zit. KREN KOSTKIEWICZ)

KREN KOSTKIEWICZ, JOLANTA
Kommentar IPRG/LugÜ, Zürich 2015
(zit. OFK IPRG/LugÜ-KREN KOSTKIEWICZ)

KREN KOSTKIEWICZ, JOLANTA
SchKG Kommentar, Schuldbetreibungs- und Konkursgesetz mit weiteren Erlassen und Bundesgerichtspraxis, 19. Aufl., Zürich 2015
(zit. OFK SchKG-KREN KOSTKIEWICZ)

KREN KOSTKIEWICZ, JOLANTA/WALDER, HANS ULRICH
SchKG Kommentar, Schuldbetreibungs- und Konkursgesetz mit weiteren Erlassen und Bundesgerichtspraxis, 18. Aufl., 2012
(zit. OFK-SchKG-KREN KOSTKIEWICZ/WALDER)

KUKO OR-BEARBEITER/-IN
Heinrich Honsell (Hrsg.), Kurzkommentar OR, Basel 2014

KUKO SchKG-BEARBEITER/-IN
Daniel Hunkeler (Hrsg.), Kurzkommentar SchKG, 2. Aufl., Basel 2014

KUKO ZGB-BEARBEITER/-IN
Andrea Büchler/Dominique Jacob (Hrsg.), Kurzkommentar ZGB, 2. Aufl., Basel 2017

KUKO ZPO-BEARBEITER/-IN
Paul Oberhammer/Tanja Domej/Ulrich Haas (Hrsg.), Kurzkommentar ZPO, 2. Aufl., Basel 2013

KUMMER, MAX
Grundriss des Zivilprozessrechts nach den Prozessordnungen des Kantons Bern und des Bundes, 4. Aufl., Bern 1984
(zit. KUMMER)

LEUENBERGER, CHRISTOPH/UFFER-TOBLER, BÉATRICE
Schweizerisches Zivilprozessrecht, 2. Aufl., Bern 2016
(zit. LEUENBERGER/UFFER-TOBLER)

LORANDI, FRANCO
Blätter für Schuldbetreibung und Konkurs (BlSchK), 2015
(zit. LORANDI)

MABILLARD, ROMAN
Rechtsschutz in klaren Fällen und Rechtsöffnung, SZZP 2011, 435 ff.
(*zit. MABILLARD, SZZP 2011*)

MARKUS, ALEXANDER R.
Internationales Zivilprozessrecht, Bern 2014
(zit. MARKUS)

MEIER, ISAAK
Internationales Zivilprozessrecht und Zwangsvollstreckungsrecht, Zürich 2005
(zit. MEIER)

MEIER, PHILIPPE/STETTLER, MARTIN
Droit de la filiation, 5. Aufl., Zürich 2014
(zit. MEIER/STETTLER)

Milani/Wohlgemuth-BEARBEITER/-IN
Dominik Milani/Marc Wohlgemuth (Hrsg.), Verordnung über die Geschäftsführung der Konkursämter (KOV), Kommentar, Zürich/St.Gallen 2016

OFK ZPO-BEARBEITER/-IN,
MYRIAM A. GEHRI/INGRID JENT-SØRENSEN/MARTIN SARBACH
Kommentar Schweizerische Zivilprozessordnung, 2. Aufl., Zürich 2015

Schnyder-BEARBEITER/IN
Anton K. Schnyder (Hrsg.), Lugano-Übereinkommen (LugÜ) zum internationalen Zivilverfahrensrecht, Kommentar, Zürich 2011

SCHUBARTH, MARTIN/ALBRECHT, PETER
Kommentar zum Schweizerischen Strafrecht, Bd. 2, Zürich 1990
(zit. SCHUBARTH/ALBRECHT)

SHK LugÜ-BEARBEITER/-IN
Felix Dasser/Paul Oberhammer (Hrsg.), Lugano-Übereinkommen (LugÜ), Übereinkommen über die gerichtliche Zuständigkeit und die Anerkennung und die Vollstreckung von Entscheiden in Zivil- und Handelssachen vom 30. Oktober 2007, Stämpflis Handkommentar, 2. Aufl., Bern 2011

SPR
Schweizerisches Privatrecht, Basel/Stuttgart-Freiburg ab 1967, unterschiedliche Auflagen

SPRECHER, THOMAS
Der Gläubigerausschuss im schweizerischen Konkursverfahren und im Nachlassverfahren mit Vermögensabtretung, Diss. Zürich/Basel/Genf 2003
(zit. SPRECHER)

SPÜHLER, KARL
Schuldbetreibungs- und Konkursrecht I, 7. Aufl., Zürich 2016
(zit. SPÜHLER, SchKG I)

SPÜHLER, KARL/DOLGE, ANNETTE
Schuldbetreibungs- und Konkursrecht II, Konkurs- und Nachlassrecht sowie Grundzüge des internationalen Konkursrechts, 6. Aufl., Zürich 2014
(zit. SPÜHLER/DOLGE)

SPÜHLER, KARL/DOLGE, ANNETTE/GEHRI, MIRJAM A.
Schweizerisches Zivilprozessrecht und Grundzüge des internationalen Zivilprozessrechts, 9. Aufl., Bern 2011
(zit. SPÜHLER/DOLGE/GEHRI)

STAEHELIN, ADRIAN/STAEHELIN, DANIEL/GROLIMUND PASCAL
Zivilprozessrecht, unter Einbezug des Anwaltsrechts und des internationalen Zivilprozessrechts, 2. Aufl., Zürich 2013
(zit. STAEHELIN/STAEHELIN/GROLIMUND)

STAEHELIN, DANIEL
Die internationale Zuständigkeit der Schweiz im Schuldbetreibungs- und Konkursrecht, AJP 1995, 259 ff.
(zit. STAEHELIN, AJP 1995)

STRATENWERTH, GÜNTER/JENNY, GUIDO/BOMMER, FELIX
Schweizerisches Strafrecht, Besonderer Teil I: Straftaten gegen Individualinteressen, 7. Aufl., Bern 2010

STÜCHELI, PETER
Die Rechtsöffnung, Zürich 2000
(zit. STÜCHELI)

SUTTER-SOMM, THOMAS
Schweizerisches Zivilprozessrecht, 2. Aufl., Zürich 2012
(zit. SUTTER-SOMM)

SUTTER-SOMM, THOMAS/HASENBÖHLER, FRANZ/LEUENBERGER, CHRSITOPH (Hrsg.)
Kommentar zur Schweizerischen Zivilprozessordnung (ZPO), 3. Aufl., Zürich 2016
(zit. Sutter-Somm/Hasenböhler/Leuenberger-BEARBEITER/-IN)

TRECHSEL, STEFAN/PIETH, MARK (Hrsg.)
Schweizerisches Strafgesetzbuch Praxiskommentar, 3. Aufl., Zürich 2017

TUOR, PETER/SCHNYDER, BERNHARD/SCHMID, JÖRG/RUMO, ALEXANDRA
Das Schweizerische Zivilgesetzbuch, 14. Aufl., Zürich 2015
(zit. TUOR/SCHNYDER/SCHMID/RUMO)

VANDERBROEK, JOS G. L./HUNKELER DANIEL
Übertragene Sanierung unter neuem Sanierungsrecht: Erste Erfahrungen mit «Prepacks», in: SJZ 2017, 389 ff.
(zit. VANDEBROEK/HUNKELER, SJZ 2017)

VOCK, DOMINIK/MÜLLER, DANIÈLE
SchKG-Klagen nach der Schweizerischen ZPO, Zürich 2012
(zit. VOCK/MÜLLER)

WATTER, ROLF
Die Treuhand im Schweizer Recht, ZSR 1995 II, 223 ff.
(zit. WATTER, ZSR 1995 II)

WUFFLI, DANIEL
Aktuelles zur Insolvenzerklärung nach Art. 191 SchKG – Gesetzeswidrige Praxisverschärfung oder Sturm im Wasserglas?, in: AJP 2016, 1531 ff.
(zit. WUFFLI, AJP 2016)

WUFFLI, DANIEL
Vorsicht, Feiertage!, in: Jusletter 24. April 2017
(zit. WUFFLI, Jusletter)

ZK-BEARBEITER/-IN
Zürcher Kommentar zum Schweizerischen Zivilgesetzbuch, Zürich ab 1909, unterschiedliche Auflagen

MATERIALIEN

Botschaft zum Bundesbeschluss über die Genehmigung und die Umsetzung des revidierten Übereinkommens von Lugano über die gerichtliche Zuständigkeit, die Anerkennung und die Vollstreckung gerichtlicher Entscheidungen in Zivil- und Handelssachen vom 18. Februar 2009, BBl 2009 1777 ff. (zit. Botschaft LugÜ)

Botschaft zur Schweizerischen Zivilprozessordnung (ZPO) vom 28. Juni 2006, BBl 2006 7221 ff. (zit. Botschaft ZPO)

Botschaft über die Änderung des Bundesgesetzes über Schuldbetreibung und Konkurs (SchKG) vom 8. Mai 1991, BBl 1991 III 1 (zit. Botschaft SchKG 1991)

ABKÜRZUNGSVERZEICHNIS

a.A.	am Anfang/anderer Ansicht
AB	Aufsichtsbehörde [gefolgt von der amtlichen Abkürzung des Kantons]
Abs.	Absatz
a.E.	am Ende
AG	Aktiengesellschaft; Kanton Aargau; Ausführungsgesetz
AI	Kanton Appenzell-Innerrhoden
allf.	allfällig(e)
a.M.	anderer Meinung
AR	Kanton Appenzell-Ausserrhoden
arg.	argumentum
Art.	Artikel
Aufl.	Auflage
BA	Betreibungsamt
BankG	Bundesgesetz über die Banken und Sparkassen vom 8. November 1934 (SR 952.0)
BBl	Bundesblatt
BE	Kanton Bern
betr.	betrefffend
BezGer	Bezirksgericht [gefolgt von der amtlichen Abkürzung des Kantons]
BGBB	Bundesgesetz über das bäuerliche Bodenrecht vom 4. Oktober 1991 (SR 211.412.11)
BGE	Entscheidungen des Schweizerischen Bundesgerichts. Amtliche Sammlung, Lausanne
BGer	Bundesgericht
BGG	Bundesgesetz über das Bundesgericht vom 17. Juni 2005 (Bundesgerichtsgesetz, SR 173.110)
bGS/BGS	Systematische Gesetzessammlung des Kantons Appenzell Ausserrhoden, des Kantons Solothurn resp. des Kantons Zug
BK	Berner Kommentar (vgl. Literaturverzeichnis)
BL	Kanton Basel-Landschaft
BlSchK	Blätter für Schuldbetreibung und Konkurs (Wädenswil)
BR	Systematische Gesetzessammlung des Kantons Graubünden
BS	Kanton Basel-Stadt
BSG	Bernische Systematische Gesetzessammlung

bspw.	beispielsweise
BSK	Basler Kommentar (vgl. Literaturverzeichnis)
BV	Bundesverfassung der Schweizerischen Eidgenossenschaft vom 18. April 1999 (SR 101)
bzgl.	bezüglich
bzw.	beziehungsweise
CAN	Zeitschrift für die kantonale Rechtsprechung (Zürich)
CC	Code Civil s. ZGB
CHF	Schweizer Franken
CPC	Code Procedure Civil resp. codice di diritto processuale civile s. ZPO
def.	definitiv
dgl.	dergleichen
d.h.	das heisst
E.	Erwägung(en)
EG	(kant.) Einführungsgesetz
EG ZSJ	Einführungsgesetz zur Zivilprozessordnung, zur Strafprozessordnung und zur Jugendstrafprozessordnung des Kanton Berns
Einl.	Einleitung
EV	(kant.) Einführungsverordnung
ev.	eventualiter
evtl.	eventuell
f.	folgende (Seite, Note usw.)
ff.	folgende (Seiten, Noten usw.)
Fn.	Fussnote
FR	Kanton Freiburg
GDB	Systematische Gesetzessammlung des Kantons Obwalden
GE	Kanton Genf
GebV SchKG	Gebührensverordung zum Bundesgesetz über Schuldbetreibung und Konkurs vom 23. September 1996 (SR 281.35)
gem.	gemäss
GerG	(kant.) Gerichtsgesetz
GestG	Bundesgesetz über den Gerichtsstand in Zivilsachen vom 24. März 2000 (Gerichtsstandsgesetz; aufgehoben)
ggf.	gegebenenfalls
GL	Kanton Glarus
gl.M.	gleicher Meinung
GO	(kant.) Gerichtsordnung
GOD	(kant.) Gerichtsorganisationsdekret
GOG	(kant.) Gerichtsorganisationsgesetz
GS	Systematische Gesetzessammlung des Kantons Glarus

GSOG	Gesetz über die Organisation der Gerichtsbehörden und der Staatsanwaltschaft des Kantons Bern
GR	Kanton Graubünden
grds.	grundsätzlich
HGer	Handelsgericht [gefolgt von der amtlichen Abkürzung des Kantons]
h.L.	herrschende Lehre
h.M.	herrschende Meinung
Hrsg.	Herausgeber, Herausgeberin
i.A.	im Auftrag
i.d.R.	in der Regel
i.e.S	im engeren Sinn
i.f.	in fine
insb.	insbesondere
IPRG	Bundesgesetz über das internationale Privatrecht vom 18. Dezember 1987 (SR 291)
i.S.v.	im Sinne von
i.V.m.	in Verbindung mit
i.w.S.	im weiteren Sinn
JdT	Journal de Tribunaux (Lausanne)
JG	(kant.) Justizgesetz
JR	(kant.) Justizreglement
JU	Kanton Jura
KAG	Bundesgesetz über die kollektiven Kapitalanlagen vom 23. Juni 2006 (SR 951.31)
KGer	Kantonsgericht [gefolgt von der amtlichen Abkürzung des Kantons]
La	Loi d'application resp. legge di applicazione s. AG
LaCC	Loi d'application du code civil suisse et d'autres lois fédérales en matière civile
LEF	Legge federale sulla esecuzione e sul fallimento s. SchKG
LGVE	Luzerner Gerichts- und Verwaltungsentscheide
Li	Loi portant introduction s. EG
LiCPC	Loi d'introduction du Code de procédure civile suisse s. ZPO
lit.	litera(e) (= Buchstabe(n))
LOJ	(kant.) Loi sur l'organisation judiciaire
LP	Loi fédérale sur la poursuite pour dettes et la faillite s. SchKG
LPG	Bundesgesetz über die landwirtschaftliche Pacht vom 4. Oktober 1985 (SR 221.213.2)
LS	Loseblattsammlung des Kantons Zürich
LU	Kanton Luzern

LugÜ	Übereinkommen über die gerichtliche Zuständigkeit und die Anerkennung und Vollstreckung von Entscheidungen in Zivil- und Handelssachen vom 30. Oktober 2007 (*Lugano-Übereinkommen*; SR 0.275.12)
LVLP	Loi d'application dans le Canton de Vaud de la loi fédérale sur la poursuite pour dettes et la faillite
m.a.W.	mit anderen Worten
max.	maximal
m.E.	meines Erachtens
m.H./m.w.H.	mit (weiteren) Hinweisen
m.V./m.w.V.	mit (weiteren) Verweisen
m.w.N.	mit weiteren Nachweisen
MWSt	Mehrwertsteuer
N	Note
NE	Kanton Neuenburg
NG	Nidwaldner Gesetzessammlung
Nr.	Nummer
NW	Kanton Nidwalden
NYÜ	Übereinkommen über die Anerkennung und Vollstreckung ausländischer Schiedssprüche (SR 0.277.12)
o.Ä.	oder Ähnliches
OGer	Obergericht [gefolgt von der amtlichen Abkürzung des Kantons]
OJN	Loi d'organisation judiciaire neuchâteloise
OR	Bundesgesetz betreffend die Ergänzung des Schweizerischen Zivilgesetzbuches vom 30. März 1911 (Fünfter Teil: Obligationenrecht; SR 220)
OW	Kanton Obwalden
PartG	Bundesgesetz über die eingetragene Partnerschaft gleichgeschlechtlicher Paare vom 18. Juni 2004 (Partnerschaftsgesetz; SR 211.231)
prov.	provisorisch
resp.	respektive
RB	Rechtsbuch des Kantons Thurgau resp. des Kantons Uri
RBOG	Rechenschaftsbericht des Obergerichts des Kantons Thurgau
RL TI	Raccolta delle leggi vigenti del Cantone Ticino
RPflG	(kant.) Rechtspflegegesetz
RSG	Recueil systématique genevois
RSJU	Recueil systématique jurassien
RSN	Recueil systématique de la législation neuchâteloise
Rspr.	Rechtsprechung
RSV	Recueil systématique de la législation vaudoise
Rz.	Randziffer
s.	siehe
SAR	Systematische Sammlung des Aargauischen Rechts

SchKG	Bundesgesetz über Schuldbetreibung und Konkurs vom 11. April 1889 (SR 281.1)
SchKK	Schuldbetreibungs- und Konkurskommission
SchlT	Schlusstitel
SFG	Systematische Gesetzessammlung des Kantons Freiburg
SG	Kanton St. Gallen; Systematische Gesetzessammlung des Kantons Basel-Stadt
SGS/sGS	Systematische Gesetzessammlung des Kantons Baselland, des Kantons Wallis resp. St. Gallen
SH	Kanton Schaffhausen
SHAB	Schweizerisches Handelsamtsblatt
SHR	Rechtsbuch Kanton Schaffhausen
SO	Kanton Solothurn
sog.	sogenannt(e/s)
SPR	Schweizerisches Privatrecht (vgl. Literaturverzeichnis)
SR	Systematische Sammlung des Bundesrechts, Bern
SRL	Systematische Rechtssammlung des Kantons Luzern
SRSZ	Systematische Rechtssammlung des Kantons Schwyz
StGB	Schweizerisches Strafgesetzbuch vom 21. Dezember 1937 (SR 311.0)
syst.	systematisch
SZ	Kanton Schwyz
TG	Kanton Thurgau
TI	Kanton Tessin
u.	und
u.a.	unter anderen/-m
u.ä.	und ähnliche/-s
u.E.	unseres Erachtens
u./o.	und/oder
UR	Kanton Uri
u.U.	unter Umständen
v.A.w.	von Amtes wegen
VD	Kanton Waadt
vgl.	vergleiche
VOB	Verordnung des Regierungsrates über die Organisation der Betreibungsämter des Kantons Thurgau
Vor	Vorbemerkung/en
vorsorgl.	vorsorglich/-e/-s
VPAV	Verordnung betreffend die Pfändung, Arrestierung und Verwertung von Versicherungsansprüchen nach dem Bundesgesetz vom 2. April 1908 über den Versicherungsvertrag (SR 281.51)
VS	Kanton Wallis

VwVG	Bundesgesetz über das Verwaltungsverfahren vom 20. Dezember 1968 (SR 172.021)
VZG	Verordnung des Bundesgerichts über die Zwangsverwertung von Grundstücken vom 23. April 1920 (SR 281.42)
z.B.	zum Beispiel
ZG	Kanton Zug
ZGB	Schweizerisches Zivilgesetzbuch vom 10. Dezember 1907 (SR 210)
ZH	Kanton Zürich
Ziff.	Ziffer
ZK	Zürcher Kommentar (vgl. Literaturverzeichnis)
ZPO	Schweizerische Zivilprozessordnung vom 19. Dezember 2008 (*Zivilprozessordnung*; SR 272)
zPv	(Bundesgerichtsentscheid) zur Publikation vorgesehen
ZR	Blätter für Zürcherische Rechtsprechung
ZSRG	Gesetz über die Zivil- und Strafrechtspflege des Kantons Thurgau
ZSRV	Zivil- und Strafrechtspflegeverordnung des Kantons Thurgau
zzgl.	zuzüglich

A. GRUNDLAGEN*

* Die Ausführungen in den § 1–3 gründen auf den Einleitungskapiteln des Werks «Klagen und Rechtsbehelfe im Zivilrecht» der Autoren Pierre-Yves Marro und Vanessa Duss Jacobi, erschienen 2016 beim Helbing Lichtenhahn Verlag.

§1 VORLIEGENDER GEGENSTAND

I. GELTENDMACHUNG VON RECHTEN UND ANSPRÜCHEN

1. ZIVILPROZESSUALES TÄTIGWERDEN

Prozesspraktiker kommen täglich in die Situation, dass sie sich mit einem bestimmten **Antrag an eine Behörde oder ein Gericht** zu wenden haben, um einen Parteistandpunkt durchzusetzen. Dazu ist das richtige Instrument auszuwählen und korrekt einzusetzen. Für den Rechtssuchenden, insbesondere auch seinen anwaltlichen Vertreter, erweist es sich mitunter als herausfordernd, Ansprüche formell und materiell erfolgreich geltend zu machen, ganz abgesehen von beweismässigen und zeitlichen Einschränkungen. 1.1

Je nach Rechtgebiet gibt es zahlreiche Behelfe, um eine Behörde oder ein Gericht anzurufen. Welcher Weg gewählt werden muss, ergibt sich im Idealfall aus dem geschriebenen Recht (Verfassung, Gesetz, Verordnung), seltener aus der Rechtsprechung. Vielfach ist es jedoch Erfahrungssache des Rechtssuchenden bzw. seines anwaltlichen Vertreters, wie im Einzelnen vorzugehen ist. 1.2

Prozessuales Handeln ist vielseitig: Einerseits werden Willenserklärungen und sonstige Betätigungen der Parteien wie Mitteilungen, Behauptungen oder Realakte, die sich unmittelbar auf den Prozess auswirken, als «Prozesshandlungen», «Parteihandlungen» oder «Parteiprozesshandlungen» bezeichnet.[1] Das vorliegende Werk behandelt nicht sämtliche solcher Prozesshandlungen – es würde zu weit führen und hätte ausserdem grösstenteils nur eine beschränkte allgemeingültige Relevanz. 1.3

Andererseits spricht die Zivilprozessordnung in Art. 130 ZPO von «Eingaben». Damit bezeichnet die ZPO indessen ausschliesslich die in schriftlicher oder elektronischer Form vorzubringenden 1.4

1 Sutter-Somm/Hasenböhler/Leuenberger-Staehelin, Art. 130 N 3; s. ferner BK-Frei, Art. 130 ZPO N 4 f.

Äusserungen der Parteien im Verfahren.[2] Dieser Begriff wiederum ist zu eng für den vorliegenden Gegenstand. Denn wir befassen uns auch mit Behelfen, die in anderer Form – insbesondere mündlich – an die Behörden übermittelt werden können.

1.5 Das vorliegende Werk ist den «**Behelfen**» gewidmet. Diese lassen sich grob in die Kategorien Begehren, Gesuche, Klagen und Beschwerden unterteilen; ihrem Wesen nach ziehen sie eine Reaktion der angerufenen Behörde oder des angerufenen Gerichts nach sich.

1.6 Im Einzelnen bietet das vorliegende Werk eine Sammlung der wichtigsten Behelfe im schweizerischen Schuldbetreibungs- und Konkursrecht.

2. ZIVILPROZESS UND VERWALTUNGSVERFAHREN

1.7 Ein **Zivilprozess** ist ein vom Gericht geleitetes, streitiges und kontradiktorisch geführtes Verfahren.[3] Es dient der Geltendmachung und Durchsetzung privater Rechte, in dem sich zwei Parteien (oder Parteimehrheiten) als klagende und beklagte Partei gegenüberstehen.[4] Überdies kann auch eine dritte Person Partei sein (z.B. ein Nebenintervenient).[5]

1.8 Ziel des Zivilprozesses ist die Klärung privatrechtlicher Rechtsbeziehungen zwischen Parteien, die durch Gerichtsurteil autoritativ entschieden wird. Dieser Entscheid ist Voraussetzung für die Durchsetzung des Rechts mit staatlichen Zwangsmitteln, welche die Selbsthilfe ersetzen. Der erzwingbare Anspruch wird durch das Gerichtsurteil vollstreckungsreif, aber erst die Vollstreckung bedeutet Rechtsverwirklichung.[6] Das Schuldbetreibungs- und Konkursverfahren steht mit der Vollstreckung zivilprozessualer Ansprüche in Verbindung. Auf dem Wege der Schuldbetreibung bzw. des Konkurses werden – unter Mitwirkung des Staates – Geldforderungen und Sicherheitsleistungen jeglicher Art eingetrieben. Das Schuldbetreibungs- und Konkursrecht stellt damit einen besonderen Teil des Vollstreckungsrechts dar.[7]

1.9 Die Regelung und Ausgestaltung des Schweizer Zivilprozesses finden sich im Wesentlichen in der ZPO (s. Art. 1 lit. a ZPO). Die ZPO gelangt namentlich auf sämtliche **Gerichtsverfahren im SchKG** zur Anwendung (Art. 1 lit. c ZPO), unabhängig davon, ob der Streit zivilrechtlicher oder betreibungsrechtlicher Natur ist, und unabhängig von der Verfahrensart[8].[9] Des Weiteren ist die

2 BSK ZPO-Gschwend, Art. 130 N 1 und 3.

3 BK-Berger, Art. 1 ZPO N 2.

4 KUKO ZPO-Schott, Art. 1 N 8; Leuenberger/Uffer-Tobler, Rz. 1.22.

5 Spühler/Dolge/Gehri, Kap. 1 Rz. 7.

6 Amonn/Walther, § 1 Rz. 9.

7 Amonn/Walther, § 1 Rz. 12; vgl. zum System der Verfahrensarten die Übersichtstafel in Bösch/Güngerich/Strittmatter, § 12 Rz. 12.1.

8 Dazu unten, Rz. 2.6 ff.

9 Botschaft ZPO, 7258.

ZPO auch auf einseitige Anordnungen der Gerichte anwendbar, wie z.B. die Konkurseinstellung mangels Aktiven oder Ermächtigungen des Nachlassgerichts zur Veräusserung oder Belastung von Anlagevermögen.[10]

Vom Anwendungsbereich der ZPO nicht erfasst sind dagegen die Verfügungen und Entscheide der Vollstreckungsorgane, insbesondere der Betreibungs- und Konkursämter, sowie die betreibungsrechtliche Beschwerde. Sie bleiben eigenständige **Verwaltungsverfahren**.[11] 1.10

II. BEHELFE

1. BEGEHREN

Begehren stellen die einfachste Form der Behelfe dar.[12] Bei ihnen handelt es sich um Willensäusserungen, die am zuständigen Ort vor einer gewissen Behörde, einem Gericht oder gegenüber einer bestimmten Person gemacht werden müssen, damit ein Verfahren beginnt oder einen bestimmten Verlauf nimmt (etwa das Stellen des Betreibungsbegehrens gegenüber dem Betreibungsbeamten [Art. 67 SchKG] oder das Erheben des Rechtsvorschlags [Art. 74 SchKG]). 1.11

Begehren werden häufig in mündlicher Form gestellt. Eine schriftliche Eingabe ist i.d.R. nicht erforderlich. 1.12

2. GESUCHE

Gesuche werden i.d.R. als Eingaben (i.S.v. Art. 130 ZPO, also in Papierform oder elektronisch) beim Gericht oder bei einer Behörde eingereicht. Allerdings können sie in bestimmten Fällen auch mündlich zu Protokoll gegeben werden (vgl. Art. 252 Abs. 2 ZPO). 1.13

Im summarischen Verfahren wird die «Klage» als «Gesuch» bezeichnet (vgl. Art. 252 Abs. 1 ZPO). 1.14

10 Botschaft ZPO, 7258.

11 Botschaft ZPO, 7258. Insbesondere ist es Sache der Kantone, das Beschwerdeverfahren gemäss Art. 17 ff. SchKG zu regeln; VOCK/MÜLLER, 4.

12 Davon zu unterscheiden sind die Rechtsbegehren; hierzu unten, Rz. 2.104 ff.

3. KLAGEN

1.15 Eine Klage ist ein Gesuch um Gewährung von Rechtsschutz. Sie wird an das urteilende Gericht eingereicht und zielt auf die Fällung eines Entscheids ab.[13] Mit der Klageeinreichung[14] wird der Prozess eröffnet und zwischen den Parteien ein prozessrechtliches Verhältnis begründet (Art. 62 Abs. 1 ZPO).

1.16 Eine Klage hat notwendige Bestandteile (s. Art. 221 und Art. 244 ZPO; für das Gesuch im summarischen Verfahren s. Art. 252 ZPO) wie die Bezeichnung der Parteien, die genaue Bezeichnung des Anspruchs als Rechtsbegehren und allfälliger Eventualbegehren, die Bezifferung des Streitwerts (falls möglich), die Angabe einer Begründung[15] und Angaben zu den Beweismitteln in der Rechtsschrift sowie in einem Beweismittelverzeichnis.

1.17 Die Klagen lassen sich regelmässig in Leistungs-, Gestaltungs- und Feststellungsklagen unterteilen:

1.18 **Leistungsklagen** dienen dazu, die beklagte Partei zur Vornahme einer positiven oder negativen Leistung (Art. 84 Abs. 1 ZPO), meistens einer Geldzahlung (oder auch Herausgabe einer Sache, Vornahme einer Handlung, Abgabe einer Willenserklärung), zu veranlassen (positive Leistungsklage) oder eine Unterlassung oder Duldung zu erwirken (negative Leistungsklage).[16]

1.19 Mit einer **Gestaltungsklage** verlangt die klagende Partei, dass das Gericht mit seinem Entscheid auf ein bestimmtes Recht oder ein Rechtsverhältnis einwirkt, indem es dieses begründet, abändert oder aufhebt (Art. 87 ZPO)[17]. Hier verändert sich das Rechtsverhältnis mit dem Urteil, es fällt weg oder es wird erst begründet.

1.20 Mit Hilfe der **Feststellungsklage** kann die klagende Partei feststellen lassen, dass ein bestimmtes Recht oder Rechtsverhältnis besteht (positive Feststellungsklage) oder nicht besteht (negative Feststellungsklage) (Art. 88 ZPO). Die Feststellungsklage dient der Klärung einer ungewissen Rechtslage, die durch das Urteil aber nicht verändert wird.[18]

1.21 Die Feststellungsklage ist subsidiär zur Leistungs- und Gestaltungsklage. Sie setzt zudem ein Feststellungsinteresse der klagenden Partei voraus. Ob das Feststellungsinteresse vorhanden ist, muss im Einzelfall geprüft werden und ist in Bezug auf den Sachverhalt von der klagenden Partei nach-

---

13 SPÜHLER/DOLGE/GEHRI, Kap. 1 Rz. 14 ff. Die blosse Tatsache, dass die betreffende Gerichtsperson an einer Rechtsöffnung mitgewirkt hat, begründet übrigens keinen Ausstandsgrund der Vorbefasstheit (Art. 47 Abs. 2 lit. c ZPO).

14 Bzw. mit Einreichung eines Schlichtungsbegehrens, vorausgesetzt ein solches ist erforderlich; s. Art. 197 sowie ferner insbesondere Art. 198 lit. a und e ZPO. Hierzu unten, Rz. 2.12 ff.

15 S. aber Art. 221 Abs. 3 ZPO; dazu unten, Rz. 3.2.

16 BK-MARKUS, Art. 84 ZPO N 2 f.; KUKO ZPO-OBERHAMMER, Art. 84 N 1.

17 SUTTER-SOMM, Rz. 549 ff.; LEUENBERGER/UFFER-TOBLER, Rz. 6.16 f.

18 STAEHELIN/STAEHELIN/GROLIMUND, § 14 Rz. 20 ff.; KUKO ZPO-OBERHAMMER, Art. 88 N 4 ff.

zuweisen.[19] Das Feststellungsinteresse wird anhand folgender, vom Bundesgericht entwickelter Kriterien überprüft:[20]

- in der gleichen Sache ist weder eine Leistungs- noch eine Gestaltungsklage möglich (Subsidiarität)[21]

  und
- die klagende Partei hat an der gerichtlichen Feststellung ein erhebliches schutzwürdiges tatsächliches oder rechtliches Interesse. Dieses ist gegeben, wenn die Rechtsbeziehungen der Parteien ungewiss sind und die Ungewissheit der klagenden Partei nicht mehr zugemutet werden kann, weil es sie in ihrer Bewegungsfreiheit hindert (bei einer negativen Feststellungsklage ist auch das Interesse der beklagten Partei zu berücksichtigen).

Das Feststellungsinteresse ist eine Prozessvoraussetzung (i.S.v. Art. 59 ZPO), die das Gericht von Amtes wegen prüft (Art. 60 ZPO). Fehlt es, tritt das Gericht auf die Klage oder das Gesuch nicht ein (Art. 59 Abs. 1 und Abs. 2 lit. a ZPO). 1.22

Klagen sind stets als Eingaben (i.S.v. Art. 130 ZPO) schriftlich oder elektronisch beim Gericht einzureichen. 1.23

4. BESCHWERDEN

Eine **Beschwerde** kann als Rechtsmittel gegen gerichtliche Entscheide dienen. Als solche wird sie in Art. 319–327a ZPO für das kantonale Verfahren und in Art. 72–77 bzw. Art. 113–119 BGG für das Verfahren vor Bundesgericht geregelt (hierzu unten, Rz. 2.135 ff. und 2.140 ff.). Es handelt sich nicht um eigenständige Behelfe im hier verstandenen Sinn. Behandelt werden sie dennoch, wenn sie sich zum Weiterziehen eines Prozesses anbieten. 1.24

Überdies gibt es andere Beschwerden, die an bestimmte Behörden zu richten sind und zum Zweck haben, eine behördliche Handlung (z.B. Verfügung) teilweise oder gänzlich aufzuheben oder ein behördliches Tätigwerden herbeizuführen. Ein Beispiel ist die betreibungsrechtliche Beschwerde (Art. 17 SchKG). Diese Art von Beschwerden behandeln wir als eigenständige Behelfe. 1.25

Beschwerden werden als Eingaben an die zuständige Behörde bzw. an das zuständige Gericht eingereicht. 1.26

19 Leuenberger/Uffer-Tobler, Rz. 6.18 f.

20 S. BGE 135 III 378, E. 2.2; 131 III 319, E. 3.5; 123 III 414, E. 7b; 120 II 20, E. 3a; 110 II 352, E. 2. Hierzu ferner Leuenberger/Uffer-Tobler, Rz. 5.7 und 5.17 m.w.H.

21 Botschaft ZPO, 7288; BK-Markus, Art. 88 ZPO N 15.

§2 AUFBAU IM EINZELNEN

Die folgenden Ausführungen erläutern den Aufbau der in diesem Werk besprochenen Rechtsbehelfe. Sie richten sich nach der Struktur, wie die einzelnen Behelfe erörtert werden. 2.1

I. VORBEMERKUNG

Das vorliegende Werk ist nach den einzelnen Gebieten und Verfahrensstadien des SchKG gegliedert. Unter dem Titel «Vorbemerkungen» finden sich allgemeine Hinweise, die den gesamten in einem Kapitel behandelten Gegenstand betreffen. 2.2

II. ANKNÜPFUNGSPUNKTE

Wir identifizieren jeden Behelf im Titel mit seiner geläufigen Bezeichnung. Ferner nennen wir dessen gesetzliche Grundlage und geben an, um welche Art von Behelf es sich handelt (Begehren, Gesuch, Klage, Beschwerde). 2.3

1. ZWECK UND WIRKUNG

Zunächst beschreiben wir kurz, wozu der fragliche Behelf dient. M.a.W. geht es hier um den **Zweck**, den eine Partei mit dem Behelf verfolgen kann. 2.4

Darauf folgt eine kurze Beschreibung, welche **Wirkungen** eintreten, falls dem Behelf stattgegeben wird. 2.5

2. VERFAHRENSART

Der **Zivilprozess** unterscheidet verschiedene Verfahrensarten, die bestimmen, wie das Verfahren ausgestaltet ist. Grundsätzlich ist zwischen dem ordentlichen, dem vereinfachten und dem summarischen Verfahren zu unterscheiden (dazu im Einzelnen unten, Rz. 2.8 ff.). Zudem bestehen 2.6

ebenfalls eherechtliche Verfahren und das Verfahren in Kinderbelangen; sie bleiben für das SchKG indessen ohne Bedeutung.

2.7 Welches Verfahren zur Anwendung kommt, bestimmt das Gesetz; die konkrete Ausgestaltung der Verfahren ergibt sich im Wesentlichen aus der ZPO. Das vorliegende Werk verweist jeweils auf die im einzelnen Fall anwendbare Verfahrensart.

A. ORDENTLICHES VERFAHREN

2.8 Das **ordentliche Verfahren** ist in Art. 219–242 ZPO geregelt. Als Grundverfahren der Zivilprozessordnung ist es anwendbar, wenn kein anderes Verfahren zur Anwendung gelangt.[1] Sein Geltungsbereich umfasst Streitigkeiten mit einem Streitwert von über CHF 30 000.– (Art. 243 Abs. 1 ZPO e contrario), sofern die ZPO nicht das Summarverfahren für anwendbar erklärt.

2.9 Falls das Streitwerterfordernis erfüllt ist, findet das ordentliche Verfahren auf die folgenden SchKG-Klagen Anwendung. Dabei ist unerheblich, welches Gericht sachlich kompetent ist.

2.10 Rein materiellrechtliche Klagen:[2]

- Verantwortlichkeitsklage (Art. 5 SchKG), allerdings nur, falls ein Kanton die ZPO für anwendbar erklärt (s. Rz. 5.3 f.);
- Anerkennungsklage (Art. 79 SchKG) (s. Rz. 6.387);
- Aberkennungsklage (Art. 83 Abs. 2 SchKG) (s. Rz. 6.419);
- ggf. Feststellungsklage (Art. 85a SchKG) (offenbar strittig[3]) (s. Rz. 5.235);
- Rückforderungsklage (Art. 86 Abs. 2, Art. 187 SchKG) (s. Rz. 5.285);
- Schadenersatzklage gegen den Ersteigerer (Art. 129 Abs. 4 SchKG) (offenbar strittig, s. Rz. 7.302);
- Admassierungsklage (Art. 242 Abs. 3 SchKG) (s. Rz. 9.212);
- Arrestschadenersatzklage (Art. 273 Abs. 2 SchKG) (s. Rz. 10.96);
- Arrestprosequierungsklage (Art. 279 Abs. 2 SchKG) (s. Rz. 10.81);
- Klage auf Duldung der Rückschaffung von Retentionsgegenständen (Art. 284 SchKG) (offenbar strittig, s. Rz. 10.147);
- Anerkennungsklage im ordentlichen Nachlassverfahren (Art. 315 SchKG) (s. Rz. 11.157).

1 Botschaft ZPO, 7338; Sutter-Somm/Hasenböhler/Leuenberger-LEUENBERGER, Art. 219 N 1 f.; AMONN/WALTHER, § 4 Rz. 62 und Rz. 63b.

2 VOCK/MÜLLER, 18 f.

3 Dazu KUKO SchKG-BRÖNNIMANN, Art. 85a N 2. S. indes BGE 127 III 41, E. 4.a (bestätigt in BGE 132 III 277, E. 4.3.1 = Pra 2007, Nr. 10), gemäss welchem wohl auf den Hauptzweck der Klage abzustellen ist: Geht es im betreffenden Verfahren vorwiegend um die Einstellung der Betreibung, handelt es sich um eine betreibungsrechtliche Streitigkeit mit Reflexwirkung auf das materielle Recht. Geht es hingegen im Grundsatz um die gerichtliche Feststellung des Bestands oder der Stundung der fraglichen Schuld, handelt es sich um eine rein materiellrechtliche Klage.

Betreibungsrechtliche Streitigkeiten mit Reflexwirkung auf das materielle Recht:[4] 2.11
- ggf. Feststellungsklage (Art. 85a SchKG) (offenbar strittig[5]) (s. Rz. 5.235);
- Widerspruchsklage (Art. 109 SchKG) (s. Rz. 7.107 f.);
- Anschlussklage (Art. 111 Abs. 5 SchKG) (offenbar strittig, s. Rz. 7.171);
- Lastenbereinigungsklage (Art. 140 SchKG) (offenbar strittig, s. Rz. 7.391);
- Aussonderungsklage (Art. 242 Abs. 2 SchKG) (s. Rz. 9.160);
- Kollokationsklage (Art. 148 Abs. 1, Art. 250 SchKG) (s. Rz. 9.251 und Rz. 9.301);
- paulianische Anfechtungsklage (Art. 285–292 SchKG) (s. Rz. 10.188 f.).

Grundsätzlich geht dem ordentlichen Verfahren ein **Schlichtungsversuch** vor einer Schlichtungsbehörde voraus (Art. 197–198 ZPO). Diesfalls begründet die Einreichung eines Schlichtungsgesuchs die Rechtshängigkeit (Art. 62 ZPO). 2.12

Das Schlichtungsverfahren entfällt indes bei folgenden Klagen (s. Art. 198 lit. e ZPO):[6] 2.13
- Aberkennungsklage (Art. 83 Abs. 2 SchKG);
- Feststellungsklage (Art. 85a SchKG);
- Widerspruchsklage (Art. 106–109 SchKG);
- Anschlussklage (Art. 111 SchKG);
- Kollokationsklage (Art. 148 und Art. 250 SchKG);
- Aussonderungs- und Admassierungsklage (Art. 242 SchKG);
- Klage auf Feststellung neuen Vermögens (Art. 265a SchKG);
- Klage auf Duldung der Rückschaffung von Retentionsgegenständen (Art. 284 SchKG).

Bei diesen Klagen begründet die Einreichung der Klage beim Gericht die Rechtshängigkeit (Art. 62 Abs. 1 ZPO). 2.14

Das Schlichtungsverfahren entfällt ebenfalls, wenn für eine Klage sachlich ein Handelsgericht zuständig ist (Art. 198 lit. f ZPO), was namentlich bei der paulianischen Anfechtungsklage zutreffen kann (s. Rz. 10.188). 2.15
Es entfällt des Weiteren nach Massgabe von Art. 199 ZPO
- in Verfahren mit einem Streitwert von über CHF 100 000.–, in dem die Parteien gemeinsam auf die Durchführung des Schlichtungsverfahrens verzichten (Art. 199 Abs. 1 ZPO), sowie dann, wenn
- die klagende Partei einseitig auf das Schlichtungsverfahren verzichtet und entweder
  - die beklagte Partei ihren Sitz oder Wohnsitz im Ausland hat (Art. 199 Abs. 2 lit. a ZPO),
  - der Aufenthaltsort der beklagten Partei unbekannt ist (Art. 199 Abs. 2 lit. b ZPO) oder

---

4 S. VOCK/MÜLLER, 19.

5 S. Fn. 3.

6 Sowie bei den SchKG-Klagen, die im summarischen Verfahren entschieden werden, s. Art. 198 lit. a ZPO; dazu unten, Rz. 2.21.

- es sich um Streitigkeiten nach dem Gleichstellungsgesetz handelt (Art. 199 Abs. 2 lit. c ZPO).

2.16 Das ordentliche Verfahren entspricht dem klassischen Bild eines Zivilprozesses. Es gelangt die **Verhandlungsmaxime** (Art. 55 Abs. 1 ZPO) zur Anwendung, und das Gericht beschränkt sich im Wesentlichen auf die formelle Prozessleitung. Grundsätzlich findet nur ein einfacher Schriftenwechsel statt, bevor es zu einer ersten mündlichen Verhandlung kommt. Die beweisbelastete Partei[7] hat grundsätzlich einen **strikten Beweis** zu erbringen.[8]

2.17 Auf Antrag der beklagten Partei hat die klagende Partei ggf. **Sicherheit** für die allfällige Parteientschädigung u.a. zu leisten, falls sie zahlungsunfähig erscheint (Art. 99 Abs. 1 lit. b ZPO). Das kann namentlich der Fall sein, wenn über die klagende Partei der Konkurs eröffnet oder ein Nachlassverfahren im Gang ist oder wenn Verlustscheine bestehen.[9] Insbesondere ist Sicherheit auch dann auf Antrag zu leisten, wenn die klagende Partei im Ausland domiziliert ist (Art. 99 Abs. 1 lit. a ZPO).
Bei einem Entscheid nach Art. 99 ZPO hat das Gericht den vorgetragenen Sachverhalt lediglich summarisch zu prüfen; der Entscheid ergeht in Form einer prozessleitenden Verfügung (Art. 124 Abs. 1 ZPO). Falls die Voraussetzungen erfüllt sind, hat der Antragsteller Anspruch auf Anordnung der Sicherheit durch das Gericht.[10]

B. VEREINFACHTES VERFAHREN

2.18 Das **vereinfachte Verfahren** ist in Art. 243–247 ZPO geregelt. Es ist insbesondere auf vermögensrechtliche Streitigkeiten bis CHF 30 000.– anwendbar (Art. 243 Abs. 1 ZPO),[11] die nicht dem summarischen Verfahren zugewiesen sind. Demnach findet das vereinfachte Verfahren auf die oben erwähnten materiellrechtlichen Klagen (Rz. 2.10) und auf die betreibungsrechtlichen Streitigkeiten mit Reflexwirkung auf das materielle Recht (Rz. 2.11) Anwendung, sofern der Streitwert nicht CHF 30 000.– übersteigt. Überdies kommt das vereinfachte Verfahren in gewissen, gesetzlich bestimmten Fällen ohne Streitwertbegrenzung zur Anwendung (s. Art. 243 Abs. 2 ZPO).

2.19 Wie im ordentlichen Verfahren ist im Grundsatz ein **strikter Beweis** zu erbringen und sind alle Beweismittel zugelassen; ferner ist grundsätzlich ein **Schlichtungsverfahren** durchzuführen. Die wesentlichen Unterschiede zum ordentlichen Verfahren bestehen in der vereinfachten Klageein-

---

7 Die Beweislastverteilung wird in Art. 8 ZGB so geregelt, dass diejenige Partei das Vorhandensein einer behaupteten Tatsache zu beweisen hat, die daraus Rechte ableitet (sofern das Gesetz nichts anderes bestimmt), unabhängig von der Parteirollenverteilung im Prozess; s. KUKO ZGB-Marro, Art. 8 N 11.

8 Hierzu KUKO ZGB-Marro, Art. 8 N 7 f.

9 BSK ZPO-Rüegg/Rüegg, Art. 99 N 12 ff.

10 S. Sutter-Somm/Hasenböhler/Leuenberger-Suter/von Holzen, Art. 99 N 14 m.w.H.

11 Im Wesentlichen ersetzt es das sog. einfache und rasche Verfahren, das bis vor Inkrafttreten der ZPO in verschiedenen bundesrechtlichen Erlassen verlangt, dessen Ausgestaltung jedoch den Kantonen überlassen wurde; Sutter-Somm/Hasenböhler/Leuenberger-Hauck, Vor Art. 243 N 1 f.

leitung (Art. 244 ZPO),[12] der vorherrschenden Mündlichkeit (Art. 245 Abs. 1 ZPO), der verstärkten Mitwirkung des Gerichts (Art. 246–247 ZPO), einem teilweise erweiterten Novenrecht (Art. 246 Abs. 2 ZPO), der Erledigung in der ersten Verhandlung (falls möglich) (Art. 246 Abs. 1 ZPO) und gewissen Kostenerleichterungen (Art. 114 ZPO).[13]

C. SUMMARISCHES VERFAHREN

Das **summarische Verfahren** ist in Art. 248–260 ZPO geregelt. Es ist ein abgekürzter Prozess und dient der raschen Erledigung einer Streitsache. Zur Anwendung gelangt es, wenn eine Angelegenheit bloss vorläufig geregelt werden soll (z.B. Vormerkungen von Verfügungsbeschränkungen [Art. 960 ZGB]), es sich um ein Einparteienverfahren der freiwilligen Gerichtsbarkeit handelt (bspw. die Kraftloserklärung von Wertpapieren [Art. 981 OR]), ein Fall klar erscheint (Rechtsschutz in klaren Fällen [Art. 257 ZPO]) oder andere Gründe es wichtiger erscheinen lassen, dass rasch anstatt richtig entschieden wird (etwa Entscheide des Arrestgerichts [Art. 251 lit. a ZPO]). Für die Anwendung des summarischen Verfahrens bedarf es einer gesetzlichen Anordnung in der ZPO oder in Spezialgesetzen. Zu beachten gilt, dass die Auflistung in Art. 249–251 ZPO lediglich exemplarisch ist.[14] 2.20

Was das SchKG betrifft, gelangt das summarische Verfahren für die folgenden, rein betreibungsrechtlichen Angelegenheiten zur Anwendung: 2.21

- Entscheide, die vom Rechtsöffnungs-, Konkurs-, Arrest- und Nachlassgericht gefällt werden (Art. 251 lit. a ZPO);
- Bewilligung des nachträglichen Rechtsvorschlags (Art. 77 Abs. 3 SchKG) und des Rechtsvorschlags in der Wechselbetreibung (Art. 181 SchKG; Art. 251 lit. b ZPO);
- Aufhebung oder Einstellung der Betreibung (Art. 85 SchKG; Art. 251 lit. c ZPO);
- Entscheid über das Vorliegen neuen Vermögens (Art. 265a Abs. 1–3 SchKG; Art. 251 lit. d ZPO);
- Anordnung der Gütertrennung (Art. 68b SchKG; Art. 251 lit. e ZPO).

12 So braucht die Klage keine Rechtsschrift zu sein. Es reicht aus, sie mündlich auf der Gerichtskanzlei zu Protokoll zu geben. Weiter braucht sie nicht substantiiert (d.h. begründet, durch Tatsachen belegt) zu sein (Art. 244 Abs. 1–2 ZPO); es sind weder Tatsachenbehauptungen aufzustellen noch die Beweismittel zu nennen oder den Tatsachenbehauptungen zuzuordnen. Allerdings sind verfügbare Urkunden beizulegen und der Streit ausreichend zu definieren (Art. 244 Abs. 1 lit. c und Abs. 2 lit. c ZPO). Von dieser Option sollte die klagende Partei aber nur Gebrauch machen, wenn die Angelegenheit zweifelsfrei «einfach» ist. (Zumindest) im Zweifelsfall ist eine vollständig substantiierte Rechtsschrift einzureichen.

13 Sutter-Somm/Hasenböhler/Leuenberger-Hauck, Vor Art. 243 N 4; Staehelin/Staehelin/Grolimund, § 21 Rz. 19 ff.

14 BK-Güngerich, Art. 249–251 ZPO N 5; Leuenberger/Uffer-Tobler, Rz. 11.178.

2.22 Im summarischen Verfahren **entfällt das Schlichtungsverfahren** (Art. 198 lit. a ZPO). Vielmehr ist das Verfahren durch ein «Gesuch» einzuleiten, das grundsätzlich schriftlich zu stellen und zu substantiieren (d.h. begründet, durch Tatsachen belegt) ist (Art. 252 ZPO). Mündliche Gesuche sind lediglich in einfachen oder dringlichen Fällen zulässig (Art. 252 Abs. 2, zweiter Satzteil ZPO).

2.23 Es liegt im Ermessen des Gerichts, die Parteien zu einer mündlichen Verhandlung vorzuladen und die Gegenpartei anlässlich der Verhandlung mündlich Stellung nehmen zu lassen oder der Gegenpartei Frist zu einer schriftlichen Vernehmlassung anzusetzen (s. etwa Art. 84 Abs. 2 SchKG). Weiter kann das Gericht auf die Durchführung einer Verhandlung verzichten und auf Grundlage der Akten entscheiden, falls das Gesetz nichts anderes vorsieht (Art. 256 Abs. 1 ZPO). Vorbehalten bleibt etwa Art. 181 SchKG (Vorlage des Rechtsvorschlags an das Gericht bei der Wechselbetreibung): Hier sind die Parteien immer vorzuladen; das Gericht kann jedoch ohne ihre Anwesenheit entscheiden.[15]

2.24 Das Gericht stellt den Sachverhalt von Amtes wegen fest, wenn es als Konkurs- oder Nachlassgericht zu entscheiden hat (Art. 255 lit. a ZPO). Ansonsten gilt die Verhandlungsmaxime (Art. 55 Abs. 1 ZPO).

2.25 Die ZPO sieht im summarischen Verfahren grundsätzlich keine **Replik** (Antwort auf die Klageantwort der beklagten Partei) vor. Ein Replikrecht steht der klagenden Partei aber nach dem Grundsatz des rechtlichen Gehörs klar zu.[16] Bei einer mündlichen Verhandlung ist sofort zu replizieren (und ggf. zu duplizieren), bei schriftlichen Eingaben genügt es, dass das Gericht die Vernehmlassung der beklagten Partei der klagenden Partei zur Kenntnisnahme zustellt. Diesfalls hat die klagende Partei dem Gericht (wohl innert zehn Tagen) eine begründete Stellungnahme einzureichen. Bei sehr umfangreichen Rechtsschriften dürfte es u.E. zulässig sein, das Gericht um Fristansetzung für die Stellungnahme bzw. Replik oder Duplik zu ersuchen, damit das Replikrecht nicht seines Sinns entleert ist, sondern tatsächlich wahrgenommen werden kann.

2.26 Es ist der **volle Beweis** zu erbringen, ausser das Gesetz sehe eine Herabsetzung vor (s. etwa Art. 82 Abs. 2 und Art. 272 Abs. 1 SchKG). Der Beweis ist durch **Urkunden** zu erbringen, insoweit diese verfügbar sind (Art. 254 Abs. 1 ZPO). Andere Beweismittel sind nur zulässig (s. Art. 254 Abs. 2 ZPO), wenn

- sie das Verfahren nicht wesentlich verzögern;
- es der Verfahrenszweck erfordert; oder
- das Gericht den Sachverhalt von Amtes wegen festzustellen hat.

---

15 BSK SchKG II-BAUER, Art. 181 N 8; BGE 27 I 407, E. 3.

16 BGE 132 I 42, E. 3.3, insbesondere E. 3.3.4.

D. EXKURS: VERGLEICH, KLAGEANERKENNUNG UND KLAGERÜCKZUG

Ein **Vergleich**, eine **Klageanerkennung** und ein **Klagerückzug** haben die Wirkung eines rechtskräftigen Entscheids (Art. 241 Abs. 2 ZPO). Dies gilt jedoch nur für Verfahren, deren Entscheide in materiellrechtliche Rechtskraft erwachsen. Mit Bezug auf das SchKG trifft dies im Grundsatz bloss auf die materiellrechtlichen Klagen (Rz. 2.10) zu.[17] Dagegen erwachsen Entscheide in betreibungsrechtlichen Verfahren und (grundsätzlich) Entscheide in betreibungsrechtlichen Verfahren mit Reflexwirkung auf das materielle Recht nicht in Rechtskraft, sondern wirken bloss im hängigen Vollstreckungsverfahren.[18] 2.27

Wird ein Vergleich geschlossen, liegt eine Klageanerkennung vor oder erfolgt ein Klagerückzug, schreibt das Gericht das Verfahren ab (Art. 241 Abs. 3 ZPO). Indessen ist unklar, inwieweit ein Gericht in seinem Abschreibungsentscheid in betreibungsrechtlichen Verfahren sowie in betreibungsrechtlichen Verfahren mit Reflexwirkung auf das materielle Recht die mit der Klageanerkennung oder dem Vergleich verfolgten vollstreckungsrechtlichen Wirkungen von sich aus anordnen kann. Aus Vorsichtsgründen sollten die Parteien allfällig beabsichtigte **vollstreckungsrechtliche Wirkungen** ausdrücklich **beantragen**.[19] 2.28

3. ZUSTÄNDIGKEIT

Es ist zwischen der örtlichen, sachlichen und funktionellen Zuständigkeit zu unterscheiden. 2.29

A. ÖRTLICHE ZUSTÄNDIGKEIT

Mit der örtlichen **Zuständigkeit** (oder dem Gerichtsstand) wird der räumliche Wirkungskreis der Gerichte oder Behörden bezeichnet.[20] Wer sich an ein Gericht oder eine Behörde (z.B. das Betreibungs- oder Grundbuchamt) wenden will, muss zuerst wissen, an welchem Ort das Gericht oder die Behörde anzurufen ist. 2.30

A) NATIONALE ZUSTÄNDIGKEIT

Seit Inkrafttreten der eidgenössischen Zivilprozessordnung finden sich die Gerichtsstandsregeln in Art. 9–46 ZPO.[21] Die örtliche Zuständigkeit für betreibungsrechtliche Streitigkeiten ist aber zu einem grossen Teil weiterhin im SchKG geregelt. Nur wo das SchKG keine abweichenden Bestimmungen vorsieht, greift der Auffangtatbestand von **Art. 46 ZPO**.[22] M.a.W.: 2.31

---

17 Dazu unten, Rz. 2.74ff.

18 SPÜHLER, Rz. 74ff.; AMONN/WALTHER, § 4 Rz. 47ff.

19 Hierzu im Einzelnen VOCK/MÜLLER, 35f. m.w.H.

20 SUTTER-SOMM, Rz. 105.

21 Vor dem 1. Januar 2011 war die örtliche Zuständigkeit im Gerichtsstandgesetz geregelt.

22 Botschaft ZPO, 7272; Sutter-Somm/Hasenböhler/Leuenberger TAKEI, Art. 46 N 1; BSK ZPO-GIROUD, Art. 46 N 2.

- Die besonderen Gerichtsstände des SchKG haben Vorrang vor denjenigen der ZPO;
- falls das SchKG kein eigenes Forum vorsieht, finden die Gerichtsstände der ZPO auch auf SchKG-Klagen Anwendung;
- falls das SchKG keinen ausschliesslichen[23] oder zwingenden[24] Gerichtsstand vorsieht, sind die Gerichtsstandsbestimmungen alternativ anwendbar.

2.32 Im Zusammenhang mit Vollstreckungsverfahren werden die streitigen Angelegenheiten gemeinhin in die folgenden vier Kategorien eingeteilt:[25]

- rein betreibungsrechtliche Streitigkeiten: Hier geht es um die Beurteilung, ob die Zwangsvollstreckung zulässig ist und daher fortzusetzen sei;
- betreibungsrechtliche Streitigkeiten mit Reflexwirkung auf das materielle Recht: Hier geht es ebenfalls um den Entscheid einer verfahrensrechtlichen Frage, bei welcher indes vorfrageweise auf das materielle Recht zurückgegriffen werden muss; je nachdem wirkt sich der Entscheid auf die materielle Rechtslage aus;
- materiellrechtliche Streitigkeiten;
- Beschwerdesachen nach Art. 17 SchKG und Verfügungen der SchKG-Behörden.

2.33 Auf diese Kategorien angewandt, besteht mit Bezug auf den Vorbehalt von Art. 46 ZPO (Rz. 2.31) folgende Rechtslage:[26]

2.34 Das SchKG regelt die Gerichtsstände der **rein betreibungsrechtlichen Streitigkeiten**, namentlich:[27]

- Aufhebung des Rechtsstillstands (Art. 57d SchKG): Zuständigkeit am Betreibungsort;
- Bewilligung des nachträglichen Rechtsvorschlags (Art. 77 Abs. 2 SchKG): Zuständigkeit am Betreibungsort;
- Rechtsöffnungsbegehren (Art. 84 SchKG): Zuständigkeit am Betreibungsort;
- Begehren um Einstellung oder Aufhebung der Betreibung (Art. 85 SchKG): Zuständigkeit am Betreibungsort;
- Konkurseröffnung und Konkurswiderruf (Art. 52, Art. 54, Art. 171, Art. 189, Art. 190–196 SchKG): Zuständigkeit am Betreibungsort, d.h. am Sitz der Gesellschaft bzw. am Wohnsitz des Firmeninhabers;[28]
- Bewilligung des Rechtsvorschlags in der Wechselbetreibung (Art. 181 SchKG): Zuständigkeit am Betreibungsort;
- Bewilligung des Rechtsvorschlags bei der Betreibung aufgrund eines Konkursverlustscheins (Art. 265a Abs. 1 SchKG): Zuständigkeit am Betreibungsort;

23 Dazu unten, Rz. 2.40.
24 Hierzu zu unten, Rz. 2.55 ff.
25 Dazu Amonn/Walther, § 4 Rz. 45 f.
26 S. Sutter-Somm/Hasenböhler/Leuenberger-Takei, Art. 46 N 3 ff.; Botschaft ZPO, 7258.
27 S. BK-Güngerich, Art. 46 ZPO N 2 ff.; Sutter-Somm/Hasenböhler/Leuenberger-Takei, Art. 46 N 6 m.w.H.
28 KGer VD, SchKK 10.12.1964, JdT 1965 II 126 f. = SJZ 1966, 347.

- Klage auf Bestreitung oder Feststellung neuen Vermögens (Art. 265a Abs. 4 SchKG): Zuständigkeit am Betreibungsort;
- Arrestgesuch (Art. 272 SchKG): Zuständigkeit am Belegenheitsort der Arrestgegenstände (auch bei Wertpapieren); bei Forderungen am schweizerischen Wohnsitz des Gläubigers, ausser der Arrestschuldner habe keinen bestimmbaren inländischen oder aber einen ausländischen Wohnsitz, dann am (Wohn-)Sitz des Drittschuldners;
- Arresteinsprache (Art. 278 SchKG): Zuständigkeit am Belegenheitsort der Arrestgegenstände;
- Zuständigkeit des Nachlassgerichts (Art. 293–336 SchKG): Zuständigkeit am Ort, an dem die Konkurseröffnung erfolgen würde.

Weiter legt das SchKG ebenfalls die Gerichtsstände der **betreibungsrechtlichen Streitigkeiten mit Reflexwirkung auf das materielle Recht** fest, namentlich:[29] 2.35

- Widerspruchsklage (Art. 109 SchKG): Zuständigkeit am Betreibungsort für Klagen des Drittansprechers gemäss Art. 107 Abs. 5 SchKG und für die Klage des Schuldners oder Gläubigers gemäss Art. 108 Abs. 1 SchKG gegen den im Ausland domizilierten Drittansprecher; für die Klage des Schuldners oder Gläubigers gegen den in der Schweiz domizilierten Drittansprecher befindet sich der Gerichtsstand gemäss Art. 108 Abs. 1 SchKG an dessen (Wohn-)Sitz; Widerspruchsklagen, die ein Grundstück betreffen, sind am Ort einzureichen, an dem die Sache bzw. ihr wertvollster Teil liegt (Art. 109 Abs. 3 SchKG);
- Anschlussklage (Art. 111 Abs. 5 SchKG): Zuständigkeit am Betreibungsort;
- Lastenbereinigungsklage (Art. 140 Abs. 2, Art. 142 Abs. 2 SchKG): Zuständigkeit am Betreibungsort bzw. am Ort der gelegenen Sache;
- Kollokationsklage (Art. 148 Abs. 1, Art. 250 Abs. 1, Art. 321 SchKG): Zuständigkeit am Betreibungs- bzw. Konkursort;
- Anfechtungsklage (Art. 214, Art. 289 SchKG): Zuständigkeit am (Wohn-)Sitz der beklagten Partei, subsidiär am Ort der Pfändung bzw. des Konkurses;
- Aussonderungsklage (Art. 242 Abs. 2 SchKG): Zuständigkeit am Konkursort.

Ausserdem bestimmt das SchKG die Gerichtsstände **gewisser materiellrechtlicher Klagen**, namentlich:[30] 2.36

- Aberkennungsklage (Art. 83 Abs. 2 SchKG): Zuständigkeit am Betreibungsort;
- negative Feststellungsklage (Art. 85a SchKG): Zuständigkeit am Betreibungsort;
- Rückforderungsklage (Art. 86 Abs. 2, Art. 187 SchKG): Zuständigkeit wahlweise am Betreibungsort oder am ordentlichen Gerichtsstand der beklagten Partei;
- Arrestschadenersatzklage (Art. 273 Abs. 2 SchKG): Zuständigkeit wahlweise am Arrestort oder an einem ZPO-Gerichtsstand (etwa Art. 10–12 oder Art. 36 ZPO);

---

29 S. Amonn/Walther, § 4 Rz. 55 m.w.H.; Sutter-Somm/Hasenböhler/Leuenberger-Takei, Art. 46 N 7 m.w.H.

30 Sutter-Somm/Hasenböhler/Leuenberger-Takei, Art. 46 N 8 m.w.H.

- Anerkennungsklage im ordentlichen Nachlassverfahren (Art. 315 SchKG): Zuständigkeit am Ort des Nachlassverfahrens;
- Klage der Bauhandwerker (Art. 117 VZG): Zuständigkeit am Betreibungsort.

2.37 In diesen Fällen (Rz. 2.34–2.36) bestimmt sich der Gerichtsstand nach dem SchKG, es sei denn, es liege ein internationaler Sachverhalt (dazu unten, Rz. 2.41 ff.) vor (Art. 30a SchKG).

2.38 Hingegen **regelt** das SchKG die Gerichtsstände namentlich folgender materiellrechtlicher Klagen **nicht**:[31]
- Verantwortlichkeitsklage (Art. 5 SchKG);
- Anerkennungsklage (Art. 77 Abs. 4, Art. 79, Art. 153 Abs. 4, Art. 153a, Art. 184 Abs. 2, Art. 186, Art. 315 SchKG);
- Schadenersatzklage gegen den säumigen Ersteigerer und seine Bürgen (Art. 129 Abs. 4, Art. 143 Abs. 2 SchKG);
- Klage der Abtretungsgläubiger in der Betreibung auf Pfändung (Art. 131 Abs. 2 SchKG);
- Admassierungsklage (Art. 242 Abs. 3 SchKG);
- Arrestprosequierungsklage (Art. 279 SchKG);
- Retentionsprosekutionsklage (Art. 283 SchKG);
- Klage auf Duldung der Rückschaffung von Retentionsgegenständen (Art. 284 SchKG).

2.39 Die örtliche Zuständigkeit dieser Klagen richtet sich, weil es sich um zivilrechtliche Ansprüche handelt, nach den allgemeinen Gerichtsstandsbestimmungen der ZPO. Im Einzelnen ist auf den Anspruch abzustellen, welcher der konkreten Klage zugrunde liegt.[32] Entsprechend finden auf die Klagen die folgenden Gerichtsstandsbestimmungen der ZPO Anwendung:[33]
- Verantwortlichkeitsklage: Art. 36 ZPO;[34]
- Anerkennungsklage: Art. 10–12, Art. 31 (bei vertragsrechtlichen Streitigkeiten), Art. 32–34 (bei Konsumenten-, Miet-, Pacht- oder Arbeitsverträgen), Art. 36–39 (bei unerlaubten Handlungen) oder Art. 29–30 (bei Art. 153a SchKG) ZPO;
- Schadenersatzklage gegen den säumigen Ersteigerer und seine Bürgen: Art. 10–12 ZPO;
- Klage der Abtretungsgläubiger in der Betreibung auf Pfändung (Art. 132 Abs. 2 SchKG): Ort, an dem der Schuldner als Forderungsgläubiger klagen müsste;
- Admassierungsklage: Art. 29–30 ZPO;
- Retentionsprosekutionsklage (Art. 283 SchKG): Art. 30 bzw. Art. 33 ZPO;

31 Vock/Müller, 6 f. m.w.H.; BK-Güngerich, Art. 46 ZPO N 25 ff.

32 BK-Güngerich, Art. 46 ZPO N 34. So ist etwa bei der Arrestprosequierungsklage (Art. 279 SchKG) zu unterscheiden, ob es sich bei der mit dem Arrest zu sichernden Forderung um eine Klage aus Vertrag (diesfalls bestimmt sich der Gerichtsstand nach Art. 31 ff. ZPO) oder um eine Klage aus unerlaubter Handlung (solchenfalls richtet sich der Gerichtsstand nach Art. 36 ff. ZPO) handelt.

33 S. Vock/Müller, 6 f.; BK-Güngerich, Art. 46 ZPO N 34 f.

34 Dazu BGer 5A_54/2008 vom 30.4.2008, E. 4.1.

- Arrestprosequierungsklage (Art. 279 SchKG): Art. 10–12, Art. 31 (bei vertragsrechtlichen Streitigkeiten), Art. 32–34 (bei Konsumenten-, Miet-, Pacht- oder Arbeitsverträgen), Art. 36–39 (bei unerlaubten Handlungen) oder Art. 29–30 (bei Art. 153a SchKG) ZPO;
- Klage auf Duldung der Rückschaffung von Retentionsgegenständen: Art. 30 ZPO.

Bei gewissen **(nicht ausschliesslichen) Gerichtsständen des SchKG** hat die klagende Partei die Wahl zwischen dem Gericht des Betreibungsorts und dem ordentlichen Gerichtsstand der beklagten Partei; die Gerichtsstände sind alternativ anwendbar. Dies ist der Fall bei der 2.40

- Rückforderungsklage (Art. 86 Abs. 2 SchKG);
- Rückforderungsklage in der Wechselbetreibung (Art. 187 i.V.m. Art. 86 SchKG).[35]

B) INTERNATIONALE ZUSTÄNDIGKEIT

Die **internationalen Zuständigkeiten** richten sich im Grundsatz nach den Vorschriften allfälliger Staatsverträge (namentlich des LugÜ) und subsidiär nach dem IPRG (Art. 30a SchKG).[36] 2.41

Das **LugÜ** bestimmt die Zuständigkeit der Gerichte der vom LugÜ gebundenen Staaten in Zivil- und Handelssachen (Art. 1 Ziff. 1 LugÜ). 2.42

Vom Anwendungsbereich des LugÜ sind allerdings «Konkurse, Vergleiche und ähnliche Verfahren» ausgenommen (Art. 1 Ziff. 2 lit. b LugÜ). Das trifft insbesondere auf die folgenden Verfahren zu:[37] 2.43

- Begehren um Anordnung eines Güterverzeichnisses oder vorsorglicher Massnahmen (Art. 162 und Art. 170 SchKG);
- Begehren um Konkurseröffnung, Konkurswiderruf und Konkurseinstellung (Art. 166, Art. 195 und Art. 230 SchKG);
- Aussonderungsklage (Art. 242 Abs. 1 und 2 SchKG);
- Admassierungsklage (Art. 242 Abs. 3 SchKG);
- Kollokationsklage im Konkurs- und Nachlassverfahren (Art. 250 und Art. 321 SchKG);
- Bewilligung des Rechtsvorschlags wegen fehlenden neuen Vermögens und Klage auf Bestreitung bzw. Feststellung neuen Vermögens (Art. 265a Abs. 1 und 4 SchKG);
- Anfechtungsklage im Konkurs- und Nachlassverfahren (Art. 286–288 SchKG);
- Bewilligung und Widerruf der Nachlassstundung (Art. 293–296a und Art. 313 SchKG);
- Genehmigung und Widerruf des Nachlassvertrags (Art. 305–336 SchKG).

---

35 Vock/Müller, 7.

36 BK-Güngerich, Art. 46 ZPO N 24 und 36. Im Übrigen ist zu beachten, dass für den Kollokationsstreit und für andere betreibungsrechtliche Zwischenstreitigkeiten in einem in der Schweiz durchgeführten Zwangsvollstreckungsverfahren alle in dessen Verlauf auftauchenden, mit ihm zusammenhängenden Rechtsfragen ausschliesslich von den in der Schweiz örtlich zuständigen Behörden (Aufsichtsbehörden und Gerichten) zu beurteilen sind; BGE 135 III 127, E. 3.3.2.

37 S. Dolge, 41 ff.; Vock/Müller, 7 f. m.w.H.

2.44 Solchenfalls ist zu prüfen, ob das IPRG die Zuständigkeiten regelt. Verneinendenfalls findet das SchKG auf die Bestimmung der örtlichen Zuständigkeit direkt Anwendung.[38]

2.45 Ist ein Verfahren vom Anwendungsbereich des LugÜ erfasst, ist sodann zu fragen, ob das fragliche Begehren bzw. die fragliche Klage unter **Art. 22 Ziff. 5 LugÜ** fällt.[39] Diese Bestimmung legt fest, dass für Verfahren, welche die Zwangsvollstreckung aus gerichtlichen Entscheidungen betreffen, zwingend der Staat zuständig ist, in dessen Hoheitsgebiet die Zwangsvollstreckung durchgeführt werden soll. Die Bestimmung gilt sowohl für alle rein betreibungsrechtlichen Streitigkeiten als auch für alle Streitigkeiten mit Reflexwirkung auf das materielle Recht.[40] Demgemäss ist Art. 22 Ziff. 5 LugÜ auf folgende vollstreckungsrechtliche Verfahren anwendbar:[41]

- Gesuch um Bewilligung des nachträglichen Rechtsvorschlags (Art. 77 SchKG);
- Gesuch um definitive Rechtsöffnung (Art. 80 SchKG);
- Gesuch um provisorische Rechtsöffnung (Art. 82 SchKG);[42]
- Begehren um Aufhebung und Einstellung der Betreibung im summarischen Verfahren (Art. 85 SchKG);
- Widerspruchs- und Lastenbereinigungsklage (Art. 106–109 SchKG);
- Klage auf privilegierten Anschluss (Art. 111 Abs. 5 SchKG);
- Kollokationsklage in der Betreibung auf Pfändung und Pfandverwertung (Art. 148, Art. 157 Abs. 4 SchKG);
- Gesuch um Bewilligung des Rechtsvorschlags in der Wechselbetreibung (Art. 181–184 SchKG);
- Gesuch um Arrestbewilligung, falls ein anerkennungsfähiges Urteil vorhanden ist (Art. 272 SchKG).

2.46 Der Gerichtsstand bestimmt sich in diesen Fällen:

- bei Zwangsvollstreckungsverfahren, die auf eine Geldzahlung oder eine Sicherheitsleistung in Geld gerichtet sind, nach dem IPRG oder SchKG;
- bei Zwangsvollstreckungsverfahren im Nichtgeldbereich nach der ZPO.[43]

2.47 Für die materiellrechtlichen Streitigkeiten finden im euro-internationalen Verhältnis die Gerichtsstände gemäss **Art. 2–21 LugÜ** Anwendung. Das trifft namentlich auf folgende Erkenntnisverfahren zu:

- Anerkennungsklage (Art. 77 Abs. 4, Art. 79, Art. 153a, Art. 315 SchKG);
- Aberkennungsklage (Art. 83 Abs. 2 SchKG);

---

38 Vock/Müller, 8.

39 Hierzu im Einzelnen Dasser/Oberhammer-Markus, Art. 22.5 N 182 ff., N 211 und N 212 ff.

40 Sutter-Somm/Hasenböhler/Leuenberger-Takei, Art. 46 N 10.

41 S. BSK LugÜ-Güngerich, Art. 22 N 70 ff.; Dolge, 61 ff.

42 BGE 136 III 566, E. 3.3.

43 Dasser/Oberhammer-Markus, Art. 22.5 N 220. S. weiter Amonn/Walther, § 4 Rz. 56; Sutter-Somm/Hasenböhler/Leuenberger-Takei, Art. 46 N 10.

- Begehren um Aufhebung und Einstellung der Betreibung (Art. 85a SchKG);
- Rückforderungsklage (Art. 86 SchKG);
- Schadenersatzklage gegen den Ersteigerer (Art. 129 Abs. 4 SchKG);
- Arrestschadenersatzklage (Art. 273 SchKG);
- Arrestprosequierungsklage (Art. 279 SchKG);
- Klage auf Duldung der Rückschaffung von Retentionsgegenständen (Art. 284 SchKG);
- Anfechtungsklage in der Betreibung auf Pfändung (Art. 286–288 SchKG).

Ist das LugÜ nicht anwendbar, gelangt Staatsvertragsrecht oder das **IPRG** auf Erkenntnisverfahren gemäss schweizerischem Verständnis zur Anwendung. Hingegen findet das IPRG keine Anwendung auf zwangsvollstreckungsrechtliche Angelegenheiten, den Arrest oder Klagen mit Reflexwirkung auf das materielle Recht.[44] Diesfalls ist das SchKG direkt anwendbar.[45] 2.48

B. SACHLICHE ZUSTÄNDIGKEIT

Erst wenn die örtliche Zuständigkeit feststeht, kann und muss – sofern es an einem Gerichtsstand mehr als ein Gericht oder eine Behörde gibt – die **sachliche Zuständigkeit** ermittelt werden. Die sachliche Zuständigkeit regelt die Aufgabenkreise der Gerichte und Behörden nach Natur und Umfang des eingeklagten Anspruchs und der Person der Parteien.[46] Sie bestimmt sich nach kantonalem Recht (für den Zivilprozess gemäss Art. 4 Abs. 1 ZPO, für das Schuldbetreibungs- und Konkursverfahren nach Art. 1, 2, 13 und 23–24 SchKG; dazu unten, Tabelle in Rz. 2.52). 2.49

C. FUNKTIONELLE ZUSTÄNDIGKEIT

Die **funktionelle Zuständigkeit** bezeichnet dasjenige Gerichtsorgan oder diejenige Behörde innerhalb des gleichen Prozesses, welches bzw. welche für eine Stufe des Instanzenzugs zuständig ist. So kann es etwa im Zivilprozess vorkommen, dass zwar ein Kollegialgericht in der Sache urteilt, für prozessleitende Verfügungen aber der Präsident zuständig ist (vgl. Art. 124 Abs. 2 ZPO).[47] 2.50

Zur Regelung der sachlichen und der funktionellen Zuständigkeit im Zivilprozess sind grundsätzlich die Kantone kompetent (Grundsatz der Organisationsautonomie der Kantone; Art. 4 Abs. 1, erster Satzteil ZPO). Die Regelungszuständigkeit der Kantone steht indes unter dem Vorbehalt einer anderen bundesrechtlichen Regelung (Art. 4 Abs. 1, zweiter Satzteil ZPO). So greift die ZPO in die Regelungskompetenz der Kantone etwa in Art. 5–8, Art. 14 i.V.m. Art. 224, Art. 73, Art. 81, Art. 356 und Art. 362 ZPO ein.[48] 2.51

44 VOCK/MÜLLER, 9 f.

45 STAEHELIN, AJP 1995, 260.

46 KUMMER, 48; SPÜHLER/DOLGE/GEHRI, Kap. 5 Rz. 102.

47 STAEHELIN/STAEHELIN/GROLIMUND, § 9 Rz. 21.

48 BK-BERGER, Art. 4 ZPO N 2.

D. KANTONALE ERLASSE

2.52 Die nachfolgende Tabelle listet die für den Zivilprozess und das Schuldbetreibungs- und Konkursverfahren relevanten kantonalen Erlasse auf, einschliesslich derjenigen, welche die sachliche und funktionelle Zuständigkeit im Zivilprozess regeln. Die Abfolge der Erlasse richtet sich nach der Nummerierung gemäss der jeweiligen kantonalen Gesetzessystematik.

AG	Gerichtsorganisationsgesetz (GOG; SAR 155.200) vom 6. Dezember 2011 Einführungsgesetz zur Schweizerischen Zivilprozessordnung (EG ZPO; SAR 221.200) vom 23. März 2010 Einführungsgesetz zum Bundesgesetz über Schuldbetreibung und Konkurs (EG SchKG; SAR 231.200) vom 22. Februar 2005
AI	Gerichtsorganisationsgesetz (GOG; 173.000) vom 25. April 1999 Einführungsgesetz zum Schweizerischen Zivilgesetzbuch (EG ZGB; 211.000) vom 29. April 2012 Einführungsgesetz zur Schweizerischen Zivilprozessordnung (EG ZPO; 270.000) vom 25. April 2010 Einführungsgesetz zum Bundesgesetz über Schuldbetreibung und Konkurs (EG SchKG; 280.100) vom 28. April 1996
AR	Justizgesetz (JG; bGS 145.31) vom 13. September 2010 Gesetz über die Einführung des Schweizerischen Zivilgesetzbuches (EG zum ZGB; bGS 211.1) vom 27. April 1969 Gesetz über die Einführung des Bundesgesetzes vom 11. April 1889 über Schuldbetreibung und Konkurs (bGS 241.1) vom 27. April 1997
BE	Gesetz über die Organisation der Gerichtsbehörden und der Staatsanwaltschaft (GSOG; BSG 161.1) vom 11. Juni 2009 Gesetz betreffend die Einführung des Schweizerischen Zivilgesetzbuches (EG ZGB; BSG 211.1) vom 28. Mai 1911 Direktionsverordnung über die Amtssitze der Betreibungs- und Konkursämter sowie Grundbuchämter (BSG 211.111.1) vom 6. Oktober 2009 Einführungsgesetz zur Zivilprozessordnung, zur Strafprozessordnung und zur Jugendstrafprozessordnung (EG ZSJ; BSG 271.1) vom 11. Juni 2009 Einführungsgesetz zum Bundesgesetz über Schuldbetreibung und Konkurs (EGSchKG; BSG 281.1) vom 16. März 1995
BL	Gesetz über die Organisation der Gerichte (Gerichtsorganisationsgesetz, GOG; SGS 170) vom 22. Februar 2001 Dekret zum Gesetz über die Organisation der Gerichte (Gerichtsorganisationsdekret, GOD; SGS 170.1) vom 22. Februar 2001 Gesetz über die Einführung des Zivilgesetzbuches (EG ZGB; SGS 211) vom 16. November 2006 Einführungsgesetz zur Schweizerischen Zivilprozessordnung (EG ZPO; SGS 221) vom 23. September 2010 Einführungsgesetz zum Bundesgesetz über Schuldbetreibung und Konkurs (EG SchKG; SGS 233) vom 19. September 1996
BS	Gesetz betreffend die Organisation der Gerichte und der Staatsanwaltschaft (Gerichtsorganisationsgesetz, GOG; SG 154.100) vom 3. Juni 2015 Gesetz betreffend die Einführung des Schweizerischen Zivilgesetzbuches (SG 211.100) vom 27. April 1911 Gesetz betreffend Einführung des Bundesgesetzes über Schuldbetreibung und Konkurs (SG 230.100) vom 22. Juni 1891

FR	Ausführungsgesetz zur Bundesgesetzgebung über Schuldbetreibung und Konkurs (AGSchKG; SGF 28.1) vom 12. Februar 2015 Justizgesetz (JG; SGF 130.1) vom 31. Mai 2010 Justizreglement (JR; SGF 130.11) vom 30. November 2010 Einführungsgesetz zum Schweizerischen Zivilgesetzbuch für den Kanton Freiburg (EGZGB; SGF 210.1) vom 10. Februar 2012
GE	Loi d'application du code civil suisse et d'autres lois fédérales en matière civile (LaCC; RSG E 1 05) vom 11. Oktober 2012 Loi sur l'organisation judiciaire (LOJ; RSG E 2 05) vom 26. September 2010 Loi d'application de la loi fédérale sur la poursuite pour dettes et la faillite (LaLP; RSG E 3 60) vom 29. Januar 2010
GL	Gesetz über die Gerichtsorganisation des Kantons Glarus (Gerichtsorganisationsgesetz; GS III A/2) vom 6. Mai 1990 Gesetz über die Einführung des Schweizerischen Zivilgesetzbuches im Kanton Glarus (Einführungsgesetz zum Zivilgesetzbuch, EG ZGB; GS III B/1/1) vom 7. Mai 1911 Einführungsgesetz zur Schweizerischen Zivilprozessordnung (EG ZPO; GS III C/1) vom 2. Mai 2010 Gesetz über die Einführung des Bundesgesetzes über Schuldbetreibung und Konkurs (EG SchKG; GS III D/1) vom 4. Mai 1997 Verordnung zum Gesetz über die Einführung des Bundesgesetzes über Schuldbetreibung und Konkurs (GS III D/1/1) vom 21. März 2006
GR	Gerichtsorganisationsgesetz (GOG; BR 173.000) vom 16. Juni 2010 Einführungsgesetz zum Schweizerischen Zivilgesetzbuch (EGzZGB; BR 210.100) vom 12. Juni 1994 Einführungsgesetz zum Bundesgesetz über Schuldbetreibung und Konkurs (EGzSchKG; BR 220.000) vom 23. April 2014 Verordnung zum Einführungsgesetz zum Bundesgesetz über Schuldbetreibung und Konkurs (RVzEGzSchKG; BR 220.010) vom 1. Dezember 2015 Einführungsgesetz zur Schweizerischen Zivilprozessordnung (EGzZPO; BR 320.100) vom 16. Juni 2010
JU	Loi d'organisation judiciaire (RSJU 181.1) vom 23. Februar 2000 Loi d'introduction du Code civil suisse (RSJU 211.1) vom 9. November 1978 Loi d'introduction du Code de procédure civile suisse (LiCPC; RSJU 271.1) vom 16. Juni 2010 Loi portant introduction de la loi fédérale sur la poursuite pour dettes et la faillite (LiLP; RSJU 281.1) vom 11. Dezember 1996
LU	Einführungsgesetz zum Schweizerischen Zivilgesetzbuch (EGZGB; SRL 200) vom 20. November 2000 Gesetz über die Organisation der Gerichte und Behörden in Zivil-, Straf- und verwaltungsgerichtlichen Verfahren (Justizgesetz, JusG; SRL 260) vom 10. Mai 2010 Einführungsgesetz zum Bundesgesetz über Schuldbetreibung und Konkurs (EGSchKG; SRL 290) vom 22. Oktober 1996
NE	Loi d'organisation judiciaire neuchâteloise (OJN; RSN 161.1) vom 27. Januar 2010 Loi concernant l'introduction du code civil suisse (LI-CC; RSN 211.1) vom 22. März 2010 Loi d'introduction du code de procédure civile (LI-CPC; RSN 251.1) vom 27. Januar 2010 Loi d'introduction de la loi fédérale sur la poursuite pour dettes et la faillite (LILP; RSN 261.1) vom 12. November 1996

NW	Gesetz über die Einführung des Schweizerischen Zivilgesetzbuches (Einführungsgesetz zum Zivilgesetzbuch, EG ZGB; NG 211.1) vom 24. April 1988 Gesetz über die Gerichte und Justizbehörden (Gerichtsgesetz, GerG; NG 261.1) vom 9. Juni 2010 Einführungsgesetz zum Bundesgesetz über Schuldbetreibung und Konkurs (EG SchKG; NG 271.1) vom 26. September 2012 Einführungsgesetz zum Übereinkommen über die gerichtliche Zuständigkeit und die Anerkennung und Vollstreckung von Entscheidungen in Zivil- und Handelssachen (EG Lugano-Übereinkommen, EG LugÜ; NG 271.5) vom 26. September 2012
OW	Gesetz über die Gerichtsorganisation (GOG; GDB 134.1) vom 22. September 1996 Gesetz betreffend die Einführung des Schweizerischen Zivilgesetzbuches (GDB 210.1) vom 30. April 1911 Gesetz betreffend Ergänzung des Einführungsgesetzes zum Schweizerischen Zivilgesetzbuch (GDB 210.2) vom 26. April 1914 Ausführungsbestimmungen zum Lugano-Übereinkommen und zum Bundesgesetz über das Internationale Privatrecht (GDB 240.511) vom 15. Oktober 1991
SG	Einführungsgesetz zum Schweizerischen Zivilgesetzbuch (EG-ZGB; sGS 911.1) vom 3. Juli 2011 Einführungsverordnung zum Schweizerischen Zivilgesetzbuch (sGS 911.11) vom 14. Dezember 1945 Gerichtsgesetz (GerG; sGS 941.1) vom 2. April 1987 Gerichtsordnung (GO; sGS 941.21) vom 9. Dezember 2010 Einführungsgesetz zur Schweizerischen Zivilprozessordnung (EG-ZPO; sGS 961.2) vom 15. Juni 2010 Einführungsgesetz zum Bundesgesetz über Schuldbetreibung und Konkurs (sGS 971.1) vom 10. April 1980
SH	Justizgesetz (JG; SHR 173.200) vom 9. November 2009 Gesetz über die Einführung des Schweizerischen Zivilgesetzbuches (SHR 210.100) vom 27. Juni 1911 Verordnung über die Betreibungskreise (SHR 281.101) vom 28. April 2009
SO	Verordnung zur Einführung des Bundesgesetzes über Schuldbetreibung und Konkurs sowie des Bundesgesetzes über die Schuldbetreibung gegen Gemeinden und andere Körperschaften des kantonalen öffentlichen Rechts (EV SchKG; BGS 123.321) vom 3. April 1996 Gesetz über die Gerichtsorganisation (GO; BGS 125.12) vom 13. März 1977 Gesetz über die Einführung des Schweizerischen Zivilgesetzbuches (BGS 211.1) vom 4. April 1954 Einführungsgesetz zur Schweizerischen Zivilprozessordnung (EG ZPO; BGS 221.2) vom 10. März 2010
SZ	Einführungsgesetz zum schweizerischen Zivilgesetzbuch (EGzZGB; SRSZ 210.100) vom 14. September 1978 Justizgesetz (JG; SRSZ 231.110) vom 18. November 2009 Einführungsgesetz zum Bundesgesetz über Schuldbetreibung und Konkurs (EgzSchKG; SRSZ 270.110) vom 25. Oktober 1974
TG	Einführungsgesetz zum Schweizerischen Zivilgesetzbuch (EG ZGB; RB 210.1) vom 3. Juli 1991 Gesetz über die Zivil- und Strafrechtspflege (ZSRG; RB 271.1) vom 17. Juni 2009 Verordnung des Obergerichts über die Zivil- und Strafrechtspflege (Zivil- und Strafrechtspflegeverordnung, ZSRV; RB 271.11) vom 27. Mai 2010 Verordnung des Regierungsrates über die Organisation der Betreibungsämter (VOB; RB 281.12) vom 12. Januar 2016
TI	Legge sull’organizzazione giudiziaria (RL TI 3.1.1.1) vom 10. Mai 2006 Legge di applicazione del codice di diritto processuale civile svizzero (LACPC; RL TI 3.3.2.1) vom 24. Juni 2006 Legge cantonale di applicazione della legge federale sulla esecuzione e sul fallimento (LALEF; RL TI 3.5.1.1) vom 12. März 1997 Legge di applicazione e complemento del Codice civile svizzero (RL TI 4.1.1.1) vom 18. April 1911

UR	Gesetz über die Organisation der richterlichen Behörden (Gerichtsorganisationsgesetz, GOG; RB 2.3221) vom 17. Mai 1992 Gesetz über die Einführung des Schweizerischen Zivilgesetzbuches (EG/ZGB; RB 9.2111) vom 3. März 1989 Gesetz über die Einführung des Bundesgesetzes über Schuldbetreibung und Konkurs (EG/SchKG; RB 9.2421) vom 1. Dezember 1996
VD	Loi d'organisation judiciaire (LOJV; RSV 173.01) vom 12. Dezember 1979 Loi d'introduction dans le Canton de Vaud du Code civil suisse (LVCC; RSV 211.01) vom 30. November 2010 Loi d'application dans le Canton de Vaud de la loi fédérale sur la poursuite pour dettes et la faillite (LVLP; RSV 280.05) vom 18. Mai 1955
VS	Gesetz über die Rechtspflege (RPflG; SGS 173.1) vom 11. Februar 2009 Organisationsreglement der Walliser Gerichte (SGS 173.100) vom 21. Dezember 2010 Ausführungsverordnung zum Einführungsgesetz zum Schweizerischen Zivilgesetzbuch (SGS 211.100) vom 4. Oktober 2000 Einführungsgesetz zur Schweizerischen Zivilprozessordnung (EGZPO; SGS 270.1) vom 11. Februar 2009 Einführungsgesetz zum Bundesgesetz über Schuldbetreibung und Konkurs (SGS 281.1) vom 20. Juni 1996 Ausführungsverordnung zur Gesetzgebung über Schuldbetreibung und Konkurs (SGS 281.100) vom 27. August 2008
ZG	Gesetz über die Organisation der Zivil- und Strafrechtspflege (Gerichtsorganisationsgesetz, GOG; BGS 161.1) vom 26. August 2010 Gesetz betreffend die Einführung des Schweizerischen Zivilgesetzbuches für den Kanton Zug (BGS 211.1) vom 17. August 1911 Einführungsgesetz zum Bundesgesetz über Schuldbetreibung und Konkurs (EG SchKG; BGS 231.1) vom 30. Januar 1997
ZH	Gesetz über die Gerichts- und Behördenorganisation im Zivil- und Strafprozess (GOG; LS 211.1) vom 10. Mai 2010 Einführungsgesetz zum Schweizerischen Zivilgesetzbuch (EG ZGB; LS 230) vom 2. April 1911 Einführungsgesetz zum Bundesgesetz über Schuldbetreibung und Konkurs (EG SchKG; LS 281) vom 26. November 2007

E. PROROGATION UND EINLASSUNG

Prorogation und **Einlassung** (Art. 17–18 ZPO) sind in SchKG-Verfahren grundsätzlich möglich. So sind etwa in Verträgen vereinbarte Gerichtsstands- und Schiedsklauseln auch für die Konkursmasse und die Abtretungsgläubiger verbindlich, nicht jedoch in Statuten vorgesehene Schiedsklauseln.[49] 2.53

Dies gilt aber nur, insoweit das SchKG keinen **zwingenden Gerichtsstand** vorsieht. Leider gibt das SchKG keine Hinweise darauf, ob ein Gerichtsstand zwingend ist oder nicht. Dies ist durch Auslegung der jeweiligen Norm des SchKG zu ermitteln; insofern ist auf die Rspr. und Lehre abzustellen.[50] 2.54

49 S. BGE 136 III 107, E. 2.5.
50 BK-Güngerich, Art. 46 ZPO N 38 ff.

2.55 Ein zwingender Gerichtsstand wird i.d.R. angenommen, wenn eine Klage gemäss SchKG am Ort der Betreibung, des Konkurses, des Arrests oder der Retention zu erheben ist.[51] Dies trifft in den folgenden Fällen zu:[52]

2.56 Allgemein bei Summarverfahren, wie z.B. bei:
- Aufhebung des Rechtsstillstands (Art. 57d SchKG);
- nachträglichem Rechtsvorschlag (Art. 77 Abs. 2 SchKG);
- Rechtsöffnungsbegehren (Art. 84 SchKG);
- Begehren um Einstellung oder Aufhebung der Betreibung (Art. 85 SchKG);
- Konkurseröffnung und Konkurswiderruf (Art. 52, Art. 54, Art. 171, Art. 189, Art. 190–196 SchKG);
- Bewilligung des Rechtsvorschlags in der Wechselbetreibung (Art. 181 SchKG);
- Bewilligung des Rechtsvorschlags bei der Betreibung aufgrund eines Konkursverlustscheins (Art. 265a Abs. 1 SchKG);
- Arrestbewilligung (Art. 272 SchKG);
- Zuständigkeit des Nachlassgerichts (Art. 293–336 SchKG).

2.57 Allgemein bei betreibungsrechtlichen Streitigkeiten mit Reflexwirkung auf das materielle Recht, wie etwa bei:
- Widerspruchsklagen (Art. 109 SchKG);
- Anschlussklagen (Art. 111 Abs. 5 SchKG);
- Lastenbereinigungsklagen (Art. 140 SchKG);
- Kollokationsklagen (Art. 148 Abs. 1, Art. 250, Art. 321 SchKG);
- Anfechtungsklagen (Art. 214, Art. 289 SchKG) vor der Konkurseröffnung / Nachlassliquidation bzw. Pfändung (strittig, ob danach möglich);
- Aussonderungsklagen (Art. 242 Abs. 2 SchKG).

2.58 Demgegenüber sind Prorogation und Einlassung mit Bezug auf die materiellrechtlichen Klagen, hinsichtlich welcher das SchKG Gerichtsstände begründet, generell zulässig.[53]

4. LEGITIMATION

2.59 Die Sachlegitimation betrifft die materiellrechtliche Berechtigung bzw. die Verpflichtung hinsichtlich des streitigen Anspruchs. Man spricht von Aktiv- und Passivlegitimation.[54] Bei der Sachlegitimation (Aktiv- bzw. Passivlegitimation) handelt es sich um eine Frage der materiellen Begründetheit des eingeklagten Anspruchs und nicht um eine Prozessvoraussetzung. Sie wird nicht vom Prozessrecht (wie z.B. die Prozessführungsbefugnis), sondern vom materiellen Recht

51 Brunner/Gasser/Schwander-ZILTENER, Art. 46 N 11.
52 S. VOCK/MÜLLER, 11 ff. m.w.H.
53 VOCK/MÜLLER, 13 m.w.H.; s. ferner Sutter-Somm/Hasenböhler/Leuenberger-TAKEI, Art. 46 N 8.
54 STAEHELIN/STAEHELIN/GROLIMUND, § 13 Rz. 20.

beantwortet. Fehlt einer Partei zum Urteilszeitpunkt die Sachlegitimation, lautet das Urteil folglich auf Abweisung (Sachurteil) und nicht etwa auf Nichteintreten (Prozessurteil).[55]

A. AKTIVLEGITIMATION

Die **Aktivlegitimation** ist die Berechtigung der prozessual aktiv werdenden Partei, einen Anspruch geltend zu machen. Es empfiehlt sich, die Aktivlegitimation gleich zu Beginn des materiellrechtlichen Teils der Eingabe an das Gericht oder die Behörde zu behaupten und zu begründen. 2.60

Von der Aktivlegitimation ist die **Prozessführungsbefugnis** zu unterscheiden. Hier geht es nicht darum, wem ein Anspruch zusteht. Vielmehr geht es darum, wer die Berechtigung hat, als Partei den Prozess um einen streitigen Anspruch zu führen. In der Regel fallen Sachlegitimation und Prozessführungsbefugnis zusammen (wer aktiv- oder passivlegitimiert ist, hat auch die Prozessführungsbefugnis): Die Person, welche die Prozessführungsbefugnis innehat, macht prozessual ihren eigenen Anspruch geltend, sei sie anwaltlich vertreten oder nicht.[56] 2.61

Indes gibt es Fälle, in denen aus Gründen des materiellen Rechts die Prozessführungsbefugnis dem Träger des streitigen Rechts entzogen ist und einem Dritten zusteht, m.a.W. Prozessführungsbefugnis und Sachlegitimation auseinanderfallen (z.B. beim Willensvollstrecker, Erbschaftsverwalter, Inhaber der elterlichen Sorge und Streitberufenen). Diesfalls liegt eine sog. **Prozessstandschaft** vor.[57] Ein Prozessstandschafter führt den Prozess aufgrund einer speziellen Gesetzesvorschrift selbst (und nicht etwa als Stellvertreter) und macht den Anspruch eines Dritten in eigenem Namen geltend.[58] 2.62

Im Rubrum einer Rechtsschrift wird nur diejenige Partei als «Klägerin» oder «Gesuchstellerin» usw. bezeichnet, die prozessführungsbefugt ist. Ausserdem ist ein gesetzlicher (von Gesetzes wegen vorgeschriebener) oder gewillkürter (freiwillig durch eine Vetretungsvollmacht eingesetzter) Vertreter der klagenden oder Gesuch stellenden Partei als solcher zu bezeichnen. Hingegen muss die Vornahme prozessualer Handlungen einer juristischen Person durch ihre Organe nicht zwingend erwähnt werden. Sie lässt sich jedoch mit dem Zusatz «handelnd durch» verdeutlichen: 2.63

Firma AG, Adresse, Postleitzahl, Ort	**Klägerin**
handelnd durch Frau A. Meier, Verwaltungsratspräsidentin, Adresse, PLZ Ort	
vertreten durch Herrn Z. Müller, Rechtsanwalt, Adresse, PLZ Ort	

55 Leuenberger/Uffer-Tobler, Rz. 5.24; KUKO ZPO-Domej, Art. 59 N 22.

56 Staehelin/Staehelin/Grolimund, § 13 Rz. 24ff.

57 Sutter-Somm, Rz. 192; Leuenberger/Uffer-Tobler, Rz. 3.82.

58 Was die Abtretung nach Art. 260 SchKG betrifft, s. unten, Rz. 2.71.

2.64 Im obigen Beispiel ist denkbar, dass die «Firma AG» ihre eigenen Ansprüche geltend macht, also Aktivlegitimation und Prozessführungsbefugnis zusammenfallen. Allerdings ist auch möglich, dass die «Firma AG» Ansprüche Dritter in eigenem Namen geltend macht (m.a.W. Prozessstandschaft vorliegt).

B. PASSIVLEGITIMATION

2.65 Passivlegitimiert ist diejenige Person, gegenüber welcher der Anspruch geltend zu machen ist. Auch die **Passivlegitimation** ergibt sich aus dem materiellen Recht. Daher führt das Fehlen der Passivlegitimation bei der beklagten Partei zur Abweisung der Klage, d.h. zu einem Sachurteil.

C. BESONDERE KONSTELLATIONEN DER LEGITIMATION

2.66 Das SchKG enthält keine Bestimmungen über die Streitgenossenschaft und Klagenhäufung.[59] Gleichwohl ist die Rechtslage, die sich aus der Rspr. und h.L. ergibt, weitgehend geklärt.

A) STREITGENOSSENSCHAFT

2.67 Bei der **notwendigen Streitgenossenschaft** müssen mehrere Personen, die an einem Rechtsverhältnis beteiligt sind, gemeinsam klagen oder beklagt werden, weil über das Rechtsverhältnis nur mit Wirkung für alle entschieden werden kann (Art. 70 Abs. 1 ZPO).

2.68 Falls die betreibenden Gläubiger materiellrechtlich nur gesamthaft beteiligt sind, die Erfüllung zu verlangen (z.B. Art. 222, Art. 342 und Art. 602 ZGB, Art. 544 Abs. 1 OR), kann eine notwendige Streitgenossenschaft bei den **betreibungsrechtlichen Klagen** und den **betreibungsrechtlichen Klagen mit Reflexwirkung** auf das materielle Recht vorliegen. Vorausgesetzt die Gläubiger haben den Schuldner gemeinsam betrieben, müssen sie gemeinschaftlich als klagende Parteien auftreten. Im Zahlungsbefehl werden sie alle einzeln aufgeführt.[60]

2.69 Dagegen ist eine notwendige Streitgenossenschaft auf der Schuldnerseite ausgeschlossen, mit Ausnahme der Betreibung einer Erbschaft gemäss Art. 49 SchKG. Der bzw. die Gläubiger können zwar mehrere Schuldner «gemeinsam» betreiben. Indessen stellt das Betreibungsamt jedem Schuldner einen eigenen Zahlungsbefehl mit eigener Betreibungsnummer zu. Damit werden die Betreibungsverfahren wie auch die eventuell nachfolgenden SchKG-Verfahren gesondert geführt.[61]

2.70 Demgegenüber ist bei **materiellrechtlichen Klagen** eine notwendige Streitgenossenschaft auf der Gläubiger- und Schuldnerseite generell möglich.[62]

59 S. BK-Güngerich, Art. 46 ZPO N 41.

60 Vock/Müller, 32.

61 Vock/Müller, 32.

62 Vock/Müller, 32.

Bei einer Abtretung gemäss **Art. 260 SchKG** müssen diejenigen Abtretungsgläubiger, die ihren Anspruch durchsetzen wollen, als notwendige Streitgenossen auftreten.[63] Solchenfalls liegt eine notwendige Streitgenossenschaft *sui generis* vor:[64] Jeder Abtretungsgläubiger kann im Prozess unabhängig von den anderen Streitgenossen seine eigenen Tatsachenbehauptungen aufstellen und seinen eigenen Rechtsstandpunkt vertreten.[65] Ausserdem kann jeder Abtretungsgläubiger ohne präjudizielle Wirkung für die anderen Abtretungsgläubiger einen Vergleich abschliessen oder auf die Weiterführung des Prozesses verzichten.[66] 2.71

Gläubiger können in SchKG-Prozessen als **einfache Streitgenossen** gemäss Art. 71 ZPO auftreten und einen Schuldner gemeinsam betreiben oder verklagen.[67] Dies kann etwa der Fall sein bei Solidarforderungen nach Art. 150 OR sowie bei Widerspruchs- und Kollokationsklagen.[68] Hingegen ist eine einfache Streitgenossenschaft auf der Schuldnerseite grundsätzlich nicht möglich. Mehrere Schuldner können zwar «gemeinsam» betrieben werden. Allerdings stellt das Betreibungsamt jedem Schuldner einen eigenen Zahlungsbefehl mit eigener Betreibungsnummer zu; die Betreibungsverfahren werden gesondert geführt.[69] 2.72

B) STREITVERKÜNDUNG

Falls eine Partei für den Fall ihres Unterliegens eine dritte Person belangen will oder den Anspruch einer dritten Person fürchtet, kann sie diese auffordern, sie im Prozess zu unterstützen (Art. 78 Abs. 1 ZPO).[70] Ein **Streitverkündungsgrund** liegt gewöhnlich bei allen Rechtsverhältnissen vor, aus denen sich ein materieller Anspruch auf Gewährleistung, Regressnahme oder Schadloshaltung herleiten lässt.[71] 2.73

Die **betreibungsrechtlichen Klagen** haben nicht die Entscheidung materiellrechtlicher Ansprüche zum Gegenstand.[72] Solchenfalls wirken Entscheide lediglich innerhalb des betreffenden Schuldbetreibungsverfahrens und binden grundsätzlich nur die Verfahrensparteien.[73] Daher entfalten sie keine materielle Rechtskraft und können einem potentiellen Streitberufenen nicht entgegengehalten werden. Folglich hat ein allfälliger Streitverkünder kein rechtliches Interesse an einer Streitverkündung nach Art. 78 Abs. 1 ZPO. Letztere ist somit nicht zulässig. 2.74

Dasselbe trifft auf die **betreibungsrechtlichen Klagen mit Reflexwirkung** auf das materielle Recht zu. Über materielle Ansprüche wird nur vorfrageweise entschieden; dabei erwachsen die 2.75

---

63 STAEHELIN/STAEHELIN/GROLIMUND, § 13 Rz. 43; BSK ZPO-RUGGLE, Art. 70 N 19.

64 BGE 121 III 488, E. 2c.

65 Sutter-Somm/Hasenböhler/Leuenberger-STAEHELIN/SCHWEIZER, Art. 70 N 43.

66 BGer 4C.263/2004 vom 23.5.2005, E. 1.1; BGE 121 III 488, E. 2e.

67 STÜCHELI, 71; KUKO SchKG-VOCK, Art. 84 N 5.

68 S. BSK ZPO-RUGGLE, Art. 71 N 26.

69 VOCK/MÜLLER, 33.

70 Sutter-Somm/Hasenböhler/Leuenberger-TAKEI, Art. 78 N 14.

71 BGE 120 III 143, E. 1; 100 II 24, E. 1; 90 II 404, 408 f.

72 S. AMONN/WALTHER, § 4 Rz. 51.

73 SPÜHLER, Rz. 74.

Entscheide grundsätzlich nicht in materielle Rechtskraft, sondern gelten nur für das betreffende Verfahren.[74] Demgemäss ist auch hier keine Streitverkündung zulässig.

2.76 Hingegen haben bei den **materiellrechtlichen Klagen** die sie betreffenden Urteile volle materielle Rechtskraft.[75] Mithin ist eine Streitverkündung nach Massgabe von Art. 78 ZPO zulässig.

C) AUSLÄNDISCHE KONKURSVERWALTUNG

2.77 Gemäss der Rspr. ist eine **ausländische Konkursverwaltung** lediglich zum Antrag auf Anerkennung des ausländischen Konkursdekrets und auf Anordnung sichernder Massnahmen legitimiert.[76] Zudem kann sie die Anfechtungsklage nach Art. 285–292 SchKG erheben; allerdings nur, nachdem das ausländische Konkursdekret in der Schweiz anerkannt worden ist, und vorausgesetzt, das inländische Konkursamt und allfällige Abtretungsgläubiger verzichten auf die Erhebung der Klage.[77]

2.78 Zur Anhebung der übrigen SchKG-Klagen ist die ausländische Konkursverwaltung nicht legitimiert.[78]

5. STREITWERT

2.79 Beim Streitwert handelt es sich um den in Geld ausgedrückten Wert, um den prozessiert wird.[79] Er bemisst sich nach der Höhe des eingeklagten Anspruchs (in einer bestimmten Währung), indessen ohne Zinsen,[80] Kosten und den Streitwert allfälliger Eventualbegehren (Art. 91 ZPO).[81]

2.80 Damit der Streitgegenstand einen Streitwert aufweisen kann, muss er **vermögensrechtlicher Natur** sein, d. h. sein Rechtsgrund muss letzten Endes im Vermögensrecht verankert sein. Das ist der Fall, wenn mit der Klage ein überwiegend wirtschaftlicher Zweck verfolgt wird – unabhängig davon, ob der Anspruch explizit in Geld ausgedrückt oder bloss geschätzt wird und ob ferner die Schätzung (Art. 91 Abs. 2 ZPO) allenfalls Schwierigkeiten bereitet.[82] Beispielsweise nimmt die Praxis bei der Klage auf Ausstellung eines Arbeitszeugnisses einen Streitwert von einem Monats-

74 SPÜHLER, Rz. 74 ff.; AMONN/WALTHER, § 4 Rz. 53 f.

75 BGer 5P.337/2006 vom 27.11.2006, E. 4 m.w.H.

76 BGE 137 III 374, E. 3 m.w.H.; 135 III 40, E. 2.5.1.

77 BGE 137 III 374, E. 3; s. weiter BGE 135 III 40, E. 2.5.1; 134 III 366, E. 9; 129 III 683, E. 5.3.

78 Insbesondere gilt es zu beachten, dass auch im Rahmen eines Anschlusskonkurses ausschliesslich das schweizerische Konkursamt befugt ist, die zur ausländischen Konkursmasse gehörenden Rechte (mit Bezug auf in der Schweiz gelegenes Vermögen) auszuüben. M.a.W. hat eine ausländische Konkursverwaltung auch solchenfalls keine Befugnisse, eine SchKG-Klage zu erheben. S. BGE 135 III 40, E. 2.5.1.

79 SPÜHLER/DOLGE/GEHRI, Kap. 6 Rz. 59.

80 Einerlei, ob es sich um gesetzliche oder vertragliche Zinsen handelt; vgl. BGE 118 II 363, 364 f.

81 S. BK-STERCHI, Art. 91 ZPO N 6 ff. m.w.H.

82 Sutter-Somm/Hasenböhler/Leuenberger-STEIN-WIGGER, Art. 91 N 5 m.w.N.

lohn an,[83] bei nicht unbedeutenden Zeichen für Marken einen Wert von CHF 50 000.– bis CHF 100 000.–[84].

Nicht vermögensrechtlich ist der Streitgegenstand nur, falls er sich seiner Natur nach nicht in Geld ausdrücken lässt.[85] 2.81

Für die Feststellung des Streitwerts ist die Höhe massgeblich, wie sie aus den Parteibehauptungen hervorgeht. Stimmt die Höhe überein, ist das Gericht grundsätzlich daran gebunden (Art. 91 Abs. 2 ZPO). Divergiert sie, ist die höher geschätzte Streitsumme relevant.[86] Eine Parteibehauptung ist für das Gericht aber unverbindlich, wenn sie nachweislich auf sachfremden Motiven beruht, so etwa, wenn sie auf die Beeinflussung des anwendbaren Verfahrens oder der Höhe der Gerichtsgebühr abzielt. Dies kann aus der vorprozessualen Korrespondenz und anderweitigen Parteibehauptungen hervorgehen. 2.82

Jedenfalls ist für die Feststellung des Streitwerts ein objektiver Massstab anzuwenden.[87] Bei nicht auf Geld lautenden Klagen gilt für den Streitwert Folgendes: Bei Leistungsklagen richtet er sich nach dem Wert der geforderten Sache (Verkehrs- oder Marktwert), bei Unterlassungsklagen nach dem Wert, den die geforderte Unterlassung hat (bspw. deren kapitalisierter Wert bzw. kapitalisierte Auswirkung auf einen Verkehrs- oder Mietwert), bei Feststellungklagen nach dem Wert des Rechts oder Rechtsverhältnisses, das es festzustellen oder zu negieren gilt (Verkehrs- oder Marktwert), und bei Gestaltungsklagen nach dem Wert des Rechts oder Rechtsverhältnisses, das begründet, beseitigt oder umgestaltet werden soll (Verkehrs- oder Marktwert).[88] 2.83

Das vorliegende Werk geht bei den einzelnen Behelfen unter der Rubrik «Streitwert» kurz auf dessen Berechnung ein, sofern sie potentiell Schwierigkeiten bereiten kann. 2.84

Im Prozessrecht hängen vom Streitwert oft weitere Faktoren ab, etwa die Verfahrensart (Streitwerterfordernis für das vereinfachte Verfahren, Art. 243 Abs. 1 ZPO), die sachliche Zuständigkeit (vgl. Art. 4 ZPO, der in Abs. 2 den Kantonen erlaubt, die sachliche Zuständigkeit vom Streitwert abhängig zu machen[89]), die Bemessung der Gerichtsgebühren sowie der Prozessentschädigung (Art. 95–98 ZPO) und die Zulässigkeit eines Rechtsmittels (vgl. Art. 308 Abs. 2 ZPO).[90] 2.85

---

83 BGer 8C_151/2010 vom 31.8.2010, E. 2 m.w.H. Zu berücksichtigen sind alle Bestandteile, die Lohncharakter haben.

84 STAEHELIN/STAEHELIN/GROLIMUND, § 15 Rz. 5.

85 BK-STERCHI, Art. 91 ZPO N 22. Bsp. bei Sutter-Somm/Hasenböhler/Leuenberger-STEIN-WIGGER, Art. 91 N 7 f. m.w.N.

86 BGE 109 II 245, E. 1; 92 II 62, E. 4.

87 Sutter-Somm/Hasenböhler/Leuenberger-STEIN-WIGGER, Art. 91 N 15 m.w.H.

88 S. ferner SPÜHLER/DOLGE/GEHRI, Kap. 6 Rz. 59; BK-STERCHI, Art. 91 ZPO N 2 ff.

89 Die Kantone können die sachliche Zuständigkeit aber ebenfalls von der Natur des Anspruchs (z.B. Miet-, Arbeits-, Handelsrecht) oder von der Verfahrensart abhängig machen; vgl. KUKO ZPO-HAAS/SCHLUMPF, Art. 4 N 1.

90 KUKO ZPO-VAN DE GRAAF, Art. 91 N 6 ff.

6. FRISTEN

A. FRISTENARTEN

2.86 Es gibt verschiedene Arten von Fristen; vorliegend interessieren vorderhand die prozessualen Fristen. **Prozessuale Fristen** lassen das Recht zur Geltendmachung des Anspruchs verwirken (Verwirkungsfristen).[91] Dagegen lassen etwa Verjährungsfristen den Anspruch nicht untergehen, sondern schränken dessen Durchsetzbarkeit ein.

2.87 Im Einzelnen gibt es gesetzliche und gerichtliche prozessuale Fristen:

2.88 Die **gesetzlichen Fristen** ergeben sich aus einer Bestimmung des Prozessrechts. Sie sind grundsätzlich nicht erstreckbar (Art. 144 Abs. 1 ZPO und Art. 47 Abs. 1 BGG). Mit ihrem Ablauf lässt sich der Prozess nicht mehr (fort-)führen.

2.89 Das SchKG sieht i.d.R. Fristen vor, innert welchen eine Klage zu erheben ist. Dabei handelt es sich um sog. betreibungsrechtliche Verwirkungsfristen, deren Einhaltung das Gericht als Prozessvoraussetzung von Amtes wegen zu prüfen hat (Art. 60 ZPO). Falls das SchKG dazu keine besonderen Regeln aufstellt, sind für die Berechnung, den Lauf und die Einhaltung der Fristen die Bestimmungen der ZPO anwendbar (Art. 31 SchKG).

2.90 Die **gerichtlichen Fristen** werden vom Einzel- oder Kollegialgericht (meist von der Person, welche die Verfahrensleitung innehat) festgesetzt. Sie können auf begründetes Gesuch vor Ablauf der Frist bei Nachweis zureichender Gründe erstreckt werden (Art. 144 Abs. 2 ZPO und Art. 47 Abs. 2 BGG). An diesen Nachweis sind keine grossen Anforderungen zu knüpfen. Im Übrigen sind Fristen zu erstrecken, falls die Gegenpartei ihr Einverständnis abgibt. Kollegiales Verhalten unter Rechtsvertretern gebietet grundsätzlich ein betreffendes Entgegenkommen auf die andere Prozesspartei.

2.91 Übrigens wird die letztmalige, grundsätzlich nicht verlängerbare Fristerstreckung in kantonalen Prozessgesetzen oft peremptorische Fristerstreckung genannt.[92]

2.92 Im Vorliegenden weisen wir auf die gesetzlichen Verwirkungs- und ggf. auch auf Verjährungsfristen hin.

B. FRISTENLAUF

2.93 Fristen, die durch eine Mitteilung oder den Eintritt eines Ereignisses ausgelöst werden, beginnen am nächstfolgenden Tag zu laufen (Art. 142 Abs. 1 ZPO). Ist eine Partei im Verfahren vertreten, ist auf den Eingang der Mitteilung beim Vertreter abzustellen.[93] Falls der letzte Tag einer Frist auf

91 Staehelin/Staehelin/Grolimund, § 17 Rz. 6.

92 Sutter-Somm, Rz. 744; Staehelin/Staehelin/Grolimund, § 17 Rz. 6.

93 BSK ZPO-Benn, Art. 142 N 15.

einen Samstag, Sonntag oder anerkannten Feiertag fällt, endet sie am nächsten Werktag (Art. 142 Abs. 3 ZPO). Die Frist wird mit Einreichung der Eingabe beim Gericht bzw. mit Postaufgabe gewahrt (Art. 143 Abs. 1 ZPO).

Die Rechtshängigkeit tritt mit Einreichung der Klage oder ggf. des Schlichtungsgesuchs ein (Art. 62 ZPO). Wird die Klage bei einem unzuständigen Gericht oder fälschlicherweise bei einer Schlichtungsbehörde eingereicht (obwohl das Schlichtungsverfahren entfällt), gilt als Zeitpunkt der Rechtshängigkeit das Datum der ersten Einreichung, falls die klagende Partei ihre Eingabe innerhalb einer **Nachfrist** seit dem Rückzug oder dem Nichteintretensentscheid bei der zuständigen Schlichtungsbehörde oder beim zuständigen Gericht neu eingereicht hat (Art. 63 ZPO).[94] Es findet keine Überweisung von Amts wegen statt.[95] 2.94

Die Nachfrist beträgt grundsätzlich einen Monat (Art. 63 Abs. 1 ZPO); allerdings sind die gesetzlichen Klagefristen des SchKG vorbehalten (Art. 63 Abs. 3 ZPO). Letzterenfalls wird die Frist je nachdem verkürzt (bspw. auf zwanzig Tage bei der Aberkennungs- [Art. 83 Abs. 2 SchKG] und der Kollokationsklage [Art. 148 Abs. 1, Art. 250 SchKG] und auf zehn Tage bei der Lastenbereinigungsklage [Art. 140 SchKG]), nicht aber verlängert (etwa bei der paulianischen Anfechtungsklage [Art. 285–292 SchKG]).[96] 2.95

Das Gericht bzw. die Behörde kann auch eine Nachfrist ansetzen, um mangelhafte («verbesserliche») Eingaben zu verbessern, ansonsten die Eingabe als nicht erfolgt gilt (Art. 132 ZPO für Eingaben vor Gericht; Art. 32 Abs. 4 SchKG für Eingaben an Vollstreckungs- und Aufsichtsbehörden[97]). Unabhängig davon legt Art. 56 ZPO bei unklaren, widersprüchlichen, unbestimmten oder unvollständigen Vorbringen eine **gerichtliche Fragepflicht** fest. 2.96

Als Sonderregelung zu Art. 148–149 ZPO regelt Art. 33 SchKG die Änderung und **Wiederherstellung** der Fristen. Nach dieser Bestimmung kann eine versäumte Frist bei absolut unverschuldeter Verhinderung wiederhergestellt werden (Art. 33 Abs. 4 SchKG).[98] 2.97

94 Ob dies auch zutrifft, wenn eine Klage anstatt beim Gericht fälschlicherweise beim Betreibungsamt oder bei der Aufsichtsbehörde eingereicht wird, ist strittig; s. BSK SchKG I-Nordmann, Art. 32 N 6. Hat jemand aber bewusst oder absichtlich eine falsche Behörde oder Instanz angerufen, findet keine Weiterleitung statt; s. BSK SchKG EB-Staehelin, Art. 32 ad N 6b mit Verweis auf OGer ZH vom 22.5.2012, CAN 2012, Nr. 80. Die Beschwerdefrist von Art. 17 Abs. 2 SchKG ist wohl gewahrt, wenn die Beschwerde anstatt bei der Aufsichtsbehörde beim erstinstanzlichen Gericht eingereicht wird; s. BSK SchKG EB-Staehelin, Art. 32 ad N 6a mit Verweis auf AB BL, 24.4.2012, 420 12 64, E. 1.

95 Botschaft ZPO, 7277.

96 Vock/Müller, 14 f.

97 BSK SchKG I-Nordmann, Art. 32 N 15.

98 Hierzu BGer 7B.171/2005 vom 26.10.2005, E. 3.2.3.

C. FRISTENSTILLSTAND

2.98 Die **Gerichtsferien** und mithin der Fristenstillstand sind in Art. 145 Abs. 1 ZPO geregelt. Indessen sind die summarischen Verfahren ausgenommen (Art. 145 Abs. 2 lit. b ZPO); weiter sind die SchKG-Bestimmungen über die Betreibungsferien und den Rechtsstillstand vorbehalten (Art. 145 Abs. 4 ZPO).

2.99 Daraus ergibt sich Folgendes:

2.100 Für **SchKG-Klagen im Summarverfahren** gelten keine Gerichtsferien. Falls ein Summarentscheid jedoch in eine Betreibungshandlung[99] mündet, gelten die Betreibungsferien (Art. 56 Abs. 1 lit. b SchKG). Sollte ein derartiger Entscheid während der Betreibungsferien ergehen, wirkt er deshalb erst nach deren Ablauf.

- Dies trifft etwa zu auf die Rechtsöffnung (Art. 80–84 SchKG), die Konkurseröffnung (Art. 171, Art. 189 SchKG) und die Klage über die Feststellung neuen Vermögens (Art. 265a SchKG).
- Dagegen nehmen Arrestverfahren (Art. 271–281 SchKG) und Summarangelegenheiten des Nachlassverfahrens während der Betreibungsferien ohne Weiteres ihren Lauf (Art. 56 Abs. 1 SchKG).[100]

2.101 Für die **materiellrechtlichen Klagen** und die **Klagen mit Reflexwirkung** auf das materielle Recht gilt ausschliesslich das Fristenrecht der ZPO (strittig).[101]

7. KOMBINATIONSMÖGLICHKEITEN

2.102 Es gibt eine Vielzahl von Möglichkeiten, mehrere Behelfe miteinander zu kombinieren. Die unterschiedlichen Kombinationsmöglichkeiten und Varianten hängen vom einzelnen Sachverhalt, vom Parteistandpunkt und von der Prozessstrategie ab. Entsprechend ist eine Vielzahl von Kombinationsmöglichkeiten denkbar.

2.103 Wo eine **Kombination** regelmässig naheliegt oder in bestimmter Konstellation sinnvoll ist, gehen wir auf sie ein.

99 Dazu BGE 121 III 88, E. 6c/aa.

100 S. Gasser/Rickli, Art. 145 N 6.

101 Vock/Müller, 16; a.M. etwa BSK SchKG I-Bauer, Art. 63 N 8, gemäss welchem Art. 63 SchKG nicht nur auf Betreibungshandlungen Anwendung findet, sondern ebenfalls auf die im Zusammenhang mit Gerichtsverfahren ergehenden Fristen.

8. MÖGLICHE RECHTSBEGEHREN

Die klagende Partei gibt mit dem **Rechtsbegehren** (im Rahmen des Dispositionsgrundsatzes, Art. 58 ZPO) bekannt, was sie vom Gericht zugesprochen erhalten will. Zusammen mit dem behaupteten Lebensvorgang umschreibt das Rechtsbegehren den Streitgegenstand. Es muss so bestimmt und bei vermögensrechtlichen Streitigkeiten so beziffert sein, dass es bei Gutheissung der Klage zum Dispositiv des Urteils gemacht und ohne weitere Verdeutlichung vollstreckt werden kann.[102] Wer vor der Frage steht, welche Rechtsbegehren er stellen will und in welcher Weise dies zu erfolgen hat, hat sich mithin das erwünschte Urteilsdispositiv vor Augen zu halten.[103] 2.104

Die klagende Partei kann ihre Rechtsbegehren jederzeit reduzieren. Hingegen kann sie ein einmal gestelltes Rechtsbegehren nur unter den Voraussetzungen der Klageänderung (Art. 227 und Art. 230 ZPO) abändern oder erweitern.[104] 2.105

Die Rechtsbegehren werden in der deutschsprachigen Schweiz i.d.R. auf der zweiten Seite nach dem Rubrum aufgeführt. In der französischsprachigen Schweiz ist es üblich, die Rechtsbegehren als «conclusions» an den Schluss zu setzen. Erstere Lösung hat den Vorteil, dass der Verfasser einer Rechtsschrift seine Anträge vorausschickt. Damit wird der Leser vorab auf den Grund und die Erheblichkeit der nachfolgenden Parteibehauptungen aufmerksam gemacht und darauf hingelenkt.[105] 2.106

Eventual- und Subeventualbegehren ermöglichen es, alternative Rechtsbegehren in absteigender Prioritätenfolge zu stellen. Für den Fall der Abweisung des Hauptbegehrens ist dem Eventualbegehren zu folgen. Das Subeventualbegehren wird für den Fall der Abweisung des Haupt- und des Eventualbegehrens gestellt.[106] Die ZPO lässt es zu, dass mit dem Eventualbegehren mehr (höherer Streitwert) verlangt wird als mit dem Hauptbegehren.[107] Da für die Streitwertberechnung gemäss Art. 91 Abs. 1, Satz 2 ZPO der Streitwert des Hauptbegehrens massgebend ist, kann dies indessen zu Schwierigkeiten bei der Streitwertberechnung führen.[108] 2.107

Ein Prozess verursacht Prozesskosten. Dabei handelt es sich um die Kosten für das Tätigwerden des Gerichts (Gerichtskosten, sog. «ordinaria / ordentliche Kosten», abgekürzt «o.») und für die 2.108

102 BGer 5A_36/2009 vom 6.3.2009, E. 2; BK-Killias, Art. 221 ZPO N 8.

103 Hafter, Rz. 826.

104 Sutter-Somm/Hasenböhler/Leuenberger-Leuenberger, Art. 221 N 27.

105 Hafter, Rz. 833 ff.

106 Leuenberger/Uffer-Tobler, Rz. 6.6

107 BSK ZPO-Rüegg, Art. 91 N 5. Dies, weil die ZPO auch die mit dem Eventualbegehren verwandte Klageänderung in weiten Bereichen zulässt; vgl. Staehelin/Staehelin/Grolimund, § 10 Rz. 44.

108 Die Lehre folgt daraus, dass entgegen dem Wortlaut von Art. 91 Abs. 2 ZPO der Wert des Eventualbegehrens in die Streitwertberechnung einfliessen soll; vgl. Sutter-Somm/Hasenböhler/Leuenberger-Stein-Wigger, Art. 91 N 38 m.w.H.

Entschädigung der Gegenpartei (Parteikosten, sog. «extraordinaria / ausserordentliche Kosten», abgekürzt «ao.» oder «e.»).[109]

2.109 Die **Kostenverteilung** wird im Urteilsdispositiv geregelt. Das bedeutet, dass in den Rechtsbegehren die Art und Weise ihrer Verteilung beantragt werden muss. Fehlt diesbezüglich ein Begehren, urteilt das Gericht (bei der Dispositionsmaxime) nicht darüber.

2.110 Bei den einzelnen Schemata zu den Behelfen findet sich das Begehren um die Verteilung der Prozesskosten (ordentliche Kosten, «Kostenfolge») und Parteikosten (ausserordentliche Kosten, «Entschädigungsfolge») als letztes Rechtsbegehren, d.h. nach den Rechtsbegehren betreffend die Streitsache, aber vor den Verfahrensanträgen: «Unter Kosten- und Entschädigungsfolge zu Lasten des / der Beklagten.»

2.111 Alternativ kann neben den «Rechtsbegehren» und den «Verfahrensanträgen» ein Titel betreffend «Kosten» aufgeführt und das Begehren dort gestellt werden.

2.112 Von den Rechtsbegehren sind die **Verfahrensanträge** zu unterscheiden. Die Verfahrensanträge beeinflussen den laufenden Prozess, beenden ihn jedoch nicht ganz oder teilweise. Mittels einer sog. prozessleitenden Verfügung (Art. 124 Abs. 1, Satz 2 ZPO) trifft das Gericht alle Anordnungen, die für die ordnungsgemässe Abwicklung des Prozesses und Vorbereitung des Urteils nötig sind, ohne sich allerdings über die Zulässigkeit oder Begründetheit der gestellten Ansprüche zu äussern. Verfahrensanträge betreffen z.B. Fristerstreckungen, den Kostenerlass, die Anordnung von Expertisen, die Sistierung des Prozesses und vorsorgliche Massnahmen (diese werden im summarischen Verfahren entschieden, Art. 248 lit. d ZPO).[110]

2.113 Verfahrensleitende Verfügungen lassen sich ggf. mit eigens dafür vorgesehenen Rechtsmitteln (v.a. Einsprache) anfechten. Erledigt werden sie mit einem Zwischenentscheid.

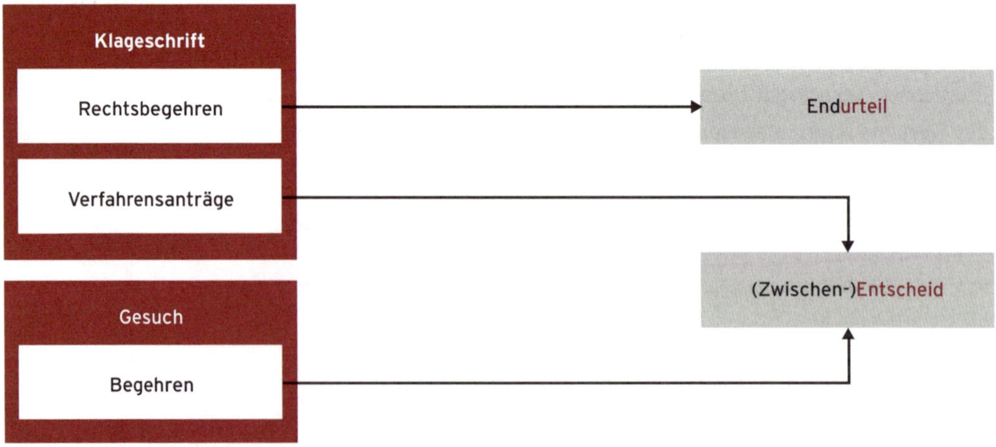

109 SUTTER-SOMM, Rz. 663; STAEHELIN/STAEHELIN/GROLIMUND, § 16 Rz. 1.

110 STAEHELIN/STAEHELIN/GROLIMUND, § 17 Rz. 18; KUKO ZPO-WEBER, Art. 124 N 3.

Das **Gesuch um unentgeltliche Rechtspflege** wird meistens zusammen mit der ersten Prozessschrift gestellt.[111] Es handelt sich um ein eigenständiges Gesuch, worüber im summarischen Verfahren entschieden wird (Art. 119 Abs. 3 ZPO). Auch wenn in der Praxis das Gesuch um unentgeltliche Prozessführung oftmals als Rechtsbegehren in einer Klageschrift gestellt wird, ist das Gesuch als Verfahrensantrag zu stellen. 2.114

Entscheidet sich der Verfasser einer Rechtsschrift für die Unterteilung «Rechtsbegehren», «Verfahrensanträge» und «Kosten», kann die Frage nach der unentgeltlichen Rechtspflege auch unter dem Punkt «Kosten» aufgeführt werden. Da die Verfahrensleitung die Verfahrensanträge üblicherweise prioritär behandelt, raten wir von dieser Vorgehensweise ab, um nicht Gefahr zu laufen, dass das Gericht die Anträge bei einer ersten Konsultation der Rechtsschrift überliest. 2.115

Auf Antrag der obsiegenden Partei kann das Gericht im Erkenntnisverfahren in seinem Entscheid **Vollstreckungsmassnahmen** anordnen (Art. 337 ZPO), sodass sich ein späterer Gang zum Vollstreckungsgericht erübrigt (Art. 236 Abs. 3 ZPO; s. indes Art. 337 Abs. 2 i.V.m. Art. 341 Abs. 3 ZPO). So kann der Entscheid der verpflichteten Partei eine Frist für die Herausgabe des Streitobjekts setzen und zugleich die Polizei mit der Wegnahme oder Räumung beauftragen, wenn diese Frist nicht eingehalten wird.[112] Insbesondere ist eine interkantonale direkte Vollstreckung möglich.[113] 2.116

Diese Möglichkeit ist stets vor Augen zu halten. Die vorliegend vorgeschlagenen Rechtsbegehren enthalten um der Kürze willen keine entsprechende Formulierung.[114] 2.117

Bei der **Formulierung** der Rechtsbegehren sind naturgemäss viele Varianten denkbar. Die in diesem Werk vorgeschlagenen Rechtsbegehren dienen lediglich dazu, eine Vorstellung zu bekommen, wie sie lauten könnten. Ihre Ausgestaltung ist individuell und kantonal unterschiedlich. Eherne Regel ist jedenfalls, dass die Rechtsbegehren so allgemein wie möglich zu halten sind. Begründungen (wie z.B. Verweise auf Gesetzesbestimmungen) sind nie aufzuführen;[115] Bedingungen sind zu unterlassen.[116] Im Zweifelsfall sind die Begehren zu «vereinfachen». Sollten die Rechtsbegehren (aus anwaltlicher Vorsicht) einer Erläuterung bedürfen, sind betreffende Ausführungen im formellen Teil der Rechtsschrift anzustellen. 2.118

Im Übrigen hängt es von den kantonalen Gepflogenheiten ab, ob (ggf.) bei den Kostenfolgen die **Mehrwertsteuern** eigens zu beantragen sind oder nicht («Unter Kosten- und Entschädigungs- 2.119

---

111 Sutter-Somm/Hasenböhler/Leuenberger-Emmel, Art. 119 N 2; BK-Bühler, Art. 119 ZPO N 80 ff.

112 Sutter-Somm, Rz. 1527.

113 Botschaft ZPO, 7383.

114 Beispiel für eine Standardformulierung: «Es sei der Beklagte unter Androhung der Bestrafung nach Art. 292 StGB (Busse) *und der Zwangsvollstreckung im Unterlassungsfall[, namentlich* (allenfalls genauere Spezifikation, wie z.B. «Räumung bzw. Wegnahme durch die Polizei XY»)*]* zu verpflichten, […]».

115 Sutter-Somm/Hasenböhler/Leuenberger-Leuenberger, Art. 221 N 25 a.E.

116 KUKO ZPO-Naegeli/Richers, Art. 221 N 5.

folge *zzgl. MwSt*[117] zulasten des Beklagten»).[118] U.E. ist eine solche Präzisierung nicht erforderlich. Denn die Mehrwertsteuern sind (ggf.) Teil des anwaltlichen Aufwands bzw. der Parteikosten, deren Erstattung mit dem Rechtsbegehren gerade gefordert wird.

9. VORAUSSETZUNGEN

2.120 Wir erörtern ebenfalls die **Voraussetzungen**, die für die erfolgreiche Durchsetzung eines Behelfs erfüllt sein müssen.

10. BESONDERHEITEN

2.121 Unter den «Besonderheiten» nennen wir diejenigen Aspekte, die wir als speziell beachtenswert erachten oder die es beim betreffenden Behelf grundsätzlich zu bedenken gilt.

11. RECHTSMITTEL

2.122 Ein Entscheid kann auf Antrag einer Partei überprüft und ggf. aufgehoben oder abgeändert werden. Diesem Zweck dienen die Rechtsmittel.[119] Zu den Rechtsmitteln gehören die Berufung (Art. 308–318 ZPO), die Beschwerde (Art. 319–327a. ZPO), die Revision (Art. 328–333 ZPO) sowie die Erläuterung und Berichtigung (Art. 334 ZPO). Auf Bundesebene stehen mit Bezug auf SchKG-Angelegenheiten als Rechtsmittel im Wesentlichen die Beschwerde in Zivilsachen (Art. 72–77 BGG) und die subsidiäre Verfassungsbeschwerde (Art. 113–119 BGG) offen.

2.123 In der Literatur wird zwischen Rechtsmitteln und Rechtsbehelfen unterschieden: **Rechtsmittel** bezwecken die Aufhebung oder Abänderung eines Entscheids, **Rechtsbehelfe** dessen Klarstellung.[120] Entsprechend sind die Erläuterung und die Berichtigung als Rechtsbehelfe zu bezeichnen.[121]

2.124 Neben den Rechtsmitteln, welche die ZPO vorgibt, finden sich weitere in Spezialerlassen. So kann nach Art. 307 SchKG der Entscheid des Nachlassgerichts über die Bestätigung eines Nachlassvertrags beim oberen Nachlassgericht – sofern ein solches im fraglichen Kanton besteht – angefochten werden.

117 Der aktuelle Mehrwertsteuersatz (gegenwärtig 8%) ergibt sich aus dem Gesetz. Das Gericht kennt ihn von Amtes wegen. Mithin ist dessen Bezifferung nicht erforderlich.

118 S. bspw. das Kreisschreiben der Verwaltungskommission des Obergerichts des Kantons Zürich vom 17. Mai 2006 über die Mehrwertsteuer.

119 SUTTER-SOMM, Rz. 1290; STAEHELIN/STAEHELIN/GROLIMUND, § 25 Rz. 1.

120 SPÜHLER/DOLGE/GEHRI, Kap. 12 Rz. 1.

121 Sutter-Somm/Hasenböhler/Leuenberger-FREIBURGHAUS/AFHELDT, Art. 334 N 3.

Ob ein Rechtsmittel zur Anfechtung eines Entscheids im Einzelfall gegeben ist, hängt von verschiedenen Voraussetzungen ab. Auf sie gehen wir bei den einzelnen Behelfen im Punkt «Rechtsmittel» ein. 2.125

Im Folgenden beschreiben wir die gängigen Rechtsmittel: 2.126

A. BERUFUNG

Erstinstanzliche End- und Zwischenentscheide sind unabhängig von der Verfahrensart grundsätzlich mit der Berufung gemäss Art. 308–318 ZPO anfechtbar, falls der Streitwert mindestens CHF 10 000.– beträgt (Art. 308 ZPO). Massgeblicher Zeitpunkt für die Streitwertberechnung ist die Fällung des vorinstanzlichen Entscheids.[122] M. a. W. sind vorher erklärte Anerkennungen oder Rückzüge einzelner Begehren zu berücksichtigen (Art. 308 Abs. 2 ZPO). 2.127

SchKG-Klagen mit einem Streitwert unter CHF 10 000.– sind nicht berufungs-, sondern ggf. beschwerdefähig (Art. 319 lit. a ZPO) (hierzu unten, Rz. 2.135 ff.). 2.128

Folgende SchKG-Klagen sind unter Beachtung des Streitwerterfordernisses **berufungsfähig**:[123] 2.129

Rein materiellrechtliche Klagen: 2.130
- Verantwortlichkeitsklage (Art. 5 SchKG), allerdings nur, falls ein Kanton die ZPO für anwendbar erklärt;
- Anerkennungsklage (Art. 79 SchKG);
- Aberkennungsklage (Art. 83 Abs. 2 SchKG);
- ggf. Feststellungsklage (Art. 85a SchKG) (offenbar strittig[124]);
- Rückforderungsklage (Art. 86 Abs. 2, Art. 187 SchKG);
- Schadenersatzklage gegen den Ersteigerer (Art. 129 Abs. 4 SchKG);
- Admassierungsklage (Art. 242 Abs. 3 SchKG);
- Arrestschadenersatzklage (Art. 273 Abs. 2 SchKG);
- Arrestprosequierungsklage (Art. 279 Abs. 2 SchKG);
- Klage auf Duldung der Rückschaffung von Retentionsgegenständen (Art. 284 SchKG);
- Anerkennungsklage im ordentlichen Nachlassverfahren (Art. 315 SchKG).

Betreibungsrechtliche Streitigkeiten mit Reflexwirkung auf das materielle Recht: 2.131
- ggf. Feststellungsklage (Art. 85a SchKG) (offenbar strittig[125]);
- Widerspruchsklage (Art. 109 SchKG);
- Anschlussklage (Art. 111 Abs. 5 SchKG);
- Lastenbereinigungsklage (Art. 140 SchKG);
- Kollokationsklage (Art. 148 Abs. 1, Art. 250, Art. 321 SchKG);

122 Im Einzelnen Sutter-Somm/Hasenböhler/Leuenberger-Reetz/Theiler, Art. 308 N 39 ff.

123 S. Vock/Müller, 24.

124 S. Fn. 3.

125 S. Fn. 3.

- Aussonderungsklage (Art. 242 Abs. 2 SchKG);
- paulianische Anfechtungsklage (Art. 214, Art. 285–292 SchKG).

2.132 Gemäss Art. 309 lit. b ZPO ist die Berufung in folgenden Angelegenheiten **unzulässig**:
- Aufhebung des Rechtsstillstands (Art. 57d SchKG);
- Bewilligung des nachträglichen Rechtsvorschlags (Art. 77 Abs. 2 SchKG);
- Rechtsöffnung (Art. 80–84 SchKG);
- Einstellung und Aufhebung der Betreibung (Art. 85 SchKG);
- Bewilligung des Rechtsvorschlags in der Wechselbetreibung (Art. 181 SchKG);
- Entscheide, die in die Zuständigkeit des Konkurs- und Nachlassgerichts fallen.

2.133 Rein betreibungsrechtliche Summarsachen und die Rechtsöffnung sind nicht berufungs-, sondern beschwerdefähig (Rz. 2.137).[126] Entscheide über SchKG-Klagen, die ein Handelsgericht fällt, sind ebenso wenig berufungsfähig, sondern mit der Beschwerde in Zivilsachen beim Bundesgericht anzufechten (Art. 75 Abs. 2 BGG).

2.134 Mit der Berufung können die unrichtige Rechtsanwendung und die unrichtige Sachverhaltsfeststellung gerügt werden (Art. 310 ZPO); dabei sind Noven nur beschränkt zulässig (Art. 317 ZPO). Die Berufung hat grundsätzlich **aufschiebende Wirkung** (Art. 315 ZPO). Sie ist innert dreissig Tagen einzureichen (Art. 311 Abs. 1 ZPO).

B. (KANTONALE) BESCHWERDE

2.135 Die **Beschwerde** ist subsidiär zur Berufung (Art. 319 lit. a ZPO). Damit sind namentlich alle End- und Zwischenentscheide beschwerdefähig, deren Streitwert weniger als CHF 10 000.– beträgt. Es besteht folgende Ordnung:

2.136 Beschwerdefähig sind End- und Zwischenentscheide über materiellrechtliche Klagen (oben, Rz. 2.130) sowie in betreibungsrechtlichen Streitigkeiten mit Reflexwirkung auf das materielle Recht (oben, Rz. 2.131), falls der Streitwert weniger als CHF 10 000.– beträgt.

2.137 End- und Zwischenentscheide in betreibungsrechtlichen Summarsachen (oben, Rz. 2.132) sind unabhängig von ihrem Streitwert beschwerdefähig (Art. 309 lit. b ZPO). Dies trifft ebenso auf Entscheide über die Vollstreckbarerklärung zu (Art. 309 lit. a ZPO).

2.138 Mit der Beschwerde lässt sich die unrichtige Rechtsanwendung unbeschränkt rügen, die unrichtige Sachverhaltsfeststellung jedoch nur in qualifizierten Fällen, wie etwa bei Aktenwidrigkeit oder Willkür (Art. 320 ZPO). Mit Ausnahme des Konkursverfahrens (s. Art. 174 Abs. 1 SchKG) herrscht ein Novenausschluss (Art. 326 Abs. 1 ZPO). Die Beschwerde hat grundsätzlich **keine aufschiebende Wirkung** (Art. 325 ZPO).

126 Sutter-Somm/Hasenböhler/Leuenberger-Reetz/Theiler, Art. 309 N 5.

Bei Entscheiden, die im ordentlichen oder vereinfachten Verfahren ergehen, beträgt die Beschwerdefrist dreissig Tage (Art. 321 Abs. 1 ZPO), im summarischen Verfahren zehn Tage (Art. 321 Abs. 2 ZPO). In der Wechselbetreibung beträgt die Frist fünf Tage (Art. 185 SchKG). 2.139

C. BESCHWERDE IN ZIVILSACHEN

Der **Beschwerde in Zivilsachen** an das Bundesgericht unterliegen Entscheide in **SchKG-Sachen** (Art. 72 Abs. 2 lit. a BGG), sofern bei ihnen der vollstreckungsrechtliche Aspekt im Vordergrund steht.[127] Hierbei handelt es sich um die rein betreibungsrechtlichen Streitigkeiten sowie um die Verfügungen des Konkurs- und Nachlassgerichts und ferner um die Verfügungen der Vollstreckungsorgane, die gemäss Art. 17 SchKG beschwerdefähig sind.[128] 2.140

Keine Entscheide in SchKG-Sachen (i.S.v. Art. 72 Abs. 2 lit. a BGG), sondern reine **Zivilsachen** (i.S.v. Art. 72 Abs. 1 BGG) sind hingegen die Entscheide über materiellrechtliche Klagen (dazu oben, Rz. 2.10) und über betreibungsrechtliche Klagen mit Reflexwirkung auf das materielle Recht (hierzu oben, Rz. 2.11).[129] 2.141

Der Beschwerde in Zivilsachen unterliegen auch Entscheide betreffend die Haftung der Vollstreckungsorgane gemäss Art. 5 SchKG und Entscheide des Rechtsöffnungsgerichts über die Anerkennung und Vollstreckung ausländischer Entscheide.[130] 2.142

Beschwerdefähig sind **Endentscheide** i.S.v. Art. 90 BGG.[131] Es muss ein oberes kantonales Gericht den Entscheid erlassen haben,[132] wobei der Streitwert mindestens CHF 30 000.– bzw. CHF 15 000.– in arbeits- und mietrechtlichen Fällen betragen muss. Fallweise besteht kein **Streitwerterfordernis**, wie etwa bei Entscheiden der kantonalen Aufsichtsbehörden sowie eines Konkurs- und Nachlassgerichts (s. Art. 74 BGG). 2.143

Mögliche **Rügegründe** sind die Verletzung von eidgenössischem (Art. 95 BGG) und ausländischem (Art. 96 BGG) Recht. Das Bundesgericht prüft die Rügen frei.[133] Bei vorsorglichen Massnahmen ist dagegen nur die Rüge der Verletzung verfassungsmässiger Rechte zulässig (Art. 98 BGG); dabei darf das Bundesgericht das Recht nicht von Amtes wegen anwenden (Art. 106 Abs. 2 BGG). 2.144

---

127 BSK BGG-Klett/Escher, Art. 72 N 6. Dazu zählen insbesondere sämtliche Rechtsöffnungsentscheide; s. BGE 134 III 141, E. 2 sowie BGE 133 III 399, E. 1.

128 Amonn/Walther, § 4 Rz. 71; BSK BGG-Klett/Escher, Art. 72 N 6.

129 BSK BGG-Klett/Escher, Art. 72 N 6.

130 BSK BGG-Klett/Escher, Art. 72 N 7.

131 BGE 134 III 143, E. 2; 133 III 399, E. 1.4.

132 BGE 137 III 238, E. 2.

133 BGE 133 III 400, E. 1.5.

2.145 Eine Sachverhaltsfeststellung kann nur gerügt werden, falls sie offensichtlich unrichtig ist oder auf einer Rechtsverletzung gemäss Art. 95 BGG beruht und zudem wenn die Behebung des Mangels für den Ausgang des Verfahrens entscheidend sein kann (Art. 97 Abs. 1 BGG).[134]

D. SUBSIDIÄRE VERFASSUNGSBESCHWERDE

2.146 Falls das Streitwerterfordernis (oben, Rz. 2.143) nicht erfüllt ist und kein Ausnahmegrund gemäss Art. 74 Abs. 2 BGG vorliegt, ist der fragliche Entscheid mit der **subsidiären Verfassungsbeschwerde** nach Art. 113–119 BGG an das Bundesgericht anfechtbar. Diesfalls kann nur die Verletzung verfassungsmässiger Rechte gerügt werden (Art. 116 BGG), etwa ein Verstoss gegen das Willkürverbot (Art. 9 BV). Das Bundesgericht wendet das Recht nicht von Amtes wegen an. Vielmehr darf es aufgrund des Rügeprinzips nur insoweit eine Prüfung vornehmen, als in der Beschwerdeschrift entsprechende Rügen vorgebracht und begründet sind (Art. 106 Abs. 2 BGG).

E. EXKURS: ASPEKTE DER VOLLSTRECKUNG

A) VOLLSTRECKBARKEIT NICHT RECHTSKRÄFTIGER ENTSCHEIDE

2.147 Ein Entscheid ist **vollstreckbar** (s. Art. 336 ZPO), wenn er rechtskräftig ist und das Gericht die Vollstreckung nicht aufgeschoben hat (Art. 325 Abs. 2, Art. 331 Abs. 2 ZPO) oder wenn er noch nicht rechtskräftig ist, die Berufungsinstanz indes die vorzeitige Vollstreckung bewilligt hat (Art. 315 ZPO).

2.148 Im Einzelnen besteht folgende Rechtslage:

2.149 Die **Berufung** hemmt grundsätzlich die Rechtskraft und Vollstreckung (Art. 315 Abs. 1 und Abs. 3 ZPO). Entsprechend ist eine Vollstreckung vor Eintritt der Rechtskraft nur möglich, wenn die Rechtsmittelinstanz die vorzeitige Vollstreckbarkeit bewilligt hat (Art. 315 Abs. 2 ZPO). Etwas anderes gilt für vorsorgliche Massnahmen; sie sind sofort vollstreckbar (Art. 315 Abs. 4 lit. b ZPO)

2.150 Die **Beschwerde** hemmt weder die Rechtskraft noch die Vollstreckung des angefochtenen Entscheids (Art. 325 ZPO). Folglich sind die mit der Beschwerde anfechtbaren Entscheide vollstreckbar, vorausgesetzt die Rechtsmittelinstanz hat die Vollstreckbarkeit nicht aufgeschoben.

2.151 Der **Beschwerde an das Bundesgericht** und der **subsidiären Verfassungsbeschwerde** kommt i.d.R. keine aufschiebende Wirkung zu (Art. 103 Abs. 1, Art. 117 BGG). Mithin hemmt die Einlegung einer zivilrechtlichen Beschwerde (wie auch die 30-tägige Frist, während welcher die Beschwerde eingelegt werden kann) die Vollstreckbarkeit nicht. Allerdings kann der Instruktionsrichter der Beschwerde aufschiebende Wirkung erteilen (Art. 103 Abs. 3, Art. 117 BGG),

134 BGE 133 III 400, E. 1.5.

B) VOLLSTRECKBARKEIT ÖFFENTLICHER URKUNDEN

Öffentliche Urkunden über Leistungen aller Art können wie Entscheide vollstreckt werden (Art. 347 ZPO). Folgende Voraussetzungen müssen kumulativ erfüllt sein: 2.152

- Die verpflichtete Partei erklärt in der Urkunde, die direkte Vollstreckung anzuerkennen.
- Der Rechtsgrund ist in der Urkunde erwähnt.
- Die geschuldete Leistung ist in der Urkunde genügend bestimmt, von der verpflichteten Partei anerkannt und fällig.

Die vollstreckbare öffentliche Urkunde bindet nur die ursprünglichen Parteien. Die Vollstreckbarkeit ist **weder aktiv noch passiv übertragbar.**[135] 2.153

Die vollstreckbare öffentliche Urkunde gilt als definitiver Rechtsöffnungstitel gemäss Art. 80–81 SchKG (Art. 349 ZPO). Wird eine verpflichtete Partei gestützt auf eine solche Urkunde betrieben, stehen ihr neben den allgemeinen Einreden des Erlasses, der Tilgung, der Stundung und der Verjährung (Art. 81 Abs. 1 SchKG) weitere Einwendungen gegen die Leistungspflicht zu, soweit sie sofort beweisbar sind (Art. 81 Abs. 2 SchKG, Art. 351 Abs. 1 ZPO). Ausserdem bleibt die gerichtliche Beurteilung der geschuldeten Leistung vorbehalten (Art. 352 ZPO). So kann die verpflichtete Partei jederzeit auf Feststellung klagen, dass der Anspruch nicht oder nicht mehr besteht oder gestundet ist (Art. 352 ZPO i.V.m. Art. 85a Abs. 1 SchKG), oder die Rückforderungsklage gemäss Art. 86 SchKG erheben. 2.154

C) VOLLSTRECKUNG VON GELDFORDERUNGEN

Eine zu vollstreckende Forderung braucht nicht schon ursprünglich auf eine Geldleistung gerichtet gewesen zu sein. Vielmehr kann eine ursprünglich anderslautende Forderung in eine Geldforderung umgewandelt werden (sog. **Taxation**). 2.155

So gewährt die ZPO die Möglichkeit, eine Leistung in eine Geldleistung umzuwandeln (s. etwa auch Art. 211 Abs. 1 SchKG). Diese Möglichkeit besteht, wenn die ZPO-Vollstreckungsmassnahmen nicht zielführend sind, sich die klagende Partei von vornherein ein ZPO-Vollstreckungsverfahren ersparen will oder das Gericht den Gegenwert der Leistung auf Antrag festsetzt (Art. 345 Abs. 1, Art. 236 Abs. 3 ZPO). Der obsiegenden Partei steht mithin die Wahl offen, ihre Forderung nach der ZPO oder nach dem SchKG zu vollstrecken. 2.156

Der Umwandlungsentscheid stellt einen definitiven Rechtsöffnungstitel dar.[136] 2.157

D) SICHERNDE MASSNAHMEN BEI DER VOLLSTRECKUNG VON GELDFORDERUNGEN

Als Sicherungsmittel für Geldforderungen sieht das SchKG (s. Art. 269 lit. a ZPO) den **Arrest** (Art. 271–281 SchKG), die **provisorische Pfändung** (Art. 83, Art. 281 SchKG) und das **Güterverzeichnis** (Art. 162–165 SchKG) vor. Ausserhalb des SchKG sind nur die vom Gesetz ausdrücklich vorgesehenen vorsorglichen Massnahmen zur Sicherung von Geldforderungen möglich 2.158

---

135 BK-Walpen, Art. 347 ZPO N 45 m.w.H.

136 Botschaft ZPO, 7386.

(bspw. bei der Verwandtenunterstützungspflicht, Art. 329 ZGB). Insbesondere ist jede vorsorgliche Massnahme eines Gerichts unzulässig, die auf einen sog. verkappten Arrest hinausläuft.[137]

12. TABELLARISCHE ZUSAMMENFASSUNG

2.159 Ein einheitlicher Aufbau der Ausführungen zu den Behelfen soll einem effizienten Einsatz des vorliegenden Werks dienen. Entsprechend sollen etwa Fragen nach dem Gerichtsstand oder der Legitimation ohne zeitintensive Recherchearbeit in der Literatur zum materiellen Recht und Prozessrecht beantwortet werden können. Am Ende der Ausführungen zu den Behelfen ist daher ein immer gleich aufgebautes **Schema** angefügt, das die wichtigsten, im Lauftext enthaltenen Punkte tabellarisch zusammenfasst.

137 BGE 86 II 291, E. 2.

§3 AUFBAU EINER RECHTSSCHRIFT

Bei der nachfolgenden Darstellung handelt es sich um einen Vorschlag für den Aufbau einer Rechtsschrift. Zentral ist bei jeder Darstellung, dass der Leser einer klar strukturierten Schrift gegenübersteht.[1] 3.1

Rechtsschriften bedürfen vor der kantonalen Erstinstanz im Grundsatz keiner **rechtlichen Begründung** (Art. 221 Abs. 3 und Art. 222 Abs. 2; Art. 244 Abs. 2 ZPO). Das Gericht hat das Recht von Amtes wegen anzuwenden (Art. 57 ZPO) und darf insbesondere nicht auf unrichtige rechtliche Ausführungen der Parteien abstellen, selbst wenn sie übereinstimmen.[2] Verzichtet eine Partei auf eine rechtliche Begründung, ist es der anderen Partei unbenommen, rechtliche Ausführungen anzustellen. 3.2

Zu beachten ist ferner, dass Betreibungs- und Konkursämter für gewisse Begehren und Verfahrensschritte **Formulare** (online) zur Verfügung stellen. Diese Formulare brauchen lediglich ausgefüllt, unterschrieben und der zuständigen Behörde bzw. dem zuständigen Gericht mit den erforderlichen Beilagen zugestellt zu werden. Dies betrifft i.d.R. das Gesuch um einen Betreibungsauszug, das Betreibungsbegehren, das Fortsetzungsbegehren, das Verwertungsbegehren, den Rückzug einer Betreibung, das Konkurseröffnungsbegehren, die Forderungseingabe im Konkurs und das Begehren um Aufnahme eines Retentionsverzeichnisses. 3.3

Im Übrigen stellt das Bundesamt für Justiz Musterformulare online zur Verfügung, s. ‹https://www.bj.admin.ch/bj/de/home/wirtschaft/schkg/musterformulare.html›. Zudem besteht die Möglichkeit, Betreibungsauskünfte online unter ‹https://www.e-service.admin.ch/eschkg/cms/content/betreibung/betreibungsauskunft_de› zu stellen. 3.4

1 Hierzu allgemein HAFTER, Rz. 816 ff. sowie Rz. 1631 ff. Dazu trägt bei umfangreichen Rechtsschriften namentlich ein Inhaltsverzeichnis bei.

2 Sutter-Somm/Hasenböhler/Leuenberger-LEUENBERGER, Art. 221 N 48; BGE 123 III 161, E. 4a.

Rubrum, Seite 1:

Verfasser der Schrift
Adresse
PLZ Ort

Einschreiben/X-fach
Gericht/Behörde
Adresse
PLZ Ort
Ort, Datum

Klage/Gesuch/Beschwerde

in Sachen

Name Vorname/Firma, Adresse, PLZ Ort **Kläger/-in**
vertreten durch RA Vorname Name, Adresse, PLZ Ort

gegen

Name Vorname/Firma, Adresse, PLZ Ort **Beklagte/-r**
vertreten durch RA Vorname Name, Adresse, PLZ Ort

betreffend

Streitgegenstand

Rechtsbegehren und Verfahrensanträge, Seite 2:

Sehr geehrter Herr Gerichtspräsident/Sehr geehrte Frau Gerichtspräsidentin
Sehr geehrte Damen und Herren Richterinnen und Richter[3]
Namens und im Auftrag des/der Klägers/-in stelle ich die folgenden

Rechtsbegehren:

1. Es sei der/die Beklagte zu verpflichten …
   Eventualiter sei …
   Subeventualiter sei …
2. Alles unter o/e-Kostenfolge zu Lasten des/der Beklagten.

Des Weiteren stelle ich die folgenden

Verfahrensanträge:

1. Der/die Beklagte sei anzuweisen, vorsorglich …
2. Die Behörde X sei anzuweisen, …

3 Die Anrede kann auch auf der ersten Seite erfolgen, vor der Darstellung der Parteien.

Begründung, Seiten 3 ff.:

Begründung:

I. **Formelles** (= Eintretensvoraussetzungen und andere prozessuale Fragen)
1. Bevollmächtigung und Postulationsfähigkeit des Unterzeichneten
2. Partei- und Prozessfähigkeit
3. Zuständigkeit (örtliche, sachliche, funktionelle)
4. Prozessuale Fristen (hingegen gehören Verjährungsfristen in den rechtlichen Teil)
5. Weiteres, sofern notwendig
6. Allfällige Ausführungen zu den Verfahrensanträgen
7. Editionsbegehren (einschliesslich Begründung)

Sämtliche Belege werden in Kopie eingereicht. Die Originale werden, sofern sie sich in den Händen des/der Klägers/-in oder des/der Unterzeichneten befinden, ein für alle Mal zur Edition offeriert.

II. **Materielles** (= Begründung, die auf die Gutheissung abzielt)

1. **Tatsächliches**

A) **Sachverhalt**

(Schilderung des Sachverhalts in chronologischer Reihenfolge.)

Beweis:

Schreiben des/der Beklagten vom xx.xx.20xx **Beilage Nr. 1**

Antwortschreiben des/der Beklagten vom xx.xx.20xx **Beilage Nr. 2**

B) **Finanzielle Verhältnisse**

(Im rechtlichen Teil sind keine Beweisanträge zu stellen. Entsprechend schlagen wir vor, den für die Kosten wesentlichen Beweis an dieser Stelle anzutreten. Vorschlag: unentgeltliche Rechtspflege unter Ziff. I.6 behandeln).

2. **Rechtliches**

(Ab hier keine weiteren Beweisanträge und Belege aufführen, sondern auf die Ausführungen im Sachverhaltsteil verweisen.)

A) **Anwendbares Recht** (sofern internationaler Sachverhalt)

B) **Sachlegitimation** (Aktiv- und Passivlegitimation)

C) **Weitere rechtliche Ausführungen,** sofern notwendig

D) **Kosten**

3. **Zusammenfassung**[4]

(Hier ein kurzes Resumée ziehen und auf die gestellten Anträge eingehen.)

Freundliche Grüsse/Mit vorzüglicher Hochachtung

Verfasser, Unterschrift

Beilagen gemäss separatem Verzeichnis.

Eingabe in doppelter/dreifacher/… Ausführung

4 Anstatt oder zusätzlich zu einer abschliessenden Zusammenfassung ist es auch üblich, eine Einleitung vorzusehen, die den Streitgegenstand kurz erläutert und zusammenfasst.

Beweismittelverzeichnis, letzte Seite:

Beweismittelverzeichnis

Beilagen bzw. Urkunden

Beilage: Vollmacht vom xx.xx.20xx (die Vollmacht ist kein Beweis und erhält mithin keine Beilagennummer)

Beilage 1: Schreiben des/der Beklagten vom xx.xx.20xx

Zeugen- und Parteibefragungen

X, Adresse, PLZ Ort, Telefonnummer

Y als Partei zu befragen

Weiteres

Gutachten

Schriftliche Auskunft

Editionsbegehren (Wiederholung von Ziff. I.7)

Beizug von Sachverständigen

Augenscheine

B. ÜBERSICHTEN

§4
TAFELN ZUM SCHKG

I. BETREIBUNGSARTEN

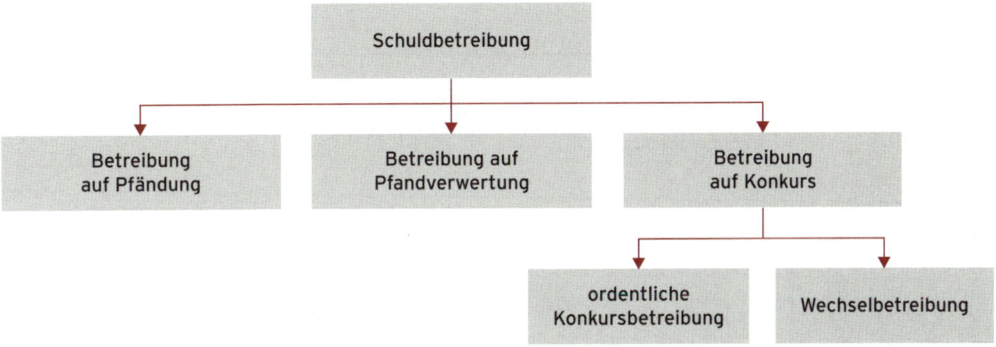

II. BETREIBUNG AUF PFÄNDUNG

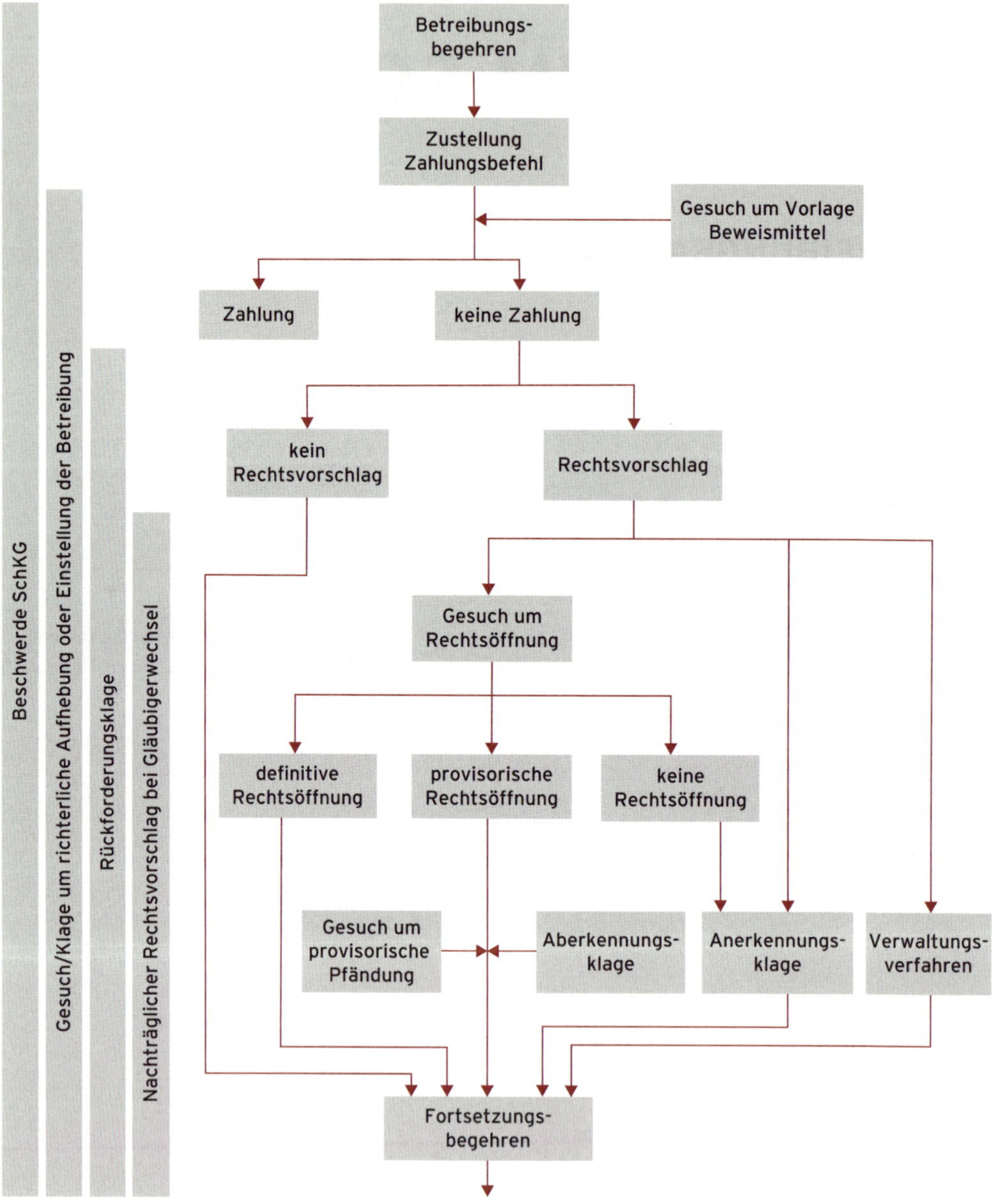

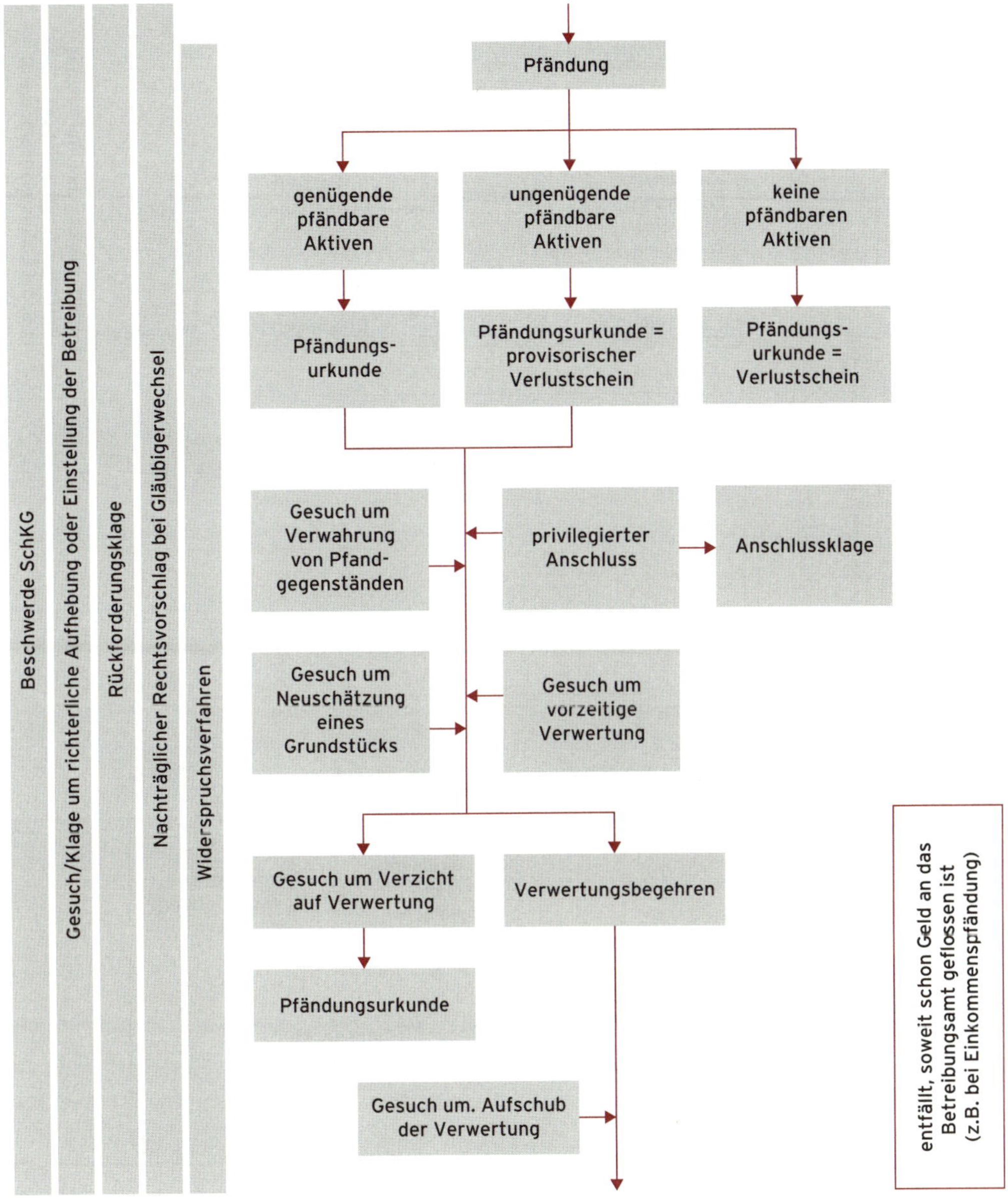
Beschwerde SchKG
Gesuch/Klage um richterliche Aufhebung oder Einstellung der Betreibung
Rückforderungsklage
Nachträglicher Rechtsvorschlag bei Gläubigerwechsel
Widerspruchsverfahren
Pfändung
genügende pfändbare Aktiven
ungenügende pfändbare Aktiven
keine pfändbaren Aktiven
Pfändungsurkunde
Pfändungsurkunde = provisorischer Verlustschein
Pfändungsurkunde = Verlustschein
Gesuch um Verwahrung von Pfandgegenständen
privilegierter Anschluss
Anschlussklage
Gesuch um Neuschätzung eines Grundstücks
Gesuch um vorzeitige Verwertung
Gesuch um Verzicht auf Verwertung
Verwertungsbegehren
Pfändungsurkunde
Gesuch um. Aufschub der Verwertung
entfällt, soweit schon Geld an das Betreibungsamt geflossen ist (z.B. bei Einkommenspfändung)

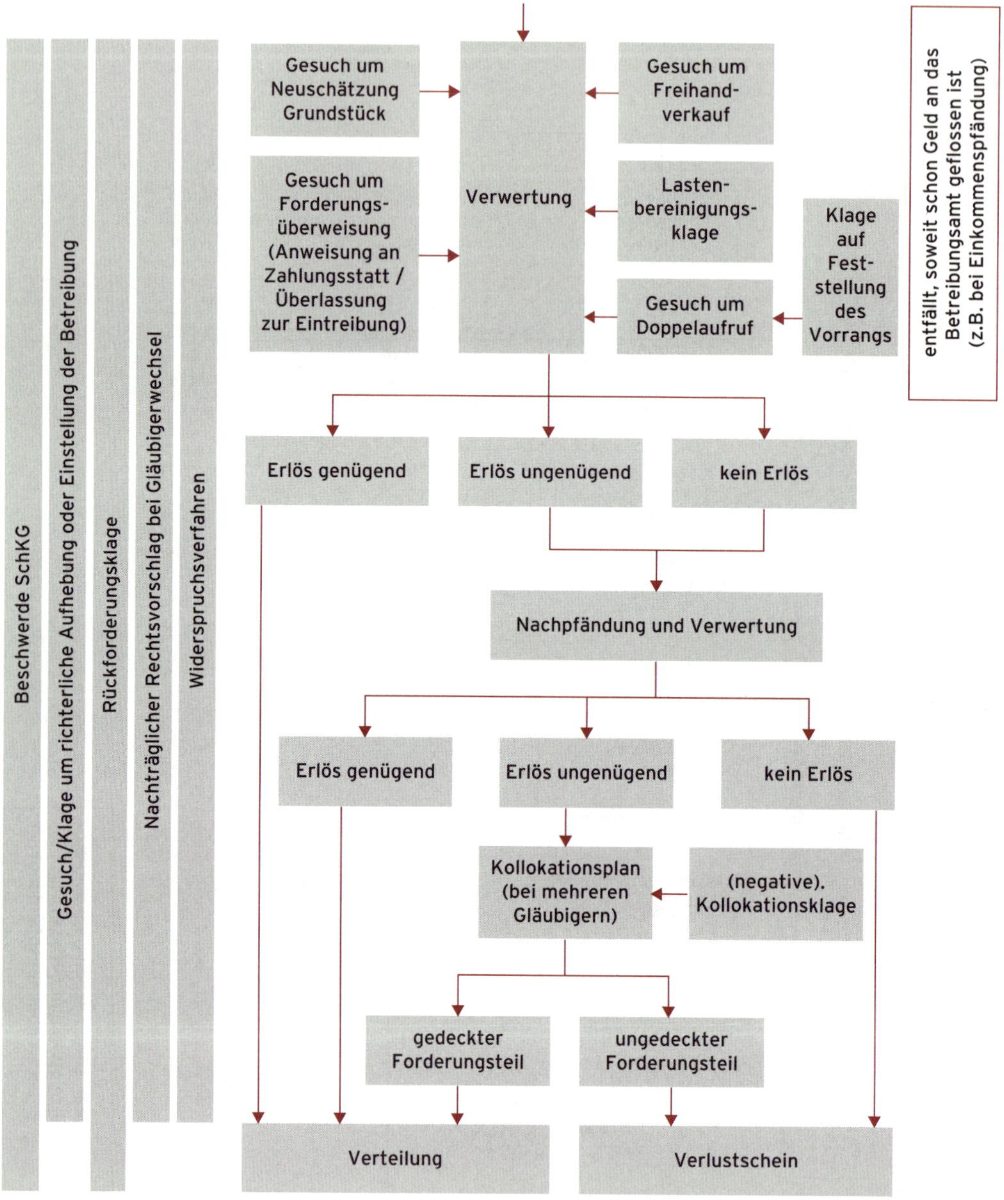
Beschwerde SchKG
Gesuch/Klage um richterliche Aufhebung oder Einstellung der Betreibung
Rückforderungsklage
Nachträglicher Rechtsvorschlag bei Gläubigerwechsel
Widerspruchsverfahren
Gesuch um Neuschätzung Grundstück
Gesuch um Forderungsüberweisung (Anweisung an Zahlungsstatt / Überlassung zur Eintreibung)
Verwertung
Gesuch um Freihandverkauf
Lastenbereinigungsklage
Gesuch um Doppelaufruf
Klage auf Feststellung des Vorrangs
entfällt, soweit schon Geld an das Betreibungsamt geflossen ist (z.B. bei Einkommenspfändung)
Erlös genügend
Erlös ungenügend
kein Erlös
Nachpfändung und Verwertung
Erlös genügend
Erlös ungenügend
kein Erlös
Kollokationsplan (bei mehreren Gläubigern)
(negative). Kollokationsklage
gedeckter Forderungsteil
ungedeckter Forderungsteil
Verteilung
Verlustschein

III. BETREIBUNG AUF PFANDVERWERTUNG

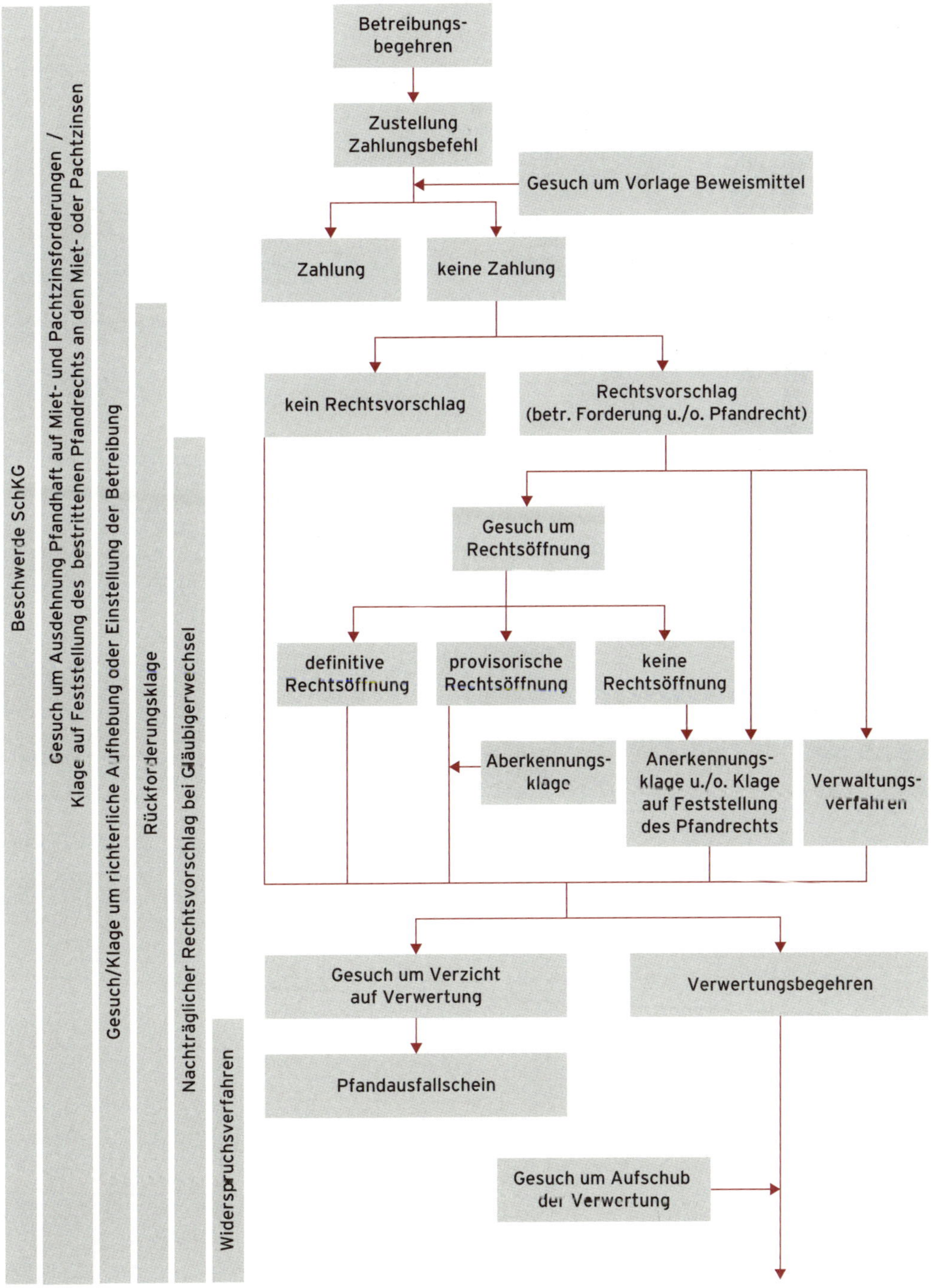

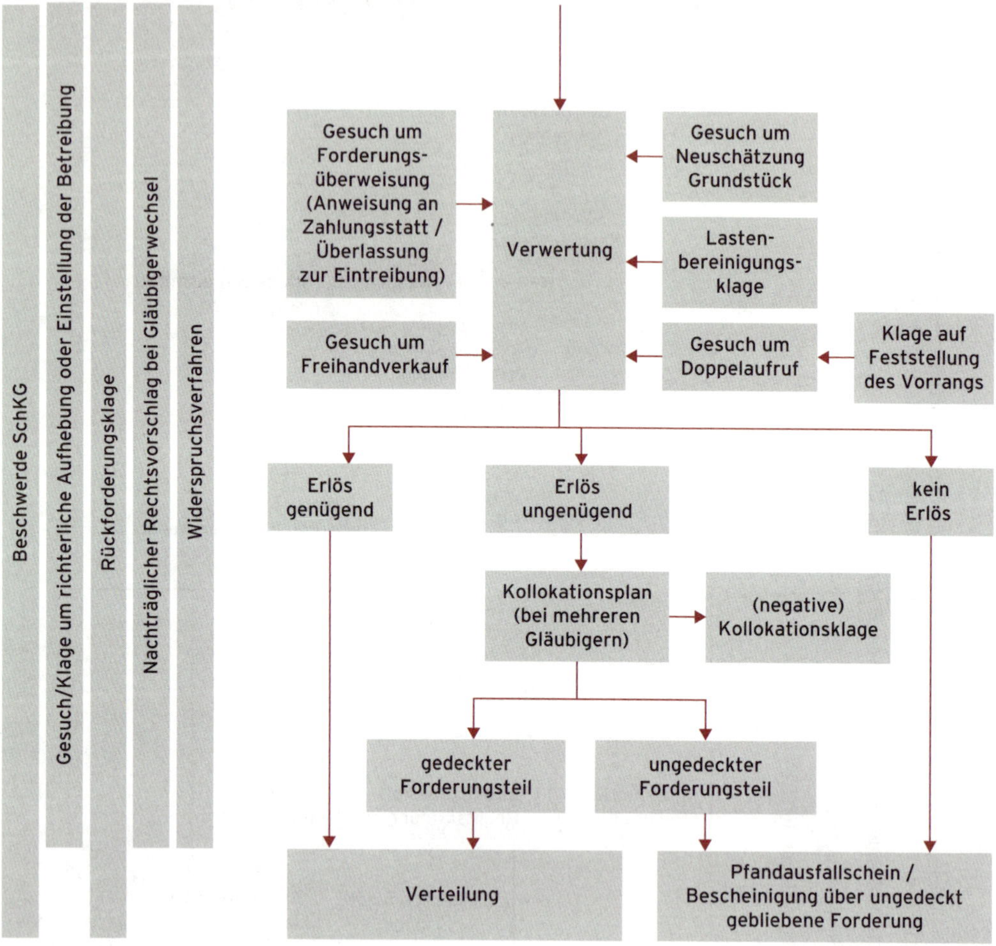
Beschwerde SchKG
Gesuch/Klage um richterliche Aufhebung oder Einstellung der Betreibung
Rückforderungsklage
Nachträglicher Rechtsvorschlag bei Gläubigerwechsel
Widerspruchsverfahren
Gesuch um Forderungsüberweisung (Anweisung an Zahlungsstatt / Überlassung zur Eintreibung)
Gesuch um Freihandverkauf
Verwertung
Gesuch um Neuschätzung Grundstück
Lastenbereinigungsklage
Gesuch um Doppelaufruf
Klage auf Feststellung des Vorrangs
Erlös genügend
Erlös ungenügend
kein Erlös
Kollokationsplan (bei mehreren Gläubigern)
(negative) Kollokationsklage
gedeckter Forderungsteil
ungedeckter Forderungsteil
Verteilung
Pfandausfallschein / Bescheinigung über ungedeckt gebliebene Forderung

IV. BETREIBUNG AUF KONKURS (ORDENTLICHE KONKURSBETREIBUNG)

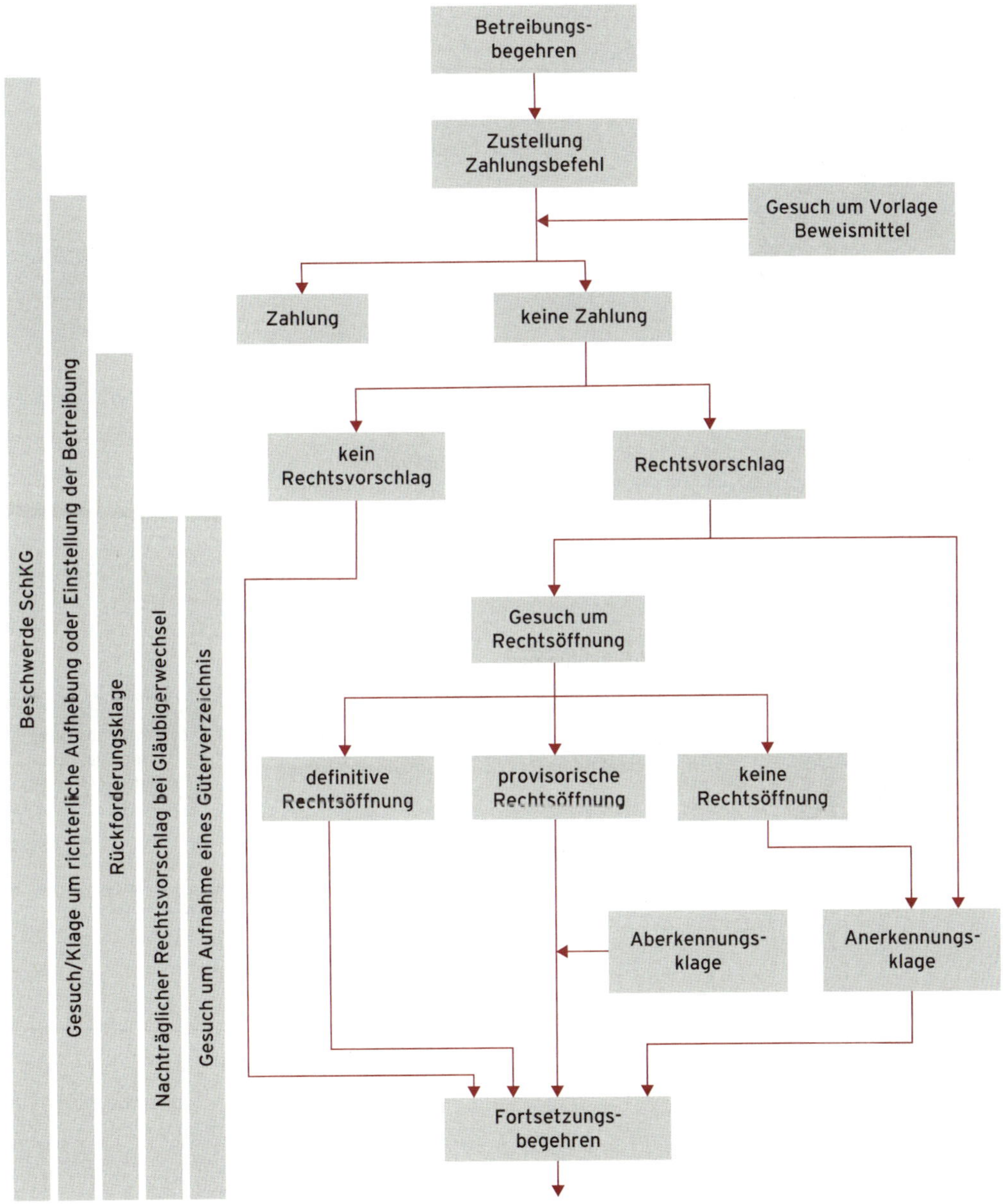

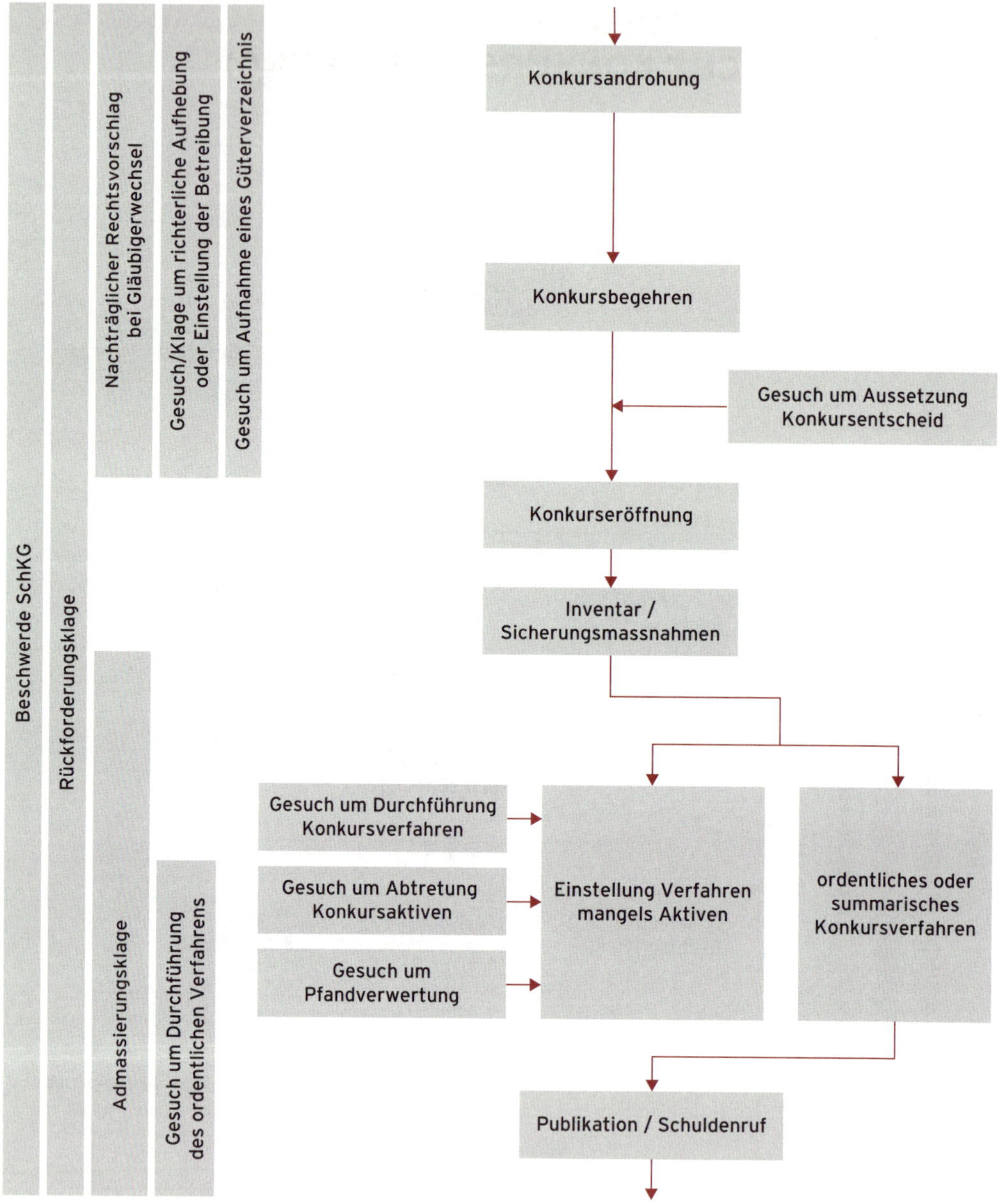
Beschwerde SchKG
Rückforderungsklage
Nachträglicher Rechtsvorschlag bei Gläubigerwechsel
Gesuch/Klage um richterliche Aufhebung oder Einstellung der Betreibung
Gesuch um Aufnahme eines Güterverzeichnis
Admassierungsklage
Gesuch um Durchführung des ordentlichen Verfahrens
Konkursandrohung
Konkursbegehren
Gesuch um Aussetzung Konkursentscheid
Konkurseröffnung
Inventar / Sicherungsmassnahmen
Gesuch um Durchführung Konkursverfahren
Gesuch um Abtretung Konkursaktiven
Gesuch um Pfandverwertung
Einstellung Verfahren mangels Aktiven
ordentliches oder summarisches Konkursverfahren
Publikation / Schuldenruf

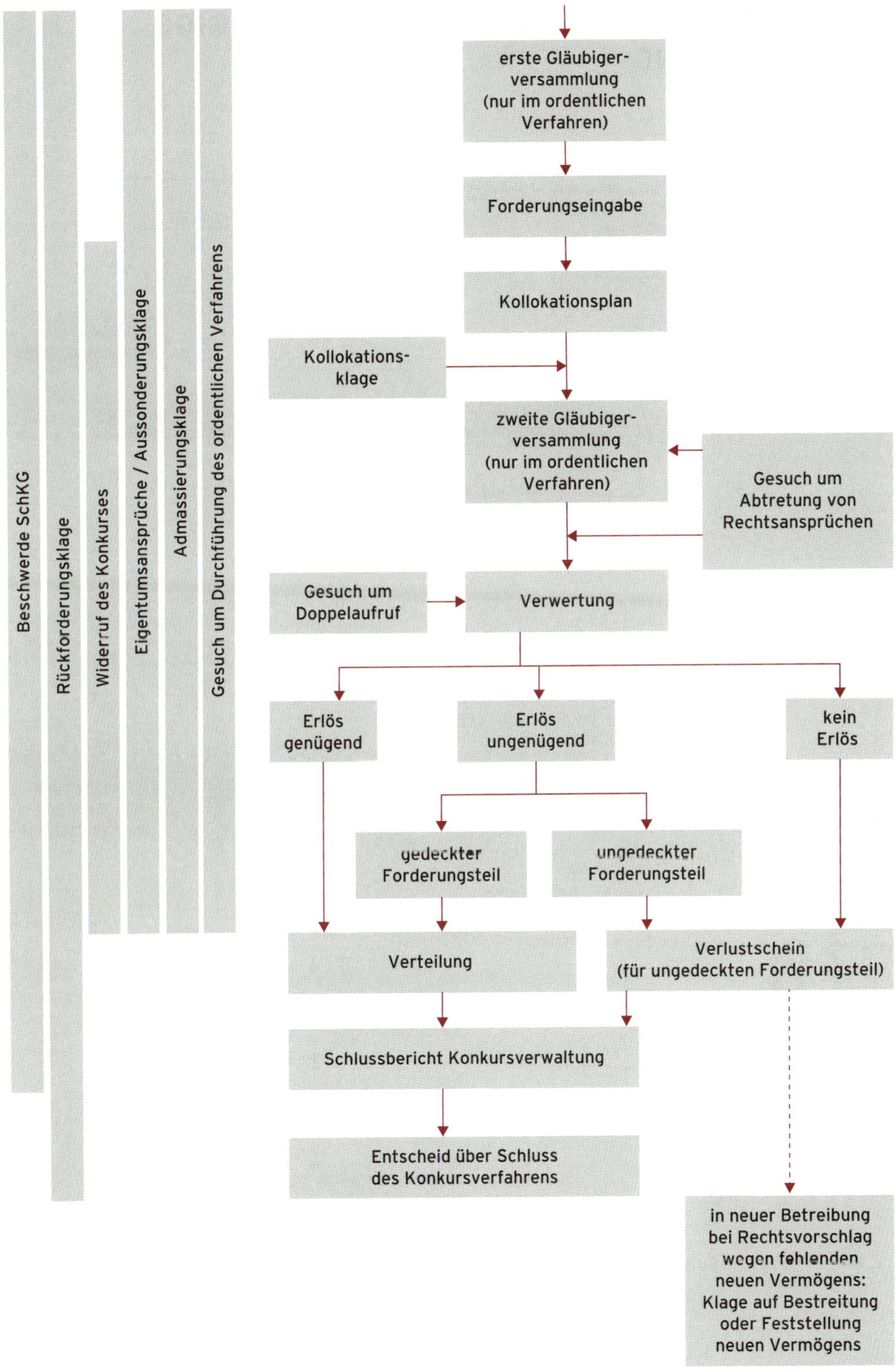
Beschwerde SchKG
Rückforderungsklage
Widerruf des Konkurses
Eigentumsansprüche / Aussonderungsklage
Admassierungsklage
Gesuch um Durchführung des ordentlichen Verfahrens
erste Gläubiger-versammlung (nur im ordentlichen Verfahren)
Forderungseingabe
Kollokationsplan
Kollokations-klage
zweite Gläubiger-versammlung (nur im ordentlichen Verfahren)
Gesuch um Abtretung von Rechtsansprüchen
Gesuch um Doppelaufruf
Verwertung
Erlös genügend
Erlös ungenügend
kein Erlös
gedeckter Forderungsteil
ungedeckter Forderungsteil
Verteilung
Verlustschein (für ungedeckten Forderungsteil)
Schlussbericht Konkursverwaltung
Entscheid über Schluss des Konkursverfahrens
in neuer Betreibung bei Rechtsvorschlag wegen fehlenden neuen Vermögens: Klage auf Bestreitung oder Feststellung neuen Vermögens

V. KONKURSERÖFFNUNG OHNE VORGÄNGIGE BETREIBUNG

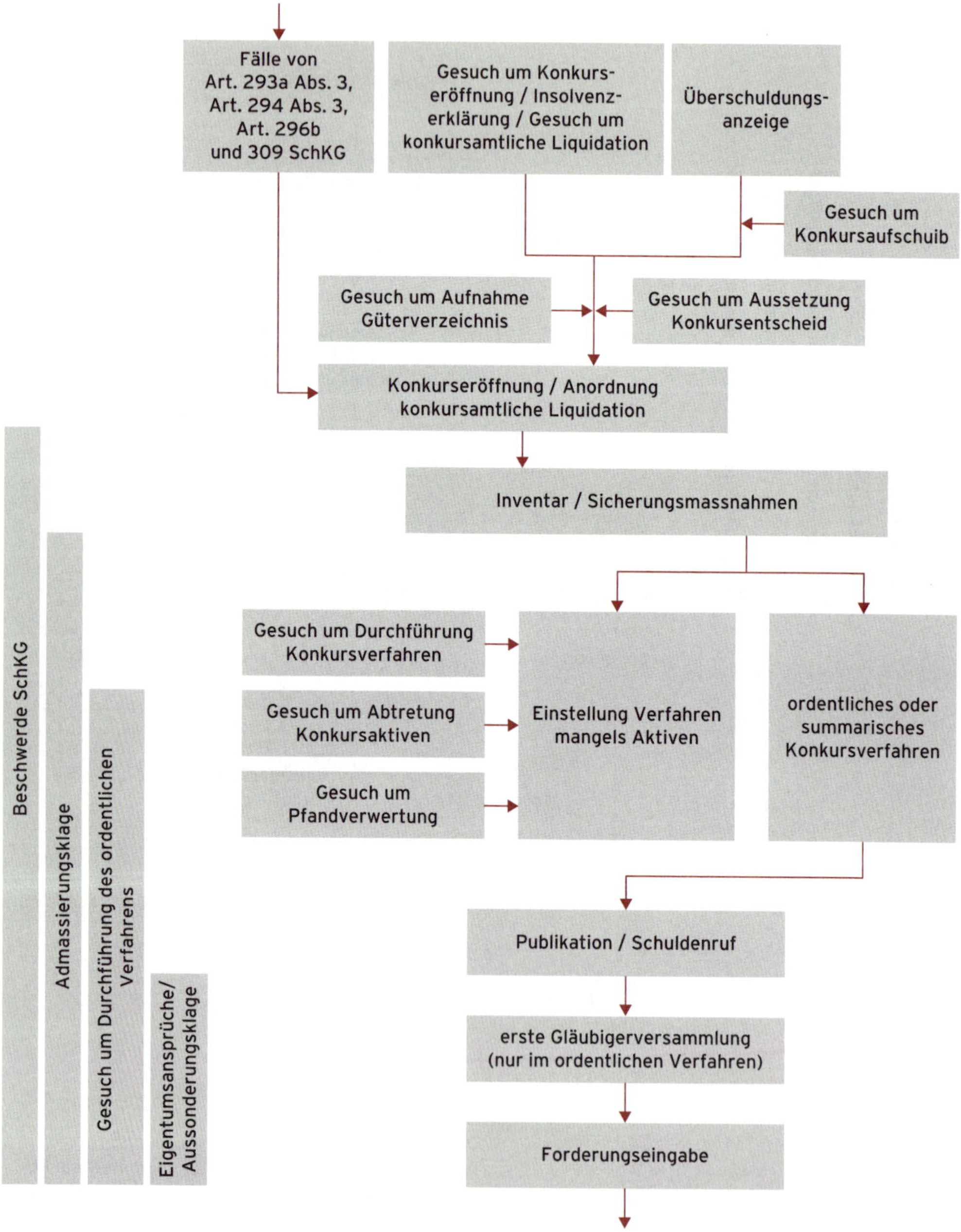

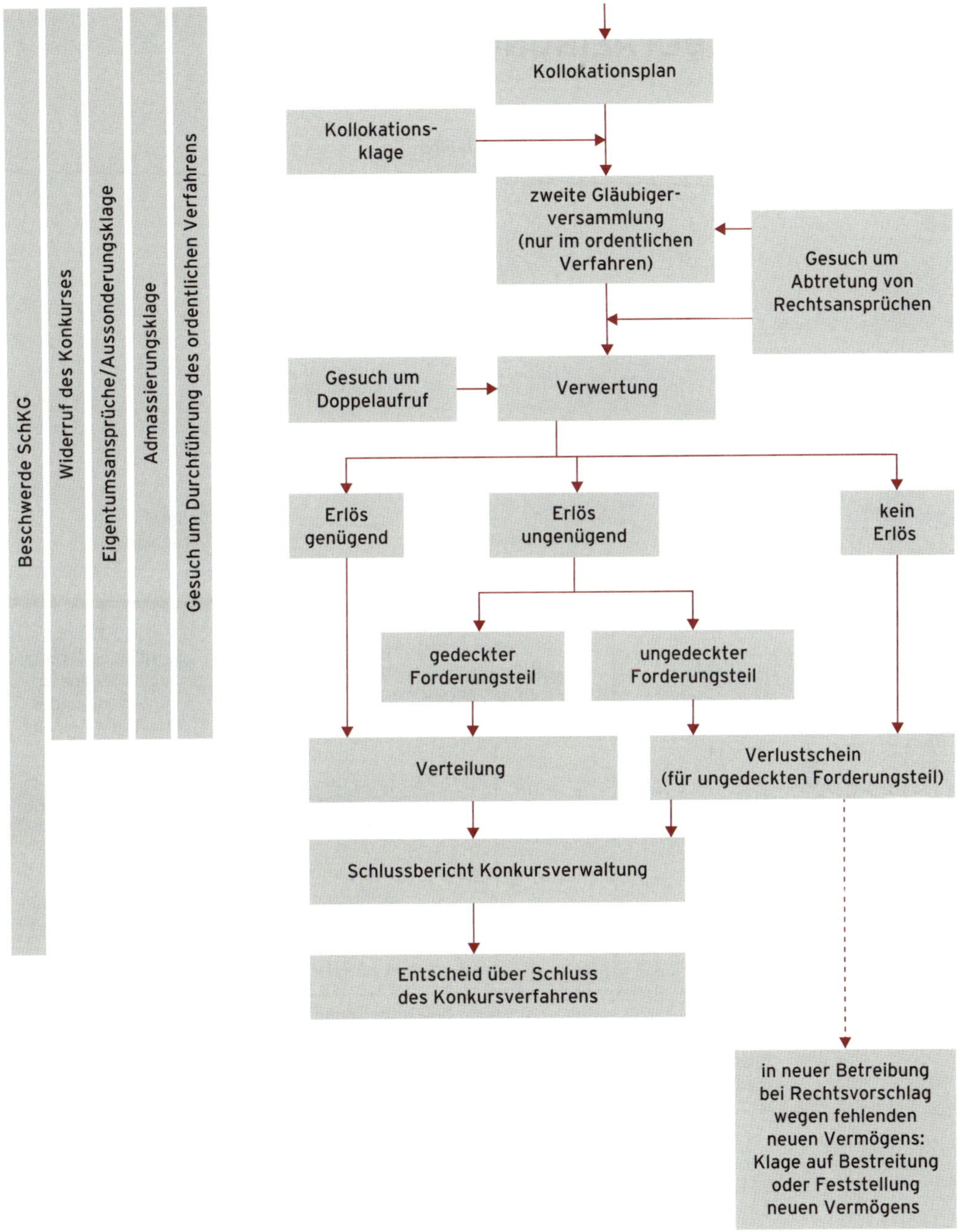
Beschwerde SchKG
Widerruf des Konkurses
Eigentumsansprüche/Aussonderungsklage
Admassierungsklage
Gesuch um Durchführung des ordentlichen Verfahrens
Kollokationsplan
Kollokations-klage
zweite Gläubiger-versammlung (nur im ordentlichen Verfahren)
Gesuch um Abtretung von Rechtsansprüchen
Gesuch um Doppelaufruf
Verwertung
Erlös genügend
Erlös ungenügend
kein Erlös
gedeckter Forderungsteil
ungedeckter Forderungsteil
Verteilung
Verlustschein (für ungedeckten Forderungsteil)
Schlussbericht Konkursverwaltung
Entscheid über Schluss des Konkursverfahrens
in neuer Betreibung bei Rechtsvorschlag wegen fehlenden neuen Vermögens: Klage auf Bestreitung oder Feststellung neuen Vermögens

VI. BETREIBUNG AUF KONKURS (WECHSELBETREIBUNG)

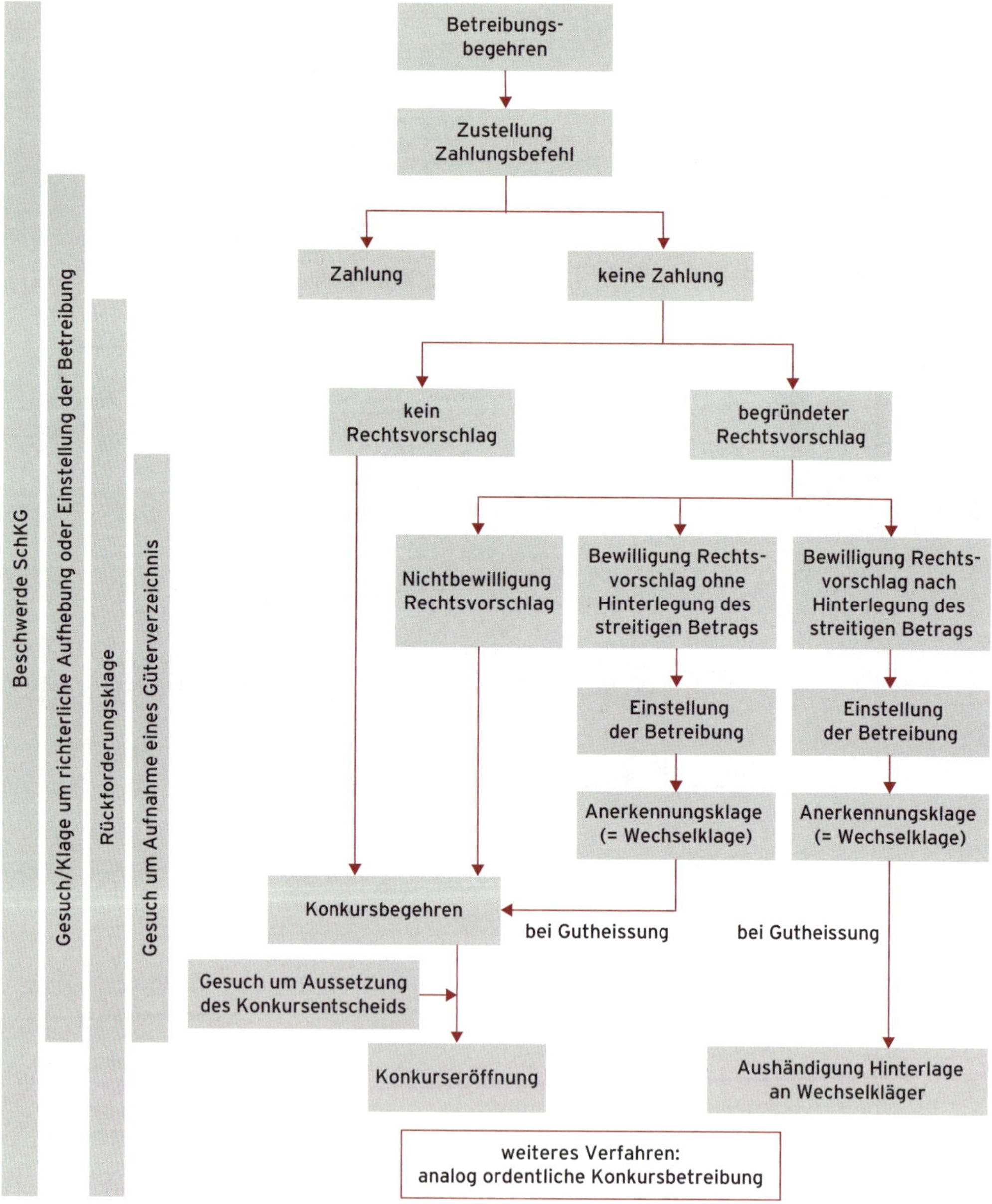

VII. ARREST

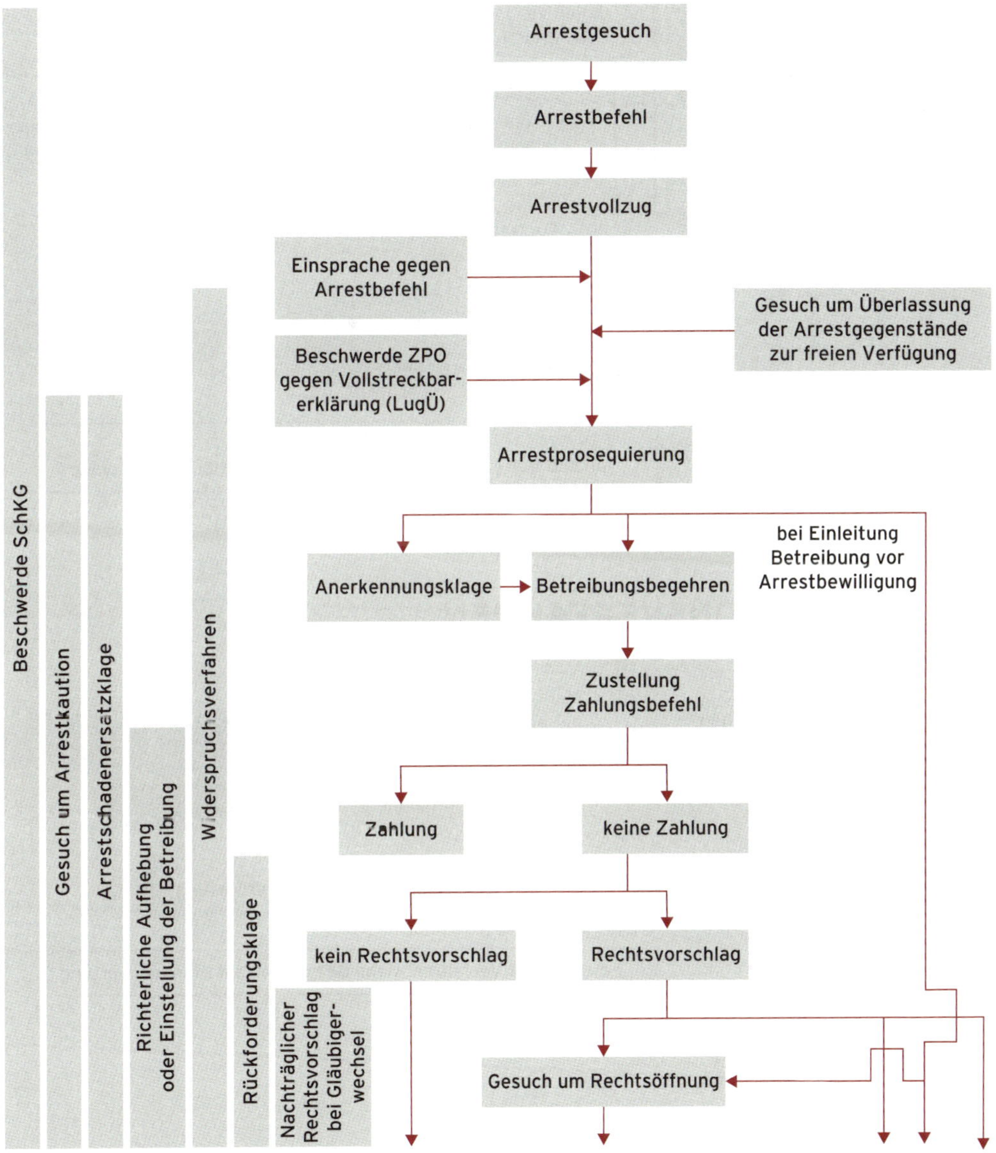
Arrestgesuch
Arrestbefehl
Arrestvollzug
Einsprache gegen Arrestbefehl
Beschwerde ZPO gegen Vollstreckbarerklärung (LugÜ)
Gesuch um Überlassung der Arrestgegenstände zur freien Verfügung
Arrestprosequierung
Anerkennungsklage
Betreibungsbegehren
bei Einleitung Betreibung vor Arrestbewilligung
Zustellung Zahlungsbefehl
Zahlung
keine Zahlung
kein Rechtsvorschlag
Rechtsvorschlag
Gesuch um Rechtsöffnung
Beschwerde SchKG
Gesuch um Arrestkaution
Arrestschadenersatzklage
Richterliche Aufhebung oder Einstellung der Betreibung
Widerspruchsverfahren
Rückforderungsklage
Nachträglicher Rechtsvorschlag bei Gläubigerwechsel

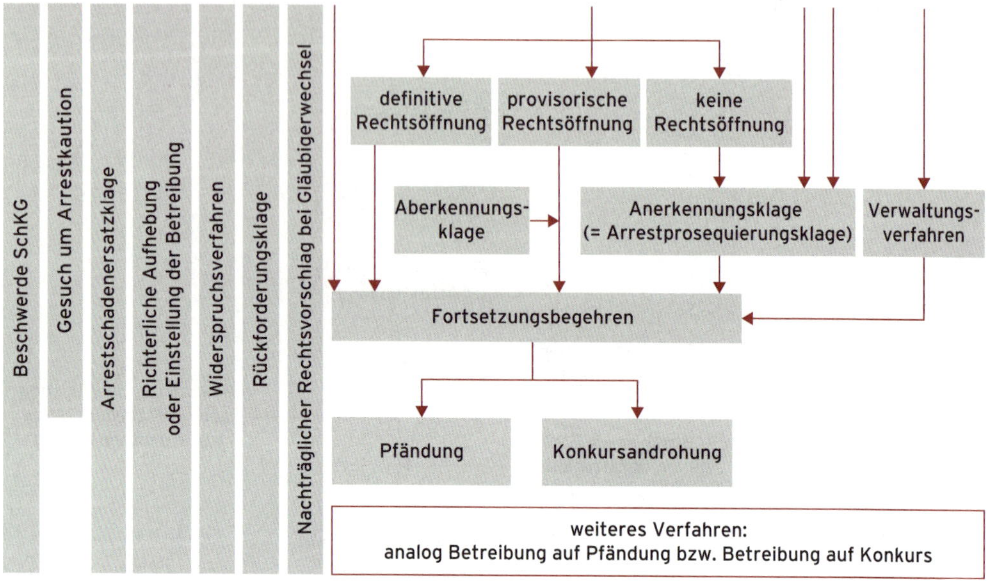

VIII. RETENTIONSVERFAHREN

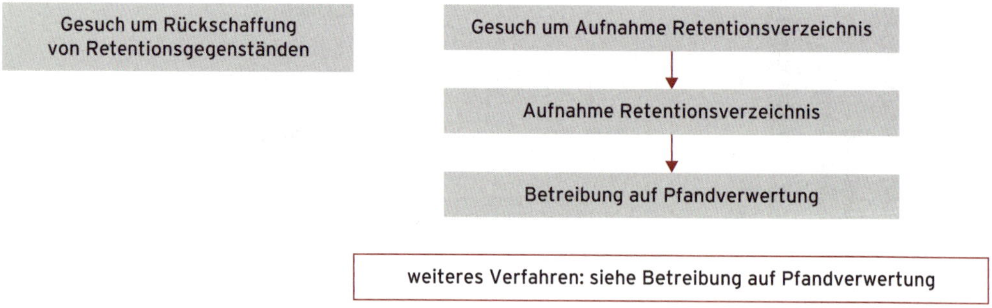

IX. ANFECHTUNGSKLAGE (ACTIO PAULIANA)

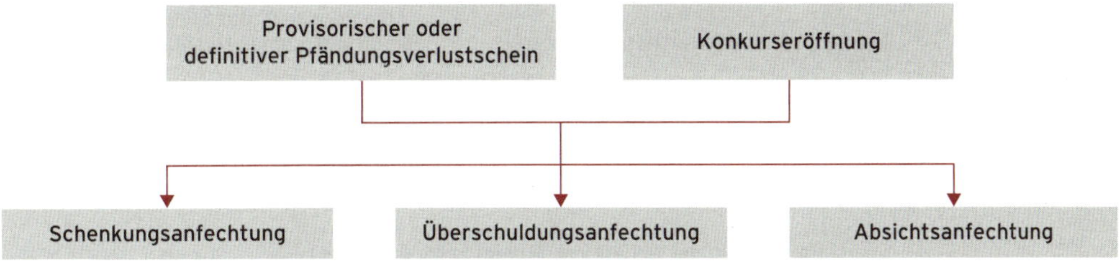

X. NACHLASSVERFAHREN

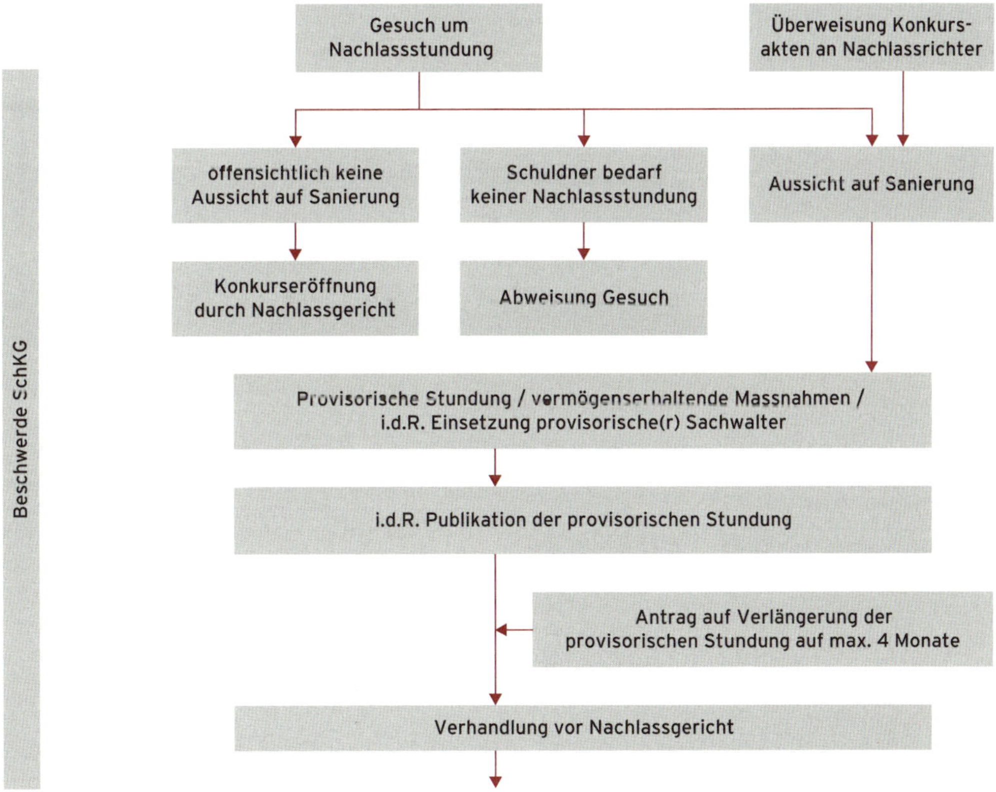

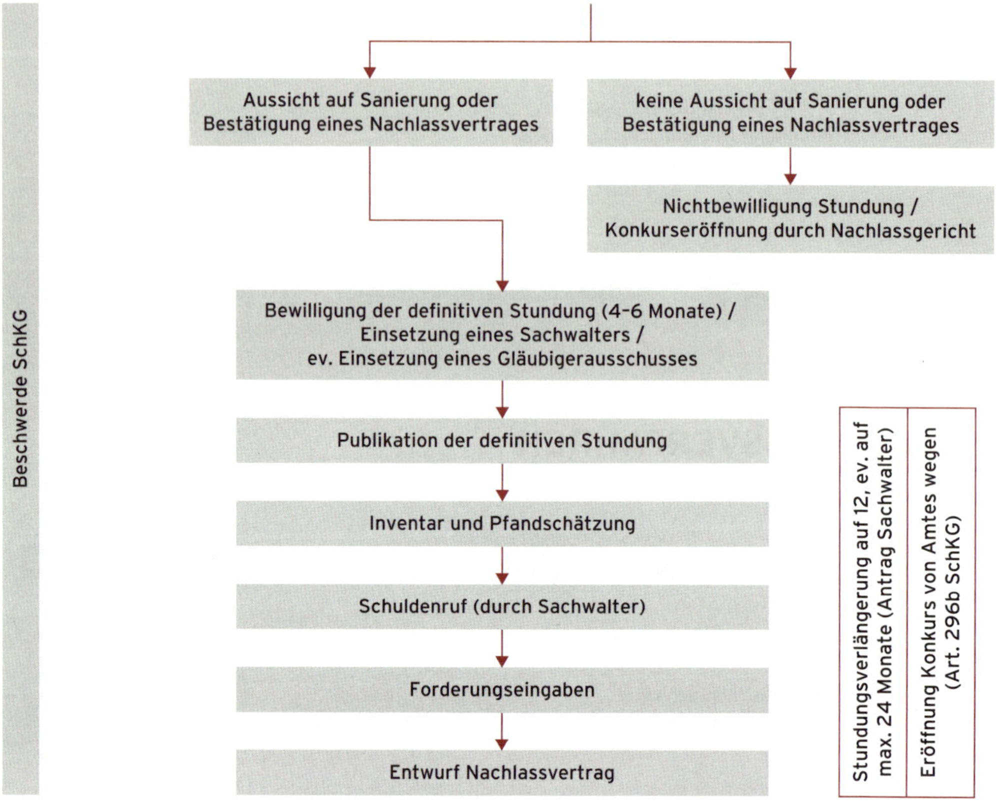
Beschwerde SchKG
Aussicht auf Sanierung oder Bestätigung eines Nachlassvertrages
keine Aussicht auf Sanierung oder Bestätigung eines Nachlassvertrages
Nichtbewilligung Stundung / Konkurseröffnung durch Nachlassgericht
Bewilligung der definitiven Stundung (4–6 Monate) / Einsetzung eines Sachwalters / ev. Einsetzung eines Gläubigerausschusses
Publikation der definitiven Stundung
Inventar und Pfandschätzung
Schuldenruf (durch Sachwalter)
Forderungseingaben
Entwurf Nachlassvertrag
Stundungsverlängerung auf 12, ev. auf max. 24 Monate (Antrag Sachwalter)
Eröffnung Konkurs von Amtes wegen (Art. 296b SchKG)

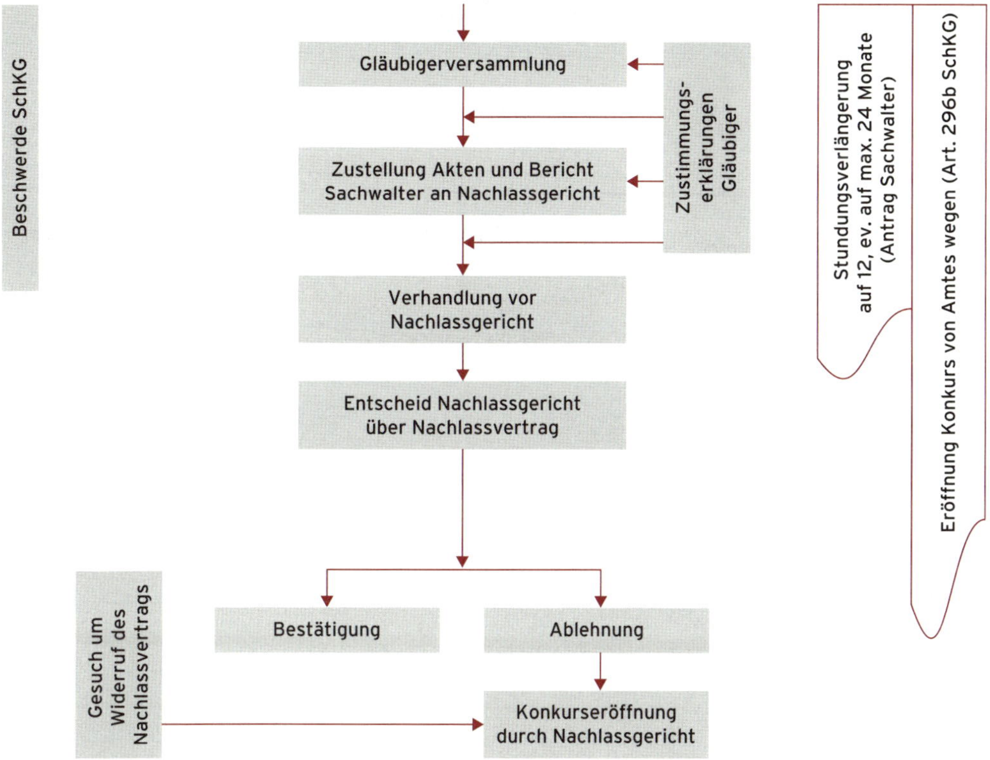
Beschwerde SchKG
Gläubigerversammlung
Zustimmungs-
erklärungen
Gläubiger
Zustellung Akten und Bericht
Sachwalter an Nachlassgericht
Verhandlung vor
Nachlassgericht
Entscheid Nachlassgericht
über Nachlassvertrag
Stundungsverlängerung
auf 12, ev. auf max. 24 Monate
(Antrag Sachwalter)
Eröffnung Konkurs von Amtes wegen (Art. 296b SchKG)
Gesuch um
Widerruf des
Nachlassvertrags
Bestätigung
Ablehnung
Konkurseröffnung
durch Nachlassgericht

XI. ORDENTLICHER NACHLASSVERTRAG

XII. NACHLASSVERTRAG MIT VERMÖGENSABTRETUNG

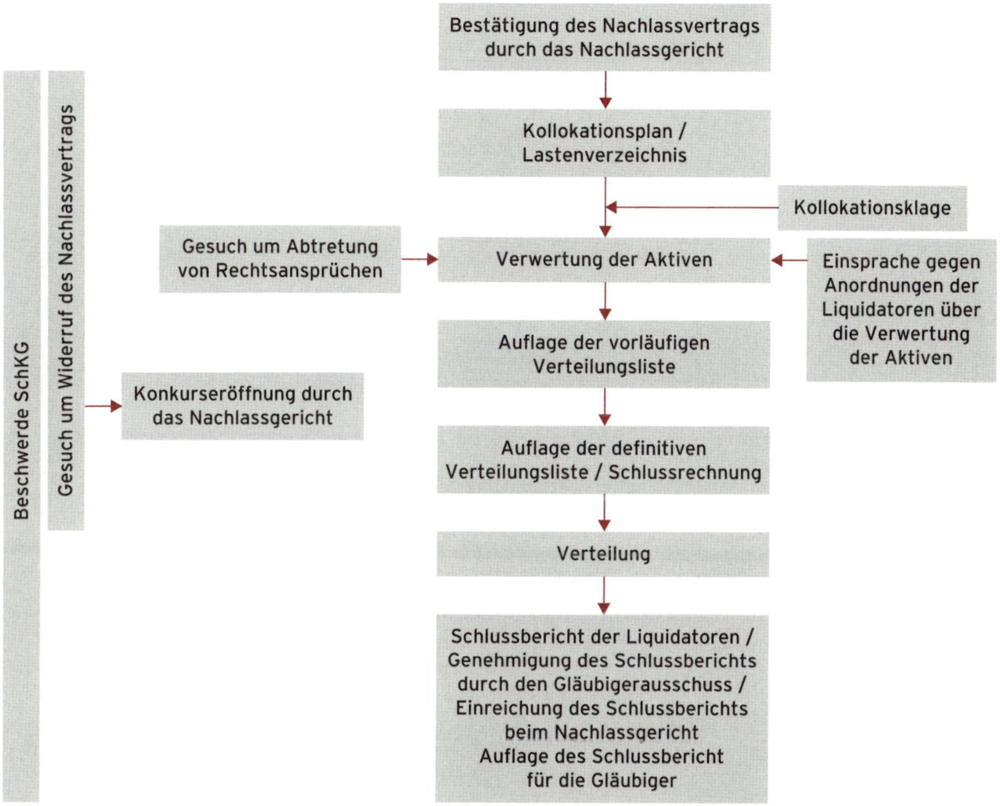

XIII. NACHLASSVERTRAG IM KONKURS

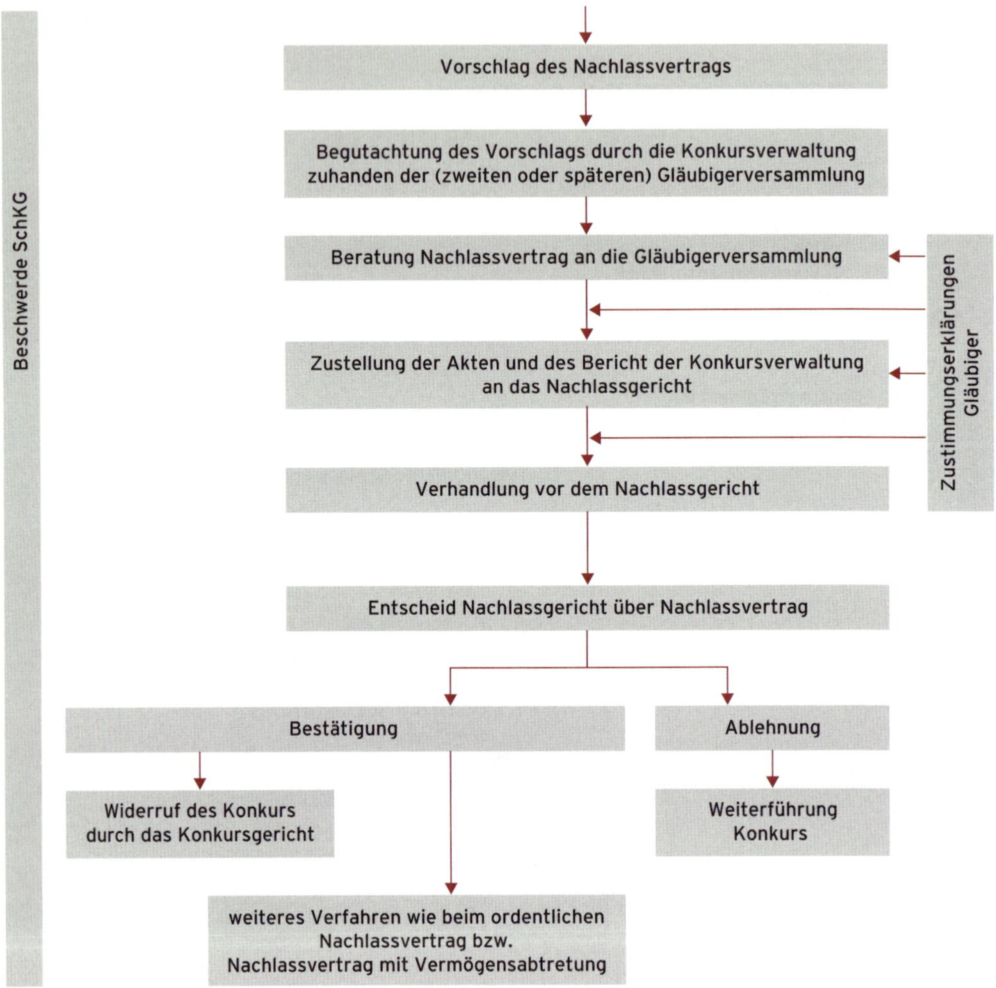

XIV. EINVERNEHMLICHE PRIVATE SCHULDENBEREINIGUNG

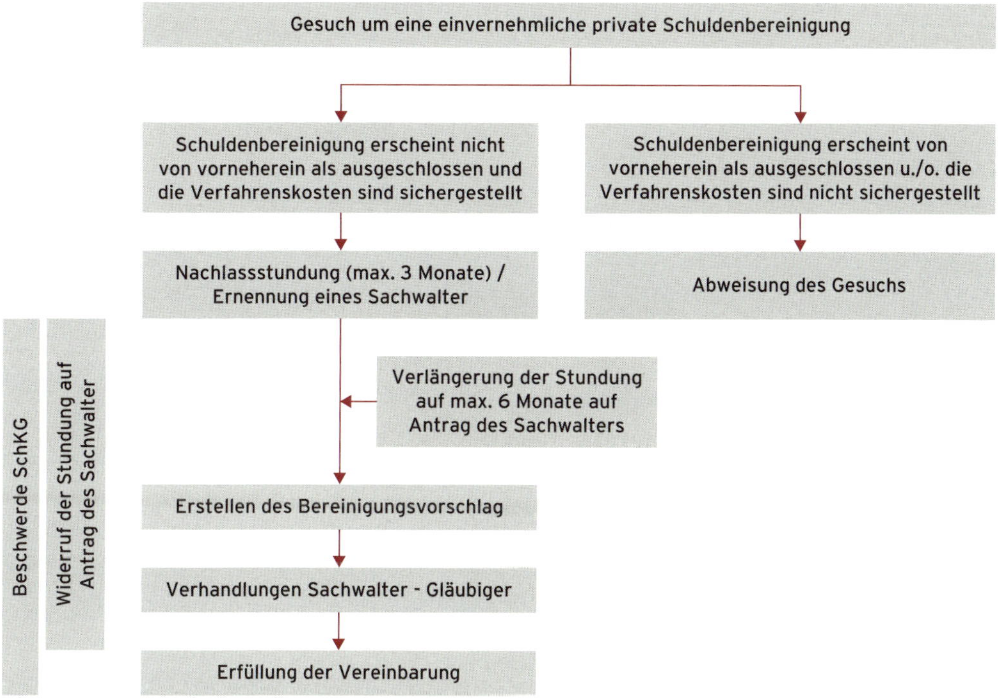

§5
ALLGEMEINE BEHELFE

I. STAATSHAFTUNGS- ODER VERANTWORTLICHKEITSKLAGE (ART. 5 SCHKG)

1. ZWECK UND WIRKUNG

Die Staatshaftung eines Kantons gem. Art. 5 SchKG bezweckt die (finanzielle oder reale) Wiedergutmachung von Schaden bzw. bei entsprechender Schwere der Verletzung die Leistung einer Genugtuung infolge widerrechtlichen Handelns von Vollstreckungsorganen des betreffenden Kantons im Rahmen einer amtlichen/hoheitlichen Verrichtung. Wird die Staatshaftungsklage gutgeheissen, bewirkt dies, dass der Kanton zur Bezahlung der beurteilten Schadenersatzforderung und/oder Genugtuung an den Kläger verpflichtet wird.[1] 5.1

Der **Kanton haftet primär und exklusiv** für das Handeln seiner Vollstreckungsorgane. Daher handelt es sich bei der Staatshaftung gem. Art. 5 SchKG um eine **Organisationshaftung** (des Kantons) von öffentlich-rechtlicher Natur.[2] 5.2

2. VERFAHRENSART

Die Ausgestaltung des Verfahrens ist **kantonal geregelt**. Während die einen Kantone auf den Zivilprozess verweisen, sehen andere den Verwaltungsverfahrensweg vor.[3] 5.3

A. *Falls das anwendbare kantonale Recht eine Beurteilung eines Anspruchs im Rahmen des Zivilprozesses vorsieht und dabei auf die ZPO verweist*, ist anwendbar: 5.4
   - das ordentliche Verfahren (Art. 219 ff. ZPO) bei einem Streitwert von mehr als CHF 30 000.–

     oder
   - das vereinfachte Verfahren (Art. 243 ff. ZPO) bei einem Streitwert bis zu CHF 30 000.–.

---

1 BSK SchKG I-Gasser, Art. 5 N 12; Vock/Müller, 53.

2 BGE 126 III 431, E. 2c/bb; BSK SchKG I-Gasser, Art. 5 N 7; Sutter-Somm/Hasenböhler/Leuenberger-Sutter-Somm/Schrank, Art. 46 ZPO N 9.

3 BSK SchKG I-Gasser, Art. 5 N 51 f.

5.5 B. *Falls das anwendbare kantonale Recht eine Beurteilung eines Anspruchs auf dem Verwaltungsverfahrensweg vorsieht*, findet das einschlägige Verwaltungsverfahrensrecht Anwendung.[4]

3. ZUSTÄNDIGKEIT

5.6 A. *Falls das anwendbare kantonale Recht eine Beurteilung des Anspruchs im Rahmen des Zivilprozesses vorsieht und dabei auf die ZPO verweist:*

Örtlich zuständig ist gem. Art. 10 Abs. 1 lit. d ZPO das Gericht am Kantonshauptort.[5]
Da es jedoch um die Beurteilung einer ausservertraglichen Schädigung geht, bejaht die wohl h.L. für die Staatshaftungsklage auch den Gerichtsstand für Klagen aus unerlaubten Handlungen. Diesfalls ist nach Wahl des Klägers das Gericht am (Wohn-)Sitz der geschädigten Person oder der beklagten Partei oder am Handlungs- oder am Erfolgsort zuständig (Art. 36 i.V.m. Art. 46 ZPO).[6]
Die **sachliche und die funktionelle** Zuständigkeit bestimmen sich ebenfalls nach kantonalem Recht (Art. 4 ZPO).

5.7 B. *Falls das anwendbare kantonale Recht eine Beurteilung des Anspruchs auf dem Verwaltungsverfahrensweg vorsieht,* richtet sich die Zuständigkeit nach dem entsprechenden kantonalen Verwaltungsverfahrensrecht.[7]

5.8 C. Wird die Staatshaftungsklage beziehungsweise Schadenersatzklage mit *widerrechtlichem Verhalten der oberen kantonalen Aufsichtsbehörden oder des oberen kantonalen Nachlassgerichts* begründet, ist das Bundesgericht als einzige Instanz zuständig (Art. 7 SchKG).

4. LEGITIMATION

A. AKTIVLEGITIMATION

5.9 Aktivlegitimiert ist der Geschädigte.

B. PASSIVLEGITIMATION

5.10 Passivlegitimiert ist der **Kanton**, dessen Vollstreckungsorgane durch ihre Tätigkeit widerrechtlich Schaden verursachten (Art. 5 Abs. 1 SchKG).

---

4 VOCK/MÜLLER, 50.

5 VOCK/MÜLLER, 50.

6 VOCK/MÜLLER, 50; Sutter-Somm/Hasenböhler/Leuenberger-CHEVALIER/HEDINGER, Art. 36 ZPO N 12; Sutter-Somm/Hasenböhler/Leuenberger-SUTTER-SOMM/SCHRANK, Art. 46 ZPO N 9.

7 VOCK/MÜLLER, 50.

5. STREITWERT

Der Streitwert bemisst sich nach der geltend gemachten Schadenersatz- und / oder Genugtuungsforderung. 5.11

6. FRISTEN

Das SchKG sieht keine ausdrücklichen Fristen vor, die einzuhalten sind. Als befristend wirkt sich indessen die einjährige Verjährungsfrist aus, welche mit der Kenntnis des Geschädigten von der Schädigung beginnt (relative Verjährungsfrist). Die absolute Verjährungsfrist beträgt allerdings 10 Jahre, beginnend am Tag der Schädigung. Vorbehalten bleiben längere Verjährungsfristen des Strafrechts (vgl. Art. 6 SchKG).[8] 5.12

7. KOMBINATIONSMÖGLICHKEITEN

Es sind keine naheliegenden Kombinationsmöglichkeiten ersichtlich. 5.13

8. MÖGLICHE RECHTSBEGEHREN

1. Der Beklagte sei zu verpflichten, dem Kläger CHF [Betrag] (zzgl. Zins zu 5% seit [Datum]) zu bezahlen. 5.14
2. Unter Kosten- und Entschädigungsfolgen zu Lasten des Beklagten.

9. VORAUSSETZUNGEN

A. ERSTE VORAUSSETZUNG

Eintritt eines **Schadens** (Art. 5 Abs. 1 SchKG) und / oder einer **schweren immateriellen Unbill** (Art. 5 Abs. 4 SchKG) beim Geschädigten.[9] 5.15

8 BSK SchKG I-Gasser, Art. 6 N 3 ff.

9 Vock/Müller, 45; BSK SchKG I-Gasser, Art. 5 N 9 ff.

B. ZWEITE VORAUSSETZUNG

5.16 Der Schaden muss **durch ein Vollstreckungsorgan verursacht** worden sein, wobei die in Art. 5 Abs. 1 SchKG enthaltene Aufzählung der möglichen Verursacher (Beamte, Angestellte und ihre Hilfspersonen, ausseramtliche Konkursverwaltungen, Sachwalter, Liquidatoren, Aufsichts- und Gerichtsbehörden, Polizei) abschliessend gemeint ist.[10]

C. DRITTE VORAUSSETZUNG

5.17 Der Schaden muss im Rahmen der Erfüllung einer durch das Gesetz zugewiesenen Aufgabe entstanden sein, d.h. der eingetretene Schaden muss in einem **funktionellen Zusammenhang** mit der Erfüllung einer hoheitlichen Aufgabe stehen.[11]

D. VIERTE VORAUSSETZUNG

5.18 Zwischen dem (schadensverursachenden) Verhalten des Vollstreckungsorganes und dem eingetretenen Schaden muss eine natürliche und adäquate **Kausalität** gegeben sein.[12]

E. FÜNFTE VORAUSSETZUNG

5.19 **Widerrechtlichkeit,** d.h. Verletzung eines absoluten Rechtsgutes oder einer einschlägigen Schutznorm.[13]

F. SECHSTE VORAUSSETZUNG

5.20 **Keine andere Rechtsgrundlage zur Geltendmachung** des Schadens, d.h. es steht weder ein Anfechtungsverfahren noch eine öffentlich- oder privatrechtliche Spezialhaftung zur Verfügung.[14]

10. BESONDERHEITEN

5.21 Der Kanton haftet grundsätzlich nach öffentlich- oder privatrechtlichen Sondernormen (z.B. Art. 679 ZGB oder Art. 58 OR), wenn die Voraussetzungen der entsprechenden Spezialhaftung erfüllt sind. Folglich findet die **Staatshaftung eines Kantons gem. Art. 5 SchKG** als lex generalis

10 Vock/Müller, 45; betreffend die Abgeschlossenheit kritisch BSK SchKG I-Gasser, Art. 5 N 17 ff.

11 Vock/Müller, 45 f. Fehlt der funktionelle Zusammenhang, liegt kein die Staatshaftung begründender Sachverhalt vor, weshalb dann nur die persönliche Haftung des Vollstreckungsorgans in Frage kommt (insbesondere diejenige nach Art. 41 OR) (BSK SchKG I-Gasser, Art. 5 N 35 f.).

12 Vock/Müller, 45; BSK SchKG I-Gasser, Art. 5 N 37.

13 Kren Kostkiewicz/Walder, Art. 5 SchKG N 5; Vock/Müller, 45; BSK SchKG I-Gasser, Art. 5 N 40 ff.

14 Vock/Müller, 45.

nur subsidiär Anwendung (wenn keine öffentlich- oder privatrechtliche Spezialhaftung Anwendung findet). Die Staatshaftung eines Kantons gem. Art. 5 Abs. 1 SchKG ist eine ausschliesslich auf Bundesrecht beruhende **Kausalhaftung.**[15]

11. RECHTSMITTEL

Die Wahl des Rechtsmittels **wird bestimmt durch die jeweils anwendbare Verfahrensart** und dadurch **durch kantonales Recht.** 5.22

A. *Falls das anwendbare kantonale Recht eine Beurteilung des Anspruchs im Rahmen des Zivilprozesses vorsieht und dabei auf die ZPO verweist:* kann der Entscheid – sofern der Streitwert mindestens CHF 10 000 beträgt – gestützt auf Art. 308 ff. ZPO grundsätzlich mit Berufung angefochten werden. Beträgt der Streitwert weniger, ist der Entscheid gestützt auf Art. 319 ff. ZPO mit Beschwerde anfechtbar. 5.23

B. *Falls das anwendbare kantonale Recht eine Beurteilung eines Anspruchs auf dem Verwaltungsverfahrensweg vorsieht,* findet die einschlägige kantonale Verwaltungsrechtspflege Anwendung. 5.24

Unbesehen von der Art des kantonalen Verfahrens können letztinstanzliche kantonale Entscheide ans Bundesgericht weitergezogen werden. Dazu steht gestützt auf Art. 72 Abs. 2 lit. a BGG entweder die **Beschwerde in Zivilsachen**, sofern das Streitwerterfordernis erfüllt ist (vgl. Art. 74 Abs. 1 BGG) oder sich eine Frage grundsätzlicher Bedeutung stellt (vgl. Art. 74 Abs. 2 lit. a BGG), oder die **subsidiäre Verfassungsbeschwerde** (Art. 113 ff. BGG) zur Verfügung. Mit anderen Worten heisst dies, dass die Beschwerde in Zivilsachen das in einem Staatshaftungsprozess allenfalls einschlägige Bundesrechtsmittel ist – und dies obschon der Haftungsanspruch öffentlich-rechtlicher Natur ist.[16] 5.25

Tabellarische Zusammenfassung

Zweck	Wiedergutmachung von Schaden bzw. Leistung einer Genugtuung infolge widerrechtlichen Handelns von Vollstreckungsorganen eines Kantons im Rahmen einer amtlichen / hoheitlichen Verrichtung
Gesetzliche Grundlage	Art. 5 SchKG

15 BSK SchKG I-Gasser, Art. 5 N 1 ff.

16 Kren Kostkiewicz/Walder, Art. 5 SchKG N 2; SHK-von Werdt/Güngerich, Art. 72 BGG N 17.

Verfahrensart	Abhängig von der kantonalen Regelung (Zivilprozess oder Verwaltungsweg) *Falls kantonales Recht den Zivilprozess und dabei einen Verweis auf die ZPO vorsieht:* Abhängig vom Streitwert ordentliches Verfahren (Art. 219 ff. ZPO) oder vereinfachtes Verfahren (Art. 243 ff. ZPO) *Falls kantonales Recht den Verwaltungsverfahrensweg vorsieht:* Verwaltungsverfahrensrecht
Zuständigkeit	*Falls kantonales Recht den Zivilprozess und dabei einen Verweis auf die ZPO vorsieht:* Gericht am Kantonshauptort (Art. 10 Abs. 1 lit. d ZPO) *Falls kantonales Recht den Verwaltungsverfahrensweg vorsieht:* kantonales Verwaltungsverfahrensrecht *Spezialfall:* Bundesgericht als einzige Instanz bei einer Klage infolge widerrechtlichem Verhaltens einer oberen kantonalen Aufsichtsbehörde oder eines oberen kantonalen Nachlassgerichts (Art. 7 SchKG)
Aktivlegitimation	Geschädigter
Passivlegitimation	Kanton, dessen Vollstreckungsorgane durch ihre Tätigkeit widerrechtlich Schaden verursachten (Art. 5 Abs. 1 SchKG)
Streitwert	Abhängig von der geltend gemachten Schadenersatz- und / oder Genugtuungsforderung
Fristen	Grds. keine Fristen, jedoch Verjährung möglich (Art. 6 SchKG)
Kombination	Nicht einschlägig
Mögliche Rechtsbegehren	1. Der Beklagte sei zu verpflichten, dem Kläger CHF [Betrag] (zzgl. Zins zu 5% seit [Datum]) zu bezahlen. 2. Unter Kosten- und Entschädigungsfolgen zu Lasten des Beklagten.
Voraussetzungen	– Schaden oder schwere immaterielle Unbill – Schaden verursacht durch ein Vollstreckungsorgan – Schaden muss im funktionellen Zusammenhang mit der Erfüllung einer hoheitlichen Aufgabe stehen – Natürlicher und adäquater Kausalzusammenhang zwischen dem (schadensverursachenden) Verhalten des Vollstreckungsorganes und dem eingetretenen Schaden – Widerrechtlichkeit – Keine andere Rechtsgrundlage zur Geltendmachung des Schadens (weder Anfechtungsverfahren noch öffentlich- oder privatrechtliche Spezialhaftung)
Besonderheiten	Kantone haften grds. nach öffentlich- oder privatrechtlichen Sondernormen, weshalb Art. 5 SchKG als lex generalis nur subsidiär Anwendung findet

Rechtsmittel	Kantonal: Abhängig von der kantonalen Regelung (Zivilprozess oder Verwaltungsverfahrensweg) *Falls kantonales Recht den Zivilprozess und dabei einen Verweis auf die ZPO vorsieht:* Abhängig vom Streitwert Berufung (gestützt auf Art. 308 ff. ZPO) oder Beschwerde (gestützt auf Art. 319 ff. ZPO) *Falls kantonales Recht den Verwaltungsverfahrensweg vorsieht:* Verwaltungsrechtspflege Bund: Abhängig vom Streitwert Beschwerde in Zivilsachen (Art. 72 ff. BGG) oder subsidiäre Verfassungsbeschwerde (Art. 113 ff. BGG)

II. ANTRAG UM BERICHTIGUNG (ART. 8 ABS. 3 SCHKG)

1. ZWECK UND WIRKUNG

Ein Antrag um Berichtigung gem. Art. 8 Abs. 3 SchKG bezweckt die Korrektur von offensichtlichen Eintragungsfehlern in den vom Betreibungs- oder Konkursamt geführten Register(n) und Protokollen.[17] 5.26

2. VERFAHRENSART

Das Verfahren richtet sich nach kantonalem Verwaltungs(verfahrens)recht.[18] 5.27

17 BSK SchKG I-Peter, Art. 8 N 14 f.

18 Verfügungen von Vollstreckungsorganen (z.B. eines Betreibungs- oder Konkursamtes) und die gegen solche Verfügungen unter Umständen zu ergreifende betreibungsrechtliche Beschwerde gem. Art. 17 ff. SchKG fallen nicht unter den in Art. 1 lit. c ZPO bezeichneten Geltungsbereich («gerichtliche Angelegenheiten des Schuldbetreibungs- und Konkursrechts») und somit nicht unter die ZPO. Solche Verfügungen stellen vielmehr das Ergebnis «eigenständiger Verwaltungsverfahren» dar (vgl. Botschaft ZPO, 7258), welche zum Beispiel durch einen entsprechenden Antrag oder ein entsprechendes Gesuch eingeleitet werden können. Auch Thomas Sutter-Somm und Rafael Klingler postulieren, dass Verfügungen der Vollstreckungsorgane und das betreibungsrechtliche Beschwerdeverfahren dem kantonalen Verwaltungsrecht unterstehen (Sutter-Somm/Hasenböhler/Leuenberger-Sutter-Somm/Klingler, Art. 1 ZPO N 8; vgl. BGer 5A_448/2011 vom 31.10.2011, E. 2.1). Franco Lorandi führt aus, dass das Verfahren vor den Betreibungsorganen dem Verwaltungsrecht sehr verwandt sei (Lorandi, 15, 19; Besprechung des Urteils des OGer TG vom 21.2.2013, in: RBOG 2013, Nr. 17).

3. ZUSTÄNDIGKEIT

5.28 Zuständig ist das Betreibungs- oder Konkursamt, welches das mit dem fehlerhaften Eintrag versehene Register / Protokoll führt (Art. 8 Abs. 3 SchKG).

4. LEGITIMATION

A. AKTIVLEGITIMATION / GESUCHSTELLER

5.29 Legitimiert zur Antragsstellung ist die von einem fehlerhaften Eintrag betroffene Person (vgl. Art. 8 Abs. 3 SchKG).

B. PASSIVLEGITIMATION / GESUCHSGEGNER

5.30 Passivlegitimiert ist das Betreibungs- und / oder Konkursamt, welches das von einem fehlerhaften Eintrag betroffene Register / Protokoll führt.

5. STREITWERT

5.31 Nicht einschlägig.

6. FRISTEN

5.32 Nicht einschlägig.

7. KOMBINATIONSMÖGLICHKEITEN

5.33 Es sind keine naheliegenden Kombinationsmöglichkeiten ersichtlich.

8. MÖGLICHE RECHTSBEGEHREN

5.34 Der im [Bezeichnung Register / Protokoll, z.B. Personenregister] des [Betreibungsamtes {…} / Konkursamtes {…}] betreffend den Gesuchsteller enthaltene [Eintrag, z.B. Name] sei wie folgt zu berichtigen: […].

9. VORAUSSETZUNGEN

A. ERSTE VORAUSSETZUNG

Es besteht ein **Registereintrag** oder **Eintrag in einem Protokoll**, der **fehlerhaft** ist. 5.35

B. ZWEITE VORAUSSETZUNG

Der fehlerhafte Eintrag basiert auf einem **Irrtum des entsprechenden Amtes.**[19] 5.36

C. DRITTE VORAUSSETZUNG

Der **Gesuchsteller** ist durch diesen fehlerhaften Protokoll-, Registereintrag **betroffen.** 5.37

10. BESONDERHEITEN

Die Berichtigung ist form- und kostenlos vorzunehmen, so dass die im Protokoll / Register enthaltenen Angaben nach der Berichtigung eindeutig und korrekt sind.[20] 5.38

11. RECHTSMITTEL

Wird das aufgeforderte Betreibungs- oder Konkursamt auf den Antrag hin nicht tätig und / oder verweigert es die Korrektur kann dies mit der betreibungsrechtlichen Beschwerde nach Art. 17 ff. SchKG bei der kantonalen Aufsichtsbehörde gerügt werden. 5.39

Tabellarische Zusammenfassung

Zweck	Korrektur von offensichtlichen Eintragungsfehlern in den vom Betreibungs- oder Konkursamt geführten Register(n) und Protokollen
Gesetzliche Grundlage	Art. 8 Abs. 3 SchKG
Verfahrensart	Kantonales Verwaltungsverfahrensrecht
Zuständigkeit	Betreibungs- oder Konkursamt, welches das mit dem fehlerhaften Eintrag versehene Register / Protokoll führt

19 Irrt sich hingegen der Gläubiger, bspw. durch Angabe des «falschen» Schuldners im Betreibungsbegehren und wird dieser «falsche» Schuldner anschliessend betrieben, ist eine Berichtigung gem. Art. 8 Abs. 3 SchKG nicht möglich (BSK SchKG I-Peter, Art. 8 N 16).

20 BSK SchKG I-Peter, Art. 8 N 17.

Aktivlegitimation	Die vom fehlerhaften Eintrag betroffene Person
Passivlegitimation	Betreibungs- und / oder Konkursamt
Streitwert	Nicht einschlägig
Fristen	Nicht einschlägig
Kombination	Nicht einschlägig
Mögliche Rechtsbegehren	Der im [Bezeichnung Register / Protokoll, z.B. Personenregister] des [Betreibungsamtes {…} / Konkursamtes {…}] betreffend den Gesuchsteller enthaltene [Eintrag, z.B. Name] sei wie folgt zu berichtigen: […].
Voraussetzungen	– Fehlerhafter Register- oder Protokolleintrag – Irrtum des register-/protokollführenden Amtes – Betroffenheit des Gesuchsstellers
Besonderheiten	Die Berichtigung ist form- und kostenlos vorzunehmen, so dass die im Protokoll / Register enthaltenen Angaben nach der Berichtigung eindeutig und korrekt sind
Rechtsmittel	Betreibungsrechtliche Beschwerde (Art. 17 ff. SchKG) innert 10 Tagen (bei Rechtsverweigerung, Rechtsverzögerung oder Nichtigkeit ist die 10-tägige Beschwerdefrist nicht einschlägig)

III. GESUCH UM EINSICHT UND / ODER AUSKUNFT (ART. 8A SCHKG)

1. ZWECK UND WIRKUNG

5.40 Das Einsichtsrecht in die Protokolle und Register von Betreibungs- und Konkursämtern gem. Art. 8a SchKG bezweckt unter anderem, dass Dritte gestützt auf die im Betreibungsregister enthaltenen Angaben die Kreditwürdigkeit einer Person abschätzen können (sog. **Betreibungsauskunft**). Eine Betreibungsauskunft kann aber auch für die Berechnung von Fristen dienen (z.B. im Falle eines Pfändungsanschlusses nach Art. 110 oder Art. 111 SchKG) oder im Falle eines Konkurses für die Einholung der notwendigen Informationen durch die Konkursgläubiger (damit diese gestützt darauf ihre Rechte wahren können). Aus datenschutzrechtlichen Überlegungen sieht Art. 8a SchKG jedoch vor, dass ein Gesuchsteller ein Interesse (an der Einsicht / Auskunft) glaubhaft machen muss (sog. schützenswertes Interesse).[21]

21 BSK SchKG I-Peter, Art. 8a N 1 ff.

2. VERFAHRENSART

Das Verfahren richtet sich nach kantonalem Verwaltungs(verfahrens)recht.[22] 5.41

3. ZUSTÄNDIGKEIT

Zuständig ist das Betreibungs- oder Konkursamt (z.B. am derzeitigen und / oder früheren Wohnsitz / Sitz der Person, über welche eine Auskunft beantragt wird). 5.42

4. LEGITIMATION

A. AKTIVLEGITIMATION / GESUCHSTELLER

Aktivlegitimiert bzw. auskunftsberechtigt ist jede Person, die ein Interesse glaubhaft macht (vgl. Art. 8a Abs. 1 SchKG), d.h. die über ein sogenannt schützenswertes (rechtliches) Interesse verfügt.[23] 5.43
Gerichts- und Verwaltungsbehörden verfügen – im Interesse eines bei ihnen hängigen Verfahrens – ebenfalls über eine Auskunftsberechtigung (vgl. Art. 8a Abs. 4 SchKG).[24]

B. PASSIVLEGITIMATION / GESUCHSGEGNER

Nicht einschlägig. 5.44

22 Verfügungen von Vollstreckungsorganen (z.B. eines Betreibungs- oder Konkursamtes) und die gegen solche Verfügungen unter Umständen zu ergreifende betreibungsrechtliche Beschwerde gem. Art. 17 ff. SchKG fallen nicht unter den in Art. 1 lit. c ZPO bezeichneten Geltungsbereich («gerichtliche Angelegenheiten des Schuldbetreibungs- und Konkursrechts») und somit nicht unter die ZPO. Solche Verfügungen stellen vielmehr das Ergebnis «eigenständiger Verwaltungsverfahren» dar (vgl. Botschaft ZPO, 7258), welche zum Beispiel durch einen entsprechenden Antrag oder ein entsprechendes Gesuch eingeleitet werden können. Auch Thomas Sutter-Somm und Rafael Klingler postulieren, dass Verfügungen der Vollstreckungsorgane und das betreibungsrechtliche Beschwerdeverfahren dem kantonalen Verwaltungsrecht unterstehen (Sutter-Somm/Hasenböhler/Leuenberger-Sutter-Somm/Klingler, Art. 1 ZPO N 8; vgl. BGer 5A_448/2011 vom 31.10.2011, E. 2.1). Franco Lorandi führt aus, dass das Verfahren vor den Betreibungsorganen dem Verwaltungsrecht sehr verwandt sei (Lorandi, 15, 19; Besprechung des Urteils des OGer TG vom 21.2.2013, in: RBOG 2013, Nr. 17).

23 BSK SchKG I-Peter, Art. 8a N 5 ff.

24 BSK SchKG I-Peter, Art. 8a N 11.

5. STREITWERT

5.45 Nicht einschlägig.

6. FRISTEN

5.46 Das SchKG sieht keine ausdrückliche Frist vor.

5.47 Zu bedenken ist jedoch, dass 5 Jahre nach Abschluss des Verfahrens das Einsichtsrecht Dritter erlöscht (Art. 8a Abs. 4 SchKG). Von dieser Regel sind jedoch die einstigen Parteien und gem. Art. 8a Abs. 4 SchKG die Gerichts- und Verwaltungsbehörden ausgenommen.[25]

7. KOMBINATIONSMÖGLICHKEITEN

5.48 Es sind keine naheliegenden Kombinationsmöglichkeiten ersichtlich.

8. MÖGLICHE RECHTSBEGEHREN

5.49 Dem Gesuchsteller sei betreffend [Bezeichnung der Person, über welche die Auskunft / Akteneinsicht eingeholt werden soll mit Name Vorname / Firma, Adresse, Wohnsitz / Sitz] ein schriftlicher Betreibungsregisterauszug zuzustellen.

9. VORAUSSETZUNGEN

A. ERSTE VORAUSSETZUNG

5.50 Stellung eines **Gesuches um Einsicht und / oder Auskunft** betreffend (eine) konkret genannte Person(en).

B. ZWEITE VORAUSSETZUNG

5.51 Der Gesuchsteller macht ein **genügendes rechtliches Interesse** (in Bezug auf eine Einsicht / Auskunftserteilung) glaubhaft.[26]

25 BSK SchKG I-Peter, Art. 8a N 31.

26 Vgl. auch BSK SchKG I-Peter, Art. 8a N 5 ff.

C. DRITTE VORAUSSETZUNG

Es liegt **kein Auskunfts-Ausschlussgrund** gem. Art. 8a Abs. 3 SchKG (nichtige Betreibung, Aufhebung der Betreibung aufgrund einer betreibungsrechtlichen Beschwerde oder aufgrund eines gerichtlichen Entscheids, Obsiegen des Schuldners mit einer Rückforderungsklage oder Rückzug der Betreibung durch den Gläubiger) vor, falls das Gesuch von einem Dritten gestellt wird. 5.52

10. BESONDERHEITEN

Betreffend die Gebühren für eine Akteneinsicht und Auskunft siehe Art. 12 GebV SchKG bzw. Art. 12a GebV SchKG für schriftliche Betreibungsauskünfte. 5.53

Das Recht Protokolle und Register einzusehen und sich daraus Auszüge geben zu lassen beinhaltet auch den Anspruch auf Einsicht in die entsprechenden Aktenstücke und Belege. Das Akteneinsichtsrecht umfasst jedoch nicht auch das Recht auf Aktenherausgabe.[27]

Im Konkurs von Banken und Sparkassen bewirken die konkursrechtlichen Offenbarungspflichten eine Beschränkung des Bankgeheimnisses (vgl. Art. 36 Abs. 2 BankG).[28] 5.54

11. RECHTSMITTEL

Als Rechtsmittel steht die betreibungsrechte Beschwerde gem. Art. 17 SchKG an die kant. Aufsichtsbehörde zur Verfügung, z.B. falls die Akteneinsicht verweigert wird.[29] 5.55

Tabellarische Zusammenfassung

Zweck	Einsicht in die Protokolle und Register von Betreibungs- und Konkursämtern betreffend eine Person (sog. Betreibungsauskunft)
Gesetzliche Grundlage	Art. 8a SchKG
Verfahrensart	Kantonales Verwaltungsverfahrensrecht
Zuständigkeit	Betreibungs- oder Konkursamt (z.B. am früheren und / oder derzeitigen Wohnsitz / Sitz der Person, über welche Informationen eingeholt werden sollen)

27 Es ist die Aufgabe des Betreibungs-/ Konkursamtes, soweit es diesem zumutbar ist, Kopien (von Aktenstücken und Belegen) im Zusammenhang mit einem Gesuch um Akteneinsicht und / oder -auskunft zu erstellen (vgl. BSK SchKG I-Peter, Art. 8a N 15).

28 Kren Kostkiewicz/Walder, Art. 8a SchKG N 12.

29 BSK SchKG I-Peter, Art. 8a N 36.

Aktivlegitimation	Jede Person, die über ein schützenswertes (rechtliches) Interesse verfügt und dieses glaubhaft macht
Passivlegitimation	Nicht einschlägig
Streitwert	Nicht einschlägig
Fristen	Nicht einschlägig. Zu bedenken ist jedoch, dass 5 Jahre nach Abschluss des Verfahrens das Einsichtsrecht Dritter erlöscht; davon ausgenommen sind einstige Parteien und Gerichts- und Verwaltungsbehörden
Kombination	Nicht einschlägig
Mögliche Rechtsbegehren	Dem Gesuchsteller sei betreffend [Bezeichnung der Person, über welche die Auskunft / Akteneinsicht eingeholt werden soll mit Name Vorname / Firma, Adresse, Wohnsitz / Sitz] ein schriftlicher Betreibungsregisterauszug zuzustellen.
Voraussetzungen	- Gesuch um Einsicht oder Auskunft über eine konkrete Person - Geltendmachung eines genügenden rechtlichen Interesses durch den Gesuchsteller - Nichtvorliegen eines Auskunfts- oder Ausschlussgrundes
Besonderheiten	- Das Recht Protokolle und Register einzusehen und sich daraus Auszüge geben zu lassen beinhaltet auch den Anspruch auf Einsicht in die entsprechenden Aktenstücke und Belege, nicht jedoch deren Herausgabe - Im Konkurs von Banken und Sparkassen bewirken die konkursrechtlichen Offenbarungspflichten eine Beschränkung des Bankgeheimnisses
Rechtsmittel	Betreibungsrechtliche Beschwerde (Art. 17 SchKG) innert 10 Tagen (bei Rechtsverweigerung, Rechtsverzögerung oder Nichtigkeit ist die 10-tägige Beschwerdefrist nicht einschlägig)

IV. BETREIBUNGSRECHTLICHE BESCHWERDE (ART. 17 SCHKG)

1. ZWECK UND WIRKUNG

5.56 Die betreibungsrechtliche Beschwerde kann (i) die Überprüfung zwangsvollstreckungsrechtlicher Verfügungen auf deren Gesetzmässigkeit oder Angemessenheit hin oder auch (ii) die Vollziehung von Handlungen, welche in rechtsverweigender oder rechtsverzögernder Weise bis anhin nicht vorgenommen wurden, bezwecken. Mit anderen Worten geht es um die Korrektur von **Verfahrensfehlern** (in einem laufenden Verfahren). Damit eine Anfechtung mittels Beschwerde allerdings erfolgreich ist, muss es sich um einen Verfahrensfehler handeln, dessen Berichtigung auch eine zwangsvollstreckungsrechtliche Wirkung hat (praktischer Verfahrenszweck); die blosse Feststellung einer Pflichtwidrigkeit (mit dem Hintergrund eine bessere Grundlage für die Geltendmachung eines Schadenersatzanspruches zu erhalten) ist z.B. unzulässig.[30]

Wird die Beschwerde gutgeheissen, wird die Aufhebung (Kassation) und allenfalls Berichtigung (Reformation) der angefochtenen Handlung verfügt oder die Vollziehung der unbegründetermassen verweigerten oder verzögerten Handlung angeordnet.[31] 5.57

2. VERFAHRENSART

Die betreibungsrechtliche Beschwerde ist ein zwangsvollstreckungsrechtliches Institut und ist in Bezug auf die Rechtsnatur nicht einfach einzuordnen.[32] Sie verfügt einerseits über Charakteristika des Verwaltungsverfahrens, andererseits aber auch über solche des Zivilprozesses. Folglich kann sie als «selbständiges, dem schweizerischen Betreibungs- und Konkursrecht eigentümliches Rechtsmittel verstanden werden».[33] Art. 20a SchKG enthält einige Mindestanforderungen, überlässt es jedoch den einzelnen Kantonen, das Verfahren zu regeln, d.h. die Verfahrensbestimmungen aufzustellen (vgl. Art. 20a Abs. 3 SchKG). Das Beschwerdeverfahren wird daher hauptsächlich vom kantonalen Recht geregelt.[34] Häufig finden sich die Bestimmungen in den kantonalen Einführungsgesetzen zum SchKG (s.a. Rz. 2.52). 5.58

3. ZUSTÄNDIGKEIT

Die Zuständigkeit für die Behandlung einer Beschwerde gem. Art. 17 SchKG richtet sich nach kantonalem Recht. Es ist die **Aufsichtsbehörde des jeweiligen Kantons** zuständig (Art. 17 und Art. 18 SchKG), wobei es den Kantonen überlassen ist, ob sie lediglich *eine Aufsichtsbehörde* oder eine *untere und eine obere Aufsichtsbehörde* bestellen wollen (vgl. Art. 13 SchKG). 5.59

Über zwei Aufsichtsbehörden (eine untere und eine obere) verfügen: 5.60

- Aargau (untere Aufsichtsbehörde: Gerichtspräsident/in; obere Aufsichtsbehörde: Schuldbetreibungs- und Konkurskommission des Obergerichts)[35]
- Luzern (untere Aufsichtsbehörde: Bezirksgerichte; obere Aufsichtsbehörde: Kantonsgericht)[36]

30 BSK SchKG I-Cometta/Möckli, Art. 17 N 7; BGE 128 III 468, E. 2.3.
31 Vock/Müller, 66.
32 BSK SchKG I-Cometta/Möckli, Art. 17 N 1.
33 BSK SchKG I-Cometta/Möckli, Art. 17 N 1.
34 Vock/Müller, 63.
35 Vgl. § 14 ff. EG SchKG AG.
36 Vgl. § 4 EG SchKG LU.

- Schwyz (untere Aufsichtsbehörde: Bezirksgerichtspräsident; obere Aufsichtsbehörde: Kantonsgericht)[37]
- Waadt (untere Aufsichtsbehörde: président du tribunal d'arrondissement; obere Aufsichtsbehörde: Tribunal cantonal)[38]
- Wallis (untere Aufsichtsbehörde: Bezirksrichter; obere Aufsichtsbehörde: Kantonsgericht)[39]
- Zürich (untere Aufsichtsbehörde: Bezirksgerichte; obere Aufsichtsbehörde: Obergericht)[40]

4. LEGITIMATION

A. AKTIVLEGITIMATION / BESCHWERDELEGITIMATION

5.61 Beschwerdelegitimiert[41] ist als Beschwerdeführer jede partei-[42] und beschwerdefähige[43] Person / Gesellschaft / Einheit, die:

- durch eine *Verfügung* eines Betreibungs- oder eines Konkursamtes resp. Zwangsvollstreckungsorgans **beschwert** ist indem sie (a) in ihren **rechtlich geschützten Interessen verletzt** wird oder (b) zumindest in einem **tatsächlichen und schutzwürdigen Interesse betroffen** ist und dadurch ein **schutzwürdiges (aktuelles und praktisches) Interesse** an der Aufhebung oder Abänderung der Verfügung hat. Oftmals ist der Schuldner oder auch der Gläubiger eines Betreibungsverfahrens entsprechend zur Beschwerde legitimiert, wobei die Legitimation jedoch immer im Einzelfall zu prüfen ist. Ferner können unter Umständen auch Drittpersonen zur Beschwerde legitimiert sein.[44]
- durch *ungerechtfertigte «Inaktivität» einer Behörde* im Sinne einer **(formellen) Rechtsverweigerung oder Rechtsverzögerung** betroffen ist (vgl. Art. 17 Abs. 3 SchKG).

---

37 Vgl. § 10 EGzSchKG SZ.

38 Vgl. Art. 14 f. LVLP.

39 Vgl. Art. 19 f. EG SchKG VS.

40 Vgl. § 17 EG SchKG ZH.

41 Das Vorliegen der Partei- und der Beschwerdefähigkeit wie auch der Beschwerdelegitimation stellen Eintretensvoraussetzungen dar, welche die Aufsichtsbehörde von Amtes wegen zu prüfen hat (BSK SchKG I-COMETTA/MÖCKLI, Art. 17 N 39 und 45). Fehlt z.B. die Beschwerdelegitimation, ergeht ein Nichteintretensentscheid, da es sich – im Gegensatz zur Aktivlegitimation im Zivilverfahren – nicht um eine materiellrechtliche Frage (die «Sachlegitimation / materielle Legitimation zur Sache») handelt (VOCK/MÜLLER, 60).

42 Über Parteifähigkeit (= verfahrensrechtliches Pendant zur Rechtsfähigkeit) verfügen u.a.: (a) natürliche Personen; (b) juristische Personen; (c) Kollektivgesellschaft (Art. 562 OR); (d) Kommanditgesellschaft (Art. 602 OR); (e) Stockwerkeigentümergemeinschaft (Art. 712 l Abs. 2 ZGB); (f) Konkursmasse (vgl. Art. 240 SchKG); (g) Nachlassmasse beim Nachlassvertrag mit Vermögensabtretung (vgl. Art. 319 Abs. 4 SchKG) (BSK SchKG I-COMETTA/MÖCKLI, Art. 17 N 36).

43 Die Beschwerdefähigkeit ist das verfahrensrechtliche Pendant zur Handlungsfähigkeit gem. Art. 12 ZGB (BSK SchKG I-COMETTA/MÖCKLI, Art. 17 N 37).

44 KUKO SchKG-DIETH/WOHL, Art. 17 N 9 ff.; BSK SchKG I-COMETTA/MÖCKLI, Art. 17 N 40 ff.

B. PASSIVLEGITIMATION / BESCHWERDEGEGNER

Das **verfügende Zwangsvollstreckungsorgan** wird oftmals als Beschwerdegegner bezeichnet, wobei umstritten ist, ob es passivlegitimiert ist oder nicht.[45] 5.62

Verfügende Zwangsvollstreckungsorgane sind in der Regel: 5.63
- das Betreibungsamt[46] oder
- das Konkursamt.

Weiter können auch atypische Organe, wenn sie (aufgrund der ihnen übertragenen betreibungsrechtlichen Aufgaben) öffentliche Funktionen ausüben, verfügende Zwangsvollstreckungsorgane sein, d.h.: 5.64
- die ausseramtliche Konkursverwaltung (vgl. Art. 237 Abs. 2 SchKG),
- die Gläubigerversammlung (vgl. Art. 237 und Art. 253 SchKG),
- der Gläubigerausschuss (vgl. Art. 237 Abs. 3 oder Art. 317 Abs. 2 SchKG),
- der Sachwalter (vgl. Art. 295 oder Art. 334 SchKG) oder
- die Liquidatoren (vgl. Art. 317 Abs. 2 SchKG).

Nicht als Konkursorgan gilt jedoch der Sachwalter im Konkursaufschub gem. Art. 725a OR (weshalb seine Handlungen nicht mittels Beschwerde gem. Art. 17 SchKG angefochten werden können).[47] 5.65

5. STREITWERT

Nicht einschlägig. 5.66

6. FRISTEN

Wegen **Gesetzesverletzung** oder **Unangemessenheit**: 5.67
- In der *Wechselbetreibung* und bei *Beschlüssen der ersten Gläubigerversammlung im Konkurs*: 5 Tage (Art. 20 und Art. 239 Abs. 1 SchKG);
- Ansonsten: Binnen 10 Tagen seit Kenntnis[48] (Art. 17 Abs. 2 SchKG).

---

45 BSK SchKG I-Cometta/Möckli, Art. 17 N 47.

46 Liegt eine Situation der Requisition vor, ist es das requirierende Amt, ausser es wird die Art und Weise der Vornahme der Anordnung gerügt. Diesfalls hat das requirierte Amt als Beschwerdegegner zu gelten (Vock/Müller, 60).

47 BSK SchKG I-Cometta/Möckli, Art. 17 N 15 f.

48 Es ist – ausgenommen bei der Anfechtung eines Steigerungszuschlags oder des Abschlusses eines Freihandverkaufs – nicht die tatsächliche Kenntnisnahe ausschlaggebend, sondern die schriftliche Mitteilung der Verfügung. Eingeschriebene Sendungen, die nicht abgeholt wurden, die der Adressat jedoch mit einer gewissen Wahrscheinlichkeit zu erwarten hatte, gelten als am letzten Tag der siebentägigen Abholfrist zugestellt (Vock/Müller, 61 f.).

5.68 Wegen **Rechtsverweigerung** oder **Rechtsverzögerung** (oder auch **Nichtigkeit**): jederzeit (Art. 17 Abs. 3 SchKG).

5.69 Da es sich bei der Beschwerdefrist um eine gesetzliche Frist (sog. Verwirkungsfrist) handelt, kann sie grundsätzlich nicht erstreckt werden (Art. 31 SchKG i.V.m. Art. 144 Abs. 1 ZPO).[49] Eine Ausnahme kann jedoch gewährt werden, wenn ein am Verfahren Beteiligter im Ausland wohnt (vgl. Art. 33 Abs. 2 SchKG). Lag ein unverschuldetes Hindernis vor, besteht allenfalls die Möglichkeit einer Wiederherstellung der Frist (Art. 33 Abs. 4 SchKG).[50]

7. KOMBINATIONSMÖGLICHKEITEN

5.70 Es sind keine naheliegenden Kombinationsmöglichkeiten ersichtlich.

8. MÖGLICHE RECHTSBEGEHREN

5.71
1. Die Verfügung [...] des [Betreibungsamtes / Konkursamtes][...] vom [Datum] sei aufzuheben.
2. Der Beschwerde sei die aufschiebende Wirkung zu erteilen.

5.72 *oder*

1. Die Verfügung [...] des [Betreibungsamtes / Konkursamtes][...] vom [Datum] sei wie folgt abzuändern: [...].
2. Der Beschwerde sei die aufschiebende Wirkung zu erteilen.

5.73 *oder*

Das Betreibungsamt [...] sei anzuweisen, [z.B. das Betreibungsbegehren vom {Datum} umgehend an die Hand zu nehmen].

9. VORAUSSETZUNGEN

A. ERSTE VORAUSSETZUNG

5.74 Eine **gerichtliche Klage** gem. SchKG ist **nicht möglich** (vgl. Art. 17 Abs. 1 SchKG).

---

49 BSK SchKG I-Cometta/Möckli, Art. 17 N 50.

50 BSK SchKG I-Cometta/Möckli, Art. 17 N 52.

B. ZWEITE VORAUSSETZUNG

Ein **taugliches Anfechtungs- bzw. Beschwerdeobjekt** (z.B. eine Verfügung oder eine rechtsverweigernde Unterlassung eines Vollstreckungsorganes) ist vorhanden. 5.75

C. DRITTE VORAUSSETZUNG

Der Beschwerdeführer ist **partei- und beschwerdefähig**. 5.76

D. VIERTE VORAUSSETZUNG

Der Beschwerdeführer ist **beschwerdelegitimiert**, d.h. er muss in seinen rechtlich geschützten oder zumindest tatsächlichen Interessen betroffen sein (= beschwert sein) und dadurch ein schutzwürdiges (aktuelles und praktisches) Interesse haben an der Aufhebung oder Abänderung der angefochtenen Verfügung oder am Erlass einer Verfügung.[51] 5.77

E. FÜNFTE VORAUSSETZUNG

Die **Beschwerdefrist** ist gewahrt. 5.78

F. SECHSTE VORAUSSETZUNG

Der Beschwerdeführer macht einen gesetzlich vorgesehenen **Beschwerdegrund**, d.h. **Verfahrensfehler** geltend, welcher: 5.79

- auf einer Gesetzesverletzung (inkl. Ermessensmissbrauch und Ermessensüber- oder Ermesssensunterschreitung),
- auf Unangemessenheit, oder
- Rechtsverzögerung / Rechtsverweigerung beruhen kann (vgl. Art. 17 Abs. 1 SchKG).[52]

10. BESONDERHEITEN

Eine Beschwerde gem. Art. 17 SchKG steht nur zur Verfügung, wenn das SchKG keine gerichtliche Klage vorsieht, d.h. die Beschwerde i.S.v. Art. 17 SchKG ist **subsidiär** im Vergleich zu einer gerichtlichen Klage gem. SchKG (vgl. Art. 17 Abs. 1 SchKG). 5.80

51 Gemeint ist die formelle Legitimation zum Verfahren (und nicht – wie im Zivilprozess – die Sachlegitimation / materielle Legitimation zur Sache). Ist die beschwerdeführende Person nicht entsprechend beschwerdelegitimiert, fehlt es an einer Prozessvoraussetzung, weshalb auf die Beschwerde nicht einzutreten ist (BSK SchKG I-COMETTA/MÖCKLI, Art. 17 N 39 und 45; VOCK/MÜLLER, 60).

52 VOCK/MÜLLER, 57.

5.81 Verstösst eine Verfügung gar gegen Vorschriften, die im öffentlichen Interesse oder im Interesse von am Verfahren nicht beteiligten Personen erlassen worden sind, so ist die Verfügung nichtig (vgl. Art. 22 Abs. 1 SchKG). Die Aufsichtsbehörden haben (im Unterschied zum Bundesgericht) die **Nichtigkeit** von Amtes wegen festzustellen (vgl. Art. 22 Abs. 1 SchKG). Falls der Betroffene unbesehen davon «Beschwerde» erhebt, ist diese automatisch als Aufsichtsanzeige zu qualifizieren.[53]

5.82 Die Beschwerde hat **von Gesetzes wegen keinen Suspensiveffekt** (vgl. Art. 36 SchKG). Eine aufschiebende Wirkung der Beschwerde muss daher beantragt werden und kommt nur in Existenz, sofern die kantonale Aufsichtsbehörde (oder deren Präsident) eine solche anordnet.

5.83 Das **Beschwerdeverfahren vor einer kantonalen Aufsichtsbehörde ist kostenlos**, ausser die Prozessführung erfolgt böswillig oder mutwillig (vgl. Art. 20a Abs. 2 Ziff. 5 SchKG).

5.84 Zudem wird **keine Parteientschädigung** ausgerichtet (Art. 62 Abs. 2 GebV SchKG).

5.85 Auf das Beschwerdeverfahren vor einer kantonalen Aufsichtsbehörde findet zwar die **Untersuchungsmaxime** Anwendung, allerdings können die Parteien zur Mitwirkung angehalten werden (vgl. Art. 20a Abs. 2 Ziff. 2 SchKG). Dennoch gilt aber die **Dispositionsmaxime**, wonach die Aufsichtsbehörde an die Parteianträge gebunden ist, ausser die Verfügung ist nichtig (vgl. Art. 20a Abs. 2 Ziff. 3 SchKG).[54]

5.86 Wird die Beschwerde irrtümlich bei einer unzuständigen Instanz eingereicht, ist davon auszugehen, dass die Anrufung einer unzuständigen Aufsichts*behörde* eine Überweisungspflicht nach Art. 32 Abs. 2 SchKG auslöst.[55]

5.87 Gemäss Art. 24 Abs. 2 BankG ist in den Verfahren gegen eine Bank nach dem elften Abschnitt (Massnahmen bei Insolvenzgefahr) und dem zwölften Abschnitt (Konkursliquidation insolventer Banken [Bankenkonkurs]) des BankG die Beschwerde gem. Art. 17 SchKG ausgeschlossen. Die Gläubiger und Eigner einer Bank können lediglich gegen die Genehmigung des Sanierungsplans und gegen Verwertungshandlungen Beschwerde führen.

11. RECHTSMITTEL

5.88 **Falls** eine **obere kantonale Aufsichtsbehörde** existiert, kann:

- der Entscheid einer unteren Aufsichtsbehörde innert 10 Tagen nach Eröffnung an die obere kantonale Aufsichtsbehörde weitergezogen werden (Art. 18 Abs. 1 SchKG);

53 VOCK/MÜLLER, 55.
54 VOCK/MÜLLER, 65.
55 VOCK/MÜLLER, 61.

- wegen Rechtsverweigerung oder Rechtsverzögerung durch die untere kantonale Aufsichtsbehörde jederzeit bei der oberen kantonalen Aufsichtsbehörde Beschwerde gegen die untere kantonale Aufsichtsbehörde geführt werden (Art. 18 Abs. 2 SchKG).

Ansonsten ist **beim Bundesgericht Beschwerde in Zivilsachen** zu erheben (Art. 19 SchKG i.V.m. 5.89 Art. 72 Abs. 2 lit. a BGG). Gemäss Art. 74 Abs. 2 lit. c BGG ist die Beschwerde in Zivilsachen in einem solchen Fall unabhängig vom jeweiligen Streitwert zulässig.[56] Die Beschwerdefrist beträgt 10 Tage, ausser es handelt sich um die Anfechtung eines Entscheids im Rahmen der Wechselbetreibung. In letzterem Fall beträgt die Beschwerdefrist 5 Tage (Art. 100 Abs. 2 lit. a und Art. 100 Abs. 3 lit. a BGG).

Tabellarische Zusammenfassung

Zweck	Korrektur von Verfahrensfehlern durch (i) Überprüfung zwangsvollstreckungsrechtlicher Verfügungen oder (ii) Vollzug von bis anhin infolge Rechtsverweigerung oder Rechtsverzögerung nicht vorgenommenen Handlungen
Gesetzliche Grundlage	Art. 17 SchKG
Verfahrensart	Zwangsvollstreckungsrechtliches Verfahren mit Mindestanforderungen gem. Art. 20a SchKG und kantonalen Ausführungsbestimmungen
Zuständigkeit	(Untere) kantonale Aufsichtsbehörde
Aktivlegitimation / Beschwerdelegitimation	Partei- und beschwerdefähige Personen und Einheiten, die entweder durch eine Verfügung eines Zwangsvollstreckungsorgans beschwert sind (in ihren rechtlich geschützten Interessen verletzt oder mind. in einem tatsächlichen und schutzwürdigen Interesse betroffen sind und an der Aufhebung / Abänderung der Verfügung ein schutzwürdiges aktuelles und praktisches Interesse haben) oder von einer formellen Rechtsverweigerung oder Rechtsverzögerung betroffen sind
Passivlegitimation / Beschwerdegegner	Verfügendes Zwangsvollstreckungsorgan (Betreibungs- oder Konkursamt, oder auch, wenn sie öffentliche Funktionen ausüben, ausseramtliche Konkursverwaltungen, Gläubigerversammlungen, Gläubigerausschüsse, Sachwalter und Liquidatoren)
Streitwert	Nicht einschlägig
Fristen	Abhängig vom Beschwerdegrund: – *Bei Gesetzesverletzung oder Unangemessenheit:* 10 Tage seit Kenntnis (Ausnahme: in der Wechselbetreibung und bei Beschlüssen der ersten Gläubigerversammlung im Konkurs: 5 Tage) – *Bei Rechtsverweigerung, Rechtsverzögerung und Nichtigkeit:* Jederzeit
Kombination	Nicht einschlägig

56 BGE 135 I 187, E. 1.2; Kren Kostkiewicz/Walder, Art. 17 SchKG N 26.

Mögliche Rechtsbegehren	1. Die Verfügung [...] des [Betreibungsamtes/Konkursamtes][...] vom [Datum] sei aufzuheben. 2. Der Beschwerde sei die aufschiebende Wirkung zu erteilen. *oder* 1. Die Verfügung [...] des [Betreibungsamtes/Konkursamtes][...] vom [Datum] sei wie folgt abzuändern: [...]. 2. Der Beschwerde sei die aufschiebende Wirkung zu erteilen. *oder* Das Betreibungsamt [...] sei anzuweisen, [z.B. das Betreibungsbegehren vom {Datum} umgehend an die Hand zu nehmen].
Voraussetzungen	– Gerichtliche Klage nach SchKG nicht möglich – Taugliches Anfechtungs- bzw. Beschwerdeobjekt (bspw. Verfügung) – Beschwerdeführer ist partei- und beschwerdefähig – Beschwerdeführer ist beschwerdelegitimiert – Wahrung der Beschwerdefrist – Beschwerdeführer macht einen Verfahrensfehler geltend, der auf Gesetzesverletzung, Unangemessenheit oder Rechtsverzögerung / Rechtsverweigerung beruht
Besonderheiten	– Eine Beschwerde gem. Art. 17 SchKG ist **subsidiär** im Vergleich zu den gerichtlichen Klagen gem. SchKG (vgl. Art. 17 Abs. 1 SchKG) – Verstösst eine Verfügung gar gegen Vorschriften, die im öffentlichen Interesse oder im Interesse von am Verfahren nicht beteiligten Personen erlassen worden sind, so ist die Verfügung nichtig; die Nichtigkeit ist von den Aufsichtsbehörden von Amtes wegen festzustellen – Die Beschwerde hat von Gesetzes wegen keine aufschiebende Wirkung. Diese muss beantragt werden – Vor einer kantonalen Aufsichtsbehörde ist das Beschwerdeverfahren kostenlos (Ausnahme: böswillige oder mutwillige Prozessführung) – Den Parteien wird in einem Beschwerdeverfahren keine Parteientschädigung ausgerichtet
Rechtsmittel	*Falls eine obere kantonale Aufsichtsbehörde besteht:* Beschwerde an die obere kantonale Aufsichtsbehörde innert 10 Tagen nach Eröffnung des Entscheids der unteren kantonalen Aufsichtsbehörde (Art. 18 Abs. 1 SchKG) *oder* Beschwerde an die obere kantonale Aufsichtsbehörde gegen eine untere kantonale Aufsichtsbehörde bei Rechtsverzögerung oder Rechtsverweigerung (jederzeit möglich) *Ansonsten bzw. bei letztinstanzlichen kantonalen Entscheidungen:* Beschwerde in Zivilsachen beim Bundesgericht (Art. 19 SchKG i.V.m. Art. 72 Abs. 2 lit. a BGG) innert 10 Tagen (ausser bei Anfechtung eines Entscheids im Rahmen der Wechselbetreibung, in welchem Fall die Beschwerdefrist 5 Tage beträgt) (Art. 100 Abs. 2 lit. a und Art. 100 Abs. 3 lit. a BGG)

V. AUFSICHTSANZEIGE BETREFFEND FESTSTELLUNG DER NICHTIGKEIT EINER VERFÜGUNG (ART. 22 SCHKG)

1. ZWECK UND WIRKUNG

Die Aufsichtsanzeige betreffend Feststellung der Nichtigkeit einer Verfügung gem. Art. 22 SchKG bezweckt die Feststellung, dass die «angefochtene» Verfügung seit jeher (*ex tunc*) **absolut unwirksam** ist, d.h. zu keinem Zeitpunkt Wirkungen entfaltete.[57] 5.90

Die Nichtigkeit einer Verfügung ist – ausser in den vom Gesetz ausdrücklich vorgesehenen Fällen – nur ausnahmsweise (gemäss der sogenannten Evidenztheorie) anzunehmen, wobei der Nichtigkeit im Schuldbetreibungs- und Konkursrecht – verglichen mit anderen Rechtsgebieten – eine grössere Bedeutung zukommt.[58] 5.91

Wird die Aufsichtsanzeige bzw. das Begehren um Feststellung der Nichtigkeit gutgeheissen, hat der Entscheid *nur deklaratorische Bedeutung*; denn eine nichtige Verfügung entfaltet auch ohne ausdrückliche Feststellung keine Wirkungen. Meistens wird die Nichtigkeit einer Verfügung mit Beschwerde gem. Art. 17 SchKG von einer betroffenen Person geltend gemacht.[59] 5.92

2. VERFAHRENSART

Das SchKG sieht kein eigentliches Nichtigkeitserkennungsverfahren vor. Die Nichtigkeit kann mit Beschwerde gem. Art. 17 SchKG geltend gemacht werden. Die betreibungsrechtliche Beschwerde ist ein zwangsvollstreckungsrechtliches Institut und ist in Bezug auf die Rechtsnatur nicht einfach einzuordnen.[60] Sie verfügt einerseits über Charakteristika des Verwaltungsverfahrens, andererseits aber auch über solche des Zivilprozesses. Folglich kann sie als «selbständiges, dem schweizerischen Betreibungs- und Konkursrecht eigentümliches Rechtsmittel verstanden werden».[61] Art. 20a SchKG enthält einige Mindestanforderungen, überlässt es jedoch den einzelnen Kantonen, das Verfahren zu regeln, d.h. die Verfahrensbestimmungen aufzustellen (vgl. Art. 20a Abs. 3 SchKG). Das Beschwerdeverfahren wird daher hauptsächlich vom kantonalen Recht geregelt.[62] Häufig finden sich die Bestimmungen in den kantonalen Einführungsgesetzen zum SchKG (s.a. Rz. 2.52). 5.93

57 BSK SchKG I-Cometta/Möckli, Art. 22 N 8.
58 BSK SchKG I-Cometta/Möckli, Art. 22 N 9 f.
59 BSK SchKG I-Cometta/Möckli, Art. 22 N 14 und 16.
60 BSK SchKG I-Cometta/Möckli, Art. 17 N 1.
61 BSK SchKG I-Cometta/Möckli, Art. 17 N 1.
62 Vock/Müller, 63.

3. ZUSTÄNDIGKEIT

5.94 Das SchKG sieht kein eigentliches Nichtigkeitserkennungsverfahren vor. Es ist in erster Linie Sache der Behörde, welche die nichtige Verfügung erlassen hat, diese von sich aus zu korrigieren.[63]

5.95 Falls die Nichtigkeit mit Beschwerde gem. Art. 17 SchKG geltend gemacht werden soll, richtet sich die Zuständigkeit für die Beurteilung der Beschwerde nach kantonalem Recht. Es ist die **Aufsichtsbehörde des jeweiligen Kantons** zuständig (Art. 17 und Art. 18 SchKG), wobei es den Kantonen überlassen ist, ob sie lediglich *eine Aufsichtsbehörde* oder eine *untere und eine obere Aufsichtsbehörde* bestellen wollen (vgl. Art. 13 SchKG).

5.96 Über zwei Aufsichtsbehörden (eine untere und eine obere) verfügen:

- Aargau (untere Aufsichtsbehörde: Gerichtspräsident/in; obere Aufsichtsbehörde: Schuldbetreibungs- und Konkurskommission des Obergerichts)[64]
- Luzern (untere Aufsichtsbehörde: Bezirksgerichte; obere Aufsichtsbehörde: Kantonsgericht)[65]
- Schwyz (untere Aufsichtsbehörde: Bezirksgerichtspräsident; obere Aufsichtsbehörde: Kantonsgericht)[66]
- Waadt (untere Aufsichtsbehörde: président du tribunal d'arrondissement; obere Aufsichtsbehörde: Tribunal cantonal)[67]
- Wallis (untere Aufsichtsbehörde: Bezirksrichter; obere Aufsichtsbehörde: Kantonsgericht)[68]
- Zürich (untere Aufsichtsbehörde: Bezirksgerichte; obere Aufsichtsbehörde: Obergericht)[69]

63 Es kann allerdings auch sein, dass sich die Nichtigkeit in einem Stadium des Verfahrens ergibt, in dem eine Korrektur einer Handlung durch das Amt (oder die Aufsichtsbehörde) nicht mehr möglich ist. Die Nichtigkeit eines früheren Verfahrensaktes kann in einem solchen Fall die Nichtigkeit späterer Betreibungshandlungen nach sich ziehen (BSK SchKG I-Cometta/Möckli, Art. 22 N 14.

64 Vgl. § 14 ff. EG SchKG AG.

65 Vgl. § 4 EG SchKG LU.

66 Vgl. § 10 EGzSchKG SZ.

67 Vgl. Art. 14 f. LVLP.

68 Vgl. Art. 19 f. EG SchKG VS.

69 Vgl. § 17 EG SchKG ZH.

4. LEGITIMATION

A. AKTIVLEGITIMATION / BESCHWERDELEGITIMATION

Der Antrag um Feststellung der Nichtigkeit einer Verfügung wird **meistens von einer betroffenen Person / Gesellschaft / Einheit** mit Beschwerde gem. Art. 17 SchKG geltend gemacht.[70] Als Beschwerdeführer beschwerdelegitimiert[71] ist jede partei-[72] und beschwerdefähige[73] Person / Gesellschaft / Einheit, die durch eine *Verfügung* eines Betreibungs- oder eines Konkursamtes resp. Zwangsvollstreckungsorgans **beschwert** ist indem sie (a) in ihren **rechtlich geschützten Interessen verletzt** wird oder (b) zumindest in einem **tatsächlichen und schutzwürdigen Interesse betroffen** ist und dadurch ein **schutzwürdiges (aktuelles und praktisches) Interesse** an der Aufhebung oder Abänderung der Verfügung hat. Oftmals ist der Schuldner oder auch der Gläubiger eines Betreibungsverfahrens entsprechend zur Beschwerde legitimiert, wobei die Legitimation jedoch immer im Einzelfall zu prüfen ist.[74] 5.97

Führt ein **Dritter**, welcher keinerlei Beziehung zu der betreffenden Betreibung hat, Beschwerde mit dem Antrag um Feststellung der Nichtigkeit, ist auf die Beschwerde nicht einzutreten. Die Eingabe kann aber als Aufsichtsanzeige entgegengenommen werden, falls die kantonale Aufsichtsbehörde sich aufgrund ihrer Aufsichtsbefugnis gem. Art. 13 Abs. 1 SchKG veranlasst sieht, von Amtes wegen einzugreifen. Dem Anzeigeerstatter steht jedoch kein Anspruch auf einen Entscheid zu.[75] 5.98

B. PASSIVLEGITIMATION / BESCHWERDEGEGNER

Wird Beschwerde gem. Art. 17 SchKG erhoben, wird oftmals das **verfügende Zwangsvollstreckungsorgan** als Beschwerdegegner bezeichnet, wobei umstritten ist, ob es passivlegitimiert ist oder nicht.[76] 5.99

---

70 BSK SchKG I-COMETTA/MÖCKLI, Art. 22 N 16.

71 Das Vorliegen der Partei- und der Beschwerdefähigkeit wie auch der Beschwerdelegitimation stellen Eintretensvoraussetzungen dar, welche die Aufsichtsbehörde von Amtes wegen zu prüfen hat (BSK SchKG I-COMETTA/MÖCKLI, Art. 17 N 39 und 45). Fehlt z.B. die Beschwerdelegitimation, ergeht ein Nichteintretensentscheid, da es sich – im Gegensatz zur Aktivlegitimation im Zivilverfahren – nicht um eine materiellrechtliche Frage (die «Sachlegitimation / materielle Legitimation zur Sache») handelt (VOCK/MÜLLER, 60).

72 Über Parteifähigkeit (= verfahrensrechtliches Pendant zur Rechtsfähigkeit) verfügen u.a.: (a) natürliche Personen; (b) juristische Personen; (c) Kollektivgesellschaft (Art. 562 OR); (d) Kommanditgesellschaft (Art. 602 OR); (e) Stockwerkeigentümergemeinschaft (Art. 712 l Abs. 2 ZGB); (f) Konkursmasse (vgl. Art. 240 SchKG); (g) Nachlassmasse beim Nachlassvertrag mit Vermögensabtretung (vgl. Art. 319 Abs. 4 SchKG) (BSK SchKG I-COMETTA/MÖCKLI, Art. 17 N 36).

73 Die Beschwerdefähigkeit ist das verfahrensrechtliche Pendant zur Handlungsfähigkeit gem. Art. 12 ZGB (BSK SchKG I-COMETTA/MÖCKLI, Art. 17 N 37).

74 KUKO SchKG-DIETH/WOHL, Art. 17 N 9 ff.; BSK SchKG I-COMETTA/MÖCKLI, Art. 17 N 40 ff.

75 BSK SchKG I-COMETTA/MÖCKLI, Art. 22 N 17.

76 BSK SchKG I-COMETTA/MÖCKLI, Art. 17 N 47.

Verfügende Zwangsvollstreckungsorgane sind in der Regel:
- das Betreibungsamt[77] oder
- das Konkursamt.

Weiter können auch atypische Organe, wenn sie (aufgrund der ihnen übertragenen betreibungsrechtlichen Aufgaben) öffentliche Funktionen ausüben, verfügende Zwangsvollstreckungsorgane sein, d.h.:
- die ausseramtliche Konkursverwaltung (vgl. Art. 237 Abs. 2 SchKG),
- die Gläubigerversammlung (vgl. Art. 237 und Art. 253 SchKG),
- der Gläubigerausschuss (vgl. Art. 237 Abs. 3 oder Art. 317 Abs. 2 SchKG),
- der Sachwalter (vgl. Art. 295 oder 334 SchKG) oder
- die Liquidatoren (vgl. Art. 317 Abs. 2 SchKG).

5. STREITWERT

5.100 Nicht einschlägig.

6. FRISTEN

5.101 Nichtigkeit kann jederzeit von Amtes wegen festgestellt werden. Eine Frist zur Geltendmachung muss daher nicht eingehalten werden.[78] **Ist jedoch nicht klar, ob eine Verfügung nichtig oder bloss anfechtbar ist**, empfiehlt sich die Einhaltung der Beschwerdefrist unbedingt.

7. MÖGLICHE RECHTSBEGEHREN

5.102 1. Es sei die Nichtigkeit [der Verfügung / des Freihandverkaufs etc.] des [Betreibungsamtes / Konkursamtes][…] vom [Datum] festzustellen.[79]

Falls beispielsweise nicht klar ist, ob die Verfügung nichtig oder bloss anfechtbar ist, allenfalls noch:

2. Eventualiter: Die Verfügung […] des [Betreibungsamtes / Konkursamtes][…] vom [Datum] sei aufzuheben.
3. Der Beschwerde sei die aufschiebende Wirkung zu erteilen.

---

77 Liegt eine Situation der Requisition vor, ist es das requirierende Amt, ausser es wird die Art und Weise der Vornahme der Anordnung gerügt. Diesfalls hat das requirierte Amt als Beschwerdegegner zu gelten (Vock/Müller, 60).

78 Vock/Müller, 55.

79 Die Nichtigkeit muss lediglich festgestellt werden. Eine nichtige Verfügung entfaltet keine Rechtswirkungen, weshalb sie nicht formell aufgehoben werden muss (KUKO SchKG-Dieth/Wohl, Art. 22 N 1).

8. VORAUSSETZUNGEN

A. ERSTE VORAUSSETZUNG

Vorliegen einer (mit einem besonders schweren Mangel behafteten) **Verfügung** eines Zwangsvollstreckungsorgans. 5.103

B. ZWEITE VORAUSSETZUNG

Die Fehlerhaftigkeit der Verfügung muss dermassen sein, dass die Verfügung nicht lediglich anfechtbar, sondern **nichtig** ist. Als typische Nichtigkeitsgründe gelten beispielsweise schwerwiegende Verfahrensfehler oder die qualifizierte Unzuständigkeit der verfügenden Behörde.[80] 5.104

9. BESONDERHEITEN

Das Amt, welches die nichtige Verfügung erlassen hat, kann diese durch Erlass einer neuen Verfügung ersetzen **(Selbstberichtigungsrecht)**, ausser es ist bei der Aufsichtsbehörde eine Beschwerde / Verfahren wegen Nichtigkeit hängig und die Vernehmlassung wurde bereits durchgeführt (vgl. Art. 22 Abs. 2 SchKG). 5.105

Im Unterschied zum Bundesgericht stellen die **Aufsichtsbehörden** die Nichtigkeit einer Verfügung **von Amtes wegen** fest (Art. 22 Abs. 1 letzter Satz SchKG).[81] Die Kompetenz der Aufsichtsbehörden zur Feststellung der Nichtigkeit ergibt sich aus deren Aufsichtsbefugnis gem. Art. 13 Abs. 1 SchKG. 5.106

Dem «Anzeigeerstatter» kommen keine Parteirechte zu und die Aufsichtsbehörde ist nicht an die Parteianträge gebunden.[82] 5.107

10. RECHTSMITTEL

Wurde **Beschwerde erhoben und existiert** eine **obere kantonale Aufsichtsbehörde**, kann: 5.108

- der Entscheid einer unteren Aufsichtsbehörde innert 10 Tagen nach Eröffnung an die obere kantonale Aufsichtsbehörde weitergezogen werden (Art. 18 Abs. 1 SchKG);
- wegen Rechtsverweigerung oder Rechtsverzögerung durch die untere kantonale Aufsichtsbehörde jederzeit bei der oberen kantonalen Aufsichtsbehörde Beschwerde gegen die untere kantonale Aufsichtsbehörde geführt werden (Art. 18 Abs. 2 SchKG).

---

80 BSK SchKG I-Cometta/Möckli, Art. 22 N 9.

81 Vock/Müller, 55.

82 Vock/Müller, 55.

Wurde **Beschwerde erhoben und** besteht **keine obere kantonale Aufsichtsbehörde** ist **beim Bundesgericht Beschwerde in Zivilsachen** zu erheben (Art. 19 SchKG i.V.m. Art. 72 Abs. 2 lit. a BGG). Gemäss Art. 74 Abs. 2 lit. c BGG ist die Beschwerde in Zivilsachen in einem solchen Fall unabhängig vom jeweiligen Streitwert zulässig.[83] Die Beschwerdefrist beträgt 10 Tage, ausser es handelt sich um die Anfechtung eines Entscheids im Rahmen der Wechselbetreibung. In letzterem Fall beträgt die Beschwerdefrist 5 Tage (Art. 100 Abs. 2 lit. a und Art. 100 Abs. 3 lit. a BGG).

Tabellarische Zusammenfassung

Zweck	Feststellung der Nichtigkeit einer Verfügung
Gesetzliche Grundlage	Art. 22 SchKG
Verfahrensart	Das SchKG sieht kein eigentliches Nichtigkeitserkennungsverfahren vor Die Nichtigkeit kann mit Beschwerde gem. Art. 17 SchKG geltend gemacht werden
Zuständigkeit	Grds. Sache der Behörde, welche die nichtige Verfügung erlassen hat Falls Beschwerde gem. Art. 17 SchKG erhoben werden soll: (untere) kantonale Aufsichtsbehörde
Aktivlegitimation / Beschwerdelegitimation	Falls Beschwerde gem. Art. 17 SchKG geführt werden soll, ist jede partei- und beschwerdefähige Person / Gesellschaft / Einheit, die durch die *Verfügung* eines Zwangsvollstreckungsorgans **beschwert** ist (indem sie (a) in ihren **rechtlich geschützten Interessen verletzt** wird oder (b) zumindest in einem **tatsächlichen und schutzwürdigen Interesse betroffen** ist und dadurch ein **schutzwürdiges (aktuelles und praktisches) Interesse** an der Aufhebung oder Abänderung der Verfügung hat) als Beschwerdeführer beschwerdelegitimiert
Passivlegitimation / Beschwerdegegner	Falls Beschwerde gem. Art. 17 SchKG erhoben werden soll, das verfügende Zwangsvollstreckungsorgan (Betreibungs- oder Konkursamt, oder auch, wenn sie öffentliche Funktionen ausüben, ausseramtliche Konkursverwaltungen, Gläubigerversammlungen, Gläubigerausschüsse, Sachwalter und Liquidatoren)
Streitwert	Nicht einschlägig
Fristen	Nicht einschlägig Die Einhaltung der Beschwerdefrist von 10 Tagen seit Kenntnis (Ausnahme: in der Wechselbetreibung und bei Beschlüssen der ersten Gläubigerversammlung im Konkurs: 5 Tage) empfiehlt sich jedoch unbedingt, wenn nicht klar ist, ob eine Verfügung nichtig oder bloss anfechtbar ist
Kombination	Nicht einschlägig, falls Beschwerde gem. Art. 17 SchKG erhoben werden soll

83 BGE 135 I 187, E. 1.2; KREN KOSTKIEWICZ/WALDER, Art. 17 SchKG N 26.

Mögliche Rechtsbegehren	1. Es sei die Nichtigkeit [der Verfügung / des Freihandverkaufs etc.] des [Betreibungsamtes / Konkursamtes][...] vom [Datum] festzustellen. *Falls beispielsweise nicht klar ist, ob die Verfügung nichtig oder bloss anfechtbar ist, allenfalls noch:* 2. Eventualiter: Die Verfügung [...] des [Betreibungsamtes / Konkursamtes][...] vom [Datum] sei aufzuheben. 3. Der Beschwerde sei die aufschiebende Wirkung zu erteilen.
Voraussetzungen	– Verfügung eines Zwangsvollstreckungsorgans – Besonders schwere Fehlerhaftigkeit der Verfügung, die zur Nichtigkeit (und nicht nur zur Anfechtbarkeit) führt
Besonderheiten	– Das Amt, welches die nichtige Verfügung erlassen hat, kann diese durch eine neue Verfügung ersetzen (Selbstberichtigungsrecht), ausser wenn bei Aufsichtsbehörde bereits ein Verfahren wegen Nichtigkeit anhängig ist, in dem die Vernehmlassung bereits durchgeführt wurde – Die Nichtigkeit einer Verfügung wird von den Aufsichtsbehörden grds. von Amtes festgestellt; das SchKG sieht kein eigentliches Nichtigkeitserkennungsverfahren vor
Rechtsmittel	*Falls Beschwerde erhoben wurde und eine obere kantonale Aufsichtsbehörde besteht:* Beschwerde an die obere kantonale Aufsichtsbehörde innert 10 Tagen nach Eröffnung des Entscheids der unteren kantonalen Aufsichtsbehörde (Art. 18 Abs. 1 SchKG) *oder* Beschwerde an die obere kantonale Aufsichtsbehörde gegen eine untere kantonale Aufsichtsbehörde bei Rechtsverzögerung oder Rechtsverweigerung (jederzeit möglich) *Ansonsten bzw. bei letztinstanzlichen kantonalen Entscheidungen:* Beschwerde in Zivilsachen beim Bundesgericht (Art. 19 SchKG i.V.m. Art. 72 Abs. 2 lit. a BGG) innert 10 Tagen (ausser bei Anfechtung eines Entscheids im Rahmen der Wechselbetreibung, in welchem Fall die Beschwerdefrist 5 Tage beträgt) (Art. 100 Abs. 2 lit. a und Art. 100 Abs. 3 lit. a BGG)

VI. GESUCH UM FRISTENÄNDERUNG BEI WOHNSITZ IM AUSLAND ODER BEI ÖFFENTLICHER BEKANNTMACHUNG (ART. 33 ABS. 2 SCHKG)

1. ZWECK UND WIRKUNG

5.109 Ein Gesuch um Fristverlängerung bezweckt zu gewährleisten, dass am Verfahren Beteiligte mit Wohnsitz im Ausland oder am Verfahren Beteiligte, die durch öffentliche Bekanntmachung gem. Art. 35 SchKG anzusprechen sind[84], ihre Rechte im Rahmen eines Zwangsvollstreckungsverfahrens ebenfalls wirksam geltend machen können. Eine Fristverlängerung ist jedoch nur betreffend betreibungsrechtliche Verwirkungsfristen wie z.B. die Fristen für den Rechtsvorschlag, das Fortsetzungsbegehren, das Verwertungsbegehren, das Konkursbegehren, die Rechtsmittelfirsten gem. Art. 17 ff., Art. 174 und 185 SchKG und die diversen Bestreitungs- und Klagefristen möglich.[85]

5.110 Eine Gutheissung eines Gesuchs um Fristverlängerung bewirkt daher eine angemessene Fristerstreckung, wobei Fristverlängerungen der öffentlichen Ordnung halber zurückhaltend bewilligt werden sollten.[86]

2. VERFAHRENSART

5.111 Die anwendbare Verfahrensart richtet sich danach, **vor welcher Instanz die Angelegenheit hängig ist**.

5.112 Ist z.B. das Betreibungs- oder Konkursamt zuständig, richtet sich die Verfahrensart nach dem kantonalen Verwaltungs(verfahrens)recht.[87]

---

84 Eine öffentliche Bekanntmachung gem. Art. 35 SchKG kann bspw. erforderlich werden bei unbekanntem Wohnort oder Aufenthalt des Schuldners, wenn der Schuldner sich beharrlich der Zustellung entzieht, der Schuldner aufgrund seines ausländischen Wohnsitzes nicht innert angemessener Frist über den vorgesehenen Vermittlungsweg erreicht werden kann (Ediktalweg) oder wenn das SchKG eine solche vorsieht, um das breite Publikum über die jeweilige Tatsache zu informieren (BSK SchKG I-Nordmann, Art. 33 N 4; BSK SchKG I-Nordmann, Art. 35 N 3 f.).

85 BSK SchKG I-Nordmann, Art. 33 N 1 und Art. 31 N 8.

86 BSK SchKG I-Nordmann, Art. 33 N 6.

87 Verfügungen von Vollstreckungsorganen (z.B. eines Betreibungs- oder Konkursamtes) und die gegen solche Verfügungen unter Umständen zu ergreifende betreibungsrechtliche Beschwerde gem. Art. 17 ff. SchKG fallen nicht unter den in Art. 1 lit. c ZPO bezeichneten Geltungsbereich («gerichtliche Angelegenheiten des Schuldbetreibungs- und Konkursrechts») und somit nicht unter die ZPO. Solche Verfügungen stellen vielmehr das Ergebnis «eigenständiger Verwaltungsverfahren» dar (vgl. Botschaft ZPO, 7258), welche zum Beispiel durch einen entsprechenden Antrag oder ein entsprechendes Gesuch eingeleitet werden können. Auch Thomas Sutter-Somm/Rafael Klingler postulieren, dass Verfügungen der Vollstreckungsorgane und das betreibungsrechtliche Beschwerdeverfahren dem kantonalen Verwaltungsrecht unterstehen (Sutter-Somm/Hasenböhler/Leuenberger-Sutter-Somm/Klingler, Art. 1 ZPO N 8; vgl. BGer 5A_448/2011 vom 31.10.2011, E. 2.1). Franco Lorandi führt aus, dass das Verfahren vor den Betreibungsorganen dem Verwaltungsrecht sehr verwandt sei (Lorandi, 15, 19; Besprechung des Urteils des OGer TG vom 21.2.2013, in: RBOG 2013, Nr. 17).

3. ZUSTÄNDIGKEIT

Je nachdem vor welcher Instanz die Angelegenheit hängig ist, ist das Gesuch um Fristenänderung: 5.113

- beim Betreibungs- oder Konkursamt,
- bei der Aufsichtsbehörde,
- beim in der Sache zuständigen Gericht, oder
- bei einem anderen entsprechenden Vollstreckungsorgan einzureichen.[88]

Wurde der Fristenlauf durch eine Handlung des Betreibungsamtes ausgelöst und ist die Frist durch eine Klage beim Gericht einzuhalten, ist nichtsdestotrotz das Betreibungsamt für die Beurteilung eines Gesuchs um Fristverlängerung oder -änderung zuständig.[89] 5.114

4. LEGITIMATION

A. AKTIVLEGITIMATION / GESUCHSTELLER(IN)

Zur Gesuchstellung berechtigt ist ein «am Verfahren Beteiligter» mit Wohnsitz im Ausland oder diejenige Person, welche durch öffentliche Bekanntmachung (Art. 35 SchKG) anzusprechen ist (vgl. Art. 33 Abs. 2 SchKG). Dies können Schuldner, Gläubiger oder auch Dritte sein.[90] 5.115

B. PASSIVLEGITIMATION / GESUCHSGEGNER

Nicht einschlägig. 5.116

5. STREITWERT

Nicht einschlägig. 5.117

88 BSK SchKG I-Nordmann, Art. 33 N 5.

89 Dies, weil die Angelegenheit noch nicht beim Gericht hängig ist. So ist der Betreibungsbeamte nach Zustellung des Arrestbefehls dafür zuständig, die Frist zur Einsprache gegen den Arrestbefehl beim Arrestgericht gem. Art. 278 SchKG zu verlängern (BSK SchKG I-Nordmann, Art. 33 N 5). Im Falle einer verspäteten Eingabe, mitunter auch Klagen, muss die betreffende Behörde oder das zuständige Gericht die Verlängerung jedoch von Amtes wegen überprüfen; die nachträgliche Verlängerung kann nach Ermessen gewährt werden (BSK SchKG I-Nordmann, Art. 33 N 7).

90 BSK SchKG I-Nordmann, Art. 33 N 5.

6. FRISTEN

5.118 Das SchKG sieht keine ausdrückliche Frist vor. Eine Fristverlängerung kann auch nachträglich gewährt werden. Ein Rechtsbehelf, der sich als an sich verspätet erhoben erweist, ist immer dann als rechtzeitig erhoben zu betrachten, wenn er innert der Frist erhoben wurde, welche dem betroffenen Verfahrensbeteiligten an sich hätte eingeräumt werden müssen.[91]

7. KOMBINATIONSMÖGLICHKEITEN

5.119 Ist die Verzögerung auf ein unverschuldetes Hindernis wie z.B. eine verlängerte Beförderungsdauer zurückzuführen, ist es dem am Verfahren Beteiligten mit Wohnsitz im Ausland zu empfehlen, bei Unsicherheit über die Einhaltung der Frist ein Wiederherstellungsgesuch gem. Art. 33 Abs. 4 SchKG zu stellen und die allenfalls versäumte Eingabe bei der zuständigen Behörde einzureichen.[92]

8. MÖGLICHE RECHTSBEGEHREN

5.120 Dem Gesuchsteller sei in der Betreibung Nr. […] beim Betreibungsamt […] über den Forderungsbetrag von CHF [Betrag] (zzgl. Zins zu [Zinssatz] % seit [Datum]) die Frist zur [z.B. Erhebung des Rechtsvorschlages][um {...} Tage] zu verlängern.

9. VORAUSSETZUNGEN

A. ERSTE VORAUSSETZUNG

5.121 Ein Verfahrensbeteiligter **wohnt im Ausland** oder ist durch öffentliche Bekanntmachung (Art. 35 SchKG) anzusprechen (Art. 33 Abs. 2 SchKG).[93]

B. ZWEITE VORAUSSETZUNG

5.122 Es liegt eine **kurze betreibungsrechtliche Verwirkungsfrist (Eingabefrist)** vor, da grundsätzlich nur kurze Bestreitungs, Klage- und Beschwerdefristen verlängert werden können.[94]

91 BSK SchKG EB-Staehelin, Art. 33 ad N 7; BSK SchKG I-Nordmann, Art. 33 N 7.

92 BSK SchKG I-Nordmann, Art. 33 N 7.

93 Die Wohnsitzbestimmung erfolgt nach Art. 46 SchKG, bei internationalen Sachverhalten gem. Art. 30a SchKG nach Art. 20 f. IPRG (BSK SchKG I-Nordmann, Art. 33 N 5).

94 BSK SchKG I-Nordmann, Art. 33 N 6.

C. DRITTE VORAUSSETZUNG

Es liegt **nicht die Konstellation** vor, dass einem Konkursgläubiger mit Wohnsitz im Ausland mitgeteilt wurde, dass gem. **Art. 232 Abs. 2 Ziff. 6 SchKG** für Beteiligte, die im Ausland wohnen, das Konkursamt als Zustellort gilt, solange er nicht einen anderen Zustellungsort in der Schweiz bezeichnet. Diesfalls hat der Konkursgläubiger keinen Anspruch auf Ansetzung einer längeren Frist gestützt auf Art. 33 Abs. 2 SchKG.[95] 5.123

10. BESONDERHEITEN

Es handelt sich um eine Kann-Vorschrift, d.h. dem jeweiligen Vollstreckungsorgan kommt hinsichtlich des Umfangs der Fristerstreckung ein entsprechendes Ermessen zu, das den konkreten Umständen Rechnung zu tragen hat. Sind die Voraussetzungen für eine Fristenänderung jedoch gegeben, hat der Gesuchsteller Anspruch auf eine Fristverlängerung.[96] 5.124

Auch gesetzliche Verwirkungsfristen sind erstreckbar (im Gegensatz zu Art. 47 Abs. 1 BGG, Art. 144 Abs. 1 ZPO und Art. 22 VwVG).[97] 5.125

11. RECHTSMITTEL

Das zu ergreifende Rechtsmittel ist abhängig davon, welche Instanz über das Gesuch um Fristenänderung bzw. -verlängerung zu befinden hatte: 5.126

- Im Falle einer Behörde: Anfechtung entsprechend den kantonalen Vorschriften über die Beschwerde bei der **unteren** oder, falls eine solche besteht, **oberen (kantonalen) Aufsichtsbehörde** (Art. 17 und 18 SchKG), anschliessend beim Bundesgericht **Beschwerde in Zivilsachen** (Art. 19 SchKG i.V.m. Art. 72 Abs. 2 lit. a BGG).[98]
- Im Falle eines Gerichts: Ein abweisender Entscheid, der einen Prozessendentscheid darstellt, dürfte in Bezug auf eine Anfechtung bei gegebenen Voraussetzungen (Streitwert und Gegenstand des Verfahrens, vgl. Art. 309 lit. b ZPO) der **Berufung** (Art. 308 ff. ZPO), ansonsten der **Beschwerde** (Art. 319 ff. ZPO) unterliegen. Letztinstanzlich kann **Beschwerde in Zivilsachen** beim Bundesgericht erhoben werden (Art. 72 Abs. 2 lit. a i.V.m. Art. 90 und 93 BGG).[99]

---

95 BSK SchKG I-Nordmann, Art. 33 N 4.

96 BSK SchKG EB-Staehelin, Art. 33 ad N 5.

97 BSK SchKG I-Nordmann, Art. 33 N 5.

98 Vock/Müller, 74.

99 Vock/Müller, 74.

Tabellarische Zusammenfassung

Zweck	Am Verfahren Beteiligte mit Wohnsitz im Ausland oder durch öffentliche Bekanntmachung anzusprechende Verfahrensbeteiligte können ihre Rechte im Rahmen eines Zwangsvollstreckungsverfahrens wirksam geltend machen
Gesetzliche Grundlage	Art. 33 Abs. 2 SchKG
Verfahrensart	Abhängig von der Instanz, an welcher die Angelegenheit anhängig ist (z.B. kantonales Verwaltungsverfahrensrecht, wenn das Betreibungs- oder Konkursamt für die Behandlung des Gesuchs zuständig ist)
Zuständigkeit	Abhängig von der Instanz, an welcher die Angelegenheit anhängig ist (bei Betreibungs- oder Konkursämtern, kantonalen Aufsichtsbehörden, beim zuständigen Gericht, bei einem anderen Vollstreckungsorgan) Zu beachten: wurde die Frist bspw. durch eine Handlung des Betreibungsamtes ausgelöst, ist die Frist aber durch Klage beim Gericht einzuhalten, ist nichtsdestotrotz das Betreibungsamt für die Behandlung des Gesuchs zuständig
Aktivlegitimation	Verfahrensbeteiligte mit Wohnsitz im Ausland oder Personen, die durch öffentliche Bekanntmachungen angesprochen werden
Passivlegitimation	Nicht einschlägig
Streitwert	Nicht einschlägig
Fristen	Nicht einschlägig. Ein Rechtsbehelf, der an sich verspätet erhoben wurde, ist als rechtzeitig erhoben zu betrachten, wenn er innert der Frist erhoben wurde, die dem Verfahrensbeteiligten hätte eingeräumt werden müssen
Kombination	Z.B. Wiederherstellungsgesuch gem. Art. 33 Abs. 4 SchKG
Mögliche Rechtsbegehren	Dem Gesuchsteller sei in der Betreibung Nr. […] beim Betreibungsamt […] über den Forderungsbetrag von CHF [Betrag] (zzgl. Zins zu [Zinssatz] % seit [Datum]) die Frist zur [z.B. Erhebung des Rechtsvorschlages][um {...} Tage] zu verlängern.
Voraussetzungen	– Verfahrensbeteiligter wohnt im Ausland oder wurde durch öffentliche Bekanntmachung angesprochen – Eine kurze betreibungsrechtliche Verwirkungsfrist (Eingabefrist), namentlich eine kurze Bestreitungs-, Klage- und Beschwerdefrist soll verlängert werden – Es erfolgte keine Mitteilung an einen Konkursgläubiger mit Wohnsitz im Ausland, dass gem. Art. 232 Abs. 2 Ziff. 6 SchKG das Konkursamt als Zustellort gilt
Besonderheiten	– Es handelt sich um eine Kann-Vorschrift hinsichtlich des Umfangs der Fristerstreckung; sind die Voraussetzungen erfüllt, hat der Gesuchsteller Anspruch auf eine Fristerstreckung – Auch gesetzliche betreibungsrechtliche Verwirkungsfristen sind erstreckbar

Rechtsmittel	Abhängig von der Instanz, welche das Gesuch um Fristverlängerung behandelt hat *Im Falle einer Behörde:* Beschwerde an die (untere, falls eine solche besteht obere) kantonale Aufsichtsbehörde (Art. 17 und 18 SchKG) Bei letztinstanzlichen kantonalen Entscheidungen: Beschwerde in Zivilsachen beim Bundesgericht (Art. 19 SchKG i.V.m. Art. 72 Abs. 2 lit. a BGG) innert 10 Tagen (ausser bei Anfechtung eines Entscheids im Rahmen der Wechselbetreibung, in welchem Fall die Beschwerdefrist 5 Tage beträgt) (Art. 100 Abs. 2 lit. a und Art. 100 Abs. 3 lit. a BGG) *Im Falle eines Gericht:* Kantonal: Abhängig vom Streitwert und Gegenstand des Verfahrens, Berufung (Art. 308 ff. ZPO) oder Beschwerde (Art. 319 ff. ZPO) Bund: Beschwerde in Zivilsachen (Art. 72 Abs. 2 lit. a i.V.m. Art. 90 und 93 BGG) innert (je nach Sachverhalt) 30, 10 oder 5 Tagen (Art. 100 Abs. 1, Abs. 2 lit. a oder Abs. 3 lit. a BGG)

VII. GESUCH UM WIEDERHERSTELLUNG DER FRIST (ART. 33 ABS. 4 SCHKG)

1. ZWECK UND WIRKUNG

Das Gesuch um Wiederherstellung der Frist betreffend eine kurze betreibungsrechtliche Verwirkungs- bzw. Eingabefrist bezweckt, ein unbilliges Ergebnis zu verhindern, das infolge unverschuldeten Versäumens einer Rechtshandlung innerhalb einer kurzen, gesetzlich vorgeschriebenen betreibungsrechtlichen Eingabefrist aufgrund der (Fristen-)Strenge des SchKG unter gewissen Umständen auftreten kann.[100] 5.127

2. VERFAHRENSART

Das Verfahren zur Behandlung des Gesuchs um Wiederherstellung einer Frist richtet sich nach kantonalem Verwaltungs(verfahrens)recht.[101] 5.128

100 KUKO SchKG-Russenberger/Minet, Art. 33 N 21; BSK SchKG I-Nordmann, Art. 33 N 1 und 9.

101 Verfügungen von Vollstreckungsorganen (z.B. eines Betreibungs- oder Konkursamtes) und die gegen solche Verfügungen unter Umständen zu ergreifende betreibungsrechtliche Beschwerde gem. Art. 17 ff. SchKG fallen nicht unter den in Art. 1 lit. c ZPO bezeichneten Geltungsbereich («gerichtliche Angelegenheiten des Schuldbetreibungs- und Konkursrechts») und somit nicht unter die ZPO. Solche Verfügungen stellen vielmehr das Ergebnis «eigenständiger Verwaltungsverfahren» dar (vgl. Botschaft ZPO, 7258), welche zum Beispiel durch einen entsprechenden Antrag oder ein entsprechendes Gesuch eingeleitet werden können. Auch Thomas Sutter-Somm/Rafael Klingler postulieren, dass Verfügungen der Vollstreckungsorgane und das betreibungsrechtliche Beschwerdeverfahren dem kantonalen Verwaltungsrecht unterstehen (Sutter-Somm/Hasenböhler/Leuenberger-Sutter-Somm/Klingler, Art. 1 ZPO N 8; vgl. BGer 5A_448/2011 vom 31.10.2011, E. 2.1). Franco Lorandi führt aus, dass das Verfahren vor den Betreibungsorganen dem Verwaltungsrecht sehr verwandt sei (Lorandi, 15, 19; Besprechung des Urteils des OGer TG vom 21.2.2013, in: RBOG 2013, Nr. 17).

3. ZUSTÄNDIGKEIT

5.129 Je nachdem vor welcher Instanz die Versäumnis der Rechtshandlung erfolgte, ist das Gesuch um Wiederherstellung der Frist entweder bei der **Aufsichtsbehörde** oder bei **dem in der Sache zuständigen Gericht** einzureichen (Art. 33 Abs. 4 SchKG).

5.130 Hätte die versäumte Handlung vorgenommen werden müssen bei:

- einem Betreibungs- oder Konkursamt, ist das Gesuch um Wiederherstellung der Frist ist an die **Aufsichtsbehörde** einzureichen. Bestehen zwei kantonale Aufsichtsbehörden (eine untere und eine obere), ist in der Lehre umstritten, ob das Gesuch um Wiederherstellung der Frist bei der unteren oder oberen Aufsichtsbehörde eingereicht werden muss. In einer solchen Situation sprechen sich MARC RUSSENBERGER und KARIN MINET wie auch VOCK und MÜLLER für eine Einreichung bei der unteren Aufsichtsbehörde aus;[102]
- einem in der Sache zuständigen Gericht, ist das Gesuch um Wiederherstellung bei diesem **Gericht** einzureichen.[103]

5.131 Nota Bene: Die **weiter erforderliche gleichzeitige Nachholung der versäumten Rechtshandlung bei der zuständigen Behörde** kann ohne weiteres dazu führen, dass Eingaben bei zwei verschiedenen Instanzen vorgenommen werden müssen (Nachholung der Rechtshandlung bei der sachlich zuständigen Behörde und Stellung des Gesuches um Wiederherstellung der Frist bei der Aufsichtsbehörde).[104]

4. LEGITIMATION

A. AKTIVLEGITIMATION / GESUCHSTELLER

5.132 Aktivlegitimiert (als Gesuchsteller) ist diejenige Person, welche durch ein unverschuldetes Hindernis vom Handeln innert Frist abgehalten wurde.

5.133 Ist eine am Verfahren beteiligte Person (anwaltlich) vertreten, müssen bei Versäumen einer Rechtshandlung die Voraussetzungen, die zur einer Wiederherstellung der Frist berechtigen, beim Vertreter vorgelegen haben.[105]

B. PASSIVLEGITIMATION

5.134 Nicht einschlägig.

102 KUKO SchKG-RUSSENBERGER/MINET, Art. 33 N 28; VOCK/MÜLLER, 73.
103 VOCK/MÜLLER, 73.
104 VOCK/MÜLLER, 72 f.
105 VOCK/MÜLLER, 71.

5. STREITWERT

Nicht einschlägig. 5.135

6. FRISTEN

Die Frist bestimmt sich danach, welche Frist versäumt wurde. Die Einreichung des Gesuchs um Wiederherstellung der Frist wie auch die Nachholung/Vornahme der versäumten Handlung müssen, **vom Wegfall des Hindernisses an, in der gleichen Frist wie der versäumten** erfolgen.[106] 5.136

7. KOMBINATIONSMÖGLICHKEITEN

Gleichzeitig mit dem Wiederherstellungsgesuch gem. Art. 33 Abs. 4 SchKG muss die versäumte Rechtshandlung bei der zuständen Behörde nachgeholt werden. Dies kann ohne weiteres dazu führen, dass Eingaben bei zwei verschiedenen Instanzen vorgenommen werden müssen (Nachholung der Rechtshandlung bei der sachlich zuständigen Behörde und Stellung des Gesuches um Wiederherstellung der Frist bei der Aufsichtsbehörde).[107] 5.137

Allenfalls kann der Behelf von Art. 33 Abs. 4 SchKG (Gesuch um Wiederherstellung der Frist) zusammen mit dem in Art. 63 SchKG vorgesehenen Behelf (Wirkungen von Betreibungsferien und Rechtsstillstand auf den Fristenlauf) angewandt werden. «In einem solchen Fall würden sich sowohl die Frist zur Einreichung eines Wiederherstellungsgesuchs als auch jene für die versäumte Rechtshandlung um die Dreitagesfrist von Art. 63 SchKG verlängern.»[108] 5.138

8. MÖGLICHE RECHTSBEGEHREN

Im Gesuch um Wiederherstellung der Frist: 5.139

Dem Gesuchsteller sei in der gegen ihn angehobenen Betreibung Nr. […] beim Betreibungsamt […] über den Forderungsbetrag von CHF [Betrag] (zzgl. Zins zu [Zinssatz] % seit [Datum]) die Frist zur [bspw. Erhebung des Rechtsvorschlages] wiederherzustellen.

Falls die versäumte Rechtshandlung bei einer anderen Behörde als der Aufsichtsbehörde oder dem in der Sache zuständigen Gericht nachzuholen ist: *bei der anderen für die versäumte Rechtshandlung zuständigen Behörde:* 5.140

---

106 VOCK/MÜLLER, 73.

107 VOCK/MÜLLER, 72 f.

108 KUKO SchKG-RUSSENBERGER/MINET, Art. 33 N 30.

Das in der Betreibung Nr. […] beim Betreibungsamt […] über den Forderungsbetrag von CHF [Betrag] (zzgl. Zins zu [Zinssatz] % seit [Datum]) laufende Verfahren sei zu sistieren. Zur Begründung des Sistierungsantrags ist auf das gestellte Gesuch um Wiederherstellung der Frist zu verweisen, wobei empfohlen wird, dem Sistierungsantrag eine Kopie des Gesuchs um Wiederherstellung der Frist beizulegen.

9. VORAUSSETZUNGEN

A. ERSTE VORAUSSETZUNG

5.141 Ungenutzter Ablauf (**Versäumnis**) einer **gesetzlich vorgegebenen kurzen betreibungsrechtlichen Verwirkungs- bzw. Eingabefrist.**[109]

B. ZWEITE VORAUSSETZUNG

5.142 Der Grund für das Versäumnis bzw. die Verhinderung innert der kurzen betreibungsrechtlichen Verwirkungs- bzw. Eingabefrist die Rechtshandlung vorzunehmen liegt in einem **unverschuldeten Hindernis**. Diese Voraussetzung wird in der gerichtlichen Praxis sehr restriktiv gehandhabt. Die Verhinderung muss unvorhergesehen und vollkommen unverschuldet sein, so dass aufgrund der Natur und Tragweite des Hindernisses es dem Betroffenen nicht möglich war, einen Vertreter zu bestellen und zu instruieren.[110]

C. DRITTE VORAUSSETZUNG

5.143 Es handelt sich **nicht** um die **Wiederherstellung der Frist zur Erhebung des Rechtsvorschlags im Rahmen einer Wechselbetreibung.**[111]

D. VIERTE VORAUSSETZUNG

5.144 Ab dem Wegfall des Hindernisses müssen **innert** (der gleichen) **Frist (wie der versäumten)** folgende Handlungen vorgenommen werden:

- **Einreichen** des begründeten schriftlichen **Gesuches um Wiederherstellung der Frist**. In diesem muss insbesondere dargelegt werden, «dass das unverschuldete Hindernis effektiv für die nicht rechtzeitige Fristwahrung verantwortlich war»[112]; und

109 VOCK/MÜLLER, 69; BSK SchKG I-NORDMANN, Art. 33 N 9.

110 KUKO SchKG-RUSSENBERGER/MINET, Art. 33 N 22.

111 Art. 179 Abs. 3 SchKG schliesst als lex specialis die Anwendbarkeit von Art. 33 Abs. 4 SchKG ausdrücklich aus.

112 KUKO SchKG-RUSSENBERGER/MINET, Art. 33 N 27.

- **Vornahme der versäumten Rechtshandlung** bei der zuständigen Behörde (z.B. Erheben des Rechtsvorschlages, Anhebung der Klage).[113]

10. BESONDERHEITEN

Da im Moment der Vornahme / Nachholung der versäumten Rechtshandlung noch ungewiss ist, ob die Wiederherstellung gewährt wird, ist es empfehlenswert, **bei der betreffend die versäumte Rechtshandlung zuständigen Behörde** – nicht jedoch wenn es sich um das Gericht handelt, welches auch für die Wiederherstellung zuständig ist – die **Sistierung des Verfahrens zu beantragen**, bis über die Wiederherstellung entschieden ist. Dadurch erspart sich der Gesuchsteller insbesondere Parteientschädigungen.[114] 5.145

Wird das Gesuch um Wiederherstellung der Frist gutgeheissen, müssen Massnahmen, die bereits vollzogen wurden (z.B. eine Pfändung), aus praktischen Gründen vorderhand aufrechterhalten bleiben. Sie sind nur und erst rückgängig zu machen, wenn der wiederhergestellte Rechtsbehelf erfolgreich war.[115] 5.146

11. RECHTSMITTEL

Das zu ergreifende Rechtsmittel ist abhängig davon, welche Instanz über das Gesuch um Wiederherstellung der Frist zu befinden hatte: 5.147

- Bei einer Säumnis vor einer Behörde: Anfechtung entsprechend den kantonalen Vorschriften über die Beschwerde bei der **oberen (kantonalen) Aufsichtsbehörde** (Art. 18 SchKG), falls eine solche besteht, anschliessend beim Bundesgericht **Beschwerde in Zivilsachen** (Art. 19 SchKG i.V.m. Art. 72 Abs. 2 lit. a BGG).[116]
- Bei einer Säumnis vor Gericht: Ein abweisender Entscheid, der einen Prozessendentscheid darstellt, dürfte in Bezug auf eine Anfechtung bei gegebenen Voraussetzungen (Streitwert und Gegenstand des Verfahrens, vgl. Art. 309 lit. b ZPO) der **Berufung** (Art. 308 ff. ZPO), ansonsten der **Beschwerde** (Art. 319 ff. ZPO) unterliegen. Letztinstanzlich kann **Beschwerde in Zivilsachen** beim Bundesgericht erhoben werden (Art. 72 Abs. 2 lit. a i.V.m. Art. 90 und Art. 93 BGG).[117]

113 Vock/Müller, 72.

114 KUKO SchKG-Russenberger/Minet, Art. 33 N 29.

115 Vock/Müller, 74.

116 Vock/Müller, 74.

117 Vock/Müller, 74.

Tabellarische Zusammenfassung

Zweck	Wiederherstellung einer kurzen betreibungsrechtlichen Verwirkungs- bzw. Eingabefrist um infolge unverschuldetem Hindernisses versäumte Rechtshandlung vorzunehmen
Gesetzliche Grundlage	Art. 33 Abs. 4 SchKG
Verfahrensart	Kantonales Verwaltungsverfahrensrecht
Zuständigkeit	Abhängig von der Instanz, vor welcher die Versäumnis passiert ist. Hätte die versäumte Rechtshandlung – Z.B. bei einem Betreibungs- oder Konkursamt vorgenommen werden müssen: (untere) kantonale Aufsichtsbehörde – Z.B. bei einem Gericht vorgenommen werden müssen: ist das Gesuch beim selben Gericht einzureichen
Aktivlegitimation	Personen, die durch ein unverschuldetes Hindernis nicht innert Frist handeln konnten (bei anwaltlicher Vertretung müssen die Voraussetzungen beim Rechtsvertreter vorliegen)
Passivlegitimation	Nicht einschlägig
Streitwert	Nicht einschlägig
Fristen	Abhängig von der versäumten Frist (die Einreichung des Gesuchs um Wiederherstellung der Frist und die Nachholung / Vornahme der versäumten Handlung müssen, vom Wegfall des Hindernisses an, in der gleichen Frist wie der versäumten Frist erfolgen)
Kombination	– Gleichzeitig mit dem Wiederherstellungsgesuch muss die versäumte Handlung bei der zuständigen Behörde nachgeholt werden – Allenfalls ist auch eine Kombination zusammen mit dem Behelf von Art. 63 SchKG denkbar
Mögliche Rechtsbegehren	Im Gesuch um Wiederherstellung der Frist: Dem Gesuchsteller sei in der gegen ihn angehobenen Betreibung Nr. [...] beim Betreibungsamt [...] über den Forderungsbetrag von CHF [Betrag] (zzgl. Zins zu [Zinssatz] % seit [Datum]) die Frist zur [bspw. Erhebung des Rechtsvorschlages] wiederherzustellen. Falls die versäumte Rechtshandlung bei einer anderen Behörde als der Aufsichtsbehörde oder dem in der Sache zuständigen Gericht nachzuholen ist, bei der anderen für die versäumte Rechtshandlung zuständigen Behörde: Das in der Betreibung Nr. [...] beim Betreibungsamt [...] über den Forderungsbetrag von CHF [Betrag] (zzgl. Zins zu [Zinssatz] % seit [Datum]) laufende Verfahren sei zu sistieren.

Voraussetzungen	– Versäumnis einer kurzen betreibungsrechtlichen Verwirkungs- bzw. Eingabefrist – Unverschuldete Verhinderung an der Vornahme der Rechtshandlung innert Frist – Bei der versäumten Handlung handelt es sich nicht um die Erhebung des Rechtsvorschlags im Rahmen einer Wechselbetreibung – Ab dem Wegfall des Hindernisses wird innert (der gleichen) Frist (wie der versäumten) (i) das begründete Gesuch um Wiederherstellung der Frist eingereicht und (ii) die versäumte Rechtshandlung bei der zuständigen Behörde vorgenommen
Besonderheiten	– Wenn es sich nicht um das Gericht handelt, das auch für die Behandlung des Gesuchs um Wiederherstellung der Frist zuständig ist, empfiehlt es sich, bei der für die versäumte Rechtshandlung zuständigen Behörde einen Antrag um Sistierung des Verfahrens zu stellen – Bei Gutheissung des Gesuchs um Wiederherstellung der Frist werden die Massnahmen, die bereits vollzogen wurden (z.B. Pfändung), vorderhand aufrechterhalten; sie werden nur und erst rückgängig gemacht, wenn sich der wiederhergestellte Rechtsbehelf als erfolgreich erwies
Rechtsmittel	Abhängig von der Instanz, welche das Gesuch um Wiederherstellung der Frist behandelt hat *Bei Säumnis vor einer Behörde:* Beschwerde an die obere (kantonale) Aufsichtsbehörde (Art. 18 SchKG), falls eine solche besteht Bei letztinstanzlichen kantonalen Entscheidungen: Beschwerde in Zivilsachen beim Bundesgericht (Art. 19 SchKG i.V.m. Art. 72 Abs. 2 lit. a BGG) innert 10 Tagen (ausser bei Anfechtung eines Entscheids im Rahmen der Wechselbetreibung, in welchem Fall die Beschwerdefrist 5 Tage beträgt) (Art. 100 Abs. 2 lit. a und Art. 100 Abs. 3 lit. a BGG *Bei Säumnis vor Gericht:* Kantonal: Abhängig vom Streitwert und Gegenstand des Verfahrens Berufung (Art. 308 ff. ZPO) oder Beschwerde (Art. 319 ff.) Bund: Beschwerde in Zivilsachen (Art. 72 Abs. 2 lit. a i.V.m. Art. 90 und 93 BGG) innert (je nach Sachverhalt) 30, 10 oder 5 Tagen (Art. 100 Abs. 1, Abs. 2 lit. a oder Abs. 3 lit. a BGG)

VIII. BESCHWERDE GEGEN DEN ZAHLUNGSBEFEHL AUFGRUND ANSPRUCH AUF VORAUSVERWERTUNG (SOG. «BENEFICIUM EXCUSSIONIS REALIS»; ART. 41 ABS. 1BIS SCHKG)

1. ZWECK UND WIRKUNG

5.148 Wurde eine Forderung pfandbesichert, hat der Schuldner grundsätzlich Anspruch darauf, dass im Falle einer Zwangsvollstreckung zuerst das Pfand verwertet wird bevor sein übriges Vermögen beansprucht wird (sog. *beneficium excussionis realis / Recht auf Vorausverwertung*).[118] Falls ein Gläubiger für seine pfandgesicherte Forderung die Betreibung auf Pfändung oder Konkurs einleitet, kann der Schuldner mit der Beschwerde gegen den Zahlungsbefehl verlangen, dass die Betreibung aufgehoben (und der Gläubiger auf die Betreibung auf Pfandverwertung verwiesen) wird.[119]

2. VERFAHRENSART

5.149 Die Beschwerde ist ein zwangsvollstreckungsrechtliches Institut und ist in Bezug auf die Rechtsnatur nicht einfach einzuordnen.[120] Sie verfügt einerseits über Charakteristika des Verwaltungsverfahrens, andererseits aber auch über solche des Zivilprozesses. Folglich kann sie als «selbständiges, dem schweizerischen Betreibungs- und Konkursrecht eigentümliches Rechtsmittel verstanden werden».[121] Art. 20a SchKG enthält einige Mindestanforderungen, überlässt es jedoch den einzelnen Kantonen, das Verfahren zu regeln, d.h. die Verfahrensbestimmungen aufzustellen (vgl. Art. 20a Abs. 3 SchKG). Das Beschwerdeverfahren wird daher hauptsächlich vom kantonalen Recht geregelt.[122] Häufig finden sich die Bestimmungen in den kantonalen Einführungsgesetzen zum SchKG (s.a. Rz. 2.52).

118 Das Recht auf Vorausverwertung besteht hingegen nicht, wenn grundpfandgesicherte Zinsen und Annuitäten betrieben werden oder wenn eine Wechselbetreibung vorliegt (vgl. Art. 41 Abs. 2 SchKG); BSK SchKG I-Acocella, Art. 41 N 17; KUKO SchKG-Käser/Häcki, Art. 151 N 2.

119 KUKO SchKG-Käser/Häcki, Art. 151 N 2.

120 BSK SchKG I-Cometta/Möckli, Art. 17 N 1.

121 BSK SchKG I-Cometta/Möckli, Art. 17 N 1.

122 Vock/Müller, 63.

3. ZUSTÄNDIGKEIT

Die Zuständigkeit für die Behandlung einer Beschwerde gem. Art. 17 SchKG richtet sich nach kantonalem Recht. Es ist die **Aufsichtsbehörde des jeweiligen Kantons** zuständig (Art. 17 und Art. 18 SchKG), wobei es den Kantonen überlassen ist, ob sie lediglich *eine Aufsichtsbehörde* oder eine *untere und eine obere Aufsichtsbehörde* bestellen wollen (vgl. Art. 13 SchKG).

Über zwei Aufsichtsbehörden (eine untere und eine obere) verfügen: 5.150

- Aargau (untere Aufsichtsbehörde: Gerichtspräsident/in; obere Aufsichtsbehörde: Schuldbetreibungs- und Konkurskommission des Obergerichts)[123]
- Luzern (untere Aufsichtsbehörde: Bezirksgerichte; obere Aufsichtsbehörde: Kantonsgericht)[124]
- Schwyz (untere Aufsichtsbehörde: Bezirksgerichtspräsident; obere Aufsichtsbehörde: Kantonsgericht)[125]
- Waadt (untere Aufsichtsbehörde: président du tribunal d'arrondissement; obere Aufsichtsbehörde: Tribunal cantonal)[126]
- Wallis (untere Aufsichtsbehörde: Bezirksrichter; obere Aufsichtsbehörde: Kantonsgericht)[127]
- Zürich (untere Aufsichtsbehörde: Bezirksgerichte; obere Aufsichtsbehörde: Obergericht)[128]

4. LEGITIMATION

A. AKTIVLEGITIMATION / BESCHWERDELEGITIMATION

Beschwerdelegitimiert ist (nur) der Schuldner.[129] 5.151

B. PASSIVLEGITIMATION

Nicht einschlägig. 5.152

5. STREITWERT

Nicht einschlägig 5.153

123 Vgl. § 14 ff. EG SchKG AG.
124 Vgl. § 4 EG SchKG LU.
125 Vgl. § 10 EGzSchKG SZ.
126 Vgl. Art. 14 f. LVLP.
127 Vgl. Art. 19 f. EG SchKG VS.
128 Vgl. § 17 EG SchKG ZH.
129 BSK SchKG I Acocella, Art. 41 N 45.

6. FRISTEN

5.154 Die Beschwerdefrist beträgt 10 Tage ab Zustellung des Zahlungsbefehls.[130]

7. KOMBINATIONSMÖGLICHKEITEN

5.155 Es sind keine naheliegenden Kombinationsmöglichkeiten ersichtlich.

8. MÖGLICHE RECHTSBEGEHREN

5.156
1. Die Betreibung Nr. […] beim Betreibungsamt […] sei aufzuheben.
2. Der Gläubiger sei betreffend seine Forderung über CHF [Betrag] auf die Betreibung auf Pfandverwertung zu verweisen.
3. Der Beschwerde sei die aufschiebende Wirkung zu erteilen.
4. [Unter Kosten- und Entschädigungsfolgen zulasten des Gläubigers.]

5.157 *oder* (falls beispielsweise mehrere Forderungen in Betreibung gesetzt wurden):
1. In der Betreibung Nr. […] beim Betreibungsamt […] sei der Gläubiger betreffend die Forderung über CHF [Betrag] auf die Betreibung auf Pfandverwertung zu verweisen.
2. Der Beschwerde sei die aufschiebende Wirkung zu erteilen.
3. [Unter Kosten- und Entschädigungsfolgen zulasten des Gläubigers.]

9. VORAUSSETZUNGEN

A. ERSTE VORAUSSETZUNG

5.158 Gegen den Schuldner wurde die **Betreibung auf Pfändung oder Konkurs eingeleitet** (Art. 41 Abs. 1bis SchKG).

B. ZWEITE VORAUSSETZUNG

5.159 Der Schuldner vermag in liquider Weise darzulegen, dass die in Betreibung gesetzte Forderung **pfandbesichert** ist.[131]

---

130 BSK SchKG I-Acocella, Art. 41 N 46.

131 Zu beachten ist allerdings, dass der Gläubiger, der sich ein Pfand bestellen liess, sich den Weg der Betreibung auf Pfändung oder Konkurs dadurch öffnen kann, dass er in der gesetzlichen Form auf das Pfandrecht verzichtet. Dies muss dem Schuldner allerdings spätestens im / mit dem Zahlungsbefehl (in der ordentlichen Betreibung) mitgeteilt werden (BGE 104 III 8, E. 2). Der Gläubiger wird in jenen Fällen auf das Pfand verzichten, wenn der Wert des Pfandes nicht (mehr) in angemessenem Verhältnis zur gedeckten Schuld steht (KUKO SchKG-Jent-Sørensen, Art. 41 N 16f.).

Bei der Pfandbesicherung muss es sich um ein Pfandrecht im eigentlichen Sinne des Wortes – nach der Terminologie des Gesetzes gehört auch das Retentionsrecht dazu (Art. 37 Abs. 2 SchKG; BGE 104 III 8 ff.) – handeln. Eine andere Art von Sicherung einer Forderung (z.B. durch Sicherungszession) genügt für die erfolgreiche Geltendmachung des Rechts auf Vorausverwertung nicht.[132]

Ferner muss die Pfandbestellung definitiv sein. Wurde ein Bauhandwerkerpfandrecht erst provisorisch (zur Sicherung des Pfandrechtsanspruchs) im Grundbuch eingetragen (Vormerkung der vorläufigen Eintragung gem. Art. 961 Abs. 1 Ziff. 1 ZGB), ist noch keine definitive Pfandbestellung erfolgt. Das Bauhandwerkerpfandrecht entsteht erst mit der definitiven Eintragung im Grundbuch (vgl. Art. 839 Abs. 3 ZGB). Eine Betreibung auf Pfandverwertung ist somit erst zulässig nach der definitiven Eintragung des Bauhandwerkerpfandrechts im Grundbuch. Vorher ist nur die ordentliche Betreibung auf Pfändung oder Konkurs zulässig.[133] 5.160

Ist das Pfand im Ausland gelegen, ist für die Zulässigkeit des Anspruchs auf Vorausverwertung (beneficium ecussionis realis) das auf das Pfand anwendbare Sachstatut i.S.v. Art. 99 ff. IPRG massgeblich, wobei das ausländische Recht eine entsprechende Einrede bzw. einen entsprechenden Anspruch kennen muss.[134] 5.161

C. DRITTE VORAUSSETZUNG

Die **Beschwerdefrist ist gewahrt**. Falls die Beschwerde nämlich nicht rechtzeitig erhoben wird, verwirkt der Schuldner seinen Anspruch auf Vorausverwertung (beneficium excussionis realis) und die Betreibung auf Pfändung oder Konkurs wird weitergeführt.[135] 5.162

D. VIERTE VORAUSSETZUNG

Das Recht bzw. der **Anspruch auf Vorausverwertung (beneficium excussionis realis) wurde bzw. ist nicht ausgeschlossen** (z.B. bei Vereinbarung der Privatverwertung, bei im Pfandvertrag festgehaltenem Verzicht des Schuldners auf den Anspruch bzw. dessen einredeweise Geltendmachung oder bei Wahl des Gläubigers gem. Art. 41 Abs. 2 SchKG im Zusammenhang mit grundpfandgesicherten Zinsen oder Annuitäten).[136] 5.163

132 BGE 106 III 5, E. 1.
133 BGE 125 III 248, E. 2.b.
134 KUKO SchKG-Jent-Sørensen, Art. 41 N 11.
135 BGE 101 III 18, E. 2.a; KUKO SchKG-Jent-Sørensen, Art. 41 N 12.
136 Vgl. für weitere Beispiele: BSK SchKG I-Acocella, Art. 41 N 17; KUKO SchKG-Jent-Sørensen, Art. 41 N 14.

10. BESONDERHEITEN

5.164 Auch wenn der Schuldner das Pfandrecht bestreitet, jedoch nachweist, dass der (betreibende) Gläubiger das Pfandrecht beansprucht und daher ihn, den Schuldner, an der freien Verfügung über den Pfandgegenstand hindert, kann der (betriebene) Schuldner den Anspruch auf Vorausverwertung (beneficium excussionis realis) geltend machen.[137]

11. RECHTSMITTEL

5.165 Falls eine obere kantonale Aufsichtsbehörde existiert, kann:

- der Entscheid einer unteren Aufsichtsbehörde innert 10 Tagen nach Eröffnung an die obere kantonale Aufsichtsbehörde weitergezogen werden;
- wegen Rechtsverweigerung oder Rechtsverzögerung durch die untere kantonale Aufsichtsbehörde jederzeit bei der oberen kantonalen Aufsichtsbehörde Beschwerde gegen die untere kantonale Aufsichtsbehörde geführt werden.

5.166 Ansonsten ist **beim Bundesgericht Beschwerde in Zivilsachen** zu erheben (Art. 19 SchKG i.V.m. Art. 72 Abs. 2 lit. a BGG). Gemäss Art. 74 Abs. 2 lit. c BGG ist die Beschwerde in Zivilsachen in einem solchen Fall unabhängig vom jeweiligen Streitwert zulässig.[138]

Tabellarische Zusammenfassung

Zweck	Geltendmachung des Rechts auf Vorausverwertung (beneficium excussionis realis), d.h. Aufhebung der eingeleiteten Betreibung auf Pfändung oder Konkurs (und Verweis des Gläubigers auf die Betreibung auf Pfandverwertung), falls der Gläubiger für eine pfandbesicherte Forderung die Betreibung auf Pfändung oder Konkurs eingeleitet hat
Gesetzliche Grundlage	Art. 41 Abs. 1bis SchKG
Verfahrensart	Das Beschwerdeverfahren ist ein zwangsvollstreckungsrechtliches Verfahren mit Mindestanforderungen gem. Art. 20a SchKG und kantonalen Ausführungsbestimmungen
Zuständigkeit	(Untere) Aufsichtsbehörde nach kantonalem Recht (Art. 17 SchKG)
Aktivlegitimation	Aktivlegitimiert ist nur der (betriebene) Schuldner
Passivlegitimation	Nicht einschlägig
Streitwert	Nicht einschlägig

137 BGE 104 III 8, E. 2; KUKO SchKG-Jent-Sørensen, Art. 41 N 10.

138 BGE 135 I 187, E. 1.2; Kren Kostkiewicz/Walder, Art. 17 SchKG N 26.

Fristen	10 Tage ab Zustellung des Zahlungsbefehls
Kombination	Nicht einschlägig
Mögliche Rechtsbegehren	1. Die Betreibung Nr. […] beim Betreibungsamt […] sei aufzuheben. 2. Der Gläubiger sei betreffend seine Forderung über CHF [Betrag] auf die Betreibung auf Pfandverwertung zu verweisen. 3. Der Beschwerde sei die aufschiebende Wirkung zu erteilen. 4. [Unter Kosten- und Entschädigungsfolgen zulasten des Gläubigers.] *oder* (falls beispielsweise mehrere Forderungen in Betreibung gesetzt wurden): 1. In der Betreibung Nr. […] beim Betreibungsamt […] sei der Gläubiger betreffend die Forderung über CHF [Betrag] auf die Betreibung auf Pfandverwertung zu verweisen. 2. Der Beschwerde sei die aufschiebende Wirkung zu erteilen. 3. [Unter Kosten- und Entschädigungsfolgen zulasten des Gläubigers.]
Voraussetzungen	– Gegen den Schuldner wurde eine Betreibung auf Pfändung oder Konkurs eingeleitet – Die in Betreibung gesetzte Forderung ist (definitiv) pfandbesichert – Beschwerdefrist ist gewahrt – Das Recht bzw. der Anspruch auf Vorausverwertung (beneficium excussionis realis) wurde / ist nicht ausgeschlossen
Besonderheiten	Auch wenn der Schuldner das Pfandrecht bestreitet, jedoch nachweist, dass der (betreibende) Gläubiger das Pfandrecht beansprucht und daher ihn, den Schuldner, an der freien Verfügung über den Pfandgegenstand hindert, kann der (betriebene) Schuldner den Anspruch auf Vorausverwertung (beneficium excussionis realis) geltend machen
Rechtsmittel	Kantonal: Falls obere (kantonale) Aufsichtsbehörde besteht: Beschwerde an die obere kantonale Aufsichtsbehörde innert 10 Tagen nach Eröffnung des Entscheids der unteren kantonalen Aufsichtsbehörde (Art. 18 Abs. 1 SchKG); Beschwerde an die obere kantonale Aufsichtsbehörde gegen eine untere kantonale Aufsichtsbehörde bei Rechtsverzögerung oder Rechtsverweigerung (jederzeit möglich) Bund: Bei letztinstanzlichen kantonalen Entscheidungen Beschwerde in Zivilsachen (Art. 19 SchKG i.V.m. Art. 72 Abs. 2 lit. a BGG) innert 10 Tagen (Art. 100 Abs. 2 lit. a BGG)

IX. GESUCH UM AUFNAHME DES GÜTERVERZEICHNISSES (ART. 57C SCHKG)

1. ZWECK UND WIRKUNG

5.167 Gegenüber einem Schuldner, der wegen Militär-, Zivil- oder Schutzdienst Rechtsstillstand geniesst, kann der Gläubiger für die Dauer des Rechtsstillstands verlangen, dass das Betreibungsamt ein Güterverzeichnis mit den in Art. 164 SchKG bezeichneten Wirkungen aufnimmt. Im Güterverzeichnis werden alle Vermögensbestandteile des Schuldners aufgelistet. Seine Aufnahme ist eine blosse Sicherungsmassnahme zum Schutz der Gläubigerrechte. Sie beschränkt sich auf eine Kontrolle der Aktiven für den Fall der Konkurseröffnung.[139]

5.168 Die Aufnahme des Güterverzeichnisses kann eine Alternative zur Aufhebung des Rechtsstillstands durch den Richter sein. Die Voraussetzungen entsprechen denjenigen des Art. 57d Ziff. 1 SchKG.[140]

5.169 Das Güterverzeichnis schränkt den Schuldner in der Verwendung seines Vermögens ein. Er ist bei Straffolge (Art. 169 StGB) verpflichtet, dafür zu sorgen, dass die aufgezeichneten Vermögensstücke erhalten bleiben oder durch gleichwertige ersetzt werden; er darf jedoch davon so viel verbrauchen, als nach dem Ermessen des Betreibungsbeamten zu seinem und seiner Familie Lebensunterhalt erforderlich ist (Art. 164 Abs. 1 SchKG). Die Wirkungen des Güterverzeichnisses gehen damit nicht so weit wie diejenigen einer Pfändung, eines Arrestes[141] oder eines Retentionsverzeichnisses.[142]

2. VERFAHRENSART

5.170 Es handelt sich um ein betreibungsrechtliches, nicht um ein gerichtliches Verfahren. Das Gesuch ist schriftlich (in Papierform oder elektronisch) zu stellen. Es muss den Antrag um Aufnahme des Güterverzeichnisses enthalten. Das Betreibungsamt prüft, ob die Voraussetzungen von Art. 57c SchKG erfüllt sind. Ist dies der Fall, so hat es das Güterverzeichnis unverzüglich nach den Regeln von Art. 89ff. SchKG aufzunehmen. Es wendet dabei die Vorschriften über die Pfändung (Art. 90–92 SchKG) analog an (vgl. Art. 163 SchKG).

139 BGE 137 III 143, E. 1.3.

140 CR LP-Marchand, Art. 57c N 5.

141 Rz. 10.6.; Kren Kostkiewicz, § 7 Rz. 1002.

142 Rz. 10.117.

3. ZUSTÄNDIGKEIT

Zuständig ist das Betreibungsamt am Betreibungsort (Art. 57c Abs. 1 SchKG).[143] 5.171

4. LEGITIMATION

A. AKTIVLEGITIMATION

Aktivlegitimiert ist der Gläubiger (Betreibender). 5.172

B. PASSIVLEGITIMATION

Das Gesuch um Anordnung des Güterverzeichnisses richtet sich gegen den Schuldner (Betriebener). 5.173

5. STREITWERT

Der Streitwert ist in diesem Verfahren ohne Bedeutung. 5.174

6. FRISTEN

Der Gläubiger kann die Aufnahme des Güterverzeichnisses verlangen, solange der Schuldner Rechtsstillstand geniesst (Art. 57c Abs. 1 SchKG). 5.175

7. KOMBINATIONSMÖGLICHKEITEN

Mit dem Gesuch um Aufnahme des Güterverzeichnisses können keine anderen Begehren verbunden werden. 5.176

Möglich ist aber eine andere Sicherungsmassnahme. So kann der Gläubiger Vermögensgegenstände des Schuldners arrestieren lassen, falls ein Arrestgrund (Art. 271 Abs. 1 SchKG) besteht.[144] 5.177

143 BSK SchKG I-Bauer, Art. 57c N 2; zum Betreibungsort siehe Rz. 6.4 ff.

144 Kren Kostkiewicz, § 7 Rz. 1009.

8. MÖGLICHE RECHTSBEGEHREN

5.178 In der Betreibung Nr. [Nummer] des Betreibungsamts [Bezeichnung] sei das Güterverzeichnis nach Art. 57c SchKG zu aufzunehmen.

9. VORAUSSETZUNGEN

A. BETREIBUNGSART

5.179 Der Gläubiger kann die Aufnahme des Güterverzeichnisses gegen jeden Schuldner verlangen. Die auf den Schuldner anzuwendende Betreibungsart ist – anders als in den Fällen von Art. 83 Abs. 1 und Art. 162 SchKG – unerheblich.[145]

B. RECHTSSTILLSTAND

5.180 Die Anordnung des Güterverzeichnisses setzt voraus, dass der Gläubiger Rechtsstillstand wegen Militär-, Zivil- oder Schutzdienst (Art. 57 SchKG) geniesst.

C. BESTAND DER FORDERUNG

5.181 Der Gläubiger hat den Bestand seiner Forderung glaubhaft zu machen.

D. SICHERUNGSBEDÜRFNIS

5.182 Der Gläubiger hat die Gefährdung seiner Forderung durch Handlungen des Schuldners oder Dritter glaubhaft zu machen, die auf eine Begünstigung einzelner Gläubiger zum Nachteil anderer oder auf eine allgemeine Benachteiligung der Gläubiger hinzielen. Das Güterverzeichnis nach Art. 57c SchKG greift der Fortsetzung der Betreibung vor. Es ist einschneidender als bei der direkten Anwendung von Art. 162 SchKG. An die Glaubhaftmachung des Sicherheitsbedürfnisses des Gläubigers sind deshalb – wie im Falle von Art. 83 Abs. 1 SchKG – erhöhte Anforderungen zu stellen. Erforderlich ist eine Mehrzahl von Indizien, objektiver wie subjektiver Art.[146]

5.183 Das Sicherungsbedürfnis fehlt, wenn eine Betreibung auch während des Rechtsstillstands möglich ist. Kein Recht auf Aufnahme des Güterverzeichnisses haben deshalb[147]

(1) Die Gläubiger von periodischen familienrechtlichen Unterhalts- und Unterstützungsbeiträgen (Art. 57 Abs. 3 SchKG);

145 Gilliéron, Commentaire, Art. 57c SchKG N 11.

146 BSK SchKG I-Bauer, Art. 57d N 3; vgl. BSK SchKG EB-Staehelin, Art. 83 ad N 11.

147 CR LP-Marchand, Art. 57c N 2.

(2) Pfandgläubiger, soweit sie den Schuldner auch während des Rechtsstillstands betreiben können (Art. 57b Abs. 2 SchKG).

E. KEINE SICHERSTELLUNG DER FORDERUNG

Der Schuldner kann die Aufnahme des Güterverzeichnisses abwenden, indem er die Forderung des Gläubigers anderweitig sicherstellt (Art. 57c Abs. 2 SchKG). 5.184

10. BESONDERHEITEN

A. WIRKUNGSDAUER

Das Güterverzeichnis nach Art. 57c SchKG entfaltet seine Wirkung nur für die Dauer des Rechtsstillstands. 5.185

B. KOSTEN

Die Gebühr für die Aufnahme des Güterverzeichnisses bemisst sich nach Art. 40 GebV SchKG.[148] 5.186

C. WEITERE FÄLLE DER ANORDNUNG DES GÜTERVERZEICHNISSES

Das SchKG sieht weitere Fälle vor, in denen das Güterverzeichnis aufgenommen werden kann oder muss, nämlich nach Erteilung der provisorischen Rechtsöffnung (Art. 83 Abs. 1 SchKG)[149], in der ordentlichen Konkursbetreibung (Art. 162 ff., Art. 170, Art. 174 Abs. 3 SchKG)[150], in der Wechselbetreibung (Art. 183 Abs. 1 SchKG)[151] und bei der Notstundung (Art. 341 Abs. 1 SchKG)[152]. 5.187

11. RECHTSMITTEL

A. KANTONALE RECHTSMITTEL

Wird das Güterverzeichnis vom Betreibungsamt nicht oder nicht richtig aufgenommen, kann dies mit der Beschwerde nach Art. 17 f. SchKG angefochten werden. Die Beschwerdefrist beträgt 10 Tage (Art. 17 Abs. 2 SchKG). 5.188

148 CR LP-Marchand, Art. 57c N 9.
149 Rz. 6.285 ff.
150 Rz. 9.1 ff.
151 Rz. 9.1, 9.21.
152 Rz. 9.1, 9.9, 9.21.

B. RECHTSMITTEL ANS BUNDESGERICHT

5.189 Der Entscheid der einzigen oder der oberen kantonalen Aufsichtsbehörde ist – unabhängig vom Streitwert (Art. 74 Abs. 2 lit. c BGG) – beim Bundesgericht innert 10 Tagen (Art. 100 Abs. 2 lit. a BGG) mit der Beschwerde in Zivilsachen nach Art. 72 ff. BGG anfechtbar (Art. 72 Abs. 2 lit. a BGG).

Tabellarische Zusammenfassung

Zweck	Sicherungsmassnahme (Beschränkung des Schuldners, der wegen Militär-, Zivil- oder Schutzdienst Rechtsstillstand geniesst, in der Verwendung seines Vermögens)
Gesetzliche Grundlage	Art. 57c, Art. 164 SchKG
Verfahrensart	Betreibungsrechtliches Verfahren
Zuständigkeit	Betreibungsamt am Betreibungsort (Art. 57c Abs. 1 SchKG)
Aktivlegitimation	(Betreibender) Gläubiger
Passivlegitimation	(Betriebener) Schuldner
Streitwert	Nicht einschlägig
Fristen	Aufnahme des Güterverzeichnisses ist möglich, solange Rechtsstillstand für Schuldner besteht
Kombination	Nicht einschlägig, andere Sicherungsmassnahmen (wie Arrest) sind möglich
Mögliche Rechtsbegehren	In der Betreibung Nr. [Nummer] des Betreibungsamtes [Bezeichnung] sei das Güterverzeichnis nach Art. 57c SchKG zu aufzunehmen.
Voraussetzungen	– Schuldner unterliegt der Konkursbetreibung – Schuldner geniesst Rechtsstillstand – Gläubiger macht Bestand der Forderung glaubhaft – Sicherungsbedürfnis des Gläubigers – Keine Sicherstellung der Forderung durch Schuldner

Besonderheiten	– Wirkungsdauer: während Rechtsstillstand
	– Kosten: analog Art. 40 GebV SchKG
	– Weitere Fälle des Güterverzeichnisses:
	  – Nach provisorischer Rechtsöffnung (Art. 83 Abs. 1 SchKG)
	  – In der ordentlichen Konkursbetreibung (Art. 162 ff., Art. 170, Art. 174 Abs. 3 SchKG)
	  – In der Wechselbetreibung (Art. 183 Abs. 1 SchKG)
	  – Bei der Notstundung (Art. 341 Abs. 1 SchKG)

Rechtsmittel	Kantonal: Betreibungsrechtliche Beschwerde (Art. 17 f. SchKG) innert 10 Tagen Bund: Beschwerde in Zivilsachen (Art. 72 ff. BGG) innert 10 Tagen

X. GESUCH UM AUFHEBUNG DES RECHTSSTILLSTANDES WEGEN MILITÄR- ODER SCHUTZDIENSTES (ART. 57D SCHKG)

1. ZWECK UND WIRKUNG

Ein Gesuch um Aufhebung des Rechtsstillstandes wegen Militär- oder Schutzdienstes bezweckt letztlich, die unter den entsprechenden Umständen gegenüber den Interessen des Schuldners vorrangigen Interessen des Gläubigers zu schützen.[153] 5.190

Eine Gutheissung des Gesuches bewirkt die sofortige Aufhebung des Rechtsstillstandes, d.h. Betreibungshandlungen dürfen (wieder) vorgenommen werden.[154] 5.191

2. VERFAHRENSART

Das Gesuch um Aufhebung des Rechtsstillstandes ist im **summarischen Verfahren** (Zivilprozess) zu behandeln (vgl. Art. 248 ff. ZPO; insbesondere Art. 251 lit. a ZPO). 5.192

3. ZUSTÄNDIGKEIT

Das SchKG schreibt vor, dass der «Rechtsöffnungsrichter» zuständig ist (vgl. Art. 57d SchKG). Aus diesem Grund kommen die Regeln betreffend das Rechtsöffnungsverfahren sinngemäss zur Anwendung.[155] 5.193

- **Örtlich** zuständig ist das Gericht am Betreibungsort (vgl. Art. 84 SchKG und Art. 46 ZPO). 5.194
- Die **sachliche** und **funktionelle** Zuständigkeit bestimmt sich gemäss dem jeweilig anwendbaren kantonalen Recht (vgl. Art. 4 ZPO). 5.195

4. LEGITIMATION

A. AKTIVLEGITIMATION

Aktivlegitimiert ist der / ein Gläubiger (vgl. Art. 57d SchKG). 5.196

153 BSK SchKG I-Bauer, Art. 57d N 1.
154 Vgl. Art. 56 Ziff. 3 SchKG e contrario.
155 BSK SchKG I-Bauer, Art. 57d N 3.

B. PASSIVLEGITIMATION

5.197 Passivlegitimiert ist der Schuldner.[156]

5. STREITWERT

5.198 Nicht einschlägig.

6. FRISTEN

5.199 Das SchKG sieht keine Fristen vor, die einzuhalten sind. Implizit erforderlich ist jedoch, dass sich der Schuldner im Militär- oder Schutzdienst befinden muss (vgl. Art. 57 i.V.m. Art. 57d SchKG).

7. KOMBINATIONSMÖGLICHKEITEN

5.200 Es sind keine naheliegenden Kombinationsmöglichkeiten ersichtlich.

8. MÖGLICHE RECHTSBEGEHREN

5.201 Falls der Rechtsstillstand in Bezug auf eine oder einzelne Forderung(en) aufgehoben werden soll:

1. In der Betreibung Nr. […] beim Betreibungsamt […] gegen den Schuldner [Name Vorname] sei der Rechtsstillstand betreffend den Forderungsbetrag des Gesuchstellers von CHF [Betrag] (zzgl. Zins zu [Zinssatz] % seit [Datum]) mit sofortiger Wirkung aufzuheben.
2. [Unter Kosten- und Entschädigungsfolgen zulasten des Gläubigers.]

oder

5.202 Falls der Rechtsstillstand allgemein aufgehoben werden soll:

1. In der Betreibung Nr. […] beim Betreibungsamt […] gegen den Schuldner [Name Vorname] sei der Rechtsstillstand mit sofortiger Wirkung aufzuheben.
2. [Unter Kosten- und Entschädigungsfolgen zulasten des Gläubigers.]

156 Dem Schuldner ist betreffend das Gesuch des Gläubigers um Aufhebung des Rechtsstillstandes Gelegenheit zur Stellungnahme einzuräumen (BSK SchKG I-Bauer, Art. 57d N 3).

9. VORAUSSETZUNGEN

A. ERSTE VORAUSSETZUNG

Der (betriebene) Schuldner befindet sich **im Militär- oder Schutzdienst** (vgl. Art. 57d SchKG). 5.203

B. ZWEITE VORAUSSETZUNG

Der (betreibende) Gläubiger **macht glaubhaft**, dass: 5.204

1. *eine Situation gem. Art. 57d Ziff. 1 SchKG vorliegt*, nämlich, dass:
   1. der Schuldner Vermögenswerte dem Zugriff der Gläubiger entzogen hat oder
   2. der Schuldner Anstalten trifft, die:
      a. auf eine Begünstigung einzelner Gläubiger zum Nachteil anderer oder
      b. auf eine allgemeine Benachteiligung der Gläubiger hinzielen; oder
2. *eine Situation gem. Art. 57d Ziff. 2 SchKG vorliegt*, nämlich dass:
   1. der Schuldner freiwillig Militär- oder Schutzdienst leistet und
   2. der Schuldner zur Erhaltung seiner wirtschaftlichen Existenz des Rechtsstillstandes nicht bedarf; oder
3. *eine Situation gem. Art. 57d Ziff. 3 SchKG vorliegt*, nämlich, dass:
   1. der Schuldner freiwillig Militär- oder Schutzdienst leistet,
   2. um sich seinen Verpflichtungen zu entziehen.

10. BESONDERHEITEN

Die Gebühr für einen Entscheid über die Aufhebung des Rechtsstillstandes richtet sich nach Art. 51 GebV SchKG. 5.205

11. RECHTSMITTEL

Der Entscheid kann nur mit **Beschwerde** gem. Art. 319 ff. ZPO angefochten werden; eine Berufung ist gestützt auf Art. 309 lit. b Ziff. 1 ZPO nicht zulässig.[157] 5.206

Letztinstanzliche kantonale Entscheide können entweder mit **Beschwerde in Zivilsachen** gem. Art. 72 Abs. 2 lit. a BGG (sofern (i) der Streitwert gem. Art. 74 Abs. 1 lit. b BGG CHF 30 000.– und mehr beträgt oder (ii) sich eine Rechtsfrage von grundsätzlicher Bedeutung gem. Art. 74 Abs. 2 lit. a BGG stellt) ans Bundesgericht weitergezogen werden.[158] Andernfalls steht für einen Weiter- 5.207

157 VOCK/MÜLLER, 76.
158 VOCK/MÜLLER, 76.

zug ans Bundesgericht die **subsidiäre Verfassungsbeschwerde** gem. Art. 113 ff. BGG zur Verfügung.

Tabellarische Zusammenfassung

Zweck	Aufhebung des Rechtsstillstandes, den ein Schuldner gestützt auf Art. 57 SchKG während des Militär-, Zivil- oder Schutzdienstes geniesst
Gesetzliche Grundlage	Art. 57d SchKG
Verfahrensart	Summarisches Verfahren (Art. 248 ff. ZPO)
Zuständigkeit	Das Gericht am Betreibungsort ist örtlich zuständig (Art. 84 SchKG und Art. 46 ZPO) Die sachliche und funktionale Zuständigkeit bestimmt sich nach kantonalem Recht (Art. 4 ZPO)
Aktivlegitimation	(Betreibender) Gläubiger
Passivlegitimation	(Betriebener) Schuldner
Streitwert	Nicht einschlägig
Fristen	Nicht einschlägig. Erforderlich ist jedoch, dass der Schuldner sich im Militär- oder Schutzdienst befindet
Kombination	Nicht einschlägig
Mögliche Rechtsbegehren	Falls der Rechtsstillstand in Bezug auf eine oder einzelne Forderung(en) aufgehoben werden soll: 1. In der Betreibung Nr. […] beim Betreibungsamt […] gegen den Schuldner [Name Vorname] sei der Rechtsstillstand betreffend den Forderungsbetrag des Gesuchstellers von CHF [Betrag] (zzgl. Zins zu [Zinssatz] % seit [Datum]) mit sofortiger Wirkung aufzuheben. 2. [Unter Kosten- und Entschädigungsfolgen zulasten des Gläubigers.] *oder* Falls der Rechtsstillstand allgemein aufgehoben werden soll: 1. In der Betreibung Nr. […] beim Betreibungsamt […] gegen den Schuldner [Name Vorname] sei der Rechtsstillstand mit sofortiger Wirkung aufzuheben. 2. [Unter Kosten- und Entschädigungsfolgen zulasten des Gläubigers.]
Voraussetzungen	– Der (betriebene) Schuldner befindet sich im Militär- oder Schutzdienst – Der (betreibende) Gläubiger macht eine der folgenden drei Situationen glaubhaft: (I) 1. Der Schuldner hat Vermögenswerte dem Zugriff der Gläubiger entzogen hat oder 2. der Schuldner trifft Anstalten, die: a. auf eine Begünstigung einzelner Gläubiger zum Nachteil anderer oder b. auf eine allgemeine Benachteiligung der Gläubiger hinzielen

	oder (II) 1. Der Schuldner freiwillig Militär- oder Schutzdienst leistet und 2. der Schuldner zur Erhaltung seiner wirtschaftlichen Existenz des Rechtsstillstandes nicht bedarf *oder* (III) 1. Der Schuldner leistet freiwillig Militär- oder Schutzdienst leistet, 2. um sich seinen Verpflichtungen zu entziehen
Besonderheiten	Die Gebühr für einen Entscheid richtet sich nach Art. 51 GebV SchKG
Rechtsmittel	Kantonal: Beschwerde (Art. 319 ff. ZPO) innert 10 Tagen (Art. 321 Abs. 2 ZPO) (gegen Rechtsverzögerung kann gem. Art. 321 Abs. 4 ZPO jederzeit Beschwerde eingereicht werden) Bund: Je nach Sachverhalt Beschwerde in Zivilsachen (Art. 72 ff. BGG) innert 30 Tagen (gegen das unrechtmässige Verweigern oder Verzögern eines Entscheids kann gem. Art. 100 Abs. 7 BGG jederzeit Beschwerde geführt werden) oder subsidiäre Verfassungsbeschwerde (Art. 113 ff. BGG)

XI. BEGEHREN UM RICHTERLICHE AUFHEBUNG ODER EINSTELLUNG DER BETREIBUNG IM SUMMARISCHEN VERFAHREN (ART. 85 SCHKG)

1. ZWECK UND WIRKUNG

Die gerichtliche Aufhebung oder Einstellung der Betreibung im summarischen Verfahren gem. Art. 85 SchKG ist neben der Aberkennungsklage gem. Art. 83 Abs. 2 SchKG einer von drei gesetzlich vorgesehenen, **materiellen Schutz- bzw. Rechtsbehelfen**[159], welche dem Schuldner zur Verfügung stehen, um zu verhindern, dass er Nichtgeschuldetes zahlen muss.[160] 5.208

Dieser Rechtsbehelf bezweckt somit den Schutz des betriebenen Schuldners und ermöglicht entweder die **Aufhebung der Betreibung** sofern der Betriebene *durch Urkunden* beweist, dass die Schuld samt Zinsen und Kosten getilgt wurde resp. nicht besteht, oder die **Einstellung der Betreibung**, wenn der Betriebene *durch Urkunden* beweist, dass die Schuld samt Zinsen und Kosten gestundet ist. 5.209

159 Die beiden anderen Rechtsbehelfe dieser Natur sind: (i) die gerichtliche Feststellung des Nichtbestandes oder der Stundung der Schuld (zusammen mit der Aufhebung oder Einstellung der Betreibung im ordentlichen und im vereinfachten Verfahren) gem. Art. 85a SchKG (s.a. Rz. 5.233 ff.) und (ii) die Rückforderungsklage gem. Art. 86 SchKG (s.a. Rz. 5.283 ff.).

160 BSK SchKG I-Bodmer/Bangert, Art. 85 N 1.

5.210 Die Ergreifung dieses Rechtsbehelfes durch den Betriebenen kann notwendig werden, wenn der (zu Unrecht) Betriebene (a) nicht oder zu spät Rechtsvorschlag erhebt und eine Fristwiederherstellung gem. Art. 33 Abs. 4 SchKG nicht möglich ist, (b) es im Rechtsöffnungsverfahren unterlässt die entsprechenden Einwendungen vorzunehmen oder mit diesen aufgrund der beschränkten Kognitionsbefugnis des Gerichts nicht durchdringt, oder (c) im Rahmen einer provisorischen Rechtsöffnung die Frist zur Einreichung einer Aberkennungsklage verpasst. Der Rechtsbehelf gem. Art. 85 SchKG stellt somit ein «Korrektiv für die Folgen der Formstrenge des Betreibungsverfahrens dar»[161].

5.211 Lautet der gerichtliche Entscheid zu Gunsten des Betriebenen auf:

- **Aufhebung der Betreibung**, kommt diese endgültig zum Stillstand (und Dritten wird von dieser gem. Art. 8a Abs. 3 lit. a SchKG keine Kenntnis mehr gegeben);[162]
- **Einstellung der Betreibung**, wird diese (während der im Entscheid des Gerichtes genannten Dauer) vorübergehend eingestellt und nach Ablauf der Einstellung auf Begehren des Betreibenden hin wieder fortgesetzt.[163]

5.212 Lautet der gerichtliche Entscheid jedoch zu Ungunsten des Betriebenen auf Abweisung, hat dies auf den Verlauf der Betreibung keinen Einfluss.

2. VERFAHRENSART

5.213 Das Begehren um Aufhebung oder Einstellung der Betreibung ist gem. Art. 85 SchKG i.V.m. Art. 251 lit. c ZPO im **summarischen Verfahren** zu behandeln (vgl. Art. 248 ff. ZPO; mit Ausnahme von Art. 254 Abs. 2 ZPO, da Art. 85 SchKG als lex specialis vorgeht und nur den Urkundenbeweis zulässt).

3. ZUSTÄNDIGKEIT

5.214 - **Örtlich** zuständig ist das Gericht am Betreibungsort (vgl. Art. 85 SchKG und Art. 46 ZPO), wobei diese Zuständigkeit ausschließlich und zwingend ist.[164]

5.215 - Die **sachliche** und **funktionelle** Zuständigkeit bestimmt sich gemäss dem jeweilig anwendbaren kantonalen Recht (vgl. Art. 4 ZPO). Hinsichtlich der sachlichen Zuständigkeit schreibt das SchKG einzig vor, dass die Beurteilung durch eine richterliche Behörde vorgenommen werden muss, d.h. Vollziehungs- oder Aufsichtsbehörden nicht i.S.v. Art. 85 SchKG entscheidbefugt sind. Das Gericht amtet als Vollstreckungsgericht und nicht als Zivilgericht, da

161 KREN KOSTKIEWICZ/WALDER, Art. 85 SchKG N 1.
162 BSK SchKG I-BODMER/BANGERT, Art. 85 N 35.
163 BSK SchKG I-BODMER/BANGERT, Art. 85 N 35.
164 BSK SchKG I-BODMER/BANGERT, Art. 85 N 29.

es einzig über die Zulässigkeit der Betreibung resp. deren Aufhebung oder Einstellung entscheidet.[165]

4. LEGITIMATION

A. AKTIVLEGITIMATION

Aktivlegitimiert ist: 5.216

- der **Betriebene** (Art. 85 SchKG) und im Fall der Universalsukzession seine Rechtsnachfolger, gegenüber welchen die Betreibung fortgesetzt werden kann;
- der **Dritteigentümer des zu verwertenden Pfandes**, wenn ihm gem. Art. 153 Abs. 2 lit. a SchKG ein Zahlungsbefehl zuzustellen war;
- der **Ehegatte**, wenn ihm gem. Art. 153 Abs. 2 lit. b SchKG sowie Art. 68a SchKG ein Zahlungsbefehl zuzustellen war.[166]

B. PASSIVLEGITIMATION

Passivlegitimiert ist der **Betreibende** oder seine Rechtsnachfolger.[167] 5.217

5. STREITWERT

Der Streitwert bemisst sich nach der Höhe der (getilgten, gestundeten, nichtbestehenden) Schuld 5.218
(Art. 91 ZPO).[168]

6. FRISTEN

Das SchKG sieht keine Fristen vor. Der Rechtsbehelf resp. das Gesuch (vgl. Art. 252 ZPO) kann 5.219
jederzeit während einer laufenden, gültigen Betreibung, d.h. solange eine Betreibung besteht, die noch eingestellt oder aufgehoben werden kann, eingereicht werden.

Bei der *Betreibung auf Pfändung oder Pfandverwertung* muss dies vor Verteilung des Verwertungs- 5.220
erlöses erfolgt sein.[169]

165 BSK SchKG I-Bodmer/Bangert, Art. 85 N 30.

166 BSK SchKG I-Bodmer/Bangert, Art. 85 N 32.

167 BSK SchKG I-Bodmer/Bangert, Art. 85 N 32.

168 Vock/Müller, 156.

169 Ist die Verteilung erfolgt, bleibt dem Betriebenen nur noch die Möglichkeit der Rückforderungsklage gem. Art. 86 SchKG (BSK SchKG I-Bodmer/Bangert, Art. 85 N 14).

5.221 In der *Betreibung auf Konkurs* muss der Betriebene das Gesuch vor Konkurseröffnung eingereicht haben.[170]

7. KOMBINATIONSMÖGLICHKEITEN

5.222 Es sind keine naheliegenden Kombinationsmöglichkeiten ersichtlich.

8. MÖGLICHE RECHTSBEGEHREN

5.223
1. Die Betreibung Nr. [...] des Betreibungsamtes [...] über den Forderungsbetrag von CHF [Betrag] (zzgl. Zins zu [Zinssatz] % seit [Datum]) sei [aufzuheben und im Betreibungsregister zu löschen *oder* bis {Datum / bestimmbarer künftiger Zeitpunkt} einzustellen].
2. Alles unter Kosten- und Entschädigungsfolgen zulasten des Gesuchsgegners.

9. VORAUSSETZUNGEN

A. ERSTE VORAUSSETZUNG

5.224 Vorliegen einer **laufenden, gültigen Betreibung**. Liegt (im Zeitpunkt des Entscheides) keine laufende, gültige Betreibung (mehr) vor, wird auf das Begehren wegen Fehlens eines Rechtsschutzinteresses nicht eingetreten (*Prozessurteil*). Dies tritt insbesondere dann ein, wenn (i) die Betreibung nichtig ist (vgl. Art. 22 SchKG), (ii) die Betreibung erloschen ist, weil der Schuldner bereits die Zahlung an das Betreibungsamt vorgenommen hat (vgl. Art. 12 Abs. 2 SchKG)[171], (iii) die Betreibung erloschen ist, weil der Gläubiger nicht innert gesetzlicher, oder allenfalls innert wiederhergestellter Frist die Betreibung weitergeführt hat oder (iv) die Verteilung in der Spezialexekution bzw. die Konkurseröffnung bereits erfolgt ist.[172]

B. ZWEITE VORAUSSETZUNG

5.225 Die Betreibung läuft «zu Unrecht» und der Betriebene kann **durch Urkunden beweisen**, dass die Schuld samt Zinsen und Kosten (d.h. Betreibungskosten nach Art. 68 SchKG i.V.m. Art. 16 GebV SchKG), getilgt (z.B. durch Zahlung, Verrechnung, Schulderlass) oder gestundet ist oder gar nie bestanden hat. Blosses Glaubhaftmachen genügt nicht. Der Betriebene muss den vollen unmittel-

170 BSK SchKG EB-Staehelin, Art. 85 ad N 15.

171 Nota bene: Die Tilgung der Schuld direkt beim Gläubiger hat nicht den Stopp der Betreibung zur Folge; in einem solchen Fall bedarf es einer Aufhebung der Betreibung gem. Art. 85 SchKG oder Art. 85a SchKG durch den Richter (Kren Kostkiewicz/Walder, Art. 85 SchKG N 5).

172 BSK SchKG I-Bodmer/Bangert, Art. 85 N 11.

baren Beweis für die Tilgung, Stundung oder das Nichtbestehen der Betreibungsforderung erbringen; ein *Indizienbeweis* ist nicht ausreichend.[173]

10. BESONDERHEITEN

Ein **Schlichtungsverfahren** findet nicht statt (Art. 198 lit. a und Art. 198 lit. e Ziff. 2 ZPO), was eine gewisse Verfahrensbeschleunigung mit sich bringt. 5.226

Obschon der Rechtsbehelf gem. Art. 85 SchKG eine materiell-rechtliche Vorfrage behandelt, hat dieser letztlich **ausschliesslich betreibungsrechtliche Wirkungen**, d.h. ein gerichtlicher Entscheid zeitigt nur im Rahmen des betreffenden Betreibungsverfahrens Wirkungen.[174] 5.227

Im Verhältnis zur Feststellungsklage gem. Art. 85a SchKG besteht Alternativität.[175] 5.228

Nur der Urkundenbeweis ist zulässig. 5.229

Betreffend die Kosten findet Art. 48 GebV SchKG Anwendung. 5.230

11. RECHTSMITTEL

Soll der erstinstanzliche Entscheid angefochten werden, ist **Beschwerde** gem. Art. 319 ff. ZPO zu erheben (vgl. Art. 319 i.V.m. Art. 309 lit. b Ziff. 4 ZPO). Eine Berufung ist gestützt auf Art. 309 lit. b Ziff. 4 ZPO nicht zulässig. 5.231

Letztinstanzliche kantonale Entscheide können entweder mit **Beschwerde in Zivilsachen** gem. Art. 72 Abs. 2 lit. a BGG (sofern der Streitwert gem. Art. 74 Abs. 1 BGG CHF 30 000.– und mehr beträgt oder sich eine Rechtsfrage von grundsätzlicher Bedeutung gem. Art. 74 Abs. 2 lit. a BGG stellt) oder, andernfalls, mit der **subsidiären Verfassungsbeschwerde** gem. Art. 113 ff. BGG ans Bundesgericht gezogen werden.[176] 5.232

Tabellarische Zusammenfassung

Zweck	Aufhebung oder Einstellung einer laufenden Betreibung
Gesetzliche Grundlage	Art. 85 SchKG
Verfahrensart	Summarisches Verfahren (Art. 248 ff. ZPO)

173 BSK SchKG I-Bodmer/Bangert, Art. 85 N 16 ff. und 33a; BSK SchKG EB-Staehelin, Art. 85 ad N 33a.

174 BSK SchKG I-Bodmer/Bangert, Art. 85 N 35. Nota bene, dass demgegenüber einem Entscheid gem. Art. 85a SchKG (auch) materiellrechtliche Wirkungen zukommen.

175 BSK SchKG I-Bodmer/Bangert, Art. 85 N 6.

176 Vock/Müller, 159 f.

Zuständigkeit	Das Gericht am Betreibungsort ist örtlich zuständig (Art. 85 und 46 ZPO) Die sachliche und funktionelle Zuständigkeit bestimmt sich nach kantonalem Recht (Art. 4 ZPO)
Aktivlegitimation	(Betriebener) Schuldner, Dritteigentümer des zu verwertenden Pfandes, Ehegatte des Betriebenen
Passivlegitimation	(Betreibender) Gläubiger
Streitwert	Abhängig von der Höhe der betriebenen, jedoch getilgten, gestundeten oder nichtbestehenden Schuld
Fristen	Nicht einschlägig. Ein Begehren um richterliche Aufhebung oder Einstellung der Betreibung gem. Art. 85 SchKG kann allerdings nur während einer laufenden, gültigen Betreibung gutgeheissen werden (bei Betreibung auf Pfändung oder Pfandverwertung vor Verteilung des Verwertungserlöses; bei Betreibung auf Konkurs vor Konkurseröffnung)
Kombination	Nicht einschlägig
Mögliche Rechtsbegehren	1. Die Betreibung Nr. […] des Betreibungsamtes […] über den Forderungsbetrag von CHF [Betrag] (zzgl. Zins zu [Zinssatz] % seit [Datum]) sei [aufzuheben und im Betreibungsregister zu löschen *oder* bis {Datum / bestimmbarer künftiger Zeitpunkt} einzustellen]. 2. Alles unter Kosten- und Entschädigungsfolgen zulasten des Gesuchsgegners.
Voraussetzungen	– Es liegt ein laufendes, gültiges Betreibungsverfahren vor – Der Betriebene kann durch Urkunden beweisen, dass die Betreibung infolge Tilgung, Stundung oder Nichtbestehen der Schuld zu Unrecht läuft (blosse Glaubhaftmachung genügt nicht; Indizienbeweis ist nicht ausreichend)
Besonderheiten	– Kein vorgängiges Schlichtungsverfahren – Nur der Urkundenbeweis ist zulässig – In Bezug auf die Kosten findet Art. 48 GebV SchKG Anwendung – Der Rechtsbehelf gem. Art. 85 SchKG zeitigt nur im Rahmen des zugrunde liegenden Betreibungsverfahrens Wirkung (ausschliesslich betreibungsrechtliche Wirkung) – Alternativität zur Feststellungsklage gem. Art. 85a SchKG
Rechtsmittel	Kantonal: Beschwerde (Art. 319 ff.) innert 10 Tagen (Art. 321 Abs. 2 ZPO) (gegen Rechtsverzögerung kann gem. Art. 321 Abs. 4 ZPO jederzeit Beschwerde eingereicht werden) Bund: Je nach Sachverhalt Beschwerde in Zivilsachen (Art. 72 ff. BGG) innert 30 Tagen (gegen das unrechtmässige Verweigern oder Verzögern eines Entscheids kann gem. Art. 100 Abs. 7 BGG jederzeit Beschwerde geführt werden) oder subsidiäre Verfassungsbeschwerde (Art. 113 ff. BGG)

XII. KLAGE UM RICHTERLICHE AUFHEBUNG ODER EINSTELLUNG DER BETREIBUNG IM ORDENTLICHEN UND VEREINFACHTEN VERFAHREN (ART. 85A SCHKG)

1. ZWECK UND WIRKUNG

Dieser Rechtsbehelf bezweckt zum einen – wie die richterliche Aufhebung oder Einstellung der Betreibung im summarischen Verfahren gem. Art. 85 SchKG – die Aufhebung oder Einstellung der Betreibung, d.h. er hat *betreibungsrechtliche Wirkungen*, und zum anderen die Feststellung der Nichtschuld oder der Stundung der Forderung, d.h. er hat *materiellrechtliche Wirkungen* (**Doppelnatur**).[177] 5.233

Wird die Klage gutgeheissen, ist die materiell-rechtliche Rechtslage geklärt[178] und das Gericht hebt (je nach Antrag) die Betreibung auf oder stellt sie ein.[179] Der Entscheid ist jedoch ein Feststellungsurteil und stellt somit keinen Vollstreckungstitel dar.[180] Wird die Klage abgewiesen, ist die materiell-rechtliche Rechtslage ebenfalls geklärt[181] und die gegebenenfalls vorsorglich eingestellte Betreibung nimmt ihren Fortgang.[182] 5.234

2. VERFAHRENSART

Je nach Sachverhalt ist die *Klage gem. Art. 85a (Abs. 1) SchKG* zu behandeln: 5.235

- im **ordentlichen Verfahren** (Art. 219 ff. ZPO) bei einem Streitwert von mehr als CHF 30 000.– oder bei Streitigkeiten vor der einzigen kantonalen Instanz gem. Art. 5 und Art. 8 ZPO oder bei Streitigkeiten vor einem Handelsgericht gem. Art. 6 ZPO (vgl. Art. 243 Abs. 3 ZPO)[183]

---

177 BSK SchKG I-BODMER/BANGERT, Art. 85a N 3. Bei der Klage gem. Art. 85a SchKG handelt es sich um eine negative Feststellungsklage im Rahmen der Geldvollstreckung; bei der Klage gem. Art. 88 ZPO um eine Feststellungsklage im Rahmen einer Realvollstreckung (vgl. Botschaft ZPO, 7391).

178 Feststellung, dass der Kläger dem Betreibungsgläubiger nichts bzw. bei teilweiser Gutheissung weniger resp. nichts mehr schuldet oder die vom Gläubiger in Betreibung gesetzte Forderung aufgrund einer Stundung noch nicht oder nicht mehr fällig ist (BSK SchKG I-BODMER/BANGERT, Art. 85a N 31).

179 BSK SchKG I-BODMER/BANGERT, Art. 85a N 2. Wird die Klage gutgeheissen, da der Betriebene die Tilgung, das Nichtbestehen oder das Nichtmehrbestehen beweisen konnte, hat dies die Aufhebung der Betreibung zur Folge. Konnte der Betriebene hingegen eine Stundung beweisen, hat die Gutheissung der Klage eine Einstellung der Betreibung zur Folge (VOCK/MÜLLER, 153).

180 BSK SchKG I-BODMER/BANGERT, Art. 85a N 31.

181 Feststellung, dass die vom Gläubiger in Betreibung gesetzte Forderung besteht oder fällig ist (BSK SchKG I-BODMER/BANGERT, Art. 85a N 31).

182 BSK SchKG I-BODMER/BANGERT, Art. 85a N 31 f.

183 BSK SchKG I-BODMER/BANGERT, Art. 85a N 26.

oder

- im **vereinfachten Verfahren** (Art. 243 ff. ZPO) bei einem Streitwert bis zu CHF 30 000.– oder bei Streitigkeiten gem. Art. 243 Abs. 2 ZPO (ohne Rücksicht auf den Streitwert).

Das *Begehren um Anordnung der vorsorglichen Massnahme der vorläufigen Einstellung der Betreibung gem. Art. 85a Abs. 2 SchKG* ist dagegen im summarischen Verfahren (Art. 248 ff. ZPO) zu behandeln.[184]

3. ZUSTÄNDIGKEIT

5.236 **Örtlich** zuständig ist das Gericht am Betreibungsort (vgl. Art. 85a Abs. 1 SchKG und Art. 46 ZPO), wobei diese Zuständigkeit nicht zwingend ist und eine *Prorogation* oder eine *schiedsgerichtliche Beurteilung* zulässig ist.[185]

5.237 Die **sachliche** und **funktionelle** Zuständigkeit bestimmt sich gemäss dem jeweilig anwendbaren kantonalen Recht (vgl. Art. 4 ZPO). Das Gericht amtet überwiegend als Zivilgericht (Feststellung des Bestandes oder Nichtbestandes bzw. Stundung der betriebenen Forderung), aber auch als Vollstreckungsgericht (Aufhebung oder Einstellung der Betreibung).

5.238 Hat die betriebene Forderung ihren Ursprung in einem Rechtsverhältnis gem. Art. 5 ZPO, ist die vom Kanton bezeichnete einzige kantonale Instanz zwingend zuständig.[186]

5.239 Soweit der Rechtsstreit über die betriebene Forderung handelsrechtlicher Natur gem. Art. 6 Abs. 2 ZPO ist, können die Kantone auch ein Handelsgericht für Klagen gem. Art. 85a SchKG als zuständig erklären.[187]

184 Zwar legt der Gesetzestext nahe, dass das Gericht auch ohne einen entsprechenden Antrag des Betriebenen von Amtes wegen zu prüfen hat, ob die vorsorgliche Massnahme zu treffen ist. Empfehlenswert ist jedoch, einen entsprechenden Antrag zu stellen (vgl. BSK SchKG I-Bodmer/Bangert, Art. 85a N 19).

185 Die schiedsgerichtliche Beurteilung steht jedoch insofern unter einem Vorbehalt, als die vorläufige Einstellung der Betreibung nach Art. 85a Abs. 2 SchKG einen rein vollstreckungsrechtlichen Vorgang darstellt. Da ein solcher der Schiedsgerichtsbarkeit nicht unterliegt, dürfte zu verneinen sein, dass «ein Schiedsgericht bei Gutheissung der Klage die in Art. 85a Abs. 3 [SchKG] vorgesehene Aufhebung oder Einstellung der Betreibung verfügen könnte.» (KUKO SchKG-Brönnimann, Art. 85a N 18).

186 BSK SchKG I-Bodmer/Bangert, Art. 85a N 26.

187 BSK SchKG I-Bodmer/Bangert, Art. 85a N 26.

4. LEGITIMATION

A. AKTIVLEGITIMATION

Aktivlegitimiert ist mit Sicherheit der **Betriebene**. Ob auch Ehegatten oder Drittpfandeigentümer aktivlegitimiert sind, ist umstritten.[188] 5.240

B. PASSIVLEGITIMATION

Passivlegitimiert ist der **Betreibende**, d.h. die im Betreibungsverfahren als Gläubiger auftretende Person / Einheit. 5.241

5. STREITWERT

Für die Ermittlung des Streitwerts ist nur die betriebene Forderung (ohne Zinsen und Kosten) ausschlaggebend (Art. 91 Abs. 1 ZPO).[189] 5.242

6. FRISTEN

Das SchKG sieht keine Fristen vor. Der Rechtsbehelf resp. die Klage kann **jederzeit während einer laufenden, gültigen Betreibung**, d.h. solange eine Betreibung besteht, die überhaupt noch eingestellt oder aufgehoben werden kann. Bei der *Betreibung auf Pfändung oder Pfandverwertung* muss die Klage vor Verteilung des Verwertungserlöses angehoben werden und in der *Betreibung auf Konkurs* muss der Betriebene vor Konkurseröffnung klagen. 5.243

7. KOMBINATIONSMÖGLICHKEITEN

Je nach Sachverhalt sollte die Klage um Aufhebung oder Einstellung der Betreibung mit einem Begehren um Anordnung einer vorsorglichen Massnahme im summarischen Verfahren gem. Art. 252 ff. ZPO, d.h. vorläufige Einstellung der Betreibung (vgl. sogleich Rz. 5.245), kombiniert werden. 5.244

188 KUKO SchKG-Brönnimann, Art. 85a N 23. Marc Bernheim und Philipp Känzig vertreten die Auffassung, dass die Aktivlegitimation des Ehegatten bzw. eingetragenen Partners und des Drittpfandeigentümers aufgrund ihrer Stellung als Mitbetriebene gegeben ist (BSK SchKG I-Bernheim/Känzig, Art. 153 N 54).

189 BSK SchKG I-Bodmer/Bangert, Art. 85a N 27.

8. MÖGLICHE RECHTSBEGEHREN

5.245 1. Es sei festzustellen, dass die mit Betreibung Nr. […] des Betreibungsamtes […][vom Beklagten] gegenüber [dem Kläger] in Betreibung gesetzte Forderung in der Höhe von CHF [Betrag] (zzgl. Zins zu [Zinssatz] % seit [Datum]) nicht [mehr] besteht.
2. Es sei die Betreibung Nr. […] des Betreibungsamtes […] aufzuheben und im Betreibungsregister zu löschen.
3. Die Betreibung Nr. […] des Betreibungsamtes […] gegen [den Kläger] sei im Sinne einer [superprovisorischen] vorsorglichen Massnahme gemäss Art. 252 ff. ZPO für die Dauer des Prozesses vorläufig einzustellen.
4. Alles unter Kosten- und Entschädigungsfolgen zulasten des Beklagten.

5.246 *oder*

1. Es sei festzustellen, dass die mit Betreibung Nr. […] des Betreibungsamtes […][vom Beklagten] gegenüber [dem Kläger] in Betreibung gesetzte Forderung in der Höhe von CHF [Betrag] (zzgl. Zins zu [Zinssatz] % seit [Datum]) gestundet ist.
2. Es sei die Betreibung Nr. […] des Betreibungsamtes […] einzustellen.
3. Die Betreibung Nr. […] des Betreibungsamtes […] gegen [den Kläger] sei im Sinne einer [superprovisorischen] vorsorglichen Massnahme gemäss Art. 252 ff. ZPO für die Dauer des Prozesses vorläufig einzustellen.
4. Alles unter Kosten- und Entschädigungsfolgen zulasten des Beklagten.

9. VORAUSSETZUNGEN

A. ERSTE VORAUSSETZUNG

5.247 Vorliegen einer **laufenden, gültigen Betreibung (basierend auf einem rechtskräftigen Zahlungsbefehl)**. Liegt (im Zeitpunkt der Einreichung der Klage) keine laufende, gültige Betreibung (mehr) vor, wird auf die Klage wegen fehlendem Rechtsschutzinteresse nicht eingetreten (Prozessurteil).[190]

190 Hat ein Betriebener rechtzeitig Rechtsvorschlag erhoben und dadurch die Betreibung gestoppt, ist die Betreibung nicht mehr am Laufen, d.h. der Betriebene kann nicht gestützt auf Art. 85a SchKG klagen (BSK SchKG I-Bodmer/Bangert, Art. 85a N 14 f.). Solange also der vom Betriebenen rechtzeitig erhobene Rechtsvorschlag noch nicht rechtskräftig beseitigt wurde, steht dem Betriebenen nur die *allgemeine Klage auf Feststellung des Nichtbestehens der Schuld* zur Verfügung. Sollte der Betriebene mit Letzterer, der allgemeinen Klage auf Feststellung des Nichtbestehens der Schuld, durchdringen und die Nichtigkeit der Betreibung festgestellt werden, kann er mithilfe dieses Entscheides gestützt auf Art. 8a Abs. 3 lit. a SchKG verhindern, dass Dritten von der Betreibung Kenntnis gegeben wird.

B. ZWEITE VORAUSSETZUNG

Das Zwangsvollstreckungsverfahren läuft «**zu Unrecht**» bzw. der Betriebene kann beweisen, dass die Schuld nicht besteht, nicht mehr besteht oder gestundet ist. 5.248

C. DRITTE VORAUSSETZUNG

Über den Betriebenen wurde nicht Konkurs eröffnet; eine Konkurseröffnung lässt nämlich die Betreibung, gegen welche sich die Klage gem. Art. 85a SchKG richtet, wegfallen (vgl. Art. 206 Abs. 1 SchKG). 5.249

Bereits eingereichte Klagen gem. Art. 85a SchKG sind beim Konkurs des Betriebenen – aufgrund analoger Anwendung der bundesgerichtlichen Rechtsprechung zu Art. 207 SchKG betreffend die Sistierung von Aberkennungsklagen im Fall eines Konkurses des Betriebenen – zu sistieren (bis feststeht, ob das Konkursverfahren durch die Konkursmasse, einzelne Gläubiger oder – im Falle einer Einstellung des Konkurses mangels Aktiven – vom Kläger weitergeführt wird).[191] 5.250

D. VIERTE VORAUSSETZUNG

Die fristgerecht eingereichte **Klage wird nicht gegenstandslos,** weil es im Zeitpunkt des Entscheids an der Sachurteilsvoraussetzung «Rechtsschutzinteresse» fehlt. Dies kann der Fall sein, wenn eine Betreibung zurückgezogen wird oder der Zahlungsbefehl seine Gültigkeit verloren hat.[192] 5.251

E. FÜNFTE VORAUSSETZUNG

Falls einschlägig: Begründung des Begehrens um Gewährung einer vorsorglichen (superproviso rischen) Massnahme. 5.252

10. BESONDERHEITEN

Das **Schlichtungsverfahren**, welches grundsätzlich einem ordentlichen Verfahren oder einem vereinfachten Verfahren vorgeht, **entfällt** (Art. 198 lit. e Ziff. 2 ZPO), was eine gewisse Verfahrensbeschleunigung mit sich bringt. 5.253

191 VOCK/MÜLLER, 152.

192 BSK SchKG I-BODMER/BANGERT, Art. 85a N 15 f.

5.254 Art. 85 SchKG geht Art. 85a SchKG nicht als lex specialis vor, d.h. der Betriebene kann auch wählen, nach Art. 85a SchKG vorzugehen (selbst wenn die engeren Voraussetzungen von Art. 85 SchKG erfüllt wären).[193]

5.255 Es handelt sich um eine **negative Feststellungsklage** mit gesetzlich definiertem Feststellungsinteresse (der Nachweis eines besonderen Feststellungsinteresses bei der Klage gem. Art. 85a SchKG ist nicht erforderlich – die Tatsache, dass eine Person betrieben ist, genügt).[194]

5.256 *Neben der negativen Feststellungsklage nach Art. 85a SchKG* steht dem Betriebenen allenfalls die *allgemeine (negative) Feststellungsklage* (s. a. Rz. 5.263 ff.) zur Verfügung, «um das Nichtbestehen der in Betreibung gesetzten Forderung mit materieller Rechtskraft gerichtlich feststellen zu lassen».[195]

5.257 Wird dem Betriebenen die vorsorgliche Massnahme der vorläufigen Einstellung der Betreibung nicht gewährt und setzt der Gläubiger während des Feststellungsprozesses die Betreibung fort (Pfändung bzw. Pfandverwertung und Verteilung oder bezahlt der Betriebene die Betreibungsforderung zur Abwendung von Pfändung, Pfandverwertung oder Konkurs) während es nach wie vor möglich ist, dass der gestützt auf Art. 85a SchKG klagende Betriebene den Feststellungsprozess gewinnen wird, steht dem Betriebenen die Rückforderungsklage nach Art. 86 SchKG zu. In einem solchen Fall ist es dem Betriebenen *auf Antrag hin* zu gestatten, die rechtshängige Feststellungsklage nach erfolgter Bezahlung bzw. Verteilung wie von Art. 227 Abs. 1 ZPO zugelassen in eine Rückforderungsklage nach Art. 86 SchKG zu ändern.[196]

5.258 Erhob ein im Ausland wohnhafter Gläubiger eine Betreibung in der Schweiz und verlangt der in der Schweiz betriebene Kläger nicht nur die Feststellung des Nichtbestehens der Schuld, sondern auch die Aufhebung der Betreibung (und deren Löschung aus dem Register), kann die Klage aufgrund des im Gebiet der Zwangsvollstreckung herrschenden Territorialitätsprinzips nicht getrennt werden.[197]

5.259 Ist in Bezug auf eine in Betreibung gesetzte Forderung im Ausland ein Prozess hängig, kann der Betriebene vom Gericht am Betreibungsort die Einstellung oder Aufhebung der Betreibung verlangen. Diesfalls hat das Gericht über die vorläufige Einstellung der Betreibung gem. Art. 85a Abs. 2 SchKG zu entscheiden (und danach das Verfahren zu sistieren bis zum materiellrechtlichen Entscheid des ausländischen Gerichts).[198]

193 BSK SchKG I-Bodmer/Bangert, Art. 85a N 7.
194 BSK SchKG I-Bodmer/Bangert, Art. 85a N 4 ff.
195 BSK SchKG I-Bodmer/Bangert, Art. 85a N 12.
196 BSK SchKG I-Bodmer/Bangert, Art. 85a N 10 und Art. 86 N 24.
197 BGE 132 III 277, E. 4; BSK SchKG I-Bodmer/Bangert, Art. 85a N 25.
198 BSK SchKG EB-Staehelin, Art. 85a ad N 11.

11. RECHTSMITTEL

Wenn der erstinstanzliche Entscheid von der einzigen kantonalen Instanz gem. Art. 5 ZPO bzw. dem Handelsgericht gem. Art. 6 ZPO gefällt wurde, ist dieser Entscheid mittels **Beschwerde in Zivilsachen** beim Bundesgericht anfechtbar (vgl. Art. 75 Abs. 2 lit. a und lit. b, allenfalls i.V.m. Art. 74 Abs. 2 lit. b BGG).[199] 5.260

Wenn der erstinstanzliche Entscheid nicht von einem Gericht gem. Art. 5 ZPO oder Art. 6 ZPO stammt, ist der *Entscheid in der Sache selbst* – sofern der Streitwert der zuletzt aufrechterhaltenen Rechtsbegehren mindestens CHF 10 000.– beträgt – grundsätzlich mit der **Berufung** gem. Art. 308 ff. ZPO anfechtbar. Beträgt der Streitwert jedoch weniger, ist der Entscheid mit **Beschwerde** gem. Art. 319 ff. ZPO anfechtbar.[200] Liegt ein letztinstanzlicher kantonaler Entscheid in der Sache selbst vor und beträgt entweder der Streitwert mindestens CHF 30 000.– oder stellt sich eine Rechtsfrage von grundsätzlicher Bedeutung gem. Art. 74 Abs. 2 lit. a BGG, kann dieser mit **Beschwerde in Zivilsachen** beim Bundesgericht angefochten werden (vgl. Art. 72 Abs. 2 lit. a i.V.m. Art. 74 Abs. 1 lit. b bzw. Art. 74 Abs. 2 lit. a BGG). Ansonsten findet die **subsidiäre Verfassungsbeschwerde** gem. Art. 113 ff. BGG Anwendung.[201] 5.261

Erstinstanzliche Entscheide über die vorläufige Einstellung der Betreibung gem. Art. 85a Abs. 2 SchKG der unteren kantonalen Instanz, welche *Entscheide über eine vorsorgliche Massnahme* darstellen, sind je nach Streitwert, mit **Berufung** (Art. 308 Abs. 1 lit. b ZPO) oder **Beschwerde** (Art. 319 lit. a ZPO) anfechtbar, wobei die Frist in diesen Fällen jeweils nur 10 Tage beträgt (Art. 314 Abs. 1 und Art. 321 Abs. 2 ZPO).[202] Ein Entscheid über die vorläufige Einstellung der Betreibung kann auch einen nicht wieder gutzumachenden Nachteil bewirken, weshalb er auch als Zwischenentscheid im Sinne von Art. 93 Abs. 1 lit. a BGG qualifiziert. Diesfalls kann er selbständig vor Bundesgericht mittels **Beschwerde in Zivilsachen** angefochten werden, wobei jedoch nur die Verletzung verfassungsmässiger Rechte geltend gemacht werden kann (vgl. Art. 93 Abs. 1 i.V.m. Art. 98 BGG). Ansonsten findet die **subsidiäre Verfassungsbeschwerde** gem. Art. 113 ff. BGG Anwendung.[203] 5.262

Tabellarische Zusammenfassung

Zweck	Feststellung der Nichtschuld und Aufhebung der Betreibung *oder* Feststellung der Stundung und Einstellung der Betreibung
Gesetzliche Grundlage	Art. 85a SchKG

199 KUKO SchKG-Brönnimann, Art. 85a N 27.
200 KUKO SchKG-Brönnimann, Art. 85a N 27.
201 Vock/Müller, 160.
202 KUKO SchKG-Brönnimann, Art. 85a N 15.
203 KUKO SchKG-Brönnimann, Art. 85a N 15; BSK SchKG I-Bodmer/Bangert, Art. 85a N 28a f.

Verfahrensart	– Klage nach Art. 85a Abs. 1 SchKG: Abhängig vom Streitwert ordentliches Verfahren (Art. 219 ff. ZPO) oder vereinfachtes Verfahren (Art. 243 ff. ZPO) – Begehren nach Art. 85a Abs. 2 SchKG: Summarisches Verfahren (Art. 248 ff. ZPO)
Zuständigkeit	Das Gericht am Betreibungsort ist örtlich zuständig (Art. 85a Abs. 1 SchKG und Art. 46 ZPO); Prorogation und schiedsgerichtliche Beurteilung sind aber zulässig Die sachliche und funktionelle Zuständigkeit richtet sich nach kantonalem Recht (Art. 4 ZPO) Entspringt die betriebene Forderung in einem Rechtsverhältnis gem. Art. 5 ZPO, ist die einzige kantonale Instanz zwingend zuständig. Ist der Rechtsstreit über die betriebene Forderung handelsrechtlicher Natur gem. Art. 6 Abs. 2 ZPO, kann auch ein Handelsgericht zuständig sein
Aktivlegitimation	(Betriebener) Schuldner; ob auch Ehegatten oder Drittpfandeigentümer aktivlegitimiert sind, ist umstritten
Passivlegitimation	(Betreibender) Gläubiger
Streitwert	Entsprechend der Höhe der betriebenen Forderung
Fristen	Nicht einschlägig. Eine Klage um richterliche Aufhebung oder Einstellung der Betreibung gem. Art. 85a SchKG kann allerdings nur während einer laufenden, gültigen Betreibung gutgeheissen werden (bei Betreibung auf Pfändung oder Pfandverwertung vor Verteilung des Verwertungserlöses; bei Betreibung auf Konkurs vor Konkurseröffnung)
Kombination	Allenfalls: Begehren um Anordnung einer vorsorglichen Massnahme (vorläufige Einstellung der Betreibung)
Mögliche Rechtsbegehren	1. Es sei festzustellen, dass die mit Betreibung Nr. [...] des Betreibungsamtes [...] [vom Beklagten] gegenüber [dem Kläger] in Betreibung gesetzte Forderung in der Höhe von CHF [Betrag] (zzgl. Zins zu [Zinssatz] % seit [Datum]) nicht [mehr] besteht. 2. Es sei die Betreibung Nr. [...] des Betreibungsamtes [...] aufzuheben und im Betreibungsregister zu löschen. 3. Die Betreibung Nr. [...] des Betreibungsamtes [...] gegen [den Kläger] sei im Sinne einer [superprovisorischen] vorsorglichen Massnahme gemäss Art. 252 ff. ZPO für die Dauer des Prozesses vorläufig einzustellen. 4. Alles unter Kosten- und Entschädigungsfolgen zulasten des Beklagten. *oder* 1. Es sei festzustellen, dass die mit Betreibung Nr. [...] des Betreibungsamtes [...] [vom Beklagten] gegenüber [dem Kläger] in Betreibung gesetzte Forderung in der Höhe von CHF [Betrag] (zzgl. Zins zu [Zinssatz] % seit [Datum]) gestundet ist. 2. Es sei die Betreibung Nr. [...] des Betreibungsamtes [...] einzustellen. 3. Die Betreibung Nr. [...] des Betreibungsamtes [...] gegen [den Kläger] sei im Sinne einer [superprovisorischen] vorsorglichen Massnahme gemäss Art. 252 ff. ZPO für die Dauer des Prozesses vorläufig einzustellen. 4. Alles unter Kosten- und Entschädigungsfolgen zulasten des Beklagten.

Voraussetzungen	– Es liegt ein laufendes, gültiges Betreibungsverfahren (basierend auf einem rechtskräftigen Zahlungsbefehl) vor – Der Betriebene kann beweisen, dass die Betreibung infolge Stundung oder nicht (mehr) Bestehen der Schuld zu Unrecht läuft – Keine Konkurseröffnung über den Betriebenen – Vorliegen sämtlicher Sachurteilsvoraussetzungen, namentlich des Rechtsschutzinteresse – Allenfalls auch: Begründung des Begehrens um Gewährung einer vorsorglichen (superprovisorischen) Massnahme
Besonderheiten	– Kein vorgängiges Schlichtungsverfahren – Alternativität zum Rechtsbehelf gem. Art. 85 SchKG – Es handelt sich um eine negative Feststellungsklage mit gesetzlich definiertem Feststellungsinteresse (gem. Art. 85a SchKG genügt die Tatsache, dass eine Person betrieben ist; ein Nachweis eines besonderen Feststellungsinteresses ist nicht notwendig), wobei dem Betriebenen allenfalls die allgemeine (negative) Feststellungsklage zur Verfügung steht – Wird dem Betriebenen die vorsorgliche Massnahme der vorläufigen Einstellung der Betreibung nicht gewährt und erfolgt im Rahmen des Betreibungsverfahrens z.B. eine Verteilung während der Feststellungsprozess noch im Gang ist, kann der klagende Betriebene den Antrag stellen (Art. 227 Abs. 1 ZPO), die rechtshängige Feststellungsklage in eine Rückforderungsklage nach Art. 86 SchKG zu ändern
Rechtsmittel	Abhängig von der angerufenen Instanz: *Falls der erstinstanzliche Entscheid in der Sache selbst von der einzigen kantonalen Instanz (Art. 5 ZPO) oder dem Handelsgericht (Art. 6 ZPO) stammt:* Beschwerde in Zivilsachen (Art. 72 ff. BGG) beim Bundesgericht innert 30 Tagen (gegen das unrechtmässige Verweigern oder Verzögern eines Entscheids kann gem. Art. 100 Abs. 7 BGG jederzeit Beschwerde geführt werden) *Andernfalls* ist der erstinstanzliche Entscheid in der Sache selbst kantonal (je nach Streitwert) mit Berufung (Art. 308 ff. ZPO) innert 30 Tagen oder Beschwerde (Art. 319 ff. ZPO) innert 30 Tagen anzufechten Letztinstanzliche kantonale Entscheide in der Sache selbst können schliesslich beim Bundesgericht mit Beschwerde in Zivilsachen (Art. 72 ff. BGG) innert 30 Tagen, oder subsidiärer Verfassungsbeschwerde (Art. 113 ff. BGG) angefochten werden Ein erstinstanzlicher Entscheid betreffend die *vorsorgliche Massnahme* «vorläufige Einstellung der Betreibung» (vgl. Art. 85a Abs. 2 SchKG) kann, abhängig vom Streitwert mit Berufung (Art. 308 ff. ZPO) innert 30 Tagen oder Beschwerde (Art. 319 ff. ZPO) innert 10 Tagen angefochten werden. Abhängig vom geltend gemachten Beschwerdegrund kann eine Weiterziehung vor Bundesgericht mit Beschwerde in Zivilsachen (Art. 72 ff. BGG) oder subsidiäre Verfassungsbeschwerde (Art. 113 ff. BGG) erfolgen

XIII. EXKURS: NEGATIVE FESTSTELLUNGSKLAGE VOR DEM HINTERGRUND EINES EINGELEITETEN BETREIBUNGSVERFAHRENS (ART. 88 ZPO; BGE 141 II 68)

1. ZWECK UND WIRKUNG

5.263 Das schweizerische Zwangsvollstreckungsrecht erlaubt es, dass ein (angeblicher) Gläubiger gegen einen (angeblichen) Schuldner eine Betreibung einleitet, ohne dass er den Bestand der in Betreibung gesetzten Forderung nachweisen muss.[204] Wurde eine Betreibung eingeleitet, findet diese im Betreibungsregister Eingang. Dieses steht gem. Art. 8a SchKG wiederum interessierten Dritten zu Auskunftszwecken hinsichtlich der Kredit- und Vertrauenswürdigkeit des Betriebenen zur Einsicht offen.[205] Erhebt der (angebliche) Schuldner Rechtsvorschlag, wird der (angebliche) Gläubiger dadurch auf den Rechtsweg (vgl. Art. 79 ff. SchKG) verwiesen. Unternimmt der (angebliche) Gläubiger jedoch keine weiteren Schritte im Hinblick auf die Fortsetzung der Betreibung, steht dem Betriebenen die allgemeine Klage auf Feststellung des Nichtbestehens der in Betreibung gesetzten Forderung (*negative Feststellungsklage*) offen.[206] Eine negative Feststellungsklage vor dem Hintergrund eines eingeleiteten Betreibungsverfahrens bezweckt somit die Feststellung des Nichtbestands einer in Betreibung gesetzten Forderung.[207]

5.264 Eine Gutheissung der negativen Feststellungsklage bewirkt somit insbesondere, dass Dritten nach Art. 8a Abs. 3 lit. a SchKG von der (zu Unrecht erfolgten) Betreibung keine Kenntnis gegeben wird[208]

2. VERFAHRENSART

5.265 Je nach Sachverhalt ist die Klage zu behandeln:

- im **ordentlichen Verfahren** (Art. 219 ff. ZPO) bei einem Streitwert von mehr als CHF 30 000.– oder bei Streitigkeiten vor der einzigen kantonalen Instanz gem. Art. 5 und 8 ZPO oder bei Streitigkeiten vor einem Handelsgericht gem. Art. 6 ZPO (vgl. Art. 243 Abs. 3 ZPO) *oder*
- im **vereinfachten Verfahren** (Art. 243 ff. ZPO) bei einem Streitwert bis zu CHF 30 000.– oder bei Streitigkeiten gem. Art. 243 Abs. 2 ZPO (ohne Rücksicht auf den Streitwert).

---

204 Das schweizerische Betreibungsrecht überlässt es dem Gläubiger zu entscheiden, ob und zu welchem Zweck er eine Betreibung einleiten will (BGE 141 III 68, E. 2.1).

205 BGE 141 III 68, E. 2.1 und 2.4.

206 BGE 141 III 68, E. 2.1.

207 BGE 141 III 68, E. 2.7.

208 BGE 141 III 68, E. 2.1.

3. ZUSTÄNDIGKEIT

Die **örtliche Zuständigkeit** bestimmt sich nach den Bestimmungen der ZPO (vgl. Art. 9 ff. ZPO). Sieht die ZPO nichts anderes vor, ist bspw. für Klagen gegen eine natürliche Person das Gericht an deren Wohnsitz zuständig während für Klagen gegen eine juristische Person oder gegen Kollektiv- und Kommanditgesellschaften das Gericht an deren Sitz zuständig ist (vgl. Art. 10 Abs. 1 lit. a und b ZPO). 5.266

Die **sachliche** und **funktionelle** Zuständigkeit bestimmt sich gemäss dem jeweilig anwendbaren kantonalen Recht (vgl. Art. 4 ZPO). 5.267

4. LEGITIMATION

A. AKTIVLEGITIMATION

Aktivlegitimiert ist der **Betriebene**, d.h. der (angebliche) Schuldner. 5.268

B. PASSIVLEGITIMATION

Passivlegitimiert ist der **Betreibende**, d.h. der (angebliche) Gläubiger. 5.269

5. STREITWERT

Der Streitwert dürfte sich regelmässig nach der Höhe der in Betreibung gesetzten Forderung bemessen; ausser der Nichtbestand wird nur teilweise geltend gemacht. 5.270

6. FRISTEN

Falls ein Schlichtungsverfahren durchzuführen war, gilt die Klagebewilligung zur Einreichung der Klage beim Gericht während dreier Monate (Art. 209 Abs. 3 ZPO). In Bezug auf Streitigkeiten aus Miete und Pacht von Wohn- und Geschäftsräumen sowie aus landwirtschaftlicher Pacht beträgt die Klagefrist 30 Tage (Art. 209 Abs. 4 ZPO). Vorbehalten bleiben ferner weitere besondere gesetzliche und gerichtliche Klagefristen (Art. 209 Abs. 4 ZPO). 5.271

7. KOMBINATIONSMÖGLICHKEITEN

Es sind keine naheliegenden Kombinationsmöglichkeiten ersichtlich. 5.272

8. MÖGLICHE RECHTSBEGEHREN

5.273 1. Es sei festzustellen, dass die mit Betreibung Nr. [...] des Betreibungsamtes [...] vom Beklagten gegenüber dem Kläger in Betreibung gesetzte Forderung in der Höhe von CHF [Betrag] (zzgl. Zins zu [Zinssatz] % seit [Zinssatz]) nicht [mehr] besteht.
2. Es sei die Betreibung Nr. [...] des Betreibungsamtes [...] aufzuheben und im Betreibungsregister zu löschen.
3. Alles unter Kosten- und Entschädigungsfolgen zulasten des Beklagten.

9. VORAUSSETZUNGEN

A. ERSTE VORAUSSETZUNG

5.274 Der Kläger muss und kann dar tun, dass er ein **schutzwürdiges Interesse an der Feststellung des Nichtbestands der Forderung** hat (vgl. Art. 59 Abs. 2 lit. a ZPO).[209] Diese Voraussetzung ist erfüllt, sobald die (angebliche) **Forderung in Betreibung gesetzt** wurde.[210]

B. ZWEITE VORAUSSETZUNG

5.275 Die **Betreibung wurde nicht zurückgezogen.**[211]

C. DRITTE VORAUSSETZUNG

5.276 Der (angebliche) Gläubiger musste die **Betreibung nachweislich nicht einzig zum Zwecke der Unterbrechung der Verjährung** seiner (angeblichen) Forderung nach Art. 135 Ziff. 2 OR einleiten, da (i) der (angebliche) Schuldner die Unterzeichnung einer Verjährungsverzichtserklärung verweigert hat und (ii) der (angebliche) Gläubiger die Forderung aus triftigen Gründen nicht sofort im vollen Umfang gerichtlich geltend machen kann. Sollte eine solche Fallkonstellation vorliegen, ist eine negative Feststellungsklage unzulässig.[212]

209 BGE 141 III 68, E. 2.7.

210 Im Gegensatz zur durch BGE 120 II 20 eingeleiteten Praxis ist nun nicht mehr erforderlich, dass der Feststellungskläger «konkret nachweisen muss, dass er wegen der Betreibung in seiner wirtschaftlichen Bewegungsfreiheit empfindlich beeinträchtigt wird», was eine Lockerung der Praxis darstellt (BGE 141 III 68, E. 2.7); BSK SchKG EB-Staehelin, Art. 85a ad N 12.

211 Zieht der (angebliche) Gläubiger nämlich die Betreibung zurück, hat dies zur Folge, dass das Rechtschutzinteresse an der negativen Feststellungsklage in Bezug auf Art. 8a Abs. 3 lit. c SchKG entfällt (BGE 141 III 68, E. 2.7).

212 BGE 141 III 68, E. 2.7.

D. VIERTE VORAUSSETZUNG

Je nach den konkreten Gegebenheiten: **Einhaltung der Klagefrist**. 5.277

10. BESONDERHEITEN

«Wer auf Feststellung klagt, dass eine Forderung nicht besteht, zwingt damit den beklagten Gläubiger zu vorzeitiger Prozessführung.»[213] Diesbezüglich führt das Bundesgericht aus, dass für den (angeblichen) Gläubiger, welcher eine bestrittene Forderung ohne vorherigen Prozess in Betreibung setzt und er daher damit rechnen muss, dass der (angebliche) Schuldner Rechtsvorschlag erheben wird, zumutbar ist, diese Forderung im Zivilprozess zu verteidigen. Das Interesse des (angeblichen) Gläubigers, sich mit der prozessualen Auseinandersetzung in Bezug auf die Forderung bis nach Ablauf der Frist nach Art. 88 Abs. 2 SchKG Zeit zu lassen, hat dem Interesse des betriebenen (angeblichen) Schuldner, welcher durch die Betreibung in seiner Kreditwürdigkeit und Reputation beeinträchtigt wird, grundsätzlich zu weichen.[214] 5.278

Der Beklagte, d.h. der betreibende (angebliche) Gläubiger trägt die Beweislast dafür, dass die in Betreibung gesetzte und nun gerichtlich zu beurteilende Forderung besteht.[215] 5.279

11. RECHTSMITTEL

Wenn der erstinstanzliche Entscheid von der einzigen kantonalen Instanz gem. Art. 5 ZPO bzw. dem Handelsgericht gem. Art. 6 ZPO gefällt wurde, ist dieser Entscheid mittels **Beschwerde in Zivilsachen** beim Bundesgericht anfechtbar (vgl. Art. 75 Abs. 2 lit. a und b BGG, allenfalls i.V.m. Art. 74 Abs. 2 lit. b BGG). 5.280

Wenn der erstinstanzliche Entscheid nicht von einem Gericht gem. Art. 5 ZPO oder Art. 6 ZPO stammt, ist der Entscheid – sofern der Streitwert der zuletzt aufrechterhaltenen Rechtsbegehren mindestens CHF 10 000.– beträgt – grundsätzlich mit der **Berufung** gem. Art. 308 ff. ZPO anfechtbar. Beträgt der Streitwert jedoch weniger, ist der Entscheid mit **Beschwerde** gem. Art. 319 ff. ZPO anfechtbar. 5.281

Liegt ein letztinstanzlicher kantonaler Entscheid vor und (i) beträgt entweder der Streitwert (a) gem. Art. 74 Abs. 1 lit. b BGG mindestens CHF 30 000.– bzw. (b) gem. Art. 74 Abs. 1 lit. a BGG 5.282

---

213 BGE 141 III 68, E. 2.3. Dies stellt eine Durchbrechung des Grundsatzes dar, wonach der Gläubiger und nicht der Schuldner den Zeitpunkt der Geltendmachung seines Anspruchs bestimmt. Ein vorzeitig geführter Prozess kann den Gläubiger insofern benachteiligen, als dass er dadurch zur Beweisführung gezwungen wird, bevor er dazu bereit und in der Lage ist (= Interessen des Beklagten; BGE 141 III 68, E. 2.3).

214 BGE 141 III 68, E. 2.7.

215 BSK SchKG I-Bodmer/Bangert, Art. 86 N 23.

mindestens CHF 15 000.– oder (ii) stellt sich eine Rechtsfrage von grundsätzlicher Bedeutung gem. Art. 74 Abs. 2 lit. a BGG, kann dieser mit **Beschwerde in Zivilsachen** beim Bundesgericht angefochten werden. Ansonsten findet die **subsidiäre Verfassungsbeschwerde** gem. Art. 113 ff. BGG Anwendung.

Tabellarische Zusammenfassung

Zweck	Feststellung des Nichtbestehens einer in Betreibung gesetzten Forderung (und Aufhebung der Betreibung, so dass Dritten nach Art. 8a Abs. 3 lit. a SchKG keine Kenntnis davon gegeben wird)
Gesetzliche Grundlage	Art. 88 ZPO (BGE 141 II 68)
Verfahrensart	Abhängig vom Streitwert ordentliches Verfahren (Art. 219 ff. ZPO) oder vereinfachtes Verfahren (Art. 243 ff. ZPO)
Zuständigkeit	Die örtliche Zuständigkeit bestimmt sich gemäss ZPO (vgl. Art. 9 ff. ZPO); sieht die ZPO nichts anderes vor, ist bspw. für Klagen gegen eine natürliche Person das Gericht an deren Wohnsitz zuständig während für Klagen gegen eine juristische Person oder gegen Kollektiv- und Kommanditgesellschaften das Gericht an deren Sitz zuständig ist (vgl. Art. 10 Abs. 1 lit. a und b ZPO) Die sachliche und funktionelle Zuständigkeit richtet sich nach kantonalem Recht (Art. 4 ZPO)
Aktivlegitimation	(Betriebener) angeblicher Schuldner
Passivlegitimation	(Betreibender) angeblicher Gläubiger
Streitwert	Entsprechend der Höhe der in Betreibung gesetzten Forderung
Fristen	– Im Falle eines vorgängigen Schlichtungsverfahrens: Klageeinreichung innert dreier Monate seit Erhalt der Klagebewilligung – Bei Streitigkeiten aus Miete und Pacht von Wohn- und Geschäftsräumen und der landwirtschaftlichen Pacht: Klageeinreichung innert 30 Tagen seit Erhalt der Klagebewilligung – Weitere besondere gesetzliche und gerichtliche Klagefristen werden vorbehalten
Kombination	Nicht einschlägig
Mögliche Rechtsbegehren	1. Es sei festzustellen, dass die mit Betreibung Nr. […] des Betreibungsamtes […] vom Beklagten gegenüber dem Kläger in Betreibung gesetzte Forderung in der Höhe von CHF [Betrag] (zzgl. Zins zu [Zinssatz] % seit [Zinssatz]) nicht [mehr] besteht. 2. Es sei die Betreibung Nr. […] des Betreibungsamtes […] aufzuheben und im Betreibungsregister zu löschen. 3. Alles unter Kosten- und Entschädigungsfolgen zulasten des Beklagten.

Voraussetzungen	– Schutzwürdiges Feststellungsinteresse (konkret, dass eine gegenüber dem Kläger in Betreibung gesetzte Forderung nicht [mehr] besteht) – Laufende, nicht zurückgezogene Betreibung – Der (angebliche) Gläubiger / Beklagte musste die Betreibung nachweislich nicht nur zur Unterbrechung der Verjährung seiner (angeblichen) Forderung nach Art. 135 Ziff. 2 OR einleiten (da der [angebliche] Schuldner die Unterzeichnung einer Verjährungsverzichtserklärung verweigerte und der [angebliche] Gläubiger die Forderung aus triftigen Gründen nicht sofort im vollen Umfang gerichtlich geltend machen kann) – Allfällige Klagefristen eingehalten
Besonderheiten	– Mit einer Klage auf Feststellung, dass eine Forderung nicht bestehe, wird der Beklagte (angebliche Gläubiger) zur vorzeitiger Prozessführung gezwungen – Der Beklagte (angebliche Gläubiger) trägt die Beweislast dafür, dass die betriebene und nun gerichtlich zu beurteilende Forderung besteht
Rechtsmittel	Abhängig von der angerufenen Instanz: *Falls der erstinstanzliche Entscheid von der einzigen kantonalen Instanz (Art. 5 ZPO) oder dem Handelsgericht (Art. 6 ZPO) stammt:* Beschwerde in Zivilsachen (Art. 72 ff. BGG) beim Bundesgericht innert 30 Tagen (gegen das unrechtmässige Verweigern oder Verzögern eines Entscheids kann gem. Art. 100 Abs. 7 BGG jederzeit Beschwerde geführt werden) *Andernfalls* ist der erstinstanzliche Entscheid kantonal, je nach Streitwert, mit Berufung (Art. 308 ff. ZPO) innert 30 Tagen oder Beschwerde (Art. 319 ff. ZPO) innert 30 Tagen anzufechten Letztinstanzliche kantonale Entscheide können schliesslich beim Bundesgericht mit Beschwerde in Zivilsachen (Art. 72 ff. BGG) innert 30 Tagen oder subsidiärer Verfassungsbeschwerde (Art. 113 ff. BGG) angefochten werden

XIV. RÜCKFORDERUNGSKLAGE (ART. 86 BZW. ART. 187 I.V.M. ART. 86 SCHKG)

1. ZWECK UND WIRKUNG

Dieser Rechtsbehelf bezweckt, dass der sogenannte «Schuldner» des Zwangsvollstreckungsverfahrens (der Betriebene), welcher infolge Unterlassens der Erhebung des Rechtsvorschlages oder infolge Beseitigung des Rechtsvorschlages durch Rechtsöffnung im Rahmen eines durchgeführten Zwangsvollstreckungsverfahrens eine Nichtschuld bezahlt hat, den zu Unrecht bezahlten Betrag auf gerichtlichem Weg zurückfordern kann. Die Rückforderungsklage stellt somit eine **materiell-rechtliche Leistungsklage** dar, bei welcher es um die Korrektur eines materiell-rechtlich unbegründeten, falschen Resultats geht, welches aus verfahrensrechtlicher Sicht jedoch gesetzeskonform zustande kam.[216] 5.283

216 BSK SchKG I-Bodmer/Bangert, Art. 86 N 1 f. und 28.

5.284 Wird die Rückforderungsklage gutgeheissen, hat der unterliegende Beklagte den gesamten, zu Unrecht empfangenen Betrag zurückzuerstatten, d.h. Kapital, Zinsen und Betreibungskosten.[217] Eine Gutheissung der Rückforderungsklage bewirkt ferner, dass das Betreibungsamt Dritten von der betreffenden Betreibung keine Kenntnis mehr gibt (Art. 8a Abs. 3 lit. b SchKG).

2. VERFAHRENSART

5.285 Je nach Sachverhalt ist die Rückforderungsklage zu behandeln:

- im **ordentlichen Verfahren** (Art. 219 ff. ZPO) bei einem Streitwert von mehr als CHF 30 000.– *oder*
- im **vereinfachten Verfahren** (Art. 243 ff. ZPO) bei einem Streitwert bis zu CHF 30 000.–.[218]

3. ZUSTÄNDIGKEIT

5.286 **Örtlich** zuständig ist nach Wahl des Klägers entweder das Gericht am Betreibungsort oder das Gericht an dem Ort, wo der Beklagte seinen ordentlichen Gerichtsstand hat.

5.287 Prorogation ist zulässig.[219]

5.288 Die **sachliche** und **funktionelle** Zuständigkeit bestimmt sich gemäss dem jeweilig anwendbaren kantonalen Recht (vgl. Art. 4 ZPO). Ferner können auch Schiedsgerichte sachlich zuständig sein, sofern eine gültige Schiedsgerichtsvereinbarung besteht.[220]

4. LEGITIMATION

A. AKTIVLEGITIMATION

5.289 Aktivlegitimiert ist gem. Art. 86 Abs. 1 SchKG derjenige, welcher infolge (i) der Unterlassung des Rechtsvorschlages oder (ii) der Beseitigung des Rechtsvorschlages durch Rechtsöffnung eine Nichtschuld bezahlt hat. Dies können sein:

- der **Betriebene** oder seine Rechtsnachfolger;
- der **Drittpfandbesteller**, d.h. der vormalige Eigentümer des Drittpfandes, welches für eine nicht bestehende Forderung verwertet wurde; oder
- der **Ehegatte** im Fall von Art. 68a Abs. 1 SchKG.[221]

217 BSK SchKG I-Bodmer/Bangert, Art. 86 N 28.
218 BSK SchKG I-Bodmer/Bangert, Art. 86 N 19.
219 BSK SchKG I-Bodmer/Bangert, Art. 86 N 20.
220 Vock/Müller, 165; BSK SchKG I-Bodmer/Bangert, Art. 86 N 20.
221 KUKO SchKG-Brönnimann, Art. 86 N 19; BSK SchKG I-Bodmer/Bangert, Art. 86 N 21.

Hat jedoch ein Dritter, ohne selbst betrieben worden zu sein, für den Betriebenen die Zahlung vorgenommen, ist dieser *nicht* aktivlegitimiert.[222] 5.290

B. PASSIVLEGITIMATION

Passivlegitimiert ist der **Betreibende**, d.h. die im Zwangsvollstreckungsverfahren als Gläubiger bezeichnete Person, oder dessen Rechtsnachfolger.[223] 5.291

Nicht passivlegitimiert ist der Gläubiger, welcher gestützt auf Art. 131 Abs. 2 SchKG als Inkassomandatar die Forderung des Betriebenen in eigenem Namen und auf eigene Rechnung und Gefahr geltend macht.[224] 5.292

5. STREITWERT

Der Streitwert bemisst sich nach der Höhe der zur Rückzahlung eingeklagten Forderung, welche neben dem bezahlten Kapital, der Zinsen und Betreibungskosten auch die Inkassogebühren umfasst (vgl. Art. 91 Abs. 1 ZPO).[225] 5.293

6. FRISTEN

Innerhalb eines Jahres nach Zahlung der Nichtschuld (Art. 86 Abs. 1 SchKG). Wurde der (angebliche) Gläubiger aus einer Zwangsverwertung befriedigt, beginnt die Frist nicht in dem Zeitpunkt, in dem der Erlös einkassiert wird, sondern erst im Zeitpunkt der Ablieferung des Erlöses an den Betreibenden. Im Falle einer Bezahlung in Raten (vgl. Art. 123 SchKG) ist die Zahlung der letzten Rate massgebend für die Berechnung der Frist.[226] 5.294

222 BSK SchKG I-Bodmer/Bangert, Art. 86 N 20.

223 BSK SchKG I-Bodmer/Bangert, Art. 86 N 22; BSK SchKG EB-Staehelin, Art. 88 ad N 23.

224 Diesfalls hat sich die Rückforderungsklage des betriebenen zahlenden Drittschuldners nur gegen den betriebenen Hauptschuldner zu richten, nicht gegen den als Inkassomandatar agierenden betreibenden Gläubiger (vgl. BGE 60 III 124, E. B).

225 BSK SchKG EB-Staehelin, Art. 88 ad N 19; BSK SchKG I-Bodmer/Bangert, Art. 86 N 28.

226 BSK SchKG I-Bodmer/Bangert, Art. 86 N 24.

7. KOMBINATIONSMÖGLICHKEITEN

5.295 Zur Sicherstellung des Rückforderungsbetrags und sofern die entsprechenden Voraussetzungen vorliegen (s.a. Rz. 5.308 ff. unten unter «Besonderheiten») ist eine Kombination mit einem **Gesuch um Arrestbelegung**[227] möglich.

5.296 **Alternativ** kann die Klage aus ungerechtfertigter Bereicherung gem. Art. 62 ff. OR zur Verfügung stehen.[228]

8. MÖGLICHE RECHTSBEGEHREN

5.297
1. Der Beklagte sei zu verpflichten, dem Kläger den Betrag von CHF [Betrag] (zzgl. Zins zu [Zinssatz] % seit [Datum der Zahlung]) zurückzubezahlen.
2. Unter Kosten- und Entschädigungsfolgen zulasten des Beklagten.

9. VORAUSSETZUNGEN

A. ERSTE VORAUSSETZUNG

5.298 **Der Betriebene bezahlte basierend auf einem privatrechtlichen Verhältnis eine Nichtschuld**, indem beispielsweise:

- der Betriebene für eine nicht (mehr[229]) bestehende Forderung (i) direkt an den betreibenden Gläubiger oder (ii) über das Betreibungsamt gem. Art. 12 SchKG bzw. (iii) im Falle einer Rückforderungsklage gem. Art. 187 SchKG an den Konkursrichter eine Zahlung leistete[230], z.B.
  - da der Betriebene im Nachhinein (zu Recht) die Ansicht vertritt, er habe mehr bezahlt, als von ihm geschuldet gewesen sei;[231] oder
  - da der Betriebene mittels neuer Tatsachen nachweisen kann, dass die in einem früher ergangenen Urteil gerichtlich festgestellte Schuld ganz oder teilweise erloschen ist;
- der Betriebene eine Sicherheitsleistung vornimmt, zu der er nicht verpflichtet war;[232]

---

227 BSK SchKG I-Bodmer/Bangert, Art. 86 N 26.

228 BSK SchKG I-Bodmer/Bangert, Art. 86 N 29; KUKO SchKG-Brönnimann, Art. 86 N 11.

229 Ob mit der Rückforderungsklage auch die Rückforderung einer unter Betreibungszwang bezahlten *verjährten* Forderung geltend gemacht werden kann, ist kontrovers (BSK SchKG I-Bodmer/Bangert, Art. 86 N 8).

230 BSK SchKG I-Bodmer/Bangert, Art. 86 N 7 und 10.

231 Vock/Müller, 161.

232 BSK SchKG I-Bodmer/Bangert, Art. 86 N 7.

- das bestellte Pfand verwertet[233] bzw. das von einem Dritten bestellte Pfand verwertet wurde nachdem das Pfandrecht untergegangen war[234] und der betreibende Gläubiger aus dem Erlös befriedigt wurde oder indem die Konkursmasse verwertet wurde[235].

Irrelevant ist, ob der Betriebene davon Kenntnis hatte, dass er eine Nichtschuld zahlte.[236] 5.299

Für öffentlich-rechtliche Rückforderungsansprüche und Rückforderungsansprüche infolge Bezahlung im Falle *nichtiger oder erloschener Betreibungen* steht die Rückforderungsklage nach Art. 86 SchKG nicht zur Verfügung.[237] 5.300

B. ZWEITE VORAUSSETZUNG

Die Zahlung der Nichtschuld erfolgte **unter Betreibungszwang**, d.h. aufgrund eines vorausgegangenen und abgeschlossenen Zwangsvollstreckungsverfahrens. Entscheidend ist somit, dass der Betriebene *wegen dem eingeleiteten Zwangsvollstreckungsverfahren* bzw. wegen der angehobenen Betreibung die Nichtschuld zahlte, um der Betreibung zu entgehen.[238] 5.301

Die Voraussetzung der Bezahlung unter Betreibungszwang ist **erfüllt**, wenn: 5.302
- der Betriebene keinen Rechtsvorschlag erhob (Art. 86 Abs. 1 SchKG) oder ihm die Wiederherstellung der Frist gestützt auf Art. 33 Abs. 4 SchKG verweigert wurde oder er gar nicht um Wiederherstellung der Frist ersuchte;
- die definitive Rechtsöffnung bewilligt wurde (Art. 86 Abs. 1 SchKG);
- die provisorische Rechtsöffnung bewilligt wurde (Art. 86 Abs. 1 SchKG) und der Betriebene keine Aberkennungsklage erhob bzw. auf eine solche nicht eingetreten wurde;
- die vorläufige Einstellung der Betreibung gestützt auf Art. 85a SchKG nicht bewilligt wurde;
- der Richter in der Wechselbetreibung den Rechtsvorschlag nicht bewilligte (Art. 187 SchKG);
- der Betriebene seinen Rechtsvorschlag zurückzog (z.B. aufgrund Aussichtslosigkeit eines Durchdringens mit seinen Vorbringen im Rechtsöffnungsverfahren und daher zur Vermeidung unnötiger Kosten).[239]

Die Rückforderungsklage gem. Art. 86 SchKG ist jedoch mangels Vorliegens der Voraussetzung «Zahlung einer Nichtschuld unter Betreibungszwang» **ausgeschlossen**, wenn: 5.303
- der Betriebene ausserhalb eines Betreibungsverfahrens zahlt, d.h. vor Anhebung einer Betreibung oder nach Erlöschen einer solchen;

233 VOCK/MÜLLER, 161; BSK SchKG I-BODMER/BANGERT, Art. 86 N 12.

234 BSK SchKG I-BODMER/BANGERT, Art. 86 N 7.

235 BSK SchKG I-BODMER/BANGERT, Art. 86 N 12.

236 Im Gegensatz zur Rückforderungsklage gem. Art. 63 OR ist der Irrtum über den Bestand der Schuld nicht eine Voraussetzung für eine Rückforderungsklage gem. Art. 86 SchKG (BSK SchKG I-BODMER/BANGERT, Art. 86 N 9).

237 KUKO SchKG-BRÖNNIMANN, Art. 86 N 5 f.; BSK SchKG I-BODMER/BANGERT, Art. 86 N 13.

238 BSK SchKG I-BODMER/BANGERT, Art. 86 N 14 f.

239 BSK SchKG I-BODMER/BANGERT, Art. 86 N 16.

- der Betriebene zahlt obschon er noch Rechtsvorschlag erheben könnte;
- der Betriebene zahlt obschon die (provisorische oder definitive) Rechtsöffnung verweigert wurde;
- der Betriebene zahlt obschon die Frist zur Anhebung einer Aberkennungsklage (nach Erteilung der provisorischen Rechtsöffnung) noch läuft;
- der Betriebene zahlt obschon die Betreibung nach Art. 85 SchKG oder Art. 85a SchKG (vorläufig) eingestellt oder aufgehoben wurde;
- die Betreibung nichtig (Art. 22 SchKG) ist;
- die Betreibung erloschen ist (Art. 88 Abs. 2, Art. 116 Abs. 2 i.V.m. Art. 121, Art. 154, Art. 166, Art. 188 SchKG), ausser wenn die Betreibung im Ausland zu Vollstreckungsmassnahmen geführt hat infolge deren die Zahlung geleistet wurde.[240]

C. DRITTE VORAUSSETZUNG

5.304 Die Rückforderungsklage ist **innerhalb eines Jahres nach der Zahlung der Nichtschuld**, d.h. der Übergabe des nicht geschuldeten Geldes an den Betreibenden, an seinen Vertreter oder an das Betreibungsamt bzw. allenfalls den Konkursrichter, einzureichen. Wurde der Gläubiger aus der Zwangsverwertung befriedigt, beginnt die Frist erst im Zeitpunkt der Ablieferung an den Betreibenden zu laufen.[241]

5.305 Bei einer Bezahlung in Raten nach Art. 123 SchKG gilt die Schuld erst mit der Entrichtung der letzten Ratenzahlung als getilgt.[242] Die Frist beginnt folglich erst an diesem Tag zu laufen (für den ganzen bezahlten Betrag).

5.306 Das Bundesgericht und die überwiegende Lehre qualifizieren die Frist als Verwirkungsfrist (und nicht als Verjährungsfrist).[243] Diese Qualifikation, welche dazu führt, dass das Gericht die Einhaltung der Frist als Prozessvoraussetzung von Amtes wegen zu prüfen bzw. das Verpassen der Frist von Amtes wegen zu berücksichtigen hat, ist in der Lehre jedoch kontrovers.[244]

D. VIERTE VORAUSSETZUNG

5.307 Es besteht **nicht bereits ein rechtskräftiger Entscheid über den materiell-rechtlichen Bestand der «Nichtschuld» bzw. der Forderung** (sog. Sachurteil, z.B. aufgrund einer Anerkennungsklage, Aberkennungsklage oder einer negativen Feststellungsklage gem. Art. 85a SchKG). Sollte ein solch rechtskräftiger Entscheid vorliegen, steht der Rückforderungsklage gem. Art. 86 SchKG die

240 BSK SchKG I-Bodmer/Bangert, Art. 86 N 14 und 17.
241 BSK SchKG I-Bodmer/Bangert, Art. 86 N 24.
242 BSK SchKG I-Bodmer/Bangert, Art. 86 N 24.
243 BSK SchKG I-Bodmer/Bangert, Art. 86 N 13.
244 KUKO SchKG-Brönnimann, Art. 86 N 15; BSK SchKG I-Bodmer/Bangert, Art. 86 N 25.

Einrede der *res iudicata* entgegen, ausser die mit der Rückforderungsklage geltend gemachten neuen (echten) Tatsachen ergaben sich nach jenem Entscheid.[245]

10. BESONDERHEITEN

Zur Sicherstellung des Rückforderungsbetrages, d.h. des unter Druck der Betreibung bezahlten Betrages, empfiehlt es sich für den Betriebenen, den an das Betreibungsamt bezahlten Betrag umgehend mit Arrest belegen zu lassen (sofern die entsprechenden gesetzlichen Voraussetzungen erfüllt sind) und anschliessend, unter Wahrung der Arrestprosequierungsfristen (vgl. Art. 279 SchKG), die Rückforderungsklage anzuheben.[246] 5.308

Der **Rückforderungskläger muss (neben dem Nachweis, dass die Zahlung unter Betreibungszwang stattfand) einzig den Nachweis der Nichtschuld erbringen** (vgl. Art. 86 Abs. 3 SchKG), d.h. der Betriebene bzw. der Rückforderungskläger trägt die Beweislast dafür, nachzuweisen, dass er eine Nichtschuld bezahlt hat, wobei der Betriebene die Tatsache der Nichtschuld *mit hoher Wahrscheinlichkeit* beweisen muss; die Grundsätze für den Beweis negativer Tatsachen finden Anwendung.[247] 5.309

Im Gegensatz zu der ähnlichen *Klage wegen ungerechtfertigter Bereicherung aufgrund einer Zahlung einer Nichtschuld gem. Art. 63 OR*, welche zur Rückforderungsklage gem. Art. 86 SchKG unter den gegebenen Umständen alternativ zur Verfügung steht, muss der Kläger bei der Rückforderungsklage gem. Art. 86 SchKG keinen Nachweis über das Vorliegen eines Irrtums (über seine Schuldpflicht) erbringen.[248] Zudem restitutiert die Rückforderungsklage gem. Art. 86 SchKG den Kläger in integrum (im Gegensatz zur allgemeinen Klage aus ungerechtfertigter Bereicherung).[249] 5.310

Die Beweislast ist bei der Rückforderungsklage gem. Art. 86 SchKG anders verteilt als im Fall einer negativen Feststellungsklage. Bei Letzterer trägt nämlich der Beklagte (betreibender Gläubiger) die Beweislast dafür, dass die in Betreibung gesetzte und nun gerichtlich zu beurteilende Forderung besteht. Der im Rahmen einer Rückforderungsklage Beklagte muss aber nichtsdestotrotz gestützt auf Treu und Glauben bei der Sachverhaltsabklärung mitwirken (z.B. durch Antreten des Gegenbeweises).[250] 5.311

245 BSK SchKG I-Bodmer/Bangert, Art. 86 N 30.

246 KUKO SchKG-Brönnimann, Art. 86 N 24; BSK SchKG I-Bodmer/Bangert, Art. 86 N 26.

247 BSK SchKG EB-Staehelin, Art. 88 ad N 23. NB: Den betreibenden Gläubiger/Rückforderungsbeklagten trifft demgegenüber keine Beweislast: er muss nicht beweisen, dass eine Schuld besteht.

248 BSK SchKG I-Bodmer/Bangert, Art. 86 N 2 und 29.

249 BSK SchKG I-Bodmer/Bangert, Art. 86 N 28.

250 Der Rückforderungskläger trägt somit die Beweislast dafür, dass er (i) Zahlung geleistet hat für (ii) eine Nichtschuld unter Betreibungszwang (BSK SchKG I-Bodmer/Bangert, Art. 86 N 23).

5.312 Der Betriebene kann schon vor der Zahlung die negative Feststellungsklage gem. Art. 85a SchKG erheben und die vorläufige Einstellung der Betreibung verlangen. Sollte die vorläufige Einstellung der Betreibung nicht gewährt werden, kann der Betriebene die negative Feststellungsklage nach erfolgter Zahlung in eine Rückforderungsklage gem. Art. 86 SchKG ändern.[251]

11. RECHTSMITTEL

5.313 Sofern der Streitwert der zuletzt aufrechterhaltenen Rechtsbegehren mindestens CHF 10 000.– beträgt, ist der Entscheid grundsätzlich mit der **Berufung** gem. Art. 308 ff. ZPO anfechtbar. Beträgt der aber Streitwert weniger, ist der Entscheid mit **Beschwerde** gem. Art. 319 ff. ZPO anfechtbar.[252]

5.314 Von der Berufung gem. Art. 308 ff. ZPO wie auch der Beschwerde gem. Art. 319 ff. ZPO ausgenommen sind jedoch Entscheide der «einzigen kantonalen Instanz». Letztere sind mit **Beschwerde in Zivilsachen** beim Bundesgericht anfechtbar (vgl. Art. 75 Abs. 2 lit. a und b BGG).

5.315 Letztinstanzliche kantonale Entscheide können entweder mit **Beschwerde in Zivilsachen** gem. Art. 72 Abs. 2 lit. a BGG (sofern (i) der Streitwert (a) gem. Art. 74 Abs. 1 lit. b BGG CHF 30 000.– und mehr beträgt bzw. (b) in arbeits- oder mietrechtlichen Angelegenheiten gem. Art. 74 Abs. 1 lit. a BGG CHF 15 000.– oder mehr beträgt oder (ii) sich eine Rechtsfrage von grundsätzlicher Bedeutung gem. Art. 74 Abs. 2 lit. a BGG stellt) ans Bundesgericht weitergezogen werden. Andernfalls steht die **subsidiäre Verfassungsbeschwerde** gem. Art. 113 ff. BGG für einen Weiterzug ans Bundesgericht zur Verfügung.[253]

Tabellarische Zusammenfassung

Zweck	Rückforderung eines im Rahmen eines Zwangsvollstreckungsverfahrens (aufgrund Unterlassung der Erhebung des Rechtsvorschlages oder aufgrund Beseitigung des Rechtsvorschlags durch Rechtsöffnung) zu Unrecht bezahlten Betrags
Gesetzliche Grundlage	Art. 86 SchKG; Art. 187 i.V.m. Art. 86 SchKG
Verfahrensart	Abhängig vom Streitwert ordentliches Verfahren (Art. 219 ff. ZPO) oder vereinfachtes Verfahren (Art. 243 ff. ZPO)
Zuständigkeit	Das Gericht am Betreibungsort oder am Ort des ordentlichen Gerichtsstands des Beklagten (Art. 86 Abs. 2 SchKG i.V.m. Art. 46 ZPO und Art. 10 ff. ZPO); Prorogation und schiedsgerichtliche Beurteilung sind aber zulässig Die sachliche und funktionelle Zuständigkeit richtet sich nach kantonalem Recht (Art. 4 ZPO)

251 BSK SchKG I-Bodmer/Bangert, Art. 86 N 24.
252 Vock/Müller, 167.
253 BSK SchKG I-Bodmer/Bangert, Art. 86 N 27.

Aktivlegitimation	Betriebener (oder ggf. auch der Drittpfandbesteller oder der Ehegatte), welcher infolge (i) Unterlassung des Rechtsvorschlags oder (ii) Beseitigung des Rechtsvorschlags durch Rechtsöffnung im Rahmen eines Zwangsvollstreckungsverfahrens eine Nichtschuld bezahlt hat
Passivlegitimation	Betreibender
Streitwert	Entsprechend der zur Rückzahlung eingeklagten Forderung (umfassend bezahltes Kapital, Zinsen, Betreibungskosten und Inkassogebühren)
Fristen	Wahrung der Einjahresfrist nach Zahlung der Nichtschuld (wurde der angebliche Gläubiger aus einer Zwangsverwertung befriedigt, beginnt die Frist erst im Zeitpunkt der Ablieferung des Erlöses an diesen; im Falle einer Bezahlung in Raten ist die Bezahlung der letzten Rate massgebend für die Fristberechnung)
Kombination	Gesuch um Arrestbelegung
Mögliche Rechtsbegehren	1. Der Beklagte sei zu verpflichten, dem Kläger den Betrag von CHF [Betrag] (zzgl. Zins zu [Zinssatz] % seit [Datum der Zahlung]) zurückzubezahlen. 2. Unter Kosten- und Entschädigungsfolgen zulasten des Beklagten.
Voraussetzungen	– Bezahlung einer Nichtschuld durch den Betriebenen erfolgte aufgrund eines privatrechtlichen Verhältnisses – Bezahlung erfolgte unter Betreibungszwang – Wahrung der Einjahresfrist seit Bezahlung – Es liegt nicht bereits ein rechtskräftiger Entscheid über den materiell-rechtlichen Nichtbestand vor
Besonderheiten	– Zur Sicherstellung des Rückforderungsbetrages empfiehlt es sich für den Betriebenen, den bezahlten Betrag sofern möglich umgehend mit Arrest belegen zu lassen – Der Rückforderungskläger muss den Nachweis der Bezahlung einer Nichtschuld mit hoher Wahrscheinlichkeit beweisen (Grundsätze für den Beweis negativer Tatsachen sind anwendbar). Der Rückforderungsbeklagte muss aber gestützt auf Treu und Glauben bei der Sachverhaltsabklärung mitwirken – Im Gegensatz zum Kläger gem. Art. 63 OR muss der Rückforderungskläger gem. Art. 86 SchKG keinen Nachweis über das Vorliegen eines Irrtums erbringen – Der Betriebene resp. Kläger im Rahmen einer negativen Feststellungsklage gem. Art. 85a SchKG kann diese u.U. in eine Rückforderungsklage gem. Art. 86 SchKG ändern
Rechtsmittel	Kantonal: Abhängig vom Streitwert Berufung (Art. 308 ff. ZPO) innert 30 Tagen oder Beschwerde (Art. 319 ff. ZPO) innert 30 Tagen (gegen Rechtsverzögerung kann gem. Art. 321 Abs. 4 ZPO jederzeit Beschwerde eingereicht werden). Falls ein Entscheid der «einzigen kantonalen Instanz» vorliegt, ist dieser mit Beschwerde in Zivilsachen anfechtbar (Art. 75 Abs. 2 lit. a und b BGG) Bund: Letztinstanzliche kantonale Entscheide können mit Beschwerde in Zivilsachen (Art. 72 Abs. 2 lit. a BGG) innert 30 Tagen (Art. 100 Abs. 1 BGG) oder subsidiärer Verfassungsbeschwerde (Art. 113 ff. BGG) angefochten werden

C. DAS VERFAHREN IM EINZELNEN

§6 EINLEITUNGS-VERFAHREN

I. BETREIBUNGSBEGEHREN (ART. 67 SCHKG)

1. ZWECK UND WIRKUNG

Mit dem Betreibungsbegehren verlangt der Gläubiger vom Betreibungsamt, das Betreibungsverfahren gegen einen bestimmten Schuldner einzuleiten.[1] Der Gläubiger kann dabei verschiedene Forderungen gegen den gleichen Schuldner in einer Betreibung zusammenfassen, soweit für sie die gleiche Betreibungsart gilt und das gleiche Betreibungsamt zuständig ist.[2] In einem Betreibungsbegehren können aber höchstens zehn Forderungen geltend gemacht werden; sie müssen nicht in einem sachlichen Zusammenhang stehen.[3] 6.1

Das Betreibungsbegehren entfaltet eine zweifache Wirkung. Zum einen erlässt das Betreibungsamt einen Zahlungsbefehl und stellt ihn dem Schuldner zu; damit beginnt die Betreibung (betreibungsrechtliche Wirkung). Zum anderen unterbricht die Einreichung bzw. das mündliche Stellen des Betreibungsbegehrens nach Art. 135 Ziff. 2 und Art. 1070 OR die Verjährung (zivilrechtliche Wirkung).[4] 6.2

2. VERFAHRENSART

Es handelt sich um ein betreibungsrechtliches, nicht um ein gerichtliches Verfahren. 6.3

---

1 Spühler, SchKG I, Rz. 261.

2 BGE 141 III 173, E. 2.2.1; BSK SchKG EB-Staehelin, Art. 67 ad N 23b.

3 Art. 2 Abs. 1 der Verordnung des EJPD über die vom Gläubiger zu stellenden Begehren im Schuldbetreibungs- und Konkursverfahren (SR 281.311); diese Verordnung ist eine Reaktion auf BGE 141 III 173 (im Detail: BSK SchKG EB-Staehelin, Art. 67 ad N 38).

4 Amonn/Walther, § 16 Rz. 3.

3. ZUSTÄNDIGKEIT

A. GRUNDSATZ

6.4 Das Betreibungsbegehren ist an das Betreibungsamt am Betreibungsort zu richten. Das SchKG sieht einen ordentlichen Betreibungsort und mehrere besondere Betreibungsorte vor. Die Vorschriften über die Betreibungsorte sind zum grössten Teil zwingend. Abweichende Parteivereinbarungen oder eine Einlassung sind nicht zulässig. Möglich ist allerdings die Wahl eines Spezialdomizils nach Art. 50 Abs. 2 SchKG.[5]

B. ORDENTLICHER BETREIBUNGSORT

6.5 Der ordentliche Betreibungsort befindet sich bei

(1) *handlungsfähigen natürlichen Personen*

an ihrem Wohnsitz (Art. 46 Abs. 1 SchKG). Massgebend ist der zivilrechtliche Wohnsitz in der Schweiz (Art. 23 ZGB)[6], d.h. der Ort, wo sie sich mit der Absicht dauernden Verbleibens aufhalten (Mittelpunkt ihrer Lebensbeziehungen). Keinen Wohnsitz begründet für sich allein der Aufenthalt an einem Ort zu Ausbildungszwecken oder die Unterbringung einer Person in einer Erziehungs- oder Pflegeeinrichtung, einem Spital oder einer Strafanstalt (Art. 23 Abs. 1 ZGB). Kommen weitere Umstände hinzu, kann allerdings auch in diesen Fällen ein Wohnsitzwechsel eintreten. So kann z.B. eine urteilsfähige Person bei Aufgabe ihrer bisherigen Wohnung und freiwilligem Eintritt in ein Alters- oder Pflegeheim einen neuen Wohnsitz begründen.

6.6 Ein Schuldner mit Wohnsitz im Ausland kann in der Schweiz nur betrieben werden, wenn ein besonderer Betreibungsort[7] zur Verfügung steht.[8]

6.7 Der Schuldner, der seinen Wohnsitz aufgegeben hat, kann dennoch an diesem alten Wohnsitz betrieben werden, wenn sein aktueller Wohnsitz und sein aktueller Aufenthaltsort unbekannt sind. Es ist dabei Sache des Gläubigers, dem Betreibungsamt die nötigen Angaben zum Wohnsitz des Schuldners oder sonstigen zuständigkeitsbegründenden Tatsachen zu liefern (Art. 67 Abs. 1 Ziff. 1 SchKG). Dazu hat er die erforderlichen Nachforschungen vorzunehmen und darzulegen, weshalb der frühere Wohnsitz des Schuldners trotz seines Wegzugs weiterhin Betreibungsort sein soll. Er hat somit nachzuweisen, dass alle zumutbaren Bemühungen zum Auffinden des aktuellen Wohnsitzes oder Aufenthaltsorts ergebnislos verlaufen sind.[9]

---

5 Rz. 6.20.

6 Bei internationalen Sachverhalten ist für die Bestimmung des Wohnsitzes Art. 20f. IPRG massgebend (Kren Kostkiewicz, § 3 Rz. 268).

7 Rz. 6.16 ff.

8 Gilliéron, Rz. 380.

9 BGer 5A_580/2016 vom 30.11.2016, E. 3.

(2) *minderjährigen (natürlichen) Personen* 6.8
am gemeinsamen Wohnsitz der Eltern oder am Wohnsitz des Elternteils, unter dessen Obhut das Kind steht, in den übrigen Fällen am Aufenthaltsort (Art. 25 Abs. 1 ZGB).

(3) *bevormundeten Kindern* 6.9
am Sitz der Kindesschutzbehörde (Art. 25 Abs. 2 ZGB).

(4) *Volljährigen unter umfassender Beistandschaft* (Art. 398 ZGB)[10] 6.10
am Sitz der Erwachsenenschutzbehörde (Art. 26 ZGB).

(5) *im Handelsregister eingetragenen juristischen Personen und Gesellschaften* 6.11
an ihrem statutarischen Hauptsitz (Art. 46 Abs. 2 SchKG).

(6) *nicht im Handelsregister eingetragenen juristischen Personen* 6.12
am Hauptsitz ihrer Verwaltung (Art. 46 Abs. 2 SchKG).

(7) *Gemeinderschaften* 6.13
am Wohnsitz des zur Vertretung bestimmten Gemeinders, subsidiär (und nicht zwingend) am Ort der gemeinsamen wirtschaftlichen Tätigkeit (Art. 46 Abs. 3 SchKG).

(8) *Stockwerkeigentümergemeinschaften* 6.14
am Ort der gelegenen Sache (Art. 46 Abs. 4 SchKG).

(9) *Trusts* 6.15
am Sitz nach Art. 21 Abs. 3 IPRG, subsidiär am Ort, an dem der Trust tatsächlich verwaltet wird (Art. 284a Abs. 2 SchKG).

C. BESONDERE BETREIBUNGSORTE

A) AUFENTHALTSORT

Schuldner ohne festen Wohnsitz (in der Schweiz oder im Ausland) können an ihrem schweizerischen Aufenthaltsort betrieben werden (Art. 48 SchKG). Art. 24 ZGB ist nicht anwendbar.[11] 6.16

B) BETREIBUNGSORT DES ERBLASSERS

Die unverteilte Erbschaft ist am Betreibungsort des Erblassers zu betreiben (Art. 49 SchKG). Für Erbschaftsschulden kann auch jeder Erbe an seinem Wohnsitz betrieben werden. 6.17

Eine vor dem Tod des Erblassers angehobene Betreibung kann nach dessen Tod gegen die Erbschaft nach Art. 49 SchKG fortgesetzt werden (Art. 59 Abs. 2 SchKG). Gegen die Erben kann sie nur dann fortgesetzt werden, wenn es sich um eine Betreibung auf Pfandverwertung handelt oder wenn in einer Betreibung auf Pfändung die in den Art. 110 und 111 SchKG angegebenen Fristen für die Teilnahme an der Pfändung bereits abgelaufen sind (Art. 59 Abs. 3 SchKG). 6.18

---

10 Bei anderen Formen der Beistandschaft richtet sich der Wohnsitz nach Art. 23 SchKG (Rz. 6.5).

11 AMONN/WALTHER, § 10 Rz. 11.

C) GESCHÄFTSNIEDERLASSUNG

6.19 Grundsätzlich bildet die Geschäftsniederlassung keinen Betreibungsort. Es gibt eine Ausnahme: Ein im Ausland wohnender Schuldner kann am Ort seiner (noch bestehenden) schweizerischen Geschäftsniederlassung für die auf deren Rechnung eingegangenen Verbindlichkeiten betrieben werden (Art. 50 Abs. 1 SchKG).

D) SPEZIALDOMIZIL (WAHLDOMIZIL)

6.20 Im Ausland wohnende Schuldner können für Verbindlichkeiten, zu deren Erfüllung sie in der Schweiz ein Spezialdomizil gewählt haben, an diesem Ort betreiben werden (Art. 50 Abs. 2 SchKG). Ob ein Spezialdomizil gewählt wurde, ist nach dem ausdrücklichen oder sich aus den Umständen ergebenden Parteiwillen zu beurteilen. Eine Konkurseröffnung oder eine Anschlusspfändung sind an diesem Wahldomizil aber nicht zulässig.[12]

E) ORT DER GELEGENEN SACHE

6.21 Für grundpfandgesicherte Forderungen ist an Ort des Grundstücks zu betreiben. Bezieht sich die Betreibung auf mehrere in verschiedenen Betreibungskreisen gelegene Grundstücke, ist derjenige Kreis zuständig, in dem sich der wertvollste Teil des Grundstücks befindet (Art. 51 Abs. 2 SchKG).

6.22 Für grundpfandgesicherte Zinsen und Annuitäten kann allerdings der Gläubiger anstelle der Pfandverwertung, je nach der Person des Schuldners, die Betreibung auf Pfändung oder auf Konkurs wählen (Art. 41 Abs. 2 Satz 1 SchKG), was zu einem anderen Betreibungsort führen kann. Bei faustpfandgesicherten Forderungen hat der Gläubiger die Wahl zwischen dem Ort, wo sich das Pfand oder dessen wertvollster Teil befindet, und dem Betreibungsort, der ohne die Pfandhaftung gegeben wäre (Art. 51 Abs. 1 SchKG).

F) ARRESTORT

6.23 Forderungen, für die ein Arrest gelegt ist, können auch am Ort, wo sich der Arrestgegenstand befindet, betrieben werden (Art. 52 SchKG). Wohnt der Schuldner in der Schweiz, hat der Gläubiger somit die Wahl zwischen der Betreibung am Arrestort oder am ordentlichen Betreibungsort. Konkursandrohung oder Konkurseröffnung am Arrestort sind jedoch ausgeschlossen.

G) KONKURSORT BEI FLÜCHTIGEM SCHULDNER

6.24 Gegen einen flüchtigen Schuldner wird der Konkurs an dessen letzten Wohnsitz eröffnet (Art. 54 i.V.m. Art. 190 Abs. 1 Ziff. 1 SchKG)

12 BGE 107 III 53, E. 4.

D. BETREIBUNGSORT BEI WOHNSITZ- BZW. SITZVERLEGUNG

Eine Verlegung des Wohnsitzes bzw. des Sitzes des Schuldners begründet nur während einer ersten Phase des Betreibungsverfahrens einen neuen Betreibungsort. Nachher ist sie unbeachtlich. Der bisherige Betreibungsort bleibt bestehen (Art. 53 SchKG) 6.25
(1) in der Pfändungsbetreibung nach der Pfändungsankündigung,[13]
(2) in der Betreibung auf Pfandverwertung nach Zustellung des Zahlungsbefehls,
(3) in der Konkursbetreibung nach der Konkursandrohung,
(4) in der Wechselbetreibung nach Zustellung des Zahlungsbefehls.

Die Regel über den Betreibungsort bei Wohnsitzverlegung von Art. 53 SchKG ist nur auf den ordentlichen Betreibungsort (Art. 46 SchKG), nicht hingegen auf die besonderen Betreibungsorte (Art. 47–52 SchKG) anwendbar.[14] 6.26

Die Sitzverlegung der Aktiengesellschaft wird gegenüber dem Betreibungsamt am Werktag nach der Publikation im SHAB wirksam (Art. 932 Abs. 2 OR).[15] 6.27

E. BETREIBUNG VON EHEGATTEN MIT GETRENNTEM WOHNSITZ

Die Ehegatten können – auch wenn die Voraussetzungen zum Getrenntleben nach Art. 175 ff. ZGB bzw. Art. 276 ZPO nicht erfüllt sind – einen getrennten Wohnsitz und damit auch je einen eigenen Betreibungsort i.S.v. Art. 46 Abs. 1 SchKG haben. Massgebend für die Festlegung des Betreibungsortes ist, ob sich der betriebene Ehegatte im betreffenden Betreibungskreis mit der Absicht dauernden Verbleibens aufhält (Art. 23 Abs. 1 ZGB). 6.28

Sollen beide Ehegatten gleichzeitig aus solidarischer Haftung belangt werden, sind sie getrennt an ihrem jeweiligen Wohnsitz zu betreiben. Richtet sich dagegen die Betreibung nur gegen einen Ehegatten, muss aber auch dem andern ein Doppel des Zahlungsbefehls zugestellt werden (z.B. nach Art. 68a SchKG), ist allein das Betreibungsamt am Wohnsitz des betriebenen Ehegatten zuständig. Das Doppel des Zahlungsbefehls ist dem an einem anderen Ort wohnenden Ehegatten auf dem Rechtshilfeweg oder per Post zuzustellen. 6.29

---

13 BGer 5A_757/2015 vom 15.1.2016, E. 2.2.1.

14 BGE 136 III 373, E. 2.1.

15 BGE 139 III 293, E. 3.

4. LEGITIMATION

A. PARTEIFÄHIGKEIT

6.30 Grundsätzlich kann nur eine rechtsfähige (natürliche oder juristische) Person Partei des Betreibungsverfahrens sein. Der Kreis dieser Personen wird allerdings erweitert. Das Gesetz verleiht zusätzlich folgenden nicht rechtsfähigen Gebilden die betreibungsrechtliche Parteifähigkeit:

(1) *unverteilte Erbschaft* (Art. 49 SchKG)[16]
Die unverteilte Erbschaft ist nur passiv parteifähig (d.h. als Betriebene für Erbschaftsschulden und für Erbgangsschulden) und nur, solange keine vertragliche Gemeinderschaft gebildet oder keine amtliche Liquidation angeordnet worden ist. Im Betreibungsbegehren ist als Betriebene die unverteilte Erbschaft und deren Vertreter oder, wenn dieser nicht bekannt ist, ein Erbe als Vertreter anzuführen (vgl. Art. 65 Abs. 3 SchKG).[17] Es ist dagegen nicht erforderlich, die Namen aller Erben zu nennen.[18]
Erwirbt ein Alleinerbe den Nachlass, ist eine Betreibung gegen die unverteilte Erbschaft nach Art. 49 SchKG nicht möglich.[19]

(2) *Konkursmasse* (Art. 240 SchKG),[20]

(3) *Nachlassmasse im Nachlassvertrag mit Vermögensabtretung* (Art. 319 Abs. 4 SchKG),

(4) *Stockwerkeigentümergemeinschaft* (Art. 712 l OR),

(5) *Kollektivgesellschaft* (Art. 562, 568 Abs. 3 Satz 1, Art. 570 f. OR),

(6) *Kommanditgesellschaft* (Art. 602, 604 OR),

(7) *Kommanditgesellschaft für kollektive Kapitalanlagen* (Art. 98 ff. KAG),

(8) *Öffentlich-rechtliche Körperschaft oder Anstalt,* gemäss öffentlichem Recht, nach welchem sie organisiert ist.[21]

B. PARTEIEN / AKTIV- UND PASSIVLEGITIMATION

6.31 Parteien des Betreibungsverfahrens sind der Gläubiger und der Schuldner. Als aktivlegitimierter Gläubiger gilt, wer belegen kann oder auch nur bloss behauptet, ihm stehe der in Betreibung gesetzte Anspruch zu.[22] Als Schuldner gilt diejenige Person, gegen die sich der behauptete

16 Für Erbschaftsschulden kann – zufolge der Universalsukzession und der Solidarhaftung der Erben – auch jeder einzelne Erbe an seinem Betreibungsort betrieben werden (Kreisschreiben des Bundesgerichts Nr. 16 vom 3.4.1925; AMONN/WALTHER, § 10 Rz. 38).

17 BGE 113 III 79, E. 3; BSK SchKG I-KOFMEL EHRENZELLER, Art. 67 N 37; AMONN/WALTHER, § 16 Rz. 12.

18 KUKO SchKG-JEANNERET/STRUB, Art. 46 N 6. Sollen indessen die Erben einzeln betrieben werden, ist auf dem Betreibungsbegehren jeder Erbe speziell als Schuldner aufzuführen (KUKO SchKG-JEANNERET/STRUB, Art. 46 N 5).

19 KREN KOSTKIEWICZ, § 3 Rz. 289.

20 BGer 5C.29/2000 vom 19.9.2000, E. 1b.

21 STÜCHELI, 66.

22 KREN KOSTKIEWICZ, § 3 Rz. 350.

Anspruch richtet. Passivlegitimiert ist damit der Schuldner. Einzig bei Trusts richtet sich die Betreibung gem. Art. 284 Abs. 1 SchKG nicht gegen den eigentlichen Schuldner (Trust), sondern gegen dessen Vertreter (Trustee).[23]

Steht eine Forderung mehreren Personen materiellrechtlich nur gesamthaft zu, haben sie den Schuldner gemeinsam zu betreiben, so etwa die Mitglieder einer Erbengemeinschaft oder die Mitglieder einer einfachen Gesellschaft. Mehrere Gläubiger können als aktive Betreibungsgenossenschaft einen Schuldner auch für eine Solidarforderung, nicht aber für Einzelforderungen[24], in einer einzigen Betreibung gemeinsam betreiben. Alle Gläubiger müssen im Betreibungsbegehren mit Namen und Wohnort einzeln aufgeführt werden und das Betreibungsbegehren entweder einzeln unterzeichnen oder für die Durchführung der Betreibung einen Vertreter bevollmächtigen. Eine kollektive Gläubigerbezeichnung (z.B. «Erbengemeinschaft X» oder «Einfache Gesellschaft X») ist nichtig, ausser wenn die mangelhafte Parteibezeichnung die Beteiligten tatsächlich nicht irregeführt hat.[25] 6.32

Richtet sich die Forderung gegen mehrere solidarisch haftende Personen (Mitschuldner), so dürfen diese in der Regel nicht als Gruppe in einem einzigen Betreibungsbegehren zusammengefasst werden. Es kann aber gegen jeden Mitschuldner einzeln ein separates Betreibungsverfahren eingeleitet werden.[26] 6.33

Das Trustvermögen wird zwar selbständig betrieben. Die Betreibung richtet sich aber formell gegen den Trustee bzw. gegen einen der Trustees als Vertreter des Trusts (Art. 284a Abs. 1 SchKG). Der Gläubiger hat im Betreibungsbegehren offen zu legen, dass er den Trustee nicht als eigentlichen Schuldner, sondern nur als Vertreter des Trusts betreibt. Er hat damit bei Angabe des Schuldners und des Forderungsgrundes (Art. 67 Abs. 1 Ziff. 2 und 4 SchKG) drauf hinzuweisen, dass er die Person des Trustees als Vertreter des Trusts betreibt und dass es sich um eine Trustschuld handelt.[27] 6.34

C. BETREIBUNGSFÄHIGKEIT

Betreibungsfähig[28] ist nur, wer handlungsfähig (Art. 12 ZGB) ist.[29] Fehlt die Betreibungsfähigkeit, ist eine gesetzliche Vertretung nötig. 6.35

23 Rz. 6.34.

24 BGer 5A_797/2016 vom 24.3.2017, E. 3 (zPv).

25 BGer 5A_34/2016 vom 30.5.2016, E. 3.1 ff.; BSK SchKG I-Kofmel Ehrenzeller, Art. 67 N 19.

26 Rz. 6.63.

27 BBl 2006 598.

28 Der analoge Begriff im Zivilprozessrecht ist die Prozessfähigkeit (Art. 67 ZPO).

29 BGer 5A_440/2009 vom 6.8.2009, E. 5.

D. MITBETRIEBENE

6.36 Neben dem Schuldner können folgende Personen im gleichen Betreibungsverfahren mitbetrieben werden:

(1) der in Gütergemeinschaft lebende Ehegatte des Schuldners (Art. 68a SchKG),

(2) der Drittpfandbesteller in der Betreibung auf Pfandverwertung (Art. 153 Abs. 2 lit. a SchKG),

(3) der Dritteigentümer des Pfandes in der Betreibung auf Pfandverwertung (Art. 153 Abs. 2 lit. a SchKG); in der Betreibung auf Verwertung von Retentionsgegenständen für ausstehende Mietzinsen (Art. 283 Abs. 3 SchKG) kommt dem Dritteigentümer dagegen nicht die Stellung eines Mitbetriebenen zu (er hat seine Rechte im Widerspruchsverfahren geltend zu machen),[30]

(4) der Ehegatte oder eingetragene Partner des Schuldners oder des Dritten in der Betreibung auf Pfandverwertung eines Grundstücks, das als Familienwohnung (Art. 169 ZGB) oder als gemeinsame Wohnung (Art. 14 PartG) dient (Art. 153 Abs. 2 lit. b SchKG).

Jedem Mitbetriebenen wird ein zusätzliches Exemplar des Zahlungsbefehls zugestellt.

5. STREITWERT

6.37 Da die Anhebung der Betreibung nicht in einem gerichtlichen Verfahren erfolgt, sind die Bestimmungen über den Streitwert in Art. 91 ff. ZPO nicht anwendbar. Als Streitwert gilt der Forderungsbetrag. Die Gebühr für den Erlass, die doppelte Ausfertigung, die Eintragung und die Zustellung des Zahlungsbefehls bemisst sich nach der Forderung (Art. 16 Abs. 1 GebV SchKG). Nicht bezifferte Zinsen fallen ausser Betracht (Art. 6 GebV SchKG).

6. FRISTEN

6.38 Grundsätzlich kann das Betreibungsbegehren jederzeit gestellt werden.

6.39 Ausnahmsweise sieht das Gesetz eine Frist zur Anhebung der Betreibung vor, namentlich nach Einstellung des Konkursverfahrens mangels Aktiven (2 Jahre, Art. 230 Abs. 3 SchKG) und für die Arrestprosequierung (10 Tage, Art. 279 Abs. 1 und 4 SchKG). Für die Retentionsprosequierung (Art. 283 Abs. 3 SchKG) gelten die gleichen Fristen wie für die Arrestprosequierung.

30 BSK SchKG I-Bernheim/Känzig, Art. 153 N 12.

7. KOMBINATIONEN

Der Gläubiger kann im Betreibungsbegehren vom Betreibungsamt eine Eingangsbescheinigung verlangen (Art. 67 Abs. 3 SchKG). 6.40

Er kann zugleich mit dem Betreibungsbegehren ein Gesuch um Aufnahme des Retentionsverzeichnisses zur Sicherung von Miet- oder Pachtzinsforderungen (Art. 283 SchKG)[31] einreichen. 6.41

In der Betreibung auf Grundpfandverwertung kann der Grundpfandgläubiger im Betreibungsbegehren die Ausdehnung der Pfandhaft auf die Miet- und Pachtzinsforderungen verlangen. Tut er dies, so erlässt das Betreibungsamt die Sperre der Miet- und Pachtzinsen (Art. 152 Abs. 2 SchKG i.V.m. Art. 806 Abs. 2 ZGB; Art. 91 Abs. 1 VZG). Der Pfandeigentümer kann durch Einrede bestreiten, dass sich das Pfandrecht auch auf die Miet- und Pachtzinsen erstrecke (Art. 92 Abs. 2 VZG). Die Zinsensperre gem. Art. 152 Abs. 2 SchKG muss in diesem Fall innert bestimmter Fristen prosequiert werden; andernfalls wird die Sicherungsmassnahme widerrufen (Art. 153a Abs. 3 SchKG).[32] 6.42

Zur Prosequierung hat der Betreibungsgläubiger innert 10 Tagen nach Aufforderung durch das Betreibungsamt die Klage auf Feststellung des Pfandrechts an den Miet- und Pachtzinsen anzuheben (Art. 93 Abs. 2 VZG); die Einrede gem. Art. 92 Abs. 2 VZG kann nicht im Rechtsöffnungsverfahren beseitigt werden. Wird gleichzeitig mit der Einrede gegen das Pfandrecht an den Miet- und Pachtzinsen auch Rechtsvorschlag gegen den Zahlungsbefehl bzw. den Bestand der Forderung und / oder des Pfandrechts am Pfandobjekt erhoben, so hat der Gläubiger (nach Aufforderung des Betreibungsamtes) die Zinsensperre wie folgt zu prosequieren: Entweder erhebt er innerhalb von 10 Tagen direkt Klage auf Anerkennung der Forderung und / oder auf Feststellung des Pfandrechts am Grundstück und den Miet- und Pachtzinsen, oder er verlangt die Rechtsöffnung. Verlangt der Gläubiger die Rechtsöffnung (Beseitigung des Rechtsvorschlags betreffend Bestand der Forderung und / oder des Pfandrechts am Pfandobjekt) und sollte das Begehren abgewiesen werden, hat der Gläubiger innerhalb von 10 Tagen nach rechtskräftiger Abweisung den ordentlichen Prozess auf Feststellung der Forderung und des Pfandrechts am Grundstück sowie an den Miet- und Pachtzinsen zu erheben (Art. 93 Abs. 1 VZG). Sollte das Begehren um Rechtsöffnung gutgeheissen werden, bleibt der Streit über die Mietzinssperre noch unausgetragen. Der Gläubiger hat, nachdem ihm das Betreibungsamt erneut Frist von 10 Tagen angesetzt hat, zur Prosequierung der Zinsensperre die Klage auf Feststellung der Ausdehnung der Pfandhaft auf Miet- und Pachtzinsen zu erheben (Art. 93 Abs. 2 VZG). Eine allfällige Aberkennungsklage (betreffend Forderung und Pfandrecht am Grundstück) hemmt die Prosequierungsfrist nicht.[33] 6.43

---

31 Rz. 10.114 ff.

32 Rz. 8.81; BGer 5A_1023/2015 vom 6.9.2016; E. 3.2.

33 BGer 5A_1023/2015 vom 6.9.2016, E. 3.2.1 ff.

8. MÖGLICHE RECHTSBEGEHREN

6.44 Das Betreibungsbegehren hat die in Art. 67 Abs. 1 SchKG verlangten Angaben zu enthalten, nämlich zum Gläubiger (Ziff. 1), zum Schuldner (Ziff. 2), zu der in gesetzlicher Schweizerwährung anzugebenden Forderungssumme bzw. zur Summe, für welche Sicherheit verlangt wird (Ziff. 3) und zur Forderungsurkunde oder, wo eine solche fehlt, zum Forderungsgrund (Ziff. 4).

6.45 Nur der gesetzliche, nicht ein vertraglicher Vertreter muss im Betreibungsbegehren genannt werden.[34]

6.46 Hat der Gläubiger Kenntnis davon, dass der Schuldner dem Güterstand der Gütergemeinschaft untersteht, hat er im Betreibungsbegehren darauf hinzuweisen und Name und Adresse dessen Ehegatten anzugeben (vgl. Art. 68a SchKG). Zudem hat er zu erklären, ob er lediglich aus dem Eigengut und dem Anteil des Schuldners am Gesamtgut (Eigenschuld) oder auch aus dem Gesamtgut selber (Vollschuld) Befriedigung verlangt.[35]
Der Gläubiger kann maximal zehn Forderungen gegen den gleichen Schuldner in einer Betreibung zusammenfassen.[36] Wer für mehrere Forderungen betreibt, hat aber alle genau zu benennen, denn jede dieser Forderungen hat ihren eigenen Grund. Jede Forderung ist als Nettoforderung anzugeben, samt allfälligem Zinssatz und Fälligkeitsdatum in Bezug auf den Nettobetrag. Auf allfällige Teilzahlungen kann in der Angabe des Forderungsgrundes hingewiesen werden.[37] Eine Zinsforderung auf einem Teilbetrag der Hauptforderung ist als selbständige Forderung einzugeben. Bestehen mehrere Zinsforderungen, kann deren mittlerer Zins als eine Zinsforderung geltend gemacht werden.[38]

6.47 Die Umschreibung des Forderungsgrundes bzw. der Forderungsurkunde soll dem Betriebenen zusammen mit dem übrigen Inhalt des Zahlungsbefehls zu erkennen geben, für welchen Anspruch er betrieben wird und ihm erlauben, sich zur Anerkennung oder Bestreitung der in Betreibung gesetzten Forderung zu entschliessen. Die Anforderungen an die Umschreibung der Forderung richten sich nach diesem Zweck. Sie hängen wesentlich von den Umständen des konkreten Einzelfalles ab. Eine knappe Umschreibung genügt namentlich dann, wenn dem Betriebenen der Grund der Forderung nach Treu und Glauben aus dem Gesamtzusammenhang erkennbar ist. Bei Betreibungen für periodische Leistungen muss im Betreibungsbegehren und Zahlungsbefehl die Periode angegeben werden, für welche die Betreibung eingeleitet wird. Es genügt somit bei Dauerschuldverhältnissen mit periodischen Zahlungspflichten nicht, einfach für «Lohn», «Unterhalt» oder «Mietzins» zu betreiben. Ungenügend ist auch die Umschreibung des Forderungsgrunds mit

34 BSK SchKG EB-Staehelin, Art. 67 ad N 33.

35 BSK SchKG I-Kofmel Ehrenzeller, Art. 68a N 11.

36 Rz. 6.1.

37 Art. 4 der Verordnung des EJPD über die vom Gläubiger zu stellenden Begehren im Schuldbetreibungs- und Konkursverfahren.

38 Art. 2 Abs. 2 der Verordnung des EJPD über die vom Gläubiger zu stellenden Begehren im Schuldbetreibungs- und Konkursverfahren.

«Schadenersatz» oder «laut Rechnungsauszug», wenn die detaillierte Schadenszusammenstellung bzw. der angerufene Rechnungsauszug dem Betriebenen nicht bereits mitgeteilt wurde. Ein ungenügender Hinweis auf den Forderungsgrund führt allerdings nicht zur Nichtigkeit, sondern nur zur Anfechtbarkeit des Zahlungsbefehls.[39]

Zusätzlich zum Forderungsgrund ist immer auch das (Entstehungs-)Datum der Forderung anzugeben.[40] Will der Gläubiger ein Kollokationsprivileg i.S.v. Art. 219 Abs. 4 SchKG geltend machen, hat er im Betreibungsbegehren den Grund des Privilegs und den Betrag der privilegierten Forderung anzugeben.[41] 6.48

Soll die Betreibung an einem Spezialdomizil (Art. 50 Abs. 2 SchKG) durchgeführt werden, ist dies im Betreibungsbegehren ausdrücklich zu erwähnen. 6.49

In der Betreibung auf Pfandverwertung sind zusätzliche Angaben zu liefern (Art. 151 Abs. 1 SchKG). In jedem Fall ist der Pfandgegenstand zu bezeichnen, beim Faustpfand zudem der Ort, wo sich das Pfand befindet, wenn der Gläubiger die Betreibung an diesem Ort anheben will (Wahlbetreibungsort nach Art. 51 Abs. 1 SchKG). Bei einer Drittpfandbestellung ist auch der Name des Dritten, der das Pfand bestellt oder den Pfandgegenstand zu Eigentum erworben hat, zu nennen. Wird ein verpfändetes Grundstück als Familienwohnung (Art. 169 ZGB) oder als gemeinsame Wohnung (Art. 14 Partnerschaftsgesetz) des Schuldners oder des Dritten verwendet, ist diese Tatsache ebenfalls anzuführen. 6.50

Betreibt der Gläubiger aufgrund eines Faustpfandes, an dem ein Dritter ein nachgehendes Pfandrecht hat (Art. 886 ZGB), so muss er diesen von der Einleitung der Betreibung benachrichtigen (Art. 151 Abs. 2 SchKG). 6.51

Bestehen in der Betreibung auf Grundpfandverwertung Miet- oder Pachtverträge auf dem verpfändeten Grundstück, so kann der Grundpfandgläubiger die Ausdehnung der Pfandhaft auf die Miet- und Pachtzinsforderungen verlangen (Art. 152 Abs. 2 SchKG i.V.m Art. 806 ZGB).[42] Er hat dazu im Betreibungsbegehren ausdrücklich einen entsprechenden Vermerk anzubringen. 6.52

Beruht die Forderung auf einem Wechsel oder einem Check, muss der Gläubiger im Betreibungsbegehren ausdrücklich die Durchführung einer Wechselbetreibung verlangen, sofern keine andere Exekutionsart zur Anwendung kommen soll (Art. 177 Abs. 1 SchKG).[43] Der Wechsel oder der Check sind beizulegen (Art. 177 Abs. 2 SchKG). 6.53

Dient die Betreibung der Arrest- oder der Retentionsprosequierung, ist im Betreibungsbegehren die Arresturkunde bzw. das Retentionsverzeichnis zu bezeichnen (Nummer, Datum).[44] 6.54

---

39 BGE 142 III 210, E. 4.1; BGer 5A_861/2013 vom 15.4.2014, E. 2.2 f.; LGVE 2011 I, Nr. 42 E. 5.1.

40 BGer 5A_413/2011 vom 22.7.2011, E. 2.

41 Gilliéron, Rz. 617, 621.

42 Rz. 6.44.

43 KUKO SchKG-Roth, Art. 177 N 6; Amonn/Walther, § 37 Rz. 8.

44 Gilliéron, Rz. 623a.

6.55 Bei Verwendung des amtlichen Formulars «Betreibungsbegehren»[45] können die notwendigen ergänzenden Angaben in die Rubrik «Forderungsgrund» oder in die Rubrik «Bemerkungen» eingetragen werden.

9. VORAUSSETZUNGEN

6.56 Das SchKG erlaubt die Einleitung eines Betreibungsverfahrens, ohne dass der Betreibende den Bestand seiner Forderung nachweisen muss. Ein Zahlungsbefehl als Grundlage des Vollstreckungsverfahrens kann grundsätzlich gegenüber jedermann erwirkt werden, unabhängig davon, ob tatsächlich eine Schuld besteht oder nicht.[46] Das Betreibungsamt hat daher einem formell korrekten Betreibungsbegehren zu entsprechen und den Zahlungsbefehl zu erlassen (Art. 69 Abs. 1 SchKG). Es ist strikt an die Angaben im Betreibungsbegehren gebunden.[47] Da der Bestand der Forderung nicht zu begründen und nachzuweisen ist, darf ihn das Betreibungsamt nicht prüfen.[48] Eine materiellrechtliche Überprüfung der Forderung ist dem Richter vorbehalten. Sie findet aber nur statt, wenn sich der Schuldner gegen die Betreibung zur Wehr setzt und der Gläubiger die notwendigen Verfahrensschritte unternimmt (siehe grafische Übersicht «Betreibung auf Pfändung»[49]).

10. BESONDERHEITEN

A. EINLEITUNG DER BETREIBUNG

6.57 Die Betreibung wird nie von Amtes wegen eingeleitet, sondern nur auf Verlangen des Gläubigers oder seines Vertreters.

B. WIEDERHOLTE BETREIBUNG

6.58 Eine weitere Betreibung für eine bereits in Betreibung gesetzte Forderung ist zulässig. Sie ist nur dann ausgeschlossen, wenn der Gläubiger im früheren Betreibungsverfahren das Fortsetzungsbegehren bereits gestellt hat oder zu stellen berechtigt ist. Der Schuldner kann die Unzulässigkeit einer weiteren Betreibung nur mit Beschwerde (Art. 17 ff. SchKG) rügen, nicht dagegen mit einer Einwendung im Rechtsöffnungsverfahren.[50]

45 Rz. 6.59.

46 BGE 125 III 149, 150 E. 2a; BGer 5A_838/2016 vom 13.3.2017, E. 2.1.

47 BSK SchKG EB-Staehelin, Art. 67 ad N 10 ff. b

48 Kren Kostkiewicz, § 4 Rz. 441 und 443.

49 Rz. 4.II

50 BGE 139 III 444, E. 4.1.2.

C. FORM DES BETREIBUNGSBEGEHRENS

Das Betreibungsbegehren wird in der Regel schriftlich gestellt, könnte aber auch mündlich an das Betreibungsamt gerichtet werden (Art. 67 Abs. 1 Satz 1 SchKG).[51] Es empfiehlt sich, das amtliche Formular Nr. 1 zu benützen. Dieses Formular kann beim Betreibungsamt bezogen oder im Internet ausgedruckt werden.[52] Das Betreibungsbegehren kann auch elektronisch eingereicht werden (Art. 33a Abs. 1 SchKG). 6.59

D. BETREIBUNGSKOSTEN

A) VORSCHUSS

Der Gläubiger hat in der Regel[53] die Betreibungskosten, d.h. alle anfallenden Gebühren und Auslagen für die von ihm verlangte Betreibungshandlung zu bevorschussen (Art. 68 Abs. 1 SchKG). Dazu gehören die in Art. 16 GebV SchKG angeführten Gebühren für den Erlass, die doppelte Ausfertigung, die Eintragung und die Zustellung des Zahlungsbefehls. Hinzu kommen weitere Gebühren wie für die allfällige Ausfertigung eines weiteren Gläubigerdoppels und für jeden Zustellungsversuch sowie die Auslagen des Betreibungsamtes in Zusammenhang mit der Zustellung des Zahlungsbefehls (Art. 13 Abs. 1 GebV SchKG). Zur Festsetzung des Kostenvorschusses ist eine gewisse Pauschalierung zulässig. Über die tatsächlich entstandenen Kosten ist nach Inanspruchnahme der amtlichen Tätigkeit abzurechnen.[54] 6.60

B) DEFINITIVE KOSTENTRAGUNG

Der Betriebene trägt die Kosten der Betreibung, sofern er sich nicht erfolgreich gegen die Betreibung zur Wehr setzen kann.[55] Andernfalls gehen die Kosten zulasten des Gläubigers. 6.61

C) BESCHEINIGUNG DES EINGANGS DES BETREIBUNGSBEGEHRENS

Der Eingang des Betreibungsbegehrens ist dem Gläubiger gebührenfrei zu bescheinigen (Art. 67 Abs. 3 SchKG). 6.62

E. MITSCHULDNER

Will der Gläubiger gleichzeitig mehrere Mitschuldner betreiben, hat er für jeden Mitschuldner ein separates Betreibungsbegehren einzureichen. Dementsprechend stellt das Betreibungsamt jedem Mitschuldner einen besonderen Zahlungsbefehl zu (Art. 70 Abs. 2 ZPO). Die gemeinsame Betrei- 6.63

51 BGE 141 III 173, E. 2.2 und 3.2.1.

52 Z.B. unter ‹www.betreibung-konkurs.ch› oder ‹www.e-service.admin.ch/eschkg› (5.7.2017).

53 Zu den Ausnahmen siehe BSK SchKG I-Emmel Art. 68 N 6.

54 BGer 5A_181/2016 vom 6.6.2016, E. 2.3.1.

55 KUKO SchKG-Gehri, Art. 68 N 1.

bung von Mitschuldnern (passive Betreibungsgenossenschaft) ist einzig bei gemeinsamer gesetzlicher Vertretung möglich, und nur dann, wenn sie einen gemeinsamen Betreibungsort haben.[56]

6.64 Sind zwei Schuldner gegenüber einem Gläubiger solidarisch verpflichtet, aber hat nur einer von ihnen ein Pfand bestellt, so ist gegen diesen die Betreibung auf Pfandverwertung einzuleiten. Gegenüber dem anderen ist nur die ordentliche Betreibung gegeben, es sei denn, das Pfand sei auch für seine subjektive Verpflichtung bestellt worden.[57]

F. FORDERUNGSSUMME IN FREMDER WÄHRUNG

6.65 Im Zahlungsbefehl muss die Forderungssumme in gesetzlicher Schweizerwährung angegeben werden. Eine Forderung in fremder Währung ist zum Kurs am Tag des Betreibungsbegehrens umzurechnen.[58] Die Konvertierung einer ausländischen Währung in Schweizer Geld, um in der Schweiz eine Betreibung anzuheben, bewirkt keine Novation der in Betreibung gesetzten Forderung. Geschuldet ist weiterhin die vertraglich vereinbarte Fremdwährung. Dem Schuldner steht deshalb grundsätzlich die Rückforderungsklage gem. Art. 86 SchKG[59] offen, falls er infolge Währungsveränderungen mehr bezahlt hat bzw. dem Gläubiger die Nachforderung auf dem Weg einer neuen Betreibung, falls die Fremdwährung bis zum Ende des Betreibungsverfahrens steigt.[60]

G. BETREIBUNG EINES TRUSTS

6.66 Der Begriff «Trust» wird in Art. 149a IPRG definiert. Danach gelten als Trusts rechtsgeschäftlich errichtete Trusts im Sinne des Haager Übereinkommens vom 1. Juli 1985 über das auf Trusts anzuwendende Recht und über ihre Anerkennung, unabhängig davon, ob sie im Sinne von Art. 3 des Übereinkommens schriftlich nachgewiesen sind. Haftet für die Schuld das Vermögen eines solchen Trusts, so ist die Betreibung gegen einen Trustee als Vertreter des Trusts zu richten.[61] Betreibungsort ist der Sitz des Trusts nach Art. 21 Abs. 3 IPRG. Befindet sich der bezeichnete Ort der Verwaltung nicht in der Schweiz, so ist der Trust an dem Ort zu betreiben, an dem er tatsächlich verwaltet wird (Art. 284a Abs. 2 SchKG).[62] Die Betreibung wird auf Konkurs fortgesetzt; der Konkurs ist auf das Trustvermögen beschränkt (Art. 284a Abs. 3 SchKG).

56 BSK SchKG I-Kofmel Ehrenzeller, Art. 67 N 30.
57 BGer 5A_68/2014 vom 23.5.2014, E. 2.3.1.
58 BGE 137 III 623, E. 3.
59 Rz. 5.283 ff.
60 BGE 134 III 151, E. 2.3.
61 Rz. 6.34.
62 Rz. 6.15.

11. RECHTSMITTEL

A. KANTONALE RECHTSMITTEL

Wird das Betreibungsbegehren nicht entgegengenommen oder wird der Zahlungsbefehl nicht oder nicht richtig ausgestellt, steht die betreibungsrechtliche Beschwerde (Art. 17 f. SchKG) offen. Die Beschwerdefrist beträgt 10 Tage (Art. 17 Abs. 2 SchKG). 6.67

B. RECHTSMITTEL ANS BUNDESGERICHT

Der Entscheid der einzigen oder der oberen kantonalen Aufsichtsbehörde ist – unabhängig vom Streitwert (Art. 74 Abs. 2 lit. c BGG) – beim Bundesgericht innert 10 Tagen (Art. 100 Abs. 2 lit. a BGG) mit der Beschwerde in Zivilsachen nach Art. 72 ff. BGG anfechtbar (Art. 72 Abs. 2 lit. a BGG). 6.68

Tabellarische Zusammenfassung

Zweck	Einleitung des Betreibungsverfahrens
Gesetzliche Grundlage	Art. 67 SchKG
Verfahrensart	Betreibungsrechtliches Verfahren
Zuständigkeit	Betreibungsamt am Betreibungsort (Art. 46 ff., Art. 284 Abs. 2 SchKG)
Aktivlegitimation	(Betreibender) Gläubiger
Passivlegitimation	(Betriebener) Schuldner, Mitbetriebene
Streitwert	Forderungsbetrag
Fristen	– Grundsatz: Keine Frist – Ausnahme: Gesetzliche Fristen für Anhebung der Betreibung: – 2 Jahre für Betreibung auf Pfändung nach Einstellung des Konkursverfahrens (Art. 230 Abs. 3 SchKG) – 10 Tage für Arrestprosequierung (Art. 279 Abs. 1 und 4 SchKG) und (analog) für Retentionsprosequierung
Kombination	– Anforderung einer Eingangsbescheinigung (Art. 67 Abs. 3 SchKG) – Gesuch um Aufnahme des Retentionsverzeichnisses zur Sicherung von Miet- und Pachtzinsforderungen (Art. 283 SchKG) – Gesuch um Ausdehnung der Pfandhaft auf die Miet- und Pachtzinsforderungen in der Betreibung auf Grundpfandverwertung (Art. 152 Abs. 2 SchKG, Art. 806 Abs. 2 ZGB)

Mögliche Rechtsbegehren	– Kein ausformuliertes Rechtsbegehren notwendig
	– Erforderlich sind die Angaben gem. Art. 67 SchKG
	  – zum Gläubiger
	  – zum Schuldner
	  – zur Betreibungssumme
	  – zur Forderungsurkunde oder bei deren Fehlen zum Forderungsgrund

Voraussetzungen	– Formell korrektes Betreibungsbegehren – Eine Begründung und ein Nachweis der Forderung sind nicht notwendig

Besonderheiten	– Einleitung Betreibung:
	Nur auf Verlangen des Gläubigers, nicht von Amtes wegen
	– Wiederholte Betreibung:
	Zulässig, ausser wenn der Gläubiger im früheren Betreibungsverfahren das Fortsetzungsbegehren bereits gestellt hat oder zu stellen berechtigt ist
	– Form des Betreibungsbegehrens:
	  – Schriftlich oder elektronisch (Verwendung des amtlichen Formulars empfehlenswert)
	  – Mündliches Betreibungsbegehren möglich, aber in der Praxis selten und nicht zu empfehlen
	– Betreibungskosten:
	  – Vorschuss Betreibungskosten: durch Gläubiger
	  – Definitive Kostentragung:
	Durch Schuldner, der sich der Betreibung nicht mit Erfolg widersetzt
	Sonst durch Gläubiger
	– Mitschuldner:
	  – Sind separat zu betreiben
	  – Gemeinsame Betreibung nur bei gemeinsamer gesetzlicher Vertretung und bei gemeinsamem Betreibungsort
	– Fremdwährung:
	Forderungssumme in fremder Währung muss in Schweizer Währung umgerechnet werden (was keine Novation der Betreibungsforderung bewirkt)
	– Trust:
	  – Betreibung ist gegen einen Trustee als Vertreter des Trusts zu richten
	  – Betreibungsort: Sitz des Trusts nach Art. 21 Abs. 3 IPRG, subsidiär am Ort der tatsächlichen Verwaltung (Art. 284a Abs. 2 SchKG).
	  – Betreibung wird auf Konkurs fortgesetzt

Rechtsmittel	Kantonal: Beschwerde (Art. 17 f. SchKG) innert 10 Tagen Bund: Beschwerde in Zivilsachen (Art. 72 ff. BGG) innert 10 Tagen

II. GESUCH UM VORLAGE DER BEWEISMITTEL (ART. 73 SCHKG)

1. ZWECK UND WIRKUNG

Nach Zustellung des Zahlungsbefehls kann der Schuldner vom Betreibungsamt verlangen, dass es den Gläubiger auffordert, die Forderungsurkunde im Original oder in beglaubigter Abschrift innerhalb der Bestreitungsfrist beim Amt zur Einsicht aufzulegen (Art. 73 Abs. 1 SchKG). Auf diese Weise soll ihm die Prüfung und Beurteilung der gegen ihn in Betreibung gesetzten Forderung erleichtert werden.[63] Nicht zu prüfen ist, ob die vom Gläubiger vorgelegten Unterlagen als Beweismittel für die geltend gemachte Forderung auch tatsächlich tauglich sind. Ob die in Betreibung gesetzte Forderung begründet ist, wird erst der Richter in einem allfällig nachfolgenden Rechtsöffnungs- oder Klageverfahren zu entscheiden haben.[64] 6.69

Kommt der Gläubiger der Aufforderung nicht oder nicht genügend nach, beeinflusst dies den weiteren Ablauf der Betreibung nicht. Weder wird die Frist für den Rechtsvorschlag gehemmt, noch ist es Aufgabe des Betreibungsamtes, die vorgelegten Beweismittel zu prüfen und allenfalls weitere beim Gläubiger nachzufordern. Als einzige Rechtsfolge der Nichtvorlegung bzw. unvollständigen Vorlegung der Beweismittel berücksichtigt der Richter in einem nachfolgenden Rechtsstreit beim Kostenentscheid den Umstand, dass der Schuldner die Beweismittel nicht einsehen konnte.[65] Dem Gläubiger dürfen damit auch bei Obsiegen im Prozess die Prozesskosten ganz oder teilweise überbunden werden. 6.70

2. VERFAHRENSART

Es handelt sich um ein betreibungsrechtliches, nicht um ein gerichtliches Verfahren. Das Gesuch kann schriftlich (in Papierform oder elektronisch) oder mündlich gestellt werden. Es muss den Antrag auf Vorlage der Beweismittel enthalten. Eine Begründung ist nicht erforderlich. Das Betreibungsamt hat dem (rechtzeitig gestellten) Gesuch ohne Anhörung des Gläubigers unverzüglich zu entsprechen. Sobald das Betreibungsamt vom Gläubiger die Beweismittel erhalten hat, musst es dem Schuldner davon Kenntnis geben. Angesichts der sehr knappen Einsichtsfrist ist es empfehlenswert, dass der Schuldner dem Betreibungsamt in seinem Gesuch mitteilt, wann und wie er am besten erreichbar ist. 6.71

---

63 BGE 121 III 18, E. 2a.

64 BGer 7B.184/2004 vom 28.9.2004, E. 3.

65 BGer 7B.184/2004 vom 28.9.2004, E. 3.

3. ZUSTÄNDIGKEIT

6.72 Das Gesuch ist an das Betreibungsamt zu richten, welches den Zahlungsbefehl ausgestellt hat, d.h. an das Betreibungsamt am Betreibungsort.[66]

4. LEGITIMATION

A. AKTIVLEGITIMATION

6.73 Aktivlegitimiert sind der Schuldner und allfällige Mitbetriebene.

B. PASSIVLEGITIMATION

6.74 Das Gesuch richtet sich gegen den Gläubiger.

5. STREITWERT

6.75 Im betreibungsrechtlichen Verfahren um Vorlage der Beweismittel hat der Streitwert keine Bedeutung.

6. FRISTEN

6.76 Da der Gläubiger verhalten werden soll, seine Beweismittel innerhalb der Rechtsvorschlagsfrist von 10 Tagen (Art. 74 Abs. 1 SchKG) zur Einsicht vorzulegen, muss der Schuldner das entsprechende Gesuch umgehend nach Erhalt des Zahlungsbefehls einreichen. (Art. 88 Abs. 1 SchKG). Nur so ist es möglich, dass die Einsicht in die Beweismittel rechtzeitig erfolgen kann. Auf ein nach Ablauf der Rechtsvorschlagsfrist eingereichtes Gesuch ist nicht einzutreten. Hat der Schuldner das Gesuch zwar innerhalb der Zehntagesfrist, aber so spät eingereicht, dass die Beweismittel nicht mehr bis zu deren Ablauf vorgelegt werden können, kommt eine Prozesskostenüberbindung an den Gläubiger (Art. 73 Abs. 2 SchKG) nicht in Betracht.

7. KOMBINATIONSMÖGLICHKEITEN

6.77 Es sind keine Kombinationen möglich.

66 Rz. 6.4ff.

8. MÖGLICHE RECHTSBEGEHREN

1. Der Gläubiger sei im Sinne von Art. 73 SchKG aufzufordern, unverzüglich die Beweismittel für seine im Zahlungsbefehl [Nummer] / BA [Bezeichnung] angeführte Forderung von CHF [Betrag] nebst [Zinssatz] % Zins seit [Datum] beim Betreibungsamt zur Einsicht vorzulegen. 6.78
2. Für den Säumnisfall sei dem Gläubiger anzudrohen, dass der Richter in einem nachfolgenden Rechtsstreit beim Kostenentscheid den Umstand berücksichtigt, dass der Schuldner die Beweismittel nicht einsehen konnte.

9. VORAUSSETZUNGEN

Jeder Schuldner, der einen Zahlungsbefehl erhalten hat, ist berechtigt, innerhalb der Rechtsvorschlagsfrist das Gesuch um Vorlage der Beweismittel zu stellen. Es bestehen keine weiteren Voraussetzungen. Einem fristgerechten Gesuch ist auch zu entsprechen, wenn der Schuldner bereits (vorsorglich) Rechtsvorschlag erhoben hat; die Einsicht in die Beweismittel dient in diesem Fall der Entscheidung, ob der Rechtsvorschlag wieder zurückgezogen wird. Nicht anwendbar ist Art. 73 SchKG in der Wechselbetreibung, da der Gläubiger den Wechsel oder den Check seinem Betreibungsbegehren beilegen muss (Art. 177 Abs. 2 SchKG) und der Schuldner diese Urkunden auf dem Betreibungsamt einsehen kann. 6.79

10. BESONDERHEITEN

A. EINSICHT

Der Schuldner kann in die vorgelegten Beweismittel Einsicht nehmen, hat aber keinen Anspruch auf deren Aushändigung.[67] 6.80

B. KOSTEN

Die Vorlegung von Forderungstiteln und Auskünfte darüber sind gebührenfrei (Art. 12 Abs. 1 GebV SchKG). 6.81

67 KREN KOSTKIEWICZ, § 4 Rz. 474.

11. RECHTSMITTEL

6.82 Die Verfügung des Betreibungsamts kann vom Schuldner mit betreibungsrechtlicher Beschwerde (Art. 17f. SchKG) innert 10 Tagen angefochten werden. Mit Ablauf der zehntägigen Rechtsvorschlagsfrist entfällt aber in der Regel das Rechtsschutzinteresse des Schuldners und das Beschwerdeverfahren ist mit einem Nichteintretensentscheid zu beenden.

Tabellarische Zusammenfassung

Zweck	Einsicht des Schuldners in die Beweismittel des Gläubigers zur Prüfung und Beurteilung der in Betreibung gesetzten Forderung
Gesetzliche Grundlage	Art. 73 SchKG
Verfahrensart	Betreibungsrechtliches Verfahren
Zuständigkeit	Betreibungsamt am Betreibungsort
Aktivlegitimation	(Betriebener) Schuldner, Mitbetriebene
Passivlegitimation	(Betreibender) Gläubiger
Streitwert	Nicht einschlägig
Fristen	– Einreichung Gesuch: Innerhalb der Rechtsvorschlagsfrist von 10 Tagen – Vorlage der Beweismittel: Innerhalb der Rechtsvorschlagsfrist von 10 Tagen Säumnis des Gläubigers beeinflusst weiteren Ablauf der Betreibung nicht; einzige Rechtsfolge: allfällige Kostenüberbindung an den Gläubiger in einem nachfolgenden Rechtsstreit
Kombination	Nicht einschlägig
Mögliche Rechtsbegehren	1. Der Gläubiger sei im Sinne von Art. 73 SchKG aufzufordern, unverzüglich die Beweismittel für seine im Zahlungsbefehl [Nummer] / BA [Bezeichnung] angeführte Forderung von CHF [Betrag] nebst [Zinssatz] % Zins seit [Datum] beim Betreibungsamt zur Einsicht vorzulegen. 2. Für den Säumnisfall sei dem Gläubiger anzudrohen, dass der Richter in einem nachfolgenden Rechtsstreit beim Kostenentscheid den Umstand berücksichtigt, dass der Schuldner die Beweismittel nicht einsehen konnte.
Voraussetzungen	Zustellung eines Zahlungsbefehls an den Schuldner
Besonderheiten	– Einsicht in Beweismittel: Nur Einsichtsrecht, kein Anspruch auf Aushändigung der vorgelegten Beweismittel – Kosten: Keine Gebührenerhebung
Rechtsmittel	Betreibungsrechtliche Beschwerde (Art. 17f. SchKG) innert 10 Tagen

III. RECHTSVORSCHLAG (ART. 74 FF. SCHKG)

1. ZWECK UND WIRKUNG

Der Rechtsvorschlag ermöglicht dem Schuldner, die Zulässigkeit einer Betreibung ganz oder teilweise anzufechten. Mit dem Rechtsvorschlag kann er materiellrechtlich den Bestand, die Fälligkeit oder die Höhe der in Betreibung gesetzten Forderung bestreiten. Vollstreckungsrechtlich kann er geltend machen, die Forderung sei auf dem Weg der Schuldbetreibung nicht vollstreckbar.[68] Die Verletzung betreibungsrechtlicher Verfahrensvorschriften ist dagegen mit der betreibungsrechtlichen Beschwerde (Art. 17 ff. SchKG) zu rügen. 6.83

Unbeachtlich ist ein Rechtsvorschlag, der nur die Betreibungskosten betrifft. Ein gültiger Rechtsvorschlag umfasst dagegen auch die Kostenbelastung als Nebenfolge der Betreibung.[69] 6.84

Der Rechtsvorschlag bewirkt die Einstellung der Betreibung (Art. 78 Abs. 1 SchKG). Wie der Gläubiger das Betreibungsverfahren ohne weiteres mit einem Begehren in Gang setzen kann, so kann der Schuldner das Verfahren in der Regel[70] mit einer blossen Erklärung (Art. 75 Abs. 1 SchKG) zuhanden des Betreibungsamtes wieder stoppen; unwirksam ist ein Rechtsvorschlag, der nur gegenüber dem Gläubiger erklärt wird. Der Rechtsvorschlag ist schriftlich oder mündlich zu erheben, eine konkludente Handlung genügt ebenso wenig wie eine Annahmeverweigerung.[71] 6.85

Der Rechtsvorschlag äussert lediglich betreibungsrechtliche Wirkungen. Seine Unterlassung kann dem Schuldner nicht als Schuldanerkennung angerechnet werden.[72] 6.86

Bestreitet der Schuldner nur einen Teil der Forderung, so kann die Betreibung für den unbestrittenen Betrag fortgesetzt werden (Art. 78 Abs. 2 SchKG). Der Gläubiger hat dazu das Fortsetzungsbegehren[73] zu stellen (Art. 88 SchKG). Für den mit dem Rechtsvorschlag bestrittenen Betrag kann die Betreibung dagegen nur fortgesetzt werden, wenn der betreibende Gläubiger an das Gericht gelangt und die Aufhebung des Rechtsvorschlags bewirkt. 6.87

Neben dem Schuldner kann auch der in Gütergemeinschaft lebende Ehegatte, dem ein Zahlungsbefehlsdoppel zugestellt worden ist, Rechtsvorschlag erheben (Art. 68a SchKG). Damit die Betreibung weitergeführt werden kann, sind alle Rechtsvorschläge mit Rechtsöffnung oder Klage zu beseitigen. 6.88

---

68 Amonn/Walther, § 18 Rz. 6 ff.; BSK SchKG I-Bessenich, Art. 74 N 3.

69 BGE 85 III 124, 128.

70 Ausgenommen sind diejenigen Fälle, in denen der Richter den Rechtsvorschlag zu bewilligen hat (nachträglicher Rechtsvorschlag, Rz. 6.106 ff.; Rechtsvorschlag in der Wechselbetreibung, Rz. 6.156 ff.; Rechtsvorschlag mangels neuen Vermögens, Rz. 6.184 ff.).

71 BGer 5A_846/2012 vom 4.11.2013, E. 6.2.1; BSK SchKG EB-Staehelin, Art. 75 ad N 5.

72 Amonn/Walther, § 18 Rz. 39.

73 Rz. 6.443 ff.

2. VERFAHRENSART

6.89 Der Rechtsvorschlag nach Art. 74 SchKG erfolgt in einem betreibungsrechtlichen Verfahren.

3. ZUSTÄNDIGKEIT

A. MÜNDLICHER RECHTSVORSCHLAG

6.90 Der mündliche Rechtsvorschlag kann entweder bei der Zustellung des Zahlungsbefehls gegenüber dem Überbringer (Postbote, Betreibungsbeamter etc.) oder danach beim zuständigen Betreibungsamt erhoben werden (Art. 74 Abs. 1 SchKG). Ein telefonischer Rechtsvorschlag ist möglich, wenn keine Zweifel bzgl. der Identität des Anrufers bestehen.[74]

B. SCHRIFTLICHER RECHTSVORSCHLAG

6.91 Der Rechtsvorschlag kann direkt auf dem Zahlungsbefehl angebracht werden, entweder sofort bei Übergabe durch den Überbringer oder aber später mit Zustellung des mit dem entsprechenden Vermerk versehenen Zahlungsbefehls an das Betreibungsamt. Der Rechtsvorschlag kann aber auch in einer separaten Eingabe an das Betreibungsamt erfolgen; damit erkennbar wird, welche Betreibung betroffen ist, muss dabei unbedingt die Betreibungsnummer angegeben werden.

4. LEGITIMATION

A. AKTIVLEGITIMATION

6.92 Rechtsvorschlag können alle Personen erheben, denen als Schuldner oder Mitbetriebene[75] ein Zahlungsbefehl zugestellt worden ist (Art. 68a Abs. 2, Art. 74 SchKG). Zudem sind deren gesetzliche und vertragliche Vertreter zum Rechtsvorschlag befugt. Wird eine Erbengemeinschaft betrieben, so darf jeder Erbe einzeln Rechtsvorschlag erheben. Schliesslich kann jede Person, der nach Art. 64 oder Art. 65 SchKG der Zahlungsbefehl i.S. einer rechtsgültigen Zustellung übergeben werden darf, Rechtsvorschlag erklären.[76]

B. PASSIVLWEGITIMATION

6.93 Der Rechtsvorschlag richtet sich gegen den Gläubiger (Betreibender).

---

74 BGE 127 III 181, E. 4b; BSK SchKG I-Bessenich, Art. 74 N 12 f.

75 Rz. 6.36.

76 BSK SchKG I-Bessenich, Art. 74 N 5.

5. STREITWERT

Beim Rechtsvorschlag nach Art. 74 ff. SchKG ist der Streitwert ohne Bedeutung. 6.94

6. FRISTEN

Der Rechtsvorschlag ist innert 10 Tagen seit Zugang des Zahlungsbefehls zu erklären (Art. 74 Abs. 1 SchKG). Wohnt der Betriebene im Ausland oder ist die Zustellung des Zahlungsbefehls nach Art. 66 Abs. 4 SchKG durch öffentliche Bekanntmachung zu ersetzen, kann das Betreibungsamt nach Ermessen eine längere Rechtsvorschlagsfrist einräumen (Art. 33 Abs. 2 SchKG). 6.95

Ein auf Vorrat bzw. zum Voraus erklärter Rechtsvorschlag ist unzulässig. Hingegen ist es möglich, in einer bereits eingeleiteten und mit einer bestimmten Betreibungsnummer an die Hand genommenen Betreibung, von welcher der Schuldner Kenntnis erhalten hat, Rechtsvorschlag zu erheben, auch wenn die in die Wege geleitete Zustellung des Zahlungsbefehls noch nicht erfolgt ist.[77] 6.96

Wurde der Schuldner durch ein unverschuldetes Hindernis abgehalten, rechtzeitig Rechtsvorschlag zu erheben, kann er innert 10 Tagen seit Wegfall des Hindernisses beim Betreibungsamt den Rechtsvorschlag erklären und innert der gleichen Frist bei der Aufsichtsbehörde ein begründetes Gesuch um Wiederherstellung der Frist stellen (Art. 33 Abs. 4 SchKG). 6.97

7. KOMBINATIONSMÖGLICHKEITEN

Der Betriebene kann mit der Erklärung des Rechtsvorschlags eine entsprechende Bescheinigung des Betreibungsamtes verlangen (Art. 74 Abs. 3 SchKG). 6.98

8. MÖGLICHE RECHTSBEGEHREN

Für den Rechtsvorschlag nach Art. 74 SchKG bedarf es keines ausformulierten Rechtsbegehrens. Der Betriebene muss aber klar und unmissverständlich zum Ausdruck bringen, dass er Rechtsvorschlag erheben will. Dazu genügt bei Anbringen des Rechtsvorschlags auf dem Zahlungsbefehl die einfache Formulierung «Rechtsvorschlag» oder «Ich erhebe Rechtsvorschlag», ergänzt mit der Unterschrift; es genügt auch die blosse Unterschrift in der Rubrik «Rechtsvorschlag».[78] Eine Begründung ist nicht notwendig. Will sich der Betriebene nur gegen einen Teil der in Betreibung gesetzten Forderungssumme zur Wehr setzen (Teilrechtsvorschlag), so hat er genau anzugeben, 6.99

77 BGer 5A_442/2010 vom 7.9.2010, E. 3.1.

78 BGE 108 III 6, E. 1.

in welchem Umfang er Rechtsvorschlag erhebt, z.B. mit der Formulierung «Rechtsvorschlag im Umfang von CHF [Betrag] nebst [Zinssatz] % Zins seit [Datum]».

6.100 Wird der Rechtsvorschlag in einer separaten Eingabe an das Betreibungsamt erhoben, ist zusätzlich die Betreibungsnummer anzugeben:

> Ich erhebe Rechtsvorschlag in Betreibung [Nummer] / BA [Bezeichnung].

oder

> Ich erhebe Rechtsvorschlag in Betreibung [Nummer] / BA [Bezeichnung] im Umfang von CHF [Betrag] nebst [Zinssatz] % Zins seit [Datum].

9. VORAUSSETZUNGEN

6.101 Das Erheben des Rechtsvorschlags nach Art. 74 SchKG unterliegt keinen besonderen Voraussetzungen.[79] Insbesondere ist keine Begründung erforderlich.[80] Der Rechtsvorschlag kann schriftlich oder mündlich erfolgen.[81]

10. BESONDERHEITEN

A. BEWEISLAST

6.102 Die Beweislast für die rechtzeitige Erhebung des Rechtsvorschlags trägt der Schuldner.[82]

B. KOSTEN

6.103 Die mit dem Rechtsvorschlag verbundenen Verrichtungen des Betreibungsamtes sind gebührenfrei (Art. 74 Abs. 3 SchKG, Art. 18 GebV SchKG).

79 Rz. 6.85.

80 BGE 143 III 46, 48 E. 3.

81 Rz. 6.90 f.

82 BGer 5A_809/2016 vom 20.12.2016, E. 2 f.

11. RECHTSMITTEL

A. KANTONALE RECHTSMITTEL

Fehlerhafte Verfügungen, Rechtsverweigerung oder Rechtsverzögerung des Betreibungsamtes im Zusammenhang mit dem Rechtsvorschlag sind mit Beschwerde (Art. 17 f. SchKG) innert 10 Tagen (Art. 17 Abs. 2 SchKG) anfechtbar. 6.104

B. RECHTSMITTEL ANS BUNDESGERICHT

Der Entscheid der einzigen oder der oberen kantonalen Aufsichtsbehörde kann – unabhängig vom Streitwert (Art. 74 Abs. 2 lit. c BGG) – beim Bundesgericht innert 10 Tagen (Art. 100 Abs. 2 lit. a BGG) mit der Beschwerde in Zivilsachen nach Art. 72 ff. BGG angefochten werden (Art. 72 Abs. 2 lit. a BGG). 6.105

Tabellarische Zusammenfassung

Zweck	Ganze oder teilweise Einstellung des Betreibungsverfahrens
Gesetzliche Grundlage	Art. 74 ff. SchKG
Verfahrensart	Betreibungsrechtliches Verfahren
Zuständigkeit	Betreibungsamt am Betreibungsort (der Rechtsvorschlag kann auch gegenüber dem Überbringer des Zahlungsbefehls erklärt werden)
Aktivlegitimation	– Empfänger des Zahlungsbefehls (Schuldner, Mitbetriebene) – Deren gesetzliche und vertragliche Vertreter – Bei Erbengemeinschaften jeder Erbe – Jede Person, welcher nach Art. 64 oder 65 SchKG der Zahlungsbefehl zugestellt werden kann
Passivlegitimation	(Betreibender) Gläubiger
Streitwert	Nicht einschlägig
Fristen	Grundsatz: 10 Tage seit Zustellung des Zahlungsbefehls Ausnahme: Eventuell längere Frist nach Ermessen des Betreibungsamts bei Wohnsitz des Betriebenen im Ausland oder bei öffentlicher Bekanntmachung
Kombination	Begehren um Bescheinigung des Betreibungsamtes über den Rechtsvorschlag

Mögliche Formulierung des Rechtsvorschlags	Auf Zahlungsbefehl: - Rechtsvorschlag - Rechtsvorschlag im Umfang von CHF [Betrag] nebst [Zinssatz] % Zins seit [Datum] - Unterschrift in der Rubrik «Rechtsvorschlag» Separate Eingabe: - Ich erhebe Rechtsvorschlag in Betreibung [Nummer] / BA [Bezeichnung] - Ich erhebe Rechtsvorschlag in Betreibung [Nummer] / BA [Bezeichnung] im Umfang von CHF [Betrag] nebst [Zinssatz] % Zins seit [Datum]
Voraussetzungen	Keine besonderen Voraussetzungen
Besonderheiten	- Beweislast für Rechtzeitigkeit Rechtsvorschlag: Schuldner - Kosten: Keine Gebühren des Betreibungsamtes im Zusammenhang mit dem Rechtsvorschlag
Rechtsmittel	Kantonal: Beschwerde (Art. 17 f. SchKG) innert 10 Tagen Bund: Beschwerde in Zivilsachen (Art. 72 ff. BGG) innert 10 Tagen

IV. NACHTRÄGLICHER RECHTSVORSCHLAG (ART. 77 SCHKG)

1. ZWECK UND WIRKUNG

6.106 Es ist möglich, dass im Laufe des Betreibungsverfahrens ein Gläubigerwechsel erfolgt. In einem solchen Fall muss der Schuldner die Möglichkeit erhalten, Einwendungen gegen den neuen Gläubiger oder gegen den Forderungsübergang zu erheben. Dazu dient der nachträgliche Rechtsvorschlag nach Art. 77 SchKG. Er steht nur zur Verfügung, wenn die ordentliche Rechtsvorschlagsfrist nach Art. 74 SchKG bereits abgelaufen ist. Hat der Betriebene in der vom Zedenten angehobenen Betreibung rechtzeitig Rechtsvorschlag erhoben, ist gegenüber dem Zessionar kein nachträglicher Rechtsvorschlag mehr möglich; der Schuldner kann alle Einreden gegen den Zessionar im hängigen Rechtsöffnungsverfahren erheben.[83]

6.107 Der nachträgliche Rechtsvorschlag ist möglich in der Betreibung auf Pfändung, in der Betreibung auf Pfandverwertung und in der Konkursbetreibung, nicht aber in der Wechselbetreibung.[84]

83 BGE 125 III 42, E. 2b.

84 CPra Actions-Bohnet, § 113 Rz. 2; Gilliéron, Commentaire, Art. 77 SchKG N 18 ff. Für die Zulässigkeit des nachträglichen Rechtsvorschlags in der Wechselbetreibung: Kren Kostkiewicz, § 7 Rz. 1074; CR LP-Ruedin, Art. 77 SchKG N 3.

Im Gegensatz zum normalen Rechtsvorschlag nach Art. 74f. SchKG muss der nachträgliche Rechtsvorschlag nach Art. 77 SchKG schriftlich erhoben, begründet und vom Richter bewilligt werden. 6.108

Die Bewilligung des nachträglichen Rechtsvorschlags bewirkt die Einstellung der Betreibung (Art. 78 Abs. 1 SchKG). Er hebt aber die bereits erfolgten Betreibungshandlungen nicht auf, sondern hindert lediglich den Fortgang der Betreibung.[85] Ist bereits eine Pfändung vollzogen worden, wird diese Pfändung provisorisch. Das Betreibungsamt setzt dem neuen Gläubiger eine Frist von 10 Tagen an, um auf Anerkennung seiner Forderung zu klagen. Das Rechtsöffnungsverfahren steht dem Betreibenden hier nicht zur Verfügung.[86] 6.109

Bewilligt der Richter den Rechtsvorschlag nicht, so kann die Betreibung fortgesetzt werden. Der Gläubiger hat dazu das Fortsetzungsbegehren[87] zu stellen (Art. 88 SchKG). 6.110

2. VERFAHRENSART

Das Gesuch um Bewilligung des nachträglichen Rechtsvorschlags ist schriftlich und begründet beim Richter des Betreibungsortes anzubringen (Art. 77 Abs. 2 SchKG). Der Richter entscheidet über die Bewilligung des nachträglichen Rechtsvorschlags im summarischen Verfahren nach Art. 248ff. ZPO (Art. 251 lit. b ZPO); es gilt der Verhandlungsgrundsatz (Art. 55 Abs. 1 ZPO). Es findet kein vorgängiges Schlichtungsverfahren statt (Art. 198 lit. a ZPO). 6.111

3. ZUSTÄNDIGKEIT

A. ÖRTLICHE ZUSTÄNDIGKEIT

Örtlich zuständig ist der Richter des Betreibungsortes (Art. 77 Abs. 2 SchKG). 6.112

B. SACHLICHE ZUSTÄNDIGKEIT

Welcher Richter sachlich zuständig ist, regelt das kantonale Recht (Art. 23 SchKG). 6.113

85 CPra Actions-Bohnet, § 113 Rz. 3.
86 Vock/Müller, 81.
87 Rz. 6.443ff.

4. LEGITIMATION

A. AKTIVLEGITIMATION

6.114 Der nachträgliche Rechtsvorschlag kann vom Schuldner und allfälligen Mitbetriebenen[88] sowie von deren gesetzlichen und vertraglichen Vertretern erhoben werden (Art. 77 Abs. 1 SchKG). Wird eine Erbengemeinschaft betrieben, so darf jeder Erbe einzeln den nachträglichen Rechtsvorschlag erheben.

B. PASSIVLEGITIMATION

6.115 Der Rechtsvorschlag richtet sich gegen den Gläubiger (Betreibender).

5. STREITWERT

6.116 Der Streitwert entspricht dem im Zahlungsbefehl angegebenen Forderungsbetrag (Art. 91 ZPO). Richtet sich der Rechtsvorschlag nur gegen einen Teil dieses Betrags, so entspricht der Streitwert diesem bestrittenen Teil.

6. FRISTEN

6.117 Der Betriebene hat den nachträglichen Rechtsvorschlag innert 10 Tagen, nachdem er vom Gläubigerwechsel Kenntnis erhalten hat (z.B. durch Anzeige des Betreibungsamtes nach Art. 77 Abs. 5 SchKG oder durch Mitteilung seitens des früheren oder des neuen Gläubigers), beim Richter des Betreibungsortes anzubringen. Massgebend ist die effektive Kenntnisnahme durch den Betriebenen. Hinzukommen muss noch die sichere Kenntnis von eindeutigen Umständen, die auf den Willen des neuen Gläubigers schliessen lassen, das Betreibungsverfahren fortzusetzen und die vom alten Gläubiger erlangte betreibungsrechtliche Position auch selber auszunutzen.[89] Der nachträgliche Rechtsvorschlag kann nach Ablauf der Frist für den ordentlichen Rechtsvorschlag bis zur Verteilung oder bis zur Konkurseröffnung angebracht werden (Art. 77 Abs. 1 SchKG). Die Bestimmungen von Art. 145 ZPO über den Fristenstillstand gelten nicht. Anwendbar sind die Regeln von Art. 56 ff. SchKG über die geschlossene Zeiten, die Betreibungsferien und den Rechtsstillstand (Art. 145 Abs. 4 ZPO). Fällt der Beginn der Frist für den nachträglichen Rechtsvorschlag in die Betreibungsferien oder in den Rechtsstillstand, kommt mangels einer Regelung im SchKG Art. 146 Abs. 1 ZPO zur Anwendung (Art. 31 SchKG); danach beginnt der Fristenlauf am ersten

88 Rz. 6.36; Gilliéron, Rz. 709.

89 BSK SchKG I-Bessenich, Art. 77 N 8.

Tag nach Ende des Stillstands.[90] Die Wiederherstellung der Rechtsvorschlagsfrist ist unter den Voraussetzungen von Art. 33 Abs. 4 SchKG möglich.

7. KOMBINATIONSMÖGLICHKEITEN

Der Richter kann bei Empfang des Rechtsvorschlags die vorläufige Einstellung der Betreibung verfügen (Art. 77 Abs. 3 SchKG). Ob dies geschieht, ist allerdings ungewiss. Der Betriebene kann mit dem Gesuch um nachträglichen Rechtsvorschlag ein Gesuch i.S.v. Art. 261 ZPO um vorläufige Einstellung der Betreibung verbinden. Dazu müssen aber die Voraussetzungen des Art. 261 ZPO erfüllt sein (bestehende oder drohende Anspruchsverletzung, nicht leicht wiedergutzumachender Nachteil). Besteht aufgrund des Verfahrensstands eine besondere Dringlichkeit, ist auch ein Gesuch um superprovisorische Massnahmen (Art. 265 ZPO) möglich.[91] 6.118

8. MÖGLICHE RECHTSBEGEHREN

Es ist um die Bewilligung des nachträglichen Rechtsvorschlags zu ersuchen. Das entsprechende Rechtsbegehren kann lauten: 6.119

1. In der Betreibung [Nummer] / BA [Bezeichnung] sei der nachträgliche Rechtsvorschlag zu bewilligen.
   Variante:
   In der Betreibung [Nummer] / BA [Bezeichnung] sei der nachträgliche Rechtsvorschlag im Umfang von CHF [Betrag] nebst [Zinssatz] % Zins seit [Datum] zu bewilligen.
2. Die Betreibung [Nummer] / BA [Bezeichnung] sei einzustellen.
3. Unter Kosten- und Entschädigungsfolgen zulasten des Gesuchgegners.

Je nach Stand der Betreibung wird sich der Betriebene veranlasst sehen, mit einem Verfahrensantrag die vorläufige Einstellung der Betreibung (Art. 77 Abs. 3 SchKG) i.S. einer vorsorglichen Massnahme oder einer superprovisorischen Massnahme zu verlangen. 6.120
Mögliche Rechtsbegehren

a. bei vorsorglicher Massnahme:
   Die Betreibung Nr. [Nummer] / BA [Bezeichnung] sei für die Dauer des Verfahrens um Bewilligung des nachträglichen Rechtsvorschlags vorläufig einzustellen.
b. bei superprovisorischer Massnahme:
   1. Die Betreibung Nr. [Nummer] / BA [Bezeichnung] sei für die Dauer des Verfahrens um Bewilligung des nachträglichen Rechtsvorschlags vorläufig einzustellen.

---

90 CPra Actions-BOHNET, § 113 Rz. 17.

91 CPra Actions-BOHNET, § 113 Rz. 9.

2. Dem Antrag Ziffer 1 sei superprovisorisch ohne Anhörung der Gegenpartei zu entsprechen.

9. VORAUSSETZUNGEN

A. ABLAUF DER ORDENTLICHEN RECHTSVORSCHLAGSFRIST

6.121 Um Gewährung des nachträglichen Rechtsvorschlags kann erst ersucht werden, wenn die ordentliche Rechtsvorschlagsfrist nach Art. 74 SchKG abgelaufen ist.

B. GLÄUBIGERWECHSEL

6.122 Voraussetzung für den nachträglichen Rechtsvorschlag ist ein Wechsel des Gläubigers der betriebenen Forderung (Art. 77 Abs. 1 SchKG). Es kann sich um eine Einzel- oder um eine Gesamtnachfolge handeln. Bei gültigem Forderungsübergang tritt der neue Gläubiger automatisch an die Stelle des bisherigen Gläubigers. Er führt die Betreibung im eigenen Namen weiter.

C. EINWENDUNGEN GEGEN DEN NEUEN GLÄUBIGER

6.123 Der Schuldner hat seine Einwendungen gegen den neuen Gläubiger glaubhaft zu machen (Art. 77 Abs. 2 SchKG). Diese Einwendungen müssen sich auf die Person des neuen Gläubigers (z.B. Verrechnung mit einer gegen diesen bestehenden Forderung) oder auf die Gültigkeit des Forderungsübergangs (z.B. Nichtbeachtung der Schriftform von Art. 165 Abs. 1 OR) beziehen. Hingegen kann er keine Einwendungen mehr erheben, die er schon mit dem ordentlichen Rechtsvorschlag (Art. 74 f. SchKG) hätte geltend machen können. So kann er weder den Bestand, die Fälligkeit oder die Höhe der in Betreibung gesetzten Forderung bestreiten noch geltend machen, die Forderung sei auf dem Weg der Schuldbetreibung nicht vollstreckbar.[92]

10. BESONDERHEITEN

6.124 Die Gerichtskosten des Verfahrens um Bewilligung des nachträglichen Rechtsvorschlags bemessen sich erstinstanzlich nach Art. 48 GebV SchKG und zweitinstanzlich nach Art. 61 Abs. 1 GebV SchKG, die Parteientschädigungen (i.S.v. Art. 95 Abs. 3 ZPO) nach kantonalem Tarif (Art. 96 ZPO). Für das Verfahren vor Bundesgericht gilt dessen Gerichtsgebührentarif[93] bzw. dessen Reglement über die Parteientschädigung und die Entschädigung für die amtliche Vertretung.[94]

92 Gilliéron, Rz. 709.

93 SR 173.110.210.1.

94 SR 173.110.210.3.

Als klagende und damit kostenvorschusspflichtige Partei gilt der Schuldner.[95] 6.125

11. RECHTSMITTEL

A. KANTONALE RECHTSMITTEL

Der Entscheid über die Bewilligung des nachträglichen Rechtsvorschlags (Art. 77 Abs. 3 SchKG) kann innert 10 Tagen mit Beschwerde nach Art. 319 ff. ZPO angefochten werden (Art. 319 lit. a i.V.m. Art. 309 lit. b Ziff. 2, Art. 321 Abs. 2 ZPO). 6.126

B. RECHTSMITTEL ANS BUNDESGERICHT

Entscheide letzter kantonaler Instanzen über die Bewilligung des Rechtsvorschlags sind beim Bundesgericht mit der Beschwerde in Zivilsachen (Art. 72 ff. BGG) anfechtbar, wenn der Streitwert mindestens CHF 30 000.– beträgt, und zwar auch dann, wenn die Forderung auf einem miet- oder in einem arbeitsrechtlichen Sachverhalt basiert.[96] Bei niedrigerem Streitwert ist die Beschwerde zulässig, wenn sich eine Rechtsfrage von grundsätzlicher Bedeutung stellt (Art. 74 Abs. 1 und Abs. 2 lit. a BGG). Die Beschwerdefrist beträgt 30 Tage (Art. 100 Abs. 1 BGG). Die Beschwerde hat keine aufschiebende Wirkung (Art. 103 Abs. 1 BGG);[97] diese kann aber von Amtes wegen oder auf Antrag einer Partei erteilt werden (Art. 103 Abs. 3 BGG). 6.127

Ist die Beschwerde in Zivilsachen ausgeschlossen, steht die subsidiäre Verfassungsbeschwerde (Art. 113 ff. BGG) wegen Verletzung verfassungsmässiger Rechte (Art. 115 BGG) zur Verfügung. Die Beschwerdefrist beträgt 30 Tage (Art. 117 i.V.m. Art. 100 Abs. 1 BGG). 6.128

Tabellarische Zusammenfassung

Zweck	Ganze oder teilweise Einstellung des Betreibungsverfahrens
Gesetzliche Grundlage	Art. 77 SchKG
Verfahrensart	Summarisches Verfahren (Art. 248 ff. ZPO)
Zuständigkeit	Vom Kanton bezeichnetes Gericht am Betreibungsort (Art. 77 Abs. 2; Art. 23 SchKG)
Aktivlegitimation	– Empfänger des Zahlungsbefehls (Schuldner, Mitbetriebene) – Deren gesetzliche und vertragliche Vertreter – Bei Erbengemeinschaften jeder Erbe

95 BGE 139 III 498, E. 2.2 f.
96 Vgl. BGE 135 III 470, E. 1.2; 134 III 267, E. 1.1.
97 BSK SchKG I-Staehelin, Art. 84 N 98.

Passivlegitimation	(Betreibender) Gläubiger
Streitwert	Forderungsbetrag des Zahlungsbefehls, bei Teilrechtsvorschlag bestrittener Teil
Fristen	– 10 Tage seit Kenntnis des Gläubigerwechsels und des Willens des neuen Gläubigers, das Betreibungsverfahren fortzusetzen – Spätestens bis zur Verteilung oder bis zur Konkurseröffnung
Kombination	Gesuch um vorläufige Einstellung der Betreibung (vorsorgliche Massnahme, evtl. superprovisorische Massnahme)
Mögliche Rechtsbegehren	Gesuch um nachträglichen Rechtsvorschlag: 1. In der Betreibung [Nummer] / BA [Bezeichnung] sei der nachträgliche Rechtsvorschlag zu bewilligen. *Variante:* In der Betreibung [Nummer] / BA [Bezeichnung] sei der nachträgliche Rechtsvorschlag im Umfang von CHF [Betrag] nebst [Zinssatz] % Zins seit [Datum] zu bewilligen. 2. Die Betreibung [Nummer] / BA [Bezeichnung] sei einzustellen. 3. Unter Kosten- und Entschädigungsfolgen zulasten des Gesuchgegners. Vorsorgliche Massnahme: Die Betreibung [Nummer] / BA [Bezeichnung] sei für die Dauer des Verfahrens um Bewilligung des nachträglichen Rechtsvorschlags vorläufig einzustellen. Superprovisorische Massnahme: 1. Die Betreibung [Nummer] / BA [Bezeichnung] sei für die Dauer des Verfahrens um Bewilligung des nachträglichen Rechtsvorschlags vorläufig einzustellen. 2. Dem Antrag Ziffer 1 sei superprovisorisch ohne Anhörung der Gegenpartei zu entsprechen.
Voraussetzungen	– Ablauf der ordentlichen Rechtsvorschlagsfrist – Gläubigerwechsel – Einwendungen gegen den neuen Gläubiger oder gegen den Forderungsübergang
Besonderheiten	– Die Gerichtskosten bestimmen sich im kantonalen Verfahren nach Art. 48 und Art. 61 Abs. 1 GebV SchKG, im Verfahren vor Bundesgericht nach dessen Gerichtsgebührentarif – Die Parteientschädigungen bestimmen sich im kantonalen Verfahren nach kantonalem Tarif (Art. 96 ZPO), im Verfahren vor Bundesgericht nach dessen Reglement über die Parteientschädigung und die Entschädigung für die amtliche Vertretung – Kostenvorschusspflicht: Betriebener
Rechtsmittel	Kantonal: Beschwerde (Art. 319 ff. ZPO) innert 10 Tagen Bund: Beschwerde in Zivilsachen (Art. 72 ff. BGG) innert 30 Tagen bei Streitwert ab CHF 30 000 oder bei Rechtsfrage von grundsätzlicher Bedeutung oder subsidiäre Verfassungsbeschwerde (Art. 113 ff. BGG) innert 30 Tagen in den übrigen Fällen

V. RECHTSVORSCHLAG IN DER BETREIBUNG AUF PFANDVERWERTUNG (ART. 74 FF., ART. 153 SCHKG, ART. 85 VZG)

1. ZWECK UND WIRKUNG

Der schriftlich oder mündlich zu erhebende Rechtsvorschlag bewirkt die Einstellung der Betreibung (Art. 78 Abs. 1 SchKG). Wie der Gläubiger das Betreibungsverfahren ohne weiteres mit einem Begehren in Gang setzen kann, so kann der Schuldner das Verfahren mit einer blossen Erklärung (Art. 75 Abs. 1 SchKG) zuhanden des Betreibungsamtes wieder stoppen; unwirksam ist ein Rechtsvorschlag, der nur gegenüber dem Gläubiger erklärt wird. Der Rechtsvorschlag ist schriftlich oder mündlich zu erheben, eine konkludente Handlung genügt ebenso wenig wie eine Annahmeverweigerung.[98] 6.129

Unbeachtlich ist ein Rechtsvorschlag, der nur die Betreibungskosten betrifft. Ein gültiger Rechtsvorschlag umfasst dagegen auch die Kostenbelastung als Nebenfolge der Betreibung.[99] 6.130

Der Rechtsvorschlag dient zur Bestreitung der materiellrechtlichen oder vollstreckungsrechtlichen Zulässigkeit einer Betreibung. Dagegen ist die Verletzung betreibungsrechtlicher Verfahrensvorschriften mit der betreibungsrechtlichen Beschwerde (Art. 17 ff. SchKG) zu rügen. Mit dem Rechtsvorschlag kann der Schuldner materiellrechtlich den Bestand, die Fälligkeit oder die Höhe der in Betreibung gesetzten Forderung bestreiten. Vollstreckungsrechtlich kann er geltend machen, die Forderung sei auf dem Weg der Schuldbetreibung nicht vollstreckbar.[100] 6.131

In der Betreibung auf Pfandverwertung kann der Schuldner mit dem Rechtsvorschlag nebst Bestand, Fälligkeit oder Höhe der in Betreibung gesetzten Forderung auch die Höhe und den Umfang des Pfandrechts bestreiten. Rechtsvorschlag ist auch zu erheben, wenn der Schuldner einwenden will,[101] 6.132

(1) der Gläubiger betreibe auf Grundpfandverwertung statt auf Faustpfandverwertung (dem Gläubiger hafte nicht das Grundstück selbst, sondern ein Faustpfand, z.B. ein Schuldbrief);
(2) der Gläubiger betreibe auf Faustpfandverwertung statt auf Grundpfandverwertung;
(3) dem Faustpfandgläubiger fehle die Einziehungsbefugnis;
(4) es seien für eine Forderung mehrere Grundstücke verpfändet worden und es sei die Betreibung nicht gleichzeitig auf Verwertung aller Grundstücke angehoben worden (Art. 816 Abs. 3 ZGB);
(5) die Betreibung auf Pfandverwertung bei lediglich subsidiärer Haftung einzelner Grundstücke sei nicht gem. Art. 87 VZG auf die primär haftenden Grundstücke beschränkt worden;

98 BGer 5A_846/2012 vom 4.11.2013, E. 6.2.1; BSK SchKG EB-Staehelin, Art. 75 ad N 5.

99 BGE 85 III 124, 128.

100 Amonn/Walther, § 18 Rz. 6 ff.; BSK SchKG I-Bessenich, Art. 74 N 3.

101 BSK SchKG I-Bernheim/Känzig, Art. 153 N 40 ff.; Amonn/Walther, § 33 Rz. 11.

(6) die nach Art. 895 ZGB retinierten Grundstücke seien gem. Art. 896 ZGB (öffentliche Ordnung) i.V.m. Art. 92 SchKG nicht pfändbar;[102]
(7) im Pfandvertrag sei die Betreibung auf Pfandverwertung ausgeschlossen und die private Verwertung oder der Selbsteintritt vorgesehen worden;
(8) das Pfandrecht sei nur als subsidiäre Sicherheit bestellt worden (Einrede des beneficium excussionis personalis);
(9) der Grundpfandgläubiger mache statt der Schuldbriefforderung die ursprüngliche (durch Novation getilgte) Forderung aus dem zugrunde liegenden Vertrag geltend;
(10) der fiduziarische Schuldbriefgläubiger bei der Sicherungsübereignung habe für die gesicherte Forderung die ordentliche Betreibung auf Pfändung anstelle der Grundpfandbetreibung eingeleitet; der Gläubiger müsse jedoch aufgrund einer (stillschweigenden oder ausdrücklichen) Stundungsabrede vor dem Zugriff auf das übrige Schuldnervermögen Befriedigung aus dem Streitgegenstand suchen.[103]

6.133 Der Rechtsvorschlag äussert lediglich betreibungsrechtliche Wirkungen. Seine Unterlassung kann dem Schuldner nicht als Schuldanerkennung angerechnet werden.[104]

6.134 Bestreitet der Schuldner nur einen Teil der Forderung, so kann die Betreibung für den unbestrittenen Betrag fortgesetzt werden (Art. 78 Abs. 2 SchKG). Der Gläubiger hat dazu das Verwertungsbegehren[105] zu stellen (Art. 154 SchKG). Für den mit dem Rechtsvorschlag bestrittenen Betrag kann die Betreibung dagegen nur fortgesetzt werden, wenn der betreibende Gläubiger an das Gericht gelangt und die Aufhebung des Rechtsvorschlags bewirkt.

6.135 Neben dem Schuldner können auch Dritte, denen ein Zahlungsbefehlsdoppel zugestellt worden ist (Ehegatte, Art. 68a und Art. 153 Abs. 2 lit. b SchKG; Drittpfandeigentümer, Art. 153 Abs. 2 lit. a SchKG), Rechtsvorschlag erheben (Art. 153 Abs. 2 und 2bis SchKG). Damit die Betreibung weitergeführt werden kann, sind sämtliche Rechtsvorschläge mit Rechtsöffnung oder Klage zu beseitigen.

2. VERFAHRENSART

6.136 Die Erhebung des Rechtsvorschlags nach Art. 74 SchKG erfolgt in einem betreibungsrechtlichen, nicht in einem gerichtlichen Verfahren.

---

102 Bei Retention von Gegenständen durch den Vermieter i.S. von Art. 268 OR ist der Einwand der Unpfändbarkeit jedoch durch Beschwerde (Art. 17 ff. SchKG) zu erheben, in der geltend zu machen ist, dass der Gegenstand im Retentionsverzeichnis nicht aufgenommen werden darf (Rz. 10.145).

103 In diesem Fall kann sich der Schuldner nicht mit der Beschwerde auf das beneficium excussionis realis berufen (BSK SchKG I-Bernheim/Känzig, Art. 153 N 51).

104 Amonn/Walther, § 18 Rz. 39.

105 Rz. 8.84 ff.

3. ZUSTÄNDIGKEIT

A. MÜNDLICHER RECHTSVORSCHLAG

Der mündliche Rechtsvorschlag kann entweder bei der Zustellung des Zahlungsbefehls gegenüber dem Überbringer (Postbote, Betreibungsbeamter etc.) oder danach beim zuständigen Betreibungsamt erhoben werden (Art. 74 Abs. 1 SchKG). Ein telefonischer Rechtsvorschlag ist möglich, wenn keine Zweifel bzgl. der Identität des Anrufers bestehen.[106] 6.137

B. SCHRIFTLICHER RECHTSVORSCHLAG

Der Rechtsvorschlag kann direkt auf dem Zahlungsbefehl angebracht werden, entweder sofort bei Übergabe durch den Überbringer[107] oder aber später mit Zustellung des mit dem entsprechenden Vermerk versehenen Zahlungsbefehls an das Betreibungsamt. Der Rechtsvorschlag kann aber auch in einer separaten Eingabe an das Betreibungsamt erfolgen; damit erkennbar wird, welche Betreibung betroffen ist, muss insb. die Betreibungsnummer angegeben werden. 6.138

4. LEGITIMATION

A. AKTIVLEGITIMATION

Rechtsvorschlag können alle Personen erheben, denen als Schuldner oder Mitbetriebene[108] ein Zahlungsbefehl zugestellt worden ist (Art. 74, 153 Abs. 2 und Abs. 2bis SchKG). Zudem sind deren gesetzliche und vertragliche Vertreter zum Rechtsvorschlag befugt. Wird eine Erbengemeinschaft betrieben, so darf jeder Erbe einzeln Rechtsvorschlag erheben. Schliesslich kann jede Person, der nach Art. 64 oder Art. 65 SchKG der Zahlungsbefehl i.S. einer rechtsgültigen Zustellung übergeben werden darf, Rechtsvorschlag erklären.[109] 6.139

B. PASSIVLEGITIMATION

Der Rechtsvorschlag richtet sich gegen den Gläubiger (Betreibender). 6.140

5. STREITWERT

Beim Rechtsvorschlag in der Betreibung auf Pfandverwertung ist der Streitwert ohne Bedeutung. 6.141

106 BGE 127 III 181, E. 4b; BSK SchKG I-Bessenich, Art. 74 N 12 f.

107 Rz. 6.137.

108 Rz. 6.36.

109 BSK SchKG I-Bessenich, Art. 74 N 5.

6. FRISTEN

6.142 Der Rechtsvorschlag nach Art. 74 und Art. 75 i.V.m. Art. 265a SchKG ist innert 10 Tagen seit Zugang des Zahlungsbefehls zu erklären (Art. 74 Abs. 1 SchKG). Wohnt der Betriebene im Ausland oder ist die Zustellung des Zahlungsbefehls nach Art. 66 Abs. 4 SchKG durch öffentliche Bekanntmachung zu ersetzen, kann das Betreibungsamt nach Ermessen eine längere Rechtsvorschlagsfrist einräumen (Art. 33 Abs. 2 SchKG).

6.143 Ein auf Vorrat bzw. zum Voraus erklärter Rechtsvorschlag ist unzulässig. Hingegen ist es möglich, in einer bereits eingeleiteten und mit einer bestimmten Betreibungsnummer an die Hand genommenen Betreibung, von welcher der Schuldner Kenntnis erhalten hat, Rechtsvorschlag zu erheben, auch wenn die in die Wege geleitete Zustellung des Zahlungsbefehls noch nicht erfolgt ist.[110]

6.144 Wurde der Schuldner durch ein unverschuldetes Hindernis abgehalten, rechtzeitig Rechtsvorschlag zu erheben, kann er innert 10 Tagen seit Wegfall des Hindernisses beim Betreibungsamt den Rechtsvorschlag erklären und innert der gleichen Frist bei der Aufsichtsbehörde ein begründetes Gesuch um Wiederherstellung der Frist stellen (Art. 33 Abs. 4 SchKG).

7. KOMBINATIONSMÖGLICHKEITEN

6.145 Der Betriebene kann mit der Erklärung des Rechtsvorschlags eine entsprechende Bescheinigung des Betreibungsamtes verlangen (Art. 74 Abs. 3 SchKG).

8. MÖGLICHE RECHTSBEGEHREN

6.146 Zur Erhebung des Rechtsvorschlags bedarf es keines ausformulierten Rechtsbegehrens. Der Betriebene muss aber klar und unmissverständlich zum Ausdruck bringen, dass er Rechtsvorschlag erheben will. Dazu genügt bei Anbringen des Rechtsvorschlags auf dem Zahlungsbefehl die einfache Formulierung «Rechtsvorschlag» oder «Ich erhebe Rechtsvorschlag», ergänzt mit der Unterschrift; es genügt auch die blosse Unterschrift in der Rubrik «Rechtsvorschlag».[111] Eine Begründung ist nicht notwendig. Will sich der Betriebene nur gegen einen Teil der in Betreibung gesetzten Forderungssumme zur Wehr setzen (Teilrechtsvorschlag), so hat er genau anzugeben, in welchem Umfang er Rechtsvorschlag erhebt, z.B. mit der Formulierung «Rechtsvorschlag im Umfang von CHF [Betrag] nebst [Zinssatz] % Zins seit [Datum]».

110 BGer 5A_442/2010 vom 7.9.2010, E. 3.1.

111 BGE 108 III 6, E. 1.

Bringt der Betriebene den Rechtsvorschlag nicht direkt auf dem Zahlungsbefehl an, so hat er in der späteren mündlichen oder schriftlichen Eingabe zu erklären, auf welchen Zahlungsbefehl sich sein Rechtsvorschlag bezieht: 6.147

> Ich erhebe Rechtsvorschlag in Betreibung [Nummer] / BA [Bezeichnung].

oder

> Ich erhebe Rechtsvorschlag in Betreibung [Nummer] / BA [Bezeichnung] im Umfang von CHF [Betrag] nebst [Zinssatz] % Zins seit [Datum].

Erhebt der Schuldner Rechtsvorschlag, so wird, wenn in diesem nichts anderes bemerkt wird, angenommen, er beziehe sich auf die Forderung und auf das Pfandrecht (Art. 85 VZG). Dies gilt auch, wenn der Schuldner in einem Teilrechtsvorschlag nur einen Teil der betriebenen Forderung bestreitet. Will der Schuldner einzig die Forderung (ganz oder teilweise) oder einzig das Pfandrecht bestreiten, so hat er dies ausdrücklich zu erklären, z.B. «Ich erhebe Rechtsvorschlag bezüglich der Betreibungsforderung, nicht aber bezüglich des Pfandrechts» oder «Ich erhebe Rechtsvorschlag bezüglich des Pfandrechts, nicht aber bezüglich der Betreibungsforderung». Die Regel von Art. 85 VZG gilt auch für die Betreibung auf Verwertung eines Faustpfands.[112] 6.148

Bei Drittpfandverhältnissen hat der Rechtsvorschlag des Drittpfandgebers die gleichen Wirkungen wie derjenige des Schuldners. Insbesondere gilt die Vermutung, wonach der nicht weiter begründete Rechtsvorschlag sich auf die Forderung wie das Pfandrecht bezieht, auch für den Drittpfandgeber.[113] 6.149

9. VORAUSSETZUNGEN

Das Erheben des Rechtsvorschlags nach Art. 74 SchKG unterliegt keinen besonderen Voraussetzungen. Insbesondere ist keine Begründung erforderlich. Der Rechtsvorschlag kann schriftlich oder mündlich erfolgen.[114] 6.150

10. BESONDERHEITEN

A. BEWEISLAST

Die Beweislast für die rechtzeitige Erhebung des Rechtsvorschlags trägt der Schuldner.[115] 6.151

112 VZG-Komm.-Kren Kostkiewicz, Art. 85 N 11; Gilliéron, Rz. 680.
113 BGE 140 III 36, E. 3.
114 Rz. 6.137 f.
115 BGer 5A_809/2016 vom 20.12.2016, E. 2 f.

B. KOSTEN

6.152 Die mit dem Rechtsvorschlag verbundenen Verrichtungen des Betreibungsamtes sind gebührenfrei (Art. 74 Abs. 3 SchKG, Art. 18 GebV SchKG).

6.153 Auch im Rechtsmittelverfahren (Beschwerde nach Art. 17 ff. SchKG) dürfen keine Gebühren erhoben (Art. 61 Abs. 2 lit. a GebV SchKG) und keine Parteientschädigungen zugesprochen werden (Art. 62 Abs. 2 GebV SchKG).

11. RECHTSMITTEL

A. KANTONALE RECHTSMITTEL

6.154 Fehlerhafte Verfügungen, Rechtsverweigerung oder Rechtsverzögerung des Betreibungsamtes im Zusammenhang mit dem Rechtsvorschlag sind mit Beschwerde (Art. 17 f. SchKG) innert 10 Tagen (Art. 17 Abs. 2 SchKG) anfechtbar.

B. RECHTSMITTEL ANS BUNDESGERICHT

6.155 Der Entscheid der einzigen oder der oberen kantonalen Aufsichtsbehörde kann – unabhängig vom Streitwert (Art. 74 Abs. 2 lit. c BGG) – beim Bundesgericht innert 10 Tagen (Art. 100 Abs. 2 lit. a BGG) mit der Beschwerde in Zivilsachen nach Art. 72 ff. BGG angefochten werden (Art. 72 Abs. 2 lit. a BGG).

Tabellarische Zusammenfassung

Zweck	Ganze oder teilweise Einstellung des Betreibungsverfahrens
Gesetzliche Grundlage	Art. 74 ff., 153 SchKG, Art. 85 VZG
Verfahrensart	Betreibungsrechtliches Verfahren
Zuständigkeit	Betreibungsamt am Betreibungsort (der Rechtsvorschlag kann auch gegenüber dem Überbringer des Zahlungsbefehls erklärt werden)
Aktivlegitimation	– Empfänger des Zahlungsbefehls (Schuldner, Mitbetriebene) – Deren gesetzliche und vertragliche Vertreter des Schuldners – Bei Erbengemeinschaften jeder Erbe – Jede Person, welcher nach Art. 64 oder 65 SchKG der Zahlungsbefehl zugestellt werden kann
Passivlegitimation	(Betreibender) Gläubiger
Streitwert	Nicht einschlägig

Fristen	Grundsatz: 10 Tage seit Zustellung des Zahlungsbefehls Ausnahme: Eventuell längere Frist nach Ermessen des Betreibungsamts bei Wohnsitz des Betriebenen im Ausland oder bei öffentlicher Bekanntmachung
Kombination	Begehren um Bescheinigung des Betreibungsamtes über den Rechtsvorschlag
Mögliche Formulierung des Rechtsvorschlags	Auf dem Zahlungsbefehl: – Unterschrift in der Rubrik «Rechtsvorschlag» – Ich erhebe Rechtsvorschlag. – Ich erhebe Rechtsvorschlag im Umfang von CHF [Betrag] nebst [Zinssatz] % Zins seit [Datum]. – Ich erhebe Rechtsvorschlag bezüglich der Betreibungsforderung – Ich erhebe Rechtsvorschlag bezüglich der Betreibungsforderung im Umfang von CHF [Betrag] nebst [Zinssatz] % Zins seit [Datum], nicht aber bezüglich des Pfandrechts. – Ich erhebe Rechtsvorschlag bezüglich des Pfandrechts, nicht aber bezüglich der Betreibungsforderung. Als separate Eingabe: – Ich erhebe Rechtsvorschlag in Betreibung [Nummer] / BA [Bezeichnung]. – Ich erhebe Rechtsvorschlag in Betreibung [Nummer] / BA [Bezeichnung] im Umfang von CHF [Betrag] nebst [Zinssatz] % Zins seit [Datum]. – Ich erhebe Rechtsvorschlag in Betreibung [Nummer] / BA [Bezeichnung] bezüglich der Betreibungsforderung – Ich erhebe Rechtsvorschlag in Betreibung [Nummer] / BA [Bezeichnung] bezüglich der Betreibungsforderung im Umfang von CHF [Betrag] nebst [Zinssatz] % Zins seit [Datum], nicht aber bezüglich des Pfandrechts. – Ich erhebe Rechtsvorschlag in Betreibung [Nummer] / BA [Bezeichnung] bezüglich des Pfandrechts, nicht aber bezüglich der Betreibungsforderung.
Voraussetzungen	Keine besonderen Voraussetzungen

Besonderheiten	– Beweislast für Rechtzeitigkeit Rechtsvorschlag: Schuldner
	– Kosten:
	  – Keine Gebühren des Betreibungsamtes im Zusammenhang mit dem Rechtsvorschlag
	  – Beschwerdeverfahren: keine Gebühren und keine Parteientschädigungen

Rechtsmittel	Kantonal: Beschwerde (Art. 17 f. SchKG) innert 10 Tagen Bund: Beschwerde in Zivilsachen (Art. 72 ff. BGG) innert 10 Tagen

VI. RECHTSVORSCHLAG IN DER WECHSELBETREIBUNG (ART. 179 FF. SCHKG)

1. ZWECK UND WIRKUNG

6.156 Bei der Wechselbetreibung handelt es sich um eine besondere Form der Konkursbetreibung. Sie unterscheidet sich von der ordentlichen Betreibung durch ihre Strenge und ihre Schnelligkeit.[116] Dies zeigt sich deutlich beim Rechtsvorschlag. Dieser ist innert 5 Tagen schriftlich und begründet beim Betreibungsamt einzureichen und wird von diesem unverzüglich an den Richter weitergeleitet, der innert 10 Tagen nach Erhalt des Rechtsvorschlags über dessen Bewilligung entscheidet.

6.157 Unbeachtlich ist ein Rechtsvorschlag, der nur die Betreibungskosten betrifft. Ein gültiger Rechtsvorschlag umfasst dagegen auch die Kostenbelastung als Nebenfolge der Betreibung.[117]

6.158 Der Rechtsvorschlag bezweckt die Einstellung der Betreibung. Der Schuldner kann damit die materiellrechtliche Zulässigkeit der Betreibung aus den in Art. 182 SchKG abschliessend aufgezählten Gründen bestreiten; andere Einwendungen sind nicht möglich. Dagegen kann die Verletzung betreibungsrechtlicher Verfahrensvorschriften mit der betreibungsrechtlichen Beschwerde (Art. 17 ff. SchKG) gerügt werden.

6.159 Die Erhebung des Rechtsvorschlags stoppt die Betreibung noch nicht, sondern wirkt sich nur auf die Frist für das Konkursbegehren aus (die Monatsfrist für das Konkursbegehren verlängert sich um die Zeit zwischen Erhebung des Rechtsvorschlags und dem Entscheid über dessen Bewilligung; Art. 188 Abs. 2 SchKG). Erst die richterliche Bewilligung des Rechtsvorschlag bewirkt die Einstellung der Betreibung (Art. 186 SchKG). Der Gläubiger hat dann zur Geltendmachung seines Anspruchs den ordentlichen Prozessweg zu bestreiten und die sog. Wechselklage zu erheben (Art. 186 SchKG). Ein Rechtsöffnungsverfahren ist nicht mehr möglich, weil der Rechtsvorschlag bereits richterlich beurteilt wurde. Die Wechselklage nimmt dieselbe Funktion wie die Anerkennungsklage nach Art. 79 SchKG wahr. Sie ist innerhalb der Gültigkeitsdauer des Zahlungsbefehls von einem Monat (Art. 188 Abs. 2 SchKG) einzureichen.[118] Ein Schlichtungsverfahren ist – unter Vorbehalt eines Verzichts nach Art. 199 ZPO – notwendig.

6.160 Bewilligt der Richter den Rechtsvorschlag nur nach Hinterlegung des streitigen Betrages (im Fall von Art. 182 Ziff. 4 SchKG), hat der Gläubiger innert 10 Tagen seit Eröffnung des Entscheids oder seit der nachher erfolgten Hinterlegung die Klage auf Zahlung anzuheben.[119] Bleibt er mit der Klage erfolgreich, ist ihm der hinterlegte Betrag (im Umfang seiner zugesprochenen Forderung) auszuhändigen. Hält der Gläubiger die Klagefrist nicht ein, wird die Hinterlage zurückgegeben

116 Gilliéron, Rz. 1469; Kren Kostkiewicz, § 7 Rz. 1060.

117 BGE 85 III 124, 128.

118 Kren Kostkiewicz, § 7 Rz. 1081 f.

119 Gilliéron, Rz. 1506.

(Art. 184 Abs. 2 SchKG). Eine weitergehende Wirkung hat die Fristversäumnis nicht. Solange der Zahlungsbefehl gültig ist (Art. 188 Abs. 2 SchKG), kann der Gläubiger Wechselklage erheben.[120]

Wird der Rechtsvorschlag nicht bewilligt, kann der Betriebene keine Aberkennungsklage (Art. 83 Abs. 2–4 SchKG) einreichen. Um den Konkurs zu vermeiden, muss er die Betreibungsforderung bezahlen. Hat er eine Nichtschuld bezahlt, kann er innerhalb eines Jahres nach der Zahlung den bezahlten Betrag mit der Rückforderungsklage (Art. 86 SchKG)[121] zurückfordern (Art. 187 SchKG). Diese Klage steht unter den gleichen Voraussetzungen auch dem Betriebenen zu, der keinen (gültigen) Rechtsvorschlag erhoben hat. 6.161

Bei Verweigerung des Rechtsvorschlags kann der Richter vorsorgliche Massnahmen treffen, insb. die Aufnahme eines Güterverzeichnisses nach Art. 162–165 SchKG anordnen (Art. 183 Abs. 1 SchKG). Er kann nötigenfalls auch dem Gläubiger eine Sicherheitsleistung auferlegen (Art. 183 Abs. 2 SchKG). 6.162

2. VERFAHRENSART

Das Betreibungsamt prüft, ob der eingegangene Rechtsvorschlag form- und fristgerecht erfolgt ist.[122] Ist dies der Fall, legt es den Rechtsvorschlag unverzüglich dem Richter des Betreibungsortes vor. In diesem Zeitpunkt geht das betreibungsrechtliche in ein gerichtliches Verfahren über. Der Richter befindet über die Bewilligung des Rechtsvorschlags nach den Regeln des summarischen Verfahrens von Art. 248 ff. ZPO (Art. 251 lit. b ZPO). Er hat die Parteien zu einer Verhandlung vorzuladen und entscheidet auch in ihrer Abwesenheit (Art. 181 SchKG). An der Verhandlung kann der Schuldner die Begründung seines Rechtsvorschlags noch ergänzen. 6.163

3. ZUSTÄNDIGKEIT

A. ÖRTLICHE ZUSTÄNDIGKEIT

Der Rechtsvorschlag in der Wechselbetreibung hat mit einer schriftlichen und begründeten Eingabe an das Betreibungsamt zu erfolgen. Das Betreibungsamt legt den Rechtsvorschlag dann unverzüglich dem Richter des Betreibungsortes vor, der die Parteien vorlädt und über die Bewilligung des Rechtsvorschlags entscheidet (Art. 181 f. SchKG). 6.164

---

120 KREN KOSTKIEWICZ, § 7 Rz. 1083.

121 Rz. 5.283 ff.

122 KREN KOSTKIEWICZ, § 7 Rz. 1076.

B. SACHLICHE ZUSTÄNDIGKEIT

6.165 Welcher Richter sachlich zuständig ist, bestimmt das kantonale Recht (Art. 23 SchKG).

4. LEGITIMATION

A. AKTIVLEGITIMATION

6.166 Legitimiert zur Erhebung des Rechtsvorschlags sind der Schuldner und der Ehegatte, dem ein Zahlungsbefehlsdoppel zugestellt worden ist (Art. 68a SchKG) sowie deren gesetzliche und vertragliche Vertreter. Wird eine Erbengemeinschaft betrieben, so darf jeder Erbe einzeln Rechtsvorschlag erheben. Zudem ist jede Person, der nach Art. 64 oder Art. 65 SchKG der Zahlungsbefehl i.S. einer rechtsgültigen Zustellung übergeben werden kann, zum Rechtsvorschlag befugt.[123]

B. PASSIVLEGITIMATION

6.167 Der Rechtsvorschlag richtet sich gegen den Gläubiger (Betreibender).

5. STREITWERT

6.168 Der Streitwert im gerichtlichen Verfahren um Bewilligung des Rechtsvorschlags entspricht dem im Zahlungsbefehl angegebenen Forderungsbetrag (Art. 91 ZPO). Richtet sich der Rechtsvorschlag nur gegen einen Teil dieses Betrags, so entspricht der Streitwert diesem bestrittenen Teil.

6. FRISTEN

A. RECHTSVORSCHLAG

6.169 Der Rechtsvorschlag in der Wechselbetreibung muss beim Betreibungsamt innert 5 Tagen seit Zugang des Zahlungsbefehls erhoben werden (Art. 179 Abs. 1 SchKG). Art. 33 Abs. 2 SchKG (Fristverlängerung bei Wohnsitz im Ausland oder bei öffentlicher Bekanntmachung) ist nicht anwendbar.[124] Eine Wiederherstellung der Frist (Art. 33 Abs. 4 SchKG) ist gesetzlich ausgeschlossen (Art. 179 Abs. 3 SchKG). Ein zum Voraus erklärter Rechtsvorschlag ist grundsätzlich unzulässig.[125]

---

123 Gilliéron, Commentaire, Art. 179 SchKG N 9.

124 Gilliéron, Commentaire, Art. 33 SchKG N 13.

125 Rz. 6.96.

B. ENTSCHEID ÜBER BEWILLIGUNG

Der Richter hat innert 10 Tagen nach Erhalt des Rechtsvorschlags über dessen Bewilligung zu entscheiden (Art. 181 SchKG). Es handelt sich dabei um eine blosse Ordnungsfrist.[126] 6.170

7. KOMBINATIONSMÖGLICHKEITEN

Der Betriebene kann in seiner schriftlichen Erklärung des Rechtsvorschlags verlangen, dass ihm das Betreibungsamt dessen Einreichung bescheinigt (Art. 179 Abs. 1 SchKG). 6.171

8. MÖGLICHE RECHTSBEGEHREN

Der Rechtsvorschlag in der Wechselbetreibung ist schriftlich und begründet an das Betreibungsamt zu richten, das ihn unverzüglich dem Richter des Betreibungsorts vorlegt (Art. 179 und Art. 181 SchKG). Auch wenn der Richter die Partien zu einer Verhandlung vorladen muss (Art. 181 SchKG), sollte bereits der schriftliche Rechtsvorschlag das genaue Rechtsbegehren enthalten, z.B.: 6.172

1. Der Rechtsvorschlag in der Wechselbetreibung [Nummer] / BA [Bezeichnung] sei zu bewilligen.
2. Unter Kosten- und Entschädigungsfolgen zulasten des Gesuchgegners.

oder

1. Der Rechtsvorschlag in der Wechselbetreibung [Nummer] / BA [Bezeichnung] sei im Umfang von CHF [Betrag] nebst [Zinssatz] % Zins seit [Datum] zu bewilligen.
2. Unter Kosten- und Entschädigungsfolgen zulasten des Gesuchgegners.

9. VORAUSSETZUNGEN

In der Wechselbetreibung ist der Rechtsvorschlag mit einer schriftlichen und begründeten Eingabe zu erheben. Der Schuldner hat in seiner Begründung darzulegen, dass eine der Art. 182 SchKG abschliessend aufgezählten Voraussetzungen erfüllt ist (Art. 179 Abs. 1 SchKG). Der Richter bewilligt den Rechtsvorschlag, 6.173

(1) wenn durch Urkunden bewiesen wird, dass die Schuld an den Inhaber des Wechsels oder des Checks bezahlt oder durch denselben nachgelassen oder gestundet ist;
(2) wenn die Fälschung des Titels glaubhaft gemacht wird;
(3) wenn eine aus dem Wechselrecht hervorgehende Einrede begründet erscheint;

126 GILLIÉRON, Rz. 1484.

(4) wenn eine andere, nach Art. 1007 OR zulässige Einrede geltend gemacht wird, die glaubhaft erscheint; in diesem Fall muss jedoch die Forderungssumme in Geld oder Wertschriften hinterlegt oder eine gleichwertige Sicherheit geleistet werden.

10. BESONDERHEITEN

A. BEWEISLAST

6.174 Die Beweislast für die rechtzeitige Erhebung des Rechtsvorschlags trägt der Schuldner.[127]

B. NACHTRÄGLICHER RECHTSVORSCHLAG

6.175 Ein nachträglicher Rechtsvorschlag wegen Gläubigerwechsels (Art. 77 SchKG) ist in der Wechselbetreibung ausgeschlossen.[128]

C. KOSTEN

A) VOR BETREIBUNGSAMT

6.176 Die mit dem Rechtsvorschlag verbundenen Verrichtungen des Betreibungsamtes sind gebührenfrei (Art. 179 Abs. 1 SchKG, Art. 18 GebV SchKG).

B) VOR GERICHT

6.177 Die Gerichtskosten des Verfahrens um Bewilligung des Rechtsvorschlags in der Wechselbetreibung bemessen sich erstinstanzlich nach Art. 48 GebV SchKG und zweitinstanzlich nach Art. 61 Abs. 1 GebV SchKG, die Parteientschädigungen (i.S.v. Art. 95 Abs. 3 ZPO) nach kantonalem Tarif (Art. 96 ZPO). Für das Verfahren vor Bundesgericht gilt dessen Gerichtsgebührentarif[129] bzw. dessen Reglement über die Parteientschädigung und die Entschädigung für die amtliche Vertretung.[130]

6.178 Als klagende und damit kostenvorschusspflichtige Partei gilt der Schuldner.[131]

---

127 BGer 5A_809/2016 vom 20.12.2016, E. 2 f.

128 CPra Actions-Bohnet, § 113 Rz. 2; Gilliéron, Commentaire, Art. 77 SchKG N 18 ff. Für die Zulässigkeit des nachträglichen Rechtsvorschlags in der Wechselbetreibung: Kren Kostkiewicz, § 7 Rz. 1074; CR LP-Ruedin, Art. 77 SchKG N 3.

129 SR 173.110.210.1.

130 SR 173.110.210.3.

131 BGE 139 III 498, E. 2.2 f.

11. RECHTSMITTEL

A. VERFAHREN VOR BETREIBUNGSAMT

A) KANTONALE RECHTSMITTEL

Fehlerhafte Verfügungen, Rechtsverweigerung oder Rechtsverzögerung des Betreibungsamtes im Zusammenhang mit dem Rechtsvorschlag sind mit Beschwerde (Art. 17 f. SchKG) innert 5 Tagen (Art. 20 SchKG) anfechtbar. 6.179

B) RECHTSMITTEL ANS BUNDESGERICHT

Der Entscheid der einzigen oder der oberen kantonalen Aufsichtsbehörde ist – unabhängig vom Streitwert (Art. 74 Abs. 2 lit. c BGG) – beim Bundesgericht innert 5 Tagen (Art. 100 Abs. 3 lit. a BGG) mit der Beschwerde in Zivilsachen nach Art. 72 ff. BGG anfechtbar (Art. 72 Abs. 2 lit. a BGG). 6.180

B. GERICHTLICHES VERFAHREN

A) KANTONALE RECHTSMITTEL

Der Entscheid über die Bewilligung des Rechtsvorschlags in der Wechselbetreibung (Art. 182 ff. SchKG) ist mit Beschwerde nach Art. 319 ff. ZPO anfechtbar (Art. 185 SchKG, Art. 319 lit. a i.V.m. Art. 309 lit. b Ziff. 5 ZPO). Zu beachten ist die kurze Beschwerdefrist von 5 Tagen (Art. 185 SchKG). 6.181

B) RECHTSMITTEL ANS BUNDESGERICHT

Entscheide letzter kantonaler Instanzen über die Bewilligung des Rechtsvorschlags sind beim Bundesgericht mit der Beschwerde in Zivilsachen (Art. 72 ff. BGG) anfechtbar, wenn der Streitwert mindestens CHF 30 000.– beträgt, und zwar auch dann, wenn die Forderung auf einem miet- oder in einem arbeitsrechtlichen Sachverhalt basiert.[132] Bei niedrigerem Streitwert ist die Beschwerde zulässig, wenn sich eine Rechtsfrage von grundsätzlicher Bedeutung stellt (Art. 74 Abs. 1 und Abs. 2 lit. a BGG). Die Beschwerdefrist beträgt 30 Tage (Art. 100 Abs. 1 BGG).[133] Die Beschwerde hat keine aufschiebende Wirkung (Art. 103 Abs. 1 BGG);[134] diese kann aber von Amtes wegen oder auf Antrag einer Partei erteilt werden (Art. 103 Abs. 3 BGG). 6.182

Ist die Beschwerde in Zivilsachen ausgeschlossen, steht die subsidiäre Verfassungsbeschwerde (Art. 113 ff. BGG) wegen Verletzung verfassungsmässiger Rechte (Art. 115 BGG) zur Verfügung. Die Beschwerdefrist beträgt 30 Tage (Art. 117 i.V.m. Art. 100 Abs. 1 BGG). 6.183

---

132 Vgl. BGE 135 III 470, E. 1.2; 134 III 267, E. 1.1.

133 BGE 137 III 94, E. 1.3.

134 BSK SchKG I-Staehelin, Art. 84 N 98.

Tabellarische Zusammenfassung

Zweck	Ganze oder teilweise Einstellung des Betreibungsverfahrens
Gesetzliche Grundlage	Art. 179 ff. SchKG
Verfahrensart	Eingabe: Betreibungsrechtliches Verfahren Entscheid: Summarisches Verfahren (Art. 248 ff. ZPO) mit Verhandlung
Zuständigkeit	Eingabe: Betreibungsamt am Betreibungsort Entscheid: Vom Kanton bezeichnetes Gericht am Betreibungsort nach (Art. 181 f., Art. 23 SchKG)
Aktivlegitimation	– Empfänger des Zahlungsbefehls (Schuldner, Mitbetriebene) – Deren gesetzliche und vertragliche Vertreter – Bei Erbengemeinschaften jeder Erbe – Jede Person, welcher nach Art. 64 oder 65 SchKG der Zahlungsbefehl zugestellt werden kann
Passivlegitimation	(Betreibender) Gläubiger
Streitwert	Forderungsbetrag des Zahlungsbefehls, bei Teilrechtsvorschlag bestrittener Teil
Fristen	– 5 Tage seit Zustellung des Zahlungsbefehls – Wiederherstellung der Frist (Art. 33 Abs. 4 SchKG); ausgeschlossen
Kombination	Begehren um Bescheinigung des Betreibungsamtes über den Rechtsvorschlag
Mögliche Formulierungen des Rechtsvorschlags	1. Der Rechtsvorschlag in der Wechselbetreibung [Nummer] / BA [Bezeichnung] sei zu bewilligen. 2. Unter Kosten- und Entschädigungsfolgen zulasten des Gesuchgegners. *oder* 1. Der Rechtsvorschlag in der Wechselbetreibung [Nummer] / BA [Bezeichnung] sei im Umfang von CHF [Betrag] nebst [Zinssatz] % Zins seit [Datum] zu bewilligen. 2. Unter Kosten- und Entschädigungsfolgen zulasten des Gesuchgegners.
Voraussetzungen	Eine der in Art. 182 SchKG abschliessend aufgezählten Voraussetzungen ist erfüllt: – Tilgung, Erlass oder Stundung der Schuld ist urkundenmässig bewiesen – Fälschung des Titels ist glaubhaft gemacht – Aus dem Wechselrecht hervorgehende Einrede erscheint begründet – Andere nach Art. 1007 OR zulässige Einrede erscheint glaubhaft und Forderungssumme ist in Geld oder Wertschriften hinterlegt oder gleichwertige Sicherheit ist geleistet

Besonderheiten	– Beweislast für Rechtzeitigkeit Rechtsvorschlag: Schuldner
	– Nachträglicher Rechtsvorschlag (Art. 77 SchKG): Ausgeschlossen
	– Kosten Betreibungsamt: Keine Gebühren des Betreibungsamtes im Zusammenhang mit dem Rechtsvorschlag
	– Kosten Gericht:
	  – Die Gerichtskosten bestimmen sich im kantonalen Verfahren nach Art. 48 und Art. 61 Abs. 1 GebV SchKG, im Verfahren vor Bundesgericht nach dessen Gerichtsgebührentarif
	  – Die Parteientschädigungen bestimmen sich im kantonalen Verfahren nach kantonalem Tarif (Art. 96 ZPO), im Verfahren vor Bundesgericht nach dessen Reglement über die Parteientschädigung und die Entschädigung für die amtliche Vertretung
	– Kostenvorschusspflicht: Betriebener

Rechtsmittel im Verfahren vor Betreibungsamt	Kantonal: Beschwerde (Art. 17 f. SchKG) innert 5 Tagen Bund: Beschwerde in Zivilsachen (Art. 72 ff. BGG) innert 5 Tagen
Rechtsmittel im gerichtlichen Verfahren	Kantonal: Beschwerde nach Art. 319 ff. ZPO innert 5 Tagen Bund: Beschwerde in Zivilsachen (Art. 72 ff. BGG) innert 30 Tagen bei Streitwert ab CHF 30 000.– oder bei Rechtsfrage von grundsätzlicher Bedeutung oder subsidiäre Verfassungsbeschwerde (Art. 113 ff. BGG) innert 30 Tagen in den übrigen Fällen

VII. RECHTSVORSCHLAG MANGELS NEUEN VERMÖGENS (ART. 75 ABS. 2, ART. 265A ABS. 1–3 SCHKG)

1. ZWECK UND WIRKUNG

Der Gläubiger, der einen Konkursverlustschein erhalten hat, kann gestützt auf diesen nur dann eine neue Betreibung einleiten, wenn der Schuldner zu neuem Vermögen gekommen ist (Art. 265 Abs. 2 SchKG). Will der Schuldner die Zulässigkeit der Betreibung bestreiten, weil er noch nicht zu neuem Vermögen gekommen ist, so hat er dies in einem Rechtsvorschlag ausdrücklich zu erklären; andernfalls ist diese Einrede verwirkt (Art. 75 Abs. 2 SchKG). Ein Rechtsvorschlag ohne diese Präzisierung richtet sich nur gegen den Bestand der Forderung; er kann im Zivilprozess oder im Verwaltungsverfahren (Art. 79 SchKG) oder im Rechtsöffnungsverfahren (Art. 80–84 SchKG) beseitigt werden. 6.184

Erhebt der Schuldner Rechtsvorschlag mit der Begründung, er sei nicht zu neuem Vermögen gekommen, so hat das Betreibungsamt die Zulässigkeit eines Rechtsvorschlages in formeller Hinsicht zu prüfen. Es hat aber nicht darüber zu befinden, ob die Einrede mangelnden neuen Ver- 6.185

mögens im konkreten Fall zulässig ist.[135] Dazu legt das Betreibungsamt den Rechtsvorschlag dem Richter des Betreibungsortes vor, welcher die Parteien anhört und entscheidet (Art. 265a Abs. 1 SchKG). Der Richter prüft einzig, ob neues Vermögen vorhanden ist oder nicht.[136]

6.186 Fraglich ist, ob beim Rechtsvorschlag mangels neuen Vermögens auch die Schuld als mitbestritten gilt. Bleibt – insb. nach einer Aufforderung des Betreibungsamts zur Präzisierung des Rechtsvorschlags – unklar, ob mit dem Rechtsvorschlag nur die Einrede des fehlenden neuen Vermögens erhoben wird oder ob sich dieser auch gegen die in Betreibung gesetzte Forderung richtet, so hat eine Auslegung nach dem Vertrauensprinzip zu erfolgen.[137] Richtet sich der Rechtsvorschlag auch gegen den Bestand der in Betreibung gesetzten Forderung (ganze oder teilweise Bestreitung der Forderung), so ist dieser ebenfalls gerichtlich zu beseitigen, bevor die Betreibung ihre Fortsetzung finden kann. In diesem Fall kann der Betreibende die Rechtsöffnung (Art. 80 ff. SchKG) verlangen, über die der Richter – bei gegebener (sachlicher) Zuständigkeit – im selben (summarischen) Verfahren befindet.[138]

6.187 Bewilligt der Richter den Rechtsvorschlag, wird die Betreibung eingestellt. Bewilligt er den Rechtsvorschlag nicht oder nur teilweise, hat er den Umfang des neuen Vermögens festzustellen und der Gläubiger kann die Betreibung entsprechend fortsetzen. Vermögenswerte Dritter, über die der Schuldner wirtschaftlich verfügt, kann der Richter pfändbar erklären, wenn das Recht des Dritten auf einer Handlung beruht, die der Schuldner in der dem Dritten erkennbaren Absicht vorgenommen hat, die Bildung neuen Vermögens zu vereiteln (Art. 265a Abs. 3 SchKG). Die richterliche Feststellung des neuen Vermögens beschränkt umfangmässig die Haftung des Schuldners. Im Rahmen dieser Beschränkung der Betreibung hat der Schuldner jedoch mit seinem ganzen Vermögen einzustehen.[139]

6.188 Will der Gläubiger bei Bewilligung des Rechtsvorschlags die Betreibung weiterführen, muss er eine Klage auf Feststellung des neuen Vermögens (Art. 265a Abs. 4 SchKG) einreichen.[140] Ein Rechtsöffnungsverfahren ist nicht möglich, weil über den Rechtsvorschlag bereits richterlich entschieden ist.

6.189 Wird der Rechtsvorschlag nicht bewilligt, muss der Schuldner Klage auf Bestreitung des neuen Vermögens (Art. 265a Abs. 4 SchKG) einreichen,[141] um die Weiterführung der Betreibung durch den Gläubiger zu verhindern.

135 BGE 124 III 379, E. 3.
136 BGE 140 III 567, E. 2.1.
137 BGE 140 III 567, E. 2.2 f.
138 BGE 140 III 567, E. 2.1.
139 BGE 136 III 51, E. 3.2.
140 Rz. 9.333 ff.
141 Rz. 9.333 ff.

Die Einrede des mangelnden neuen Vermögens und die gerichtliche Feststellung neuen Vermögens wirken nur in der betreffenden Betreibung. Die Prüfung, ob neues Vermögen erworben wurde, ist in jeder Betreibung neu vorzunehmen.[142] 6.190

Unbeachtlich ist ein Rechtsvorschlag, der nur die Betreibungskosten betrifft. Ein gültiger Rechtsvorschlag umfasst dagegen auch die Kostenbelastung als Nebenfolge der Betreibung.[143] 6.191

Die Verletzung betreibungsrechtlicher Verfahrensvorschriften ist nicht mit Rechtsvorschlag, sondern mit der betreibungsrechtlichen Beschwerde (Art. 17 ff. SchKG) zu rügen. 6.192

2. VERFAHRENSART

Das Betreibungsamt prüft, ob der eingegangene Rechtsvorschlag form- und fristgerecht erfolgt ist.[144] Ist dies der Fall, legt es den Rechtsvorschlag unverzüglich und von Amtes wegen dem Richter des Betreibungsortes vor. In diesem Zeitpunkt geht das betreibungsrechtliche in ein gerichtliches Verfahren über. Der Richter befindet über die Bewilligung des Rechtsvorschlags nach den Regeln des summarischen Verfahrens von Art. 248 ff. ZPO (Art. 251 lit. d ZPO). Er fordert den Schuldner auf, einen Kostenvorschuss zu leisten, seine finanzielle Situation darzulegen und zu begründen, weshalb er nicht zu neuem Vermögen gekommen ist. Der Gläubiger erhält Gelegenheit, zu den Ausführungen des Schuldners Stellung zu nehmen.[145] Der Entscheid des Richters in diesem summarischen Verfahren ist endgültig, ein kantonales Rechtsmittel damit ausgeschlossen[146] (Art. 265a Abs. 1 SchKG). 6.193

3. ZUSTÄNDIGKEIT

A. ERHEBUNG DES RECHTSVORSCHLAGS

A) MÜNDLICHER RECHTSVORSCHLAG

Der mündliche Rechtsvorschlag kann entweder bei der Zustellung des Zahlungsbefehls gegenüber dem Überbringer (Postbote, Betreibungsbeamter etc.) oder danach beim zuständigen Betreibungsamt erhoben werden (Art. 74 Abs. 1 SchKG). Ein telefonischer Rechtsvorschlag ist möglich, wenn keine Zweifel bzgl. der Identität des Anrufers bestehen.[147] 6.194

142 BSK SchKG EB-Bauer, Art. 265a ad N 6.

143 BGE 85 III 124, 128.

144 Rz. 6.185.

145 BSK SchKG EB-Bauer, Art. 265a ad N 21.

146 Ausnahmen: Rz. 6.229.

147 BGE 127 III 181, E. 4b; BSK SchKG I-Bessenich, Art. 74 N 12 f.

B) SCHRIFTLICHER RECHTSVORSCHLAG

6.195 Der Rechtsvorschlag kann direkt auf dem Zahlungsbefehl angebracht werden, entweder sofort bei Übergabe durch den Überbringer[148] oder aber später mit Zustellung des mit dem entsprechenden Vermerk versehenen Zahlungsbefehls an das Betreibungsamt. Der Rechtsvorschlag kann aber auch in einer separaten Eingabe an das Betreibungsamt erfolgen; damit erkennbar wird, welche Betreibung betroffen ist, muss insb. die Betreibungsnummer angegeben werden.

B. BEWILLIGUNGSVERFAHREN

A) ÖRTLICHE ZUSTÄNDIGKEIT

6.196 Zuständig ist der Richter des Betreibungsortes (Art. 265a Abs. 1 SchKG).

B) SACHLICHE ZUSTÄNDIGKEIT

6.197 Das kantonale Recht bestimmt den sachlich zuständigen Richter (Art. 23 SchKG).

4. LEGITIMATION

A. AKTIVLEGITIMATION

6.198 Rechtsvorschlag mit der Einrede des mangelnden neuen Vermögens (Art. 75 Abs. 2 i.V.m. Art. 265 SchKG) kann nur der Schuldner oder sein Vertreter erheben. Rechtsnachfolger sind dazu nicht legitimiert.[149] Neben dem Schuldner kann auch der Ehegatte, dem ein Zahlungsbefehlsdoppel zugestellt worden ist (Art. 68a SchKG), oder sein Vertreter Rechtsvorschlag erheben. Schliesslich ist jede Person, der nach Art. 64 oder Art. 65 SchKG der Zahlungsbefehl i.S. einer rechtsgültigen Zustellung übergeben werden darf, zum Rechtsvorschlag befugt. Die Betreibung kann nur weitergeführt werden, wenn der Richter alle erhobenen Rechtsvorschläge verweigert.

B. PASSIVLEGITIMATION

6.199 Der Rechtsvorschlag richtet sich gegen den Gläubiger (Betreibender).

148 Rz. 6.194.

149 KUKO SchKG-Näf, Art. 265a N 4.

5. STREITWERT

Der Streitwert im gerichtlichen Verfahren um Bewilligung des Rechtsvorschlags mangels neuen Vermögens entspricht dem im Zahlungsbefehl angegebenen Forderungsbetrag (Art. 91 ZPO). Richtet sich der Rechtsvorschlag nur gegen einen Teil dieses Betrags, so entspricht der Streitwert diesem bestrittenen Teil. 6.200

6. FRISTEN

Der Rechtsvorschlag ist innert 10 Tagen seit Zugang des Zahlungsbefehls zu erklären (Art. 74 Abs. 1 SchKG). Mit Ablauf dieser Frist verwirkt die Einrede des mangelnden neuen Vermögens (Art. 75 Abs. 2 SchKG). Wohnt der Betriebene im Ausland oder ist die Zustellung des Zahlungsbefehls nach Art. 66 Abs. 4 SchKG durch öffentliche Bekanntmachung zu ersetzen, kann das Betreibungsamt nach Ermessen eine längere Rechtsvorschlagsfrist einräumen (Art. 33 Abs. 2 SchKG). 6.201

Ein auf Vorrat bzw. zum Voraus erklärter Rechtsvorschlag ist unzulässig. Hingegen ist es möglich, in einer bereits eingeleiteten und mit einer bestimmten Betreibungsnummer an die Hand genommenen Betreibung, von welcher der Schuldner Kenntnis erhalten hat, Rechtsvorschlag zu erheben, auch wenn die in die Wege geleitete Zustellung des Zahlungsbefehls noch nicht erfolgt ist.[150] 6.202

Wurde der Schuldner durch ein unverschuldetes Hindernis abgehalten, rechtzeitig Rechtsvorschlag zu erheben, kann er innert 10 Tagen seit Wegfall des Hindernisses beim Betreibungsamt den Rechtsvorschlag erklären und innert der gleichen Frist bei der Aufsichtsbehörde oder ein begründetes Gesuch um Wiederherstellung der Frist stellten (Art. 33 Abs. 4 SchKG). 6.203

7. KOMBINATIONSMÖGLICHKEITEN

Der Betriebene kann mit der Erklärung des Rechtsvorschlags eine entsprechende Bescheinigung des Betreibungsamtes verlangen (Art. 74 Abs. 3 SchKG). 6.204

150 BGer 5A_442/2010 vom 7.9.2010, E. 3.1.

8. MÖGLICHE RECHTSBEGEHREN

A. ERHEBUNG RECHTSVORSCHLAG

6.205 Behauptet der Schuldner, er sei nicht zu neuem Vermögen gekommen (Art. 265 Abs. 2 SchKG), so hat er dies im Rechtsvorschlag ausdrücklich zu erklären. Es genügt eine Formulierung wie «Rechtsvorschlag. Kein neues Vermögen» oder «Ich erhebe Rechtsvorschlag mangels neuen Vermögens». Eine Begründung ist erst im gerichtlichen Verfahren zu liefern. Will der Schuldner zudem die Forderung (Bestand, Fälligkeit oder Höhe) bestreiten, muss dies deutlich zum Ausdruck kommen, z.B. «Rechtsvorschlag gegen die Forderung und mangels neuen Vermögens».

6.206 Macht der Schuldner geltend, sein neues Vermögen sei geringer als die Betreibungsforderung, hat er dieses zu beziffern, z.B. «Rechtsvorschlag, da nur CHF [Betrag] neues Vermögen». Bestreitet er die Forderung nur teilweise, hat er den entsprechenden Umfang genau zu bezeichnen, z.B. «Rechtsvorschlag gegen die Forderung im Umfang von CHF [Betrag] nebst [Zinssatz] % Zins seit [Datum]».

6.207 Bringt der Betriebene den Rechtsvorschlag nicht direkt auf dem Zahlungsbefehl an, so hat er in der späteren mündlichen oder schriftlichen Eingabe zu erklären, auf welchen Zahlungsbefehl sich sein Rechtsvorschlag bezieht, bspw.:

- Ich erhebe in Betreibung [Nummer] / BA [Bezeichnung] Rechtsvorschlag mangels neuen Vermögens.
- Ich erhebe in Betreibung [Nummer] / BA [Bezeichnung] Rechtsvorschlag gegen die Forderung und mangels neuen Vermögens.
- Ich erhebe in Betreibung [Nummer] / BA [Bezeichnung] Rechtsvorschlag gegen die Forderung im Umfang von CHF [Betrag] nebst [Zinssatz] % Zins seit [Datum] und mangels neuen Vermögens.

B. GERICHTLICHES BEWILLIGUNGSVERFAHREN

6.208 Das Betreibungsamt legt den Rechtsvorschlag mangels neuen Vermögens dem Richter am Betreibungsort zum Entscheid vor. In diesem summarischen Gerichtsverfahren (Art. 251 lit. d ZPO) haben die Betreibungsparteien Rechtsbegehren zu stellen.

6.209 Der Schuldner wird meist die vollumfängliche Bewilligung des Rechtsvorschlags beantragen. Sein Begehren kann lauten:

1. Der Rechtsvorschlag mangels neuen Vermögens in der Betreibung [Nummer] / BA [Bezeichnung] sei vollumfänglich zu bewilligen.
2. Unter Kosten- und Entschädigungsfolgen zulasten des Gläubigers.

Bei nur teilweisem Rechtsvorschlag hat er dessen Umfang zu bezeichnen:

1. Der Rechtsvorschlag mangels neuen Vermögens in der Betreibung [Nummer] / BA [Bezeichnung] sei im Umfang von CHF [Betrag] nebst [Zinssatz] % Zins seit [Datum] zu bewilligen.
2. Es sei festzustellen, dass der Schuldner nur im Umfang von CHF [Betrag] zu neuem Vermögen gekommen ist.
3. Unter Kosten- und Entschädigungsfolgen zulasten des Gläubigers.

Der Gläubiger wird die ganze (oder zumindest teilweise) Nichtbewilligung des Rechtsvorschlags und die Feststellung des entsprechenden Umfangs des neuen Vermögens beantragen. Die Rechtsbegehren könnten lauten: 6.210

1. Der Rechtsvorschlag mangels neuen Vermögens in der Betreibung [Nummer] / BA [Bezeichnung] sei nicht zu bewilligen.
   Variante:
   Der Rechtsvorschlag mangels neuen Vermögens in der Betreibung [Nummer] / BA [Bezeichnung] sei nur im Umfang von CHF [Betrag] nebst [Zinssatz] % Zins seit [Datum] zu bewilligen.
2. Es sei festzustellen, dass der Schuldner im Umfang von CHF [Betrag] zu neuem Vermögen gekommen ist.
3. Unter Kosten- und Entschädigungsfolgen zulasten des Schuldners.

C. RECHTSÖFFNUNG

Richtet sich der Rechtsvorschlag auch gegen den Bestand der in Betreibung gesetzten Forderung, ist zudem die (definitive[151] oder provisorische[152]) Rechtsöffnung zu verlangen. 6.211

Das Rechtsbegehren muss sich auf die in Frage stehende Betreibung beziehen und den Antrag auf Rechtsöffnung enthalten. Es kann lauten:

1. Dem Gesuchsteller sei in der Betreibung Nr. [Nummer] / BA [Bezeichnung] die definitive / provisorische Rechtsöffnung zu erteilen.
2. Unter Kosten- und Entschädigungsfolgen zulasten des Gesuchgegners.

Wurde im Zahlungsbefehl eine höhere Forderung in Betreibung gesetzt, ist zudem der genaue Betrag (in Schweizer Franken) anzugeben, für welchen die Rechtsöffnung verlangt wird:

1. Dem Gesuchsteller sei in der Betreibung Nr. [Nummer] / BA [Bezeichnung] die definitiv / provisorische Rechtsöffnung für CHF [Betrag] nebst [Zinssatz] % Zins seit [Datum] zu erteilen.
2. Unter Kosten- und Entschädigungsfolgen zulasten des Gesuchgegners.

Für die Betreibungskosten kann – entgegen verbreiteter Praxis – keine Rechtsöffnung erteilt werden, weil hierfür kein Rechtsöffnungstitel vorliegt. Eine Rechtsöffnung ist ohnehin nicht not- 6.212

151 Rz. 6.232 ff.
152 Rz. 6.283 ff.

wendig, weil die Kosten von den Zahlungen des Schuldners vorab erhoben werden können (Art. 68 Abs. 2 SchKG), womit diese im Ergebnis zur Schuld geschlagen werden und vom Schuldner zusätzlich zum Betrag, welcher dem Gläubiger zugesprochenen worden ist, zu bezahlen sind.[153] Bezahlt der Schuldner nur die Forderung samt Zinsen, aber ohne Betreibungskosten, so verbleibt dem Gläubiger eine Kapitalforderung in Höhe der Betreibungskosten, für die er Rechtsöffnung verlangen kann.[154]

9. VORAUSSETZUNGEN

A. VOR KONKURSERÖFFNUNG ENTSTANDENE FORDERUNG

6.213 Der Rechtsvorschlag mangels neuen Vermögens (Art. 75 Abs. 2 i.V.m. Art. 265 SchKG) ist nur möglich, wenn der Gläubiger seine Betreibungsforderung auf einen Konkursverlustschein stützt oder wenn diese vor der Konkurseröffnung entstanden, aber im Konkurs nicht eingegeben worden ist (vgl. Art. 267 SchKG). In einer Betreibung für eine nach der Konkurseröffnung entstandene Forderung kann der Schuldner nur den normalen Rechtsvorschlag (Art. 74 SchKG) erheben.

B. AUSDRÜCKLICHE ERHEBUNG DER EINREDE

6.214 Bestreitet der Schuldner, zu neuem Vermögen gekommen zu sein, hat er diese Einrede im Rechtsvorschlag ausdrücklich zu erheben (Art. 75 Abs. 2 SchKG).[155]

C. KEIN NEUES VERMÖGEN

6.215 Der Richter darf den Rechtsvorschlag nur bewilligen, wenn der Schuldner seine Einkommens- und Vermögensverhältnisse darlegt und die nötigen Unterlagen einreicht. Der Schuldner hat glaubhaft zu machen, dass er nicht zu neuem Vermögen gelangt ist (Art. 265a Abs. 2 SchKG). Massgebend ist nicht der Zeitpunkt des richterlichen Entscheides, sondern der Zeitpunkt der Einleitung der Betreibung bzw. das dem Einleitungszeitpunkt vorausgegangene Jahr.[156]

---

153 BGer 5A_455/2012 vom 5.12.2012, E. 3; LGVE 2012 I, Nr. 53.

154 BSK SchKG EB-Staehelin, Art. 84 ad N 67a.

155 Rz. 6.184.

156 BGer 5D_194/2016 vom 5.4.2017, E. 2.1.

10. BESONDERHEITEN

A. BEWEISLAST FÜR RECHTZEITIGKEIT RECHTSVORSCHLAG

Die Beweislast für die rechtzeitige Erhebung des Rechtsvorschlags trägt der Schuldner.[157] 6.216

B. NEUES VERMÖGEN

Das neue Vermögen wird im Gesetz nicht näher definiert. Art. 265 SchKG will dem Schuldner ermöglichen, sich vom Konkurs wirtschaftlich und sozial zu erholen und eine neue Existenz aufzubauen. Beim Begriff «neues Vermögen» handelt es sich um einen bilanzmässigen Begriff, indem neues Vermögen nur der Überschuss der Aktiven über die Passiven sein kann.[158] Dabei sind jedoch nur jene Aktiven und Passiven zu berücksichtigen, die seit Abschluss des Konkurses erworben bzw. entstanden sind. Namentlich Konkursforderungen fallen somit ausser Betracht.[159] 6.217

Auch hypothetisches Vermögen, das der Schuldner zu bilden unterlassen hat, stellt neues Vermögen dar. So stellt insbesondere Erwerbseinkommen nicht erst dann neues Vermögen dar, wenn es kapitalisiert und zu effektivem Vermögen geworden ist, sondern bereits dann, wenn das Einkommen das zur Führung eines standesgemässen Lebens Notwendige übersteigt und entsprechend die Bildung von Ersparnissen erlauben würde. Dem Schuldner ist es somit erlaubt, ein standesgemässes Leben zu führen, sich eine neue Existenz aufzubauen und gewisse Rücklagen zu bilden. Was ihm darüber hinaus verbleibt, stellt neues Vermögen dar, unabhängig davon, ob der Schuldner diesen Überschuss beiseitelegt oder ob er ihn verbraucht hat.[160] Das «neue Vermögen» beginnt damit nicht bereits mit dem über den Notbedarf hinausgehenden Einkommen und Vermögen (Art. 93 SchKG), deckt sich aber auch nicht mit dem erweiterten Notbedarf, der im Hinblick auf die Bewilligung der unentgeltlichen Rechtspflege ermittelt wird (Art. 117 lit. a ZPO).[161] 6.218

Massgebend für die Berechnung desjenigen Betrags, welchen der Schuldner zu viel ausgegeben hat, sind nach der Rechtsprechung die Einkommensverhältnisse des Schuldners im letzten Jahr vor der Anhebung der Betreibung.[162] Diese Begrenzung auf ein Jahr ist in der Lehre verschiedentlich auf Kritik gestossen.[163] 6.219

Das Gericht hat den standesgemässen Lebensbedarf nach pflichtgemässem Ermessen zu berechnen. Ausgangspunkt für die Berechnung bildet in der Praxis regelmässig der betreibungsrecht- 6.220

157 BGer 5A_809/2016 vom 20.12.2016, E. 2 f.

158 BSK SchKG II-Huber, Art. 265 N 14; BSK SchKG EB-Bauer, Art. 265a N 1a mit zahlreichen Verweisen auf die neuere Rechtsprechung im Zusammenhang mit dem Begriff des neuen Vermögens.

159 KUKO SchKG-Näf, Art. 265 N 7; BGE 99 Ia 19 E. 3a.

160 KUKO SchKG-Näf, Art. 265 N 8; BSK SchKG II-Huber, Art. 265 N 15 ff. m.H.; BGE 109 III 93, E. 1b; 129 III 385, E. 5.1.1.

161 BSK SchKG EB-Bauer, Art. 265a ad N 1.

162 BGE 99 Ia 19.

163 BSK SchKG II-Huber, Art. 265 N 17 f.; KUKO SchKG-Näf, Art. 265 N 8.

liche Notbedarf, welcher um die Steuern[164] und um gewisse übliche Kosten (z.B. Privatversicherungen) erweitert wird. Auf den Grundbeträgen wird ein sog. Sozialzuschlag von 50–100% vorgenommen, wobei es aber willkürlich ist, auf sämtlichen Positionen des erweiterten Bedarfs einen Pauschalzuschlag zu gewähren.[165]

6.221 Wenn der Schuldner verheiratet ist und mit seinem Ehepartner in einem Haushalt lebt, haben die Ehegatten an ihren gemeinsamen Bedarf für ein standesgemässes Leben im Verhältnis ihrer Einkommen beizutragen.[166]

6.222 Die Bestimmung gem. Art. 265 Abs. 2 Satz 3 SchKG, wonach auch Werte als neues Vermögen gelten, über die der Schuldner lediglich wirtschaftlich verfügt, konkretisiert das Rechtsmissbrauchsverbot, geht allerdings darüber hinaus: Es kann – muss aber nicht – rechtsmissbräuchlich sein, wenn der Schuldner lediglich wirtschaftlich über Vermögenswerte verfügt.[167]

C. KOSTEN

A) VOR BETREIBUNGSAMT

6.223 Die mit dem Rechtsvorschlag verbundenen Verrichtungen des Betreibungsamtes sind gebührenfrei (Art. 74 Abs. 3 SchKG, Art. 18 GebV SchKG).

B) VOR GERICHT

6.224 Die Gerichtskosten des Verfahrens um Bewilligung des Rechtsvorschlags bemessen sich erstinstanzlich nach Art. 48 GebV SchKG und zweitinstanzlich nach Art. 61 Abs. 1 GebV SchKG, die Parteientschädigungen (i.S.v. Art. 95 Abs. 3 ZPO) nach kantonalem Tarif (Art. 96 ZPO). Für das Verfahren vor Bundesgericht gilt dessen Gerichtsgebührentarif[168] bzw. dessen Reglement über die Parteientschädigung und die Entschädigung für die amtliche Vertretung.[169]

6.225 Als klagende und damit kostenvorschusspflichtige Partei gilt der Schuldner.[170]

164 BGE 129 III 385, E. 5.2.1.

165 KUKO SchKG-Näf, Art. 265 N 8; BGE 135 III 427, E. 2.3; 129 III 385, E. 5.1.3 und 5.2.2.

166 KUKO SchKG-Näf, Art. 265 N 8; für ein illustratives Berechnungsbeispiel vgl. Gut/Rajower/Sonnenmoser, Rechtsvorschlag mangels neuen Vermögens, AJP 1998, 545 f.

167 KUKO SchKG-Näf, Art. 265 N 9; BSK SchKG II-Huber, Art. 265 N 24.

168 SR 173.110.210.1.

169 SR 173.110.210.3.

170 BGE 139 III 498, E. 2.2 f.

11. RECHTSMITTEL

A. VERFAHREN VOR BETREIBUNGSAMT

A) KANTONALE RECHTSMITTEL

Fehlerhafte Verfügungen, Rechtsverweigerung oder Rechtsverzögerung des Betreibungsamtes im Zusammenhang mit dem Rechtsvorschlag sind mit Beschwerde (Art. 17 f. SchKG) innert 10 Tagen (Art. 17 Abs. 2 SchKG) anfechtbar. 6.226

B) RECHTSMITTEL ANS BUNDESGERICHT

Der Entscheid der einzigen oder der oberen kantonalen Aufsichtsbehörde ist – unabhängig vom Streitwert (Art. 74 Abs. 2 lit. c BGG) – können beim Bundesgericht innert 10 Tagen (Art. 100 Abs. 2 lit. a BGG) mit der Beschwerde in Zivilsachen nach Art. 72 ff. BGG angefochten werden (Art. 72 Abs. 2 lit. a BGG). 6.227

B. GERICHTLICHES VERFAHREN

A) KANTONALE RECHTSMITTEL

Gegen den Entscheid über die Bewilligung des Rechtsvorschlags mangels neuen Vermögens ist kein kantonales Rechtsmittel zulässig (Art. 265a Abs. 1 SchKG). Es handelt sich um eine Ausnahme vom Grundsatz der double instance (Art. 75 Abs. 2, Art. 114 BGG).[171] Der Gläubiger und der Schuldner können indessen innert 20 Tagen nach Eröffnung des Entscheids beim Richter des Betreibungsortes Klage auf Bestreitung oder Feststellung des neuen Vermögens einreichen (Art. 265a Abs. 4 SchKG); der Prozess wird je nach Streitwert im ordentlichen oder im vereinfachten Verfahren geführt. 6.228

Der Ausschluss eines kantonalen Rechtsmittels gilt nur für den Sachentscheid[172] über das Vorliegen des neuen Vermögens. Die Beschwerde nach Art. 319 lit. b Ziff. 1 ZPO ist zulässig, wenn einzig die Verteilung der Kosten und Auslagen des erstinstanzlichen Verfahrens strittig ist.[173] Mit der Beschwerde nach Art. 319 lit. b Ziff. 2 ZPO kann zudem ein Abschreibungsentscheid wegen Gegenstandslosigkeit (Art. 242 ZPO) angefochten werden,[174] mit Revision (Art. 328 Abs. 1 lit. c ZPO) ein Abschreibungsentscheid wegen Klageanerkennung, Klagerückzugs oder Vergleichs (Art. 241 ZPO).[175] Gegen einen Nichteintretensentscheid wegen fehlender Prozessvoraussetzungen (Art. 59, Art. 236 Abs. 1 ZPO) muss bei einem Streitwert ab CHF 10 000.– die Berufung (Art. 308 ff. ZPO),[176] sonst die Beschwerde (Art. 319 ff. ZPO) zur Verfügung stehen. Die Beru- 6.229

171 BGE 138 III 44, E. 1.3.
172 Übersicht über die Entscheidarten: BOESCH/GÜNGERICH/STRITTMATTER, Rz. 15.14.
173 BGE 138 III 130, E. 2.
174 BGer 5A_410/2015 vom 9.6.2015, E. 1.
175 BGE 139 III 133, E. 1.2 ff.; BGer 5A_327/2015 vom 14.6.2015, E. 1.2 f.
176 Der Kostenpunkt allein ist nur mit Beschwerde anfechtbar (Art. 110 ZPO).

fungs- bzw. die Beschwerdefrist beträgt in all diesen Fällen 10 Tage (Art. 314 Abs. 1, Art. 321 Abs. 2 ZPO). Das Revisionsgesuch ist innert 90 Tagen seit Entdeckung des Revisionsgrundes einzureichen, spätestens 10 Jahre nach Eintritt der Rechtskraft des Entscheids (Art. 329 ZPO).

B) RECHTSMITTEL ANS BUNDESGERICHT

6.230 Der Entscheid über die Bewilligung des Rechtsvorschlags mangels neuen Vermögens (Art. 265a Abs. 1–3 SchKG) kann beim Bundesgericht mit der Beschwerde in Zivilsachen (Art. 72 ff. BGG) angefochten werden, wenn der Streitwert mindestens CHF 30 000.– beträgt (Art. 74 Abs. 1 BGG),[177] und zwar auch dann, wenn die Verlustscheinforderung auf einem miet- oder in einem arbeitsrechtlichen Sachverhalt basiert.[178] Bei niedrigerem Streitwert ist die Beschwerde zulässig, wenn sich eine Rechtsfrage von grundsätzlicher Bedeutung stellt (Art. 74 Abs. 2 lit. a BGG). Die Beschwerdefrist beträgt 30 Tage (Art. 100 Abs. 1 BGG). Die Beschwerde hat keine aufschiebende Wirkung (Art. 103 Abs. 1 BGG);[179] diese kann aber von Amtes wegen oder auf Antrag einer Partei erteilt werden (Art. 103 Abs. 3 BGG).

6.231 Ist die Beschwerde in Zivilsachen ausgeschlossen, steht die subsidiäre Verfassungsbeschwerde (Art. 113 ff. BGG) wegen Verletzung verfassungsmässiger Rechte (Art. 115 BGG) zur Verfügung.[180] Die Beschwerdefrist beträgt 30 Tage (Art. 117 i.V.m. Art. 100 Abs. 1 BGG).

Tabellarische Zusammenfassung

Zweck	Einstellung des Betreibungsverfahrens
Gesetzliche Grundlage	Art. 75 Abs. 2, Art. 265a Abs. 1–3 SchKG
Verfahrensart	Eingabe: Betreibungsrechtliches Verfahren Entscheid: Summarisches Verfahren (Art. 248 ff. ZPO)
Zuständigkeit	Eingabe: Betreibungsamt am Betreibungsort (Art. 74 Abs. 1 SchKG) (der Rechtsvorschlag kann auch gegenüber dem Überbringer des Zahlungsbefehls erklärt werden) Entscheid: Vom Kanton bezeichnetes Gericht am Betreibungsort (Art. 23, Art. 265a Abs. 1 SchKG)
Aktivlegitimation	– (Betriebener) Schuldner – Mitbetriebener Ehegatte – Gesetzliche und vertragliche Vertreter des Schuldners oder des mitbetriebenen Ehegatten – Jede Person, welcher nach Art. 64 oder 65 SchKG der Zahlungsbefehl zugestellt werden kann
Passivlegitimation	(Betreibender) Gläubiger

177 BGE 134 III 524, E. 1.2.
178 Vgl. BGE 135 III 470, E. 1.2; 134 III 267, E. 1.1.
179 BSK SchKG I-Staehelin, Art. 84 N 98.
180 BGer 5D_112/2103 vom 15.8.2013, E. 1.

Streitwert	Forderungssumme des Zahlungsbefehls, bei Teilrechtsvorschlag bestrittener Teil
Fristen	Grundsatz: 10 Tage seit Zustellung des Zahlungsbefehls Ausnahme: Eventuell längere Frist nach Ermessen des Betreibungsamts bei Wohnsitz des Betriebenen im Ausland oder bei öffentlicher Bekanntmachung
Kombination	Begehren um Bescheinigung des Betreibungsamtes über den Rechtsvorschlag
Mögliche Formulierung des Rechtsvorschlags	Auf dem Zahlungsbefehl: – Rechtsvorschlag mangels neuen Vermögens. – Rechtsvorschlag, da nur CHF [Betrag] neues Vermögen. – Rechtsvorschlag gegen die Forderung und mangels neuen Vermögens. – Rechtsvorschlag gegen die Forderung im Umfang von CHF [Betrag] nebst [Zinssatz] % Zins seit [Datum] und mangels neuen Vermögens. Als separate Eingabe: – Ich erhebe in Betreibung [Nummer] / BA [Bezeichnung] Rechtsvorschlag mangels neuen Vermögens. – Ich erhebe in Betreibung [Nummer] / BA [Bezeichnung] Rechtsvorschlag, da nur CHF [Betrag] neues Vermögen vorhanden ist. – Ich erhebe in Betreibung [Nummer] / BA [Bezeichnung] Rechtsvorschlag gegen die Forderung im Umfang von CHF [Betrag] nebst [Zinssatz] % Zins seit [Datum] und mangels neuen Vermögens.
Mögliche Rechtsbegehren des Schuldners im gerichtlichen Verfahren	Bei umfassendem Rechtsvorschlag: 1. Der Rechtsvorschlag mangels neuen Vermögens in der Betreibung [Nummer] / BA [Bezeichnung] sei vollumfänglich zu bewilligen. 2. Unter Kosten- und Entschädigungsfolgen zulasten des Gläubigers. Bei teilweisem Rechtsvorschlag: 1. Der Rechtsvorschlag mangels neuen Vermögens in der Betreibung [Nummer] / BA [Bezeichnung] sei im Umfang von CHF [Betrag] nebst [Zinssatz] % Zins seit [Datum] zu bewilligen. 2. Es sei festzustellen, dass der Schuldner nur im Umfang von CHF [Betrag] zu neuem Vermögen gekommen ist. 3. Unter Kosten- und Entschädigungsfolgen zulasten des Gläubigers.
Mögliche Rechtsbegehren des Gläubigers im gerichtlichen Verfahren	1. Der Rechtsvorschlag mangels neuen Vermögens in der Betreibung [Nummer] / BA [Bezeichnung] sei nicht zu bewilligen. *Variante*: Der Rechtsvorschlag mangels neuen Vermögens in der Betreibung [Nummer] / BA [Bezeichnung] sei nur im Umfang von CHF [Betrag] nebst [Zinssatz] % Zins seit [Datum] zu bewilligen. 2. Es sei festzustellen, dass der Schuldner im Umfang von CHF [Betrag] zu neuem Vermögen gekommen ist. 3. Unter Kosten- und Entschädigungsfolgen zulasten des Schuldners.
Voraussetzungen	– Vor Konkurseröffnung entstandene Forderung – Ausdrückliche Erhebung der Einrede des mangelnden neuen Vermögens – Kein neues Vermögen

Besonderheiten	– Beweislast für Rechtzeitigkeit Rechtsvorschlag: Schuldner
	– Neues Vermögen:
	  – Bilanzmässiger Überschuss von Aktiven über die Passiven seit Abschluss des Konkurses
	  – Hypothetisches Vermögen, insb. Erwerbseinkommen, das standesgemässen Lebensbedarf übersteigt (Berechnungszeitpunkt: ein Jahr vor Anhebung der Betreibung)
	  – Werte, über die der Schuldner nur wirtschaftlich verfügt
	– Kosten Betreibungsamt: Keine Gebühren des Betreibungsamtes im Zusammenhang mit dem Rechtsvorschlag
	– Kosten Gerichtsverfahren:
	  – Die Gerichtskosten bestimmen sich im kantonalen Verfahren nach Art. 48 und Art. 61 Abs. 1 GebV SchKG, im Verfahren vor Bundesgericht nach dessen Gerichtsgebührentarif
	  – Die Parteientschädigungen bestimmen sich im kantonalen Verfahren nach kantonalem Tarif (Art. 96 ZPO), im Verfahren vor Bundesgericht nach dessen Reglement über die Parteientschädigung und die Entschädigung für die amtliche Vertretung
	– Kostenvorschusspflicht: Betriebener

Rechtsmittel im Verfahren vor Betreibungsamt	Kantonal: Beschwerde (Art. 17 f. SchKG) innert 10 Tagen Bund: Beschwerde in Zivilsachen (Art. 72 ff. BGG) innert 10 Tagen
Rechtsmittel im gerichtlichen Verfahren	Kantonal: – Sachentscheid: kein Rechtsmittel – Anfechtung Entscheid nur im Kostenpunkt: Beschwerde (Art. 319 ff. ZPO) innert 10 Tagen – Abschreibungsentscheid (Art. 241 ZPO): Revision (Art. 328 ff. ZPO) innert 90 Tagen, max. 10 Jahre – Abschreibungsentscheid (Art. 242 ZPO): Beschwerde (Art. 319 ff. ZPO) innert 10 Tagen – Nichteintretensentscheid wegen fehlender Prozessvoraussetzung (Art. 59, 236 Abs. 1 ZPO): Berufung (Art. 308 ff. ZPO) innert 10 Tagen bei Streitwert von mindestens CHF 10 000.– oder Beschwerde (Art. 319 ff. ZPO) innert 10 Tagen in den übrigen Fällen Bund: – Beschwerde in Zivilsachen (Art. 72 ff. BGG) innert 30 Tagen bei Streitwert ab CHF 30 000.– oder bei Rechtsfrage von grundsätzlicher Bedeutung oder subsidiäre Verfassungsbeschwerde (Art. 113 ff. BGG) innert 30 Tagen in den übrigen Fällen

VIII. GESUCH UM DEFINITIVE RECHTSÖFFNUNG (ART. 80 F., ART. 84 SCHKG)

1. ZWECK UND WIRKUNG

Die Einstellung der Betreibung infolge des Rechtsvorschlags des Schuldners verschliesst dem Gläubiger den Betreibungsweg. Die Betreibung steht still und droht dahinzufallen, wenn sie nicht innert nützlicher Frist wieder in Gang gesetzt wird. Verfügt der Gläubiger über einen vollstreckbaren gerichtlichen Entscheid oder ein diesem gleichgestelltes Entscheidsurrogat, kann er die definitive Rechtsöffnung verlangen. Diese hebt den Rechtsvorschlag in einem raschen, summarischen Verfahren endgültig auf. Die Rechtsöffnung kann nur für Leistungsurteile, nicht für Gestaltungs- oder Feststellungsurteile erteilt werden.[181] 6.232

Das Rechtsöffnungsverfahren hat ausschliesslich betreibungsrechtlichen Charakter; es wird nur darüber entschieden, ob die Betreibung weitergeführt werden kann oder ob der Gläubiger auf den ordentlichen Prozessweg verwiesen wird. Der Rechtsöffnungsrichter entscheidet nicht über den Bestand der Forderung, sondern nur über deren Vollstreckbarkeit, auch wenn vorfrageweise materiellrechtliche Gesichtspunkte zu berücksichtigen sind.[182] Der Rechtsöffnungsentscheid erwächst nicht in materielle Rechtskraft. Die Abweisung des Rechtsöffnungsgesuchs hindert die betreibende Partei nicht, für die gleiche Forderung ein neues Rechtsöffnungsverfahren einzuleiten.[183] 6.233

2. VERFAHRENSART

Über die Rechtsöffnung wird im summarischen Verfahren nach Art. 248 ff. ZPO entschieden (Art. 251 lit. a ZPO). Es gilt an sich der Verhandlungsgrundsatz (Art. 55 Abs. 1 ZPO), der aber in verschiedener Hinsicht durchbrochen wird. Durch den Richter von Amtes wegen zu prüfen sind insbesondere: Erfüllung der Prozessvoraussetzungen, Vorliegen eines gültigen Rechtsöffnungstitels, Identität zwischen dem Betreibenden und dem im Rechtsöffnungstitel genannten Gläubiger, Identität zwischen dem Betriebenen und dem im Rechtsöffnungstitel genannten Schuldner, Identität zwischen der Betreibungsforderung und der anerkannten Forderung.[184] Mängel des Betreibungsverfahrens können dagegen nicht im Rechtsöffnungsverfahren gerügt werden, sondern mit der betreibungsrechtlichen Beschwerde an die Aufsichtsbehörde (Art. 17 ff. SchKG). 6.234

Das Rechtsöffnungsverfahren untersteht grundsätzlich der Dispositionsmaxime. Bezüglich Art der Rechtsöffnung findet der Grundsatz der Bindung an Begehren der Parteien jedoch keine Anwendung. Der Richter kann trotz eines Antrags auf definitive Rechtsöffnung (oder eines 6.235

181 BGE 134 III 656, 657 E. 5 (zum Sonderfall des Aberkennungsurteils als Rechtsöffnungstitel).

182 BGE 142 III 720, 722 E. 4.1; 138 III 583, E. 6.1.1, 133 III 399, E. 1.5.

183 BGer 5A_696/2012 vom 23.1.2013, E. 4.1.

184 BSK SchKG I-Staehelin, Art. 84 N 50; BGE 142 III 720, 722 E. 4.1; 141 I 97, 100 E. 5.2; 139 III 444, E. 4.1.1.

unspezifizierten Antrags) unter Wahrung des rechtlichen Gehörs die provisorische Rechtsöffnung – oder das Umgekehrte – bewilligen; insoweit gilt die Offizialmaxime.[185]

6.236 Das summarische Verfahren ist gekennzeichnet durch einen einfachen, raschen Ablauf sowie eine Beweismittelbeschränkung; in aller Regel wird aufgrund der von den Parteien aufgelegten Urkunden entschieden. Es findet kein vorgängiges Schlichtungsverfahren statt (Art. 198 lit. a ZPO). In einfachen oder dringenden Fällen könnte das verfahrenseinleitende Gesuch mündlich beim Gericht zu Protokoll gegeben werden (Art. 252 Abs. 2 ZPO). In der Praxis werden jedoch die Rechtsöffnungsgesuche fast immer schriftlich, d.h. in Papierform oder elektronisch (Art. 130 ZPO), eingereicht. Das Gesuch muss die Bezeichnung der Parteien und allfälliger Vertreter, Rechtsbegehren, Tatsachenbehauptungen, Beweisanträge sowie Datum und Unterschrift (bei elektronischer Eingabe eine qualifizierte elektronische Signatur) enthalten. Eine rechtliche Begründung ist (analog zu Art. 221 Abs. 3 ZPO) zulässig, aber nicht erforderlich. Beilzulegen sind die verfügbaren, als Beweismittel dienenden Urkunden und bei Vertretung eine Vollmacht. Für Rechtsöffnungsgesuch existieren auch Formulare, die im Internet ausgefüllt oder heruntergeladen werden können.[186]

6.237 Der Schuldner erhält Gelegenheit zu einer mündlichen oder schriftlichen Stellungnahme (Art. 84 Abs. 2 SchKG, Art. 253 ZPO). Ein zweiter Rechtsschriftenwechsel findet nur ausnahmsweise statt. Die Parteien sind allerdings nach dem Grundsatz des rechtlichen Gehörs berechtigt, sich zu allen Eingaben der Gegenpartei zu äussern.[187] Zu vorprozessual bekannten Einwendungen des Gesuchsgegners hat der Gesuchsteller aber grundsätzlich schon im Rechtsöffnungsgesuch Stellung zu nehmen.[188] Ob das Verfahren mündlich oder schriftlich durchgeführt wird, entscheidet der Richter nach seinem Ermessen. Es besteht kein Anspruch auf öffentliche Verhandlung.[189] Nach Anhören der Parteien eröffnet der Richter seinen Entscheid innert 5 Tagen (Art. 84 Abs. 2 SchKG). Diese Ordnungsfrist wird allerdings in der Praxis oft überschritten.

3. ZUSTÄNDIGKEIT

6.238 Örtlich zuständig zur Beurteilung des Rechtsöffnungsgesuchs ist der Richter am Betreibungsort (Art. 84 Abs. 1 SchKG). Dieser im SchKG geregelte Gerichtsstand ist zwingend. Eine Prorogation oder eine Einlassung sind nicht möglich.[190] Hat der Schuldner nach Zustellung des Zahlungsbefehls seinen Wohnsitz verlegt und der Gläubiger davon sichere Kenntnis erhalten, ist das

185 BGE 140 III 372, E. 3.5.

186 Z.B. unter ‹www.bj.admin.ch/bj/de/home/publiservice/service/zivilprozessrecht/parteieingabenformulare› oder ‹www.gerichte-zh.ch/themen/betreibung-und-konkurs/formulare› (5.7.2017).

187 BGE 142 III 348, 352 E. 4.1.1.

188 BGer 5P.31/2002 vom 22.3.2002, E. 3d.

189 BGE 141 I 97, E. 5.2.

190 VOCK/MÜLLER, 130; LGVE 2012 I, Nr. 58 E. 5.4.

Rechtsöffnungsgesuch beim Richter am neuen Wohnsitz des Schuldners zu stellen.[191] Diese Regel gilt aber nur beim ordentlichen Betreibungsort (Art. 46 SchKG), nicht bei den besonderen Betreibungsorten (Art. 48–52 SchKG).[192]

Die sachliche Zuständigkeit wird durch das kantonale Recht geregelt (Art. 23 SchKG). Der Rechtsöffnungsrichter ist auch dann sachlich zuständig, wenn das ordentliche Verfahren vor einem Spezialgericht (wie etwa dem Handelsgericht oder dem Arbeitsgericht) auszutragen wäre. Nie zuständig ist ein Schiedsgericht, weil die Beseitigung des Rechtsvorschlags als vollstreckungsrechtliche Tätigkeit nicht schiedsfähig ist; die Schiedsvereinbarung kann aber das Verfahren der definitiven Rechtsöffnung ausschliessen.[193] 6.239

4. LEGITIMATION

A. AKTIVLEGITIMATION

Aktivlegitimiert ist der betreibende Gläubiger bzw. sein Rechtsnachfolger. Der Rechtsnachfolger (Universal- oder Singularsukzessor) hat seine Rechtsnachfolge, die vom Rechtsöffnungsrichter von Amtes wegen zu prüfen ist, urkundlich nachzuweisen; die Rechtsnachfolge muss liquid sein.[194] Die definitive Rechtsöffnung kann auch einem (betreibenden) gesetzlichen oder vertraglichen Vertreter des Gläubigers gewährt werden, wenn ein Entscheid rechtskräftig feststellt, dass der Vertreter die Forderung in eigenem Namen geltend machen kann, oder wenn diese Vertretungsmacht anderweitig liquid bewiesen wird.[195] 6.240

Steht eine Forderung mehreren Personen materiellrechtlich nur gesamthaft zu, haben sie den Schuldner gemeinsam zu betreiben und müssen auch das Rechtsöffnungsverfahren als notwendige Streitgenossenschaft (Art. 70 ZPO) gemeinsam stellen.[196] 6.241

B. PASSIVLEGITIMATION

Passivlegitimiert ist der betriebene Schuldner. Dritte (Ehegatte, Art. 68a und Art. 153 Abs. 2 lit. b SchKG; Drittpfandeigentümer, Art. 153 Abs. 2 lit. a SchKG), denen ein Zahlungsbefehlsdoppel zugestellt worden ist und die Rechtsvorschlag erhoben haben, sind nicht von Gesetzes wegen 6.242

191 BGE 136 III 373, E. 2 f.

192 BGE 136 III 373, E. 2.1.

193 BGE 136 III 583, E. 2.1 f.; Vock/Müller, 131.

194 BGE 140 III 372, E. 3.3; BSK SchKG I-Staehelin, Art. 80 N 35; Vock/Müller, 127.

195 BSK SchKG I-Staehelin, Art. 80 N 36; BGE 142 III 78, E. 3.2 f. (betr. Eintreibung von Kinderunterhaltsbeiträgen nach Volljährigkeit des Kindes); BGer 5A_661/2012 vom 17.1.2013, E. 4 (betr. in Scheidungsurteil festgelegtem Mündigenunterhalt nach Art. 277 Abs. 2 ZGB).

196 Vock/Müller, 133.

Partei des Rechtsöffnungsverfahrens; der Gläubiger muss ausdrücklich auch gegen sie die Rechtsöffnung verlangen.[197]

6.243 Stirbt der Schuldner, so kann die Betreibung nach Art. 49 SchKG gegen die *unverteilte Erbschaft* weitergeführt werden (Art. 59 Abs. 2 SchKG). Das Rechtsöffnungsgesuch ist gegen die unverteilte Erbschaft zu richten; die Zustellung erfolgt nach Art. 65 Abs. 3 SchKG. Gegen die *Erben* ist die Fortsetzung einer gegen den Erblasser angehobenen Betreibung auf Pfändung oder Konkurs ausgeschlossen, die Fortsetzung einer Betreibung auf Pfandverwertung dagegen möglich (Art. 59 Abs. 3 SchKG);[198] das Rechtsöffnungsgesuch richtet sich in diesem Fall gegen die Erben.

6.244 In den übrigen Fällen eines Schuldnerwechsels tritt der neue Schuldner nicht in das Betreibungsverfahren ein; der Gläubiger muss eine neue Betreibung gegen den neuen Schuldner einleiten.[199]

5. STREITWERT

6.245 Der Streitwert wird durch das Rechtsbegehren bestimmt; Zinsen und Kosten des laufenden Verfahren, Publikationskosten des Entscheids sowie allfällige Eventualbegehren werden nicht hinzugerechnet (Art. 91 Abs. 2 ZPO). Massgebend für den Streitwert ist somit der Betrag, für den die definitive Rechtsöffnung verlangt wird.

6. FRISTEN

6.246 Das Gesetz enthält keine Klagefrist für das Rechtsöffnungsverfahren. Auf das Rechtsöffnungsgesuch ist aber dann nicht einzutreten, wenn kein Rechtsschutzinteresse (Art. 59 Abs. 2 lit. a ZPO) mehr besteht. Dies ist der Fall, wenn die Betreibung nicht mehr weitergeführt werden kann, weil die Frist zur Stellung des Fortsetzungsbegehrens (1 Jahr, Art. 88 Abs. 2 SchKG) des Verwertungsbegehrens in der Betreibung auf Pfandverwertung (1 Jahr bei Faustpfand und 2 Jahre bei Grundpfand, Art. 154 Abs. 1 SchKG), des ordentlichen Konkursbegehrens (15 Monate, Art. 166 Abs. 2 SchKG) oder des Konkursbegehrens in der Wechselbetreibung (1 Monat, Art. 188 Abs. 2 SchKG) abgelaufen ist.[200] Diese Fristen stehen zwischen der Einleitung und der Erledigung eines durch den Rechtsvorschlag veranlassten Gerichts- oder Verwaltungsverfahrens und damit auch während des Rechtsöffnungsverfahrens still (Art. 88 Abs. 2 Satz 2, Art. 154 Abs. 1 Satz 2, Art. 166 Abs. 2 Satz 2 und Art. 188 Abs. 2 Satz 2 SchKG).

---

197 BSK SchKG I-Staehelin, Art. 84 N 29.

198 BSK SchKG I-Staehelin, Art. 80 N 34.

199 BSK SchKG I-Staehelin, Art. 84 N 34 (mit dem Hinweis auf eine Ausnahme bei Umstrukturierungen gem. FusG); Gilliéron, Rz. 341 ff.

200 Vock/Müller, 132 f.

Hat der Gläubiger einen Vermögenswert des Schuldners arrestieren lassen, muss er seine Forderung auf dem Vollstreckungsweg innert einer Frist von jeweils 10 Tagen prosequieren (Art. 279 SchKG). Bei Rechtsvorschlag des Schuldners muss somit der Gläubiger innert 10 Tagen seit Zustellung des Gläubigerdoppels des Zahlungsbefehls die Rechtsöffnung verlangen (oder eine Anerkennungsklage erheben). Das Versäumen dieser Frist hat zwar keinen Einfluss auf das Betreibungsverfahren, führt aber zum Dahinfallen des Arrestes (Art. 280 Ziff. 1 SchKG). 6.247

Auch bei der Retentionsprosequierung muss der Gläubiger – analog zu Art. 279 SchKG – innert 10 Tagen seit Zustellung des Retentionsverzeichnisses die Rechtsöffnung verlangen (oder eine Anerkennungsklage erheben). Wird diese Frist nicht eingehalten, so erlischt die Wirkung der Retentionsurkunde.[201] 6.248

Da die Erteilung der Rechtsöffnung eine Betreibungshandlung darstellt, sind auf das Rechtsöffnungsverfahren nicht die Regeln von Art. 145 Abs. 1 und 2 ZPO über den – im summarischen Verfahren ohnehin nicht geltenden – Fristenstillstand, sondern diejenigen von Art. 56 f. SchKG über die Betreibungsferien und den Rechtsstillstand anwendbar. Während der Betreibungsferien und des Rechtsstillstands darf keine Verhandlung stattfinden und keine Rechtsöffnung erteilt werden.[202] Das Rechtsöffnungsgesuch darf indessen während der Betreibungsferien eingereicht werden. Beachtet der Rechtsöffnungsrichter die Betreibungsferien oder den Rechtsstillstand nicht, entfalten seine Handlungen ihre Wirkung erst nach Ablauf der Betreibungsferien oder des Rechtsstillstands.[203] 6.249

7. KOMBINATIONSMÖGLICHKEITEN

Ausländische Zivilurteile können in der Schweiz nur vollstreckt werden, wenn sie von einem Schweizer Richter für vollstreckbar erklärt worden sind (sog. Exequatur). Die Vollstreckbarerklärung kann nach Wahl des Gläubigers entweder vorgängig in seinem separaten Exequaturverfahren vor dem Vollstreckungsgericht (Art. 339 Abs. 1 ZPO) bzw. dem Arrestgericht (Art. 271 Abs. 3 SchKG) oder aber im Rechtsöffnungsverfahren selbständig oder vorfrageweise erfolgen. Dies gilt auch für die Vollstreckung ausländischer öffentlicher Urkunden.[204] 6.250

Wird die Vollstreckbarkeit im Rechtsöffnungsverfahren nur vorfrageweise geprüft – wozu kein separates Rechtsbegehren auf Vollstreckbarerklärung notwendig ist – findet der entsprechende Entscheid keinen Eingang ins Dispositiv und erwächst nicht in Rechtskraft. Will der Gläubiger einen materiell rechtskräftigen Entscheid über die Vollstreckbarkeit erhalten, kann er ein separates Exequaturverfahren einleiten oder aber das Begehren um Vollstreckbarerklärung mit dem

201 BGE 105 III 85, E. 2.
202 BGE 115 III 91, E. 3.
203 Zu dieser Praxis und zu Ausnahmen davon: BSK SchKG I-Staehelin, Art. 84 N 61.
204 BGer 5A_703/2016 vom 6.6.2017, E. 5.2 (zPv).

Rechtsöffnungsbegehren kombinieren (objektive Klagenhäufung).[205] Dies erfordert einen ausdrücklichen Antrag. Die Vollstreckbarkeitsvoraussetzungen werden im Exequatur- wie auch im Rechtsöffnungsverfahrenen ohne Beweismittelbeschränkung umfassend und frei geprüft.[206]

6.251 Die Aufhebung des Rechtsvorschlags kann auch mit einer Anerkennungsklage[207] verlangt werden. Ein besonderes Rechtsöffnungsverfahren erübrigt sich damit.

8. MÖGLICHE RECHTSBEGEHREN

6.252 Das Rechtsbegehren muss sich auf die in Frage stehende Betreibung beziehen und den Antrag auf Rechtsöffnung enthalten. Es kann lauten:

1. Dem Gesuchsteller sei in der Betreibung Nr. [Nummer] / BA [Bezeichnung] die definitive Rechtsöffnung zu erteilen.
2. Unter Kosten- und Entschädigungsfolgen zulasten des Gesuchgegners.

Wurde im Zahlungsbefehl eine höhere Forderung in Betreibung gesetzt, ist zudem der genaue Betrag (in Schweizer Franken) anzugeben, für welchen die Rechtsöffnung verlangt wird:

1. Dem Gesuchsteller sei in der Betreibung Nr. [Nummer] / BA [Bezeichnung] die definitive Rechtsöffnung für CHF [Betrag] nebst [Zinssatz] % Zins seit [Datum] zu erteilen.
2. Unter Kosten- und Entschädigungsfolgen zulasten des Gesuchgegners.

6.253 Für die Betreibungskosten[208] kann – entgegen verbreiteter Praxis – keine Rechtsöffnung erteilt werden, weil hierfür kein Rechtsöffnungstitel vorliegt. Eine Rechtsöffnung ist ohnehin nicht notwendig, weil die Kosten von den Zahlungen des Schuldners vorab erhoben werden können (Art. 68 Abs. 2 SchKG), womit diese im Ergebnis zur Schuld geschlagen werden und vom Schuldner zusätzlich zum Betrag, welcher dem Gläubiger zugesprochenen worden ist, zu bezahlen sind.[209] Bezahlt der Schuldner nur die Forderung samt Zinsen, aber ohne Betreibungskosten, so verbleibt dem Gläubiger eine Kapitalforderung in Höhe der Betreibungskosten, für die er Rechtsöffnung verlangen kann.[210]

---

205 KUKO SchKG-VOCK, Art. 80 N 6 f.; BGer 5A_366/2013 vom 26.9.2013, E. 3.

206 VOCK/MÜLLER, 119.

207 Rz. 6.384 ff.

208 Zu den Betreibungskosten zählen auch die Gerichts- und Parteikosten in rein betreibungsrechtlichen Summarsachen nach Art. 251 ZPO.

209 BGer 5A_455/2012 vom 5.12.2012, E. 3; LGVE 2016 I, Nr. 4; LGVE 2012 I, Nr. 53.

210 BSK SchKG EB-STAEHELIN, Art. 84 ad N 67a.

9. VORAUSSETZUNGEN

A. RECHTSÖFFNUNGSTITEL

Um die definitive Rechtsöffnung zu erhalten, muss der Gläubiger über einen definitiven Rechtsöffnungstitel verfügen. Solche Titel sind: 6.254

A) VOLLSTRECKBARE GERICHTLICHE ENTSCHEIDE (ART. 80 ABS. 1 SCHKG)

Gerichtliche Entscheide (Urteile) i.S. dieser Bestimmung sind die von einem Gericht (Zivilgericht, Schlichtungsbehörde, Strafgericht, Verwaltungsgericht, Schiedsgericht) erlassenen vollstreckbaren Entscheide, in welchen der Schuldner zur definitiven Zahlung einer bestimmten Geldsumme oder zur Leistung von Sicherheiten (Art. 38 SchKG) verurteilt wird.[211] Keine Rechtsöffnung wird für Feststellungs- und Gestaltungsurteile gewährt. 6.255

Die zu bezahlende Summe muss im Urteil beziffert werden oder muss sich zumindest in Verbindung mit der Begründung oder aus dem Verweis auf andere Dokumente klar ergeben.[212] Ist das Entscheidsdispositiv nicht eindeutig und besteht daher ein Auslegungsbedarf, liegt kein genügender Rechtsöffnungstitel vor; es ist nicht am Rechtsöffnungsrichter als reinem Vollstreckungsrichter, sondern am Sachrichter, in materieller Hinsicht für Klarheit zu sorgen.[213] Ein Urteil über die definitive Eintragung eines Bauhandwerkerpfandrechts, bei welchem die Schuldsumme nur vorfrageweise festgelegt wurde, stellt keinen Rechtsöffnungstitel für die Schuldsumme dar.[214] 6.256

Die definitive Rechtsöffnung kann auch für bedingte Urteile gewährt werden. Der Eintritt einer Suspensivbedingung ist vom Gläubiger, der Eintritt einer Resolutivbedingung vom Schuldner durch Urkunden zu beweisen.[215] Ein Entscheid auf Leistung Zug um Zug gilt als bedingtes Urteil. Er stellt nur dann einen definitiven Rechtsöffnungstitel dar, wenn der Gläubiger zweifelsfrei den Nachweis erbringt, dass er seine Gegenleistung erbracht hat.[216] 6.257

Vollstreckbar ist gem. Art. 336 Abs. 1 ZPO ein Entscheid, wenn er rechtskräftig ist und das Gericht die Vollstreckung nicht aufgeschoben hat (Art. 325 Abs. 2, Art. 331 Abs. 2 ZPO, Art. 103 Abs. 3, Art. 117 BGG) oder wenn er noch nicht rechtskräftig ist, jedoch die vorzeitige Vollstreckung bewilligt worden ist (Art. 315 Abs. 2 ZPO). Ein Entscheid, gegen den keine Rechtsmittel mit gesetzlicher Suspensivwirkung zur Verfügung stehen, wird auch dann mit seiner Eröffnung vollstreckbar, wenn er ohne schriftliche Begründung eröffnet wurde. Die Vollstreckbarkeit kann aber von der Rechtsmittelinstanz aufgeschoben werden.[217] 6.258

---

211 BSK SchKG I-Staehelin, Art. 80 N 3 ff.; BGE 141 III 185, 187 E. 4.2 (betreffend paulianisches Anfechtungsurteil).

212 BGE 135 III 315, E. 2.3.

213 BGE 140 III 180, E. 5.2.1; 135 III 315, E. 2.3.

214 BGE 138 III 132, E. 4.2.2.

215 BSK SchKG I-Staehelin, Art. 80 N 44 ff.

216 BGE 141 III 489, E. 9.2.

217 BSK SchKG EB-Staehelin, Art. 80 ad N 7b.

6.259 Die im Urteil zugesprochene Forderung muss bei Zustellung des Zahlungsbefehls fällig und das Urteil bei Einreichung des Rechtsöffnungsgesuchs vollstreckbar gewesen sein. Der Betriebene kann die Erfüllung dieser Voraussetzung mit Rechtsvorschlag bestreiten.[218] Diese Grundsätze gelten auch für Urteilssurrogate.[219]

6.260 Die definitive Rechtsöffnung kann auch aufgrund eines Urteils gewährt werden, in dem die Aberkennungsklage abgewiesen wurde, die der Betriebene in einer früheren und nunmehr verwirkten Betreibung bzgl. derselben Forderung angehoben hatte. Voraussetzungen sind dabei, dass der gleiche Gläubiger gegen den gleichen Schuldner für die gleiche Forderung auf dem Betreibungsweg die Leistung erneut begehrt und dass die Forderung nicht seit Erlass des Urteils untergegangen ist.[220]

6.261 Ausländische Zivilentscheide stellen ebenfalls definitive Rechtsöffnungstitel dar.[221] Sie müssen aber in einem Exequaturverfahren von einem schweizerischen Richter für vollstreckbar erklärt werden.[222] Die Vollstreckbarerklärung richtet sich nach den jeweils anwendbaren Staatsverträgen (insb. Art. 32 ff. LugÜ), subsidiär nach Art. 25 ff. IPRG.[223] Dagegen ist eine Vollstreckung ausländischer öffentlich-rechtlicher Forderungen in der Regel nicht möglich, da staatsvertragliche Bestimmungen, die dies vorsehen würden, nur ausnahmsweise bestehen.[224]

6.262 Urteile und Massnahmenentscheide von nationalen und internationalen Schiedsgerichten sind staatlichen Urteilen gleichgestellt[225] und damit definitive Rechtsöffnungstitel (für die nationale Schiedsgerichtsbarkeit: Art. 387 ZPO). Dem Rechtsöffnungsrichter ist die Vollstreckbarkeit des Schiedsspruchs nachzuweisen.[226] Schiedssprüche von Schiedsgerichten mit Sitz in der Schweiz sind mit ihrer Eröffnung vollstreckbar. Eine Vollstreckbarkeitsbescheinigung nach Art. 386 Abs. 3 ZPO ist für die Erteilung der definitiven Rechtsöffnung nicht erforderlich.[227] Für die Anerkennung und Vollstreckung ausländischer Schiedssprüche gilt nach Art. 194 IPRG das New Yorker Übereinkommen vom 10. Juni 1958 über die Anerkennung und Vollstreckung ausländischer Schiedssprüche (NYÜ).[228] Die Vollstreckung eines auf Geld- oder Sicherheitsleistung lautenden Schiedsspruchs kann vorfrageweise im Rechtsöffnungsverfahren oder vorgängig in einem separaten Exequaturverfahren geltend gemacht werden.[229]

---

218 BGer 5A_954/2015 vom 22.3.2106, E. 3.1.

219 Rz. 6.264 ff.

220 BGE 134 III 656, E. 5.4.

221 BGE 139 III 135, E. 4.5.1.

222 Rz. 6.250.

223 BSK SchKG I-Staehelin, Art. 80 N 59 ff.; KUKO SchKG-Vock, Art. 80 N 6 ff.

224 BGE 141 III 28, E. 3.

225 BGE 130 III 125, E. 2.

226 Vock/Müller, 119.

227 BSK SchKG EB-Staehelin, Art. 80 ad N 17.

228 SR 0.277.12.

229 KUKO SchKG-VOCK, Art. 80 N 16; BSK SchKG I-Staehelin, Art. 80 N 94.

In der Betreibung auf Pfandverwertung ist zur Beseitigung des Rechtsvorschlags ein Rechtsöffnungstitel für das Pfandrecht und für die gesicherte Summe (Schuldsumme) erforderlich. Das Urteil, das die definitive Eintragung eines Bauhandwerkerpfandrechts anordnet, stellt nur dann einen definitiven Rechtsöffnungstitel für das Pfandrecht dar, wenn der Gläubiger zusätzlich mit einem Grundbuchauszug nachweist, dass das Pfandrecht im Register eingetragen ist. Ein definitiver Rechtsöffnungstitel für die Schuldsumme liegt nur vor, wenn der Beklagte im Urteilsdispositiv ausdrücklich zur Bezahlung dieses Geldbetrags verpflichtet wird. Dazu hat der Gläubiger parallel zur Klage auf definitive Eintragung des Pfandrechts eine Forderungsklage auf Bezahlung der Schuldsumme einzureichen.[230] 6.263

B) URTEILSSURROGATE (ART. 80 ABS. 2 SCHKG)

Gerichtlichen Entscheiden gleichgestellt sind: 6.264

(1) *Gerichtliche Vergleiche und gerichtliche Schuldanerkennungen* (Art. 80 Abs. 2 Ziff. 1 SchKG)
Zu den gerichtlichen Vergleichen zählen nebst den vor einem Gericht oder einer Schlichtungsbehörde abgeschlossenen Vereinbarungen über den Streitgegenstand (Art. 208 Abs. 2, Art. 241 Abs. 2 ZPO) auch die angenommene Urteilsvorschläge der Schlichtungsbehörde (Art. 211 Abs. 1 ZPO) sowie die in einer Mediation geschlossenenen und anschliessend gerichtlich genehmigten Vereinbarungen (Art. 217 ZPO). Als gerichtliche Schuldanerkennung gilt die (ganze oder teilweise) Klageanerkennung sowie bei negativen Feststellungsklagen auch der vorbehaltlose Klagerückzug (Art. 208 Abs. 2, Art. 241 Abs. 2 ZPO).[231] Aussergerichtliche Vergleiche sind allenfalls provisorische, nie aber definitive Rechtsöffnungstitel.

(2) *Vollstreckbare öffentliche Urkunden* nach Art. 347–352 ZPO (Art. 80 Abs. 2 Ziff. 1bis SchKG). 6.265
Diese Urkunden bilden aber nur dann einen definitiven Rechtsöffnungstitel, wenn sie auf eine Geldzahlung gerichtet sind und die in Art. 347 ZPO aufgezählten Angaben enthalten. Andernfalls kann mit ihnen die provisorische Rechtsöffnung verlangt werden, falls sie eine Schuldanerkennung i.S.v. Art. 82 Abs. 1 SchKG darstellen. Nicht direkt vollstreckbar sind Urkunden über die in Art. 348 ZPO genannten Leistungen (u.a. aus Miete und Pacht von Wohn- und Geschäftsräumen, aus dem Arbeitsverhältnis oder aus Konsumentenverträgen). Auf Geldzahlung oder Sicherheitsleistung lautende vollstreckbare ausländische öffentliche Urkunden berechtigen im Anwendungsbereich des LugÜ wie auch im Anwendungsbereich des IPRG zur definitiven Rechtsöffnung.[232]

(3) *Verfügungen schweizerischer Verwaltungsbehörden* (Art. 80 Abs. 2 Ziff. 2 SchKG) 6.266
Alle vollstreckbaren Verfügungen und Entscheide eidgenössischer, kantonaler oder kommunaler Verwaltungsbehörden können einen definitiven Rechtsöffnungstitel bilden. Sie müssen nicht zwingend als solche bezeichnet[233], aber hoheitlicher Natur, individuell-kon-

---

230 BGE 138 III 132, E. 4.2 f.

231 AMONN/WALTHER, § 19 Rz. 42.

232 BGE 137 III 87, E. 3; BGer 5A_703/2016 vom 6.6.2017. E. 5.1 (zPv); BGer 5A_935/2015 vom 21.9.2016, E. 3; BSK SchKG EB-STAEHELIN, Art. 80 N 67 und 98.

233 BGE 143 III 162, 164, E. 2.2.1

kret sowie in gesetzlich vorgeschriebener Weise eröffnet sein und auf eine bestimmte Geldsumme lauten. Entscheide über ausländische öffentlich-rechtliche Forderungen werden in der Schweiz nicht vollstreckt.[234] Die Verwaltungsbehörde kann grundsätzlich den Rechtsvorschlag selber aufheben, wenn sie ihren Entscheid nach Erhebung des Rechtsvorschlags erlässt. Das Dispositiv des Verwaltungsentscheides hat jedoch mit Bestimmtheit auf die hängige Betreibung Bezug zu nehmen und den Rechtsvorschlag ausdrücklich als aufgehoben zu erklären, sei es vollumfänglich oder in einer bestimmten Höhe.[235] Zur definitiven Rechtsöffnung berechtigt auch ein durch die Kindesschutzbehörde als Verwaltungsbehörde genehmigter Unterhaltsvertrag.[236]

6.267 (4) *Endgültige Entscheide der Kontrollorgane,* die in Anwendung von Art. 16 Abs. 1 des Bundesgesetzes vom 17. Juni 2005 über Massnahmen zur Bekämpfung der Schwarzarbeit (Bundesgesetz gegen die Schwarzarbeit, BGSA)[237] getroffen wurden und die Kontrollkosten zum Inhalt haben (Art. 80 Abs. 2 Ziff. 4 SchKG).

B. KEINE EINWENDUNGEN DES SCHULDNERS

6.268 Gegen den vom Gläubiger vorgelegten Rechtsöffnungstitel kann der Schuldner eng beschränkte Einwendungen materieller oder prozessualer Art erheben. Der definitive Rechtsöffnungstitel kann nur mit völlig eindeutigen Urkunden entkräftet werden.[238] Die Liste der Einwendungen in Art. 81 SchKG ist allerdings nicht abschliessend.[239] Im Gegensatz zur provisorischen Rechtsöffnung hat der Schuldner seine Einwendung strikt zu beweisen und nicht nur glaubhaft zu machen.

A) PROZESSUALE EINWENDUNGEN

6.269 Der Schuldner kann das Fehlen einer Prozessvoraussetzung geltend machen und damit die Rechtmässigkeit des Rechtsöffnungsverfahrens bestreiten.[240] Fehlt eine Prozessvoraussetzung, darf auf das Rechtsöffnungsgesuch nicht eingetreten werden (Art. 59 Abs. 1 ZPO).

B) MATERIELLE EINWENDUNGEN

6.270 Mit ihnen stellt der Schuldner die Tauglichkeit der vom Gläubiger vorgelegten Urkunde als Rechtsöffnungstitel in Frage. Erweist sich die Einwendung als begründet, ist das Rechtsöffnungsgesuch abzuweisen. Der Richter hat jedoch nicht über den materiellen Bestand der Forderung zu befinden.[241] Zulässig sind folgende Einwendungen:

---

234 BSK SchKG I-Staehelin, Art. 80 N 101 ff.

235 BGE 107 III 60, E. 3.

236 BGer 5A_950/2014 vom 16.4.2015, E. 3.7.

237 SR 822.41.

238 BGE 140 III 372, E. 3.1.

239 BGE 140 III 180, E. 5.2.1.

240 Amonn/Walther, § 19 Rz. 51.

241 BGE 142 III 78, 80 E. 3.1; 141 I 97, E. 5.2; 140 III 180, E. 5.2.1; 135 III 315, 318 E. 2.3; 134 III 656, 660 E. 5.3.2.

(1) Der Schuldner kann die Echtheit des vorgelegten Rechtsöffnungstitels bestreiten; er hat aber dessen Fälschung zu beweisen.[242] 6.271

(2) Der Schuldner kann sich auf die Nichtigkeit des Vollstreckungstitels berufen.[243] 6.272

(3) Der Schuldner kann durch Urkunden beweisen, dass die Schuld seit Erlass des Entscheids (bzw. des Urteils oder der Verfügung) getilgt[244] oder gestundet worden ist, oder er kann die Verjährung anrufen (Art. 81 SchKG). Zudem kann der Schuldner einwenden, er sei aufgrund des Entscheids nicht bedingungslos zur Zahlung verpflichtet und eine Bedingung sei noch nicht eingetreten.[245] 6.273

Tilgung kann auch durch Erlass der Forderung erfolgen. Beruft sich der Schuldner auf Tilgung durch Verrechnung[246] mit einer Gegenforderung, muss diese durch ein gerichtliches Urteil i.S.v. Art. 81 Abs. 1 SchKG oder durch eine vorbehaltlose Anerkennung der Gegenpartei belegt sein; eingeschränkt wird die Möglichkeit zur Verrechnung zudem durch ein allfälliges Verrechnungsverbot, wie es von Art. 125 Ziff. 2 OR für Unterhaltsansprüche vorgesehen ist, die zum Unterhalt des Gläubigers und seiner Familie unbedingt erforderlich sind.[247] Im Rechtsöffnungsverfahren kann nur die nach Erlass des Entscheids eingetretene Verjährung angerufen werden, nicht aber diejenige, die der Schuldner schon im vorherigen Erkenntnisverfahren hätte geltend machen können. Die Verjährung ist nur auf Einrede des Schuldners und nicht von Amtes wegen zu beachten. Dies gilt auch bei öffentlich-rechtlichen Forderungen.[248] 6.274

Die Verjährung muss nur angerufen, aber nicht durch Urkunden bewiesen werden. Die Beweislast für die Unterbrechung der Verjährung obliegt dem Betreibenden.[249] 6.275

Beruht die Forderung auf einer vollstreckbaren öffentlichen Urkunde, so kann der Schuldner weitere Einwendungen gegen die Leistungspflicht geltend machen, sofern sie sofort beweisbar sind (Art. 81 Abs. 2 SchKG), wie etwa einen Willensmangel bei Errichtung der Urkunde oder die fehlende Zuständigkeit der Urkundsperson.[250] Der Schuldner hat den vollen Beweis zu erbringen; das blosse Glaubhaftmachen seiner Einwendungen genügt nicht.[251] Ausserhalb des Rechtsöffnungsverfahrens oder vor Erteilung der definitiven Rechtsöffnung kann der Schuldner im Übri- 6.276

---

242 Stücheli, 114f.

243 BGE 130 III 125, E. 2.

244 BGE 138 III 583, E. 6.1.2; 135 III 315, E. 2.5.

245 Amonn/Walther, § 19 Rz. 56.

246 BGE 143 III 46, 48 E. 3 (zum Zeitpunkt der Verrechnungserklärung).

247 BGE 136 III 624, E. 4.2.1 und E. 4.2.3; BGer 5A_279/2012 vom 13.6.2012, E. 4.

248 BGer 5A_216/2013 vom 24.7.2013, E. 2.2.2.

249 BGer 5A_152/2012 vom 19.12.2012, E. 4.1.

250 Umstritten und vom Bundesgericht noch nicht entschieden ist, ob bei vollstreckbaren öffentlichen Urkunden gem. LugÜ die erweiterten Einwendungen nach Art. 81 Abs. 2 SchKG möglich sind (BGer 5A_935/2015 vom 21.9.2016, E. 3.6.4.).

251 Vock/Müller, 123; CPra Actions-Bohnet, § 115 Rz. 29.

gen jederzeit auf Feststellung klagen, dass der Anspruch nicht oder nicht mehr besteht oder gestundet ist (Art. 352 ZPO).[252]

6.277 Ist ein Entscheid in einem anderen Staat ergangen, so kann der Schuldner überdies die Einwendungen geltend machen, die im betreffenden Staatsvertrag oder, wenn ein solcher fehlt, im IPRG (z.B. in dessen Art. 27 Abs. 1 und 2) vorgesehen sind, sofern nicht ein schweizerisches Gericht bereits über diese Einwendungen entschieden hat (Art. 81 Abs. 3 SchKG).

10. BESONDERHEITEN

6.278 Die Festsetzung der Gerichtsgebühren des Rechtsöffnungsverfahrens richtet sich nach der Gebührenverordnung zum SchKG (Art. 48, Art. 61 Abs. 1 GebV SchKG) und nicht nach dem kantonalen Kostentarif (Art. 96 ZPO). Hingegen wird die Parteientschädigung an die obsiegende Partei ausschliesslich nach dem kantonalen Tarif zugesprochen (Art. 105 Abs. 2 i.V.m. Art. 96 ZPO).[253] Für das Verfahren vor Bundesgericht gilt dessen Gerichtsgebührentarif[254] bzw. dessen Reglement über die Parteientschädigung und die Entschädigung für die amtliche Vertretung.[255] Der Streitwert richtet sich nach dem BGG. Wird das Exequatur im Rechtsöffnungsverfahren selbständig verlangt[256], kommt für die Gerichtskosten neben der Gebührenverordnung zum SchKG auch der kantonale Gebührentarif nach ZPO zur Anwendung.[257]

6.279 Die Rechtsöffnungskosten gehören zu den Betreibungskosten nach Art. 68 SchKG.[258]

11. RECHTSMITTEL

A. KANTONALE RECHTSMITTEL

6.280 Innerkantonal ist der Entscheid des Rechtsöffnungsrichters nur mit der Beschwerde nach Art. 319 ff. ZPO anfechtbar (Art. 319 lit. a i.V.m. Art. 309 lit. b Ziff. 3 SchKG). Dasselbe gilt nach Art. 319 lit. a i.V.m. Art. 309 lit. a SchKG für die Vollstreckbarerklärung. Die Beschwerdefrist beträgt 10 Tage (Art. 321 Abs. 2 ZPO). Die Beschwerde hat keine aufschiebende Wirkung (Art. 325 Abs. 1 ZPO); diese kann aber von der Rechtsmittelinstanz erteilt werden (Art. 325 Abs. 2 ZPO).

252 CPra Actions-Bohnet, § 115 Rz. 41.
253 BSK SchKG EB-Staehelin, Art. 84 ad N 74a; BGE 139 III 195, E. 4.3.
254 SR 173.110.210.1.
255 SR 173.110.210.3.
256 Rz. 6.250.
257 BSK SchKG I-Staehelin, Art. 80 N 60.
258 BGE 123 III 271, 272 E. 4a.

B. RECHTSMITTEL ANS BUNDESGERICHT

Rechtsöffnungsentscheide letzter kantonaler Instanzen sind beim Bundesgericht mit der Beschwerde in Zivilsachen (Art. 72 ff. BGG) anfechtbar, wenn der Streitwert mindestens CHF 30 000.– beträgt, und zwar auch dann, wenn die Forderung auf einem miet- oder in einem arbeitsrechtlichen Sachverhalt basiert.[259] Bei niedrigerem Streitwert ist die Beschwerde zulässig, wenn sich eine Rechtsfrage von grundsätzlicher Bedeutung stellt (Art. 74 Abs. 1 und Abs. 2 lit. a BGG). Der Entscheid über die definitive Rechtsöffnung stellt einen Endentscheid nach Art. 90 BGG und keine vorsorgliche Massnahme im Sinn von Art. 98 BGG dar. Es können daher alle Beschwerdegründe nach Art. 95 ff. BGG vorgebracht und frei überprüft werden.[260] Die Beschwerdefrist beträgt 30 Tage (Art. 100 Abs. 1 BGG). Die Beschwerde hat keine aufschiebende Wirkung (Art. 103 Abs. 1 BGG);[261] diese kann aber von Amtes wegen oder auf Antrag einer Partei erteilt werden (Art. 103 Abs. 3 BGG). 6.281

Ist die Beschwerde in Zivilsachen ausgeschlossen, steht die subsidiäre Verfassungsbeschwerde (Art. 113 ff. BGG) wegen Verletzung verfassungsmässiger Rechte (Art. 115 BGG) zur Verfügung. Die Beschwerdefrist beträgt 30 Tage (Art. 117 i.V.m. Art. 100 Abs. 1 BGG). 6.282

Tabellarische Zusammenfassung

Zweck	Beseitigung des Rechtsvorschlags
Gesetzliche Grundlage	Art. 80 f., Art. 84 SchKG
Verfahrensart	Summarisches Verfahren (Art. 248 ff. ZPO)
Zuständigkeit	Vom Kanton bezeichnetes Gericht am Betreibungsort (Art. 84 Abs. 1; Art. 23 SchKG) (kein Spezialgericht, kein Schiedsgericht)
Aktivlegitimation	– (Betreibender) Gläubiger – Rechtsnachfolger (wenn Rechtsnachfolge liquid nachgewiesen ist) – Gesetzlicher oder vertraglicher Vertreter des Gläubigers (wenn rechtskräftig festgestellt ist, dass der Vertreter die Forderung in eigenem Namen geltend machen kann, oder wenn diese Vertretungsmacht anderweitig liquid bewiesen wird)

259 Vgl. BGE 135 III 470, E. 1.2; 134 III 267, E. 1.1.

260 BGE 133 III 399, E. 1.5. – Dies gilt auch für Entscheide über die definitive Rechtsöffnung, in denen die Vollstreckbarkeit einer ausländischen öffentlichen Urkunde vorfrageweise geprüft wird (BGer 5A_703/2016 vom 6.6.2017, E. 2.1 [zPv]).

261 BSK SchKG I-Staehelin, Art. 84 N 98.

Passivlegitimation	– (Betriebener) Schuldner – Mitbetriebene (wenn auch gegen sie ausdrücklich die Rechtsöffnung verlangt wird) – Unverteilte Erbschaft (Art. 49 SchKG) – Erben (nur in der Betreibung auf Pfandverwertung, Art. 59 Abs. 3 SchKG)
Streitwert	Betrag, für den die definitive Rechtsöffnung verlangt wird
Fristen	– Keine Klagefrist (Rechtsöffnungsgesuch aber nur möglich, solange Betreibung weitergeführt werden kann) – 10 Tage zur Aufrechterhaltung des Arrestes (Art. 279 und 280 Abs. 1 SchGK) – 10 Tage zur Aufrechterhaltung der Wirkung der Retentionsurkunde (analog zum Arrest) – Betreibungsferien / Rechtsstillstand: es gelten die Regeln des SchKG
Kombination	Begehren um Vollstreckbarerklärung ausländischer Entscheide (Exequatur)
Mögliche Rechtsbegehren	Vollumfängliche Rechtsöffnung: 1. Dem Gesuchsteller sei in der Betreibung Nr. [Nummer] / BA [Bezeichnung] die definitive Rechtsöffnung zu erteilen. 2. Unter Kosten- und Entschädigungsfolgen zulasten des Gesuchgegners. Teilweise Rechtsöffnung: 1. Dem Gesuchsteller sei in der Betreibung Nr. [Nummer] / BA [Bezeichnung] die definitive Rechtsöffnung für CHF [Betrag] nebst [Zinssatz] % Zins seit [Datum] zu erteilen. 2. Unter Kosten- und Entschädigungsfolgen zulasten des Gesuchgegners. Für die Betreibungskosten ist keine Rechtsöffnung zu verlangen

Voraussetzungen	– Definitiver Rechtsöffnungstitel:
	  – Vollstreckbarer gerichtlicher Entscheid
	  – Gerichtlicher Vergleich
	  – Gerichtliche Schuldanerkennung
	  – Vollstreckbare öffentliche Urkunde
	  – Vollstreckbarer Entscheid / Verfügung einer schweizerischen Verwaltungsbehörde
	  – Endgültiger Entscheid eines Kontrollorgans nach Art. 16 Abs. 1 des Bundesgesetzes gegen die Schwarzarbeit betreffend Kontrollkosten
	– Keine Einwendungen des Schuldners

Besonderheiten	– Prozesskosten:
	  – Die Gerichtskosten bestimmen sich im kantonalen Verfahren nach Art. 48 und Art. 61 Abs. 1 GebV SchKG, im Verfahren vor Bundesgericht nach dessen Gerichtsgebührentarif
	  – Wird das Exequatur im Rechtsöffnungsverfahren selbständig verlangt, kommt für die kantonalen Gerichtskosten neben der Gebührenverordnung zum SchKG auch der kantonale Gebührentarif nach ZPO zur Anwendung
	  – Die Parteientschädigungen bestimmen sich im kantonalen Verfahren nach kantonalem Tarif (Art. 96 ZPO), im Verfahren vor Bundesgericht nach dessen Reglement über die Parteientschädigung und die Entschädigung für die amtliche Vertretung
	– Die Rechtsöffnungskosten gehören zu den Betreibungskosten

Rechtsmittel	Kantonal: Beschwerde (Art. 319 ff. ZPO) innert 10 Tagen Bund: Beschwerde in Zivilsachen (Art. 72 ff. BGG) innert 30 Tagen bei Streitwert ab CHF 30 000.– oder bei Rechtsfrage von grundsätzlicher Bedeutung oder subsidiäre Verfassungsbeschwerde (Art. 113 ff. BGG) innert 30 Tagen in den übrigen Fällen

IX. GESUCH UM PROVISORISCHE RECHTSÖFFNUNG (ART. 82–84 SCHKG)

1. ZWECK UND WIRKUNG

Die Einstellung der Betreibung infolge des Rechtsvorschlags des Schuldners verschliesst dem Gläubiger den Betreibungsweg. Die Betreibung steht still und droht dahinzufallen, wenn sie nicht innert nützlicher Frist wieder in Gang gesetzt wird. Zur Beseitigung des Rechtsvorschlags stehen dem Gläubiger die Wege des normalen Zivilprozesses (Anerkennungsklage mit gleichzeitiger Beseitigung des Rechtsvorschlags)[262] bzw. des Verwaltungsverfahrens (Entscheid mit gleichzeitiger Beseitigung des Rechtsvorschlags) oder des Rechtsöffnungsverfahrens nach Art. 251 lit. a ZPO zur Verfügung. Der Anerkennungsprozess (insb. das ordentliche Verfahren nach Art. 219 ff. ZPO) erfordert in der Regel viel Zeit oder ist im Falle des (summarischen) Rechtsschutzes in klaren Fällen (Art. 257 ZPO) an strenge Voraussetzungen geknüpft. Mit der Erteilung der provisorischen Rechtsöffnung wird dagegen der Rechtsvorschlag in einem raschen, summarischen und kostengünstigeren Verfahren aufgehoben. Voraussetzung ist allerdings, dass der Gläubiger über einen provisorischen Rechtsöffnungstitel i.S.v. Art. 82 Abs. 1 SchKG verfügt. Die provisorische Rechtsöffnung beseitigt indessen – im Gegensatz zur erfolgreichen Anerkennungsklage – die Wirkungen des Rechtsvorschlags nicht endgültig. Der Schuldner besitzt die Möglichkeit, den Bestand der Forderung mit der Aberkennungsklage vor dem ordentlichen Richter zu bestreiten. Erst wenn er dies unterlässt oder mit seiner Aberkennungsklage erfolglos bleibt, wird die provisorische Rechtsöffnung zur definitiven und der Gläubiger kann die Betreibung fortsetzen. 6.283

Der Entscheid über die provisorische Rechtsöffnung entfaltet seine Wirkungen nur in der laufenden Betreibung. Er beschlägt nur die Weiterführung der konkreten Betreibung. Der Rechtsöffnungsrichter entscheidet nicht über den Bestand der Forderung, sondern nur über deren Vollstreckbarkeit, auch wenn vorfrageweise materiellrechtliche Gesichtspunkte zu berücksichtigen sind.[263] Der Rechtsöffnungsentscheid begründet ausserhalb der laufenden Betreibung keine Ein- 6.284

262 Diese Klage kann im ordentlichen Verfahren (Art. 79 SchKG i. V. m. Art. 219 ff. ZPO), im vereinfachten Verfahren (Art. 79 SchKG i.V.m. Art. 243 ff. ZPO) oder im Verfahren des Rechtsschutzes in klaren Fällen (Art. 79 SchKG i.V.m. Art. 257 ZPO) erhoben werden; Rz. 6.387 ff.

263 BGE 142 III 720, 722 E. 4.1; 132 III 140, E. 4.1.1; BGer 5A_205/2015 vom 22.10.2015, E. 6.2. Nach Lehre und Praxis einiger Kantone kann der Rechtsöffnungsrichter im Rahmen der Rechtsanwendung eine überhöhte Konventionalstrafe summarisch nach eigenem Ermessen reduzieren und über den reduzierten Betrag die Rechtsöffnung aussprechen (BGer 5A_114/2014 vom 24.7.2014, E. 3.5.1).

rede der abgeurteilten Sache (res iudicata). Er hindert den Gläubiger nicht, eine neue Betreibung einzuleiten. Den Parteien steht es auch frei, die Frage des Bestandes der Forderung dem ordentlichen Richter zu unterbreiten.[264]

6.285 Der Gläubiger, dem die provisorische Rechtsöffnung erteilt wurde, kann nach Ablauf der Zahlungsfrist die provisorische Pfändung verlangen oder nach Art. 162 SchKG die Aufnahme des Güterverzeichnisses beantragen (Art. 83 Abs. 1 SchKG).

2. VERFAHRENSART

6.286 Über die Rechtsöffnung wird im summarischen Verfahren nach Art. 248 ff. ZPO entschieden (Art. 251 lit. a ZPO). Es gilt an sich der Verhandlungsgrundsatz (Art. 55 Abs. 1 ZPO), der aber in verschiedener Hinsicht durchbrochen wird. Durch den Richter von Amtes wegen zu prüfen sind insb.: Erfüllung der Prozessvoraussetzungen, Vorliegen eines gültiger Rechtsöffnungstitels, Identität zwischen dem Betreibenden und dem im Rechtsöffnungstitel genannten Gläubiger, Identität zwischen dem Betriebenen und dem im Rechtsöffnungstitel genannten Schuldner, Identität zwischen der Betreibungsforderung und der anerkannten Forderung.[265] Mängel des Betreibungsverfahrens können dagegen nicht im Rechtsöffnungsverfahren gerügt werden, sondern mit der Beschwerde an die Aufsichtsbehörde (Art. 17 ff. SchKG).

6.287 Das Rechtsöffnungsverfahren untersteht grundsätzlich der Dispositionsmaxime. Bezüglich Art der Rechtsöffnung findet der Grundsatz der Bindung an Begehren der Parteien jedoch keine Anwendung. Der Richter kann trotz eines Antrags auf definitive Rechtsöffnung (oder eines unspezifizierten Antrags) unter Wahrung des rechtlichen Gehörs die provisorische Rechtsöffnung – oder das Umgekehrte – bewilligen; insoweit gilt die Offizialmaxime.[266]

6.288 Das summarische Verfahren ist gekennzeichnet durch einen einfachen, raschen Ablauf sowie eine Beweismittelbeschränkung (in aller Regel wird aufgrund der von den Parteien aufgelegten Urkunden entschieden). Es findet kein vorgängiges Schlichtungsverfahren statt (Art. 198 lit. a ZPO). In einfachen oder dringenden Fällen könnte das verfahrenseinleitende Gesuch mündlich beim Gericht zu Protokoll gegeben werden (Art. 252 Abs. 2 ZPO). In der Praxis werden jedoch die Rechtsöffnungsgesuche fast immer schriftlich, d.h. in Papierform oder elektronisch (Art. 130 ZPO), eingereicht. Das Gesuch muss die Bezeichnung der Parteien und allfälliger Vertreter, Rechtsbegehren, Tatsachenbehauptungen, Beweisanträge sowie Datum und Unterschrift (bei elektronischer Eingabe eine qualifizierte elektronische Signatur) enthalten. Eine rechtliche Begründung ist (analog zu Art. 221 Abs. 3 ZPO) zulässig, aber nicht erforderlich. Beilzulegen sind

264 BGE 136 III 583, E. 2.3.

265 BSK SchKG I-Staehelin, Art. 84 N 50; BGE 142 III 720, 722 E. 4.1; 141 I 97, E. 5.2; 139 III 444, E. 4.1.1.

266 BGE 140 III 372, E. 3.5.

die verfügbaren, als Beweismittel dienenden Urkunden und bei Vertretung eine Vollmacht. Für Rechtsöffnungsgesuch existieren auch Formulare, die im Internet ausgefüllt oder heruntergeladen werden können.[267] Der Schuldner erhält Gelegenheit zu einer mündlichen oder schriftlichen Stellungnahme (Art. 84 Abs. 2 SchKG, Art. 253 ZPO). Ein zweiter Rechtsschriftenwechsel findet nur ausnahmsweise statt. Die Parteien sind allerdings nach dem Grundsatz des rechtlichen Gehörs berechtigt, sich zu allen Eingaben der Gegenpartei zu äussern.[268] Zu vorprozessual bekannten Einwendungen des Gesuchgegners hat der Gesuchsteller aber grundsätzlich schon im Rechtsöffnungsgesuch Stellung zu nehmen.[269] Ob das Verfahren mündlich oder schriftlich durchgeführt wird, entscheidet der Richter nach seinem Ermessen. Es besteht kein Anspruch auf öffentliche Verhandlung.[270] Nach Anhören der Parteien eröffnet der Richter seinen Entscheid innert 5 Tagen (Art. 84 Abs. 2 SchKG). Diese Ordnungsfrist wird allerdings in der Praxis oft überschritten.

3. ZUSTÄNDIGKEIT

Örtlich zuständig zur Beurteilung des Rechtsöffnungsgesuchs ist der Richter am Betreibungsort 6.289
(Art. 84 Abs. 1 SchKG). Dieser im SchKG geregelte Gerichtsstand ist zwingend. Eine Prorogation oder eine Einlassung sind nicht möglich.[271] Hat der Schuldner nach Zustellung des Zahlungsbefehls seinen Wohnsitz verlegt und der Gläubiger davon sichere Kenntnis erhalten, ist das Rechtsöffnungsgesuch beim Richter am neuen Wohnsitz des Schuldners zu stellen.[272] Diese Regel gilt aber nur beim ordentlichen Betreibungsort (Art. 46 SchKG), nicht bei den besonderen Betreibungsorten (Art. 48–52 SchKG).[273]

Die sachliche Zuständigkeit wird durch das kantonale Recht geregelt (Art. 23 SchKG). Der Rechts- 6.290
öffnungsrichter ist auch dann sachlich zuständig, wenn das ordentliche Verfahren vor einem Spezialgericht (wie etwa dem Handelsgericht oder dem Arbeitsgericht) auszutragen wäre. Nie zuständig ist ein Schiedsgericht, weil die Beseitigung des Rechtsvorschlags als vollstreckungsrechtliche Tätigkeit nicht schiedsfähig ist; die Schiedsvereinbarung kann aber das Verfahren der definitiven Rechtsöffnung ausschliessen.[274]

267 Z.B. unter ‹https://www.bj.admin.ch/bj/de/home/publiservice/service/zivilprozessrecht/parteieingabenformulare.html› oder ‹www.gerichte-zh.ch/themen/betreibung-und-konkurs/formulare› (5.7.2017).

268 BGE 142 III 348, 52 E. 4.1.1.

269 BGer 5P.31/2002 vom 22.3.2002, E. 3d.

270 BGE 141 I 97, E. 5.2.

271 Vock/Müller, 130; LGVE 2012 I, Nr. 58 E. 5.4.

272 BGE 136 III 373, E. 2 f.

273 BGE 136 III 373, E. 2.1.

274 BGE 136 III 583, E. 2.1 f.; Vock/Müller, 131.

4. LEGITIMATION

A. AKTIVLEGITIMATION

6.291 Aktivlegitimiert ist der betreibende Gläubiger bzw. sein Rechtsnachfolger. Der Rechtsnachfolger (Universal- oder Singularsukzessor) hat seine Rechtsnachfolge, die vom Rechtsöffnungsrichter von Amtes wegen zu prüfen ist, urkundlich nachzuweisen; die Rechtsnachfolge muss liquid sein.[275] Die definitive Rechtsöffnung kann auch einem (betreibenden) gesetzlichen oder vertraglichen Vertreter des Gläubigers gewährt werden, wenn liquid bewiesen ist, dass der Vertreter die Forderung in eigenem Namen geltend machen kann.[276]

6.292 Steht eine Forderung mehreren Personen materiellrechtlich nur gesamthaft zu, haben sie den Schuldner gemeinsam zu betreiben und müssen auch das Rechtsöffnungsverfahren als notwendige Streitgenossenschaft (Art. 70 ZPO) gemeinsam stellen.[277]

B. PASSIVLEGITIMATION

6.293 Passivlegitimiert ist der betriebene Schuldner. Dritte (Ehegatte, Art. 68a und Art. 153 Abs. 2 lit. b SchKG; Drittpfandeigentümer, Art. 153 Abs. 2 lit. a SchKG), denen ein Zahlungsbefehlsdoppel zugestellt worden ist und die Rechtsvorschlag erhoben haben, sind nicht von Gesetzes wegen Partei des Rechtsöffnungsverfahrens; der Gläubiger muss ausdrücklich auch gegen sie die Rechtsöffnung verlangen.[278]

6.294 Stirbt der Schuldner, so kann die Betreibung nach Art. 49 SchKG gegen die *unverteilte Erbschaft* weitergeführt werden (Art. 59 Abs. 2 SchKG). Das Rechtsöffnungsgesuch ist dann gegen die unverteilte Erbschaft zu richten; die Zustellung erfolgt nach Art. 65 Abs. 3 SchKG. Gegen die *Erben* ist die Fortsetzung einer gegen den Erblasser angehobenen Betreibung auf Pfändung oder Konkurs ausgeschlossen, die Fortsetzung einer Betreibung auf Pfandverwertung dagegen möglich (Art. 59 Abs. 3 SchKG);[279] das Rechtsöffnungsgesuch richtet sich in diesem Fall gegen die Erben.

6.295 In den übrigen Fällen eines Schuldnerwechsels tritt der neue Schuldner nicht in das Betreibungsverfahren ein; der Gläubiger muss eine neue Betreibung gegen den neuen Schuldner einleiten.[280]

---

275 BGE 140 III 372, E. 3.3; BSK SchKG I-Staehelin, Art. 80 N 35; Vock/Müller, 127.

276 BSK SchKG I-Staehelin, Art. 80 N 36.

277 Vock/Müller, 133.

278 BSK SchKG I-Staehelin, Art. 84 N 29.

279 BSK SchKG I-Staehelin, Art. 80 N 34.

280 BSK SchKG I-Staehelin, Art. 84 N 34 (mit dem Hinweis auf eine Ausnahme bei Umstrukturierungen gem. FusG); Gilliéron, Rz. 341 ff.

5. STREITWERT

Der Streitwert wird durch das Rechtsbegehren bestimmt; Zinsen und Kosten des laufenden Verfahren, Publikationskosten des Entscheids sowie allfällige Eventualbegehren werden nicht hinzugerechnet (Art. 91 Abs. 2 ZPO). Der Streitwert entspricht somit dem Betrag, für den die provisorische Rechtsöffnung verlangt wird. 6.296

6. FRISTEN

Das Gesetz enthält keine Klagefrist für das Rechtsöffnungsverfahren. Auf das Rechtsöffnungsgesuch ist aber dann nicht einzutreten, wenn kein Rechtsschutzinteresse (Art. 59 Abs. 2 lit. a ZPO) mehr besteht. Dies ist der Fall, wenn die Betreibung nicht mehr weitergeführt werden kann, weil die Frist zur Stellung des Fortsetzungsbegehrens (1 Jahr, Art. 88 Abs. 2 SchKG) des Verwertungsbegehrens in der Betreibung auf Pfandverwertung (1 Jahr bei Faustpfand und 2 Jahre bei Grundpfand, Art. 154 Abs. 1 SchKG), des ordentlichen Konkursbegehrens (15 Monate, Art. 166 Abs. 2 SchKG) oder des Konkursbegehrens in der Wechselbetreibung (1 Monat, Art. 188 Abs. 2 SchKG) abgelaufen ist.[281] Diese Fristen stehen zwischen der Einleitung und der Erledigung eines durch den Rechtsvorschlag veranlassten Gerichts- oder Verwaltungsverfahrens und damit auch während des Rechtsöffnungsverfahrens still (Art. 88 Abs. 2 Satz 2, Art. 154 Abs. 1 Satz 2, Art. 166 Abs. 2 Satz 2 und Art. 188 Abs. 2 Satz 2 SchKG). 6.297

In der Betreibung auf Pfandverwertung wird die Anzeige an Mieter und Pächter (Art. 152 Abs. 2 SchKG) widerrufen, wenn der Gläubiger das Rechtsöffnungsgesuch (oder die Klage auf Anerkennung der Forderung oder Feststellung des Pfandrechts) nicht innert 10 Tagen nach der Mitteilung des Rechtsvorschlags einreicht (Art. 153a Abs. 3 SchKG).[282] 6.298

Hat der Gläubiger einen Vermögenswert des Schuldners arrestieren lassen, muss er seine Forderung auf dem Vollstreckungsweg innert einer Frist von jeweils 10 Tagen prosequieren (Art. 279 SchKG). Bei Rechtsvorschlag des Schuldners muss somit der Gläubiger innert 10 Tagen seit Zustellung des Gläubigerdoppels des Zahlungsbefehls die Rechtsöffnung verlangen (oder eine Anerkennungsklage erheben). Das Versäumen dieser Frist hat zwar keinen Einfluss auf das Betreibungsverfahren, führt aber zum Dahinfallen des Arrestes (Art. 280 Ziff. 1 SchKG). 6.299

Auch bei der Retentionsprosequierung muss der Gläubiger – analog zu Art. 279 SchKG – innert 10 Tagen seit Zustellung des Retentionsverzeichnisses die Rechtsöffnung verlangen (oder eine Anerkennungsklage erheben). Wird diese Frist nicht eingehalten, so erlischt die Wirkung der Retentionsurkunde.[283] 6.300

---

281 VOCK/MÜLLER, 132 f.

282 BGer 5A_606/2013 vom 21.3.2014, E. 3.

283 BGE 105 III 85, E. 2.

6.301 Da die Erteilung der Rechtsöffnung eine Betreibungshandlung darstellt, sind auf das Rechtsöffnungsverfahren nicht die Regeln von Art. 145 Abs. 1 und 2 ZPO über den – im summarischen Verfahren ohnehin nicht geltenden – Fristenstillstand, sondern diejenigen von Art. 56 f. SchKG über die Betreibungsferien und den Rechtsstillstand anwendbar. Während der Betreibungsferien und des Rechtsstillstands darf keine Verhandlung stattfinden und keine Rechtsöffnung erteilt werden.[284] Das Rechtsöffnungsgesuch darf indessen während der Betreibungsferien eingereicht werden. Beachtet der Rechtsöffnungsrichter die Betreibungsferien oder den Rechtsstillstand nicht, entfalten seine Handlungen ihre Wirkung erst nach Ablauf der Betreibungsferien oder des Rechtsstillstands.[285]

7. KOMBINATIONSMÖGLICHKEITEN

6.302 Der Gläubiger kann gleichzeitig mit dem Gesuch um provisorische Rechtsöffnung eine Anerkennungsklage nach Art. 79 SchKG i.V.m. Art. 257 ZPO rechtshängig machen. Diese Kombination eines Gesuchs um provisorischen Rechtsschutz mit einem Gesuch um definitiven Rechtsschutz entfaltet keine gegenseitige Sperrwirkung i.S.v. Art. 62 Abs. 1 ZPO. Die beiden Verfahren sind aber zu koordinieren. Je nach Ausgestaltung der sachlichen Zuständigkeit sind Prozessüberweisung und Prozessvereinigung (Art. 125 lit. c, Art. 127 Abs. 1 ZPO) möglich. Die Sistierung eines der beiden Verfahren ist dagegen ausgeschlossen.[286]

8. MÖGLICHE RECHTSBEGEHREN

6.303 Das Rechtsbegehren muss sich auf die in Frage stehende Betreibung beziehen und den Antrag auf Rechtsöffnung enthalten sowie den genauen Betrag (in Schweizer Franken) angeben, für welchen die Rechtsöffnung verlangt wird, wenn dieser geringer ist als im Zahlungsbefehl. Es kann lauten:

1. Dem Gesuchsteller sei in der Betreibung Nr. [Nummer] / BA [Bezeichnung] die provisorische Rechtsöffnung zu erteilen.
2. Unter Kosten- und Entschädigungsfolgen zulasten des Gesuchgegners.

Wurde im Zahlungsbefehl eine höhere Forderung in Betreibung gesetzt, ist zudem der genaue Betrag (in Schweizer Franken) anzugeben, für welchen die Rechtsöffnung verlangt wird:

1. Dem Gesuchsteller sei in der Betreibung Nr. [Nummer] / BA [Bezeichnung] die provisorische Rechtsöffnung für CHF [Betrag] nebst [Zinssatz] % Zins seit [Datum] zu erteilen.
2. Unter Kosten- und Entschädigungsfolgen zulasten des Gesuchgegners.

284 BGE 115 III 91, 93, E. 3.

285 Zu dieser Praxis und zu Ausnahmen davon: BSK SchKG I-Staehelin, Art. 84 N 61.

286 Mabillard, 441.

Für die Betreibungskosten[287] kann – entgegen verbreiteter Praxis – keine Rechtsöffnung erteilt werden, weil hierfür kein Rechtsöffnungstitel vorliegt. Eine Rechtsöffnung ist ohnehin nicht notwendig, weil die Kosten von den Zahlungen des Schuldners vorab erhoben werden können (Art. 68 Abs. 2 SchKG), womit diese im Ergebnis zur Schuld geschlagen werden und vom Schuldner zusätzlich zum Betrag, welcher dem Gläubiger zugesprochenen worden ist, zu bezahlen sind.[288] Bezahlt der Schuldner nur die Forderung samt Zinsen, aber ohne Betreibungskosten, so verbleibt dem Gläubiger eine Kapitalforderung in Höhe der Betreibungskosten, für die er Rechtsöffnung verlangen kann.[289] 6.304

In einer Betreibung auf Pfandverwertung genügt ein Begehren um provisorische Rechtsöffnung, es kann, aber muss nicht ausdrücklich die Rechtsöffnung für die Forderung und für das Pfandrecht verlangt werden.[290] 6.305

9. VORAUSSETZUNGEN

A. RECHTSÖFFNUNGSTITEL

Zur Erlangung der provisorischen Rechtsöffnung ist eine durch öffentliche Urkunde festgestellte oder durch Unterschrift bekräftigte Schuldanerkennung notwendig (Art. 82 Abs. 1 SchKG) 6.306

A) INHALT DER SCHULDANERKENNUNG

Die Schuldanerkennung ist eine Willenserklärung des Schuldners, mit der er sich vorbehaltlos und unbedingt verpflichtet, dem Gläubiger einen bestimmten oder leicht bestimmbaren und fälligen Geldbetrag zu bestimmter Zeit zu bezahlen.[291] Die Höhe des Betrags muss bereits zum Zeitpunkt der Unterzeichnung der Schuldanerkennung bestimmt oder ohne weiteres bestimmbar sein.[292] Der Schuldgrund muss nicht in der Urkunde genannt sein; es genügt eine abstrakte Anerkennung. Die betriebene Forderung hat bereits im Zeitpunkt der Zustellung des Zahlungsbefehls fällig zu sein.[293] Dies hat der Gläubiger nachzuweisen.[294] Die Rechtsöffnung für Verzugszinsen setzt hingegen nicht voraus, dass sich der Verzugseintritt aus der Schuldurkunde ergibt; der Gläubiger kann ihn auch anderweitig nachweisen, z. B. durch Auflegen einer Mahnung. 6.307

287 Zu den Betreibungskosten zählen auch die Gerichts- und Parteikosten in rein betreibungsrechtlichen Summarsachen nach Art. 251 ZPO.

288 BGer 5A_455/2012 vom 5.12.2012, E. 3; LGVE 2016 I, Nr. 4; LGVE 2012 I, Nr. 53.

289 BSK SchKG EB-Staehelin, Art. 84 ad N 67a.

290 BSK SchKG I-Staehelin, Art. 84 N 38a.

291 BGE 136 III 624, E. 4.2.2. Zu Suspensiv-, Potestativ- und Resolutivbedingungen: Stücheli, 203 ff.; BSK SchKG I-Staehelin, Art. 82 N 36 ff.

292 BGE 139 III 297, E. 2.3.1.

293 KUKO SchKG-Vock, Art. 82 N 16.

294 BGer 5A_303/2013 vom 24.9.2013, E. 4.1.

6.308 In der Betreibung auf Sicherheitsleistung muss sich der Umfang der zu leistenden Sicherheit aus der Schuldanerkennung ergeben.[295] Es genügt, wenn neben der Schuldanerkennung eine gesetzliche Pflicht zur Sicherstellung besteht (z.B. Art. 175 Abs. 3 OR); in diesem Fall ist eine unterschriftliche Anerkennung der Sicherstellungspflicht nicht notwendig.[296]

B) FORM DER SCHULDANERKENNUNG

6.309 Art. 82 Abs. 1 SchKG verlangt eine schriftliche Schuldanerkennung. Es kann sich dabei um eine öffentliche oder um eine private Urkunde handeln.

6.310 Als öffentliche Urkunde gilt jede durch eine zuständige Urkundsperson in einem gesetzlich geregelten Verfahren verfasste Urkunde. Das Verfahren der öffentlichen Beurkundung richtet sich nach kantonalem Recht (Art. 55 SchlT ZGB). Die öffentliche Urkunde muss nicht vom Schuldner unterschrieben sein. Ihr Inhalt muss ihm aber zur Kenntnis gebracht worden sein und er muss diesen vorbehaltlos als seinen Willen bestätigt haben.[297] Auch eine ausländische öffentliche Urkunde kann einen provisorischen Rechtsöffnungstitel bilden.[298]

6.311 Eine private Schuldanerkennung muss vom Schuldner (bei juristischen Personen von einem zeichnungsberechtigten Organ) oder seinem Vertreter eigenhändig oder in einer gleichgestellten Weise (z.B. mittels qualifizierter elektronischer Signatur) unterzeichnet sein. Die Anforderungen an eine gültige Unterschrift richten sich nach den Art. 13–15 OR.[299] Die Vertretungsbefugnis eines Vertreters muss sich im Bestreitungsfall klar aus den Akten ergeben.[300] Ist bei einer juristischen Person das Vertretungsverhältnis nicht im Handelsregister eingetragen, so ist es vom Gläubiger nachzuweisen; dabei können auch eine konkludente Vollmacht oder Umstände nach Art. 32 Abs. 2 OR durch Urkunden nachgewiesen werden.[301]

C) ARTEN DER SCHULDANERKENNUNG

6.312 Die Schuldanerkennung kann sich aus einer einseitigen Verpflichtung, aus einem zweiseitigen Rechtsgeschäft oder einer vom Gesetz einer Schuldanerkennung i.S.v. Art. 82 SchKG gleichgestellten Betreibungsurkunde ergeben.

---

295 BGer 5A_555/2009 vom 30.11.2009, E. 2.2.

296 BGer 5A_60/2012 vom 13.7.2012, E. 4.3.1.

297 Vock/Müller, 125; Amonn/Walther, § 19 Rz. 71; BGE 134 III 71, E. 3 (zum Schuldbrief, wenn der darin bezeichnete Schuldner nicht mit dem Rechtsöffnungsgegner übereinstimmt).

298 Amonn/Walther, § 19 Rz. 73.

299 Vock/Müller, 125.

300 Amonn/Walther, § 19 Rz. 74; BGE 132 III 140, E. 4.1.1.

301 BSK SchKG EB-Staehelin, Art. 82 ad N 59b.

Die *einseitige Verpflichtung* kann insb. auf einem abstrakten Schuldversprechen nach Art. 17 OR beruhen[302] oder aus einer Bürgschafts- oder Wechselverpflichtung oder aus einem Testament hervorgehen.[303] 6.313

Ein *synallagmatischer Vertrag* bildet nach der verbreiteten Basler Rechtsöffnungspraxis[304] einen provisorischen Rechtsöffnungstitel, wenn mindestens eine der folgenden Voraussetzungen erfüllt ist:[305] 6.314

(1) Der Schuldner ist vorleistungspflichtig.
(2) Der Schuldner bestreitet nicht, dass die Gegenleistung ordnungsgemäss erbracht wurde.
(3) Die Einwendungen des Schuldners sind offensichtlich haltlos.
(4) Die Einwendungen des Schuldners werden vom Gläubiger sofort liquid mit Urkunden widerlegt.

Als Schuldanerkennungen i.S.v. Art. 82 SchKG gelten: 6.315

(1) der definitive Pfändungsverlustschein (Art. 149 Abs. 2 SchKG);
(2) der Pfandausfallschein (Art. 158 Abs. 3 SchKG);
(3) der Konkursverlustschein, wenn der Schuldner die Forderung anerkannt hat (Art. 265 Abs. 1 i.V.m. Art. 244 SchKG).

Die Schuldanerkennung muss nicht notwendigerweise in einer einzigen Urkunde enthalten sein. Sie kann sich auch aus einer Gesamtheit von Urkunden ergeben, sofern die notwendigen Elemente daraus hervorgehen. Dabei muss die eigentliche Anerkennungserklärung unterzeichnet bzw. beurkundet sein. Zudem muss sie auf die Schriftstücke, welche die Schuld betragsmässig ausweisen, klar und unmittelbar Bezug nehmen bzw. auf sie verweisen.[306] Zu beachten ist, dass die Forderungssumme schon bei Unterzeichnung der Schuldanerkennung bestimmt oder bestimmbar sein muss; sie darf nicht erst nachträglich festgelegt werden. Blosses Stillschweigen zu Dokumenten der Gegenseite kann nicht zu einer Schuldanerkennung führen.[307] 6.316

In der Betreibung auf Pfandverwertung muss, je nach Umfang des Rechtsvorschlags, die Rechtsöffnung für die Forderung (Schuldsumme) und / oder für das Pfandrecht (Pfandsumme) verlangt werden. Als Rechtsöffnungstitel für die *pfandgesicherte Forderung* taugt jede unterschriebene oder in öffentlicher Urkunde festgehaltene Schuldanerkennung gemäss den allgemeinen Bestimmun- 6.317

302 BGE 131 III 268, E. 3.2.
303 AMONN/WALTHER, § 19 Rz. 76.
304 Zu dieser Praxis: BGer 5A_1008/2014 vom 1.6.2015, E. 3.4.
305 VOCK/MÜLLER, 126; KREN KOSTKIEWICZ, § 4 Rz. 545.
306 BGE 139 III 297, 301 E. 2.3; 138 III 797, E. 4.2 (zur Anerkennung eines Kontokorrentsaldos); 136 III 627, E. 2 f. und E. 3.3 (zum Darlehens- und zum Rahmenkreditvertrag); BGer 5A_205/2015 vom 22.10.2015, E. 7 (zum Garantievertrag nach Art. 111 OR); LGVE 2012 I, Nr. 56 E. 3.1 (zum Kreditvertrag).
307 BGE 132 III 480, 482 E. 4.3.

gen.[308] Für das *Pfandrecht* wird die provisorische Rechtsöffnung erteilt, wenn der Gläubiger die Bestellung des Pfandes für die betriebene Forderung durch Urkunde beweist. Bei den Grundpfandrechten erfolgt dieser Beweis durch einen Grundbuchauszug, durch den Errichtungsvertrag oder durch den Grundpfandtitel, den Schuldbrief oder die Inhaberobligation mit Grundpfandverschreibung.[309] Beim Faustpfand anerkennt die Praxis auch den unterzeichneten Pfandvertrag mit der blossen Verpflichtung, ein Faustpfandrecht zu errichten, als Rechtsöffnungstitel.[310] Zur Verpfändung mehrerer Grundstücke für eine einzige Forderung siehe BGE 138 III 182 E. 4.

B. KEINE GLAUBHAFT GEMACHTEN EINWENDUNGEN DES SCHULDNERS

6.318 Im Gegensatz zur definitiven Rechtsöffnung besteht im Verfahren der provisorischen Rechtsöffnung keine Einredebeschränkung.

A) PROZESSUALE EINWENDUNGEN

6.319 Der Schuldner kann das Fehlen einer Prozessvoraussetzung geltend machen und damit die Rechtmässigkeit des Rechtsöffnungsverfahrens bestreiten.[311] Fehlt eine Prozessvoraussetzung, darf auf das Rechtsöffnungsgesuch nicht eingetreten werden (Art. 59 Abs. 1 ZPO).

B) MATERIELLE EINWENDUNGEN

6.320 Der Schuldner kann alles vorbringen, was Zweifel an Bestand und Höhe der Betreibungsforderung wecken kann, wie etwa Willensmängel, mangelnde Handlungsfähigkeit, Fälschung der Schuldanerkennung, Erlöschen der Forderung, Stundung, Verjährung, Verwirkung, Nichterfüllung oder mangelhafte Erfüllung.[312]

6.321 Die Einwendungen müssen nicht bewiesen, sondern nur glaubhaft gemacht werden. Der Begriff des Glaubhaftmachens entspricht demjenigen des Zivilprozesses. Der Richter muss überwiegend geneigt sein, an die Wahrheit der vom Betriebenen geltend gemachten Umstände zu glauben. Es genügt damit der Nachweis der Wahrscheinlichkeit.[313] Das Glaubhaftmachen muss grundsätzlich durch Urkunden geschehen.[314]

---

308 BSK SchKG I-Staehelin, Art. 82 N 167; für Drittpfandverhältnisse siehe BGE 140 III 36, E. 4.

309 BSK SchKG I-Staehelin, Art. 82 N 169; Vock/Müller, 126; BGE 140 III 180, E. 5 (zur Sicherungsübereignung von Inhaberschuldbriefen); 140 III 36, E. 4 (zum Drittpfand); 138 III 182, E. 4 und BSK SchKG EB-Staehelin, Art. 82 ad N 167d (zur Verpfändung mehrerer Grundstücke für eine einzige Forderung).

310 BSK SchKG I-Staehelin, Art. 82 N 169.

311 Amonn/Walther, § 19 Rz. 51.

312 BSK SchKG I-Staehelin, Art. 82 N 83 ff.; Vock/Müller, 127; Kren Kostkiewicz, § 4 Rz. 549; BGE 142 III 720, 722 E. 4.1; 138 III 797, E. 4.2 (zur Anerkennung eines Kontokorrentsaldos).

313 BGE 142 III 720, 722 E. 4.1; 132 III 140, E. 4.1.2.

314 BGer 5A_467/2015 vom 25.8.2016, E. 3 f.; BGer 5A_510/2013 vom 5.12.2013, E. 5.3; BSK SchKG EB-Staehelin, Art. 82 ad N 89.

10. BESONDERHEITEN

A. PROZESSKOSTEN

Die Festsetzung der Gerichtsgebühren des Rechtsöffnungsverfahrens richtet sich nach der Gebührenverordnung zum SchKG (Art. 48, Art. 61 Abs. 1 GebV SchKG) und nicht nach dem kantonalen Kostentarif (Art. 96 ZPO). Hingegen wird die Parteientschädigung an die obsiegende Partei ausschliesslich nach dem kantonalen Tarif zugesprochen (Art. 105 Abs. 2 i.V.m. Art. 96 ZPO).[315] Für das Verfahren vor Bundesgericht gilt dessen Gerichtsgebührentarif[316] bzw. dessen Reglement über die Parteientschädigung und die Entschädigung für die amtliche Vertretung.[317] Der Streitwert richtet sich nach dem BGG. 6.322

Die Rechtsöffnungskosten gehören zu den Betreibungskosten. 6.323

B. ÖFFENTLICH-RECHTLICHE FORDERUNGEN

Öffentlich-rechtliche Forderungen sind grundsätzlich zuerst zu verfügen und es ist dann aufgrund der rechtskräftigen Verfügung die definitive Rechtsöffnung zu verlangen. In diesem Bereich bleibt der Weg der provisorischen Rechtsöffnung verschlossen.[318] 6.324

11. RECHTSMITTEL

A. KANTONALE RECHTSMITTEL

Innerkantonal ist der Entscheid des Rechtsöffnungsrichters nur mit der Beschwerde nach Art. 319 ff. ZPO anfechtbar (Art. 319 lit. a i.V.m. Art. 309 lit. b Ziff. 3 SchKG). Die Beschwerdefrist beträgt 10 Tage (Art. 321 Abs. 2 ZPO). Die Beschwerde hat keine aufschiebende Wirkung (Art. 325 Abs. 1 ZPO); diese kann aber von der Rechtsmittelinstanz erteilt werden (Art. 325 Abs. 2 ZPO). 6.325

B. RECHTSMITTEL ANS BUNDESGERICHT

Rechtsöffnungsentscheide letzter kantonaler Instanzen sind beim Bundesgericht mit der Beschwerde in Zivilsachen (Art. 72 ff. BGG) anfechtbar, wenn der Streitwert mindestens CHF 30 000.– beträgt, und zwar auch dann, wenn die Forderung auf einem miet- oder in einem arbeitsrechtlichen Sachverhalt basiert.[319] Bei niedrigerem Streitwert ist die Beschwerde zulässig, wenn sich eine Rechtsfrage von grundsätzlicher Bedeutung stellt (Art. 74 Abs. 1 und Abs. 2 lit. a 6.326

315 BSK SchKG EB-Staehelin, Art. 84 ad N 74a; BGE 139 III 195, E. 4.3.

316 SR 173.110.210.1.

317 SR 173.110.210.3.

318 BGer 5A_473/2016 vom 15.11.2016, E. 3.

319 Vgl. BGE 135 III 470, E. 1.2; 134 III 267, E. 1.1.

BGG). Der Entscheid über die provisorische Rechtsöffnung stellt einen Endentscheid nach Art. 90 BGG und keine vorsorgliche Massnahme im Sinn von Art. 98 BGG dar. Es können daher alle Beschwerdegründe nach Art. 95 ff. BGG vorgebracht und frei überprüft werden.[320] Die Beschwerdefrist beträgt 30 Tage (Art. 100 Abs. 1 BGG). Die Beschwerde hat keine aufschiebende Wirkung (Art. 103 Abs. 1 BGG);[321] diese kann aber von Amtes wegen oder auf Antrag einer Partei erteilt werden (Art. 103 Abs. 3 BGG).

6.327 Ist die Beschwerde in Zivilsachen ausgeschlossen, steht die subsidiäre Verfassungsbeschwerde (Art. 113 ff. BGG) wegen Verletzung verfassungsmässiger Rechte (Art. 115 BGG) zur Verfügung. Die Beschwerdefrist beträgt 30 Tage (Art. 117 i.V.m. Art. 100 Abs. 1 BGG).

Tabellarische Zusammenfassung

Zweck	Beseitigung des Rechtsvorschlags
Gesetzliche Grundlage	Art. 82–84 SchKG
Verfahrensart	Summarisches Verfahren (Art. 248 ff. ZPO)
Zuständigkeit	Vom Kanton bezeichnetes Gericht am Betreibungsort (Art. 84 Abs. 1; Art. 23 SchKG) (kein Spezialgericht, kein Schiedsgericht)
Aktivlegitimation	– (Betreibender) Gläubiger – Rechtsnachfolger (wenn Rechtsnachfolge liquid nachgewiesen ist) – Gesetzlicher oder vertraglicher Vertreter des Gläubigers (wenn liquid bewiesen ist, dass der Vertreter die Forderung in eigenem Namen geltend machen kann)
Passivlegitimation	– (Betriebener) Schuldner – Mitbetriebene (wenn auch gegen sie ausdrücklich die Rechtsöffnung verlangt wird) – Unverteilte Erbschaft (Art. 49 SchKG) – Erben (nur in der Betreibung auf Pfandverwertung, Art. 59 Abs. 3 SchKG)
Streitwert	Betrag, für den die provisorische Rechtsöffnung verlangt wird
Fristen	– Keine Klagefrist; das Rechtsöffnungsgesuch ist aber nur möglich, solange Betreibung weitergeführt werden kann – 10 Tage zur Aufrechterhaltung der Miet- und Pachtzinssperre in der Betreibung auf Pfandverwertung (Art. 152 Abs. 2 und Art. 153a Abs. 3 SchKG, Art. 93 VZG) – 10 Tage zur Aufrechterhaltung des Arrestes (Art. 279 und 280 Abs. 1 SchGK) – 10 Tage zur Aufrechterhaltung der Wirkung der Retentionsurkunde (analog zum Arrest) – Betreibungsferien / Rechtsstillstand: es gelten die Regeln des SchKG
Kombination	Nicht einschlägig

320 BGE 133 III 399, E. 1.5.

321 BSK SchKG I-Staehelin, Art. 84 N 98.

Mögliche Rechtsbegehren	Vollumfängliche Rechtsöffnung: 1. Dem Gesuchsteller sei in der Betreibung Nr. [Nummer] / BA [Bezeichnung] die provisorische Rechtsöffnung zu erteilen. 2. Unter Kosten- und Entschädigungsfolgen zulasten des Gesuchgegners. Teilweise Rechtsöffnung: 1. Dem Gesuchsteller sei in der Betreibung Nr. [Nummer] / BA [Bezeichnung] die provisorische Rechtsöffnung für CHF [Betrag] nebst [Zinssatz] % Zins seit [Datum] zu erteilen. 2. Unter Kosten- und Entschädigungsfolgen zulasten des Gesuchgegners. Für die Betreibungskosten ist keine Rechtsöffnung zu verlangen

Voraussetzungen	– Provisorischer Rechtsöffnungstitel (durch öffentliche Urkunde festgestellte oder durch Unterschrift bekräftigte Schuldanerkennung):
	  – Einseitige Verpflichtung
	  – Synallagmatischer Vertrag, wenn mindestens eine der folgenden Voraussetzungen erfüllt ist (Basler Rechtsöffnungspraxis):
	  – (1) Schuldner ist vorleistungspflichtig
	  – (2) Schuldner bestreitet nicht, dass Gegenleistung ordnungsgemäss erbracht wurde
	  – (3) Einwendungen des Schuldners sind offensichtlich haltlos
	  – (4) Einwendungen des Schuldners werden vom Gläubiger sofort liquid mit Urkunden widerlegt
	  – Definitiver Pfändungsverlustschein
	  – Pfandausfallschein
	  – Konkursverlustschein, wenn der Schuldner die Forderung anerkannt hat
	  Hinweise:
	  – Die Schuldanerkennung kann sich aus einer Gesamtheit von Urkunden ergeben
	  – In der Betreibung auf Pfandverwertung muss, je nach Rechtsvorschlag, ein Rechtsöffnungstitel für die Forderung und / oder für das Pfandrecht vorliegen
	  – Keine glaubhaft gemachten Einwendungen des Schuldners

Besonderheiten	– Prozesskosten:
	  – Die Gerichtskosten bestimmen sich im kantonalen Verfahren nach Art. 48 und Art. 61 Abs. 1 GebV SchKG, im Verfahren vor Bundesgericht nach dessen Gerichtsgebührentarif
	  – Die Parteientschädigungen bestimmen sich im kantonalen Verfahren nach kantonalem Tarif (Art. 96 ZPO), im Verfahren vor Bundesgericht nach dessen Reglement über die Parteientschädigung und die Entschädigung für die amtliche Vertretung
	– Die Rechtsöffnungskosten gehören zu den Betreibungskosten
	– Öffentlich-rechtliche Forderungen: keine provisorische Rechtsöffnung möglich

Rechtsmittel	Kantonal: Beschwerde (Art. 319 ff. ZPO) innert 10 Tagen Bund: Beschwerde in Zivilsachen (Art. 72 ff. BGG) innert 30 Tagen bei Streitwert ab CHF 30 000.– oder bei Rechtsfrage von grundsätzlicher Bedeutung oder subsidiäre Verfassungsbeschwerde (Art. 113 ff. BGG) innert 30 Tagen in den übrigen Fällen

X. GESUCH UM PROVISORISCHE PFÄNDUNG (ART. 83 ABS. 1 SCHKG)

1. ZWECK UND WIRKUNG

6.328 Der Gläubiger, dem die provisorische Rechtsöffnung ganz oder teilweise erteilt ist, kann nach Ablauf der 20-tägigen Zahlungsfrist die provisorische Pfändung verlangen, wenn der Schuldner der Betreibung auf Pfändung unterliegt (Art. 83 Abs. 1 SchKG). Ein spezifisches Sicherungsinteresse ist nicht erforderlich. Bei der provisorischen Pfändung handelt es sich um eine Sicherungsmassnahme zur Erhaltung von verwertbarem Vermögen. Da der Schuldner Bestand, Höhe und Fälligkeit der Forderung, für welche die provisorische Rechtsöffnung erteilt wurde, mit einer Aberkennungsklage[322] bestreiten kann, dauert es unter Umständen sehr lange, bis der Gläubiger die Möglichkeit besitzt, das Fortsetzungsbegehren zu stellen und die Betreibung weiterzuführen. Mit der provisorischen Pfändung wird sichergestellt, dass sich das verwertbare Vermögen während dieser Zeit nicht reduziert.

6.329 Die provisorische Pfändung ist wie eine definitive zu vollziehen. Sie kann daher nach Art. 93 SchKG auch den Lohn des Schuldners erfassen.[323] Die provisorische unterscheidet sich von der definitiven Pfändung darin, dass

(1) der Gläubiger die Verwertung nicht verlangen kann, solange die Pfändung nur provisorisch ist (Art. 118 SchKG),

(2) die Pfändungsurkunde bei provisorischer Pfändung keinen definitiven oder provisorischen Verlustschein i.S.v. Art. 115 Abs. 1 oder 2 SchKG bildet,

(3) einem Gläubiger, zu dessen Gunsten erst provisorisch gepfändet wurde, die dem Betreibungsamt abgelieferten Lohnbeträge und der Anteil am Erlös einer von einem andern Gläubiger herbeigeführten Verwertung (Art. 144 Abs. 5 SchKG) nicht ausbezahlt werden dürfen.[324]

2. VERFAHRENSART

6.330 Es handelt sich um ein betreibungsrechtliches, nicht um ein gerichtliches Verfahren. Das Gesuch ist schriftlich (in Papierform oder elektronisch) zu stellen. Es muss den Antrag um Vollzug der provisorischen Pfändung enthalten. Beizulegen ist der Entscheid über die provisorische Rechtsöffnung. Sind die Voraussetzungen einer provisorischen Pfändung gegeben, so hat das Betreibungsamt diese unverzüglich nach den Regeln von Art. 89 ff. SchKG zu vollziehen.

322 Rz. 6.417 ff.

323 BGE 117 III 26, E. 1.

324 BGE 83 III 17, E. 1.

3. ZUSTÄNDIGKEIT

Das Gesuch um provisorische Pfändung ist an das Betreibungsamt zu richten, welches den Zahlungsbefehl ausgestellt hat, d.h. an das Betreibungsamt am Betreibungsort.[325] Hat der Schuldner nach Zustellung des Zahlungsbefehls seinen Wohnsitz (bzw. seinen Sitz) verlegt, wechselt auch der Betreibungsort.[326] Das Gesuch ist dann am neuen Betreibungsort einzureichen. 6.331

4. LEGITIMATION

A. AKTIVLEGITIMATION

Aktivlegitimiert ist der Gläubiger (Betreibender). 6.332

B. PASSIVLEGITIMATION

Das Gesuch um provisorische Pfändung richtet sich gegen den Schuldner (Betriebener). 6.333

5. STREITWERT

Der Streitwert entspricht dem Forderungsbetrag, für den die provisorische Rechtsöffnung erteilt wurde. Er ist nur für die Vollzugskosten von Bedeutung. 6.334

6. FRISTEN

Der Gläubiger kann die provisorische Pfändung verlangen, sobald der Entscheid über die provisorische Rechtsöffnung eröffnet und die 20-tägige Zahlungsfrist (Art. 69 Abs. 2 Ziff. 2 SchKG) abgelaufen ist. Wird einer Beschwerde gegen den Rechtsöffnungsentscheid aufschiebende Wirkung gewährt (Art. 325 Abs. 2 ZPO, Art. 103 Abs. 3 BGG), kann das Gesuch erst nach Eröffnung des Beschwerdeentscheids gestellt werden.[327] 6.335

Das Gesuch um vorläufige Pfändung ist solange zulässig, bis eine ordentliche Pfändung möglich ist, d.h. bis das Fortsetzungsbegehren (Art. 88 SchKG) gestellt werden kann. Die provisorische Pfändung ist damit während der gesamten Dauer des Aberkennungsprozesses möglich.[328] 6.336

325 Rz. 6.4 ff.
326 Rz. 6.25 ff.
327 BSK SchKG EB-Staehelin, Art. 83 ad N 5.
328 BSK SchKG EB-Staehelin, Art. 83 ad N 6.

7. KOMBINATIONSMÖGLICHKEITEN

6.337 Im Gesuch um provisorische Pfändung können keine anderen Begehren gestellt werden.

6.338 Möglich ist aber eine andere Sicherungsmassnahme. So kann der Gläubiger Vermögensgegenstände des Schuldners arrestieren lasen, falls ein Arrestgrund (Art. 271 Abs. 1 SchKG) besteht.

8. MÖGLICHE RECHTSBEGEHREN

6.339 In der Betreibung [Nummer] / BA [Bezeichnung] sei die provisorische Pfändung nach Art. 83 Abs. 1 SchKG zu vollziehen.

9. VORAUSSETZUNGEN

A. BETREIBUNG AUF PFÄNDUNG

6.340 Die Sicherungsmassnahme der provisorischen Pfändung ist nur möglich, wenn der Schuldner der Betreibung auf Pfändung unterliegt.

B. PROVISORISCHE RECHTSÖFFNUNG

6.341 Die provisorische Pfändung setzt voraus, dass dem Gläubiger die provisorische Rechtsöffnung ganz oder teilweise erteilt worden ist. Der Rechtsöffnungsentscheid ist für das Betreibungsamt verbindlich. Es darf dessen Inhalt nicht überprüfen.[329]

C. ABLAUF DER ZAHLUNGSFRIST

6.342 Die provisorische Pfändung kann erst verlangt werden, wenn die 20-tägige Zahlungsfrist von Art. 69 Abs. 2 Ziff. 2 SchKG abgelaufen ist. Bei Berechnung dieser Frist wird der Zeitraum zwischen dem Rechtsvorschlag und der Erteilung der provisorischen Rechtsöffnung nicht mitgerechnet (Art. 88 Abs. 2 SchKG).[330]

---

329 BGer 5A_188/2010 vom 30.4.2010, E. 3.

330 KUKO SchKG-Vock, Art. 83 N 2; Kren Kostkiewicz, § 4 Rz. 550.

10. BESONDERHEITEN

A. DAUER

Die Wirkung der provisorischen Pfändung ist – im Gegensatz zum Güterverzeichnis[331] gesetzlich nicht beschränkt. Unterlässt der Schuldner die Aberkennungsklage oder weist das Gericht diese ganz oder teilweise ab, werden die provisorische Rechtsöffnung und die provisorische Pfändung definitiv. Bei vollumfänglicher Gutheissung der Aberkennungsklage werden die bisher erfolgten Betreibungsakte wirkungslos, so auch die provisorische Pfändung. 6.343

B. NACHPFÄNDUNG

Da die Pfändungsurkunde bei bloss provisorischer Pfändung keinen definitiven oder provisorischen Verlustschein i.S.v. Art. 115 Abs. 1 oder 2 SchKG bildet, ist eine Nachpfändung auf Begehren des Gläubigers (Art. 115 Abs. 3 SchKG) nicht möglich.[332] 6.344

C. WEITERE BETREIBUNG FÜR DIE GLEICHE FORDERUNG

Ein Begehren um provisorische Pfändung ist keine eigentliche Massnahme zur Fortsetzung der Betreibung und verhindert die Einleitung einer zweiten Betreibung für die gleiche Forderung nicht.[333] 6.345

D. SCHUTZZEITEN

Ob die vorläufige Pfändung eine unaufschiebbare Massnahme zur Erhaltung von Vermögensgegenständen darstellt und die Regeln über die geschlossene Zeiten, die Betreibungsferien und den Rechtsstillstand daher nicht anwendbar sind (Art. 56 SchKG), ist umstritten.[334] 6.346

E. KOSTEN

Die Gebühr für den Vollzug der provisorischen Pfändung bemisst sich nach dem Forderungsbetrag (Art. 20 GebV SchKG). Nicht bezifferte Zinsen fallen ausser Betracht (Art. 6 GebV SchKG). 6.347

331 Rz. 6.372 ff.

332 BGE 117 III 26, E. 2.

333 BGer 5A_188/2010 vom 30.4.2010, E. 4.

334 Für die Anwendbarkeit von Art. 56 SchKG: AMONN/WALTHER, § 19 Rz. 89; CR LP-MARCHAND, Art. 56 N 19. Für die Nichtanwendbarkeit: KREN KOSTKIEWICZ, § 3 Rz. 328, § 7 Rz. 1005; GILLIÉRON, Rz. 795; CPra Actions-BOHNET, § 126 Rz. 18. Für die Nichtanwendbarkeit von Art. 56 SchKG nur bei Dringlichkeit der Massnahme: KUKO SchKG-SARBACH, Art. 56 N 5; BSK SchKG I-BAUER, Art. 56 N 48.

11. RECHTSMITTEL

A. KANTONALE RECHTSMITTEL

6.348 Wird das Gesuch um provisorische Pfändung abgewiesen oder wird die provisorische Pfändung nicht oder nicht richtig vollzogen, kann Beschwerde nach Art. 17 ff. SchKG erhoben werden.

B. RECHTSMITTEL ANS BUNDESGERICHT

6.349 Der Entscheid der einzigen oder der oberen kantonalen Aufsichtsbehörde ist – unabhängig vom Streitwert (Art. 74 Abs. 2 lit. c BGG) – beim Bundesgericht mit der Beschwerde in Zivilsachen nach Art. 72 ff. BGG anfechtbar. Die provisorische Pfändung stellt eine vorsorgliche Massnahme im Sinn von Art. 98 BGG dar.[335] Es kann daher nur die Verletzung verfassungsmässiger Rechte gerügt werden. Die Beschwerdefrist beträgt 10 Tage (Art. 100 Abs. 2 BGG). Die Beschwerde hat keine aufschiebende Wirkung (Art. 103 Abs. 1 BGG); diese kann aber von Amtes wegen oder auf Antrag einer Partei erteilt werden (Art. 103 Abs. 3 BGG).

Tabellarische Zusammenfassung

Zweck	Sicherungsmassnahme (Erhaltung von verwertbarem Vermögen)
Gesetzliche Grundlage	Art. 83 Abs. 1, Art. 90 ff. SchKG
Verfahrensart	Betreibungsrechtliches Verfahren
Zuständigkeit	Betreibungsamt am Betreibungsort
Aktivlegitimation	(Betreibender) Gläubiger
Passivlegitimation	(Betriebener) Schuldner
Streitwert	Forderungsbetrag, für den die provisorische Rechtsöffnung erteilt wurde
Fristen	Gesuch ist möglich – ab Erteilung der provisorischen Rechtsöffnung (Eröffnung Entscheid; Eröffnung Beschwerdeentscheid, wenn der Beschwerde aufschiebende Wirkung gewährt wurde) – bis das Fortsetzungsbegehren (Art. 88 SchKG) gestellt werden kann
Kombination	Keine; möglich wäre aber eine andere Sicherungsmassnahme
Mögliche Rechtsbegehren	In der Betreibung [Nummer] / BA [Bezeichnung] sei die provisorische Pfändung nach Art. 83 Abs. 1 SchKG zu vollziehen.

335 BGer 5A_188/2010 vom 30.4.2010, E. 1.

Voraussetzungen	– Betreibung auf Pfändung – Provisorische Rechtsöffnung erteilt – Ablauf der 20-tägigen Zahlungsfrist von Art. 69 Abs. 2 Ziff. 2 SchKG

Besonderheiten	– Wirkungsdauer der provisorischen Pfändung:
	  – Gesetzlich nicht beschränkt
	  – Aberkennungsklage nicht eingereicht oder ganz / teilweise abgewiesen: provisorische Pfändung wird definitiv
	  – Vollumfängliche Gutheissung der Aberkennungsklage: provisorische Pfändung wird wirkungslos
	– Nachpfändung auf Begehren des Gläubigers (Art. 115 Abs. 3 SchKG): Nicht möglich
	– Weitere Betreibung für gleiche Forderung: Möglich
	– Schutzzeiten: Ob die der Regeln über die geschlossenen Zeiten, die Betreibungsferien und den Rechtsstillstand (Art. 56 SchKG) anwendbar sind, ist umstritten
	– Kosten: Gebühr für Vollzug der provisorischen Pfändung: Art. 20 GebV SchKG

Rechtsmittel	Kantonal: Beschwerde (Art. 17 f. SchKG) innert 10 Tagen Bund: Beschwerde in Zivilsachen (Art. 72 ff. BGG) wegen Verletzung verfassungsmässiger Rechte (Art. 98 BGG) innert 10 Tagen

XI. GESUCH UM ANORDNUNG DES GÜTERVERZEICHNISSES (ART. 83 ABS. 1 SCHKG)

1. ZWECK UND WIRKUNG

Der Gläubiger, dem die provisorische Rechtsöffnung ganz oder teilweise erteilt ist, kann nach Ablauf der 20-tägigen Zahlungsfrist gem. Art. 162 SchKG die Anordnung des Güterverzeichnisses verlangen, wenn der Schuldner der Konkursbetreibung unterliegt (Art. 83 Abs. 1 SchKG). Sie ist das Gegenstück zur provisorischen Pfändung.[336] Im Güterverzeichnis werden alle Vermögensbestandteile des Schuldners aufgelistet. Seine Anordnung durch das Konkursgericht ist, ähnlich wie der Arrestbefehl (Art. 274 SchKG), eine blosse Sicherungsmassnahme zum Schutz der Gläubigerrechte. Sie beschränkt sich auf eine Kontrolle der Aktiven für den Fall der Konkurseröffnung.[337] Da der Schuldner Bestand, Höhe und Fälligkeit der Forderung, für welche die provisorische Rechtsöffnung erteilt wurde, mit einer Aberkennungsklage[338] bestreiten kann, dauert es unter Umständen sehr lange, bis der Gläubiger die Möglichkeit besitzt, das Fortsetzungsbegehren 6.350

336 Kren Kostkiewicz, § 7 Rz. 1005.

337 BGE 137 III 143, E. 1.3.

338 Rz. 6.417 ff.

zu stellen und die Betreibung weiterzuführen. Das Güterverzeichnis beschränkt den Schuldner in dieser Zeit in der Verwendung seines Vermögens. Der Schuldner ist bei Straffolge (Art. 169 StGB) verpflichtet, dafür zu sorgen, dass die aufgezeichneten Vermögensstücke erhalten bleiben oder durch gleichwertige ersetzt werden; er darf jedoch davon so viel verbrauchen, als nach dem Ermessen des Betreibungsbeamten zu seinem und seiner Familie Lebensunterhalt erforderlich ist (Art. 164 Abs. 1 SchKG). Das Erhaltungsgebot erfasst nur die zum Zeitpunkt des Vollzugs vorhandenen Werte. Über erst danach Erworbenes (z.B. sein Erwerbseinkommen) darf der Schuldner frei verfügen, soweit es nicht Ersatz i.S.v. Art. 164 Abs. 1 SchKG darstellt. Indem der Schuldner über alle Vermögenswerte verfügen darf, sofern er sie durch gleichwertige ersetzt, soll ihm insbesondere der Betrieb eines Geschäftes (in geordnetem Rahmen) möglich bleiben.[339]
Die Wirkungen des Güterverzeichnisses gehen damit nicht so weit wie diejenigen einer Pfändung oder eines Arrestes[340] oder eines Retentionsverzeichnisses.[341]

6.351 Da die Aufnahme des Güterverzeichnisses eine reine Sicherungsmassnahme ist, bezweckt sie nicht, dem Gläubiger die Abschätzung der Chancen eines Betreibungsverfahrens oder eines Prozesses zu erleichtern.[342]

2. VERFAHRENSART

6.352 Über das Gesuch um Anordnung des Güterverzeichnisses entscheidet nach Art. 251 lit. a SchKG der Richter im summarischen Verfahren (Art. 252 ff. SchKG). Es findet kein vorgängiges Schlichtungsverfahren statt (Art. 198 lit. a ZPO). Das Gesuch ist schriftlich, d.h. in Papierform oder elektronisch (Art. 130 ZPO), einzureichen. In einfachen oder dringenden Fällen kann es auch mündlich beim Gericht zu Protokoll gegeben werden (Art. 252 Abs. 2 ZPO). Das Gesuch muss die Bezeichnung der Parteien und allfälliger Vertreter, Rechtsbegehren, Tatsachenbehauptungen, Beweisanträge sowie Datum und Unterschrift (bei elektronischer Eingabe eine qualifizierte elektronische Signatur) enthalten. Beilzulegen sind die verfügbaren, als Beweismittel dienenden Urkunden und bei Vertretung eine Vollmacht. Der Schuldner erhält – ausgenommen bei einem offensichtlich unzulässigen oder offensichtlich unbegründeten Gesuch – Gelegenheit zu einer mündlichen oder schriftlichen Stellungnahme (Art. 253 ZPO). Ob das Verfahren mündlich oder schriftlich durchgeführt wird, entscheidet der Richter nach seinem Ermessen. Es gilt der beschränkte Untersuchungsgrundsatz (Art. 55 Abs. 2, 255 lit. a ZPO). Die Aufnahme des Güterverzeichnisses kann bei besonderer Dringlichkeit als superprovisorische Massnahme (Art. 265 ZPO) sofort und ohne Anhörung des Schuldners angeordnet werden.[343]

---

339 KUKO SchKG-Diggelmann, Art. 164 N 2; BSK SchKG II-Ottomann/Markus, Art. 164 N 3; vgl. Rz. 9.5.

340 Kren Kostkiewicz, § 7 Rz. 1002; Rz. 10.116.

341 Rz. 10.114.

342 LGVE 2002 I, Nr. 53 E. 7.

343 BSK SchKG I-Staehelin, Art. 83 N 11a; CPra Actions-Bohnet, § 126 Rz. 10.

Der Vollzug (Aufnahme des Güterverzeichnisses durch das Betreibungsamt) erfolgt in einem betreibungsrechtlichen Verfahren. 6.353

3. ZUSTÄNDIGKEIT

A. ANORDNUNG

A) ÖRTLICHE ZUSTÄNDIGKEIT

Zuständig ist der Konkursrichter am Betreibungsort.[344] Hat der Schuldner nach Zustellung des Zahlungsbefehls seinen Wohnsitz (bzw. seinen Sitz) verlegt, wechselt auch der Betreibungsort.[345] Das Gesuch ist dann beim Konkursrichter am neuen Betreibungsort einzureichen. 6.354

B) SACHLICHE ZUSTÄNDIGKEIT

Das kantonale Recht bestimmt, welcher Richter sachlich zuständig ist (Art. 23 SchKG). 6.355

B. VOLLZUG

Die Aufnahme des Güterverzeichnisses erfolgt durch das Betreibungsamt am Betreibungsort. 6.356

4. LEGITIMATION

A. AKTIVLEGITIMATION

Aktivlegitimiert ist der Gläubiger. 6.357

B. PASSIVLEGITIMATION

Das Gesuch um Anordnung des Güterverzeichnisses richtet sich gegen den Schuldner. 6.358

5. STREITWERT

Der Streitwert entspricht dem Forderungsbetrag, für den die provisorische Rechtsöffnung erteilt wurde. Ihm kommt allerdings keine Bedeutung zu. 6.359

344 Rz. 6.4 ff.
345 Rz. 6.25 ff.

6. FRISTEN

6.360 Der Gläubiger kann die Aufnahme des Güterverzeichnisses verlangen, sobald der Entscheid über die provisorische Rechtsöffnung eröffnet ist. Wird einer Beschwerde gegen den Rechtsöffnungsentscheid aufschiebende Wirkung gewährt (Art. 325 Abs. 2 ZPO, Art. 103 Abs. 3 BGG), kann das Gesuch erst nach Eröffnung des Beschwerdeentscheids gestellt werden.[346]

6.361 Das Gesuch um Aufnahme des Güterverzeichnisses nach Art. 83 Abs. 1 SchKG ist bis zur Zustellung der Konkursandrohung (Art. 159 ff. SchKG) und damit während der gesamten Hängigkeit der Aberkennungsklage zulässig. Danach richtet sich das Gesuch allein nach Art. 162 ff. SchKG.

7. KOMBINATIONSMÖGLICHKEITEN

6.362 Das Gesuch um Anordnung des Güterverzeichnisses nach Art. 83 Abs. 1 SchKG kann nicht mit anderen Begehren kombiniert werden.

6.363 Möglich ist aber eine andere Sicherungsmassnahme. So kann der Gläubiger Vermögensgegenstände des Schuldners arrestieren lasen, falls ein Arrestgrund (Art. 271 Abs. 1 SchKG) besteht.[347]

8. MÖGLICHE RECHTSBEGEHREN

6.364
1. Das Betreibungsamt [Bezeichnung] sei anzuweisen, in der Betreibung [Nummer] / BA [Bezeichnung] das Güterverzeichnis nach Art. 83 Abs. 1 und Art. 162 ff. SchKG aufzunehmen.
2. Unter Kosten- und Entschädigungsfolgen zulasten des Gesuchgegners.

6.365 Bei besonderer Dringlichkeit, insb. bei Vereitelungsgefahr kann der Gläubiger mit einem Verfahrensantrag die Anordnung des Güterverzeichnisses i.S. einer superprovisorischen Massnahme verlangen (Art. 265 ZPO):

1. Das Betreibungsamt [Bezeichnung] sei anzuweisen, in der Betreibung [Nummer] / BA [Bezeichnung] das Güterverzeichnis nach Art. 83 Abs. 1 und Art. 162 ff. SchKG aufzunehmen.
2. Dem Antrag Ziffer 1 sei superprovisorisch ohne Anhörung der Gegenpartei zu entsprechen.
3. Unter Kosten- und Entschädigungsfolgen zulasten des Gesuchgegners.

346 BSK SchKG EB-Staehelin, Art. 83 ad N 5 (zum fristmässig identischen Gesuch um provisorische Pfändung).
347 Kren Kostkiewicz, § 7 Rz. 1009.

9. VORAUSSETZUNGEN

A. BETREIBUNG AUF KONKURS

Die Aufnahme des Güterverzeichnisses ist nur möglich, wenn der Schuldner der Konkursbetreibung unterliegt. 6.366

B. PROVISORISCHE RECHTSÖFFNUNG

Die Anordnung des Güterverzeichnisses setzt voraus, dass dem Gläubiger die provisorische Rechtsöffnung ganz oder teilweise erteilt worden ist. Der Rechtsöffnungsentscheid ist für das Betreibungsamt verbindlich. Es darf dessen Inhalt nicht überprüfen.[348] 6.367

C. ABLAUF DER ZAHLUNGSFRIST

Die provisorische Pfändung kann erst verlangt werden, wenn die 20-tägige Zahlungsfrist von Art. 69 Abs. 2 Ziff. 2 SchKG abgelaufen ist. Bei Berechnung dieser Frist wird der Zeitraum zwischen dem Rechtsvorschlag und der Erteilung der provisorischen Rechtsöffnung nicht mitgerechnet (Art. 88 Abs. 2 SchKG).[349] 6.368

D. SICHERUNGSBEDÜRFNIS

Ein Sicherungsbedürfnis ist insb. dann zu bejahen, wenn Anzeichen bestehen, dass der Schuldner beabsichtigt, zu fliehen oder umzuziehen oder dass er Vermögensbestandteile verheimlicht, zur Seite schafft, vermindert oder verschleudert, wenn gegen ihn eine grössere Zahl von Betreibungen und / oder Strafuntersuchungen (insb. wegen Betreibungs- und Konkursdelikten) geführt wurden oder werden, wenn er wiederholt Zahlungsversprechungen nicht einhielt, wenn sein allgemeines Geschäftsgebaren und sein Verhalten dem Gläubiger gegenüber die Befürchtung nahelegen, er suche sich der entsprechenden Schuldverpflichtung zu entziehen.[350] 6.369

Der Gläubiger hat die Tatsachen, aus denen sich sein Sicherungsbedürfnis ergibt, glaubhaft zu machen (Art. 261 Abs. 1 ZPO). Das Güterverzeichnis nach Art. 83 Abs. 1 SchKG greift der Fortsetzung der Betreibung vor. Es ist daher einschneidender als bei der direkten Anwendung von Art. 162 SchKG. An die Glaubhaftmachung des Sicherheitsbedürfnisses des Gläubigers sind deshalb erhöhte Anforderungen zu stellen. Erforderlich ist eine Mehrzahl von Indizien, objektiver 6.370

348 BGer 5A_188/2010 vom 30.4.2010, E. 3.

349 Kren Kostkiewicz, § 4 Rz. 550.

350 BSK SchKG EB-Staehelin, Art. 162 ad N 11; BGE 137 III 143, nicht publizierte E. 3; LGVE 2002 I, Nr. 53 E. 6.

wie subjektiver Art.[351] Durch die Bezahlung der Schuld kann der Schuldner die Aufnahme des Güterverzeichnisses abwenden. Auch eine Hinterlegung ist ausreichend.[352]

10. BESONDERHEITEN

A. VOLLZUG

6.371 Das Betreibungsamt nimmt das Güterverzeichnis auf. Es wendet dabei die Vorschriften über die Pfändung (Art. 90–92 SchKG) analog an (Art. 163 SchKG).

B. WIRKUNGSDAUER

6.372 Das Betreibungsamt hebt die durch das Güterverzeichnis begründete Verpflichtung des Schuldners auf, wenn alle betreibenden Gläubiger einwilligen (Art. 165 Abs. 1 SchKG).

6.373 Sind die Voraussetzungen zur Anordnung des Güterverzeichnisses nicht mehr gegeben, hebt das Konkursgericht dessen Wirkungen auf (Art. 83 Abs. 4 SchKG). Dies wird insb. der Fall sein, wenn der Schuldner die Forderung (inkl. Zins und Kosten), aufgrund deren die Massnahme angeordnet wurde, vollständig bezahlt hat.

6.374 Nach Art. 165 Abs. 2 SchKG erlischt die Verpflichtung des Schuldners 4 Monate nach der Erstellung des Verzeichnisses. Diese zeitliche Beschränkung kann aber im Falle von Art. 83 Abs. 1 SchKG nicht gelten, weil hier der Gläubiger in der Regel noch nicht in der Lage ist, innerhalb dieser Frist das Konkursbegehren zu stellen. Die Viermonatsfrist steht deshalb zwischen der Erhebung und der rechtskräftigen Erledigung der Aberkennungsklage still (Art. 83 Abs. 4 SchKG). Weist das Konkursgericht das Konkursbegehren ab, wird das Güterverzeichnis gegenstandslos. Bei Eröffnung des Konkurses bildet das Güterverzeichnis die Grundlage für das Konkursinventar.[353]

C. SCHUTZZEITEN

6.375 Das Gesuch um Anordnung des Güterverzeichnisses ist im summarischen Verfahren zu behandeln. Der Fristenstillstand von Art. 145 Abs. 1 ZPO gilt daher nicht (Art. 145 Abs. 2 lit. b ZPO).

6.376 Ob die Aufnahme des Güterverzeichnisses eine unaufschiebbare Massnahme zur Erhaltung von Vermögensgegenständen darstellt und die Regeln über die geschlossene Zeiten, die Betreibungsferien und den Rechtsstillstand daher nicht anwendbar sind (Art. 56 SchKG), ist umstritten.[354]

351 BSK SchKG EB-Staehelin, Art. 83 ad N 11; CPra Actions-Bohnet, § 126 Rz. 15; LGVE 2002 I, Nr. 53 E 6.

352 Rz. 9.25.

353 Kren Kostkiewicz, § 7 Rz. 1014 f.

354 Für die Anwendbarkeit von Art. 56 SchKG: Gilliéron, Commentaire, Art. 56 N 46. Für die Anwendbarkeit von Art. 56 SchKG nur bei Dringlichkeit: KUKO SchKG-Sarbach, Art. 56 N 5. Für die Nichtanwendbarkeit: Rz. 9.17 und 9.27; BSK SchKG I-Bauer, Art. 56 N 47; Kren Kostkiewicz, § 7 Rz. 1005; CPra Actions-Bohnet, § 126 Rz. 18.

D. KOSTEN

Die Spruchgebühr für den Entscheid des Konkursgerichts über die Anordnung des Güterverzeichnisses richtet sich nach Art. 53 lit. a GebV SchKG,[355] diejenige für die kantonale Beschwerdeinstanz nach Art. 61 Abs. 1 GebV SchKG. Es können Parteientschädigungen (i.S.v. Art. 95 Abs. 3 ZPO) nach kantonalem Tarif (Art. 96 ZPO) zugesprochen werden. Für das Verfahren vor Bundesgericht gilt dessen Gerichtsgebührentarif[356] bzw. dessen Reglement über die Parteientschädigung und die Entschädigung für die amtliche Vertretung.[357] 6.377

Die Gebühr für die Aufnahme des Güterverzeichnisses bemisst sich nach Art. 40 GebV SchKG. 6.378

E. WEITERE FÄLLE DER ANORDNUNG DES GÜTERVERZEICHNISSES

Das SchKG sieht weitere Fälle vor, in denen das Güterverzeichnis aufgenommen werden kann oder muss, nämlich bei Rechtsstillstand für einen Schuldner wegen Militär-, Zivil- oder Schutzdienstes (Art. 57c SchKG),[358] in der ordentlichen Konkursbetreibung (Art. 162 ff., Art. 170, Art. 174 Abs. 3 SchKG),[359] in der Wechselbetreibung (Art. 183 Abs. 1 SchKG)[360] und bei der Notstundung (Art. 341 Abs. 1 SchKG).[361] 6.379

11. RECHTSMITTEL

A. GEGEN DEN ENTSCHEID ÜBER DIE ANORDNUNG DES GÜTERVERZEICHNISSES

A) KANTONALE RECHTSMITTEL

Innerkantonal ist der Entscheid des Konkursrichters über die Anordnung des Güterverzeichnisses nur mit der Beschwerde nach Art. 319 ff. ZPO anfechtbar (Art. 319 lit. a i.V.m. Art. 309 lit. b Ziff. 7 ZPO). Die Beschwerdefrist beträgt 10 Tage (Art. 321 Abs. 2 ZPO). Die Beschwerde hat keine aufschiebende Wirkung (Art. 325 Abs. 1 ZPO); diese kann aber von der Rechtsmittelinstanz erteilt werden (Art. 325 Abs. 2 ZPO). 6.380

355 BSK SchKG EB-Staehelin, Art. 162 ad N 19.
356 SR 173.110.210.1.
357 SR 173.110.210.3.
358 Rz. 5.167 ff.
359 Rz. 9.1 ff.
360 Rz. 9.1, 9.21.
361 Rz. 9.1, 9.9, 9.21.

B) RECHTSMITTEL ANS BUNDESGERICHT

6.381 Entscheide der letzten kantonalen Instanz über die Anordnung des Güterverzeichnisses sind beim Bundesgericht unabhängig vom Streitwert (Art. 74 Abs. 2 lit. d BGG) mit der Beschwerde in Zivilsachen (Art. 72 ff. BGG) anfechtbar. Die Anordnung des Güterverzeichnisses durch den Konkursrichter stellt eine vorsorgliche Massnahme im Sinn von Art. 98 BGG dar.[362] Es kann daher nur die Verletzung verfassungsmässiger Rechte gerügt werden. Die Beschwerdefrist beträgt 30 Tage (Art. 100 Abs. 1 BGG). Die Beschwerde hat keine aufschiebende Wirkung (Art. 103 Abs. 1 BGG); diese kann aber von Amtes wegen oder auf Antrag einer Partei erteilt werden (Art. 103 Abs. 3 BGG).

B. GEGEN DEN VOLLZUG

A) KANTONALE RECHTSMITTEL

6.382 Wird das Güterverzeichnis vom Betreibungsamt nicht oder nicht richtig aufgenommen, kann dies mit der Beschwerde nach Art. 17 f. SchKG innert 10 Tagen (Art. 17 Abs. 2 SchKG) angefochten werden.

B) RECHTSMITTEL ANS BUNDESGERICHT

6.383 Der Entscheid der einzigen oder der oberen kantonalen Aufsichtsbehörde kann – unabhängig vom Streitwert (Art. 74 Abs. 2 lit. c BGG) – beim Bundesgericht innert 10 Tagen (Art. 100 Abs. 2 lit. a BGG) wegen Verletzung verfassungsmässiger Rechte (Art. 98 BGG) mit der Beschwerde in Zivilsachen nach Art. 72 ff. BGG angefochten werden (Art. 72 Abs. 2 lit. a BGG).

Tabellarische Zusammenfassung

Zweck	Sicherungsmassnahme (Beschränkung des Schuldners in der Verwendung seines Vermögens)
Gesetzliche Grundlage	Art. 83 Abs. 1, Art. 162 ff. SchKG
Verfahrensart	Anordnung: Summarisches Verfahren (Art. 248 ff. ZPO) mit beschränktem Untersuchungsgrundsatz Vollzug: Betreibungsrechtliches Verfahren
Zuständigkeit	Anordnung: Vom Kanton bezeichnetes Konkursgericht am Betreibungsort (Art. 162, Art. 23 SchKG) Vollzug: Betreibungsamt am Betreibungsort
Aktivlegitimation	(Betreibender) Gläubiger
Passivlegitimation	(Betriebener) Schuldner
Streitwert	Forderungsbetrag, für den die provisorische Rechtsöffnung erteilt wurde

362 BGE 137 III 143, E. 1.3.

Fristen	Gesuch ist möglich – ab Erteilung der provisorischen Rechtsöffnung (Eröffnung Entscheid oder Eröffnung Beschwerdeentscheid, wenn einer Beschwerde aufschiebende Wirkung gewährt wurde) – bis zur Zustellung der Konkursandrohung (Art. 159 ff. SchKG)
Kombination	Keine; möglich wäre eine andere Sicherungsmassnahme
Mögliche Rechtsbegehren	1. Das Betreibungsamt [Bezeichnung] sei anzuweisen, in der Betreibung [Nummer] / BA [Bezeichnung] das Güterverzeichnis nach Art. 83 Abs. 1 und Art. 162 ff. SchKG aufzunehmen. 2. Unter Kosten- und Entschädigungsfolgen zulasten des Gesuchgegners. Mit superprovisorischer Massnahme: 1. Das Betreibungsamt [Bezeichnung] sei anzuweisen, in der Betreibung [Nummer] / BA [Bezeichnung] das Güterverzeichnis nach Art. 83 Abs. 1 und Art. 162 ff. SchKG aufzunehmen. 2. Dem Antrag Ziffer 1 sei superprovisorisch ohne Anhörung der Gegenpartei zu entsprechen. 3. Unter Kosten- und Entschädigungsfolgen zulasten des Gesuchgegners.
Voraussetzungen	– Betreibung auf Konkurs – Provisorische Rechtsöffnung erteilt – Ablauf der 20-tägigen Zahlungsfrist von Art. 69 Abs. 2 Ziff. 2 SchKG – Sicherungsbedürfnis glaubhaft gemacht

Besonderheiten	– Vollzug: durch Betreibungsamt nach den Regeln von Art. 90–92 SchKG;
	– Wirkungsdauer:
	  – Bis Aufhebung durch Betreibungsamt mit Zustimmung mit Einwilligung aller betreibenden Gläubiger (Art. 165 Abs. 1 SchKG)
	  – Bis Aufhebung durch Konkursgericht (Art. 83 Abs. 4 SchKG)
	  – Sonst 4 Monate nach der Erstellung des Verzeichnisses (Art. 165 Abs. 2 SchKG); Viermonatsfrist steht zwischen der Erhebung und der rechtskräftigen Erledigung der Aberkennungsklage still (Art. 83 Abs. 4 SchKG)
	– Schutzzeiten:
	  – Gerichtliches Verfahren: kein Fristenstillstand nach Art. 145 ZPO
	  – Vollzug: Ob die Regeln über die geschlossenen Zeiten, die Betreibungsferien und den Rechtsstillstand (Art. 56 SchKG) anwendbar sind, ist umstritten
	– Kosten der Anordnung:
	  – Die Gerichtskosten bestimmen sich im kantonalen Verfahren nach Art. 53 lit. a und Art. 61 Abs. 1 GebV SchKG, im Verfahren vor Bundesgericht nach dessen Gerichtsgebührentarif
	  – Die Parteientschädigungen bestimmen sich im kantonalen Verfahren nach kantonalem Tarif (Art. 96 ZPO), im Verfahren vor Bundesgericht nach dessen Reglement über die Parteientschädigung und die Entschädigung für die amtliche Vertretung

	– Kosten des Vollzugs: Art. 40 GebV SchKG; – Weitere Fälle des Güterverzeichnisses: – Bei Rechtsstillstand für einen Schuldner wegen Militär-, Zivil- oder Schutzdienstes (Art. 57c SchKG) – In der ordentlichen Konkursbetreibung (Art. 162 ff., Art. 170, Art. 174 Abs. 3 SchKG) – In der Wechselbetreibung (Art. 183 Abs. 1 SchKG) – Bei der Notstundung (Art. 341 Abs. 1 SchKG)
Rechtsmittel gegen Anordnung	Kantonal: Beschwerde (Art. 319 ff. ZPO) innert 10 Tagen Bund: Beschwerde in Zivilsachen (Art. 72 ff. BGG) wegen Verletzung verfassungsmässiger Rechte (Art. 98 BGG) innert 30 Tagen
Rechtsmittel gegen Vollzug	Kantonal: Beschwerde (Art. 17 f. SchKG) innert 10 Tagen Bund: Beschwerde in Zivilsachen (Art. 72 ff. BGG) wegen Verletzung verfassungsmässiger Rechte (Art. 98 BGG) innert 10 Tagen

XII. ANERKENNUNGSKLAGE (ART. 77 ABS. 4, ART. 79, ART. 153A, ART. 186 SCHKG)

1. ZWECK UND WIRKUNG

6.384 Mit der Anerkennungsklage soll die Zahlung der durch Rechtsvorschlag bestrittenen Forderung mit Hilfe des Richters durchgesetzt werden.[363] Sie bezweckt damit wie das Rechtsöffnungsgesuch die Beseitigung des Rechtsvorschlags. Die Anerkennungsklage kann daher auch erhoben werden, wenn der Gläubiger einen provisorischen Rechtsöffnungstitel besitzt. Er wird aber in der Regel aus Zeit- und Kostengründen das Rechtsöffnungsverfahren vorziehen. Verfügt der Gläubiger dagegen über einen definitiven Rechtsöffnungstitel, ist die Anerkennungsklage wegen der Rechtskraftwirkung des Rechtsöffnungstitels (res iudicata) nicht zulässig.[364] In den Fällen von Art. 77 Abs. 4 SchKG (Bewilligung des nachträglichen Rechtsvorschlags nach bereits vollzogener Pfändung) und Art. 186 SchKG (Bewilligung des Rechtsvorschlags in der Wechselbetreibung) bleibt dem Gläubiger nur die Möglichkeit der Anerkennungsklage, da hier ein Rechtsöffnungsverfahren ausgeschlossen ist. Die Anerkennungsklage kann auch erhoben werden, wenn (für die gleiche Forderung) die provisorische oder definitive Rechtsöffnung verweigert wurde.[365] Die Arrest-

363 BGE 124 III 207, E. 3a.

364 KUKO SchKG-Vock, Art. 79 N 1.

365 BGE 135 III 315, E. 2.6.

prosequierungsklage (Art. 279 Abs. 1 und 2 SchKG), ebenfalls eine Anerkennungsklage, wird separat behandelt.[366]

Die Anerkennungsklage ist eine materiellrechtliche Leistungsklage über Bestand, Höhe und Fälligkeit der in Betreibung gesetzten Forderung. Ausnahmsweise handelt es sich um eine Feststellungsklage, nämlich dann, wenn in einer Betreibung auf Pfandverwertung nur das betreibungsrechtliche Pfand bestritten ist. Die Anerkennungsklage hat zusätzliche betreibungsrechtliche Wirkungen, indem der Rechtsvorschlag aufgehoben wird.[367] Ein besonderes Rechtsöffnungsverfahren erübrigt sich damit. Ist das Zivilurteil vollstreckbar – auf die Rechtskraft kommt es nicht an –, darf der Gläubiger ohne weiteres die Fortsetzung der Betreibung verlangen (Art. 79 Satz 2 SchKG).[368] Während der Dauer des Anerkennungsprozesses steht die Frist zur Fortsetzung der Betreibung still (Art. 88 Abs. 2, Art. 154 Abs. 1, Art. 166 Abs. 2 und Art. 188 Abs. 2 SchKG). 6.385

Wird die Betreibung für einen öffentlich-rechtlichen Anspruch durch Rechtsvorschlag des Schuldners gehemmt, hat der Gläubiger seinen Anspruch statt im Zivilprozess im Verwaltungsverfahren geltend zu machen (Art. 79 Abs. 1 SchKG). Steht allerdings ihre Forderung aufgrund einer rechtskräftigen Verfügung bereits fest, ist die Verwaltungsbehörde nicht mehr befugt, in einer neuen Betreibung selber den Rechtsvorschlag zu beseitigen, sondern es ist dazu der Rechtsöffnungsrichter zuständig.[369] Auf das Verwaltungsverfahren wird im Folgenden nicht weiter eingegangen. 6.386

2. VERFAHRENSART

Die Anerkennungsklage wird im ordentlichen Verfahren (Art. 219 ff. ZPO) beurteilt, wenn der Streitwert CHF 30 000.– übersteigt (Art. 219 i.V.m. Art. 243 Abs. 1 ZPO). Bei niedrigerem Streitwert und in den Fällen von Art. 243 Abs. 2 ZPO kommt das vereinfachte Verfahren (Art. 243 ff. ZPO) zur Anwendung. Der Streitwert bestimmt sich nach den Regeln von Art. 91 ff. ZPO.[370] Sofern die Voraussetzungen des Rechtsschutzes in klaren Fällen (Art. 257 ZPO) vorliegen, kann über die Anerkennungsklage unabhängig vom Streitwert im summarischen Verfahren entschieden werden. Es gilt der Verhandlungsgrundsatz, sofern nicht die ZPO den beschränkten (sozialen) oder den unbeschränkten Untersuchungsgrundsatz vorschreibt (Art. 55 ZPO). Vor dem ordentlichen und dem vereinfachten Verfahren ist grundsätzlich ein Schlichtungsverfahren (Art. 197 ff. ZPO) durchzuführen. 6.387

366 Rz. 10.77 ff.

367 BSK SchKG I-Staehelin, Art. 79 N 3.

368 Amonn/Walther, § 19 Rz. 11.

369 BGer 9C_903/2009 vom 11.12.2009, E. 2.3.

370 Rz. 6.395.

3. ZUSTÄNDIGKEIT

A. ÖRTLICHE ZUSTÄNDIGKEIT

6.388 Art. 79 SchKG sieht keinen Gerichtsstand vor. Die örtliche Zuständigkeit richtet sich daher nach den Bestimmungen von Art. 9 ff. ZPO (Art. 46 ZPO). Es gibt daher, anders als bei der Aberkennungsklage, keinen speziellen Gerichtsstand am Betreibungsort.[371] Im Anwendungsbereich des LugÜ gelten die Gerichtsstände nach dessen Art. 2 ff., ausgenommen der Gerichtsstand am Vollstreckungsort (Art. 22 Ziff. 5 LugÜ). Im Übrigen gelten bei einem internationalen Sachverhalt die allgemeinen Gerichtsstandsbestimmungen des IPRG.[372]

B. SACHLICHE ZUSTÄNDIGKEIT

6.389 Die sachliche Zuständigkeit wird – unter Beachtung der bundesrechtlichen Vorgaben (wie Art. 5–8 ZPO) – durch das kantonale Recht geregelt (Art. 3, Art. 4 Abs. 1 ZPO). Das vom kantonalen Recht bestimmte Gericht (ordentliches Gericht oder Spezialgericht) entscheidet über Bestand, Höhe und Fälligkeit der Betreibungsforderung wie auch über die Aufhebung des Rechtsvorschlags.

6.390 Ein Schiedsgericht kann lediglich über die Betreibungsforderung, nicht aber über die (als vollstreckungsrechtliche Tätigkeit nicht schiedsfähige) Aufhebung des Rechtsvorschlags befinden.[373] Es muss anschliessend ein separates Rechtsöffnungsverfahren vor dem Rechtsöffnungsrichter durchgeführt werden. Beseitigt ein Schweizer Schiedsgericht dennoch in seinem Schiedsspruch ausdrücklich den Rechtsvorschlag, darf der Richter, der die Vollstreckbarkeitsbescheinigung nach Art. 386 Abs. 3 ZPO oder Art. 192 Abs. 2 IPRG ausstellt, die Beseitigung des Rechtsvorschlags durch das Schiedsgericht – entgegen verschiedenen Lehrmeinungen[374] – nicht für verbindlich erklären.[375]

6.391 Ein ausländisches Gericht kann für die Beurteilung der Forderung sachlich zuständig sein, wegen des Territorialitätsprinzips aber nicht für die Beseitigung des Rechtsvorschlags. Dafür muss ein Rechtsöffnungsverfahren durchgeführt werden, worin das ausländische Urteil vorfrageweise für vollstreckbar erklärt wird.[376]

---

371 KUKO SchKG-Vock, Art. 79 N 4.

372 Vock/Müller, 111.

373 BGE 136 III 583, E. 2.1.

374 BSK SchKG I-Staehelin, Art. 79 N 19 f.; KUKO SchKG-Vock, Art. 79 N 6.

375 BGer 5A_843/2014 vom 17.3.2015, E. 4.

376 BGE 135 III 551, E. 2.3 a.E.; BSK SchKG I-Staehelin, Art. 79 N 22; KUKO SchKG-Vock, Art. 79 N 7.

4. LEGITIMATION

A. AKTIVLEGITIMATION

Kläger im Anerkennungsprozess ist der Gläubiger bzw. sein Rechtsnachfolger (Universal- oder Singularsukzessor). Der Richter entscheidet die vom Betreibungsamt bei Ausstellen des Zahlungsbefehls nicht zu prüfende Frage, ob der in Betreibung gesetzte Anspruch tatsächlich dem Kläger (als betreibendem Gläubiger) zusteht. Ist dies nicht der Fall, wird die Anerkennungsklage mangels Aktivlegitimation des Klägers abgewiesen. 6.392

Steht eine Forderung mehreren Personen materiellrechtlich nur gesamthaft zu, haben sie als notwendige Streitgenossenschaft (Art. 70 ZPO) gemeinsam die Anerkennungsklage zu erheben. Soweit die Voraussetzungen von Art. 71 ZPO erfüllt sind, ist eine einfache Streitgenossenschaft möglich. 6.393

B. PASSIVLEGITIMATION

Die Anerkennungsklage hat sich gegen alle Personen zu richten, die Rechtsvorschlag erhoben haben, seien es der betriebene Schuldner oder diejenigen Personen, denen als Mitbetriebene ein Zahlungsbefehl zugestellt worden ist. 6.394

5. STREITWERT

Der Streitwert bestimmt sich nach Art. 91 ff. ZPO. Massgebend ist das Rechtsbegehren. Nicht hinzugerechnet werden Zinsen (gesetzliche, vertragliche, Schadenszinsen), Kosten des laufenden Verfahrens, Kosten einer allfälligen Entscheidpublikation und Eventualbegehren (Art. 91 Abs. 1 ZPO). Erhebt die beklagte Partei Widerklage (Art. 224 ZPO), so bestimmt sich der Streitwert nach dem höheren Rechtsbegehren von Klage oder Widerklage (Art. 94 Abs. 1 ZPO); zur Bestimmung der Prozesskosten werden allerdings die Streitwerte zusammengerechnet, sofern sich Klage und Widerklage nicht gegenseitig ausschliessen (Art. 94 Abs. 2 ZPO). 6.395

6. FRISTEN

A. NACH ZPO

Wurde ein Schlichtungsverfahren durchgeführt und mangels Einigung eine Klagebewilligung ausgestellt, berechtigt diese während 3 Monaten zur Einreichung der Anerkennungsklage bei Gericht (Art. 200 Abs. 3 ZPO). In Streitigkeiten aus Miete und Pacht von Wohn- und Geschäftsräumen sowie aus landwirtschaftlicher Pacht beträgt die Klagefrist 30 Tage (Art. 200 Abs. 4 ZPO). 6.396

Die Frist zur Klageeinreichung beim Gericht nach Erteilung der Klagebewilligung steht während der Gerichtsferien still (Art. 145 Abs. 1 ZPO).[377]

B. NACH SCHKG

6.397 Das SchKG sieht keine Klagefrist für die Anerkennungsklage vor. Auf die materiellrechtliche Leistungs- bzw. Feststellungsklage ist selbst dann einzutreten, wenn die Betreibung nicht mehr weitergeführt werden kann, weil die Frist zur Stellung des Fortsetzungsbegehrens (Art. 88 Abs. 2 SchKG) oder des Verwertungsbegehrens in der Betreibung auf Pfandverwertung (Art. 154 Abs. 1 SchKG) oder des Konkursbegehrens in der Wechselbetreibung (Art. 188 Abs. 2 SchKG) abgelaufen ist. Einzig für eine Beseitigung des Rechtsvorschlags fehlt in diesem Fall ein Rechtsschutzinteresse, so dass auf den entsprechenden betreibungsrechtlichen Antrag nicht einzutreten ist. Ein gutheissendes Urteil bildet in einer neuen Betreibung einen definitiven Rechtsöffnungstitel (Art. 80 Abs. 1 SchKG).

6.398 Wurde der nachträgliche Rechtsvorschlag nach einer bereits vollzogenen Pfändung bewilligt, ist die Anerkennungsklage innert 10 Tagen anzuheben; andernfalls fällt die Pfändung dahin (Art. 77 Abs. 4 SchKG).

6.399 In der Betreibung auf Pfandverwertung wird die den Mietern oder Pächtern angezeigte Zinssperre (Art. 152 Abs. 2 SchKG) widerrufen, wenn der Gläubiger die Klage auf Anerkennung der Forderung oder Feststellung des Pfandrechts (oder das Rechtsöffnungsgesuch) nicht innert 10 Tagen nach der Mitteilung des Rechtsvorschlags einreicht (Art. 153a Abs. 3 SchKG, Art. 93 VZG).

6.400 Ist in der Wechselbetreibung der Rechtsvorschlag nur nach Hinterlegung des streitigen Betrags bewilligt worden, so hat der Kläger die Anerkennungsklage innert 10 Tagen anzuheben. Andernfalls wird die Hinterlegung zurückgegeben (Art. 184 Abs. 2 SchKG).

6.401 Ein vollzogener Arrest ist innert 10 Tagen zu prosequieren (Art. 279 SchKG). Werden die Fristen nach Art. 279 SchKG nicht eingehalten, fällt der Arrest dahin (Art. 280 Ziff. 1 SchKG).

6.402 Auch die Prosequierung eines Retentionsrechts hat – analog zu Art. 279 SchKG – innert 10 Tagen zu erfolgen. Ansonsten erlischt die Wirkung der Retentionsurkunde.[378]

7. KOMBINATIONSMÖGLICHKEITEN

6.403 Mit der Anerkennungsklage kann eine zusätzliche Klage des Klägers gegen den Beklagten verbunden werden. Eine solche objektive Klagenhäufung ist allerdings nur möglich, wenn das angerufene Gericht für (mindestens) einen der eingeklagten Ansprüche örtlich und für alle Ansprüche

377 BGE 138 III 615, E. 2.

378 BGE 105 III 85, E. 2.

sachlich zuständig und wenn die gleiche Verfahrensart anwendbar ist (Art. 15 Abs. 2, Art. 90 ZPO); ein sachlicher Zusammenhang ist nur erforderlich, wenn das Gericht nicht für alle eingeklagten Ansprüche örtlich zuständig ist (Art. 15 Abs. 2 ZPO).[379]

8. MÖGLICHE RECHTSBEGEHREN

A. BETREIBUNG AUF PFÄNDUNG ODER AUF KONKURS

Das Rechtsbegehren muss zwei Elemente enthalten, die Zusprechung des Forderungsbetrages und die Aufhebung des Rechtsvorschlags. Es könnte lauten: 6.404

1. Der Beklagte habe dem Kläger CHF [Betrag] nebst [Zinssatz] % Zins seit [Datum] zu bezahlen.
2. Der Rechtsvorschlag in der Betreibung [Nummer] / BA [Bezeichnung] sei aufzuheben.
3. Unter Kosten- und Entschädigungsfolgen zulasten des Beklagten.

Ist die in Betreibung gesetzte Forderung höher als der nun eingeklagte Forderungsbetrag, muss Ziffer 2 der Rechtsbegehren entsprechend eingeschränkt werden, z.B.:
Der Rechtsvorschlag in der Betreibung [Nummer] / BA [Bezeichnung] sei im Umfang von CHF [Betrag] nebst [Zinssatz] % Zins seit [Datum] aufzuheben.

Für die Betreibungskosten kann – entgegen verbreiteter Praxis – keine Rechtsöffnung erteilt werden, weil hierfür kein Rechtsöffnungstitel vorliegt. Eine Rechtsöffnung ist ohnehin nicht notwendig, weil die Kosten von den Zahlungen des Schuldners vorab erhoben werden können (Art. 68 Abs. 2 SchKG), womit diese im Ergebnis zur Schuld geschlagen werden und vom Schuldner zusätzlich zum Betrag, welcher dem Gläubiger zugesprochenen worden ist, zu bezahlen sind.[380] Bezahlt der Schuldner nur die Forderung samt Zinsen, aber ohne Betreibungskosten, so verbleibt dem Gläubiger eine Kapitalforderung in Höhe der Betreibungskosten, für die er Rechtsöffnung verlangen kann.[381] 6.405

B. BETREIBUNG AUF PFANDVERWERTUNG

A) BESTREITUNG NUR DER FORDERUNG

Das Rechtsbegehren muss zwei Elemente enthalten, die Zusprechung des Forderungsbetrages und die Aufhebung des Rechtsvorschlags. Es könnte lauten: 6.406

1. Der Beklagte habe dem Kläger CHF [Betrag] nebst [Zinssatz] % Zins seit [Datum] zu bezahlen.

379 Boesch/Güngerich/Strittmatter, Rz. 6.3.
380 BGer 5A_455/2012 vom 5.12.2012, E. 3; LGVE 2012 I, Nr. 53.
381 BSK SchKG EB-Staehelin, Art. 84 ad N 67a.

2. Der Rechtsvorschlag in der Betreibung [Nummer] / BA [Bezeichnung] sei aufzuheben.
3. Unter Kosten- und Entschädigungsfolgen zulasten des Beklagten.

Ist die in Betreibung gesetzte Forderung höher als der nun eingeklagte Forderungsbetrag, muss Ziffer 2 der Rechtsbegehren entsprechend eingeschränkt werden, z.B.:
Der Rechtsvorschlag in der Betreibung [Nummer] / BA [Bezeichnung] sei im Umfang von CHF [Betrag] nebst [Zinssatz] % Zins seit [Datum] aufzuheben.

B) BESTREITUNG NUR DES PFANDRECHTS

6.407 Wurde in einer Betreibung auf Pfandverwertung nur das betreibungsrechtliche Pfand bestritten, so ist ein Feststellungsbegehren zu stellen, z.B.:

1. Es sei festzustellen, dass für die mit Zahlungsbefehl [Nummer] / BA [Bezeichnung] in Betreibung gesetzte Forderung von CHF [Betrag] nebst [Zinssatz] % Zins seit [Datum] [Beschreibung des Pfandes] als Pfand haftet.
2. Der Rechtsvorschlag in der Betreibung [Nummer] / BA [Bezeichnung] sei aufzuheben.
3. Unter Kosten- und Entschädigungsfolgen zulasten des Beklagten.

C) BESTREITUNG DER FORDERUNG UND DES PFANDRECHTS

6.408 Beschlägt der Rechtsvorschlag die Forderung und das Pfandrecht, so ist an sich auf Zusprechung der Forderung und auf Feststellung der Pfandrechts zu klagen, z.B. mit den Begehren:

1. Der Beklagte habe dem Kläger CHF [Betrag] nebst [Zinssatz] % Zins seit [Datum] zu bezahlen.
2. Es sei festzustellen, dass für die Forderung nach Ziff. 1 [Beschreibung des Pfandes] als Pfand haftet.
3. Der in der Betreibung [Nummer] / BA [Bezeichnung] gegen die Forderung und das Pfandrecht erhobene Rechtsvorschlag sei aufzuheben.
   Variante:
   Der Rechtsvorschlag in der Betreibung [Nummer] / BA [Bezeichnung] sei bezüglich der Forderung im Umfang von CHF [Betrag] nebst [Zinssatz] % Zins seit [Datum] und bezüglich des Pfandrechts aufzuheben.
4. Unter Kosten- und Entschädigungsfolgen zulasten des Beklagten.

6.409 Es würde allerdings auch genügen, nur die Zusprechung der Forderung und die Aufhebung des Rechtsvorschlags zu beantragen, zumal aus der Klagebegründung hervorgehen muss, dass auch die Feststellung der Pfandhaft verlangt wird. Das Urteil, mit dem der Rechtsvorschlag ohne weitere Präzisierung aufgehoben wird, bezieht sich denn auch auf die Forderung und auf das Pfandrecht.[382].

382 BGE 138 III 132, E. 4.1.

9. VORAUSSETZUNGEN

Die Anerkennungsklage setzt ein gültiges Betreibungsverfahren voraus, in welchem Rechtsvorschlag erhoben oder bewilligt wurde. Sie ist gutzuheissen, wenn alle forderungsbegründenden Tatsachen behauptet und – soweit bestritten – bewiesen sind. Damit der Rechtsvorschlag aufgehoben werden kann, muss die in Betreibung gesetzte Forderung mit der eingeklagten Forderung identisch und im Zeitpunkt der Zustellung des Zahlungsbefehls fällig gewesen sein.[383] Zudem muss eine unbedingte Schuldpflicht vorliegen; die bedingte Beseitigung des Rechtsvorschlages ist unzulässig.[384] 6.410

10. BESONDERHEITEN

A. FRISTBESTIMMUNGEN

Im Anerkennungsprozess gelten die Fristbestimmungen der ZPO (Art. 142 ff. ZPO). Das (gutheissende) Urteil stellt trotz der darin gewährten definitiven Rechtsöffnung keine Betreibungshandlung nach Art. 56 SchKG dar.[385] 6.411

B. RECHTSVORSCHLAG NACH KLAGEEINREICHUNG

Erhebt der Beklagte den Rechtsvorschlag erst nach Klageeinreichung, weil die Betreibung erst während des Prozesses eingeleitet wurde, kann der Kläger die Beseitigung des Rechtsvorschlags mittels einer Klageänderung verlangen, sofern deren Zulässigkeitsvoraussetzungen (Art. 227, Art. 230, Art. 317 Abs. 2 ZPO) erfüllt sind.[386] 6.412

C. PROZESSKOSTEN

Die Prozesskosten bestimmen sich nach dem kantonalen Gebührentarif (Art. 96 ZPO) und nicht nach der Gebührenverordnung zum SchKG. Für das Verfahren vor Bundesgericht gilt dessen Gerichtsgebührentarif[387] bzw. dessen Reglement über die Parteientschädigung und die Entschädigung für die amtliche Vertretung.[388] 6.413

383 BSK SchKG I-Staehelin, Art. 79 N 10 f.; KUKO SchKG-Vock, Art. 79 N 3.
384 BGer 4A_439/2014 vom 16.2.2015, E. 8.3.
385 BGE 96 III 46, E. 3.
386 BSK SchKG I-Staehelin, Art. 79 N 9.
387 SR 173.110.210.1.
388 SR 173.110.210.3.

11. RECHTSMITTEL

A. KANTONALE RECHTSMITTEL

6.414 Innerkantonal ist das Urteil mit der Berufung nach Art. 308 ff. ZPO anfechtbar, wenn der Streitwert der zuletzt aufrechterhaltenen Rechtsbegehren mindestens CHF 10 000.– beträgt (Art. 308 Abs. 2 ZPO). Wird dieser Streitwert nicht erreicht, steht die Beschwerde nach Art. 319 ff. ZPO zur Verfügung (Art. 319 lit. a i.V.m. Art. 308 Abs. 1 ZPO). Die Berufungs- wie auch die Beschwerdefrist beträgt 30 Tage (Art. 311 Abs. 1 und Art. 321 Abs. 1 ZPO), bei einer Anfechtung eines Entscheids im summarischen Verfahren des Rechtsschutzes in klaren Fällen (Art. 257 ZPO) 10 Tage (Art. 314 Abs. 1, Art. 321 Abs. 2 ZPO). Die Berufung hat aufschiebende Wirkung; die Rechtsmittelinstanz kann aber, ausser bei Gestaltungsentscheiden, die vorzeitige Vollstreckung bewilligen (Art. 313 Abs. 1–3 ZPO). Die Beschwerde hat demgegenüber grundsätzlich keine aufschiebende Wirkung (Art. 325 Abs. 1 ZPO); diese kann aber von der Rechtsmittelinstanz erteilt werden (Art. 325 Abs. 2 ZPO).

B. RECHTSMITTEL ANS BUNDESGERICHT

6.415 Das Urteil der letzten oder der einzigen kantonalen Instanz ist beim Bundesgericht mit der Beschwerde in Zivilsachen (Art. 72 ff. BGG) anfechtbar, wenn der Streitwert in arbeits- und mietrechtlichen Fällen mindestens CHF 15 000.–, in allen übrigen Fällen mindestens CHF 30 000.– beträgt. Bei niedrigerem Streitwert ist die Beschwerde zulässig, wenn sich eine Rechtsfrage von grundsätzlicher Bedeutung stellt oder wenn ein Bundesgesetz eine einzige kantonale Instanz vorschreibt (Art. 74 Abs. 1 und Abs. 2 lit. a und b BGG). Die Beschwerdefrist beträgt 30 Tage (Art. 100 Abs. 1 BGG). Die Beschwerde hat, ausser bei Gestaltungsurteilen, keine aufschiebende Wirkung (Art. 103 Abs. 1 BGG); diese kann aber von Amtes wegen oder auf Antrag einer Partei erteilt werden (Art. 103 Abs. 3 BGG).

6.416 Ist die Beschwerde in Zivilsachen ausgeschlossen, steht die subsidiäre Verfassungsbeschwerde (Art. 113 ff. BGG) wegen Verletzung verfassungsmässiger Rechte (Art. 115 BGG) zur Verfügung. Die Beschwerdefrist beträgt 30 Tage (Art. 117 i.V.m. Art. 100 Abs. 1 BGG).

Tabellarische Zusammenfassung

Zweck	Zusprechung der Betreibungsforderung mit gleichzeitiger Beseitigung des Rechtsvorschlags
Gesetzliche Grundlage	Art. 77 Abs. 4, Art. 79, Art. 153a, Art. 186 SchKG
Verfahrensart	– Ordentliches Verfahren (Art. 219 ff. ZPO) bei Streitwert über CHF 30 000.– – Vereinfachtes Verfahren (Art. 243 ff. ZPO) bei Streitwert bis CHF 30 000.– und in den Fällen von Art. 243 Abs. 2 ZPO – Summarisches Verfahren des Rechtsschutzes in klaren Fällen (Art. 257 ZPO), wenn dessen Voraussetzungen erfüllt sind (unabhängig vom Streitwert)

Zuständigkeit	Örtlich: nach Art. 9 ff. ZPO, international nach LugÜ (ohne Art. 22 Ziff. 5) oder nach IPRG Sachlich: nach kantonalem Recht (Schiedsgericht möglich), ausländisches Gericht möglich (aber nicht für Beseitigung Rechtsvorschlag)
Aktivlegitimation	Gläubiger der Betreibungsforderung
Passivlegitimation	Personen, die Rechtsvorschlag erhoben haben (Schuldner der Betreibungsforderung, Mitbetriebene)
Streitwert	Gemäss Rechtsbegehren (Art. 91 ff. ZPO)
Fristen	Nach ZPO: Während Gültigkeitsdauer Klagebewilligung, d.h. bei Streitigkeiten aus Miete und Pacht von Wohn- und Geschäftsräumen sowie aus landwirtschaftlicher Pacht 30 Tage, ansonsten 3 Monate Nach SchKG: – Grundsätzlich keine Klagefrist (Aufhebung Rechtsvorschlag aber nur möglich, solange Betreibung weitergeführt werden kann) – 10 Tage zur Aufrechterhaltung der Pfändung bei nachträglichem Rechtsvorschlag (Art. 77 Abs. 4 SchKG) – 10 Tage zur Aufrechterhaltung der Miet- und Pachtzinssperre in der Betreibung auf Pfandverwertung (Art. 152 Abs. 2 und Art. 153a Abs. 3 SchKG, Art. 93 VZG) – 10 Tage zur Aufrechterhaltung der Hinterlegung in der Wechselbetreibung (Art. 184 Abs. 2 SchKG) – 10 Tage zur Aufrechterhaltung des Arrestes (Art. 279, Art. 280 Ziff. 1 SchKG) – 10 Tage zur Aufrechterhaltung der Wirkungen der Retentionsurkunde
Kombination	Objektive Klagenhäufung mit weiteren Ansprüchen des Klägers gegen den Beklagten (unter den Voraussetzungen von Art. 15 Abs. 2 und Art. 90 ZPO)
Mögliche Rechtsbegehren	Betreibung auf Pfändung oder Konkurs: 1. Der Beklagte habe dem Kläger CHF [Betrag] nebst [Zinssatz] % Zins seit [Datum] zu bezahlen. 2. Der Rechtsvorschlag in der Betreibung [Nummer] / BA [Bezeichnung] sei aufzuheben *Variante*: Der Rechtsvorschlag in der Betreibung [Nummer] / BA [Bezeichnung] sei im Umfang von CHF [Betrag] nebst [Zinssatz] % Zins seit [Datum] aufzuheben. 3. Unter Kosten- und Entschädigungsfolgen zulasten des Beklagten. Betreibung auf Pfandverwertung: a) Bestreitung nur der Forderung: 1. Der Beklagte habe dem Kläger CHF [Betrag] nebst [Zinssatz] % Zins seit [Datum] zu bezahlen. 2. Der Rechtsvorschlag in der Betreibung [Nummer] / BA [Bezeichnung] sei aufzuheben.

Variante:
Der Rechtsvorschlag in der Betreibung [Nummer] / BA [Bezeichnung] sei im Umfang von CHF [Betrag] nebst [Zinssatz] % Zins seit [Betrag] aufzuheben.

3. Unter Kosten- und Entschädigungsfolgen zulasten des Beklagten.

b) Bestreitung nur des Pfandrechts:
1. Es sei festzustellen, dass für die mit Zahlungsbefehl [Nummer] / BA [Bezeichnung] in Betreibung gesetzte Forderung von CHF [Betrag] nebst [Zinssatz] % Zins seit [Datum][Beschreibung des Pfandes] als Pfand haftet.
2. Der Rechtsvorschlag in der Betreibung [Nummer] / BA [Bezeichnung] sei aufzuheben.
3. Unter Kosten- und Entschädigungsfolgen zulasten des Beklagten.

c) Bestreitung der Forderung und des Pfandrechts:
1. Der Beklagte habe dem Kläger CHF [Betrag] nebst [Zinssatz] % Zins seit [Datum] zu bezahlen.
2. Es sei festzustellen, dass für die Forderung nach Ziff. 1 [Beschreibung des Pfandes] als Pfand haftet.
3. Der in der Betreibung [Nummer] / BA [Bezeichnung] gegen die Forderung und das Pfandrecht erhobene Rechtsvorschlag sei aufzuheben.

   Variante:
   Der Rechtsvorschlag in der Betreibung [Nummer] / BA [Bezeichnung] sei bezüglich der Forderung im Umfang von CHF [Betrag] nebst [Zinssatz] % Zins seit [Datum] und bezüglich des Pfandrechts aufzuheben.

4. Unter Kosten- und Entschädigungsfolgen zulasten des Beklagten.

Voraussetzungen

- Gültiges Betreibungsverfahren mit erhobenem oder bewilligtem Rechtsvorschlag
- Forderungsbegründende Tatsachen sind behauptet und – soweit notwendig – bewiesen
- Für Aufhebung Rechtsvorschlag:
  - Identität eingeklagte Forderung mit in Betreibung gesetzter Forderung
  - Fälligkeit der Betreibungsforderung bei Zustellung Zahlungsbefehl
  - Unbedingte Schuldpflicht

Besonderheiten

- Fristbestimmungen: Es gelten die Fristenregeln der ZPO
- Rechtsvorschlag nach Klageeinreichung: Beseitigung des Rechtsvorschlags erfordert Klageänderung
- Prozesskosten:
  - Im kantonalen Verfahren nach kantonalem Gebührentarif
  - Im Verfahren vor Bundesgericht nach dessen Gerichtsgebührentarif bzw. dessen Reglement über die Parteientschädigung und die Entschädigung für die amtliche Vertretung

Rechtsmittel	Kantonal: Berufung (Art. 308 ff. ZPO) bei zuletzt aufrechterhaltenen Rechtsbegehren von mindestens CHF 10 000.– oder Beschwerde (Art. 319 ff. ZPO) in allen übrigen Fällen innert 30 Tagen, bei Anfechtung eines Entscheides im summarischen Verfahren innert 10 Tagen Bund: Beschwerde in Zivilsachen (Art. 72 ff. BGG) innert 30 Tagen bei Streitwert ab CHF 15 000.– in arbeits- und mietrechtlichen Fällen bzw. ab CHF 30 000.– in den übrigen Fällen oder bei Rechtsfrage von grundsätzlicher Bedeutung oder subsidiäre Verfassungsbeschwerde (Art. 113 ff. BGG) innert 30 Tagen in den übrigen Fällen

XIII. ABERKENNUNGSKLAGE (ART. 83 ABS. 2–4 SCHKG)

1. ZWECK UND WIRKUNG

Im provisorischen Rechtsöffnungsverfahren werden die Einwendungen des Schuldners nur summarisch geprüft. Er muss daher Gelegenheit haben, vor der Weiterführung des Betreibungsverfahrens seine Argumente in einem Zivilprozess uneingeschränkt vorzutragen. Dazu dient die Aberkennungsklage (Art. 83 Abs. 2 SchKG), die eine Doppelnatur aufweist. Sie ist einerseits in das Betreibungsverfahren eingebaut und anderseits nicht bloss ein Zwischenverfahren in der Betreibung, sondern eine negative Feststellungsklage des materiellen Rechts, mit welcher der Schuldner Bestand, Höhe und Fälligkeit der Forderung bestreiten, nicht aber die Aufhebung der provisorischen Rechtsöffnung verlangen kann.[389] Die Aberkennungsklage unterscheidet sich mit Ausnahme der Verteilung der Parteirollen[390] und des Gerichtsstands[391] grundsätzlich nicht von einer ordentlichen Feststellungsklage. Das Urteil erlangt volle Rechtskraft. Der Aberkennungsprozess verlängert den provisorischen Charakter der Rechtsöffnung und sein Ausgang entscheidet über Fortgang oder Dahinfallen der Betreibung.[392] 6.417

Wird die Aberkennungsklage innert der 20-tägigen Frist nicht erhoben oder wird sie vollständig abgewiesen, so werden die provisorische Rechtsöffnung und ggf. die provisorische Pfändung (Art. 83 Abs. 1, Art. 281 Abs. 1 SchKG) definitiv (Art. 83 Abs. 3 SchKG). Wird die Aberkennungsklage ganz oder teilweise gutgeheissen, erweist sich die Betreibung für den aberkannten Teil als ungerechtfertigt und kann nicht fortgesetzt werden; die provisorische Rechtsöffnung wird entsprechend aufgehoben. Bei vollumfänglicher Gutheissung werden die bisher erfolgten Betrei- 6.418

389 BGE 134 III 656, E. 5.3.1; 128 III 44, E. 4a.
390 Rz. 6.423 und 6.434.
391 Rz. 6.420 f.
392 BGE 128 III 44, E. 4b.

bungsakte wirkungslos, so die provisorische Pfändung und die Aufnahme des Güterverzeichnisses (Art. 83 Abs. 1 SchKG).

2. VERFAHRENSART

6.419 Die Aberkennungsklage wird im ordentlichen Verfahren (Art. 219 ff. ZPO) beurteilt, wenn der Streitwert CHF 30 000.– übersteigt (Art. 219 i.V.m. Art. 243 Abs. 1 ZPO). Bei niedrigerem Streitwert kommt das vereinfachte Verfahren (Art. 243 ff. ZPO) zur Anwendung. Der Streitwert bestimmt sich nach den Regeln von Art. 91 ff. ZPO. Theoretisch könnte der Schuldner die Aberkennungsklage auch im Verfahren des Rechtsschutzes in klaren Fällen (Art. 257 ZPO) erheben. Dessen Voraussetzungen (liquider Sachverhalt und liquide Rechtslage) dürften jedoch kaum je erfüllt sein.[393] Im Aberkennungsprozess entfällt das Schlichtungsverfahren (Art. 198 lit. a und e Ziff. 1 ZPO).

3. ZUSTÄNDIGKEIT

A. ÖRTLICHE ZUSTÄNDIGKEIT

6.420 Art. 83 Abs. 2 SchKG regelt die örtliche Zuständigkeit: Der Schuldner kann beim Gericht des Betreibungsortes auf Aberkennung der Forderung klagen. Ändert er nach dem Rechtsöffnungsgesuch seinen Wohnsitz, so ist die Aberkennungsklage am neuen Wohnsitz als dem gem. Art. 53 SchKG massgebenden Betreibungsort zu erheben.[394] Der Gerichtsstand von Art. 83 Abs. 2 SchKG ist ausschliesslich, aber nicht zwingend. Die Parteien können einen abweichenden Gerichtsstand vereinbaren (17 ZPO). Auch eine Einlassung des Gläubigers an einem anderen Ort (Art. 18 ZPO) ist möglich. Im Gesetz nicht geregelt ist das Verhältnis des Gerichtsstands des Betreibungsortes zu anderen ausschliesslichen Gerichtsständen wie etwa Art. 33 ZPO (Ort der gelegenen Sache bei Miete und Pacht unbeweglicher Sachen). Diese übrigen Gerichtsstände gehen als jüngere und speziellere Normen dem Gerichtsstand des Betreibungsortes vor.[395]

6.421 Im internationalen Verhältnis bestimmt sich der Gerichtsstand nach den allgemeinen Vorschriften des LugÜ und des IPRG. Lehre und Rechtsprechung bejahen zudem einen Gerichtsstand am Betreibungsort. Wenn ein Gläubiger mit Sitz in einem Mitgliedstaat des LugÜ nicht eine Forderungsklage erhebt, sondern den Weg der Schuldbetreibung am schweizerischen Wohnsitz des Schuldners wählt, verstösst es nicht gegen dessen Art. 2, anzunehmen, dass die Aberkennungsklage vom betriebenen Schuldner auch in der Schweiz erhoben werden kann.[396] In einer Betrei-

393 BK ZPO II-Güngerich, Art. 257 N 24.

394 BGE 136 III 373, E. 3.4; vgl. Rz. 6.25 ff.

395 BSK SchKG I-Staehelin, Art. 83 N 34.

396 BGE 132 III 778, E. 2.1; 130 III 285, E. 2–5; BSK SchKG I-Staehelin, Art. 83 N 38.

bung am Arrestort (Art. 52 SchKG) gegen einen Schuldner mit Wohnsitz im Ausland kann, sofern keine Gerichtsstandsvereinbarung vorliegt, die Aberkennungsklage am Arrest- und Betreibungsort erhoben werden.[397]

B. SACHLICHE ZUSTÄNDIGKEIT

Die sachliche Zuständigkeit wird – unter Beachtung der bundesrechtlichen Vorgaben (wie Art. 5–8 ZPO) – durch das kantonale Recht geregelt (Art. 3, Art. 4 Abs. 1 ZPO). Zuständig kann ein ordentliches Gericht oder ein Spezialgericht sein. Auch die Beurteilung durch ein Schiedsgericht oder durch ein ausländisches Gericht ist möglich. 6.422

4. LEGITIMATION

A. AKTIVLEGITIMATION

Das Gesetz regelt in Art. 83 Abs. 2 SchKG die Verteilung der Parteirollen. Kläger ist der betriebene Schuldner. Als Kläger auftreten kann auch der Mitbetriebene, gegenüber dem die provisorische Rechtsöffnung erteilt wurde. 6.423

B. PASSIVLEGITIMATION

Die Aberkennungsklage richtet sich gegen den betreibenden Gläubiger, dem die provisorische Rechtsöffnung erteilt wurde. Der Aberkennungsbeklagte braucht im Zeitpunkt der Zustellung des Zahlungsbefehls nicht Gläubiger der streitigen Forderung gewesen zu sein. Es genügt, wenn er sich die Forderung nach Erlass des Zahlungsbefehls abtreten lässt, sofern diese bei Anhebung der Betreibung fällig war.[398] 6.424

5. STREITWERT

Der Streitwert bestimmt sich nach Art. 91 ff. ZPO. Massgebend ist das Rechtsbegehren. Nicht hinzugerechnet werden Zinsen (gesetzliche, vertragliche, Schadenszinsen), Kosten des laufenden Verfahrens, Kosten einer allfälligen Entscheidpublikation und Eventualbegehren (Art. 91 Abs. 1 ZPO). Erhebt die beklagte Partei Widerklage, so bestimmt sich der Streitwert nach dem höheren Rechtsbegehren von Klage oder Widerklage (Art. 94 Abs. 1 ZPO); zur Bestimmung der Prozesskosten werden allerdings die Streitwerte zusammengerechnet, sofern sich Klage und Widerklage 6.425

397 BSK SchKG EB-Staehelin, Art. 83 ad N 34.

398 BGE 128 III 44, E. 3–5.

nicht gegenseitig ausschliessen (Art. 94 Abs. 2 ZPO). Bei Klagenhäufung[399] werden die geltend gemachten Ansprüche zusammengerechnet, sofern sie sich nicht gegenseitig ausschliessen (Art. 93 Abs. 1 ZPO).

6. FRISTEN

6.426 Die gesetzliche Klagefrist (Art. 83 Abs. 2 SchKG) beträgt 20 Tage nach der provisorischen Rechtsöffnung. Da gegen den Rechtsöffnungsentscheid nur das ausserordentliche kantonale Rechtsmittel der Beschwerde zur Verfügung steht, welche die Vollstreckbarkeit des angefochtenen Entscheides nicht hemmt (Art. 325 Abs. 1 ZPO), beginnt die Klagefrist mit dessen Eröffnung zu laufen.[400] Dies gilt auch, wenn der Rechtsöffnungsentscheid ohne schriftliche Begründung eröffnet wurde (Art. 239 Abs. 1 ZPO). Die nachfolgende schriftliche Begründung (Art. 239 Abs. 2 ZPO) ist nicht massgebend.[401]

6.427 Wurde gegen den Rechtsöffnungsentscheid Beschwerde erhoben und dieser (während oder nach Ablauf der 20-tägigen Klagefrist) die aufschiebende Wirkung (Art. 325 Abs. 2 ZPO) erteilt, beginnt die Klagefrist erst mit dem Entscheid der Beschwerdeinstanz zu laufen. Gleich verhält es sich, wenn einer Beschwerde an das Bundesgericht die aufschiebende Wirkung erteilt wurde (Art. 103 Abs. 3 BGG). Da unsicher ist, ob die aufschiebende Wirkung vom Gericht gewährt wird, empfiehlt es sich, gleichzeitig mit dem ausserordentlichen Rechtsmittel immer auch die Aberkennungsklage einzureichen.[402]

6.428 Betreibungsferien und Rechtsstilstand hemmen den davor begonnenen Fristenlauf nicht. Fällt aber das Ende der Klagefrist in die Betreibungsferien oder in einen Rechtsstillstand, so wird die Frist bis zum dritten Tag nach deren Ende verlängert (Art. 63, Art. 145 Abs. 4 ZPO). Die Bestimmungen über den Fristenstillstand von Art. 145 Abs. 1–3 ZPO sind unbeachtlich.[403]

6.429 Eine Wiederherstellung der Frist ist unter den Voraussetzungen von Art. 33 Abs. 4 SchKG möglich.[404]

6.430 Eine Aberkennungsklage, die mangels Zuständigkeit zurückgezogen oder auf die nicht eingetreten wurde, kann innert 20 Tagen seit dem Rückzug oder dem Nichteintretensentscheid beim zuständigen Gericht neu eingereicht werden; als Zeitpunkt der Rechtshängigkeit gilt das Datum der ersten Einreichung (Art. 63 Abs. 1 und 3 ZPO). Gleiches gilt, wenn die Klage nicht im richtigen Verfahren eingereicht wurde (Art. 63 Abs. 2 ZPO).

399 Rz. 6.431.

400 BGE 143 III 38, 40 E. 2.3.

401 BSK SchKG I-Staehelin, Art. 83 N 23.

402 BSK SchKG I-Staehelin, Art. 83 N 25.

403 BGE 143 III 38, 40 E. 3.2; BSK SchKG I-Staehelin, Art. 83 N 26 f.

404 CPra Actions-Bohnet, § 117 Rz. 19; BSK SchKG I-Staehelin, Art. 83 N 28.

7. KOMBINATIONSMÖGLICHKEITEN

Mit der Aberkennungsklage kann eine zusätzliche Klage des Aberkennungsklägers gegen den Aberkennungsbeklagten verbunden werden, z.B. auf Schadenersatz.[405] Eine solche objektive Klagenhäufung ist allerdings nur möglich,[406] wenn das gleiche Gericht dafür sachlich zuständig und wenn die gleiche Verfahrensart anwendbar ist (Art. 90 ZPO). Die örtliche Zuständigkeit muss sich dabei aus den allgemeinen Gerichtsstandsnormen ergeben, z.B. aus Art. 15 Abs. 2 ZPO (Gerichtsstand des Sachzusammenhangs). 6.431

Wurde die Betreibungsforderung erst nach Zustellung des Zahlungsbefehls fällig, kann der Gläubiger Widerklage (Art. 224 ZPO) auf Zahlung erheben. In diesem Fall sind die Aberkennungsklage und die Widerklage gutzuheissen.[407] 6.432

8. MÖGLICHE RECHTSBEGEHREN

Das Rechtsbegehren muss auf die erteilte provisorische Rechtsöffnung Bezug nahmen. Es kann lauten: 6.433

1. Es sei festzustellen, dass die mit Zahlungsbefehl [Nummer] / BA [Bezeichnung] in Betreibung gesetzte Forderung von CHF [Betrag] nebst [Zinssatz] % Zins seit [Datum] nicht besteht / nicht mehr besteht / im Zeitpunkt der Zustellung des Zahlungsbefehls noch nicht bestand / im Zeitpunkt der Zustellung des Zahlungsbefehls noch nicht fällig gewesen ist.
2. Unter Kosten- und Entschädigungsfolgen zulasten des Beklagten.

Verlangt der Schuldner die Aberkennung nur eines Teils der Forderung, für welche die provisorische Rechtsöffnung erteilt wurde, ist das Rechtsbegehren Ziff. 1 entsprechend einzuschränken, z.B. «[...] im Umfang von CHF [Betrag] nebst [Zinssatz] % Zins seit [Datum] nicht besteht [...]».

9. VORAUSSETZUNGEN

Voraussetzung der Aberkennungsklage ist ein im Zeitpunkt der Klageeinreichung gültiges Betreibungsverfahren, in der Rechtsvorschlag erhoben und provisorische Rechtsöffnung erteilt worden ist.[408] Im Aberkennungsprozess besteht nur eine Umkehr der Parteirollen, nicht aber eine Umkehr der Behauptungs- und Beweislast. Der beklagte Gläubiger hat alle seine Forderung begründenden Tatsachen vorzutragen und, soweit erforderlich, zu beweisen. Immerhin besitzt er einen proviso- 6.434

405 Bsp.: BGE 124 III 207, E. 3a.
406 BOESCH/GÜNGERICH/STRITTMATTER, Rz. 6.3.
407 BSK SchKG I-STAEHELIN, Art. 83 N 61.
408 KUKO SchKG-VOCK, Art. 83 N 6.

rischen Rechtsöffnungstitel, dessen Beweiskraft vom klagenden Schuldner zu widerlegen ist.[409] Der Schuldner kann alles vorbringen, was gegen die in Betreibung gesetzte Forderung spricht, auch in der Betreibung auf Sicherstellung.[410] Er kann sich auch auf Umstände berufen, die sich nach Anhebung der Betreibung zugetragen haben.[411] So ist etwa die Verrechnungseinrede aus einer später erworbenen Forderung zulässig.

6.435 Insbesondere obliegt es dem Aberkennungskläger, darzutun, dass die Forderung bei Einleitung der Betreibung nicht bestand oder noch nicht fällig war. Ist die Forderung bei Anhebung der Betreibung nicht fällig, kann sich der Schuldner nur durch Erhebung des Rechtsvorschlags vor den verfrüht geltend gemachten Ansprüchen des Gläubigers schützen. Er muss sich eine derartige Betreibung nicht gefallen lassen, da die Betreibung nicht dazu dient, den Schuldner zur Zahlung einer noch nicht fälligen Forderung anzuhalten. Auch bei nachträglich eintretender Fälligkeit im Aberkennungsverfahren ist daher die Fortsetzung der Betreibung zu unterbinden und die Aberkennungsklage gutzuheissen.[412]

10. BESONDERHEITEN

A. FESTSTELLUNGSINTERESSE

6.436 Die Aberkennungsklage ist eine eigenständige Feststellungsklage nach dem SchKG. Die allgemeinen zivilprozessualen Voraussetzungen für eine Feststellungsklage müssen nicht erfüllt sein. Das Feststellungsinteresse ist durch die Schuldbetreibung begründet.[413]

B. PROZESSEINLEITUNG VOR RECHTSÖFFNUNG

6.437 Ein vor Gewährung der Rechtsöffnung hängiger Feststellungsprozess wird automatisch zum Aberkennungsprozess, ohne dass der Schuldner speziell auf Aberkennung klagen müsste.[414]

C. FRIST VON ART. 165 ABS. 2 SCHKG

6.438 Zwischen der Erhebung und der gerichtlichen Erledigung der Aberkennungsklage steht die Frist nach Art. 165 Abs. 2 SchKG (Wirkungen des Güterverzeichnisses) still. Das Konkursgericht hebt indessen die Wirkungen des Güterverzeichnisses auf, wenn die Voraussetzungen zu dessen Anordnung nicht mehr gegeben sind (Art. 83 Abs. 4 SchKG).

409 BGE 130 III 285, E. 5.3.1; CPra Actions-Bohnet, § 117 Rz. 13 ff.
410 BGE 136 III 528, E. 3.2.
411 BGE 128 III 44, E. 4c.
412 BGE 128 III 44, E. 5a.
413 KUKO SchKG-Vock, Art. 83 N 6.
414 BGE 128 III 44, E. 4a.

D. PROZESSKOSTEN

Die Prozesskosten bestimmen sich nach dem kantonalen Gebührentarif (Art. 96 ZPO) und nicht nach der Gebührenverordnung zum SchKG. Für das Verfahren vor Bundesgericht gilt dessen Gerichtsgebührentarif[415] bzw. dessen Reglement über die Parteientschädigung und die Entschädigung für die amtliche Vertretung.[416] 6.439

11. RECHTSMITTEL

A. KANTONALE RECHTSMITTEL

Innerkantonal ist das Urteil mit der Berufung nach Art. 308 ff. ZPO anfechtbar, wenn der Streitwert der zuletzt aufrechterhaltenen Rechtsbegehren mindestens CHF 10 000.– beträgt (Art. 308 Abs. 2 ZPO). Wird dieser Streitwert nicht erreicht, steht die Beschwerde nach Art. 319 ff. ZPO zur Verfügung (Art. 319 lit. a i.V.m. Art. 308 Abs. 1 ZPO). Die Berufungs- wie auch die Beschwerdefrist beträgt 30 Tage (Art. 311 Abs. 1 und Art. 321 Abs. 1 ZPO), bei einer Anfechtung eines Entscheids im summarischen Verfahren des Rechtsschutzes in klaren Fällen (Art. 257 ZPO) 10 Tage (Art. 314 Abs. 1, Art. 321 Abs. 2 ZPO). Die Berufung hat aufschiebende Wirkung; die Rechtsmittelinstanz kann aber, ausser bei Gestaltungsentscheiden, die vorzeitige Vollstreckung bewilligen (Art. 313 Abs. 1–3 ZPO). Die Beschwerde hat demgegenüber grundsätzlich keine aufschiebende Wirkung (Art. 325 Abs. 1 ZPO); diese kann aber von der Rechtsmittelinstanz erteilt werden (Art. 325 Abs. 2 ZPO). 6.440

B. RECHTSMITTEL ANS BUNDESGERICHT

Das Urteil der letzten oder der einzigen kantonalen Instanz ist beim Bundesgericht mit der Beschwerde in Zivilsachen (Art. 72 ff. BGG) anfechtbar, wenn der Streitwert in arbeits- und mietrechtlichen Fällen mindestens CHF 15 000.–, in allen übrigen Fällen mindestens CHF 30 000.– beträgt. Bei niedrigerem Streitwert ist die Beschwerde zulässig, wenn sich eine Rechtsfrage von grundsätzlicher Bedeutung stellt oder wenn ein Bundesgesetz eine einzige kantonale Instanz vorschreibt (Art. 74 Abs. 1 und Abs. 2 lit. a und b BGG). Die Beschwerdefrist beträgt 30 Tage (Art. 100 Abs. 1 BGG). Die Beschwerde hat, ausser bei Gestaltungsurteilen, keine aufschiebende Wirkung (Art. 103 Abs. 1 BGG); diese kann aber von Amtes wegen oder auf Antrag einer Partei erteilt werden (Art. 103 Abs. 3 BGG). 6.441

Ist die Beschwerde in Zivilsachen ausgeschlossen, steht die subsidiäre Verfassungsbeschwerde (Art. 113 ff. BGG) wegen Verletzung verfassungsmässiger Rechte (Art. 115 BGG) zur Verfügung. Die Beschwerdefrist beträgt 30 Tage (Art. 117 i.V.m. Art. 100 Abs. 1 BGG). 6.442

---

415 SR 173.110.210.1.

416 SR 173.110.210.3.

Tabellarische Zusammenfassung

Zweck	Feststellung der Nichtexistenz oder der Nichtfälligkeit der betriebenen Forderung (bei Einleitung Betreibung) mit Folge des Dahinfallens der Betreibung
Gesetzliche Grundlage	Art. 83 Abs. 2–4 SchKG
Verfahrensart	– Ordentliches Verfahren (Art. 219 ff. ZPO) bei Streitwert über CH 30 000 – Vereinfachtes Verfahren (Art. 243 ff. ZPO) bei niedrigerem Streitwert – Theoretisch auch summarisches Verfahren (Art. 257 ZPO, Rechtsschutz in klaren Fällen) streitwertunabhängig
Zuständigkeit	Örtlich: – Gericht am Betreibungsort (nicht zwingender Gerichtsstand), ausschliessliche Gerichtsstände der ZPO gehen vor – International nach LugÜ oder IPRG sowie Gericht des Betreibungsortes und allenfalls des Arrestortes Sachlich: Nach kantonalem Recht (auch Spezialgericht oder Schiedsgericht möglich), ausländisches Gericht möglich
Aktivlegitimation	(Betriebener) Schuldner, Mitbetriebene
Passivlegitimation	(Betreibender) Gläubiger
Streitwert	Gemäss Rechtsbegehren (Art. 91 ff. ZPO)

Fristen	20 Tage nach der provisorischen Rechtsöffnung
	– Fristbeginn:
	  – Mit Eröffnung des Rechtsöffnungsentscheids (mit oder ohne Begründung)
	  – Bei Beschwerde mit erteilter aufschiebender Wirkung mit Eröffnung Beschwerdeentscheid
	– Fällt das Ende der Klagefrist in die Betreibungsferien oder in einen Rechtsstillstand, so wird die Frist bis zum dritten Tag nach deren Ende verlängert
	– Die Bestimmungen über den Fristenstillstand von Art. 145 Abs. 1–3 ZPO gelten nicht

Kombination	– Objektive Klagenhäufung mit Ansprüchen des Aberkennungsklägers gegen den Aberkennungsbeklagten (unter den Voraussetzungen von Art. 15 Abs. 2 und Art. 90 ZPO) – Widerklage des Gläubigers auf Zahlung einer erst nach Zustellung des Zahlungsbefehls fällig gewordenen Betreibungsforderung
Mögliche Rechtsbegehren	Vollumfängliche Aberkennung: 1. Es sei festzustellen, dass die mit Zahlungsbefehl [Nummer] / BA [Bezeichnung] in Betreibung gesetzte Forderung von CHF [Betrag] nebst [Zinssatz] % Zins seit [Datum] nicht besteht / nicht mehr besteht / im Zeitpunkt der Zustellung des Zahlungsbefehls noch nicht bestand / im Zeitpunkt der Zustellung des Zahlungsbefehls noch nicht fällig gewesen ist. 2. Unter Kosten- und Entschädigungsfolgen zulasten des Beklagten.

	Teilweise Aberkennung: 1. Es sei festzustellen, dass die mit Zahlungsbefehl [Nummer] / BA [Bezeichnung] in Betreibung gesetzte Forderung von CHF [Betrag] nebst [Zinssatz] % Zins seit [Datum] im Umfang von CHF [Betrag] nebst [Zinssatz] % Zins seit [Datum] nicht besteht / nicht mehr besteht / im Zeitpunkt der Zustellung des Zahlungsbefehls noch nicht bestand / im Zeitpunkt der Zustellung des Zahlungsbefehls noch nicht fällig gewesen ist. 2. Unter Kosten- und Entschädigungsfolgen zulasten des Beklagten.

Voraussetzungen	– Gültiges Betreibungsverfahren mit erhobenem Rechtsvorschlag und erteilter provisorischer Rechtsöffnung
	– Gutheissungsgründe:
	  – Forderungsbegründende Tatsachen wurden vom Beklagten (Gläubiger) nicht behauptet oder, wo notwendig, nicht bewiesen (Umkehr der Parteirollen, nicht aber Umkehr der Behauptungs- und Beweislast)
	  – Forderung bestand bei Einleitung der Betreibung noch nicht oder war noch nicht fällig

Besonderheiten	– Feststellungsinteresse: Schuldbetreibung begründet Feststellungsinteresse
	– Prozesseinleitung: direkt mit Klage, kein vorgängiges Schlichtungsverfahren
	– Prozesseinleitung vor Rechtsöffnung: vor Gewährung der Rechtsöffnung hängiger Feststellungsprozess wird automatisch zum Aberkennungsprozess
	– Frist von Art. 165 Abs. 2 SchKG: Friststillstand während der Dauer der Aberkennungsprozesseses
	– Prozesskosten:
	  – Im kantonalen Verfahren nach kantonalem Gebührentarif
	  – Im Verfahren vor Bundesgericht nach dessen Gerichtsgebührentarif bzw. dessen Reglement über die Parteientschädigung und die Entschädigung für die amtliche Vertretung

Rechtsmittel	Kantonal: Berufung (Art. 308 ff. ZPO) innert 30 Tagen bzw. 10 Tagen im summarischen Verfahren bei zuletzt aufrechterhaltenen Rechtsbegehren von mindestens CHF 10 000.– Falle oder Beschwerde (Art. 319 ff. ZPO) innert 30 Tagen bzw. 10 Tagen im summarischen Verfahren in den übrigen Fällen Bund: Beschwerde in Zivilsachen (Art. 72 ff. BGG) innert 30 Tagen bei Streitwert ab CHF 15 000.– in arbeits- und mietrechtlichen Fällen bzw. ab CHF 30 000.– in den übrigen Fällen oder bei Rechtsfrage von grundsätzlicher Bedeutung und immer bei bundesgesetzlich vorgeschriebener einziger kantonaler Instanz oder subsidiäre Verfassungsbeschwerde (Art. 113 ff. BGG) innert 30 Tagen in den übrigen Fällen

XIV. FORTSETZUNGSBEGEHREN (ART. 88 SCHKG)

1. ZWECK UND WIRKUNG

6.443 Ist die Betreibung nicht durch Rechtsvorschlag oder durch gerichtlichen Entscheid eingestellt worden, kann sie ihren Fortgang nehmen. Wie die Betreibung nie von Amtes wegen eingeleitet wird, so wird sie aber auch nie von Amtes wegen fortgeführt. Erforderlich ist dazu ein Gesuch des Gläubigers bzw. seines Vertreters: das Fortsetzungsbegehren (Art. 88 SchKG).

6.444 In besonderen Fällen (Pfandausfallschein oder Pfändungsverlustschein) kann innert gewisser Frist eine neue Betreibung direkt mit dem Fortsetzungsbegehren angehoben werden.[417] Der Konkursverlustschein besitzt diese Wirkung nicht.[418]

6.445 Die Wirkung des Fortsetzungsbegehrens hängt von der einzuschlagenden Betreibungsart ab, die im SchKG zwingend geregelt ist. Unterliegt der Schuldner der Betreibung auf Pfändung (Art. 89 ff. SchKG), so hat das Betreibungsamt unverzüglich die Pfändung zu vollziehen oder rechtshilfeweise durch das Betreibungsamt am Ort der zu pfändenden Vermögensstücke vollziehen zu lassen (Art. 89 SchKG). Unterliegt der Schuldner der Konkursbetreibung (Art. 159 ff. SchKG), so stellt ihm das Betreibungsamt unverzüglich die Konkursandrohung zu (Art. 159 SchKG). Welcher Betreibungsart der Schuldner untersteht, prüft und entscheidet das Betreibungsamt von Amtes wegen. Für Ansprüche auf Sicherheitsleistung ist die Konkursbetreibung ausgeschlossen (Art. 43 Ziff. 3 SchKG).

2. VERFAHRENSART

6.446 Es handelt sich um ein betreibungsrechtliches, nicht um ein gerichtliches Verfahren. Das Betreibungsamt darf die Begründetheit der in Betreibung gesetzten Forderung nicht überprüfen, auch nicht wenn geltend gemacht wird, die Forderung sei verjährt und die Verjährung sei von Amtes wegen zu beachten.[419]

417 Rz. 6.453 f.

418 AMONN/WALTHER, § 22 Rz. 8.

419 BSK SchKG EB-STAEHELIN, Art. 88 ad N 32.

3. ZUSTÄNDIGKEIT

Das Fortsetzungsbegehren ist an das Betreibungsamt zu richten, welches den Zahlungsbefehl ausgestellt hat, d.h. an das Betreibungsamt am Betreibungsort.[420] Hat der Schuldner nach Zustellung des Zahlungsbefehls seinen Wohnsitz (bzw. seinen Aufenthaltsort oder seinen Geschäftssitz) verlegt, wechselt auch der Betreibungsort.[421] Das Fortsetzungsbegehren ist deshalb am neuen Betreibungsort einzureichen. 6.447

4. LEGITIMATION

A. AKTIVLEGITIMATION

Das Fortsetzungsbegehren ist vom Gläubiger oder seinem Vertreter zu stellen. 6.448

B. PASSIVLEGITIMATION

Das Fortsetzungsbegehren richtet sich gegen den Schuldner und allfällige Mitbetriebene. 6.449

Stirbt der Schuldner, so kann die Betreibung nach Art. 49 SchKG gegen die *unverteilte Erbschaft* weitergeführt werden (Art. 59 Abs. 2 SchKG). Das Fortsetzungsbegehren ist gegen die unverteilte Erbschaft zu richten; die Zustellung erfolgt nach Art. 65 Abs. 3 SchKG. Gegen die *Erben* ist die Fortsetzung einer gegen den Erblasser angehobenen Betreibung auf Pfändung oder Konkurs ausgeschlossen, die Fortsetzung einer Betreibung auf Pfandverwertung dagegen möglich (Art. 59 Abs. 3 SchKG); das Fortsetzungsbegehren richtet sich in diesem Fall gegen die Erben. 6.450

5. STREITWERT

Da die Fortsetzung der Betreibung nicht in einem gerichtlichen Verfahren erfolgt, sind die Bestimmungen über den Streitwert von Art. 91 ff. ZPO nicht anwendbar. Als Streitwert gilt die (noch aufrechterhaltene) Forderungssumme. Danach bemisst sich die Gebühr für den Vollzug einer Pfändung oder den Erlass einer Konkursandrohung (Art. 20, Art. 39 i.V.m. Art. 16 GebV SchKG). Nicht bezifferte Zinsen fallen ausser Betracht (Art. 6 GebV SchKG). 6.451

---

420 Rz. 6.4 ff.

421 Rz. 6.25 ff.

6. FRISTEN

6.452 Der Gläubiger kann das Fortsetzungsbegehren frühestens 20 Tage nach der Zustellung des Zahlungsbefehls stellen (Art. 88 Abs. 1 SchKG). Dieses Recht erlischt ein Jahr nach Zustellung des Zahlungsbefehls; wurde Rechtsvorschlag erhoben, so steht diese Verwirkungsfrist zwischen der Einleitung und der rechtskräftigen Erledigung eines dadurch veranlassten Gerichts- oder Verwaltungsverfahrens still (Art. 88 Abs. 2 SchKG). Als fristverlängernde Gerichtsverfahren kommen das Rechtsöffnungsverfahren (Art. 80 ff. SchKG), der Anerkennungsprozess (Art. 77 Abs. 4, Art. 79, Art. 153a, Art. 186 SchKG), der Aberkennungsprozess (Art. 83 Abs. 2–4 SchKG), das Verfahren betreffend nachträglichem Rechtsvorschlag (Art. 77 SchKG), das Verfahren betreffend Rechtsvorschlag in der Wechselbetreibung (Art. 179 ff. SchKG) und das Verfahren auf Feststellung neuen Vermögens (Art. 265a SchKG) in Betracht. Die einjährige Verwirkungsfrist steht still, solange der Gerichts- oder Verwaltungsentscheid nicht vollstreckbar ist. Hingegen hemmen Stundungen oder ein hängiger Widerspruchsprozess über bereits gepfändetes Vermögen den Fristenlauf nicht.[422]

6.453 Ein Gläubiger, der in einer früheren Betreibung einen Pfändungsverlustschein erhalten hat, kann innert 6 Monaten nach dessen Zustellung ohne neuen Zahlungsbefehl die Betreibung fortsetzen (Art. 149 Abs. 3 SchKG).

6.454 Ein Gläubiger der in einer früheren Betreibung einen Pfandausfallschein erhalten hat, kann innert eines Monats nach dessen Zustellung ohne neuen Zahlungsbefehl die Betreibung fortsetzen (Art. 158 Abs. 2 SchKG).

6.455 Für die Prosequierung eines Arrestes hat der Gläubiger das Fortsetzungsbegehren innert 20 Tagen zu stellen. Diese Frist beginnt, wenn der Schuldner keinen Rechtsvorschlag erhoben hat, mit Zustellung des Gläubigerdoppels des Zahlungsbefehls, andernfalls mit der rechtskräftigen Beseitigung des Rechtsvorschlags (Art. 279 Abs. 3 SchKG). Bei Nichteinhalten der Frist fällt der Arrest dahin (Art. 280 Ziff. 1 SchKG).

6.456 Die Retention ist mit Betreibung auf Pfandverwertung zu prosequieren. Hier entfällt das Fortsetzungsbegehren. Der Gläubiger kann nach Art. 154 Abs. 1 SchKG frühestens einen Monat und spätestens ein Jahr nach Zustellung des Zahlungsbefehls direkt das Verwertungsbegehren stellen.[423] Wird diese Frist nicht eingehalten, so erlischt die Wirkung der Retentionsurkunde.

---

422 BGE 88 III 59, E. 2 f.; 77 III 56, E. 3.

423 BSK SchKG II-Schnyder-Wiede, Art. 283 N 95 ff.; Gilliéron, Commentaire, Art. 283 N 60. – Zum Verwertungsbegehren: Rz. 8.84 ff.

7. KOMBINATIONSMÖGLICHKEITEN

In der Betreibung auf Konkurs kann der Gläubiger zusammen mit dem Fortsetzungsbegehren die Aufnahme eines Güterverzeichnisses (Art. 162 SchKG) verlangen. 6.457

Der Gläubiger kann im Fortsetzungsbegehren vom Betreibungsamt eine Eingangsbescheinigung verlangen (Art. 88 Abs. 3 SchKG). 6.458

8. MÖGLICHE RECHTSBEGEHREN

Das SchKG schreibt den Inhalt des Fortsetzungsbegehrens nicht vor. Aus dem Begehren muss sich zumindest klar ergeben, in welcher Betreibung und für welchen Betrag die Fortsetzung verlangt wird. Es darf nicht mit Bedingungen versehen sein.[424] Eine Forderungssumme in fremder Währung kann auf Begehren des Gläubigers nach dem Kurs am Tage des Fortsetzungsbegehrens erneut in die Landeswährung umgerechnet werden (Art. 88 Abs. 4 SchKG), um Kursänderungen zwischen dem Zeitpunkt des Betreibungsbegehrens und demjenigen des Fortsetzungsbegehrens berücksichtigen zu können. 6.459

9. VORAUSSETZUNGEN

A. NORMALFALL

Das Fortsetzungsbegehren kann gestellt werden, wenn kein Rechtsvorschlag erhoben oder ein solcher wieder zurückgezogen wurde oder wenn der Rechtsvorschlag definitiv beseitigt ist. Wird ein den Rechtsvorschlag beseitigender Entscheid angefochten, kann die Betreibung trotzdem fortgesetzt werden, wenn das Rechtsmittel nach Gesetz oder richterlicher Anordnung keine aufschiebende Wirkung besitzt (Art. 336 Abs. 1 lit. a i. V. m. Art. 315 und Art. 325 ZPO)[425] und wenn im Falle der provisorischen Rechtsöffnung keine Aberkennungsklage erhoben wurde. 6.460

B. BESONDERE FÄLLE

Hat der Gläubiger in einer früheren Betreibung auf Pfändung einen Verlustschein erhalten, so kann er während 6 Monaten nach dessen Zustellung ohne neuen Zahlungsbefehl, d.h. direkt mit einem Fortsetzungsbegehren, die Betreibung weiterführen (Art. 149 Abs. 3 SchKG). Führt indessen eine Betreibung auf Grund eines Konkursverlustscheins zur Ausstellung eines Pfändungsverlustscheines, so gibt dieser kein Recht, die Betreibung ohne neuen Zahlungsbefehl gem. Art. 149 6.461

424 BGE 85 III 68, 70.
425 BSK SchKG EB-Staehelin, Art. 88 ad N 14a.

Abs. 3 SchKG fortzusetzen, selbst dann nicht, wenn der Schuldner im ersten Betreibungsverfahren die Einrede des mangelnden neuen Vermögens nicht erhoben hat.[426]

6.462 Ein Gläubiger, der in einer früheren Betreibung einen Pfandausfallschein erhalten hat, kann innert eines Monats nach dessen Zustellung direkt mit einem Fortsetzungsbegehren die Betreibung fortsetzen (Art. 158 Abs. 2 SchKG).

10. BESONDERHEITEN

A. BETREIBUNG AUF PFANDVERWERTUNG

6.463 In der Betreibung auf Pfandverwertung (Art. 151 ff. SchKG) entfällt ein Fortsetzungsbegehren. Durch die vertragliche Pfandbestellung oder durch eine gesetzliche Vorschrift ist der zu verwertende Vermögenswert bereits bestimmt. Ein Pfändungsverfahren erübrigt sich daher. Der Gläubiger kann direkt das Verwertungsbegehren (Art. 154 SchKG) stellen.

B. WECHSELBETREIBUNG

6.464 In der Wechselbetreibung (Art. 177 ff. SchKG) entfällt ein Fortsetzungsbegehren ebenfalls. Wurde kein Rechtsvorschlag erhoben oder ist dieser beseitigt, kann der Gläubiger bei Nichtzahlung durch den Schuldner direkt das Konkursbegehren (Art. 188 SchKG) stellen.

C. FORM DES FORTSETZUNGSBEGEHRENS

6.465 Das Fortsetzungsbegehren ist schriftlich zu stellen. Es empfiehlt sich, das amtliche Formular Nr. 4 zu verwenden. Dieses Formular kann beim Betreibungsamt bezogen oder im Internet ausgedruckt werden.[427] Das Fortsetzungsbegehren kann auch elektronisch eingereicht werden (Art. 33a Abs. 1 SchKG).

D. BEILAGEN

6.466 Welche Urkunden dem Fortsetzungsbegehren beizulegen sind, hängt vom bisherigen Verfahrensablauf ab. Hat der Schuldner Rechtsvorschlag erhoben, sind der Rechtsöffnungsentscheid (bei provisorischer Rechtsöffnung versehen mit einer Bescheinigung, dass keine Aberkennungsklage erhoben wurde[428]) bzw. der Abschreibungsentscheid bei Rückzug des Rechtsvorschlags oder das den Rechtsvorschlag beseitigende Urteil im Anerkennungsprozess einzureichen. Eine Vollstreck-

426 BGE 90 III 105, E. 1.

427 Z.B. unter ‹www.betreibung-konkurs.ch› (5.7.2017).

428 Boesch/Güngerich/Strittmatter, Rz. 15.29.

barkeitsbescheinigung (Art. 336 Abs. 2 SchKG) ist nur erforderlich, wenn das Anerkennungsurteil mit einem Rechtsmittel mit aufschiebender Wirkung anfechtbar ist.

Verändert der Schuldner während des Einleitungsverfahrens seinen Wohnsitz, muss der Gläubiger für die Fortsetzung der Betreibung das Original des Doppels des Zahlungsbefehls dem neu zuständigen Betreibungsamt vorlegen. Eine elektronische Kopie des Zahlungsbefehls genügt nicht.[429] 6.467

Wird die Fortsetzung der Betreibung gestützt auf einen Verlustschein oder einen Pfandausfallschein verlangt, ist die entsprechende Urkunde im Original beizulegen. 6.468

E. KOSTEN

Der Eingang des Fortsetzungsbegehrens wird dem Gläubiger auf Verlangen gebührenfrei bescheinigt (Art. 88 Abs. 3 SchKG). 6.469

11. RECHTSMITTEL

A. KANTONALE RECHTSMITTEL

Wird das Fortsetzungsbegehren nicht entgegengenommen oder wird die Pfändung nicht vollzogen bzw. die Konkursandrohung nicht zugestellt, steht die betreibungsrechtliche Beschwerde (Art. 17 f. SchKG) offen. Ebenso kann mit Beschwerde gerügt werden, das Betreibungsamt habe die Wahl des weiteren Verfahrens (Betreibung auf Pfändung oder Betreibung auf Konkurs) falsch getroffen. Die Beschwerdefrist beträgt 10 Tage (Art. 17 Abs. 2 SchKG). 6.470

B. RECHTSMITTEL ANS BUNDESGERICHT

Der Entscheid der einzigen oder der oberen kantonalen Aufsichtsbehörde ist – unabhängig vom Streitwert (Art. 74 Abs. 2 lit. c BGG) – beim Bundesgericht innert 10 Tagen (Art. 100 Abs. 2 lit. a BGG) mit der Beschwerde in Zivilsachen nach Art. 72 ff. BGG anfechtbar (Art. 72 Abs. 2 lit. a BGG). 6.471

Tabellarische Zusammenfassung

Zweck	Weiterführung des Betreibungsverfahrens
Gesetzliche Grundlage	Art. 88 SchKG
Verfahrensart	Betreibungsrechtliches Verfahren

429 BGE 128 III 380, E. 1.2.

Zuständigkeit	Betreibungsamt am Betreibungsort
Aktivlegitimation	(Betreibender) Gläubiger
Passivlegitimation	(Betriebener) Schuldner, Mitbetriebene
Streitwert	Forderungsbetrag
Fristen	– 20 Tage bis 1 Jahr nach Zustellung Zahlungsbefehl (Stillstand der Verwirkungsfrist während eines durch Rechtsvorschlag veranlassten Gerichtsverfahrens) – Innert 20 Tagen (ab Zustellung des Gläubigerdoppels des Zahlungsbefehls bzw. ab rechtskräftiger Beseitigung des Rechtsvorschlags) in der Arrestprosequierung, – 1 Monat nach Zustellung Pfandausfallschein (für Fortsetzung Betreibung ohne neuen Zahlungsbefehl) – 6 Monate nach Zustellung Pfändungsverlustschein (für Fortsetzung Betreibung ohne neuen Zahlungsbefehl)
Kombination	– Begehren um Aufnahme eines Güterverzeichnisses in der Betreibung auf Konkurs (Art. 162 SchKG) – Gesuch um Eingangsbescheinigung (Art. 88 Abs. 3 SchKG)
Mögliche Rechtsbegehren	– Keine eigentlichen Rechtsbegehren, aber klare Bezeichnung der fortzusetzenden Betreibung und des Betreibungsbetrags notwendig – Es wird empfohlen, das amtliche Formular Nr. 4 zu verwenden – Eine Forderungssumme in fremder Währung kann nach dem Kurs am Tag des Fortsetzungsbegehrens erneut in Schweizer Franken umgerechnet werden
Voraussetzungen	Normalfall: kein Rechtsvorschlag oder Rechtsvorschlag definitiv beseitigt Besondere Fälle: – Weiterführung Betreibung ohne neuen Zahlungsbefehl aufgrund eines Pfändungsverlustscheins (sofern dieser nicht aus einer Betreibung auf Grund eines Konkursverlustscheins resultiert) innert 6 Monaten – Weiterführung Betreibung ohne neuen Zahlungsbefehl aufgrund eines Pfandausfallscheins innert einem Monat
Besonderheiten	– Einreichung Fortsetzungsbegehren schriftlich oder elektronisch möglich – Beilagen zum Fortsetzungsbegehren je nach bisherigem Verfahrensablauf (Rz. 6.466 ff.) – Gebührenfreie Bescheinigung des Eingangs des Fortsetzungsbegehrens auf Verlangen des Gläubigers – In Betreibung auf Pfandverwertung (und damit auch in der Retentionsprosequierung) entfällt Fortsetzungsbegehren – In Wechselbetreibung entfällt Fortsetzungsbegehren
Rechtsmittel	Kantonal: Beschwerde (Art. 17 f. SchKG) innert 10 Tagen Bund: Beschwerde in Zivilsachen (Art. 72 ff. BGG) innert 10 Tagen

§7 BETREIBUNG AUF PFÄNDUNG

I. BEGEHREN UM ANPASSUNG DER (EINKOMMENS-)PFÄNDUNG (ART. 93 ABS. 3 SCHKG)

1. ZWECK UND WIRKUNG

Ein Begehren um Anpassung der (Einkommens-)Pfändung bezweckt, dass die (Einkommens-) Pfändung den – im Vergleich zur ursprünglich vorgelegenen Situation – geänderten massgebenden finanziellen Verhältnissen des Schuldners angepasst wird. Das Betreibungsamt hat, sobald es von der Änderung der für die Pfändung massgebenden finanziellen Verhältnissen Kenntnis erhält, von Amtes wegen eine Anpassung vorzunehmen. Ein entsprechendes Begehren kann aber auch von den Betreibungsparteien gestellt werden.[1] Eine entsprechende Anpassung, auch **Revision** genannt, wirkt sich grundsätzlich auf alle Gläubigergruppen aus, wenn (Einkommens-) Pfändungen für Gläubiger verschiedener Gruppen erfolgt sind und wird in der Form des Pfändungsvollzugs vorgenommen.[2] 7.1

2. VERFAHRENSART

Das Verfahren richtet sich nach kantonalem Verwaltungs(verfahrens)recht.[3] 7.2

---

1 KUKO SchKG-KREN KOSTKIEWICZ, Art. 93 N 71; BSK SchKG I-VONDER MÜHLL, Art. 93 N 54 f.

2 KUKO SchKG-KREN KOSTKIEWICZ, Art. 93 N 73; BSK SchKG I-VONDER MÜHLL, Art. 93 N 55 f.

3 Verfügungen von Vollstreckungsorganen (z.B. eines Betreibungs- oder Konkursamtes) und die gegen solche Verfügungen unter Umständen zu ergreifende betreibungsrechtliche Beschwerde gem. Art. 17 ff. SchKG fallen nicht unter den in Art. 1 lit. c ZPO bezeichneten Geltungsbereich («gerichtliche Angelegenheiten des Schuldbetreibungs- und Konkursrechts») und somit nicht unter die ZPO. Solche Verfügungen stellen vielmehr das Ergebnis «eigenständiger Verwaltungsverfahren» dar (vgl. Botschaft ZPO, 7258), welche zum Beispiel durch einen entsprechenden Antrag oder ein entsprechendes Gesuch eingeleitet werden können. Auch THOMAS SUTTER-SOMM/ RAFAEL KLINGLER postulieren, dass Verfügungen der Vollstreckungsorgane und das betreibungsrechtliche Beschwerdeverfahren dem kantonalen Verwaltungsrecht unterstehen (Sutter-Somm/Hasenböhler/Leuenberger-SUTTER-SOMM/KLINGLER, Art. 1 ZPO N 8; vgl. BGer 5A_448/2011 vom 31.10.2011, E. 2.1). FRANCO LORANDI führt aus, dass das Verfahren vor den Betreibungsorganen dem Verwaltungsrecht sehr verwandt sei (LORANDI, 15, 19; Besprechung des Urteils des OGer TG vom 21.2.2013, in: RBOG 2013, Nr. 17).

3. ZUSTÄNDIGKEIT

7.3 Zuständig ist das Betreibungsamt am Betreibungsort (Art. 46 ff. SchKG) resp. dasjenige Betreibungsamt, welches die Pfändung angeordnet hat (vgl. insb. Art. 53 SchKG).[4]

4. LEGITIMATION

A. AKTIVLEGITIMATION / GESUCHSTELLER

7.4 (Aktiv-)Legitimiert sind die Betreibungsparteien, d.h. die Gläubiger wie auch der Schuldner.[5]

B. PASSIVLEGITIMATION / GESUCHSGEGNER

7.5 Passivlegitimiert ist (ausser der Schuldner hat das Gesuch um Anpassung selbst gestellt) der Schuldner.[6]

5. STREITWERT

7.6 Nicht einschlägig.

6. FRISTEN

7.7 Das SchKG sieht keine ausdrückliche Frist vor. Zu beachten ist jedoch, dass der erste (Einkommens-)Pfändungsvollzug massgebend bleibt für den Beginn der in Art. 93 Abs. 2 SchKG vorgesehenen Einjahresfrist, was in Bezug auf ein Begehren um Anpassung der (Einkommens-) Pfändung eine implizite Fristenregelung darstellt.[7]

4 BSK SchKG I-Vonder Mühll, Art. 93 N 54.

5 KUKO SchKG-Kren Kostkiewicz, Art. 93 N 71; BSK SchKG I-Vonder Mühll, Art. 93 N 54.

6 Der Schuldner ist im Rahmen einer Revision der (Einkommens-)Pfändung anzuhören (BSK SchKG EB-Staehelin, Art. 93 ad N 56a).

7 BSK SchKG I-Vonder Mühll, Art. 93 N 55.

7. KOMBINATIONSMÖGLICHKEITEN

Es sind keine naheliegenden Kombinationsmöglichkeiten ersichtlich. 7.8

8. MÖGLICHE RECHTSBEGEHREN

1. In der Betreibung Nr. [...] beim Betreibungsamt [...] gegen den Schuldner [Name, Vorname, Adresse] sei die Pfändung den neuen Verhältnissen anzupassen. 7.9
2. Unter Kosten- und Entschädigungsfolgen zulasten des Gesuchsgegners.

9. VORAUSSETZUNGEN

A. ERSTE VORAUSSETZUNG

Es besteht aktuell eine **Einkommenspfändung**. 7.10

B. ZWEITE VORAUSSETZUNG

Vorliegen einer Änderung der für die Bestimmung des pfändbaren Betrages massgebenden Verhältnisse, z.B. Wegfall des Ersatzeinkommens.[8] 7.11

10. BESONDERHEITEN

Die Revision der (Einkommens-)Pfändung kann nur für die Zukunft, nicht rückwirkend, Wirkung zeitigen.[9] Sie soll mit dem Zeitpunkt wirksam werden, ab dem die die Revision begründenden Tatsachen eingetreten sind; unter Wahrung des Existenzminimums des Schuldners bei einer verspäteten Anordnung.[10] 7.12

Die Gebühr für die Revision der Einkommenspfändung beträgt die Hälfte der Gebühr für den Vollzug einer Pfändung (vgl. Art. 22 Abs. 3 i.V.m. Art. 20 Abs. 1 GebV SchKG). 7.13

8 KUKO SchKG-Kren Kostkiewicz, Art. 93 N 71.

9 KUKO SchKG-Kren Kostkiewicz, Art. 93 N 72.

10 Z.B. ab dem Zeitpunkt der Zustellung des Entscheids an den Schuldner, mit dem Unterhaltsbeiträge gerichtlich neu festgesetzt werden (BSK SchKG I-Vonder Mühll, Art. 93 N 55).

11. RECHTSMITTEL

7.14 Die Revisionsverfügung kann mittels betreibungsrechtlicher Beschwerde gem. Art. 17 SchKG bei der (unteren) kantonalen Aufsichtsbehörde angefochten werden.[11]

Falls eine **obere kantonale Aufsichtsbehörde** existiert, kann:
- der Entscheid einer unteren Aufsichtsbehörde innert 10 Tagen nach Eröffnung an die obere kantonale Aufsichtsbehörde weitergezogen werden (Art. 18 Abs. 1 SchKG);
- wegen Rechtsverweigerung oder Rechtsverzögerung durch die untere kantonale Aufsichtsbehörde jederzeit bei der oberen kantonalen Aufsichtsbehörde Beschwerde gegen die untere kantonale Aufsichtsbehörde geführt werden (Art. 18 Abs. 2 SchKG).

Ansonsten ist **beim Bundesgericht Beschwerde in Zivilsachen** zu erheben (Art. 19 SchKG i.V.m. Art. 72 Abs. 2 lit. a BGG). Gemäss Art. 74 Abs. 2 lit. c BGG ist die Beschwerde in Zivilsachen in einem solchen Fall unabhängig vom jeweiligen Streitwert zulässig.[12] Die Beschwerdefrist beträgt 10 Tage (Art. 100 Abs. 2 lit. a BGG).

Tabellarische Zusammenfassung

Zweck	Anpassung einer bestehenden (Einkommens-)Pfändung aufgrund geänderter massgebender finanzieller Verhältnisse
Gesetzliche Grundlage	Art. 93 Abs. 3 SchKG
Verfahrensart	Kantonales Verwaltungsverfahrensrecht
Zuständigkeit	Betreibungsamt am Betreibungsort (Art. 46 ff. SchKG) resp. dasjenige, das die Pfändung angeordnet hat (Art. 53 SchKG)
Aktivlegitimation	Betreibungsparteien, d.h. (betreibender) Gläubiger oder auch (betriebener) Schuldner
Passivlegitimation	(Betriebener) Schuldner (ausser er hat das Gesuch selbst gestellt)
Streitwert	Nicht einschlägig
Fristen	Nicht einschlägig; implizite Fristenregelung durch in Art. 93 Abs. 2 SchKG vorgesehener Einjahresfrist
Kombination	Nicht einschlägig

11 Zu laufen beginnt die Beschwerdefrist erst mit der abgeänderten Pfändungsurkunde bzw. der schriftlichen Bestätigung der mündlich eröffneten Verfügung (KUKO SchKG-Kren Kostkiewicz, Art. 93 N 73). BSK SchKG EB-Staehelin, Art. 93 ad N 56b; BSK SchKG I-Vonder Mühll, Art. 93 N 56.

12 BGE 135 I 187, E. 1.2; Kren Kostkiewicz/Walder, Art. 17 SchKG N 26.

Mögliche Rechtsbegehren	1. In der Betreibung Nr. […] beim Betreibungsamt […] gegen den Schuldner [Name, Vorname, Adresse] sei die Pfändung den neuen Verhältnissen anzupassen. 2. Unter Kosten- und Entschädigungsfolgen zulasten des Gesuchsgegners.
Voraussetzungen	– Laufende Einkommenspfändung – Änderung der für die Bestimmung der Höhe der Einkommenspfändung massgebenden finanziellen Verhältnisse
Besonderheiten	– Revision der Einkommenspfändung nur für die Zukunft; keine Rückwirkung – Gebühr für die Revision der Einkommenspfändung ist die Hälfte der Gebühr für den Vollzug einer Pfändung
Rechtsmittel	Betreibungsrechtliche Beschwerde gem. Art. 17 SchKG innert 10 Tagen bei der (unteren) kantonalen Aufsichtsbehörde. *Falls eine obere kantonale Aufsichtsbehörde besteht:* Beschwerde an die obere kantonale Aufsichtsbehörde innert 10 Tagen nach Eröffnung des Entscheids der unteren kantonalen Aufsichtsbehörde (Art. 18 Abs. 1 SchKG) *oder* Beschwerde an die obere kantonale Aufsichtsbehörde gegen eine untere kantonale Aufsichtsbehörde bei Rechtsverzögerung oder Rechtsverweigerung (jederzeit möglich) *Ansonsten bzw. bei letztinstanzlichen kantonalen Entscheidungen:* Beschwerde in Zivilsachen beim Bundesgericht (Art. 19 SchKG i.V.m. Art. 72 Abs. 2 lit. a BGG) innert 10 Tagen (Art. 100 Abs. 2 lit. a BGG)

II. GESUCH UM ABWEICHUNG BEI DER REIHENFOLGE DER PFÄNDUNG (ART. 95 ABS. 4BIS SCHKG)

1. ZWECK UND WIRKUNG

Bei der in Art. 95 SchKG vorgesehenen Reihenfolge der Pfändung von Vermögen handelt es sich gemäss Bundesgericht nicht um eine starre Regelung. Vielmehr handelt es sich bei der vorgesehenen Reihenfolge um eine Richtlinie, von welcher unter gewissen Voraussetzungen abgewichen werden kann.[13] Ein Gesuch um Abweichung bei der Reihenfolge der Pfändung bezweckt daher, dass von der in Art. 95 SchKG[14] vorgesehenen Reihenfolge des zu pfändenden Vermögens abgewichen wird, damit – unter angemessener Wahrung und Berücksichtigung der Interessen von 7.15

13 BGE 134 III 122, E. 4.1; 115 III 45, E. 3.a.

14 Oder auch von der in anderen Gesetzen (z.B. Art. 56 Schiffsregistergesetz) vorgesehenen Reihenfolge. Art. 95 Abs. 4bis SchKG ist jedoch nicht anwendbar auf Art. 95a SchKG (KUKO SchKG-Winkler, Art. 95/95a N 1 und 17).

Gläubiger und Schuldner – eine möglichst einfache und rasche Verwertung der gepfändeten Vermögenswerte erreicht werden kann.[15]

2. VERFAHRENSART

7.16 Das Verfahren richtet sich nach kantonalem Verwaltungs(verfahrens)recht.[16]

3. ZUSTÄNDIGKEIT

7.17 Zuständig ist das Betreibungsamt am Betreibungsort (Art. 46 ff. SchKG) resp. dasjenige Betreibungsamt, welches die Pfändung angeordnet hat (vgl. insb. Art. 53 SchKG).

4. LEGITIMATION

A. AKTIVLEGITIMATION

7.18 (Aktiv-)Legitimiert sind der Gläubiger und der Schuldner gemeinsam, d.h. es bedarf übereinstimmenden Willensäusserungen.[17]

B. PASSIVLEGITIMATION

7.19 Nicht einschlägig.

15 BGE 115 III 45, E. 3.a; KUKO SchKG-Winkler, Art. 95/95a N 1.

16 Verfügungen von Vollstreckungsorganen (z.B. eines Betreibungs- oder Konkursamtes) und die gegen solche Verfügungen unter Umständen zu ergreifende betreibungsrechtliche Beschwerde gem. Art. 17 ff. SchKG fallen nicht unter den in Art. 1 lit. c ZPO bezeichneten Geltungsbereich («gerichtliche Angelegenheiten des Schuldbetreibungs- und Konkursrechts») und somit nicht unter die ZPO. Solche Verfügungen stellen vielmehr das Ergebnis «eigenständiger Verwaltungsverfahren» dar (vgl. Botschaft ZPO, 7258), welche zum Beispiel durch einen entsprechenden Antrag oder ein entsprechendes Gesuch eingeleitet werden können. Auch Thomas Sutter-Somm/Rafael Klingler postulieren, dass Verfügungen der Vollstreckungsorgane und das betreibungsrechtliche Beschwerdeverfahren dem kantonalen Verwaltungsrecht unterstehen (Sutter-Somm/Hasenböhler/Leuenberger-Sutter-Somm/Klingler, Art. 1 ZPO N 8; vgl. BGer 5A_448/2011 vom 31.10.2011, E. 2.1). Franco Lorandi führt aus, dass das Verfahren vor den Betreibungsorganen dem Verwaltungsrecht sehr verwandt sei (Lorandi, 15, 19; Besprechung des Urteils des OGer TG vom 21.2.2013, in: RBOG 2013, Nr. 17).

17 BSK SchKG I-Foëx, Art. 95 N 62.

5. STREITWERT

Nicht einschlägig. 7.20

6. FRISTEN

Das SchKG sieht keine ausdrückliche Frist vor. Das Betreibungsamt muss den Antrag um Abweichung bei der Reihenfolge der Pfändung jedoch vor Vollzug der Pfändung bzw. in jedem Fall vor Abschluss des Vollzugs der Pfändung erhalten.[18] 7.21

7. KOMBINATIONSMÖGLICHKEITEN

Allenfalls ist es sinnvoll, das Gesuch um Abweichung bei der Reihenfolge der Pfändung gem. Art. 95 Abs. 4bis SchKG zusammen bzw. gleichzeitig mit dem Fortsetzungsbegehren zu stellen, damit das Betreibungsamt von Anbeginn des Pfändungsverfahrens an über die Intentionen des Schuldners und des Gläubigers informiert ist und diese bei der Vornahme des Pfändungsvollzugs entsprechend miteinbeziehen kann. 7.22

8. MÖGLICHE RECHTSBEGEHREN

In der Betreibung Nr. […] beim Betreibungsamt […] gegen den Schuldner [Name, Vorname, Adresse] sei von der in Art. 95 SchKG vorgesehen Reihenfolge der Pfändung insofern abzuweichen als [Beschreibung des Vermögensobjekts {z.B. Ferienhaus in …}] in [{erster / zweiter Line} oder {anstelle von} oder {vor} {z.B. von Aktien der Aktiengesellschaft …}] gepfändet werden soll. 7.23

9. VORAUSSETZUNGEN

A. ERSTE VORAUSSETZUNG

Es läuft ein Betreibungsverfahren gegen den Schuldner, in dessen Rahmen der **Gläubiger auch Betreibungspartei** ist. 7.24

B. ZWEITE VORAUSSETZUNG

Der Schuldner unterliegt der **Betreibung auf Pfändung**. 7.25

18 Gemäss Art. 90 SchKG wird dem Schuldner die Pfändung spätestens am vorhergehenden Tag angekündigt.

C. DRITTE VORAUSSETZUNG

7.26 Das Fortsetzungsbegehren wird (gleichzeitig) gestellt bzw. die **Pfändung wurde noch nicht vollzogen**.

D. VIERTE VORAUSSETZUNG

7.27 Der Schuldner und der Gläubiger stellen den Antrag bzw. ein **Gesuch** um Abweichung bei der Reihenfolge der Pfändung gemeinsam. Das SchKG sieht zwar keine Formerfordernisse vor, verlangt jedoch ein gemeinsames Vorgehen von Gläubiger und Schuldner i.S.v. übereinstimmenden Willensäusserungen.[19]

E. FÜNFTE VORAUSSETZUNG

7.28 Es liegen **keine triftigen Gründe gegen eine Abweichung** bei der Reihenfolge der Pfändung vor.[20] Kaum gutgeheissen werden dürfte ein Gesuch, das den Verfahrensfortgang unnötig kompliziert macht oder das Verfahren unnötig verzögert oder auch ein Gesuch, das Zweifel darüber aufkommen lässt, ob es den tatsächlichen Willen der beantragenden Parteien ausdrückt.[21]

10. BESONDERHEITEN

7.29 Es handelt sich bei Art. 95 Abs. 4bis SchKG um eine Kann-Vorschrift, d.h. es besteht kein Anspruch auf Genehmigung. Ob dem Gesuch entsprochen wird, liegt im Ermessen des Betreibungsamtes, wobei der Ermessensspielraum des Betreibungsamtes bei der Beurteilung des Gesuches im Hinblick auf Art. 95 Abs. 5 SchKG beschränkt ist.[22]

7.30 Auch analog anwendbar beim Arrestvollzug (Art. 275 SchKG).[23]

7.31 Auch analog anwendbar bei der Aufnahme des Retentionsverzeichnisses (Art. 283 SchKG).[24]

7.32 Auch analog anwendbar bei der Zwangsvollstreckung gegen Gemeinden.[25]

7.33 Auch anwendbar auf die in anderen Gesetzen vorgesehene Regelung der Reihenfolge der Pfändung (vgl. Art. 56 Schiffsregistergesetz).[26]

---

19 BSK SchKG I-Foëx, Art. 95 N 62.

20 Ansonsten wird das Betreibungsamt den Antrag ablehnen / abweisen (KUKO SchKG-Winkler, Art. 95/95a N 18).

21 BSK SchKG I-Foëx, Art. 95 N 63.

22 BSK SchKG I-Foëx, Art. 95 N 63.

23 KUKO SchKG-Winkler, Art. 95/95a N 2.

24 KUKO SchKG-Winkler, Art. 95/95a N 2.

25 BGE 78 III 147, E. 2.

26 KUKO SchKG-Winkler, Art. 95/95a N 1 und 10.

11. RECHTSMITTEL

Der Entscheid des Betreibungsamts kann mit betreibungsrechtlicher Beschwerde gem. Art. 17 SchKG bei der (unteren) kantonalen Aufsichtsbehörde angefochten werden. 7.34

Falls eine **obere kantonale Aufsichtsbehörde** existiert, kann:
- der Entscheid einer unteren Aufsichtsbehörde innert 10 Tagen nach Eröffnung an die obere kantonale Aufsichtsbehörde weitergezogen werden (Art. 18 Abs. 1 SchKG);
- wegen Rechtsverweigerung oder Rechtsverzögerung durch die untere kantonale Aufsichtsbehörde jederzeit bei der oberen kantonalen Aufsichtsbehörde Beschwerde gegen die untere kantonale Aufsichtsbehörde geführt werden (Art. 18 Abs. 2 SchKG).

Ansonsten ist **beim Bundesgericht Beschwerde in Zivilsachen** zu erheben (Art. 19 SchKG i.V.m. Art. 72 Abs. 2 lit. a BGG). Gemäss Art. 74 Abs. 2 lit. c BGG ist die Beschwerde in Zivilsachen in einem solchen Fall unabhängig vom jeweiligen Streitwert zulässig.[27] Die Beschwerdefrist beträgt 10 Tage (Art. 100 Abs. 2 lit. a BGG).

Tabellarische Zusammenfassung

Zweck	Abweichung von der gesetzlich vorgesehenen Pfändungsreihenfolge, um letztlich eine möglichst einfache und rasche Verwertung der gepfändeten Vermögenswerte erreichen zu können
Gesetzliche Grundlage	Art. 95 Abs. 4bis SchKG
Verfahrensart	Kantonales Verwaltungsverfahrensrecht
Zuständigkeit	Betreibungsamt am Betreibungsort (Art. 46 ff. SchKG) resp. dasjenige Betreibungsamt, welches die Pfändung angeordnet hat (Art. 53 SchKG)
Aktivlegitimation	(Betreibender) Gläubiger und (betriebener) Schuldner gemeinsam
Passivlegitimation	Nicht einschlägig
Streitwert	Nicht einschlägig
Fristen	Nicht einschlägig; Gesuch muss aber vor dem Pfändungsvollzug bzw. in jedem Fall vor Abschluss des Pfändungsvollzugs erfolgen
Kombination	Fortsetzungsbegehren
Mögliche Rechtsbegehren	In der Betreibung Nr. […] beim Betreibungsamt […] gegen den Schuldner [Name, Vorname, Adresse] sei von der in Art. 95 SchKG vorgesehen Reihenfolge der Pfändung insofern abzuweichen als [Beschreibung des Vermögensobjekts {z.B. Ferienhaus in …}] in [{erster / zweiter Line} oder {anstelle von} oder {vor} {z.B. von Aktien der Aktiengesellschaft …}] gepfändet werden soll.

27 BGE 135 I 187, E. 1.2; KREN KOSTKIEWICZ/WALDER, Art. 17 SchKG N 26.

Voraussetzungen	– Betreibungsverfahren, bei dem der Gläubiger auch Betreibungspartei ist – Schuldner unterliegt der Betreibung auf Pfändung – Die Pfändung wurde noch nicht vollzogen resp. der Pfändungsvollzug abgeschlossen – Gläubiger und Schuldner stellen das Gesuch gemeinsam (übereinstimmende Willensäusserungen) – Gegen eine Abweichung sprechen keine triftigen Gründe (wie z.B. unnötige Verfahrensverzögerung, Zweifel, ob das Gesuch den tatsächlichen Willen der beantragenden Parteien ausdrückt)
Besonderheiten	– Kann-Vorschrift, d.h. Ermessensentscheid des Betreibungsamts – Analog anwendbar beim Arrestvollzug, bei der Aufnahme eines Retentionsverzeichnisses, bei der Zwangsvollstreckung gegen Gemeinden, und bei Pfändungen nach Spezialgesetzen
Rechtsmittel	Betreibungsrechtlicher Beschwerde gem. Art. 17 SchKG innert 10 Tagen bei der (unteren) kantonalen Aufsichtsbehörde *Falls eine obere kantonale Aufsichtsbehörde besteht:* Beschwerde an die obere kantonale Aufsichtsbehörde innert 10 Tagen nach Eröffnung des Entscheids der unteren kantonalen Aufsichtsbehörde (Art. 18 Abs. 1 SchKG) *oder* Beschwerde an die obere kantonale Aufsichtsbehörde gegen eine untere kantonale Aufsichtsbehörde bei Rechtsverzögerung oder Rechtsverweigerung (jederzeit möglich) *Ansonsten bzw. bei letztinstanzlichen kantonalen Entscheidungen:* Beschwerde in Zivilsachen beim Bundesgericht (Art. 19 SchKG i.V.m. Art. 72 Abs. 2 lit. a BGG) innert 10 Tagen (Art. 100 Abs. 2 lit. a BGG)

III. GESUCH UM AMTLICHE VERWAHRUNG ZU SICHERUNGSZWECKEN (ART. 98 ABS. 3 SCHKG)

1. ZWECK UND WIRKUNG

7.35 Art. 98 SchKG äussert sich zu den Sicherungsmassnahmen bei beweglichen Sachen. Zwar darf der Schuldner nach Art. 96 Abs. 1 SchKG ohne Bewilligung des Betreibungsbeamten nicht über die gepfändeten Vermögensstücke verfügen (dieses Verfügungsverbot, auf welches der Betreibungsbeamte bei Pfändungsvollzug ausdrücklich aufmerksam zu machen hat, steht unter Straffolge gem. Art. 169 StGB). Um sicherzustellen, dass gepfändete Vermögenswerte bis zur Verwertung erhalten bleiben, sind jedoch allenfalls Sicherungsmassnahmen durch die Vollstreckungsbehörden vorzunehmen.[28] Die Stellung eines Antrags um amtliche Verwahrung zu Sicherungszwecken bezweckt denn auch, dass eine solche amtliche Verwahrung angeordnet wird.[29]

2. VERFAHRENSART

Das Verfahren richtet sich nach kantonalem Verwaltungs(verfahrens)recht.[30] 7.36

3. ZUSTÄNDIGKEIT

Zuständig ist das Betreibungsamt am Betreibungsort (Art. 46 ff. SchKG) resp. dasjenige Betreibungsamt, welches die Pfändung angeordnet hat (vgl. insb. Art. 53 SchKG). 7.37

4. LEGITIMATION

A. AKTIVLEGITIMATION

(Aktiv-)Legitimiert ist der Gläubiger (Art. 98 Abs. 3 SchKG). 7.38

B. PASSIVLEGITIMATION

Passivlegitimiert ist der Schuldner. 7.39

---

28 Bewegliche Sachen wie z.B. Inhaber- und Ordrepapiere oder beim Schuldner liegendes Bargeld werden i.d.R. durch Verwahrung gesichert (sogenannte Real- oder Sachpfändung). Forderungen oder Ansprüche, welche nicht als Inhaber- oder Ordrepapier ausgestaltet sind, werden demgegenüber gem. Art. 99 SchKG durch Anzeige an den Drittschuldner gesichert (sog. Forderungs- oder Obligationspfändung) (BSK SchKG I-Lebrecht, Art. 98 N 5).

29 KUKO SchKG-Zopfi, Art. 98 N 1 und 10.

30 Verfügungen von Vollstreckungsorganen (z.B. eines Betreibungs- oder Konkursamtes) und die gegen solche Verfügungen unter Umständen zu ergreifende betreibungsrechtliche Beschwerde gem. Art. 17 ff. SchKG fallen nicht unter den in Art. 1 lit. c ZPO bezeichneten Geltungsbereich («gerichtliche Angelegenheiten des Schuldbetreibungs- und Konkursrechts») und somit nicht unter die ZPO. Solche Verfügungen stellen vielmehr das Ergebnis «eigenständiger Verwaltungsverfahren» dar (vgl. Botschaft ZPO, 7258), welche zum Beispiel durch einen entsprechenden Antrag oder ein entsprechendes Gesuch eingeleitet werden können. Auch Thomas Sutter-Somm/Rafael Klingler postulieren, dass Verfügungen der Vollstreckungsorgane und das betreibungsrechtliche Beschwerdeverfahren dem kantonalen Verwaltungsrecht unterstehen (Sutter-Somm/Hasenböhler/Leuenberger-Sutter-Somm/Klingler, Art. 1 ZPO N 8; vgl. BGer 5A_448/2011 vom 31.10.2011, E. 2.1). Franco Lorandi führt aus, dass das Verfahren vor den Betreibungsorganen dem Verwaltungsrecht sehr verwandt sei (Lorandi, 15, 19; Besprechung des Urteils des OGer TG vom 21.2.2013, in: RBOG 2013, Nr. 17).

5. STREITWERT

7.40 Nicht einschlägig.

6. FRISTEN

7.41 Das SchKG sieht keine ausdrückliche Frist vor. Der Gläubiger kann grundsätzlich jederzeit, bei besonderer Dringlichkeit auch schon vor der Stellung des Fortsetzungsbegehrens, die amtliche Verwahrung verlangen.[31]

7. KOMBINATIONSMÖGLICHKEITEN

7.42 Das Gesuch um amtliche Verwahrung kann allenfalls zusammen resp. gleichzeitig mit dem Fortsetzungsbegehren gestellt werden.[32] Damit kann erreicht werden, dass das Betreibungsamt von Anbeginn des Pfändungsverfahrens an über die zugrundeliegenden Umstände informiert ist und es die entsprechend erforderlichen Schritte vornehmen kann.

8. MÖGLICHE RECHTSBEGEHREN

7.43
1. Es sei in der Betreibung Nr. […] des Betreibungsamtes […] gegen den Schuldner [Name, Vorname, Adresse] die [Bezeichnung der Sache(n)] in amtliche Verwahrung zu nehmen.
2. Unter Kostenfolge.

9. VORAUSSETZUNGEN

A. ERSTE VORAUSSETZUNG

7.44 Es läuft ein Betreibungsverfahren gegen den Schuldner, in dessen Rahmen der **Gläubiger auch Betreibungspartei** ist.

---

31 KUKO SchKG-Zopfi, Art. 98 N 1 und 17.

32 BSK SchKG I-Lebrecht, Art. 98 N 12.

B. ZWEITE VORAUSSETZUNG

Es fand eine rechtsgültig vollzogene **Pfändung** (bzw. eine provisorische Pfändung oder Arrest) **von beweglichen Sachen** statt. Bei besonderer Dringlichkeit sind Sicherungsmassnahmen jedoch schon möglich, wenn eine Pfändung erst bevorsteht.[33] 7.45

C. DRITTE VORAUSSETZUNG

Der **Gläubiger macht glaubhaft**, dass die amtliche Verwahrung erforderlich ist, um seine (durch die Pfändung begründeten) Rechte zu sichern. Er muss mit anderen Worten eine Gefährdung seiner Gläubigerinteressen glaubhaft machen, wobei keine allzu strengen Anforderungen an den Nachweis gestellt werden dürfen.[34] 7.46

D. VIERTE VORAUSSETZUNG

Der Kostenvorschuss wird geleistet (vgl. Art. 68 Abs. 1 SchKG).[35] 7.47

10. BESONDERHEITEN

In der Regel ist dieser Rechtsbehelf **nicht** auf die **Pfandverwertungsbetreibung** anwendbar, da es Sache des Gläubigers mit Besitz an der Pfandsache ist, die Pfandsache bis zum Zeitpunkt der Verwertung zu verwahren. Eine Ausnahme kann gerechtfertigt sein, wenn – sofern der Zahlungsbefehl in Rechtskraft erwachsen ist – die Pfandsache im Mitbesitz von Schuldner und Gläubiger ist oder wenn die Pfandsache einem Dritten übergeben wurde und dieser kein Eigentum daran geltend macht.[36] 7.48

Unterlässt das Betreibungsamt beantragte glaubhaft gemachte Sicherungsmassnahmen, kann dies Schadenersatzfolgen i.S. der Staatshaftung von Art. 5 SchKG zur Folge haben.[37] 7.49

11. RECHTSMITTEL

Der Entscheid des Betreibungsamts kann mit betreibungsrechtlicher Beschwerde gem. Art. 17 SchKG bei der (unteren) kantonalen Aufsichtsbehörde angefochten werden. 7.50

---

33 So sind Sicherungsmassnahmen bei besonderer Dringlichkeit auch schon zur blossen Vorbereitung der Pfändung, insb. bereits vor der Ankündigung der Pfändung gem. Art. 90 SchKG oder nur zur Feststellung des Vorhandenseins von Pfändungssubstrat möglich (KUKO SchKG-Zopfi, Art. 98 N 7).

34 BSK SchKG I-Lebrecht, Art. 98 N 12.

35 BSK SchKG I-Lebrecht, Art. 98 N 12.

36 BGE 52 III 135, E. 2; KUKO SchKG-Zopfi, Art. 98 N 1 und 9.

37 KUKO SchKG-Zopfi, Art. 98 N 1 und 3.

Falls eine **obere kantonale Aufsichtsbehörde** existiert, kann:
- der Entscheid einer unteren Aufsichtsbehörde innert 10 Tagen nach Eröffnung an die obere kantonale Aufsichtsbehörde weitergezogen werden (Art. 18 Abs. 1 SchKG);
- wegen Rechtsverweigerung oder Rechtsverzögerung durch die untere kantonale Aufsichtsbehörde jederzeit bei der oberen kantonalen Aufsichtsbehörde Beschwerde gegen die untere kantonale Aufsichtsbehörde geführt werden (Art. 18 Abs. 2 SchKG).

Ansonsten ist **beim Bundesgericht Beschwerde in Zivilsachen** zu erheben (Art. 19 SchKG i.V.m. Art. 72 Abs. 2 lit. a BGG). Gemäss Art. 74 Abs. 2 lit. c BGG ist die Beschwerde in Zivilsachen in einem solchen Fall unabhängig vom jeweiligen Streitwert zulässig.[38] Die Beschwerdefrist beträgt 10 Tage (Art. 100 Abs. 2 lit. a BGG).

Tabellarische Zusammenfassung

Zweck	Amtliche Verwahrung von gepfändeten Vermögensstücken
Gesetzliche Grundlage	Art. 98 Abs. 3 SchKG
Verfahrensart	Kantonales Verwaltungsverfahrensrecht
Zuständigkeit	Betreibungsamt am Betreibungsort (Art. 46 ff. SchKG) resp. dasjenige Betreibungsamt, welches die Pfändung angeordnet hat (Art. 53 SchKG)
Aktivlegitimation	(Betreibender) Gläubiger
Passivlegitimation	(Betriebener) Schuldner
Streitwert	Nicht einschlägig
Fristen	Nicht einschlägig
Kombination	Fortsetzungsbegehren
Mögliche Rechtsbegehren	1. Es sei in der Betreibung Nr. […] des Betreibungsamtes […] gegen den Schuldner [Name, Vorname, Adresse] die [Bezeichnung der Sache(n)] in amtliche Verwahrung zu nehmen. 2. Unter Kostenfolge.
Voraussetzungen	- Betreibungsverfahren, bei dem der Gläubiger auch Betreibungspartei ist - Pfändung von beweglichen Sachen wurde vollzogen (oder steht bei besonderer Dringlichkeit bevor) - Gläubiger macht glaubhaft, dass zur Sicherung seiner Rechte aufgrund einer Gefährdung seiner Gläubigerinteressen eine amtliche Verwahrung erforderlich ist - Kostenvorschuss geleistet

38 BGE 135 I 187, E. 1.2; Kren Kostkiewicz/Walder, Art. 17 SchKG N 26.

Besonderheiten	– Der Rechtsbehelf ist im Rahmen einer Betreibung auf Pfandverwertung nur ausnahmsweise anwendbar – Ein Unterlassen der Vornahme von beantragten und begründeten Sicherungsmassnahmen kann Schadenersatzfolgen gem. der Staatshaftung von Art. 5 SchKG zur Folge haben
Rechtsmittel	Betreibungsrechtlicher Beschwerde gem. Art. 17 SchKG an die (untere) kantonale Aufsichtsbehörde innert 10 Tagen *Falls eine obere kantonale Aufsichtsbehörde besteht:* Beschwerde an die obere kantonale Aufsichtsbehörde innert 10 Tagen nach Eröffnung des Entscheids der unteren kantonalen Aufsichtsbehörde (Art. 18 Abs. 1 SchKG) *oder* Beschwerde an die obere kantonale Aufsichtsbehörde gegen eine untere kantonale Aufsichtsbehörde bei Rechtsverzögerung oder Rechtsverweigerung (jederzeit möglich) *Ansonsten bzw. bei letztinstanzlichen kantonalen Entscheidungen:* Beschwerde in Zivilsachen beim Bundesgericht (Art. 19 SchKG i.V.m. Art. 72 Abs. 2 lit. a BGG) innert 10 Tagen (Art. 100 Abs. 2 lit. a BGG)

IV. ANMELDUNG DES DRITTANSPRUCHS (ART. 106 SCHKG)

1. ZWECK UND WIRKUNG

Im Rahmen einer Pfändung von Vermögensgegenständen durch das Betreibungsamt kann es vorkommen, dass Vermögensgegenstände gepfändet werden, welche nicht zum Vermögen des Schuldners gehören. Eine Anmeldung des Drittanspruchs bezweckt daher, dass der am gepfändeten Vermögensgegenstand berechtigte Dritte seinen Anspruch geltend machen und – falls erfolgreich – dadurch erreichen kann, dass der Vermögensgegenstand nicht dem Vermögen des Schuldners zugerechnet wird, d.h. letztlich nicht in das Vollstreckungsverfahren gegen den Schuldner einbezogen wird.[39] Bestehen Zweifel oder Eigentumsstreitigkeiten über die zu pfändenden/gepfändeten Vermögensgegenstände, hat dies nicht die Nichtigkeit der Pfändung zur Folge, sondern verpflichten das Betreibungsamt einzig dazu, das Widerspruchsverfahren i.S.v. Art. 106–109 SchKG einzuleiten, um eine Klärung der angeblichen Rechte Dritter zu erreichen.[40] 7.51

39 KUKO SchKG-Rohner, Art. 106 N 1 f.

40 BGE 134 III 122, E. 4.2; BSK SchKG I-Staehelin A., Art. 106 N 1.

2. VERFAHRENSART

7.52 Das Verfahren richtet sich nach kantonalem Verwaltungs(verfahrens)recht.[41]

3. ZUSTÄNDIGKEIT

7.53 Zuständig ist das Betreibungsamt am Betreibungsort (Art. 46 ff. SchKG) resp. dasjenige Betreibungsamt, welches die Pfändung angeordnet hat (vgl. insb. Art. 53 SchKG).[42]

4. LEGITIMATION

A. AKTIVLEGITIMATION

7.54 (Aktiv-)Legitimiert sind der **Schuldner**, der **Drittansprecher** oder auch ein sonstig **besonders involvierter Dritter** wie z.B. der Mieter, welcher das Eigentum des Vermieters geltend macht.[43]

B. PASSIVLEGITIMATION

7.55 Nicht einschlägig.

---

41 Verfügungen von Vollstreckungsorganen (z.B. eines Betreibungs- oder Konkursamtes) und die gegen solche Verfügungen unter Umständen zu ergreifende betreibungsrechtliche Beschwerde gem. Art. 17 ff. SchKG fallen nicht unter den in Art. 1 lit. c ZPO bezeichneten Geltungsbereich («gerichtliche Angelegenheiten des Schuldbetreibungs- und Konkursrechts») und somit nicht unter die ZPO. Solche Verfügungen stellen vielmehr das Ergebnis «eigenständiger Verwaltungsverfahren» dar (vgl. Botschaft ZPO, 7258), welche zum Beispiel durch einen entsprechenden Antrag oder ein entsprechendes Gesuch eingeleitet werden können. Auch Thomas Sutter-Somm/Rafael Klingler postulieren, dass Verfügungen der Vollstreckungsorgane und das betreibungsrechtliche Beschwerdeverfahren dem kantonalen Verwaltungsrecht unterstehen (Sutter-Somm/Hasenböhler/Leuenberger-Sutter-Somm/Klingler, Art. 1 ZPO N 8; vgl. BGer 5A_448/2011 vom 31.10.2011, E. 2.1). Franco Lorandi führt aus, dass das Verfahren vor den Betreibungsorganen dem Verwaltungsrecht sehr verwandt sei (Lorandi, 15, 19; Besprechung des Urteils des OGer TG vom 21.2.2013, in: RBOG 2013, Nr. 17).

42 Zusätzlich hat das Rechtshilfe leistende, d.h. das für die Requisitorialverwertung beauftragte Betreibungsamt, die Anmeldung entgegenzunehmen, wobei dieses verpflichtet ist, eine solche Anmeldung an das ersuchende Amt am Betreibungsort weiterzuleiten (BSK SchKG I-Staehelin A., Art. 106 N 18).

43 KUKO SchKG-Rohner, Art. 106 N 13. Der Anmeldende braucht nur urteilsfähig zu sein (nicht jedoch handlungsfähig) (BSK SchKG I-Staehelin A., Art. 106 N 18).

5. STREITWERT

Nicht einschlägig. 7.56

6. FRISTEN

Das SchKG sieht keine Frist vor, innert welcher der Drittanspruch ab Pfändung bzw. ab Kenntnisnahme des Dritten von der Pfändung angemeldet werden muss. Die Anmeldung des Drittanspruchs kann schon bei der Pfändung erfolgen (vgl. Art. 95 Abs. 3 SchKG) und ist – Rechtsmissbrauch vorbehalten – bis zu dem Zeitpunkt möglich, als der Erlös aus der Verwertung des gepfändeten Vermögensgegenstands noch nicht verteilt ist (vgl. Art. 106 Abs. 2 SchKG).[44] Bei einem Arrest hat die Anmeldung frühestens mit dem Arrestvollzug zu erfolgen.[45] 7.57

7. KOMBINATIONSMÖGLICHKEITEN

Es sind keine naheliegenden Kombinationsmöglichkeiten ersichtlich. 7.58

8. MÖGLICHE RECHTSBEGEHREN

Der in der Betreibung Nr. […] des Betreibungsamtes […] gegen den Schuldner [Name, Vorname, Adresse] gepfändete [Bezeichnung gepfändeter / verpfändeter / retinierter / verarrestierter Vermögensgegenstand] steht [Angabe des beanspruchten Rechts {z.B. im Eigentum}] von [Bezeichnung Ansprecher mit dessen Name und Adresse]. 7.59

44 In zeitlicher Hinsicht können Anmeldungen vor der Pfändung entgegen genommen werden, wenn diese sich auf eine konkrete Betreibung beziehen (ohne hängige Betreibung, d.h. Anmeldungen «auf Vorrat», muss und darf ein Betreibungsamt nicht berücksichtigen). Eine weitere Grenze in zeitlicher Hinsicht für die Geltendmachung des Drittanspruchs stellt auch die rechtsmissbräuchliche Verzögerung der Anmeldung dar (BGE 114 III 92, E. 1; KUKO SchKG-ROHNER, Art. 106 N 15; BSK SchKG I-STAEHELIN A., Art. 106 N 22).

45 BSK SchKG I-STAEHELIN A., Art. 106 N 22.

9. VORAUSSETZUNGEN

A. ERSTE VORAUSSETZUNG

7.60 Im Rahmen einer Betreibung auf Pfändung wird beim Schuldner ein **Vermögensgegenstand gepfändet** (vgl. Art. 106 Abs. 1 SchKG).[46] Beim Vermögensgegenstand kann es sich um gepfändete (i) bewegliche oder unbewegliche, körperliche oder unkörperliche Sachen oder um (ii) Forderungen oder um (iii) sonstige Rechte (z.B. Immaterialgüterrechte) handeln.[47]

B. ZWEITE VORAUSSETZUNG

7.61 Ein Dritter hat im Zeitpunkt der Pfändung das **Eigentum**, ein **Pfandrecht** oder ein **anderes Recht, welches der Pfändung entgegensteht oder im weiteren Verlauf des Vollstreckungsverfahrens zu berücksichtigen ist**, am gepfändeten Vermögensgegenstand (vgl. Art. 106 Abs. 1 SchKG).[48]

7.62 – Falls eine Forderung als Vermögensgegenstand gepfändet wurde: Der Drittansprecher bestreitet nicht die Höhe oder den Bestand der Forderung.[49]

7.63 – Falls ein Grundstück als Vermögensgegenstand gepfändet wurde: Der Drittansprecher macht Eigentum am Grundstück geltend.[50]

---

46 Falls das Betreibungsamt einen Vermögensgegenstand allerdings als unpfändbar (vgl. Art. 92 SchKG) bezeichnet, den Vermögensgegenstand somit als sogenanntes Kompetenzstück einordnet, und gegen diese Einordnung als Kompetenzstück (a) Kompetenzansprache erhoben und (b) zudem auch ein Drittanspruch angemeldet wird, so ist zuerst im Beschwerdeverfahren über die Frage der Unpfändbarkeit zu befinden bevor im Anschluss daran allenfalls ein Widerspruchsverfahren eingeleitet werden kann (BGE 84 III 33, E. 3; KUKO SchKG-Rohner, Art. 106 N 4 und 6).

47 KUKO SchKG-Rohner, Art. 106 N 4; BSK SchKG I-Staehelin A., Art. 106 N 6.

48 Gemäss Bundesgericht ist das *Widerspruchsverfahren nicht anwendbar*, wenn der Drittansprecher sich auf eine vom Pfändungsschuldner vorgenommene Lohnzession stützt und die *Pfändungsgläubiger die Gültigkeit der Zession bestreiten*. Diesfalls ist die gepfändete Lohnforderung als bestritten zu pfänden und ein Prätendentenstreit durchzuführen (BGE 65 III 129, E. 3); KUKO SchKG-Rohner, Art. 106 N 5 f. Ferner können rein obligatorische Drittansprüche an gepfändeten Vermögensgegenständen ebenfalls nicht im Widerspruchsverfahren geltend gemacht werden (KUKO SchKG-Rohner, Art. 106 N 12).

49 *Bestreitet der Drittschuldner den Bestand oder die Höhe der gepfändeten Forderung* (z.B. indem er Tilgung durch Verrechnung geltend macht), ist die Forderung als bestritten zu pfänden und es findet *kein Widerspruchsverfahren* statt. Ein solches würde nur durchgeführt, wenn er geltend machen würde, dass die Forderung ihm und nicht dem Betriebenen zustehe (BGE 120 III 18, E. 4); KUKO SchKG-Rohner, Art. 106 N 5.

50 Macht der Drittansprecher hingegen beschränkt dingliche Rechte bzw. realobligatorische Rechte geltend, ist die Auseinandersetzung im Lastenbereinigungsverfahren (Art. 140 SchKG) auszutragen (KUKO SchKG-Rohner, Art. 106 N 7).

C. DRITTE VORAUSSETZUNG

Der **Erlös** aus der Verwertung des gepfändeten Vermögensgegenstands wurde **noch nicht verteilt** (vgl. Art. 106 Abs. 2 SchKG). 7.64

Nota Bene: Der Drittanspruch bezieht sich nach der Verwertung des gepfändeten Vermögens- 7.65
gegenstands nicht auf das verwertete Vermögensstück, sondern auf den Erlös.[51]

10. BESONDERHEITEN

Wird ein Gegenstand gepfändet, der offensichtlich einem Dritten gehört, ist die Pfändung 7.66
nichtig.[52]

Die Anmeldung kann schriftlich oder mündlich vorgenommen werden. Sie muss aber genügend 7.67
spezifiziert sein.[53]

Die Anmeldung eines Drittanspruchs ist sinngemäss anwendbar: 7.68
- bei der Betreibung auf Pfandverwertung (vgl. Art. 155 Abs. 1 SchKG).
- im Arrestverfahren (vgl. Art. 275 SchKG).
- bei der Mietretention gem. Art. 283 SchKG.[54]
- bei der Feststellung neuen Vermögens gem. Art. 265a SchKG[55]

11. RECHTSMITTEL

Grundsätzlich nicht einschlägig, da es sich um eine Anmeldung handelt. Allenfalls kommt eine 7.69
betreibungsrechtliche Beschwerde gem. Art. 17 ff. SchKG in Betracht (vgl. Art. 17 Abs. 3 SchKG), falls das Betreibungsamt z.B. das Widerspruchsverfahren nicht eröffnet.[56]

Tabellarische Zusammenfassung

Zweck	Geltendmachung bzw. Anmeldung eines Anspruches eines Dritten in Bezug auf einen gepfändeten Vermögensgegenstand, der nicht (wie im Rahmen des Pfändungsvollzugs angenommen) zum Vermögen des (betriebenen) Schuldners gehört
Gesetzliche Grundlage	Art. 106 SchKG

51 BSK SchKG EB-Staehelin, Art. 106 ad N 11.
52 KUKO SchKG-Rohner, Art. 106 N 2.
53 BGE 57 III 71, 76; BSK SchKG I-Staehelin A., Art. 106 N 19.
54 KUKO SchKG-Rohner, Art. 106 N 3.
55 KUKO SchKG-Rohner, Art. 106 N 3.
56 BSK SchKG EB-Staehelin, Art. 106 ad N 18.

Verfahrensart	Kantonales Verwaltungsverfahrensrecht
Zuständigkeit	Betreibungsamt am Betreibungsort (Art. 46 ff. SchKG) resp. dasjenige Betreibungsamt, welches die Pfändung angeordnet hat (Art. 53 SchKG)
Aktivlegitimation	(Betriebener) Schuldner, Drittansprecher, sonstige besonders involvierter Dritter (z.B. Mieter, der das Eigentum des Vermieters geltend macht)
Passivlegitimation	Nicht einschlägig
Streitwert	Nicht einschlägig
Fristen	Nicht einschlägig; Eine Anmeldung eines Drittanspruchs kann schon bei der Pfändung erfolgen (bei Arrest erst mit Arrestvollzug) und ist – Rechtsmissbrauch vorbehalten – bis zum Zeitpunkt möglich, als der Verwertungserlös noch nicht verteilt ist
Kombination	Nicht einschlägig
Mögliche Rechtsbegehren	Der in der Betreibung Nr. […] des Betreibungsamtes […] gegen den Schuldner [Name, Vorname, Adresse] gepfändete [Bezeichnung gepfändeter / verpfändeter / retinierter / verarrestierter Vermögensgegenstand] steht [Angabe des beanspruchten Rechts {z.B. im Eigentum}] von [Bezeichnung Ansprecher mit dessen Name und Adresse].
Voraussetzungen	– Pfändung eines Vermögensgegenstandes (un-/bewegliche, un-/körperliche Sache, Forderung oder sonstiges Recht) – Drittperson hat zum Zeitpunkt der Pfändung am gepfändeten Vermögensgegenstand das Eigentum, ein Pfandrecht oder ein anderes Recht, das der Pfändung entgegensteht oder im weiteren Verlauf des Vollstreckungsverfahrens zu berücksichtigen – Verwertungserlös (des gepfändeten Vermögensgegenstandes) wurde noch nicht verteilt
Besonderheiten	– Pfändung ist nichtig, wenn der gepfändete Gegenstand offensichtlich einem Dritten gehört – Anmeldung kann schriftlich oder mündlich erfolgen, muss aber genügend spezifiziert sein – Sinngemäss anwendbar bei Betreibung auf Pfandverwertung, im Arrestverfahren, bei der Mietretention, und der Feststellung neuen Vermögens
Rechtsmittel	Grundsätzlich nicht einschlägig; allenfalls betreibungsrechtliche Beschwerde gem. Art. 17 ff. SchKG an die (untere) kantonale Aufsichtsbehörde, falls bspw. das Widerspruchsverfahren nicht eröffnet wird

V. BESTREITUNG DES ANGEMELDETEN DRITTANSPRUCHS (ART. 107 SCHKG)

1. ZWECK UND WIRKUNG

Bezieht sich der vom Dritten geltend gemachte bzw. angemeldete Anspruch auf (i) eine bewegliche Sache im ausschliesslichen Gewahrsam des Schuldners, (ii) eine Forderung oder ein anderes Recht, sofern die Berechtigung des Schuldners wahrscheinlicher ist als die des Dritten, oder (iii) ein Grundstück, sofern der Anspruch sich nicht aus dem Grundbuch ergibt, gibt das Betreibungsamt dem Schuldner und Gläubiger die Möglichkeit zur Bestreitung (Art. 107 Abs. 1 SchKG) (= **Vorverfahren zu einem allfälligen Widerspruchsprozess**[57]). Die Bestreitung des angemeldeten Drittanspruchs durch den Schuldner und / oder den / die Gläubiger hat zur Folge, dass das Betreibungsamt dem Dritten eine 20-tägige Frist zur Anhebung der Widerspruchsklage ansetzt (vgl. Art. 107 Abs. 5 SchKG).[58] 7.70

2. VERFAHRENSART

Das Verfahren richtet sich nach kantonalem Verwaltungs(verfahrens)recht.[59] 7.71

---

57 Nach einer Anmeldung des Drittanspruchs muss das Betreibungsamt das Vorverfahren zu einem allfälligen Widerspruchsprozess eröffnen. Das Vorverfahren bezweckt, die Parteirollen für einen allfälligen folgenden Widerspruchsprozess festzulegen. Daher verteilt das Betreibungsamt im Rahmen des Vorverfahrens gestützt auf bestimmte Kriterien die Parteirollen, wobei es die vorteilhaftere Rolle des Beklagten derjenigen Partei zuweist, welche eher im Recht zu sein scheint bzw. deren Berechtigung am Vermögenswert den besseren Rechtsschein aufweist (KUKO SchKG-Rohner, Art. 108 N 1; BSK SchKG I-Staehelin A., Art. 107 N 1). Die Rolle des Klägers ist deshalb nachteilig, da der Kläger kurzfristig die Prozesschancen abschätzen und auch Klage erheben muss beim zuständigen Gericht. Zudem haftet der Kläger regelmässig auch für die Gerichtskosten und hat allenfalls auch Kostenvorschuss zu leisten (BSK SchKG I-Staehelin A., Art. 107 N 1).

58 Der betroffene Dritte kann gegen die Klagefristansetzung betreibungsrechtliche Beschwerde nach Art. 17 ff. SchKG einreichen (BSK SchKG I-Staehelin A., Art. 107 N 25). Wird der Drittanspruch innerhalb der Bestreitungsfrist nicht bestritten, gilt er in der betreffenden Betreibung – i.S. einer unwiderlegbaren Vermutung – als anerkannt und bleibt bestehen (Art. 107 Abs. 4 SchKG). Das Widerspruchsverfahren ist damit abgeschlossen (BSK SchKG I-Staehelin A., Art. 107 N 23).

59 Verfügungen von Vollstreckungsorganen (z.B. eines Betreibungs- oder Konkursamtes) und die gegen solche Verfügungen unter Umständen zu ergreifende betreibungsrechtliche Beschwerde gem. Art. 17 ff. SchKG fallen nicht unter den in Art. 1 lit. c ZPO bezeichneten Geltungsbereich («gerichtliche Angelegenheiten des Schuldbetreibungs- und Konkursrechts») und somit nicht unter die ZPO. Solche Verfügungen stellen vielmehr das Ergebnis «eigenständiger Verwaltungsverfahren» dar (vgl. Botschaft ZPO, 7258), welche zum Beispiel durch einen entsprechenden Antrag oder ein entsprechendes Gesuch eingeleitet werden können. Auch Thomas Sutter-Somm/Rafael Klingler postulieren, dass Verfügungen der Vollstreckungsorgane und das betreibungsrechtliche Beschwerdeverfahren dem kantonalen Verwaltungsrecht unterstehen (Sutter-Somm/Hasenböhler/Leuenberger-Sutter-Somm/Klingler, Art. 1 ZPO N 8; vgl. BGer 5A_448/2011 vom 31.10.2011, E. 2.1). Franco Lorandi führt aus, dass das Verfahren vor den Betreibungsorganen dem Verwaltungsrecht sehr verwandt sei (Lorandi, 15, 19; Besprechung des Urteils des OGer TG vom 21.2.2013, in: RBOG 2013, Nr. 17).

3. ZUSTÄNDIGKEIT

7.72 Zuständig ist das Betreibungsamt am Betreibungsort (Art. 46 ff. SchKG) resp. dasjenige Betreibungsamt, welches die Pfändung angeordnet hat (vgl. insb. Art. 53 SchKG).

4. LEGITIMATION

A. AKTIVLEGITIMATION

7.73 Zur Bestreitung (aktiv-)legitimiert sind der **Schuldner** und, je nach Gegebenheiten, der/die (betreibende) **Gläubiger**[60] (Art. 107 Abs. 1 SchKG). Bei einer Drittpfandbetreibung, d.h. wenn der Pfandschuldner (Schuldner der pfandgesicherten Forderung) und der Pfandeigentümer (Eigentümer des verpfändeten Vermögenswerts) nicht identisch sind, ist auch der Dritteigentümer Partei des Betreibungsverfahrens und ist als solche ebenfalls zur Bestreitung legitimiert.[61]

B. PASSIVLEGITIMATION

7.74 Nicht einschlägig.

5. STREITWERT

7.75 Nicht einschlägig.

6. FRISTEN

7.76 Die Bestreitungsfrist beträgt 10 Tage (Art. 107 Abs. 2 SchKG) beginnend am Tag nach erfolgter Mitteilung der Möglichkeit zur Bestreitung (Art. 31 SchKG i.V.m. Art. 142 ZPO).

---

60 Falls der betreibende Gläubiger den Drittanspruch am gepfändeten Vermögensgegenstand selber gelten macht, ist nur dem Schuldner die Bestreitungsfrist anzusetzen. Wurde der Vermögensgegenstand für mehrere Gläubiger gepfändet, ist die Bestreitungsfrist jedem Gläubiger einzeln anzusetzen (KUKO SchKG-Rohner, Art. 108 N 16).

61 BSK SchKG I-Staehelin A., Art. 107 N 19; BSK SchKG I-Acocella, Art. 41 N 11.

7. KOMBINATIONSMÖGLICHKEITEN

Die Bestreitung des angemeldeten Drittanspruchs kann u.U. gleichzeitig mit einer Beschwerde gegen die Parteirollenverteilung im Widerspruchsverfahren kombiniert werden, wenn die Auffassung vertreten wird, dass Parteirollenverteilung unrichtig erfolgt ist. 7.77

8. MÖGLICHE RECHTSBEGEHREN

Der in der Betreibung Nr. […] des Betreibungsamtes […] gegen den Schuldner [Name, Vorname, Adresse] geltend gemachte Anspruch von [Name, Adresse des Drittansprechers] betreffend den gepfändeten [Bezeichnung gepfändeter Vermögensgegenstand] wird bestritten. 7.78

9. VORAUSSETZUNGEN

A. ERSTE VORAUSSETZUNG

Es liegt eine **Anmeldung eines Drittanspruchs** vor (vgl. Art. 106 SchKG). 7.79

B. ZWEITE VORAUSSETZUNG

Das Betreibungsamt hat **genau angegeben,** für welche(n) gepfändete(n) Vermögensgegenstand/-stände i.S.v. Art. 107 Abs. 1 SchKG **Drittansprache erhoben** wurde.[62] 7.80

C. DRITTE VORAUSSETZUNG

Der Schuldner oder der/die Gläubiger wollen den angemeldeten **Drittanspruch bestreiten.** 7.81

D. VIERTE VORAUSSETZUNG

Die **Bestreitungsfrist wird gewahrt.** 7.82

10. BESONDERHEITEN

Die Bestreitung kann mündlich oder schriftlich erfolgen; sie ist an keine besondere Form gebunden.[63] 7.83

62 KUKO SchKG-Rohner, Art. 108 N 15.

63 KUKO SchKG-Rohner, Art. 108 N 15; BSK SchKG I Staehelin A., Art. 107 N 21.

7.84 Der Schuldner oder der Gläubiger können verlangen, dass der Dritte aufgefordert wird, innerhalb der Bestreitungsfrist seine Beweismittel beim Betreibungsamt zur Einsicht vorzulegen (vgl. Art. 107 Abs. 3 SchKG).

11. RECHTSMITTEL

7.85 Die Verfügungen und Handlungen des Betreibungsamtes (z.B. Ansetzung der Bestreitungsfrist, Bestreitung der Zulässigkeit des Verfahrens) können mit betreibungsrechtlicher Beschwerde gem. Art. 17 ff. SchKG angefochten werden.[64]

Tabellarische Zusammenfassung

Zweck	Bestreitung eines an einem gepfändeten Vermögensgegenstandes gem. Art. 107 Abs. 1 SchKG angemeldeten Drittanspruchs (= Vorverfahren zu einem allfälligen Widerspruchsprozess)
Gesetzliche Grundlage	Art. 107 SchKG
Verfahrensart	Kantonales Verwaltungsverfahrensrecht
Zuständigkeit	Betreibungsamt am Betreibungsort (Art. 46 ff. SchKG) resp. dasjenige Betreibungsamt, welches die Pfändung angeordnet hat (und bei welchem der Drittanspruch angemeldet wurde)
Aktivlegitimation	(Betriebener) Schuldner und, je nach Konstellation, auch (betreibender) Gläubiger
Passivlegitimation	Nicht einschlägig
Streitwert	Nicht einschlägig
Fristen	10 Tage beginnend am Tag nach erfolgter Mitteilung der Möglichkeit zur Bestreitung (Art. 31 SchKG i.V.m. Art. 142 ZPO)
Kombination	Beschwerde gegen die Parteirollenverteilung im Widerspruchsverfahren
Mögliche Rechtsbegehren	Der in der Betreibung Nr. […] des Betreibungsamtes […] gegen den Schuldner [Name, Vorname, Adresse] geltend gemachte Anspruch von [Name, Adresse des Drittansprechers] betreffend den gepfändeten [Bezeichnung gepfändeter Vermögensgegenstand] wird bestritten.
Voraussetzungen	– Anmeldung eines Drittanspruchs – Betreibungsamt gab an, für welchen gepfändeten Vermögensgegenstand Drittanspruch erhoben wurde – Der Schuldner oder der / die Gläubiger wollen den Drittanspruch bestreiten – Bestreitungsfrist gewahrt

64 BSK SchKG I-Staehelin A., Art. 107 N 20.

Besonderheiten	– Keine Formgebundenheit betr. Bestreitungserklärung – Dritter hat auf Verlangen durch Schuldner oder Gläubiger hin innert der Bestreitungsfrist seine Beweismittel beim Betreibungsamt zur Einsicht vorzulegen
Rechtsmittel	Verfügungen und Handlungen des Betreibungsamtes können mit betreibungsrechtlicher Beschwerde gem. Art. 17 SchKG innert 10 Tagen an die (untere) kantonale Aufsichtsbehörde angefochten werden

VI. BESCHWERDE GEGEN DIE PARTEIROLLENVERTEILUNG IM WIDERSPRUCHSVERFAHREN (ART. 17 FF. I.V.M. ART. 107 FF. SCHKG)

1. ZWECK UND WIRKUNG

In einem allfälligen späteren Widerspruchsprozess ist der durch das Betreibungsamt getroffene Entscheid über die Parteirollenverteilung verbindlich (BGer 7B.270/2003 vom 27.2.2014, E. 2.3). Ist die Parteirollenverteilung jedoch nicht gesetzeskonform erfolgt, kann der Entscheid über die Parteirollenverteilung mit Beschwerde gegen die Parteirollenverteilung angefochten werden, um zu erreichen, dass die Parteirollenverteilung im Hinblick auf einen möglichen Widerspruchsprozess angepasst wird. Wird die Beschwerde gutgeheissen, wird die Parteirollenverteilung neu bestimmt.[65] 7.86

2. VERFAHRENSART

Die betreibungsrechtliche Beschwerde ist ein zwangsvollstreckungsrechtliches Institut und ist in Bezug auf die Rechtsnatur nicht einfach einzuordnen.[66] Sie verfügt einerseits über Charakteristika des Verwaltungsverfahrens, andererseits aber auch über solche des Zivilprozesses. Folglich kann sie als «selbständiges, dem schweizerischen Betreibungs- und Konkursrecht eigentümliches Rechtsmittel verstanden werden».[67] Art. 20a SchKG enthält einige Mindestanforderungen, überlässt es jedoch den einzelnen Kantonen, das Verfahren zu regeln, d.h. die Verfahrensbestimmungen aufzustellen (vgl. Art. 20a Abs. 3 SchKG). Das Beschwerdeverfahren wird daher hauptsächlich vom kantonalen Recht geregelt.[68] Häufig finden sich die Bestimmungen in den kantonalen Einführungsgesetzten zum SchKG (s.a. Rz. 2.52). 7.87

65 Ein Nichteintretensentscheid oder eine Abweisung der Beschwerde durch die Aufsichtsbehörde hat lediglich zur Folge, dass es bei der vom Betreibungsamt verfügten Parteirollenverteilung bleibt (BGE 123 III 330, E. 2).

66 BSK SchKG I-COMETTA/MÖCKLI, Art. 17 N 1.

67 BSK SchKG I-COMETTA/MÖCKLI, Art. 17 N 1.

68 VOCK/MÜLLER, 63.

3. ZUSTÄNDIGKEIT

7.88 Die Zuständigkeit für die Behandlung einer Beschwerde gem. Art. 17 SchKG richtet sich nach kantonalem Recht. Es ist die **Aufsichtsbehörde des jeweiligen Kantons** zuständig (Art. 17 und Art. 18 SchKG), wobei es den Kantonen überlassen ist, ob sie lediglich *eine Aufsichtsbehörde* oder eine *untere und eine obere Aufsichtsbehörde* bestellen wollen (vgl. Art. 13 SchKG).

7.89 Über zwei Aufsichtsbehörden (eine untere und eine obere) verfügen:
- Aargau (untere Aufsichtsbehörde: Gerichtspräsident; obere Aufsichtsbehörde: Schuldbetreibungs- und Konkurskommission des Obergerichts)[69]
- Luzern (untere Aufsichtsbehörde: Bezirksgerichte; obere Aufsichtsbehörde: Kantonsgericht)[70]
- Schwyz (untere Aufsichtsbehörde: Bezirksgerichtspräsident; obere Aufsichtsbehörde: Kantonsgericht)[71]
- Waadt (untere Aufsichtsbehörde: président du tribunal d'arrondissement; obere Aufsichtsbehörde: Tribunal cantonal)[72]
- Wallis (untere Aufsichtsbehörde: Bezirksrichter; obere Aufsichtsbehörde: Kantonsgericht)[73]
- Zürich (untere Aufsichtsbehörde: Bezirksgerichte; obere Aufsichtsbehörde: Obergericht)[74]

4. LEGITIMATION

A. AKTIVLEGITIMATION / BESCHWERDELEGITIMATION

7.90 Beschwerdelegitimiert[75] sein können, je nach Situation, der Schuldner, der Gläubiger oder der Dritte / Drittansprecher.

69 Vgl. § 14ff. EG SchKG AG.

70 Vgl. § 4 EG SchKG LU.

71 Vgl. § 10 EGzSchKG SZ.

72 Vgl. Art. 14f. LVLP.

73 Vgl. Art. 19f. EG SchKG VS.

74 Vgl. § 17 EG SchKG ZH.

75 Das Vorliegen der Partei- und der Beschwerdefähigkeit wie auch der Beschwerdelegitimation stellen Eintretensvoraussetzungen dar, welche die Aufsichtsbehörde von Amtes wegen zu prüfen hat (BSK SchKG I-COMETTA/MÖCKLI, Art. 17 N 39 und 45). Fehlt z.B. die Beschwerdelegitimation, ergeht ein Nichteintretensentscheid, da es sich – im Gegensatz zur Aktivlegitimation im Zivilverfahren – nicht um eine materiellrechtliche Frage (die «materielle Legitimation zur Sache») handelt (VOCK/MÜLLER, 60).

B. PASSIVLEGITIMATION

Passivlegitimiert ist das Betreibungsamt, wobei umstritten ist, ob das verfügende Zwangsvollstreckungsorgan passivlegitimiert ist oder nicht.[76] 7.91

5. STREITWERT

Nicht einschlägig. 7.92

6. FRISTEN

Die Frist zur Anbringung der Beschwerde beträgt 10 Tage seit Kenntnis, d.h. Mitteilung der Verfügung (vgl. Art. 17 Abs. 2 SchKG). 7.93

- Bei einem Verfahren nach Art. 107 SchKG: Eine Beschwerde ist bereits aufgrund der durch das Betreibungsamt erfolgten Ansetzung der Bestreitungsfrist möglich.[77]
- Bei einem Verfahren nach Art. 108 SchKG: Eine Beschwerde ist regelmässig erst aufgrund der Ansetzung der Klagefrist durch das Betreibungsamt möglich.

7. KOMBINATIONSMÖGLICHKEITEN

Um in der dem Verfahren zugrunde liegenden Betreibung keinen Rechtsverlust zu riskieren, sollte der Beschwerdeführer vorsorglich innert Frist nichtsdestotrotz auch seine Widerspruchsklage einreichen.[78] 7.94

8. MÖGLICHE RECHTSBEGEHREN

1. Es sei die in der Betreibung Nr. […] des Betreibungsamts […] gegen den Schuldner [Name, Vorname, Adresse] mit [Verfügung] vom [Datum] erfolgte Fristansetzung [z.B. nach Art. 107 Abs. 2 SchKG] aufzuheben. 7.95

---

76 BSK SchKG I-Cometta/Möckli, Art. 17 N 47.

77 BGer 7B.270/2003 vom 27.2.2014, E. 2.4.

78 Eine beantragte aufschiebende Wirkung der Beschwerde gegen die Parteirollenvertretung wird – ausser in Fällen von bös- oder mutwilliger Beschwerdeführung – regelmässig erteilt. Wurde der Beschwerde die aufschiebende Wirkung erteilt, weist die Aufsichtsbehörde mit ihrem Endentscheid das Betreibungsamt an, die Klagefrist neu anzusetzen (BGE 123 III 330, E. 2).

2. Es sei in der Betreibung Nr. […] des Betreibungsamts […] gegen den Schuldner [Name, Vorname, Adresse] betreffend [den vom Beschwerdeführer angesprochenen Vermögensgegenstand {…}] ein Klageverfahren nach [z.B. Art. 108 ff. SchKG] durchzuführen.
3. Der Beschwerde sei die aufschiebende Wirkung zu erteilen.

9. VORAUSSETZUNGEN

A. ERSTE VORAUSSETZUNG

7.96 Es besteht eine Verfügung des Betreibungsamts (= **taugliches Anfechtungs- bzw. Beschwerdeobjekt**).

B. ZWEITE VORAUSSETZUNG

7.97 Der Beschwerdeführer ist **partei- und beschwerdefähig**.

C. DRITTE VORAUSSETZUNG

7.98 Der Beschwerdeführer ist **beschwerdelegitimiert**, d.h. er muss in seinen rechtlich geschützten oder zumindest tatsächlichen Interessen betroffen sein (= beschwert sein) und dadurch ein schutzwürdiges (aktuelles und praktisches) Interesse haben an der Aufhebung oder Abänderung der angefochtenen Verfügung oder am Erlass einer Verfügung.[79] In den Worten des Bundesgerichts muss ein Beschwerdeführer somit über «ein zur Beschwerde berechtigendes schutzwürdiges aktuelles Interesse» an der Aufhebung verfügen.[80]

D. VIERTE VORAUSSETZUNG

7.99 Die **Beschwerdefrist** ist gewahrt.

E. FÜNFTE VORAUSSETZUNG

7.100 Der Beschwerdeführer macht einen gesetzlich vorgesehenen **Beschwerdegrund** (Gesetzesverletzung inkl. Ermessensmissbrauch und Ermessensüber- oder Ermessensunterschreitung oder Unangemessenheit) geltend.[81]

79 Gemeint ist die formelle Legitimation zum Verfahren (und nicht – wie im Zivilprozess – die materielle Legitimation zur Sache). Ist die Beschwerde führende Person nicht entsprechend beschwerdelegitimiert, fehlt es an einer Prozessvoraussetzung, weshalb auf die Beschwerde nicht einzutreten ist (BSK SchKG I-Cometta/Möckli, Art. 17 N 39 und 45; Vock/Müller, 60).

80 BGer 7B.270/2003 vom 27.2.2014, E. 3.

81 Vock/Müller, 57.

10. BESONDERHEITEN

Die Beschwerde hat **von Gesetzes wegen keinen Suspensiveffekt** (vgl. Art. 36 SchKG). Eine aufschiebende Wirkung der Beschwerde muss daher beantragt werden und kommt nur in Existenz, sofern die kantonale Aufsichtsbehörde (oder deren Präsident) eine solche anordnet. 7.101

Das **Beschwerdeverfahren vor einer kantonalen Aufsichtsbehörde ist kostenlos**, ausser die Prozessführung erfolgt böswillig oder mutwillig (vgl. Art. 20a Abs. 2 Ziff. 5 SchKG). 7.102

Zudem wird **keine Parteientschädigung** ausgerichtet (Art. 62 Abs. 2 GebV SchKG). 7.103

11. RECHTSMITTEL

Falls eine obere kantonale Aufsichtsbehörde existiert, kann: 7.104
- der Entscheid einer unteren Aufsichtsbehörde innert 10 Tagen nach Eröffnung an die obere kantonale Aufsichtsbehörde weitergezogen werden (Art. 18 Abs. 1 SchKG);
- wegen Rechtsverweigerung oder Rechtsverzögerung durch die untere kantonale Aufsichtsbehörde jederzeit bei der oberen kantonalen Aufsichtsbehörde Beschwerde gegen die untere kantonale Aufsichtsbehörde geführt werden (Art. 18 Abs. 2 SchKG).

Ansonsten ist **beim Bundesgericht Beschwerde in Zivilsachen** zu erheben (Art. 19 SchKG i.V.m. Art. 72 Abs. 2 lit. a BGG). Gemäss Art. 74 Abs. 2 lit. c BGG ist die Beschwerde in Zivilsachen in einem solchen Fall unabhängig vom jeweiligen Streitwert zulässig.[82] Die Beschwerdefrist beträgt 10 Tage (Art. 100 Abs. 2 lit. a BGG). 7.105

Tabellarische Zusammenfassung

Zweck	Änderung der Parteirollenverteilung im Hinblick auf einen allfälligen Widerspruchsprozess
Gesetzliche Grundlage	Art. 17 ff. i.V.m. Art. 107 ff. SchKG
Verfahrensart	Zwangsvollstreckungsrechtliches Verfahren mit Mindestanforderungen gem. Art. 20a SchKG und kantonalen Ausführungsbestimmungen
Zuständigkeit	(Untere) kantonale Aufsichtsbehörde
Aktivlegitimation / Beschwerdelegitimation	Abhängig von der Situation, der Schuldner, Gläubiger oder Dritter
Passivlegitimation	Verfügendes Zwangsvollstreckungsorgan (Betreibungsamt)
Streitwert	Nicht einschlägig

82 KREN KOSTKIEWICZ/WALDER, Art. 17 SchKG N 26.

Fristen	10 Tage seit Kenntnis, d.h. Mitteilung der Verfügung
Kombination	Vorsorgliche Einreichung der Widerspruchsklage (um nicht einen Rechtsverlust zu riskieren)
Mögliche Rechtsbegehren	1. Es sei die in der Betreibung Nr. […] des Betreibungsamts […] gegen den Schuldner [Name, Vorname, Adresse] mit [Verfügung] vom [Datum] erfolgte Fristansetzung [z.B. nach Art. 107 Abs. 2 SchKG] aufzuheben. 2. Es sei in der Betreibung Nr. […] des Betreibungsamts […] gegen den Schuldner [Name, Vorname, Adresse] betreffend [den vom Beschwerdeführer angesprochenen Vermögensgegenstand {…}] ein Klageverfahren nach [z.B. Art. 108 ff. SchKG] durchzuführen. 3. Der Beschwerde sei die aufschiebende Wirkung zu erteilen.
Voraussetzungen	– Taugliches Anfechtungs- bzw. Beschwerdeobjekt (Mitteilung / Verfügung des Betreibungsamtes) – Beschwerdeführer ist partei- und beschwerdefähig – Beschwerdeführer ist beschwerdelegitimiert – Wahrung der Beschwerdefrist – Beschwerdeführer macht einen gesetzlich vorgesehenen Beschwerdegrund (Gesetzesverletzung, Unangemessenheit) geltend
Besonderheiten	– Die Beschwerde hat von Gesetzes wegen keine aufschiebende Wirkung. Diese muss beantragt werden – Vor einer kantonalen Aufsichtsbehörde ist das Beschwerdeverfahren kostenlos (Ausnahme: böswillige oder mutwillige Prozessführung) – Den Parteien wird in einem Beschwerdeverfahren keine Parteientschädigung ausgerichtet
Rechtsmittel	*Falls eine obere kantonale Aufsichtsbehörde besteht:* Beschwerde an die obere kantonale Aufsichtsbehörde innert 10 Tagen nach Eröffnung des Entscheids der unteren kantonalen Aufsichtsbehörde (Art. 18 Abs. 1 SchKG) *oder* Beschwerde an die obere kantonale Aufsichtsbehörde gegen eine untere kantonale Aufsichtsbehörde bei Rechtsverzögerung oder Rechtsverweigerung (jederzeit möglich) *Ansonsten bzw. bei letztinstanzlichen kantonalen Entscheidungen:* Beschwerde in Zivilsachen beim Bundesgericht (Art. 19 SchKG i.V.m. Art. 72 Abs. 2 lit. a BGG) innert 10 Tagen (Art. 100 Abs. 2 lit. a BGG)

VII. WIDERSPRUCHSKLAGE BEI ALLEINGEWAHRSAM DES SCHULDNERS (ART. 107 ABS. 5 SCHKG)

1. ZWECK UND WIRKUNG

Eine Widerspruchsklage gem. Art. 107 Abs. 5 SchKG bezweckt, dass das Gericht vorfrageweise über das vom Dritten / Drittansprecher geltend gemachte materielle Recht (z.B. Eigentum, Pfandrecht) am Vermögensgegenstand entscheidet (vollstreckungsrechtliche Gestaltungsklage).[83] Da im Widerspruchsverfahren einzig darüber entschieden wird, ob der betreffende Vermögensgegenstand *in der laufenden Betreibung* zugunsten des betreibenden Gläubigers verwertet werden darf oder ob der Vermögensgegenstand aus der Pfändung zu entlassen sei, wirkt der Entscheid des Gerichts nur innerhalb der laufenden Betreibung und grundsätzlich nur zwischen den Verfahrensparteien.[84] Bei der Widerspruchsklage handelt es sich deshalb um eine betreibungsrechtliche Klage mit Reflexwirkung auf das materielle Recht.[85] 7.106

2. VERFAHRENSART

A. Falls der vom Dritten geltend gemachte *Anspruch zivilrechtlicher Natur* ist, ist anwendbar: 7.107
- das **ordentliche Verfahren** (Art. 219 ff. ZPO) bei einem Streitwert von mehr als CHF 30 000.–
  oder
- das **vereinfachte Verfahren** (Art. 243 ff. ZPO) bei einem Streitwert bis zu CHF 30 000.–.

B. Falls der vom Dritten geltend gemachte *Anspruch öffentlich-rechtlicher Natur* ist, findet das einschlägige Verwaltungsverfahrensrecht Anwendung.[86] 7.108

---

83 Die Widerspruchsklage will eine Änderung der betreibungsrechtlichen Rechtslage bewirken; und das Betreibungsverfahren bleibt in Bezug auf den betreffenden Vermögensgegenstand gehemmt. Aus den Umständen bzw. der Klage muss klar erkennbar sein, dass «sich die Klage auf ein umstrittenes besseres Recht an einem gepfändeten Vermögensstück bezieht und somit eine Widerspruchsklage nach Art. 107 oder 108 vorliegt» (BSK SchKG I-Staehelin A., Art. 109 N 7; Vock/Müller, § 19, 176). Ein Teil der Lehre vertritt die Auffassung, dass es sich um eine Feststellungsklage handelt (KUKO SchKG-Rohner, Art. 109 N 1).

84 BGE 107 III 118, E. 2; KUKO SchKG-Rohner, Art. 109 N 1; Vock/Müller, 182.

85 Ein Teil der Lehre vertritt eine andere Meinung, sofern sich die Widerspruchsklage gegen den Schuldner richtet (vgl. KUKO SchKG-Rohner, Art. 109 N 1).

86 Vgl. BGE 68 III 21, 25.

3. ZUSTÄNDIGKEIT

7.109 A. Falls der vom Dritten geltend gemachte *Anspruch zivilrechtlicher Natur* ist:

Örtlich zuständig ist:

- falls sich der Anspruch auf ein Grundstück bezieht, das Gericht an dem Ort, wo das Grundstück oder sein wertvollster Teil liegt (vgl. Art. 109 Abs. 3 SchKG i.V.m. Art. 46 ZPO); andernfalls
- das Gericht am Betreibungsort (vgl. Art. 109 Abs. 1 Ziff. 1 SchKG i.V.m. Art. 46 ZPO).

Die **sachliche** und **funktionelle** Zuständigkeit bestimmt sich nach dem jeweilig anwendbaren kantonalen Recht (vgl. Art. 23 SchKG und Art. 4 ZPO).

7.110 B. Falls der vom Dritten geltend gemachte *Anspruch öffentlich-rechtlicher Natur* ist:

Ist der vom Dritten geltend gemachte Anspruch öffentlich-rechtlicher Natur, ist nicht das Zivilgericht, sondern die entsprechende Verwaltungsbehörde für die Beurteilung zuständig (BGE 68 III 21, 25).[87]

4. LEGITIMATION

A. AKTIVLEGITIMATION

7.111 Aktivlegitimiert ist der Dritte / Drittansprecher (Art. 107 Abs. 5 SchKG).

B. PASSIVLEGITIMATION

7.112 Passivlegitimiert sind der den angemeldeten Drittanspruch bestreitende **Schuldner** und / oder der / die den angemeldeten Drittanspruch bestreitenden **Gläubiger** (Art. 107 Abs. 5 SchKG). Sollte der Schuldner wie auch der / ein Gläubiger den Drittanspruch bestreiten, hat der Dritte gegen jeden Bestreitenden gesondert eine Widerspruchsklage einzureichen.[88]

5. STREITWERT

7.113 Die bei einer Widerspruchsklage gestellten Rechtsbegehren werden regelmässig keinen Streitwert nennen, weshalb grundsätzlich das befasste Gericht den Streitwert festzulegen hat (vgl. Art. 91 Abs. 2 ZPO). Der Streitwert bestimmt sich im Widerspruchsprozess daher entsprechend (i) dem Schätzungswert des betreffenden Vermögensgegenstands, (ii) dem Forderungsbetrag, welchen

87 KUKO SchKG-Rohner, Art. 109 N 9.

88 KUKO SchKG-Rohner, Art. 108 N 18.

der Pfandgläubiger in Betreibung gesetzt hat oder (iii) der Pfandforderung bei einer Pfandansprache eines Dritten am fraglichen Gegenstand.[89]

6. FRISTEN

Die Frist zur Einreichung der Klage beträgt 20 Tage beginnend am Tag nach erfolgter Mitteilung durch das Betreibungsamt (Art. 107 Abs. 5 SchKG i.V.m. Art. 31 SchKG und Art. 142 ZPO). 7.114

7. KOMBINATIONSMÖGLICHKEITEN

Falls der Kläger der Auffassung ist, dass die Parteirollenverteilung unrichtig erfolgt ist, kann er mit Klagefristansetzung auch Beschwerde gegen die Parteirollenverteilung im Widerspruchsverfahren (s.a. Rz. 7.86) erheben. 7.115

8. MÖGLICHE RECHTSBEGEHREN

1. Es sei der in der Betreibung Nr. […] des Betreibungsamts […] gegen den Schuldner […] gepfändeten [Benennung Vermögensgegenstand] aus [dem Pfandbeschlag/der Pfändung vom {Datum}] zu entlassen. 7.116
2. Unter Kosten- und Entschädigungsfolgen zulasten des Beklagten.

oder 7.117

1. Es sei in der Betreibung Nr. […] des Betreibungsamts […] gegen den Schuldner […] das am gepfändeten [Benennung Vermögensgegenstand] bestehende Pfandrecht des Klägers (im […] Rang in der Höhe von CHF [Betrag]) bei der Verwertung nach Massgabe der gesetzlichen Vorschriften zu berücksichtigen.
2. Unter Kosten- und Entschädigungsfolgen zulasten des Beklagten.

9. VORAUSSETZUNGEN

A. ERSTE VORAUSSETZUNG

Der gültig angemeldete Drittanspruch wurde **fristgerecht bestritten** (Art. 107 Abs. 5 SchKG). 7.118

89 KUKO SchKG-Rohner, Art. 109 N 12; Vock/Müller, 179.

B. ZWEITE VORAUSSETZUNG

7.119 Einreichung der **Widerspruchsklage** gem. Art. 107 Abs. 5 SchKG (vollstreckungsrechtliche Gestaltungsklage) durch den Dritten in Bezug auf den geltend gemachten (angemeldeten) Drittanspruch.

C. DRITTE VORAUSSETZUNG

7.120 Die **Klagefrist wurde eingehalten**.[90]

D. VIERTE VORAUSSETZUNG

7.121 Der Kläger ist, je nach Situation, **Eigentümer, Gläubiger, Pfandrechtsberechtigter**.

E. FÜNFTE VORAUSSETZUNG

Die Betreibung ist weiterhin anhängig.[91]

10. BESONDERHEITEN

7.122 Das **Schlichtungsverfahren**, welches grundsätzlich einem ordentlichen Verfahren oder einem vereinfachten Verfahren vorgeht, **entfällt** (Art. 198 lit. e Ziff. 3 ZPO), was eine gewisse Verfahrensbeschleunigung mit sich bringt.

7.123 Die Betreibung bleibt in Bezug auf den streitigen Gegenstand bis zur Erledigung der Klage eingestellt und die Fristen für Verwertungsbegehren (Art. 116 SchKG) stehen still (Art. 109 Abs. 5 SchKG).

11. RECHTSMITTEL.

7.124 A. Bei einem *Anspruch zivilrechtlicher Natur* (Zivilprozess):

---

90 Gemäss einem Teil der Lehre stellt die Einhaltung der Klagefrist für den Widerspruchsprozess eine positive Prozessvoraussetzung dar. Wird die Klagefrist nicht gewahrt, hat das Gericht einen Nichteintretensentscheid auszusprechen (vgl. KUKO SchKG-Rohner, Art. 109 N 5). Ein Verpassen der Klagefrist hat keine materiellrechtliche Wirkung (BGE 86 III 134, E. 2), es entsteht dadurch keine abgeurteilte Sache (res iudicata).

91 Infolge der Natur der Widerspruchsklage als betreibungsrechtliche Klage (mit Reflexwirkung auf das materielle Recht) muss sie als gegenstandslos abgeschrieben oder mangels Rechtsschutzinteresses als erledigt erklärt werden, wenn die ihr zugrundeliegende Betreibung nicht (mehr) besteht, z.B. weil die Betreibung zurückgezogen wurde oder die Betreibung nichtig ist (BSK SchKG I-Staehelin A., Art. 109 N 3).

Der erstinstanzliche Entscheid ist – sofern der Streitwert mindestens CHF 10 000.– beträgt – grundsätzlich mit der **Berufung** gem. Art. 308 ff. ZPO anfechtbar. Beträgt der Streitwert jedoch weniger, ist der Entscheid mit **Beschwerde** gem. Art. 319 ff. ZPO anfechtbar. Liegt ein letztinstanzlicher kantonaler Entscheid vor und (i) beträgt entweder der Streitwert (a) mindestens CHF 30 000.– oder (b) in arbeits- und mietrechtlichen Fällen mindestens CHF 15 000.– oder (ii) stellt sich eine Rechtsfrage von grundsätzlicher Bedeutung, kann dieser mit **Beschwerde in Zivilsachen beim Bundesgericht** angefochten werden (vgl. Art. 72 Abs. 2 lit. a i.V.m. Art. 74 Abs. 1 lit. b bzw. Art. 74 Abs. 2 lit. a BGG). Ansonsten, d.h. bei einem Streitwert unter CHF 30 000.– und keiner Rechtsfrage von grundsätzlicher Bedeutung, findet die **subsidiäre Verfassungsbeschwerde** gem. Art. 113 ff. BGG Anwendung.[92]

B. Bei einem *Anspruch öffentlich-rechtlicher Natur*: 7.125
Anfechtung des von der Behörde erlassenen Entscheids gemäss dem einschlägigen Verwaltungsverfahrensrecht.

Tabellarische Zusammenfassung

Zweck	(Vorfrageweiser) gerichtlicher Entscheid über ein von einem Dritten in Bezug auf einen gepfändeten Vermögensgegenstand (im ausschliesslichen Gewahrsam des Schuldners) geltend gemachtes materielles Recht. Mit dem Entscheid wird festgestellt, ob der betreffende Vermögensgegenstand in der jeweiligen Betreibung verwertet werden darf oder ob er aus der Pfändung zu entlassen ist
Gesetzliche Grundlage	Art. 107 Abs. 5 SchKG
Verfahrensart	Zivilrechtliche Forderungen: Abhängig vom Streitwert ordentliches Verfahren (Art. 219 ff. ZPO) oder vereinfachtes Verfahren (Art. 243 ff. ZPO) Öffentlich-rechtliche Forderungen: Kantonales Verwaltungsverfahrensrecht
Zuständigkeit	Zivilrechtliche Forderungen: Gericht am Betreibungsort bzw., falls sich der Anspruch auf ein Grundstück bezieht, das Gericht am Ort wo das Grundstück oder sein wertvollster Teil liegt Öffentlich-rechtliche Forderungen: Entsprechende Verwaltungsbehörde
Aktivlegitimation	Dritte / Drittansprecher
Passivlegitimation	(Betriebener) Schuldner, der den angemeldeten Drittanspruch bestreitende (betreibender) Gläubiger Nota Bene: Bestreitet der Schuldner wie auch ein Gläubiger den Drittanspruch, hat der Dritte gegen jeden Bestreitenden gesondert eine Widerspruchsklage einzureichen

92 BSK SchKG I-Staehelin A., Art. 109 N 29.

Streitwert	Wird vom zuständigen Gericht nach (i) dem Schätzungswert, (ii) dem in Betreibung gesetzten Forderungsbetrag, oder (iii) der Pfandforderung bei einer Pfandansprache eines Dritten am fraglichen Gegenstand, festgelegt
Fristen	20 Tage beginnend am Tag nach erfolgter Mitteilung durch das Betreibungsamt (Art. 107 Abs. 5 SchKG i.V.m. Art. 31 SchKG und Art. 142 ZPO)
Kombination	Abhängig vom Sachverhalt, zusätzlich Beschwerde gegen die Parteirollenverteilung im Widerspruchsverfahren (s.a. Rz. 7.86 ff.)
Mögliche Rechtsbegehren	1. Es sei der in der Betreibung Nr. [...] des Betreibungsamts [...] gegen den Schuldner [...] gepfändeten [Benennung Vermögensgegenstand] aus [dem Pfandbeschlag / der Pfändung vom {Datum}] zu entlassen. 2. Unter Kosten- und Entschädigungsfolgen zulasten des Beklagten. *oder* 1. Es sei in der Betreibung Nr. [...] des Betreibungsamts [...] gegen den Schuldner [...] das am gepfändeten [Benennung Vermögensgegenstand] bestehende Pfandrecht des Klägers (im [...] Rang in der Höhe von CHF [Betrag]) bei der Verwertung nach Massgabe der gesetzlichen Vorschriften zu berücksichtigen. 2. Unter Kosten- und Entschädigungsfolgen zulasten des Beklagten.
Voraussetzungen	– Drittanspruch wurde fristgerecht bestritten – Widerspruchsklage durch den Dritten eingereicht – Klagefrist wird gewahrt – Abhängig von der Situation ist der klagende Dritte Eigentümer, Gläubiger, Pfandrechtsberechtigter in Bezug auf den gepfändeten Vermögensgegenstand – Betreibung ist weiterhin anhängig
Besonderheiten	– Schlichtungsverfahren entfällt – Betreibung wird in Bezug auf den streitigen Gegenstand während des gerichtlichen Verfahrens eingestellt und die Fristen für Verwertungsbegehren stehen still
Rechtsmittel	Bei zivilrechtlichen Forderungen: Kantonal: Abhängig vom Streitwert Berufung (Art. 308 ff. ZPO) innert 30 Tagen oder Beschwerde (Art. 319 ff. ZPO) innert 30 Tagen Bund: Letztinstanzliche kantonale Entscheide können schliesslich beim Bundesgericht mit Beschwerde in Zivilsachen (Art. 72 ff. BGG) innert 30 Tagen, oder subsidiärer Verfassungsbeschwerde (Art. 113 ff. BGG) angefochten werden Bei öffentlich-rechtlichen Forderungen: Anfechtung nach dem einschlägigen (kommunalen, kantonalen oder eidgenössischen) Verwaltungsverfahrensrecht

VIII. WIDERSPRUCHSKLAGE BEI ALLEINGEWAHRSAM ODER MITGEWAHRSAM EINES DRITTEN (ART. 108 SCHKG)

1. ZWECK UND WIRKUNG

Eine Widerspruchsklage gem. Art. 108 SchKG bezweckt, dass das Gericht vorfrageweise über das vom Dritten / Drittansprecher geltend gemachte materielle Recht (z.B. Eigentum, Pfandrecht) am Vermögensgegenstand entscheidet (vollstreckungsrechtliche Gestaltungsklage).[93] Damit Art. 108 SchKG zur Anwendung kommt, genügt es, dass sowohl der Dritte wie auch der Schuldner den Mitgewahrsam an der Sache innehaben (z.B. wenn der Dritte – der Ehegatte oder ein Kind – mit dem Schuldner in einer Wohngemeinschaft zusammenlebt).[94] Da im Widerspruchsverfahren einzig darüber entschieden wird, ob der betreffende Vermögensgegenstand *in der laufenden Betreibung* zugunsten des betreibenden Gläubigers verwertet werden darf oder ob der Vermögensgegenstand aus der Pfändung zu entlassen sei, wirkt der Entscheid des Gerichts nur innerhalb der laufenden Betreibung.[95] Bei der Widerspruchsklage handelt es sich deshalb um eine betreibungsrechtliche Klage mit Reflexwirkung auf das materielle Recht.[96] 7.126

2. VERFAHRENSART

A. Falls der vom Dritten geltend gemachte Anspruch *zivilrechtlicher Natur* ist, ist anwendbar: 7.127
- das **ordentliche Verfahren** (Art. 219 ff. ZPO) bei einem Streitwert von mehr als CHF 30 000.–
  oder
- das **vereinfachte Verfahren** (Art. 243 ff. ZPO) bei einem Streitwert bis zu CHF 30 000.–.

B. Falls der vom Dritten geltend gemachte Anspruch öffentlich-rechtlicher Natur ist, findet das einschlägige Verwaltungsverfahrensrecht Anwendung[97]. 7.128

---

93 Die Widerspruchsklage will eine Änderung der betreibungsrechtlichen Rechtslage bewirken; und das Betreibungsverfahren bleibt in Bezug auf den betreffenden Vermögensgegenstand gehemmt. Aus den Umständen bzw. der Klage muss klar erkennbar sein, dass «sich die Klage auf ein umstrittenes besseres Recht an einem gepfändeten Vermögensstück bezieht und somit eine Widerspruchsklage nach Art. 107 oder 108 vorliegt» (BSK SchKG I-Staehelin A., Art. 109 N 7). Vock/Müller, § 19, 176. Ein Teil der Lehre vertritt die Auffassung, dass es sich um eine Feststellungsklage handelt (KUKO SchKG-Rohner, Art. 109 N 1).

94 BSK SchKG I-Staehelin A., Art. 108 N 4 und Art. 107 N 8.

95 BGE 107 III 118, E. 2; KUKO SchKG-Rohner, Art. 109 N 1.

96 Ein Teil der Lehre vertritt eine andere Meinung, sofern die Widerspruchsklage vom Schuldner erhoben wurde (vgl. KUKO SchKG-Rohner, Art. 109 N 1).

97 Vgl. BGE 68 III 21, 25.

3. ZUSTÄNDIGKEIT

7.129 A. Falls der vom Dritten geltend gemachte *Anspruch zivilrechtlicher* Natur ist:
Örtlich zuständig ist:

- falls sich der Anspruch auf ein Grundstück bezieht: das Gericht an dem Ort, wo das Grundstück oder sein wertvollster Teil liegt (vgl. Art. 109 Abs. 3 SchKG i.V.m. Art. 46 ZPO).
- falls der Beklagte Wohnsitz im Ausland hat: das Gericht am Betreibungsort (vgl. Art. 109 Abs. 1 Ziff. 2 SchKG i.V.m. Art. 46 ZPO) bzw.
- falls der Beklagte Wohnsitz in der Schweiz hat: das Gericht an dessen Wohnsitz (vgl. Art. 109 Abs. 2 SchKG i.V.m. Art. 46 ZPO).

Die **sachliche** und **funktionelle** Zuständigkeit bestimmt sich nach dem jeweilig anwendbaren kantonalen Recht (vgl. Art. 23 SchKG und Art. 4 ZPO).

7.130 B. Falls der vom Dritten geltend gemachte *Anspruch öffentlich-rechtlicher Natur* ist:
Ist der vom Dritten geltend gemachte Anspruch öffentlich-rechtlicher Natur, ist nicht das Zivilgericht, sondern die entsprechende Verwaltungsbehörde für die Beurteilung zuständig (BGE 68 III 21, 25).[98]

4. LEGITIMATION

A. AKTIVLEGITIMATION

7.131 Aktivlegitimiert sind der/die **Gläubiger** und der **Schuldner** (Art. 108 Abs. 1 SchKG). Der/die Gläubiger klagen getrennt vom Schuldner und nicht als notwendige Streitgenossen.[99]

B. PASSIVLEGITIMATION

7.132 Passivlegitimiert ist der **Dritte/Drittansprecher** (Art. 108 Abs. 1 SchKG).

5. STREITWERT

7.133 Die bei einer Widerspruchsklage gestellten Rechtsbegehren werden regelmässig keinen Streitwert nennen, weshalb grundsätzlich das befasste Gericht den Streitwert festzulegen hat (vgl. Art. 91 Abs. 2 ZPO). Der Streitwert bestimmt sich im Widerspruchsprozess daher entsprechend (i) dem Schätzungswert des betreffenden Vermögensgegenstands, (ii) dem Forderungsbetrag, welchen

98 KUKO SchKG-Rohner, Art. 109 N 9.

99 BSK SchKG I-Staehelin A., Art. 108 N 8.

der Pfandgläubiger in Betreibung gesetzt hat oder (iii) der Pfandforderung bei einer Pfandansprache eines Dritten am fraglichen Gegenstand.[100]

6. FRISTEN

Die Frist zur Einreichung der Klage beträgt 20 Tage beginnend am Tag nach erfolgter Mitteilung durch das Betreibungsamt (Art. 108 Abs. 2 SchKG i.V.m. Art. 31 SchKG und Art. 142 ZPO). 7.134

7. KOMBINATIONSMÖGLICHKEITEN

Falls der Kläger der Auffassung ist, dass die Parteirollenverteilung unrichtig erfolgt ist, kann er mit Klagefristansetzung auch Beschwerde gegen die Parteirollenverteilung im Widerspruchsverfahren (s.a. Rz. 7.86) erheben. 7.135

8. MÖGLICHE RECHTSBEGEHREN

1. Es sei in der Betreibung Nr. [...] des Betreibungsamts [...] gegen den Schuldner [Name, Vorname, Adresse] der gepfändete [Benennung Vermögensgegenstand][im Pfändungsbeschlag / der Pfändung vom {Datum}] zu belassen. 7.136
2. Unter Kosten- und Entschädigungsfolgen zulasten des Beklagten.

oder 7.137

1. Es sei festzustellen, dass der Beklagte an dem in der Betreibung Nr. [...] des Betreibungsamts [...] gegen den Schuldner [Name, Vorname, Adresse] gepfändeten [Benennung Vermögensgegenstand] nicht über ein Pfandrecht (im [...] Rang in der Höhe von CHF [Betrag]) verfügt.
2. Unter Kosten- und Entschädigungsfolgen zulasten des Beklagten.

9. VORAUSSETZUNGEN

A. ERSTE VORAUSSETZUNG

Es liegt eine **gültige Anmeldung eines Drittanspruchs** vor (vgl. Art. 106 i.V.m. Art. 108 SchKG). 7.138

100 KUKO SchKG-Rohner, Art. 109 N 12; Vock/Müller, 179.

B. ZWEITE VORAUSSETZUNG

7.139 Der/ein Gläubiger und/oder Schuldner reicht eine **Widerspruchsklage** gem. Art. 108 Abs. 1 SchKG (vollstreckungsrechtliche Gestaltungsklage) in Bezug auf den geltend gemachten (angemeldeten) Drittanspruch ein.[101]

C. DRITTE VORAUSSETZUNG

7.140 Die **Klagefrist**[102] wurde **eingehalten**.[103]

D. VIERTE VORAUSSETZUNG

7.141 Der Kläger ist, je nach Situation, **Eigentümer, Gläubiger, Pfandrechtsberechtigter**.

E. FÜNFTE VORAUSSETZUNG

7.142 Die **Betreibung ist weiterhin anhängig**.[104]

10. BESONDERHEITEN

7.143 Der Schuldner oder der Gläubiger können verlangen, dass der Dritte aufgefordert wird, innerhalb der Klagefrist seine Beweismittel beim Betreibungsamt zur Einsicht vorzulegen (vgl. Art. 107 Abs. 4 SchKG).

7.144 Das **Schlichtungsverfahren**, welches grundsätzlich einem ordentlichen Verfahren oder einem vereinfachten Verfahren vorgeht, **entfällt** (Art. 198 lit. e Ziff. 3 ZPO), was eine gewisse Verfahrensbeschleunigung mit sich bringt.

---

101 Der/die Gläubiger und der Schuldner können das Klagerecht unabhängig voneinander ausüben, weshalb das Betreibungsamt diesen je einzeln eine Frist zur Klageanhebung anzusetzen hat (vgl. KUKO SchKG-Rohner, Art. 108 N 20).

102 Bei einem Verfahren nach Art. 108 SchKG bzw. einer Klagefristansetzung gem. Art. 108 SchKG können der Gläubiger und der Schuldner je selbständig Beschwerde gegen die Klagefristansetzung erheben (KUKO SchKG-Rohner, Art. 109 N 23).

103 Gemäss einem Teil der Lehre stellt die Einhaltung der Klagefrist für den Widerspruchsprozess eine positive Prozessvoraussetzung dar. Wird die Klagefrist nicht gewahrt, hat das Gericht einen Nichteintretensentscheid auszusprechen (vgl. KUKO SchKG-Rohner, Art. 109 N 5). Ein Verpassen der Klagefrist hat keine materiellrechtliche Wirkung (BGE 86 III 134, E. 2), es entsteht dadurch keine abgeurteilte Sache (res iudicata).

104 Infolge der Natur der Widerspruchsklage als betreibungsrechtliche Klage (mit Reflexwirkung auf das materielle Recht) muss sie als gegenstandslos abgeschrieben oder mangels Rechtsschutzinteresses als erledigt erklärt werden, wenn die ihr zugrundeliegende Betreibung nicht (mehr) besteht, z.B. weil die Betreibung zurückgezogen wurde oder die Betreibung nichtig ist (BSK SchKG I-Staehelin A., Art. 109 N 3).

Die Betreibung bleibt in Bezug auf den streitigen Gegenstand bis zur Erledigung der Klage eingestellt und die Fristen für Verwertungsbegehren (Art. 116 SchKG) stehen still (Art. 109 Abs. 5 SchKG). 7.145

11. RECHTSMITTEL

A. Falls der vom Dritten geltend gemachte *Anspruch zivilrechtlicher Natur* (Zivilprozess) ist: 7.146
Der *erstinstanzliche Entscheid* ist – sofern der Streitwert mindestens CHF 10 000.– beträgt – grundsätzlich mit der **Berufung** gem. Art. 308 ff. ZPO anfechtbar. Beträgt der Streitwert jedoch weniger, ist der Entscheid mit **Beschwerde** gem. Art. 319 ff. ZPO anfechtbar. Liegt ein letztinstanzlicher kantonaler Entscheid vor und (i) beträgt entweder der Streitwert (a) mindestens CHF 30 000.– oder (b) in arbeits- und mietrechtlichen Fällen mindestens CHF 15 000.– oder (ii) stellt sich eine Rechtsfrage von grundsätzlicher Bedeutung, kann dieser mit **Beschwerde in Zivilsachen beim Bundesgericht** angefochten werden (vgl. Art. 72 Abs. 2 lit. a i.V.m. Art. 74 Abs. 1 lit. b bzw. Art. 74 Abs. 2 lit. a BGG). Ansonsten, d.h. bei einem Streitwert unter CHF 30 000.– und keiner Rechtsfrage von grundsätzlicher Bedeutung, findet die **subsidiäre Verfassungsbeschwerde** gem. Art. 113 ff. BGG Anwendung.

B. Falls der vom Dritten geltend gemachte *Anspruch öffentlich-rechtlicher Natur* ist: 7.147
Anfechtung des von der Behörde erlassenen Entscheids gemäss dem einschlägigen Verwaltungsverfahrensrecht.

Tabellarische Zusammenfassung

Zweck	(Vorfrageweiser) gerichtlicher Entscheid über ein von einem Dritten in Bezug auf einen gepfändeten Vermögensgegenstand (im Gewahrsam oder Mitgewahrsam des Dritten) geltend gemachtes materielles Recht (z.B. wenn der Dritte, der Ehegatte oder ein Kind mit dem Schuldner in einer Wohngemeinschaft leben) Mit dem Entscheid wird festgestellt, ob der betreffende Vermögensgegenstand in der jeweiligen Betreibung verwertet werden darf oder ob er aus der Pfändung zu entlassen ist
Gesetzliche Grundlage	Art. 108 SchKG
Verfahrensart	Zivilrechtliche Forderungen: Abhängig vom Streitwert ordentliches Verfahren (Art. 219 ff. ZPO) oder vereinfachtes Verfahren (Art. 243 ff. ZPO) Öffentlich-rechtliche Forderungen: Kantonales Verwaltungsverfahrensrecht

Zuständigkeit	Zivilrechtliche Forderungen: Gericht am Ort, wo das Grundstück oder sein wertvollster Teil liegt falls der Anspruch sich auf ein Grundstück bezieht bzw. Gericht am Betreibungsort falls der Beklagte Wohnsitz im Ausland hat bzw. Gericht am Wohnsitz des Beklagten in den andern Fällen Öffentlich-rechtliche Forderungen: Entsprechende Verwaltungsbehörde
Aktivlegitimation	(Betreibender) Gläubiger, (betriebener) Schuldner (klagen getrennt; keine notwendige Streitgenossenschaft)
Passivlegitimation	Dritte / Drittansprecher
Streitwert	Wird vom zuständigen Gericht nach (i) dem Schätzungswert, (ii) dem in Betreibung gesetzten Forderungsbetrag, oder (iii) der Pfandforderung bei einer Pfandansprache eines Dritten am fraglichen Gegenstand, festgelegt
Fristen	20 Tage beginnend am Tag nach erfolgter Mitteilung durch das Betreibungsamt (Art. 107 Abs. 5 SchKG i.V.m. Art. 31 SchKG und Art. 142 ZPO)
Kombination	Abhängig vom Sachverhalt, zusätzlich Beschwerde gegen die Parteirollenverteilung im Widerspruchsverfahren (s.a. Rz. 7.86 ff.)
Mögliche Rechtsbegehren	1. Es sei in der Betreibung Nr. [...] des Betreibungsamts [...] gegen den Schuldner [Name, Vorname, Adresse] der gepfändete [Benennung Vermögensgegenstand][im Pfändungsbeschlag / der Pfändung vom {Datum}] zu belassen. 2. Unter Kosten- und Entschädigungsfolgen zulasten des Beklagten. *oder* 1. Es sei festzustellen, dass der Beklagte an dem in der Betreibung Nr. [...] des Betreibungsamts [...] gegen den Schuldner [Name, Vorname, Adresse] gepfändeten [Benennung Vermögensgegenstand] nicht über ein Pfandrecht (im [...] Rang in der Höhe von CHF [Betrag]) verfügt. 2. Unter Kosten- und Entschädigungsfolgen zulasten des Beklagten.
Voraussetzungen	– Gültige Anmeldung eines Drittanspruchs – Widerspruchsklage durch einen Gläubiger oder den Schuldner eingereicht – Klagefrist wird gewahrt – Abhängig von der Situation ist der Dritte Eigentümer, Gläubiger, Pfandrechtsberechtigter – Betreibung ist weiterhin anhängig
Besonderheiten	– Auf Verlangen des Schuldners oder des Gläubigers hin hat der Dritte seine Beweismittel beim Betreibungsamt zur Einsicht vorzulegen – Schlichtungsverfahren entfällt – Betreibung wird in Bezug auf den streitigen Gegenstand während des gerichtlichen Verfahrens eingestellt und die Fristen für Verwertungsbegehren stehen still

Rechtsmittel	Bei zivilrechtlichen Forderungen: Kantonal: Abhängig vom Streitwert Berufung (Art. 308 ff. ZPO) innert 30 Tagen oder Beschwerde (Art. 319 ff. ZPO) innert 30 Tagen Bund: Letztinstanzliche kantonale Entscheide können beim Bundesgericht mit Beschwerde in Zivilsachen (Art. 72 ff. BGG) innert 30 Tagen, oder subsidiärer Verfassungsbeschwerde (Art. 113 ff. BGG) angefochten werden Bei öffentlich-rechtlichen Forderungen: Anfechtung nach dem einschlägigen (kommunalen, kantonalen oder eidgenössischen) Verwaltungsverfahrensrecht

IX. BESCHWERDE GEGEN DEN PFÄNDUNGSANSCHLUSS (ART. 110 I.V.M. ART. 17 FF. SCHKG)

1. ZWECK UND WIRKUNG

Zwar stellt die Stellung des Fortsetzungsbegehrens durch den Gläubiger eine Voraussetzung für den Pfändungsanschluss dar, der **eigentliche Pfändungsanschluss** erfolgt jedoch erst durch den ausdrücklichen Akt des Betreibungsamtes, namentlich einer **betreibungsamtlichen Verfügung**.[105] Mit der Beschwerde gegen den Pfändungsanschluss kann dieser durch das Betreibungsamt vorgenommenen Anschlussakt, d.h. die betreibungsamtliche Verfügung angefochten werden. 7.148

2. VERFAHRENSART

Die betreibungsrechtliche Beschwerde ist ein zwangsvollstreckungsrechtliches Institut und ist in Bezug auf die Rechtsnatur nicht einfach einzuordnen.[106] Sie verfügt einerseits über Charakteristika des Verwaltungsverfahrens, andererseits aber auch über solche des Zivilprozesses. Folglich kann sie als «selbständiges, dem schweizerischen Betreibungs- und Konkursrecht eigentümliches Rechtsmittel verstanden werden».[107] Art. 20a SchKG enthält einige Mindestanforderungen, überlässt es jedoch den einzelnen Kantonen, das Verfahren zu regeln, d.h. die Verfahrensbestimmungen aufzustellen (vgl. Art. 20a Abs. 3 SchKG). Das Beschwerdeverfahren wird daher hauptsächlich 7.149

105 KUKO SchKG-Wernli, Art. 110 N 8; BSK SchKG I-Jent-Sørensen, Art. 110 N 19. Die Verfügung des Betreibungsamtes, mit welcher einem Gläubiger die Teilnahme an einer laufenden Pfändung bewilligt wird, «bildet die formelle Grundlage für die spätere Kollokation in derselben Gruppe» (KUKO SchKG-Sprecher, Art. 148 N 9).

106 BSK SchKG I-Cometta/Möckli, Art. 17 N 1.

107 BSK SchKG I-Cometta/Möckli, Art. 17 N 1.

vom kantonalen Recht geregelt.[108] Häufig finden sich die Bestimmungen in den kantonalen Einführungsgesetzen zum SchKG (s.a. Rz. 2.52).

3. ZUSTÄNDIGKEIT

7.150 Die Zuständigkeit für die Behandlung einer Beschwerde gem. Art. 17 SchKG richtet sich nach kantonalem Recht. Es ist die **Aufsichtsbehörde des jeweiligen Kantons** zuständig (Art. 17 und Art. 18 SchKG), wobei es den Kantonen überlassen ist, ob sie lediglich *eine Aufsichtsbehörde* oder eine *untere und eine obere Aufsichtsbehörde* bestellen wollen (vgl. Art. 13 SchKG).

7.151 Über zwei Aufsichtsbehörden (eine untere und eine obere) verfügen:

- Aargau (untere Aufsichtsbehörde: Gerichtspräsident; obere Aufsichtsbehörde: Schuldbetreibungs- und Konkurskommission des Obergerichts)[109]
- Luzern (untere Aufsichtsbehörde: Bezirksgerichte; obere Aufsichtsbehörde: Kantonsgericht)[110]
- Schwyz (untere Aufsichtsbehörde: Bezirksgerichtspräsident; obere Aufsichtsbehörde: Kantonsgericht)[111]
- Waadt (untere Aufsichtsbehörde: président du tribunal d'arrondissement; obere Aufsichtsbehörde: Tribunal cantonal)[112]
- Wallis (untere Aufsichtsbehörde: Bezirksrichter; obere Aufsichtsbehörde: Kantonsgericht)[113]
- Zürich (untere Aufsichtsbehörde: Bezirksgerichte; obere Aufsichtsbehörde: Obergericht)[114]

108 VOCK/MÜLLER, 63.
109 Vgl. § 14 ff. EG SchKG AG.
110 Vgl. § 4 EG SchKG LU.
111 Vgl. § 10 EGzSchKG SZ.
112 Vgl. Art. 14 f. LVLP.
113 Vgl. Art. 19 f. EG SchKG VS.
114 Vgl. § 17 EG SchKG ZH.

4. LEGITIMATION

A. AKTIVLEGITIMATION / BESCHWERDELEGITIMATION

Beschwerdelegitimiert[115] ist (als Beschwerdeführer) jede partei-[116] und beschwerdefähige[117] Person / Gesellschaft / Einheit, die: 7.152

- durch eine *Verfügung* eines Betreibungsamtes **beschwert** ist, indem sie (a) in ihren **rechtlich geschützten Interessen verletzt** wird oder (b) zumindest in einem **tatsächlichen und schutzwürdigen Interesse betroffen** ist und dadurch ein **schutzwürdiges (aktuelles und praktisches) Interesse** an der Aufhebung oder Abänderung der Verfügung hat. Oftmals ist der *Schuldner* oder auch der *Gläubiger* eines Betreibungsverfahrens entsprechend zur Beschwerde legitimiert, wobei die Legitimation jedoch immer im Einzelfall zu prüfen ist.[118] In Bezug auf den vom Betreibungsamt vorgenommenen Akt des Pfändungsanschlusses kommt so bspw. jedem Gläubiger einer Pfändungsgruppe die Legitimation zu, den vorgenommenen Pfändungsanschluss eines anderen Gläubigers mit Beschwerde anzufechten.[119]
- durch *ungerechtfertigte «Inaktivität» einer Behörde* i.S.e. **(formellen) Rechtsverweigerung oder Rechtsverzögerung** betroffen ist (vgl. Art. 17 Abs. 3 SchKG).

B. PASSIVLEGITIMATION

Passivlegitimiert ist das Betreibungsamt, wobei in der Lehre umstritten ist, ob das verfügende Zwangsvollstreckungsorgan passivlegitimiert sein kann oder nicht.[120] 7.153

5. STREITWERT

Nicht einschlägig. 7.154

---

115 Das Vorliegen der Partei- und der Beschwerdefähigkeit wie auch der Beschwerdelegitimation stellen Eintretensvoraussetzungen dar, welche die Aufsichtsbehörde von Amtes wegen zu prüfen hat (BSK SchKG I-Cometta/Möckli, Art. 17 N 39 und 45). Fehlt z.B. die Beschwerdelegitimation, ergeht ein Nichteintretensentscheid, da es sich – im Gegensatz zur Aktivlegitimation im Zivilverfahren – nicht um eine materiellrechtliche Frage (die «Sachlegitimation / materielle Legitimation zur Sache») handelt (Vock/Müller, 60).

116 Über Parteifähigkeit (= verfahrensrechtliches Pendant zur Rechtsfähigkeit) verfügen u.a.: (a) natürliche Personen; (b) juristische Personen; (c) Kollektivgesellschaft (Art. 562 OR); (d) Kommanditgesellschaft (Art. 602 OR); (e) Stockwerkeigentümergemeinschaft (Art. 712 l Abs. 2 ZGB); (f) Konkursmasse (vgl. Art. 240 SchKG); (g) Nachlassmasse beim Nachlassvertrag mit Vermögensabtretung (vgl. Art. 319 Abs. 4 SchKG) (BSK SchKG I-Cometta/Möckli, Art. 17 N 36).

117 Die Beschwerdefähigkeit ist das verfahrensrechtliche Pendant zur Handlungsfähigkeit gem. Art. 12 ZGB (BSK SchKG I-Cometta/Möckli, Art. 17 N 37).

118 KUKO SchKG-Dieth/Wohl, Art. 17 N 9 ff.; BSK SchKG I-Cometta/Möckli, Art. 17 N 40 ff.

119 KUKO SchKG-Wernli, Art. 110 N 9.

120 BSK SchKG I-Cometta/Möckli, Art. 17 N 47.

6. FRISTEN

7.155 Wegen **Gesetzesverletzung** oder **Unangemessenheit** ist die Beschwerde binnen 10 Tagen seit Kenntnis (Art. 17 Abs. 2 SchKG) zu erheben.

7.156 Wegen **Rechtsverweigerung** oder **Rechtsverzögerung** (oder auch **Nichtigkeit**) kann jederzeit Beschwerde eingereicht werden (Art. 17 Abs. 3 SchKG).

7.157 Da es sich bei der Beschwerdefrist um eine gesetzliche Frist (sog. Verwirkungsfrist) handelt, kann sie grundsätzlich nicht erstreckt werden (Art. 31 SchKG i.V.m. Art. 144 Abs. 1 ZPO).[121] Eine Ausnahme kann jedoch gewährt werden, wenn ein am Verfahren Beteiligter im Ausland wohnt (vgl. Art. 33 Abs. 2 SchKG). Lag ein unverschuldetes Hindernis vor, besteht allenfalls die Möglichkeit einer Wiederherstellung der Frist (Art. 33 Abs. 4 SchKG).[122]

7. KOMBINATIONSMÖGLICHKEITEN

7.158 Es sind keine naheliegenden Kombinationsmöglichkeiten ersichtlich.

8. MÖGLICHE RECHTSBEGEHREN

7.159
1. Die Verfügung [...] des [Betreibungsamtes / Konkursamtes][...] in der Betreibung Nr. [...] des Betreibungsamts [...] gegen den Schuldner [Name, Vorname, Adresse] vom [...] bezüglich des Pfändungsanschlusses von [Bezeichnung Gläubiger] sei [aufzuheben / abzuändern].
2. [Der Beschwerde sei die aufschiebende Wirkung zu erteilen.]

9. VORAUSSETZUNGEN

A. ERSTE VORAUSSETZUNG

7.160 Ein **taugliches Anfechtungs- bzw. Beschwerdeobjekt** (betreibungsamtliche Verfügung betreffend den Pfändungsanschluss) ist vorhanden.

B. ZWEITE VORAUSSETZUNG

7.161 Der Beschwerdeführer ist **partei- und beschwerdefähig**.

---

121 BSK SchKG I-Cometta/Möckli, Art. 17 N 50.

122 BSK SchKG I-Cometta/Möckli, Art. 17 N 52.

C. DRITTE VORAUSSETZUNG

Der Beschwerdeführer ist **beschwerdelegitimiert**, d.h. er muss in seinen rechtlich geschützten oder zumindest tatsächlichen Interessen betroffen sein (= beschwert sein) und dadurch ein schutzwürdiges (aktuelles und praktisches) Interesse haben an der Aufhebung oder Abänderung der angefochtenen Verfügung.[123] 7.162

D. VIERTE VORAUSSETZUNG

Die **Beschwerdefrist** ist gewahrt. 7.163

E. FÜNFTE VORAUSSETZUNG

Der Beschwerdeführer macht einen gesetzlich vorgesehenen **Beschwerdegrund**, d.h. **Verfahrensfehler** geltend, welcher: 7.164

- auf einer Gesetzesverletzung (inkl. Ermessensmissbrauch und Ermessensüber- oder Ermessensunterschreitung),
- auf Unangemessenheit, oder
- Rechtsverzögerung / Rechtsverweigerung beruhen kann (vgl. Art. 17 Abs. 1 SchKG).[124]

10. BESONDERHEITEN

Die Beschwerde hat **von Gesetzes wegen keinen Suspensiveffekt** (vgl. Art. 36 SchKG). Eine aufschiebende Wirkung der Beschwerde muss daher beantragt werden und kommt nur in Existenz, sofern die kantonale Aufsichtsbehörde (oder deren Präsident) eine solche anordnet. 7.165

Das **Beschwerdeverfahren vor einer kantonalen Aufsichtsbehörde ist kostenlos**, ausser die Prozessführung erfolgt böswillig oder mutwillig (vgl. Art. 20a Abs. 2 Ziff. 5 SchKG). 7.166

Selbst wenn die Beschwerde gutgeheissen wird, wird **keine Parteientschädigung** ausgerichtet (Art. 62 Abs. 2 GebV SchKG). 7.167

11. RECHTSMITTEL

Falls eine obere kantonale Aufsichtsbehörde existiert, kann: 7.168

123 Gemeint ist die formelle Legitimation zum Verfahren (und nicht – wie im Zivilprozess – die materielle Legitimation zur Sache). Ist die beschwerdeführende Person nicht entsprechend beschwerdelegitimiert, fehlt es an einer Prozessvoraussetzung, weshalb auf die Beschwerde nicht einzutreten ist (BSK SchKG I-Cometta/Möckli, Art. 17 N 39 und 45; Vock/Müller, 60).

124 Vock/Müller, 57.

- der Entscheid einer unteren Aufsichtsbehörde innert 10 Tagen nach Eröffnung an die obere kantonale Aufsichtsbehörde weitergezogen werden (Art. 18 Abs. 1 SchKG);
- wegen Rechtsverweigerung oder Rechtsverzögerung durch die untere kantonale Aufsichtsbehörde jederzeit bei der oberen kantonalen Aufsichtsbehörde Beschwerde gegen die untere kantonale Aufsichtsbehörde geführt werden (Art. 18 Abs. 2 SchKG).

7.169 Ansonsten ist **beim Bundesgericht Beschwerde in Zivilsachen** zu erheben (Art. 19 SchKG i.V.m. Art. 72 Abs. 2 lit. a BGG). Gemäss Art. 74 Abs. 2 lit. c BGG ist die Beschwerde in Zivilsachen in einem solchen Fall unabhängig vom jeweiligen Streitwert zulässig.[125] Die Beschwerdefrist beträgt 10 Tage (Art. 100 Abs. 2 lit. a BGG).

Tabellarische Zusammenfassung

Zweck	Beschwerde gegen den Pfändungsanschluss nachdem ein (weiterer) Gläubiger ein Fortsetzungsbegehren gestellt hat
Gesetzliche Grundlage	Art. 110 i.V.m. Art. 17 ff. SchKG
Verfahrensart	Zwangsvollstreckungsrechtliches Verfahren mit Mindestanforderungen gem. Art. 20a SchKG und kantonalen Ausführungsbestimmungen
Zuständigkeit	(Untere) kantonale Aufsichtsbehörde
Aktivlegitimation / Beschwerdelegitimation	Partei- und beschwerdefähige Personen und Einheiten, die entweder durch eine Verfügung eines Zwangsvollstreckungsorgans beschwert sind (in ihren rechtlich geschützten Interessen verletzt oder mind. in einem tatsächlichen und schutzwürdigen Interesse betroffen sind und an der Aufhebung / Abänderung der Verfügung ein schutzwürdiges aktuelles und praktisches Interesse haben) oder von einer formellen Rechtsverweigerung oder Rechtsverzögerung betroffen sind
Passivlegitimation / Beschwerdegegner	Betreibungsamt
Streitwert	Nicht einschlägig
Fristen	Abhängig vom Beschwerdegrund: Bei Gesetzesverletzung oder Unangemessenheit: 10 Tage seit Kenntnis Bei Rechtsverweigerung, Rechtsverzögerung oder Nichtigkeit: jederzeit
Kombination	Nicht einschlägig
Mögliche Rechtsbegehren	1. Die Verfügung […] des [Betreibungsamtes / Konkursamtes][…]in der Betreibung Nr. […] des Betreibungsamts […] gegen den Schuldner [Name, Vorname, Adresse] vom […] bezüglich des Pfändungsanschlusses von [Bezeichnung Gläubiger] sei [aufzuheben / abzuändern]. 2. [Der Beschwerde sei die aufschiebende Wirkung zu erteilen.]

125 Kren Kostkiewicz/Walder, Art. 17 SchKG N 26.

Voraussetzungen	– Taugliches Anfechtungsobjekt (betreibungsamtliche Verfügung betr. Pfändungsanschluss) – Beschwerdeführer ist partei- und beschwerdefähig – Beschwerdeführer ist beschwerdelegitimiert – Beschwerdefrist wird gewahrt – Beschwerdeführer macht einen Verfahrensfehler geltend, der auf Gesetzesverletzung, Unangemessenheit oder Rechtsverzögerung / Rechtsverweigerung beruht
Besonderheiten	– Die Beschwerde hat von Gesetzes wegen keine aufschiebende Wirkung. Diese muss beantragt werden – Vor einer kantonalen Aufsichtsbehörde ist das Beschwerdeverfahren kostenlos (Ausnahme: böswillige oder mutwillige Prozessführung) – Den Parteien wird in einem Beschwerdeverfahren keine Parteientschädigung ausgerichtet
Rechtsmittel	*Falls eine obere kantonale Aufsichtsbehörde besteht:* Beschwerde an die obere kantonale Aufsichtsbehörde innert 10 Tagen nach Eröffnung des Entscheids der unteren kantonalen Aufsichtsbehörde (Art. 18 Abs. 1 SchKG) *oder* Beschwerde an die obere kantonale Aufsichtsbehörde gegen eine untere kantonale Aufsichtsbehörde bei Rechtsverzögerung oder Rechtsverweigerung (jederzeit möglich) *Ansonsten bzw. bei letztinstanzlichen kantonalen Entscheidungen:* Beschwerde in Zivilsachen beim Bundesgericht (Art. 19 SchKG i.V.m. Art. 72 Abs. 2 lit. a BGG) innert 10 Tagen (Art. 100 Abs. 2 lit. a BGG)

X. BESTREITUNG DES PRIVILEGIERTEN PFÄNDUNGSANSCHLUSSES (ART. 111 ABS. 4 SCHKG)

1. ZWECK UND WIRKUNG

Da sich ein Gläubiger im Rahmen eines privilegierten Pfändungsanschlusses ohne vorgängige Betreibung einer vollzogenen Pfändung anschliessen kann, müssen der Schuldner und die nicht privilegierten Gläubiger Gelegenheit erhalten, zu den im Rahmen des privilegierten Pfändungsanschlusses durch den / die privilegierten Gläubiger geltend gemachten Forderungen Stellung nehmen zu können. Diese Stellungnahme geschieht im Rahmen der Bestreitung des privilegierten Pfändungsanschlusses, wobei die Bestreitung vor dem Hintergrund erfolgen kann, dass (i) das (vom privilegierten Gläubiger behauptete) Bestehen der Forderung an sich oder (ii) die Höhe der geltend gemachten Forderung oder (iii) auch der behauptete privilegierte Charakter (z.B. dass es sich um eine Forderung des Kindes aus dem elterlichen Verhältnis handle) bestritten wird.[126] Eine 7.170

126 KUKO SchKG Wernli, Art. 111 N 14.

Bestreitung des privilegierten Pfändungsanschlusses hat zur Folge, dass der Gläubiger, welcher den privilegierten Pfändungsanschluss geltend macht, vorderhand nur mit dem Recht einer provisorischen Pfändung teilnimmt (vgl. Art. 111 Abs. 5 SchKG).[127]

2. VERFAHRENSART

7.171 Das Verfahren richtet sich nach kantonalem Verwaltungs(verfahrens)recht.[128]

3. ZUSTÄNDIGKEIT

7.172 Zuständig ist das Betreibungsamt am Betreibungsort (Art. 46 ff. SchKG) resp. dasjenige Betreibungsamt, welches die Pfändung angeordnet hat (vgl. insb. Art. 53 SchKG).

4. LEGITIMATION

A. AKTIVLEGITIMATION

7.173 (Aktiv-)Legitimiert ist der **Schuldner** und die **anderen Gläubiger der Gruppe**, für welche der Pfändungsanschluss verlangt wird (vgl. Art. 111 Abs. 4 SchKG).[129]

B. PASSIVLEGITIMATION

7.174 Der den privilegierten Pfändungsanschluss geltend machende Gläubiger.

127 KUKO SchKG-Wernli, Art. 111 N 14.

128 Verfügungen von Vollstreckungsorganen (z.B. eines Betreibungs- oder Konkursamtes) und die gegen solche Verfügungen unter Umständen zu ergreifende betreibungsrechtliche Beschwerde gem. Art. 17 ff. SchKG fallen nicht unter den in Art. 1 lit. c ZPO bezeichneten Geltungsbereich («gerichtliche Angelegenheiten des Schuldbetreibungs- und Konkursrechts») und somit nicht unter die ZPO. Solche Verfügungen stellen vielmehr das Ergebnis «eigenständiger Verwaltungsverfahren» dar (vgl. Botschaft ZPO, 7258), welche zum Beispiel durch einen entsprechenden Antrag oder ein entsprechendes Gesuch eingeleitet werden können. Auch Thomas Sutter-Somm/Rafael Klingler postulieren, dass Verfügungen der Vollstreckungsorgane und das betreibungsrechtliche Beschwerdeverfahren dem kantonalen Verwaltungsrecht unterstehen (Sutter-Somm/Hasenböhler/Leuenberger-Sutter-Somm/Klingler, Art. 1 ZPO N 8; vgl. BGer 5A_448/2011 vom 31.10.2011, E. 2.1). Franco Lorandi führt aus, dass das Verfahren vor den Betreibungsorganen dem Verwaltungsrecht sehr verwandt sei (Lorandi, 15, 19; Besprechung des Urteils des OGer TG vom 21.2.2013, in: RBOG 2013, Nr. 17).

129 KUKO SchKG-Wernli, Art. 111 N 14; BSK SchKG I-Jent-Sørensen, Art. 111 N 36.

5. STREITWERT

Nicht einschlägig. 7.175

6. FRISTEN

Die Bestreitungsfrist beträgt 10 Tage beginnend am Tag nach erfolgter Mitteilung durch das Betreibungsamt (Art. 111 Abs. 4 SchKG i.V.m. Art. 31 SchKG und Art. 142 ZPO). 7.176

7. KOMBINATIONSMÖGLICHKEITEN

Es sind keine naheliegenden Kombinationsmöglichkeiten ersichtlich. 7.177

8. MÖGLICHE RECHTSBEGEHREN

Die in der Betreibung Nr. [...] des Betreibungsamtes [...] gegen den Schuldner [Name, Vorname, Adresse] im Rahmen des privilegierten Anschlusses durch [Bezeichnung mit Name, Adresse etc.] geltend gemachte Forderung über CHF [Betrag] wird [vollumfänglich/im Umfang von ...] bestritten. 7.178

9. VORAUSSETZUNGEN

A. ERSTE VORAUSSETZUNG

Es wurde eine **Pfändung vollzogen** (vgl. Art. 89 ff. SchKG). 7.179

B. ZWEITE VORAUSSETZUNG

Es wurde ein **privilegierter Pfändungsanschluss i.S.v. Art. 111 Abs. 1 und 2 SchKG angemeldet** bzw. geltend gemacht. 7.180

C. DRITTE VORAUSSETZUNG

Der Schuldner und/oder die anderen Gläubiger wollen **die im Rahmen des privilegierten Pfändungsanschlusses geltend gemachte Forderung** (z.B. das Bestehen der behaupteten Forderung an sich oder die Höhe der geltend gemachten Forderung oder die Qualifikation der geltend gemachten Forderung als privilegiert anschlussberechtigt i.S.v. Art. 111 Abs. 1 und 2 7.181

SchKG) **bestreiten**. Eine Darlegung der Gründe, weshalb die Bestreitung erfolgt, ist jedoch nicht erforderlich.[130]

D. VIERTE VORAUSSETZUNG

7.182 Die vom Betreibungsamt angesetzte **Frist wird eingehalten**.[131]

10. BESONDERHEITEN

7.183 Bei einer Bestreitung muss der Grund, aus welchem die Bestreitung erfolgt, nicht dargelegt werden.[132]

7.184 Die Bestreitung ist schriftlich einzureichen oder kann mündlich beim Betreibungsamt am Betreibungsort erklärt werden.[133]

7.185 Wird der Anspruch bestritten, findet die Teilnahme des den privilegierten Pfändungsanschluss geltend machenden Gläubigers nur mit dem Recht einer provisorischen Pfändung statt (vgl. Art. 111 Abs. 5 SchKG).

11. RECHTSMITTEL

7.186 Grundsätzlich nicht einschlägig, da es sich um eine abzugebende Bestreitungserklärung handelt. Allenfalls kommt eine betreibungsrechtliche Beschwerde gem. Art. 17 ff. SchKG in Betracht (vgl. Art. 17 Abs. 3 SchKG), falls das Betreibungsamt z.B. die Bestreitungserklärung nicht entgegennimmt.

Tabellarische Zusammenfassung

Zweck	Bestreitung des privilegierten Pfändungsanschlusses (bzw. der diesem zu Grunde liegenden Forderung) ggü. einem privilegierten Gläubiger, sodass dieser nur mit dem Recht einer provisorischen Pfändung teilnimmt
Gesetzliche Grundlage	Art. 111 Abs. 4 SchKG
Verfahrensart	Kantonales Verwaltungsverfahrensrecht

130 KUKO SchKG-Wernli, Art. 111 N 14.
131 KUKO SchKG-Wernli, Art. 111 N 14.
132 KUKO SchKG-Wernli, Art. 111 N 14.
133 BSK SchKG I-Jent-Sørensen, Art. 111 N 36.

Zuständigkeit	Betreibungsamt am Betreibungsort (Art. 46 ff. SchKG) resp. dasjenige Betreibungsamt, welches die Pfändung angeordnet hat (Art. 53 SchKG)
Aktivlegitimation	(Betriebener) Schuldner, andere (betreibende) Gläubiger der Gruppe, für welche der Pfändungsanschluss verlangt wird
Passivlegitimation	(Betreibender) Gläubiger, welcher den privilegierten Pfändungsanschluss geltend macht
Streitwert	Nicht einschlägig
Fristen	10 Tage beginnend am Tag nach erfolgter Mitteilung durch das Betreibungsamt (Art. 108 Abs. 2 SchKG i.V.m. Art. 31 SchKG und Art. 142 ZPO)
Kombination	Nicht einschlägig
Mögliche Rechtsbegehren	Die in der Betreibung Nr. […] des Betreibungsamtes […] gegen den Schuldner [Name, Vorname, Adresse] im Rahmen des privilegierten Anschlusses durch [Bezeichnung mit Name, Adresse etc.] geltend gemachte Forderung über CHF [Betrag] wird [vollumfänglich / im Umfang von …] bestritten.
Voraussetzungen	– Pfändung vollzogen – Privilegierter Pfändungsanschluss geltend gemacht – Der Schuldner oder die anderen Gläubiger wollen die im Rahmen des privilegierten Pfändungsanschlusses geltend gemachte Forderung bestreiten – Frist gewahrt
Besonderheiten	– Bestreitungsgrund muss nicht dargelegt werden – Bestreitung ist formlos (schriftlich / mündlich) möglich
Rechtsmittel	Grundsätzlich nicht einschlägig; allenfalls betreibungsrechtliche Beschwerde gem. Art. 17 ff. SchKG an die (untere) kantonale Aufsichtsbehörde, falls bspw. das Betreibungsamt die Bestreitungserklärung nicht entgegen nimmt

XI. KLAGE AUF PRIVILEGIERTEN PFÄNDUNGSANSCHLUSS (ANSCHLUSSKLAGE) (ART. 111 ABS. 5 SCHKG)

1. ZWECK UND WIRKUNG

Eine Anschlussklage ist eine positive Feststellungsklage und bezweckt eine gerichtliche Beurteilung bzw. eben Feststellung, dass der privilegierte Pfändungsanschluss für die vom (klagenden) Gläubiger geltend gemachte(n) Forderung(en) im betreffenden Betreibungsverfahren zu gewähren ist. 7.187

7.188 Die fristgerechte Erhebung der Anschlussklage bewirkt in einem ersten Schritt, dass die Teilnahme mit dem Recht einer provisorischen Pfändung aufrechterhalten wird. Wird die Anschlussklage gutgeheissen, bewirkt die Anschlussklage in einem zweiten Schritt, dass der (klagende) Gläubiger definitiv (und nicht länger nur provisorisch) an der Pfändung teilnimmt.[134] Wird die Anschlussklage hingegen abgewiesen, fällt das gestützt auf Art. 111 Abs. 1 und 2 SchKG geltend gemachte Anschlussprivileg weg.

2. VERFAHRENSART

7.189 Je nach Sachverhalt ist die Anschlussklage zu behandeln:

- im **ordentlichen Verfahren** (Art. 219 ff. ZPO) bei einem Streitwert von mehr als CHF 30 000.–
  oder
- im **vereinfachten Verfahren** (Art. 243 ff. ZPO) bei einem Streitwert von bis zu CHF 30 000.–.

7.190 Wird allerdings der Anschluss für eine Forderung verlangt, welche bereits gerichtlich rechtskräftig beurteilt wurde, und ist der Schuldner am Anschlussprozess beteiligt, handelt es sich aus funktioneller Sichtweise um eine reine Rechtsöffnungsstreitigkeit i.S.v. Art. 80 f. SchKG. Diesfalls könnte i.S.v. Art. 251 ZPO auch das **summarische Verfahren** (Art. 248 ff. ZPO) zur Anwendung kommen.[135]

3. ZUSTÄNDIGKEIT

7.191 **Örtlich** zuständig ist das Gericht am Betreibungsort (vgl. Art. 111 Abs. 5 SchKG und Art. 46 ZPO), wobei diese Zuständigkeit zwingend ist.[136]

7.192 Die **sachliche** und **funktionelle** Zuständigkeit bestimmt sich nach dem jeweilig anwendbaren kantonalen Recht (vgl. Art. 23 SchKG und Art. 4 ZPO).

4. LEGITIMATION

A. AKTIVLEGITIMATION

7.193 Aktivlegitimiert ist der **Gläubiger, der den privilegierten Pfändungsanschluss geltend gemacht hat** (vgl. Art. 111 Abs. 5 SchKG).

---

134 KUKO SchKG-Wernli, Art. 111 N 18. Materiellrechtliche Fragen wie z.B. Bestand und Höhe der geltend gemachten Forderung werden demgegenüber nur vorfrageweise geprüft. Folglich kann der Entscheid des Gerichts nicht in materielle Rechtskraft erwachsen (Vock/Müller, 191).

135 BSK SchKG I-Jent-Sørensen, Art. 111 N 41; Vock/Müller, 187, welche auch auf Art. 248 lit. b ZPO verweisen.

136 KUKO SchKG-Wernli, Art. 111 N 14.

B. PASSIVLEGITIMATION

Passivlegitimiert ist / sind der / die den **privilegierten Pfändungsanschluss bestreitende(n) Person(en)**, z.B. der Schuldner oder der Schuldner und ein anderer den privilegierten Pfändungsanschluss bestreitender Gläubiger. 7.194

5. STREITWERT

Der Streitwert bemisst sich gem. Art. 91 ff. ZPO (vgl. auch Art. 1 lit. c ZPO). 7.195

- Falls das Recht des privilegierten Anschlusses bestritten wurde: Forderungsbetrag.[137]
- Falls die Forderung an sich oder z.B. deren Höhe bestritten wurde: Betrag, welcher der bestreitenden Person im Falle der erfolgreichen Prozessführung zukommt.[138]

6. FRISTEN

Die Frist zur Einreichung der Klage beträgt 20 Tage[139] beginnend am Tag nach erfolgter Mitteilung durch das Betreibungsamt (Art. 111 Abs. 5 SchKG i.V.m. Art. 31 SchKG und Art. 142 ZPO). 7.196

7. KOMBINATIONSMÖGLICHKEITEN

Es sind keine naheliegenden Kombinationsmöglichkeiten ersichtlich. 7.197

8. MÖGLICHE RECHTSBEGEHREN

1. *Sofern das Recht des privilegierten Anschlusses als solches bestritten wird:* 7.198
   Es sei der vom Kläger in der Betreibung Nr. […] des Betreibungsamtes […] gegen den Schuldner […] geltend gemachte Betrag über CHF [Betrag] als privilegiert anschlussberechtigt anzuerkennen und zur Teilnahme an der Pfändung zuzulassen.

137 KUKO SchKG-Wernli, Art. 111 N 16.

138 KUKO SchKG-Wernli, Art. 111 N 16.

139 Sogenannte Verwirkungsfrist, die – ausser in einem Falle von Art. 33 Abs. 2 SchKG – nicht erstreckt werden kann. Unter den gegebenen Umständen kann die Frist auch gem. Art. 33 Abs. 4 SchKG wiederhergestellt werden. Wird die Klage nicht rechtzeitig eingeleitet, fällt die provisorische Teilnahme an der Pfändung dahin (BSK SchKG I-Jent-Sørensen, Art. 111 N 39).

2. *Sofern z.B. die Forderung an sich oder z.B. deren Höhe bestritten wird:*
   Es sei der vom Kläger in der Betreibung Nr. [...] des Betreibungsamtes [...] gegen den Schuldner [...] geltend gemachte Betrag über CHF [Betrag] zur Teilnahme an der Pfändung zuzulassen.
3. Unter Kosten- und Entschädigungsfolgen zulasten des Beklagten.

9. VORAUSSETZUNGEN

A. ERSTE VORAUSSETZUNG

7.199 Der klagende Gläubiger ist **privilegiert anschlussberechtigt** i.S.v. Art. 111 Abs. 1 und 2 SchKG, d.h. er verfügt über ein sogenanntes Anschlussprivileg.

B. ZWEITE VORAUSSETZUNG

7.200 Die vom klagenden Gläubiger gegenüber dem Schuldner geltend gemachte **Forderung resultiert aus dem anschlussprivilegierten Verhältnis gem. Art. 111 Abs. 1 und 2 SchKG** (z.B. Forderung aus dem elterlichen Verhältnis falls ein Kind klagt).

C. DRITTE VORAUSSETZUNG

7.201 Die **Klagefrist** wurde eingehalten.

10. BESONDERHEITEN

7.202 Das **Schlichtungsverfahren**, welches grundsätzlich einem ordentlichen Verfahren oder einem vereinfachten Verfahren vorgeht, **entfällt** (Art. 198 lit. e Ziff. 4 ZPO), was eine gewisse Verfahrensbeschleunigung mit sich bringt.

7.203 Wurde der privilegierte Pfändungsanschluss *vom Schuldner und/oder von allen Gläubigern einer Pfändungsgruppe bestritten* und wird die vom (klagenden) Gläubiger anschliessend erhobene Anschlussklage abgewiesen, kommt der dadurch erzielte Prozessgewinn, d.h. der durch die Abweisung der Anschlussklage freigewordene Teil des Verwertungserlöses der gepfändeten Gegenstände, allen betreffenden Gläubigern zugute.[140]

7.204 Wurde der privilegierte Pfändungsanschluss jedoch *nur von einem Gläubiger oder einem Teil der Gläubiger einer Pfändungsgruppe bestritten* und wird die vom (klagenden) Gläubiger anschlies-

---

140 KUKO SchKG-Wernli, Art. 111 N 17.

send erhobene Anschlussklage abgewiesen, kommt der erzielte Prozessgewinn ausschliesslich dem / den bestreitenden (beklagten) Gläubiger(n) zu.[141]

Dem Betreibungsamt ist die Einleitung der Klage nachzuweisen, da das SchKG keine solche Anzeige durch das Gericht vorsieht.[142]

11. RECHTSMITTEL

Der *erstinstanzliche Entscheid* ist – sofern der Streitwert mindestens CHF 10 000.– beträgt – grundsätzlich mit der **Berufung** gem. Art. 308 ff. ZPO anfechtbar. Beträgt der Streitwert jedoch weniger, ist der Entscheid mit **Beschwerde** gem. Art. 319 ff. ZPO anfechtbar. Liegt ein *letztinstanzlicher kantonaler Entscheid* vor und beträgt entweder der Streitwert mindestens CHF 30 000.– oder stellt sich eine Rechtsfrage von grundsätzlicher Bedeutung, kann dieser mit **Beschwerde in Zivilsachen beim Bundesgericht** angefochten werden (vgl. Art. 72 Abs. 2 lit. a BGG i.V.m. Art. 74 Abs. 1 lit. b BGG bzw. Art. 74 Abs. 2 lit. a BGG). Ansonsten, d.h. bei einem Streitwert unter CHF 30 000.– und keiner Rechtsfrage von grundsätzlicher Bedeutung, findet die **subsidiäre Verfassungsbeschwerde** gem. Art. 113 ff. BGG Anwendung.[143] 7.205

Tabellarische Zusammenfassung

Zweck	Gerichtliche Beurteilung, ob bzw. in welchem Umfang der privilegierte Pfändungsanschluss für die vom (klagenden) Gläubiger geltend gemachte(n) Forderung(en) zu gewähren ist
Gesetzliche Grundlage	Art. 111 Abs. 5 SchKG
Verfahrensart	Abhängig vom Streitwert ordentliches Verfahren (Art. 219 ff. ZPO) oder vereinfachtes Verfahren (Art. 243 ff. ZPO). Ausnahmsweise ist auch das summarische Verfahren (Art. 248 ff. ZPO) denkbar, wenn die Forderung bereits gerichtlich rechtskräftig beurteilt wurde und der Schuldner am Anschlussprozess beteiligt ist
Zuständigkeit	Das Gericht am Betreibungsort ist örtlich zuständig (Art. 111 Abs. 5 SchKG und Art. 46 ZPO) Die sachliche und funktionelle Zuständigkeit richtet sich nach kantonalem Recht (Art. 23 SchKG und Art. 4 ZPO)
Aktivlegitimation	Gläubiger, der den privilegierten Pfändungsanschluss geltend gemacht hat
Passivlegitimation	Die den privilegierten Pfändungsanschluss bestreitende(n) Person(en)

141 KUKO SchKG-Wernli, Art. 111 N 17.
142 BSK SchKG I-Jent-Sørensen, Art. 111 N 39.
143 Vock/Müller, 192.

Streitwert	Forderungsbetrag, falls das Recht des privilegierten Anschlusses bestritten wurde; Betrag, welcher der bestreitenden Person im Falle der erfolgreichen Prozessführung zukommen, falls die Forderung an sich oder bspw. deren Höhe bestritten wurde
Fristen	20 Tage beginnend am Tag nach erfolgter Mitteilung durch das Betreibungsamt (Art. 111 Abs. 5 i.V.m. Art. 31 SchKG und Art. 142 ZPO)
Kombination	Nicht einschlägig
Mögliche Rechtsbegehren	1. *Sofern das Recht des privilegierten Anschlusses als solches bestritten wird:* Es sei der vom Kläger in der Betreibung Nr. [...] des Betreibungsamtes [...] gegen den Schuldner [...] geltend gemachte Betrag über CHF [Betrag] als privilegiert anschlussberechtigt anzuerkennen und zur Teilnahme an der Pfändung zuzulassen. 2. *Sofern z.B. die Forderung an sich oder z.B. deren Höhe bestritten wird:* Es sei der vom Kläger in der Betreibung Nr. [...] des Betreibungsamtes [...] gegen den Schuldner [...] geltend gemachte Betrag über CHF [Betrag] zur Teilnahme an der Pfändung zuzulassen. 3. Unter Kosten- und Entschädigungsfolgen zulasten des Beklagten.
Voraussetzungen	– Klagender Gläubiger ist privilegiert anschlussberechtigt – Die geltend gemachte Forderung stammt aus einem anschlussprivilegierten Verhältnis gem. Art. 111 Abs. 1 und 2 SchKG – Klagefrist wird gewahrt
Besonderheiten	– Kein Schlichtungsverfahren – Abhängig davon, ob der privilegierte Pfändungsanschluss vom Schuldner und/oder von allen Gläubigern bestritten wird oder nur von einem (Teil der) Gläubiger, kommt bei Abweisung der Anschlussklage der freigewordene Verwertungserlös allen Gläubigern oder nur dem bestreitenden Gläubiger zu – Einreichung der Klage ist dem Betreibungsamt nachzuweisen
Rechtsmittel	Kantonal: Abhängig vom Streitwert Berufung (Art. 308 ff. ZPO) innert 30 Tagen oder Beschwerde (Art. 319 ff. ZPO) innert 30 Tagen Bund: Letztinstanzliche kantonale Entscheide können schliesslich beim Bundesgericht mit Beschwerde in Zivilsachen (Art. 72 ff. BGG) innert 30 Tagen, oder subsidiärer Verfassungsbeschwerde (Art. 113 ff. BGG) angefochten werden

XII. FORTSETZUNGSBEGEHREN GESTÜTZT AUF EINEN DEFINITIVEN VERLUSTSCHEIN (ART. 115 ABS. 1 I.V.M. ART. 88 SCHKG)

War gar kein pfändbares Vermögen vorhanden oder entfiel gepfändetes Vermögen nachträglich z.B. infolge eines Widerspruchsverfahrens gem. Art. 106 ff. SchKG aus der Pfändung, bleibt die Pfändungsurkunde leer (*leere Pfändungsurkunde*). Dieser leeren Pfändungsurkunde kommt die Wirkung des **definitiven Verlustscheins** zu.[144] Die Pfändungsurkunde selbst bildet den Verlustschein, wobei der Gläubiger eine Kopie davon erhält (vgl. Art. 114 SchKG).[145] 7.206

Gestützt auf einen solchen definitiven Verlustschein kann der Gläubiger während 6 Monaten nach Zustellung ohne neuen Zahlungsbefehl die Betreibung fortsetzen (vgl. Art. 115 Abs. 1 i.V.m. Art. 149 Abs. 3 SchKG). 7.207

In Bezug auf das zu stellende Fortsetzungsbegehren, siehe die Ausführungen unter § 6 Ziff. XIV, namentlich Rz. 6.468. 7.208

XIII. ANTRAG UM PFÄNDUNG NEU ENTDECKTER VERMÖGENSGEGENSTÄNDE GESTÜTZT AUF EINEN PROVISORISCHEN VERLUSTSCHEIN (ART. 115 ABS. 2 I.V.M. ART. 115 ABS. 3 SCHKG)

1. ZWECK UND WIRKUNG

Ein provisorischer Verlustschein infolge nicht genügend pfändbarem Vermögen (*ungenügende Pfändung*) verleiht dem Gläubiger verschiedene weitere Vorgehensmöglichkeiten. Ein solcher **provisorischer Verlustschein** gem. Art. 115 Abs. 2 SchKG berechtigt grundsätzlich: 7.209

- zur Stellung eines Arrestgesuchs, da der provisorische Verlustschein ein Arrestgrund gem. Art. 271 Ziff. 5 SchKG darstellt (vgl. Art. 115 Abs. 2 SchKG) (s.a. Rz. 10.5 ff.),
- zur Erhebung einer paulianischen Anfechtungsklage i.S.v. Art. 285 ff. SchKG (vgl. Art. 115 Abs. 2 SchKG) (s.a. Rz. 10.185 ff.), oder
- zur Stellung eines Antrags um Pfändung neu entdeckter Vermögensgegenstände (vgl. Art. 115 Abs. 3 SchKG).

144 Ist hingegen pfändbares Vermögen vorhanden, jedoch nicht in ausreichender Weise, um die Forderungen des Gläubigers oder der Gläubiger der Pfändungsgruppe zu decken, ist die Pfändung ungenügend (*ungenügende Pfändung*). In einem solchen Fall der ungenügenden Pfändung stellt die Pfändungsurkunde lediglich einen provisorischen Verlustschein dar (KUKO SchKG-Wernli, Art. 115 N 2 ff.).

145 KUKO SchKG-Wernli, Art. 115 N 1.

7.210 Die Stellung eines Antrags um Pfändung neu entdeckter Vermögensgegenstände gem. Art. 115 Abs. 3 SchKG bewirkt, dass eine selbständige Pfändung durchgeführt wird, an der sich andere Gläubiger (Art. 110 SchKG) und Gläubiger mit Anschlussprivileg (Art. 111 SchKG) anschliessen können (vgl. Art. 115 Abs. 3 SchKG).

2. VERFAHRENSART

7.211 Das Verfahren richtet sich nach kantonalem Verwaltungs(verfahrens)recht.[146]

3. ZUSTÄNDIGKEIT

7.212 Grundsätzlich Betreibungsamt am Betreibungsort (Art. 46ff. SchKG), welches die Pfändung angeordnet hat. Hat der Schuldner jedoch den Wohnsitz gewechselt, ist kontrovers, ob das Betreibungsamt am neuen oder alten Wohnort zuständig ist. Das Betreibungsamt am neuen Wohnort dürfte trotz Art. 53 SchKG richtiger sein.[147]

4. LEGITIMATION

A. AKTIVLEGITIMATION

7.213 (Aktiv-)Legitimiert ist der Gläubiger (mit provisorischem Verlustschein).

B. PASSIVLEGITIMATION

7.214 Passivlegitimiert ist der (betriebene) Schuldner.

---

146 Verfügungen von Vollstreckungsorganen (z.B. eines Betreibungs- oder Konkursamtes) und die gegen solche Verfügungen unter Umständen zu ergreifende betreibungsrechtliche Beschwerde gem. Art. 17ff. SchKG fallen nicht unter den in Art. 1 lit. c ZPO bezeichneten Geltungsbereich («gerichtliche Angelegenheiten des Schuldbetreibungs- und Konkursrechts») und somit nicht unter die ZPO. Solche Verfügungen stellen vielmehr das Ergebnis «eigenständiger Verwaltungsverfahren» dar (vgl. Botschaft ZPO, 7258), welche zum Beispiel durch einen entsprechenden Antrag oder ein entsprechendes Gesuch eingeleitet werden können. Auch Thomas Sutter-Somm/Rafael Klingler postulieren, dass Verfügungen der Vollstreckungsorgane und das betreibungsrechtliche Beschwerdeverfahren dem kantonalen Verwaltungsrecht unterstehen (Sutter-Somm/Hasenböhler/Leuenberger-Sutter-Somm/Klingler, Art. 1 ZPO N 8; vgl. BGer 5A_448/2011 vom 31.10.2011, E. 2.1). Franco Lorandi führt aus, dass das Verfahren vor den Betreibungsorganen dem Verwaltungsrecht sehr verwandt sei (Lorandi; 15, 19; Besprechung des Urteils des OGer TG vom 21.2.2013, in: RBOG 2013, Nr. 17).

147 BSK SchKG I-Jent-Sørensen, Art. 115 N 21.

5. STREITWERT

Nicht einschlägig. 7.215

6. FRISTEN

Ein Antrag um Pfändung neu entdeckter Vermögensgegenstände ist innert Jahresfrist seit Zustellung der Pfändungsurkunde (provisorischer Verlustschein) zu stellen (vgl. Art. 115 Abs. 3 SchKG).[148] 7.216

7. KOMBINATIONSMÖGLICHKEITEN

Es sind keine naheliegenden Kombinationsmöglichkeiten ersichtlich. 7.217

8. MÖGLICHE RECHTSBEGEHREN

In der Betreibung Nr. [...] des Betreibungsamtes [...] gegen den Schuldner [Name, Vorname, Adresse] sei [Beschreibung Vermögensgegenstand, z.B. das Guthaben des Schuldners bei der Bank {...} {Kontonummer}] nachzupfänden. 7.218

9. VORAUSSETZUNGEN

A. ERSTE VORAUSSETZUNG

Der antragstellende Gläubiger verfügt über einen provisorischen Verlustschein gem. Art. 115 Abs. 2 SchKG. 7.219

B. ZWEITE VORAUSSETZUNG

Es wurden Vermögengegenstände neu entdeckt.[149] 7.220

---

148 KUKO SchKG-Wernli, Art. 115 N 9.

149 Vermögensgegenstände, die bereits einmal gepfändet wurden können nicht «neu entdeckt» werden. Neu entdeckte Vermögensgegenstände können aber sowohl verheimlichtes wie auch neu erworbenes Vermögen sein (BSK SchKG I-Jent-Sørensen, Art. 115 N 17 und 19).

C. DRITTE VORAUSSETZUNG

7.221 Der Antrag um Pfändung neu entdeckter Vermögensgegenstände erfolgt innert Jahresfrist nach Art. 88 Abs. 2 SchKG und es wurde vor Ablauf der Jahresfrist kein definitiver Verlustschein ausgestellt.[150]

10. BESONDERHEITEN

7.222 In Bezug auf die Form hat der Antrag um Pfändung neu entdeckter Vermögenswerte die gleichen Voraussetzungen zu erfüllen wie das Fortsetzungsbegehren, d.h. es hat schriftlich zu erfolgen oder durch Unterzeichnung des amtlich aufgenommenen Begehrens.[151]

7.223 Eine selbständige nachträgliche Pfändung gem. Art. 115 Abs. 3 SchKG wird nur auf Begehren eines Gläubigers durchgeführt.[152]

11. RECHTSMITTEL

7.224 Der Entscheid des Betreibungsamts kann mit betreibungsrechtlicher Beschwerde gem. Art. 17 SchKG bei der (unteren) kantonalen Aufsichtsbehörde angefochten werden.

Falls eine **obere kantonale Aufsichtsbehörde** existiert, kann:

- der Entscheid einer unteren Aufsichtsbehörde innert 10 Tagen nach Eröffnung an die obere kantonale Aufsichtsbehörde weitergezogen werden (Art. 18 Abs. 1 SchKG);
- wegen Rechtsverweigerung oder Rechtsverzögerung durch die untere kantonale Aufsichtsbehörde jederzeit bei der oberen kantonalen Aufsichtsbehörde Beschwerde gegen die untere kantonale Aufsichtsbehörde geführt werden (Art. 18 Abs. 2 SchKG).

Ansonsten ist **beim Bundesgericht Beschwerde in Zivilsachen** zu erheben (Art. 19 SchKG i.V.m. Art. 72 Abs. 2 lit. a BGG). Gemäss Art. 74 Abs. 2 lit. c BGG ist die Beschwerde in Zivilsachen in einem solchen Fall unabhängig vom jeweiligen Streitwert zulässig.[153] Die Beschwerdefrist beträgt 10 Tage (Art. 100 Abs. 2 lit. a BGG).

---

150 Wurde nach durchgeführter Verwertung und Verteilung vor Ablauf der Jahresfrist ein definitiver Verlustschein ausgestellt, ist ein Antrag um Pfändung neu entdeckter Vermögensgegenstände unzulässig (BSK SchKG I-Jent-Sørensen, Art. 115 N 18).

151 BSK SchKG I-Jent-Sørensen, Art. 115 N 17.

152 KUKO SchKG-Sprecher, Art. 145 N 7a.

153 BGE 135 I 187, E. 1.2; Kren Kostkiewicz/Walder, Art. 17 SchKG N 26.

Tabellarische Zusammenfassung

Zweck	(Weitere) Pfändung von neu entdeckten Vermögensgegenständen gestützt auf einen provisorischen Verlustschein
Gesetzliche Grundlage	Art. 115 Abs. 2 und 3 SchKG
Verfahrensart	Kantonales Verwaltungsverfahrensrecht
Zuständigkeit	Betreibungsamt am Betreibungsort (Art. 46 ff. SchKG) resp. dasjenige, welches die Pfändung angeordnet hat (Art. 53 SchKG)
Aktivlegitimation	Gläubiger (mit provisorischem Verlustschein)
Passivlegitimation	(Betriebener) Schuldner
Streitwert	Nicht einschlägig
Fristen	Der Antrag um Pfändung neu entdeckter Vermögensgegenstände ist innert Jahresfrist seit Zustellung der Pfändungsurkunde (provisorischer Verlustschein) zu stellen (vgl. Art. 115 Abs. 3 SchKG)
Kombination	Nicht einschlägig
Mögliche Rechtsbegehren	In der Betreibung Nr. [...] des Betreibungsamtes [...] gegen den Schuldner [Name, Vorname, Adresse] sei [Beschreibung Vermögensgegenstand, z.B. das Guthaben des Schuldners bei der Bank {...} {Kontonummer}] nachzupfänden.
Voraussetzungen	– Antragsstellender Gläubiger verfügt über einen provisorischen Verlustschein – Neu entdeckte Vermögensgegenstände – Die Frist wird eingehalten, während der kein definitiver Verlustschein ausgestellt wurde
Besonderheiten	– Ein Antrag um Pfändung neu entdeckter Vermögenswerte hat schriftlich zu erfolgen oder durch Unterzeichnung des amtlich aufgenommenen Begehrens – Selbständige nachträgliche Pfändungen gem. Art. 115 Abs. 3 SchKG werden nur auf Begehren eines Gläubigers durchgeführt
Rechtsmittel	Betreibungsrechtlicher Beschwerde gem. Art. 17 SchKG an die (untere) kantonale Aufsichtsbehörde innert 10 Tagen *Falls eine obere kantonale Aufsichtsbehörde besteht:* Beschwerde an die obere kantonale Aufsichtsbehörde innert 10 Tagen nach Eröffnung des Entscheids der unteren kantonalen Aufsichtsbehörde (Art. 18 Abs. 1 SchKG) *oder* Beschwerde an die obere kantonale Aufsichtsbehörde gegen eine untere kantonale Aufsichtsbehörde bei Rechtsverzögerung oder Rechtsverweigerung (jederzeit möglich) *Ansonsten bzw. bei letztinstanzlichen kantonalen Entscheidungen:* Beschwerde in Zivilsachen beim Bundesgericht (Art. 19 SchKG i.V.m. Art. 72 Abs. 2 lit. a BGG) innert 10 Tagen (Art. 100 Abs. 2 lit. a BGG)

XIV. VERWERTUNGSBEGEHREN (ART. 116 SCHKG)

1. ZWECK UND WIRKUNG

7.225 Die Stellung eines gültigen Verwertungsbegehrens bezweckt, dass das Betreibungsamt die einschlägige Verwertung(sart) anordnet und dadurch bewirkt, dass die im Rahmen der Pfändung gepfändeten Vermögensgegenstände verwertet, d.h. in Geld umgesetzt («versilbert») werden (vgl. Art. 119 SchKG). Die Verwertung erfolgt immer unter Mitwirkung des Betreibungsamts, d.h. gestützt auf amtliche Verfügungen öffentlich-rechtlicher Natur des Vollstreckungsorgans.[154]

2. VERFAHRENSART

7.226 Das Verfahren richtet sich nach kantonalem Verwaltungs(verfahrens)recht.[155]

3. ZUSTÄNDIGKEIT

7.227 Zuständig ist das Betreibungsamt am Betreibungsort (Art. 46 ff. SchKG) resp. dasjenige Betreibungsamt, welches die Pfändung angeordnet hat (vgl. insb. Art. 53 SchKG).[156]

154 KUKO SchKG-Rüetschi, Art. 116 N 1.

155 Verfügungen von Vollstreckungsorganen (z.B. eines Betreibungs- oder Konkursamtes) und die gegen solche Verfügungen unter Umständen zu ergreifende betreibungsrechtliche Beschwerde gem. Art. 17 ff. SchKG fallen nicht unter den in Art. 1 lit. c ZPO bezeichneten Geltungsbereich («gerichtliche Angelegenheiten des Schuldbetreibungs- und Konkursrechts») und somit nicht unter die ZPO. Solche Verfügungen stellen vielmehr das Ergebnis «eigenständiger Verwaltungsverfahren» dar (vgl. Botschaft ZPO, 7258), welche zum Beispiel durch einen entsprechenden Antrag oder ein entsprechendes Gesuch eingeleitet werden können. Auch Thomas Sutter-Somm/Rafael Klingler postulieren, dass Verfügungen der Vollstreckungsorgane und das betreibungsrechtliche Beschwerdeverfahren dem kantonalen Verwaltungsrecht unterstehen (Sutter-Somm/Hasenböhler/Leuenberger-Sutter-Somm/Klingler, Art. 1 ZPO N 8; vgl. BGer 5A_448/2011 vom 31.10.2011, E. 2.1). Franco Lorandi führt aus, dass das Verfahren vor den Betreibungorganen dem Verwaltungsrecht sehr verwandt sei (Lorandi, 15, 19; Besprechung des Urteils des OGer TG vom 21.2.2013, in: RBOG 2013, Nr. 17).

156 BSK SchKG I-Frey, Art. 116 N 22.

4. LEGITIMATION

A. AKTIVLEGITIMATION

(Aktiv-)Legitimiert ist: 7.228

- **jeder definitiv an der Pfändung teilnehmende Gläubiger (einer Gläubigergruppe)** bzw. dessen Rechtsnachfolger (vgl. Art. 117 i.V.m. Art. 118 SchKG).[157]
- der **Schuldner** (Art. 124 Abs. 1 SchKG betreffend die vorzeitige Verwertung von beweglichen Sachen und Forderungen sowie Art. 133 Abs. 2 SchKG betreffend die Verwertung der Grundstücke).

B. PASSIVLEGITIMATION

Nicht einschlägig. 7.229

5. STREITWERT

Nicht einschlägig. 7.230

6. FRISTEN

Je nach Art des gepfändeten Vermögensgegenstands ist das Verwertungsbegehren innert folgen- 7.231
der **Rahmenfristen** (Minimal- und Maximalfristen) zu stellen (vgl. Art. 116 Abs. 1 SchKG):

- bei gepfändeten beweglichen Vermögensstücken sowie Forderungen und andern Rechten: **frühestens 1 Monat und spätestens 1 Jahr** nach der Pfändung.

157 KUKO SchKG-Rüetschi, Art. 116 N 8. Das gültig gestellte Verwertungsbegehren eines Gläubigers der entsprechenden Gläubigergruppe wirkt für alle Gläubiger in der Gruppe und wahrt die Fristen von Art. 116 SchKG für alle. Scheidet der Gläubiger, welcher das Verwertungsbegehren gestellt hat jedoch aus, z.B. weil er vom Schuldner die vollständige Zahlung erhält oder er sein Begehren zurückzieht, muss ein anderer Gläubiger ein gültiges, d.h. insbesondere fristgerechtes Verwertungsbegehren stellen (KUKO SchKG-Rüetschi, Art. 117 N 2 ff.). Besteht eine nachfolgende Pfändungsgruppe (vgl. Art. 110 Abs. 2 und 3 SchKG), und stellt ein Gläubiger dieser nachfolgenden Gruppe ein Verwertungsbegehren, hat die dies keine Fristwahrung gem. Art. 116 SchKG für die Gläubiger der vorgehenden Gruppe zur Folge. Hat also kein Gläubiger der vorgehenden Gruppe ein Verwertungsbegehren gestellt, geht der für diese bestimmte Erlös an den / die Gläubiger der nachfolgenden Gruppe (KUKO SchKG-Rüetschi, Art. 117 N 8). Fand eine Rechtsnachfolge statt, haben sich die Rechtsnachfolger (Erben, Zessionar) des betreibenden Gläubigers gegenüber dem Betreibungsamt durch entsprechende Urkunden auszuweisen. Trat der betreibende Gläubiger allerdings nur einen Teil seiner in Betreibung gesetzten Forderung ab, kann das Verwertungsbegehren der für die Forderung als ganzes gepfändeten Vermögenswerte nur vom betreibenden Gläubiger zusammen mit dem Zessionaren gestellt werden (BSK SchKG I-Frey, Art. 116 N 11 ff.).

- bei gepfändeten Grundstücken: **frühestens 6 Monate und spätestens 2 Jahre** nach der Pfändung.

7.232 Die Frist beginnt mit dem **Pfändungsvollzug** durch das Betreibungsamt zu laufen.[158] Finden jedoch Ergänzungspfändungen (wegen Teilnahme mehrerer Gläubiger, vgl. Art. 110 SchKG) statt, läuft die Frist für alle Gläubiger der betreffenden Gläubigergruppe vom **Tag der letzten erfolgreichen Ergänzungspfändung** an (Art. 116 Abs. 3 SchKG).

7.233 Ferner ist zu beachten, dass die Fristen für das Verwertungsbegehren (Art. 116 SchKG) in Bezug auf die Maximalfristen **still stehen können** (vgl. Art. 109 Abs. 5 SchKG, Art. 118 SchKG, Art. 297 Abs. 1 SchKG, Art. 334 Abs. 3 SchKG, Art. 343 Abs. 2 SchKG, Art. 5 Abs. 2 VPAV). Zudem bewirkt eine im Lastenbereinigungsverfahren in Bezug auf eine Grundpfandverwertungsbetreibung angehobene Klage für eine zweite, noch nicht bis zum Verwertungsbegehren fortgeschrittene Pfändungsbetreibung (über dasselbe Grundstück) den Stillstand der Fristen von Art. 116 SchKG bis zur Prozesserledigung.[159]

7.234 Eine **vorzeitige Verwertung vor Ablauf der Minimalfrist** auf entsprechendes Begehren hin ist nur ausnahmsweise zulässig, nämlich:

- auf Begehren des Schuldners um vorzeitige Verwertung von beweglichen Sachen und Forderungen gem. Art. 124 Abs. 1 SchKG hin;
- auf Begehren des Schuldners um Verwertung des / der Grundstücke(s) gem. Art. 133 Abs. 2 SchKG hin, wobei sämtliche Pfändungs- und Grundpfandgläubiger der vorzeitigen Verwertung des / der Grundstücke(s) ausdrücklich zustimmen müssen.[160]

7. KOMBINATIONSMÖGLICHKEITEN

7.235 Es sind keine naheliegenden Kombinationsmöglichkeiten ersichtlich.

8. MÖGLICHE RECHTSBEGEHREN

7.236 In der Betreibung Nr. […] des Betreibungsamtes […][des Gläubigers {falls Wohnortwechsel seit Erlass des Zahlungsbefehls: neue Adresse}] gegen den Schuldner [Name, Vorname, Adresse] über den Betrag von CHF [Betrag] (zzgl. Zinsen zu [Zinssatz] % seit [Datum]) sei die Verwertung der gepfändeten Vermögensgegenstände vorzunehmen.

158 Der massgebende Zeitpunkt ist dabei die ausdrückliche Pfändungserklärung gegenüber dem Schuldner oder seinem Vertreter bzw. falls der Schuldner anlässlich der Pfändung weder anwesend noch vertreten war, die Zustellung der Pfändungsurkunde an ihn (KUKO SchKG-Rüetschi, Art. 116 N 27 f.; BSK SchKG I-Frey, Art. 116 N 32).

159 KUKO SchKG-Rüetschi, Art. 116 N 35; BGer 7B.59/2005 vom 8.8.2005, E. 2.3.

160 KUKO SchKG-Rüetschi, Art. 116 N 30.

9. VORAUSSETZUNGEN

A. ERSTE VORAUSSETZUNG

Es ist ein Verwertungsbegehren erforderlich, da sich der **gepfändete Vermögensgegenstand nicht von selbst realisiert**. Dies ist bspw. der Fall, wenn bei einer gepfändeten Forderung der Drittschuldner während der für das Verwertungsbegehren laufenden Frist die Bezahlung an das Betreibungsamt vornimmt oder der gepfändete Vermögensgegenstand Früchte in Geldform abwirft, wie z.B. an das Betreibungsamt bezahlte Mietzinsen. Kein Verwertungsbegehren ist ferner erforderlich, falls es sich beim gepfändeten Vermögengegenstand um Bargeld in Schweizer Franken handelt.[161] 7.237

B. ZWEITE VORAUSSETZUNG

Die das Verwertungsbegehren stellende Person ist dazu **legitimiert**.[162] Nicht legitimiert ist ein Gläubiger mit bloss provisorischer Pfändung (vgl. Art. 118 SchKG).[163] 7.238

C. DRITTE VORAUSSETZUNG

Im Verwertungsbegehren müssen **alle für die Bestimmung der Betreibung erforderlichen Angaben** wie Namen der Parteien, Forderungsbetrag und Betreibungsnummer enthalten sein. Die Angabe des Wohnorts des Gläubigers ist dann notwendig, wenn der Gläubiger seinen (Wohn-)Sitz gewechselt hat.[164] 7.239

D. VIERTE VORAUSSETZUNG

Das Verwertungsbegehren muss **bedingungslos** sein, d.h. es darf keine Bedingungen enthalten, und hat sich vorbehaltslos auf die gesamte Betreibungsforderung und alle gepfändeten Vermögensgegenstände zu beziehen.[165] 7.240

---

161 KUKO SchKG-Rüetschi, Art. 116 N 7; BSK SchKG I-Frey, Art. 116 N 7 ff.

162 KUKO SchKG-Rüetschi, Art. 116 N 8.

163 Provisorische Pfändungen erfolgen gestützt auf Art. 83, Art. 111 Abs. 5, Art. 281 Abs. 1 und auch Art. 77 Abs. 4 SchKG (KUKO SchKG-Rüetschi, Art. 118 N 3).

164 Ist die (Wohn-)Sitzangabe offensichtlich unrichtig oder hat das Amt Kenntnis vom (Wohn-)Sitzwechsel, der jedoch nicht aus dem Verwertungsbegehren hervorgeht, ist das Begehren zurückzuweisen (KUKO SchKG-Rüetschi, Art. 116 N 11 f.).

165 KUKO SchKG-Rüetschi, Art. 116 N 13; BSK SchKG I-Frey, Art. 116 N 20.

E. FÜNFTE VORAUSSETZUNG

7.241 Das Verwertungsbegehren muss **fristgerecht gestellt** worden sein (vgl. Art. 31 ff. SchKG i.V.m. Art. 142 ff. ZPO). Verfrüht wie auch verspätet gestellte Verwertungsbegehren sind unwirksam, wobei das Amt die Fristwahrung von Amtes wegen zu prüfen hat.[166] Wird das Verwertungsbegehren nicht binnen der gesetzlichen Frist gestellt oder zurückgezogen und nicht erneuert, erlischt die Betreibung (Art. 121 SchKG).

F. SECHSTE VORAUSSETZUNG

7.242 Der vom Betreibungsamt für die mutmasslichen Verwertungskosten einverlangten **Kostenvorschuss** (vgl. Art. 68 SchKG i.V.m. GebV SchKG) wurde geleistet.[167]

10. BESONDERHEITEN

7.243 Eine Verwertung ohne Verwertungsbegehren, d.h. eine **Verwertung von Amtes wegen**, kann und darf nur in den Fällen gem. Art. 124 Abs. 2 oder Art. 145 SchKG stattfinden.[168]

7.244 Die Fristen sind weder abänderbar noch der Wiederherstellung zugänglich (gesetzliche Verwirkungsfristen).[169] Ein gestelltes Verwertungsbegehren kann jedoch – solange die Verwertung noch nicht vollzogen ist – zurückgezogen und innert Frist wieder erneuert werden.[170]

7.245 Das gültige Verwertungsbegehren unterbricht die zivilrechtliche Verjährung (Art. 138 Abs. 2 OR).[171]

7.246 Siehe auch das Formular Nr. 27 (‹https://www.bj.admin.ch/bj/de/home/wirtschaft/schkg/musterformulare.html›), welches der Gläubiger verwenden kann.

166 Nimmt das Betreibungsamt trotz Nichteinhaltung der Maximalfrist weitere Betreibungshandlungen vor, sind diese nichtig (KUKO SchKG-Rüetschi, Art. 116 N 37 f.).

167 Wird der Kostenvorschuss nicht geleistet, hat dies zur Folge, dass keine Verwertung erfolgt und ein Verzicht auf die Verwertung angenommen wird, d.h. das Verwertungsbegehren als zurückgezogen betrachtet wird (KUKO SchKG-Rüetschi, Art. 116 N 41; BSK SchKG I-Frey, Art. 116 N 23).

168 KUKO SchKG-Rüetschi, Art. 116 N 6.

169 KUKO SchKG-Rüetschi, Art. 116 N 29.

170 KUKO SchKG-Rüetschi, Art. 121 N 1 ff.

171 KUKO SchKG-Rüetschi, Art. 119 N 3.

11. RECHTSMITTEL

Die Nichtanhandnahme des Verwertungsbegehrens wie auch die Verfügungen des Betreibungsamts können mit betreibungsrechtlicher Beschwerde gem. Art. 17 SchKG bei der (unteren) kantonalen Aufsichtsbehörde angefochten werden. 7.247

Falls eine **obere kantonale Aufsichtsbehörde** existiert, kann:
- der Entscheid einer unteren Aufsichtsbehörde innert 10 Tagen nach Eröffnung an die obere kantonale Aufsichtsbehörde weitergezogen werden (Art. 18 Abs. 1 SchKG);
- wegen Rechtsverweigerung oder Rechtsverzögerung durch die untere kantonale Aufsichtsbehörde jederzeit bei der oberen kantonalen Aufsichtsbehörde Beschwerde gegen die untere kantonale Aufsichtsbehörde geführt werden (Art. 18 Abs. 2 SchKG).

Ansonsten ist **beim Bundesgericht Beschwerde in Zivilsachen** zu erheben (Art. 19 SchKG i.V.m. Art. 72 Abs. 2 lit. a BGG). Gemäss Art. 74 Abs. 2 lit. c BGG ist die Beschwerde in Zivilsachen in einem solchen Fall unabhängig vom jeweiligen Streitwert zulässig.[172] Die Beschwerdefrist beträgt 10 Tage (Art. 100 Abs. 2 lit. a BGG).

Tabellarische Zusammenfassung

Zweck	Anordnung der Verwertung der gepfändeten Vermögensgegenstände durch das Betreibungsamt
Gesetzliche Grundlage	Art. 116 SchKG
Verfahrensart	Kantonales Verwaltungsverfahrensrecht
Zuständigkeit	Betreibungsamt am Betreibungsort (Art. 46 ff. SchKG) resp. dasjenige, welches die Pfändung angeordnet hat
Aktivlegitimation	(Betreibende) Gläubiger (einer Gläubigergruppe), die definitiv an der Pfändung teilnehmen; (betriebener) Schuldner
Passivlegitimation	Nicht einschlägig
Streitwert	Nicht einschlägig
Fristen	Abhängig von der Art des gepfändeten Vermögensgegenstandes: – Bewegliche Vermögensstücke, Forderungen und andere Rechte: frühestens 1 Monat, spätestens 1 Jahr nach der Pfändung – Grundstücke: frühestens 6 Monate, spätestens 2 Jahre nach der Pfändung Im Falle von Ergänzungspfändungen beginnt die Frist mit der letzten erfolgreichen Ergänzungspfändung

172 BGE 135 I 187, E. 1.2; Kren Kostkiewicz/Walder, Art. 17 SchKG N 26.

	Unter gewissen Umständen können die Fristen in Bezug auf die Maximalfristen still stehen (vgl. Art. 109 Abs. 5, Art. 118, Art. 297 Abs. 1, Art. 334 Abs. 3, Art. 343 Abs. 2 SchKG, Art. 5 Abs. 2 VPAV) Eine vorzeitige Verwertung vor Ablauf der Minimalfrist ist nur ausnahmsweise (auf Begehren hin) zulässig
Kombination	Nicht einschlägig
Mögliche Rechtsbegehren	In der Betreibung Nr. [...] des Betreibungsamtes [...][des Gläubigers {falls Wohnortwechsel seit Erlass des Zahlungsbefehls: neue Adresse}] gegen den Schuldner [Name, Vorname, Adresse] über den Betrag von CHF [Betrag] (zzgl. Zinsen zu [Zinssatz] % seit [Datum]) sei die Verwertung der gepfändeten Vermögensgegenstände vorzunehmen.
Voraussetzungen	– Verwertungsbegehren ist erforderlich, d.h. der gepfändete Vermögensgegenstand hat sich nicht von selbst realisiert – Aktivlegitimation des Gesuchstellers – Alle für die Bestimmung der Betreibung erforderlichen Angaben werden gemacht (z.B. Name der Parteien / Forderungsbetrag / Betreibungsnummer / allf. Wohnort) – Verwertungsbegehren muss bedingungslos sein und sich auf die gesamte Betreibungsforderung und alle gepfändeten Vermögensgegenstände zu beziehen – Wahrung der Frist – Kostenvorschuss wurde geleistet
Besonderheiten	– Eine Verwertung v.A.w. ist nur in den Fällen von Art. 124 Abs. 2 und Art. 145 SchKG möglich – Die Fristen sind weder abänderbar noch können sie wiederhergestellt werden – Ein gestelltes Verwertungsbegehren kann jedoch, solange die Verwertung noch nicht vollzogen wurde, zurückgezogen werden und innert Frist wieder erneuert werden – Gültiges Verwertungsbegehren unterbricht die zivilrechtliche Verjährung – S.a. Formular Nr. 27, das der Gläubiger verwenden kann
Rechtsmittel	*Bei Nichtanhandnahme des Verwertungsbegehrens oder Verfügungen:* Betreibungsrechtliche Beschwerde gem. Art. 17 SchKG an die (untere) kantonale Aufsichtsbehörde (innert 10 Tagen) *Falls eine obere kantonale Aufsichtsbehörde besteht:* Beschwerde an die obere kantonale Aufsichtsbehörde innert 10 Tagen nach Eröffnung des Entscheids der unteren kantonalen Aufsichtsbehörde (Art. 18 Abs. 1 SchKG) *oder* Beschwerde an die obere kantonale Aufsichtsbehörde gegen eine untere kantonale Aufsichtsbehörde bei Rechtsverzögerung oder Rechtsverweigerung (jederzeit möglich) *Ansonsten bzw. bei letztinstanzlichen kantonalen Entscheidungen:* Beschwerde in Zivilsachen beim Bundesgericht (Art. 19 SchKG i.V.m. Art. 72 Abs. 2 lit. a BGG) innert 10 Tagen (Art. 100 Abs. 2 lit. a BGG)

XV. GESUCH UM AUFSCHUB DER VERWERTUNG VON BEWEGLICHEN SACHEN UND FORDERUNGEN (ART. 123 ABS. 1 UND 2 SCHKG)

1. ZWECK UND WIRKUNG

Ein Gesuch um Aufschub der Verwertung (**Verwertungsaufschub**) bezweckt, dem Schuldner, welcher die Schuld bezahlen will, jedoch nur begrenzt zahlungsfähig ist, mehr Zeit zu gewähren, um seinen Zahlungsverpflichtungen nachzukommen.[173] Wird dem Gesuch um Aufschub der Verwertung stattgegeben, bewirkt dies – für die Betreibung, in welcher das Verwertungsbegehren dem Schuldner angezeigt wurde – eine Stundung, wobei jedoch die Pfändung und die Zinspflicht des Schuldners bis zur vollständigen Tilgung der Schuld bestehen bleiben.[174] 7.248

Besteht eine (Gläubiger-)Gruppe und wird dem Schuldner *für einzelne Forderungen* dieser (Gläubiger-)Gruppe ein Verwertungsaufschub gewährt, fällt der Verwertungsaufschub jedoch mit Stellung eines Verwertungsbegehrens durch einen anderen Gruppengläubiger dahin, es sei denn, der Verwertungsaufschub gilt auch für die Forderungen, auf die sich das neue Verwertungsbegehren bezieht.[175] 7.249

2. VERFAHRENSART

Das Verfahren richtet sich nach kantonalem Verwaltungs(verfahrens)recht.[176] 7.250

173 KUKO SchKG-Rüetschi, Art. 123 N 1.

174 Für jedes neue bzw. weitere Verwertungsbegehren ist ein eigenes Gesuch um Aufschub der Verwertung zu stellen (KUKO SchKG-Rüetschi, Art. 123 N 1 ff.).

175 KUKO SchKG-Rüetschi, Art. 117 N 5.

176 Verfügungen von Vollstreckungsorganen (z.B. eines Betreibungs- oder Konkursamtes) und die gegen solche Verfügungen unter Umständen zu ergreifende betreibungsrechtliche Beschwerde gem. Art. 17 ff. SchKG fallen nicht unter den in Art. 1 lit. c ZPO bezeichneten Geltungsbereich («gerichtliche Angelegenheiten des Schuldbetreibungs- und Konkursrechts») und somit nicht unter die ZPO. Solche Verfügungen stellen vielmehr das Ergebnis «eigenständiger Verwaltungsverfahren» dar (vgl. Botschaft ZPO, 7258), welche zum Beispiel durch einen entsprechenden Antrag oder ein entsprechendes Gesuch eingeleitet werden können. Auch Thomas Sutter-Somm/Rafael Klingler postulieren, dass Verfügungen der Vollstreckungsorgane und das betreibungsrechtliche Beschwerdeverfahren dem kantonalen Verwaltungsrecht unterstehen (Sutter-Somm/Hasenböhler/Leuenberger-Sutter-Somm/Klingler, Art. 1 ZPO N 8; vgl. BGer 5A_448/2011 vom 31.10.2011, E. 2.1). Franco Lorandi führt aus, dass das Verfahren vor den Betreibungsorganen dem Verwaltungsrecht sehr verwandt sei (Lorandi, 15, 19; Besprechung des Urteils des OGer TG vom 21.2.2013, in: RBOG 2013, Nr. 17).

3. ZUSTÄNDIGKEIT

7.251 Zuständig ist das Betreibungsamt am Betreibungsort (Art. 46 ff. SchKG), welches dem Schuldner das Verwertungsbegehren angezeigt hat (Art. 123 i.V.m. Art. 120 SchKG).[177]

4. LEGITIMATION

A. AKTIVLEGITIMATION

7.252 (Aktiv-)Legitimiert ist der Schuldner und auch allfällige Mitbetriebene.[178]

B. PASSIVLEGITIMATION

7.253 Nicht einschlägig.

5. STREITWERT

7.254 Nicht einschlägig.

6. FRISTEN

7.255 Das Gesuch um Aufschub der Verwertung von beweglichen Sachen und Forderungen ist frühestens nach Einreichung des Verwertungsbegehrens durch den (betreibenden) Gläubiger und spätestens vor der Vornahme der Verwertung einzureichen.[179]

7. KOMBINATIONSMÖGLICHKEITEN

7.256 Es sind keine naheliegenden Kombinationsmöglichkeiten ersichtlich.

177 BSK SchKG I-Suter, Art. 123 N 10.

178 Wenn Solidarschuldner parallel betrieben werden, hat jeder für sich einen Verwertungsaufschub zu beantragen (KUKO SchKG-Rüetschi, Art. 117 N 5 und Art. 123 N 5).

179 KUKO SchKG-Rüetschi, Art. 123 N 7; BSK SchKG I-Suter, Art. 123 N 11 f.

8. MÖGLICHE RECHTSBEGEHREN

In der Betreibung Nr. […] des Betreibungsamtes […][des Gläubigers] gegen den Schuldner [Name, Vorname, Adresse] sei der Verwertungsaufschub in Bezug auf die Forderungssumme von CHF [Betrag] (zzgl. Zins zu [Zinssatz] % seit [Datum]) zugunsten von Teilzahlungen zu bewilligen. 7.257

9. VORAUSSETZUNGEN

A. ERSTE VORAUSSETZUNG

Das Gesuch um Aufschub der Verwertung muss **fristgerecht gestellt** worden sein. Verfrüht gestellte Gesuche sind zurückzuweisen.[180] 7.258

B. ZWEITE VORAUSSETZUNG

Der Schuldner **macht glaubhaft, dass er die Schuld** in 13 monatlichen **Teilzahlungen** (vgl. Art. 123 Abs. 1 SchKG) bzw. in 7 monatlichen Teilzahlungen (vgl. Art. 123 Abs. 2 SchKG) **tilgen kann**, wobei die erste Teilzahlung «sofort» geleistet werden muss.[181] Eine Glaubhaftmachung liegt vor, wenn eine gewisse Wahrscheinlichkeit für die Verwirklichung der künftigen Tatsachen spricht, d.h. blosses Behaupten reicht nicht aus, aber es wird auch nicht der volle Beweis verlangt.[182] Sind die vom Schuldner offerierten monatlichen Zahlungen zu klein, wird das Gesuch um Aufschub der Verwertung abgewiesen.[183] 7.259

C. DRITTE VORAUSSETZUNG

Der Schuldner **leistet die erste Teilzahlung** «sofort» an das Betreibungsamt. «Sofort» bedeutet jedoch nicht, dass der Schuldner mit der Einreichung des Gesuches um Aufschub der Verwertung eine erste Teilzahlung, deren Höhe er selber festlegen müsste, leisten muss. Vielmehr setzt das Betreibungsamt dem Schuldner eine Frist zur Leistung der ersten Teilzahlung / Rate an.[184] 7.260

D. VIERTE VORAUSSETZUNG

Der Schuldner **verpflichtet sich implizit zu regelmässigen und angemessenen Teilzahlungen** – gemäss Zahlungsplan des Betreibungsamtes oder bewilligungsfähigem Zahlungsplan des Schuldners – an das Betreibungsamt. Wird nämlich eine Abschlagszahlung nicht rechtzeitig d.h. frist- 7.261

---

180 KUKO SchKG-Rüetschi, Art. 123 N 7.
181 KUKO SchKG-Rüetschi, Art. 123 N 8.
182 KUKO SchKG-Rüetschi, Art. 123 N 9.
183 KUKO SchKG-Rüetschi, Art. 123 N 12.
184 KUKO SchKG-Rüetschi, Art. 123 N 17; BSK SchKG I-Suter, Art. 123 N 16 und 25.

gemäss geleistet, fällt der Verwertungsaufschub von Gesetzes wegen sofort und ohne weiteres Begehren des Gläubigers dahin und das Betreibungsamt ist verpflichtet, zur Verwertung zu schreiten.[185]

10. BESONDERHEITEN

7.262 Der Verwertungsaufschub gem. Art. 123 SchKG ist zu unterscheiden vom *privatrechtlichen Stundungsvertrag*, den ein Gläubiger und der Schuldner abschliessen können. Ein privatrechtlicher Stundungsvertrag gilt als Rückzug des Verwertungsbegehrens.[186]

7.263 Im Falle eines Rechtsstillstandes (vgl. Art. 57 ff. SchKG) verlängert sich der Verwertungsaufschub (vgl. Art. 123 Abs. 4 SchKG), wobei die Raten und deren Fälligkeit nach Ablauf des Rechtsstillstandes neu festgesetzt werden.

7.264 Es handelt sich bei Art. 123 Abs. 1 SchKG um eine Kann-Vorschrift, d.h. der Schuldner hat keinen Anspruch auf Bewilligung. Die Gewährung eines solchen liegt im Ermessen des Betreibungsamtes.[187]

7.265 Der Gläubiger hat keinen Anspruch auf Anhörung bis zur Erteilung/Bewilligung des Gesuchs um Aufschub der Verwertung. Er kann jedoch von sich aus dem Betreibungsamt vorsorglich seine Einwände gegen einen eventuellen Verwertungsaufschub mitteilen (vgl. Art. 123 Abs. 3 SchKG).[188]

11. RECHTSMITTEL

7.266 Die Verfügungen des Betreibungsamts können mit betreibungsrechtlicher Beschwerde gem. Art. 17 SchKG bei der (unteren) kantonalen Aufsichtsbehörde angefochten werden.

7.267 Fechten der Schuldner oder die mitbetriebenen Dritten eine Verweigerung des Verwertungsaufschubs an, ist ein Antrag um Anordnung der aufschiebenden Wirkung zu stellen (vgl. Art. 36 SchKG). Ohne aufschiebende Wirkung kann die Verwertung nämlich bereits während dem hängigen Beschwerdeverfahren stattfinden.[189]

---

185 In einer Betreibung kann somit lediglich ein Verwertungsaufschub gewährt werden, unter Vorbehalt einer allfälligen Anpassung gem. Art. 123 Abs. 5 SchKG (BSK SchKG EB-Staehelin, Art. 123 ad N 35). KUKO SchKG-Rüetschi, Art. 123 N 21; BSK SchKG I-Suter, Art. 123 N 24.

186 BGE 114 III 102, E. 3; KUKO SchKG-Rüetschi, Art. 123 N 4.

187 KUKO SchKG-Rüetschi, Art. 123 N 10.

188 BSK SchKG I-Suter, Art. 123 N 27.

189 KUKO SchKG-Rüetschi, Art. 123 N 26.

Falls eine **obere kantonale Aufsichtsbehörde** existiert, kann:

- der Entscheid einer unteren Aufsichtsbehörde innert 10 Tagen nach Eröffnung an die obere kantonale Aufsichtsbehörde weitergezogen werden (Art. 18 Abs. 1 SchKG);
- wegen Rechtsverweigerung oder Rechtsverzögerung durch die untere kantonale Aufsichtsbehörde jederzeit bei der oberen kantonalen Aufsichtsbehörde Beschwerde gegen die untere kantonale Aufsichtsbehörde geführt werden (Art. 18 Abs. 2 SchKG).

Ansonsten ist **beim Bundesgericht Beschwerde in Zivilsachen** zu erheben (Art. 19 SchKG i.V.m. Art. 72 Abs. 2 lit. a BGG). Gemäss Art. 74 Abs. 2 lit. c BGG ist die Beschwerde in Zivilsachen in einem solchen Fall unabhängig vom jeweiligen Streitwert zulässig.[190] Die Beschwerdefrist beträgt 10 Tage (Art. 100 Abs. 2 lit. a BGG).

Tabellarische Zusammenfassung

Zweck	Aufschub der Verwertung (des gepfändeten Vermögensgegenstandes) und Stundung, um dem begrenzt zahlungsfähigen Schuldner mehr Zeit zu gewähren, damit er seinen Zahlungsverpflichtungen nachkommen kann
Gesetzliche Grundlage	Art. 123 Abs. 1 und 2 SchKG
Verfahrensart	Kantonales Verwaltungsverfahrensrecht
Zuständigkeit	Betreibungsamt am Betreibungsort (Art. 46 ff. SchKG), welches dem Schuldner das Verwertungsbegehren angezeigt hat (Art. 123 i.V.m. Art. 120 SchKG)
Aktivlegitimation	(Betriebener) Schuldner (sowie allf. Mitbetriebene)
Passivlegitimation	Nicht einschlägig
Streitwert	Nicht einschlägig
Fristen	Frühestens nach Einreichung des Verwertungsbegehrens durch den (betreibenden) Gläubiger und spätestens vor der Vornahme der Verwertung
Kombination	Nicht einschlägig
Mögliche Rechtsbegehren	In der Betreibung Nr. […] des Betreibungsamtes […][des Gläubigers] gegen den Schuldner [Name, Vorname, Adresse] sei der Verwertungsaufschub in Bezug auf die Forderungssumme von CHF [Betrag] (zzgl. Zins zu [Zinssatz] % seit [Datum]) zugunsten von Teilzahlungen zu bewilligen.

190 BGE 135 I 187, E. 1.2; KREN KOSTKIEWICZ/WALDER, Art. 17 SchKG N 26.

Voraussetzungen	– Gesuch um Aufschub der Verwertung (von beweglichen Sachen und Forderungen) muss fristgerecht gestellt worden sein – Schuldner macht glaubhaft, dass er die Schuld in 13 bzw. 7 monatlichen Teilzahlungen tilgen kann – Schuldner leistet die erste Teilzahlung «sofort» an das Betreibungsamt (Betreibungsamt setzt hierfür eine Frist an) – Schuldner verpflichtet sich zu regelmässigen und angemessenen Teilzahlungen (und hält diese fristgerecht ein)
Besonderheiten	– Ein Verwertungsaufschub gem. Art. 123 SchKG ist zu unterscheiden vom privatrechtlichen Stundungsvertrag. Letzterer gilt als Rückzug des Verwertungsbegehrens – Im Falle eines Rechtsstillstandes verlängert sich der Verwertungsaufschub (vgl. Art. 123 Abs. 4 SchKG), wobei die Raten und deren Fälligkeit nach Ablauf des Rechtsstillstandes neu festgesetzt werden – Schuldner hat keinen Anspruch auf die Bewilligung eines Verwertungsaufschubs, da es sich um eine Kann-Vorschrift handelt – Gläubiger hat keinen Anspruch auf Anhörung bis zur Bewilligung des Gesuchs (vorsorglich kann ein Gläubiger jedoch seine Einwände gegen einen eventuellen Verwertungsaufschub anbringen)
Rechtsmittel	Verfügungen des Betreibungsamtes können mit betreibungsrechtlicher Beschwerde gem. Art. 17 SchKG innert 10 Tagen an die (untere) kantonale Aufsichtsbehörde weitergezogen werden *Falls eine obere kantonale Aufsichtsbehörde besteht:* Beschwerde an die obere kantonale Aufsichtsbehörde innert 10 Tagen nach Eröffnung des Entscheids der unteren kantonalen Aufsichtsbehörde (Art. 18 Abs. 1 SchKG) *oder* Beschwerde an die obere kantonale Aufsichtsbehörde gegen eine untere kantonale Aufsichtsbehörde bei Rechtsverzögerung oder Rechtsverweigerung (jederzeit möglich) *Ansonsten bzw. bei letztinstanzlichen kantonalen Entscheidungen:* Beschwerde in Zivilsachen beim Bundesgericht (Art. 19 SchKG i.V.m. Art. 72 Abs. 2 lit. a BGG) innert 10 Tagen (Art. 100 Abs. 2 lit. a BGG)

XVI. GESUCH UM ANPASSUNG DES AUFSCHUBS DER VERWERTUNG (ART. 123 ABS. 5 SCHKG)

1. ZWECK UND WIRKUNG

7.268 Ein Gesuch um Anpassung des Aufschubs der Verwertung (Verwertungsaufschub) bezweckt, den bewilligten Verwertungsaufschub bzw. dessen Modalitäten, namentlich den Zahlungsplan, den Umständen entsprechend anzupassen.

2. VERFAHRENSART

Das Verfahren richtet sich nach kantonalem Verwaltungs(verfahrens)recht.[191] 7.269

3. ZUSTÄNDIGKEIT

Zuständig ist das Betreibungsamt, welches den Verwertungsaufschub bewilligt hat (Art. 123 Abs. 5 SchKG). 7.270

4. LEGITIMATION

A. AKTIVLEGITIMATION

(Aktiv-)Legitimiert ist der Schuldner, ein Mitbetriebener oder der (betreibende) Gläubiger (vgl. Art. 123 Abs. 5 SchKG). 7.271

B. PASSIVLEGITIMATION

Nicht einschlägig. 7.272

5. STREITWERT

Nicht einschlägig. 7.273

191 Verfügungen von Vollstreckungsorganen (z.B. eines Betreibungs- oder Konkursamtes) und die gegen solche Verfügungen unter Umständen zu ergreifende betreibungsrechtliche Beschwerde gem. Art. 17 ff. SchKG fallen nicht unter den in Art. 1 lit. c ZPO bezeichneten Geltungsbereich («gerichtliche Angelegenheiten des Schuldbetreibungs- und Konkursrechts») und somit nicht unter die ZPO. Solche Verfügungen stellen vielmehr das Ergebnis «eigenständiger Verwaltungsverfahren» dar (vgl. Botschaft ZPO, 7258), welche zum Beispiel durch einen entsprechenden Antrag oder ein entsprechendes Gesuch eingeleitet werden können. Auch Thomas Sutter-Somm/Rafael Klingler postulieren, dass Verfügungen der Vollstreckungsorgane und das betreibungsrechtliche Beschwerdeverfahren dem kantonalen Verwaltungsrecht unterstehen (Sutter-Somm/Hasenböhler/Leuenberger-Sutter-Somm/Klingler, Art. 1 ZPO N 8; vgl. BGer 5A_448/2011 vom 31.10.2011, E. 2.1). Franco Lorandi führt aus, dass das Verfahren vor den Betreibungsorganen dem Verwaltungsrecht sehr verwandt sei (Lorandi, 15, 19; Besprechung des Urteils des OGer TG vom 21.2.2013, in: RBOG 2013, Nr. 17).

6. FRISTEN

7.274 Das SchKG sieht keine ausdrückliche Frist vor. Ein Gesuch um Anpassung des Aufschubs der Verwertung setzt jedoch voraus, dass bereits ein Verwertungsaufschub bewilligt wurde.

7. KOMBINATIONSMÖGLICHKEITEN

7.275 Es sind keine naheliegenden Kombinationsmöglichkeiten ersichtlich.

8. MÖGLICHE RECHTSBEGEHREN

7.276 In der Betreibung Nr. [...] des Betreibungsamtes [...][des Gläubigers] gegen den Schuldner [Name, Vorname, Adresse] sei der dem Schuldner [...] am [Datum] bewilligte Verwertungsaufschub betreffend die Forderungssumme von CHF [Betrag] (zzgl. Zins zu [Zinssatz] % seit [Datum]) anzupassen.

9. VORAUSSETZUNGEN

A. ERSTE VORAUSSETZUNG

7.277 Ein früheres Gesuch um Aufschub der Verwertung wurde bewilligt und der **Verwertungsaufschub besteht** weiterhin.

B. ZWEITE VORAUSSETZUNG

7.278 Die **Umstände erfordern eine Anpassung** des bewilligten Verwertungsaufschubs, namentlich des Zahlungsplans, an die veränderten Verhältnisse.[192]

C. DRITTE VORAUSSETZUNG

7.279 Die zeitlichen Grenzen von Art. 123 Abs. 1 und 2 SchKG werden eingehalten, sprich die **Verwertung** wird **nicht um mehr als 12 Monate bzw. 6 Monate** bei Forderungen der ersten Klasse **hinausgeschoben**.[193]

---

192 KUKO SchKG-Rüetschi, Art. 123 N 19.

193 KUKO SchKG-Rüetschi, Art. 123 N 19.

10. BESONDERHEITEN

Nach Meinung von BENEDIKT A. SUTER sollte der Schuldner vor einer Anpassung des bewilligten Verwertungsaufschubs, namentlich das Zahlungsplans, zu seinen Lasten wenn möglich angehört werden.[194] 7.280

11. RECHTSMITTEL

Die Verfügungen des Betreibungsamts können mit betreibungsrechtlicher Beschwerde gem. Art. 17 SchKG bei der (unteren) kantonalen Aufsichtsbehörde angefochten werden. 7.281

Fechten der Schuldner oder die mitbetriebenen Dritten eine Verweigerung der Anpassung des bewilligten Verwertungsaufschubs an, ist ein Antrag um Anordnung der aufschiebenden Wirkung zu stellen (vgl. Art. 36 SchKG).[195] 7.282

Falls eine **obere kantonale Aufsichtsbehörde** existiert, kann:
- der Entscheid einer unteren Aufsichtsbehörde innert 10 Tagen nach Eröffnung an die obere kantonale Aufsichtsbehörde weitergezogen werden (Art. 18 Abs. 1 SchKG);
- wegen Rechtsverweigerung oder Rechtsverzögerung durch die untere kantonale Aufsichtsbehörde jederzeit bei der oberen kantonalen Aufsichtsbehörde Beschwerde gegen die untere kantonale Aufsichtsbehörde geführt werden (Art. 18 Abs. 2 SchKG).

Ansonsten ist **beim Bundesgericht Beschwerde in Zivilsachen** zu erheben (Art. 19 SchKG i.V.m. Art. 72 Abs. 2 lit. a BGG). Gemäss Art. 74 Abs. 2 lit. c BGG ist die Beschwerde in Zivilsachen in einem solchen Fall unabhängig vom jeweiligen Streitwert zulässig.[196] Die Beschwerdefrist beträgt 10 Tage (Art. 100 Abs. 2 lit. a BGG).

Tabellarische Zusammenfassung

Zweck	Anpassung des bewilligten Verwertungsaufschubs, d.h. dessen Modalitäten wie der Zahlungsplan, an die entsprechenden Umstände
Gesetzliche Grundlage	Art. 123 Abs. 5 SchKG
Verfahrensart	Kantonales Verwaltungsverfahrensrecht
Zuständigkeit	Betreibungsamt, welches den Verwertungsaufschub bewilligt hat (Art. 123 Abs. 5 SchKG).
Aktivlegitimation	(Betriebener) Schuldner, allf. Mitbetriebene, (betreibende) Gläubiger

194 BSK SchKG I-SUTER, Art. 123 N 33.
195 KUKO SchKG-RÜETSCHI, Art. 123 N 26; BSK SchKG I-SUTER, Art. 123 N 43.
196 BGE 135 I 187, E. 1.2; KREN KOSTKIEWICZ/WALDER, Art. 17 SchKG N 26.

Passivlegitimation	Nicht einschlägig
Streitwert	Nicht einschlägig
Fristen	Grds. keine Fristen im SchKG vorgesehen; vorausgesetzt wird jedoch, dass bereits ein Verwertungsaufschub bewilligt wurde
Kombination	Nicht einschlägig
Mögliche Rechtsbegehren	In der Betreibung Nr. […] des Betreibungsamtes […][des Gläubigers] gegen den Schuldner [Name, Vorname, Adresse] sei der dem Schuldner […] am [Datum] bewilligte Verwertungsaufschub betreffend die Forderungssumme von CHF [Betrag] (zzgl. Zins zu [Zinssatz] % seit [Datum]) anzupassen.
Voraussetzungen	– Es besteht ein bewilligter Verwertungsaufschub – Veränderte Verhältnisse erfordern eine Anpassung des bewilligten Verwertungsaufschubs, namentlich des Zahlungsplans – Die zeitlichen Grenzen von Art. 123 Abs. 1 und 2 SchKG werden eingehalten
Besonderheiten	Es wird postuliert, dass der Schuldner vor einer Anpassung des bewilligten Verwertungsaufschubs zu seinen Lasten wenn möglich angehört wird
Rechtsmittel	Verfügungen des Betreibungsamtes können mit betreibungsrechtlicher Beschwerde gem. Art. 17 SchKG innert 10 Tagen an die (untere) kantonale Aufsichtsbehörde weitergezogen werden *Falls eine obere kantonale Aufsichtsbehörde besteht:* Beschwerde an die obere kantonale Aufsichtsbehörde innert 10 Tagen nach Eröffnung des Entscheids der unteren kantonalen Aufsichtsbehörde (Art. 18 Abs. 1 SchKG) *oder* Beschwerde an die obere kantonale Aufsichtsbehörde gegen eine untere kantonale Aufsichtsbehörde bei Rechtsverzögerung oder Rechtsverweigerung (jederzeit möglich) *Ansonsten bzw. bei letztinstanzlichen kantonalen Entscheidungen:* Beschwerde in Zivilsachen beim Bundesgericht (Art. 19 SchKG i.V.m. Art. 72 Abs. 2 lit. a BGG) innert 10 Tagen (Art. 100 Abs. 2 lit. a BGG)

XVII. GESUCH UM VORZEITIGE VERWERTUNG (VON BEWEGLICHEM VERMÖGEN) (ART. 124 ABS. 1 SCHKG)

1. ZWECK UND WIRKUNG

7.283 Ein Gesuch um vorzeitige Verwertung (von beweglichem Vermögen) bezweckt, dem Schuldner – i.S. eines gewissen Ausgleichs für die durch den Betreibungsbeschlag erlittene Verfügungsbeschränkung – eine Handlungsmöglichkeit zu bieten (neben dem Antragsrecht des Gläubigers).[197] Eine Genehmigung des Gesuchs um vorzeitige Verwertung (von beweglichem Vermögen) bewirkt die Verwertung gem. Art. 125 ff. SchKG.

2. VERFAHRENSART

Das Verfahren richtet sich nach kantonalem Verwaltungs(verfahrens)recht.[198] 7.284

3. ZUSTÄNDIGKEIT

Zuständig ist das Betreibungsamt am Betreibungsort (Art. 46 ff. SchKG) resp. dasjenige Betreibungsamt, welches die Pfändung angeordnet hat (vgl. insb. Art. 53 SchKG).[199] 7.285

4. LEGITIMATION

A. AKTIVLEGITIMATION

(Aktiv-)Legitimiert ist der (betriebene) Schuldner (Art. 124 Abs. 1 SchKG). 7.286

B. PASSIVLEGITIMATION

Nicht einschlägig. 7.287

5. STREITWERT

Nicht einschlägig. 7.288

---

197 KUKO SchKG-Rüetschi, Art. 124 N 6.

198 Verfügungen von Vollstreckungsorganen (z.B. eines Betreibungs- oder Konkursamtes) und die gegen solche Verfügungen unter Umständen zu ergreifende betreibungsrechtliche Beschwerde gem. Art. 17 ff. SchKG fallen nicht unter den in Art. 1 lit. c ZPO bezeichneten Geltungsbereich («gerichtliche Angelegenheiten des Schuldbetreibungs- und Konkursrechts») und somit nicht unter die ZPO. Solche Verfügungen stellen vielmehr das Ergebnis «eigenständiger Verwaltungsverfahren» dar (vgl. Botschaft ZPO, 7258), welche zum Beispiel durch einen entsprechenden Antrag oder ein entsprechendes Gesuch eingeleitet werden können. Auch Thomas Sutter-Somm/Rafael Klingler postulieren, dass Verfügungen der Vollstreckungsorgane und das betreibungsrechtliche Beschwerdeverfahren dem kantonalen Verwaltungsrecht unterstehen (Sutter-Somm/Hasenböhler/Leuenberger-Sutter-Somm/Klingler, Art. 1 ZPO N 8; vgl. BGer 5A_448/2011 vom 31.10.2011, E. 2.1). Franco Lorandi führt aus, dass das Verfahren vor den Betreibungsorganen dem Verwaltungsrecht sehr verwandt sei (Lorandi, 15, 19; Besprechung des Urteils des OGer TG vom 21.2.2013, in: RBOG 2013, Nr. 17).

199 BSK SchKG I-Suter, Art. 124 N 10.

6. FRISTEN

7.289 Das SchKG sieht keine ausdrückliche Frist vor. Das Gesuch kann frühestens nach Vollzug der (provisorischen) Pfändung (bzw. des Arrests bzw. der Aufnahme des Retentionsverzeichnisses) gestellt werden.[200] Spätestens hat der Schuldner das Gesuch jedoch am letzten Tag der Frist des Gläubigers zur Stellung des Verwertungsbegehrens (bzw. am letzten Tag vor dem Dahinfallen des Arrests bzw. des Retentionsverzeichnisses) zu stellen.[201]

7. KOMBINATIONSMÖGLICHKEITEN

7.290 Es sind keine naheliegenden Kombinationsmöglichkeiten ersichtlich.

8. MÖGLICHE RECHTSBEGEHREN

7.291 In der Betreibung Nr. […] des Betreibungsamtes […][des Gläubigers] gegen den Schuldner [Name, Vorname, Adresse] sei in Bezug auf [den gepfändeten Vermögensgegenstand {Beschreibung} / die gepfändeten Vermögensgegenstände gemäss Pfändungsprotokoll vom {Datum}] die vorzeitige Verwertung vorzunehmen.

9. VORAUSSETZUNGEN

A. ERSTE VORAUSSETZUNG

7.292 Zeitgerecht gestelltes **Gesuch des (betriebenen) Schuldners um vorzeitige Verwertung** (Art. 124 Abs. 1 SchKG).

B. ZWEITE VORAUSSETZUNG

7.293 Leistung des **Kostenvorschusses** durch den Schuldner.[202]

200 KUKO SchKG-Rüetschi, Art. 124 N 7; BSK SchKG I-Suter, Art. 124 N 6 und 11.

201 BSK SchKG I-Suter, Art. 124 N 11.

202 KUKO SchKG-Rüetschi, Art. 124 N 7.

C. DRITTE VORAUSSETZUNG

Ermessen des Betreibungsamtes. Es handelt sich bei Art. 124 Abs. 1 SchKG um eine **Kann-Vorschrift**, d.h. der Schuldner hat keinen Anspruch auf Bewilligung. Die Gewährung einer solchen liegt im Ermessen des Betreibungsamtes, wobei das Betreibungsamt bei der Beurteilung des Gesuches eine Interessenabwägung (zwischen den Interessen der Gläubiger und den Interessen des Schuldners) vorzunehmen hat.[203] 7.294

10. BESONDERHEITEN

Eine Zustimmung des Gläubigers ist nicht erforderlich. Entspricht das Betreibungsamt dem Gesuch, ist es gesetzlich nicht verpflichtet, den Gläubiger vor der Verwertung zu benachrichtigen.[204] 7.295

Ist der Vermögenswert mit Arrest belegt oder in der Retentionsurkunde aufgeführt, soll sich der Schuldner auch auf Art. 124 Abs. 1 SchKG berufen können.[205] 7.296

Zwar soll der Schuldner sein Gesuch auf bestimmte Vermögenswerte beschränken können, nicht jedoch auf Grundstücke (vgl. Art. 133 Abs. 2 SchKG in Bezug auf Grundstücke).[206] 7.297

11. RECHTSMITTEL

Die Verfügungen des Betreibungsamts können mit betreibungsrechtlicher Beschwerde gem. Art. 17 SchKG bei der (unteren) kantonalen Aufsichtsbehörde angefochten werden. 7.298

Falls eine **obere kantonale Aufsichtsbehörde** existiert, kann:
- der Entscheid einer unteren Aufsichtsbehörde innert 10 Tagen nach Eröffnung an die obere kantonale Aufsichtsbehörde weitergezogen werden (Art. 18 Abs. 1 SchKG);
- wegen Rechtsverweigerung oder Rechtsverzögerung durch die untere kantonale Aufsichtsbehörde jederzeit bei der oberen kantonalen Aufsichtsbehörde Beschwerde gegen die untere kantonale Aufsichtsbehörde geführt werden (Art. 18 Abs. 2 SchKG).

Ansonsten ist **beim Bundesgericht Beschwerde in Zivilsachen** zu erheben (Art. 19 SchKG i.V.m. Art. 72 Abs. 2 lit. a BGG). Gemäss Art. 74 Abs. 2 lit. c BGG ist die Beschwerde in Zivilsachen in einem solchen Fall unabhängig vom jeweiligen Streitwert zulässig.[207] Die Beschwerdefrist beträgt 10 Tage (Art. 100 Abs. 2 lit. a BGG).

---

203 KUKO SchKG-Rüetschi, Art. 124 N 10 f.
204 BSK SchKG I-Suter, Art. 124 N 17.
205 KUKO SchKG-Rüetschi, Art. 124 N 5.
206 KUKO SchKG-Rüetschi, Art. 124 N 8.
207 BGE 135 I 187, E. 1.2; Kren Kostkiewicz/Walder, Art. 17 SchKG N 26.

7.299 Tabellarische Zusammenfassung

Zweck	Ein Gesuch um eine vorzeitige Verwertung von beweglichem Vermögen soll dem Schuldner einen gewissen Ausgleich für die durch den Betreibungsbeschlag erlittene Verfügungsbeschränkung schaffen indem die Verwertung vorzeitig erfolgt
Gesetzliche Grundlage	Art. 124 Abs. 1 SchKG
Verfahrensart	Kantonales Verwaltungsverfahrensrecht
Zuständigkeit	Betreibungsamt am Betreibungsort (Art. 46 ff. SchKG) resp. dasjenige, welches die Pfändung angeordnet hat (Art. 53 SchKG)
Aktivlegitimation	(Betriebener) Schuldner
Passivlegitimation	Nicht einschlägig
Streitwert	Nicht einschlägig
Fristen	Nicht einschlägig. Das Gesuch kann frühestens nach Vollzug der (provisorischen) Pfändung, des Arrestes oder der Aufnahme des Retentionsverzeichnis, spätestens jedoch am letzten Tag, an dem der Gläubiger das Verwertungsbegehren stellen kann bzw. am letzten Tag vor Dahinfallen des Arrests bzw. des Retentionsverzeichnisses, gestellt werden
Kombination	Nicht einschlägig
Mögliche Rechtsbegehren	In der Betreibung Nr. [...] des Betreibungsamtes [...][des Gläubigers] gegen den Schuldner [Name, Vorname, Adresse] sei in Bezug auf [den gepfändeten Vermögensgegenstand {Beschreibung} / die gepfändeten Vermögensgegenstände gemäss Pfändungsprotokoll vom {Datum}] die vorzeitige Verwertung vorzunehmen.
Voraussetzungen	– Zeitgerechtes Gesuch um vorzeitige Verwertung durch den (betriebenen) Schuldner – Leistung des Kostenvorschusses durch den Schuldner – Zustimmung des Betreibungsamts (Ermessensentscheid aufgrund der Kann-Vorschrift)
Besonderheiten	– Zustimmung des Gläubigers ist nicht erforderlich – Das Betreibungsamt ist nicht verpflichtet, den Gläubiger vor der Verwertung zu benachrichtigen – Schuldner kann sein Gesuch auf bestimmte Vermögenswerte beschränken (nicht aber in Bezug auf Grundstücke, vgl. Art. 133 Abs. 2 SchKG)

Rechtsmittel	Verfügungen des Betreibungsamtes können mit betreibungsrechtlicher Beschwerde gem. Art. 17 SchKG innert 10 Tagen an die (untere) kantonale Aufsichtsbehörde weitergezogen werden *Falls eine obere kantonale Aufsichtsbehörde besteht:* Beschwerde an die obere kantonale Aufsichtsbehörde innert 10 Tagen nach Eröffnung des Entscheids der unteren kantonalen Aufsichtsbehörde (Art. 18 Abs. 1 SchKG) *oder* Beschwerde an die obere kantonale Aufsichtsbehörde gegen eine untere kantonale Aufsichtsbehörde bei Rechtsverzögerung oder Rechtsverweigerung (jederzeit möglich) *Ansonsten bzw. bei letztinstanzlichen kantonalen Entscheidungen:* Beschwerde in Zivilsachen beim Bundesgericht (Art. 19 SchKG i.V.m. Art. 72 Abs. 2 lit. a BGG) innert 10 Tagen (Art. 100 Abs. 2 lit. a BGG)

XVIII. BEGEHREN BETREFFEND HAFTUNG FÜR DEN AUSFALL UND WEITEREN SCHADEN (ART. 129 ABS. 4 SCHKG)

1. ZWECK UND WIRKUNG

Wird eine Versteigerung nicht vollzogen, weil der Ersteigerer die Zahlung nicht rechtzeitig geleistet hat, muss das Betreibungsamt eine neue Steigerung anordnen (vgl. Art. 129 Abs. 3 SchKG). Diese Wiederholung der Verwertung kann einen Ausfall und auch weitere Schäden zur Folge haben, für welche der frühere Ersteigerer und seine Bürgen gem. Art. 129 Abs. 4 SchKG haften.[208] Mit einem Begehren betreffend Haftung für den Ausfall und weiteren Schaden wird daher ein erster Schritt eingeleitet, um eine Schadloshaltung erreichen zu können (im Bestreitungsfall nötigenfalls mit einer Schadenersatzklage). 7.300

Wird ein Begehren gestellt, erfolgt die betreibungsamtliche Verwertung einer *strittigen* Ausfall- und Schadenersatzforderung gem. Art. 129 Abs. 4 SchKG, indem das Betreibungsamt die Forderung nach Art. 131 SchKG zur Eintreibung an die interessierten Gläubiger überweist. Mangels eines entsprechenden Begehrens, d.h. bei fehlendem Abtretungsinteresse der Gläubiger, wird die strittige Ausfall- und Schadenersatzforderung öffentlich versteigert.[209] Im Streitfall über das Bestehen einer Haftung für den Ausfall und weiteren Schaden (z.B. betreffend die Höhe), hat das Gericht zu urteilen (und nicht etwa das Betreibungsamt).[210] 7.301

208 BGer 5C.222/2006 vom 14.2.2007, E. 3.

209 BGer 5C.222/2006 vom 14.2.2007, E. 3; KUKO SchKG-Amberg, Art. 129 N 16; BSK SchKG I-Rutz/Roth, Art. 129 N 16.

210 BGer 5C.222/2006 vom 14.2.2007, E. 3; BGE 82 III 137, E. 1 (141); KUKO SchKG-Amberg, Art. 129 N 15. Örtlich zuständig für die Beurteilung einer Schadenersatzklage gegen den säumigen Ersteigerer und seine Bürgen ist das

2. VERFAHRENSART

7.302 Das Verfahren richtet sich nach kantonalem Verwaltungs(verfahrens)recht.[211]

3. ZUSTÄNDIGKEIT

7.303 Zuständig ist das Betreibungsamt am Betreibungsort (Art. 46 ff. SchKG).

4. LEGITIMATION

A. AKTIVLEGITIMATION

7.304 (Aktiv-)Legitimiert sind der (betriebene) Schuldner, die (betreibenden) Gläubiger und die allfälligen Pfandgläubiger.

B. PASSIVLEGITIMATION

7.305 Passivlegitimiert ist der Ersteigerer und seine Bürgen (Art. 129 Abs. 4 SchKG).

5. STREITWERT

7.306 Ausfall und weiterer Schaden (z.B. Zinsverlust, Kosten für die neue Steigerung, Kosten für die Aufbewahrung und den Unterhalt des Steigerungsobjekts für die Zeit zwischen dem Zuschlag und der neuen Steigerung).[212]

Gericht am (Wohn-)Sitz gem. Art. 10 ZPO (Sutter-Somm/Hasenböhler/Leuenberger-Sutter-Somm/Schrank, Art. 46 ZPO N 9).

211 Verfügungen von Vollstreckungsorganen (z.B. eines Betreibungs- oder Konkursamtes) und die gegen solche Verfügungen unter Umständen zu ergreifende betreibungsrechtliche Beschwerde gem. Art. 17 ff. SchKG fallen nicht unter den in Art. 1 lit. c ZPO bezeichneten Geltungsbereich («gerichtliche Angelegenheiten des Schuldbetreibungs- und Konkursrechts») und somit nicht unter die ZPO. Solche Verfügungen stellen vielmehr das Ergebnis «eigenständiger Verwaltungsverfahren» dar (vgl. Botschaft ZPO, 7258), welche zum Beispiel durch einen entsprechenden Antrag oder ein entsprechendes Gesuch eingeleitet werden können. Auch Thomas Sutter-Somm/Rafael Klingler postulieren, dass Verfügungen der Vollstreckungsorgane und das betreibungsrechtliche Beschwerdeverfahren dem kantonalen Verwaltungsrecht unterstehen (Sutter-Somm/Hasenböhler/Leuenberger-Sutter-Somm/Klingler, Art. 1 ZPO N 8; vgl. BGer 5A_448/2011 vom 31.10.2011, E. 2.1). Franco Lorandi führt aus, dass das Verfahren vor den Betreibungsorganen dem Verwaltungsrecht sehr verwandt sei (Lorandi, 15, 19; Besprechung des Urteils des OGer TG vom 21.2.2013, in: RBOG 2013, Nr. 17).

212 KUKO SchKG-Amberg, Art. 129 N 12 f.

6. FRISTEN

Das SchKG sieht keine ausdrückliche Frist vor. Eine Stellung des Begehrens an das Betreibungsamt dürfte jedoch bedingen, dass das Betreibungsamt im Falle einer Bestreitung der geltend gemachten Ausfall- und Schadenersatzforderung im Rahmen der laufenden Betreibung noch eine betreibungsamtliche Verwertung vornehmen kann, d.h. das Betreibungsverfahren noch nicht abgeschlossen wurde. 7.307

Die Ausfall- und Schadenersatzforderung verjährt innert 10 Jahren.[213] 7.308

7. KOMBINATIONSMÖGLICHKEITEN

Es sind keine naheliegenden Kombinationsmöglichkeiten ersichtlich. 7.309

8. MÖGLICHE RECHTSBEGEHREN

In der Betreibung Nr. [...] des Betreibungsamtes [...][des Gläubigers] gegen den Schuldner [Name, Vorname, Adresse] sei die [dem Schuldner {Name, Vorname, Adresse}] zustehende Ausfall- und Schadenersatzforderung gem. Art. 131 SchKG zum Inkasso abzutreten. 7.310

9. VORAUSSETZUNGEN

A. ERSTE VORAUSSETZUNG

Die durchgeführte **(erste) Steigerung wird nicht vollzogen**, da der Erstersteigerer die Zahlung nicht rechtzeitig geleistet hat. 7.311

B. ZWEITE VORAUSSETZUNG

Es wurde eine neue **(zweite) Steigerung durchgeführt**. 7.312

C. DRITTE VORAUSSETZUNG

Nach Durchführung der neu angeordneten (zweiten) Steigerung steht fest, dass ein **Ausfall bzw. Schaden** entstand. Ob ein solcher Ausfall bzw. Schaden entstand, wird festgestellt, indem die Lage, wie sie sich bei richtiger Erfüllung präsentiert hätte, mit derjenigen, wie sie sich aus der Nichterfüllung ergibt, verglichen wird. Ein Ausfall bzw. Schaden liegt demnach vor, wenn der an der 7.313

213 BSK SchKG I-Rutz/Roth, Art. 129 N 13.

zweiten Steigerung erzielte höhere Zuschlagspreis die zusätzlichen Zins-, Verwertungs-, Verwahrungs- und ähnliche Kosten nicht deckt.[214]

D. VIERTE VORAUSSETZUNG

7.314 Das Begehren wird zu einem Zeitpunkt gestellt, in dem eine **betreibungsrechtliche Verwertung** im Fall einer Bestreitung der geltend gemachten Ausfall- und Schadenersatzforderung **noch möglich** ist.

10. BESONDERHEITEN

7.315 Die Forderung (betreffend einen allfälligen Ausfall und allen weiteren Schaden) steht nicht dem Gläubiger zu, sondern bildet ein Aktivum des (betriebenen) Schuldners (gegen den früheren Ersteigerer). Dieser darf indes nicht über die Forderung verfügen, da sie dem *Pfandbeschlag* unterliegt. Die Forderung kann ihrerseits aber betreibungsamtlich verwertet werden. Daraus folgt auch, dass weder den Betreibungs- noch den Pfandgläubigern ein direktes Klagerecht zusteht.[215]

7.316 Der Zinsverlust wird zu fünf vom Hundert berechnet (Art. 129 Abs. 4 SchKG).

11. RECHTSMITTEL

7.317 Die Verfügungen des Betreibungsamts können mit betreibungsrechtlicher Beschwerde gem. Art. 17 SchKG bei der (unteren) kantonalen Aufsichtsbehörde angefochten werden.

Falls eine **obere kantonale Aufsichtsbehörde** existiert, kann:
- der Entscheid einer unteren Aufsichtsbehörde innert 10 Tagen nach Eröffnung an die obere kantonale Aufsichtsbehörde weitergezogen werden (Art. 18 Abs. 1 SchKG);
- wegen Rechtsverweigerung oder Rechtsverzögerung durch die untere kantonale Aufsichtsbehörde jederzeit bei der oberen kantonalen Aufsichtsbehörde Beschwerde gegen die untere kantonale Aufsichtsbehörde geführt werden (Art. 18 Abs. 2 SchKG).

Ansonsten ist **beim Bundesgericht Beschwerde in Zivilsachen** zu erheben (Art. 19 SchKG i.V.m. Art. 72 Abs. 2 lit. a BGG). Gemäss Art. 74 Abs. 2 lit. c BGG ist die Beschwerde in Zivilsachen in einem solchen Fall unabhängig vom jeweiligen Streitwert zulässig.[216] Die Beschwerdefrist beträgt 10 Tage (Art. 100 Abs. 2 lit. a BGG).

---

214 BGer 5C.222/2006 vom 14.2.2007, E. 3.

215 BGer 5C.222/2006 vom 14.2.2007, E. 3; BSK SchKG I-RUTZ/ROTH, Art. 129 N 14f.

216 BGE 135 I 187, E. 1.2; KREN KOSTKIEWICZ/WALDER, Art. 17 SchKG N 26.

Tabellarische Zusammenfassung

Zweck	Erster Schritt, um eine Schadloshaltung infolge einer weiteren erforderlichen Durchführung einer Versteigerung (wenn die erste Versteigerung nicht vollzogen werden konnte) zu erreichen
Gesetzliche Grundlage	Art. 129 Abs. 4 SchKG
Verfahrensart	Kantonales Verwaltungsverfahrensrecht
Zuständigkeit	Betreibungsamt am Betreibungsort (Art. 46 ff. SchKG)
Aktivlegitimation	(Betriebener) Schuldner, (betreibender) Gläubiger, allf. Pfandgläubiger
Passivlegitimation	Ersteigerer und seine allf. Bürgen
Streitwert	Ausfall und weiterer Schaden (z.B. Zinsverlust, Kosten der erneuten Versteigerung, Aufbewahrungs- und Unterhaltskosten)
Fristen	Grds. keine Fristen im SchKG vorgesehen. Das Betreibungsamt muss jedoch im Rahmen der laufenden Betreibung eine betreibungsamtliche Verwertung vornehmen können, d.h. das Betreibungsverfahren darf noch nicht abgeschlossen sein. Zudem ist eine Verjährung möglich
Kombination	Nicht einschlägig
Mögliche Rechtsbegehren	In der Betreibung Nr. […] des Betreibungsamtes […][des Gläubigers] gegen den Schuldner [Name, Vorname, Adresse] sei die [dem Schuldner {Name, Vorname, Adresse}] zustehende Ausfall- und Schadenersatzforderung gem. Art. 131 SchKG zum Inkasso abzutreten.
Voraussetzungen	– (Erste) Steigerung wurde nicht vollzogen (da die Zahlung nicht fristgerecht erfolgte) – Eine erneute (zweite) Steigerung wurde durchgeführt – Nach der erneuten (zweiten) Steigerung wird ein Schaden festgestellt – Betreibungsrechtliche Verwertung ist im Zeitpunkt der Stellung des Begehrens noch möglich
Besonderheiten	– Obwohl es sich um eine Forderung (Aktivum) des Schuldners (gegenüber dem früheren Ersteigerer) handelt, darf er nicht darüber verfügen, da sie dem Pfandbeschlag unterliegt. Die Forderung kann jedoch betreibungsamtlich verwertet werden – Der berechnete Zinsverlust beträgt 5 %

Rechtsmittel	Verfügungen des Betreibungsamtes können mit betreibungsrechtlicher Beschwerde gem. Art. 17 SchKG innert 10 Tagen an die (untere) kantonale Aufsichtsbehörde weitergezogen werden *Falls eine obere kantonale Aufsichtsbehörde besteht:* Beschwerde an die obere kantonale Aufsichtsbehörde innert 10 Tagen nach Eröffnung des Entscheids der unteren kantonalen Aufsichtsbehörde (Art. 18 Abs. 1 SchKG) *oder* Beschwerde an die obere kantonale Aufsichtsbehörde gegen eine untere kantonale Aufsichtsbehörde bei Rechtsverzögerung oder Rechtsverweigerung (jederzeit möglich) *Ansonsten bzw. bei letztinstanzlichen kantonalen Entscheidungen:* Beschwerde in Zivilsachen beim Bundesgericht (Art. 19 SchKG i.V.m. Art. 72 Abs. 2 lit. a BGG) innert 10 Tagen (Art. 100 Abs. 2 lit. a BGG)

XIX. KLAGE GEGEN DEN ERSTEIGERER FÜR DEN AUSFALL UND WEITEREN SCHADEN (ART. 129 ABS. 4 SCHKG)

1. ZWECK UND WIRKUNG

7.318 Die Klage gegen den Ersteigerer für den Ausfall und weiteren Schaden bezweckt, ein infolge nicht rechtzeitiger Zahlung nach dem Zuschlag (vgl. Art. 129 Abs. 3 SchKG) allfällig entstandenes Aktivum des Schuldners, nämlich die Ausfall- und Schadenersatzforderung gem. Art. 129 Abs. 4 SchKG geltend zu machen, wenn der Ersteigerer diese Forderung bestreitet.

7.319 Eine Gutheissung der Klage bewirkt, dass der Ersteigerer zur Bezahlung der Ausfall- und Schadenersatzforderung verpflichtet wird.[217]

2. VERFAHRENSART

7.320 Je nach Sachverhalt ist die Klage gegen den Ersteigerer für den Ausfall und weiteren Schaden zu behandeln im:

- **ordentlichen Verfahren** (Art. 219 ff. ZPO) bei einem Streitwert von mehr als CHF 30 000.– *oder*
- **vereinfachten Verfahren** (Art. 243 ff. ZPO) bei einem Streitwert bis zu CHF 30 000.–.[218]

217 Vock/Müller, 197.

218 Vock/Müller, 194.

3. ZUSTÄNDIGKEIT

Das SchKG enthält hinsichtlich der **örtlichen Zuständigkeit** keine Vorgaben. Die örtliche Zuständigkeit bestimmt sich folglich gem. Art. 9 ff. ZPO (Art. 46 ZPO e contrario), konkret Art. 10 ZPO.[219] Beispielsweise ist für Klagen gegen eine natürliche Person das Gericht an deren Wohnsitz zuständig, während für Klagen gegen eine juristische Person, das Gericht an deren Sitz zuständig ist. 7.321

Die **sachliche** und **funktionelle** Zuständigkeit bestimmt sich gemäss dem jeweilig anwendbaren kantonalen Recht (vgl. Art. 4 ZPO). 7.322

4. LEGITIMATION

A. AKTIVLEGITIMATION

Aktivlegitimiert ist, wer die bestrittene Ausfall- und Schadenersatzforderung im Rahmen der Forderungsüberweisung oder bei deren öffentlichen Versteigerung zugewiesen erhalten hat.[220] 7.323

B. PASSIVLEGITIMATION

Passivlegitimiert ist der Ersteigerer und seine Bürgen (Art. 129 Abs. 4 SchKG). 7.324

5. STREITWERT

Ausfall und weiterer Schaden (z.B. Zinsverlust, Kosten für die neue Steigerung, Kosten für die Aufbewahrung und den Unterhalt des Steigerungsobjekts für die Zeit zwischen dem Zuschlag und der neuen Steigerung).[221] 7.325

6. FRISTEN

Das SchKG sieht keine ausdrückliche Frist betreffend die Einleitung eines Schlichtungsverfahrens vor.[222] Die Ausfall- und Schadenersatzforderung verjährt innert 10 Jahren.[223] 7.326

219 VOCK/MÜLLER, 195.
220 VOCK/MÜLLER, 194.
221 KUKO SchKG-AMBERG, Art. 129 N 12 f.
222 VOCK/MÜLLER, 196.
223 BSK SchKG I-RUTZ/ROTH, Art. 129 N 13.

7.327 Nach Erteilung der Klagebewilligung ist die Klage innert 3 Monaten beim Gericht einzureichen (vgl. Art. 209 Abs. 3 ZPO).[224]

7. KOMBINATIONSMÖGLICHKEITEN

7.328 Es sind keine naheliegenden Kombinationsmöglichkeiten ersichtlich.

8. MÖGLICHE RECHTSBEGEHREN

7.329
1. Es sei der Beklagte zu verpflichten, dem Kläger CHF [Betrag] (zzgl. Zins zu [Zinssatz] % seit [Datum]) zu bezahlen.
2. Unter Kosten- und Entschädigungsfolgen zulasten des Beklagten.

9. VORAUSSETZUNGEN

A. ERSTE VORAUSSETZUNG

7.330 Eine **Ausfall- und Schadenersatzforderung gem. Art. 129 Abs. 4 SchKG** wurde im Rahmen einer betreibungsamtlichen Verwertung dem **Kläger zugewiesen**.

B. ZWEITE VORAUSSETZUNG

7.331 Der Ersteigerer (und seine allf. Bürgen) bestreiten die Forderung, so dass das durchgeführte **Schlichtungsverfahren** (Art. 197 ZPO) insofern **erfolglos** war, als dass eine Klagebewilligung erteilt wurde (Art. 209 ZPO).

C. DRITTE VORAUSSETZUNG

7.332 Einhaltung der dreimonatigen **Klagefrist** (Art. 209 Abs. 3 ZPO).

D. VIERTE VORAUSSETZUNG

7.333 Leistung des **Kostenvorschusses**.

224 VOCK/MÜLLER, 196.

10. BESONDERHEITEN

Die Forderung (betreffend einen allfälligen Ausfall und allen weiteren Schaden) steht nicht dem Gläubiger zu, sondern bildet ein Aktivum des (betriebenen) Schuldners (gegen den früheren Ersteigerer). Dieser darf indes nicht über die Forderung verfügen, da sie dem Pfandbeschlag unterliegt. Die Forderung kann ihrerseits aber betreibungsamtlich verwertet werden. Daraus folgt auch, dass weder den Betreibungs- noch den Pfandgläubigern ein direktes Klagerecht zusteht.[225] 7.334

Der Zinsverlust wird zu fünf vom Hundert berechnet (Art. 129 Abs. 4 SchKG). 7.335

11. RECHTSMITTEL

Der *erstinstanzliche Entscheid* ist – sofern der Streitwert mindestens CHF 10 000.– beträgt – grundsätzlich mit der **Berufung** gem. Art. 308 ff. ZPO anfechtbar. Beträgt der Streitwert jedoch weniger, ist der Entscheid mit **Beschwerde** gem. Art. 319 ff. ZPO anfechtbar. Liegt ein letztinstanzlicher kantonaler Entscheid vor und beträgt entweder der Streitwert mindestens CHF 30 000.– oder stellt sich eine Rechtsfrage von grundsätzlicher Bedeutung, kann dieser mit **Beschwerde in Zivilsachen beim Bundesgericht** angefochten werden (vgl. Art. 72 Abs. 2 lit. a i.V.m. Art. 74 Abs. 1 lit. b bzw. Art. 74 Abs. 2 lit. a BGG). Ansonsten, d.h. bei einem Streitwert unter CHF 30 000.– und keiner Rechtsfrage von grundsätzlicher Bedeutung, findet die **subsidiäre Verfassungsbeschwerde** gem. Art. 113 ff. BGG Anwendung. 7.336

Tabellarische Zusammenfassung

Zweck	Klageweise Geltendmachung einer vom Ersteigerer bestrittenen Ausfall- und Schadenersatzforderung gem. Art. 129 Abs. 4 SchKG
Gesetzliche Grundlage	Art. 129 Abs. 4 SchKG
Verfahrensart	Abhängig vom Streitwert ordentliches Verfahren (Art. 219 ff. ZPO) oder vereinfachtes Verfahren (Art. 243 ff. ZPO)
Zuständigkeit	Die örtliche Zuständigkeit bestimmt sich gem. ZPO (vgl. Art. 9 ff. ZPO); so ist bspw. bei einer Klage gegen eine natürliche Person das Gericht an deren Wohnsitz zuständig, während für eine Klage gegen eine juristische Person das Gericht an deren Sitz zuständig ist (vgl. Art. 10 Abs. 1 lit. a und b ZPO) Die sachliche und funktionelle Zuständigkeit richtet sich nach kantonalem Recht (Art. 4 ZPO)
Aktivlegitimation	Personen, welche die bestrittene Ausfall- und Schadenersatzforderung im Rahmen der Forderungsüberweisung oder bei deren öffentlichen Versteigerung zugewiesen erhalten haben

225 BGer 5C.222/2006 vom 14.2.2007, E. 3; BSK SchKG I-Rutz/Roth, Art. 129 N 14 f.

Passivlegitimation	Ersteigerer und allf. Bürgen
Streitwert	Ausfall und weiterer Schaden (Zinsverlust, Kosten der erneuten Versteigerung, Aufbewahrungs- und Unterhaltskosten)
Fristen	Grds. keine Fristen im SchKG vorgesehen, jedoch Verjährung möglich innert 10 Jahren und beschränkte Gültigkeit einer Klagebewilligung
Kombination	Nicht einschlägig
Mögliche Rechtsbegehren	1. Es sei der Beklagte zu verpflichten, dem Kläger CHF [Betrag] (zzgl. Zins zu [Zinssatz] % seit [Datum]) zu bezahlen. 2. Unter Kosten- und Entschädigungsfolgen zulasten des Beklagten.
Voraussetzungen	– Ausfall- und Schadenersatzforderung wurde im Rahmen einer betreibungsamtlichen Verwertung dem Kläger zugewiesen – Aufgrund der Bestreitung durch Ersteigerer (und allf. Bürgen) durchgeführtes Schlichtungsverfahren war erfolglos und Klagebewilligung liegt vor – Klageeinreichung innert der Gültigkeitsdauer der Klagebewilligung – Kostenvorschuss wurde geleistet
Besonderheiten	– Die Ausfall- und Schadenersatzforderung gem. Art. 129 Abs. 4 SchKG steht nicht dem (betreibenden) Gläubiger zu, sondern es handelt sich um eine Forderung (Aktivum) des Schuldners, die dem Pfandbeschlag unterliegt und zuerst betreibungsamtlich verwertet werden muss, bevor sie – im Bestreitungsfall – gerichtlich eingeklagt werden kann (kein direktes Klagerecht) – Der berechnete Zinsverlust beträgt 5 %
Rechtsmittel	Kantonal: Abhängig vom Streitwert Berufung (Art. 308 ff. ZPO) oder Beschwerde (Art. 319 ff. ZPO) innert 30 Tagen Bund: Abhängig vom Streitwert Beschwerde in Zivilsachen (Art. 72 ff. BGG) innert 30 Tagen, oder subsidiäre Verfassungsbeschwerde (Art. 113 ff. BGG)

XX. GESUCH UM ANWEISUNG EINER FORDERUNG (ART. 131 SCHKG)

1. ZWECK UND WIRKUNG

7.337 Gepfändete Geldforderungen des Schuldners gegenüber einem Dritten werden grundsätzlich vom Betreibungsamt (gegenüber dem Dritten) geltend gemacht und eingezogen.[226] Ist die Erfüllung dieser Forderung unsicher, z.B. weil die *Forderung bestritten* oder eine *Eintreibbarkeit erschwert* ist, findet Art. 131 SchKG Anwendung.[227] Liegt ein solcher Fall vor, wird das Betreibungsamt in der Regel von sich aus die beiden Möglichkeiten von Art. 131 SchKG (Anweisung an die Gesamt-

226 BGE 120 III 131, E. 1; KUKO SchKG-Amberg, Art. 131 N 1.

227 BGE 120 III 131, E. 1; KUKO SchKG-Amberg, Art. 131 N 1.

heit der Gläubiger oder einzelne von ihnen an Zahlungs statt oder Anweisung an die Gesamtheit der Gläubiger oder einzelne von ihnen zur Geltendmachung / Eintreibung) anbieten.[228]

Es ist jedoch auch möglich, dass ein Gläubiger oder ein Schuldner ein entsprechendes Gesuch um Anweisung einer Forderung stellt, um eine entsprechende Anweisung (an Zahlungs statt oder Eintreibung) zu erwirken.[229] 7.338

2. VERFAHRENSART

Das Verfahren richtet sich nach kantonalem Verwaltungs(verfahrens)recht.[230] 7.339

3. ZUSTÄNDIGKEIT

Zuständig ist das Betreibungsamt am Betreibungsort (Art. 46 ff. SchKG), welches die Verwertung durchführt (vgl. insb. Art. 53 SchKG). 7.340

4. LEGITIMATION

A. AKTIVLEGITIMATION

(Aktiv-)Legitimiert sind die (pfändenden) Gläubiger oder der (betriebene) Schuldner.[231] 7.341

---

228 KUKO SchKG-Amberg, Art. 131 N 6 f.

229 BSK SchKG I-Rutz/Roth, Art. 131 N 5.

230 Verfügungen von Vollstreckungsorganen (z.B. eines Betreibungs- oder Konkursamtes) und die gegen solche Verfügungen unter Umständen zu ergreifende betreibungsrechtliche Beschwerde gem. Art. 17 ff. SchKG fallen nicht unter den in Art. 1 lit. c ZPO bezeichneten Geltungsbereich («gerichtliche Angelegenheiten des Schuldbetreibungs- und Konkursrechts») und somit nicht unter die ZPO. Solche Verfügungen stellen vielmehr das Ergebnis «eigenständiger Verwaltungsverfahren» dar (vgl. Botschaft ZPO, 7258), welche zum Beispiel durch einen entsprechenden Antrag oder ein entsprechendes Gesuch eingeleitet werden können. Auch Thomas Sutter-Somm/Rafael Klingler postulieren, dass Verfügungen der Vollstreckungsorgane und das betreibungsrechtliche Beschwerdeverfahren dem kantonalen Verwaltungsrecht unterstehen (Sutter-Somm/Hasenböhler/Leuenberger-Sutter-Somm/Klingler, Art. 1 ZPO N 8; vgl. BGer 5A_448/2011 vom 31.10.2011, E. 2.1). Franco Lorandi führt aus, dass das Verfahren vor den Betreibungsorganen dem Verwaltungsrecht sehr verwandt sei (Lorandi, 15, 19; Besprechung des Urteils des OGer TG vom 21.2.2013, in: RBOG 2013, Nr. 17).

231 Falls das Gesuch von einem (pfändenden) Gläubiger oder dem (betriebenen) Schuldner gestellt wird, sind die erforderlichen Zustimmungen der anderen Beteiligten durch das Betreibungsamt einzuholen (KUKO SchKG-Amberg, Art. 131 N 7).

B. PASSIVLEGITIMATION

7.342 Nicht einschlägig.

5. STREITWERT

7.343 Nicht einschlägig.

6. FRISTEN

7.344 Das SchKG sieht keine ausdrückliche Frist vor.[232] Eine Stellung des Begehrens um Anweisung einer Forderung an das Betreibungsamt dürfte jedoch bedingen, dass im Rahmen der laufenden Betreibung eine entsprechende betreibungsamtliche Verwertung noch möglich ist, d.h. das Betreibungsverfahren nicht abgeschlossen ist.

7. KOMBINATIONSMÖGLICHKEITEN

7.345 Das entsprechende Gesuch um Anweisung einer Forderung kann z.B. zusammen mit dem Verwertungsbegehren (Art. 116 SchKG; s.a. Rz. 7.225 ff.) gestellt werden. Dadurch kann das Betreibungsamt unmittelbar mit Stellung des Verwertungsbegehrens über die Intentionen des Gesuchstellers informiert werden.

8. MÖGLICHE RECHTSBEGEHREN

7.346 *Falls eine Anweisung an Zahlungs statt i.S.v. Art. 131 Abs. 1 SchKG angestrebt wird:*

In der Betreibung Nr. […] des Betreibungsamtes […][des Gläubigers] gegen den Schuldner [Name, Vorname, Adresse] sei die Geldforderung des Schuldners über den Betrag von CHF [Betrag] an Zahlungs statt an [Nennung des Gläubigers / der Gläubiger] anzuweisen.

7.347 *Falls eine Anweisung zur Geltendmachung / Eintreibung i.S.v. Art. 131 Abs. 2 SchKG angestrebt wird:*

In der Betreibung Nr. […] des Betreibungsamtes […][des Gläubigers] gegen den Schuldner [Name, Vorname, Adresse] sei die Geldforderung des Schuldners über den Betrag von CHF [Betrag] zum Inkasso an [Nennung des Gläubigers / der Gläubiger] anzuweisen.

---

232 Vor diesem Hintergrund empfiehlt es sich, dass das Betreibungsamt nach Eingang des Verwertungsbegehrens in Bezug auf eine strittige Forderung den Gläubigern eine Frist ansetzt zur Stellung eines entsprechenden Gesuchs (BSK SchKG I-Rutz/Roth, Art. 131 N 7).

9. VORAUSSETZUNGEN

A. ERSTE VORAUSSETZUNG

Das **Verwertungsbegehren** wurde fristgemäss gestellt und nicht zurückgezogen.[233] 7.348

B. ZWEITE VORAUSSETZUNG

Es handelt sich bei der gepfändeten Forderung um eine **Geldforderung des Schuldners**, welche **keinen Markt- oder Börsenpreis** hat (Art. 131 Abs. 1 SchKG). 7.349

C. DRITTE VORAUSSETZUNG

Das Betreibungsamt kann die Forderung nicht ohne weiteres einziehen, d.h. die **Erfüllung der Forderung** durch den Dritten ist **unsicher**, z.B. weil die Forderung bestritten oder die Eintreibung erschwert ist. 7.350

D. VIERTE VORAUSSETZUNG

Sämtliche **pfändenden Gläubiger stimmen zu** (Art. 131 Abs. 1 SchKG), wobei bei der Übernahme eines gepfändeten Anspruchs zur Eintreibung (Art. 131 Abs. 2 SchKG) nicht immer alle Gläubiger zustimmen müssen.[234] 7.351

E. FÜNFTE VORAUSSETZUNG

Das **Gesuch** um Anweisung einer Forderung wird **rechtzeitig** gestellt (s.a. Rz. 7.344). 7.352

10. BESONDERHEITEN

Nicht einschlägig. 7.353

233 BSK SchKG I-RUTZ/ROTH, Art. 131 N 6 und 38.

234 BGE 120 III 131, E. 1; Stellt ein einzelner Gläubiger oder der Schuldner das Gesuch um Anweisung einer Forderung, kann das Betreibungsamt das daraufhin vorzunehmende Einholen der Zustimmungen auch dem Gesuchsteller überbinden (BSK SchKG I-RUTZ/ROTH, Art. 131 N 5).

11. RECHTSMITTEL

7.354 Die Verfügungen des Betreibungsamts können mit betreibungsrechtlicher Beschwerde gem. Art. 17 SchKG bei der (unteren) kantonalen Aufsichtsbehörde angefochten werden.

Falls eine **obere kantonale Aufsichtsbehörde** existiert, kann:

- der Entscheid einer unteren Aufsichtsbehörde innert 10 Tagen nach Eröffnung an die obere kantonale Aufsichtsbehörde weitergezogen werden (Art. 18 Abs. 1 SchKG);
- wegen Rechtsverweigerung oder Rechtsverzögerung durch die untere kantonale Aufsichtsbehörde jederzeit bei der oberen kantonalen Aufsichtsbehörde Beschwerde gegen die untere kantonale Aufsichtsbehörde geführt werden (Art. 18 Abs. 2 SchKG).

Ansonsten ist **beim Bundesgericht Beschwerde in Zivilsachen** zu erheben (Art. 19 SchKG i.V.m. Art. 72 Abs. 2 lit. a BGG). Gemäss Art. 74 Abs. 2 lit. c BGG ist die Beschwerde in Zivilsachen in einem solchen Fall unabhängig vom jeweiligen Streitwert zulässig.[235] Die Beschwerdefrist beträgt 10 Tage (Art. 100 Abs. 2 lit. a BGG).

Tabellarische Zusammenfassung

Zweck	Ist die Erfüllung einer gepfändeten Geldforderung des Schuldners gegenüber einem Dritten z.B. infolge erschwerter Eintreibbarkeit unsicher, kann eine Verwertung gem. Art. 131 SchKG vom Betreibungsamt angeboten resp. von Betreibungsparteien beantragt werden
Gesetzliche Grundlage	Art. 131 SchKG
Verfahrensart	Kantonales Verwaltungsverfahrensrecht
Zuständigkeit	Betreibungsamt am Betreibungsort (Art. 46 ff. SchKG), welches die Verwertung durchführt
Aktivlegitimation	(Betreibender) Gläubiger, (betriebener) Schuldner (Betreibungsparteien)
Passivlegitimation	Nicht einschlägig
Streitwert	Nicht einschlägig
Fristen	Grds. keine Fristen im SchKG vorgesehen; das Betreibungsverfahren darf noch nicht abgeschlossen sein
Kombination	Verwertungsbegehren (Art. 116 SchKG)

235 BGE 135 I 187, E. 1.2; Kren Kostkiewicz/Walder, Art. 17 SchKG N 26.

Mögliche Rechtsbegehren	*Falls eine Anweisung an Zahlungs statt i.S.v. Art. 131 Abs. 1 SchKG angestrebt wird:* In der Betreibung Nr. [...] des Betreibungsamtes [...][des Gläubigers] gegen den Schuldner [Name, Vorname, Adresse] sei die Geldforderung des Schuldners über den Betrag von CHF [Betrag] an Zahlungs statt an [Nennung des Gläubigers / der Gläubiger] anzuweisen. *Falls eine Anweisung zur Geltendmachung/Eintreibung i.S.v. Art. 131 Abs. 2 SchKG angestrebt wird:* In der Betreibung Nr. [...] des Betreibungsamtes [...][des Gläubigers] gegen den Schuldner [Name, Vorname, Adresse] sei die Geldforderung des Schuldners über den Betrag von CHF [Betrag] zum Inkasso an [Nennung des Gläubigers / der Gläubiger] anzuweisen.
Voraussetzungen	– Verwertungsbegehren wurde fristgerecht gestellt – Bei der gepfändeten Forderung handelt es sich um eine Geldforderung ohne Markt- oder Börsenpreis – Die Erfüllung der Forderung durch den Dritten ist unsicher (z.B. weil die Forderung bestritten / die Eintreibung erschwert ist) – Erforderliche Zustimmung der pfändenden Gläubiger (sämtliche im Falle von Art. 131 Abs. 1 SchKG, nicht immer alle im Falle von Art. 131 Abs. 2 SchKG) – Gesuch um Anweisung einer Forderung wird rechtzeitig gestellt
Besonderheiten	Nicht einschlägig
Rechtsmittel	Verfügungen des Betreibungsamtes können mit betreibungsrechtlicher Beschwerde gem. Art. 17 SchKG innert 10 Tagen an die (untere) kantonale Aufsichtsbehörde weitergezogen werden *Falls eine obere kantonale Aufsichtsbehörde besteht:* Beschwerde an die obere kantonale Aufsichtsbehörde innert 10 Tagen nach Eröffnung des Entscheids der unteren kantonalen Aufsichtsbehörde (Art. 18 Abs. 1 SchKG) *oder* Beschwerde an die obere kantonale Aufsichtsbehörde gegen eine untere kantonale Aufsichtsbehörde bei Rechtsverzögerung oder Rechtsverweigerung (jederzeit möglich) *Ansonsten bzw. bei letztinstanzlichen kantonalen Entscheidungen:* Beschwerde in Zivilsachen beim Bundesgericht (Art. 19 SchKG i.V.m. Art. 72 Abs. 2 lit. a BGG) innert 10 Tagen (Art. 100 Abs. 2 lit. a BGG)

XXI. ANFECHTUNG DER VERWERTUNG MITTELS BESCHWERDE (ART. 132A SCHKG)

1. ZWECK UND WIRKUNG

7.355 Bei der öffentlichen Steigerung und dem Freihandverkauf handelt es sich um Institute der Zwangsvollstreckung.[236] Falls es bei der Verwertung durch eine öffentliche Steigerung oder durch einen Freihandverkauf zu Unregelmässigkeiten kam, kann der Zuschlag bzw. der Abschluss des Freihandverkaufs angefochten werden. Eine Anfechtung der Verwertung mittels Beschwerde bezweckt daher eine Korrektur der im Rahmen der Verwertung aufgetretenen Unregelmässigkeiten.

2. VERFAHRENSART

7.356 Die betreibungsrechtliche Beschwerde ist ein zwangsvollstreckungsrechtliches Institut und ist in Bezug auf die Rechtsnatur nicht einfach einzuordnen.[237] Sie verfügt über einerseits über Charakteristika des Verwaltungsverfahrens, andererseits aber auch über solche des Zivilprozesses. Folglich kann sie als «selbständiges, dem schweizerischen Betreibungs- und Konkursrecht eigentümliches Rechtsmittel verstanden werden».[238] Art. 20a SchKG enthält einige Mindestanforderungen, überlässt es jedoch den einzelnen Kantonen, das Verfahren zu regeln, d.h. die Verfahrensbestimmungen aufzustellen (vgl. Art. 20a Abs. 3 SchKG). Das Beschwerdeverfahren wird daher hauptsächlich vom kantonalen Recht geregelt.[239] Häufig finden sich die Bestimmungen in den kantonalen Einführungsgesetzen zum SchKG (s.a. Rz. 2.52).

3. ZUSTÄNDIGKEIT

7.357 Die Zuständigkeit für die Behandlung einer Beschwerde gem. Art. 17 SchKG richtet sich nach kantonalem Recht. Es ist die **Aufsichtsbehörde des jeweiligen Kantons** zuständig (Art. 17 und Art. 18 SchKG), wobei es den Kantonen überlassen ist, ob sie lediglich *eine Aufsichtsbehörde* oder eine *untere und eine obere Aufsichtsbehörde* bestellen wollen (vgl. Art. 13 SchKG).

7.358 Über zwei Aufsichtsbehörden (eine untere und eine obere) verfügen:

236 KUKO SchKG-Amberg, Art. 132a N 2.
237 BSK SchKG I-Cometta/Möckli, Art. 17 N 1.
238 BSK SchKG I-Cometta/Möckli, Art. 17 N 1.
239 Vock/Müller, 63.

- Aargau (untere Aufsichtsbehörde: Gerichtspräsident; obere Aufsichtsbehörde: Schuldbetreibungs- und Konkurskommission des Obergerichts)[240]
- Luzern (untere Aufsichtsbehörde: Bezirksgerichte; obere Aufsichtsbehörde: Kantonsgericht)[241]
- Schwyz (untere Aufsichtsbehörde: Bezirksgerichtspräsident; obere Aufsichtsbehörde: Kantonsgericht)[242]
- Waadt (untere Aufsichtsbehörde: président du tribunal d'arrondissement; obere Aufsichtsbehörde: Tribunal cantonal)[243]
- Wallis (untere Aufsichtsbehörde: Bezirksrichter; obere Aufsichtsbehörde: Kantonsgericht)[244]
- Zürich (untere Aufsichtsbehörde: Bezirksgerichte; obere Aufsichtsbehörde: Obergericht)[245]

4. LEGITIMATION

A. AKTIVLEGITIMATION / BESCHWERDELEGITIMATION

Beschwerdelegitimiert[246] ist (als Beschwerdeführer) jede partei-[247] und beschwerdefähige[248] Person / Gesellschaft / Einheit, die durch eine *Verfügung* eines Betreibungsamtes **beschwert** ist, indem sie (a) in ihren **rechtlich geschützten Interessen verletzt** wird oder (b) zumindest in einem **tatsächlichen und schutzwürdigen Interesse betroffen** ist und dadurch ein **schutzwürdiges (aktuelles und praktisches) Interesse** an der Aufhebung oder Abänderung der Verfügung hat. Oftmals ist der *Schuldner* oder auch der *Gläubiger* eines Betreibungsverfahrens entsprechend zur 7.359

240 Vgl. § 14 ff. EG SchKG AG.
241 Vgl. § 4 EG SchKG LU.
242 Vgl. § 10 EGzSchKG SZ.
243 Vgl. Art. 14 f. LVLP.
244 Vgl. Art. 19 f. EG SchKG VS.
245 Vgl. § 17 EG SchKG ZH.
246 Das Vorliegen der Partei- und der Beschwerdefähigkeit wie auch der Beschwerdelegitimation stellen Eintretensvoraussetzungen dar, welche die Aufsichtsbehörde von Amtes wegen zu prüfen hat (BSK SchKG I-COMETTA/MÖCKLI, Art. 17 N 39 und 45). Fehlt z.B. die Beschwerdelegitimation, ergeht ein Nichteintretensentscheid, da es sich – im Gegensatz zur Aktivlegitimation im Zivilverfahren – nicht um eine materiellrechtliche Frage (die «Sachlegitimation / materielle Legitimation zur Sache») handelt (VOCK/MÜLLER, 60).
247 Über Parteifähigkeit (= verfahrensrechtliches Pendant zur Rechtsfähigkeit) verfügen u.a.: (a) natürliche Personen; (b) juristische Personen; (c) Kollektivgesellschaft (Art. 562 OR); (d) Kommanditgesellschaft (Art. 602 OR); (e) Stockwerkeigentümergemeinschaft (Art. 712 l Abs. 2 ZGB); (f) Konkursmasse (vgl. Art. 240 SchKG); (g) Nachlassmasse beim Nachlassvertrag mit Vermögensabtretung (vgl. Art. 319 Abs. 4 SchKG) (BSK SchKG I-COMETTA/MÖCKLI, Art. 17 N 36).
248 Die Beschwerdefähigkeit ist das verfahrensrechtliche Pendant zur Handlungsfähigkeit gem. Art. 12 ZGB (BSK SchKG I-COMETTA/MÖCKLI, Art. 17 N 37).

Beschwerde legitimiert, wobei die Legitimation jedoch immer im Einzelfall zu prüfen ist. Ferner können unter Umständen auch Drittpersonen zur Beschwerde legitimiert sein.[249]

B. PASSIVLEGITIMATION

7.360 Passivlegitimiert ist das Betreibungsamt, wobei in der Lehre umstritten ist, ob das verfügende Zwangsvollstreckungsorgan passivlegitimiert sein kann oder nicht.[250]

5. STREITWERT

7.361 Nicht einschlägig.

6. FRISTEN

7.362 Die 10 tägige Beschwerdefrist (Art. 17 Abs. 2 SchKG) beginnt, wenn der Beschwerdeführer von der angefochtenen Verwertungshandlung Kenntnis erhalten hat und der Anfechtungsgrund für ihn erkennbar geworden ist (Art. 132a Abs. 2 SchKG).

Das Beschwerderecht erlischt jedoch 1 Jahr nach der Verwertung (*absolute Beschwerdefrist*; vgl. Art. 132a Abs. 3 SchKG).

7.363 Wird in Bezug auf den Zuschlag oder den Freihandverkauf Nichtigkeit geltend gemacht, ist die Beschwerdefrist nicht einschlägig.[251]

7. KOMBINATIONSMÖGLICHKEITEN

7.364 Es sind keine naheliegenden Kombinationsmöglichkeiten ersichtlich.

8. MÖGLICHE RECHTSBEGEHREN

7.365 1. In der Betreibung Nr. […] des Betreibungsamtes […][des Gläubigers] gegen den Schuldner [Name, Vorname, Adresse] sei [der Zuschlag des {Bezeichnung des betroffenen Vermögensgegenstands} / der Abschluss des Freihandverkaufs über {Bezeichnung des betroffenen Vermögensgegenstands}] vom [Datum] aufzuheben.

249 KUKO SchKG-Dieth/Wohl, Art. 17 N 9 ff.
250 BSK SchKG I-Cometta/Möckli, Art. 17 N 47.
251 BGE 117 III 39, E. 5.

2. Das Betreibungsamt [...] sei anzuweisen, [die Versteigerung neu anzusetzen / den Freihandverkauf neu durchzuführen].

9. VORAUSSETZUNGEN

A. ERSTE VORAUSSETZUNG

Es kam bei einer öffentlichen Steigerung zu einem **Zuschlag** bzw. bei einem Freihandverkauf zu einem **Abschluss eines Freihandverkaufs** (Art. 132a Abs. 1 SchKG). 7.366

B. ZWEITE VORAUSSETZUNG

Es kam im Rahmen der Durchführung der öffentlichen Steigerung bzw. des Freihandverkaufs zu **unangemessenen** Handlungen oder **Gesetzesverletzungen** (vgl. Art. 132a i.V.m. Art. 17 Abs. 1 SchKG). 7.367

C. DRITTE VORAUSSETZUNG

Der Beschwerdeführer erhielt **mit bzw. nach Zuschlag / Abschluss des Freihandverkaufs Kenntnis** von der unangemessenen oder gesetzesverletzenden Verwertungshandlung und der Anfechtungsgrund wurde für ihn erkennbar.[252] 7.368

D. VIERTE VORAUSSETZUNG

Der Beschwerdeführer ist partei- und beschwerdefähig.

E. FÜNFTE VORAUSSETZUNG

Der Beschwerdeführer ist **beschwerdelegitimiert**, d.h. er muss in seinen rechtlich geschützten oder zumindest tatsächlichen Interessen betroffen sein (= beschwert sein) und dadurch ein schutzwürdiges (aktuelles und praktisches) Interesse haben an der Aufhebung oder Abänderung der angefochtenen Verfügung oder am Erlass einer Verfügung.[253] 7.369

---

252 Nota Bene: Gegen jede Verfügung des Betreibungsamtes kann Beschwerde geführt werden, wobei die Beschwerde grundsätzlich innert 10 Tagen seit Kenntnis der anfechtbaren Verfügung zu erheben ist (vgl. Art. 17 Abs. 1 und 2 SchKG).

253 Gemeint ist die formelle Legitimation zum Verfahren (und nicht – wie im Zivilprozess – die materielle Legitimation zur Sache). Ist die Beschwerde führende Person nicht entsprechend beschwerdelegitimiert, fehlt es an einer Prozessvoraussetzung, weshalb auf die Beschwerde nicht einzutreten ist (BSK SchKG I-Cometta/Möckli, Art. 17 N 39 und 45; Vock/Müller, 60).

F. SECHSTE VORAUSSETZUNG

7.370 Die **Beschwerdefrist** wird gewahrt (innert 10 Tagen ab Kenntniserhalt und Erkennbarwerdung des Anfechtungsgrunds). Die Einreichung der Beschwerde hat jedoch spätestens 1 Jahr nach der Verwertung zu geschehen (absolute Beschwerdefrist).

7.371 Wird jedoch Nichtigkeit geltend gemacht, ist die Beschwerdefrist nicht einschlägig.

10. BESONDERHEITEN

7.372 Im Gegensatz zur relativen, zehntägigen Beschwerdefrist, kann die absolute Beschwerdefrist nicht nach Art. 33 Abs. 4 SchKG wiederhergestellt werden.

11. RECHTSMITTEL

7.373 **Falls eine obere kantonale Aufsichtsbehörde** existiert, kann:
- der Entscheid einer unteren Aufsichtsbehörde innert 10 Tagen nach Eröffnung an die obere kantonale Aufsichtsbehörde weitergezogen werden;
- wegen Rechtsverweigerung oder Rechtsverzögerung durch die untere kantonale Aufsichtsbehörde jederzeit bei der oberen kantonalen Aufsichtsbehörde Beschwerde gegen die untere kantonale Aufsichtsbehörde geführt werden.

7.374 Ansonsten ist **beim Bundesgericht Beschwerde in Zivilsachen** zu erheben (Art. 19 SchKG i.V.m. Art. 72 Abs. 2 lit. a BGG). Gemäss Art. 74 Abs. 2 lit. c BGG ist die Beschwerde in Zivilsachen in einem solchen Fall unabhängig vom jeweiligen Streitwert zulässig.[254] Die Beschwerdefrist beträgt 10 Tage (Art. 100 Abs. 2 lit. a BGG).

Tabellarische Zusammenfassung

Zweck	Anfechtung eines Zuschlages oder des Abschlusses eines Freihandverkaufs aufgrund von aufgetretenen Unregelmässigkeiten zur Korrektur dieser Unregelmässigkeiten
Gesetzliche Grundlage	Art. 132a SchKG
Verfahrensart	Zwangsvollstreckungsrechtliches Verfahren mit Mindestanforderungen gem. Art. 20a SchKG und kantonalen Ausführungsbestimmungen
Zuständigkeit	(Untere) kantonale Aufsichtsbehörde

254 BGE 135 I 187, E. 1.2; Kren Kostkiewicz/Walder, Art. 17 SchKG N 26.

Aktivlegitimation / Beschwerdelegitimation	Partei- und beschwerdefähige Personen und Einheiten, die durch eine Verfügung eines Zwangsvollstreckungsorgans beschwert sind (in ihren rechtlich geschützten Interessen verletzt oder mind. in einem tatsächlichen und schutzwürdigen Interesse betroffen sind und an der Aufhebung / Abänderung der Verfügung ein schutzwürdiges aktuelles und praktisches Interesse haben)
Passivlegitimation / Beschwerdegegner	Verfügendes Zwangsvollstreckungsorgan (Betreibungsamt) (umstritten)
Streitwert	Nicht einschlägig
Fristen	10 Tage seit Kenntnisnahme der angefochtenen Verwertungshandlung und Erkennen des einschlägigen Anfechtungsgrunds; absolute Beschwerdefrist ist jedoch 1 Jahr nach der Verwertung (Ausnahme: falls Nichtigkeit geltend gemacht wird, ist die Beschwerdefrist nicht einschlägig)
Kombination	Nicht einschlägig
Mögliche Rechtsbegehren	1. In der Betreibung Nr. […] des Betreibungsamtes […][des Gläubigers] gegen den Schuldner [Name, Vorname, Adresse] sei [der Zuschlag des {Bezeichnung des betroffenen Vermögensgegenstands} / der Abschluss des Freihandverkaufs über {Bezeichnung des betroffenen Vermögensgegenstands}] vom [Datum] aufzuheben. 2. Das Betreibungsamt […] sei anzuweisen, [die Versteigerung neu anzusetzen / den Freihandverkauf neu durchzuführen].
Voraussetzungen	– Zuschlag im Falle einer öffentlichen Steigerung oder Abschluss eines Freihandverkaufs – Unangemessene Handlungen oder Gesetzesverletzungen im Rahmen der Durchführung der öffentlichen Steigerung oder des Freihandverkaufs – Kenntnisnahme von den unangemessenen oder gesetzesverletzenden Handlungen und Erkennen des Anfechtungsgrunds – Der Beschwerdeführer ist partei- und beschwerdefähig – Beschwerdelegitimation des Beschwerdeführers – Wahrung der Beschwerdefrist (Ausnahme: Nichtigkeit wird geltend gemacht)
Besonderheiten	Relative zehntägige Beschwerdefrist kann wiederhergestellt werden; die absolute Beschwerdefrist von einem Jahr (seit der Verwertung) hingegen nicht
Rechtsmittel	*Falls eine obere kantonale Aufsichtsbehörde besteht:* Beschwerde an die obere kantonale Aufsichtsbehörde innert 10 Tagen nach Eröffnung des Entscheids der unteren kantonalen Aufsichtsbehörde (Art. 18 Abs. 1 SchKG) *oder* Beschwerde an die obere kantonale Aufsichtsbehörde gegen eine untere kantonale Aufsichtsbehörde bei Rechtsverzögerung oder Rechtsverweigerung (jederzeit möglich) *Ansonsten bzw. bei letztinstanzlichen kantonalen Entscheidungen:* Beschwerde in Zivilsachen beim Bundesgericht (Art. 19 SchKG i.V.m. Art. 72 Abs. 2 lit. a BGG) innert 10 Tagen (Art. 100 Abs. 2 lit. a BGG)

XXII. GESUCH UM VERWERTUNG VOR ABLAUF DER FRIST BZW. VORZEITIGE VERWERTUNG VON GRUNDSTÜCKEN (ART. 133 ABS. 2 SCHKG)

1. ZWECK UND WIRKUNG

7.375 Ein Gesuch um vorzeitige Verwertung von Grundstücken bezweckt, dem Schuldner – i.S. eines gewissen Ausgleichs für die durch den Betreibungsbeschlag erlittene Verfügungsbeschränkung – eine Handlungsmöglichkeit zu bieten (neben dem Antragsrecht des Gläubigers).[255] Eine Genehmigung des Gesuchs um vorzeitige Verwertung (von Grundstücken) bewirkt die Verwertung gem. Art. 133 ff. SchKG.

2. VERFAHRENSART

7.376 Das Verfahren richtet sich nach kantonalem Verwaltungs(verfahrens)recht.[256]

3. ZUSTÄNDIGKEIT

7.377 Zuständig ist das Betreibungsamt am Betreibungsort (Art. 46 ff. SchKG), welches die Pfändung angeordnet hat (vgl. insb. Art. 53 SchKG).[257]

---

255 KUKO SchKG-Rüetschi, Art. 124 N 6.

256 Verfügungen von Vollstreckungsorganen (z.B. eines Betreibungs- oder Konkursamtes) und die gegen solche Verfügungen unter Umständen zu ergreifende betreibungsrechtliche Beschwerde gem. Art. 17 ff. SchKG fallen nicht unter den in Art. 1 lit. c ZPO bezeichneten Geltungsbereich («gerichtliche Angelegenheiten des Schuldbetreibungs- und Konkursrechts») und somit nicht unter die ZPO. Solche Verfügungen stellen vielmehr das Ergebnis «eigenständiger Verwaltungsverfahren» dar (vgl. Botschaft ZPO, 7258), welche zum Beispiel durch einen entsprechenden Antrag oder ein entsprechendes Gesuch eingeleitet werden können. Auch Thomas Sutter-Somm/Rafael Klingler postulieren, dass Verfügungen der Vollstreckungsorgane und das betreibungsrechtliche Beschwerdeverfahren dem kantonalen Verwaltungsrecht unterstehen (Sutter-Somm/Hasenböhler/Leuenberger-Sutter-Somm/Klingler, Art. 1 ZPO N 8; vgl. BGer 5A_448/2011 vom 31.10.2011, E. 2.1). Franco Lorandi führt aus, dass das Verfahren vor den Betreibungsorganen dem Verwaltungsrecht sehr verwandt sei (Lorandi, 15, 19; Besprechung des Urteils des OGer TG vom 21.2.2013, in: RBOG 2013, Nr. 17).

257 Liegt das zu versteigernde Grundstück, welches nicht im Gesamteigentum steht, in einem anderen Betreibungskreis, beauftragt das Betreibungsamt (am Betreibungsort) anschliessend das Betreibungsamt des Betreibungskreises, in welchem das Grundstück liegt, mit der Verwertung (sogenannte *Requisitorialverwertung*, vgl. Art. 74 Abs. 1 der Verordnung des Bundesgerichts über die Zwangsverwertung von Grundstücken [VZG] i.V.m. Art. 1 Abs. 2 VZG). Das durch das Betreibungsamt (am Betreibungsort) beauftragte Betreibungsamt nimmt den Vollzug der Verwertung (Versteigerung) sodann rechtshilfeweise vor (BSK SchKG I-Stöckli/Duc, Art. 133 N 30 ff.).

4. LEGITIMATION

A. AKTIVLEGITIMATION

(Aktiv-)Legitimiert ist der (betriebene) Schuldner (Art. 133 Abs. 2 SchKG). Allenfalls, d.h. bei ausdrücklichem Einverständnis aller Beteiligten, könnte ein Gesuch um vorzeitige Verwertung auch auf Anstoss eines Gläubigers hin zulässig sein.[258] 7.378

B. PASSIVLEGITIMATION

Nicht einschlägig. 7.379

5. STREITWERT

Nicht einschlägig. 7.380

6. FRISTEN

Das SchKG sieht keine ausdrückliche Frist vor. Das Gesuch kann frühestens nach Vollzug der (provisorischen) Pfändung (bzw. des Arrests bzw. der Aufnahme des Retentionsverzeichnisses) gestellt werden.[259] 7.381

7. KOMBINATIONSMÖGLICHKEITEN

Es sind keine naheliegenden Kombinationsmöglichkeiten ersichtlich. 7.382

8. MÖGLICHE RECHTSBEGEHREN

In der Betreibung Nr. [...] des Betreibungsamtes [...][des Gläubigers] gegen den Schuldner [Name, Vorname, Adresse] sei in Bezug auf [das gepfändete Grundstück {Beschreibung} / die gepfändeten Grundstücke gemäss Pfändungsprotokoll vom {Datum}] die vorzeitige Verwertung vorzunehmen. 7.383

---

258 BSK SchKG I-Stöckli/Duc, Art. 133 N 27.

259 KUKO SchKG-Rüetschi, Art. 124 N 7.

9. VORAUSSETZUNGEN

A. ERSTE VORAUSSETZUNG

7.384 Zeitgerecht gestelltes **Gesuch** des (betriebenen) Schuldners oder allenfalls eines Gläubigers (vgl. Art. 133 Abs. 2 SchKG).

B. ZWEITE VORAUSSETZUNG

7.385 **Ausdrückliche und unwiderrufliche Zustimmung** sämtlicher Pfändungs- und Grundpfandgläubiger (vgl. Art. 133 Abs. 2 SchKG).[260]

C. DRITTE VORAUSSETZUNG

7.386 Leistung des **Kostenvorschusses** durch den Schuldner.[261]

10. BESONDERHEITEN

7.387 Es handelt sich bei Art. 133 Abs. 2 SchKG um eine Kann-Vorschrift, d.h. der Schuldner hat keinen Anspruch auf Bewilligung. Die Gewährung einer solchen liegt im Ermessen des Betreibungsamtes, wobei das Betreibungsamt bei der Beurteilung des Gesuches eine Interessenabwägung (zwischen den Interessen der Gläubiger und den Interessen des Schuldners) vorzunehmen hat.

7.388 Allenfalls sind – je nach Art des Grundstückes – Spezialvorschriften einschlägig (vgl. z.B. das Bundesgesetz über das bäuerliche Bodenrecht [BGBB]).

11. RECHTSMITTEL

7.389 Die Verfügungen des Betreibungsamts können mit betreibungsrechtlicher Beschwerde gem. Art. 17 SchKG bei der (unteren) kantonalen Aufsichtsbehörde angefochten werden.

Falls eine **obere kantonale Aufsichtsbehörde** existiert, kann:
- der Entscheid einer unteren Aufsichtsbehörde innert 10 Tagen nach Eröffnung an die obere kantonale Aufsichtsbehörde weitergezogen werden (Art. 18 Abs. 1 SchKG);

260 Stillschweigen, z.B. auf eine Frist zur Rückäusserung, genügt der Anforderung der ausdrücklichen Zustimmung nicht (BSK SchKG I-Stöckli/Duc, Art. 133 N 26 f.).

261 KUKO SchKG-Rüetschi, Art. 124 N 7.

- wegen Rechtsverweigerung oder Rechtsverzögerung durch die untere kantonale Aufsichtsbehörde jederzeit bei der oberen kantonalen Aufsichtsbehörde Beschwerde gegen die untere kantonale Aufsichtsbehörde geführt werden (Art. 18 Abs. 2 SchKG).

Ansonsten ist **beim Bundesgericht Beschwerde in Zivilsachen** zu erheben (Art. 19 SchKG i.V.m. Art. 72 Abs. 2 lit. a BGG). Gemäss Art. 74 Abs. 2 lit. c BGG ist die Beschwerde in Zivilsachen in einem solchen Fall unabhängig vom jeweiligen Streitwert zulässig.[262] Die Beschwerdefrist beträgt 10 Tage (Art. 100 Abs. 2 lit. a BGG).

Tabellarische Zusammenfassung

Zweck	Ein Gesuch um vorzeitige Verwertung von gepfändeten Grundstücken soll dem Schuldner einen gewissen Ausgleich für die durch den Betreibungsbeschlag erlittene Verfügungsbeschränkung schaffen indem die Verwertung vorzeitig erfolgt
Gesetzliche Grundlage	Art. 133 Abs. 2 SchKG
Verfahrensart	Kantonales Verwaltungsverfahrensrecht
Zuständigkeit	Betreibungsamt am Betreibungsort (Art. 46 ff. SchKG), welches die Pfändung angeordnet hat
Aktivlegitimation	(Betriebener) Schuldner, allenfalls, d.h. bei ausdrücklichem Einverständnis aller Beteiligter, auch ein (betreibender) Gläubiger
Passivlegitimation	Nicht einschlägig
Streitwert	Nicht einschlägig
Fristen	Grds. keine Fristen im SchKG vorgesehen; Ein Gesuch kann frühestens nach Vollzug der (provisorischen) Pfändung, des Arrests, der Aufnahme des Retentionsverzeichnisses gestellt werden
Kombination	Nicht einschlägig
Mögliche Rechtsbegehren	In der Betreibung Nr. [...] des Betreibungsamtes [...][des Gläubigers] gegen den Schuldner [Name, Vorname, Adresse] sei in Bezug auf [das gepfändete Grundstück {Beschreibung} / die gepfändeten Grundstücke gemäss Pfändungsprotokoll vom {Datum}] die vorzeitige Verwertung vorzunehmen.
Voraussetzungen	- Zeitgerecht gestelltes Gesuch - Ausdrückliche und unwiderrufliche Zustimmung sämtlicher Pfändungs- und Grundpfandgläubiger - Kostenvorschuss geleistet

262 BGE 135 I 187, E. 1.2; KREN KOSTKIEWICZ/WALDER, Art. 17 SchKG N 26.

Besonderheiten	- Schuldner hat keinen Anspruch auf Gewährung seines Gesuchs, da es sich um eine Kann-Vorschrift handelt (Ermessensentscheid des Betreibungsamtes) - Abhängig von der Art des Grundstückes können Spezialvorschriften einschlägig sein (bspw. nach BGBB)
Rechtsmittel	Verfügungen etc. des Betreibungsamtes können mit betreibungsrechtlicher Beschwerde gem. Art. 17 SchKG innert 10 Tagen an die (untere) kantonale Aufsichtsbehörde weitergezogen werden *Falls eine obere kantonale Aufsichtsbehörde besteht:* Beschwerde an die obere kantonale Aufsichtsbehörde innert 10 Tagen nach Eröffnung des Entscheids der unteren kantonalen Aufsichtsbehörde (Art. 18 Abs. 1 SchKG) *oder* Beschwerde an die obere kantonale Aufsichtsbehörde gegen eine untere kantonale Aufsichtsbehörde bei Rechtsverzögerung oder Rechtsverweigerung (jederzeit möglich) *Ansonsten bzw. bei letztinstanzlichen kantonalen Entscheidungen:* Beschwerde in Zivilsachen beim Bundesgericht (Art. 19 SchKG i.V.m. Art. 72 Abs. 2 lit. a BGG) innert 10 Tagen (Art. 100 Abs. 2 lit. a BGG)

XXIII. BESTREITUNG DES LASTENVERZEICHNISSES (ART. 140 ABS. 2 SCHKG)

1. ZWECK UND WIRKUNG

7.390 Bevor ein Grundstück versteigert werden kann, ist die Lastenbereinigung durchzuführen. Dazu erstellt das Betreibungsamt für das betroffene Grundstück gestützt auf Art. 140 Abs. 1 SchKG das Lastenverzeichnis und gibt den Beteiligten mit Zustellung des Lastenverzeichnisses die Möglichkeit zur Bestreitung innert 10 Tagen (Art. 140 Abs. 2 SchKG) (= *Vorverfahren zu einem allfälligen Lastenbereinigungsverfahren*[263]). Die Bestreitung des Lastenverzeichnisses hat zur Folge, dass das Lastenverzeichnis gegenüber dem Bestreitenden im Umfang der Bestreitung nicht in Rechtskraft tritt und das Betreibungsamt eine 20-tägige Frist zur Anhebung der Klage um Lastenbereinigung ansetzt (vgl. Art. 140 Abs. 2 i.V.m. Art. 107 Abs. 5 und Art. 108 Abs. 2 SchKG).[264]

263 Das Vorverfahren bezweckt, die Parteirollen für einen allfälligen folgenden Lastenbereinigungsprozess festzulegen. Daher verteilt das Betreibungsamt im Rahmen des Vorverfahrens im Falle einer Bestreitung die Parteirollen (vgl. Art. 39 VZG; KUKO SchKG-Bernheim/Känzig, Art. 140 N 2). Ergibt sich der Anspruch aus dem Grundbuch oder handelt es sich um ein ohne Eintrag ins Grundbuch gültiges gesetzliches Pfandrecht, ist gem. Art. 108 SchKG i.V.m. Art. 140 Abs. 2 SchKG eine vollstreckungsrechtliche Gestaltungsklage (oder je nach Lehrmeinung eine negative Feststellungsklage) einzureichen; ergibt sich der Anspruch hingegen nicht aus dem Grundbuch, ist gem. Art. 107 SchKG i.V.m. Art. 140 Abs. 2 SchKG ebenfalls eine entsprechende vollstreckungsrechtliche Gestaltungsklage (je nach Lehrmeinung eine positive Feststellungsklage) einzureichen (siehe auch Art. 39 VZG).

264 BSK SchKG I-Feuz, Art. 140 N 116.

2. VERFAHRENSART

Das Verfahren richtet sich nach kantonalem Verwaltungs(verfahrens)recht.[265] 7.391

3. ZUSTÄNDIGKEIT

Zuständig ist das Betreibungsamt, welches das Lastenverzeichnis erstellt hat.[266] 7.392

4. LEGITIMATION

A. AKTIVLEGITIMATION

(Aktiv-)Legitimiert sind die Beteiligten, d.h. (i) der (betriebene) Schuldner, (ii) alle Gläubiger, zu deren Gunsten das Grundstück gepfändet ist, (iii) die allfälligen Grundpfandgläubiger, (iv) die allfälligen Berechtigten aus vorgemerkten persönlichen Rechten (Art. 959 ZGB) sowie (v) ein allfälliger Miteigentümer oder (vi) ein allfälliger Dritteigentümer.[267] 7.393

B. PASSIVLEGITIMATION

Nicht einschlägig. 7.394

5. STREITWERT

Nicht einschlägig. 7.395

---

265 Verfügungen von Vollstreckungsorganen (z.B. eines Betreibungs- oder Konkursamtes) und die gegen solche Verfügungen unter Umständen zu ergreifende betreibungsrechtliche Beschwerde gem. Art. 17 ff. SchKG fallen nicht unter den in Art. 1 lit. c ZPO bezeichneten Geltungsbereich («gerichtliche Angelegenheiten des Schuldbetreibungs- und Konkursrechts») und somit nicht unter die ZPO. Solche Verfügungen stellen vielmehr das Ergebnis «eigenständiger Verwaltungsverfahren» dar (vgl. Botschaft ZPO, 7258), welche zum Beispiel durch einen entsprechenden Antrag oder ein entsprechendes Gesuch eingeleitet werden können. Auch Thomas Sutter-Somm/Rafael Klingler postulieren, dass Verfügungen der Vollstreckungsorgane und das betreibungsrechtliche Beschwerdeverfahren dem kantonalen Verwaltungsrecht unterstehen (Sutter-Somm/Hasenböhler/Leuenberger-Sutter-Somm/Klingler, Art. 1 ZPO N 8; vgl. BGer 5A_448/2011 vom 31.10.2011, E. 2.1). Franco Lorandi führt aus, dass das Verfahren vor den Betreibungsorganen dem Verwaltungsrecht sehr verwandt sei (Lorandi, 15, 19; Besprechung des Urteils des OGer TG vom 21.2.2013, in: RBOG 2013, Nr. 17).

266 BSK SchKG I-Feuz, Art. 140 N 114. Mit anderen Worten das Betreibungsamt am Betreibungsort (Art. 46 ff. SchKG) bzw. allenfalls das gem. Art. 74 ff. VZG für die Requisitorialverwertung beauftragte Betreibungsamt.

267 Art. 37 Abs. 1 VZG; KUKO SchKG-Bernheim/Känzig, Art. 140 N 31.

6. FRISTEN

7.396 Das Lastenverzeichnis ist innerhalb von 10 Tagen von der Zustellung an zu bestreiten (Art. 140 Abs. 2 SchKG i.V.m. Art. 37 Abs. 2 VZG).[268]

7. KOMBINATIONSMÖGLICHKEITEN

7.397 Es sind keine naheliegenden Kombinationsmöglichkeiten ersichtlich.

8. MÖGLICHE RECHTSBEGEHREN

7.398 Die in der Betreibung Nr. […] des Betreibungsamtes […] gegen den Schuldner [Name, Vorname, Adresse] im Lastenverzeichnis vom [Datum] betreffend das gepfändete Grundstück [Bezeichnung des Grundstücks] aufgeführte [genaue Bezeichnung des bestrittenen Anspruchs bzw. der Last {Position Nr.}] wird bestritten.

9. VORAUSSETZUNGEN

A. ERSTE VORAUSSETZUNG

7.399 Das Betreibungsamt stellt dem Beteiligten das **Lastenverzeichnis** zu (vgl. Art. 140 Abs. 2 SchKG).

B. ZWEITE VORAUSSETZUNG

7.400 Der Schuldner oder der / die Gläubiger wollen eine auf dem Lastenverzeichnis aufgeführte **Last** in Bezug auf deren Bestand, Umfang, Rang oder Fälligkeit **bestreiten**. Dabei ist der bestrittene Anspruch in der Bestreitungserklärung genau zu bezeichnen (vgl. Art. 37 Abs. 2 VZG).

C. DRITTE VORAUSSETZUNG

7.401 Die **Bestreitungsfrist** wird gewahrt.

268 Die Frist ist grundsätzlich wiederherstellbar i.S.v. Art. 33 Abs. 4 SchKG (BSK SchKG I-Feuz, Art. 140 N 115) und erstreckbar i.S.v. Art. 33 Abs. 2 SchKG.

10. BESONDERHEITEN

Die Bestreitung hat schriftlich zu erfolgen (Art. 37 Abs. 2 VZG). 7.402

Die Bestreitung muss nicht begründet werden.[269] 7.403

Ist infolge einer früheren Betreibung bereits ein Prozess über eine im Lastenverzeichnis enthaltene Last anhängig, so hat das Betreibungsamt hiervon im Lastenverzeichnis von Amtes wegen Vormerk zu nehmen (unter Angabe der Prozessparteien und des Rechtsbegehrens) (Art. 37 Abs. 3 VZG). 7.404

Enthält ein Lastenverzeichnis unvollständige oder fehlerhafte Eintragungen, muss es vom Interessierten mit betreibungsrechtlicher Beschwerde gem. Art. 17 SchKG angefochten werden. Ansonsten erwächst das fehlerhafte Lastenverzeichnis in Rechtskraft.[270] 7.405

11. RECHTSMITTEL

Allenfalls betreibungsrechtliche Beschwerde gem. Art. 17 SchKG bei der (unteren) kantonalen Aufsichtsbehörde gegen das Lastenverzeichnis (Art. 140 i.V.m. Art. 17 ff. SchKG).[271] 7.406

Tabellarische Zusammenfassung

Zweck	Verhindern, dass das Lastenverzeichnis (gegenüber dem Bestreitenden im Umfang der Bestreitung) in Rechtskraft erwächst, so dass das Lastenverzeichnisses korrigiert bzw. angepasst werden kann
Gesetzliche Grundlage	Art. 140 Abs. 2 SchKG
Verfahrensart	Kantonales Verwaltungsverfahrensrecht
Zuständigkeit	Betreibungsamt, welches das Lastenverzeichnis erstellt hat
Aktivlegitimation	(Betriebener) Schuldner, (betreibende) Gläubiger, zu deren Gunsten das Grundstück gepfändet wurde, allf. Grundpfandgläubiger, allf. Berechtigte aus vorgemerkten Rechten, allf. Miteigentümer, allf. Dritteigentümer
Passivlegitimation	Nicht einschlägig
Streitwert	Nicht einschlägig
Fristen	Innerhalb von 10 Tagen seit der Zustellung des Lastenverzeichnisses

269 BSK SchKG EB-Staehelin, Art. 140 ad 114b.

270 BSK SchKG I-Feuz, Art. 140 N 117a f.

271 Insbesondere wenn das Lastenverzeichnis unvollständige oder fehlerhafte Eintragungen enthält (BSK SchKG I-Feuz, Art. 140 N 117a f.).

Kombination	Nicht einschlägig
Mögliche Rechtsbegehren	Die in der Betreibung Nr. [...] des Betreibungsamtes [...] gegen den Schuldner [Name, Vorname, Adresse] im Lastenverzeichnis vom [Datum] betreffend das gepfändete Grundstück [Bezeichnung des Grundstücks] aufgeführte [genaue Bezeichnung des bestrittenen Anspruchs bzw. der Last {Position Nr.}] wird bestritten.
Voraussetzungen	– Lastenverzeichnis wurde dem Beteiligten zugestellt – Eine auf dem Lastenverzeichnis aufgeführte Last soll resp. wird bzgl. Bestand, Umfang, Rang oder Fälligkeit bestritten (genaue Bezeichnung wichtig) – Bestreitungsfrist gewahrt
Besonderheiten	– Bestreitung des Lastenverzeichnisses muss schriftlich erfolgen, jedoch nicht begründet werden – Falls aufgrund einer früheren Betreibung bereits ein Prozess über eine im Lastenverzeichnis enthaltene Last geführt wird, hat das Betreibungsamt diesbezüglich eine Vormerkung in das Lastenverzeichnis aufzunehmen – Unvollständige oder fehlerhafte Eintragungen im Lastenverzeichnis müssen mit betreibungsrechtlicher Beschwerde gem. Art. 17 SchKG angefochten werden
Rechtsmittel	Allenfalls betreibungsrechtliche Beschwerde gem. Art. 17 SchKG bei der (unteren) kantonalen Aufsichtsbehörde gegen das Lastenverzeichnis innert 10 Tagen (Art. 140 i.V.m. Art. 17 ff. SchKG)

XXIV. BESCHWERDE GEGEN DAS LASTENVERZEICHNIS (ART. 140 I.V.M. ART. 17 FF. SCHKG)

1. ZWECK UND WIRKUNG

7.407 Eine betreibungsrechtliche Beschwerde gegen das Lastenverzeichnis bezweckt, das Lastenverzeichnis infolge (formeller) **Verfahrensfehler des Betreibungsamtes** entsprechend zu ergänzen oder berichtigen.[272] Wird die Beschwerde gutgeheissen, hat das Betreibungsamt die Ergänzung oder Änderung den Beteiligten wiederum unter Ansetzung einer zehntägigen Bestreitungsfrist mitzuteilen (vgl. Art. 40 VZG).

272 Art. 40 VZG; KUKO SchKG-Bernheim/Känzig, Art. 140 N 10.

2. VERFAHRENSART

Die betreibungsrechtliche Beschwerde ist ein zwangsvollstreckungsrechtliches Institut und ist in Bezug auf die Rechtsnatur nicht einfach einzuordnen.[273] Sie verfügt einerseits über Charakteristika des Verwaltungsverfahrens, andererseits aber auch über solche des Zivilprozesses. Folglich kann sie als «selbständiges, dem schweizerischen Betreibungs- und Konkursrecht eigentümliches Rechtsmittel verstanden werden».[274] Art. 20a SchKG enthält einige Mindestanforderungen, überlässt es jedoch den einzelnen Kantonen, das Verfahren zu regeln, d.h. die Verfahrensbestimmungen aufzustellen (vgl. Art. 20a Abs. 3 SchKG). Das Beschwerdeverfahren wird daher hauptsächlich vom kantonalen Recht geregelt.[275] Häufig finden sich die Bestimmungen in den kantonalen Einführungsgesetzen zum SchKG (s.a. Rz. 2.52). 7.408

3. ZUSTÄNDIGKEIT

Die Zuständigkeit für die Behandlung einer Beschwerde gem. Art. 17 SchKG richtet sich nach kantonalem Recht. Es ist die **Aufsichtsbehörde des jeweiligen Kantons** zuständig (Art. 17 und Art. 18 SchKG), wobei es den Kantonen überlassen ist, ob sie lediglich *eine Aufsichtsbehörde* oder eine *untere und eine obere Aufsichtsbehörde* bestellen wollen (vgl. Art. 13 SchKG). 7.409

Über zwei Aufsichtsbehörden (eine untere und eine obere) verfügen: 7.410
- Aargau (untere Aufsichtsbehörde: Gerichtspräsident; obere Aufsichtsbehörde: Schuldbetreibungs- und Konkurskommission des Obergerichts)[276]
- Luzern (untere Aufsichtsbehörde: Bezirksgerichte; obere Aufsichtsbehörde: Kantonsgericht)[277]
- Schwyz (untere Aufsichtsbehörde: Bezirksgerichtspräsident; obere Aufsichtsbehörde: Kantonsgericht)[278]
- Waadt (untere Aufsichtsbehörde: président du tribunal d'arrondissement; obere Aufsichtsbehörde: Tribunal cantonal)[279]
- Wallis (untere Aufsichtsbehörde: Bezirksrichter; obere Aufsichtsbehörde: Kantonsgericht)[280]
- Zürich (untere Aufsichtsbehörde: Bezirksgerichte; obere Aufsichtsbehörde: Obergericht)[281]

---

273 BSK SchKG I-Cometta/Möckli, Art. 17 N 1.
274 BSK SchKG I-Cometta/Möckli, Art. 17 N 1.
275 Vock/Müller, 63.
276 Vgl. § 14 ff. EG SchKG AG.
277 Vgl. § 4 EG SchKG LU.
278 Vgl. § 10 EGzSchKG SZ.
279 Vgl. Art. 14 f. LVLP.
280 Vgl. Art. 19 f. EG SchKG VS.
281 Vgl. § 17 EG SchKG ZH.

4. LEGITIMATION

A. AKTIVLEGITIMATION / BESCHWERDELEGITIMATION

7.411 Beschwerdelegitimiert[282] ist als Beschwerdeführer jede partei-[283] und beschwerdefähige[284] Person / Gesellschaft / Einheit, die namentlich durch eine *Verfügung* eines Betreibungsamtes **beschwert** ist indem sie (a) in ihren **rechtlich geschützten Interessen verletzt** wird oder (b) zumindest in einem **tatsächlichen und schutzwürdigen Interesse betroffen** ist und dadurch ein **schutzwürdiges (aktuelles und praktisches) Interesse** an der Aufhebung oder Abänderung der Verfügung hat. Oftmals ist der Schuldner oder auch der Gläubiger eines Betreibungsverfahrens entsprechend zur Beschwerde legitimiert, wobei die Legitimation jedoch immer im Einzelfall zu prüfen ist. Ferner können unter Umständen auch Drittpersonen zur Beschwerde legitimiert sein.[285]

B. PASSIVLEGITIMATION / BESCHWERDEGEGNER

7.412 Passivlegitimiert ist das Betreibungsamt, wobei in der Lehre umstritten ist, ob das verfügende Zwangsvollstreckungsorgan passivlegitimiert sein kann oder nicht.[286]

5. STREITWERT

7.413 Nicht einschlägig.

6. FRISTEN

7.414 Die Frist zur Erhebung der Beschwerde beträgt 10 Tage (vgl. Art. 17 Abs. 2 SchKG und Art. 40 VZG) seit Zustellung des Lastenverzeichnisses.

---

282 Das Vorliegen der Partei- und der Beschwerdefähigkeit wie auch der Beschwerdelegitimation stellen Eintretensvoraussetzungen dar, welche die Aufsichtsbehörde von Amtes wegen zu prüfen hat (BSK SchKG I-COMETTA/MÖCKLI, Art. 17 N 39 und 45). Fehlt z.B. die Beschwerdelegitimation, ergeht ein Nichteintretensentscheid, da es sich – im Gegensatz zur Aktivlegitimation im Zivilverfahren – nicht um eine materiellrechtliche Frage (die «Sachlegitimation / materielle Legitimation zur Sache») handelt (VOCK/MÜLLER, 60).

283 Über Parteifähigkeit (= verfahrensrechtliches Pendant zur Rechtsfähigkeit) verfügen u.a.: (a) natürliche Personen; (b) juristische Personen; (c) Kollektivgesellschaft (Art. 562 OR); (d) Kommanditgesellschaft (Art. 602 OR); (e) Stockwerkeigentümergemeinschaft (Art. 712 l Abs. 2 ZGB); (f) Konkursmasse (vgl. Art. 240 SchKG); (g) Nachlassmasse beim Nachlassvertrag mit Vermögensabtretung (vgl. Art. 319 Abs. 4 SchKG) (BSK SchKG I-COMETTA/MÖCKLI, Art. 17 N 36).

284 Die Beschwerdefähigkeit ist das verfahrensrechtliche Pendant zur Handlungsfähigkeit gem. Art. 12 ZGB (BSK SchKG I-COMETTA/MÖCKLI, Art. 17 N 37).

285 KUKO SchKG-DIETH/WOHL, Art. 17 N 9 ff.; BSK SchKG I-COMETTA/MÖCKLI, Art. 17 N 40 ff.

286 BSK SchKG I-COMETTA/MÖCKLI, Art. 17 N 47.

Wird jedoch Nichtigkeit geltend gemacht, ist die Beschwerdefrist nicht einschlägig. Eine Beschwerde kann diesfalls jederzeit erhoben werden. 7.415

7. KOMBINATIONSMÖGLICHKEITEN

Je nach Konstellation ist es angezeigt, dass der Beschwerdeführer vorsorglich auch eine Bestreitung des Lastenverzeichnisses gem. Art. 140 Abs. 2 SchKG vornimmt (s.a. Rz. 7.390 ff.). 7.416

8. MÖGLICHE RECHTSBEGEHREN

1. Es sei in der Betreibung Nr. [...] des Betreibungsamts [...] gegen den Schuldner [Name, Vorname, Adresse] die betreffend das Grundstück [Bezeichnung des Grundstücks] im Lastenverzeichnis aufgenommene Last [Nennung der konkreten Last {Position Nr.}][Nennung des Änderungsbegehrens, z.B. mangels Anmeldung zu löschen]. 7.417
2. Der Beschwerde sei die aufschiebende Wirkung zu erteilen.

9. VORAUSSETZUNGEN

A. ERSTE VORAUSSETZUNG

Es besteht eine Verfügung des Betreibungsamts (= **taugliches Anfechtungs- bzw. Beschwerdeobjekt**), vorliegend ein Lastenverzeichnis. 7.418

B. ZWEITE VORAUSSETZUNG

Der Beschwerdeführer ist **partei- und beschwerdefähig**. 7.419

C. DRITTE VORAUSSETZUNG

Der Beschwerdeführer ist **beschwerdelegitimiert**, d.h. er muss in seinen rechtlich geschützten oder zumindest tatsächlichen Interessen betroffen sein (= beschwert sein) und dadurch ein schutzwürdiges (aktuelles und praktisches) Interesse haben an der Aufhebung oder Abänderung der angefochtenen Verfügung oder am Erlass einer Verfügung.[287] 7.420

287 Gemeint ist die formelle Legitimation zum Verfahren (und nicht – wie im Zivilprozess – die materielle Legitimation zur Sache). Ist die Beschwerde führende Person nicht entsprechend beschwerdelegitimiert, fehlt es an einer Prozessvoraussetzung, weshalb auf die Beschwerde nicht einzutreten ist (BSK SchKG I-Cometta/Möckli, Art. 17 N 39 und 45; Vock/Müller, 60).

D. VIERTE VORAUSSETZUNG

7.421 Die **Beschwerdefrist** ist gewahrt.

E. FÜNFTE VORAUSSETZUNG

7.422 Der Beschwerdeführer macht einen gesetzlich vorgesehenen **Beschwerdegrund** (Gesetzesverletzung inkl. Ermessensmissbrauch und Ermessensüberschreitung oder Unangemessenheit) geltend.[288]

10. BESONDERHEITEN

7.423 Die Beschwerde hat **von Gesetzes wegen keinen Suspensiveffekt** (vgl. Art. 36 SchKG). Eine aufschiebende Wirkung der Beschwerde muss daher beantragt werden und kommt nur in Existenz, sofern die kantonale Aufsichtsbehörde (oder deren Präsident) eine solche anordnet.

7.424 Das **Beschwerdeverfahren vor einer kantonalen Aufsichtsbehörde ist kostenlos**, ausser die Prozessführung erfolgt böswillig oder mutwillig (vgl. Art. 20a Abs. 2 Ziff. 5 SchKG).

7.425 Zudem wird **keine Parteientschädigung** ausgerichtet (Art. 62 Abs. 2 GebV SchKG).

7.426 Auf das Beschwerdeverfahren vor einer kantonalen Aufsichtsbehörde findet zwar die **Untersuchungsmaxime** Anwendung, allerdings können die Parteien zur Mitwirkung angehalten werden (vgl. Art. 20a Abs. 2 Ziff. 2 SchKG). Dennoch gilt aber die **Dispositionsmaxime**, wonach die Aufsichtsbehörde an die Parteianträge gebunden ist, ausser die Verfügung ist nichtig (vgl. Art. 20a Abs. 2 Ziff. 3 SchKG).[289]

7.427 Wird die Beschwerde irrtümlich bei einer unzuständigen Instanz eingereicht, ist davon auszugehen, dass die Anrufung einer unzuständigen Aufsichts*behörde* eine Überweisungspflicht nach Art. 32 Abs. 2 SchKG auslöst.[290]

11. RECHTSMITTEL

7.428 **Falls eine obere kantonale Aufsichtsbehörde** existiert, kann:

- der Entscheid einer unteren Aufsichtsbehörde innert 10 Tagen nach Eröffnung an die obere kantonale Aufsichtsbehörde weitergezogen werden (Art. 18 Abs. 1 SchKG);

288 VOCK/MÜLLER, 57.

289 VOCK/MÜLLER, 65.

290 VOCK/MÜLLER, 61.

- wegen Rechtsverweigerung oder Rechtsverzögerung durch die untere kantonale Aufsichtsbehörde jederzeit bei der oberen kantonalen Aufsichtsbehörde Beschwerde gegen die untere kantonale Aufsichtsbehörde geführt werden (Art. 18 Abs. 2 SchKG).

Ansonsten ist **beim Bundesgericht Beschwerde in Zivilsachen** zu erheben (Art. 19 SchKG i.V.m. Art. 72 Abs. 2 lit. a BGG). Gemäss Art. 74 Abs. 2 lit. c BGG ist die Beschwerde in Zivilsachen in einem solchen Fall unabhängig vom jeweiligen Streitwert zulässig.[291] Die Beschwerdefrist beträgt 10 Tage (Art. 100 Abs. 2 lit. a BGG). 7.429

Tabellarische Zusammenfassung

Zweck	Im Falle unvollständiger oder fehlerhafter Eintragungen im Lastenverzeichnis, d.h. wegen formellen Verfahrensfehlern eines Betreibungsamtes, kann das Lastenverzeichnis mittels betreibungsrechtlicher Beschwerde angefochten werden, um eine entsprechende Ergänzung oder Berichtigung zu erwirken
Gesetzliche Grundlage	Art. 140 i.V.m. Art. 17 ff. SchKG
Verfahrensart	Zwangsvollstreckungsrechtliches Verfahren mit Mindestanforderungen gem. Art. 20a SchKG und kantonalen Ausführungsbestimmungen
Zuständigkeit	(Untere) kantonale Aufsichtsbehörde
Aktivlegitimation / Beschwerdelegitimation	Partei- und beschwerdefähige Personen und Einheiten, die durch eine Verfügung eines Zwangsvollstreckungsorgans beschwert sind (in ihren rechtlich geschützten Interessen verletzt oder mind. in einem tatsächlichen und schutzwürdigen Interesse betroffen sind und an der Aufhebung / Abänderung der Verfügung ein schutzwürdiges aktuelles und praktisches Interesse haben)
Passivlegitimation / Beschwerdegegner	Betreibungsamt (umstritten)
Streitwert	Nicht einschlägig
Fristen	10 Tage beginnend mit Zustellung der Verfügung bzw. des Lastenverzeichnisses (Ausnahme: Eine Beschwerde aufgrund Nichtigkeit kann jederzeit erhoben werden)
Kombination	Allenfalls vorsorglich auch eine Bestreitung des Lastenverzeichnisses gem. Art. 140 Abs. 2 SchKG
Mögliche Rechtsbegehren	1. Es sei in der Betreibung Nr. [...] des Betreibungsamts [...] gegen den Schuldner [Name, Vorname, Adresse] die betreffend das Grundstück [Bezeichnung des Grundstücks] im Lastenverzeichnis aufgenommene Last [Nennung der konkreten Last {Position Nr.}][Nennung des Änderungsbegehrens, z.B. mangels Anmeldung zu löschen]. 2. Der Beschwerde sei die aufschiebende Wirkung zu erteilen.

291 Kren Kostkiewicz/Walder, Art. 17 SchKG N 26.

Voraussetzungen	– Verfügung in Form eines Lastenverzeichnisses des Betreibungsamtes liegt vor – Beschwerdeführer ist partei- und beschwerdefähig – Beschwerdeführer ist beschwerdelegitimiert – Beschwerdefrist wird gewahrt – Gesetzlich vorgesehener Beschwerdegrund ist einschlägig
Besonderheiten	– Die Beschwerde hat von Gesetzes wegen keine aufschiebende Wirkung. Diese muss beantragt werden – Vor einer kantonalen Aufsichtsbehörde ist das Beschwerdeverfahren kostenlos (Ausnahme. böswillige oder mutwillige Prozessführung) – Den Parteien wird in einem Beschwerdeverfahren keine Parteientschädigung ausgerichtet
Rechtsmittel	*Falls eine obere kantonale Aufsichtsbehörde besteht:* Beschwerde an die obere kantonale Aufsichtsbehörde innert 10 Tagen nach Eröffnung des Entscheids der unteren kantonalen Aufsichtsbehörde (Art. 18 Abs. 1 SchKG) *oder* Beschwerde an die obere kantonale Aufsichtsbehörde gegen eine untere kantonale Aufsichtsbehörde bei Rechtsverzögerung oder Rechtsverweigerung (jederzeit möglich) *Ansonsten bzw. bei letztinstanzlichen kantonalen Entscheidungen:* Beschwerde in Zivilsachen beim Bundesgericht (Art. 19 SchKG i.V.m. Art. 72 Abs. 2 lit. a BGG) innert 10 Tagen (Art. 100 Abs. 2 lit. a BGG)

XXV. KLAGE UM LASTENBEREINIGUNG (ART. 140 SCHKG)

1. ZWECK UND WIRKUNG

7.430 Eine Klage um Lastenbereinigung bezweckt, den Bestand, Umfang, Rang oder die Fälligkeit von Grundpfandrechten und anderen dinglichen Rechten (Ansprüchen) am gepfändeten zu verwertenden Grundstück, die im Lastenverzeichnis aufgenommen worden sind, gerichtlich festzustellen.[292]

7.431 Eine Gutheissung der Klage um Lastenbereinigung bewirkt, dass der Kläger Anspruch hat auf den gesamten Prozessgewinn bis zur vollständigen Deckung seiner in Betreibung gesetzten Forderung inkl. Zins und Betreibungskosten. Nehmen andere Gläubiger an der Pfändung teil, welche die Last nicht bestritten haben, profitieren diese grundsätzlich nicht vom Prozess(gewinn); ausser der

292 Das Lastenverzeichnis hält verbindlich fest, welche Lasten auf den Erwerber übergehen (Art. 135 Abs. 1 SchKG; VOCK/MÜLLER, 199). Wurde eine Last nicht im Lastenverzeichnis aufgenommen, ist die Aufnahme im Rahmen des Lastenbereinigungsprozesses nicht mehr möglich. Diesfalls ist eine Beschwerde gegen das Lastenverzeichnis zu erheben (KUKO SchKG-BERNHEIM/KÄNZIG, Art. 140 N 42).

Lastenbereinigungsprozess wurde zwischen dem Schuldner und einem Dritten geführt und der Schuldner obsiegt.[293]

2. VERFAHRENSART

Je nach Sachverhalt ist die Klage um Lastenbereinigung zu behandeln im: 7.432
- **ordentlichen Verfahren** (Art. 219 ff. ZPO) bei einem Streitwert von mehr als CHF 30 000.– *oder*
- **vereinfachten Verfahren** (Art. 243 ff. ZPO) bei einem Streitwert von bis zu CHF 30 000.–.

3. ZUSTÄNDIGKEIT

Örtlich zuständig für die Beurteilung eines in Bezug auf ein Grundstück geltend gemachten Anspruches ist das Gericht an dem Ort, wo das Grundstück oder sein wertvollster Teil liegt (vgl. Art. 140 Abs. 2 SchKG i.V.m. Art. 109 Abs. 3 SchKG i.V.m. Art. 46 ZPO).[294] 7.433

Die **sachliche** und **funktionelle** Zuständigkeit bestimmt sich nach dem jeweilig anwendbaren kantonalen Recht (vgl. Art. 23 SchKG und Art. 4 ZPO). 7.434

4. LEGITIMATION

A. AKTIVLEGITIMATION

Die Parteirollenverteilung, d.h. ob dem Bestreitenden oder dem Inhaber des bestrittenen Rechts in einem allfälligen Lastenbereinigungsprozess die **Klägerrolle** zukommt, wird **vom Betreibungsamt vorgenommen**.[295] 7.435
- Wird ein Recht bestritten, das im Grundbuch eingetragen ist oder das auch ohne Grundbucheintrag gültig ist (z.B. gesetzliches Pfandrecht), weist das Betreibungsamt mittels Verfügung demjenigen die Klägerrolle zu, welcher eine Abänderung oder Löschung des Rechts verlangt (Art. 39 VZG).
- Wird hingegen ein Recht bestritten, das nicht im Grundbuch eingetragen ist, obschon dessen Eintragung vorausgesetzt wäre für die Gültigkeit, weist das Betreibungsamt die Klägerrolle mittels Verfügung dem vermeintlichen Inhaber des Rechts zu.[296]

293 Art. 43 Abs. 2 VZG; KUKO SchKG-Bernheim/Känzig, Art. 140 N 43; Vock/Müller, 209.
294 BSK SchKG I-Feuz, Art. 140 N 128.
295 KUKO SchKG-Bernheim/Känzig, Art. 140 N 36; BSK SchKG I-Feuz, Art. 140 N 127.
296 Vock/Müller, 203.

7.436 Gemäss Art. 140 Abs. 2 SchKG können grundsätzlich die Beteiligten, d.h. (i) der (betriebene) Schuldner, (ii) alle Gläubiger, zu deren Gunsten das Grundstück gepfändet ist, (iii) die allfälligen Grundpfandgläubiger, (iv) die allfälligen Berechtigten aus vorgemerkten persönlichen Rechten (Art. 959 ZGB) sowie (v) ein allfälliger Miteigentümer oder (vi) ein allfälliger Dritteigentümer aktivlegitimiert sein.[297]

B. PASSIVLEGITIMATION

7.437 Passivlegitimiert sind grundsätzlich diejenigen Beteiligten i.S.v. Art. 140 Abs. 2 SchKG, deren Anspruch bestritten wird.

7.438 In einem Lastenbereinigungsprozess kann allerdings nur Beklagter sein, wer mittels **Verfügung des Betreibungsamtes** als solchen bezeichnet wurde.[298]

5. STREITWERT

7.439 Der Streitwert bemisst sich gem. Art. 91 ff. ZPO (vgl. auch Art. 1 lit. c ZPO). Dabei ist die wertmässige Bedeutung der Klage um Lastenbereinigung für die Parteien in der laufenden Betreibung massgebend.[299]

6. FRISTEN

7.440 Die Klagefrist beträgt 20 Tage (Art. 140 Abs. 2 i.V.m. Art. 107 Abs. 5 und Art. 108 Abs. 2 i.V.m. Art. 31 SchKG und Art. 142 ZPO) beginnend am Tag nach erfolgter Mitteilung durch das Betreibungsamt.[300]

7. KOMBINATIONSMÖGLICHKEITEN

7.441 Es sind keine naheliegenden Kombinationsmöglichkeiten ersichtlich.

---

297 Art. 37 Abs. 1 VZG; KUKO SchKG-Bernheim/Känzig, Art. 140 N 31.

298 BSK SchKG I-Feuz, Art. 140 N 127.

299 Vock/Müller, 206.

300 Die Frist ist eine Verwirkungsfrist, welche nur unter den Voraussetzungen von Art. 33 Abs. 2 SchKG erstreckbar oder unter den Voraussetzungen von Art. 33 Abs. 4 SchKG wiederherstellbar ist (Vock/Müller, 206).

8. MÖGLICHE RECHTSBEGEHREN

1. Es sei in der Betreibung Nr. [...] des Betreibungsamts [...] gegen den Schuldner [Name, Vorname, Adresse] betreffend die im Lastenverzeichnis vom [Datum] in Bezug auf das Grundstück [Bezeichnung des Grundstücks] aufgenommene Last [Nennung der konkreten Last {Position Nr.}] festzustellen, dass diese [nicht] besteht. 7.442
2. Die in Ziff. 1 genannte Last sei im Lastenverzeichnis [zu löschen / zu belassen und bei der Verwertung nach Massgabe der gesetzlichen Vorschriften zu berücksichtigen].
3. Unter Kosten- und Entschädigungsfolgen zulasten des Beklagten.

9. VORAUSSETZUNGEN

A. ERSTE VORAUSSETZUNG

Die im Lastenverzeichnis aufgeführte **Last wurde bestritten**. 7.443

B. ZWEITE VORAUSSETZUNG

Das Betreibungsamt hat dem Beteiligten die **Klägerrolle** zugewiesen. 7.444

C. DRITTE VORAUSSETZUNG

Der als Kläger aktivlegitimierte Beteiligte hat das **Schlichtungsverfahren** (Art. 197 ZPO) fristgerecht eingeleitet (die Klage um Lastenbereinigung gem. Art. 140 SchKG wird unter Art. 198 lit. e ZPO nämlich nicht ausdrücklich genannt), welches insofern erfolglos war, als dass eine Klagebewilligung erteilt wurde (Art. 209 ZPO). 7.445

In der Lehre wird allerdings auch die Ansicht vertreten, dass in Bezug auf eine Klage um Lastenbereinigung **kein vorgängiges Schlichtungsverfahren** durchgeführt werden muss.[301] Diese Ansicht scheint überzeugend, erklärt doch Art. 140 Abs. 2 SchKG die Artikel 106–109 SchKG betreffend die Widerspruchsklage, in deren Rahmen ein vorgängiges Schlichtungsverfahren entfällt, als anwendbar. 7.446

D. VIERTE VORAUSSETZUNG

Der als Kläger aktivlegitimierte Beteiligte reicht eine **Klage um Lastenbereinigung** ein. 7.447

301 BSK SchKG I-Feuz, Art. 140 N 127a; Vock/Müller, 205.

E. FÜNFTE VORAUSSETZUNG

7.448 Die **Klagefrist** wird eingehalten (Art. 209 Abs. 4 letzter Satz ZPO).

F. SECHSTE VORAUSSETZUNG

7.449 Der Kläger kann das **geltend gemachte Recht in rechtsgenügender Weise substantiieren**.

10. BESONDERHEITEN

7.450 Das **Schlichtungsverfahren**, welches grundsätzlich einem ordentlichen Verfahren oder einem vereinfachten Verfahren vorgeht, dürfte (obschon die Klage um Lastenbereinigung gem. Art. 140 SchKG unter Art. 198 lit. e ZPO nicht ausdrücklich genannt wird) **entfallen** (Art. 198 lit. e Ziff. 3 ZPO), was eine gewisse Verfahrensbeschleunigung mit sich bringt.[302]

7.451 Das im Rahmen eines Lastenbereinigungsprozesses ausgefällte Urteil entfaltet nur zwischen den Parteien und nur in der entsprechenden Betreibung Wirkung. Ihm kommt **keine materielle Rechtskraft** zu.[303]

11. RECHTSMITTEL

7.452 Der *erstinstanzliche Entscheid* ist – sofern der Streitwert mindestens CHF 10 000.– beträgt – grundsätzlich mit der **Berufung** gem. Art. 308 ff. ZPO anfechtbar. Beträgt der Streitwert jedoch weniger, ist der Entscheid mit **Beschwerde** gem. Art. 319 ff. ZPO anfechtbar. Liegt ein letztinstanzlicher kantonaler Entscheid vor und beträgt entweder der Streitwert mindestens CHF 30 000.– oder stellt sich eine Rechtsfrage von grundsätzlicher Bedeutung, kann dieser mit **Beschwerde in Zivilsachen beim Bundesgerich**t angefochten werden (vgl. Art. 72 Abs. 2 lit. a i.V.m. Art. 74 Abs. 1 lit. b bzw. Art. 74 Abs. 2 lit. a BGG). Ansonsten, d.h. bei einem Streitwert unter CHF 30 000.– und keiner Rechtsfrage von grundsätzlicher Bedeutung, findet die **subsidiäre Verfassungsbeschwerde** gem. Art. 113 ff. BGG Anwendung.

Tabellarische Zusammenfassung

Zweck	Gerichtliche Feststellung des (bestrittenen) Bestands, Umfangs, Ranges oder der Fälligkeit von Grundpfandrechten und anderen dinglichen Rechten an gepfändeten und zu verwertenden (im Lastenverzeichnis aufgenommenen) Grundstücken
Gesetzliche Grundlage	Art. 140 SchKG

302 BSK SchKG I-Feuz, Art. 140 N 127a.

303 KUKO SchKG-Bernheim/Känzig, Art. 140 N 43.

Verfahrensart	Abhängig vom Streitwert ordentliches Verfahren (Art. 219 ff. ZPO) oder vereinfachtes Verfahren (Art. 243 ff. ZPO)
Zuständigkeit	Das Gericht am Ort, wo das Grundstück oder sein wertvollster Teil liegt, ist örtlich zuständig für die Beurteilung eines in Bezug auf dieses Grundstück geltend gemachten Anspruchs Die sachliche und funktionelle Zuständigkeit bestimmt sich nach kantonalem Recht (Art. 23 SchKG und Art. 4 ZPO)
Aktivlegitimation	Parteirollenverteilung, d.h. ob dem Bestreitenden oder dem Inhaber des bestrittenen Rechts in einem Lastenebereinigungsprozess die Klägerrolle zukommt, wird vom Betreibungsamt vorgenommen. Dies können bspw. der (betriebene) Schuldner, die (betreibenden) Gläubiger, zu deren Gunsten das Grundstück gepfändet ist, die allf. Grundpfandgläubiger, die allf. Berechtigten aus vorgemerkten persönlichen Rechten, allf. Miteigentümer oder auch Dritteigentümer sein
Passivlegitimation	Verfahrensbeteiligte, deren Anspruch bestritten wird (muss vom Betreibungsamt mittels Verfügung als Beklagter bezeichnet werden)
Streitwert	Der Streitwert bestimmt sich nach Art. 91 ff. ZPO, wobei die wertmässige Bedeutung der Klage um Lastenbereinigung für die Parteien in der laufenden Betreibung massgebend ist
Fristen	20 Tage beginnend am Tag nach erfolgter Mitteilung durch das Betreibungsamt
Kombination	Nicht einschlägig
Mögliche Rechtsbegehren	1. Es sei in der Betreibung Nr. […] des Betreibungsamts […] gegen den Schuldner [Name, Vorname, Adresse] betreffend die im Lastenverzeichnis vom [Datum] in Bezug auf das Grundstück [Bezeichnung des Grundstücks] aufgenommene Last [Nennung der konkreten Last {Position Nr.}] festzustellen, dass diese [nicht] besteht. 2. Die in Ziff. 1 genannte Last sei im Lastenverzeichnis [zu löschen / zu belassen und bei der Verwertung nach Massgabe der gesetzlichen Vorschriften zu berücksichtigen]. 3. Unter Kosten- und Entschädigungsfolgen zulasten des Beklagten.
Voraussetzungen	– Im Lastenverzeichnis aufgeführte Last wurde bestritten – Das Betreibungsamt hat dem Kläger die Klägerrolle zugewiesen – Schlichtungsverfahren wurde fristgerecht eingeleitet, verlief jedoch erfolglos, so dass Klagebewilligung ausgestellt wurde (umstritten) – Klage um Lastenbereinigung wird eingereicht – Klagefrist wird eingehalten – Geltend gemachtes Recht wird in rechtsgenügender Weise substantiiert
Besonderheiten	– Schlichtungsverfahren entfällt (umstritten) – Urteil des Lastenbereinigungsprozesses entfaltet nur Wirkung zwischen den Verfahrensparteien und nur in der entsprechenden Betreibung (ihm kommt keine materielle Rechtskraft zu)
Rechtsmittel	Kantonal: Abhängig vom Streitwert Berufung (Art. 308 ff. ZPO) oder Beschwerde (Art. 319 ff. ZPO) innert 30 Tagen Bund: Beschwerde in Zivilsachen (Art. 72 ff. BGG) innert 30 Tagen oder subsidiäre Verfassungsbeschwerde (Art. 113 ff. BGG)

XXVI. BEGEHREN UM DOPPELAUFRUF DURCH DEN GRUNDPFANDGLÄUBIGER (ART. 142 ABS. 1 SCHKG)

1. ZWECK UND WIRKUNG

7.453 Ein Grundpfandgläubiger (vgl. Art. 816 Abs. 1 ZGB) kann nicht verhindern, dass das Grundstück, welches ihm als Sicherheit dient, mit weiteren Lasten (z.B. Dienstbarkeiten und Grundlasten) belegt wird, die geeignet sind, den Verwertungserlös im Falle eines Zwangsvollstreckungsverfahrens zu schmälern. Allerdings hat ein Grundpfandgläubiger gem. Art. 812 Abs. 2 ZGB das Recht eine Löschung der Last zu verlangen, wenn ihm die ohne seine Zustimmung nach der Errichtung seines Grundpfandrechts auf das Grundstück gelegte Last bei der Pfandverwertung schadet. Ob eine solche Schädigung tatsächlich vorliegt, steht indessen erst im Moment der Verwertung zweifelsfrei fest. Vor diesem Hintergrund enthalten Art. 142 SchKG (*Doppelaufruf*) und Art. 56 und 57 VZG die vollstreckungsrechtlichen Ausführungsbestimmungen zu Art. 812 ZGB.[304] Ein Begehren um Doppelaufruf in einer öffentlichen Steigerung bezweckt, dass der Aufruf sowohl mit als auch ohne die nachrangige Last vorgenommen wird. Wird dem Begehren um Doppelaufruf stattgegeben, bewirkt dies, dass mit dem Doppelaufruf ermittelt werden kann, ob eine nachfolgende Belastung, die ohne Zustimmung des vorgehenden Grundpfandgläubigers errichtet wurde, gelöscht werden muss.[305]

2. VERFAHRENSART

7.454 Das Verfahren richtet sich nach kantonalem Verwaltungs(verfahrens)recht.[306]

---

304 BSK SchKG I-Feuz, Art. 142 N 4 ff.

305 KUKO SchKG-Bernheim/Känzig, Art. 142 N 1.

306 Verfügungen von Vollstreckungsorganen (z.B. eines Betreibungs- oder Konkursamtes) und die gegen solche Verfügungen unter Umständen zu ergreifende betreibungsrechtliche Beschwerde gem. Art. 17 ff. SchKG fallen nicht unter den in Art. 1 lit. c ZPO bezeichneten Geltungsbereich («gerichtliche Angelegenheiten des Schuldbetreibungs- und Konkursrechts») und somit nicht unter die ZPO. Solche Verfügungen stellen vielmehr das Ergebnis «eigenständiger Verwaltungsverfahren» dar (vgl. Botschaft ZPO, 7258), welche zum Beispiel durch einen entsprechenden Antrag oder ein entsprechendes Gesuch eingeleitet werden können. Auch Thomas Sutter-Somm/Rafael Klingler postulieren, dass Verfügungen der Vollstreckungsorgane und das betreibungsrechtliche Beschwerdeverfahren dem kantonalen Verwaltungsrecht unterstehen (Sutter-Somm/Hasenböhler/Leuenberger-Sutter-Somm/Klingler, Art. 1 ZPO N 8; vgl. BGer 5A_448/2011 vom 31.10.2011, E. 2.1). Franco Lorandi führt aus, dass das Verfahren vor den Betreibungsorganen dem Verwaltungsrecht sehr verwandt sei (Lorandi, 15, 19; Besprechung des Urteils des OGer TG vom 21.2.2013, in: RBOG 2013, Nr. 17).

3. ZUSTÄNDIGKEIT

Zuständig ist das Betreibungsamt am Betreibungsort (Art. 46 ff. SchKG) bzw. allenfalls das gem. Art. 74 ff. VZG für die Requisitorialverwertung beauftragte Betreibungsamt. 7.455

4. LEGITIMATION

A. AKTIVLEGITIMATION

(Aktiv-)Legitimiert ist der vorgehende Grundpfandgläubiger (Art. 142 Abs. 1 SchKG). 7.456

B. PASSIVLEGITIMATION

Nicht einschlägig. 7.457

5. STREITWERT

Nicht einschlägig. 7.458

6. FRISTEN

Die Frist zur Stellung des Begehrens beträgt 10 Tage (nach Zustellung des Lastenverzeichnisses, vgl. Art. 142 Abs. 1 und Abs. 2 SchKG).[307] Der Doppelaufruf kann auch nach Ablauf der Frist bis vor der Versteigerung verlangt werden.[308] 7.459

7. KOMBINATIONSMÖGLICHKEITEN

Falls sich der Vorrang des Pfandrechts nicht aus dem Lastenverzeichnis ergibt und der Inhaber des betroffenen Rechts den Vorrang nicht anerkannt hat ist auch Klage auf Feststellung des Vorranges (Art. 142 Abs. 2 SchKG) zu erheben. 7.460

307 Ob es sich bei dieser Frist um eine Verwirkungsfrist oder eine Ordnungsfrist handelt, ist im Gesetz nicht ausdrücklich geregelt (BSK SchKG I-Feuz, Art. 142 N 14).

308 KUKO SchKG-Bernheim/Känzig, Art. 142 N 15; Art. 45 Abs. 1 lit. c VZG und Art. 56 VZG.

8. MÖGLICHE RECHTSBEGEHREN

7.461 Es sei in der Betreibung Nr. […] des Betreibungsamts […] gegen den Schuldner [Name, Vorname, Adresse] betreffend das Grundstück [Bezeichnung des Grundstücks] ein Aufruf sowohl mit als auch ohne die im Lastenverzeichnis aufgenommene Last [Nennung der konkreten Last {Position Nr.}] vorzunehmen.

9. VORAUSSETZUNGEN

A. ERSTE VORAUSSETZUNG

7.462 Ein (gepfändetes) **Grundstück wurde mit einem Recht** (Dienstbarkeit, Grundlast oder einem vorgemerkten persönlichen Recht) **belastet**.

B. ZWEITE VORAUSSETZUNG

7.463 Die vorgenannte Belastung fand **ohne Zustimmung des vorgehenden Grundpfandgläubigers** statt.

C. DRITTE VORAUSSETZUNG

7.464 *Falls der Vorrang des Pfandrechts sich aus dem Lastenverzeichnis ergibt (vgl. Art. 142 Abs. 1 SchKG):*

Das Begehren um Doppelaufruf wird fristgerecht, d.h. grundsätzlich innert 10 Tagen ab Zustellung des Lastenverzeichnisses, eingereicht (Art. 142 Abs. 1 SchKG). Eine Einreichung ist letztlich jedoch bis vor der Versteigerung zulässig (vgl. Art. 56 VZG).

7.465 *Falls der Vorrang des Pfandrechts sich nicht aus dem Lastenverzeichnis ergibt (vgl. Art. 142 Abs. 2 SchKG) muss entweder:*
- der Inhaber des betroffenen Rechts den Vorrang des Grundpfandgläubigers anerkannt[309] oder
- der Grundpfandgläubiger innert 10 Tagen nach Zustellung des Lastenverzeichnisses am Ort der gelegenen Sache *Klage auf Feststellung des Vorranges* eingereicht haben.[310]

309 Bezüglich der Form und Frist einer solchen Anerkennung finden sich weder im SchKG noch in einer Verordnung Ausführungen (BSK SchKG I-Feuz, Art. 142 N 17).

310 BSK SchKG I-Feuz, Art. 142 N 15.

10. BESONDERHEITEN

Ein Doppelaufruf ist nur auf entsprechendes Begehren hin zulässig. Das Betreibungsamt darf einen solchen nicht von sich aus durchführen.[311] 7.466

Das SchKG sieht keine Formvorschriften vor, weshalb das Begehren um Doppelaufruf schriftlich oder auch mündlich gegenüber dem Betreibungsamt angebracht werden kann.[312] 7.467

11. RECHTSMITTEL

Allenfalls betreibungsrechtliche Beschwerde gem. Art. 17 ff. SchKG bei der (unteren) kantonalen Aufsichtsbehörde. 7.468

Tabellarische Zusammenfassung

Zweck	Aufruf (in der Versteigerung) wird sowohl mit als auch ohne nachrangige Last vorgenommen. Wird dem Begehren um Doppelaufruf stattgegeben, bewirkt dies, dass mit dem Doppelaufruf ermittelt werden kann, ob eine nachfolgende Belastung, die ohne Zustimmung des vorgehenden Grundpfandgläubigers errichtet wurde, gelöscht werden muss
Gesetzliche Grundlage	Art. 142 Abs. 1 SchKG
Verfahrensart	Kantonales Verwaltungsverfahrensrecht
Zuständigkeit	Betreibungsamt am Betreibungsort (Art. 46 ff. SchKG) bzw. allenfalls das für die Requisitorialverwertung beauftragte Betreibungsamt
Aktivlegitimation	Vorgehender Grundpfandgläubiger
Passivlegitimation	Nicht einschlägig
Streitwert	Nicht einschlägig
Fristen	10 Tage seit der Zustellung des Lastenverzeichnisses. Ein Doppelaufruf kann auch nach Ablauf der Frist bis vor der Versteigerung verlangt werden
Kombination	Allenfalls: Klage auf Feststellung des Vorranges (Art. 142 Abs. 2 SchKG)
Mögliche Rechtsbegehren	Es sei in der Betreibung Nr. […] des Betreibungsamts […] gegen den Schuldner [Name, Vorname, Adresse] betreffend das Grundstück [Bezeichnung des Grundstücks] ein Aufruf sowohl mit als auch ohne die im Lastenverzeichnis aufgenommene Last [Nennung der konkreten Last {Position Nr.}] vorzunehmen.

311 KUKO SchKG-Bernheim/Känzig, Art. 142 N 14.

312 KUKO SchKG-Bernheim/Känzig, Art. 142 N 17.

Voraussetzungen	– Ein (gepfändetes) Grundstück wurde mit einem Recht belastet – Belastung fand ohne Zustimmung des vorgehenden Grundpfandgläubigers statt – Fristgerechte Einreichung des Begehrens, falls sich der Vorrang aus dem Lastenverzeichnis ergibt – Ergibt sich der Vorrang nicht aus dem Lastenverzeichnis, muss entweder der Rechtsinhaber den Vorrang des Grundpfandgläubigers anerkannt haben oder der Grundpfandgläubiger fristgerecht die Klage auf Feststellung des Vorranges eingereicht haben
Besonderheiten	– Ein Doppelaufruf ist nur auf Gesuch hin durchzuführen – Gesuch kann schriftlich oder mündlich angebracht werden
Rechtsmittel	Allenfalls betreibungsrechtliche Beschwerde gem. Art. 17 ff. SchKG bei der (unteren) kantonalen Aufsichtsbehörde

XXVII. KLAGE AUF FESTSTELLUNG DES VORRANGES (ART. 142 ABS. 2 SCHKG)

1. ZWECK UND WIRKUNG

7.469 Eine Klage um Feststellung des Vorranges ist nur erforderlich, sofern sich der Vorrang des Pfandrechts nicht aus dem Lastenverzeichnis ergibt und der Inhaber des betroffenen (nachfolgenden) Rechts den Vorrang nicht anerkannt hat (vgl. Art. 142 Abs. 2 SchKG). Eine Klage um Feststellung des Vorranges bezweckt die gerichtliche Feststellung des Vorranges des Pfandrechts des klagenden Grundpfandgläubigers gegenüber einer später auf dem betreffenden Grundstück errichteten Last. Eine Gutheissung der Klage um Feststellung des Vorranges stellt unter Umständen eine Voraussetzung dar, damit einem (zusätzlich zur Klage auf Feststellung des Vorranges) gegenüber dem Betreibungsamt gestellten Begehren um Doppelaufruf stattgegeben werden kann.

2. VERFAHRENSART

7.470 Je nach Sachverhalt ist die Klage auf Feststellung des Vorrangs zu behandeln im:

- **ordentlichen Verfahren** (Art. 219 ff. ZPO) bei einem Streitwert von mehr als CHF 30 000.– *oder*
- **vereinfachten Verfahren** (Art. 243 ff. ZPO) bei einem Streitwert von bis zu CHF 30 000.–.

3. ZUSTÄNDIGKEIT

Örtlich zuständig ist das Gericht an dem Ort der gelegenen Sache (vgl. Art. 142 Abs. 2 SchKG i.V.m. Art. 51 SchKG i.V.m. Art. 46 ZPO). 7.471

Die **sachliche** und **funktionelle** Zuständigkeit bestimmt sich nach dem jeweilig anwendbaren kantonalen Recht (vgl. Art. 23 SchKG und Art. 4 ZPO). 7.472

4. LEGITIMATION

A. AKTIVLEGITIMATION

Aktivlegitimiert ist der **Grundpfandgläubiger mit** dem (gegenüber der später errichteten Last) **vorrangigen Pfandrecht** (Art. 142 Abs. 2 SchKG). 7.473

B. PASSIVLEGITIMATION

Passivlegitimiert ist / sind der / die **Inhaber des betroffenen nachrangigen Rechts / der betroffenen nachrangigen Rechte**. 7.474

5. STREITWERT

Der Streitwert bemisst sich gem. Art. 91 ff. ZPO (vgl. auch Art. 1 lit. c ZPO). 7.475

6. FRISTEN

Die Frist zur Einreichung der Klage beträgt 10 Tage (Art. 142 Abs. 2 SchKG i.V.m. Art. 31 SchKG und Art. 64 Abs. 2 ZPO) beginnend mit Zustellung des Lastenverzeichnisses. 7.476

7. KOMBINATIONSMÖGLICHKEITEN

Neben der Klage auf Feststellung des Vorranges ist auch ein Begehren um Doppelaufruf gem. Art. 142 Abs. 1 SchKG (s.a. Rz. 7.453 ff.) zu stellen, damit das Betreibungsamt nach Gutheissung der Klage einen entsprechenden Doppelaufruf durchführen kann und wird. 7.477

8. MÖGLICHE RECHTSBEGEHREN

7.478 1. Es sei in der Betreibung Nr. […] des Betreibungsamts […] gegen den Schuldner [Name, Vorname, Adresse] betreffend das Grundstück [Bezeichnung des Grundstücks] festzustellen, dass das [Nennung und genauere Umschreibung des geltend gemachten vorrangigen Pfandrechts] dem Recht [Nennung und genauere Umschreibung des geltend gemachten nachrangigen Pfandrechts] vorgeht.
2. Unter Kosten- und Entschädigungsfolgen zulasten des Beklagten.

9. VORAUSSETZUNGEN

A. ERSTE VORAUSSETZUNG

7.479 Der **Vorrang** des Pfandrechts des Grundpfandgläubigers ergibt sich **nicht aus dem Lastenverzeichnis** (vgl. Art. 142 Abs. 2 SchKG).

B. ZWEITE VORAUSSETZUNG

7.480 Der / die Inhaber des betroffenen nachrangigen Rechts / der betroffenen nachrangigen Rechte **anerkennt den Vorrang des Pfandrechts des Grundpfandgläubigers nicht** (vgl. Art. 142 Abs. 2 SchKG e contrario).

C. DRITTE VORAUSSETZUNG

7.481 Der Grundpfandgläubiger, dessen vorrangiges Pfandrecht sich nicht aus dem Lastenverzeichnis ergibt, leitet das **Schlichtungsverfahren** ein, welches insofern **erfolglos** war, als dass eine Klagebewilligung erteilt wurde (Art. 209 ZPO).

D. VIERTE VORAUSSETZUNG

7.482 Der Grundpfandgläubiger, dessen vorrangiges Pfandrecht sich nicht aus dem Lastenverzeichnis ergibt reicht **Klage auf Feststellung des Vorranges** (positive Feststellungsklage) ein.

E. FÜNFTE VORAUSSETZUNG

7.483 Die **Klagefrist** wird eingehalten (Art. 209 Abs. 4 letzter Satz ZPO).

F. SECHSTE VORAUSSETZUNG

7.484 Der Kläger kann das **geltend gemachte Recht in rechtsgenügender Weise substantiieren**.

10. BESONDERHEITEN

Die Verwertung mit Doppelaufruf ist erst durchzuführen, wenn das Gericht die Klage auf Feststellung des Vorrangs beurteilt hat (und nicht bereits nachdem die Klage eingereicht wurde).[313] 7.485

11. RECHTSMITTEL

Der *erstinstanzliche Entscheid* ist – sofern der Streitwert mindestens CHF 10 000.– beträgt – grundsätzlich mit der **Berufung** gem. Art. 308 ff. ZPO anfechtbar. Beträgt der Streitwert jedoch weniger, ist der Entscheid mit **Beschwerde** gem. Art. 319 ff. ZPO anfechtbar. Liegt ein letztinstanzlicher kantonaler Entscheid vor und beträgt entweder der Streitwert mindestens CHF 30 000.– oder stellt sich eine Rechtsfrage von grundsätzlicher Bedeutung, kann dieser mit **Beschwerde in Zivilsachen beim Bundesgericht** angefochten werden (vgl. Art. 72 Abs. 2 lit. a i.V.m. Art. 74 Abs. 1 lit. b bzw. Art. 74 Abs. 2 lit. a BGG). Ansonsten, d.h. bei einem Streitwert unter CHF 30 000.– und keiner Rechtsfrage von grundsätzlicher Bedeutung, findet die **subsidiäre Verfassungsbeschwerde** gem. Art. 113 ff. BGG Anwendung. 7.486

Tabellarische Zusammenfassung

Zweck	Gerichtliche Feststellung des Vorranges des Pfandrechts eines Grundpfandgläubigers, wobei sich der Vorrang nicht aus dem Lastenverzeichnis ergibt und vom Inhaber des nachgehenden Rechts nicht anerkannt wird
Gesetzliche Grundlage	Art. 142 Abs. 2 SchKG
Verfahrensart	Abhängig vom Streitwert ordentliches Verfahren (Art. 219 ff. ZPO) oder vereinfachtes Verfahren (Art. 243 ff. ZPO)
Zuständigkeit	Örtlich zuständig ist das Gericht am Ort der gelegenen Sache (Art. 142 Abs. 2 SchKG i.V.m. Art. 51 SchKG i.V.m. Art. 46 ZPO). Die sachliche und funktionelle Zuständigkeit bestimmt sich nach kantonalem Recht (Art. 23 SchKG und Art. 4 ZPO)
Aktivlegitimation	Grundpfandgläubiger mit einem vorrangigen Pfandrecht
Passivlegitimation	Inhaber betroffener nachrangiger Rechte
Streitwert	Wird nach Art. 91 ff. ZPO bestimmt
Fristen	10 Tage nach Zustellung des Lastenverzeichnisses
Kombination	Begehren um Doppelaufruf (Art. 142 Abs. 1 SchKG)

313 KUKO SchKG-Bernheim/Kanzig, Art. 142 N 16.

Mögliche Rechtsbegehren	1. Es sei in der Betreibung Nr. […] des Betreibungsamts […] gegen den Schuldner [Name, Vorname, Adresse] betreffend das Grundstück [Bezeichnung des Grundstücks] festzustellen, dass das [Nennung und genauere Umschreibung des geltend gemachten vorrangigen Pfandrechts] dem Recht [Nennung und genauere Umschreibung des geltend gemachten nachrangigen Pfandrechts] vorgeht. 2. Unter Kosten- und Entschädigungsfolgen zulasten des Beklagten.
Voraussetzungen	– Vorrang des Pfandrechts des Grundpfandgläubigers ergibt sich nicht aus dem Lastenverzeichnis – Inhaber des betroffenen nachrangigen Rechts anerkennt den Vorrang nicht – Vom Grundpfandgläubiger, der den Vorrang seines Rechts geltend machen will, eingeleitetes Schlichtungsverfahren war erfolglos und endete mit der Ausstellung einer Klagebewilligung – Grundpfandgläubiger reicht Klage auf Feststellung des Vorrangs ein – Klagefrist wird eingehalten – Kläger substantiiert das geltend gemachte Recht in rechtsgenügender Weise
Besonderheiten	Im Betreibungsverfahren ist die Verwertung mit Doppelaufruf erst nach gerichtlicher Beurteilung der Klage auf Feststellung des Vorranges durchzuführen (und nicht bereits nachdem diese eingereicht wurde)
Rechtsmittel	Kantonal: Abhängig vom Streitwert Berufung (Art. 308 ff. ZPO) oder Beschwerde (Art. 319 ff. ZPO) innert 30 Tagen Bund: Beschwerde in Zivilsachen (Art. 72 ff. BGG) innert 30 Tagen oder subsidiäre Verfassungsbeschwerde (Art. 113 ff. BGG)

XXVIII. BEGEHREN BETREFFEND HAFTUNG FÜR DEN AUSFALL UND ALLE WEITEREN SCHÄDEN (ART. 143 ABS. 2 SCHKG)

1. ZWECK UND WIRKUNG

7.487 Wird eine Versteigerung eines Grundstücks nicht vollzogen, weil der Ersteigerer die Zahlung nicht rechtzeitig geleistet hat, wird der Zuschlag rückgängig gemacht und das Betreibungsamt muss sofort eine neue Versteigerung anordnen (vgl. Art. 143 Abs. 1 SchKG). Diese Wiederholung der Verwertung kann einen Ausfall und auch weitere Schäden zur Folge haben, für welche der frühere Ersteigerer und seine Bürgen gem. Art. 143 Abs. 2 SchKG haften.[314]

7.488 Entstand ein Ausfall, hat das Betreibungsamt zunächst die Höhe der Ausfallforderung festzustellen. Falls diese vom Schuldner derselben (Ersteersteigerer) nicht innert Frist beglichen wird, hat das Betreibungsamt den bei der Verwertung des Grundstückes zu Verlust gekommenen betreibenden Gläubigern und Pfandgläubigern Anzeige zu machen. Zusammen mit dieser Anzeige

314 BGer 5C.222/2006 vom 14.2.2007, E. 3.

fordert das Betreibungsamt die Gläubiger und Pfandgläubiger auf, ein allfälliges Begehren um Verwertung der Forderung gem. Art. 130 Ziff. 1 und Art. 131 SchKG innert 10 Tagen anzubringen. Wird kein solches Begehren gestellt, ist die Ausfallforderung an einer einzigen öffentlichen Steigerung zu verkaufen (Art. 72 Abs. 1 VZG).[315]

Mit einem Begehren betreffend Haftung für den Ausfall und weiteren Schaden wird daher ein erster Schritt eingeleitet, um eine Schadloshaltung erreichen zu können (mittels einer beim Gericht einzuleitenden Schadenersatzklage).[316] 7.489

2. VERFAHRENSART

Das Verfahren richtet sich nach kantonalem Verwaltungs(verfahrens)recht.[317] 7.490

3. ZUSTÄNDIGKEIT

Zuständig ist das Betreibungsamt am Betreibungsort (Art. 46 ff. SchKG) bzw. allenfalls das gem. Art. 74 ff. VZG für die Requisitorialverwertung beauftragte Betreibungsamt. 7.491

4. LEGITIMATION

A. AKTIVLEGITIMATION

(Aktiv-)Legitimiert sind die (betreibenden) **Gläubiger und die Pfandgläubiger**. 7.492

---

315 BGer 5C.222/2006 vom 14.2.2007, E. 3; vgl. BGE 40 III 403, 406; vgl. auch analog Art. 129 Abs. 4 SchKG; BSK SchKG I-Häusermann, Art. 143 N 26.

316 BGer 5C.222/2006 vom 14.2.2007, E. 3; BGE 82 III 137, E. 1 (141). Örtlich zuständig für die Beurteilung einer Schadenersatzklage gegen den säumigen Ersteigerer und seine Bürgen ist das Gericht am (Wohn-)Sitz gem. Art. 10 ZPO (Sutter-Somm/Hasenböhler/Leuenberger-Sutter-Somm/Schrank, Art. 46 ZPO N 9).

317 Verfügungen von Vollstreckungsorganen (z.B. eines Betreibungs- oder Konkursamtes) und die gegen solche Verfügungen unter Umständen zu ergreifende betreibungsrechtliche Beschwerde gem. Art. 17 ff. SchKG fallen nicht unter den in Art. 1 lit. c ZPO bezeichneten Geltungsbereich («gerichtliche Angelegenheiten des Schuldbetreibungs- und Konkursrechts») und somit nicht unter die ZPO. Solche Verfügungen stellen vielmehr das Ergebnis «eigenständiger Verwaltungsverfahren» dar (vgl. Botschaft ZPO, 7258), welche zum Beispiel durch einen entsprechenden Antrag oder ein entsprechendes Gesuch eingeleitet werden können. Auch Thomas Sutter-Somm/Rafael Klingler postulieren, dass Verfügungen der Vollstreckungsorgane und das betreibungsrechtliche Beschwerdeverfahren dem kantonalen Verwaltungsrecht unterstehen (Sutter-Somm/Hasenböhler/Leuenberger-Sutter-Somm/Klingler, Art. 1 ZPO N 8; vgl. BGer 5A_448/2011 vom 31.10.2011, E. 2.1). Franco Lorandi führt aus, dass das Verfahren vor den Betreibungsorganen dem Verwaltungsrecht sehr verwandt sei (Lorandi, 15, 19; Besprechung des Urteils des OGer TG vom 21.2.2013, in: RBOG 2013, Nr. 17).

B. PASSIVLEGITIMATION

7.493 Passivlegitimiert ist der **Ersteigerer und seine Bürgen** (Art. 129 Abs. 4 SchKG).

5. STREITWERT

7.494 Ausfall und weiterer Schaden (z.B. Zinsverlust, Kosten für die neue Steigerung, Kosten für die Aufbewahrung und den Unterhalt des Steigerungsobjekts für die Zeit zwischen dem Zuschlag und der neuen Steigerung).[318]

6. FRISTEN

7.495 Die Frist zur Stellung des Begehrens beträgt 10 Tage (Art. 72 Abs. 1 VZG) beginnend mit Zustellung der entsprechenden Anzeige durch das Betreibungsamt.

7. KOMBINATIONSMÖGLICHKEITEN

7.496 Es sind keine naheliegenden Kombinationsmöglichkeiten ersichtlich.

8. MÖGLICHE RECHTSBEGEHREN

7.497 In der Betreibung Nr. […] des Betreibungsamtes […][des Gläubigers] gegen den Schuldner [Name, Vorname, Adresse] sei die [dem Schuldner {Name, Vorname, Adresse}] zustehende Ausfall- und Schadenersatzforderung gemäss [Art. 131 SchKG zum Inkasso abzutreten / gem. Art. 130 Ziff. 1 SchKG freihändig zu verkaufen].

9. VORAUSSETZUNGEN

A. ERSTE VORAUSSETZUNG

7.498 Die durchgeführte **(erste) Versteigerung wird nicht vollzogen**, da der Erstersteigerer die Zahlung nicht rechtzeitig geleistet hat.

318 KUKO SchKG-Bernheim/Känzig, Art. 142 N 16.

B. ZWEITE VORAUSSETZUNG

Es wurde eine neue **(zweite) Versteigerung durchgeführt**. 7.499

C. DRITTE VORAUSSETZUNG

Nach Durchführung der neu angeordneten (zweiten) Steigerung steht fest, dass ein **Ausfall bzw. Schaden** entstand. Ob ein solcher Ausfall bzw. Schaden entstand, wird festgestellt, indem die Lage, wie sie sich bei richtiger Erfüllung präsentiert hätte, mit derjenigen, wie sie sich aus der Nichterfüllung ergibt, verglichen wird. Ein Ausfall bzw. Schaden liegt demnach vor, wenn der an der zweiten Steigerung erzielte höhere Zuschlagspreis die zusätzlichen Zins-, Verwertungs-, Verwahrungs- und ähnliche Kosten nicht deckt. 7.500

D. VIERTE VORAUSSETZUNG

Das Begehren wurde **fristgerecht** gestellt. 7.501

10. BESONDERHEITEN

Die Forderung (betreffend einen allfälligen Ausfall und allen weiteren Schaden) steht nicht dem Gläubiger zu, sondern bildet ein Aktivum des (betriebenen) Schuldners (gegen den früheren Ersteigerer). Dieser darf indes nicht über die Forderung verfügen, da sie dem Pfandbeschlag unterliegt. Die Forderung kann ihrerseits aber verwertet werden. Daraus folgt auch, dass weder den Betreibungs- noch den Pfandgläubigern ein direktes Klagerecht zusteht.[319] Der Zinsverlust wird zu fünf vom Hundert berechnet (Art. 143 Abs. 2 SchKG). 7.502

11. RECHTSMITTEL

Die Verfügungen des Betreibungsamts können mit betreibungsrechtlicher Beschwerde gem. Art. 17 SchKG bei der (unteren) kantonalen Aufsichtsbehörde angefochten werden. 7.503

Falls eine **obere kantonale Aufsichtsbehörde** existiert, kann:
- der Entscheid einer unteren Aufsichtsbehörde innert 10 Tagen nach Eröffnung an die obere kantonale Aufsichtsbehörde weitergezogen werden (Art. 18 Abs. 1 SchKG);
- wegen Rechtsverweigerung oder Rechtsverzögerung durch die untere kantonale Aufsichtsbehörde jederzeit bei der oberen kantonalen Aufsichtsbehörde Beschwerde gegen die untere kantonale Aufsichtsbehörde geführt werden (Art. 18 Abs. 2 SchKG).

319 BGer 5C.222/2006 vom 14.2.2007, E. 3.

Ansonsten ist **beim Bundesgericht Beschwerde in Zivilsachen** zu erheben (Art. 19 SchKG i.V.m. Art. 72 Abs. 2 lit. a BGG). Gemäss Art. 74 Abs. 2 lit. c BGG ist die Beschwerde in Zivilsachen in einem solchen Fall unabhängig vom jeweiligen Streitwert zulässig.[320] Die Beschwerdefrist beträgt 10 Tage (Art. 100 Abs. 2 lit. a BGG).

Tabellarische Zusammenfassung

Zweck	Erster Schritt, um eine Schadloshaltung infolge einer weiteren erforderlichen Durchführung einer Versteigerung eines Grundstückes (wenn die erste Versteigerung nicht vollzogen werden konnte) zu erreichen
Gesetzliche Grundlage	Art. 143 Abs. 2 SchKG
Verfahrensart	Kantonales Verwaltungsverfahrensrecht
Zuständigkeit	Betreibungsamt am Betreibungsort (Art. 46 ff. SchKG) bzw. allenfalls das für die Requisitorialverwertung beauftragte Betreibungsamt
Aktivlegitimation	(Betreibender) Gläubiger, Pfandgläubiger
Passivlegitimation	Ersteigerer und allf. Bürgen
Streitwert	Ausfall und weiterer Schaden (z.B. Zinsverlust, Kosten der erneuten Versteigerung, Aufbewahrungs- und Unterhaltskosten)
Fristen	10 Tage beginnend mit Zustellung der entsprechenden Anzeige durch das Betreibungsamt
Kombination	Nicht einschlägig
Mögliche Rechtsbegehren	In der Betreibung Nr. […] des Betreibungsamtes […][des Gläubigers] gegen den Schuldner [Name, Vorname, Adresse] sei die [dem Schuldner {Name, Vorname, Adresse}] zustehende Ausfall- und Schadenersatzforderung gemäss [Art. 131 SchKG zum Inkasso abzutreten / gem. Art. 130 Ziff. 1 SchKG freihändig zu verkaufen].
Voraussetzungen	– (Erste) Versteigerung wurde nicht vollzogen (da die Zahlung der Steigerungssumme nicht fristgerecht erfolgte) – Eine erneute (zweite) Versteigerung wurde durchgeführt – Nach der erneuten (zweiten) Versteigerung wird ein Schaden festgestellt – Begehren wurde fristgerecht gestellt
Besonderheiten	– Obwohl es sich um eine Forderung (Aktivum) des Schuldners (gegenüber dem früheren Ersteigerer) handelt, darf er nicht darüber verfügen, da sie dem Pfandbeschlag unterliegt. Die Forderung kann jedoch betreibungsamtlich verwertet werden – Der berechnete Zinsverlust beträgt 5 %

320 BGE 135 I 187, E. 1.2; Kren Kostkiewicz/Walder, Art. 17 SchKG N 26.

Rechtsmittel	Verfügungen des Betreibungsamtes können mit betreibungsrechtlicher Beschwerde gem. Art. 17 SchKG innert 10 Tagen an die (untere) kantonale Aufsichtsbehörde weitergezogen werden *Falls eine obere kantonale Aufsichtsbehörde besteht:* Beschwerde an die obere kantonale Aufsichtsbehörde innert 10 Tagen nach Eröffnung des Entscheids der unteren kantonalen Aufsichtsbehörde (Art. 18 Abs. 1 SchKG) *oder* Beschwerde an die obere kantonale Aufsichtsbehörde gegen eine untere kantonale Aufsichtsbehörde bei Rechtsverzögerung oder Rechtsverweigerung (jederzeit möglich) *Ansonsten bzw. bei letztinstanzlichen kantonalen Entscheidungen:* Beschwerde in Zivilsachen beim Bundesgericht (Art. 19 SchKG i.V.m. Art. 72 Abs. 2 lit. a BGG) innert 10 Tagen (Art. 100 Abs. 2 lit. a BGG)

XXIX. KLAGE GEGEN DEN ERSTEIGERER FÜR DEN AUSFALL UND WEITEREN SCHADEN (ART. 143 ABS. 2 SCHKG)

1. ZWECK UND WIRKUNG

Die Klage gegen den Ersteigerer für den Ausfall und weiteren Schaden bezweckt, ein infolge nicht rechtzeitiger Zahlung nach dem Zuschlag (vgl. Art. 129 Abs. 3 SchKG) allfällig entstandenes Aktivum des Schuldners, nämlich die Ausfall- und Schadenersatzforderung gem. Art. 143 Abs. 2 SchKG geltend zu machen. 7.504

Eine Gutheissung der Klage bewirkt, dass der Ersteigerer zur Bezahlung der Ausfall- und Schadenersatzforderung verpflichtet wird.[321] 7.505

2. VERFAHRENSART

Je nach Sachverhalt ist die Klage gegen den Ersteigerer für den Ausfall und weiteren Schaden zu behandeln im:[322] 7.506

- **ordentlichen Verfahren** (Art. 219 ff. ZPO) bei einem Streitwert von mehr als CHF 30 000.– *oder*
- **vereinfachten Verfahren** (Art. 243 ff. ZPO) bei einem Streitwert bis zu CHF 30 000.–.

321 VOCK/MÜLLER, 197.

322 BSK SchKG I-HÄUSERMANN, Art. 143 N 27.

3. ZUSTÄNDIGKEIT

7.507 Das SchKG enthält hinsichtlich der **örtlichen Zuständigkeit** keine Vorgaben. Die örtliche Zuständigkeit bestimmt sich folglich gem. Art. 9 ff. ZPO (Art. 46 ZPO e contrario), konkret Art. 10 ZPO. Beispielsweise ist für Klagen gegen eine natürliche Person das Gericht an deren Wohnsitz zuständig, während für Klagen gegen eine juristische Person, das Gericht an deren Sitz zuständig ist.

7.508 Die **sachliche** und **funktionelle** Zuständigkeit bestimmt sich gemäss dem jeweilig anwendbaren kantonalen Recht (vgl. Art. 4 ZPO).

4. LEGITIMATION

A. AKTIVLEGITIMATION

7.509 Aktivlegitimiert ist, wer die bestrittene Ausfall- und Schadenersatzforderung im Rahmen der Forderungsüberweisung oder bei deren öffentlichen Versteigerung zugewiesen erhalten hat.

B. PASSIVLEGITIMATION

7.510 Passivlegitimiert ist der Ersteigerer und seine Bürgen (Art. 129 Abs. 4 SchKG).

5. STREITWERT

7.511 Ausfall und weiterer Schaden (z.B. Zinsverlust, Kosten für die neue Steigerung, Kosten für die Aufbewahrung und den Unterhalt des Steigerungsobjekts für die Zeit zwischen dem Zuschlag und der neuen Steigerung).[323]

6. FRISTEN

7.512 Das SchKG sieht keine ausdrückliche Frist betreffend die Einleitung eines Schlichtungsverfahrens vor.[324] Die Ausfall- und Schadenersatzforderung dürfte ebenfalls – analog zu Art. 129 Abs. 4 SchKG – ebenfalls innert 10 Jahren verjähren.[325]

---

323 KUKO SchKG-Amberg, Art. 129 N 12 f.

324 Vgl. auch: Vock/Müller, 196.

325 Vgl. auch: BSK SchKG I-Rutz/Roth, Art. 129 N 13.

Nach Erteilung der Klagebewilligung ist die Klage innert 3 Monaten beim Gericht einzureichen (vgl. Art. 209 Abs. 3 ZPO).[326] 7.513

7. KOMBINATIONSMÖGLICHKEITEN

Es sind keine naheliegenden Kombinationsmöglichkeiten ersichtlich. 7.514

8. MÖGLICHE RECHTSBEGEHREN

1. Es sei der Beklagte zu verpflichten, dem Kläger CHF [Betrag] (zzgl. Zins zu [Zinssatz] % seit [Datum]) zu bezahlen. 7.515
2. Unter Kosten- und Entschädigungsfolgen zulasten des Beklagten.

9. VORAUSSETZUNGEN

A. ERSTE VORAUSSETZUNG

Eine **Ausfall- und Schadenersatzforderung** gem. Art. 143 Abs. 2 SchKG wurde im Rahmen einer betreibungsamtlichen Verwertung **dem Kläger zugewiesen**. 7.516

B. ZWEITE VORAUSSETZUNG

Das durchgeführte Schlichtungsverfahren (Art. 197 ZPO) war insofern erfolglos, als dass eine **Klagebewilligung** erteilt wurde (Art. 209 ZPO). 7.517

C. DRITTE VORAUSSETZUNG

Einhaltung der **Klagefrist** (Art. 209 Abs. 3 ZPO). 7.518

D. VIERTE VORAUSSETZUNG

Leistung des **Kostenvorschusses**. 7.519

326 VOCK/MÜLLER, 196.

10. BESONDERHEITEN

7.520 Die Forderung (betreffend einen allfälligen Ausfall und allen weiteren Schaden) steht nicht dem Gläubiger zu, sondern bildet ein Aktivum des (betriebenen) Schuldners (gegen den früheren Ersteigerer). Dieser darf indes nicht über die Forderung verfügen, da sie dem Pfandbeschlag unterliegt. Die Forderung kann ihrerseits aber betreibungsamtlich verwertet werden. Daraus folgt auch, dass weder den Betreibungs- noch den Pfandgläubigern ein direktes Klagerecht zusteht.[327]

7.521 Der Zinsverlust wird zu fünf vom Hundert berechnet (Art. 129 Abs. 4 SchKG).

11. RECHTSMITTEL

7.522 Der *erstinstanzliche Entscheid* ist – sofern der Streitwert mindestens CHF 10 000.– beträgt – grundsätzlich mit der **Berufung** gem. Art. 308 ff. ZPO anfechtbar. Beträgt der Streitwert jedoch weniger, ist der Entscheid mit **Beschwerde** gem. Art. 319 ff. ZPO anfechtbar. Liegt ein letztinstanzlicher kantonaler Entscheid vor und beträgt entweder der Streitwert mindestens CHF 30 000.– oder stellt sich eine Rechtsfrage von grundsätzlicher Bedeutung, kann dieser mit **Beschwerde in Zivilsachen beim Bundesgerich**t angefochten werden (vgl. Art. 72 Abs. 2 lit. a i.V.m. Art. 74 Abs. 1 lit. b bzw. Art. 74 Abs. 2 lit. a BGG). Ansonsten, d.h. bei einem Streitwert unter CHF 30 000.– und keiner Rechtsfrage von grundsätzlicher Bedeutung, findet die **subsidiäre Verfassungsbeschwerde** gem. Art. 113 ff. BGG Anwendung.

Tabellarische Zusammenfassung

Zweck	Klageweise Geltendmachung einer vom Ersteigerer bestrittenen Ausfall- und Schadenersatzforderung gem. Art. 143 Abs. 2 SchKG
Gesetzliche Grundlage	Art. 143 Abs. 2 SchKG
Verfahrensart	Abhängig vom Streitwert ordentliches Verfahren (Art. 219 ff. ZPO) oder vereinfachtes Verfahren (Art. 243 ff. ZPO)
Zuständigkeit	Die örtliche Zuständigkeit bestimmt sich gem. ZPO (vgl. Art. 9 ff. ZPO); so ist bspw. bei einer Klage gegen eine natürliche Person das Gericht an deren Wohnsitz zuständig, während für eine Klage gegen eine juristische Person das Gericht an deren Sitz zuständig ist (vgl. Art. 10 Abs. 1 lit. a und b ZPO) Die sachliche und funktionelle Zuständigkeit richtet sich nach kantonalem Recht (Art. 4 ZPO)
Aktivlegitimation	Personen, welche die bestrittene Ausfall- und Schadenersatzforderung im Rahmen der Forderungsüberweisung oder bei deren öffentlichen Versteigerung zugewiesen erhalten haben

327 Vgl. auch: BGer 5C.222/2006 vom 14.2.2007, E. 3; BSK SchKG I-Rutz/Roth, Art. 129 N 14 f.

Passivlegitimation	Ersteigerer und allf. Bürgen
Streitwert	Ausfall und weiterer Schaden (Zinsverlust, Kosten der erneuten Versteigerung, Aufbewahrungs- und Unterhaltskosten)
Fristen	Grds. keine Fristen im SchKG vorgesehen, jedoch Verjährung möglich innert 10 Jahren und beschränkte Gültigkeit einer Klagebewilligung
Kombination	Nicht einschlägig
Mögliche Rechtsbegehren	1. Es sei der Beklagte zu verpflichten, dem Kläger CHF [Betrag] (zzgl. Zins zu [Zinssatz] % seit [Datum]) zu bezahlen. 2. Unter Kosten- und Entschädigungsfolgen zulasten des Beklagten.
Voraussetzungen	– Ausfall- und Schadenersatzforderung wurde im Rahmen einer betreibungsamtlichen Verwertung dem Kläger zugewiesen – Aufgrund der Bestreitung durch Ersteigerer (und allf. Bürgen) durchgeführtes Schlichtungsverfahren war erfolglos und Klagebewilligung liegt vor – Klageeinreichung innert der Gültigkeitsdauer der Klagebewilligung (Klagefrist) – Kostenvorschuss wurde geleistet
Besonderheiten	– Die Ausfall- und Schadenersatzforderung gem. Art. 143 Abs. 2 SchKG steht nicht dem (betreibenden) Gläubiger zu, sondern es handelt sich um eine Forderung (Aktivum) des Schuldners, die dem Pfandbeschlag unterliegt und zuerst betreibungsamtlich verwertet werden muss, bevor sie – im Bestreitungsfall – gerichtlich eingeklagt werden kann (kein direktes Klagerecht) – Der berechnete Zinsverlust beträgt 5 %
Rechtsmittel	Kantonal: Abhängig vom Streitwert Berufung (Art. 308 ff. ZPO) oder Beschwerde (Art. 319 ff. ZPO) innert 30 Tagen Bund: Abhängig vom Streitwert Beschwerde in Zivilsachen (Art. 72 ff. BGG) innert 30 Tagen oder subsidiäre Verfassungsbeschwerde (Art. 113 ff. BGG)

XXX. GESUCH UM AUFSCHUB DER VERWERTUNG VON GRUNDSTÜCKEN (ART. 143A I.V.M. ART. 123 ABS. 1 SCHKG)

1. ZWECK UND WIRKUNG

Ein Gesuch um Aufschub der Verwertung **(Verwertungsaufschub)** bezweckt, dem Schuldner, welcher die Schuld bezahlen will, jedoch nur begrenzt zahlungsfähig ist, mehr Zeit zu gewähren, um seinen Zahlungsverpflichtungen nachzukommen.[328] Wird dem Gesuch um Aufschub der Verwertung stattgegeben, bewirkt dies – für die Betreibung, in welcher dem Schuldner das Ver 7.523

328 KUKO SchKG-Rüetschi, Art. 123 N 1.

wertungsbegehren angezeigt wurde – eine Stundung, wobei jedoch die Pfändung und die Zinspflicht des Schuldners bis zur vollständigen Tilgung der Schuld bestehen bleiben.[329]

7.524 Besteht eine (Gläubiger-)Gruppe und wird dem Schuldner *für einzelne Forderungen* dieser (Gläubiger-)Gruppe ein Verwertungsaufschub gewährt, fällt der Verwertungsaufschub mit Stellung eines Verwertungsbegehrens durch einen anderen Gruppengläubiger dahin, es sei denn, der Verwertungsaufschub gilt auch für die Forderungen, auf die sich das neue Verwertungsbegehren bezieht.[330]

2. VERFAHRENSART

7.525 Das Verfahren richtet sich nach kantonalem Verwaltungs(verfahrens)recht.[331]

3. ZUSTÄNDIGKEIT

7.526 Zuständig ist das Betreibungsamt, welches dem Schuldner das Verwertungsbegehren angezeigt hat (Art. 143a i.V.m. Art. 123 i.V.m. Art. 120 SchKG).[332] D.h. grundsätzlich das Betreibungsamt am Betreibungsort (Art. 46 ff. SchKG) bzw. allenfalls das gem. Art. 74 ff. VZG für die Requisitorialverwertung beauftragte Betreibungsamt.

329 Für jedes neue bzw. weitere Verwertungsbegehren ist ein eigenes Gesuch um Aufschub der Verwertung zu stellen (KUKO SchKG-Rüetschi, Art. 123 N 1 ff.).

330 KUKO SchKG-Rüetschi, Art. 117 N 5.

331 Verfügungen von Vollstreckungsorganen (z.B. eines Betreibungs- oder Konkursamtes) und die gegen solche Verfügungen unter Umständen zu ergreifende betreibungsrechtliche Beschwerde gem. Art. 17 ff. SchKG fallen nicht unter den in Art. 1 lit. c ZPO bezeichneten Geltungsbereich («gerichtliche Angelegenheiten des Schuldbetreibungs- und Konkursrechts») und somit nicht unter die ZPO. Solche Verfügungen stellen vielmehr das Ergebnis «eigenständiger Verwaltungsverfahren» dar (vgl. Botschaft ZPO, 7258), welche zum Beispiel durch einen entsprechenden Antrag oder ein entsprechendes Gesuch eingeleitet werden können. Auch Thomas Sutter-Somm/Rafael Klingler postulieren, dass Verfügungen der Vollstreckungsorgane und das betreibungsrechtliche Beschwerdeverfahren dem kantonalen Verwaltungsrecht unterstehen (Sutter-Somm/Hasenböhler/Leuenberger-Sutter-Somm/Klingler, Art. 1 ZPO N 8; vgl. BGer 5A_448/2011 vom 31.10.2011, E. 2.1). Franco Lorandi führt aus, dass das Verfahren vor den Betreibungsorganen dem Verwaltungsrecht sehr verwandt sei (Lorandi, 15, 19; Besprechung des Urteils des OGer TG vom 21.2.2013, in: RBOG 2013, Nr. 17).

332 BSK SchKG I-Suter, Art. 123 N 10.

4. LEGITIMATION

A. AKTIVLEGITIMATION

(Aktiv-)Legitimiert ist der Schuldner und auch allfällige Mitbetriebene (vgl. Art. 143a i.V.m. Art. 123 SchKG).[333] 7.527

B. PASSIVLEGITIMATION

Nicht einschlägig. 7.528

5. STREITWERT

Nicht einschlägig. 7.529

6. FRISTEN

Frühestens nach Einreichung des Verwertungsbegehrens durch den Gläubiger und spätestens vor der Vornahme der Verwertung kann das Gesuch um Aufschub der Verwertung von Grundstücken eingereicht werden.[334] 7.530

7. KOMBINATIONSMÖGLICHKEITEN

Es sind keine naheliegenden Kombinationsmöglichkeiten ersichtlich. 7.531

8. MÖGLICHE RECHTSBEGEHREN

In der Betreibung Nr. [...] des Betreibungsamtes [...][des Gläubigers] gegen den Schuldner [Name, Vorname, Adresse] sei der Verwertungsaufschub betreffend die Forderungssumme von CHF [Betrag] (zzgl. Zins zu [Zinssatz] % seit [Datum]) zugunsten von Teilzahlungen zu bewilligen. 7.532

333 Wenn Solidarschuldner parallel betrieben werden, hat jeder für sich einen Verwertungsaufschub zu beantragen (KUKO SchKG-Rüetschi, Art. 117 N 5 und Art. 123 N 5).

334 KUKO SchKG-Rüetschi, Art. 123 N 7; BSK SchKG I-Hausermann, Art. 143a N 3.

9. VORAUSSETZUNGEN

A. ERSTE VORAUSSETZUNG

7.533 Das Gesuch um Aufschub der Verwertung muss **fristgerecht gestellt** worden sein. Verfrüht gestellte Gesuche sind zurückzuweisen.[335]

B. ZWEITE VORAUSSETZUNG

7.534 Der Schuldner **macht glaubhaft, dass er die Schuld** in 13 monatlichen **Teilzahlungen** (vgl. Art. 143a i.V.m. Art. 123 Abs. 1 SchKG) bzw. in 7 monatlichen Teilzahlungen (vgl. Art. 143a i.V.m. Art. 123 Abs. 2 SchKG) **tilgen kann**, wobei die erste Teilzahlung «sofort» geleistet werden muss.[336] Eine Glaubhaftmachung liegt vor, wenn eine gewisse Wahrscheinlichkeit für die Verwirklichung der künftigen Tatsachen spricht, d.h. blosses Behaupten reicht nicht aus, aber es wird auch nicht der volle Beweis verlangt.[337] Sind die vom Schuldner offerierten monatlichen Zahlungen zu klein, wird das Gesuch um Aufschub der Verwertung abgewiesen.[338]

C. DRITTE VORAUSSETZUNG

7.535 Der Schuldner **leistet die erste Teilzahlung** «sofort» an das Betreibungsamt. «Sofort» bedeutet jedoch nicht, dass der Schuldner mit der Einreichung des Gesuches um Aufschub der Verwertung eine erste Teilzahlung, deren Höhe er selber festlegen müsste, leisten muss. Vielmehr setzt das Betreibungsamt dem Schuldner eine Frist zur Leistung der ersten Teilzahlung / Rate an.[339]

D. VIERTE VORAUSSETZUNG

7.536 Der Schuldner **verpflichtet sich implizit zu regelmässigen und angemessenen Abschlagszahlungen** – gemäss Zahlungsplan des Betreibungsamtes oder bewilligungsfähigem Zahlungsplan des Schuldners – an das Betreibungsamt. Wird nämlich eine Abschlagszahlung nicht rechtzeitig d.h. fristgemäss geleistet, fällt der Verwertungsaufschub von Gesetzes wegen sofort und ohne

335 KUKO SchKG-Rüetschi, Art. 123 N 7.

336 Hinsichtlich der Leistung der ersten Abschlagszahlung verlangt das Gesetz jedoch nicht, dass die erste Abschlagszahlung mit Einreichung des Gesuches zu leisten ist (KUKO SchKG-Bernheim/Känzig, Art. 143a N 2; vgl. weiter KUKO SchKG-Rüetschi, Art. 123 N 8).

337 KUKO SchKG-Rüetschi, Art. 123 N 9.

338 KUKO SchKG-Rüetschi, Art. 123 N 12.

339 KUKO SchKG-Bernheim/Känzig, Art. 143a N 2; KUKO SchKG-Rüetschi, Art. 123 N 17; BSK SchKG I-Suter, Art. 123 N 16 und 25.

weiteres Begehren des Gläubigers dahin und das Betreibungsamt ist verpflichtet, zur Verwertung zu schreiten.[340]

E. FÜNFTE VORAUSSETZUNG

Falls die Verwertung bereits angeordnet wurde: Der Schuldner bezahlt – neben der (ersten) Teilzahlung / Rate, d.h. dem festgesetzten Bruchteil der Betreibungssumme – auch die **Kosten für die Anordnung und den Widerruf der Verwertung** sofort (Art. 32 Abs. 1 VZG). 7.537

10. BESONDERHEITEN

Der Verwertungsaufschub gem. Art. 143a i.V.m. Art. 123 SchKG ist zu unterscheiden vom privatrechtlichen Stundungsvertrag, den der Gläubiger und der Schuldner abschliessen können. Ein privatrechtlicher Stundungsvertrag gilt als Rückzug des Verwertungsbegehrens.[341] 7.538

Im Falle eines Rechtsstillstandes (vgl. Art. 57 ff. SchKG) verlängert sich der Verwertungsaufschub (vgl. Art. 123 Abs. 4 SchKG), wobei die Raten und deren Fälligkeit nach Ablauf des Rechtsstillstandes neu festgesetzt werden. 7.539

Es handelt sich bei Art. 123 Abs. 1 SchKG um eine Kann-Vorschrift, d.h. der Schuldner hat keinen Anspruch auf Bewilligung. Die Gewährung eines solchen liegt im Ermessen des Betreibungsamtes.[342] 7.540

11. RECHTSMITTEL

Die Verfügungen des Betreibungsamts können mit betreibungsrechtlicher Beschwerde gem. Art. 17 SchKG bei der (unteren) kantonalen Aufsichtsbehörde angefochten werden. 7.541

Fechten der Schuldner oder die mitbetriebenen Dritten eine Verweigerung des Verwertungsaufschubs an, ist ein Antrag um Anordnung der aufschiebenden Wirkung zu stellen (vgl. Art. 36 SchKG). Ohne aufschiebende Wirkung kann die Verwertung nämlich bereits während dem hängigen Beschwerdeverfahren stattfinden.[343] 7.542

340 In einer Betreibung kann somit lediglich ein Verwertungsaufschub gewährt werden, unter Vorbehalt einer allfälligen Anpassung gem. Art. 123 Abs. 5 SchKG (BSK SchKG EB-Staehelin, Art. 123 ad N 35). KUKO SchKG-Rüetschi, Art. 123 N 21; BSK SchKG I-Suter, Art. 123 N 24.

341 BGE 114 III 102, E. 3; KUKO SchKG-Rüetschi, Art. 123 N 4.

342 KUKO SchKG-Rüetschi, Art. 123 N 10.

343 KUKO SchKG-Rüetschi, Art. 123 N 26.

Falls eine **obere kantonale Aufsichtsbehörde** existiert, kann:

- der Entscheid einer unteren Aufsichtsbehörde innert 10 Tagen nach Eröffnung an die obere kantonale Aufsichtsbehörde weitergezogen werden (Art. 18 Abs. 1 SchKG);
- wegen Rechtsverweigerung oder Rechtsverzögerung durch die untere kantonale Aufsichtsbehörde jederzeit bei der oberen kantonalen Aufsichtsbehörde Beschwerde gegen die untere kantonale Aufsichtsbehörde geführt werden (Art. 18 Abs. 2 SchKG).

Ansonsten ist **beim Bundesgericht Beschwerde in Zivilsachen** zu erheben (Art. 19 SchKG i.V.m. Art. 72 Abs. 2 lit. a BGG). Gemäss Art. 74 Abs. 2 lit. c BGG ist die Beschwerde in Zivilsachen in einem solchen Fall unabhängig vom jeweiligen Streitwert zulässig.[344] Die Beschwerdefrist beträgt 10 Tage (Art. 100 Abs. 2 lit. a BGG).

Tabellarische Zusammenfassung

Zweck	Aufschub der Verwertung (des gepfändeten Grundstückes) und Stundung, um dem begrenzt zahlungsfähigen Schuldner mehr Zeit zu gewähren, damit er seinen Zahlungsverpflichtungen nachkommen kann
Gesetzliche Grundlage	Art. 143a i.V.m. Art. 123 Abs. 1 SchKG
Verfahrensart	Kantonales Verwaltungsverfahrensrecht
Zuständigkeit	Betreibungsamt, welches dem Schuldner das Verwertungsbegehren angezeigt hat (Art. 143a i.V.m. Art. 123 i.V.m. Art. 120 SchKG)
Aktivlegitimation	(Betriebener) Schuldner (sowie allf. Mitbetriebene)
Passivlegitimation	Nicht einschlägig
Streitwert	Nicht einschlägig
Fristen	Frühestens nach Einreichung des Verwertungsbegehrens durch den (betreibenden) Gläubiger und spätestens vor der Vornahme der Verwertung
Kombination	Nicht einschlägig
Mögliche Rechtsbegehren	In der Betreibung Nr. […] des Betreibungsamtes […][des Gläubigers] gegen den Schuldner [Name, Vorname, Adresse] sei der Verwertungsaufschub betreffend die Forderungssumme von CHF [Betrag] (zzgl. Zins zu [Zinssatz] % seit [Datum]) zugunsten von Teilzahlungen zu bewilligen.

344 BGE 135 I 187, E. 1.2; KREN KOSTKIEWICZ/WALDER, Art. 17 SchKG N 26.

Voraussetzungen	– Gesuch um Aufschub der Verwertung (von Grundstücken) muss fristgerecht gestellt worden sein – Schuldner macht glaubhaft, dass er die Schuld in 13 bzw. 7 monatlichen Teilzahlungen tilgen kann – Schuldner leistet die erste Teilzahlung «sofort» an das Betreibungsamt (Betreibungsamt setzt hierfür eine Frist an) – Schuldner verpflichtet sich zu regelmässigen und angemessenen Abschlagszahlungen – Falls die Verwertung bereits angeordnet wurde: Schuldner bezahlt – neben der (ersten) Teilzahlung / Rate – auch die Kosten für die Anordnung und den Widerruf der Verwertung
Besonderheiten	– Ein Verwertungsaufschub gem. Art. 143a i.V.m. Art. 123 SchKG ist zu unterscheiden vom privatrechtlichen Stundungsvertrag. Letzterer gilt als Rückzug des Verwertungsbegehrens – Im Falle eines Rechtsstillstandes verlängert sich der Verwertungsaufschub (vgl. Art. 123 Abs. 4 SchKG), wobei die Raten und deren Fälligkeit nach Ablauf des Rechtsstillstandes neu festgesetzt werden – Schuldner hat keinen Anspruch auf die Bewilligung eines Verwertungsaufschubs, da es sich um eine Kann-Vorschrift handelt
Rechtsmittel	Verfügungen des Betreibungsamtes können mit betreibungsrechtlicher Beschwerde gem. Art. 17 SchKG innert 10 Tagen an die (untere) kantonale Aufsichtsbehörde weitergezogen werden *Falls eine obere kantonale Aufsichtsbehörde besteht:* Beschwerde an die obere kantonale Aufsichtsbehörde innert 10 Tagen nach Eröffnung des Entscheids der unteren kantonalen Aufsichtsbehörde (Art. 18 Abs. 1 SchKG) *oder* Beschwerde an die obere kantonale Aufsichtsbehörde gegen eine untere kantonale Aufsichtsbehörde bei Rechtsverzögerung oder Rechtsverweigerung (jederzeit möglich) *Ansonsten bzw. bei letztinstanzlichen kantonalen Entscheidungen:* Beschwerde in Zivilsachen beim Bundesgericht (Art. 19 SchKG i.V.m. Art. 72 Abs. 2 lit. a BGG) innert 10 Tagen (Art. 100 Abs. 2 lit. a BGG)

XXXI. GESUCH UM ANPASSUNG DES AUFSCHUBS DER VERWERTUNG (ART. 143A I.V.M. ART. 123 ABS. 5 SCHKG)

1. ZWECK UND WIRKUNG

Ein Gesuch um Anpassung des Aufschubs der Verwertung (Verwertungsaufschub) bezweckt, den bewilligten Verwertungsaufschub bzw. dessen Modalitäten, namentlich den Zahlungsplan, den Umständen entsprechend anzupassen. 7.543

2. VERFAHRENSART

7.544 Das Verfahren richtet sich nach kantonalem Verwaltungs(verfahrens)recht.[345]

3. ZUSTÄNDIGKEIT

7.545 Zuständig ist das Betreibungsamt, welches den Verwertungsaufschub bewilligt hat (Art. 143a i.V.m. Art. 123 Abs. 5 SchKG).

4. LEGITIMATION

A. AKTIVLEGITIMATION

7.546 (Aktiv-)Legitimiert ist der Schuldner, ein Mitbetriebener oder der (betreibende) Gläubiger (vgl. Art. 143a i.V.m. Art. 123 Abs. 5 SchKG).

B. PASSIVLEGITIMATION

7.547 Nicht einschlägig.

5. STREITWERT

7.548 Nicht einschlägig.

345 Verfügungen von Vollstreckungsorganen (z.B. eines Betreibungs- oder Konkursamtes) und die gegen solche Verfügungen unter Umständen zu ergreifende betreibungsrechtliche Beschwerde gem. Art. 17 ff. SchKG fallen nicht unter den in Art. 1 lit. c ZPO bezeichneten Geltungsbereich («gerichtliche Angelegenheiten des Schuldbetreibungs- und Konkursrechts») und somit nicht unter die ZPO. Solche Verfügungen stellen vielmehr das Ergebnis «eigenständiger Verwaltungsverfahren» dar (vgl. Botschaft ZPO, 7258), welche zum Beispiel durch einen entsprechenden Antrag oder ein entsprechendes Gesuch eingeleitet werden können. Auch Thomas Sutter-Somm/Rafael Klingler postulieren, dass Verfügungen der Vollstreckungsorgane und das betreibungsrechtliche Beschwerdeverfahren dem kantonalen Verwaltungsrecht unterstehen (Sutter-Somm/Hasenböhler/Leuenberger-Sutter-Somm/Klingler, Art. 1 ZPO N 8; vgl. BGer 5A_448/2011 vom 31.10.2011, E. 2.1). Franco Lorandi führt aus, dass das Verfahren vor den Betreibungsorganen dem Verwaltungsrecht sehr verwandt sei (Lorandi, 15, 19; Besprechung des Urteils des OGer TG vom 21.2.2013, in: RBOG 2013, Nr. 17).

6. FRISTEN

Das SchKG sieht keine ausdrückliche Frist vor. Ein Gesuch um Anpassung des Aufschubs der Verwertung setzt jedoch voraus, dass bereits ein Verwertungsaufschub bewilligt wurde, der noch läuft. 7.549

7. KOMBINATIONSMÖGLICHKEITEN

Es sind keine naheliegenden Kombinationsmöglichkeiten ersichtlich. 7.550

8. MÖGLICHE RECHTSBEGEHREN

In der Betreibung Nr. […] des Betreibungsamtes […][des Gläubigers] gegen den Schuldner [Name, Vorname, Adresse] sei der dem Schuldner […] am [Datum] bewilligte Verwertungsaufschub betreffend die Forderungssumme von CHF [Betrag] (zzgl. Zins zu [Zinssatz] % seit [Datum]) anzupassen. 7.551

9. VORAUSSETZUNGEN

A. ERSTE VORAUSSETZUNG

Ein früheres Gesuch um Aufschub der Verwertung wurde bewilligt bzw. der **bewilligte Verwertungsaufschub besteht** weiterhin. 7.552

B. ZWEITE VORAUSSETZUNG

Die **Umstände erfordern eine Anpassung** des bewilligten Verwertungsaufschubs, namentlich des Zahlungsplans, an die veränderten Verhältnisse.[346] 7.553

346 KUKO SchKG-Rüetschi, Art. 123 N 19.

c. DRITTE VORAUSSETZUNG

7.554 Der Schuldner **macht glaubhaft, dass er die Schuld** in insgesamt maximal 13 monatlichen **Teilzahlungen** (vgl. Art. 143a i.V.m. Art. 123 Abs. 1 SchKG) bzw. in insgesamt maximal 7 monatlichen Teilzahlungen (vgl. Art. 143a i.V.m. Art. 123 Abs. 2 SchKG) **tilgen kann.**[347] Die Grenzen in zeitlicher Hinsicht von Art. 123 Abs. 1 und 2 SchKG müssen gewahrt bleiben.[348]

10. BESONDERHEITEN

7.555 Nach Meinung von BENEDIKT A. SUTER sollte der Schuldner vor einer Anpassung des bewilligten Verwertungsaufschubs, namentlich das Zahlungsplans, zu seinen Lasten wenn möglich angehört werden.[349]

11. RECHTSMITTEL

7.556 Die Verfügungen des Betreibungsamts können mit betreibungsrechtlicher Beschwerde gem. Art. 17 SchKG bei der (unteren) kantonalen Aufsichtsbehörde angefochten werden.

7.557 Fechten der Schuldner oder die mitbetriebenen Dritten eine Verweigerung der Anpassung des bewilligten Verwertungsaufschubs an, ist ein Antrag um Anordnung der aufschiebenden Wirkung zu stellen (vgl. Art. 36 SchKG).[350]

Falls eine **obere kantonale Aufsichtsbehörde** existiert, kann:
- der Entscheid einer unteren Aufsichtsbehörde innert 10 Tagen nach Eröffnung an die obere kantonale Aufsichtsbehörde weitergezogen werden (Art. 18 Abs. 1 SchKG);
- wegen Rechtsverweigerung oder Rechtsverzögerung durch die untere kantonale Aufsichtsbehörde jederzeit bei der oberen kantonalen Aufsichtsbehörde Beschwerde gegen die untere kantonale Aufsichtsbehörde geführt werden (Art. 18 Abs. 2 SchKG).

Ansonsten ist **beim Bundesgericht Beschwerde in Zivilsachen** zu erheben (Art. 19 SchKG i.V.m. Art. 72 Abs. 2 lit. a BGG). Gemäss Art. 74 Abs. 2 lit. c BGG ist die Beschwerde in Zivilsachen in einem solchen Fall unabhängig vom jeweiligen Streitwert zulässig.[351] Die Beschwerdefrist beträgt 10 Tage (Art. 100 Abs. 2 lit. a BGG).

347 Hinsichtlich die Leistung der ersten Abschlagszahlung verlangt das Gesetz jedoch nicht, dass die erste Abschlagszahlung mit Einreichung des Gesuches zu leisten ist (KUKO SchKG-BERNHEIM/KÄNZIG, Art. 143a N 2; vgl. weiter KUKO SchKG-RÜETSCHI, Art. 123 N 8).

348 KUKO SchKG-RÜETSCHI, Art. 123 N 19.

349 BSK SchKG I-SUTER, Art. 123 N 33.

350 KUKO SchKG-RÜETSCHI, Art. 123 N 26.

351 BGE 135 I 187, E. 1.2; KREN KOSTKIEWICZ/WALDER, Art. 17 SchKG N 26.

Tabellarische Zusammenfassung

Zweck	Anpassung des bewilligten Verwertungsaufschubs, d.h. dessen Modalitäten wie der Zahlungsplan, an die entsprechenden Umstände
Gesetzliche Grundlage	Art. 143a i.V.m. Art. 123 Abs. 5 SchKG
Verfahrensart	Kantonales Verwaltungsverfahrensrecht
Zuständigkeit	Betreibungsamt, welches den Verwertungsaufschub bewilligt hat (Art. 143a i.V.m. Art. 123 Abs. 5 SchKG)
Aktivlegitimation	(Betriebener) Schuldner, allf. Mitbetriebene, (betreibender) Gläubiger
Passivlegitimation	Nicht einschlägig
Streitwert	Nicht einschlägig
Fristen	Grds. keine Fristen im SchKG vorgesehen; vorausgesetzt wird jedoch, dass bereits ein Verwertungsaufschub bewilligt wurde
Kombination	Nicht einschlägig
Mögliche Rechtsbegehren	In der Betreibung Nr. […] des Betreibungsamtes […][des Gläubigers] gegen den Schuldner [Name, Vorname, Adresse] sei der dem Schuldner […] am [Datum] bewilligte Verwertungsaufschub betreffend die Forderungssumme von CHF [Betrag] (zzgl. Zins zu [Zinssatz] % seit [Datum]) anzupassen.
Voraussetzungen	– Es besteht ein bewilligter Verwertungsaufschub – Veränderte Verhältnisse erfordern eine Anpassung des bewilligten Verwertungsaufschubs, namentlich des Zahlungsplans – Schuldner macht glaubhaft, dass er die Schuld in insgesamt maximal 13 resp. 7 monatlichen Teilzahlungen tilgen kann, wobei die zeitlichen Grenzen von Art. 123 Abs. 1 und 2 SchKG gewahrt werden müssen
Besonderheiten	Es wird postuliert, dass der Schuldner vor einer Anpassung des bewilligten Verwertungsaufschubs zu seinen Lasten wenn möglich angehört wird
Rechtsmittel	Verfügungen des Betreibungsamtes können mit betreibungsrechtlicher Beschwerde gem. Art. 17 SchKG innert 10 Tagen an die (untere) kantonale Aufsichtsbehörde weitergezogen werden *Falls eine obere kantonale Aufsichtsbehörde besteht:* Beschwerde an die obere kantonale Aufsichtsbehörde innert 10 Tagen nach Eröffnung des Entscheids der unteren kantonalen Aufsichtsbehörde (Art. 18 Abs. 1 SchKG) *oder* Beschwerde an die obere kantonale Aufsichtsbehörde gegen eine untere kantonale Aufsichtsbehörde bei Rechtsverzögerung oder Rechtsverweigerung (jederzeit möglich) *Ansonsten bzw. bei letztinstanzlichen kantonalen Entscheidungen:* Beschwerde in Zivilsachen beim Bundesgericht (Art. 19 SchKG i.V.m. Art. 72 Abs. 2 lit. a BGG) innert 10 Tagen (Art. 100 Abs. 2 lit. a BGG)

XXXII. ANFECHTUNG DER VERWERTUNG MITTELS BESCHWERDE (ART. 143A I.V.M. ART. 132A SCHKG)

1. ZWECK UND WIRKUNG

7.558 Bei der öffentlichen Versteigerung handelt es sich um ein Institut der Zwangsvollstreckung.[352] Der bei einer öffentlichen Versteigerung erfolgte Zuschlag stellt eine betreibungsrechtliche Verfügung dar, mit welcher das Eigentum am Grundstück übertragen wird.[353] Falls es bei der Verwertung durch die öffentliche Versteigerung zu Unregelmässigkeiten kam, kann der Zuschlag angefochten werden. Eine Anfechtung der Verwertung mittels Beschwerde bezweckt daher eine Korrektur der im Rahmen der Verwertung aufgetretenen Unregelmässigkeiten.

2. VERFAHRENSART

7.559 Die betreibungsrechtliche Beschwerde ist ein zwangsvollstreckungsrechtliches Institut und ist in Bezug auf die Rechtsnatur nicht einfach einzuordnen.[354] Sie verfügt einerseits über Charakteristika des Verwaltungsverfahrens, andererseits aber auch über solche des Zivilprozesses. Folglich kann sie als «selbständiges, dem schweizerischen Betreibungs- und Konkursrecht eigentümliches Rechtsmittel verstanden werden».[355] Art. 20a SchKG enthält einige Mindestanforderungen, überlässt es jedoch den einzelnen Kantonen, das Verfahren zu regeln, d.h. die Verfahrensbestimmungen aufzustellen (vgl. Art. 20a Abs. 3 SchKG). Das Beschwerdeverfahren wird daher hauptsächlich vom kantonalen Recht geregelt.[356] Häufig finden sich die Bestimmungen in den kantonalen Einführungsgesetzen zum SchKG (s.a. Rz. 2.52).

3. ZUSTÄNDIGKEIT

7.560 Die Zuständigkeit für die Behandlung einer Beschwerde gem. Art. 17 SchKG richtet sich nach kantonalem Recht. Es ist die **Aufsichtsbehörde des jeweiligen Kantons** zuständig (Art. 17 und Art. 18 SchKG), wobei es den Kantonen überlassen ist, ob sie lediglich *eine Aufsichtsbehörde* oder eine *untere und eine obere Aufsichtsbehörde* bestellen wollen (vgl. Art. 13 SchKG).

7.561 Über zwei Aufsichtsbehörden (eine untere und eine obere) verfügen:

---

352 KUKO SchKG-Amberg, Art. 132a N 2.

353 Vgl. Art. 66 Abs. 1 S. 1 VZG.

354 BSK SchKG I-Cometta/Möckli, Art. 17 N 1.

355 BSK SchKG I-Cometta/Möckli, Art. 17 N 1.

356 Vock/Müller, 63.

- Aargau (untere Aufsichtsbehörde: Gerichtspräsident; obere Aufsichtsbehörde: Schuldbetreibungs- und Konkurskommission des Obergerichts)[357]
- Luzern (untere Aufsichtsbehörde: Bezirksgerichte; obere Aufsichtsbehörde: Kantonsgericht)[358]
- Schwyz (untere Aufsichtsbehörde: Bezirksgerichtspräsident; obere Aufsichtsbehörde: Kantonsgericht)[359]
- Waadt (untere Aufsichtsbehörde: président du tribunal d'arrondissement; obere Aufsichtsbehörde: Tribunal cantonal)[360]
- Wallis (untere Aufsichtsbehörde: Bezirksrichter; obere Aufsichtsbehörde: Kantonsgericht)[361]
- Zürich (untere Aufsichtsbehörde: Bezirksgerichte; obere Aufsichtsbehörde: Obergericht)[362]

4. LEGITIMATION

A. AKTIVLEGITIMATION / BESCHWERDELEGITIMATION

Beschwerdelegitimiert[363] ist (als Beschwerdeführer) jede partei-[364] und beschwerdefähige[365] Person / Gesellschaft / Einheit, die durch eine *Verfügung* eines Betreibungsamtes **beschwert** ist, indem sie (a) in ihren **rechtlich geschützten Interessen verletzt** wird oder (b) zumindest in einem **tatsächlichen und schutzwürdigen Interesse betroffen** ist und dadurch ein **schutzwürdiges (aktuelles und praktisches) Interesse** an der Aufhebung oder Abänderung der Verfügung hat. Oftmals ist der *Schuldner* oder auch der *Gläubiger* eines Betreibungsverfahrens entsprechend zur Beschwerde legitimiert, wobei die Legitimation jedoch immer im Einzelfall zu prüfen ist. Ferner können unter Umständen auch Drittpersonen zur Beschwerde legitimiert sein.[366] 7.562

357 Vgl. § 14 ff. EG SchKG AG.

358 Vgl. § 4 EG SchKG LU.

359 Vgl. § 10 EGzSchKG SZ.

360 Vgl. Art. 14 f. LVLP.

361 Vgl. Art. 19 f. EG SchKG VS.

362 Vgl. § 17 EG SchKG ZH.

363 Das Vorliegen der Partei- und der Beschwerdefähigkeit wie auch der Beschwerdelegitimation stellen Eintretensvoraussetzungen dar, welche die Aufsichtsbehörde von Amtes wegen zu prüfen hat (BSK SchKG I-COMETTA/MÖCKLI, Art. 17 N 39 und 45). Fehlt z.B. die Beschwerdelegitimation, ergeht ein Nichteintretensentscheid, da es sich – im Gegensatz zur Aktivlegitimation im Zivilverfahren – nicht um eine materiellrechtliche Frage (die «Sachlegitimation / materielle Legitimation zur Sache») handelt (VOCK/MÜLLER, 60).

364 Über Parteifähigkeit (= verfahrensrechtliches Pendant zur Rechtsfähigkeit) verfügen u.a.: (a) natürliche Personen, (b) juristische Personen (c) Kollektivgesellschaft (Art. 562 OR), (d) Kommanditgesellschaft (Art. 602 OR), (e) Stockwerkeigentümergemeinschaft (Art. 712 l Abs. 2 ZGB), (f) Konkursmasse (vgl. Art. 240 SchKG), (g) Nachlassmasse beim Nachlassvertrag mit Vermögensabtretung (vgl. Art. 319 Abs. 4 SchKG) (BSK SchKG I-COMETTA/MÖCKLI, Art. 17 N 36).

365 Die Beschwerdefähigkeit ist das verfahrensrechtliche Pendant zur Handlungsfähigkeit gem. Art. 12 ZGB (BSK SchKG I-COMETTA/MÖCKLI, Art. 17 N 37).

366 KUKO SchKG-DIETH/WOHL, Art. 17 N 9 ff.; BSK SchKG I-COMETTA/MÖCKLI, Art. 17 N 40 ff.

B. PASSIVLEGITIMATION

7.563 Passivlegitimiert ist das Betreibungsamt, wobei in der Lehre umstritten ist, ob das verfügende Zwangsvollstreckungsorgan passivlegitimiert sein kann oder nicht.[367]

5. STREITWERT

7.564 Nicht einschlägig.

6. FRISTEN

7.565 Die 10-tägige Beschwerdefrist (Art. 17 Abs. 2 SchKG) beginnt, wenn der Beschwerdeführer von der angefochtenen Verwertungshandlung Kenntnis erhalten hat und der Anfechtungsgrund für ihr erkennbar geworden ist (vgl. Art. 143a i.V.m. Art. 132a Abs. 2 SchKG).
Das Beschwerderecht erlischt jedoch 1 Jahr nach der Verwertung (absolute Beschwerdefrist; vgl. Art. 143a i.V.m. Art. 132a Abs. 3 SchKG).

7.566 Wird in Bezug auf den Zuschlag oder den Freihandverkauf Nichtigkeit geltend gemacht, ist die Beschwerdefrist nicht einschlägig.[368]

7. KOMBINATIONSMÖGLICHKEITEN

7.567 Es sind keine naheliegenden Kombinationsmöglichkeiten ersichtlich.

8. MÖGLICHE RECHTSBEGEHREN

7.568
1. In der Betreibung Nr. […] des Betreibungsamtes […][des Gläubigers] gegen den Schuldner [Name, Vorname, Adresse] sei [der Zuschlag des {Bezeichnung des betroffenen Vermögensgegenstands}] vom [Datum] aufzuheben.
2. Das Betreibungsamt […] sei anzuweisen, [die Versteigerung neu anzusetzen].

367 BSK SchKG I-Cometta/Möckli, Art. 17 N 47.
368 BGE 117 III 39, E. 5.

9. VORAUSSETZUNGEN

A. ERSTE VORAUSSETZUNG

Es kam bei einer öffentlichen Versteigerung zu einem **Zuschlag** (= **taugliches Anfechtungs- bzw. Beschwerdeobjekt)** (Art. 143a i.V.m. Art. 132a Abs. 1 SchKG). 7.569

B. ZWEITE VORAUSSETZUNG

Es kam im Rahmen der Durchführung der öffentlichen Versteigerung zu **unangemessenen** Handlungen oder **Gesetzesverletzungen** (= **Beschwerdegrund**, d.h. **Verfahrensfehler)** (vgl. Art. 143a i.V.m. Art. 132a i.V.m. Art. 17 Abs. 1 SchKG). 7.570

C. DRITTE VORAUSSETZUNG

Der Beschwerdeführer erhielt **mit bzw. nach Zuschlag Kenntnis** von der unangemessenen oder gesetzesverletzenden Verwertungshandlung und der Anfechtungsgrund (z.B. Willensmängel gem. Art. 23 ff. OR) wurde für ihn erkennbar.[369] 7.571

D. VIERTE VORAUSSETZUNG

Der Beschwerdeführer ist **partei- und beschwerdefähig**. 7.572

E. FÜNFTE VORAUSSETZUNG

Der Beschwerdeführer ist **beschwerdelegitimiert**, d.h. er muss in seinen rechtlich geschützten oder zumindest tatsächlichen Interessen betroffen sein (= beschwert sein) und dadurch ein schutzwürdiges (aktuelles und praktisches) Interesse haben an der Aufhebung oder Abänderung der angefochtenen Verfügung oder am Erlass einer Verfügung.[370] 7.573

---

369 NB: Gegen jede Verfügung des Betreibungsamtes kann Beschwerde geführt werden, wobei die Beschwerde grundsätzlich innert 10 Tagen seit Kenntnis der anfechtbaren Verfügung zu erheben ist (vgl. Art. 17 Abs. 1 und 2 SchKG); KUKO SchKG-Bernheim/Känzig, Art. 143a N 7 f.

370 Gemeint ist die formelle Legitimation zum Verfahren (und nicht – wie im Zivilprozess – die materielle Legitimation zur Sache). Ist die Beschwerde führende Person nicht entsprechend beschwerdelegitimiert, fehlt es an einer Prozessvoraussetzung, weshalb auf die Beschwerde nicht einzutreten ist (BSK SchKG I-Cometta/Möckli, Art. 17 N 39 und 45; Vock/Müller, 60). Es ist nicht jede von der Verwertung betroffene Person bezüglich jeden Beschwerdegrund beschwerdelegitimiert; bspw. werden durch die Anordnung eines Doppelaufrufs oder den Verzicht darauf keine rechtlich geschützten Interessen des Ersteigerers berührt (BSK SchKG I Häusermann, Art. 143a N 10a).

F. SECHSTE VORAUSSETZUNG

7.574 Die **Beschwerdefrist** wird gewahrt (innert 10 Tagen ab Kenntniserhalt und Erkennbarwerdung des Anfechtungsgrunds). Die Einreichung der Beschwerde hat jedoch spätestens 1 Jahr nach der Verwertung zu geschehen (absolute Beschwerdefrist).

7.575 Ausnahme: Wird Nichtigkeit geltend gemacht, ist weder die relative noch die absolute Beschwerdefrist einschlägig.[371]

10. BESONDERHEITEN

7.576 Im Gegensatz zur relativen, zehntägigen Beschwerdefrist, kann die **absolute Beschwerdefrist nicht** nach Art. 33 Abs. 4 SchKG **wiederhergestellt werden**.

7.577 Das **Beschwerdeverfahren vor einer kantonalen Aufsichtsbehörde ist kostenlos**, ausser die Prozessführung erfolgt böswillig oder mutwillig (vgl. Art. 20a Abs. 2 Ziff. 5 SchKG).

Zudem wird **keine Parteientschädigung** ausgerichtet (Art. 62 Abs. 2 GebV SchKG).

11. RECHTSMITTEL

7.578 **Falls eine obere kantonale Aufsichtsbehörde** existiert, kann:
- der Entscheid einer unteren Aufsichtsbehörde innert 10 Tagen nach Eröffnung an die obere kantonale Aufsichtsbehörde weitergezogen werden;
- wegen Rechtsverweigerung oder Rechtsverzögerung durch die untere kantonale Aufsichtsbehörde jederzeit bei der oberen kantonalen Aufsichtsbehörde Beschwerde gegen die untere kantonale Aufsichtsbehörde geführt werden.

7.579 Ansonsten ist **beim Bundesgericht Beschwerde in Zivilsachen** zu erheben (Art. 19 SchKG i.V.m. Art. 72 Abs. 2 lit. a BGG). Gemäss Art. 74 Abs. 2 lit. c BGG ist die Beschwerde in Zivilsachen in einem solchen Fall unabhängig vom jeweiligen Streitwert zulässig.[372] Die Beschwerdefrist beträgt 10 Tage (Art. 100 Abs. 2 lit. a BGG).

---

371 BSK SchKG I-Häusermann, Art. 143a N 30.

372 BGE 135 I 187, E. 1.2; Kren Kostkiewicz/Walder, Art. 17 SchKG N 26.

Tabellarische Zusammenfassung

Zweck	Anfechtung eines im Rahmen einer öffentlichen Versteigerung erfolgten Zuschlages aufgrund von aufgetretenen Unregelmässigkeiten zur Korrektur dieser Unregelmässigkeiten
Gesetzliche Grundlage	Art. 143a i.V.m. Art. 132a SchKG
Verfahrensart	Zwangsvollstreckungsrechtliches Verfahren mit Mindestanforderungen gem. Art. 20a SchKG und kantonalen Ausführungsbestimmungen
Zuständigkeit	(Untere) kantonale Aufsichtsbehörde
Aktivlegitimation / Beschwerdelegitimation	Partei- und beschwerdefähige Personen und Einheiten, die durch eine Verfügung eines Zwangsvollstreckungsorgans beschwert sind (in ihren rechtlich geschützten Interessen verletzt oder mind. in einem tatsächlichen und schutzwürdigen Interesse betroffen sind und an der Aufhebung / Abänderung der Verfügung ein schutzwürdiges aktuelles und praktisches Interesse haben)
Passivlegitimation / Beschwerdegegner	Betreibungsamt (umstritten)
Streitwert	Nicht einschlägig
Fristen	10 Tage seit Kenntnisnahme der angefochtenen Verwertungshandlung und Erkennen des einschlägigen Anfechtungsgrund; absolute Beschwerdefrist ist jedoch 1 Jahr nach der Verwertung (Ausnahme: falls Nichtigkeit geltend gemacht wird, ist die Beschwerdefrist nicht einschlägig)
Kombination	Nicht einschlägig
Mögliche Rechtsbegehren	1. In der Betreibung Nr. [...] des Betreibungsamtes [...][des Gläubigers] gegen den Schuldner [Name, Vorname, Adresse] sei [der Zuschlag des {Bezeichnung des betroffenen Vermögensgegenstands}] vom [Datum] aufzuheben. 2. Das Betreibungsamt [...] sei anzuweisen, [die Versteigerung neu anzusetzen].
Voraussetzungen	– Zuschlag im Falle einer öffentlichen Steigerung – Unangemessene Handlugen oder Gesetzesverletzungen im Rahmen der Durchführung der öffentlichen Steigerung – Kenntnisnahme von den unangemessenen oder gesetzesverletzenden Handlungen und Erkennen des Anfechtungsgrunds mit bzw. nach dem Zuschlag – Beschwerdeführer ist partei- und beschwerdefähig – Beschwerdeführer ist beschwerdelegitimiert – Wahrung der Beschwerdefrist (Ausnahme: Nichtigkeit wird geltend gemacht)
Besonderheiten	– Die relative zehntägige Beschwerdefrist kann wiederhergestellt werden; die absolute Beschwerdefrist von einem Jahr (seit der Verwertung) hingegen nicht – Vor einer kantonalen Aufsichtsbehörde ist das Beschwerdeverfahren kostenlos (Ausnahme: böswillige oder mutwillige Prozessführung) – Den Parteien wird in einem Beschwerdeverfahren keine Parteientschädigung ausgerichtet

Rechtsmittel	*Falls eine obere kantonale Aufsichtsbehörde besteht:* Beschwerde an die obere kantonale Aufsichtsbehörde innert 10 Tagen nach Eröffnung des Entscheids der unteren kantonalen Aufsichtsbehörde (Art. 18 Abs. 1 SchKG) *oder* Beschwerde an die obere kantonale Aufsichtsbehörde gegen eine untere kantonale Aufsichtsbehörde bei Rechtsverzögerung oder Rechtsverweigerung (jederzeit möglich) *Ansonsten bzw. bei letztinstanzlichen kantonalen Entscheidungen:* Beschwerde in Zivilsachen beim Bundesgericht (Art. 19 SchKG i.V.m. Art. 72 Abs. 2 lit. a BGG) innert 10 Tagen (Art. 100 Abs. 2 lit. a BGG)

XXXIII. KOLLOKATIONSKLAGE (ART. 148 SCHKG)

1. ZWECK UND WIRKUNG

7.580 Eine Kollokationsklage (gegen den Kollokationsplan) bezweckt, einem Gläubiger das Mittel zu verschaffen, um sich gegen eine unberechtigte Schmälerung seines eigenen Anspruches am Verwertungserlös durch Forderungen anderer kollozierter Gläubiger zu wehren.[373] Eine Kollokationsklage zielt auf die Änderung eines Kollokationsplans zu Lasten eines anderen Gläubigers ab, indem dessen Forderung gestrichen, herabgesetzt oder das der Forderung vom Betreibungsamt zugestandene Privileg, deren Rang, als nicht bestehend erklärt wird.[374]

7.581 Eine Gutheissung der Kollokationsklage bewirkt, dass der nach der Verteilungsliste auf den Beklagten entfallende Anteil am Verwertungserlös dem Kläger zusteht, soweit dies zur Deckung seines in der Verteilungsliste ausgewiesenen Verlustes und der Prozesskosten nötig ist (vgl. Art. 148 Abs. 3 SchKG). Der Vollzug des gutheissenden Gerichtsentscheids erfolgt durch Änderung der Verteilungsliste durch das Betreibungsamt, wobei der beklagte Gläubiger im Verhältnis zu den nicht klagenden Gläubigern und zum Schuldner kolloziert bleibt, wie wenn seine Forderung nicht angefochten worden wäre.[375]

---

373 Bis zu diesem Zeitpunkt hatte ein Gläubiger im bisherigen Betreibungsverfahren nur in bestimmten Ausnahmefällen (z.B. Art. 106–109 SchKG, Art. 111 SchKG, Art. 140 SchKG) die Möglichkeit, sich zu wehren (KUKO SchKG-Sprecher, Art. 148 N 1).

374 Im Rahmen der Spezialexekution stellt die Kollokationsklage immer eine sogenannte negative Kollokationsklage dar. Eine positive Kollokationsklage ist nur im Rahmen der Generalexekution möglich (KUKO SchKG-Sprecher, Art. 148 N 5; BSK SchKG I-Schöniger, Art. 148 N 8).

375 KUKO SchKG-Sprecher, Art. 148 N 28 f.

2. VERFAHRENSART

Je nach Sachverhalt ist die Kollokationsklage zu behandeln im: 7.582

- **ordentlichen Verfahren** (Art. 219 ff. ZPO) bei einem Streitwert von mehr als CHF 30 000.– *oder*
- **vereinfachten Verfahren** (Art. 243 ff. ZPO) bei einem Streitwert von bis zu CHF 30 000.–.[376]

3. ZUSTÄNDIGKEIT

Örtlich zuständig ist das Gericht am Betreibungsort (vgl. Art. 148 Abs. 1 SchKG und Art. 46 ZPO), wobei diese Zuständigkeit zwingend ist.[377] 7.583

Die **sachliche** und **funktionelle** Zuständigkeit bestimmt sich nach dem jeweilig anwendbaren kantonalen Recht (vgl. Art. 23 SchKG und Art. 4 ZPO). 7.584

4. LEGITIMATION

A. AKTIVLEGITIMATION

Aktivlegitimiert ist jeder **kollozierte Gläubiger**, der die Forderung oder den Rang eines anderen Gruppengläubigers bestreiten will (vgl. Art. 148 Abs. 1 SchKG).[378] 7.585

B. PASSIVLEGITIMATION

Passivlegitimiert ist der «**andere Gläubiger**», **dessen Forderung bestritten wird** (vgl. Art. 148 Abs. 1 SchKG). 7.586

376 VOCK/MÜLLER, 216.

377 KUKO SchKG-SPRECHER, Art. 148 N 19.

378 VOCK/MÜLLER, 215. Ein Gläubiger einer nachfolgenden Gruppe ist nur dann als aktivlegitimiert zu betrachten, wenn dieser geltend macht, dass der Schuldner namentlich durch Unterlassung des Rechtsvorschlags den Gläubiger einer vorangehenden Gruppe begünstigt hat, und eine Wegweisung der umstrittenen Forderung zu einem Mehrerlös für die nachfolgende Gruppe führen würde (KUKO SchKG-SPRECHER, Art. 148 N 13).

5. STREITWERT

7.587 Der Streitwert bemisst sich gem. Art. 91 ff. ZPO (vgl. auch Art. 1 lit. c ZPO). Dabei ist für die Bemessung der Betrag massgebend, welcher dem Kläger bei Gutheissung seiner Kollokationsklage als Prozessgewinn von dem dem Beklagten in der Verteilungsliste zugeteilten Betreffnis zuzuweisen ist.[379]

6. FRISTEN

7.588 Die Frist zur Einreichung der Kollokationsklage beträgt 20 Tage (Art. 148 Abs. 1 SchKG i.V.m. Art. 31 SchKG und Art. 142 Abs. 1 ZPO) beginnend mit Empfang des Auszuges aus dem Kollokationsplan.[380]

7. KOMBINATIONSMÖGLICHKEITEN

7.589 Es sind keine naheliegenden Kombinationsmöglichkeiten ersichtlich.

8. MÖGLICHE RECHTSBEGEHREN

7.590

1. Es sei die in der Betreibung Nr. […] des Betreibungsamts […] gegen den Schuldner [Name, Vorname, Adresse][in der Pfändungsgruppe {Nummer}] mit Verfügung vom [Datum] erfolgte Kollokation der Forderung des Beklagten im Betrag von CHF [Betrag][vollumfänglich zu streichen].
2. Unter Kosten- und Entschädigungsfolgen zulasten des Beklagten.

---

379 KUKO SchKG-Sprecher, Art. 148 N 22. Wird der Bestand oder die Höhe der Forderung des anderen Gläubigers bestritten, bestimmt das dem Beklagten in der Verteilungsliste des Kollokationsplans zugewiesene Betreffnis bzw. der auf den bestrittenen Forderungsteil den Streitwert. Wird nur der Rang bestritten, bildet die Differenz zwischen den Rängen den Streitwert. In beiden Fällen stellt der in der Verteilungsliste ausgewiesene Verlust des klagenden Gläubigers die Obergrenze des Streitwerts dar; ein allfälliger Mehrbetrag verbleibt beim Beklagten und wird nicht in die Streitwertberechnung miteinbezogen (BSK SchKG I-Schöniger, Art. 148 N 39).

380 Die Frist ist eine Verwirkungsfrist, welche nur unter den Voraussetzungen von Art. 33 Abs. 2 SchKG erstreckbar oder unter den Voraussetzungen von Art. 33 Abs. 4 SchKG wiederherstellbar ist (Vock/Müller, 218).

9. VORAUSSETZUNGEN

A. ERSTE VORAUSSETZUNG

Das Betreibungsamt hat eine **Kollokationsverfügung**, nämlich den Kollokationsplan, erlassen.[381] 7.591

B. ZWEITE VORAUSSETZUNG

Der **klagende Gläubiger** ist auf dem Kollokationsplan **kolloziert**.[382] 7.592

C. DRITTE VORAUSSETZUNG

Die mittels Betreibung geltend gemachte(n) Forderung(en) des klagenden Gläubigers wird / werden durch den Verwertungserlös **nicht voll gedeckt**.[383] 7.593

D. VIERTE VORAUSSETZUNG

Der klagende Gläubiger will die Zulassung der **Forderung eines anderen Gläubigers im Kollokationsplan** hinsichtlich Bestand, Höhe oder Rang **bestreiten** und hat ein **hinreichendes Rechtsschutzinteresse** (vgl. Art. 148 Abs. 1 SchKG).[384] 7.594

E. FÜNFTE VORAUSSETZUNG

Dem klagenden Gläubiger standen **im bisherigen Betreibungsverfahren nicht bereits Rechtsmittel bezüglich materiellrechtlicher Fragen** zur Verfügung. D.h., eine Kollokationsklage ist ausgeschlossen, wenn der Gläubiger in einem früheren Stadium des Betreibungsverfahrens bereits: 7.595

- die Möglichkeit hatte, das Teilnahmerecht des anderen Gläubigers zu bestreiten (und dies unterliess) oder
- die Teilnahmeberechtigung des anderen Gläubigers in einem vorangegangenen Verfahren (z.B. im Widerspruchsverfahren nach Art. 106–109 SchKG oder im Lastenbereinigungsverfahren nach Art. 140 SchKG) rechtskräftig entscheiden liess.[385]

---

381 Der Kollokationsplan wird nur für die Gläubiger derselben Gruppe erstellt. Bestehen infolge Anschlusspfändung mehrere Gruppen, ist für jede Gläubigergruppe ein eigener Kollokationsplan zu erstellen. Ferner sind Gläubiger mit grundpfandgesicherten Forderungen gestützt auf Art. 79 Abs. 2 VZG im Lastenverzeichnis aufzunehmen und nicht im Kollokationsplan (Vock/Müller, 210 f.).

382 Vock/Müller, 215.

383 BSK SchKG I-Schöniger, Art. 148 N 1.

384 KUKO SchKG-Sprecher, Art. 148 N 13 ff.

385 BSK SchKG I-Schöniger, Art. 148 N 11; KUKO SchKG-Sprecher, Art. 148 N 11 f.

F. SECHSTE VORAUSSETZUNG

7.596 Die **Klagefrist** wird eingehalten.

10. BESONDERHEITEN

7.597 Die Kollokationsklage stellt ein Rechtsmittel gegen die Kollokationsverfügung des Betreibungsamtes dar.[386] Sie besteht neben der betreibungsrechtlichen Beschwerde gem. Art. 17 ff. SchKG und ist zu wählen, wenn in materiellrechtlicher Hinsicht zu prüfen ist, ob eine im Pfändungsverfahren beteiligte Forderung hinsichtlich deren Bestand, Höhe oder Rang begründet und folglich zur Teilnahme am Verwertungsergebnis berechtigt ist.[387]

7.598 Das **Schlichtungsverfahren**, welches grundsätzlich einem ordentlichen Verfahren oder einem vereinfachten Verfahren vorgeht, **entfällt** (Art. 198 lit. e Ziff. 6 ZPO), was eine gewisse Verfahrensbeschleunigung mit sich bringt.

7.599 Wird die Kollokationsklage gutgeheissen, ist keine eigentliche Vollstreckung nötig. Die Vollstreckung erfolgt nämlich durch das an den Gerichtsentscheid gebundene Betreibungsamt, indem es die Verteilungsliste anpasst.[388]

11. RECHTSMITTEL

7.600 Der *erstinstanzliche Entscheid* ist – sofern der Streitwert mindestens CHF 10 000.– beträgt – grundsätzlich mit der **Berufung** gem. Art. 308 ff. ZPO anfechtbar. Beträgt der Streitwert jedoch weniger, ist der Entscheid mit **Beschwerde** gem. Art. 319 ff. ZPO anfechtbar. Liegt ein letztinstanzlicher kantonaler Entscheid vor und beträgt entweder der Streitwert mindestens CHF 30 000.– oder stellt sich eine Rechtsfrage von grundsätzlicher Bedeutung, kann dieser mit **Beschwerde in Zivilsachen beim Bundesgericht** angefochten werden (vgl. Art. 72 Abs. 2 lit. a BGG i.V.m. Art. 74 Abs. 1 lit. b BGG bzw. Art. 74 Abs. 2 lit. a BGG).[389] Ansonsten, d.h. bei einem

386 BGE 98 II 313, E. 4; BSK SchKG I-Schöniger, Art. 148 N 4.

387 Ist hingegen das (bei der Erstellung des Kollokationsplans und der Verteilungsliste vom Betreibungsamt einzuhaltende) betreibungsrechtliche Verfahren zu überprüfen, ist Beschwerde gem. Art. 17 ff. SchKG zu erheben (KUKO SchKG-Sprecher, Art. 148 N 4). Ferner hat auch der Gläubiger, der die Kollokation der eigenen Forderung als mangelhaft erachtet, eine Beschwerde gem. Art. 17 ff. SchKG zu erheben (KUKO SchKG-Sprecher, Art. 148 N 6).

388 Nimmt das Betreibungsamt die entsprechende Korrektur nicht vor, ist betreibungsrechtliche Beschwerde zu erheben (Vock/Müller, 220).

389 Liegen der kollozierten Forderung arbeitsrechtliche Ansprüche zugrunde, wird dies nichtsdestotrotz als vermögensrechtliche Angelegenheit betreibungsrechtlicher Natur behandelt, weshalb die Streitwertgrenze ebenfalls CHF 30 000.– beträgt (Vock/Müller, 221).

Streitwert unter CHF 30 000.– und keiner Rechtsfrage von grundsätzlicher Bedeutung, findet die **subsidiäre Verfassungsbeschwerde** gem. Art. 113 ff. BGG Anwendung.

Tabellarische Zusammenfassung

Zweck	Änderung des Kollokationsplanes (zu Lasten eines anderen Gläubigers, in dem dessen Forderung gestrichen oder herabgesetzt wird oder das der Forderung vom Betreibungsamt zugestandene Privileg oder deren Rang der Forderung als nicht bestehend erklärt wird), so dass bei Gutheissung der Klage der nach der Verteilungsliste auf den Beklagten entfallende Anteil am Verwertungserlös dem Kläger zusteht
Gesetzliche Grundlage	Art. 148 SchKG
Verfahrensart	Abhängig vom Streitwert ordentliches Verfahren (Art. 219 ff. ZPO) oder vereinfachtes Verfahren (Art. 243 ff. ZPO)
Zuständigkeit	Das Gericht am Betreibungsort ist örtlich zuständig (Art. 148 Abs. 1 SchKG und Art. 46 ZPO) Die sachliche und funktionelle Zuständigkeit richtet sich nach kantonalem Recht (Art. 23 SchKG und Art. 4 ZPO)
Aktivlegitimation	Kollozierte Gläubiger, welche die Forderung oder den Rang eines anderen Gruppengläubigers bestreiten wollen
Passivlegitimation	(Betreibender) «anderer» Gläubiger, dessen Forderung bestritten wird
Streitwert	Betrag, welcher dem Kläger bei Gutheissung seiner Kollokationsklage als Prozessgewinn von dem dem Beklagten in der Verteilungsliste zugeteilten Betreffnis zuzuweisen ist
Fristen	20 Tage seit Empfang des Auszuges aus dem Kollokationsplan
Kombination	Nicht einschlägig
Mögliche Rechtsbegehren	1. Es sei die in der Betreibung Nr. […] des Betreibungsamts […] gegen den Schuldner [Name, Vorname, Adresse][in der Pfändungsgruppe {Nummer}] mit Verfügung vom [Datum] erfolgte Kollokation der Forderung des Beklagten im Betrag von CHF [Betrag][vollumfänglich zu streichen]. 2. Unter Kosten- und Entschädigungsfolgen zulasten des Beklagten.
Voraussetzungen	– Kollokationsplan wurde erlassen – Klagender Gläubiger ist auf dem Kollokationsplan kolloziert – Die (in Betreibung gesetzte) Forderung des klagenden Gläubigers wird durch den Verwertungserlös nicht voll gedeckt – Der klagende Gläubiger will die Zulassung der Forderung eines anderen Gläubigers im Kollokationsplan hinsichtlich Bestand, Höhe oder Rang bestreiten und hat ein hinreichendes Rechtsschutzinteresse

	- Im bisherigen Betreibungsverfahren standen dem klagenden Gläubiger bis zu diesem Zeitpunkt keine Rechtsmittel bzgl. materiell-rechtlicher Fragen zur Verfügung - Klagefrist wird eingehalten
Besonderheiten	- Die Kollokationsklage stellt (neben der betreibungsrechtlichen Beschwerde gem. Art. 17 SchKG) ein Rechtsmittel gegen die Kollokationsverfügung des Betreibungsamtes dar, die zu wählen ist bei Überprüfungen in materiellrechtlicher Hinsicht - Schlichtungsverfahren entfällt - Vollstreckung des gerichtlichen Kollokationsentscheides durch das Betreibungsamt (durch Anpassung der Verteilungsliste)
Rechtsmittel	Kantonal: Abhängig vom Streitwert Berufung (Art. 308 ff. ZPO) oder Beschwerde (Art. 319 ff. ZPO) innert 30 Tagen Bund: Abhängig vom Streitwert Beschwerde in Zivilsachen (Art. 72 ff. BGG) innert 30 Tagen oder subsidiäre Verfassungsbeschwerde (Art. 113 ff. BGG)

XXXIV. FORTSETZUNGSBEGEHREN BEI VERLUSTSCHEIN (ART. 149 ABS. 3 SCHKG)

7.601 Im Rahmen einer Betreibung auf Pfändung enthält jeder Gläubiger, der an der Pfändung teilgenommen hat und dessen Forderung nicht vollständig gedeckt wurde, für den ungedeckten Betrag seiner Forderung einen **definitiven Verlustschein** (vgl. Art. 149 Abs. 1 SchKG).[390] Dieser berechtigt den Gläubiger während sechs Monaten nach Zustellung die Betreibung fortzusetzen (ohne neuen Zahlungsbefehl) (vgl. Art. 149 Abs. 3 SchKG). In Bezug auf das zu stellende Fortsetzungsbegehren, siehe die Ausführungen unter § 6 Ziff. XIV, namentlich Rz. 6.468.

XXXV. GESUCH UM BESCHEINIGUNG DER LÖSCHUNG (ART. 149A ABS. 3 SCHKG)

1. ZWECK UND WIRKUNG

7.602 Der Schuldner kann die im Verlustschein verurkundete Forderung jederzeit, namentlich auch ohne ein laufendes Betreibungsverfahren, durch Zahlung an das Betreibungsamt, welches den Verlustschein ausgestellt hat, tilgen (Art. 149a Abs. 2 SchKG). Somit kann der Schuldner die im Verlustschein verurkundete Forderung auch begleichen, wenn der Gläubiger nicht mehr auffind-

390 In der Betreibung auf Pfandverwertung wird demgegenüber ein Pfandausfallschein gem. Art. 158 SchKG ausgestellt (BSK SchKG I-Huber, Art. 149 N 4).

bar ist, die Zahlung nicht annimmt oder nicht mehr im Besitz des (gem. Art. 150 Abs. 1 SchKG bei vollständiger Deckung der Forderung des Gläubigers einschliesslich Zinsen und Kosten zu quittierenden und dem Betreibungsamt zuhanden des Schuldners herauszugebenden) Verlustscheins ist.[391] Nach der Tilgung der im Verlustschein verurkundeten Forderung wird der Eintrag des Verlustscheins in den Registern gelöscht.[392]

Wird dem Gesuch um Bescheinigung der Löschung stattgegeben, erhält der Schuldner vom Betreibungsamt eine Bescheinigung, dass der Eintrag des Verlustscheins aus den Registern gelöscht wurde.[393] Ein Gesuch um Bescheinigung der Löschung bezweckt somit, dem Schuldner eine schriftliche Bestätigung der Löschung des Verlustscheineintrags zu ermöglichen. 7.603

2. VERFAHRENSART

Das Verfahren richtet sich nach kantonalem Verwaltungs(verfahrens)recht.[394] 7.604

3. ZUSTÄNDIGKEIT

Zuständig ist das Betreibungsamt, welches den Verlustschein ausgestellt hat (vgl. Art. 149a Abs. 2 SchKG). 7.605

---

391 Das Betreibungsamt leitet den Betrag anschliessend an den Gläubiger weiter oder hinterlegt ihn ggf. bei der Depositenstelle (Art. 149a Abs. 2 SchKG) (Botschaft SchKG, 105).

392 KUKO SchKG-Näf, Art. 149a N 1 und 5. Zu beachten ist, dass der Schuldner eine Verlustscheinforderung auch ausseramtlich bezahlen kann, wobei er diesfalls im Gegenzug regelmässig die Herausgabe des Verlustscheins verlangen wird. Kann der Schuldner die vollständige Tilgung der im Verlustschein verurkundeten Forderung nachweisen, hat er gegenüber dem Betreibungsamt Anspruch auf Löschung des Verlustscheins. Zudem kann er ggf. gegen den Inhaber auf Herausgabe oder Entkräftung der Urkunde klagen (BGE 95 III 43, E. 1 f.; KUKO SchKG-Näf, Art. 150 N 3).

393 BSK SchKG I-Huber, Art. 149a N 10.

394 Verfügungen von Vollstreckungsorganen (z.B. eines Betreibungs- oder Konkursamtes) und die gegen solche Verfügungen unter Umständen zu ergreifende betreibungsrechtliche Beschwerde gem. Art. 17 ff. SchKG fallen nicht unter den in Art. 1 lit. c ZPO bezeichneten Geltungsbereich («gerichtliche Angelegenheiten des Schuldbetreibungs- und Konkursrechts») und somit nicht unter die ZPO. Solche Verfügungen stellen vielmehr das Ergebnis «eigenständiger Verwaltungsverfahren» dar (vgl. Botschaft ZPO, 7258), welche zum Beispiel durch einen entsprechenden Antrag oder ein entsprechendes Gesuch eingeleitet werden können. Auch Thomas Sutter-Somm/Rafael Klingler postulieren, dass Verfügungen der Vollstreckungsorgane und das betreibungsrechtliche Beschwerdeverfahren dem kantonalen Verwaltungsrecht unterstehen (Sutter-Somm/Hasenböhler/Leuenberger-Sutter-Somm/Klingler, Art. 1 ZPO N 8; vgl. BGer 5A_448/2011 vom 31.10.2011, E. 2.1). Franco Lorandi führt aus, dass das Verfahren vor den Betreibungsorganen dem Verwaltungsrecht sehr verwandt sei (Lorandi, 15, 19; Besprechung des Urteils des OGer TG vom 21.2.2013, in: RBOG 2013, Nr. 17).

4. LEGITIMATION

A. AKTIVLEGITIMATION

7.606 (Aktiv-)Legitimiert ist der Schuldner (oder allenfalls dessen Rechtsnachfolger) der im Verlustschein verurkundeten Forderung (vgl. Art. 149a Abs. 3 letzter Satz SchKG).

B. PASSIVLEGITIMATION

7.607 Nicht einschlägig.

5. STREITWERT

7.608 Nicht einschlägig.

6. FRISTEN

7.609 Das SchKG sieht keine Frist vor.

7. KOMBINATIONSMÖGLICHKEITEN

7.610 Es sind keine naheliegenden Kombinationsmöglichkeiten ersichtlich.

8. MÖGLICHE RECHTSBEGEHREN

7.611 Es sei dem gesuchstellenden Schuldner [Name, Vorname, Adresse] die Löschung des Verlustscheines [Nummer] vom [Datum der Ausstellung des Verlustscheins] in der Betreibung-Nr. [Nummer] des Betreibungsamtes [Name] zu bescheinigen.

9. VORAUSSETZUNGEN

A. ERSTE VORAUSSETZUNG

7.612 Gegenüber dem Schuldner wurde ein **Verlustschein** ausgestellt (vgl. Art. 149 SchKG).

B. ZWEITE VORAUSSETZUNG

Die im Verlustschein verurkundete **Forderung wurde** durch den Schuldner **vollständig getilgt** (vgl. Art. 149a Abs. 2 SchKG). 7.613

C. DRITTE VORAUSSETZUNG

Der **Eintrag des Verlustscheins in den Registern wurde gelöscht** (Art. 149a Abs. 3 SchKG). 7.614

D. VIERTE VORAUSSETZUNG

Der **Schuldner ersucht um eine Bescheinigung der Löschung** (Art. 149a Abs. 3 SchKG). 7.615

10. BESONDERHEITEN

Im Vergleich zu dem in Art. 8a SchKG enthaltenen Einsichtsrecht stellt Art. 149a SchKG eine Spezialvorschrift hinsichtlich Verlustscheine dar.[395] 7.616

11. RECHTSMITTEL

Die Verfügung des Betreibungsamts kann mit betreibungsrechtlicher Beschwerde gem. Art. 17 SchKG bei der (unteren) kantonalen Aufsichtsbehörde angefochten werden. 7.617

Falls eine **obere kantonale Aufsichtsbehörde** existiert, kann:
- der Entscheid einer unteren Aufsichtsbehörde innert 10 Tagen nach Eröffnung an die obere kantonale Aufsichtsbehörde weitergezogen werden (Art. 18 Abs. 1 SchKG);
- wegen Rechtsverweigerung oder Rechtsverzögerung durch die untere kantonale Aufsichtsbehörde jederzeit bei der oberen kantonalen Aufsichtsbehörde Beschwerde gegen die untere kantonale Aufsichtsbehörde geführt werden (Art. 18 Abs. 2 SchKG).

Ansonsten ist **beim Bundesgericht Beschwerde in Zivilsachen** zu erheben (Art. 19 SchKG i.V.m. Art. 72 Abs. 2 lit. a BGG). Gemäss Art. 74 Abs. 2 lit. c BGG ist die Beschwerde in Zivilsachen in einem solchen Fall unabhängig vom jeweiligen Streitwert zulässig.[396] Die Beschwerdefrist beträgt 10 Tage (Art. 100 Abs. 2 lit. a BGG).

---

395 Bericht über die Rechtsprechung im Jahr 2007 der Aufsichtsbehörde über das Betreibungs- und Konkursamt Basel-Stadt vom Juli 2008, 45, E. 1 bc.

396 BGE 135 I 187, E. 1.2; Kren Kostkiewicz/Walder, Art. 17 SchKG N 26.

Tabellarische Zusammenfassung

Zweck	Schriftliche Bestätigung der Löschung des in den Registern eingetragenen Verlustscheins (nach Tilgung des verurkundeten Forderungsbetrags) gegenüber dem Schuldner
Gesetzliche Grundlage	Art. 149a Abs. 3 SchKG
Verfahrensart	Kantonales Verwaltungsverfahrensrecht
Zuständigkeit	Betreibungsamt, welches den Verlustschein ausgestellt hat (Art. 149a Abs. 2 SchKG)
Aktivlegitimation	Schuldner (allf. Rechtsnachfolger) der im Verlustschein verurkundeten Forderung
Passivlegitimation	Nicht einschlägig
Streitwert	Nicht einschlägig
Fristen	Nicht einschlägig
Kombination	Nicht einschlägig
Mögliche Rechtsbegehren	Es sei dem gesuchstellenden Schuldner [Name, Vorname, Adresse] die Löschung des Verlustscheines [Nummer] vom [Datum der Ausstellung des Verlustscheins] in der Betreibung-Nr. [Nummer] des Betreibungsamtes [Name] zu bescheinigen.
Voraussetzungen	– Gegenüber dem Schuldner wurde ein Verlustschein ausgestellt – Im Verlustschein verurkundete Forderung wurde vollständig getilgt – Der Eintrag des Verlustscheins wurde in den Registern gelöscht – Gesuch des Schuldners um Bescheinigung der Löschung
Besonderheiten	Spezialvorschrift betr. Verlustscheine (im Vergleich zum in Art. 8a SchKG enthaltenen Einsichtsrecht)
Rechtsmittel	Verfügungen des Betreibungsamtes können mit betreibungsrechtlicher Beschwerde gem. Art. 17 SchKG innert 10 Tagen an die (untere) kantonale Aufsichtsbehörde weitergezogen werden *Falls eine obere kantonale Aufsichtsbehörde besteht:* Beschwerde an die obere kantonale Aufsichtsbehörde innert 10 Tagen nach Eröffnung des Entscheids der unteren kantonalen Aufsichtsbehörde (Art. 18 Abs. 1 SchKG) *oder* Beschwerde an die obere kantonale Aufsichtsbehörde gegen eine untere kantonale Aufsichtsbehörde bei Rechtsverzögerung oder Rechtsverweigerung (jederzeit möglich) *Ansonsten bzw. bei letztinstanzlichen kantonalen Entscheidungen:* Beschwerde in Zivilsachen beim Bundesgericht (Art. 19 SchKG i.V.m. Art. 72 Abs. 2 lit. a BGG) innert 10 Tagen (Art. 100 Abs. 2 lit. a BGG)

§8 BETREIBUNG AUF PFANDVERWERTUNG

I. BETREIBUNGSBEGEHREN BEI EINER BETREIBUNG AUF PFANDVERWERTUNG (ART. 151 SCHKG)

1. ZWECK UND WIRKUNG

Auch wer über eine pfandgesicherte Forderung[1] verfügt, hat das Zwangsvollstreckungsverfahren mit der Stellung eines Betreibungsbegehrens einzuleiten (vgl. Art. 151 SchKG). Damit eine Betreibung auf Pfandverwertung erfolgen kann, muss aus dem Betreibungsbegehren hervorgehen, dass eine solche verlangt wird. Das besondere an der Betreibung auf Pfandverwertung liegt darin, dass das Vollstreckungssubstrat, nämlich das als Sicherheit dienende Pfand, im Gegensatz zur Betreibung auf Pfändung oder auf Konkurs schon bei der Einleitung der Betreibung feststeht.[2] Mit der Einleitung der Betreibung auf Pfandverwertung nimmt das Verfahren seinen Verlauf gem. Art. 152 ff. SchKG.[3] 8.1

2. VERFAHRENSART 8.2

Das Verfahren zur richtet sich nach kantonalem Verwaltungs(verfahrens)recht.[4]

---

1 Siehe auch Art. 37 Abs. 3 SchKG betreffend den Begriff des «Pfandes».

2 BSK SchKG EB-Staehelin, Art. 151 ad N 39; BSK SchKG I-Känzig/Bernheim, Art. 151 N 1 und 39.

3 BSK SchKG I-Känzig/Bernheim, Art. 151 N 69.

4 Verfügungen von Vollstreckungsorganen (z.B. eines Betreibungs- oder Konkursamtes) und die gegen solche Verfügungen unter Umständen zu ergreifende betreibungsrechtliche Beschwerde gem. Art. 17 ff. SchKG fallen nicht unter den in Art. 1 lit. c ZPO bezeichneten Geltungsbereich («gerichtliche Angelegenheiten des Schuldbetreibungs- und Konkursrechts») und somit nicht unter die ZPO. Solche Verfügungen stellen vielmehr das Ergebnis «eigenständiger Verwaltungsverfahren» dar (vgl. Botschaft ZPO, 7258), welche zum Beispiel durch einen entsprechenden Antrag oder ein entsprechendes Gesuch eingeleitet werden können. Auch Thomas Sutter-Somm/Rafael Klingler postulieren, dass Verfügungen der Vollstreckungsorgane und das betreibungsrechtliche Beschwerdeverfahren dem kantonalen Verwaltungsrecht unterstehen (Sutter-Somm/Hasenböhler/Leuenberger-Sutter-Somm/Klingler, Art. 1 N 8; vgl. BGer 5A_448/2011 vom 31.10.2011, E. 2.1). Franco Lorandi führt aus, dass das Verfahren vor den Betreibungsorganen dem Verwaltungsrecht sehr verwandt sei (Lorandi, 15, 19; Besprechung des Urteils des OGer TG vom 21.2.2013, in: RBOG 2013, Nr. 17).

3. ZUSTÄNDIGKEIT

8.3 Handelt es sich um eine *grundpfandgesicherte Forderung*, ist das Betreibungsamt am Ort zuständig, wo das verpfändete Grundstück liegt resp. bei mehreren in verschiedenen Betreibungskreisen gelegenen Grundstücken ist dasjenige Betreibungsamt zuständig, in dessen Kreis sich der wertvollste Teil der Grundstücke befindet (vgl. Art. 51 Abs. 2 SchKG). Handelt es sich hingegen um eine *faustpfandgesicherte Forderung*, ist – nach Wahl des Gläubigers – das Betreibungsamt an einem Ort nach Art. 46–50 SchKG (ordentlicher Betreibungsort, Betreibungsort des Aufenthaltes, Betreibungsort der Erbschaft, Betreibungsort des im Ausland wohnenden Schuldners) oder das Betreibungsamt am Ort, wo sich das Faustpfand oder dessen wertvollster Teil befindet das zuständige Betreibungsamt (vgl. Art. 51 Abs. 1 SchKG).

4. LEGITIMATION

A. AKTIVLEGITIMATION

8.4 (Aktiv-)Legitimiert ist der Gläubiger, dem das Pfandrecht zusteht. Steht das Pfandrecht hingegen mehreren Pfandgläubigern zur gesamten Hand zu, müssen diese gemeinsam vorgehen. Möglich ist auch, dass an einem Pfandgegenstand verschiedene Pfandrechte mit unterschiedlichem Rang bestellt wurden. Diesfalls ist jeder Gläubiger unabhängig von den anderen legitimiert, die Betreibung anzuheben.[5]

B. PASSIVLEGITIMATION

8.5 Passivlegitimiert ist der Schuldner (und beim Drittpfand der Pfandeigentümer, wobei gegen diesen kein gesondertes Betreibungsbegehren eingereicht werden muss – er muss gem. Art. 151 Abs. 1 lit. a SchKG einfach im Betreibungsbegehren genannt werden).[6]

Falls sich der Pfandgegenstand im Gesamt- oder Miteigentum mehrerer Schuldner befindet, die für die Pfandforderung solidarisch haften, steht es dem Gläubiger zu, die Betreibung nur gegen einen Solidarschuldner einzuleiten, wobei die anderen Schuldner in der Betreibung wie Dritteigentümer zu behandeln sind.[7]

5 BSK SchKG I-Känzig/Bernheim, Art. 151 N 44.

6 Beispielsweise unter «Bemerkungen» im Betreibungsbegehren (BSK SchKG I-Känzig/Bernheim, Art. 151 N 45).

7 BSK SchKG I-Känzig/Bernheim, Art. 151 N 45.

5. STREITWERT

Nicht einschlägig. Die Höhe der in Betreibung zu setzenden Forderung hat jedoch Auswirkungen in Bezug auf die gemäss GebV SchKG zu entrichtenden Gebühren. 8.6

6. FRISTEN

Nicht einschlägig. Das Betreibungsbegehren kann grundsätzlich jederzeit gestellt werden. 8.7

7. KOMBINATIONSMÖGLICHKEITEN

Der Gläubiger kann im Betreibungsbegehren vom Betreibungsamt eine Eingangsbescheinigung verlangen (Art. 67 Abs. 3 SchKG). 8.8

8. MÖGLICHE RECHTSBEGEHREN

Das zu stellende Betreibungsbegehren hat neben den von Art. 67 SchKG verlangten Angaben (s.a. die Ausführungen unter Rz. 6.1 ff.) zusätzlich noch folgende Angaben zu enthalten (vgl. Art. 151 Abs. 1 i.V.m. Art. 67 Abs. 2 SchKG): 8.9

- Bezeichnung des Pfandgegenstandes (Art. 151 Abs. 1 SchKG) zusammen mit der Angabe ob eine Grund- oder Faustpfandverwertung verlangt wird[8] und
- falls einschlägig: Name des Dritten, der das Pfand bestellt oder den Pfandgegenstand zu Eigentum erworben hat (Art. 151 Abs. 1 lit. a SchKG)[9] und
- falls einschlägig: ob das verpfändete Grundstück als Familienwohnung (Art. 169 ZGB) oder als gemeinsame Wohnung (Art. 14 PartG) des Schuldners oder des Dritten verwendet wird (Art. 151 Abs. 1 lit. b SchKG).

Falls auf einem verpfändeten Grundstück Miet- oder Pachtverträge bestehen, hat der Gläubiger die Ausdehnung der Pfandhaft auf Miet- oder Pachtzinsforderungen gem. Art. 152 Abs. 2 SchKG (sogenannte Miet- bzw. Pachtzinssperre) ausdrücklich zu verlangen.[10]

---

8 Z.B. unter «Bemerkungen» im Betreibungsbegehren oder unter Hinweis auf das Pfand bei «Grund der Forderung» (BSK SchKG I Känzig/Bernheim, Art. 151 N 39).

9 Falls der Pfandgegenstand im Gesamteigentum steht, sind die Namen aller Gesamteigentümer als Pfandeigentümer anzugeben. Weiter ist auch der Wohnort des / der Dritteigentümer anzugeben bzw. ausdrücklich zu vermerken, wenn der Wohnort dem Gläubiger nicht bekannt ist (BSK SchKG I-Känzig/Bernheim, Art. 151 N 48 und 60).

10 KUKO SchKG Käser/Häcki, Art. 151 N 26.

9. VORAUSSETZUNGEN

A. ERSTE VORAUSSETZUNG

8.10 Eine in Betreibung zu setzende (privatrechtliche oder öffentlich-rechtliche) **Forderung ist** gem. Art. 37 SchKG **pfandgesichert.**[11]

B. ZWEITE VORAUSSETZUNG

8.11 Der **Betreibungsort liegt in der Schweiz**, d.h. das als Sicherheit dienende Grundstück (Grundpfand) muss in der Schweiz gelegen sein (Art. 1 Abs. 1 VZG).[12]

C. DRITTE VORAUSSETZUNG

8.12 Der **Gläubiger verzichtet nicht auf sein Pfandrecht** (um dadurch die Betreibung auf Pfändung oder Konkurs einleiten zu können).[13]

D. VIERTE VORAUSSETZUNG

8.13 Stellung eines **formell korrekten Betreibungsbegehrens** mit sämtlichen Angaben gem. Art. 67 SchKG (s.a. Rz. 6.1 ff.) und den obgenannten (s.a. Rz. 8.9) zusätzlichen Angaben gem. Art. 151 Abs. 1 SchKG.

E. FÜNFTE VORAUSSETZUNG

8.14 Falls einschlägig:
- Der Gläubiger wählt in Bezug auf grundpfandgesicherte Zinsen und Annuitäten gem. Art. 41 Abs. 2 SchKG die Betreibung auf Pfandverwertung.
- Im Pfandvertrag zwischen dem Gläubiger und dem Schuldner / Dritteigentümer wurde – in Abweichung zum dispositiven *beneficium excussionis realis / Recht auf Vorausverwertung* (s. a. Rz. 5.148) – nicht vereinbart, dass die pfandgesicherte Forderung zuerst mit der ordentlichen Betreibung geltend zu machen ist.[14]
- Im Pfandvertrag zwischen dem Gläubiger und dem Schuldner / Dritteigentümer wurde nicht ausschliesslich die private Verwertung (z.B. in der Form der freihändigen Veräusserung des Pfandgegenstandes oder des Selbsteintritts) vereinbart; ansonsten ist der Gläubiger an diese Abrede gebunden, welche durch Erhebung des Rechtsvorschlags eingewendet werden kann.[15]

---

11 BSK SchKG I-Känzig/Bernheim, Art. 151 N 12.

12 BSK SchKG I-Känzig/Bernheim, Art. 151 N 5.

13 BSK SchKG I-Känzig/Bernheim, Art. 151 N 8.

14 BSK SchKG I-Känzig/Bernheim, Art. 151 N 9.

15 BSK SchKG I-Känzig/Bernheim, Art. 151 N 10.

10. BESONDERHEITEN

Besteht eine pfandgesicherte Forderung, wird die Betreibung durch Verwertung des Pfandes gem. Art. 151–158 SchKG fortgesetzt auch wenn der der Schuldner der Konkursbetreibung unterliegt (vgl. Art. 41 Abs. 1 SchKG). 8.15

Betreibt ein Gläubiger aufgrund eines Faustpfandes, an dem ein Dritter ein nachgehendes Pfandrecht hat (Art. 886 ZGB), so muss er diesen von der Einleitung der Betreibung benachrichtigen (Art. 151 Abs. 2 SchKG).[16]

Falls auf einem verpfändeten Grundstück Miet- oder Pachtverträge bestehen, hat der Gläubiger die Ausdehnung der Pfandhaft auf Miet- oder Pachtzinsforderungen gem. Art. 152 Abs. 2 SchKG (sogenannte Miet- bzw. Pachtzinssperre) ausdrücklich zu verlangen.[17] 8.16

Sind mehrere Grundstücke für die gleiche Forderung verpfändet, so ist die Betreibung auf Pfandverwertung gleichzeitig gegen alle zu richten, die Verwertung aber nach Anordnung des Betreibungsamtes nur soweit nötig durchzuführen (Art. 816 Abs. 3 ZGB). 8.17

Vorbehalten bleiben ferner spezielle Verwertungsverfahren für Versatzpfand (Art. 45 SchKG i.V.m. Art. 910 ZGB), für die Schiffs- und Luftfahrzeugverschreibung und das Zollpfandrecht.[18]

11. RECHTSMITTEL

Allenfalls kommt eine betreibungsrechtliche Beschwerde gem. Art. 17 ff. SchKG an die (untere) kantonale Aufsichtsbehörde in Betracht (vgl. Art. 17 Abs. 3 SchKG), falls das Betreibungsamt das Betreibungsbegehren beispielsweise nicht entgegennimmt. 8.18

Tabellarische Zusammenfassung

Zweck	Einleitung des Zwangsvollstreckungsverfahren über eine pfandgesicherte Forderung
Gesetzliche Grundlage	Art. 151 i.V.m. Art. 67 SchKG
Verfahrensart	Kantonales Verwaltungsverfahrensrecht

16 Die Mitteilung ist zwar an keine besondere Form gebunden, aus Beweisgründen empfiehlt sich jedoch eine Mitteilung per Einschreiben (BSK SchKG I-Känzig/Bernheim, Art. 151 N 65).

17 KUKO SchKG-Käser/Häcki, Art. 151 N 26.

18 BSK SchKG I-Känzig/Bernheim, Art. 151 N 11.

Zuständigkeit	*Bei grundpfandgesicherten Forderungen:* das Betreibungsamt am Ort, wo das verpfändete Grundstück liegt resp. bei mehreren in verschiedenen Betreibungskreisen gelegenen Grundstücken ist dasjenige Betreibungsamt, in dessen Kreis sich der wertvollste Teil der Grundstücke befindet (vgl. Art. 51 Abs. 2 SchKG) *Bei faustpfandgesicherten Forderungen:* nach Wahl des Gläubigers – das Betreibungsamt an einem Ort nach Art. 46–50 SchKG (ordentlicher Betreibungsort, Betreibungsort des Aufenthaltes, Betreibungsort der Erbschaft, Betreibungsort des im Ausland wohnenden Schuldners) oder das Betreibungsamt am Ort, wo sich das Faustpfand oder dessen wertvollster Teil befindet (vgl. Art. 51 Abs. 1 SchKG)
Aktivlegitimation	Gläubiger, dem das Pfandrecht zusteht (steht das Pfandrecht mehreren Pfandgläubigern zur gesamten Hand zu, müssen diese gemeinsam vorgehen; bestehen an einem Pfandgegenstand verschiedene Pfandrechte mit unterschiedlichem Rang, ist jeder Gläubiger unabhängig von dem / den anderen legitimiert, die Betreibung anzuheben)
Passivlegitimation	Passivlegitimiert ist der (allenfalls solidarisch haftende) Schuldner
Streitwert	Nicht einschlägig
Fristen	Nicht einschlägig
Kombination	Anforderung einer Eingangsbescheinigung (Art. 67 Abs. 3 SchKG)
Mögliche Rechtsbegehren	Kein ausformuliertes Rechtsbegehren notwendig Erforderlich sind die Angaben gem. Art. 67 SchKG und zusätzlich Art. 151 SchKG, wie namentlich – Bezeichnung des Pfandgegenstandes und Angabe ob eine Grund- oder Faustpfandverwertung verlangt wird – Falls einschlägig: Name des Dritten, der das Pfand bestellt oder den Pfandgegenstand zu Eigentum erworben hat – Falls einschlägig: ob das verpfändete Grundstück als Familienwohnung (Art. 169 ZGB) oder als gemeinsame Wohnung (Art. 14 PartG) des Schuldners oder des Dritten verwendet wird (Art. 151 Abs. 1 lit. b SchKG) – Falls auf einem verpfändeten Grundstück Miet- oder Pachtverträge bestehen, hat der Gläubiger die Ausdehnung der Pfandhaft auf Miet- oder Pachtzinsforderungen (sogenannte Miet- bzw. Pachtzinssperre) ausdrücklich zu verlangen
Voraussetzungen	– Es liegt eine pfandgesicherte Forderung vor – Der Betreibungsort liegt in der Schweiz – Der Gläubiger verzichtet nicht auf sein Pfandrecht – Ein formell korrektes Betreibungsbegehren mit sämtlichen Angaben wird gestellt – Falls grundpfandgesicherte Zinsen und Annuitäten gem. Art. 41 Abs. 2 SchKG Thema sind: Gläubiger wählt die Betreibung auf Pfandverwertung – Im Pfandvertrag zwischen dem Gläubiger und dem Schuldner / Dritteigentümer wurde nicht vereinbart, dass die pfandgesicherte Forderung zuerst mit der ordentlichen Betreibung geltend zu machen ist – Im Pfandvertrag zwischen dem Gläubiger und dem Schuldner / Dritteigentümer wurde nicht ausschliesslich die private Verwertung (z.B. in der Form der freihändigen Veräusserung des Pfandgegenstandes oder des Selbsteintritts) vereinbart

Besonderheiten	- Besteht eine pfandgesicherte Forderung, wird die Betreibung durch Verwertung des Pfandes gem. Art. 151–158 SchKG fortgesetzt auch wenn der der Schuldner der Konkursbetreibung unterliegt (vgl. Art. 41 Abs. 1 SchKG) - Betreibt ein Gläubiger aufgrund eines Faustpfandes, an dem ein Dritter ein nachgehendes Pfandrecht hat (Art. 886 ZGB), so muss er diesen von der Einleitung der Betreibung benachrichtigen (Art. 151 Abs. 2 SchKG) - Sind mehrere Grundstücke für die gleiche Forderung verpfändet, so ist die Betreibung auf Pfandverwertung gleichzeitig gegen alle zu richten, die Verwertung aber nach Anordnung des Betreibungsamtes nur soweit nötig durchzuführen (Art. 816 Abs. 3 ZGB) - Vorbehalten bleiben spezielle Verwertungsverfahren für Versatzpfand (Art. 45 SchKG i.V.m. Art. 910 ZGB), für die Schiffs- und Luftfahrzeugverschreibung und das Zollpfandrecht
Rechtsmittel	Grundsätzlich nicht einschlägig; allenfalls betreibungsrechtliche Beschwerde gem. Art. 17 ff. SchKG an die (untere) kantonale Aufsichtsbehörde, falls bspw. das Betreibungsamt das Betreibungsbegehren nicht entgegen nimmt

II. BEGEHREN UM AUSDEHNUNG DER PFANDHAFT AUF MIET- ODER PACHTZINSFORDERUNGEN (ART. 152 ABS. 2 SCHKG)

1. ZWECK UND WIRKUNG

Gemäss Art. 806 Abs. 1 ZGB erstreckt sich die Pfandhaft, wenn das verpfändete Grundstück vermietet oder verpachtet ist, auch auf die Miet- oder Pachtzinsforderungen, die seit Anhebung der Betreibung auf Verwertung des Grundpfandes oder seit Eröffnung des Konkurses über den Schuldner bis zur Verwertung auflaufen. Ein Begehren um Ausdehnung der Pfandhaft auf Miet- oder Pachtzinsforderungen gem. Art. 152 Abs. 2 SchKG (sogenannte **Miet- bzw. Pachtzinssperre**) bezweckt daher, von dem in Art. 806 Abs. 1 ZGB vorgesehenen Recht Gebrauch zu machen und dadurch Zugang zur Ertragsquelle Miet- und / oder Pachtzinsen zu erhalten.[19] Ein erfolgreich gestelltes Begehren um Ausdehnung der Pfandhaft auf Miet- und / oder Pachtzinsforderungen bewirkt daher in Bezug auf den betreibenden (Grund-)Pfandgläubiger zu einer Vergrösserung des Verwertungssubstrats. 8.19

19 Der Grundpfandgläubiger, welcher durch Gewährung finanzieller Mittel die Vermietung oftmals erst ermöglichte, soll Zugang zu dieser Ertragsquelle erhalten (BSK SchKG I-Känzig/Bernheim, Art. 152 N 11). Wirksam wird die Pfandhaft den Zinsschuldnern gegenüber jedoch erst nachdem ihnen von der Betreibung Mitteilung gemacht wurde oder der Konkurs veröffentlicht worden ist (Art. 806 Abs. 2 ZGB).

2. VERFAHRENSART

8.20 Das Verfahren zur richtet sich nach kantonalem Verwaltungs(verfahrens)recht.[20]

3. ZUSTÄNDIGKEIT

8.21 Zuständig ist das Betreibungsamt am Betreibungsort (Art. 46 ff. SchKG). Oftmals am Ort der gelegenen Sache gem. Art. 51 Abs. 2 SchKG, d.h. am Ort, wo das verpfändete Grundstück liegt resp. bei mehreren in verschiedenen Betreibungskreisen gelegenen Grundstücken dasjenige Betreibungsamt, in dessen Kreis sich der wertvollste Teil der Grundstücke befindet.

4. LEGITIMATION

A. AKTIVLEGITIMATION

8.22 (Aktiv-)Legitimiert ist der betreibende (Grund-)Pfandgläubiger (Art. 152 Abs. 2 SchKG).

B. PASSIVLEGITIMATION

8.23 Passivlegitimiert ist der (betriebene) Schuldner.

5. STREITWERT

8.24 Nicht einschlägig.

---

20 Verfügungen von Vollstreckungsorganen (z.B. eines Betreibungs- oder Konkursamtes) und die gegen solche Verfügungen unter Umständen zu ergreifende betreibungsrechtliche Beschwerde gem. Art. 17 ff. SchKG fallen nicht unter den in Art. 1 lit. c ZPO bezeichneten Geltungsbereich («gerichtliche Angelegenheiten des Schuldbetreibungs- und Konkursrechts») und somit nicht unter die ZPO. Solche Verfügungen stellen vielmehr das Ergebnis «eigenständiger Verwaltungsverfahren» dar (vgl. Botschaft ZPO, 7258), welche zum Beispiel durch einen entsprechenden Antrag oder ein entsprechendes Gesuch eingeleitet werden können. Auch Thomas Sutter-Somm/Rafael Klingler postulieren, dass Verfügungen der Vollstreckungsorgane und das betreibungsrechtliche Beschwerdeverfahren dem kantonalen Verwaltungsrecht unterstehen (Sutter-Somm/Hasenböhler/Leuenberger-Sutter-Somm/Klingler, Art. 1 N 8; vgl. BGer 5A_448/2011 vom 31.10.2011, E. 2.1). Franco Lorandi führt aus, dass das Verfahren vor den Betreibungsorganen dem Verwaltungsrecht sehr verwandt sei (Lorandi, 15, 19; Besprechung des Urteils des OGer TG vom 21.2.2013, in: RBOG 2013, Nr. 17).

6. FRISTEN

Das SchKG sieht keine Frist vor, innert welcher das Begehren um Ausdehnung der Pfandhaft auf Miet- oder Pachtzinsforderungen gestellt werden muss. Sofern im Betreibungsbegehren nicht ausdrücklich auf die Geltendmachung dieses Rechts verzichtet wurde, kann die Miet- bzw. Pachtzinssperre auch noch zu einem späteren Zeitpunkt verlangt werden.[21] 8.25

7. KOMBINATIONSMÖGLICHKEITEN

Das Begehren um Ausdehnung der Pfandhaft auf Miet- oder Pachtzinsforderungen kann zusammen mit dem Betreibungsbegehren bei einer Betreibung auf Pfandverwertung (s.a. Rz. 8.1 ff.) verbunden werden. 8.26

8. MÖGLICHE RECHTSBEGEHREN

In der Betreibung Nr. […] des Betreibungsamtes […] gegen den Schuldner [Name, Vorname, Adresse] sei die Pfandhaft auf die auf dem verpfändeten Grundstück [Bezeichnung Grundstück] bestehenden [Bezeichnung der Miet- und / oder Pachtzinsforderungen {…}] auszudehnen. 8.27

9. VORAUSSETZUNGEN

A. ERSTE VORAUSSETZUNG

In Bezug auf die von der Betreibung auf (Grund)Pfandverwertung betroffene, verpfändete Sache bestehen **Miet- oder Pachtverträge.**[22] 8.28

B. ZWEITE VORAUSSETZUNG

Eine **Betreibung auf (Grund-)Pfandverwertung** wird / wurde eingeleitet. 8.29

---

21 Allerdings hat ein später gestelltes Begehren keine Rückwirkung (auf den Zeitpunkt der Anhebung der Betreibung); ein später gestelltes Begehren zeitigt erst Wirkung ab dem Zeitpunkt der Stellung (BGE 121 III 187, E. 2.d); BSK SchKG I-Känzig/Bernheim, Art. 152 N 14).

22 BSK SchKG I-Känzig/Bernheim, Art. 152 N 13.

C. DRITTE VORAUSSETZUNG

8.30 Der legitimierte (Grund-)Pfandgläubiger stellt rechtzeitig ein **Begehren um Ausdehnung der Pfandhaft** auf Miet- und / oder Pachtzinsforderungen.

D. VIERTE VORAUSSETZUNG

8.31 Der legitimierte (Grund-)Pfandgläubiger hat **nicht auf die Ausdehnung der Pfandhaft auf Miet- und / oder Pachtzinsforderungen verzichtet**.

E. FÜNFTE VORAUSSETZUNG

8.32 Der **Kostenvorschuss** wird geleistet.[23]

10. BESONDERHEITEN

8.33 Die Ausdehnung der Pfandhaft auf Miet- oder Pachtzinsforderungen (sog. Miet- oder Pachtzinssperre) muss gem. Art. 152 Abs. 2 SchKG ausdrücklich verlangt werden.[24]

8.34 Das an Miet- und Pachtzinsen bestehende Pfandrecht kann in einer Betreibung auf Pfandverwertung auch selbständig geltend gemacht werden, ohne dass das ganze Grundstück verwertet wird.[25]

11. RECHTSMITTEL

8.35 Allenfalls kommt eine betreibungsrechtliche Beschwerde gem. Art. 17 ff. SchKG bei der (unteren) kantonalen Aufsichtsbehörde in Betracht, z.B. im Falle einer Nichtanhandnahme des Begehrens um Ausdehnung der Pfandhaft auf Miet- und / oder Pachtzinse.

Tabellarische Zusammenfassung

Zweck	Ausdehnung der Pfandhaft auf die Miet- oder Pachtzinsforderungen betreffend das verpfändete Grundstück (Miet- bzw. Pachtzinssperre)
Gesetzliche Grundlage	Art. 152 Abs. 2 SchKG
Verfahrensart	Kantonales Verwaltungsverfahrensrecht

23 Art. 91 Abs. 1 VZG i.V.m. Art. 68 SchKG; BGE 121 III 187, E. 2e.

24 KUKO SchKG-Käser/Häcki, Art. 151 N 26; BSK SchKG I-Känzig/Bernheim, Art. 152 N 11.

25 BSK SchKG I-Känzig/Bernheim, Art. 152 N 14.

Zuständigkeit	Betreibungsamt am Betreibungsort (Art. 46ff. SchKG). Oftmals der Ort der gelegenen Sache gem. Art. 51 Abs. 2 SchKG, d.h. am Ort, wo das verpfändete Grundstück liegt resp. bei mehreren in verschiedenen Betreibungskreisen gelegenen Grundstücken dasjenige Betreibungsamt, in dessen Kreis sich der wertvollste Teil der Grundstücke befindet
Aktivlegitimation	(Betreibender) (Grund-)Pfandgläubiger
Passivlegitimation	(Betriebener) Schuldner
Streitwert	Nicht einschlägig
Fristen	Grds. keine Fristen im SchKG vorgesehen; sofern im Betreibungsbegehren nicht ausdrücklich auf die Geltendmachung dieses Rechts verzichtet wurde, kann die Miet- bzw. Pachtzinssperre auch noch zu einem späteren Zeitpunkt verlangt werden
Kombination	Betreibungsbegehren bei einer Betreibung auf Pfandverwertung
Mögliche Rechtsbegehren	In der Betreibung Nr. […] des Betreibungsamtes […] gegen den Schuldner [Name, Vorname, Adresse] sei die Pfandhaft auf die auf dem verpfändeten Grundstück [Bezeichnung Grundstück] bestehenden [Bezeichnung der Miet- und/oder Pachtzinsforderungen {…}] auszudehnen.
Voraussetzungen	– In Bezug auf die von der Betreibung auf (Grund)Pfandverwertung betroffene, verpfändete Sache bestehen Miet- oder Pachtverträge – Betreibung auf (Grund-)Pfandverwertung wird / wurde eingeleitet – Rechtzeitig gestelltes Begehren um Ausdehnung der Pfandhaft auf Miet- und / oder Pachtzinsforderungen durch den (Grund-)Pfandgläubiger – Kein Verzicht auf die Ausdehnung der Pfandhaft auf Miet- und / oder Pachtzinsforderungen durch den (Grund-)Pfandgläubiger – Kostenvorschuss wird geleistet
Besonderheiten	– Ausdehnung der Pfandhaft auf Miet- oder Pachtzinsforderungen muss ausdrücklich verlangt werden – Das an den Miet- und Pachtzinsen bestehende Pfandrecht kann in einer Betreibung auf Pfandverwertung auch selbständig geltend gemacht werden, ohne Verwertung des ganzen Grundstücks
Rechtsmittel	Allenfalls betreibungsrechtliche Beschwerde gem. Art. 17 SchKG bei der (unteren) kantonalen Aufsichtsbehörde, falls bspw. das Betreibungsamt das Betreibungsbegehren nicht an die Hand nimmt

III. RECHTSVORSCHLAG (ART. 153 SCHKG)

In Bezug auf den zu erhebenden Rechtsvorschlag, siehe [§ 6 Ziff. V, Rz. 6.129ff.]. 8.36

IV. GESUCH UM DEFINITIVE RECHTSÖFFNUNG (ART. 153 ABS. 4 I.V.M. ART. 80 SCHKG)

8.37 Betreffend das Gesuch um definitive Rechtsöffnung siehe die Ausführungen unter § 6 Ziff. VIII (Rz. 6.232 ff.).

V. GESUCH UM PROVISORISCHE RECHTSÖFFNUNG (ART. 153 ABS. 4 I.V.M. ART. 82 SCHKG)

8.38 Betreffend das Gesuch um provisorische Rechtsöffnung siehe die Ausführungen unter § 6 Ziff. IX (Rz. 6.283 ff.).

VI. EINREDE DES PFANDEIGENTÜMERS GEGEN DIE AUSDEHNUNG DER PFANDHAFT AUF MIET- ODER PACHTZINSFORDERUNGEN (ART. 92 ABS. 2 VZG)

1. ZWECK UND WIRKUNG

8.39 Eine Einrede des Pfandeigentümers gegen die Ausdehnung der Pfandhaft auf Miet- und / oder Pachtzinsforderungen bezweckt, geltend zu machen, dass die Pfandhaft, d.h. die Erstreckung des Pfandrechts auf Miet- und / oder Pachtzinse, grundsätzlich oder teilweise unrichtig ist. Eine solche Einrede bewirkt, dass das Betreibungsamt den (Grund-)Pfandgläubiger auffordert, Klage auf Feststellung des bestrittenen Pfandrechts an den Miet- und / oder Pachtzinsen anzuheben (vgl. Art. 93 Abs. 2 VZG).[26]

2. VERFAHRENSART

8.40 Das Verfahren zur richtet sich nach kantonalem Verwaltungs(verfahrens)recht.[27]

---

26 BSK SchKG I-Känzig/Bernheim, Art. 152 N 28.

27 Verfügungen von Vollstreckungsorganen (z.B. eines Betreibungs- oder Konkursamtes) und die gegen solche Verfügungen unter Umständen zu ergreifende betreibungsrechtliche Beschwerde gem. Art. 17 ff. SchKG fallen nicht unter den in Art. 1 lit. c ZPO bezeichneten Geltungsbereich («gerichtliche Angelegenheiten des Schuldbetreibungs- und Konkursrechts») und somit nicht unter die ZPO. Solche Verfügungen stellen vielmehr das Ergebnis «eigenständiger Verwaltungsverfahren» dar (vgl. Botschaft ZPO, 7258), welche zum Beispiel durch einen entsprechenden Antrag oder ein entsprechendes Gesuch eingeleitet werden können. Auch Thomas Sutter-Somm/Rafael Klingler postulieren, dass Verfügungen der Vollstreckungsorgane und das betreibungsrechtliche Beschwerdeverfahren dem kantonalen Verwaltungsrecht unterstehen (Sutter-Somm/Hasenböhler/Leuenberger-Sutter-Somm/Klingler, Art. 1 ZPO N 8; vgl. BGer 5A_448/2011 vom 31.10.2011, E. 2.1). Franco Lorandi führt aus, dass das Verfahren vor den Betreibungsorganen dem Verwaltungsrecht sehr verwandt sei (Lorandi, 15, 19; Besprechung des Urteils des OGer TG vom 21.2.2013, in: RBOG 2013, Nr. 17).

3. ZUSTÄNDIGKEIT

Zuständig ist das Betreibungsamt, welches die Anzeige der Ausdehnung der Pfandhaft ausgestellt hat (Art. 92 Abs. 2 VZG). 8.41

4. LEGITIMATION

A. AKTIVLEGITIMATION

Aktivlegitimiert ist der Eigentümer des verpfändeten Gegenstands (vgl. Art. 92 Abs. 2 VZG). 8.42

B. PASSIVLEGITIMATION

Passivlegitimiert ist der betreibende (Grund-)Pfandgläubiger. 8.43

5. STREITWERT

Nicht einschlägig. 8.44

6. FRISTEN

Die Einrede des Pfandeigentümers gegen die Ausdehnung der Pfandhaft auf Miet- oder Pachtzinsforderungen ist binnen 10 Tagen seit Empfang der Anzeige der Ausdehnung der Pfandhaft (vgl. Art. 92 Abs. 2 VZG) einzureichen. 8.45

7. KOMBINATIONSMÖGLICHKEITEN

Es sind keine naheliegenden Kombinationsmöglichkeiten ersichtlich. 8.46

8. MÖGLICHE RECHTSBEGEHREN

Die in der Betreibung Nr. [...] des Betreibungsamtes [...] durch den Gläubiger [Name, Vorname, Adresse] anbegehrte Ausdehnung der Pfandhaft auf die [Bezeichnung der Miet- und / oder Pacht zinsforderungen {...}] wird [vollumfänglich / in Bezug auf den Miet- oder Pachtvertrag {...}] bestritten. 8.47

9. VORAUSSETZUNGEN

A. ERSTE VORAUSSETZUNG

8.48 Es wurde ein **Begehren um Ausdehnung der Pfandhaft** i.S.v. Art. 152 Abs. 2 SchKG gestellt.

B. ZWEITE VORAUSSETZUNG

8.49 Die anbegehrte Ausdehnung der Pfandhaft wurde dem Pfandeigentümer **angezeigt** (vgl. Art. 92 VZG).

C. DRITTE VORAUSSETZUNG

8.50 Der Pfandeigentümer will geltend machen, dass die Ausdehnung der Pfandhaft vollumfänglich oder teilweise unrichtig ist. Dazu erhebt er die **Einrede und** gibt dabei die **Gründe** und allfällig bestrittene Teilbeträge an (Art. 92 Abs. 2 VZG).[28]

D. VIERTE VORAUSSETZUNG

8.51 Die **Frist** zur Erhebung der Einrede wird gewahrt.

10. BESONDERHEITEN

8.52 Beziehen sich die Einwände des Pfandeigentümers allerdings auf die in Betreibung gesetzte Forderung oder auf das Pfandrecht an sich (und nicht auf die Ausdehnung des Pfandrechts auf die Miet- oder Pachtzinse), hat der Pfandeigentümer gegen den Zahlungsbefehl Rechtsvorschlag zu erheben.[29]

28 Der Pfandeigentümer kann geltend machen, dass das Pfandrecht sich nicht auf die Miet- oder Pachtzinse erstreckt, oder dass der Umfang der von der Miet- oder Pachtzinssperre betroffenen Miet- oder Pachtzinse unrichtig ist (BSK SchKG I-Känzig/Bernheim, Art. 152 N 28).

29 BSK SchKG I-Känzig/Bernheim, Art. 152 N 28.

11. RECHTSMITTEL

Allenfalls kommt eine betreibungsrechtliche Beschwerde gem. Art. 17 ff. SchKG bei der (unteren) kantonalen Aufsichtsbehörde in Betracht, z.B. im Falle einer Nichtanhandnahme der Einrede. 8.53

Tabellarische Zusammenfassung

Zweck	Geltendmachung, dass die Ausdehnung der Pfandhaft auf Miet- und / oder Pachtzinse, grundsätzlich oder teilweise, unrichtig ist
Gesetzliche Grundlage	Art. 92 Abs. 2 VZG
Verfahrensart	Kantonales Verwaltungsverfahrensrecht
Zuständigkeit	Betreibungsamt, das die Anzeige der Ausdehnung der Pfandhaft ausgestellt hat
Aktivlegitimation	Eigentümer des verpfändeten Gegenstands
Passivlegitimation	(Betreibender) (Grund-)Pfandgläubiger
Streitwert	Nicht einschlägig
Fristen	Binnen 10 Tagen seit Empfang der Anzeige der Ausdehnung der Pfandhaft
Kombination	Nicht einschlägig
Mögliche Rechtsbegehren	Die in der Betreibung Nr. […] des Betreibungsamtes […] durch den Gläubiger [Name, Vorname, Adresse] anbegehrte Ausdehnung der Pfandhaft auf die [Bezeichnung der Miet- und / oder Pachtzinsforderungen {…}] wird [vollumfänglich / in Bezug auf den Miet- oder Pachtvertrag {…}] bestritten.
Voraussetzungen	– Begehren um Ausdehnung der Pfandhaft i.S.v. Art. 152 Abs. 2 SchKG wurde gestellt – Anbegehrte Ausdehnung der Pfandhaft wurde dem Pfandeigentümer angezeigt – Pfandeigentümer will geltend machen, dass die Ausdehnung der Pfandhaft vollumfänglich oder teilweise unrichtig ist – Wahrung der zehntägigen Frist
Besonderheiten	Falls sich die Einwände des Pfandeigentümers jedoch auf (i) die in Betreibung gesetzte Forderung oder (ii) auf das Pfandrecht an sich beziehen (und nicht auf die Ausdehnung des Pfandrechts auf die Miet- oder Pachtzinse), hat der Pfandeigentümer gegen den Zahlungsbefehl Rechtsvorschlag zu erheben
Rechtsmittel	Allenfalls betreibungsrechtliche Beschwerde gem. Art. 17 SchKG bei der (unteren) kantonalen Aufsichtsbehörde, falls bspw. das Betreibungsamt die Einrede nicht an die Hand nimmt

VII. FORDERUNGSKLAGE (ANERKENNUNGSKLAGE) (ART. 153 ABS. 4 I.V.M. ART. 79 SCHKG)

8.54 Betreffend die Forderungsklage (Anerkennungsklage) siehe die Ausführungen unter § 6 Ziff. XII (Rz. 6.384 ff.).

VIII. ABERKENNUNGSKLAGE (ART. 153 ABS. 4 I.V.M. ART. 83 SCHKG)

8.55 Betreffend die Aberkennungsklage siehe die Ausführungen unter § 6 Ziff. XIII (Rz. 6.417 ff.).

IX. KLAGE UM ANERKENNUNG DER FORDERUNG UND FESTSTELLUNG DES PFANDRECHTS IM ZUSAMMENHANG MIT EINER ZINSSPERRE (ART. 153A SCHKG I.V.M. ART. 93 VZG)

1. ZWECK UND WIRKUNG

8.56 Eine Klage um Anerkennung der Forderung und Feststellung des Pfandrechts gem. Art. 153a SchKG stellt (für die Betreibung auf Pfandverwertung, in welcher eine Miet- oder Pachtzinssperre beantragt wurde) eine Ergänzung der allgemeinen Bestimmungen hinsichtlich der Beseitigung des Rechtsvorschlags (Art. 79 ff. SchKG) dar.[30] Eine Klage um Anerkennung der Forderung und Feststellung des Pfandrechts bezweckt in erster Linie, möglichst rasch zu klären, ob eine im Rahmen einer Betreibung auf Grundpfandverwertung beantragte Miet- oder Pachtzinssperre (vgl. Art. 152 Abs. 2 SchKG und Art. 91 VZG) (und damit auch die diesbezügliche Betreibung) Bestand hat.[31] Eine Klage um Anerkennung der Forderung und Feststellung des Pfandrechts kann jedoch auch auf eine Betreibung auf Faustpfandverwertung Anwendung finden, z.B. wenn eine bewegliche Sache durch Besitzanweisung gem. Art. 924 ZGB als Faustpfand begeben wurde und vermietet oder verpachtet bleibt.[32] Eine Klage um Anerkennung der Forderung und Feststellung des Pfandrechts bewirkt somit eine **Klärung der Situation hinsichtlich einer Ausdehnung der Pfandhaft auf Miet- und / oder Pachtzinse** (sogenannte Miet- bzw. Pachtzinssperre oder auch Zinssperre).

---

30 BSK SchKG I-Bernheim/Känzig, Art. 153a N 1.

31 BSK SchKG I-Bernheim/Känzig, Art. 153a N 1. Gemäss Art. 85 VZG wird, sofern nichts anderes bemerkt ist, angenommen, dass der erhobene Rechtsvorschlag sich auf die Forderung und auf das Pfandrecht bezieht.

32 BSK SchKG I-Bernheim/Känzig, Art. 153a N 2a.

2. VERFAHRENSART

Je nach Sachverhalt (s.a. Rz. 6.384) ist die Klage um Anerkennung der Forderung und Feststellung des Pfandrechts im Zusammenhang mit einer Zinssperre zu behandeln im: 8.57

- **ordentlichen Verfahren** (Art. 219 ff. ZPO) bei einem Streitwert von mehr als CHF 30 000.– *oder*
- **vereinfachten Verfahren** (Art. 243 ff. ZPO) bei einem Streitwert von bis zu CHF 30 000.–.

3. ZUSTÄNDIGKEIT

Das SchKG enthält hinsichtlich der **örtlichen Zuständigkeit** keine Anordnung, weshalb sich die örtliche Zuständigkeit nach den Bestimmungen der ZPO (Art. 9 ff. ZPO) richtet (vgl. Art. 46 ZPO) (s.a. Rz. 6.388). 8.58

- Bei einer Klage auf Feststellung des Pfandrechts an einem Grundstück ist gem. Art. 29 Abs. 1 lit. a ZPO grundsätzlich das Gericht am Ort, an dem das Grundstück im Grundbuch aufgenommen ist, zuständig.[33]
- Bei einer Klage auf Feststellung des Pfandrechts an einer beweglichen Sache ist gem. Art. 30 Abs. 1 ZPO grundsätzlich das Gericht am Wohnsitz oder Sitz der beklagten Partei oder am Ort der gelegenen Sache zuständig.[34]

Die **sachliche** und **funktionelle** Zuständigkeit bestimmt sich nach dem jeweilig anwendbaren kantonalen Recht (vgl. Art. 23 SchKG und Art. 4 ZPO). 8.59

4. LEGITIMATION

A. AKTIVLEGITIMATION

Aktivlegitimiert ist der (betreibende) Pfandgläubiger (Art. 153a Abs. 1 und Abs. 2 SchKG). 8.60

B. PASSIVLEGITIMATION

Falls Rechtsvorschlag erhoben wurde (vgl. Art. 153a Abs. 1 SchKG i.V.m. Art. 93 Abs. 1 VZG): 8.61
Passivlegitimiert ist diejenige Person bzw. sind sämtliche mitbetriebenen Personen, welche Rechtsvorschlag erhoben haben (d.h. z.B. der betriebene Schuldner oder der Dritteigentümer).[35]

33 Sutter-Somm/Hasenböhler/Leuenberger-SUTTER-SOMM/LÖTSCHER, Art. 29 ZPO N 9.
34 Sutter-Somm/Hasenböhler/Leuenberger-SUTTER-SOMM/HEDINGER, Art. 30 ZPO N 15.
35 BSK SchKG I-BERNHEIM/KÄNZIG, Art. 153a N 9.

8.62 *Falls vom Pfandeigentümer eine Einrede erhoben wurde (vgl. Art. 93 Abs. 2 VZG):*
Passivlegitimiert dürfte der mitbetriebene Pfandeigentümer sein.

8.63 *Falls das Rechtsöffnungsbegehren des Pfandgläubigers abgewiesen wurde (vgl. Art. 153a Abs. 2 SchKG i.V.m. Art. 93 Abs. 1 VZG):*
Passivlegitimiert ist diejenige Person bzw. sind diejenigen Personen, welche Rechtsvorschlag erhoben und im Rechtsöffnungsverfahren obsiegt haben (d.h. z.B. der betriebene Schuldner oder der Dritteigentümer).[36]

5. STREITWERT

8.64 Der Streitwert bemisst sich gem. Art. 91 ff. ZPO (vgl. auch Art. 1 lit. c ZPO).[37]

6. FRISTEN

8.65 Die Klage um Anerkennung der Forderung und Feststellung des Pfandrechts im Zusammenhang mit einer Zinssperre ist innert 10 Tagen einzureichen:

- nach Mitteilung des Rechtsvorschlags (vgl. Art. 153a Abs. 1 SchKG i.V.m. Art. 93 Abs. 1 VZG);
- nach Mitteilung der entsprechenden Aufforderung durch das Betreibungsamt im Falle einer Einrede des Pfandeigentümers, dass sich das Pfandrecht nicht oder nur auf einen Teil auf die Miet- oder Pachtzinsen erstrecke (vgl. Art. 93 Abs. 2 VZG);
- nach Eröffnung des Rechtsöffnungsentscheids, falls der Pfandgläubiger keine Rechtsöffnung erlangt hat (vgl. Art. 153a Abs. 2 SchKG i.V.m. Art. 93 Abs. 1 VZG).[38]

7. KOMBINATIONSMÖGLICHKEITEN

8.66 Es sind keine naheliegenden Kombinationsmöglichkeiten ersichtlich.

---

36 BSK SchKG I-Bernheim/Känzig, Art. 153a N 9.

37 Die Anerkennungsklage ist grundsätzlich eine Leistungsklage, wobei sie eine Feststellungsklage sein kann, wenn in der Betreibung auf Pfandverwertung nur das Pfand bestritten ist (BSK SchKG I-Staehelin D., Art. 79 N 3) In Bezug auf die Streitwertermittlung ist bei Feststellungsklagen auf den Wert des Rechts oder Rechtsverhältnisses abzustellen, dessen Bestand oder Nichtbestand durch das Urteil festgestellt werden soll (Stein-Wigger, Art. 91 ZPO N 16).

38 Eine Nichtbeachtung der Klagefrist hat nur Einfluss auf die Zinssperre; die Betreibung an sich fällt durch eine Nichtbeachtung der Klagefrist nicht dahin (BSK SchKG EB-Staehelin, Art. 153a ad N 16).

8. MÖGLICHE RECHTSBEGEHREN

Falls Rechtsvorschlag erhoben oder das Rechtsöffnungsbegehren des Pfandgläubigers abgewiesen wurde und sowohl die Forderung als auch das Pfandrecht bestritten sind: 8.67

1. [Falls der betriebene Schuldner der Beklagte ist:] Es sei der Beklagte zu verurteilen, dem Kläger die mit Betreibung Nr. [...] des Betreibungsamtes [...] in Betreibung gesetzte Forderung in der Höhe von CHF [Betrag] (zzgl. Zins zu [Zinssatz] % seit [Datum]) zu bezahlen.
2. In der Betreibung Nr. [...] des Betreibungsamtes [...] sei der Rechtsvorschlag betreffend die in Ziff. 1 genannte Forderung zu beseitigen.
3. Es sei festzustellen, dass in Bezug auf die in Ziff. 1 genannte Forderung ein [Grund-/Faust-] Pfandrecht zugunsten des Klägers besteht.
4. In der Betreibung Nr. [...] des Betreibungsamtes [...] sei der Rechtsvorschlag betreffend das in Ziff. 2 genannte [Grund-/Faust-]Pfandrecht zu beseitigen.
5. Alles unter Kosten- und Entschädigungsfolgen zulasten des Beklagten.

Falls vom Pfandeigentümer die Einrede erhoben wurde, dass sich das Pfandrecht nicht oder nur zum Teil auf die Miet- oder Pachtzinse erstrecke: 8.68

1. Es sei in der Betreibung Nr. [...] des Betreibungsamtes [...] gegen den Schuldner [Name, Vorname, Adresse] betreffend die Forderung in der Höhe von CHF [Betrag] (zzgl. Zins zu [Zinssatz] % seit [Datum]) festzustellen, dass sich das Pfandrecht auf die in Bezug auf [Bezeichnung verpfändeter Gegenstand] bestehenden [Bezeichnung der Miet- und/oder Pachtzinsforderungen {...}] erstreckt.
2. Alles unter Kosten- und Entschädigungsfolgen zulasten des Beklagten.

9. VORAUSSETZUNGEN

Falls Rechtsvorschlag oder vom Pfandeigentümer eine Einrede erhoben wurde: 8.69

A. ERSTE VORAUSSETZUNG

In einer Betreibung auf Pfandverwertung wurde eine **Ausdehnung der Pfandhaft auf Miet- oder Pachtzinsforderungen gem. Art. 152 Abs. 2 SchKG anbegehrt**. 8.70

B. ZWEITE VORAUSSETZUNG

- Gegen den entsprechenden Zahlungsbefehl wurde frist- und formgerecht **Rechtsvorschlag** (vgl. Art. 153 SchKG) erhoben;[39] oder 8.71
- der Pfandeigentümer erhob fristgerecht eine **Einrede** gem. Art. 92 Abs. 2 VZG.

39 BSK SchKG I-BERNHEIM/KÄNZIG, Art. 153a N 4.

C. DRITTE VORAUSSETZUNG

8.72 Die **Klagefrist** wurde eingehalten.

D. VIERTE VORAUSSETZUNG

8.73 Die vom Kläger geltend gemachte Forderung und das entsprechende Pfandrecht bestehen bzw. stehen diesem zu und können von diesem **in rechtsgenügender Weise substantiiert werden**.

8.74 *Falls das Rechtsöffnungsbegehren des Pfandgläubigers abgewiesen wurde (vgl. Art. 93 Abs. 1 VZG):*

E. ERSTE VORAUSSETZUNG

8.75 In einer Betreibung auf Pfandverwertung wurde eine **Ausdehnung der Pfandhaft auf Miet- oder Pachtzinsforderungen gem. Art. 152 Abs. 2 SchKG anbegehrt**.

F. ZWEITE VORAUSSETZUNG

8.76 Gegen den entsprechenden Zahlungsbefehl wurde frist- und formgerecht **Rechtsvorschlag** erhoben (vgl. Art. 153 SchKG).[40]

G. DRITTE VORAUSSETZUNG

8.77 Der Pfandgläubiger hat das **Rechtsöffnungsverfahren eingeleitet und** sein Rechtsöffnungsbegehren wurde **abgewiesen** (Art. 153a Abs. 2 SchKG und Art. 93 Abs. 1 VZG).

H. VIERTE VORAUSSETZUNG

8.78 Die **Klagefrist** wurde eingehalten.

I. FÜNFTE VORAUSSETZUNG

8.79 Die vom Kläger geltend gemachte Forderung und das entsprechende Pfandrecht bestehen bzw. stehen diesem zu und können von diesem **in rechtsgenügender Weise substantiiert werden**.

---

40 BSK SchKG I-Bernheim/Känzig, Art. 153a N 4.

10. BESONDERHEITEN

Geht es lediglich um die **Beseitigung der Einrede des Pfandeigentümers**, dass sich das Pfandrecht nicht oder nur auf einen Teil auf die Miet- oder Pachtzinsen erstrecke (vgl. Art. 93 Abs. 2 VZG), muss der Gläubiger Klage auf Feststellung (des bestrittenen Pfandrechts) erheben.[41] 8.80

Erfolgt die Klageanhebung durch den Gläubiger nicht fristgemäss, wird die **Zinssperre widerrufen** (vgl. Art. 153a Abs. 3 SchKG). Unbesehen davon kann bzw. braucht der Rechtsvorschlag jedoch innert der zweijährigen Frist gem. Art. 154 SchKG beseitigt zu werden.[42] 8.81

Falls der Dritteigentümer und der Schuldner gegen die Betreibung Rechtsvorschlag erhoben haben, muss gegen beide die Anerkennungsklage erhoben werden.[43] 8.82

11. RECHTSMITTEL

Der *erstinstanzliche Entscheid* ist – sofern der Streitwert mindestens CHF 10 000.– beträgt – grundsätzlich mit der **Berufung** gem. Art. 308 ff. ZPO anfechtbar. Beträgt der Streitwert jedoch weniger, ist der Entscheid mit **Beschwerde** gem. Art. 319 ff. ZPO anfechtbar. Liegt ein letztinstanzlicher kantonaler Entscheid vor und beträgt entweder der Streitwert mindestens CHF 30 000.– oder stellt sich eine Rechtsfrage von grundsätzlicher Bedeutung, kann dieser mit **Beschwerde in Zivilsachen beim Bundesgericht** angefochten werden (vgl. Art. 72 Abs. 2 lit. a i.V.m. Art. 74 Abs. 1 lit. b bzw. Art. 74 Abs. 2 lit. a BGG).[44] Ansonsten, d.h. bei einem Streitwert unter CHF 30 000.– und keiner Rechtsfrage von grundsätzlicher Bedeutung, findet die **subsidiäre Verfassungsbeschwerde** gem. Art. 113 ff. BGG Anwendung. 8.83

Tabellarische Zusammenfassung

Zweck	Gerichtliche Klärung, ob eine beantragte Ausdehnung der Pfandhaft auf Miet- und / oder Pachtzinse (Miet- und / oder Pachtzinssperre) Bestand hat
Gesetzliche Grundlage	Art. 153a SchKG i.V.m. Art. 93 VZG
Verfahrensart	Abhängig vom Streitwert ordentliches Verfahren (Art. 219 ff. ZPO) oder vereinfachtes Verfahren (Art. 243 ff. ZPO)

41 BSK SchKG I-BERNHEIM/KÄNZIG, Art. 153a N 10.

42 BSK SchKG I-BERNHEIM/KÄNZIG, Art. 153a N 16.

43 BSK SchKG I-BERNHEIM/KÄNZIG, Art. 153a N 57.

44 Liegen der kollozierten Forderung arbeitsrechtliche Ansprüche zugrunde, wird dies nichtsdestotrotz als vermögensrechtliche Angelegenheit betreibungsrechtlicher Natur behandelt, weshalb die Streitwertgrenze ebenfalls CHF 30 000.– beträgt (VOCK/MÜLLER, 221).

Zuständigkeit	Hinsichtlich der örtlichen Zuständigkeit enthält das SchKG keine Anordnungen, weshalb sich diese nach Art. 9 ff. ZPO richtet (vgl. Art. 46 ZPO). Daraus ergeben sich folgende örtliche Zuständigkeiten: Klage auf Feststellung des Pfandrechts an einem Grundstück: Gericht am Ort, an dem das Grundstück im Grundbuch aufgenommen ist (Art. 29 Abs. 1 lit. a ZPO) Klage auf Feststellung des Pfandrechts an einer beweglichen Sache: Gericht am Wohnsitz oder Sitz der beklagten Partei oder am Ort der gelegenen Sache (Art. 30 Abs. 1 ZPO)
Aktivlegitimation	(Betreibender) Pfandgläubiger
Passivlegitimation	*Falls Rechtsvorschlag erhoben wurde:* Person bzw. sämtliche mitbetriebenen Personen, welche Rechtsvorschlag erhoben haben *Falls vom Pfandeigentümer eine Einrede erhoben wurde:* Mitbetriebene Pfandeigentümer *Falls das Rechtsöffnungsbegehren des Pfandgläubigers abgewiesen wurde:* Person bzw. diejenigen Personen, welche Rechtsvorschlag erhoben und im Rechtsöffnungsverfahren obsiegt haben
Streitwert	Bemessung nach Art. 91 ff. ZPO
Fristen	Innert 10 Tagen nach: - Mitteilung des Rechtsvorschlags (Art. 153a Abs. 1 SchKG i.V.m. Art. 93 Abs. 1 VZG) - Mitteilung der entsprechenden Aufforderung durch das Betreibungsamt im Falle einer Einrede des Pfandeigentümers (Art. 93 Abs. 2 VZG) - Eröffnung des Rechtsöffnungsentscheids, falls der Pfandgläubiger keine Rechtsöffnung erlangt hat (Art. 153a Abs. 2 SchKG i.V.m. Art. 93 Abs. 1 VZG)
Kombination	Nicht einschlägig
Mögliche Rechtsbegehren	*Falls Rechtsvorschlag erhoben oder das Rechtsöffnungsbegehren des Pfandgläubigers abgewiesen wurde und sowohl die Forderung als auch das Pfandrecht bestritten sind:* 1. [Falls der betriebene Schuldner der Beklagte ist:] Es sei der Beklagte zu verurteilen, dem Kläger die mit Betreibung Nr. […] des Betreibungsamtes […] in Betreibung gesetzte Forderung in der Höhe von CHF [Betrag] (zzgl. Zins zu [Zinssatz] % seit [Datum]) zu bezahlen. 2. In der Betreibung Nr. […] des Betreibungsamtes […] sei der Rechtsvorschlag betreffend die in Ziff. 1 genannte Forderung zu beseitigen. 3. Es sei festzustellen, dass in Bezug auf die in Ziff. 1 genannte Forderung ein [Grund-/Faust-]Pfandrecht zugunsten des Klägers besteht. 4. In der Betreibung Nr. […] des Betreibungsamtes […] sei der Rechtsvorschlag betreffend das in Ziff. 2 genannte [Grund-/Faust-]Pfandrecht zu beseitigen. 5. Alles unter Kosten- und Entschädigungsfolgen zulasten des Beklagten.

	Falls vom Pfandeigentümer die Einrede erhoben wurde, dass sich das Pfandrecht nicht oder nur zum Teil auf die Miet- oder Pachtzinse erstrecke: 1. Es sei in der Betreibung Nr. […] des Betreibungsamtes […] gegen den Schuldner [Name, Vorname, Adresse] betreffend die Forderung in der Höhe von CHF [Betrag] (zzgl. Zins zu [Zinssatz] % seit [Datum]) festzustellen, dass sich das Pfandrecht auf die in Bezug auf [Bezeichnung verpfändeter Gegenstand] bestehenden [Bezeichnung der Miet- und / oder Pachtzinsforderungen {…}] erstreckt. 2. Alles unter Kosten- und Entschädigungsfolgen zulasten des Beklagten.
Voraussetzungen	*Falls Rechtsvorschlag oder vom Pfandeigentümer eine Einrede erhoben wurde:* – In einer Betreibung auf Pfandverwertung wurde Ausdehnung der Pfandhaft auf Miet- oder Pachtzinsforderungen gem. Art. 152 Abs. 2 SchKG anbegehrt – Gegen den entsprechenden Zahlungsbefehl wurde frist- und formgerecht Rechtsvorschlag (vgl. Art. 153 SchKG) erhoben oder der Pfandeigentümer erhob fristgerecht eine Einrede gem. Art. 92 Abs. 2 VZG – Einhaltung der Klagefrist – Rechtsgenügende Substantiierung des Bestehens der vom Kläger geltend gemachten Forderung und des entsprechenden Pfandrechts *Falls das Rechtsöffnungsbegehren des Pfandgläubigers abgewiesen wurde (Art. 93 Abs. 1 VZG):* – In einer Betreibung auf Pfandverwertung wurde Ausdehnung der Pfandhaft auf Miet- oder Pachtzinsforderungen gem. Art. 152 Abs. 2 SchKG anbegehrt – Gegen den entsprechenden Zahlungsbefehl wurde frist- und formgerecht Rechtsvorschlag (vgl. Art. 153 SchKG) erhoben – Pfandgläubiger hat das Rechtsöffnungsverfahren eingeleitet und sein Rechtsöffnungsbegehren wurde abgewiesen (Art. 153a Abs. 2 SchKG und Art. 93 Abs. 1 VZG) – Einhaltung der Klagefrist – Rechtsgenügende Substantiierung des Bestehens der vom Kläger geltend gemachten Forderung und des entsprechenden Pfandrechts
Besonderheiten	– Ist lediglich die Beseitigung der Einrede des Pfandeigentümers, dass sich das Pfandrecht nicht oder nur auf einen Teil auf die Miet- oder Pachtzinsen erstrecke (vgl. Art. 93 Abs. 2 VZG) das Ziel, muss der Gläubiger Klage auf Feststellung (des bestrittenen Pfandrechts) erheben – Bei nicht fristgemässer Klageanhebung durch den Gläubiger, wird die Zinssperre widerrufen (vgl. Art. 153a Abs. 3 SchKG). Unbesehen davon kann bzw. braucht der Rechtsvorschlag jedoch innert der zweijährigen Frist gem. Art. 154 SchKG beseitigt zu werden – Falls Dritteigentümer und Schuldner gegen die Betreibung Rechtsvorschlag erhoben haben, muss gegen beide Anerkennungsklage erhoben werden
Rechtsmittel	Kantonal: Abhängig vom Streitwert Berufung (Art. 308 ff. ZPO) oder Beschwerde (Art. 319 ff. ZPO) innert 30 Tagen (gegen Rechtsverzögerung kann gem. Art. 321 Abs. 4 ZPO jederzeit Beschwerde eingereicht werden) Bund: Letztinstanzliche kantonale Entscheide können mit Beschwerde in Zivilsachen (Art. 72 ff. BGG) innert 30 Tagen (Art. 100 Abs. 1 BGG) oder subsidiärer Verfassungsbeschwerde (Art. 113 ff. BGG) angefochten werden

X. VERWERTUNGSBEGEHREN (ART. 154 SCHKG)

1. ZWECK UND WIRKUNG

8.84 Die Stellung eines gültigen Verwertungsbegehrens bezweckt, dass das Betreibungsamt die einschlägige Verwertung(sart) anordnet und bewirkt dadurch, dass die von der Betreibung auf Pfandverwertung betroffenen, verpfändeten Vermögensgegenstände verwertet, d.h. in Geld umgesetzt («versilbert») werden. Die Verwertung erfolgt immer unter Mitwirkung des Betreibungsamts, d.h. gestützt auf amtliche Verfügungen öffentlich-rechtlicher Natur des Vollstreckungsorgans.[45]

2. VERFAHRENSART

8.85 Das Verfahren zur richtet sich nach kantonalem Verwaltungs(verfahrens)recht.[46]

3. ZUSTÄNDIGKEIT

8.86 Zuständig ist das Betreibungsamt am Betreibungsort (Art. 46 ff. SchKG).

4. LEGITIMATION

A. AKTIVLEGITIMATION

8.87 Aktivlegitimiert ist:

- **der Gläubiger** bzw. dessen Rechtsnachfolger (vgl. Art. 154 SchKG);

---

45 KUKO SchKG-Rüetschi, Art. 116 N 1.

46 Verfügungen von Vollstreckungsorganen (z.B. eines Betreibungs- oder Konkursamtes) und die gegen solche Verfügungen unter Umständen zu ergreifende betreibungsrechtliche Beschwerde gem. Art. 17 ff. SchKG fallen nicht unter den in Art. 1 lit. c ZPO bezeichneten Geltungsbereich («gerichtliche Angelegenheiten des Schuldbetreibungs- und Konkursrechts») und somit nicht unter die ZPO. Solche Verfügungen stellen vielmehr das Ergebnis «eigenständiger Verwaltungsverfahren» dar (vgl. Botschaft ZPO, 7258), welche zum Beispiel durch einen entsprechenden Antrag oder ein entsprechendes Gesuch eingeleitet werden können. Auch Thomas Sutter-Somm/Rafael Klingler postulieren, dass Verfügungen der Vollstreckungsorgane und das betreibungsrechtliche Beschwerdeverfahren dem kantonalen Verwaltungsrecht unterstehen (Sutter-Somm/Hasenböhler/Leuenberger-Sutter-Somm/Klingler, Art. 1 ZPO N 8; vgl. BGer 5A_448/2011 vom 31.10.2011, E. 2.1). Franco Lorandi führt aus, dass das Verfahren vor den Betreibungsorganen dem Verwaltungsrecht sehr verwandt sei (Lorandi, 15, 19; Besprechung des Urteils des OGer TG vom 21.2.2013, in: RBOG 2013, Nr. 17).

- der **Schuldner** (Art. 156 Abs. 1 i.V.m. Art. 124 Abs. 1 SchKG betreffend die vorzeitige Verwertung von beweglichen Sachen und Forderungen sowie Art. 133 Abs. 2 SchKG betreffend die Verwertung der Grundstücke);
- der **Dritteigentümer des Pfandes.**[47]

B. PASSIVLEGITIMATION

Nicht einschlägig. 8.88

5. STREITWERT

Nicht einschlägig. 8.89

6. FRISTEN

Je nach Art des verpfändeten Vermögensgegenstands ist das Verwertungsbegehren innert folgender **Rahmenfristen** (Minimal- und Maximalfristen) zu stellen (vgl. Art. 154 Abs. 1 SchKG): 8.90

- Bei einem **Faustpfand**: Frühestens **ein Monat** und spätestens **ein Jahr** nach der Zustellung des Zahlungsbefehls.
- Bei einem **Grundpfand**: Frühestens **6 Monate** und spätestens **2 Jahre** nach Zustellung des Zahlungsbefehls. Steht das verpfändete Grundstück im Eigentum eines Dritten oder dient es als Familienwohnung, ist für die Berechnung der Verwertungsfristen das Datum der Zustellung des letzten Zahlungsbefehls massgebend (Art. 98 Abs. 1 VZG).[48]

Wurde Rechtsvorschlag erhoben, stehen die (Maximal-)Fristen zwischen der Einleitung und der 8.91
Erledigung des dadurch veranlassten gerichtlichen Verfahrens still (Art. 154 Abs. 1 SchKG). Durch einen solchen Gerichtsprozess wird jedoch nur der Lauf der Maximalfrist gehemmt, nicht jedoch der Lauf der Minimalfrist.[49] Ferner steht die Verwertungsfrist still, wenn dem Schuldner

47 KUKO SchKG-Rüetschi, Art. 116 N 9; BSK SchKG I-Bernheim/Känzig, Art. 154 N 5.

48 Zu beachten ist auch Art. 100 Abs. 1 VZG, welcher festhält, dass wenn sich erst nach Stellung des Verwertungsbegehrens ergeben sollte, dass das verpfändete Grundstück Eigentum eines Dritten ist oder als Familienwohnung dient, dem Dritten oder dem Ehegatten des Schuldners oder des Dritten nachträglich ein Zahlungsbefehl zuzustellen ist und die Verwertung erst vorgenommen darf, wenn der nachträglich zugestellte Zahlungsbefehl rechtskräftig und die sechsmonatige Frist seit dessen Zustellung abgelaufen ist. In der Praxis kann der Dritteigentümer (und wohl auch der Ehegatte oder eingetragene Partner des Schuldners) in diesem speziellen Fall aber auch auf die Einhaltung der Minimalfrist verzichten (BSK SchKG I-Bernheim/Känzig, Art. 154 N 12).

49 BSK SchKG I-Bernheim/Känzig, Art. 154 N 24.

eine Nachlassstundung bewilligt wurde (Art. 297 Abs. 1 und Art. 334 Abs. 3 SchKG) oder wenn dem Dritteigentümer eine solche bewilligt wurde (Art. 98 Abs. 2 VZG).[50]

8.92 Die **Maximalfrist wird verlängert**:

- wenn nach der Einleitung der Betreibung der Konkurs eröffnet und mangels Aktiven wieder eingestellt wird (vgl. Art. 230 Abs. 4 SchKG);
- wenn dem Schuldner eine Nachlassstundung bewilligt wird (Art. 297 Abs. 1 SchKG);
- wenn dem Schuldner im Rahmen einer einvernehmlichen privaten Schuldenbereinigung eine Stundung bewilligt wird (Art. 334 Abs. 3 SchKG);
- während der Dauer einer Notstundung (vgl. Art. 343 Abs. 2 SchKG).

8.93 Eine **vorzeitige Verwertung vor Ablauf der Minimalfrist** ist nur ausnahmsweise zulässig, nämlich:

- wenn der Schuldner Eigentümer des zu Faustpfand begebenen verpfändeten Vermögensgegenstands ist: auf Begehren des Schuldners um vorzeitige Verwertung von beweglichen Sachen hin (vgl. Art. 156 Abs. 1 i.V.m. Art. 124 Abs. 1 SchKG);[51]
- wenn in der Betreibung auf Grundpfandverwertung sämtliche Pfändungs- und Grundpfandgläubiger zustimmen: auf Begehren des Schuldners um Verwertung des / der Grundstücke(s) hin (Art. 156 Abs. 1 i.V.m. Art. 133 Abs. 2 SchKG).[52]

7. KOMBINATIONSMÖGLICHKEITEN

8.94 Es sind keine naheliegenden Kombinationsmöglichkeiten ersichtlich.

8. MÖGLICHE RECHTSBEGEHREN

8.95 In der Betreibung Nr. […] des Betreibungsamtes […][des Gläubigers] gegen den Schuldner [Name, Vorname, Adresse] über den Betrag von CHF [Betrag] (zzgl. Zins zu [Zinssatz] % seit [Datum]) sei die Verwertung des verpfändeten Vermögensgegenstands, namentlich des [Miteigentumsanteils am Grundstück {Bezeichnung Grundstück}] vorzunehmen.

---

50 BSK SchKG I-Bernheim/Känzig, Art. 154 N 28.

51 Wenn der Schuldner hingegen nicht Eigentümer des zu Pfand begebenen verpfändeten Vermögensgegenstands ist, dieser also im Eigentum eines Dritten steht, vertreten Marc Bernheim und Philipp Känzig die Ansicht, dass der Schuldner für die Stellung des Verwertungsbegehrens immer auch der Zustimmung des Dritteigentümers bedarf (BSK SchKG I-Bernheim/Känzig, Art. 154 N 14 ff.).

52 Wenn der Schuldner hingegen nicht Eigentümer des zu Pfand begebenen verpfändeten Vermögensgegenstands ist, dieser also im Eigentum eines Dritten steht, vertreten Marc Bernheim und Philipp Känzig die Ansicht, dass der Schuldner für die Stellung des Verwertungsbegehrens immer auch der Zustimmung des Dritteigentümers bedarf (BSK SchKG I-Bernheim/Känzig, Art. 154 N 14 ff.).

9. VORAUSSETZUNGEN

A. ERSTE VORAUSSETZUNG

Es ist ein Verwertungsbegehren erforderlich, da sich der **verpfändete Vermögensgegenstand nicht von selbst realisiert**. Dies ist in dem Fall denkbar, in welchem der verpfändete Vermögensgegenstand Früchte in Geldform abwirft, wie z.B. im Rahmen einer Ausdehnung der Pfandhaft auf Miet- und Pachtzinse (vgl. Art. 152 Abs. 2 SchKG) an das Betreibungsamt bezahlte Miet- und Pachtzinsen.[53] 8.96

B. ZWEITE VORAUSSETZUNG

Die das Verwertungsbegehren stellende Person ist dazu **legitimiert**. 8.97

C. DRITTE VORAUSSETZUNG

Im Verwertungsbegehren müssen **alle für die Bestimmung der Betreibung erforderlichen Angaben** wie Namen der Parteien, Forderungsbetrag und Betreibungsnummer enthalten sein. Die Angabe des Wohnorts des Gläubigers ist dann notwendig, wenn der Gläubiger seinen (Wohn-) Sitz gewechselt hat.[54] 8.98

D. VIERTE VORAUSSETZUNG

Das Verwertungsbegehren muss **bedingungslos** sein, d.h. es darf keine Bedingungen enthalten, und hat sich vorbehaltslos auf die gesamte Betreibungsforderung zu beziehen. 8.99

E. FÜNFTE VORAUSSETZUNG

Das Verwertungsbegehren muss **fristgerecht gestellt** worden sein (vgl. Art. 31 ff. SchKG i.V.m. Art. 154 ZPO). Verfrüht wie auch verspätet gestellte Verwertungsbegehren sind unwirksam, wobei das Amt die Fristwahrung von Amtes wegen zu prüfen hat.[55] Wird das Verwertungsbegehren nicht binnen der gesetzlichen Frist gestellt oder zurückgezogen und nicht erneuert, erlischt die Betreibung (Art. 154 Abs. 2 SchKG). 8.100

---

53 Vgl. auch KUKO SchKG-Rüetschi, Art. 116 N 7.

54 Ist die (Wohn-)Sitzangabe offensichtlich unrichtig oder hat das Amt Kenntnis vom (Wohn-)Sitzwechsel, der jedoch nicht aus dem Verwertungsbegehren hervorgeht, ist das Begehren zurückzuweisen (KUKO SchKG-Rüetschi, Art. 116 N 11 f.).

55 Nimmt das Betreibungsamt trotz Nichteinhaltung der Maximalfrist weitere Betreibungshandlungen vor, sind diese nichtig (KUKO SchKG-Rüetschi, Art. 116 N 37 f.).

F. SECHSTE VORAUSSETZUNG

8.101 *Falls es sich bei der verpfändeten Sache um eine* ***bewegliche Sache*** *handelt (Betreibung auf Faustpfandverwertung)*, muss das Faustpfand bei Stellung des Verwertungsbegehrens dem Betreibungsamt vorgelegt werden. Erfolgt dies nicht, z.B. weil dies nicht möglich ist, ist das Verwertungsbegehren unwirksam.[56]

8.102 *Falls es sich bei der verpfändeten Sache um ein* ***Grundstück*** *handelt (Betreibung auf Grundpfandverwertung)* und dieses im Eigentum eines Dritten steht, darf dem Dritteigentümer des Pfandes kein Verwertungsaufschub gewährt worden sein. Im Falle eines solchen Verwertungsaufschubs kann die Verwertung des Grundpfandes nicht stattfinden.[57]

G. SIEBTE VORAUSSETZUNG

8.103 Falls die **verpfändete Sache im Eigentum eines Dritten** steht, vertreten MARC BERNHEIM und PHILIPP KÄNZIG die überzeugende Auffassung, dass der Schuldner für die Stellung des Verwertungsbegehrens immer auch der Zustimmung durch den Dritteigentümer bedarf, um dessen Schutzbedürfnis gebührend Rechnung zu tragen.[58]

10. BESONDERHEITEN

8.104 Falls Rechtsvorschlag erhoben und dieser im Rahmen des gerichtlichen Verfahrens beseitigt wurde, ist dem Verwertungsbegehren ein mit Rechtskraftbescheinigung versehenes Exemplar des (rechtskräftigen) Entscheids beizufügen, sofern sich die Rechtskraft nicht aus dem Gesetz ergibt.[59]

8.105 Gewährt der (Pfand-)Gläubiger dem Schuldner nach Stellung des Verwertungsbegehrens eine Stundung oder ersucht der (Pfand-)Gläubiger das Betreibungsamt um Verschiebung der Verwertung, gilt das Verwertungsbegehren des (Pfand-)Gläubigers als zurückgezogen.[60] Die Fristen sind weder abänderbar noch der Wiederherstellung zugänglich (gesetzliche Verwirkungsfristen).[61] Ein gestelltes Verwertungsbegehren kann jedoch – solange die Verwertung noch nicht vollzogen ist – zurückgezogen und innert Frist wieder erneuert werden.[62]

8.106 Spezialgesetzliche Vorschriften bleiben vorbehalten, z.B. Art. 57 des Bundesgesetzes über das Luftfahrzeugbuch vom 7. Oktober 1959.[63]

---

56 BSK SchKG I-BERNHEIM/KÄNZIG, Art. 154 N 6 und Art. 155 N 14.
57 BSK SchKG I-BERNHEIM/KÄNZIG, Art. 154 N 29.
58 BSK SchKG I-BERNHEIM/KÄNZIG, Art. 154 N 16.
59 BGer 7B.112/2003 vom 30.7.2003, E. 3.2.
60 BSK SchKG I-BERNHEIM/KÄNZIG, Art. 154 N 7.
61 KUKO SchKG-RÜETSCHI, Art. 116 N 29.
62 BSK SchKG I-BERNHEIM/KÄNZIG, Art. 154 N 33; KUKO SchKG-RÜETSCHI, Art. 121 N 1 ff.
63 BSK SchKG I-BERNHEIM/KÄNZIG, Art. 154 N 20.

Das gültige Verwertungsbegehren unterbricht die zivilrechtliche Verjährung (Art. 138 Abs. 2 OR).[64] 8.107

Siehe auch das Formular Nr. 27 ‹https://www.bj.admin.ch/bj/de/home/wirtschaft/schkg/musterformulare.html› [27.7.2017], welches der Gläubiger verwenden kann. 8.108

11. RECHTSMITTEL

Die Nichtanhandnahme des Verwertungsbegehrens wie auch die Verfügungen des Betreibungsamts können mit betreibungsrechtlicher Beschwerde gem. Art. 17 ff. SchKG bei der (unteren) kantonalen Aufsichtsbehörde angefochten werden. 8.109

Falls eine **obere kantonale Aufsichtsbehörde** existiert, kann:
- der Entscheid einer unteren Aufsichtsbehörde innert 10 Tagen nach Eröffnung an die obere kantonale Aufsichtsbehörde weitergezogen werden (Art. 18 Abs. 1 SchKG);
- wegen Rechtsverweigerung oder Rechtsverzögerung durch die untere kantonale Aufsichtsbehörde jederzeit bei der oberen kantonalen Aufsichtsbehörde Beschwerde gegen die untere kantonale Aufsichtsbehörde geführt werden (Art. 18 Abs. 2 SchKG).

Ansonsten ist **beim Bundesgericht Beschwerde in Zivilsachen** zu erheben (Art. 19 SchKG i.V.m. Art. 72 Abs. 2 lit. a BGG). Gemäss Art. 74 Abs. 2 lit. c BGG ist die Beschwerde in Zivilsachen in einem solchen Fall unabhängig vom jeweiligen Streitwert zulässig.[65] Die Beschwerdefrist beträgt 10 Tage (Art. 100 Abs. 2 lit. a BGG).

Tabellarische Zusammenfassung

Zweck	Anordnung der einschlägigen Verwertung(sart) durch das Betreibungsamt (im Hinblick auf eine Verwertung der von der Betreibung auf Pfandverwertung betroffenen, verpfändeten Vermögensgegenständen)
Gesetzliche Grundlage	Art. 154 SchKG
Verfahrensart	Kantonales Verwaltungsverfahrensrecht
Zuständigkeit	Betreibungsamt am Betreibungsort (Art. 46 ff. SchKG)
Aktivlegitimation	(Betreibender) Gläubiger bzw. dessen Rechtsnachfolger, (betriebener) Schuldner (Art. 156 Abs. 1 i.V.m. Art. 124 Abs. 1 SchKG betreffend die vorzeitige Verwertung von beweglichen Sachen und Forderungen sowie Art. 133 Abs. 2 SchKG betreffend die Verwertung von Grundstücken), Dritteigentümer des Pfandes
Passivlegitimation	Nicht einschlägig

64 KUKO SchKG-Rüetschi, Art. 119 N 3.

65 BGE 135 I 187, E. 1.2; Kren Kostkiewicz/Walder, Art. 17 SchKG N 26.

Streitwert	Nicht einschlägig
Fristen	Abhängig von der Art des verpfändeten Vermögensgegenstandes: – Bei Faustpfand: frühestens ein Monat und spätestens ein Jahr nach Zustellung des Zahlungsbefehls – Bei Grundpfand: frühestens 6 Monate und spätestens 2 Jahre nach Zustellung des Zahlungsbefehls Unter gewissen Umständen können die Maximalfristen still stehen oder verlängert werden (vgl. Art. 154 Abs. 1, Art. 230 Abs. 4, Art. 297 Abs. 1, Art. 334 Abs. 3 und Art. 343 Abs. 2 SchKG) Eine vorzeitige Verwertung vor Ablauf der Minimalfrist ist nur ausnahmsweise (auf Begehren hin) zulässig, nämlich: – Wenn der Schuldner Eigentümer des zu Faustpfand begebenen verpfändeten Vermögensgegenstands ist (vgl. Art. 156 Abs. 1 i.V.m. Art. 124 Abs. 1 SchKG) – Wenn in der Betreibung auf Grundpfandverwertung sämtliche Pfändungs- und Grundpfandgläubiger zustimmen (vgl. Art. 156 Abs. 1 i.V.m. Art. 133 Abs. 2 SchKG)
Kombination	Nicht einschlägig
Mögliche Rechtsbegehren	In der Betreibung Nr. [...] des Betreibungsamtes [...][des Gläubigers] gegen den Schuldner [Name, Vorname, Adresse] über den Betrag von CHF [Betrag] (zzgl. Zins zu [Zinssatz] % seit [Datum]) sei die Verwertung des verpfändeten Vermögensgegenstands, namentlich des [Miteigentumsanteils am Grundstück {Bezeichnung Grundstück}] vorzunehmen.
Voraussetzungen	– Verwertungsbegehren ist erforderlich, d.h. der verpfändete Vermögensgegenstand realisiert sich nicht von selbst – Aktivlegitimation des Gesuchstellers – Alle für die Bestimmung der Betreibung erforderlichen Angaben werden gemacht (z.B. Namen der Parteien / Forderungsbetrag / Betreibungsnummer / allf. Wohnort) – Verwertungsbegehren muss bedingungslos sein und hat sich auf die gesamte Betreibungsforderung zu beziehen – Wahrung der Frist – *Bei beweglicher (verpfändeter) Sache:* Faustpfand muss bei Stellung des Verwertungsbegehrens vorgelegt werden – *Bei (verpfändetem) Grundstück im Eigentum eines Dritten:* dem Dritteigentümer des Pfands darf kein Verwertungsaufschub gewährt worden sein – *Falls die verpfändete Sache im Eigentum eines Dritten steht:* Schuldner bedarf für die Stellung des Verwertungsbegehrens auch der Zustimmung des Dritteigentümers

Besonderheiten	– Falls Rechtsvorschlag erhoben und dieser im Rahmen des gerichtlichen Verfahrens beseitigt wurde, ist dem Verwertungsbegehren ein mit Rechtskraftbescheinigung versehenes Exemplar des (rechtskräftigen) Entscheids beizufügen, sofern sich die Rechtskraft nicht aus dem Gesetz ergibt – Gewährt der (Pfand-)Gläubiger dem Schuldner nach Stellung des Verwertungsbegehrens eine Stundung oder ersucht der (Pfand-)Gläubiger das Betreibungsamt um Verschiebung der Verwertung, gilt das Verwertungsbegehren des (Pfand-)Gläubigers als zurückgezogen – Spezialgesetzliche Vorschriften bleiben vorbehalten, z.B. Art. 57 des Bundesgesetzes über das Luftfahrzeugbuch vom 7. Oktober 1959 – Das gültige Verwertungsbegehren unterbricht die zivilrechtliche Verjährung (Art. 138 Abs. 2 OR) – Gläubiger kann das Musterformular Nr. 27 verwenden
Rechtsmittel	Bei Nichtanhandnahme des Verwertungsbegehrens oder Verfügungen: betreibungsrechtliche Beschwerde gem. Art. 17 SchKG an die (untere) kantonale Aufsichtsbehörde (innert 10 Tagen) *Falls eine obere kantonale Aufsichtsbehörde besteht:* Beschwerde an die obere kantonale Aufsichtsbehörde innert 10 Tagen nach Eröffnung des Entscheids der unteren kantonalen Aufsichtsbehörde (Art. 18 Abs. 1 SchKG) *oder* Beschwerde an die obere kantonale Aufsichtsbehörde gegen eine untere kantonale Aufsichtsbehörde bei Rechtsverzögerung oder Rechtsverweigerung (jederzeit möglich) *Ansonsten bzw. bei letztinstanzlichen kantonalen Entscheidungen:* Beschwerde in Zivilsachen beim Bundesgericht (Art. 19 SchKG i.V.m. Art. 72 Abs. 2 lit. a BGG) innert 10 Tagen (Art. 100 Abs. 2 lit. a BGG)

XI. ANMELDUNG DES DRITTANSPRUCHS (ART. 155 ABS. 1 I.V.M. ART. 106 SCHKG)

1. ZWECK UND WIRKUNG

Im Rahmen einer Betreibung auf Pfandverwertung (Faust- oder Grundpfand) kann es vorkommen, dass ein Dritter, dessen Eigentum nicht feststeht bzw. welcher vom betreibenden Pfandgläubiger als solcher nicht anerkannt wird, behauptet, der in die laufende Betreibung auf Pfandverwertung einbezogene Vermögensgegenstand sei sein Eigentum.[66] Eine Anmeldung des Drittanspruchs bezweckt daher, dass der am verpfändeten Vermögensgegenstand berechtigte Dritte seinen Anspruch geltend machen und – falls erfolgreich – dadurch erreichen kann, dass der Vermögensgegenstand nicht dem Vermögen des Schuldners zugerechnet wird, d.h. letztlich 8.110

66 NB: Ein allfälliges Widerspruchsverfahren wird bei einer Betreibung auf Pfändung bereits im Pfändungsstadium durchgeführt. Da bei der Betreibung auf Pfandverwertung jedoch kein Pfändungsstadium einschlägig ist, wird ein allfälliges Widerspruchsverfahren erst nach Stellung des Verwertungsbegehrens durchgeführt (BSK SchKG I-Känzig/Bernheim, Art. 155 N 24 f.).

nicht in das Vollstreckungsverfahren gegen den Schuldner einbezogen wird.[67] Bestehen Zweifel oder Eigentumsstreitigkeiten über die verpfändeten Vermögensgegenstände, hat dies nicht die Nichtigkeit zur Folge, sondern verpflichten das Betreibungsamt einzig dazu, das Widerspruchsverfahren i.S.v. Art. 106–109 SchKG einzuleiten.[68]

2. VERFAHRENSART

8.111 Das Verfahren zur richtet sich nach kantonalem Verwaltungs(verfahrens)recht.[69]

3. ZUSTÄNDIGKEIT

8.112 Zuständig ist das Betreibungsamt am Betreibungsort (Art. 46 ff. SchKG).

4. LEGITIMATION

A. AKTIVLEGITIMATION

8.113 (Aktiv-)Legitimiert sind der Schuldner, der Drittansprecher oder auch ein sonstig besonders involvierter Dritter wie z.B. der betreibende Faustpfandgläubiger.[70]

67 KUKO SchKG-Rohner, Art. 106 N 1 f.

68 BGE 134 III 122, E. 4.2.

69 Verfügungen von Vollstreckungsorganen (z.B. eines Betreibungs- oder Konkursamtes) und die gegen solche Verfügungen unter Umständen zu ergreifende betreibungsrechtliche Beschwerde gem. Art. 17 ff. SchKG fallen nicht unter den in Art. 1 lit. c ZPO bezeichneten Geltungsbereich («gerichtliche Angelegenheiten des Schuldbetreibungs- und Konkursrechts») und somit nicht unter die ZPO. Solche Verfügungen stellen vielmehr das Ergebnis «eigenständiger Verwaltungsverfahren» dar (vgl. Botschaft ZPO, 7258), welche zum Beispiel durch einen entsprechenden Antrag oder ein entsprechendes Gesuch eingeleitet werden können. Auch Thomas Sutter-Somm/Rafael Klingler postulieren, dass Verfügungen der Vollstreckungsorgane und das betreibungsrechtliche Beschwerdeverfahren dem kantonalen Verwaltungsrecht unterstehen (Sutter-Somm/Hasenböhler/Leuenberger-Sutter-Somm/Klingler, Art. 1 ZPO N 8; vgl. BGer 5A_448/2011 vom 31.10.2011, E. 2.1). Franco Lorandi führt aus, dass das Verfahren vor den Betreibungsorganen dem Verwaltungsrecht sehr verwandt sei (Lorandi, 15, 19; Besprechung des Urteils des OGer TG vom 21.2.2013, in: RBOG 2013, Nr. 17).

70 Bei der Zwangsverwertung eines Faustpfands werden dem Erwerber keine Pfandrechte überbunden, sondern es werden alle Pfandgläubiger, auch wenn deren Forderungen noch nicht fällig sind, bar ausbezahlt. Falls der betreibende Faustpfandgläubiger nur einen Teil seiner Forderung in Betreibung gesetzt oder nur für einen Teil die Rechtsöffnung erhalten, kann er seine restliche Forderung im Widerspruchsverfahren geltend machen (BSK SchKG I-Känzig/Bernheim, Art. 155 N 32; KUKO SchKG-Rohner, Art. 106 N 13).

B. PASSIVLEGITIMATION

Nicht einschlägig. 8.114

5. STREITWERT

Nicht einschlägig. 8.115

6. FRISTEN

Das SchKG sieht keine Frist vor, innert welcher der Drittanspruch ab Stellung des Verwertungsbegehrens bzw. ab Kenntnisnahme des Dritten von der eingeleiteten Betreibung auf Pfandverwertung angemeldet werden muss. Analog zum Widerspruchsverfahren bei der Betreibung auf Pfändung sollte die Anmeldung des Drittanspruchs – Rechtsmissbrauch vorbehalten – bis zu dem Zeitpunkt möglich sein, als der Erlös aus der Verwertung des verpfändeten Vermögensgegenstands noch nicht verteilt ist (vgl. Art. 106 Abs. 2 SchKG).[71] 8.116

7. KOMBINATIONSMÖGLICHKEITEN

Es sind keine naheliegenden Kombinationsmöglichkeiten ersichtlich. 8.117

8. MÖGLICHE RECHTSBEGEHREN

Das in der Betreibung Nr. […] des Betreibungsamtes […] gegen den Schuldner [Name, Vorname, Adresse] als Pfand dienende [Bezeichnung verpfändeter Vermögensgegenstand] steht [Angabe behauptetes Recht {z.B. im Eigentum}] von [Bezeichnung Ansprecher mit dessen Name und Adresse]. 8.118

71 In zeitlicher Hinsicht stellt einzig die rechtsmissbräuchliche Verzögerung der Anmeldung eine Grenze für die Geltendmachung des Drittanspruchs dar (BGE 114 III 92, E. 1 (94 f.); KUKO SchKG-Rohner, Art. 106 N 15).

9. VORAUSSETZUNGEN

A. ERSTE VORAUSSETZUNG

8.119 Im Rahmen der **Betreibung auf Pfandverwertung** wurde ein gültiges Verwertungsbegehren gestellt.[72]

B. ZWEITE VORAUSSETZUNG

8.120 Ein ausserhalb des Betreibungsverfahrens stehender Dritter verfügt über Rechte an dem in die Zwangsvollstreckung einbezogenen verpfändeten Vermögensgegenstand und diese **Rechte stehen einer Verwertung entgegen bzw. sind im weiteren Verlauf des Vollstreckungsverfahrens zu berücksichtigen** (vgl. Art. 155 i.V.m. Art. 106 Abs. 1 SchKG).[73] Diese Rechte sollen im Zwangsvollstreckungsverfahren berücksichtigt bzw. geltend gemacht werden.

- Falls ein Faustpfand vorliegt: Der Drittansprecher macht **Eigentum**, ein **Pfandrecht** oder ein **anderes Recht** geltend.
- Falls ein Grundstück verpfändet wurde: Der Drittansprecher macht **Eigentum** am Grundstück geltend.[74]

C. DRITTE VORAUSSETZUNG

8.121 Der **Erlös** aus der Verwertung des verpfändeten Vermögensgegenstands wurde noch **nicht verteilt** (vgl. Art. 106 Abs. 2 SchKG).

10. BESONDERHEITEN

8.122 Die Anmeldung kann schriftlich oder mündlich vorgenommen werden.[75]

8.123 Das vom betreibenden Pfandgläubiger (gegenüber dem Schuldner und dem Dritteigentümer) geltend gemachte Pfandrecht kann nicht Gegenstand des Widerspruchsverfahrens bilden; sein Bestand ist nämlich Voraussetzung für die Betreibung auf Pfandverwertung.[76]

---

72 BSK SchKG I-Känzig/Bernheim, Art. 155 N 24.

73 BSK SchKG I-Känzig/Bernheim, Art. 155 N 25.

74 Macht der Drittansprecher hingegen beschränkt dingliche Rechte bzw. verstärkte persönliche Rechte (realobligatorische Rechte) geltend, ist die Auseinandersetzung im Lastenbereinigungsverfahren (Art. 140 SchKG) auszutragen (BSK SchKG I-Känzig/Bernheim, Art. 155 N 25).

75 BGE 57 III 71, 76.

76 BSK SchKG I-Känzig/Bernheim, Art. 155 N 24.

11. RECHTSMITTEL

Grundsätzlich nicht einschlägig, da es sich um eine Anmeldung handelt. Allenfalls kommt eine betreibungsrechtliche Beschwerde gem. Art. 17 ff. SchKG in Betracht, falls das Betreibungsamt z.B. das Widerspruchsverfahren nicht eröffnet.[77] 8.124

Tabellarische Zusammenfassung

Zweck	Geltendmachung bzw. Anmeldung eines Anspruchs des am verpfändeten Vermögensgegenstand berechtigten Dritten
Gesetzliche Grundlage	Art. 155 Abs. 1 i.V.m. Art. 106 SchKG
Verfahrensart	Kantonales Verwaltungsverfahrensrecht
Zuständigkeit	Betreibungsamt am Betreibungsort (Art. 46 ff. SchKG)
Aktivlegitimation	(Betriebener) Schuldner, Drittansprecher, sonstig besonders involvierter Dritter (z.B. der betreibende Faustpfandgläubiger)
Passivlegitimation	Nicht einschlägig
Streitwert	Nicht einschlägig
Fristen	Analog zum Widerspruchsverfahren bei der Betreibung auf Pfändung: Eine Anmeldung eines Drittanspruchs sollte – Rechtsmissbrauch vorbehalten – bis zu dem Zeitpunkt möglich sein, als der Erlös aus der Verwertung des verpfändeten Vermögensgegenstands noch nicht verteilt ist (vgl. Art. 106 Abs. 2 SchKG)
Kombination	Nicht einschlägig
Mögliche Rechtsbegehren	Das in der Betreibung Nr. […] des Betreibungsamtes […] gegen den Schuldner [Name, Vorname, Adresse] als Pfand dienende [Bezeichnung verpfändeter Vermögensgegenstand] steht [Angabe behauptetes Recht {z.B. im Eigentum}] von [Bezeichnung Ansprecher mit dessen Name und Adresse].
Voraussetzungen	– Gültig gestelltes Verwertungsbegehren im Rahmen einer Betreibung auf Pfandverwertung – Dritter verfügt über Rechte an dem in die Zwangsvollstreckung einbezogenen verpfändeten Vermögensgegenstand und diese Rechte stehen einer Verwertung entgegen bzw. sind im weiteren Verlauf des Vollstreckungsverfahrens zu berücksichtigen, weshalb er diese geltend machen bzw. anmelden will – Erlös aus der Verwertung wurde noch nicht verteilt

77 BSK SchKG EB-Staehelin, Art. 106 ad N 18.

Besonderheiten	– Anmeldung kann schriftlich oder mündlich vorgenommen werden – Das vom betreibenden Pfandgläubiger (gegenüber dem Schuldner und dem Dritteigentümer) geltend gemachte Pfandrecht kann nicht Gegenstand des Widerspruchsverfahrens bilden; sein Bestand ist Voraussetzung für die Betreibung auf Pfandverwertung
Rechtsmittel	Grundsätzlich nicht einschlägig; allenfalls betreibungsrechtliche Beschwerde gem. Art. 17 ff. SchKG an die (untere) kantonale Aufsichtsbehörde, falls bspw. das Widerspruchsverfahren nicht eröffnet wird

XII. BESTREITUNG DES ANGEMELDETEN DRITTANSPRUCHS (ART. 155 I.V.M. ART. 107 SCHKG)

1. ZWECK UND WIRKUNG

8.125 Bezieht sich der Anspruch des Dritten auf (i) eine bewegliche Sache im «ausschliesslichen Gewahrsam des Schuldners»,[78] (ii) eine Forderung oder ein anderes Recht, sofern die Berechtigung des Schuldners wahrscheinlicher ist als die des Dritten, oder (iii) ein Grundstück, sofern der Anspruch sich nicht aus dem Grundbuch ergibt, gibt das Betreibungsamt dem Schuldner und (Pfand-)Gläubiger die Möglichkeit zur Bestreitung (vgl. Art. 107 Abs. 1 SchKG) (= **Vorverfahren zu einem allfälligen Widerspruchsprozess**[79]). Da die Rechte an Grundstücken in der Regel im

78 In der Betreibung auf Faustpfandverwertung hat infolge des sachenrechtlichen Faustpfandprinzips (Art. 884 Abs. 1 ZGB) in der Regel der (Faustpfand-)Gläubiger den Gewahrsam über den verpfändeten Vermögensgegenstand. Im Verhältnis zum Drittansprecher, welcher den verpfändeten Vermögensgegenstand zu Eigentum beansprucht oder in Bezug auf welchen er ein im Rang vorgehendes Pfandrecht geltend macht, übt der (Pfand-)Gläubiger auf Grund des mit dem Schuldner abgeschlossenen Pfandvertrages (oder eines anderen Vertragsverhältnisses als Grundlage für das Retentionsrecht nach Art. 895 ff. ZGB) den Gewahrsam ausschliesslich für den Schuldner und nicht für den Dritten aus. Aus diesem Grund wickelt sich das Widerspruchsverfahren grundsätzlich nach Art. 107 SchKG (und nicht nach Art. 108 SchKG) ab (BSK SchKG I-Staehelin A., Art. 107 N 10). Bei einer Drittpfandbetreibung, d.h. wenn der Pfandschuldner (Schuldner der pfandgesicherten Forderung) und der Pfandeigentümer (Eigentümer des verpfändeten Vermögenswerts) nicht identisch sind, ist auch der Dritteigentümer Partei des Betreibungsverfahrens. Er wird mitbetrieben und gilt als (zur Bestreitung legitimierter) «Schuldner». Bei einer Betreibung auf Faustpfandverwertung übt im Rahmen einer Drittpfandverwertung daher im Allgemeinen der (Faustpfand)Gläubiger den Gewahrsam am (Faust)Pfand (für den Dritteigentümer) aus. Daher hat im Allgemeinen der Drittansprecher nach Art. 107 Abs. 5 SchKG gegen den «Schuldner» Dritteigentümer zu klagen (und nicht der Dritteigentümer nach Art. 108 SchKG); der betriebene Forderungs-/Pfandschuldner ist nicht passivlegitimiert (BSK SchKG I-Staehelin A., Art. 107 N 11).

79 Nach einer Anmeldung des Drittanspruchs muss das Betreibungsamt das Vorverfahren zu einem allfälligen Widerspruchsprozess eröffnen. Das Vorverfahren bezweckt, die Parteirollen für einen allfälligen folgenden Widerspruchsprozess festzulegen. Daher verteilt das Betreibungsamt im Rahmen des Vorverfahrens gestützt auf bestimmte Kriterien die Parteirollen, wobei es die vorteilhaftere Rolle des Beklagten derjenigen Partei zuweist, welche eher im Recht zu sein scheint bzw. deren Berechtigung am Vermögenswert den besseren Rechtsschein aufweist (KUKO SchKG-Rohner, Art. 108 N 1).

Grundbuch eingetragen sind, ist das Widerspruchsverfahren lediglich in jenen Fällen einzuleiten, wo behauptet wird, der Grundbucheintrag sei unrichtig oder unvollständig.[80] Die Bestreitung des angemeldeten Drittanspruchs durch den Schuldner und / oder den / die (Pfand-)Gläubiger hat zur Folge, dass das Betreibungsamt dem Dritten eine 20-tägige Frist zur Anhebung der Widerspruchsklage ansetzt (vgl. Art. 155 Abs. 1 i.V.m. Art. 107 Abs. 5 SchKG).

2. VERFAHRENSART

Das Verfahren zur richtet sich nach kantonalem Verwaltungs(verfahrens)recht.[81] 8.126

3. ZUSTÄNDIGKEIT

Zuständig ist das Betreibungsamt am Betreibungsort (Art. 46 ff. SchKG). 8.127

4. LEGITIMATION

A. AKTIVLEGITIMATION

Zur Bestreitung (aktiv-)legitimiert sind der Schuldner und, je nach Gegebenheiten, der / die (Pfand-)Gläubiger[82] (Art. 155 Abs. 1 i.V.m. Art. 107 Abs. 1 SchKG). 8.128

Bei einer Drittpfandbetreibung, d.h. wenn der Pfandschuldner (Schuldner der pfandgesicherten Forderung) und der Pfandeigentümer (Eigentümer des verpfändeten Vermögenswerts) nicht 8.129

80 BSK SchKG I-Känzig/Bernheim, Art. 155 N 26.

81 Verfügungen von Vollstreckungsorganen (z.B. eines Betreibungs- oder Konkursamtes) und die gegen solche Verfügungen unter Umständen zu ergreifende betreibungsrechtliche Beschwerde gem. Art. 17 ff. SchKG fallen nicht unter den in Art. 1 lit. c ZPO bezeichneten Geltungsbereich («gerichtliche Angelegenheiten des Schuldbetreibungs- und Konkursrechts») und somit nicht unter die ZPO. Solche Verfügungen stellen vielmehr das Ergebnis «eigenständiger Verwaltungsverfahren» dar (vgl. Botschaft ZPO, 7258), welche zum Beispiel durch einen entsprechenden Antrag oder ein entsprechendes Gesuch eingeleitet werden können. Auch Thomas Sutter-Somm/Rafael Klingler postulieren, dass Verfügungen der Vollstreckungsorgane und das betreibungsrechtliche Beschwerdeverfahren dem kantonalen Verwaltungsrecht unterstehen (Sutter-Somm/Hasenböhler/Leuenberger-Sutter-Somm/Klingler, Art. 1 ZPO N 8; vgl. BGer 5A_448/2011 vom 31.10.2011, E. 2.1). Franco Lorandi führt aus, dass das Verfahren vor den Betreibungsorganen dem Verwaltungsrecht sehr verwandt sei (Lorandi, 15, 19; Besprechung des Urteils des OGer TG vom 21.2.2013, in: RBOG 2013, Nr. 17).

82 Falls der betreibende (Pfand)Gläubiger den Drittanspruch am gepfändeten Vermögensgegenstand selber geltend macht, ist nur dem Schuldner die Bestreitungsfrist anzusetzen (KUKO SchKG-Rohner, Art. 108 N 16).

identisch sind, ist auch der Dritteigentümer Partei des Betreibungsverfahrens. Er wird mitbetrieben und gilt als «Schuldner». Als solcher ist er ebenfalls zur Bestreitung legitimiert.[83]

B. PASSIVLEGITIMATION

8.130 Nicht einschlägig.

5. STREITWERT

8.131 Nicht einschlägig.

6. FRISTEN

8.132 Die Bestreitungsfrist beträgt 10 Tage (Art. 155 Abs. 1 i.V.m. Art. 107 Abs. 2 SchKG) beginnend am Tag nach erfolgter Mitteilung der Möglichkeit zur Bestreitung (Art. 31 SchKG i.V.m. Art. 142 ZPO).

7. KOMBINATIONSMÖGLICHKEITEN

8.133 Die Bestreitung des angemeldeten Drittanspruchs kann u.U. gleichzeitig mit einer Beschwerde gegen die Parteirollenverteilung im Widerspruchsverfahren kombiniert werden, wenn die Auffassung vertreten wird, dass die Parteirollenverteilung unrichtig erfolgt ist.

8. MÖGLICHE RECHTSBEGEHREN

8.134 Der in der Betreibung Nr. [...] des Betreibungsamtes [...] gegen den Schuldner [Name, Vorname, Adresse] geltend gemachte Anspruch von [Name, Adresse des Drittansprechers] betreffend den als Pfand dienende [Bezeichnung verpfändeter Vermögensgegenstand] wird bestritten.

83 Der Faustpfandgläubiger übt im Rahmen einer Drittpfandbetreibung im Allgemeinen den Gewahrsam am Pfand für den Dritteigentümer aus (BSK SchKG I-Staehelin A., Art. 107 N 11 und 19). BSK SchKG I-Acocella, Art. 41 N 11.

9. VORAUSSETZUNGEN

A. ERSTE VORAUSSETZUNG

Es liegt eine **Anmeldung eines Drittanspruchs** vor (vgl. Art. 155 i.V.m. Art. 106 SchKG). 8.135

B. ZWEITE VORAUSSETZUNG

Das Betreibungsamt hat **genau angegeben**, für welche(n) als Pfand dienende(n) Vermögensgegenstand/-stände i.S.v. Art. 107 Abs. 1 SchKG **Drittansprache erhoben** wurde.[84] 8.136

C. DRITTE VORAUSSETZUNG

Der Schuldner oder der/die (Pfand-)Gläubiger wollen den angemeldeten **Drittanspruch bestreiten**. 8.137

D. VIERTE VORAUSSETZUNG

Die **Bestreitungsfrist wird gewahrt**. 8.138

10. BESONDERHEITEN

Die Bestreitung kann mündlich oder schriftlich erfolgen; sie ist an keine besondere Form gebunden.[85] 8.139

Der Schuldner oder der Gläubiger können verlangen, dass der Dritte aufgefordert wird, innerhalb der Bestreitungsfrist seine Beweismittel beim Betreibungsamt zur Einsicht vorzulegen (vgl. Art. 155 Abs. 1 i.V.m. Art. 107 Abs. 3 SchKG). 8.140

11. RECHTSMITTEL

Die Verfügungen und Handlungen des Betreibungsamtes (z.B. Ansetzung der Bestreitungsfrist, Bestreitung der Zulässigkeit des Verfahrens) können mit betreibungsrechtlicher Beschwerde gem. Art. 17 ff. SchKG bei der (unteren) kantonalen Aufsichtsbehörde angefochten werden.[86] 8.141

---

84 KUKO SchKG-Rohner, Art. 108 N 15.

85 KUKO SchKG-Rohner, Art. 108 N 15; BSK SchKG I-Staehelin A., Art. 107 N 21.

86 BSK SchKG I-Staehelin A., Art. 107 N 20.

Tabellarische Zusammenfassung

Zweck	Bestreitung eines an einem verpfändeten Vermögensgegenstand angemeldeten Anspruchs eines Dritten
Gesetzliche Grundlage	Art. 155 i.V.m. Art. 107 SchKG
Verfahrensart	Kantonales Verwaltungsverfahrensrecht
Zuständigkeit	Betreibungsamt am Betreibungsort (Art. 46 ff. SchKG)
Aktivlegitimation	(Betriebener) Schuldner und, je nach Gegebenheiten, der / die (betreibenden) (Pfand-)Gläubiger
Passivlegitimation	Nicht einschlägig
Streitwert	Nicht einschlägig
Fristen	10 Tage beginnend am Tag nach erfolgter Mitteilung der Möglichkeit zur Bestreitung (Art. 31 SchKG i.V.m. Art. 142 ZPO)
Kombination	Allenfalls Beschwerde gegen die Parteirollenverteilung im Widerspruchsverfahren
Mögliche Rechtsbegehren	Der in der Betreibung Nr. [...] des Betreibungsamtes [...] gegen den Schuldner [Name, Vorname, Adresse] geltend gemachte Anspruch von [Name, Adresse des Drittansprechers] betreffend den als Pfand dienende [Bezeichnung verpfändeter Vermögensgegenstand] wird bestritten.
Voraussetzungen	– Vorliegen einer Anmeldung eines Drittanspruchs – Genaue Angabe durch das Betreibungsamt, für welche(n) als Pfand dienende(n) Vermögensgegenstand/-stände Drittanspruch erhoben wurde – Der Schuldner und / oder die (Pfand-)Gläubiger wollen den Drittanspruch bestreiten – Bestreitungsfrist wird gewahrt
Besonderheiten	– Bestreitung kann mündlich oder schriftlich erfolgen – Dritter hat auf Verlangen durch Schuldner oder Gläubiger hin innert der Bestreitungsfrist seine Beweismittel beim Betreibungsamt zur Einsicht vorzulegen
Rechtsmittel	Verfügungen und Handlungen des Betreibungsamtes können mit betreibungsrechtlicher Beschwerde gem. Art. 17 ff. SchKG innert 10 Tagen bei der (unteren) kantonalen Aufsichtsbehörde angefochten werden

XIV. WIDERSPRUCHSKLAGE BEI ALLEINGEWAHRSAM DES SCHULDNERS (ART. 155 ABS. 1 I.V.M. ART. 107 ABS. 5 SCHKG)

1. ZWECK UND WIRKUNG

Eine Widerspruchsklage gem. Art. 155 Abs. 1 i.V.m. Art. 107 Abs. 5 SchKG bezweckt, dass das Gericht vorfrageweise über das vom Dritten / Drittansprecher geltend gemachte materielle Recht (z.B. Eigentum, Pfandrecht) am in die Zwangsverwertung einbezogenen Vermögensgegenstand entscheidet (vollstreckungsrechtliche Gestaltungsklage).[87] Da im Widerspruchsverfahren einzig darüber entschieden wird, ob bzw. unter Wahrung welcher Rechte des Dritten der betreffende Vermögensgegenstand *in der laufenden Betreibung* zugunsten des betreibenden (Pfand-)Gläubigers verwertet werden darf, wirkt der Entscheid des Gerichts nur innerhalb der laufenden Betreibung und grundsätzlich nur zwischen den Verfahrensparteien.[88] Bei der Widerspruchsklage handelt es sich deshalb um eine betreibungsrechtliche Klage mit Reflexwirkung auf das materielle Recht.[89] 8.142

2. VERFAHRENSART

A. Falls der vom Dritten geltend gemachte *Anspruch zivilrechtlicher Natur* ist, ist anwendbar: 8.143
- das **ordentliche Verfahren** (Art. 219 ff. ZPO) bei einem Streitwert von mehr als CHF 30 000.–
  oder
- das **vereinfachte Verfahren** (Art. 243 ff. ZPO) bei einem Streitwert bis zu CHF 30 000.–.

B. Falls der vom Dritten geltend gemachte *Anspruch öffentlich-rechtlicher Natur* ist, findet das einschlägige Verwaltungsverfahrensrecht Anwendung.[90] 8.144

87 Die Widerspruchsklage will eine Änderung der betreibungsrechtlichen Rechtslage bewirken; und das Betreibungsverfahren bleibt in Bezug auf den betreffenden Vermögensgegenstand gehemmt. Aus den Umständen bzw. der Klage muss klar erkennbar sein, dass «sich die Klage auf ein umstrittenes besseres Recht an einem gepfändeten Vermögensstück bezieht und somit eine Widerspruchsklage nach Art. 107 oder 108 vorliegt» (BSK SchKG I-STAEHELIN A., Art. 109 N 7). VOCK/MÜLLER, 176. Ein Teil der Lehre vertritt die Auffassung, dass es sich um eine Feststellungsklage handelt (KUKO SchKG-ROHNER, Art. 109 N 1).

88 BGE 107 III 118, E. 2; KUKO SchKG-ROHNER, Art. 109 N 1; VOCK/MÜLLER, 182.

89 Ein Teil der Lehre vertritt eine andere Meinung, sofern sich die Widerspruchsklage gegen den Schuldner richtet (vgl. KUKO SchKG-ROHNER, Art. 109 N 1).

90 Vgl. BGE 68 III 21, 25.

3. ZUSTÄNDIGKEIT

8.145 A. Falls der vom Dritten geltend gemachte *Anspruch zivilrechtlicher Natur* ist:

Örtlich zuständig ist:

- falls sich der Anspruch auf ein Grundstück bezieht, das Gericht an dem Ort, wo das Grundstück oder sein wertvollster Teil liegt (vgl. Art. 155 SchKG i.V.m. Art. 109 Abs. 3 SchKG i.V.m. Art. 46 ZPO); andernfalls
- das Gericht am Betreibungsort (vgl. Art. 155 SchKG i.V.m. Art. 109 Abs. 1 Ziff. 1 SchKG i.V.m. Art. 46 ZPO).

8.146 Die **sachliche** und **funktionelle** Zuständigkeit bestimmt sich nach dem jeweilig anwendbaren kantonalen Recht (vgl. Art. 23 SchKG und Art. 4 ZPO).

8.147 B. Falls der vom Dritten geltend gemachte *Anspruch öffentlich-rechtlicher Natur* ist:
Ist der vom Dritten geltend gemachte Anspruch öffentlich-rechtlicher Natur, ist nicht das Zivilgericht, sondern die entsprechende Verwaltungsbehörde für die Beurteilung zuständig (BGE 68 III 21, 25).[91]

4. LEGITIMATION

A. AKTIVLEGITIMATION

8.148 Aktivlegitimiert ist der Dritte / Drittansprecher (Art. 155 i.V.m. Art. 107 Abs. 5 SchKG).

B. PASSIVLEGITIMATION

8.149 Passivlegitimiert sind der den angemeldeten Drittanspruch bestreitende **Schuldner** und / oder der / die den angemeldeten Drittanspruch bestreitenden **(Pfand-)Gläubiger** (Art. 155 i.V.m. Art. 107 Abs. 5 SchKG). Ferner kann bei einer Drittpfandbetreibung betreffend ein Faustpfand auch der Dritteigentümer passivlegitimiert sein.[92] Sollte der Schuldner wie auch der / ein (Pfand-)

---

91 KUKO SchKG-Rohner, Art. 109 N 9.

92 Bei einer Drittpfandbetreibung, d.h. wenn der Pfandschuldner (Schuldner der pfandgesicherten Forderung) und der Pfandeigentümer (Eigentümer des verpfändeten Vermögenswerts) nicht identisch sind, ist auch der Dritteigentümer Partei des Betreibungsverfahrens. Er wird mitbetrieben und gilt als (zur Bestreitung legitimierter) «Schuldner». Bei einer Betreibung auf Faustpfandverwertung übt im Rahmen einer Drittpfandverwertung daher im Allgemeinen der (Faustpfand)Gläubiger den Gewahrsam am (Faust)Pfand (für den Dritteigentümer) aus. Daher hat im Allgemeinen der Drittansprecher nach Art. 107 Abs. 5 SchKG gegen den «Schuldner» Dritteigentümer zu klagen (und nicht der Dritteigentümer nach Art. 108 SchKG); der betriebene Forderungs-/Pfandschuldner ist nicht passivlegitimiert (BSK SchKG I-Staehelin A., Art. 107 N 11).

Gläubiger den Drittanspruch bestreiten, hat der Dritte gegen jeden Bestreitenden gesondert eine Widerspruchsklage einzureichen.[93]

5. STREITWERT

Die bei einer Widerspruchsklage gestellten Rechtsbegehren werden regelmässig keinen Streitwert nennen, weshalb grundsätzlich das befasste Gericht den Streitwert festzulegen hat (vgl. Art. 91 Abs. 2 ZPO). Der Streitwert bemisst sich grundsätzlich nach der wertmässigen Bedeutung für die Parteien.[94] 8.150

6. FRISTEN

Die Frist zur Einreichung der Widerspruchsklage bei Alleingewahrsam des Schuldners beträgt 20 Tage beginnend am Tag nach erfolgter Mitteilung durch das Betreibungsamt (Art. 155 Abs. 1 i.V.m. Art. 107 Abs. 5 i.V.m. Art. 31 SchKG und Art. 142 ZPO).[95] 8.151

7. KOMBINATIONSMÖGLICHKEITEN

Falls der Kläger der Auffassung ist, dass die Parteirollenverteilung unrichtig erfolgt ist, kann er mit Klagefristansetzung auch Beschwerde gegen die Parteirollenverteilung im Widerspruchsverfahren (s.a. Rz. 7.86) erheben. 8.152

8. MÖGLICHE RECHTSBEGEHREN

1. Es sei in der Betreibung Nr. […] des Betreibungsamts […] gegen den Schuldner […] das betreffend das als Pfand dienende [Benennung verpfändeter Vermögensgegenstand] [Bezeichnung besseres Recht, z.B. Eigentum] bei der Verwertung nach Massgabe der gesetzlichen Vorschriften zu berücksichtigen. 8.153
2. Unter Kosten- und Entschädigungsfolgen zulasten des Beklagten.

oder 8.154

1. Es sei in der Betreibung Nr. […] des Betreibungsamts […] gegen den Schuldner […] betreffend das als Pfand dienende [Benennung verpfändeter Vermögensgegenstand] das Pfand-

93 KUKO SchKG-Rohner, Art. 108 N 18.

94 BSK SchKG I-Staehelin A., Art. 108 N 1 und Art. 109 N 24.

95 In einem Falle von Art. 33 Abs. 2 SchKG kann eine längere Frist eingeräumt oder diese durch das Betreibungsamt auf Ersuchen hin erstreckt werden (BSK SchKG I-Staehelin A., Art. 108 N 1 und Art. 107 N 25).

recht des Klägers (im [...] Rang in der Höhe von CHF [Betrag]) bei der Verwertung nach Massgabe der gesetzlichen Vorschriften zu berücksichtigen.

2. Unter Kosten- und Entschädigungsfolgen zulasten des Beklagten.

9. VORAUSSETZUNGEN

A. ERSTE VORAUSSETZUNG

8.155 Der gültig angemeldete Drittanspruch wurde **fristgerecht bestritten** (Art. 155 i.V.m. Art. 107 Abs. 5 SchKG).

B. ZWEITE VORAUSSETZUNG

8.156 Einreichung der **Widerspruchsklage** gem. Art. 107 Abs. 5 SchKG (vollstreckungsrechtliche Gestaltungsklage) durch den Dritten ist in Bezug auf den geltend gemachten (angemeldeten) Drittanspruch.

C. DRITTE VORAUSSETZUNG

8.157 Die **Klagefrist wurde eingehalten.**[96]

D. VIERTE VORAUSSETZUNG

8.158 Der Kläger ist, je nach Situation, z.B. **Eigentümer** oder **Pfandrechtsberechtigter**.

E. FÜNFTE VORAUSSETZUNG

8.159 Die **Betreibung ist weiterhin anhängig.**[97]

---

96 Gemäss einem Teil der Lehre stellt die Einhaltung der Klagefrist für den Widerspruchsprozess eine (positive) Prozessvoraussetzung dar. Wird die Klagefrist nicht gewahrt, hat das Gericht einen Nichteintretensentscheid auszusprechen (vgl. KUKO SchKG-ROHNER, Art. 109 N 5). Ein Verpassen der Klagefrist hat keine materiellrechtliche Wirkung (BGE 86 III 134, E. 2), es entsteht dadurch keine abgeurteilte Sache (res iudicata). Ein anderer Teil der Lehre legt dar, dass es bei Versäumen der Klagefrist nicht an einer (positiven) Prozessvoraussetzung fehlt, sondern an einer materiellrechtlichen Voraussetzung des eingeklagten Anspruchs; Dies weil gem. Art. 107 Abs. 5 SchKG der Anspruch des Dritten in der betreffenden Betreibung bei versäumter Klage ausser Betracht fällt. Es wird argumentiert, dass die Klage bei versäumter Klagefrist abzuweisen und nicht i.S. eines Prozessurteils auf sie nicht einzutreten oder sie zurückzuweisen sei (BSK SchKG I-STAEHELIN A., Art. 109 N 11).

97 Infolge der Natur der Widerspruchsklage als betreibungsrechtliche Klage (mit Reflexwirkung auf das materielle Recht) muss sie als gegenstandslos abgeschrieben oder mangels Rechtsschutzinteresses als erledigt erklärt werden, wenn die ihr zugrundeliegende Betreibung nicht (mehr) besteht, z.B. weil die Betreibung zurückgezogen wurde oder die Betreibung nichtig ist (BSK SchKG I-STAEHELIN A., Art. 109 N 3).

10. BESONDERHEITEN

Das **Schlichtungsverfahren**, welches grundsätzlich einem ordentlichen Verfahren oder einem vereinfachten Verfahren vorgeht, **entfällt** (Art. 198 lit. e Ziff. 3 ZPO), was eine gewisse Verfahrensbeschleunigung mit sich bringt. 8.160

Die Betreibung bleibt in Bezug auf den streitigen Gegenstand bis zur Erledigung der Klage eingestellt (Art. 155 Abs. 1 i.V.m. Art. 109 Abs. 5 SchKG). 8.161

11. RECHTSMITTEL

A. Bei einem *Anspruch zivilrechtlicher Natur* (Zivilprozess): 8.162
Der *erstinstanzliche Entscheid* ist – sofern der Streitwert mindestens CHF 10 000.– beträgt – grundsätzlich mit der **Berufung** gem. Art. 308 ff. ZPO anfechtbar. Beträgt der Streitwert jedoch weniger, ist der Entscheid mit **Beschwerde** gem. Art. 319 ff. ZPO anfechtbar. Liegt ein letztinstanzlicher kantonaler Entscheid vor und (i) beträgt entweder der Streitwert (a) mindestens CHF 30 000.– oder (b) in arbeits- und mietrechtlichen Fällen mindestens CHF 15 000.– oder (ii) stellt sich eine Rechtsfrage von grundsätzlicher Bedeutung, kann dieser mit **Beschwerde in Zivilsachen beim Bundesgericht** angefochten werden (vgl. Art. 72 Abs. 2 lit. a i.V.m. Art. 74 Abs. 1 lit. b bzw. Art. 74 Abs. 2 lit. a BGG). Ansonsten findet die **subsidiäre Verfassungsbeschwerde** gem. Art. 113 ff. BGG Anwendung.[98]

B. Bei einem *Anspruch öffentlich-rechtlicher Natur*: 8.163
Anfechtung des von der Behörde erlassenen Entscheids gemäss dem einschlägigen Verwaltungsverfahrensrecht.

Tabellarische Zusammenfassung

Zweck	(Vorfrageweiser) gerichtlicher Entscheid über ein von einem Dritten geltend gemachtes materielles Recht in Bezug auf einen verpfändeten, in das Zwangsvollstreckungsverfahren einbezogenen Vermögensgegenstand (im ausschliesslichen Gewahrsam des Schuldners)
Gesetzliche Grundlage	Art. 155 Abs. 1 i.V.m. Art. 107 Abs. 5 SchKG
Verfahrensart	Zivilrechtliche Forderungen: Abhängig vom Streitwert ordentliches Verfahren (Art. 219 ff. ZPO) oder vereinfachtes Verfahren (Art. 243 ff. ZPO) Öffentlich-rechtliche Forderungen: Kantonales Verwaltungsverfahrensrecht

98 BSK SchKG I-Staehelin A., Art. 109 N 29.

Zuständigkeit	Zivilrechtliche Forderungen: Gericht am Betreibungsort bzw., falls sich der Anspruch auf ein Grundstück bezieht, das Gericht am Ort wo das Grundstück oder sein wertvollster Teil liegt Öffentlich-rechtliche Forderungen: Entsprechende Verwaltungsbehörde
Aktivlegitimation	Dritter / Drittansprecher
Passivlegitimation	Der den angemeldeten Drittanspruch bestreitende (betriebene) Schuldner und / oder der / die den angemeldeten Drittanspruch bestreitenden (Pfand-)Gläubiger Bei einer Drittpfandbetreibung betreffend ein Faustpfand kann auch der Dritteigentümer passivlegitimiert sein Nota Bene: Bestreitet der Schuldner wie auch ein (Pfand-)Gläubiger den Drittanspruch, hat der Dritte gegen jeden Bestreitenden gesondert eine Widerspruchsklage einzureichen
Streitwert	Der Streitwert bemisst sich grundsätzlich nach der wertmässigen Bedeutung für die Parteien
Fristen	20 Tage beginnend am Tag nach erfolgter Mitteilung durch das Betreibungsamt (Art. 155 Abs. 1 SchKG i.V.m. Art. 107 Abs. 5 SchKG i.V.m. Art. 31 SchKG und Art. 142 ZPO)
Kombination	Abhängig vom Sachverhalt, zusätzlich Beschwerde gegen die Parteirollenverteilung im Widerspruchsverfahren (s.a. Rz. 7.86 ff.)
Mögliche Rechtsbegehren	1. Es sei in der Betreibung Nr. […] des Betreibungsamts […] gegen den Schuldner […] das betreffend das als Pfand dienende [Benennung verpfändeter Vermögensgegenstand] [Bezeichnung besseres Recht, z.B. Eigentum] bei der Verwertung nach Massgabe der gesetzlichen Vorschriften zu berücksichtigen. 2. Unter Kosten- und Entschädigungsfolgen zulasten des Beklagten. *oder* 1. Es sei in der Betreibung Nr. […] des Betreibungsamts […] gegen den Schuldner […] betreffend das als Pfand dienende [Benennung verpfändeter Vermögensgegenstand] das Pfandrecht des Klägers (im […] Rang in der Höhe von CHF [Betrag]) bei der Verwertung nach Massgabe der gesetzlichen Vorschriften zu berücksichtigen. 2. Unter Kosten- und Entschädigungsfolgen zulasten des Beklagten.
Voraussetzungen	– Angemeldeter Drittanspruch wurde fristgerecht bestritten – Widerspruchsklage durch den Dritten eingereicht – Klagefrist gewahrt – Abhängig von der Situation ist der klagende Dritte z.B. Eigentümer oder Pfandrechtsberechtigter – Betreibung ist weiterhin anhängig
Besonderheiten	– Schlichtungsverfahren entfällt – Betreibung wird in Bezug auf den streitigen Gegenstand während des gerichtlichen Verfahrens eingestellt

Rechtsmittel	Bei zivilrechtlichen Forderungen: Kantonal: Abhängig vom Streitwert Berufung (Art. 308 ff. ZPO) innert 30 Tagen oder Beschwerde (Art. 319 ff. ZPO) innert 30 Tagen Bund: Letztinstanzliche kantonale Entscheide können schliesslich beim Bundesgericht mit Beschwerde in Zivilsachen (Art. 72 ff. BGG) innert 30 Tagen, oder subsidiärer Verfassungsbeschwerde (Art. 113 ff. BGG) angefochten werden Bei öffentlich-rechtlichen Forderungen: Anfechtung nach dem einschlägigen (kommunalen, kantonalen oder eidgenössischen) Verwaltungsverfahrensrecht

XV. WIDERSPRUCHSKLAGE BEI ALLEINGEWAHRSAM ODER MITGEWAHRSAM EINES DRITTEN (ART. 155 ABS. 1 I.V.M. ART. 108 SCHKG)

1. ZWECK UND WIRKUNG

Eine Widerspruchsklage gem. Art. 108 SchKG bezweckt, dass das Gericht vorfrageweise über das vom Dritten / Drittansprecher geltend gemachte materielle Recht (z.B. Eigentum, Pfandrecht) am Vermögensgegenstand entscheidet (vollstreckungsrechtliche Gestaltungsklage).[99] Damit Art. 108 SchKG zur Anwendung kommt, genügt es, dass sowohl der Dritte wie der Schuldner den Mitgewahrsam an der Sache innehaben (z.B. wenn der Dritte – der Ehegatte oder ein Kind – mit dem Schuldner in einer Wohngemeinschaft zusammenlebt.[100] Da im Widerspruchsverfahren einzig darüber entschieden wird, ob der betreffende Vermögensgegenstand *in der laufenden Betreibung* zugunsten des betreibenden Gläubigers verwertet werden darf oder ob der Vermögensgegenstand aus der Pfändung zu entlassen sei, wirkt der Entscheid des Gerichts nur innerhalb der laufenden Betreibung.[101] Bei der Widerspruchsklage handelt es sich deshalb um eine betreibungsrechtliche Klage mit Reflexwirkung auf das materielle Recht.[102] 8.164

99 Die Widerspruchsklage will eine Änderung der betreibungsrechtlichen Rechtslage bewirken; und das Betreibungsverfahren bleibt in Bezug auf den betreffenden Vermögensgegenstand gehemmt. Aus den Umständen bzw. der Klage muss klar erkennbar sein, dass «sich die Klage auf ein umstrittenes besseres Recht an einem gepfändeten Vermögensstück bezieht und somit eine Widerspruchsklage nach Art. 107 oder 108 vorliegt» (BSK SchKG I-Staehelin A., Art. 109 N 7). Vock/Müller, 176. Ein Teil der Lehre vertritt die Auffassung, dass es sich um eine Feststellungsklage handelt (KUKO SchKG-Rohner, Art. 109 N 1).

100 BSK SchKG I-Staehelin A., Art. 108 N 1 und Art. 107 N 8.

101 BGE 107 III 118, E. 2; KUKO SchKG-Rohner, Art. 109 N 1.

102 Ein Teil der Lehre vertritt eine andere Meinung, sofern die Widerspruchsklage vom Schuldner erhoben wurde (vgl. KUKO SchKG-Rohner, Art. 109 N 1).

2. VERFAHRENSART

8.165 A. Falls der vom Dritten geltend gemachte *Anspruch zivilrechtlicher Natur* ist, ist anwendbar:

- das **ordentliche Verfahren** (Art. 219 ff. ZPO) bei einem Streitwert von mehr als CHF 30 000.–

  oder

- das **vereinfachte Verfahren** (Art. 243 ff. ZPO) bei einem Streitwert bis zu CHF 30 000.–.

8.166 B. Falls der vom Dritten geltend gemachte *Anspruch öffentlich-rechtlicher Natur* ist, findet das einschlägige Verwaltungsverfahrensrecht Anwendung.[103]

3. ZUSTÄNDIGKEIT

8.167 A. Falls der vom Dritten geltend gemachte *Anspruch zivilrechtlicher Natur* ist:

Örtlich zuständig ist:

- falls sich der Anspruch auf ein Grundstück bezieht: das Gericht an dem Ort, wo das Grundstück oder sein wertvollster Teil liegt (vgl. Art. 155 SchKG i.V.m. Art. 109 Abs. 3 SchKG i.V.m. Art. 46 ZPO);
- falls der Beklagte Wohnsitz im Ausland hat: das Gericht am Betreibungsort (vgl. Art. 155 SchKG i.V.m. Art. 109 Abs. 1 Ziff. 2 SchKG i.V.m. Art. 46 ZPO); bzw.
- falls der Beklagte Wohnsitz in der Schweiz hat: das Gericht an dessen Wohnsitz (vgl. Art. 155 SchKG i.V.m. Art. 109 Abs. 2 SchKG i.V.m. Art. 46 ZPO).

Die **sachliche** und **funktionelle** Zuständigkeit bestimmt sich nach dem jeweilig anwendbaren kantonalen Recht (vgl. Art. 23 SchKG und Art. 4 ZPO).

8.168 B. Falls der vom Dritten geltend gemachte *Anspruch öffentlich-rechtlicher Natur* ist:

Ist der vom Dritten geltend gemachte Anspruch öffentlich-rechtlicher Natur, ist nicht das Zivilgericht, sondern die entsprechende Verwaltungsbehörde für die Beurteilung zuständig (BGE 68 III 21, 25).[104]

4. LEGITIMATION

A. AKTIVLEGITIMATION

8.169 Aktivlegitimiert sind der / die (Pfand-)**Gläubiger** und der **Schuldner** (Art. 155 i.V.m. Art. 108 Abs. 1 SchKG). Der / die Gläubiger klagen getrennt vom Schuldner und nicht als notwendige Streitgenossen.[105]

---

103 Vgl. BGE 68 III 21, 25.

104 KUKO SchKG-Rohner, Art. 109 N 9.

105 BSK SchKG I-Staehelin A., Art. 108 N 8.

B. PASSIVLEGITIMATION

Passivlegitimiert ist der **Dritte / Drittansprecher** (Art. 155 i.V.m. Art. 108 Abs. 1 SchKG). 8.170

5. STREITWERT

Die bei einer Widerspruchsklage gestellten Rechtsbegehren werden regelmässig keinen Streitwert nennen, weshalb grundsätzlich das befasste Gericht den Streitwert festzulegen hat (vgl. Art. 91 Abs. 2 ZPO). Der Streitwert bestimmt sich im Widerspruchsprozess daher entsprechend (i) dem Schätzungswert des betreffenden Vermögensgegenstands, (ii) dem Forderungsbetrag, welchen der Pfandgläubiger in Betreibung gesetzt hat oder (iii) der Pfandforderung bei einer Pfandansprache eines Dritten am fraglichen Gegenstand.[106] 8.171

6. FRISTEN

Die Frist zur Einreichung der Widerspruchsklage (bei Alleingewahrsam oder Mitgewahrsam eines Dritten) beträgt 20 Tage beginnend am Tag nach erfolgter Mitteilung durch das Betreibungsamt (Art. 155 i.V.m. Art. 108 Abs. 2 i.V.m. Art. 31 SchKG und Art. 142 ZPO).[107] 8.172

7. KOMBINATIONSMÖGLICHKEITEN

Falls der Kläger der Auffassung ist, dass die Parteirollenverteilung unrichtig erfolgt ist, kann er mit Klagefristansetzung auch Beschwerde gegen die Parteirollenverteilung im Widerspruchsverfahren (s.a. Rz. 7.86) erheben. 8.173

8. MÖGLICHE RECHTSBEGEHREN

1. Es sei festzustellen, dass der Beklagte nicht [Eigentümer] des in der Betreibung Nr. […] des Betreibungsamts […] des als Pfand dienenden [Benennung verpfändeter Vermögensgegenstand] ist. 8.174
2. Unter Kosten- und Entschädigungsfolgen zulasten des Beklagten.

---

106 KUKO SchKG-Rohner, Art. 109 N 12; Vock/Müller, 179.

107 In einem Falle von Art. 33 Abs. 2 SchKG kann eine längere Frist eingeräumt oder diese durch das Betreibungsamt auf Ersuchen hin erstreckt werden (BSK SchKG I-Staehelin A., Art. 109 N 8).

8.175 *oder*

1. Es sei festzustellen, dass der Beklagte an dem in der Betreibung Nr. […] des Betreibungsamts […] als Pfand dienenden [Benennung verpfändeter Vermögensgegenstand] über kein Pfandrecht (im […] Rang in der Höhe von CHF [Betrag]) verfügt.
2. Unter Kosten- und Entschädigungsfolgen zulasten des Beklagten.

9. VORAUSSETZUNGEN

A. ERSTE VORAUSSETZUNG

8.176 Es liegt eine **gültige Anmeldung eines Drittanspruchs** vor (vgl. Art. 155 i.V.m. Art. 106 i.V.m. Art. 108 SchKG).

B. ZWEITE VORAUSSETZUNG

8.177 Der / ein (Pfand-)Gläubiger und / oder Schuldner reicht eine **Widerspruchsklage** gem. Art. 108 Abs. 1 i.V.m. Art. 155 SchKG (vollstreckungsrechtliche Gestaltungsklage) in Bezug auf den geltend gemachten (angemeldeten) Drittanspruch ein.[108]

C. DRITTE VORAUSSETZUNG

8.178 Die **Klagefrist wurde eingehalten**.[109]

D. VIERTE VORAUSSETZUNG

8.179 Der Kläger ist, je nach Situation, z.B. **Eigentümer** oder **Pfandrechtsberechtigter**.

---

108 Der / die Gläubiger und der Schuldner können das Klagerecht unabhängig voneinander ausüben, weshalb das Betreibungsamt diesen je einzeln eine Frist zur Klageanhebung anzusetzen hat (vgl. KUKO SchKG-Rohner, Art. 108 N 20).

109 Gemäss einem Teil der Lehre stellt die Einhaltung der Klagefrist für den Widerspruchsprozess eine (positive) Prozessvoraussetzung dar. Wird die Klagefrist nicht gewahrt, hat das Gericht einen Nichteintretensentscheid auszusprechen (vgl. KUKO SchKG-Rohner, Art. 109 N 5). Ein Verpassen der Klagefrist hat keine materiellrechtliche Wirkung (BGE 86 III 134, E. 2), es entsteht dadurch keine abgeurteilte Sache (res iudicata). Ein anderer Teil der Lehre legt dar, dass es bei Versäumen der Klagefrist nicht an einer (positiven) Prozessvoraussetzung fehlt, sondern an einer materiellrechtlichen Voraussetzung des eingeklagten Anspruchs; Dies weil gem. Art. 108 Abs. 3 SchKG der Anspruch des Dritten in der betreffenden Betreibung bei versäumter Klage als anerkannt gilt. Es wird argumentiert, dass die Klage bei versäumter Klagefrist abzuweisen und nicht i.S. eines Prozessurteils auf sie nicht einzutreten oder sie zurückzuweisen sei (BSK SchKG I-Staehelin A., Art. 109 N 11).

E. FÜNFTE VORAUSSETZUNG

Die **Betreibung ist weiterhin anhängig.**[110] 8.180

10. BESONDERHEITEN

Der Schuldner oder der (Pfand-)Gläubiger können verlangen, dass der Dritte aufgefordert wird, innerhalb der Klagefrist seine Beweismittel beim Betreibungsamt zur Einsicht vorzulegen (vgl. Art. 155 i.V.m. Art. 107 Abs. 4 SchKG). 8.181

Das **Schlichtungsverfahren**, welches grundsätzlich einem ordentlichen Verfahren oder einem vereinfachten Verfahren vorgeht, **entfällt** (Art. 198 lit. e Ziff. 3 ZPO), was eine gewisse Verfahrensbeschleunigung mit sich bringt. 8.182

Bei der Widerspruchsklage handelt es sich um eine betreibungsrechtliche Klage mit Reflexwirkung auf das materielle Recht.[111] 8.183

11. RECHTSMITTEL

A. Falls der vom Dritten geltend gemachte *Anspruch zivilrechtlicher Natur* (Zivilprozess) ist: 8.184
Der *erstinstanzliche Entscheid* ist – sofern der Streitwert mindestens CHF 10 000.– beträgt – grundsätzlich mit der **Berufung** gem. Art. 308 ff. ZPO anfechtbar. Beträgt der Streitwert jedoch weniger, ist der Entscheid mit **Beschwerde** gem. Art. 319 ff. ZPO anfechtbar. Liegt ein letztinstanzlicher kantonaler Entscheid vor und (i) beträgt entweder der Streitwert (a) mindestens CHF 30 000.– oder (b) in arbeits- und mietrechtlichen Fällen mindestens CHF 15 000.– oder (ii) stellt sich eine Rechtsfrage von grundsätzlicher Bedeutung, kann dieser mit **Beschwerde in Zivilsachen beim Bundesgericht** angefochten werden (vgl. Art. 72 Abs. 2 lit. a i.V.m. Art. 74 Abs. 1 lit. b bzw. Art. 74 Abs. 2 lit. a BGG). Ansonsten findet die **subsidiäre Verfassungsbeschwerde** gem. Art. 113 ff. BGG Anwendung.[112]

B. Falls der vom Dritten geltend gemachte *Anspruch öffentlich-rechtlicher Natur* ist: 8.185
Anfechtung des von der Behörde erlassenen Entscheids gemäss dem einschlägigen Verwaltungsverfahrensrecht.

---

110 Infolge der Natur der Widerspruchsklage als betreibungsrechtliche Klage (mit Reflexwirkung auf das materielle Recht) muss sie als gegenstandslos abgeschrieben oder mangels Rechtsschutzinteresses als erledigt erklärt werden, wenn die ihr zugrundeliegende Betreibung nicht (mehr) besteht, z.B. weil die Betreibung zurückgezogen wurde oder die Betreibung nichtig ist (BSK SchKG I-Staehelin A., Art. 109 N 3).

111 Ein Teil der Lehre vertritt eine andere Meinung, sofern die Widerspruchsklage vom Schuldner (gegen den Dritten) erhoben wurde (vgl. KUKO SchKG-Rohner, Art. 109 N 1).

112 BSK SchKG I-Staehelin A., Art. 109 N 29.

Tabellarische Zusammenfassung

Zweck	(Vorfrageweiser) gerichtlicher Entscheid über ein von einem Dritten in Bezug auf einen verpfändeten, in das Zwangsvollstreckungsverfahren einbezogenen Vermögensgegenstand (im Gewahrsam oder Mitgewahrsam des Dritten) geltend gemachtes materielles Recht
Gesetzliche Grundlage	Art. 155 Abs. 1 i.V.m. Art. 108 SchKG
Verfahrensart	Zivilrechtliche Forderungen: Abhängig vom Streitwert ordentliches Verfahren (Art. 219 ff. ZPO) oder vereinfachtes Verfahren (Art. 243 ff. ZPO) Öffentlich-rechtliche Forderungen: Kantonales Verwaltungsverfahrensrecht
Zuständigkeit	Zivilrechtliche Forderungen: Gericht am Wohnsitz bzw., falls der Anspruch sich auf ein Grundstück bezieht, das Gericht am Ort des gelegenen Grundstücks oder wo dessen wertvollster Teil liegt. Falls der Beklagte Wohnsitz im Ausland hat, das Gericht am Betreibungsort Öffentlich-rechtliche Forderungen: Entsprechende Verwaltungsbehörde
Aktivlegitimation	(Betreibender) (Pfand-)Gläubiger und (betriebener) Schuldner (klagen getrennt; keine notwendige Streitgenossenschaft)
Passivlegitimation	Dritter / Drittansprecher
Streitwert	Wird vom zuständigen Gericht nach (i) dem Schätzungswert, (ii) dem in Betreibung gesetzten Forderungsbetrag, oder (iii) der Pfandforderung bei einer Pfandansprache eines Dritten am fraglichen Gegenstand, festgelegt
Fristen	20 Tage beginnend am Tag nach erfolgter Mitteilung durch das Betreibungsamt (Art. 155 SchKG i.V.m. Art. 108 Abs. 2 SchKG i.V.m. Art. 31 SchKG und Art. 142 ZPO)
Kombination	Abhängig vom Sachverhalt, zusätzlich Beschwerde gegen die Parteirollenverteilung im Widerspruchsverfahren (s.a. Rz. 7.86 ff.)
Mögliche Rechtsbegehren	1. Es sei festzustellen, dass der Beklagte nicht [Eigentümer] des in der Betreibung Nr. [...] des Betreibungsamts [...] des als Pfand dienenden [Benennung verpfändeter Vermögensgegenstand] ist. 2. Unter Kosten- und Entschädigungsfolgen zulasten des Beklagten. *oder* 1. Es sei festzustellen, dass der Beklagte an dem in der Betreibung Nr. [...] des Betreibungsamts [...] als Pfand dienenden [Benennung verpfändeter Vermögensgegenstand] über kein Pfandrecht (im [...] Rang in der Höhe von CHF [Betrag]) verfügt. 2. Unter Kosten- und Entschädigungsfolgen zulasten des Beklagten.

Voraussetzungen	– Gültige Anmeldung eines Drittanspruchs – Widerspruchsklage durch einen (Pfand-)Gläubiger oder den Schuldner eingereicht – Klagefrist wird gewahrt – Abhängig von der Situation ist der Kläger z.B. Eigentümer oder Pfandrechtsberechtigter – Betreibung ist weiterhin anhängig
Besonderheiten	– Auf Verlangen des Schuldners oder des (Pfand-)Gläubigers hin hat der Dritte seine Beweismittel beim Betreibungsamt zur Einsicht vorzulegen – Schlichtungsverfahren entfällt – Es handelt sich um eine betreibungsrechtliche Klage mit Reflexwirkung auf das materielle Recht
Rechtsmittel	Bei zivilrechtlichen Forderungen: Kantonal: Abhängig vom Streitwert Berufung (Art. 308 ff. ZPO) innert 30 Tagen oder Beschwerde (Art. 319 ff. ZPO) innert 30 Tagen Bund: Letztinstanzliche kantonale Entscheide können schliesslich beim Bundesgericht mit Beschwerde in Zivilsachen (Art. 72 ff. BGG) innert 30 Tagen, oder subsidiärer Verfassungsbeschwerde (Art. 113 ff. BGG) angefochten werden Bei öffentlich-rechtlichen Forderungen: Anfechtung nach dem einschlägigen (kommunalen, kantonalen oder eidgenössischen) Verwaltungsverfahrensrecht

XVI. GESUCH UM AUFSCHUB DER VERWERTUNG (ART. 156 ABS. 1 I.V.M. ART. 123 ABS. 1 UND 2 SCHKG)

1. ZWECK UND WIRKUNG

Ein Gesuch um Aufschub der Verwertung **(Verwertungsaufschub)** bezweckt, dem Schuldner, welcher die Schuld bezahlen will, jedoch nur begrenzt zahlungsfähig ist, mehr Zeit zu gewähren, um seinen Zahlungsverpflichtungen nachzukommen.[113] Wird dem Gesuch um Aufschub der Verwertung stattgegeben, bewirkt dies eine Stundung, wobei jedoch die Zinspflicht des Schuldners bis zur vollständigen Tilgung der Schuld bestehen bleibt.[114] 8.186

113 KUKO SchKG-Rüetschi, Art. 123 N 1; BSK SchKG I-Känzig/Bernheim, Art. 156 N 14.

114 KUKO SchKG-Rüetschi, Art. 123 N 1.

2. VERFAHRENSART

8.187 Das Verfahren zur richtet sich nach kantonalem Verwaltungs(verfahrens)recht.[115]

3. ZUSTÄNDIGKEIT

8.188 Zuständig ist das Betreibungsamt am Betreibungsort (Art. 46 ff. SchKG).

4. LEGITIMATION

A. AKTIVLEGITIMATION

8.189 Aktivlegitimiert ist der Schuldner, der Dritteigentümer des Pfandes und auch allfällige Mitbetriebene.[116]

B. PASSIVLEGITIMATION

8.190 Nicht einschlägig.

5. STREITWERT

8.191 Nicht einschlägig.

115 Verfügungen von Vollstreckungsorganen (z.B. eines Betreibungs- oder Konkursamtes) und die gegen solche Verfügungen unter Umständen zu ergreifende betreibungsrechtliche Beschwerde gem. Art. 17 ff. SchKG fallen nicht unter den in Art. 1 lit. c ZPO bezeichneten Geltungsbereich («gerichtliche Angelegenheiten des Schuldbetreibungs- und Konkursrechts») und somit nicht unter die ZPO. Solche Verfügungen stellen vielmehr das Ergebnis «eigenständiger Verwaltungsverfahren» dar (vgl. Botschaft ZPO, 7258), welche zum Beispiel durch einen entsprechenden Antrag oder ein entsprechendes Gesuch eingeleitet werden können. Auch Thomas Sutter-Somm/Rafael Klingler postulieren, dass Verfügungen der Vollstreckungsorgane und das betreibungsrechtliche Beschwerdeverfahren dem kantonalen Verwaltungsrecht unterstehen (Sutter-Somm/Hasenböhler/Leuenberger-Sutter-Somm/Klingler, Art. 1 ZPO N 8; vgl. BGer 5A_448/2011 vom 31.10.2011, E. 2.1). Franco Lorandi führt aus, dass das Verfahren vor den Betreibungsorganen dem Verwaltungsrecht sehr verwandt sei (Lorandi, 15, 19; Besprechung des Urteils des OGer TG vom 21.2.2013, in: RBOG 2013, Nr. 17).

116 KUKO SchKG-Rüetschi, Art. 117 N 5; BSK SchKG I-Känzig/Bernheim, Art. 156 N 14.

6. FRISTEN

Das Gesuch um Aufschub der Verwertung ist frühestens nach Einreichung des Verwertungsbegehrens durch den (betreibenden) (Pfand-)Gläubiger und spätestens vor der Vornahme der Verwertung einzureichen.[117] 8.192

7. KOMBINATIONSMÖGLICHKEITEN

Es sind keine naheliegenden Kombinationsmöglichkeiten ersichtlich. 8.193

8. MÖGLICHE RECHTSBEGEHREN

In der Betreibung Nr. […] des Betreibungsamtes […][des {Pfand-}Gläubigers] gegen den Schuldner [Name, Vorname, Adresse] sei der Verwertungsaufschub [in Bezug auf die Forderungssumme von CHF [Betrag] (zzgl. Zins zu [Zinssatz] % seit [Datum]) zugunsten von Teilzahlungen zu bewilligen. 8.194

9. VORAUSSETZUNGEN

A. ERSTE VORAUSSETZUNG

Das Gesuch um Aufschub der Verwertung muss **fristgerecht gestellt** worden sein. Verfrüht gestellte Gesuche sind zurückzuweisen.[118] 8.195

B. ZWEITE VORAUSSETZUNG

Der Schuldner **macht glaubhaft, dass er die Schuld** in 13 monatlichen **Teilzahlungen** (vgl. Art. 156 Abs. 1 SchKG i.V.m. (i) im Falle einer Betreibung auf Faustpfandverwertung: Art. 123 Abs. 1 SchKG bzw. (ii) im Falle einer Betreibung auf Grundpfandverwertung: Art. 143a SchKG) bzw. in 7 monatlichen Teilzahlungen (vgl. Art. 156 Abs. 1 SchKG i.V.m. (i) im Falle einer Betreibung auf Faustpfandverwertung: Art. 123 Abs. 2 SchKG bzw. (ii) im Falle einer Betreibung auf Grundpfandverwertung: Art. 143a SchKG) **tilgen kann**, wobei die erste Teilzahlung «sofort» geleistet werden muss.[119] Eine Glaubhaftmachung liegt vor, wenn eine gewisse Wahrscheinlichkeit für die Verwirklichung der künftigen Tatsachen spricht, d.h. blosses Behaupten reicht nicht aus, 8.196

117 KUKO SchKG-Rüetschi, Art. 123 N 7.

118 KUKO SchKG-Rüetschi, Art. 123 N 7.

119 KUKO SchKG-Rüetschi, Art. 123 N 8; BSK SchKG I-Känzig/Bernheim, Art. 156 N 13.

aber es wird auch nicht der volle Beweis verlangt.[120] Sind die vom Schuldner offerierten monatlichen Zahlungen zu klein, wird das Gesuch um Aufschub der Verwertung abgewiesen.[121]

C. DRITTE VORAUSSETZUNG

8.197 Der Schuldner **leistet die erste Teilzahlung** «sofort» an das Betreibungsamt. «Sofort» bedeutet jedoch nicht, dass der Schuldner mit der Einreichung des Gesuches um Aufschub der Verwertung eine erste Teilzahlung, deren Höhe er selber festlegen müsste, leisten muss. Vielmehr setzt das Betreibungsamt dem Schuldner eine Frist zur Leistung der ersten Teilzahlung / Rate an.[122]

D. VIERTE VORAUSSETZUNG

8.198 Der Schuldner **verpflichtet sich implizit zu regelmässigen und angemessenen Teilzahlungen** – gemäss Zahlungsplan des Betreibungsamtes oder bewilligungsfähigem Zahlungsplan des Schuldners – an das Betreibungsamt. Wird nämlich eine Abschlagszahlung nicht rechtzeitig d.h. fristgemäss geleistet, fällt der Verwertungsaufschub von Gesetzes wegen sofort und ohne weiteres Begehren des Gläubigers dahin und das Betreibungsamt ist verpflichtet, zur Verwertung zu schreiten.[123]

E. FÜNFTE VORAUSSETZUNG

8.199 Im Falle einer Betreibung auf Grundpfandverwertung kann der beantragte Verwertungsaufschub nur dann bewilligt werden, wenn der Schuldner – neben dem festgesetzten Bruchteil der Betreibungssumme – auch sofort die **Kosten für die Anordnung und den Widerruf der Verwertung** bezahlt (vgl. Art. 32 VZG).[124]

10. BESONDERHEITEN

8.200 Der Verwertungsaufschub gem. Art. 123 SchKG ist zu unterscheiden vom privatrechtlichen Stundungsvertrag, den ein (Pfand-)Gläubiger und der Schuldner abschliessen können. Ein privatrechtlicher Stundungsvertrag gilt als Rückzug des Verwertungsbegehrens.[125]

---

120 KUKO SchKG-Rüetschi, Art. 123 N 9.

121 KUKO SchKG-Rüetschi, Art. 123 N 12.

122 KUKO SchKG-Rüetschi, Art. 123 N 17; BSK SchKG I-Suter, Art. 123 N 16 und 25.

123 In einer Betreibung kann somit lediglich ein Verwertungsaufschub gewährt werden, unter Vorbehalt einer allfälligen Anpassung gem. Art. 123 Abs. 5 SchKG (BSK SchKG EB-Staehelin, Art. 123 ad N 35). KUKO SchKG-Rüetschi, Art. 123 N 21; BSK SchKG I-Suter, Art. 123 N 24.

124 BSK SchKG I-Känzig/Bernheim, Art. 156 N 13.

125 BGE 114 III 102, E. 3; KUKO SchKG-Rüetschi, Art. 123 N 4.

Im Falle eines Rechtsstillstandes (vgl. Art. 57 ff. SchKG) verlängert sich der Verwertungsaufschub (vgl. Art. 123 Abs. 4 SchKG), wobei die Raten und deren Fälligkeit nach Ablauf des Rechtsstillstandes neu festgesetzt werden. 8.201

Es handelt sich bei Art. 123 Abs. 1 SchKG um eine Kann-Vorschrift, d.h. der Schuldner hat keinen Anspruch auf Bewilligung. Die Gewährung eines solchen liegt im Ermessen des Betreibungsamtes.[126] 8.202

Der Gläubiger hat keinen Anspruch auf Anhörung bis zur Erteilung / Bewilligung des Gesuchs um Aufschub der Verwertung. Er kann jedoch von sich aus dem Betreibungsamt vorsorglich seine Einwände gegen einen eventuellen Verwertungsaufschub mitteilen (vgl. Art. 123 Abs. 3 SchKG).[127] 8.203

11. RECHTSMITTEL

Die Verfügungen des Betreibungsamts können mit betreibungsrechtlicher Beschwerde gem. Art. 17 ff. SchKG bei der (unteren) kantonalen Aufsichtsbehörde angefochten werden. 8.204

Fechten der Schuldner oder die mitbetriebenen Dritten eine Verweigerung des Verwertungsaufschubs an, ist ein Antrag um Anordnung der aufschiebenden Wirkung zu stellen (vgl. Art. 36 SchKG). Ohne aufschiebende Wirkung kann die Verwertung nämlich bereits während dem hängigen Beschwerdeverfahren stattfinden.[128] 8.205

Falls eine **obere kantonale Aufsichtsbehörde** existiert, kann:
- der Entscheid einer unteren Aufsichtsbehörde innert 10 Tagen nach Eröffnung an die obere kantonale Aufsichtsbehörde weitergezogen werden (Art. 18 Abs. 1 SchKG);
- wegen Rechtsverweigerung oder Rechtsverzögerung durch die untere kantonale Aufsichtsbehörde jederzeit bei der oberen kantonalen Aufsichtsbehörde Beschwerde gegen die untere kantonale Aufsichtsbehörde geführt werden (Art. 18 Abs. 2 SchKG).

Ansonsten ist **beim Bundesgericht Beschwerde in Zivilsachen** zu erheben (Art. 19 SchKG i.V.m. Art. 72 Abs. 2 lit. a BGG). Gemäss Art. 74 Abs. 2 lit. c BGG ist die Beschwerde in Zivilsachen in einem solchen Fall unabhängig vom jeweiligen Streitwert zulässig.[129] Die Beschwerdefrist beträgt 10 Tage (Art. 100 Abs. 2 lit. a BGG).

126 KUKO SchKG-Rüetschi, Art. 123 N 10.

127 BSK SchKG I-Suter, Art. 123 N 27.

128 KUKO SchKG-Rüetschi, Art. 123 N 26.

129 BGE 135 I 187, E. 1.2; Kren Kostkiewicz/Walder, Art. 17 SchKG N 26.

Tabellarische Zusammenfassung

Zweck	Aufschub der Verwertung (des verpfändeten Vermögenstandes) und Stundung, um dem begrenzt zahlungsfähigen Schuldner mehr Zeit zu gewähren, damit er seinen Zahlungsverpflichtungen nachkommen kann
Gesetzliche Grundlage	Art. 156 Abs. 1 i.V.m. Art. 123 Abs. 1 und 2 SchKG
Verfahrensart	Kantonales Verwaltungsverfahrensrecht
Zuständigkeit	Betreibungsamt am Betreibungsort (Art. 46 ff. SchKG)
Aktivlegitimation	(Betriebener) Schuldner (sowie allf. Mitbetriebene), Dritteigentümer des Pfandes
Passivlegitimation	Nicht einschlägig
Streitwert	Nicht einschlägig
Fristen	Frühestens nach Einreichung des Verwertungsbegehrens durch den (betreibenden) (Pfand-)Gläubiger und spätestens vor der Vornahme der Verwertung
Kombination	Nicht einschlägig
Mögliche Rechtsbegehren	In der Betreibung Nr. [...] des Betreibungsamtes [...][des {Pfand-}Gläubigers] gegen den Schuldner [Name, Vorname, Adresse] sei der Verwertungsaufschub [in Bezug auf die Forderungssumme von CHF [Betrag] (zzgl. Zins zu [Zinssatz] % seit [Datum]) zugunsten von Teilzahlungen zu bewilligen.
Voraussetzungen	– Fristgerecht gestelltes Gesuch um Aufschub der Verwertung – Schuldner macht glaubhaft, dass er die Schuld in 13 bzw. 7 monatlichen Teilzahlungen tilgen kann – Schuldner leistet die erste Teilzahlung «sofort» an das Betreibungsamt (Betreibungsamt setzt hierfür eine Frist an) – Schuldner verpflichtet sich implizit zu regelmässigen und angemessenen Teilzahlungen (und hält diese fristgerecht ein) – Im Falle einer Betreibung auf Grundpfandverwertung: Bezahlung der Kosten für Anordnung und Widerruf der Verwertung
Besonderheiten	– Ein Verwertungsaufschub gem. Art. 123 SchKG ist zu unterscheiden vom privatrechtlichen Stundungsvertrag. Letzterer gilt als Rückzug des Verwertungsbegehrens – Im Falle eines Rechtsstillstandes (vgl. Art. 57 ff. SchKG) verlängert sich der Verwertungsaufschub (vgl. Art. 123 Abs. 4 SchKG), wobei die Raten und deren Fälligkeit nach Ablauf des Rechtsstillstandes neu festgesetzt werden – Schuldner hat keinen Anspruch auf die Bewilligung eines Verwertungsaufschubs, da es sich um eine Kann-Vorschrift handelt – Gläubiger hat keinen Anspruch auf Anhörung bis zur Bewilligung des Gesuchs (vorsorglich kann ein Gläubiger jedoch seine Einwände gegen einen eventuellen Verwertungsaufschub anbringen)

Rechtsmittel	Verfügungen des Betreibungsamtes können mit betreibungsrechtlicher Beschwerde gem. Art. 17 ff. SchKG innert 10 Tagen an die (untere) kantonale Aufsichtsbehörde weitergezogen werden *Falls eine obere kantonale Aufsichtsbehörde besteht:* Beschwerde an die obere kantonale Aufsichtsbehörde innert 10 Tagen nach Eröffnung des Entscheids der unteren kantonalen Aufsichtsbehörde (Art. 18 Abs. 1 SchKG) *oder* Beschwerde an die obere kantonale Aufsichtsbehörde gegen eine untere kantonale Aufsichtsbehörde bei Rechtsverzögerung oder Rechtsverweigerung (jederzeit möglich) *Ansonsten bzw. bei letztinstanzlichen kantonalen Entscheidungen:* Beschwerde in Zivilsachen beim Bundesgericht (Art. 19 SchKG i.V.m. Art. 72 Abs. 2 lit. a BGG) innert 10 Tagen (Art. 100 Abs. 2 lit. a BGG)

XVII. GESUCH UM ANPASSUNG DES AUFSCHUBS DER VERWERTUNG (ART. 156 ABS. 1 I.V.M. ART. 123 ABS. 5 SCHKG)

1. ZWECK UND WIRKUNG

Ein Gesuch um Anpassung des Aufschubs der Verwertung (Verwertungsaufschub) bezweckt, den bewilligten Verwertungsaufschub bzw. dessen Modalitäten, namentlich den Zahlungsplan, den Umständen entsprechend anzupassen. 8.206

2. VERFAHRENSART

Das Verfahren zur richtet sich nach kantonalem Verwaltungs(verfahrens)recht.[130] 8.207

130 Verfügungen von Vollstreckungsorganen (z.B. eines Betreibungs- oder Konkursamtes) und die gegen solche Verfügungen unter Umständen zu ergreifende betreibungsrechtliche Beschwerde gem. Art. 17 ff. SchKG fallen nicht unter den in Art. 1 lit. c ZPO bezeichneten Geltungsbereich («gerichtliche Angelegenheiten des Schuldbetreibungs- und Konkursrechts») und somit nicht unter die ZPO. Solche Verfügungen stellen vielmehr das Ergebnis «eigenständiger Verwaltungsverfahren» dar (vgl. Botschaft ZPO, 7258), welche zum Beispiel durch einen entsprechenden Antrag oder ein entsprechendes Gesuch eingeleitet werden können. Auch Thomas Sutter-Somm/Rafael Klingler postulieren, dass Verfügungen der Vollstreckungsorgane und das betreibungsrechtliche Beschwerdeverfahren dem kantonalen Verwaltungsrecht unterstehen (Sutter-Somm/Hasenböhler/Leuenberger-Sutter-Somm/Klingler, Art. 1 ZPO N 8; vgl. BGer 5A_448/2011 vom 31.10.2011, E. 2.1). Franco Lorandi führt aus, dass das Verfahren vor den Betreibungsorganen dem Verwaltungsrecht sehr verwandt sei (Lorandi, 15, 19; Besprechung des Urteils des OGer TG vom 21.2.2013, in: RBOG 2013, Nr. 17).

3. ZUSTÄNDIGKEIT

8.208 Zuständig ist das Betreibungsamt am Betreibungsort (Art. 46ff. SchKG) bzw. im Falle einer Betreibung auf Grundpfandverwertung allenfalls das gem. Art. 74ff. VZG für die Requisitorialverwertung beauftragte Betreibungsamt.

4. LEGITIMATION

A. AKTIVLEGITIMATION

8.209 (Aktiv-)Legitimiert ist der Schuldner, ein Mitbetriebener oder der (betreibende) (Pfand-)Gläubiger (vgl. Art. 156 i.V.m. Art. 123 Abs. 5 SchKG).

B. PASSIVLEGITIMATION

8.210 Nicht einschlägig.

5. STREITWERT

8.211 Nicht einschlägig.

6. FRISTEN

8.212 Das SchKG sieht keine ausdrückliche Frist vor. Ein Gesuch um Anpassung des Aufschubs der Verwertung setzt jedoch voraus, dass bereits ein Verwertungsaufschub bewilligt wurde, der noch läuft.

7. KOMBINATIONSMÖGLICHKEITEN

8.213 Es sind keine naheliegenden Kombinationsmöglichkeiten ersichtlich.

8. MÖGLICHE RECHTSBEGEHREN

In der Betreibung Nr. […] des Betreibungsamtes […][des {Pfand-}Gläubigers] gegen den Schuldner [Name, Vorname, Adresse] sei der dem Schuldner [Name, Vorname, Adresse] am [Datum] bewilligte Verwertungsaufschub betreffend die Forderungssumme von CHF [Betrag] (zzgl. Zins zu [Zinssatz] % seit [Datum]) anzupassen. 8.214

9. VORAUSSETZUNGEN

A. ERSTE VORAUSSETZUNG

Ein früheres Gesuch um Aufschub der Verwertung wurde bewilligt und der **bewilligte Verwertungsaufschub besteht** weiterhin. 8.215

B. ZWEITE VORAUSSETZUNG

Die **Umstände erfordern eine Anpassung** des bewilligten Verwertungsaufschubs, namentlich des Zahlungsplans, an die veränderten Verhältnisse.[131] 8.216

C. DRITTE VORAUSSETZUNG

Der Schuldner **macht glaubhaft, dass er die Schuld** in insgesamt maximal 13 monatlichen **Teilzahlungen** (vgl. Art. 156 Abs. 1 i.V.m. Art. 123 Abs. 1 SchKG) bzw. in insgesamt maximal 7 monatlichen Teilzahlungen (vgl. Art. 156 Abs. 1 i.V.m. Art. 123 Abs. 2 SchKG) **tilgen kann.**[132] Die Grenzen in zeitlicher Hinsicht von Art. 123 Abs. 1 und 2 SchKG müssen gewahrt bleiben.[133] 8.217

10. BESONDERHEITEN

Nach Meinung von BENEDIKT A. SUTER sollte der Schuldner vor einer Anpassung des bewilligten Verwertungsaufschubs, namentlich das Zahlungsplans, zu seinen Lasten wenn möglich angehört werden.[134] 8.218

---

131 KUKO SchKG-RÜETSCHI, Art. 123 N 19.

132 Hinsichtlich die Leistung der ersten Abschlagszahlung verlangt das Gesetz jedoch nicht, dass die erste Abschlagszahlung mit Einreichung des Gesuches zu leisten ist (KUKO SchKG-BERNHEIM/KÄNZIG, Art. 143a N 2; vgl. weiter KUKO SchKG-RÜETSCHI, Art. 123 N 8).

133 KUKO SchKG-RÜETSCHI, Art. 123 N 19.

134 BSK SchKG I-SUTER, Art. 123 N 33.

11. RECHTSMITTEL

8.219 Die Verfügungen des Betreibungsamts können mit betreibungsrechtlicher Beschwerde gem. Art. 17 ff. SchKG bei der (unteren) kantonalen Aufsichtsbehörde angefochten werden.

8.220 Fechten der Schuldner oder die mitbetriebenen Dritten eine Verweigerung der Anpassung des bewilligten Verwertungsaufschubs an, ist ein Antrag um Anordnung der aufschiebenden Wirkung zu stellen (vgl. Art. 36 SchKG).[135]

Falls eine **obere kantonale Aufsichtsbehörde** existiert, kann:
- der Entscheid einer unteren Aufsichtsbehörde innert 10 Tagen nach Eröffnung an die obere kantonale Aufsichtsbehörde weitergezogen werden (Art. 18 Abs. 1 SchKG);
- wegen Rechtsverweigerung oder Rechtsverzögerung durch die untere kantonale Aufsichtsbehörde jederzeit bei der oberen kantonalen Aufsichtsbehörde Beschwerde gegen die untere kantonale Aufsichtsbehörde geführt werden (Art. 18 Abs. 2 SchKG).

Ansonsten ist **beim Bundesgericht Beschwerde in Zivilsachen** zu erheben (Art. 19 SchKG i.V.m. Art. 72 Abs. 2 lit. a BGG). Gemäss Art. 74 Abs. 2 lit. c BGG ist die Beschwerde in Zivilsachen in einem solchen Fall unabhängig vom jeweiligen Streitwert zulässig.[136] Die Beschwerdefrist beträgt 10 Tage (Art. 100 Abs. 2 lit. a BGG).

Tabellarische Zusammenfassung

Zweck	Anpassung des bewilligten Verwertungsaufschubs, d.h. dessen Modalitäten wie der Zahlungsplan, an die geänderten Umstände
Gesetzliche Grundlage	Art. 156 Abs. 1 i.V.m. Art. 123 Abs. 5 SchKG
Verfahrensart	Kantonales Verwaltungsverfahrensrecht
Zuständigkeit	Betreibungsamt am Betreibungsort (Art. 46 ff. SchKG) bzw. im Falle einer Betreibung auf Grundpfandverwertung allenfalls das gem. Art. 74 ff. VZG für die Requisitorialverwertung beauftragte Betreibungsamt
Aktivlegitimation	(Betriebener) Schuldner, allf. Mitbetriebene, (betreibender) (Pfand-)Gläubiger
Passivlegitimation	Nicht einschlägig
Streitwert	Nicht einschlägig
Fristen	Grds. keine Fristen im SchKG vorgesehen; vorausgesetzt wird jedoch, dass bereits ein Verwertungsaufschub bewilligt wurde, der noch läuft
Kombination	Nicht einschlägig

135 KUKO SchKG-Rüetschi, Art. 123 N 26.

136 BGE 135 I 187, E. 1.2; Kren Kostkiewicz/Walder, Art. 17 SchKG N 26.

Mögliche Rechtsbegehren	In der Betreibung Nr. […] des Betreibungsamtes […][des {Pfand-}Gläubigers] gegen den Schuldner [Name, Vorname, Adresse] sei der dem Schuldner […] am [Datum] bewilligte Verwertungsaufschub betreffend die Forderungssumme von CHF [Betrag] (zzgl. Zins zu [Zinssatz] % seit [Datum]) anzupassen.
Voraussetzungen	– Es besteht ein bewilligter Verwertungsaufschub – Veränderte Umstände erfordern eine Anpassung des bewilligten Verwertungsaufschubs, namentlich des Zahlungsplans – Der Schuldner macht glaubhaft, dass er die Schuld innert der zeitlichen Grenzen von Art. 123 Abs. 1 und 2 SchKG in Teilzahlungen tilgen kann
Besonderheiten	Es wird postuliert, dass der Schuldner vor einer Anpassung des bewilligten Verwertungsaufschubs zu seinen Lasten wenn möglich angehört wird
Rechtsmittel	Verfügungen des Betreibungsamtes können mit betreibungsrechtlicher Beschwerde gem. Art. 17 SchKG innert 10 Tagen an die (untere) kantonale Aufsichtsbehörde weitergezogen werden *Falls eine obere kantonale Aufsichtsbehörde besteht:* Beschwerde an die obere kantonale Aufsichtsbehörde innert 10 Tagen nach Eröffnung des Entscheids der unteren kantonalen Aufsichtsbehörde (Art. 18 Abs. 1 SchKG) *oder* Beschwerde an die obere kantonale Aufsichtsbehörde gegen eine untere kantonale Aufsichtsbehörde bei Rechtsverzögerung oder Rechtsverweigerung (jederzeit möglich) *Ansonsten bzw. bei letztinstanzlichen kantonalen Entscheidungen:* Beschwerde in Zivilsachen beim Bundesgericht (Art. 19 SchKG i.V.m. Art. 72 Abs. 2 lit. a BGG) innert 10 Tagen (Art. 100 Abs. 2 lit. a BGG)

XVIII. GESUCH UM VORZEITIGE VERWERTUNG VON BEWEGLICHEN VERMÖGENSGEGENSTÄNDEN (ART. 156 ABS. 1 I.V.M. ART. 124 ABS. 1 SCHKG)

1. ZWECK UND WIRKUNG

Ein Gesuch um vorzeitige Verwertung (von verpfändeten beweglichen Vermögensgegenständen) bezweckt, dem Schuldner – i.S. eines gewissen Ausgleichs für die durch den Betreibungsbeschlag erlittene Verfügungsbeschränkung – eine Handlungsmöglichkeit zu bieten (neben dem Antragsrecht des Gläubigers).[137] Eine Genehmigung des Gesuchs um vorzeitige Verwertung (von beweglichem Vermögen) bewirkt die Verwertung gem. Art. 125 ff. SchKG. 8.221

137 KUKO SchKG-Rüetschi, Art. 124 N 6.

2. VERFAHRENSART

8.222 Das Verfahren zur richtet sich nach kantonalem Verwaltungs(verfahrens)recht.[138]

3. ZUSTÄNDIGKEIT

8.223 Zuständig ist das Betreibungsamt am Betreibungsort (Art. 46ff. SchKG).

4. LEGITIMATION

A. AKTIVLEGITIMATION

8.224 (Aktiv-)Legitimiert ist der (betriebene) Schuldner (Art. 124 Abs. 1 SchKG) und der Dritteigentümer eines Pfandes.[139]

B. PASSIVLEGITIMATION

8.225 Nicht einschlägig.

5. STREITWERT

8.226 Nicht einschlägig.

138 Verfügungen von Vollstreckungsorganen (z.B. eines Betreibungs- oder Konkursamtes) und die gegen solche Verfügungen unter Umständen zu ergreifende betreibungsrechtliche Beschwerde gem. Art. 17ff. SchKG fallen nicht unter den in Art. 1 lit. c ZPO bezeichneten Geltungsbereich («gerichtliche Angelegenheiten des Schuldbetreibungs- und Konkursrechts») und somit nicht unter die ZPO. Solche Verfügungen stellen vielmehr das Ergebnis «eigenständiger Verwaltungsverfahren» dar (vgl. Botschaft ZPO, 7258), welche zum Beispiel durch einen entsprechenden Antrag oder ein entsprechendes Gesuch eingeleitet werden können. Auch Thomas Sutter-Somm/Rafael Klingler postulieren, dass Verfügungen der Vollstreckungsorgane und das betreibungsrechtliche Beschwerdeverfahren dem kantonalen Verwaltungsrecht unterstehen (Sutter-Somm/Hasenböhler/Leuenberger-Sutter-Somm/Klingler, Art. 1 ZPO N 8; vgl. BGer 5A_448/2011 vom 31.10.2011, E. 2.1). Franco Lorandi führt aus, dass das Verfahren vor den Betreibungsorganen dem Verwaltungsrecht sehr verwandt sei (Lorandi, 15, 19; Besprechung des Urteils des OGer TG vom 21.2.2013, in: RBOG 2013, Nr. 17).

139 KUKO SchKG-Rüetschi, Art. 124 N 7.

6. FRISTEN

Das SchKG sieht keine ausdrückliche Frist vor. Das Gesuch kann im Rahmen der Betreibung auf Pfandverwertung sicherlich nach Rechtskraft des Zahlungsbefehls gestellt werden, wobei in der Lehre auch vertreten wird, dass kein Grund besteht, dem Schuldner zu verwehren, sofort nach Empfang des Zahlungsbefehls die vorzeitige Verwertung des Pfandes (oder der retinierten Vermögenswerte) zu verlangen (und zwar selbst bei Bestreitung und Rechtsvorschlag).[140] 8.227

Spätestens hat der Schuldner das Gesuch jedoch am letzten Tag der Frist des Gläubigers zur Stellung des Verwertungsbegehrens (bzw. am letzten Tag vor dem Dahinfallen des Arrests bzw. des Retentionsverzeichnisses) zu stellen.[141] 8.228

7. KOMBINATIONSMÖGLICHKEITEN

Es sind keine naheliegenden Kombinationsmöglichkeiten ersichtlich. 8.229

8. MÖGLICHE RECHTSBEGEHREN

In der Betreibung Nr. […] des Betreibungsamtes […] [des {Pfand-}Gläubigers] gegen den Schuldner [Name, Vorname, Adresse] sei in Bezug auf [den verpfändeten Vermögensgegenstand {Beschreibung} / die verpfändeten Vermögensgegenstände {Beschreibung}] die vorzeitige Verwertung vorzunehmen. 8.230

9. VORAUSSETZUNGEN

A. ERSTE VORAUSSETZUNG

Der von der Betreibung auf Pfandverwertung betroffene verpfändete bewegliche Vermögensgegenstand steht **im Eigentum des Gesuchstellers**, d.h. Schuldners oder Dritteigentümers.[142] 8.231

140 KUKO SchKG-Rüetschi, Art. 124 N 5 und 7; BSK SchKG I-Suter, Art. 124 N 7.

141 BSK SchKG I-Suter, Art. 124 N 11.

142 Wenn der Schuldner hingegen nicht Eigentümer des zu Pfand begebenen verpfändeten Vermögensgegenstands ist, dieser also im Eigentum eines Dritten steht, vertreten Marc Bernheim und Philipp Känzig die Ansicht, dass der Schuldner für die Stellung des Gesuches um vorzeitige Verwertung immer auch der Zustimmung des Dritteigentümers bedarf (BSK SchKG I-Bernheim/Känzig, Art. 154 N 14 ff.).

B. ZWEITE VORAUSSETZUNG

8.232 Das **Gesuch** um vorzeitige Verwertung (Art. 156 Abs. 1 i.V.m. Art. 124 Abs. 1 SchKG) wurde **zeitgerecht gestellt**.

C. DRITTE VORAUSSETZUNG

8.233 Der Gesuchssteller leistet den **Kostenvorschuss**.[143]

10. BESONDERHEITEN

8.234 Eine Zustimmung des Gläubigers ist nicht erforderlich. Entspricht das Betreibungsamt dem Gesuch, ist es gesetzlich nicht verpflichtet, den Gläubiger vor der Verwertung zu benachrichtigen.[144]

8.235 Ist der Vermögenswert mit Arrest belegt oder in der Retentionsurkunde aufgeführt, soll sich der Schuldner auch auf Art. 124 Abs. 1 SchKG berufen können.[145]

8.236 Es handelt sich bei Art. 124 Abs. 1 SchKG um eine Kann-Vorschrift, d.h. es besteht kein Anspruch auf Bewilligung. Die Gewährung einer solchen liegt im Ermessen des Betreibungsamtes, wobei das Betreibungsamt bei der Beurteilung des Gesuches eine Interessenabwägung (zwischen den Interessen der (Pfand-)Gläubiger und den Interessen des Schuldners und allenfalls Dritteigentümers) vorzunehmen hat.[146]

11. RECHTSMITTEL

8.237 Die Verfügungen des Betreibungsamts können mit betreibungsrechtlicher Beschwerde gem. Art. 17 ff. SchKG bei der (unteren) kantonalen Aufsichtsbehörde angefochten werden.

8.238 **Falls** eine **obere kantonale Aufsichtsbehörde** existiert, kann:

- der Entscheid einer unteren Aufsichtsbehörde innert 10 Tagen nach Eröffnung an die obere kantonale Aufsichtsbehörde weitergezogen werden (Art. 18 Abs. 1 SchKG);
- wegen Rechtsverweigerung oder Rechtsverzögerung durch die untere kantonale Aufsichtsbehörde jederzeit bei der oberen kantonalen Aufsichtsbehörde Beschwerde gegen die untere kantonale Aufsichtsbehörde geführt werden (Art. 18 Abs. 2 SchKG).

143 Analog zu Art. 68 SchKG; KUKO SchKG-Rüetschi, Art. 124 N 7.
144 BSK SchKG I-Suter, Art. 124 N 17.
145 KUKO SchKG-Rüetschi, Art. 124 N 5.
146 KUKO SchKG-Rüetschi, Art. 124 N 10 f.

Ansonsten ist **beim Bundesgericht Beschwerde in Zivilsachen** zu erheben (Art. 19 SchKG i.V.m. Art. 72 Abs. 2 lit. a BGG). Gemäss Art. 74 Abs. 2 lit. c BGG ist die Beschwerde in Zivilsachen in einem solchen Fall unabhängig vom jeweiligen Streitwert zulässig.[147] Die Beschwerdefrist beträgt 10 Tage (Art. 100 Abs. 2 lit. a BGG).

Tabellarische Zusammenfassung

Zweck	Ein Gesuch um vorzeitige Verwertung von beweglichen Vermögensgegenständen soll dem Schuldner einen gewissen Ausgleichs für die durch den Betreibungsbeschlag erlittene Verfügungsbeschränkung schaffen indem die Verwertung vorzeitig erfolgt
Gesetzliche Grundlage	Art. 156 Abs. 1 i.V.m. Art. 124 Abs. 1 SchKG
Verfahrensart	Kantonales Verwaltungsverfahrensrecht
Zuständigkeit	Betreibungsamt am Betreibungsort (Art. 46 ff. SchKG)
Aktivlegitimation	(Betriebener) Schuldner, Dritteigentümer eines Pfandes
Passivlegitimation	Nicht einschlägig
Streitwert	Nicht einschlägig
Fristen	Keine Fristen im SchKG vorgesehen. Das Gesuch kann nach Rechtskraft des Zahlungsbefehls (in der Lehre wird auch vertreten, dass ein solches im Rahmen der Betreibung auf Pfandverwertung bereits sofort nach Empfang des Zahlungsbefehls zulässig ist), spätestens jedoch am letzten Tag der Frist des Gläubigers zur Stellung des Verwertungsbegehrens gestellt werden
Kombination	Nicht einschlägig
Mögliche Rechtsbegehren	In der Betreibung Nr. [...] des Betreibungsamtes [...][des {Pfand-}Gläubigers] gegen den Schuldner [Name, Vorname, Adresse] sei in Bezug auf [den verpfändeten Vermögensgegenstand {Beschreibung} / die verpfändeten Vermögensgegenstände {Beschreibung}] die vorzeitige Verwertung vorzunehmen.
Voraussetzungen	– Der betroffene verpfändete bewegliche Vermögensgegenstand steht im Eigentum des Gesuchstellers – Zeitgerecht gestelltes Gesuch um vorzeitige Verwertung – Leistung des Kostenvorschusses
Besonderheiten	– Zustimmung des Gläubigers ist nicht erforderlich; das Betreibungsamt ist nicht verpflichtet, den (Pfand-)Gläubiger vor der Verwertung zu benachrichtigen – Ist der Vermögenswert mit Arrest belegt oder in der Retentionsurkunde aufgeführt, soll sich der Schuldner auch auf Art. 124 Abs. 1 SchKG berufen können – Art. 124 Abs. 1 SchKG ist eine Kann-Vorschrift, es besteht kein Anspruch auf Bewilligung

147 BGE 135 I 187, E. 1.2; Kren Kostkiewicz/Walder, Art. 17 SchKG N 26.

Rechtsmittel	Verfügungen des Betreibungsamtes können mit betreibungsrechtlicher Beschwerde gem. Art. 17 ff. SchKG innert 10 Tagen an die (untere) kantonale Aufsichtsbehörde weitergezogen werden *Falls eine obere kantonale Aufsichtsbehörde besteht:* Beschwerde an die obere kantonale Aufsichtsbehörde innert 10 Tagen nach Eröffnung des Entscheids der unteren kantonalen Aufsichtsbehörde (Art. 18 Abs. 1 SchKG) *oder* Beschwerde an die obere kantonale Aufsichtsbehörde gegen eine untere kantonale Aufsichtsbehörde bei Rechtsverzögerung oder Rechtsverweigerung (jederzeit möglich) *Ansonsten bzw. bei letztinstanzlichen kantonalen Entscheidungen:* Beschwerde in Zivilsachen beim Bundesgericht (Art. 19 SchKG i.V.m. Art. 72 Abs. 2 lit. a BGG) innert 10 Tagen (Art. 100 Abs. 2 lit. a BGG)

XIX. BEGEHREN BETREFFEND HAFTUNG FÜR DEN AUSFALL UND WEITEREN SCHADEN (ART. 156 ABS. 1 I.V.M. ART. 129 ABS. 4 SCHKG)

1. ZWECK UND WIRKUNG

8.239 Wird eine Versteigerung nicht vollzogen, weil der Ersteigerer die Zahlung nicht rechtzeitig geleistet hat, muss das Betreibungsamt eine neue Steigerung anordnen (vgl. Art. 129 Abs. 3 SchKG). Diese Wiederholung der Verwertung kann einen Ausfall und auch weitere Schäden zur Folge haben, für welche der frühere Ersteigerer und seine Bürgen gem. Art. 156 Abs. 1 i.V.m. Art. 129 Abs. 4 SchKG haften.[148] Mit einem Begehren betreffend Haftung für den Ausfall und weiteren Schaden wird daher ein erster Schritt eingeleitet, um eine Schadloshaltung erreichen zu können (im Bestreitungsfall nötigenfalls mit einer Schadenersatzklage).

8.240 Wird ein Begehren gestellt, erfolgt die betreibungsamtliche Verwertung einer strittigen Ausfall- und Schadenersatzforderung gem. Art. 129 Abs. 4 SchKG indem das Betreibungsamt die Forderung nach Art. 131 SchKG zur Eintreibung an die interessierten Gläubiger überweist. Mangels eines entsprechenden Begehrens, d.h. bei fehlendem Abtretungsinteresse der Gläubiger, wird die strittige Ausfall- und Schadenersatzforderung öffentlich versteigert.[149] Im Streitfall über das Bestehen einer Haftung für den Ausfall und weiteren Schaden (z.B. betreffend die Höhe), hat das Gericht zu urteilen (und nicht etwa das Betreibungsamt).[150]

148 BGer 5C.222/2006 vom 14.2.2007, E. 2.

149 BGer 5C.222/2006 vom 14.2.2007, E. 2; KUKO SchKG-Amberg, Art. 129 N 16; BSK SchKG I-Rutz/Roth, Art. 129 N 16.

150 BGer 5C.222/2006 vom 14.2.2007, E. 2; BGE 82 III 137, E. 1 (141); KUKO SchKG-Amberg, Art. 129 N 15. Örtlich zuständig für die Beurteilung einer Schadenersatzklage gegen den säumigen Ersteigerer und seine Bürgen ist das Gericht am (Wohn-)Sitz gem. Art. 10 ZPO (Sutter-Somm/Hasenböhler/Leuenberger-Sutter-Somm/Schrank, Art. 46 ZPO N 9).

2. VERFAHRENSART

Das Verfahren zur richtet sich nach kantonalem Verwaltungs(verfahrens)recht.[151] 8.241

3. ZUSTÄNDIGKEIT

Zuständig ist das Betreibungsamt am Betreibungsort (Art. 46 ff. SchKG). 8.242

4. LEGITIMATION

A. AKTIVLEGITIMATION

(Aktiv-)Legitimiert sind der (betriebene) Schuldner und die (betreibenden) (Pfand-)gläubiger. 8.243

B. PASSIVLEGITIMATION

Passivlegitimiert ist der Ersteigerer und seine Bürgen (Art. 129 Abs. 4 SchKG). 8.244

5. STREITWERT

Ausfall und weiterer Schaden (z.B. Zinsverlust, Kosten für die neue Steigerung, Kosten für die Aufbewahrung und den Unterhalt des Steigerungsobjekts für die Zeit zwischen dem Zuschlag und der neuen Steigerung).[152] 8.245

151 Verfügungen von Vollstreckungsorganen (z.B. eines Betreibungs- oder Konkursamtes) und die gegen solche Verfügungen unter Umständen zu ergreifende betreibungsrechtliche Beschwerde gem. Art. 17 ff. SchKG fallen nicht unter den in Art. 1 lit. c ZPO bezeichneten Geltungsbereich («gerichtliche Angelegenheiten des Schuldbetreibungs- und Konkursrechts») und somit nicht unter die ZPO. Solche Verfügungen stellen vielmehr das Ergebnis «eigenständiger Verwaltungsverfahren» dar (vgl. Botschaft ZPO, 7258), welche zum Beispiel durch einen entsprechenden Antrag oder ein entsprechendes Gesuch eingeleitet werden können. Auch Thomas Sutter-Somm/Rafael Klingler postulieren, dass Verfügungen der Vollstreckungsorgane und das betreibungsrechtliche Beschwerdeverfahren dem kantonalen Verwaltungsrecht unterstehen (Sutter-Somm/Hasenböhler/Leuenberger-Sutter-Somm/Klingler, Art. 1 ZPO N 8; vgl. BGer 5A_448/2011 vom 31.10.2011, E. 2.1). Franco Lorandi führt aus, dass das Verfahren vor den Betreibungsorganen dem Verwaltungsrecht sehr verwandt sei (Lorandi, 15, 19; Besprechung des Urteils des OGer TG vom 21.2.2013, in: RBOG 2013, Nr. 17).

152 KUKO SchKG-Amberg, Art. 129 N 12 f.

6. FRISTEN

8.246 Das SchKG sieht keine ausdrückliche Frist vor. Eine Stellung des Begehrens an das Betreibungsamt dürfte jedoch bedingen, dass das Betreibungsamt im Falle einer Bestreitung der geltend gemachten Ausfall- und Schadenersatzforderung im Rahmen der laufenden Betreibung noch eine betreibungsamtliche Verwertung vornehmen kann, d.h. das Betreibungsverfahren noch nicht abgeschlossen wurde.

8.247 Die Ausfall- und Schadenersatzforderung verjährt innert 10 Jahren.[153]

7. KOMBINATIONSMÖGLICHKEITEN

8.248 Es sind keine naheliegenden Kombinationsmöglichkeiten ersichtlich.

8. MÖGLICHE RECHTSBEGEHREN

8.249 In der Betreibung Nr. […] des Betreibungsamtes […][des {Pfand-}Gläubigers] gegen den Schuldner [Name, Vorname, Adresse] sei die [dem Schuldner {Name, Vorname, Adresse}] zustehende Ausfall- und Schadenersatzforderung gem. Art. 131 SchKG zum Inkasso abzutreten.

9. VORAUSSETZUNGEN

A. ERSTE VORAUSSETZUNG

8.250 Die durchgeführte **(erste) Steigerung wird nicht vollzogen**, da der Erstersteigerer die Zahlung nicht rechtzeitig geleistet hat.

B. ZWEITE VORAUSSETZUNG

8.251 Es wurde eine neue **(zweite) Steigerung durchgeführt**.

C. DRITTE VORAUSSETZUNG

8.252 Nach Durchführung der neu angeordneten (zweiten) Steigerung steht fest, dass ein **Ausfall bzw. Schaden** entstand. Ob ein solcher Ausfall bzw. Schaden entstand wird festgestellt, indem die Lage, wie sie sich bei richtiger Erfüllung präsentiert hätte, mit derjenigen, wie sie sich aus der Nichterfüllung ergibt, verglichen wird. Ein Ausfall bzw. Schaden liegt demnach vor, wenn der an der

153 BSK SchKG I-Rutz/Roth, Art. 129 N 13.

zweiten Steigerung erzielte höhere Zuschlagspreis die zusätzlichen Zins-, Verwertungs-, Verwahrungs- und ähnlichen Kosten nicht deckt.[154]

D. VIERTE VORAUSSETZUNG

Das Begehren wird zu einem Zeitpunkt gestellt, in dem eine **betreibungsrechtliche Verwertung** im Fall einer Bestreitung der geltend gemachten Ausfall- und Schadenersatzforderung **noch möglich** ist. 8.253

10. BESONDERHEITEN

Die Forderung (betreffend einen allfälligen Ausfall und allen weiteren Schaden) steht nicht dem Gläubiger zu, sondern bildet ein Aktivum des (betriebenen) Schuldners (gegen den früheren Ersteigerer). Dieser darf indes nicht über die Forderung verfügen, da sie dem *Pfandbeschlag* unterliegt. Die Forderung kann ihrerseits aber verwertet werden. Daraus folgt auch, dass weder den Betreibungs- noch den Pfandgläubigern ein direktes Klagerecht zusteht.[155] 8.254

Der Zinsverlust wird zu fünf vom Hundert berechnet (Art. 129 Abs. 4 SchKG). 8.255

11. RECHTSMITTEL

Die Verfügungen des Betreibungsamts können mit betreibungsrechtlicher Beschwerde gem. Art. 17 ff. SchKG bei der (unteren) kantonalen Aufsichtsbehörde angefochten werden. 8.256

Falls eine **obere kantonale Aufsichtsbehörde** existiert, kann:

- der Entscheid einer unteren Aufsichtsbehörde innert 10 Tagen nach Eröffnung an die obere kantonale Aufsichtsbehörde weitergezogen werden (Art. 18 Abs. 1 SchKG);
- wegen Rechtsverweigerung oder Rechtsverzögerung durch die untere kantonale Aufsichtsbehörde jederzeit bei der oberen kantonalen Aufsichtsbehörde Beschwerde gegen die untere kantonale Aufsichtsbehörde geführt werden (Art. 18 Abs. 2 SchKG).

Ansonsten ist **beim Bundesgericht Beschwerde in Zivilsachen** zu erheben (Art. 19 SchKG i.V.m. Art. 72 Abs. 2 lit. a BGG). Gemäss Art. 74 Abs. 2 lit. c BGG ist die Beschwerde in Zivilsachen in einem solchen Fall unabhängig vom jeweiligen Streitwert zulässig.[156] Die Beschwerdefrist beträgt 10 Tage (Art. 100 Abs. 2 lit. a BGG).

---

154 BGer 5C.222/2006 vom 14.2.2007, E. 2.

155 BGer 5C.222/2006 vom 14.2.2007, E. 2.

156 BGE 135 I 187, E. 1.2; KREN KOSTKIEWICZ/WALDER, Art. 17 SchKG N 26.

Tabellarische Zusammenfassung

Zweck	Erster Schritt, um eine Schadloshaltung infolge einer weiteren erforderlichen Durchführung einer Steigerung (wenn die erste Versteigerung nicht vollzogen werden konnte) zu erreichen
Gesetzliche Grundlage	Art. 156 Abs. 1 i.V.m. Art. 129 Abs. 4 SchKG
Verfahrensart	Kantonales Verwaltungsverfahrensrecht
Zuständigkeit	Betreibungsamt am Betreibungsort (Art. 46 ff. SchKG)
Aktivlegitimation	(Betriebener) Schuldner, (betreibende) (Pfand-)gläubiger
Passivlegitimation	Ersteigerer und seine allf. Bürgen
Streitwert	Ausfall und weiterer Schaden (z.B. Zinsverlust, Kosten der erneuten Steigerung, Aufbewahrungs- und Unterhaltskosten)
Fristen	Grds. keine Fristen im SchKG vorgesehen. Das Betreibungsamt muss jedoch im Rahmen der laufenden Betreibung eine betreibungsamtliche Verwertung vornehmen können, d.h. das Betreibungsverfahren darf noch nicht abgeschlossen sein. Zudem ist eine Verjährung möglich
Kombination	Nicht einschlägig
Mögliche Rechtsbegehren	In der Betreibung Nr. [...] des Betreibungsamtes [...][des {Pfand-}Gläubigers] gegen den Schuldner [Name, Vorname, Adresse] sei die [dem Schuldner {Name, Vorname, Adresse}] zustehende Ausfall- und Schadenersatzforderung gem. Art. 131 SchKG zum Inkasso abzutreten.
Voraussetzungen	– (Erste) Steigerung wurde nicht vollzogen – Eine erneute (zweite) Steigerung wurde durchgeführt – Nach der erneuten (zweiten) Steigerung wird ein Schaden festgestellt – Betreibungsrechtliche Verwertung ist im Zeitpunkt der Stellung des Begehrens noch möglich
Besonderheiten	– Ausfall- und Schadenersatzforderung steht nicht dem Gläubiger zu, sondern bildet ein Aktivum des (betriebenen) Schuldners (gegen den früheren Ersteigerer). Sie unterliegt dem Pfandbeschlag und muss betreibungsamtlich verwertet werden – Zinsverlust wird zu fünf vom Hundert berechnet
Rechtsmittel	Verfügungen des Betreibungsamtes können mit betreibungsrechtlicher Beschwerde gem. Art. 17 ff. SchKG innert 10 Tagen an die (untere) kantonale Aufsichtsbehörde weitergezogen werden *Falls eine obere kantonale Aufsichtsbehörde besteht:* Beschwerde an die obere kantonale Aufsichtsbehörde innert 10 Tagen nach Eröffnung des Entscheids der unteren kantonalen Aufsichtsbehörde (Art. 18 Abs. 1 SchKG) *oder*

	Beschwerde an die obere kantonale Aufsichtsbehörde gegen eine untere kantonale Aufsichtsbehörde bei Rechtsverzögerung oder Rechtsverweigerung (jederzeit möglich) *Ansonsten bzw. bei letztinstanzlichen kantonalen Entscheidungen:* Beschwerde in Zivilsachen beim Bundesgericht (Art. 19 SchKG i.V.m. Art. 72 Abs. 2 lit. a BGG) innert 10 Tagen (Art. 100 Abs. 2 lit. a BGG)

XX. KLAGE GEGEN DEN ERSTEIGERER FÜR DEN AUSFALL UND WEITEREN SCHADEN (ART. 156 ABS. 1 I.V.M. ART. 129 ABS. 4 SCHKG)

Betreffend die einzureichende Klage, siehe die Ausführungen unter § 7 Ziff. XIX (Rz. 7.318 ff.). 8.257
Klage gegen den Ersteigerer für den Ausfall und weiteren Schaden (Art. 129 Abs. 4 SchKG).

XXI. GESUCH UM ANWEISUNG EINER FORDERUNG (ART. 156 ABS. 1 I.V.M. ART. 131 SCHKG)

1. ZWECK UND WIRKUNG

Verpfändete Geldforderungen des Schuldners gegenüber einem Dritten, welche vom Betreibungs- 8.258
verfahren erfasst sind, werden grundsätzlich vom Betreibungsamt (gegenüber dem Dritten) geltend gemacht und eingezogen.[157] Ist die Erfüllung der Forderung unsicher, z.B. weil die *Forderung bestritten* oder eine *Eintreibbarkeit erschwert* ist, findet Art. 131 SchKG Anwendung.[158] Liegt ein solcher Fall vor, wird das Betreibungsamt in der Regel von sich aus die beiden Möglichkeiten von Art. 131 SchKG (Anweisung an die Gesamtheit der Gläubiger oder einzelne von ihnen an Zahlungs statt oder Anweisung an die Gesamtheit der Gläubiger oder einzelne von ihnen zur Geltendmachung / Eintreibung) anbieten.[159]

Es ist jedoch auch möglich, dass ein Gläubiger oder ein Schuldner ein entsprechendes Gesuch um 8.259
Anweisung einer Forderung stellt, um eine entsprechende Anweisung (an Zahlungs statt oder Eintreibung) zu erwirken.

157 BGE 120 III 131, E. 1; KUKO SchKG-Amberg, Art. 131 N 1.
158 BGE 120 III 131, E. 1; KUKO SchKG-Amberg, Art. 131 N 1.
159 KUKO SchKG-Amberg, Art. 131 N 6 f.

2. VERFAHRENSART

8.260 Das Verfahren zur richtet sich nach kantonalem Verwaltungs(verfahrens)recht.[160]

3. ZUSTÄNDIGKEIT

8.261 Zuständig ist das Betreibungsamt am Betreibungsort (Art. 46 ff. SchKG).

4. LEGITIMATION

A. AKTIVLEGITIMATION

8.262 (Aktiv-)Legitimiert sind der / die (betreibenden) (Pfand-)Gläubiger oder der (betriebene) Schuldner.[161]

B. PASSIVLEGITIMATION

8.263 Nicht einschlägig.

5. STREITWERT

8.264 Nicht einschlägig.

---

160 Verfügungen von Vollstreckungsorganen (z.B. eines Betreibungs- oder Konkursamtes) und die gegen solche Verfügungen unter Umständen zu ergreifende betreibungsrechtliche Beschwerde gem. Art. 17 ff. SchKG fallen nicht unter den in Art. 1 lit. c ZPO bezeichneten Geltungsbereich («gerichtliche Angelegenheiten des Schuldbetreibungs- und Konkursrechts») und somit nicht unter die ZPO. Solche Verfügungen stellen vielmehr das Ergebnis «eigenständiger Verwaltungsverfahren» dar (vgl. Botschaft ZPO, 7258), welche zum Beispiel durch einen entsprechenden Antrag oder ein entsprechendes Gesuch eingeleitet werden können. Auch Thomas Sutter-Somm/Rafael Klingler postulieren, dass Verfügungen der Vollstreckungsorgane und das betreibungsrechtliche Beschwerdeverfahren dem kantonalen Verwaltungsrecht unterstehen (Sutter-Somm/Hasenböhler/Leuenberger-Sutter-Somm/Klingler, Art. 1 ZPO N 8; vgl. BGer 5A_448/2011 vom 31.10.2011, E. 2.1). Franco Lorandi führt aus, dass das Verfahren vor den Betreibungsorganen dem Verwaltungsrecht sehr verwandt sei (Lorandi, 15, 19; Besprechung des Urteils des OGer TG vom 21.2.2013, in: RBOG 2013, Nr. 17).

161 Falls das Gesuch von einem (betreibenden) (Pfand)Gläubiger oder dem (betriebenen) Schuldner gestellt wird, sind die erforderlichen Zustimmungen der anderen, nicht antragstellenden Beteiligten durch das Betreibungsamt einzuholen; sofern dieses das Einholen der Zustimmungen nicht dem Antragsteller überbindet (KUKO SchKG-Amberg, Art. 131 N 7; BSK SchKG I-Rutz/Roth, Art. 131 N 5).

6. FRISTEN

Das SchKG sieht keine ausdrückliche Frist vor.[162] Eine Stellung des Begehrens um Anweisung einer Forderung an das Betreibungsamt dürfte jedoch bedingen, dass im Rahmen der laufenden Betreibung eine entsprechende betreibungsamtliche Verwertung noch möglich ist, d.h. das Betreibungsverfahren nicht abgeschlossen ist. 8.265

7. KOMBINATIONSMÖGLICHKEITEN

Das entsprechende Gesuch um Anweisung einer (verpfändeten) Forderung kann z.B. zusammen mit dem Verwertungsbegehren (Art. 154 SchKG; s.a. Rz. 8.84 ff.) gestellt werden. Dadurch kann das Betreibungsamt unmittelbar mit Stellung des Verwertungsbegehrens über die Intentionen des Gesuchstellers informiert werden. 8.266

8. MÖGLICHE RECHTSBEGEHREN

Falls eine Anweisung an Zahlungs statt i.S.v. Art. 131 Abs. 1 SchKG angestrebt wird: 8.267

In der Betreibung Nr. […] des Betreibungsamtes […][des {Pfand-}Gläubigers] gegen den Schuldner [Name, Vorname, Adresse] sei die Geldforderung des Schuldners über den Betrag von CHF [Betrag] an Zahlungs statt an [Nennung des {Pfand-}Gläubigers / der Gläubiger] anzuweisen.

Falls eine Anweisung zur Geltendmachung / Eintreibung i.S.v. Art. 131 Abs. 2 SchKG angestrebt wird: 8.268

In der Betreibung Nr. […] des Betreibungsamtes […][des Gläubigers] gegen den Schuldner [Name, Vorname, Adresse] sei die Geldforderung des Schuldners über den Betrag von CHF [Betrag] zum Inkasso an [Nennung des {Pfand-}Gläubigers / der Gläubiger] anzuweisen.

9. VORAUSSETZUNGEN

A. ERSTE VORAUSSETZUNG

Das **Verwertungsbegehren** wurde fristgemäss gestellt und nicht zurückgezogen.[163] 8.269

---

162 Vor diesem Hintergrund empfiehlt es sich, dass das Betreibungsamt nach Eingang des Verwertungsbegehrens in Bezug auf eine strittige Forderung den Gläubigern eine Frist ansetzt zur Stellung eines entsprechenden Gesuchs (BSK SchKG I-Rutz/Roth, Art. 131 N 7).

163 BSK SchKG I-Rutz/Roth, Art. 131 N 6 und 38.

B. ZWEITE VORAUSSETZUNG

8.270 Es handelt sich bei der verpfändeten Forderung um eine **Geldforderung des Schuldners**, welche **keinen Markt- oder Börsenpreis** hat (Art. 131 Abs. 1 SchKG).

C. DRITTE VORAUSSETZUNG

8.271 Das Betreibungsamt kann die Forderung nicht ohne weiteres einziehen, d.h. die **Erfüllung der Forderung** durch den Dritten ist **unsicher**, z.B. weil die Forderung bestritten oder die Eintreibung erschwert ist.

D. VIERTE VORAUSSETZUNG

8.272 Sämtliche **(Pfand-)Gläubiger stimmen zu** (Art. 131 Abs. 1 SchKG), wobei bei der Übernahme eines verpfändeten Anspruchs zur Eintreibung (Art. 131 Abs. 2 SchKG) nicht immer alle Gläubiger zustimmen müssen.[164] Die Zustimmung des Pfandgläubigers, dem die betreffende Forderung verpfändet ist, ist auf jeden Fall einzuholen.[165]

E. FÜNFTE VORAUSSETZUNG

8.273 Das Gesuch um Anweisung einer Forderung wird **rechtzeitig** gestellt.

10. BESONDERHEITEN

8.274 Nicht einschlägig.

11. RECHTSMITTEL

8.275 Die Verfügungen des Betreibungsamts können mit betreibungsrechtlicher Beschwerde gem. Art. 17 ff. SchKG bei der (unteren) kantonalen Aufsichtsbehörde angefochten werden.

Falls eine **obere kantonale Aufsichtsbehörde** existiert, kann:
- der Entscheid einer unteren Aufsichtsbehörde innert 10 Tagen nach Eröffnung an die obere kantonale Aufsichtsbehörde weitergezogen werden (Art. 18 Abs. 1 SchKG);
- wegen Rechtsverweigerung oder Rechtsverzögerung durch die untere kantonale Aufsichtsbehörde jederzeit bei der oberen kantonalen Aufsichtsbehörde Beschwerde gegen die untere kantonale Aufsichtsbehörde geführt werden (Art. 18 Abs. 2 SchKG).

---

164 BGE 120 III 131, E. 1.

165 KUKO SchKG-Amberg, Art. 131 N 7.

Ansonsten ist **beim Bundesgericht Beschwerde in Zivilsachen** zu erheben (Art. 19 SchKG i.V.m. Art. 72 Abs. 2 lit. a BGG). Gemäss Art. 74 Abs. 2 lit. c BGG ist die Beschwerde in Zivilsachen in einem solchen Fall unabhängig vom jeweiligen Streitwert zulässig.[166] Die Beschwerdefrist beträgt 10 Tage (Art. 100 Abs. 2 lit. a BGG).

Tabellarische Zusammenfassung

Zweck	Falls die Erfüllung einer verpfändeten Geldforderung des Schuldners gegenüber einem Dritten z.B. infolge erschwerter Eintreibbarkeit unsicher ist, kann eine Verwertung gem. Art. 131 SchKG vom Betreibungsamt angeboten resp. von Betreibungsparteien beantragt werden
Gesetzliche Grundlage	Art. 156 Abs. 1 i.V.m. Art. 129 Abs. 4 SchKG
Verfahrensart	Kantonales Verwaltungsverfahrensrecht
Zuständigkeit	Betreibungsamt am Betreibungsort (Art. 46 ff. SchKG)
Aktivlegitimation	(Betreibende) (Pfand-)Gläubiger, (betriebener) Schuldner
Passivlegitimation	Nicht einschlägig
Streitwert	Nicht einschlägig
Fristen	Grds. keine Fristen im SchKG vorgesehen; das Betreibungsverfahren darf noch nicht abgeschlossen sein, damit das Betreibungsamt noch eine betreibungsamtliche Verwertung vornehmen kann
Kombination	Verwertungsbegehren (Art. 154 SchKG)
Mögliche Rechtsbegehren	*Falls eine Anweisung an Zahlungs statt i.S.v. Art. 131 Abs. 1 SchKG angestrebt wird:* In der Betreibung Nr. […] des Betreibungsamtes […][des (Pfand-)Gläubigers] gegen den Schuldner [Name, Vorname, Adresse] sei die Geldforderung des Schuldners über den Betrag von CHF [Betrag] an Zahlungs statt an [Nennung des (Pfand-)Gläubigers / der Gläubiger] anzuweisen. *Falls eine Anweisung zur Geltendmachung / Eintreibung i.S.v. Art. 131 Abs. 2 SchKG angestrebt wird:* In der Betreibung Nr. […] des Betreibungsamtes […][des Gläubigers] gegen den Schuldner [Name, Vorname, Adresse] sei die Geldforderung des Schuldners über den Betrag von CHF [Betrag] zum Inkasso an [Nennung des (Pfand-)Gläubigers / der Gläubiger] anzuweisen.

166 BGE 135 I 187, E. 1.2; KREN KOSTKIEWICZ/WALDER, Art. 17 SchKG N 26.

Voraussetzungen	– Verwertungsbegehren wurde fristgerecht gestellt (und nicht zurückgezogen) – Bei der verpfändeten Forderung handelt es sich um eine Geldforderung ohne Markt- oder Börsenpreis – Die Erfüllung der Forderung durch den Dritten ist unsicher (z.B. weil die Forderung bestritten / die Eintreibung erschwert ist) – Erforderliche Zustimmung der (Pfand-)Gläubiger (sämtliche im Falle von Art. 131 Abs. 1 SchKG, nicht immer alle im Falle von Art. 131 Abs. 2 SchKG). Die Zustimmung des Pfandgläubigers, dem die betreffende Forderung verpfändet ist, ist auf jeden Fall einzuholen – Rechtzeitig gestelltes Gesuch um Anweisung einer Forderung
Besonderheiten	Nicht einschlägig
Rechtsmittel	Verfügungen des Betreibungsamtes können mit betreibungsrechtlicher Beschwerde gem. Art. 17 SchKG innert 10 Tagen an die (untere) kantonale Aufsichtsbehörde weitergezogen werden *Falls eine obere kantonale Aufsichtsbehörde besteht:* Beschwerde an die obere kantonale Aufsichtsbehörde innert 10 Tagen nach Eröffnung des Entscheids der unteren kantonalen Aufsichtsbehörde (Art. 18 Abs. 1 SchKG) *oder* Beschwerde an die obere kantonale Aufsichtsbehörde gegen eine untere kantonale Aufsichtsbehörde bei Rechtsverzögerung oder Rechtsverweigerung (jederzeit möglich) *Ansonsten bzw. bei letztinstanzlichen kantonalen Entscheidungen:* Beschwerde in Zivilsachen beim Bundesgericht (Art. 19 SchKG i.V.m. Art. 72 Abs. 2 lit. a BGG) innert 10 Tagen (Art. 100 Abs. 2 lit. a BGG)

XXII. ANFECHTUNG DER VERWERTUNG MITTELS BESCHWERDE (ART. 156 ABS. 1 I.V.M. ART. 132A SCHKG)

1. ZWECK UND WIRKUNG

8.276 Bei der öffentlichen Steigerung und dem Freihandverkauf handelt es sich um Institute der Zwangsvollstreckung.[167] Falls es bei der Verwertung durch eine öffentliche Steigerung oder durch einen Freihandverkauf zu Unregelmässigkeiten kam, kann der Zuschlag bzw. der Abschluss des Freihandverkaufs angefochten werden. Eine Anfechtung der Verwertung mittels Beschwerde bezweckt daher eine Korrektur der im Rahmen der Verwertung aufgetretenen Unregelmässigkeiten.

167 KUKO SchKG-Amberg, Art. 132a N 2. Wird ein Grundstück öffentlich versteigert, stellt der erfolgte Zuschlag eine betreibungsrechtliche Verfügung dar, mit welcher das Eigentum am Grundstück übertragen wird (vgl. Art. 66 Abs. 1 erster Satz VZG).

2. VERFAHRENSART

Die betreibungsrechtliche Beschwerde ist ein zwangsvollstreckungsrechtliches Institut und ist in Bezug auf die Rechtsnatur nicht einfach einzuordnen.[168] Sie verfügt einerseits über Charakteristika des Verwaltungsverfahrens, andererseits aber auch über solche des Zivilprozesses. Folglich kann sie als «selbständiges, dem schweizerischen Betreibungs- und Konkursrecht eigentümliches Rechtsmittel verstanden werden».[169] Art. 20a SchKG enthält einige Mindestanforderungen, überlässt es jedoch den einzelnen Kantonen, das Verfahren zu regeln, d.h. die Verfahrensbestimmungen aufzustellen (vgl. Art. 20a Abs. 3 SchKG). Das Beschwerdeverfahren wird daher hauptsächlich vom kantonalen Recht geregelt.[170] Häufig finden sich die Bestimmungen in den kantonalen Einführungsgesetzen zum SchKG (s.a. Rz. 2.52). 8.277

3. ZUSTÄNDIGKEIT

Die Zuständigkeit für die Behandlung einer Beschwerde gem. Art. 17 SchKG richtet sich nach kantonalem Recht. Es ist die **Aufsichtsbehörde des jeweiligen Kantons** zuständig (Art. 17 und Art. 18 SchKG), wobei es den Kantonen überlassen ist, ob sie lediglich *eine Aufsichtsbehörde* oder eine *untere und eine obere Aufsichtsbehörde* bestellen wollen (vgl. Art. 13 SchKG). 8.278

Über zwei Aufsichtsbehörden (eine untere und eine obere) verfügen: 8.279

- Aargau (untere Aufsichtsbehörde: Gerichtspräsident; obere Aufsichtsbehörde: Schuldbetreibungs- und Konkurskommission des Obergerichts)[171]
- Luzern (untere Aufsichtsbehörde: Bezirksgerichte; obere Aufsichtsbehörde: Kantonsgericht)[172]
- Schwyz (untere Aufsichtsbehörde: Bezirksgerichtspräsident; obere Aufsichtsbehörde: Kantonsgericht)[173]
- Waadt (untere Aufsichtsbehörde: président du tribunal d'arrondissement; obere Aufsichtsbehörde: Tribunal cantonal)[174]
- Wallis (untere Aufsichtsbehörde: Bezirksrichter; obere Aufsichtsbehörde: Kantonsgericht)[175]
- Zürich (untere Aufsichtsbehörde: Bezirksgerichte; obere Aufsichtsbehörde: Obergericht)[176]

168 BSK SchKG I-Cometta/Möckli, Art. 17 N 1.
169 BSK SchKG I-Cometta/Möckli, Art. 17 N 1.
170 Vock/Müller, 63.
171 Vgl. § 14 ff. EG SchKG AG.
172 Vgl. § 4 EG SchKG LU.
173 Vgl. § 10 EGSchKG SZ.
174 Vgl. Art. 14 f. LVLP.
175 Vgl. Art. 19 f. EG SchKG VS.
176 Vgl. § 17 EG SchKG ZH.

4. LEGITIMATION

A. AKTIVLEGITIMATION / BESCHWERDELEGITIMATION

8.280 Beschwerdelegitimiert[177] ist (als Beschwerdeführer) jede partei-[178] und beschwerdefähige[179] Person / Gesellschaft / Einheit, die durch eine *Verfügung* eines Betreibungs- oder eines Konkursamtes **beschwert** ist indem sie (a) in ihren **rechtlich geschützten Interessen verletzt** wird oder (b) zumindest in einem **tatsächlichen und schutzwürdigen Interesse betroffen** ist und dadurch ein **schutzwürdiges (aktuelles und praktisches) Interesse** an der Aufhebung oder Abänderung der Verfügung hat. Oftmals ist der Schuldner oder auch der Gläubiger eines Betreibungsverfahrens entsprechend zur Beschwerde legitimiert, wobei die Legitimation jedoch immer im Einzelfall zu prüfen ist. Ferner können unter Umständen auch Drittpersonen zur Beschwerde legitimiert sein.[180]

B. PASSIVLEGITIMATION

8.281 Passivlegitimiert ist das Betreibungsamt, wobei in der Lehre umstritten ist, ob das verfügende Zwangsvollstreckungsorgan passivlegitimiert sein kann oder nicht.[181]

5. STREITWERT

8.282 Nicht einschlägig.

177 Das Vorliegen der Partei- und der Beschwerdefähigkeit wie auch der Beschwerdelegitimation stellen Eintretensvoraussetzungen dar, welche die Aufsichtsbehörde von Amtes wegen zu prüfen hat (BSK SchKG I-Cometta/Möckli, Art. 17 N 39 und 45). Fehlt z.B. die Beschwerdelegitimation, ergeht ein Nichteintretensentscheid, da es sich – im Gegensatz zur Aktivlegitimation im Zivilverfahren – nicht um eine materiellrechtliche Frage (die «materielle Legitimation zur Sache») handelt (Vock/Müller, 60).

178 Über Parteifähigkeit (= verfahrensrechtliches Pendant zur Rechtsfähigkeit) verfügen u.a.: (a) natürliche Personen; (b) juristische Personen; (c) Kollektivgesellschaft (Art. 562 OR); (d) Kommanditgesellschaft (Art. 602 OR); (e) Stockwerkeigentümergemeinschaft (Art. 712 l Abs. 2 ZGB); (f) Konkursmasse (vgl. Art. 240 SchKG); (g) Nachlassmasse beim Nachlassvertrag mit Vermögensabtretung (vgl. Art. 319 Abs. 4 SchKG) (BSK SchKG I-Cometta/Möckli, Art. 17 N 36).

179 Die Beschwerdefähigkeit ist das verfahrensrechtliche Pendant zur Handlungsfähigkeit gem. Art. 12 ZGB (BSK SchKG I-Cometta/Möckli, Art. 17 N 37).

180 KUKO SchKG-Dieth/Wohl, Art. 17 N 9 ff.; BSK SchKG I-Cometta/Möckli, Art. 17 N 40 ff.

181 BSK SchKG I-Cometta/Möckli, Art. 17 N 47.

6. FRISTEN

Die 10 tägige Beschwerdefrist (Art. 17 Abs. 2 SchKG) beginnt, wenn der Beschwerdeführer von der angefochtenen Verwertungshandlung Kenntnis erhalten hat und der Anfechtungsgrund für ihn erkennbar geworden ist (Art. 132a Abs. 2 SchKG). 8.283

Das Beschwerderecht erlischt jedoch ein Jahr nach der Verwertung (absolute Beschwerdefrist; vgl. Art. 132a Abs. 3 SchKG).

Wird in Bezug auf den Zuschlag oder den Freihandverkauf Nichtigkeit geltend gemacht, ist die Beschwerdefrist nicht einschlägig.[182] 8.284

7. KOMBINATIONSMÖGLICHKEITEN

Es sind keine naheliegenden Kombinationsmöglichkeiten ersichtlich. 8.285

8. MÖGLICHE RECHTSBEGEHREN

1. In der Betreibung Nr. […] des Betreibungsamtes […][des {Pfand-}Gläubigers] gegen den Schuldner [Name, Vorname, Adresse] sei [der Zuschlag des {Bezeichnung des betroffenen Vermögensgegenstands} / der Abschluss des Freihandverkaufs über {Bezeichnung des betroffenen Vermögensgegenstands}] vom [Datum] aufzuheben. 8.286
2. Das Betreibungsamt […] sei anzuweisen, [die Versteigerung neu anzusetzen / den Freihandverkauf neu durchzuführen].

9. VORAUSSETZUNGEN

A. ERSTE VORAUSSETZUNG

Es kam bei einer öffentlichen Steigerung zu einem **Zuschlag** bzw. bei einem Freihandverkauf zu einem **Abschluss eines Freihandverkaufs** (Art. 156 Abs. 1 i.V.m. Art. 132a Abs. 1 SchKG). 8.287

B. ZWEITE VORAUSSETZUNG

Es kam im Rahmen der Durchführung der öffentlichen Steigerung bzw. des Freihandverkaufs zu **unangemessenen** Handlungen oder **Gesetzesverletzungen** (vgl. Art. 132a i.V.m. Art. 17 Abs. 1 SchKG). 8.288

---

182 BGE 117 III 39, E. 5.

C. DRITTE VORAUSSETZUNG

8.289 Der Beschwerdeführer erhielt **mit bzw. nach Zuschlag / Abschluss des Freihandverkaufs Kenntnis** von der unangemessenen oder gesetzesverletzenden Verwertungshandlung und der Anfechtungsgrund wurde für ihn erkennbar.[183]

D. VIERTE VORAUSSETZUNG

Der Beschwerdeführer ist partei- und beschwerdefähig.

E. FÜNFTE VORAUSSETZUNG

8.290 Der Beschwerdeführer ist **beschwerdelegitimiert**, d.h. er muss in seinen rechtlich geschützten oder zumindest tatsächlichen Interessen betroffen sein (= beschwert sein) und dadurch ein schutzwürdiges (aktuelles und praktisches) Interesse haben an der Aufhebung oder Abänderung der angefochtenen Verfügung oder am Erlass einer Verfügung.[184]

F. SECHSTE VORAUSSETZUNG

8.291 Die **Beschwerdefrist** wird gewahrt (innert 10 Tagen ab Kenntniserhalt und Erkennbarwerdung des Anfechtungsgrunds). Die Einreichung der Beschwerde hat jedoch spätestens ein Jahr nach der Verwertung zu geschehen (absolute Beschwerdefrist).

Wird jedoch Nichtigkeit geltend gemacht, ist die Beschwerdefrist nicht einschlägig.

10. BESONDERHEITEN

8.292 Im Gegensatz zur relativen, zehntägigen Beschwerdefrist, kann die absolute Beschwerdefrist nicht nach Art. 33 Abs. 4 SchKG wiederhergestellt werden.

11. RECHTSMITTEL

8.293 **Falls eine obere kantonale Aufsichtsbehörde** existiert, kann:

183 NB: Gegen jede Verfügung des Betreibungsamtes kann Beschwerde geführt werden, wobei die Beschwerde grundsätzlich innert 10 Tagen seit Kenntnis der anfechtbaren Verfügung zu erheben ist (vgl. Art. 17 Abs. 1 und 2 SchKG).

184 Gemeint ist die formelle Legitimation zum Verfahren (und nicht – wie im Zivilprozess – die materielle Legitimation zur Sache). Ist die Beschwerde führende Person nicht entsprechend beschwerdelegitimiert, fehlt es an einer Prozessvoraussetzung, weshalb auf die Beschwerde nicht einzutreten ist (BSK SchKG I-Cometta/Möckli, Art. 17 N 39 und 45; Vock/Müller, 60).

- der Entscheid einer unteren Aufsichtsbehörde innert 10 Tagen nach Eröffnung an die obere kantonale Aufsichtsbehörde weitergezogen werden;
- wegen Rechtsverweigerung oder Rechtsverzögerung durch die untere kantonale Aufsichtsbehörde jederzeit bei der oberen kantonalen Aufsichtsbehörde Beschwerde gegen die untere kantonale Aufsichtsbehörde geführt werden.

Ansonsten ist **beim Bundesgericht Beschwerde in Zivilsachen** zu erheben (Art. 19 SchKG i.V.m. Art. 72 Abs. 2 lit. a BGG). Gemäss Art. 74 Abs. 2 lit. c BGG ist die Beschwerde in Zivilsachen in einem solchen Fall unabhängig vom jeweiligen Streitwert zulässig.[185] Die Beschwerdefrist beträgt 10 Tage (Art. 100 Abs. 2 lit. a BGG). 8.294

Tabellarische Zusammenfassung

Zweck	Anfechtung eines Zuschlages oder des Abschlusses eines Freihandverkaufs aufgrund von aufgetretenen Unregelmässigkeiten (zur Korrektur dieser Unregelmässigkeiten)
Gesetzliche Grundlage	Art. 156 Abs. 1 i.V.m. Art. 132a SchKG
Verfahrensart	Zwangsvollstreckungsrechtliches Verfahren mit Mindestanforderungen gem. Art. 20a SchKG und kantonalen Ausführungsbestimmungen
Zuständigkeit	(Untere) kantonale Aufsichtsbehörde
Aktivlegitimation / Beschwerdelegitimation	Partei- und beschwerdefähige Personen und Einheiten, die durch eine Verfügung eines Zwangsvollstreckungsorgans beschwert sind (in ihren rechtlich geschützten Interessen verletzt oder mind. in einem tatsachlichen und schutzwürdigen Interesse betroffen sind und an der Aufhebung / Abänderung der Verfügung ein schutzwürdiges aktuelles und praktisches Interesse haben)
Passivlegitimation	Verfügendes Zwangsvollstreckungsorgan (Betreibungsamt) (umstritten)
Streitwert	Nicht einschlägig
Fristen	- 10 Tage ab Kenntnisnahme der angefochtenen Verwertungshandlung und Erkennen des einschlägigen Anfechtungsgrunds - Absolute Beschwerdefrist ist jedoch 1 Jahr nach der Verwertung (Ausnahme: Falls Nichtigkeit geltend gemacht wird, ist die Beschwerdefrist nicht einschlägig)
Kombination	Nicht einschlägig

185 BGE 135 I 187, E. 1.2; Kren Kostkiewicz/Walder, Art. 17 SchKG N 26.

Mögliche Rechtsbegehren	1. In der Betreibung Nr. [...] des Betreibungsamtes [...][des {Pfand-}Gläubigers] gegen den Schuldner [Name, Vorname, Adresse] sei [der Zuschlag des {Bezeichnung des betroffenen Vermögensgegenstands} / der Abschluss des Freihandverkaufs über {Bezeichnung des betroffenen Vermögensgegenstands}] vom [Datum] aufzuheben. 2. Das Betreibungsamt [...] sei anzuweisen, [die Versteigerung neu anzusetzen / den Freihandverkauf neu durchzuführen].
Voraussetzungen	– Zuschlag im Falle einer öffentlichen Steigerung oder Abschluss eines Freihandverkaufs – Unangemessene Handlungen oder Gesetzesverletzungen im Rahmen der Durchführung der öffentlichen Steigerung oder des Freihandverkaufs – Kenntnisnahme von den unangemessenen oder gesetzesverletzenden Handlungen und Erkennen des Anfechtungsgrunds – Der Beschwerdeführer ist partei- und beschwerdefähig – Beschwerdelegitimation des Beschwerdeführers – Wahrung der Beschwerdefrist (Ausnahme: Nichtigkeit wird geltend gemacht)
Besonderheiten	Relative zehntägige Beschwerdefrist kann wiederhergestellt werden; die absolute Beschwerdefrist von einem Jahr (seit der Verwertung) hingegen nicht
Rechtsmittel	*Falls eine obere kantonale Aufsichtsbehörde besteht:* Beschwerde an die obere kantonale Aufsichtsbehörde innert 10 Tagen nach Eröffnung des Entscheids der unteren kantonalen Aufsichtsbehörde (Art. 18 Abs. 1 SchKG) *oder* Beschwerde an die obere kantonale Aufsichtsbehörde gegen eine untere kantonale Aufsichtsbehörde bei Rechtsverzögerung oder Rechtsverweigerung (jederzeit möglich) *Ansonsten bzw. bei letztinstanzlichen kantonalen Entscheidungen:* Beschwerde in Zivilsachen beim Bundesgericht (Art. 19 SchKG i.V.m. Art. 72 Abs. 2 lit. a BGG) innert 10 Tagen (Art. 100 Abs. 2 lit. a BGG)

XXIII. GESUCH UM VERWERTUNG VOR ABLAUF DER FRIST BZW. VORZEITIGE VERWERTUNG VON GRUNDSTÜCKEN (ART. 156 ABS. 1 I.V.M. ART. 133 ABS. 2 SCHKG)

1. ZWECK UND WIRKUNG

8.295 Ein Gesuch um vorzeitige Verwertung (von verpfändeten Grundstücken) bezweckt, dem Schuldner – i.S. eines gewissen Ausgleichs für die durch den Betreibungsbeschlag erlittene Verfügungsbeschränkung – eine Handlungsmöglichkeit zu bieten (neben dem Antragsrecht des Gläubigers).[186] Eine Genehmigung des Gesuchs um vorzeitige Verwertung (von Grundstücken) bewirkt die Verwertung gem. Art. 133 ff. SchKG.

2. VERFAHRENSART

Das Verfahren zur richtet sich nach kantonalem Verwaltungs(verfahrens)recht.[187] 8.296

3. ZUSTÄNDIGKEIT

Zuständig ist das Betreibungsamt am Betreibungsort (Art. 46 ff. SchKG).[188] 8.297

4. LEGITIMATION

A. AKTIVLEGITIMATION

(Aktiv-)Legitimiert ist der (betriebene) Schuldner (Art. 156 Abs. 1 i.V.m. Art. 133 Abs. 2 SchKG). 8.298
Allenfalls, d.h. bei ausdrücklichem Einverständnis aller Beteiligten, könnte ein Gesuch um vorzeitige Verwertung auch auf Anstoss eines (Pfand-)Gläubigers hin zulässig sein.[189]

---

186 KUKO SchKG-Rüetschi, Art. 124 N 6.

187 Verfügungen von Vollstreckungsorganen (z.B. eines Betreibungs- oder Konkursamtes) und die gegen solche Verfügungen unter Umständen zu ergreifende betreibungsrechtliche Beschwerde gem. Art. 17 ff. SchKG fallen nicht unter den in Art. 1 lit. c ZPO bezeichneten Geltungsbereich («gerichtliche Angelegenheiten des Schuldbetreibungs- und Konkursrechts») und somit nicht unter die ZPO. Solche Verfügungen stellen vielmehr das Ergebnis «eigenständiger Verwaltungsverfahren» dar (vgl. Botschaft ZPO, 7258), welche zum Beispiel durch einen entsprechenden Antrag oder ein entsprechendes Gesuch eingeleitet werden können. Auch Thomas Sutter-Somm/Rafael Klingler postulieren, dass Verfügungen der Vollstreckungsorgane und das betreibungsrechtliche Beschwerdeverfahren dem kantonalen Verwaltungsrecht unterstehen (Sutter-Somm/Hasenböhler/Leuenberger-Sutter-Somm/Klingler, Art. 1 ZPO N 8; vgl. BGer 5A_448/2011 vom 31.10.2011, E. 2.1). Franco Lorandi führt aus, dass das Verfahren vor den Betreibungsorganen dem Verwaltungsrecht sehr verwandt sei (Lorandi, 15, 19; Besprechung des Urteils des OGer TG vom 21.2.2013, in: RBOG 2013, Nr. 17).

188 Liegt das zu versteigernde Grundstück, welches nicht im Gesamteigentum steht, in einem anderen Betreibungskreis, beauftragt das Betreibungsamt (am Betreibungsort) anschliessend das Betreibungsamt des Betreibungskreises, in welchem das Grundstück liegt, mit der Verwertung (sogenannte *Requisitorialverwertung*, vgl. Art. 74 Abs. 1 der Verordnung des Bundesgerichts über die Zwangsverwertung von Grundstücken [VZG] i.V.m. Art. 1 Abs. 2 VZG). Das durch das Betreibungsamt (am Betreibungsort) beauftragte Betreibungsamt nimmt den Vollzug der Verwertung (Versteigerung) sodann rechtshilfeweise vor (BSK SchKG I-Stöckli/Duc, Art. 133 N 30 ff.).

189 BSK SchKG I-Stöckli/Duc, Art. 133 N 27.

B. PASSIVLEGITIMATION

8.299 Nicht einschlägig.

5. STREITWERT

8.300 Nicht einschlägig.

6. FRISTEN

8.301 Das SchKG sieht keine ausdrückliche Frist vor.[190] Das Gesuch kann im Rahmen der Betreibung auf Pfandverwertung sicherlich nach Rechtskraft des Zahlungsbefehls gestellt werden. Weiter ist denkbar, dass der Schuldner sofort nach Empfang des Zahlungsbefehls die vorzeitige Verwertung des Pfandes verlangen könnte (und zwar selbst bei Bestreitung und Rechtsvorschlag).[191]

Spätestens hat der Schuldner das Gesuch jedoch am letzten Tag der Frist des Gläubigers zur Stellung des Verwertungsbegehrens zu stellen.[192]

7. KOMBINATIONSMÖGLICHKEITEN

8.302 Es sind keine naheliegenden Kombinationsmöglichkeiten ersichtlich.

8. MÖGLICHE RECHTSBEGEHREN

8.303 In der Betreibung Nr. [...] des Betreibungsamtes [...][des Gläubigers] gegen den Schuldner [Name, Vorname, Adresse] sei in Bezug auf [das verpfändete Grundstück {Beschreibung}] die vorzeitige Verwertung vorzunehmen.

190 KUKO SchKG-Rüetschi, Art. 124 N 7.

191 Vgl. auch KUKO SchKG-Rüetschi, Art. 124 N 5 und 7; BSK SchKG I-Suter, Art. 124 N 7.

192 BSK SchKG I-Suter, Art. 124 N 11.

9. VORAUSSETZUNGEN

A. ERSTE VORAUSSETZUNG

Zeitgerecht gestelltes **Gesuch** vom (betriebenen) Schuldner (vgl. Art. 156 Abs. 1 i.V.m. Art. 133 Abs. 2 SchKG). 8.304

B. ZWEITE VORAUSSETZUNG

Sämtliche Grundpfandgläubiger geben ihre a**usdrückliche und unwiderrufliche Zustimmung** (vgl. Art. 156 Abs. 1 i.V.m. Art. 133 Abs. 2 SchKG).[193] 8.305

C. DRITTE VORAUSSETZUNG

Falls der Schuldner das Gesuch stellt und dieser nicht Eigentümer des verpfändeten Vermögensgegenstands ist, der verpfändete Vermögensgegenstand also im Eigentum eines Dritten steht, vertreten Marc Bernheim und Philipp Känzig die Ansicht, dass der Schuldner für die Stellung des Gesuches um vorzeitige Verwertung immer auch der **Zustimmung des Dritteigentümers** bedarf.[194] 8.306

D. VIERTE VORAUSSETZUNG

Der Gesuchssteller leistet den **Kostenvorschuss.**[195] 8.307

10. BESONDERHEITEN

Es handelt sich bei Art. 133 Abs. 2 SchKG um eine Kann-Vorschrift, d.h. der Schuldner hat keinen Anspruch auf Bewilligung. Die Gewährung einer solchen liegt im Ermessen des Betreibungsamtes, wobei das Betreibungsamt bei der Beurteilung des Gesuches eine Interessenabwägung (zwischen den Interessen der Gläubiger und den Interessen des Schuldners) vorzunehmen hat. 8.308

Allenfalls sind – je nach Art des Grundstückes – Spezialvorschriften einschlägig (vgl. z.B. das Bundesgesetz über das bäuerliche Bodenrecht [BGBB]). 8.309

---

193 Stillschweigen, z.B. auf eine Frist zur Rückäusserung, genügt der Anforderung der ausdrücklichen Zustimmung nicht (BSK SchKG I-Stöckli/Duc, Art. 133 N 26 f.).

194 BSK SchKG I-Bernheim/Känzig, Art. 154 N 14 ff.

195 Analog zu Art. 68 SchKG; KUKO SchKG-Rüetschi, Art. 124 N 7.

11. RECHTSMITTEL

8.310 Die Verfügungen des Betreibungsamts können mit betreibungsrechtlicher Beschwerde gem. Art. 17 SchKG bei der (unteren) kantonalen Aufsichtsbehörde angefochten werden.

8.311 **Falls** eine **obere kantonale Aufsichtsbehörde** existiert, kann:
- der Entscheid einer unteren Aufsichtsbehörde innert 10 Tagen nach Eröffnung an die obere kantonale Aufsichtsbehörde weitergezogen werden (Art. 18 Abs. 1 SchKG);
- wegen Rechtsverweigerung oder Rechtsverzögerung durch die untere kantonale Aufsichtsbehörde jederzeit bei der oberen kantonalen Aufsichtsbehörde Beschwerde gegen die untere kantonale Aufsichtsbehörde geführt werden (Art. 18 Abs. 2 SchKG).

Ansonsten ist **beim Bundesgericht Beschwerde in Zivilsachen** zu erheben (Art. 19 SchKG i.V.m. Art. 72 Abs. 2 lit. a BGG). Gemäss Art. 74 Abs. 2 lit. c BGG ist die Beschwerde in Zivilsachen in einem solchen Fall unabhängig vom jeweiligen Streitwert zulässig.[196] Die Beschwerdefrist beträgt 10 Tage (Art. 100 Abs. 2 lit. a BGG).

Tabellarische Zusammenfassung

Zweck	Ein Gesuch um vorzeitige Verwertung von verpfändeten Grundstücken soll dem Schuldner einen gewissen Ausgleich für die durch den Betreibungsbeschlag erlittene Verfügungsbeschränkung schaffen, indem die Verwertung vorzeitig erfolgt
Gesetzliche Grundlage	Art. 156 Abs. 1 i.V.m. Art. 133 Abs. 2 SchKG
Verfahrensart	Kantonales Verwaltungsverfahrensrecht
Zuständigkeit	Betreibungsamt am Betreibungsort (Art. 46 ff. SchKG)
Aktivlegitimation	(Betriebener) Schuldner, allenfalls, d.h. bei ausdrücklichem Einverständnis aller Beteiligter, auch ein (betreibender) Gläubiger
Passivlegitimation	Nicht einschlägig
Streitwert	Nicht einschlägig
Fristen	Keine Fristen im SchKG vorgesehen. Das Gesuch kann nach Rechtskraft des Zahlungsbefehls (allenfalls bereits sofort nach Empfang des Zahlungsbefehls), spätestens jedoch am letzten Tag der Frist des Gläubigers zur Stellung des Verwertungsbegehrens gestellt werden
Kombination	Nicht einschlägig

196 BGE 135 I 187, E. 1.2; KREN KOSTKIEWICZ/WALDER, Art. 17 SchKG N 26.

Mögliche Rechtsbegehren	In der Betreibung Nr. […] des Betreibungsamtes […][des Gläubigers] gegen den Schuldner [Name, Vorname, Adresse] sei in Bezug auf [das verpfändete Grundstück {Beschreibung}] die vorzeitige Verwertung vorzunehmen.
Voraussetzungen	- Zeitgerecht gestelltes Gesuch - Ausdrückliche und unwiderrufliche Zustimmung sämtlicher Grundpfandgläubiger - Zustimmung des Dritteigentümers falls sich der verpfändete Vermögensgegenstand im Eigentum eines Dritten befindet - Leistung des Kostenvorschusses
Besonderheiten	- Schuldner hat keinen Anspruch auf Gewährung seines Gesuchs, da es sich um eine Kann-Vorschrift handelt (Ermessensentscheid des Betreibungsamtes) - Abhängig von der Art des Grundstückes können Spezialvorschriften einschlägig sein (bspw. nach BGBB)
Rechtsmittel	Verfügungen etc. des Betreibungsamtes können mit betreibungsrechtlicher Beschwerde gem. Art. 17 SchKG innert 10 Tagen an die (untere) kantonale Aufsichtsbehörde weitergezogen werden *Falls eine obere kantonale Aufsichtsbehörde besteht:* Beschwerde an die obere kantonale Aufsichtsbehörde innert 10 Tagen nach Eröffnung des Entscheids der unteren kantonalen Aufsichtsbehörde (Art. 18 Abs. 1 SchKG) *oder* Beschwerde an die obere kantonale Aufsichtsbehörde gegen eine untere kantonale Aufsichtsbehörde bei Rechtsverzögerung oder Rechtsverweigerung (jederzeit möglich) *Ansonsten bzw. bei letztinstanzlichen kantonalen Entscheidungen:* Beschwerde in Zivilsachen beim Bundesgericht (Art. 19 SchKG i.V.m. Art. 72 Abs. 2 lit. a BGG) innert 10 Tagen (Art. 100 Abs. 2 lit. a BGG)

XXIV. BESTREITUNG DES LASTENVERZEICHNISSES (ART. 156 ABS. 1 I.V.M. ART. 140 ABS. 2 SCHKG)

1. ZWECK UND WIRKUNG

Bevor ein Grundstück versteigert werden kann, ist die Lastenbereinigung durchzuführen. Dazu 8.312 erstellt das Betreibungsamt für das betroffene Grundstück gestützt auf Art. 140 Abs. 1 SchKG das Lastenverzeichnis und gibt den Beteiligten mit Zustellung des Lastenverzeichnisses die Möglichkeit zur Bestreitung innert 10 Tagen (Art. 156 Abs. 1 i.V.m. Art. 140 Abs. 2 SchKG) (= **Vorver-**

fahren zu einem allfälligen Lastenbereinigungsverfahren[197]). Die Bestreitung des Lastenverzeichnisses hat zur Folge, dass das Lastenverzeichnis gegenüber dem Bestreitenden im Umfang der Bestreitung nicht in Rechtskraft tritt und das Betreibungsamt eine 20-tägige Frist zur Anhebung der Klage um Lastenbereinigung ansetzt (vgl. Art. 140 Abs. 2 i.V.m. Art. 107 Abs. 5 und Art. 108 Abs. 2 SchKG).[198]

2. VERFAHRENSART

8.313 Das Verfahren zur richtet sich nach kantonalem Verwaltungs(verfahrens)recht.[199]

3. ZUSTÄNDIGKEIT

8.314 Zuständig ist das Betreibungsamt am Betreibungsort (Art. 46 ff. SchKG) bzw. allenfalls das gem. Art. 74 ff. VZG für die Requisitorialverwertung beauftragte Betreibungsamt.[200]

197 Das Vorverfahren bezweckt, die Parteirollen für einen allfälligen folgenden Lastenbereinigungsprozess festzulegen. Daher verteilt das Betreibungsamt im Rahmen des Vorverfahrens im Falle einer Bestreitung die Parteirollen (vgl. Art. 39 VZG; KUKO SchKG-Bernheim/Känzig, Art. 140 N 2). Ergibt sich der Anspruch aus dem Grundbuch oder handelt es sich um ein ohne Eintrag ins Grundbuch gültiges gesetzliches Pfandrecht, ist gem. Art. 108 i.V.m. Art. 140 Abs. 2 SchKG eine vollstreckungsrechtliche Gestaltungsklage (oder je nach Lehrmeinung eine negative Feststellungsklage) einzureichen; ergibt sich der Anspruch hingegen nicht aus dem Grundbuch, ist gem. Art. 107 i.V.m. Art. 140 Abs. 2 SchKG ebenfalls eine entsprechende vollstreckungsrechtliche Gestaltungsklage (je nach Lehrmeinung eine positive Feststellungsklage) einzureichen (siehe auch Art. 39 VZG).

198 BSK SchKG I-Feuz, Art. 140 N 116.

199 Verfügungen von Vollstreckungsorganen (z.B. eines Betreibungs- oder Konkursamtes) und die gegen solche Verfügungen unter Umständen zu ergreifende betreibungsrechtliche Beschwerde gem. Art. 17 ff. SchKG fallen nicht unter den in Art. 1 lit. c ZPO bezeichneten Geltungsbereich («gerichtliche Angelegenheiten des Schuldbetreibungs- und Konkursrechts») und somit nicht unter die ZPO. Solche Verfügungen stellen vielmehr das Ergebnis «eigenständiger Verwaltungsverfahren» dar (vgl. Botschaft ZPO, 7258), welche zum Beispiel durch einen entsprechenden Antrag oder ein entsprechendes Gesuch eingeleitet werden können. Auch Thomas Sutter-Somm/Rafael Klingler postulieren, dass Verfügungen der Vollstreckungsorgane und das betreibungsrechtliche Beschwerdeverfahren dem kantonalen Verwaltungsrecht unterstehen (Sutter-Somm/Hasenböhler/Leuenberger-Sutter-Somm/Klingler, Art. 1 ZPO N 8; vgl. BGer 5A_448/2011 vom 31.10.2011, E. 2.1). Franco Lorandi führt aus, dass das Verfahren vor den Betreibungsorganen dem Verwaltungsrecht sehr verwandt sei (Lorandi, 15, 19; Besprechung des Urteils des OGer TG vom 21.2.2013, in: RBOG 2013, Nr. 17).

200 BSK SchKG I-Feuz, Art. 140 N 114.

4. LEGITIMATION

A. AKTIVLEGITIMATION

(Aktiv-)Legitimiert sind die Beteiligten, d.h. (i) der (betriebene) Schuldner, (ii) alle Gläubiger, zu deren Gunsten das Grundstück gepfändet ist,[201] (iii) die allfälligen weiteren Grundpfandgläubiger, (iv) die allfälligen Berechtigten aus vorgemerkten persönlichen Rechten (Art. 959 ZGB) sowie (v) ein allfälliger Miteigentümer oder (vi) ein allfälliger Dritteigentümer.[202] 8.315

B. PASSIVLEGITIMATION

Nicht einschlägig. 8.316

5. STREITWERT

Nicht einschlägig. 8.317

6. FRISTEN

Das Lastenverzeichnisses ist innerhalb von 10 Tagen von der Zustellung zu bestreiten (Art. 156 Abs. 1 i.V.m. Art. 140 Abs. 2 SchKG i.V.m. Art. 37 Abs. 2 VZG). 8.318

7. KOMBINATIONSMÖGLICHKEITEN

Es sind keine naheliegenden Kombinationsmöglichkeiten ersichtlich. 8.319

8. MÖGLICHE RECHTSBEGEHREN

Die in der Betreibung Nr. […] des Betreibungsamtes […] gegen den Schuldner [Name, Vorname, Adresse] im Lastenverzeichnis vom [Datum] betreffend das (verpfändete) Grundstück [Bezeichnung des Grundstücks] aufgeführte [genaue Bezeichnung des bestrittenen Anspruchs bzw. der Last {Position Nr.}] wird bestritten. 8.320

201 Wird nämlich ein sich im Grundpfandverwertungsverfahren befindliches Grundstück auch noch gepfändet, ist das Lastenverzeichnis und die Steigerungsbedingen auch den pfändenden Gläubigern zuzustellen (BSK SchKG I-Känzig/Bernheim, Art. 156 N 12).

202 Art. 37 Abs. 1 VZG; KUKO SchKG-Bernheim/Känzig, Art. 140 N 31.

9. VORAUSSETZUNGEN

A. ERSTE VORAUSSETZUNG

8.321 Das Betreibungsamt stellt dem Beteiligten das **Lastenverzeichnis** zu (vgl. Art. 156 Abs. 1 i.V.m. Art. 140 Abs. 2 SchKG).

B. ZWEITE VORAUSSETZUNG

8.322 Der Schuldner oder der/die (Pfand-)Gläubiger wollen eine auf dem Lastenverzeichnis aufgeführte **Last** in Bezug auf deren Bestand, Umfang, Rang oder Fälligkeit **bestreiten**. Dabei ist der bestrittene Anspruch in der Bestreitungserklärung genau zu bezeichnen (vgl. Art. 37 Abs. 2 VZG).

C. DRITTE VORAUSSETZUNG

8.323 Die **Bestreitungsfrist** wird gewahrt.

10. BESONDERHEITEN

8.324 Die Bestreitung hat schriftlich zu erfolgen (Art. 37 Abs. 2 VZG).

8.325 Die Bestreitung muss nicht begründet werden.[203]

8.326 Ist infolge einer früheren Betreibung bereits ein Prozess über eine im Lastenverzeichnis enthaltene Last anhängig, so hat das Betreibungsamt hiervon im Lastenverzeichnis von Amtes wegen Vormerk zu nehmen (unter Angabe der Prozessparteien und des Rechtsbegehrens) (Art. 37 Abs. 3 VZG).

8.327 Enthält ein Lastenverzeichnis unvollständige oder fehlerhafte Eintragungen, muss es vom Interessierten mit betreibungsrechtlicher Beschwerde gem. Art. 17 SchKG angefochten werden. Ansonsten erwächst das fehlerhafte Lastenverzeichnis in Rechtskraft.[204]

11. RECHTSMITTEL

8.328 Allenfalls betreibungsrechtliche Beschwerde gem. Art. 17 SchKG bei der (unteren) kantonalen Aufsichtsbehörde gegen das Lastenverzeichnis (Art. 156 Abs. 1 i.V.m. Art. 140 i.V.m. Art. 17ff. SchKG).

203 BSK SchKG EB-Staehelin, Art. 140 ad N 114b.

204 BSK SchKG I-Feuz, Art. 140 N 117a f.

Tabellarische Zusammenfassung

Zweck	Verhindern, dass das Lastenverzeichnis (gegenüber dem Bestreitenden im Umfang der Bestreitung) in Rechtskraft erwächst, so dass das Lastenverzeichnis korrigiert bzw. angepasst werden kann
Gesetzliche Grundlage	Art. 156 Abs. 1 i.V.m. Art. 140 Abs. 2 SchKG
Verfahrensart	Kantonales Verwaltungsverfahrensrecht
Zuständigkeit	Betreibungsamt am Betreibungsort (Art. 46 ff. SchKG) bzw. allenfalls das gem. Art. 74 ff. VZG für die Requisitorialverwertung beauftragte Betreibungsamt
Aktivlegitimation	(Betriebener) Schuldner; (betreibende) Gläubiger, zu deren Gunsten das Grundstück gepfändet ist; allf. weitere Grundpfandgläubiger; allf. Berechtigte aus vorgemerkten persönlichen Rechten; allf. Miteigentümer; allf. Dritteigentümer
Passivlegitimation	Nicht einschlägig
Streitwert	Nicht einschlägig
Fristen	Innerhalb von 10 Tagen seit der Zustellung des Lastenverzeichnisses
Kombination	Nicht einschlägig
Mögliche Rechtsbegehren	Die in der Betreibung Nr. [...] des Betreibungsamtes [...] gegen den Schuldner [Name, Vorname, Adresse] im Lastenverzeichnis vom [Datum] betreffend das (verpfändete) Grundstück [Bezeichnung des Grundstücks] aufgeführte [genaue Bezeichnung des bestrittenen Anspruchs bzw. der Last {Position Nr.}] wird bestritten.
Voraussetzungen	– Lastenverzeichnis wurde dem Beteiligten zugestellt – Eine auf dem Lastenverzeichnis aufgeführte Last soll resp. wird bzgl. Bestand, Umfang, Rang oder Fälligkeit bestritten (genaue Bezeichnung wichtig) – Bestreitungsfrist gewahrt
Besonderheiten	– Bestreitung des Lastenverzeichnisses muss schriftlich erfolgen, jedoch nicht begründet werden – Falls aufgrund einer früheren Betreibung bereits ein Prozess über eine im Lastenverzeichnis enthaltene Last geführt wird, hat das Betreibungsamt diesbezüglich eine Vormerkung in das Lastenverzeichnis aufzunehmen – Unvollständige oder fehlerhafte Eintragungen im Lastenverzeichnis müssen mit betreibungsrechtlicher Beschwerde gem. Art. 17 SchKG angefochten werden
Rechtsmittel	Allenfalls betreibungsrechtliche Beschwerde gem. Art. 17 SchKG bei der (unteren) kantonalen Aufsichtsbehörde gegen das Lastenverzeichnis innert 10 Tagen (Art. 140 i.V.m. Art. 17 ff. SchKG)

XXV. BESCHWERDE GEGEN DAS LASTENVERZEICHNIS (ART. 156 ABS. 1 I.V.M. ART. 140 I.V.M. ART. 17 FF. SCHKG)

1. ZWECK UND WIRKUNG

8.329 Eine betreibungsrechtliche Beschwerde gegen das Lastenverzeichnis bezweckt, das Lastenverzeichnis infolge (formeller) **Verfahrensfehler des Betreibungsamtes** entsprechend zu ergänzen oder zu berichtigen.[205] Wird die Beschwerde gutgeheissen, hat das Betreibungsamt die Ergänzung oder Änderung den Beteiligten wiederum unter Ansetzung einer zehntägigen Bestreitungsfrist mitzuteilen (vgl. Art. 40 VZG).

2. VERFAHRENSART

8.330 Die betreibungsrechtliche Beschwerde ist ein zwangsvollstreckungsrechtliches Institut und ist in Bezug auf die Rechtsnatur nicht einfach einzuordnen.[206] Sie verfügt einerseits über Charakteristika des Verwaltungsverfahrens, andererseits aber auch über solche des Zivilprozesses. Folglich kann sie als «selbständiges, dem schweizerischen Betreibungs- und Konkursrecht eigentümliches Rechtsmittel verstanden werden».[207] Art. 20a SchKG enthält einige Mindestanforderungen, überlässt es jedoch den einzelnen Kantonen, das Verfahren zu regeln, d.h. die Verfahrensbestimmungen aufzustellen (vgl. Art. 20a Abs. 3 SchKG). Das Beschwerdeverfahren wird daher hauptsächlich vom kantonalen Recht geregelt.[208] Häufig finden sich die Bestimmungen in den kantonalen Einführungsgesetzen zum SchKG (s.a. Rz. 2.52).

3. ZUSTÄNDIGKEIT

8.331 Die Zuständigkeit für die Behandlung einer Beschwerde gem. Art. 17 SchKG richtet sich nach kantonalem Recht. Es ist die **Aufsichtsbehörde des jeweiligen Kantons** zuständig (Art. 17 und Art. 18 SchKG), wobei es den Kantonen überlassen ist, ob sie lediglich *eine Aufsichtsbehörde* oder eine *untere und eine obere Aufsichtsbehörde* bestellen wollen (vgl. Art. 13 SchKG).

8.332 Über zwei Aufsichtsbehörden (eine untere und eine obere) verfügen:

205 Art. 40 VZG; KUKO SchKG-Bernheim/Känzig, Art. 140 N 10.
206 BSK SchKG I-Cometta/Möckli, Art. 17 N 1.
207 BSK SchKG I-Cometta/Möckli, Art. 17 N 1.
208 Vock/Müller, 63.

- Aargau (untere Aufsichtsbehörde: Gerichtspräsident; obere Aufsichtsbehörde: Schuldbetreibungs- und Konkurskommission des Obergerichts)[209]
- Luzern (untere Aufsichtsbehörde: Bezirksgerichte; obere Aufsichtsbehörde: Kantonsgericht)[210]
- Schwyz (untere Aufsichtsbehörde: Bezirksgerichtspräsident; obere Aufsichtsbehörde: Kantonsgericht)[211]
- Waadt (untere Aufsichtsbehörde: président du tribunal d'arrondissement; obere Aufsichtsbehörde: Tribunal cantonal)[212]
- Wallis (untere Aufsichtsbehörde: Bezirksrichter; obere Aufsichtsbehörde: Kantonsgericht)[213]
- Zürich (untere Aufsichtsbehörde: Bezirksgerichte; obere Aufsichtsbehörde: Obergericht)[214]

4. LEGITIMATION

A. AKTIVLEGITIMATION / BESCHWERDELEGITIMATION

Beschwerdelegitimiert[215] ist als Beschwerdeführer jede partei-[216] und beschwerdefähige[217] Person / Gesellschaft / Einheit, die namentlich durch eine *Verfügung* eines Betreibungsamtes **beschwert** ist indem sie (a) in ihren **rechtlich geschützten Interessen verletzt** wird oder (b) zumindest in einem **tatsächlichen und schutzwürdigen Interesse betroffen** ist und dadurch ein **schutzwürdiges (aktuelles und praktisches) Interesse** an der Aufhebung oder Abänderung der Verfügung hat. Oftmals ist der Schuldner oder auch der Gläubiger eines Betreibungsverfahrens entsprechend zur Beschwerde legitimiert, wobei die Legitimation jedoch immer im Einzelfall zu prüfen ist. Ferner können unter Umständen auch Drittpersonen zur Beschwerde legitimiert sein.[218] 8.333

209 Vgl. § 14 ff. EG SchKG AG.

210 Vgl. § 4 EG SchKG LU.

211 Vgl. § 10 EGzSchKG SZ.

212 Vgl. Art. 14 f. LVLP.

213 Vgl. Art. 19 f. EG SchKG VS.

214 Vgl. § 17 EG SchKG ZH.

215 Das Vorliegen der Partei- und der Beschwerdefähigkeit wie auch der Beschwerdelegitimation stellen Eintretensvoraussetzungen dar, welche die Aufsichtsbehörde von Amtes wegen zu prüfen hat (BSK SchKG I-Cometta/Möckli, Art. 17 N 39 und 45). Fehlt z.B. die Beschwerdelegitimation, ergeht ein Nichteintretensentscheid, da es sich – im Gegensatz zur Aktivlegitimation im Zivilverfahren – nicht um eine materiellrechtliche Frage (die «Sachlegitimation / materielle Legitimation zur Sache») handelt (Vock/Müller, 60).

216 Über Parteifähigkeit (= verfahrensrechtliches Pendant zur Rechtsfähigkeit) verfügen u.a.: (a) natürliche Personen; (b) juristische Personen; (c) Kollektivgesellschaft (Art. 562 OR); (d) Kommanditgesellschaft (Art. 602 OR); (e) Stockwerkeigentümergemeinschaft (Art. 712 l Abs. 2 ZGB); (f) Konkursmasse (vgl. Art. 240 SchKG); (g) Nachlassmasse beim Nachlassvertrag mit Vermögensabtretung (vgl. Art. 319 Abs. 4 SchKG) (BSK SchKG I-Cometta/Möckli, Art. 17 N 36).

217 Die Beschwerdefähigkeit ist das verfahrensrechtliche Pendant zur Handlungsfähigkeit gem. Art. 12 ZGB (BSK SchKG I-Cometta/Möckli, Art. 17 N 37).

218 KUKO SchKG-Dieth/Wohl, Art. 17 N 9 ff.; BSK SchKG I-Cometta/Möckli, Art. 17 N 40 ff.

B. PASSIVLEGITIMATION / BESCHWERDEGEGNER

8.334 Passivlegitimiert ist das Betreibungsamt, wobei in der Lehre umstritten ist, ob das verfügende Zwangsvollstreckungsorgan passivlegitimiert sein kann oder nicht.[219]

5. STREITWERT

8.335 Nicht einschlägig.

6. FRISTEN

8.336 Die Beschwerde gegen das Lastenverzeichnis ist innert 10 Tagen (vgl. Art. 17 Abs. 2 SchKG und Art. 40 VZG) seit Zustellung des Lastenverzeichnisses einzureichen.

8.337 Wird jedoch Nichtigkeit geltend gemacht, ist die Beschwerdefrist nicht einschlägig. Eine Beschwerde kann diesfalls jederzeit erhoben werden.

7. KOMBINATIONSMÖGLICHKEITEN

8.338 Je nach Konstellation ist es angezeigt, dass der Beschwerdeführer vorsorglich auch eine Bestreitung des Lastenverzeichnisses gem. Art. 156 Abs. 1 i.V.m. Art. 140 Abs. 2 SchKG vornimmt (s.a. § 8, Ziff. XXIV, Rz. 8.312 ff.).

8. MÖGLICHE RECHTSBEGEHREN

8.339
1. Es sei in der Betreibung Nr. […] des Betreibungsamts […] gegen den Schuldner [Name, Vorname, Adresse] die betreffend das Grundstück [Bezeichnung des Grundstücks] im Lastenverzeichnis aufgenommene Last [Nennung der konkreten Last {Position Nr.}][Nennung des Änderungsbegehrens, z.B. mangels Anmeldung zu löschen].
2. Der Beschwerde sei die aufschiebende Wirkung zu erteilen.

219 BSK SchKG I-Cometta/Möckli, Art. 17 N 47.

9. VORAUSSETZUNGEN

A. ERSTE VORAUSSETZUNG

Es besteht eine Verfügung des Betreibungsamts (= **taugliches Anfechtungs- bzw. Beschwerdeobjekt**), vorliegend ein Lastenverzeichnis. 8.340

B. ZWEITE VORAUSSETZUNG

Der Beschwerdeführer ist **partei- und beschwerdefähig**. 8.341

C. DRITTE VORAUSSETZUNG

Der Beschwerdeführer ist **beschwerdelegitimiert**, d.h. er muss in seinen rechtlich geschützten oder zumindest tatsächlichen Interessen betroffen sein (= beschwert sein) und dadurch ein schutzwürdiges (aktuelles und praktisches) Interesse haben an der Aufhebung oder Abänderung der angefochtenen Verfügung.[220] 8.342

D. VIERTE VORAUSSETZUNG

Die **Beschwerdefrist** ist gewahrt. 8.343

E. FÜNFTE VORAUSSETZUNG

Der Beschwerdeführer macht einen gesetzlich vorgesehenen **Beschwerdegrund** (Gesetzesverletzung inkl. Ermessensmissbrauch und Ermessensüberschreitung oder Unangemessenheit) geltend.[221] 8.344

10. BESONDERHEITEN

Die Beschwerde hat **von Gesetzes wegen keinen Suspensiveffekt** (vgl. Art. 36 SchKG). Eine aufschiebende Wirkung der Beschwerde muss daher beantragt werden und kommt nur in Existenz, sofern die kantonale Aufsichtsbehörde (oder deren Präsident) eine solche anordnet. 8.345

---

220 Gemeint ist die formelle Legitimation zum Verfahren (und nicht – wie im Zivilprozess – die materielle Legitimation zur Sache). Ist die Beschwerde führende Person nicht entsprechend beschwerdelegitimiert, fehlt es an einer Prozessvoraussetzung, weshalb auf die Beschwerde nicht einzutreten ist (BSK SchKG I-COMETTA/MÖCKLI, Art. 17 N 39 und 45; Vock/Müller, 60).

221 VOCK/MÜLLER, 57.

8.346 Das **Beschwerdeverfahren vor einer kantonalen Aufsichtsbehörde ist kostenlos**, ausser die Prozessführung erfolgt böswillig oder mutwillig (vgl. Art. 20a Abs. 2 Ziff. 5 SchKG).

8.347 Zudem wird **keine Parteientschädigung** ausgerichtet (Art. 62 Abs. 2 GebV SchKG).

11. RECHTSMITTEL

8.348 **Falls eine obere kantonale Aufsichtsbehörde** existiert, kann:

- der Entscheid einer unteren Aufsichtsbehörde innert 10 Tagen nach Eröffnung an die obere kantonale Aufsichtsbehörde weitergezogen werden (Art. 18 Abs. 1 SchKG);
- wegen Rechtsverweigerung oder Rechtsverzögerung durch die untere kantonale Aufsichtsbehörde jederzeit bei der oberen kantonalen Aufsichtsbehörde Beschwerde gegen die untere kantonale Aufsichtsbehörde geführt werden (Art. 18 Abs. 2 SchKG).

8.349 Ansonsten ist **beim Bundesgericht Beschwerde in Zivilsachen** zu erheben (Art. 19 SchKG i.V.m. Art. 72 Abs. 2 lit. a BGG). Gemäss Art. 74 Abs. 2 lit. c BGG ist die Beschwerde in Zivilsachen in einem solchen Fall unabhängig vom jeweiligen Streitwert zulässig.[222] Die Beschwerdefrist beträgt 10 Tage (Art. 100 Abs. 2 lit. a BGG).

Tabellarische Zusammenfassung

Zweck	Im Falle unvollständiger oder fehlerhafter Eintragungen im Lastenverzeichnis, d.h. wegen formellen Verfahrensfehlern eines Betreibungsamtes, kann das Lastenverzeichnis mittels betreibungsrechtlicher Beschwerde angefochten werden, um eine entsprechende Ergänzung oder Berichtigung zu erwirken
Gesetzliche Grundlage	Art. 156 Abs. 1 i.V.m. Art. 140 Abs. 2 SchKG
Verfahrensart	Zwangsvollstreckungsrechtliches Verfahren mit Mindestanforderungen gem. Art. 20a SchKG und kantonalen Ausführungsbestimmungen
Zuständigkeit	(Untere) kantonale Aufsichtsbehörde
Aktivlegitimation / Beschwerdelegitimation	Partei- und beschwerdefähige Personen und Einheiten, die durch eine Verfügung eines Zwangsvollstreckungsorgans beschwert sind (in ihren rechtlich geschützten Interessen verletzt oder mind. in einem tatsächlichen und schutzwürdigen Interesse betroffen sind und an der Aufhebung / Abänderung der Verfügung ein schutzwürdiges aktuelles und praktisches Interesse haben)
Passivlegitimation / Beschwerdegegner	Betreibungsamt (umstritten)
Streitwert	Nicht einschlägig

222 Kren Kostkiewicz/Walder, Art. 17 SchKG N 26.

Fristen	10 Tage beginnend mit Zustellung der Verfügung bzw. des Lastenverzeichnisses (Ausnahme: Eine Beschwerde aufgrund Nichtigkeit kann jederzeit erhoben werden)
Kombination	Allenfalls vorsorglich auch eine Bestreitung des Lastenverzeichnisses gem. Art. 156 Abs. 1 i.V.m. Art. 140 Abs. 2 SchKG
Mögliche Rechtsbegehren	1. Es sei in der Betreibung Nr. [...] des Betreibungsamts [...] gegen den Schuldner [Name, Vorname, Adresse] die betreffend das Grundstück [Bezeichnung des Grundstücks] im Lastenverzeichnis aufgenommene Last [Nennung der konkreten Last {Position Nr.}][Nennung des Änderungsbegehrens, z.B. mangels Anmeldung zu löschen]. 2. Der Beschwerde sei die aufschiebende Wirkung zu erteilen.
Voraussetzungen	– Verfügung in Form eines Lastenverzeichnisses des Betreibungsamts liegt vor – Beschwerdeführer ist partei- und beschwerdefähig – Beschwerdeführer ist beschwerdelegitimiert – Beschwerdefrist wird gewahrt – Gesetzlich vorgesehener Beschwerdegrund ist einschlägig
Besonderheiten	– Die Beschwerde hat von Gesetzes wegen keine aufschiebende Wirkung. Diese muss beantragt werden – Vor einer kantonalen Aufsichtsbehörde ist das Beschwerdeverfahren kostenlos (Ausnahme. böswillige oder mutwillige Prozessführung) – Den Parteien wird in einem Beschwerdeverfahren keine Parteientschädigung ausgerichtet
Rechtsmittel	*Falls eine obere kantonale Aufsichtsbehörde besteht:* Beschwerde an die obere kantonale Aufsichtsbehörde innert 10 Tagen nach Eröffnung des Entscheids der unteren kantonalen Aufsichtsbehörde (Art. 18 Abs. 1 SchKG) *oder* Beschwerde an die obere kantonale Aufsichtsbehörde gegen eine untere kantonale Aufsichtsbehörde bei Rechtsverzögerung oder Rechtsverweigerung (jederzeit möglich) *Ansonsten bzw. bei letztinstanzlichen kantonalen Entscheidungen:* Beschwerde in Zivilsachen beim Bundesgericht (Art. 19 SchKG i.V.m. Art. 72 Abs. 2 lit. a BGG) innert 10 Tagen (Art. 100 Abs. 2 lit. a BGG)

XXVI. KLAGE UM LASTENBEREINIGUNG (ART. 156 ABS. 1 I.V.M. ART. 140 SCHKG)

1. ZWECK UND WIRKUNG

8.350 Eine Klage um Lastenbereinigung bezweckt, den Bestand, Umfang, Rang oder die Fälligkeit von Grundpfandrechten und anderen dinglichen Rechten (Ansprüchen) am verpfändeten (und allenfalls gepfändeten) zu verwertenden Grundstück, die im Lastenverzeichnis aufgenommen worden sind, gerichtlich festzustellen.[223]

8.351 Eine Gutheissung der Klage um Lastenbereinigung bewirkt, dass der Kläger Anspruch hat auf den gesamten Prozessgewinn bis zur vollständigen Deckung seiner in Betreibung gesetzten Forderung inkl. Zins und Betreibungskosten. Nehmen andere Gläubiger an der Pfändung teil, welche die Last nicht bestritten haben, profitieren diese nicht vom Prozess(gewinn).[224]

2. VERFAHRENSART

8.352 Je nach Sachverhalt ist die Klage um Lastenbereinigung zu behandeln im:
- **ordentlichen Verfahren** (Art. 219 ff. ZPO) bei einem Streitwert von mehr als CHF 30 000.– *oder*
- **vereinfachten Verfahren** (Art. 243 ff. ZPO) bei einem Streitwert von bis zu CHF 30 000.–.

3. ZUSTÄNDIGKEIT

8.353 **Örtlich** zuständig für die Beurteilung eines in Bezug auf ein Grundstück geltend gemachten Anspruches ist das Gericht an dem Ort, wo das Grundstück oder sein wertvollster Teil liegt (vgl. Art. 156 Abs. 1 SchKG i.V.m. Art. 140 Abs. 2 SchKG i.V.m. Art. 109 Abs. 3 SchKG i.V.m. Art. 46 ZPO).[225]

8.354 Die **sachliche** und **funktionelle** Zuständigkeit bestimmt sich nach dem jeweilig anwendbaren kantonalen Recht (vgl. Art. 23 SchKG und Art. 4 ZPO).

223 Das Lastenverzeichnis hält verbindlich fest, welche Lasten auf den Erwerber übergehen (Art. 135 Abs. 1 SchKG; Vock/Müller, 199). Wurde eine Last nicht im Lastenverzeichnis aufgenommen, ist die Aufnahme im Rahmen des Lastenbereinigungsprozesses nicht mehr möglich. Diesfalls ist eine Beschwerde gegen das Lastenverzeichnis zu erheben (KUKO SchKG-Bernheim/Känzig, Art. 140 N 42).

224 KUKO SchKG-Bernheim/Känzig, Art. 140 N 43.

225 BSK SchKG I-Feuz, Art. 140 N 128.

4. LEGITIMATION

A. AKTIVLEGITIMATION

Die Parteirollenverteilung, d.h. ob dem Bestreitenden oder dem Inhaber des bestrittenen Rechts in einem allfälligen Lastenbereinigungsprozess die **Klägerrolle** zukommt, wird **mittels Verfügung vom Betreibungsamt vorgenommen**.[226] 8.355

- Wird ein Recht bestritten, das im Grundbuch eingetragen ist oder das auch ohne Grundbucheintrag gültig ist (z.B. gesetzliches Pfandrecht), weist das Betreibungsamt mittels Verfügung demjenigen die Klägerrolle zu, welcher eine Abänderung oder Löschung des Rechts verlangt (Art. 39 VZG).
- Wird hingegen ein Recht bestritten, das nicht im Grundbuch eingetragen ist, obschon dessen Eintragung vorausgesetzt wäre für die Gültigkeit, weist das Betreibungsamt die Klägerrolle mittels Verfügung dem vermeintlichen Inhaber des Rechts zu.[227]

Gemäss Art. 156 Abs. 1 i.V.m. Art. 140 Abs. 2 SchKG können grundsätzlich die Beteiligten, d.h. (i) der (betriebene) Schuldner, (ii) allenfalls alle Gläubiger, zu deren Gunsten das Grundstück gepfändet ist,[228] (iii) der/die Grundpfandgläubiger, (iv) die allfälligen Berechtigten aus vorgemerkten persönlichen Rechten (Art. 959 ZGB) sowie (v) ein allfälliger Miteigentümer oder (vi) ein allfälliger Dritteigentümer aktivlegitimiert sein.[229] 8.356

B. PASSIVLEGITIMATION

Passivlegitimiert sind grundsätzlich diejenigen Beteiligten i.S.v. Art. 156 Abs. 1 i.V.m. Art. 140 Abs. 2 SchKG, deren Anspruch bestritten wird. 8.357

In einem Lastenbereinigungsprozess kann allerdings nur Beklagter sein, wer mittels **Verfügung des Betreibungsamtes** als solchen bezeichnet wurde.[230] 8.358

226 KUKO SchKG-Bernheim/Känzig, Art. 140 N 36; BSK SchKG I-Feuz, Art. 140 N 127.

227 Vock/Müller, 203.

228 Wird nämlich ein sich im Grundpfandverwertungsverfahren befindliches Grundstück auch noch gepfändet, ist das Lastenverzeichnis und die Steigerungsbedingen auch den pfändenden Gläubigern zuzustellen (BSK SchKG I-Känzig/Bernheim, Art. 156 N 12).

229 Art. 37 Abs. 1 VZG; KUKO SchKG-Bernheim/Känzig, Art. 140 N 31.

230 BSK SchKG I-Feuz, Art. 140 N 127.

5. STREITWERT

8.359 Der Streitwert bemisst sich gem. Art. 91 ff. ZPO (vgl. auch Art. 1 lit. c ZPO). Dabei ist die wertmässige Bedeutung der Klage um Lastenbereinigung für die Parteien in der laufenden Betreibung massgebend.[231]

6. FRISTEN

8.360 Die Klagefrist beträgt 20 Tage (Art. 156 Abs. 1 i.V.m. Art. 140 Abs. 2 i.V.m. Art. 107 Abs. 5 und Art. 108 Abs. 2 i.V.m. Art. 31 SchKG und Art. 142 ZPO) beginnend am Tag nach erfolgter Mitteilung durch das Betreibungsamt.[232]

7. KOMBINATIONSMÖGLICHKEITEN

8.361 Es sind keine naheliegenden Kombinationsmöglichkeiten ersichtlich.

8. MÖGLICHE RECHTSBEGEHREN

8.362
1. Es sei in der Betreibung Nr. […] des Betreibungsamts […] gegen den Schuldner [Name, Vorname, Adresse] betreffend die im Lastenverzeichnis vom [Datum] in Bezug auf das Grundstück [Bezeichnung des Grundstücks] aufgenommene Last [Nennung der konkreten Last {Position Nr.}] festzustellen, dass diese [nicht] besteht.
2. Die in Ziff. 1 genannte Last sei im Lastenverzeichnis [zu löschen / zu belassen und bei der Verwertung nach Massgabe der gesetzlichen Vorschriften zu berücksichtigen].
3. Unter Kosten- und Entschädigungsfolgen zulasten des Beklagten.

9. VORAUSSETZUNGEN

A. ERSTE VORAUSSETZUNG

8.363 Die im Lastenverzeichnis aufgeführte **Last wurde bestritten**.

231 VOCK/MÜLLER, 206.

232 Die Frist ist grundsätzlich wiederherstellbar i.S.v. Art. 33 Abs. 4 SchKG (BSK SchKG I-FEUZ, Art. 140 N 115) und erstreckbar i.S.v. Art. 33 Abs. 2 SchKG.

B. ZWEITE VORAUSSETZUNG

Das Betreibungsamt hat dem Beteiligten die **Klägerrolle** zugewiesen. 8.364

C. DRITTE VORAUSSETZUNG

Der als Kläger aktivlegitimierte Beteiligte hat das **Schlichtungsverfahren** (Art. 197 ZPO) fristgerecht eingeleitet (die Klage um Lastenbereinigung gem. Art. 140 SchKG wird unter Art. 198 lit. e ZPO nämlich nicht ausdrücklich genannt), welches insofern erfolglos war, als dass eine Klagebewilligung erteilt wurde (Art. 209 ZPO). 8.365

In der Lehre wird allerdings auch die Ansicht vertreten, dass in Bezug auf eine Klage um Lastenbereinigung **kein vorgängiges Schlichtungsverfahren** durchgeführt werden muss.[233] Diese Ansicht scheint überzeugend, erklärt doch Art. 140 Abs. 2 die Art. 106–109 SchKG betreffend die Widerspruchsklage, in deren Rahmen ein vorgängiges Schlichtungsverfahren entfällt, als anwendbar. 8.366

D. VIERTE VORAUSSETZUNG

Der als Kläger aktivlegitimierte Beteiligte reicht eine **Klage um Lastenbereinigung** ein. 8.367

E. FÜNFTE VORAUSSETZUNG

Die **Klagefrist** wird eingehalten. 8.368

F. SECHSTE VORAUSSETZUNG

Der Kläger kann das **geltend gemachte Recht in rechtsgenügender Weise substantiieren**. 8.369

10. BESONDERHEITEN

Das **Schlichtungsverfahren**, welches grundsätzlich einem ordentlichen Verfahren oder einem vereinfachten Verfahren vorgeht, dürfte (obschon die Klage um Lastenbereinigung gem. Art. 140 SchKG unter Art. 198 lit. e ZPO nicht ausdrücklich genannt wird) **entfallen** (Art. 198 lit. e Ziff. 3 ZPO), was eine gewisse Verfahrensbeschleunigung mit sich bringt.[234] 8.370

233 BSK SchKG I-Feuz, Art. 140 N 127a; Vock/Müller, 205.

234 BSK SchKG I-Feuz, Art. 140 N 127a.

8.371 Das im Rahmen eines Lastenbereinigungsprozesses ausgefällte Urteil entfaltet nur zwischen den Parteien und nur in der entsprechenden Betreibung Wirkung. Ihm kommt **keine materielle Rechtskraft** zu.[235]

11. RECHTSMITTEL

8.372 Der *erstinstanzliche Entscheid* ist – sofern der Streitwert mindestens CHF 10 000.– beträgt – grundsätzlich mit der **Berufung** gem. Art. 308 ff. ZPO anfechtbar. Beträgt der Streitwert jedoch weniger, ist der Entscheid mit **Beschwerde** gem. Art. 319 ff. ZPO anfechtbar. Liegt ein letztinstanzlicher kantonaler Entscheid vor und beträgt entweder der Streitwert mindestens CHF 30 000.– oder stellt sich eine Rechtsfrage von grundsätzlicher Bedeutung, kann dieser mit **Beschwerde in Zivilsachen beim Bundesgericht** angefochten werden (vgl. Art. 72 Abs. 2 lit. a i.V.m. Art. 74 Abs. 1 lit. b bzw. Art. 74 Abs. 2 lit. a BGG). Ansonsten, d.h. bei einem Streitwert unter CHF 30 000.– und keiner Rechtsfrage von grundsätzlicher Bedeutung, findet die **subsidiäre Verfassungsbeschwerde** gem. Art. 113 ff. BGG Anwendung.

Tabellarische Zusammenfassung

Zweck	Gerichtliche Feststellung des (bestrittenen) Bestands, Umfangs, Ranges oder der Fälligkeit von Grundpfandrechten und anderen dinglichen Rechten (Ansprüchen) am verpfändeten (und allenfalls gepfändeten) zu verwertenden (im Lastenverzeichnis aufgenommenen) Grundstück
Gesetzliche Grundlage	Art. 156 Abs. 1 i.V.m. Art. 140 SchKG
Verfahrensart	Abhängig vom Streitwert ordentliches Verfahren (Art. 219 ff. ZPO) oder vereinfachtes Verfahren (Art. 243 ff. ZPO)
Zuständigkeit	Das Gericht am Ort, wo das Grundstück oder sein wertvollster Teil liegt, ist örtlich zuständig für die Beurteilung eines in Bezug auf dieses Grundstück geltend gemachten Anspruchs Die sachliche und funktionelle Zuständigkeit bestimmt sich nach kantonalem Recht (Art. 23 SchKG und Art. 4 ZPO)
Aktivlegitimation	Parteirollenverteilung, d.h. ob dem Bestreitenden oder dem Inhaber des bestrittenen Rechts in einem Lastenebereinigungsprozess die Klägerrolle zukommt, wird vom Betreibungsamt vorgenommen. Dies können bspw. der (betriebene) Schuldner, die (betreibenden) Gläubiger, zu deren Gunsten das Grundstück gepfändet ist, die allf. Grundpfandgläubiger, die allf. Berechtigten aus vorgemerkten persönlichen Rechten, allf. Miteigentümer oder auch allf. Dritteigentümer sein
Passivlegitimation	Verfahrensbeteiligte, deren Anspruch bestritten wird (muss vom Betreibungsamt mittels Verfügung als Beklagter bezeichnet werden)

235 KUKO SchKG-Bernheim/Känzig, Art. 140 N 43.

Streitwert	Der Streitwert bestimmt sich nach Art. 91 ff. ZPO, wobei die wertmässige Bedeutung der Klage um Lastenbereinigung für die Parteien in der laufenden Betreibung massgebend ist
Fristen	20 Tage beginnend am Tag nach erfolgter Mitteilung durch das Betreibungsamt
Kombination	Nicht einschlägig
Mögliche Rechtsbegehren	1. Es sei in der Betreibung Nr. [...] des Betreibungsamts [...] gegen den Schuldner [Name, Vorname, Adresse] betreffend die im Lastenverzeichnis vom [Datum] in Bezug auf das Grundstück [Bezeichnung des Grundstücks] aufgenommene Last [Nennung der konkreten Last {Position Nr.}] festzustellen, dass diese [nicht] besteht. 2. Die in Ziff. 1 genannte Last sei im Lastenverzeichnis [zu löschen / zu belassen und bei der Verwertung nach Massgabe der gesetzlichen Vorschriften zu berücksichtigen]. 3. Unter Kosten- und Entschädigungsfolgen zulasten des Beklagten.
Voraussetzungen	– Im Lastenverzeichnis aufgeführte Last wurde bestritten – Das Betreibungsamt hat dem Beteiligten die Klägerrolle zugewiesen – Schlichtungsverfahren wurde fristgerecht eingeleitet und verlief erfolglos, so dass Klagebewilligung ausgestellt wurde (umstritten) – Klage um Lastenbereinigung wird eingereicht – Klagefrist wird eingehalten – Geltend gemachtes Recht wird in rechtsgenügender Weise substantiiert
Besonderheiten	– Schlichtungsverfahren entfällt (umstritten) – Urteil des Lastenbereinigungsprozesses entfaltet nur Wirkung zwischen den Verfahrensparteien und nur in der entsprechenden Betreibung (ihm kommt keine materielle Rechtskraft zu)
Rechtsmittel	Kantonal: Abhängig vom Streitwert Berufung (Art. 308 ff. ZPO) oder Beschwerde (Art. 319 ff. ZPO) innert 30 Tagen Bund: Beschwerde in Zivilsachen (Art. 72 ff. BGG) innert 30 Tagen oder subsidiäre Verfassungsbeschwerde (Art. 113 ff. BGG)

XXVII. BEGEHREN UM DOPPELAUFRUF DURCH DEN GRUNDPFANDGLÄUBIGER (ART. 156 ABS. 1 I.V.M. ART. 142 SCHKG)

1. ZWECK UND WIRKUNG

Ein Grundpfandgläubiger (vgl. Art. 816 Abs. 1 ZGB) kann nicht verhindern, dass das Grundstück, welches ihm als Sicherheit dient, mit weiteren Lasten (z.B. Dienstbarkeiten und Grundlasten) belegt wird, die geeignet sind, den Verwertungserlös im Falle eines Zwangsvollstreckungsverfahrens zu schmälern. Allerdings hat ein Grundpfandgläubiger gem. Art. 812 Abs. 2 ZGB das 8.373

Recht eine Löschung der Last zu verlangen, wenn ihm die ohne seine Zustimmung nach der Errichtung seines Grundpfandrechts auf das Grundstück gelegte Last bei der Pfandverwertung schadet. Ob eine solche Schädigung tatsächlich vorliegt, steht indessen erst im Moment der Verwertung zweifelsfrei fest. Vor diesem Hintergrund enthalten Art. 142 SchKG (*Doppelaufruf*) und Art. 56 und 57 VZG die vollstreckungsrechtlichen Ausführungsbestimmungen zu Art. 812 ZGB.[236]

Ein Begehren um Doppelaufruf bezweckt, dass der Aufruf sowohl mit als auch ohne die nachrangige Last vorgenommen wird. Wird dem Begehren um Doppelaufruf stattgegeben, bewirkt dies, dass mit dem Doppelaufruf ermittelt werden kann, ob eine nachfolgende Belastung, die ohne Zustimmung des vorgehenden Grundpfandgläubigers errichtet wurde, gelöscht werden muss.[237]

2. VERFAHRENSART

8.374 Das Verfahren zur richtet sich nach kantonalem Verwaltungs(verfahrens)recht.[238]

3. ZUSTÄNDIGKEIT

8.375 Zuständig ist das Betreibungsamt am Betreibungsort (Art. 46 ff. SchKG) bzw. allenfalls das gem. Art. 74 ff. VZG für die Requisitorialverwertung beauftragte Betreibungsamt.

236 BSK SchKG I-Feuz, Art. 142 N 4 ff.

237 KUKO SchKG-Bernheim/Känzig, Art. 142 N 1.

238 Verfügungen von Vollstreckungsorganen (z.B. eines Betreibungs- oder Konkursamtes) und die gegen solche Verfügungen unter Umständen zu ergreifende betreibungsrechtliche Beschwerde gem. Art. 17 ff. SchKG fallen nicht unter den in Art. 1 lit. c ZPO bezeichneten Geltungsbereich («gerichtliche Angelegenheiten des Schuldbetreibungs- und Konkursrechts») und somit nicht unter die ZPO. Solche Verfügungen stellen vielmehr das Ergebnis «eigenständiger Verwaltungsverfahren» dar (vgl. Botschaft ZPO, 7258), welche zum Beispiel durch einen entsprechenden Antrag oder ein entsprechendes Gesuch eingeleitet werden können. Auch Thomas Sutter-Somm/Rafael Klingler postulieren, dass Verfügungen der Vollstreckungsorgane und das betreibungsrechtliche Beschwerdeverfahren dem kantonalen Verwaltungsrecht unterstehen (Sutter-Somm/Hasenböhler/Leuenberger-Sutter-Somm/Klingler, Art. 1 ZPO N 8; vgl. BGer 5A_448/2011 vom 31.10.2011, E. 2.1). Franco Lorandi führt aus, dass das Verfahren vor den Betreibungsorganen dem Verwaltungsrecht sehr verwandt sei (Lorandi, 15, 19; Besprechung des Urteils des OGer TG vom 21.2.2013, in: RBOG 2013, Nr. 17).

4. LEGITIMATION

A. AKTIVLEGITIMATION

(Aktiv-)Legitimiert ist der vorgehende Grundpfandgläubiger (Art. 156 Abs. 1 i.V.m. Art. 142 Abs. 1 SchKG). 8.376

B. PASSIVLEGITIMATION

Nicht einschlägig. 8.377

5. STREITWERT

Nicht einschlägig. 8.378

6. FRISTEN

Die Frist zur Stellung des Begehrens um Doppelaufruf durch den Grundpfandgläubiger beträgt 10 Tage (nach Zustellung des Lastenverzeichnisses, vgl. Art. 142 Abs. 1 und Abs. 2 SchKG).[239] Der Doppelaufruf kann auch nach Ablauf der Frist bis vor der Versteigerung verlangt werden.[240] 8.379

7. KOMBINATIONSMÖGLICHKEITEN

Falls sich der Vorrang des Pfandrechts nicht aus dem Lastenverzeichnis ergibt und der Inhaber des betroffenen Rechts den Vorrang nicht anerkannt hat, ist auch Klage auf Feststellung des Vorranges (Art. 156 Abs. 1 i.V.m. Art. 142 Abs. 2 SchKG) zu erheben. 8.380

8. MÖGLICHE RECHTSBEGEHREN

Es sei in der Betreibung Nr. [...] des Betreibungsamts [...] gegen den Schuldner [Name, Vorname, Adresse] betreffend das Grundstück [Bezeichnung des Grundstücks] ein Aufruf sowohl mit als auch ohne die im Lastenverzeichnis aufgenommene Last [Nennung der konkreten Last {Position Nr.}] vorzunehmen. 8.381

239 Ob es sich bei dieser Frist um eine Verwirkungsfrist oder eine Ordnungsfrist handelt, ist im Gesetz nicht ausdrücklich geregelt (BSK SchKG I-Feuz, Art. 142 N 14).

240 KUKO SchKG-Bernheim/Känzig, Art. 142 N 15; Art. 45 Abs. 1 lit. c VZG und Art. 56 VZG.

9. VORAUSSETZUNGEN

A. ERSTE VORAUSSETZUNG

8.382 Ein (verpfändetes) **Grundstück wurde mit einem Recht** (Dienstbarkeit, Grundlast oder einem vorgemerkten persönlichen Recht) **belastet**.

B. ZWEITE VORAUSSETZUNG

8.383 Die vorgenannte Belastung fand **ohne Zustimmung des vorgehenden Grundpfandgläubigers** statt.

C. DRITTE VORAUSSETZUNG

8.384 *Falls der Vorrang des Pfandrechts sich aus dem Lastenverzeichnis ergibt (vgl. Art. 142 Abs. 1 SchKG):*

Das Begehren um Doppelaufruf wird fristgerecht, d.h. grundsätzlich innert 10 Tagen ab Zustellung des Lastenverzeichnisses, eingereicht (Art. 142 Abs. 1 SchKG). Eine Einreichung ist letztlich jedoch bis vor der Versteigerung zulässig (vgl. Art. 56 VZG).

8.385 *Falls der Vorrang des Pfandrechts sich nicht aus dem Lastenverzeichnis ergibt (vgl. Art. 142 Abs. 2 SchKG):*

Diesfalls muss entweder:
- der Inhaber des betroffenen Rechts den Vorrang des Grundpfandgläubigers anerkannt[241] oder
- der Grundpfandgläubiger innert 10 Tagen nach Zustellung des Lastenverzeichnisses am Ort der gelegenen Sache *Klage auf Feststellung des Vorranges* eingereicht haben.[242]

10. BESONDERHEITEN

8.386 Ein Doppelaufruf ist nur auf entsprechendes Begehren hin zulässig. Das Betreibungsamt darf einen solchen nicht von sich aus durchführen.[243]

8.387 Das SchKG sieht keine Formvorschriften vor, weshalb das Begehren um Doppelaufruf schriftlich oder auch mündlich gegenüber dem Betreibungsamt angebracht werden kann.[244]

---

241 Bezüglich der Form und Frist einer solchen Anerkennung finden sich weder im SchKG noch in einer Verordnung Ausführungen (BSK SchKG I-Feuz, Art. 142 N 17).

242 BSK SchKG I-Feuz, Art. 142 N 15.

243 KUKO SchKG-Bernheim/Känzig, Art. 142 N 14.

244 KUKO SchKG-Bernheim/Känzig, Art. 142 N 17.

11. RECHTSMITTEL

Allenfalls betreibungsrechtliche Beschwerde gem. Art. 17 ff. SchKG bei der (unteren) kantonalen Aufsichtsbehörde. 8.388

Tabellarische Zusammenfassung

Zweck	Aufruf (in der Versteigerung) wird sowohl mit als auch ohne die nachrangige Last vorgenommen. Wird dem Begehren um Doppelaufruf stattgegeben, bewirkt dies, dass mit dem Doppelaufruf ermittelt werden kann, ob eine nachfolgende Belastung, die ohne Zustimmung des vorgehenden Grundpfandgläubigers errichtet wurde, gelöscht werden muss
Gesetzliche Grundlage	Art. 156 Abs. 1 i.V.m. Art. 142 SchKG
Verfahrensart	Kantonales Verwaltungsverfahrensrecht
Zuständigkeit	Betreibungsamt am Betreibungsort (Art. 46 ff. SchKG) bzw. allenfalls das gem. Art. 74 ff. VZG für die Requisitorialverwertung beauftragte Betreibungsamt
Aktivlegitimation	Vorgehender Grundpfandgläubiger
Passivlegitimation	Nicht einschlägig
Streitwert	Nicht einschlägig
Fristen	10 Tage seit Zustellung des Lastenverzeichnisses. Ein Doppelaufruf kann jedoch auch nach Ablauf der Frist bis vor der Versteigerung verlangt werden
Kombination	Allenfalls: Klage auf Feststellung des Vorranges (Art. 156 Abs. 1 i.V.m. Art. 142 Abs. 2 SchKG)
Mögliche Rechtsbegehren	Es sei in der Betreibung Nr. [...] des Betreibungsamts [...] gegen den Schuldner [Name, Vorname, Adresse] betreffend das Grundstück [Bezeichnung des Grundstücks] ein Aufruf sowohl mit als auch ohne die im Lastenverzeichnis aufgenommene Last [Nennung der konkreten Last {Position Nr.}] vorzunehmen.
Voraussetzungen	– Ein verpfändetes Grundstück wurde mit einem Recht belastet – Belastung fand ohne Zustimmung des vorgehenden Grundpfandgläubigers statt – Fristgerechte Einreichung des Begehrens, falls sich der Vorrang aus dem Lastenverzeichnis ergibt – Ergibt sich der Vorrang nicht aus dem Lastenverzeichnis, muss entweder der Rechtsinhaber den Vorrang des Grundpfandgläubigers anerkannt haben oder der Grundpfandgläubiger fristgerecht die Klage auf Feststellung des Vorranges eingereicht haben
Besonderheiten	– Ein Doppelaufruf ist nur auf Begehren hin zulässig – Begehren kann schriftlich oder mündlich angebracht werden
Rechtsmittel	Allenfalls betreibungsrechtliche Beschwerde gem. Art. 17 ff. SchKG bei der (unteren) kantonalen Aufsichtsbehörde

XXVIII. KLAGE AUF FESTSTELLUNG DES VORRANGES (ART. 156 ABS. 1 I.V.M. ART. 142 ABS. 2 SCHKG)

1. ZWECK UND WIRKUNG

8.389 Eine Klage um Feststellung des Vorranges ist nur erforderlich, sofern sich der Vorrang des Pfandrechts nicht aus dem Lastenverzeichnis ergibt und der Inhaber des betroffenen (nachfolgenden) Rechts den Vorrang nicht anerkannt hat (vgl. Art. 156 Abs. 1 i.V.m. Art. 142 Abs. 2 SchKG). Eine Klage um Feststellung des Vorranges bezweckt die gerichtliche Feststellung des Vorranges des Pfandrechts des klagenden Grundpfandgläubigers gegenüber einer später auf dem betreffenden Grundstück errichteten Last. Eine Gutheissung der Klage um Feststellung des Vorranges stellt unter Umständen eine Voraussetzung dar, damit einem (zusätzlich zur Klage auf Feststellung des Vorranges) gegenüber dem Betreibungsamt gestellten Begehren um Doppelaufruf stattgegeben werden kann.

2. VERFAHRENSART

8.390 Je nach Sachverhalt ist die Klage auf Feststellung des Vorrangs zu behandeln im:

- **ordentlichen Verfahren** (Art. 219 ff. ZPO) bei einem Streitwert von mehr als CHF 30 000.– *oder*
- **vereinfachten Verfahren** (Art. 243 ff. ZPO) bei einem Streitwert von bis zu CHF 30 000.–.

3. ZUSTÄNDIGKEIT

8.391 **Örtlich** zuständig ist das Gericht an dem Ort der gelegenen Sache (vgl. Art. 156 Abs. 1 SchKG i.V.m. Art. 142 Abs. 2 SchKG i.V.m. Art. 51 SchKG i.V.m. Art. 46 ZPO).

8.392 Die **sachliche** und **funktionelle** Zuständigkeit bestimmt sich nach dem jeweilig anwendbaren kantonalen Recht (vgl. Art. 23 SchKG und Art. 4 ZPO).

4. LEGITIMATION

A. AKTIVLEGITIMATION

8.393 Aktivlegitimiert ist der **Grundpfandgläubiger mit** dem (gegenüber der später errichteten Last) **vorrangigen Pfandrecht** (Art. 156 Abs. 1 i.V.m. Art. 142 Abs. 2 SchKG).

B. PASSIVLEGITIMATION

Passivlegitimiert ist / sind der / die **Inhaber des betroffenen nachrangigen Rechts / der betroffenen nachrangigen Rechte**. 8.394

5. STREITWERT

Der Streitwert bemisst sich gem. Art. 91 ff. ZPO (vgl. auch Art. 1 lit. c ZPO). 8.395

6. FRISTEN

Die Frist zur Einreichung der Klage beträgt 10 Tage (Art. 156 Abs. 1 i.V.m. Art. 142 Abs. 2 i.V.m. Art. 31 SchKG und 142 ZPO) beginnend mit Zustellung des Lastenverzeichnisses. 8.396

7. KOMBINATIONSMÖGLICHKEITEN

Neben der Klage auf Feststellung des Vorranges ist auch cin Begehren um Doppelaufruf gem. Art. 156 Abs. 1 i.V.m. Art. 142 Abs. 1 SchKG (s.a. § 8 Ziff. XXVII, Rz. 8.373 ff.) zu stellen, damit das Betreibungsamt nach Gutheissung der Klage einen entsprechenden Doppelaufruf durchführen kann und wird. 8.397

8. MÖGLICHE RECHTSBEGEHREN

1. Es sei in der Betreibung Nr. […] des Betreibungsamts […] gegen den Schuldner [Name, Vorname, Adresse] betreffend das Grundstück [Bezeichnung des Grundstücks] festzustellen, dass das [Nennung und genauere Umschreibung des geltend gemachten vorrangigen Pfandrechts] dem Recht [Nennung und genauere Umschreibung des geltend gemachten nachrangigen Pfandrechts] vorgeht. 8.398
2. Unter Kosten- und Entschädigungsfolgen zulasten des Beklagten.

9. VORAUSSETZUNGEN

A. ERSTE VORAUSSETZUNG

Der **Vorrang** des Pfandrechts des Grundpfandgläubigers ergibt sich **nicht aus dem Lastenverzeichnis** (vgl. Art. 156 Abs. 1 i.V.m. Art. 142 Abs. 2 SchKG). 8.399

B. ZWEITE VORAUSSETZUNG

8.400 Der/die Inhaber des betroffenen nachrangigen Rechts/der betroffenen nachrangigen Rechte **anerkennt/anerkennen den Vorrang des Pfandrechts des Grundpfandgläubigers nicht** (vgl. Art. 156 Abs. 1 i.V.m. Art. 142 Abs. 2 SchKG e contrario).

C. DRITTE VORAUSSETZUNG

8.401 Der Grundpfandgläubiger, dessen vorrangiges Pfandrecht sich nicht aus dem Lastenverzeichnis ergibt, leitet das **Schlichtungsverfahren** ein, welches insofern **erfolglos** war, als dass eine Klagebewilligung erteilt wurde (Art. 209 ZPO).

D. VIERTE VORAUSSETZUNG

8.402 Der Grundpfandgläubiger, dessen vorrangiges Pfandrecht sich nicht aus dem Lastenverzeichnis ergibt, reicht **Klage auf Feststellung des Vorranges** (positive Feststellungsklage) ein.

E. FÜNFTE VORAUSSETZUNG

8.403 Die **Klagefrist** wird eingehalten (Art. 209 Abs. 4 letzter Satz ZPO).

F. SECHSTE VORAUSSETZUNG

8.404 Der Kläger kann das **geltend gemachte Recht in rechtsgenügender Weise substantiieren**.

10. BESONDERHEITEN

8.405 Die Verwertung mit Doppelaufruf ist erst durchzuführen, wenn das Gericht die Klage auf Feststellung des Vorrangs beurteilt hat (und nicht bereits nachdem die Klage eingereicht wurde).[245]

11. RECHTSMITTEL

8.406 Der *erstinstanzliche Entscheid* ist – sofern der Streitwert mindestens CHF 10000.– beträgt – grundsätzlich mit der **Berufung** gem. Art. 308 ff. ZPO anfechtbar. Beträgt der Streitwert jedoch weniger, ist der Entscheid mit **Beschwerde** gem. Art. 319 ff. ZPO anfechtbar. Liegt ein letztinstanzlicher kantonaler Entscheid vor und beträgt entweder der Streitwert mindestens CHF 30000.– oder stellt sich eine Rechtsfrage von grundsätzlicher Bedeutung, kann dieser mit

245 KUKO SchKG-BERNHEIM/KÄNZIG, Art. 142 N 16.

Beschwerde in Zivilsachen beim Bundesgericht angefochten werden (vgl. Art. 72 Abs. 2 lit. a i.V.m. Art. 74 Abs. 1 lit. b bzw. Art. 74 Abs. 2 lit. a BGG). Ansonsten, d.h. bei einem Streitwert unter CHF 30 000.– und keiner Rechtsfrage von grundsätzlicher Bedeutung, findet die **subsidiäre Verfassungsbeschwerde** gem. Art. 113 ff. BGG Anwendung.

Tabellarische Zusammenfassung

Zweck	Gerichtliche Feststellung des Vorranges des Pfandrechts eines (klagenden) Grundpfandgläubigers, wobei sich der Vorrang nicht aus dem Lastenverzeichnis ergibt und vom Inhaber des nachgehenden Rechts nicht anerkannt wird
Gesetzliche Grundlage	Art. 156 Abs. 1 i.V.m. Art. 142 Abs. 2 SchKG
Verfahrensart	Abhängig vom Streitwert ordentliches Verfahren (Art. 219 ff. ZPO) oder vereinfachtes Verfahren (Art. 243 ff. ZPO)
Zuständigkeit	Örtlich zuständig ist das Gericht am Ort der gelegenen Sache (Art. 156 Abs. 1 i.V.m. Art. 142 Abs. 2 i.V.m. Art. 51 SchKG i.V.m. Art. 46 ZPO). Die sachliche und funktionelle Zuständigkeit bestimmt sich nach kantonalem Recht (Art. 23 SchKG und Art. 4 ZPO)
Aktivlegitimation	Grundpfandgläubiger mit einem (gegenüber der später errichteten Last) vorgehenden Pfandrecht (Art. 156 Abs. 1 i.V.m. Art. 142 Abs. 2 SchKG)
Passivlegitimation	Inhaber betroffener nachrangiger Rechte
Streitwert	Bemessung des Streitwerts gem. Art. 91 ff. ZPO
Fristen	10 Tage nach Zustellung des Lastenverzeichnisses
Kombination	Begehren um Doppelaufruf (Art. 156 Abs. 1 i.V.m. Art. 142 Abs. 1 SchKG)
Mögliche Rechtsbegehren	1. Es sei in der Betreibung Nr. [...] des Betreibungsamts [...] gegen den Schuldner [Name, Vorname, Adresse] betreffend das Grundstück [Bezeichnung des Grundstücks] festzustellen, dass das [Nennung und genauere Umschreibung des geltend gemachten vorrangigen Pfandrechts] dem Recht [Nennung und genauere Umschreibung des geltend gemachten nachrangigen Pfandrechts] vorgeht. 2. Unter Kosten- und Entschädigungsfolgen zulasten des Beklagten.
Voraussetzungen	– Vorrang des Pfandrechts des Grundpfandgläubigers ergibt sich nicht aus dem Lastenverzeichnis – Inhaber des betroffenen nachrangigen Rechts anerkennt den Vorrang nicht – Vom Grundpfandgläubiger, der den Vorrang seines Rechts geltend machen will, eingeleitetes Schlichtungsverfahren war erfolglos und endete mit der Ausstellung einer Klagebewilligung – Grundpfandgläubiger reicht Klage auf Feststellung des Vorrangs ein – Klagefrist wird eingehalten – Kläger substantiiert das geltend gemachte Recht in rechtsgenügender Weise

Besonderheiten	Im Betreibungsverfahren ist die Verwertung mit Doppelaufruf erst nach gerichtlicher Beurteilung der Klage auf Feststellung des Vorranges durchzuführen (und nicht bereits nachdem diese eingereicht wurde)
Rechtsmittel	Kantonal: Abhängig vom Streitwert Berufung (Art. 308 ff. ZPO) oder Beschwerde (Art. 319 ff. ZPO) innert 30 Tagen Bund: Beschwerde in Zivilsachen (Art. 72 ff. BGG) innert 30 Tagen, oder subsidiäre Verfassungsbeschwerde (Art. 113 ff. BGG)

XXIX. BEGEHREN BETREFFEND HAFTUNG FÜR DEN AUSFALL UND ALLE WEITEREN SCHÄDEN (ART. 156 ABS. 1 I.V.M. ART. 143 ABS. 2 SCHKG)

1. ZWECK UND WIRKUNG

8.407 Wird eine Versteigerung nicht vollzogen, weil der Ersteigerer die Zahlung nicht rechtzeitig geleistet hat, wird der Zuschlag rückgängig gemacht und das Betreibungsamt muss sofort eine neue Versteigerung anordnen (vgl. Art. 143 Abs. 1 SchKG). Diese Wiederholung der Verwertung kann einen Ausfall und auch weitere Schäden zur Folge haben, für welche der frühere Ersteigerer und seine Bürgen gem. Art. 156 Abs. 1 i.V.m. Art. 143 Abs. 2 SchKG haften.[246]

8.408 Entstand ein Ausfall, hat das Betreibungsamt zunächst die Höhe der Ausfallforderung festzustellen und, falls diese vom Schuldner derselben (Erstersteigerer) nicht innert Frist beglichen wird, den bei der Verwertung des Grundstückes zu Verlust gekommenen betreibenden Gläubigern, falls einschlägig, und Pfandgläubigern Anzeige zu machen. Zusammen mit dieser Anzeige fordert das Betreibungsamt die Gläubiger und Pfandgläubiger auf, ein allfälliges Begehren um Verwertung der Forderung gem. Art. 130 Ziff. 1 und Art. 131 SchKG innert 10 Tagen anzubringen. Wird kein solches Begehren gestellt, ist die Ausfallforderung an einer einzigen öffentlichen Steigerung zu verkaufen (Art. 72 Abs. 1 VZG).[247]

8.409 Mit einem Begehren betreffend Haftung für den Ausfall und weiteren Schaden wird daher ein erster Schritt eingeleitet, um eine Schadloshaltung erreichen zu können (mittels einer beim Gericht einzuleitenden Schadenersatzklage).[248]

---

246 BGer 5C.222/2006 vom 14.2.2007, E. 2.

247 BGer 5C.222/2006 vom 14.2.2007, E. 2; vgl. BGE 40 III 403, 406; vgl. auch analog Art. 129 Abs. 4 SchKG.

248 BGer 5C.222/2006 vom 14.2.2007, E. 2; BGE 82 III 137, E. 1 (141). Örtlich zuständig für die Beurteilung einer Schadenersatzklage gegen den säumigen Ersteigerer und seine Bürgen ist das Gericht am (Wohn-)Sitz gem. Art. 10 ZPO (Sutter-Somm/Hasenböhler/Leuenberger-SUTTER-SOMM/SCHRANK, Art. 46 ZPO N 9).

2. VERFAHRENSART

Das Verfahren zur richtet sich nach kantonalem Verwaltungs(verfahrens)recht.[249] 8.410

3. ZUSTÄNDIGKEIT

Zuständig ist das Betreibungsamt am Betreibungsort (Art. 46ff. SchKG) bzw. allenfalls das gem. Art. 74ff. VZG für die Requisitorialverwertung beauftragte Betreibungsamt. 8.411

4. LEGITIMATION

A. AKTIVLEGITIMATION

Aktivlegitimiert sind die **Pfandgläubiger** und, sofern zutreffend, die (betreibenden) **Gläubiger**. 8.412

B. PASSIVLEGITIMATION

Passivlegitimiert ist der **Ersteigerer und seine Bürgen** (vgl. Art. 156 Abs. 1 i.V.m. Art. 129 Abs. 4 SchKG). 8.413

5. STREITWERT

Ausfall und weiterer Schaden (z.B. Zinsverlust, Kosten für die neue Steigerung, Kosten für die Aufbewahrung und den Unterhalt des Steigerungsobjekts für die Zeit zwischen dem Zuschlag und der neuen Steigerung).[250] 8.414

---

249 Verfügungen von Vollstreckungsorganen (z.B. eines Betreibungs- oder Konkursamtes) und die gegen solche Verfügungen unter Umständen zu ergreifende betreibungsrechtliche Beschwerde gem. Art. 17ff. SchKG fallen nicht unter den in Art. 1 lit. c ZPO bezeichneten Geltungsbereich («gerichtliche Angelegenheiten des Schuldbetreibungs- und Konkursrechts») und somit nicht unter die ZPO. Solche Verfügungen stellen vielmehr das Ergebnis «eigenständiger Verwaltungsverfahren» dar (vgl. Botschaft ZPO, 7258), welche zum Beispiel durch einen entsprechenden Antrag oder ein entsprechendes Gesuch eingeleitet werden können. Auch THOMAS SUTTER-SOMM/RAFAEL KLINGLER postulieren, dass Verfügungen der Vollstreckungsorgane und das betreibungsrechtliche Beschwerdeverfahren dem kantonalen Verwaltungsrecht unterstehen (Sutter-Somm/Hasenböhler/Leuenberger-SUTTER-SOMM/KLINGLER, Art. 1 ZPO N 8; vgl. BGer 5A_448/2011 vom 31.10.2011, E. 2.1). FRANCO LORANDI führt aus, dass das Verfahren vor den Betreibungsorganen dem Verwaltungsrecht sehr verwandt sei (LORANDI, 15, 19; Besprechung des Urteils des OGer TG vom 21.2.2013, in: RBOG 2013, Nr. 17).

250 KUKO SchKG-BERNHEIM/KÄNZIG, Art. 142 N 16.

6. FRISTEN

8.415 Die Frist zur Stellung des Begehrens betreffend Haftung für den Ausfall und alle weiteren Schäden beträgt 10 Tage (Art. 72 Abs. 1 VZG) beginnend mit Zustellung der entsprechenden Anzeige durch das Betreibungsamt.

7. KOMBINATIONSMÖGLICHKEITEN

8.416 Es sind keine naheliegenden Kombinationsmöglichkeiten ersichtlich.

8. MÖGLICHE RECHTSBEGEHREN

8.417 In der Betreibung Nr. […] des Betreibungsamtes […][des Gläubigers] gegen den Schuldner [Name, Vorname, Adresse] sei die [dem Schuldner {Name, Vorname, Adresse}] zustehende Ausfall- und Schadenersatzforderung gemäss [Art. 131 SchKG zum Inkasso abzutreten / Art. 130 Ziff. 1 SchKG freihändig zu verkaufen].

9. VORAUSSETZUNGEN

A. ERSTE VORAUSSETZUNG

8.418 Die durchgeführte **(erste) Versteigerung wird nicht vollzogen**, da der Erstersteigerer die Zahlung nicht rechtzeitig geleistet hat.

B. ZWEITE VORAUSSETZUNG

8.419 Es wurde eine neue **(zweite) Versteigerung durchgeführt**.

C. DRITTE VORAUSSETZUNG

8.420 Nach Durchführung der neu angeordneten (zweiten) Steigerung steht fest, dass ein **Ausfall bzw. Schaden** entstand. Ob ein solcher Ausfall bzw. Schaden entstand, wird festgestellt, indem die Lage, wie sie sich bei richtiger Erfüllung präsentiert hätte, mit derjenigen, wie sie sich aus der Nichterfüllung ergibt, verglichen wird. Ein Ausfall bzw. Schaden liegt demnach vor, wenn der an der zweiten Steigerung erzielte höhere Zuschlagspreis die zusätzlichen Zins-, Verwertungs-, Verwahrungs- und ähnliche Kosten nicht deckt.

D. VIERTE VORAUSSETZUNG

Das Begehren wurde **fristgerecht** gestellt. 8.421

10. BESONDERHEITEN

Die Forderung (betreffend einen allfälligen Ausfall und allen weiteren Schaden) steht nicht dem Gläubiger zu, sondern bildet ein Aktivum des (betriebenen) Schuldners (gegen den früheren Ersteigerer). Dieser darf indes nicht über die Forderung verfügen, da sie dem Pfandbeschlag unterliegt. Die Forderung kann ihrerseits aber verwertet werden. Daraus folgt auch, dass weder den Betreibungs- noch den Pfandgläubigern ein direktes Klagerecht zusteht.[251] Der Zinsverlust wird zu fünf vom Hundert berechnet (Art. 143 Abs. 2 SchKG). 8.422

11. RECHTSMITTEL

Die Verfügungen des Betreibungsamts können mit betreibungsrechtlicher Beschwerde gem. Art. 17 SchKG bei der (unteren) kantonalen Aufsichtsbehörde angefochten werden. 8.423

Falls eine **obere kantonale Aufsichtsbehörde** existiert, kann:
- der Entscheid einer unteren Aufsichtsbehörde innert 10 Tagen nach Eröffnung an die obere kantonale Aufsichtsbehörde weitergezogen werden (Art. 18 Abs. 1 SchKG);
- wegen Rechtsverweigerung oder Rechtsverzögerung durch die untere kantonale Aufsichtsbehörde jederzeit bei der oberen kantonalen Aufsichtsbehörde Beschwerde gegen die untere kantonale Aufsichtsbehörde geführt werden (Art. 18 Abs. 2 SchKG).

Ansonsten ist **beim Bundesgericht Beschwerde in Zivilsachen** zu erheben (Art. 19 SchKG i.V.m. Art. 72 Abs. 2 lit. a BGG). Gemäss Art. 74 Abs. 2 lit. c BGG ist die Beschwerde in Zivilsachen in einem solchen Fall unabhängig vom jeweiligen Streitwert zulässig.[252] Die Beschwerdefrist beträgt 10 Tage (Art. 100 Abs. 2 lit. a BGG).

Tabellarische Zusammenfassung

Zweck	Erster Schritt, um eine Schadloshaltung infolge einer weiteren erforderlichen Durchführung einer Versteigerung eines Grundstückes (wenn die erste Versteigerung nicht vollzogen werden konnte) zu erreichen
Gesetzliche Grundlage	Art. 156 Abs. 1 i.V.m. Art. 143 Abs. 2 SchKG

251 BGer 5C.222/2006 vom 14.2.2007, E. 2.
252 BGE 135 I 187, E. 1.2; KREN KOSTKIEWICZ/WALDER, Art. 17 SchKG N 26.

Verfahrensart	Kantonales Verwaltungsverfahrensrecht
Zuständigkeit	Betreibungsamt am Betreibungsort (Art. 46 ff. SchKG) bzw. allenfalls das für die Requisitorialverwertung beauftragte Betreibungsamt
Aktivlegitimation	Pfandgläubiger und, sofern zutreffend allf. (betreibende) Gläubiger
Passivlegitimation	Ersteigerer und seine allf. Bürgen
Streitwert	Ausfall und weiterer Schaden (z.B. Zinsverlust, Kosten der erneuten Versteigerung, Aufbewahrungs- und Unterhaltskosten)
Fristen	10 Tage beginnend mit Zustellung der entsprechenden Anzeige durch das Betreibungsamt
Kombination	Nicht einschlägig
Mögliche Rechtsbegehren	In der Betreibung Nr. […] des Betreibungsamtes […][des Gläubigers] gegen den Schuldner [Name, Vorname, Adresse] sei die [dem Schuldner {Name, Vorname, Adresse}] zustehende Ausfall- und Schadenersatzforderung gemäss [Art. 131 SchKG zum Inkasso abzutreten / Art. 130 Ziff. 1 SchKG freihändig zu verkaufen].
Voraussetzungen	– (Erste) Steigerung wurde nicht vollzogen (da die Zahlung der Steigerungssumme nicht fristgerecht erfolgte) – Eine erneute (zweite) Steigerung wurde durchgeführt – Nach der erneuten (zweiten) Steigerung wird ein Schaden festgestellt – Begehren wurde fristgerecht gestellt
Besonderheiten	– Ausfall- und Schadenersatzforderung steht nicht dem (Pfand-)Gläubiger zu, sondern bildet ein Aktivum des (betriebenen) Schuldners (gegen den früheren Ersteigerer). Sie unterliegt dem Pfandbeschlag und muss betreibungsamtlich verwertet werden) – Zinsverlust wird zu fünf vom Hundert berechnet
Rechtsmittel	Verfügungen des Betreibungsamtes können mit betreibungsrechtlicher Beschwerde gem. Art. 17 SchKG innert 10 Tagen an die (untere) kantonale Aufsichtsbehörde weitergezogen werden *Falls eine obere kantonale Aufsichtsbehörde besteht:* Beschwerde an die obere kantonale Aufsichtsbehörde innert 10 Tagen nach Eröffnung des Entscheids der unteren kantonalen Aufsichtsbehörde (Art. 18 Abs. 1 SchKG) *oder* Beschwerde an die obere kantonale Aufsichtsbehörde gegen eine untere kantonale Aufsichtsbehörde bei Rechtsverzögerung oder Rechtsverweigerung (jederzeit möglich) *Ansonsten bzw. bei letztinstanzlichen kantonalen Entscheidungen:* Beschwerde in Zivilsachen beim Bundesgericht (Art. 19 SchKG i.V.m. Art. 72 Abs. 2 lit. a BGG) innert 10 Tagen (Art. 100 Abs. 2 lit. a BGG)

XXX. KLAGE GEGEN DEN ERSTEIGERER FÜR DEN AUSFALL UND WEITEREN SCHADEN (ART. 156 ABS. 1 I.V.M. ART. 143 ABS. 2 SCHKG)

Betreffend die einzureichende Klage, siehe die Ausführungen unter § 7 Ziff. XXIX, Rz. 7.504 ff. 8.424

XXXI. GESUCH UM AUFSCHUB DER VERWERTUNG VON GRUNDSTÜCKEN (ART. 156 ABS. 1 I.V.M. ART. 143A I.V.M. ART. 123 ABS. 1 SCHKG)

Betreffend das einzureichende Gesuch, siehe die Ausführungen unter § 7 Ziff. XXX, Rz. 7.523 ff. 8.425

XXXII. GESUCH UM ANPASSUNG DES AUFSCHUBS DER VERWERTUNG (ART. 156 ABS. 1 I.V.M. ART. 143A I.V.M. ART. 123 ABS. 5 SCHKG)

Betreffend das einzureichende Gesuch, siehe die Ausführungen unter § 7 Ziff. XXXI, Rz. 7.543 ff. 8.426

XXXIII. ANFECHTUNG DER VERWERTUNG MITTELS BESCHWERDE (ART. 156 ABS. 1 I.V.M. ART. 143A I.V.M. ART. 132A SCHKG)

Betreffend die Anfechtung der Verwertung mittels Beschwerde, siehe die Ausführungen unter § 7 Ziff. XXXII, Rz. 7.558 ff. 8.427

XXXIV. KOLLOKATIONSKLAGE (ART. 157 ABS. 4 I.V.M. ART. 148 SCHKG)

1. ZWECK UND WIRKUNG

8.428 Eine Kollokationsklage (gegen den Kollokationsplan) bezweckt, einem Pfandgläubiger das Mittel zu verschaffen, um sich gegen eine unberechtigte Schmälerung seines eigenen Anspruches am Verwertungserlös durch Forderungen anderer kollozierter (Pfand-)Gläubiger zu wehren.[253] Eine Kollokationsklage zielt auf die Änderung eines Kollokationsplans zu Lasten eines anderen Gläubigers ab, indem dessen Forderung gestrichen, herabgesetzt oder das der Forderung vom Betreibungsamt zugestandene Privileg als nicht bestehend erklärt wird.[254]

8.429 Eine Gutheissung der Kollokationsklage bewirkt, dass der nach der Verteilungsliste auf den Beklagten entfallende Anteil am Verwertungserlös dem Kläger zusteht, soweit dies zur Deckung seines in der Verteilungsliste ausgewiesenen Verlustes und der Prozesskosten nötig ist (vgl. Art. 148 Abs. 3 SchKG). Der Vollzug des gutheissenden Gerichtsentscheids erfolgt durch Änderung der Verteilungsliste durch das Betreibungsamt, wobei der beklagte Gläubiger im Verhältnis zu den nicht klagenden Gläubigern und zum Schuldner kolloziert bleibt, wie wenn seine Forderung nicht angefochten worden wäre.[255]

2. VERFAHRENSART

8.430 Je nach Sachverhalt ist die Kollokationsklage zu behandeln im:

- **ordentlichen Verfahren** (Art. 219 ff. ZPO) bei einem Streitwert von mehr als CHF 30 000.– *oder*
- **vereinfachten Verfahren** (Art. 243 ff. ZPO) bei einem Streitwert von bis zu CHF 30 000.–.

3. ZUSTÄNDIGKEIT

8.431 **Örtlich** zuständig ist das Gericht am Betreibungsort (vgl. Art. 157 Abs. 4 SchKG i.V.m. Art. 148 Abs. 1 SchKG und Art. 46 ZPO), wobei diese Zuständigkeit zwingend ist.[256]

253 Bis zu diesem Zeitpunkt hatte ein Gläubiger im bisherigen Betreibungsverfahren nur in bestimmten Ausnahmefällen (z.B. Art. 106–109 SchKG, Art. 111 SchKG, Art. 140 SchKG) die Möglichkeit, sich zu wehren (KUKO SchKG-Sprecher, Art. 148 N 1).

254 KUKO SchKG-Sprecher, Art. 148 N 5.

255 KUKO SchKG-Sprecher, Art. 148 N 28 f.

256 KUKO SchKG-Sprecher, Art. 148 N 19.

Die **sachliche** und **funktionelle** Zuständigkeit bestimmt sich nach dem jeweilig anwendbaren kantonalen Recht (vgl. Art. 23 SchKG und Art. 4 ZPO). 8.432

4. LEGITIMATION

A. AKTIVLEGITIMATION

Aktivlegitimiert ist jeder **kollozierte (Pfand-)Gläubiger**, der die Forderung oder den Rang eines anderen Pfandgläubigers bestreiten will (vgl. Art. 157 Abs. 4 i.V.m. Art. 148 Abs. 1 SchKG).[257] 8.433

B. PASSIVLEGITIMATION

Passivlegitimiert ist der «**andere Gläubiger**», **dessen Forderung bestritten wird** (vgl. Art. 157 Abs. 4 i.V.m. Art. 148 Abs. 1 SchKG). 8.434

5. STREITWERT

Der Streitwert bemisst sich gem. Art. 91 ff. ZPO (vgl. auch Art. 1 lit. c ZPO). Dabei ist für die Bemessung der Betrag massgebend, welcher dem klagenden Pfandgläubiger bei Gutheissung seiner Kollokationsklage als Prozessgewinn von dem dem Beklagten in der Verteilungsliste zugeteilten Betreffnis zuzuweisen ist.[258] 8.435

6. FRISTEN

Die Frist zur Einreichung der Kollokationsklage beträgt 20 Tage (Art. 157 Abs. 4 i.V.m. Art. 148 Abs. 1 i.V.m. Art. 31 SchKG und Art. 142 Abs. 1 ZPO) beginnend mit dem Empfang des Auszuges aus dem Kollokationsplan.[259] 8.436

---

257 Ein Gläubiger einer nachfolgenden Gruppe ist nur dann als aktivlegitimiert zu betrachten, wenn dieser geltend macht, dass der Schuldner namentlich durch Unterlassung des Rechtsvorschlags den Gläubiger einer vorangehenden Gruppe begünstigt hat, und eine Wegweisung der umstrittenen Forderung zu einem Mehrerlös für die nachfolgende Gruppe führen würde (KUKO SchKG-Sprecher, Art. 148 N 13).

258 KUKO SchKG-Sprecher, Art. 148 N 22. Wird der Bestand oder die Höhe der Forderung des anderen Gläubigers bestritten, bestimmt das dem Beklagten in der Verteilungsliste des Kollokationsplans zugewiesene Betreffnis bzw. der auf den bestrittenen Forderungsteil den Streitwert. Wird nur der Rang bestritten, bildet die Differenz zwischen den Rängen den Streitwert. In beiden Fällen stellt der in der Verteilungsliste ausgewiesene Verlust des klagenden Gläubigers die Obergrenze des Streitwerts dar; ein allfälliger Mehrbetrag verbleibt beim Beklagten und wird nicht in die Streitwertberechnung miteinbezogen (BSK SchKG I-Schöniger, Art. 148 N 39).

259 Die Frist ist eine Verwirkungsfrist, welche nur unter den Voraussetzungen von Art. 33 Abs. 2 SchKG erstreckbar oder unter den Voraussetzungen von Art. 33 Abs. 4 SchKG wiederherstellbar ist (Vock/Müller, 218).

7. KOMBINATIONSMÖGLICHKEITEN

8.437 Es sind keine naheliegenden Kombinationsmöglichkeiten ersichtlich.

8. MÖGLICHE RECHTSBEGEHREN

8.438
1. Es sei die in der Betreibung Nr. [...] des Betreibungsamts [...] gegen den Schuldner [Name, Vorname, Adresse] mit Verfügung vom [Datum] erfolgte Kollokation des Beklagten [in der Gruppe {Nr.}] im Betrag von CHF [Betrag][vollumfänglich zu löschen].
2. Unter Kosten- und Entschädigungsfolgen zulasten des Beklagten.

9. VORAUSSETZUNGEN

A. ERSTE VORAUSSETZUNG

8.439 Das Betreibungsamt hat eine **Kollokationsverfügung**, nämlich den Kollokationsplan, erlassen.

B. ZWEITE VORAUSSETZUNG

8.440 Der **klagende (Pfand-)Gläubiger** ist auf dem Kollokationsplan **kolloziert.**[260]

C. DRITTE VORAUSSETZUNG

8.441 Die mittels Betreibung geltend gemachte(n) Forderung(en) des klagenden (Pfand-)Gläubigers wird / werden durch den Verwertungserlös **nicht voll gedeckt.**[261]

D. VIERTE VORAUSSETZUNG

8.442 Der klagende (Pfand-)Gläubiger will die Zulassung der **Forderung eines anderen Gläubigers im Kollokationsplan** hinsichtlich Bestand, Höhe oder Rang **bestreiten** und hat ein **hinreichendes Rechtsschutzinteresse** (vgl. Art. 157 Abs. 4 i.V.m. Art. 148 Abs. 1 SchKG).[262]

---

260 Vock/Müller, 215.

261 BSK SchKG I-Schöniger, Art. 148 N 1.

262 KUKO SchKG-Sprecher, Art. 148 N 13 ff.

E. FÜNFTE VORAUSSETZUNG

Dem klagenden (Pfand-)Gläubiger standen **im bisherigen Betreibungsverfahren nicht bereits Rechtsmittel bezüglich materiellrechtlicher Fragen** zur Verfügung, d.h. eine Kollokationsklage ist ausgeschlossen, wenn der Gläubiger in einem früheren Stadium des Betreibungsverfahrens bereits: 8.443

- die Möglichkeit hatte, das Teilnahmerecht des anderen Gläubigers zu bestreiten (und dies unterlies) oder
- die Teilnahmeberechtigung des anderen Gläubigers in einem vorangegangenen Verfahren (z.B. im Widerspruchsverfahren nach Art. 106–109 SchKG oder im Lastenbereinigungsverfahren nach Art. 140 SchKG[263]) rechtskräftig entscheiden liess.[264]

F. SECHSTE VORAUSSETZUNG

Die **Klagefrist** wird eingehalten. 8.444

10. BESONDERHEITEN

Die Kollokationsklage stellt ein Rechtsmittel gegen die Kollokationsverfügung des Betreibungsamtes dar.[265] Sie besteht neben der betreibungsrechtlichen Beschwerde gem. Art. 17 ff. SchKG und ist zu wählen, wenn in materiellrechtlicher Hinsicht zu prüfen ist, ob eine im Pfändungsverfahren beteiligte Forderung hinsichtlich deren Bestand, Höhe oder Rang begründet und folglich zur Teilnahme am Verwertungsergebnis berechtigt ist.[266] 8.445

Das **Schlichtungsverfahren**, welches grundsätzlich einem ordentlichen Verfahren oder einem vereinfachten Verfahren vorgeht, **entfällt** (Art. 198 lit. e Ziff. 6 ZPO), was eine gewisse Verfahrensbeschleunigung mit sich bringt. 8.446

263 Vgl. in Bezug auf Grundpfandgläubiger: Art. 37 Abs. 2 VZG i.V.m. Art. 112 Abs. 1 VZG (BSK SchKG I-BERNHEIM/KÄNZIG, Art. 157 N 50).

264 BSK SchKG I-Schöniger, Art. 148 N 11; KUKO SchKG-SPRECHER, Art. 148 N 11 f.

265 BGE 98 II 313, E. 4.

266 Ist hingegen das (bei der Erstellung des Kollokationsplans und der Verteilungsliste vom Betreibungsamt einzuhaltende) Verfahren zu überprüfen, ist Beschwerde gem. Art. 17 ff. SchKG zu erheben (KUKO SchKG-SPRECHER, Art. 148 N 4). Ferner hat auch der Gläubiger, der die Kollokation der eigenen Forderung als mangelhaft erachtet, eine Beschwerde gem. Art. 17 ff. SchKG zu erheben (KUKO SchKG-SPRECHER, Art. 148 N 6).

11. RECHTSMITTEL

8.447 Der *erstinstanzliche Entscheid* ist – sofern der Streitwert mindestens CHF 10 000.– beträgt – grundsätzlich mit der **Berufung** gem. Art. 308 ff. ZPO anfechtbar. Beträgt der Streitwert jedoch weniger, ist der Entscheid mit **Beschwerde** gem. Art. 319 ff. ZPO anfechtbar. Liegt ein letztinstanzlicher kantonaler Entscheid vor und beträgt entweder der Streitwert mindestens CHF 30 000.– oder stellt sich eine Rechtsfrage von grundsätzlicher Bedeutung, kann dieser mit **Beschwerde in Zivilsachen beim Bundesgericht** angefochten werden (vgl. Art. 72 Abs. 2 lit. a i.V.m. Art. 74 Abs. 1 lit. b bzw. Art. 74 Abs. 2 lit. a BGG). Ansonsten, d.h. bei einem Streitwert unter CHF 30 000.– und keiner Rechtsfrage von grundsätzlicher Bedeutung, findet die **subsidiäre Verfassungsbeschwerde** gem. Art. 113 ff. BGG Anwendung.

Tabellarische Zusammenfassung

Zweck	Änderung des Kollokationsplanes (zu Lasten eines anderen Gläubigers, in dem dessen Forderung gestrichen oder herabgesetzt wird oder das der Forderung vom Betreibungsamt zugestandene Privileg oder deren Rang der Forderung als nicht bestehend erklärt wird), so dass bei Gutheissung der Klage der nach der Verteilungsliste auf den Beklagten entfallende Anteil am Verwertungserlös dem Kläger zusteht
Gesetzliche Grundlage	Art. 157 Abs. 4 i.V.m. Art. 148 SchKG
Verfahrensart	Abhängig vom Streitwert ordentliches Verfahren (Art. 219 ff. ZPO) oder vereinfachtes Verfahren (Art. 243 ff. ZPO)
Zuständigkeit	Das Gericht am Betreibungsort ist örtlich zuständig (Art. 148 Abs. 1 SchKG und Art. 46 ZPO) Die sachliche und funktionelle Zuständigkeit richtet sich nach kantonalem Recht (Art. 23 SchKG und Art. 4 ZPO)
Aktivlegitimation	Kollozierte (Pfand-)Gläubiger, welche die Forderung oder den Rang eines anderen Pfandgläubigers bestreiten wollen
Passivlegitimation	(Betreibender) «anderer» Gläubiger, dessen Forderung bestritten wird
Streitwert	Betrag, welcher dem Kläger bei Gutheissung seiner Kollokationsklage als Prozessgewinn von dem dem Beklagten in der Verteilungsliste zugeteilten Betreffnis zuzuweisen ist
Fristen	20 Tage seit Empfang des Auszuges aus dem Kollokationsplan
Kombination	Nicht einschlägig
Mögliche Rechtsbegehren	1. Es sei die in der Betreibung Nr. […] des Betreibungsamts […] gegen den Schuldner [Name, Vorname, Adresse] mit Verfügung vom [Datum] erfolgte Kollokation des Beklagten [in der Gruppe {Nr.}] im Betrag von CHF [Betrag] [vollumfänglich zu löschen]. 2. Unter Kosten- und Entschädigungsfolgen zulasten des Beklagten.

Voraussetzungen	- Kollokationsplanes wurde erlassen - Klagender (Pfand-)Gläubiger ist auf dem Kollokationsplan kolloziert - Die (in Betreibung gesetzte) Forderung des klagenden (Pfand-)Gläubigers wird durch den Verwertungserlös nicht voll gedeckt - Der klagende (Pfand-)Gläubiger will die Zulassung der Forderung eines anderen Gläubigers im Kollokationsplan hinsichtlich Bestand, Höhe oder Rang bestreiten und hat ein hinreichendes Rechtsschutzinteresse - Im bisherigen Betreibungsverfahren standen dem klagenden (Pfand-)Gläubiger bis zu diesem Zeitpunkt keine Rechtsmittel bzgl. materiellrechtlicher Fragen zur Verfügung - Klagefrist wird eingehalten
Besonderheiten	- Die Kollokationsklage stellt (neben der betreibungsrechtlichen Beschwerde gem. Art. 17 SchKG) ein Rechtsmittel gegen die Kollokationsverfügung des Betreibungsamtes dar, die zu wählen ist bei durchzuführenden Überprüfungen in materiellrechtlicher Hinsicht - Schlichtungsverfahren entfällt
Rechtsmittel	Kantonal: Abhängig vom Streitwert Berufung (Art. 308 ff. ZPO) oder Beschwerde (Art. 319 ff. ZPO) innert 30 Tagen Bund: Abhängig vom Streitwert Beschwerde in Zivilsachen (Art. 72 ff. BGG) innert 30 Tagen, oder subsidiäre Verfassungsbeschwerde (Art. 113 ff. BGG)

XXXV. FORTSETZUNGSBEGEHREN BEI PFANDAUSFALLSCHEIN (ART. 158 ABS. 2 SCHKG)

Das Betreibungsamt stellt dem betreibenden Pfandgläubiger einen Pfandausfallschein aus, wenn 8.448
das Pfand wegen ungenügenden Angeboten (Art. 126 und 127 SchKG) nicht verwertet werden konnte oder der erzielte Erlös die (betriebene) Forderung nicht deckt (vgl. Art. 158 Abs. 1 SchKG). Während er den Abschluss der Betreibung auf Pfandverwertung darstellt, ermöglicht er dem betreffenden Pfandgläubiger unter gewissen Umständen jedoch zugleich eine Fortsetzung der Betreibung auf Pfändung oder Konkurs (vgl. Art. 158 Abs. 2 SchKG). Betreibt der Pfandgläubiger innert einem Monat nach Zustellung des Pfandausfallscheins, ist kein neuer Zahlungsbefehl erforderlich (vgl. Art. 158 Abs. 2 SchKG). Ferner gilt der Pfandausfallschein als Schuldanerkennung i.S.v. Art. 82 SchKG.

In Bezug auf das zu stellende Fortsetzungsbegehren, siehe die Ausführungen unter § 6 Ziff. XIV, 8.449
Rz. 6.443 ff.

§9 KONKURSBETREIBUNG

I. GESUCH UM AUFNAHME EINES GÜTERVERZEICHNISSES

1. ZWECK UND WIRKUNG

Die Art. 83 Abs. 1 und Art. 162 SchKG sehen die Aufnahme eines Güterverzeichnisses auf Verlangen des Gläubigers als mögliche Sicherungsmassnahme vor. Güterverzeichnisse können ferner auch für die Dauer des Rechtsstillstandes (Art. 57c SchKG), im Rahmen vorsorglicher Massnahmen nach Anbringung des Konkursbegehrens (Art. 170 SchKG; vgl. auch Art. 183 Abs. 1 SchKG) oder bei aufschiebender Wirkung der Beschwerde gegen den Entscheid des Konkursgerichts (Art. 174 Abs. 3 SchKG) sowie als sichernde Massnahme bei Bewilligung der Notstundung (Art. 341 SchKG) angeordnet werden.[1] 9.1

Namentlich aufgrund der Kosten und der (möglichen) Alternative des Arrests spielt das Güterverzeichnis in der Praxis eine geringe Rolle.[2] 9.2

Ein Gesuch um Aufnahme eines Güterverzeichnisses bezweckt die Vereitelung einer Vermögensverschiebung des Schuldners vor einer allfälligen Konkurseröffnung über ihn. Durch die Aufnahme aller Vermögensbestandteile des Schuldners in einem Verzeichnis erhält der Gläubiger eine gewisse Kontrolle über den Bestand und die Verwaltung des schuldnerischen Vermögens.[3] 9.3

Der Schuldner ist bei Straffolge (Art. 169 StGB) verpflichtet, dafür zu sorgen, dass die aufgezeichneten Vermögensstücke erhalten bleiben oder durch gleichwertige ersetzt werden. Er darf davon (nur) so viel verbrauchen, als nach dem Ermessen des Betreibungsbeamten zu seinem Lebensunterhalt und jenem seiner Familie erforderlich ist (Art. 164 Abs. 1 SchKG). Letzteres ist auf natürliche Personen zugeschnitten, und mit dem Hinweis auf das Ermessen des Betreibungsamtes wird klargestellt, dass der Schuldner vorgängig eines Verbrauchs grundsätzlich dessen Einwilligung einzuholen hat. Das Amt hat sich am Existenzminimum als Leitlinie zu orientieren.[4] 9.4

1 OFK SchKG-Kren Kostkiewicz, Art. 162 N 5.
2 KUKO SchKG-Diggelmann, Art. 162 N 1.
3 Baumann, 21.
4 BSK SchKG II-Ottomann/Markus, Art. 164 N 4.

9.5 Das Erhaltungsgebot erfasst nur die zum Zeitpunkt des Vollzugs vorhandenen Werte. Über erst danach Erworbenes (z.B. sein Erwerbseinkommen) darf der Schuldner frei verfügen, soweit es nicht Ersatz i.S.v. Art. 164 Abs. 1 SchKG darstellt. Nachdem der Schuldner über alle Vermögenswerte verfügen darf, sofern er sie durch gleichwertige ersetzt, soll ihm insbesondere der Betrieb eines Geschäftes (in geordnetem Rahmen) möglich bleiben.[5] In gewissen Fällen kann u.E. das Problem allerdings darin liegen, dass der Schuldner als Folge des Gebots zum Erhalt von Surrogaten (insb.) über erhaltene Zahlungen aus Rechtsgeschäften über aufgezeichnete Vermögenswerte nicht verfügen darf, womit er sehr rasch (bzw. teilweise unverzüglich) in Liquiditätsschwierigkeiten geraten kann.

9.6 Die Wirksamkeit des Güterverzeichnisses liegt in der damit verbundenen Strafandrohung. Das Betreibungsamt hat den Schuldner auf seine Pflichten und auf die Straffolge (Art. 169 StGB) ausdrücklich aufmerksam zu machen. Verletzt der Schuldner seine Pflichten, hat dies nicht zur Folge, dass rechtliche Verfügungen über aufgezeichnete Vermögensstücke gegenüber Dritten ungültig wären. Der vorsätzlich handelnde Schuldner, welcher eigenmächtig zum Schaden der Gläubiger über einen aufgezeichneten Vermögenswert verfügt oder diesen beschädigt, zerstört, entwertet oder unbrauchbar macht, erfüllt indes den Tatbestand der Verfügung über mit Beschlag belegte Vermögenswerte gem. Art. 169 StGB (Verstrickungsbruch).[6]

9.7 Indirekt kann der Wert des Güterverzeichnisses darin gesehen werden, dass nach Ausbruch des Konkurses allfällige anfechtbare Rechtshandlungen des Schuldners leichter festzustellen sind. Das Betreibungsamt ist aber weder zur Anordnung von Sicherungsmassnahmen befugt noch zur Kontrolle darüber, ob der Schuldner seine Pflichten einhält.[7]

2. VERFAHRENSART

9.8 Es ist das summarische Verfahren anwendbar (vgl. Art. 251 lit. a ZPO).[8] Die Voraussetzungen sind vom Gläubiger glaubhaft zu machen,[9] soweit das Güterverzeichnis nicht von Amtes wegen angeordnet wird. Nach der hier vertretenen Ansicht kann die Aufnahme eines Güterverzeichnisses auch ohne vorgängige Anhörung des Schuldners angeordnet werden.[10] Entsprechend sollte dies bei Vorliegen der Voraussetzungen von Art. 265 ZPO beantragt werden.

5 KUKO SchKG-Diggelmann, Art. 164 N 2; BSK SchKG II-Ottomann/Markus, Art. 164 N 3.

6 BSK SchKG II-Ottomann/Markus, Art. 164 N 6; Schubarth/Albrecht, Art. 169 N 32; Stratenwerth/Jenny/Bommer, § 23 Rz. 46; Trechsel/Pieth, Art. 169 N 8.

7 BSK SchKG II-Ottomann/Markus, Art. 164 N 3.

8 KUKO SchKG-Diggelmann, Art. 162 N 4.

9 KUKO SchKG-Diggelmann, Art. 162 N 5.

10 BSK SchKG II-Ottomann/Markus, Art. 162 N 16; eher ablehnend demgegenüber KUKO SchKG-Diggelmann, Art. 162 N 6.

3. ZUSTÄNDIGKEIT

Das Gesuch um Aufnahme eines Güterverzeichnisses ist vom örtlich zuständigen Konkursgericht zu behandeln. Gewährt die Rechtsmittelinstanz einer Beschwerde gegen die Konkurseröffnung die aufschiebende Wirkung, trifft sie auch die zum Schutz der Gläubiger notwendigen Massnahmen und ordnet entsprechend bei Bedarf die Aufnahme eines Güterverzeichnisses an (vgl. Art. 174 Abs. 3 SchKG). Bei der Notstundung ist gem. Art. 341 SchKG das Nachlassgericht zuständig, während die Aufnahme des Güterverzeichnisses bei einem Rechtsstillstand aufgrund Militär-, Zivil- oder Schutzdienstes i.S.v. Art. 57c SchKG beim Betreibungsamt verlangt werden muss. Nach abgewiesenem Rechtsvorschlag in der Wechselbetreibung liegt die Zuständigkeit schliesslich beim für die Bewilligung des Rechtsvorschlags zuständigen Gericht. 9.9

Das LugÜ und das IPRG sind nicht anwendbar.[11] 9.10

4. LEGITIMATION

Der Gläubiger ist aktivlegitimiert (vgl. Art. 57c, Art. 83 Abs. 2, Art. 162 SchKG). Der Schuldner ist passivlegitimiert. 9.11

5. STREITWERT

Der Streitwert wäre schwierig zu bestimmen. Er ist aber ohnehin weder für die Bestimmung des anwendbaren Verfahrens (vgl. Art. 251 lit. a ZPO) noch für die Höhe der Entscheidgebühr (vgl. Art. 53 GebV SchKG) von Relevanz. Auch für die zulässigen Rechtsmittel gegen eine (verweigerte) Aufnahme des Güterverzeichnisses kommt dem Streitwert keine Bedeutung zu (Art. 319 lit. a i.V.m. Art. 309 lit. b Ziff. 7 ZPO; Art. 74 Abs. 2 lit. d BGG). 9.12

6. FRISTEN

Art. 162 ff. SchKG sieht keine Frist für die Einreichung des Gesuchs um Aufnahme eines Güterverzeichnisses vor. Grundsätzlich bzw. im Fall von Art. 162 SchKG kann das Begehren ab der Rechtskraft des Zahlungsbefehls bis zur Konkurseröffnung gestellt werden.[12] 9.13

Im Rahmen von Art. 83 Abs. 1 SchKG kann der Gläubiger schon nach der vollstreckbaren provisorischen Rechtsöffnung die Aufnahme eines Güterverzeichnisses verlangen, sofern die 20-tägige 9.14

---

11 BSK LugÜ-Rohner/Lerch, Art. 1 N 93; vgl. Meier, 171.

12 Kren Kostkiewicz, 499.

Zahlungsfrist des Schuldners seit Zustellung des Zahlungsbefehls gem. Art. 69 Abs. 2 Ziff. 2 SchKG abgelaufen ist.[13]

9.15 Bei einem Begehren um sofortige Konkurseröffnung infolge Zahlungseinstellung des Schuldners (vgl. Art. 190 Abs. 1 Ziff. 2 SchKG) kann das Gesuch um Aufnahme eines Güterverzeichnisses ohne Beachtung einer Frist gestellt werden, und zwar gleichzeitig oder im Nachgang zum Konkursbegehren.

9.16 Die durch das Güterverzeichnis begründete Verpflichtung des Schuldners wird vom Betreibungsbeamten aufgehoben, wenn sämtliche betreibenden Gläubiger einwilligen. Sie erlischt sodann von Gesetzes wegen vier Monate nach der Erstellung des Verzeichnisses (Art. 165 SchKG). Das Erlöschen kann verhindert werden, indem der Gläubiger rechtzeitig die Aufnahme eines neuen Güterverzeichnisses erwirkt.[14]

9.17 Die Schonzeiten gem. Art. 56 Ziff. 1–3 SchKG finden für die Anordnung des Güterverzeichnisses keine Anwendung, weil es sich der Natur der Sache nach um eine unaufschiebbare Massnahme handelt.[15] Spätestens mit erfolgter Konkurseröffnung über den Schuldner kann keine Aufnahme eines Güterverzeichnisses mehr angeordnet werden, ausser durch die Rechtsmittelinstanz im Beschwerdeverfahren gem. Art. 174 SchKG.[16]

7. KOMBINATIONSMÖGLICHKEITEN

9.18 Das Gesuch um Aufnahme eines Güterverzeichnisses kann namentlich mit dem Konkursbegehren gem. Art. 166 SchKG kombiniert werden, wobei das Konkursgericht ein Güterverzeichnis auch ohne Antrag anordnen kann (vgl. Art. 170 SchKG). Letzteres gilt auch für den Fall, dass das Gericht die Bewilligung des Rechtsvorschlags in der Wechselbetreibung verweigert (vgl. Art. 183 Abs. 1 SchKG). Auch im Rahmen einer Beschwerdeantwort im Rechtsmittelverfahren gegen die Konkurseröffnung kann für den Fall, dass der Beschwerde aufschiebende Wirkung gewährt wird, die Aufnahme eines Güterverzeichnisses verlangt werden (Art. 174 Abs. 3 SchKG).

9.19 Interessant kann ein Güterverzeichnis auch als vorsorgliche Massnahme bei einem Begehren um Konkurseröffnung ohne vorgängige Betreibung gem. Art. 190 SchKG sein.[17] Auch in solchen Fällen kann das Konkursgericht auf Antrag eines Gläubigers die Aufnahme eines Güterverzeichnisses anordnen, auch wenn Art. 166 SchKG systematisch bei den Bestimmungen über die ordentliche Konkursbetreibung untergebracht ist (vgl. Art. 194 Abs. 1 i. V. m. Art. 170 SchKG).

13 KUKO SchKG-Vock, Art. 83 N 2.

14 KUKO SchKG-Diggelmann, Art. 165 N 2.

15 KUKO SchKG-Diggelmann, Art. 162 N 7; Amonn/Walther, § 11 Rz. 44; BSK SchKG II-Ottomann/Markus, Art. 162 N 17 m.H. auch auf gegenteilige Lehrmeinungen.

16 Vgl. dazu Ziff. Rz. 9.1 und 9.9 hiervor.

17 Vgl. dazu Rz. 9.64 ff. hiernach.

8. MÖGLICHE RECHTSBEGEHREN

Es sei [ev.: ohne die vorangehende Anhörung des Gesuchgegners] die Aufnahme eines Güterverzeichnisses über sämtliche Vermögenswerte des Gesuchgegners anzuordnen, unter Kosten- und Entschädigungsfolge [ev.: zzgl. MWSt] zu Lasten des Gesuchgegners. 9.20

9. VORAUSSETZUNGEN

Soweit die Aufnahme eines Güterverzeichnisses nicht von Amtes wegen angeordnet wird (vgl. Art. 170, Art. 174 Abs. 3, Art. 183 Abs. 1, Art. 341 Abs. 1 SchKG), ist ein entsprechendes Begehren notwendig.[18] 9.21

Keine Voraussetzung ist, dass die Konkursandrohung dem Schuldner bereits zugestellt worden ist (vgl. Art. 163 SchKG e contrario). Erforderlich ist hingegen (vorbehältlich des Spezialfalls von Art. 57c SchKG und beim Konkursbegehren ohne vorherige Betreibung gem. Art. 190 SchKG), dass die Frist für den Rechtsvorschlag abgelaufen oder dieser (zumindest provisorisch; vgl. Art. 83 Abs. 1 SchKG) beseitigt worden ist, soweit sich der Gläubiger nicht auf einen Verlust- (Art. 149 SchKG) oder Pfandausfallschein (Art. 158 SchKG) stützen kann.[19] 9.22

In materieller Hinsicht muss das Güterverzeichnis zur Sicherung des Gläubigers geboten sein, wobei im Verfahren der provisorischen Rechtsöffnung an die Glaubhaftmachung des Sicherungsbedürfnisses erhöhte Anforderungen zu stellen sind.[20] Im Rahmen von Art. 170 SchKG sind für die Anordnung eines Güterverzeichnisses keine hohen Anforderungen zu stellen.[21] 9.23

Ein Sicherungsbedürfnis liegt namentlich vor, wenn Anzeichen bestehen, dass der Schuldner beabsichtigt zu fliehen oder umzuziehen oder dass er Vermögensbestandteile verheimlicht, beiseiteschafft, vermindert oder verschleudert. Auch wenn das allgemeine Geschäftsgebaren des Schuldners und sein Verhalten dem Gläubiger gegenüber die Befürchtung nahe legen, er versuche sich der entsprechenden Schuldverpflichtung zu entziehen, kann die Anordnung eines Güterverzeichnisses geboten sein.[22] 9.24

18 KUKO SchKG-Diggelmann, Art. 162 N 2.

19 KUKO SchKG-Diggelmann, Art. 162 N 2.

20 Vgl. BSK SchKG II-Ottomann/Markus, Art. 162 N 13.

21 BSK SchKG EB-Staehelin, Art. 170 N 8.

22 BSK SchKG EB-Staehelin, Art. 162 N 11; vgl. auch Art. 57 Abs. 1 SchKG, wonach der Gläubiger bei Rechtsstillstand bezüglich seiner Forderung eine «Gefährdung durch Handlungen des Schuldners oder Dritter glaubhaft zu machen [hat]».

10. BESONDERHEITEN

9.25 Durch die Bezahlung der Schuld kann der Schuldner die Aufnahme eines Güterverzeichnisses abwenden. U.E. ist auch eine Hinterlegung ausreichend.[23]

9.26 Regelmässig fallen ein angeordnetes Güterverzeichnis bzw. die mit einem solchen gegenüber dem Schuldner angeordneten Verfügungsbeschränkungen dahin, wenn der Schuldner die Forderung (inkl. Zins und Kosten), aufgrund deren die Massnahme angeordnet wurde, vollständig bezahlt hat. In gewissen Fällen ordnet das Konkursgericht in seinem Massnahmeentscheid diese Rechtsfolge sogar ausdrücklich an. Fällt der Schuldner nach einer solchen Bezahlung später gleichwohl in Konkurs, kann sich der bezahlte Gläubiger allenfalls mit Vorwürfen der paulianischen Anfechtung (Art. 285 ff. SchKG) konfrontiert sehen.

9.27 Nach hier vertretener Auffassung handelt es sich bei der Anordnung des Güterverzeichnisses um eine unaufschiebbare Massnahme i.S.v. Art. 56 SchKG.[24]

9.28 Falls der Schuldner seine ihm durch die Aufnahme des Güterverzeichnisses auferlegten Pflichten verletzt und sich dabei betrügerische Handlungen zu Schulden kommen lässt, kann der Gläubiger die sofortige Konkurseröffnung gestützt auf Art. 190 Abs. 1 Ziff. 1 SchKG verlangen.[25]

11. RECHTSMITTEL

9.29 Gegen die (Nicht-)Anordnung eines Güterverzeichnisses durch das Konkurs- bzw. Nachlassgericht ist die Beschwerde möglich (Art. 319 lit. a i.V.m. Art. 309 lit. b Ziff. 7 ZPO). Weil es sich bei der Anordnung des Güterverzeichnisses um eine vorsorgliche Massnahme handelt,[26] unterliegt die Beschwerde nach hier vertretener Ansicht nicht den einschränkenden Voraussetzungen von Art. 319 lit. b Ziff. 2 ZPO, sondern stellt einen Anwendungsfall von Art. 319 lit. a ZPO dar.

9.30 Die Beschwerde in Zivilsachen ans Bundesgericht ist streitwertunabhängig (Art. 74 Abs. 2 lit. d BGG) zulässig (Art. 72 Abs. 2 lit. a BGG), jedoch beschränkt auf die Rüge der Verletzung verfassungsmässiger Rechte (Art. 98 BGG).[27]

23 Gl.M. KUKO SchKG-Diggelmann, Art. 162 N 3c; vgl. ausdrücklich für den Rechtsstillstand Art. 57c Abs. 2 SchKG.

24 Vgl. dazu Rz. 9.17 hiervor.

25 BSK SchKG II-Ottomann/Markus, Art. 164 N 6.

26 OFK SchKG-Kren Kostkiewicz, Art. 162 N 1; BGE 137 III 143, E. 1.3.

27 KUKO SchKG-Diggelmann, Art. 162 N 8.

Tabellarische Zusammenfassung

Zweck	Vorsorgliche Massnahme zur Sicherung des Vollstreckungssubstrats vor einer Konkurseröffnung
Gesetzliche Grundlage	Art. 57c, Art. 83 Abs. 1, Art. 162 ff., Art. 170, Art. 174 Abs. 3, Art. 183 Abs. 1 und Art. 341 SchKG
Verfahrensart	Summarisches Verfahren (Art. 251 lit. a ZPO)
Zuständigkeit	Anordnung der Massnahme: Konkursgericht bzw. Nachlassgericht (bei der Notstundung) bzw. Betreibungsamt (beim Rechtsstillstand) bzw. Rechtsmittelinstanz (wenn sie einer Beschwerde gegen die Konkurseröffnung aufschiebende Wirkung gewährt) Vollzug: Betreibungsamt
Aktivlegitimation	Gläubiger
Passivlegitimation	Schuldner
Streitwert	Nicht einschlägig
Fristen	I.d.R. rechtskräftiger Zahlungsbefehl (Art. 162 ff. SchKG); keine Frist bei Rechtsstillstand und bei Antrag auf sofortige Konkurseröffnung (Art. 57c und Art. 190 Abs. 1 SchKG); bei Erteilung provisorischer Rechtsöffnung nach Ablauf der 20-tägigen Zahlungsfrist des Zahlungsbefehls (Art. 83 Abs. 1 SchKG)
Kombination	Begehren auf Konkurseröffnung (in der ordentlichen Konkursbetreibung oder im Verfahren der Konkurseröffnung ohne vorgängige Betreibung)
Mögliche Rechtsbegehren	Es sei [ev.: ohne die vorangehende Anhörung des Gesuchgegners] die Aufnahme eines Güterverzeichnisses über sämtliche Vermögenswerte des Gesuchgegners anzuordnen, unter Kosten- und Entschädigungsfolge [ev.: zzgl. MWSt] zu Lasten des Gesuchgegners.
Voraussetzungen	– Begehren (soweit nicht v.A.w. anzuordnen) – Ggf. Beachtung von Fristen – Sicherungsbedürfnis des Gläubigers
Besonderheiten	– Abwendbarkeit durch Bezahlung oder Hinterlegung – Bezahlter Gläubiger kann sich ggf. später mit Vorwürfen der paulianischen Anfechtung (Art. 285 ff. SchKG) konfrontiert sehen – Unaufschiebbare Massnahme i. S. v. Art. 56 SchKG – Bei Pflichtverletzungen und betrügerischen Handlungen des Schuldners kann der Gläubiger die sofortige Konkurseröffnung gestützt auf Art. 190 Abs. 1 Ziff. 1 SchKG verlangen
Rechtsmittel	Kantonal: Streitwertunabhängige Beschwerde (Art. 319 lit. a i.V.m. Art. 309 lit. b Ziff. 7 ZPO) innert 10 Tagen (Art. 321 Abs. 2 ZPO) Bund: Streitwertunabhängige (Art. 74 Abs. 2 lit. d BGG) Beschwerde in Zivilsachen (Art. 72 Abs. 2 lit. a BGG) innert 30 Tagen (Art. 100 Abs. 1 BGG), allerdings beschränkt auf die Rüge der Verletzung verfassungsmässiger Rechte (Art. 98 BGG)

II. KONKURSBEGEHREN (ART. 166 FF., ART. 188 F. SCHKG)

1. ZWECK UND WIRKUNG

9.31 Mit dem Konkursbegehren wird die Konkurseröffnung über den Schuldner bezweckt. Bei Gutheissung des Gesuchs gilt der Konkurs über den Schuldner mit den Wirkungen gem. Art. 197 ff. SchKG ab dem Zeitpunkt als eröffnet, in welchem er erkannt wird (Art. 175 Abs. 1 SchKG).

2. VERFAHRENSART

9.32 Gemäss Art. 251 lit. a ZPO gilt für Entscheide, die vom Konkursgericht getroffen werden, das summarische Verfahren. Ein Schlichtungsverfahren entfällt deshalb (Art. 198 lit. a ZPO). Bei der ordentlichen Konkursbetreibung hat der Gläubiger das Doppel der Konkursandrohung und des Zahlungsbefehls einzureichen (Art. 166 Abs. 1 SchKG). In der Wechselbetreibung muss der Gesuchsteller neben dem Zahlungsbefehl und dem allfälligen Gerichtsentscheid über die Verweigerung oder Beseitigung des Rechtsvorschlags auch den Forderungstitel (Wechsel oder Check) vorlegen können (Art. 188 Abs. 1 SchKG).[28]

9.33 Im Gegensatz zu anderen summarischen Verfahren (vgl. Art. 256 Abs. 1 ZPO) kann nicht auf eine mündliche Verhandlung verzichtet werden, wobei es den Parteien freisteht, vor Gericht zu erscheinen (Art. 168 und Art. 189 Abs. 1 SchKG). Das Gericht kann gem. Art. 171 bzw. Art. 189 Abs. 1 SchKG auch in Abwesenheit der Parteien entscheiden. Es gilt die beschränkte Untersuchungsmaxime, wonach das Gericht den Sachverhalt zwar festzustellen, nicht jedoch zu erforschen hat,[29] wobei sämtliche Beweismittel zulässig sind (Art. 254 Abs. 2 lit. c ZPO).

9.34 Aus Schuldnersicht kann ein Erscheinen nicht nur zur Geltendmachung der in Art. 172 Ziff. 3 SchKG genannten konkurshindernden Tatsachen der Tilgung oder Stundung Sinn machen, sondern u.U. auch, um allenfalls beim Konkursgericht eine allerletzte Zahlungsfrist von wenigen Tagen zu erhalten, wenn überzeugend dargelegt wird, dass die Zahlung innerhalb dieser Frist erfolgen kann.[30]

---

28 VOCK/MÜLLER, 228.

29 OFK ZPO-LAZOPOULUS/LEIMGRUBER, Art. 255 N 2.

30 So beispielsweise die langjährige Praxis am BezGer ZH, wonach das Konkursgericht ggf. noch einige Tage zuwartet mit der Fällung des Konkurseröffnungsentscheids.

3. ZUSTÄNDIGKEIT

Die örtliche Zuständigkeit richtet sich nach dem Betreibungsort gem. Art. 46 ff. SchKG. Eine Konkurseröffnung am Spezialdomizil gem. Art. 50 Abs. 2 SchKG oder am Arrestort gem. Art. 52 SchKG ist indessen nicht möglich.[31] Das LugÜ und das IPRG sind nicht anwendbar.[32] 9.35

Die Kantone regeln die sachliche Zuständigkeit des Konkursgerichts. 9.36

4. LEGITIMATION

Jener handlungsfähige Gläubiger, welcher in der ordentlichen Konkursbetreibung die Konkursandrohung erwirkt hat, ist zur Stellung des Konkursbegehrens legitimiert. In der Wechselbetreibung ist der Gläubiger, welcher über einen rechtskräftigen Zahlungsbefehl verfügt, aktivlegitimiert (Art. 188 Abs. 1 SchKG).[33] 9.37

Lässt sich der betreibende Gläubiger vertreten, hat sich der Vertreter durch eine Vollmacht auszuweisen (Art. 68 Abs. 3 ZPO). Auch Erben und Zessionare (vgl. dazu Art. 77 SchKG) sind berechtigt, das Konkursbegehren zu stellen. Nicht legitimiert sind das Betreibungsamt und Drittgläubiger. Bei juristischen Personen muss darauf geachtet werden, dass das Konkursbegehren von einer zeichnungsberechtigten Person unterzeichnet wird.[34] 9.38

Der betriebene, konkursfähige Schuldner ist passivlegitimiert.[35] 9.39

5. STREITWERT

Die Berechnung des Streitwerts wäre schwierig.[36] Er ist aber ohnehin weder für die Bestimmung des anwendbaren Verfahrens (vgl. Art. 251 lit. a ZPO) noch für die Höhe der Entscheidgebühr für die Konkurseröffnung (vgl. Art. 52 GebV SchKG) von Relevanz. Auch für das Rechtsmittelverfahren kommt dem Streitwert keinerlei Bedeutung zu (Art. 174 SchKG i. V. m. Art. 319 ff. ZPO; Art. 74 Abs. 2 lit. d BGG). 9.40

31 BSK SchKG II-NORDMANN, Art. 166 N 17.
32 BSK LugÜ-ROHNER/LERCH, Art. 1 N 93; vgl. MEIER, 171.
33 VOCK/MÜLLER, 226.
34 BSK SchKG II-NORDMANN, Art. 166 N 4.
35 VOCK/MÜLLER, 226.
36 VOCK/MÜLLER, 229.

6. FRISTEN

9.41 Das Konkursbegehren kann in der ordentlichen Konkursbetreibung frühestens nach Ablauf von 20 Tagen seit der Zustellung der Konkursandrohung und spätestens 15 Monate nach der Zustellung des Zahlungsbefehls gestellt werden, wobei diese Frist zwischen der Einleitung und der Erledigung eines durch einen Rechtsvorschlag veranlassten gerichtlichen Verfahrens stillsteht (Art. 166 Abs. 1 und Abs. 2 SchKG). Bei der zweitgenannten Frist handelt es sich um eine Verwirkungsfrist.

9.42 In der Wechselbetreibung entfällt die 20-tägige Bedenkfrist; das Konkursbegehren kann gestellt werden, sobald der die Konkursandrohung bereits enthaltende Zahlungsbefehl rechtskräftig ist (Art. 188 Abs. 1 SchKG).[37] Die Verwirkungsfrist beträgt in der Wechselbetreibung sodann lediglich einen Monat, wobei im Falle eines Rechtsvorschlags durch den Schuldner die Zeit zwischen der Eingabe und dem Entscheid über die Bewilligung des Rechtsvorschlags sowie (im Falle von dessen Bewilligung) zwischen der Anhebung und der gerichtlichen Erledigung der Klage nicht mitberechnet wird (Art. 188 Abs. 2 SchKG).

9.43 Ein in der ordentlichen Konkursbetreibung verfrüht eingereichtes Konkursbegehren ist erst nach Ablauf der 20-tägigen Bedenkfrist anhand zu nehmen.[38] Wird hingegen die Verwirkungsfrist nicht eingehalten, ist das Konkursbegehren von Amtes wegen abzuweisen.[39]

9.44 Zwischen der Einleitung und der Erledigung eines durch die Erhebung von Rechtsvorschlag veranlassten gerichtlichen Verfahrens steht die Frist von 15 Monaten still (Art. 166 Abs. 2 SchKG).[40] Diese Frist ruht auch, wenn eine Beschwerde gem. Art. 17 SchKG gegen die Konkursandrohung eingereicht und die aufschiebende Wirkung gem. Art. 36 SchKG vor Einreichung des Konkursbegehrens gewährt worden ist.[41]

9.45 Das Konkursbegehren kann auch während der Betreibungsferien oder eines Rechtsstillstandes gestellt werden.[42] Allerdings stellt die Konkurseröffnung in der ordentlichen Konkursbetreibung eine Betreibungshandlung dar, weshalb die Bestimmungen über den Rechtsstillstand und die Betreibungsferien vom Konkursgericht zu beachten sind (Art. 56 ff. SchKG).[43] In der Wechselbetreibung gelten die Betreibungsferien nicht (Art. 56 Ziff. 2 SchKG).

---

37 BSK SchKG II-Bauer, Art. 188 N 3.

38 BSK SchKG II-Nordmann, Art. 166 N 10; BGE 122 III 130 = Pra 1996, 706; a.A. KUKO SchKG-Diggelmann, Art. 166 N 5.

39 BSK SchKG II-Nordmann, Art. 166 N 13; BSK SchKG EB-Staehelin, Art. 166 N 13.

40 Vgl. für die Wechselbetreibung Art. 188 Abs. 2 SchKG.

41 BSK SchKG EB-Staehelin, Art. 166 N 11; BGE 136 II 152, E. 4.1 und 4.2.

42 BSK SchKG II-Nordmann, Art. 166 N 12.

43 BGer 5P.156/2001 vom 9.7.2001, E. 3.b.

7. KOMBINATIONSMÖGLICHKEITEN

Mit dem Konkursbegehren können vorsorgliche Massnahmen beantragt werden. Zwar können solche zur Wahrung der Gläubigerrechte auch von Amtes wegen angeordnet werden. Normalerweise ordnet das Gericht entsprechende Anordnungen jedoch nur bei einem Antrag und nach Leistung eines Kostenvorschusses (Art. 169 Abs. 2 SchKG) an.[44] Vorsorgliche Massnahmen können auch superprovisorisch, d.h. ohne Anhörung des Schuldners, beantragt und angeordnet werden.[45] 9.46

Neben der Aufnahme eines Güterverzeichnisses kommen alle Massnahmen in Betracht, die eine Beschränkung der Dispositionsbefugnis des Schuldners über sein Vermögen zur Folge haben (z.B. amtliche Verwahrung von Gegenständen, die Schliessung von Geschäftslokalitäten, die Versiegelung von Räumen, Vorbemerkungen von grundbuchamtlichen Verfügungsbeschränkungen i.S.v. Art. 960 Abs. 1 Ziff. 1 ZGB, Zahlungsverbot usw.).[46] 9.47

Möglich ist auch, dass der Gläubiger über den Schuldner die Eröffnung eines Nachlassverfahrens verlangt (Art. 293 Abs. 1 lit. b. SchKG) und nur im Eventualbegehren die Konkurseröffnung. Ein Begehren um Eröffnung eines Nachlassverfahrens wird oftmals mit einem Antrag auf Beschränkung oder Entzug der schuldnerischen Verfügungsbefugnis gem. Art. 298 Abs. 1 SchKG und auf Einsetzung eines provisorischen Sachwalters einhergehen. 9.48

8. MÖGLICHE RECHTSBEGEHREN

1. Es sei über den Gesuchgegner der Konkurs zu eröffnen. 9.49
2. Es seien [ev.: ohne Anhörung des Gesuchgegners sofort] die zur Wahrung der Rechte der Gläubiger erforderlichen Anordnungen zu treffen.

oder

2. Es sei zur Wahrung der Rechte der Gläubiger [ev.: ohne Anhörung des Gesuchgegners sofort][der Gegenstand A zu verwahren][das Geschäftslokal B zu schliessen][der Raum C zu versiegeln][eine grundbuchamtliche Verfügungsbeschränkung des Grundstücks D anzuordnen][dem Gesuchgegner ein Zahlungsverbot aufzuerlegen][usw.].
3. Unter Kosten- und Entschädigungsfolgen [ev.: zzgl. MWSt] zu Lasten des Gesuchgegners.

44 BSK SchKG II-Nordmann, Art. 170 N 5.

45 BSK SchKG EB-Staehelin, Art. 170 N 10.

46 BSK SchKG II-Nordmann, Art. 170 N 8; Jaeger/Walder/Kull/Kottmann, Art. 170 SchKG N 5.

9. VORAUSSETZUNGEN

9.50 Art. 172 SchKG zählt abschliessend die konkurshindernden Tatsachen auf. Gemäss dieser Bestimmung weist das Gericht das Konkursbegehren ab, wenn die Konkursandrohung von der Aufsichtsbehörde aufgehoben ist (Ziff. 1), dem Schuldner die Wiederherstellung einer Frist (Art. 33 Abs. 4 SchKG) oder ein nachträglicher Rechtsvorschlag (Art. 77 SchKG) bewilligt worden ist (Ziff. 2) und schliesslich wenn der Schuldner durch Urkunden beweist, dass die Schuld, Zinsen und Kosten inbegriffen, getilgt ist oder dass der Gläubiger ihm Stundung gewährt hat (Ziff. 3).[47]

9.51 Hinsichtlich der Tilgung bzw. Stundung ist der volle (Urkunden-)Beweis zu erbringen. Nicht ausreichend ist blosses Glaubhaftmachen.[48] Zu den Kosten i.S.v. Art. 172 Ziff. 3 SchKG gehören nicht nur alle von den Vollstreckungsorganen verlangten Gebühren und Auslagen, sondern auch die Gerichtskosten der rein betreibungsrechtlichen Summarsachen wie diejenigen des Konkursgerichts und die in solchen Verfahren zugesprochenen Parteientschädigungen.[49]

10. BESONDERHEITEN

9.52 In streitigen Fällen beträgt die Entscheidgebühr für die Konkurseröffnung zwischen CHF 50.– und CHF 500.– (Art. 52 lit. a GebV SchKG). Weitere Spezialbestimmungen hinsichtlich des Konkursbegehrens und des Entscheids des Konkursgerichts finden sich im SchKG (vgl. Art. 167 SchKG betreffend den Rückzug des Begehrens, Art. 169 SchKG betreffend die Haftung für die Konkurskosten, Art. 173 f. SchKG betreffend die Aussetzung des Entscheids, Art. 173b SchKG betreffend das Verfahren der Eidgenössischen Finanzmarktaufsicht und Art. 176 SchKG betreffend die gerichtliche Mitteilung der Konkurseröffnung und weiterer Entscheide an verschiedene Ämter).

9.53 Das Gesetz sieht vor, dass das Konkursgericht, statt über den Schuldner den Konkurs zu eröffnen, bei Sanierungsaussichten die Akten von Amtes wegen dem Nachlassgericht zwecks allfälliger Eröffnung eines gerichtlichen Nachlassverfahrens überweist (vgl. Art. 173a Abs. 2 SchKG). Es ist uns allerdings bisher kein Fall bekannt, in welchem ein (mutiger) Konkursrichter auf diese Weise vorgegangen wäre.

Bei Trustverhältnissen sind die besonderen Bestimmungen der Art. 284a f. SchKG zu beachten.

---

47 In der Wechselbetreibung kann lediglich die konkurshindernde Tatsache der Tilgung oder Stundung geltend gemacht werden (Art. 189 Abs. 2 i.V.m. auf Art. 172 Ziff. 3 SchKG).

48 BSK SchKG EB-Staehelin, Art. 172 N 8; BGer 5A_965/2013 vom 3.2.2014, E. 4.1.1.

49 BSK SchKG EB-Staehelin, Art. 172 N 11; BGer 5A_829/2014 vom 9.2.2015, E. 3.3.

11. RECHTSMITTEL

9.54 Erstinstanzliche Entscheide über die Konkurseröffnung können in der ordentlichen Konkursbetreibung mit Beschwerde nach der ZPO angefochten werden (Art. 174 SchKG).[50]

9.55 Es gilt eine Anfechtungsfrist von zehn Tagen. Fristauslösend ist die formelle Zustellung des Konkursentscheids, auch wenn der Schuldner schon früher durch das Konkursamt Kenntnis von der Konkurseröffnung erhielt.[51]

9.56 Die Rechtsmittelinstanz kann einen Kostenvorschuss verlangen, wobei sich die Gebühren nach der GebV SchKG richten. Sie betragen gem. Art. 61 Abs. 1 GebV SchKG höchstens das Anderthalbfache der für die Vorinstanz zulässigen Gebühr. Grundsätzlich ist die Gewährung der unentgeltlichen Rechtspflege möglich. In den Fällen von Art. 174 Abs. 2 SchKG ist sie aber faktisch ausgeschlossen, weil der Schuldner hier die Zahlungsfähigkeit glaubhaft machen muss; das Gesuch erscheint regelmässig aussichtslos, wenn der Schuldner die Kosten von höchstens CHF 750.– nicht aufbringen kann.[52]

9.57 Zur Beschwerde befugt sind der Schuldner und Gläubiger, welche am erstinstanzlichen Verfahren beteiligt waren.[53] Drittgläubiger sind nicht legitimiert.[54]

9.58 Von Gesetzes wegen hat die Beschwerde keine Suspensivwirkung. Diese kann aber gewährt werden (Art. 174 Abs. 3 SchKG). Mit der Beschwerde sollte der Schuldner deshalb jedenfalls die aufschiebende Wirkung verlangen, auch wenn diese von Amtes wegen ebenfalls angeordnet werden kann.[55] Wenn das Gericht die aufschiebende Wirkung gewährt, kann es dem Konkursamt nicht nur Vollstreckungshandlungen untersagen, sondern die Konkurseröffnung aufheben. Im Fall der Abweisung der Beschwerde muss die Beschwerdeinstanz einen neuen Zeitpunkt der Konkurseröffnung festlegen.[56] Die Gewährung der aufschiebenden Wirkung kann (aus Gläubigersicht) einen nicht wieder gutzumachenden Nachteil i.S.v. Art. 93 Abs. 1 lit. a BGG bewirken.[57]

9.59 Beschwerdegründe sind die unrichtige Rechtsanwendung sowie die offensichtlich unrichtige Feststellung des Sachverhalts (Art. 320 ZPO).

9.60 Die Parteien können neue Tatsachen geltend machen, wenn diese vor dem erstinstanzlichen Entscheid eingetreten sind (Art. 174 Abs. 1 SchKG). Aus welchen Gründen das Konkursgericht von

---

50 In der Wechselbetreibung ist bereits der Entscheid über die Bewilligung des Rechtsvorschlags weiterziehbar (Art. 185 SchKG). Eine Beschwerde gegen das Konkursdekret ist aber ausgeschlossen (BSK SchKG II-BAUER, Art. 189 N 21).

51 KUKO SchKG-DIGGELMANN, Art. 174 N 18a; BSK SchKG EB-STAEHELIN, Art. 174 N 11.

52 KUKO SchKG-DIGGELMANN, Art. 174 N 3.

53 BSK SchKG II-GIROUD, Art. 174 N 14.

54 BSK SchKG EB-STAEHELIN, Art. 174 N 14.

55 BSK SchKG II-GIROUD, Art. 174 N 29.

56 BSK SchKG EB-STAEHELIN, Art. 174 N 30; BGer 5A_92/2016 vom 17.3.2016, E. 1.3.2.1.

57 BSK SchKG EB-STAEHELIN, Art. 174 N 33; BGer 5A_92/2016 vom 17.3.2016, E. 1.3.2.2.

diesen keine Kenntnis hatte, ist irrelevant.[58] Der Schuldner kann somit im Rahmen von Abs. 1 nachweisen, dass er die offene Schuld bereits vor der Konkurseröffnung bezahlt hat. Allerdings wird der Schuldner kostenpflichtig, wenn er die Tilgung bereits vor erster Instanz hätte vorbringen können.[59]

9.61 Zulässig sind auch die nach dem erstinstanzlichen Entscheid entstandenen Noven der Tilgung, Hinterlegung oder des Gläubigerverzichts (Art. 174 Abs. 2 SchKG), wobei das Gesetz den Urkundenbeweis verlangt.[60] Zusätzlich ist die Zahlungsfähigkeit des Schuldners glaubhaft zu machen. Nach Ablauf der Rechtsmittelfrist vorgebrachte Noven können nicht mehr berücksichtigt werden. Dies gilt auch für die Glaubhaftmachung der Zahlungsfähigkeit. Es werden keine Nachfristen gewährt.[61]

9.62 Ungeachtet des Streitwerts (Art. 74 Abs. 2 lit. d BGG) ist der Weiterzug des Rechtsmittelentscheids mittels Beschwerde in Zivilsachen ans Bundesgericht möglich (Art. 72 Abs. 2 lit. a BGG). Die Beschwerde fällt nicht unter die Bestimmung von Art. 103 Abs. 2 lit. a BGG, gemäss welcher der Beschwerde gegen Gestaltungsurteile aufschiebende Wirkung zukommt. Die entsprechende Bestimmung bezieht sich nur auf zivilrechtliche, nicht aber auf betreibungsrechtliche Gestaltungsurteile. Von Gesetzes wegen kommt dem Entscheid der Rechtsmittelinstanz deshalb keine aufschiebende Wirkung zu (Art. 103 Abs. 1 BGG).[62] Die Zulässigkeit von erst im bundesgerichtlichen Verfahren geltend gemachten neuen Tatsachen richtet sich ausschliesslich nach Art. 99 Abs. 1 BGG.[63]

9.63 In der Wechselbetreibung handelt es sich beim Entscheid des Konkursgerichts um einen letztinstanzlichen Entscheid, weshalb ein Weiterzug an eine obere kantonale Instanz ausgeschlossen ist.[64] In Frage kommt lediglich noch eine Beschwerde in Zivilsachen an das Bundesgericht.[65]

58 BSK SchKG EB-Staehelin, Art. 174 N 20; BGer 5A_899/2014 vom 5.1.2015, E. 3.1.

59 BSK SchKG EB-Staehelin, Art. 174 N 19.

60 Blosses Glaubhaftmachen genügt nicht; BSK SchKG EB-Staehelin, Art. 174 N 24; BGer 5A_965/2013 vom 3.2.2014, E. 4.1.1.

61 BSK SchKG EB-Staehelin, Art. 174 N 20; BGE 139 III 491, E. 4, insb. 4.4.

62 BSK SchKG II-Giroud, Art. 174 N 33; vgl. KUKO SchKG-Diggelmann, Art. 174 N 20; BGer 4A.116/2007 vom 27.6.2007, E. 2.

63 BSK SchKG EB-Staehelin, Art. 174 N 33 m.V. auf die bundesgerichtliche Rechtsprechung.

64 Die Möglichkeit des Weiterzugs an eine obere kantonale Instanz hat der Schuldner im Rahmen des Verfahrens um Bewilligung des Rechtsvorschlags.

65 KUKO SchKG-Roth; BGer 5A_268/2010 vom 30.4.2010, E. 1.2; a.A. BSK SchKG II-Bauer, Art. 189 N 24.

Tabellarische Zusammenfassung

Zweck	Konkurseröffnung
Gesetzliche Grundlage	Art. 166ff. und Art. 188f. SchKG
Verfahrensart	Summarisches Verfahren (Art. 251 lit. a ZPO) mit mündlicher Verhandlung und beschränkter Untersuchungsmaxime
Zuständigkeit	Gericht am Betreibungsort (Art. 46ff. SchKG)
Aktivlegitimation	Gläubiger, welcher in der ordentlichen Betreibung die Konkursandrohung erwirkt hat bzw. in der Wechselbetreibung über einen rechtskräftigen Zahlungsbefehl verfügt
Passivlegitimation	(Betriebener) konkursfähiger Schuldner
Streitwert	Nicht einschlägig
Fristen	In der ordentlichen Konkursbetreibung frühestens nach Ablauf von 20 Tagen seit der Zustellung der Konkursandrohung und spätestens 15 Monate nach der Zustellung des Zahlungsbefehls (Art. 166 Abs. 1 und 2 SchKG) In der Wechselbetreibung, sobald der die Konkursandrohung enthaltende Zahlungsbefehl rechtskräftig ist, wobei die Verwirkungsfrist lediglich einen Monat beträgt (Art. 188 Abs. 1 und 2 SchKG)
Kombination	Vorsorgliche Massnahmen
Mögliche Rechtsbegehren	1. Es sei über den Gesuchgegner der Konkurs zu eröffnen. 2. Es seien [ev.: ohne Anhörung des Gesuchgegners sofort] die zur Wahrung der Rechte der Gläubiger erforderlichen Anordnungen zu treffen. *oder* 2. Es sei zur Wahrung der Rechte der Gläubiger [ev.: ohne Anhörung des Gesuchgegners sofort][der Gegenstand A zu verwahren][das Geschäftslokal B zu schliessen][der Raum C zu versiegeln][eine grundbuchamtliche Verfügungsbeschränkung des Grundstücks D anzuordnen][dem Gesuchgegner ein Zahlungsverbot aufzuerlegen][usw.]. 3. Unter Kosten- und Entschädigungsfolgen [ev.: zzgl. MWSt] zu Lasten des Gesuchgegners.
Voraussetzungen	Keine konkurshindernden Tatsachen
Besonderheiten	Vgl. Art. 167, 169, 173f., 173b, 176 und 284af. SchKG sowie Art. 52 lit. a GebV SchKG
Rechtsmittel	Ordentliche Konkursbetreibung: Kantonal: Streitwertunabhängige Beschwerde innert 10 Tagen (Art. 319 lit. a i.V.m. Art. 309 lit. b Ziff. 7 ZPO; Anwendbarkeit Art. 174 SchKG) Bund: Streitwertunabhängige (Art. 74 Abs. 2 lit. d BGG) Beschwerde in Zivilsachen (Art. 72 Abs. 2 lit. a BGG) innert 30 Tagen (Art. 100 Abs. 1 BGG)

III. ANTRAG DES GLÄUBIGERS AUF KONKURSERÖFFNUNG OHNE VORGÄNGIGE BETREIBUNG (ART. 190 SCHKG)

1. ZWECK UND WIRKUNG

9.64 Der Antrag auf Konkurseröffnung ohne vorgängige Betreibung bezweckt die Konkurseröffnung über einen Schuldner aus einem materiellen Konkursgrund, ohne dass gegen den Schuldner vorgängig eine Betreibung hätte eingeleitet werden müssen. Es handelt sich um einen Rechtsbehelf des Gläubigers bei Vermögensgefährdung.[66] Bei Gutheissung des Gesuchs gilt der Konkurs über den Schuldner mit den Wirkungen gem. Art. 197 ff. SchKG ab dem Zeitpunkt als eröffnet, in welchem er erkannt wird (Art. 194 Abs. 1 i.V.m. Art. 175 SchKG).

2. VERFAHRENSART

9.65 Gemäss Art. 251 lit. a ZPO gilt für Entscheide, die vom Konkursgericht getroffen werden, das summarische Verfahren. Ein Schlichtungsverfahren entfällt deshalb (Art. 198 lit. a ZPO). Wohnt der Schuldner in der Schweiz oder hat hier einen Vertreter, so wird er mit einer kurzen Frist (analog Art. 168 SchKG mindestens 3 Tage)[67] vor Gericht geladen und einvernommen (Art. 190 Abs. 2 SchKG).

9.66 Es gilt die beschränkte Untersuchungsmaxime, wonach das Gericht den Sachverhalt zwar festzustellen, nicht jedoch zu erforschen hat.[68] Die Parteien haben mitzuwirken,[69] wobei sämtliche Beweismittel zulässig sind (Art. 254 Abs. 2 lit. c ZPO).

3. ZUSTÄNDIGKEIT

9.67 Die örtliche Zuständigkeit richtet sich nach dem Betreibungsort gem. Art. 46 ff. SchKG. Eine Konkurseröffnung ohne vorgängige Betreibung am Spezialdomizil gem. Art. 50 Abs. 2 SchKG oder am Arrestort gem. Art. 52 SchKG ist nicht möglich. Von Bedeutung kann hingegen Art. 54 SchKG sein, wonach gegen einen flüchtigen Schuldner der Konkurs am letzten Wohnsitz eröffnet wird.[70]

66 Vgl. BSK SchKG II-Brunner/Boller, Art. 190 N 1.
67 BSK SchKG II-Brunner/Boller, Art. 190 N 26.
68 OFK ZPO-Lazopoulus/Leimgruber, Art. 255 N 2.
69 BSK SchKG II-Brunner/Boller, Art. 190 N 25.
70 BSK SchKG II-Brunner/Boller, Art. 190 N 28; BGE 107 III 53, E. 4.

In analoger Anwendung von Art. 53 SchKG bleibt das Gericht, das im Zeitpunkt der Zustellung der Vorladung zur Konkursverhandlung an den Schuldner zuständig war, auch dann zuständig, wenn der Schuldner in der Folge sein Domizil wechselt.[71] Für juristische Personen gilt dies ebenfalls, und zwar selbst dann, wenn die Vorladung nicht zugestellt werden konnte. Die Sitzverlegung einer im Handelsregister eingetragenen Gesellschaft führt nur dann zu einer Änderung der örtlichen Zuständigkeit des Konkursgerichts, wenn im Zeitpunkt der Zustellung der Vorladung zur Konkursverhandlung der bisherige Sitz im Handelsregister schon gelöscht wurde.[72] Massgebend für den Zeitpunkt der Löschung ist seit der am 1. Januar 2008 in Kraft getretenen Revision des Obligationenrechts (GmbH-Recht sowie Anpassungen im Aktien-, Genossenschafts- Handelsregister- und Firmenrecht) nicht mehr die Einschreibung in das Tagebuch, sondern der Werktag nach der Publikation im SHAB (Art. 932 Abs. 2 OR).[73] 9.68

Das LugÜ und das IPRG sind nicht anwendbar.[74] 9.69

Die sachliche Zuständigkeit des Konkursgerichts wird durch die Kantone geregelt. 9.70

4. LEGITIMATION

Antragssteller kann jeder Gläubiger einer fälligen oder auch nichtfälligen[75] Forderung sein, nicht aber ein Abtretungsgläubiger gem. Art. 260 SchKG.[76] Auch öffentlich-rechtliche Gläubiger können (trotz Art. 43 Ziff. 1 SchKG) gem. Art. 190 SchKG vorgehen.[77] Dasselbe gilt für Pfandgläubiger.[78] 9.71

Grundsätzlich ist jeder Schuldner passivlegitimiert. Eine Ausnahme bildet der sich gegen den Schuldner im kaufmännischen Verkehr richtende Tatbestand der Zahlungseinstellung gem. Art. 190 Abs. 1 Ziff. 2 SchKG, bei welchem der Schuldner im Handelsregister eingetragen sein muss.[79] 9.72

---

71 BGE 121 III 13.

72 BSK SchKG II-Brunner/Boller, Art. 190 N 28; BGE 123 III 137.

73 BGE 139 III 293, Regeste und insb. E. 3.3.; vgl. demgegenüber etwa Kuko SchKG-Homburger, Art. 190 N 19.

74 BSK LugÜ-Rohner/Lerch, Art. 1 N 93; vgl. Meier, 171.

75 BGE 85 III 146, 152; bei Stundung kann sich aber die Frage des Rechtsmissbrauchs stellen.

76 BGE 122 III 488, E. 3b = Pra 1997, Nr. 93.

77 BSK SchKG II-Brunner/Boller, Art. 190 N 19 f.; BGer 9C_48/2010 vom 9.6.2010, E. 2.2.

78 BSK SchKG EB-Staehelin, Art. 190 N 19; BGer 5A_135/2016 vom 19.4.2016, E. 2.3.1.

79 BSK SchKG II-Brunner/Boller, Art. 190 N 21.

5. STREITWERT

9.73 Die Berechnung des Streitwerts wäre schwierig.[80] Er ist aber ohnehin weder für die Bestimmung des anwendbaren Verfahrens (vgl. Art. 251 lit. a ZPO) noch für die Höhe der Entscheidgebühr für die Konkurseröffnung (vgl. Art. 52 GebV SchKG) von Relevanz. Auch für das Rechtsmittelverfahren kommt dem Streitwert keinerlei Bedeutung zu (Art. 194 Abs. 1 i. V. m. Art. 174 SchKG sowie Art. 319 ff. ZPO; Art. 74 Abs. 2 lit. d BGG)

6. FRISTEN

9.74 Für das Konkursbegehren gelten keine Fristen. Im Gegensatz zur Situation beim Konkurserkenntnis nach der normalen Konkursbetreibung[81] stellt der Gerichtsentscheid über ein Begehren nach Art. 190 SchKG aber eine unaufschiebbare Massnahme i.S.v. Art. 56 SchKG dar, weshalb hier die in dieser Bestimmung vorgesehenen Schonzeiten vom Konkursgericht nicht zu berücksichtigen sind.[82]

7. KOMBINATIONSMÖGLICHKEITEN

9.75 Mit dem Konkursbegehren können vorsorgliche Massnahmen beantragt werden (Art. 194 Abs. 1 i.V.m. Art. 170 SchKG).[83] Wie in der Betreibung auf Konkurseröffnung[84] kann der Gläubiger auch hier über den Schuldner die Eröffnung eines Nachlassverfahrens verlangen (Art. 293 Abs. 1 lit. b. SchKG) und nur im Eventualbegehren die Konkurseröffnung.

8. MÖGLICHE RECHTSBEGEHREN

9.76 1. Es sei über den Gesuchgegner der Konkurs zu eröffnen.
2. Es seien [ohne Anhörung des Gesuchgegners sofort] die zur Wahrung der Rechte der Gläubiger erforderlichen Anordnungen zu treffen.

oder

2. Es sei zur Wahrung der Rechte der Gläubiger [ohne Anhörung des Gesuchgegners sofort] [der Gegenstand A zu verwahren][das Geschäftslokal B zu schliessen][der Raum C zu versiegeln][eine grundbuchamtliche Verfügungsbeschränkung des Grundstücks D anzuordnen][dem Gesuchgegner ein Zahlungsverbot aufzuerlegen][usw.].
3. Unter Kosten- und Entschädigungsfolgen [ev.: zzgl. MWSt] zu Lasten des Gesuchgegners.

---

80 Vock/Müller, 229.
81 Vgl. dazu Rz. 9.45 hiervor.
82 Gilliéron, Commentaire, Art. 190 N 45.
83 Vgl. dazu Rz. 9.46 f. hiervor.
84 Vgl. dazu Rz. 9.48 hiervor.

9. VORAUSSETZUNGEN

A. ALLGEMEIN

Art. 190 Abs. 1 SchKG zählt verschiedene Gründe auf, gestützt auf welche auf Begehren eines Gläubigers der Konkurs eröffnet werden kann. Es geht jeweils um Fälle, in denen die Eintreibbarkeit der Forderung des Gläubigers und damit sein Vermögen gefährdet wird.[85] 9.77

B. UNBEKANNTER AUFENTHALT DES SCHULDNERS (ART. 190 ABS. 1 ZIFF. 1 SCHKG)

Die Konkurseröffnung ohne vorgängige Betreibung kann gegen einen Schuldner mit unbekanntem Aufenthalt verlangt werden. Das Fehlen eines festen Wohnsitzes ist nicht entscheidend. Auch der Aufenthaltsort einer juristischen Person kann unbekannt sein, wenn an ihrem statutarischen und handelsregisterlichen Sitz niemand angetroffen wird und auch der Aufenthaltsort ihrer Organe unbekannt ist. Erforderlich sind vergebliche, zweckmässige und zumutbare Nachforschungen des Gläubigers unter Inanspruchnahme behördlicher Hilfe.[86] 9.78

C. FLUCHT DES SCHULDNERS (ART. 190 ABS. 1 ZIFF. 1 SCHKG)

Weiter kann die Konkurseröffnung verlangt werden, wenn der Schuldner die Flucht ergriffen hat, um sich seinen Verbindlichkeiten zu entziehen und den Gläubigern zu schaden, wobei eine gewisse Nähe zwischen der Feststellung der Verbindlichkeit und dem Ortswechsel erforderlich ist.[87] Indizien dafür, dass der Schuldner seinen Wohnsitz ins Ausland verlegt hat, um seine Gläubiger zu schädigen, liegen etwa vor, wenn der Schuldner ohne Hinterlassung einer Adresse abreist, wenn er keinen festen neuen Wohnsitz begründet oder wenn er Vermögenswerte mitnimmt oder darüber in unüblicher Weise verfügt.[88] 9.79

D. BETRÜGERISCHE HANDLUNGEN DES SCHULDNERS ZUM NACHTEILE DER GLÄUBIGER (ART. 190 ABS. 1 ZIFF. 1 SCHKG)

Auch bei (versuchten) betrügerischen Handlungen zum Nachteile der Gläubiger kann die sofortige Konkurseröffnung verlangt werden. Darunter fallen namentlich der Betrug gem. Art. 146 StGB und die Tatbestände des betrügerischen Konkurses gem. Art. 163 StGB. Die Erfüllung eines strafrechtlichen Betrugstatbestandes ist indessen nicht erforderlich, sondern es genügt jedes 9.80

85 KUKO SchKG-Huber, Art. 190 N 1.
86 BSK SchKG II-Brunner/Boller, Art. 190 N 5.
87 BSK SchKG II-Brunner/Boller, Art. 190 N 5; BGer 5A_583/2008 vom 19.12.2008, E. 6.2.
88 BSK SchKG EB-Staehelin, Art. 190 N 5 m.V. auf die bundesgerichtliche Rechtsprechung.

(zumindest eventualvorsätzliche) Handeln in der Absicht einer Gläubigerschädigung.[89] Lediglich Gläubiger, die zum Zeitpunkt der Tatbegehung bereits Gläubigereigenschaft hatten, können sich auf diesen Tatbestand berufen.[90]

E. VERMÖGENSVERHEIMLICHUNG (ART. 190 ABS. 1 ZIFF. 1 SCHKG)

9.81 Die sofortige Konkurseröffnung kann gem. Art. 190 Abs. 1 Ziff. 1 SchKG weiter auch bei der Verheimlichung von Vermögenswerten durch den Schuldner verlangt werden. Ein Verheimlichen setzt lediglich die schuldnerische Absicht voraus, Vermögensbestandteile zu verbergen. Eine Schädigungsabsicht ist hingegen nicht erforderlich.[91] Erteilt der Schuldner anlässlich einer Pfändung nicht umfassend Auskunft über sein Vermögen, verheimlicht er Vermögenswerte, wobei die Frage der Pfändbarkeit der nicht angegebenen Vermögenswerte nicht erheblich ist.[92] Der Zeitpunkt der Entstehung der Forderung ist nicht relevant.[93]

F. ZAHLUNGSEINSTELLUNG (ART. 190 ABS. 1 ZIFF. 2 SCHKG)

9.82 Gemäss Art. 190 Abs. 1 Ziff. 2 SchKG kann ein Gläubiger schliesslich – und in der Praxis unseres Wissens von besonderer Relevanz – ohne vorgängige Betreibung die Konkurseröffnung verlangen gegen einen der Konkursbetreibung unterliegenden Schuldner, der seine Zahlungen eingestellt hat. Erste Voraussetzung ist hier (im Unterschied zu den von Ziff. 1 erfassten Tatbeständen) somit, dass der Schuldner im Handelsregister eingetragen ist und der Konkursbetreibung unterliegt (vgl. Art. 39 SchKG). Ein Indiz für die Zahlungseinstellung kann ein Schreiben des Schuldners an dessen Gläubiger sein mit dem Ersuchen um Geduld bzw. aussergerichtliche Stundung oder Teilerlass der Forderung. Es genügt, wenn der Schuldner während längerer Zeit einen erheblichen Anteil der laufenden und unbestrittenen Forderungen nicht bezahlt (Anhäufung von Konkursandrohungen, systematisches Erheben von Rechtsvorschlag, Nichtbezahlen von selbst kleinen Beträgen).[94] Es kann genügen, wenn ein wesentlicher Teil der geschäftlichen Aktivitäten betroffen ist, wenn der Schuldner einen Hauptgläubiger nicht befriedigt oder wenn die Zahlungen gegenüber einer Gläubigerkategorie eingestellt werden (z.B. die Nichtbezahlung öffentlich-rechtlicher Forderungen). Vorübergehende Zahlungsschwierigkeiten reichen hingegen nicht aus.[95]

89 BSK SchKG II-Brunner/Boller, Art. 190 N 7; Amonn/Walther, § 38 Rz. 8.
90 BSK SchKG II-Brunner/Boller, Art. 190 N 8; BGer 5A_587/2011 vom 9.11.2011, E. 5.2.
91 BSK SchKG II-Brunner/Boller, Art. 190 N 9.
92 BSK SchKG EB-Staehelin, Art. 190 N 9; BGer 5A_506/2009 vom 11.2.2010, E. 3.4.1.
93 BSK SchKG II-Brunner/Boller, Art. 190 N 10; BGE 120 III 87 = Pra 1995, 258.
94 BGer 5P.312/2002 vom 13.2.2003, E. 3.3; BGer 5A_350/2007 vom 19.9.2007, E. 4.3.
95 BSK SchKG II-Brunner/Boller, Art. 190 N 11; BGE 137 III 460.

Der Gesuchsteller trägt sowohl für die Gläubigereigenschaft als auch für den materiellen Konkursgrund die Beweislast.[96] Die Gläubigereigenschaft muss lediglich glaubhaft gemacht werden.[97] Bei den materiellen Konkursgründen gelten u.E. keine Beweismasserleichterungen,[98] wobei den Schuldner aber eine Mitwirkungsobliegenheit (vgl. Art. 164 ZPO) trifft.[99] 9.83

10. BESONDERHEITEN

Gemäss Art. 194 Abs. 1 SchKG sind die SchKG-Bestimmungen Art. 169 (Haftung für die Konkurskosten), Art. 170 (Vorsorgliche Anordnungen), Art. 173a (Aussetzen des Entscheids wegen Einreichung eines Gesuchs um Nachlass- oder Notstundung oder von Amtes wegen), Art. 173b (Verfahren der Eidgenössischen Finanzmarktaufsicht), Art. 174 (Weiterziehung), Art. 175 (Zeitpunkt der Konkurseröffnung) und (vorbehältlich Art. 194 Abs. 2) Art. 176 (Mitteilung der gerichtlichen Entscheide) auch auf die Konkurseröffnung ohne vorgängige Betreibung anwendbar. 9.84

11. RECHTSMITTEL

Art. 174 SchKG gilt auch im Verfahren nach Art. 190 SchKG (Art. 194 Abs. 1 i.V.m. Art. 174 SchKG).[100] 9.85

Soweit neue Tatsachen vor dem angefochtenen erstinstanzlichen Entscheid entstanden sind, können sie gem. Art. 194 Abs. 1 i.V.m. Art. 174 Abs. 1 SchKG im Beschwerdeverfahren unbeschränkt geltend gemacht werden. 9.86

Gemäss der Praxis des Obergerichts des Kantons Zürich erfolgt keine Prüfung der Zahlungsfähigkeit, wenn der Konkurs gestützt auf Art. 174 Abs. 1 SchKG aufgehoben wird, weil der Schuldner dartun kann, dass gar keine Zahlungseinstellung erfolgt bzw. der Konkurs zu Unrecht ohne vorgängige Betreibung eröffnet worden ist.[101] 9.87

---

96 BSK SchKG II-Brunner/Boller, Art. 190 N 29.

97 BGer 5A_442/2015 vom 11.9.2015, E. 4.1.2; gemäss BGer 5A_730/2013 vom 24.4.2014, E. 6.1, durch Vorlage eines Titels, welcher zur provisorischen Rechtsöffnung berechtigen würde; kritisch dazu BSK SchKG EB-Staehelin, Art. 190 N 29.

98 So auch etwa BSK ZPO-Mazan, Art. 255 N 7; vgl. dazu auch Art. 164 ZPO; a.A. etwa BSK SchKG II-Brunner/Boller, Art. 190 N 29 m.w.H., welche überwiegende Wahrscheinlichkeit genugen lassen; KUKO SchKG-Huber, Art. 190 N 21, wonach Glaubhaftmachen genügt.

99 BSK SchKG EB-Staehelin, Art. 190 N 29; BGer 5A_730/2013 vom 24.4.2014, E. 6.2.

100 Vgl. dazu Rz. 9.54 ff. hiervor.

101 OGer ZH PS140222 vom 22.10.2014, E. II.1.

9.88 Wenn die Beschwerdeinstanz prüft, ob eine Zahlungseinstellung i.S.v. Art. 190 Abs. 1 Ziff. 2 SchKG vorliegt, muss sie neue Tatsachen berücksichtigen und auf die finanzielle Situation des Schuldners zum Zeitpunkt des Ablaufs der Beschwerdefrist abstellen.[102]

9.89 Die in Art. 174 Abs. 2 SchKG abschliessend als zulässig genannten echten Noven sind nicht auf eine Konkurseröffnung i.S.v. Art. 190 SchKG zugeschnitten.[103] Angesichts der gesetzgeberischen Intention, durch die Zulassung echter Noven unnötige Konkurse zu verhindern,[104] wäre naheliegend, echte Noven unbeschränkt zuzulassen. Demgegenüber hat das Bundesgericht in einem Art. 192 SchKG betreffenden Urteil entschieden, dass die Novenregelung gem. Art. 174 Abs. 2 SchKG abschliessend sei.[105]

9.90 Gegen den kantonalen Beschwerdeentscheid ist die Beschwerde in Zivilsachen an das Bundesgericht möglich (Art. 72 Abs. 2 lit. a BGG). Gemäss Art. 74 Abs. 2 lit. d BGG sind keine Streitwertgrenzen zu beachten.[106]

Tabellarische Zusammenfassung

Zweck	Konkurseröffnung ohne Durchlaufen des Betreibungsverfahrens
Gesetzliche Grundlage	Art. 190 SchKG
Verfahrensart	Summarisches Verfahren (Art. 251 lit. a ZPO) mit beschränkter Untersuchungsmaxime und grds. mündlicher Verhandlung
Zuständigkeit	Gericht am Betreibungsort (Art. 46 ff. SchKG)
Aktivlegitimation	Gläubiger, unabhängig davon, ob Forderung fällig ist oder nicht
Passivlegitimation	Schuldner; beim Tatbestand der Zahlungseinstellung gem. Art. 190 Abs. 1 Ziff. 2 SchKG muss der Schuldner im Handelsregister eingetragen sein
Streitwert	Nicht einschlägig
Fristen	Nicht einschlägig
Kombination	Vorsorgliche Massnahmen

102 Kritisch dazu und mit Verweis zur entsprechenden bundesgerichtlichen Rechtsprechung BSK SchKG EB-Staehelin, Art. 193 N 8.

103 BSK SchKG-Brunner/Boller, Art. 194 N 8.

104 Botschaft SchKG 1991, 112.

105 BGer 5A_625/2015 vom 18.1.2016, E. 3.6.1.

106 Vgl. dazu Rz. 9.62 hiervor.

Mögliche Rechtsbegehren	1. Es sei über den Gesuchgegner der Konkurs zu eröffnen. 2. Es seien [ohne Anhörung des Gesuchgegners sofort] die zur Wahrung der Rechte der Gläubiger erforderlichen Anordnungen zu treffen. *oder* 2. Es sei zur Wahrung der Rechte der Gläubiger [ohne Anhörung des Gesuchgegners sofort][der Gegenstand A zu verwahren][das Geschäftslokal B zu schliessen][der Raum C zu versiegeln][eine grundbuchamtliche Verfügungsbeschränkung des Grundstücks D anzuordnen][dem Gesuchgegner ein Zahlungsverbot aufzuerlegen][usw.]. 3. Unter Kosten- und Entschädigungsfolgen [ev.: zzgl. MWSt] zu Lasten des Gesuchgegners.
Voraussetzungen	Verschiedene Gründe gem. Art. 190 Abs. 1 SchKG, gestützt auf welche auf Begehren eines Gläubigers der Konkurs eröffnet werden kann: – Unbekannter Aufenthalt des Schuldners – Flucht des Schuldners – (Versuchte) betrügerische Handlungen des Schuldners zum Nachteil der Gläubiger – Verheimlichung von Vermögenswerten durch den Schuldner – Zahlungseinstellung eines der Konkursbetreibung unterliegenden Schuldners
Besonderheiten	Grundsätzliche Anwendbarkeit der Art. 169, Art. 170 und Art. 173a–176 SchKG (vgl. Art. 194 Abs. 1 SchKG)
Rechtsmittel	Kantonal: Streitwertunabhängige Beschwerde (Art. 319 lit. a i.V.m. Art. 309 lit. b Ziff. 7 ZPO) innert 10 Tagen (grds. Anwendbarkeit von Art. 174 SchKG) Bund: Streitwertunabhängige (Art. 74 Abs. 2 lit. d BGG) Beschwerde in Zivilsachen (Art. 72 Abs. 2 lit. a BGG) innert 30 Tagen (Art. 100 Abs. 1 BGG)

IV. INSOLVENZERKLÄRUNG (ART. 191 SCHKG)

1. ZWECK UND WIRKUNG

Der Antrag auf Konkurseröffnung durch den Schuldner bzw. dessen sog. «Insolvenzerklärung» 9.91
bewirkt die Konkurseröffnung über einen zahlungsunfähigen Schuldner auf eigenes Begehren hin. Ist der Schuldner eine natürliche Person, kann er sich auf diese Weise einen finanziellen Freiraum gegenüber seinen aktuellen Gläubigern verschaffen (vgl. Art. 265a SchKG) und zur Stabilisierung eines verschuldeten Haushalts beitragen.[107] Bei Gutheissung des Gesuchs gilt der Konkurs über den Schuldner mit den Wirkungen gem. Art. 197 ff. SchKG ab dem Zeitpunkt als eröffnet, in welchem er erkannt wird (Art. 194 Abs. 1 i.V.m. Art. 175 SchKG).

107 KUKO SchKG-Roncoroni, Art. 191 N 1.

2. VERFAHRENSART

9.92 Gemäss Art. 251 lit. a ZPO gilt für Entscheide, die vom Konkursgericht getroffen werden, das summarische Verfahren (vgl. Art. 252 ff. ZPO). Ein Schlichtungsverfahren entfällt deshalb (Art. 198 lit. a ZPO). Es handelt sich um ein Einparteienverfahren (vgl. deshalb auch Art. 248 lit. e ZPO), weshalb eine Gläubigerintervention ausgeschlossen ist.[108] Der Sachverhalt ist von Amtes wegen abzuklären bzw. es gilt die beschränkte Untersuchungsmaxime (vgl. Art. 255 lit. a ZPO), wobei sämtliche Beweismittel zulässig sind (Art. 254 Abs. 2 lit. c ZPO). Das Gericht hat namentlich zu prüfen, ob ein rechtlich geschütztes Interesse an der Insolvenzerklärung besteht oder ob von einem Rechtsmissbrauch auszugehen ist.[109]

3. ZUSTÄNDIGKEIT

9.93 Örtlich zuständig ist das Gericht am ordentlichen Betreibungsort (Wohnsitz). Am (blossen) Aufenthaltsort kann die Insolvenzerklärung nicht abgegeben werden.[110]

9.94 Das LugÜ und das IPRG sind nicht anwendbar.[111]

9.95 Die sachliche Zuständigkeit des Konkursgerichts wird durch die Kantone geregelt.

4. LEGITIMATION

9.96 Sowohl natürliche als auch juristische Personen sind zur Insolvenzerklärung berechtigt. Nicht erforderlich ist, dass der Schuldner der Konkursbetreibung unterliegt.[112]

9.97 Weil es sich um ein Einparteienverfahren handelt, gibt es im Verfahren nach Art. 191 SchKG keinen Passivlegitimierten.[113]

---

108 BSK SchKG II-Brunner/Boller, Art. 191 N 30.

109 BSK SchKG EB-Staehelin, Art. 191 N 16; BGer 5A_78/2016 vom 14.3.2016, E. 3.1.

110 BSK SchKG II-Brunner/Boller, Art. 191 N 27.

111 BSK LugÜ-Rohner/Lerch, Art. 1 N 93; vgl. Meier, 171.

112 BSK SchKG II-Brunner/Boller, Art. 191 N 5, 8.

113 Vock/Müller, 226.

5. STREITWERT

Die Berechnung des Streitwerts wäre schwierig.[114] Er ist aber ohnehin weder für die Bestimmung des anwendbaren Verfahrens (vgl. Art. 251 lit. a ZPO) noch für die Höhe der Entscheidgebühr für die Konkurseröffnung (vgl. Art. 52 lit. b GebV SchKG) von Relevanz. Auch für das Rechtsmittelverfahren kommt dem Streitwert keinerlei Bedeutung zu (Art. 194 Abs. 1 i. V. m. Art. 174 SchKG sowie Art. 319 ff. ZPO; Art. 74 Abs. 2 lit. d BGG). 9.98

6. FRISTEN

Es gelten keine Fristen. 9.99

7. KOMBINATIONSMÖGLICHKEITEN

Mit der Insolvenzerklärung kann als prozessualer Antrag ein Gesuch um unentgeltliche Rechtspflege gestellt werden.[115] Im Übrigen erscheinen keine Kombinationsmöglichkeiten naheliegend. 9.100

Statt einer Insolvenzerklärung kann der Schuldner freilich auch einen Antrag auf Eröffnung eines Nachlassverfahrens stellen.[116] 9.101

8. MÖGLICHE RECHTSBEGEHREN

1. Es sei über den Gesuchsteller der Konkurs zu eröffnen. 9.102

Je nach dem mit folgendem prozessualen Antrag:

2. Es sei dem Gesuchsteller die unentgeltliche Rechtspflege zu gewähren.

9. VORAUSSETZUNGEN

Der Schuldner[117] hat dem Gericht seine Zahlungsunfähigkeit mitzuteilen und die Konkurseröffnung zu beantragen (Schuldnerantrag). 9.103

114 VOCK/MÜLLER, 229.

115 Vgl. dazu Rz. 9.110 hiernach.

116 Art. 293 ff. SchKG; vgl. dazu Rz. 11.1 ff. hiernach.

117 Vgl. Art. 416 Abs. 1 Ziff. 9 und Abs. 2 ZGB zum Zustimmungserfordernis der Erwachsenenschutzbehörde, wenn die Erklärung in Vertretung des Schuldners durch den Beistand erfolgt.

9.104 Bei juristischen Personen und konkursfähigen Rechtsgemeinschaften hat der Antrag durch das zuständige Organ zu erfolgen. Die entsprechende Willensbildung muss sodann in einem rechtlich einwandfreien Verfahren unter Einhaltung von Gesetz und Statuten erfolgen. Soweit für die Gründung qualifizierte Formvorschriften einzuhalten waren, gelten diese auch bei Auflösung zufolge Insolvenzerklärung.[118]

9.105 Für Aktiengesellschaften ist neben einer ausdrücklichen Insolvenzerklärung durch den Verwaltungsrat (vgl. Art. 716a Abs. 1 Ziff. 6 OR) insbesondere ein öffentlich beurkundeter Beschluss einzureichen, in welchem die Generalversammlung die Zahlungsunfähigkeit feststellt, die Abgabe der Insolvenzerklärung beim Konkursgericht beschliesst und den Verwaltungsrat beauftragt, die Auflösung der Gesellschaft infolge Zahlungsunfähigkeit zu beantragen (Art. 736 Ziff. 2 OR). Soweit die Statuten keine grösseren Mehrheiten vorsehen, ist für die Beschlussfassung das qualifizierte Quorum nach Art. 704 Abs. 1 Ziff. 8 OR zu beachten. Die Konkursgerichte an den Bezirksgerichten im Kanton Zürich verlangen sodann einen Handelsregisterauszug neuesten Datums, eine Erklärung, ob die Gesellschaft Grundstückseigentümerin ist und wo sich die Grundstücke gegebenenfalls befinden sowie schliesslich die Leistung eines Barvorschusses von CHF 1 800.–.[119]

9.106 Die tatsächliche Vermögenslage ist bei der Insolvenzerklärung nicht massgebend.[120] Zu prüfen ist indessen, dass weder ein Rechtsmissbrauch vorliegt noch Aussicht auf eine Schuldenbereinigung nach Art. 333 ff. SchKG besteht (Art. 191 Abs. 2 SchKG).[121]

9.107 Beim Privatkonkurs besteht besonderer Anlass, darauf zu achten, dass kein Rechtsmissbrauch vorliegt, weil einerseits die Gläubiger am Konkurseröffnungsverfahren nicht beteiligt sind und andererseits der Privatkonkurs auf verschuldete Privatpersonen eine gewisse Attraktivität ausübt.[122]

Namentlich ist der Konkurs demjenigen Schuldner zu verwehren, der nicht einen wirtschaftlichen Neubeginn anstrebt, sondern andere Ziele verfolgt. Der Umstand allein, dass der Schuldner mit der Abgabe der Insolvenzerklärung auch eigennützige Zwecke verfolgt, lässt diese jedoch noch nicht rechtsmissbräuchlich werden. Bezweckt er hingegen einzig, die Zugriffsrechte seiner Gläubiger zunichte zu machen, ist ihm die Konkurseröffnung zu verweigern. So verhält sich ein Schuldner beispielsweise rechtsmissbräuchlich, wenn er einen Konkurs im Wissen darum anstrebt, dass die Konkursmasse keine Aktiven aufweisen würde, oder wenn er auf diesem Wege zum Nachteil

118 BSK SchKG II-Brunner/Boller, Art. 191 N 13.

119 Vgl. unter ‹http://www.gerichte-zh.ch/themen/betreibung-und-konkurs/formulare.html› (25.9.2017) die entsprechenden Merkblätter in Zürich betreffend natürliche Personen (am Bezirksgericht Zürich), Verein, Stiftung, Kollektivgesellschaft, Kommanditgesellschaft, Aktiengesellschaft, GmbH sowie Genossenschaft; vgl. BSK SchKG II-Brunner/Boller, Art. 191 N 13b ff. für Kommanditaktiengesellschaft, Investmentgesellschaft mit variablem Kapital (SICAV), GmbH, Genossenschaft, den Verein, Stiftung, Kollektivgesellschaft, Kommanditgesellschaft.

120 BSK SchKG II-Brunner/Boller, Art. 191 N 9.

121 BSK SchKG II-Brunner/Boller, Art. 191 N 11; vgl. zu Art. 333 ff. SchKG unter Rz. 11.192 ff. hiernach.

122 KUKO SchKG-Roncoroni, Art. 191 N 1.

der Gläubiger eine Lohnpfändung abschütteln möchte.[123] Gemäss bundesgerichtlicher Rechtsprechung liegt Rechtsmissbrauch vor, wenn zwar die Kosten des Verfahrens gedeckt sind, ansonsten aber keine Aktiven vorhanden sind, die zu Gunsten der Gläubiger verwertet werden können.[124]

Die Aussicht auf eine Schuldenbereinigung gem. Art. 333 ff. SchKG ist nur bei natürlichen Personen zu prüfen und nur bei denjenigen, welche nicht der Konkursbetreibung unterliegen.[125] Zwecks Prüfung der Aussicht auf eine einvernehmliche private Schuldenbereinigung hat der Schuldner über seine finanziellen Verhältnisse Auskunft zu erteilen. Aussicht auf eine einvernehmliche private Schuldenbereinigung ist gegeben, wenn das Verhältnis zwischen Fremd- und Eigenmitteln vernünftige Vertragsverhandlungen über eine teilweise Befriedigung der Gläubiger aus noch vorhandenen Eigenmitteln nahe legen.[126] In gewissen Kantonen wird die Aussicht auf Sanierung bejaht, wenn der Schuldner innert 2 bis 3 Jahren mit der freien Quote, die sein erweitertes Existenzminimum übersteigt, 50% seiner Schulden bezahlen kann. In anderen Kantonen wird verlangt, dass der Schuldner 75% seiner Schulden in 3 Jahren mit der Hälfte seiner das Existenzminimum übersteigenden freien Quote bezahlen können muss.[127] 9.108

Gemäss bundesgerichtlicher Rechtsprechung kann das Gericht bei gegebenen Voraussetzungen das Verfahren nach Art. 333 ff. SchKG anordnen.[128] Zu diesen Voraussetzungen gehört auch der Antrag des Schuldners, weil es keinen Sinn macht, einen Schuldner gegen seinen Willen zu einem Sanierungsversuch zu zwingen. Das Gericht kann die Konkurseröffnung aber ablehnen, wenn eine offensichtliche Sanierungsaussicht vorliegt und der Schuldner in rechtsmissbräuchlicher Weise keinen Sanierungsantrag stellt.[129] 9.109

10. BESONDERHEITEN

Der Schuldner hat sowohl für die Kosten des konkursgerichtlichen Verfahrens als auch für jene des konkursamtlichen Verfahrens einen Kostenvorschuss zu leisten (Art. 194 i.V.m. Art. 169 SchKG).[130] Während das Bundesgericht einen Anspruch auf unentgeltliche Rechtsverbeiständung ausschliesst,[131] bejaht es einen solchen auf unentgeltliche Prozessführung, wenn der Schuldner einerseits die flüssigen Mittel zur Bezahlung des Kostenvorschusses für die Konkurseröffnung 9.110

123 BGer 5A_676/2008 vom 15.1.2009, E. 2.1 mit zahlreichen Verweisen auf die Rechtsprechung und die Lehre.

124 BSK SchKG EB-Staehelin, Art. 191 N 16; BGer 5A_78/2016 vom 14.3.2016, E. 3.1; vgl. dazu auch Wuffli, AJP 2016, 1531–1537.

125 Vgl. Art. 333 Abs. 1 SchKG.

126 BSK SchKG II-Brunner/Boller, Art. 191 N 21.

127 BSK SchKG EB-Staehelin, Art. 191 N 21 m.V. auf die kantonale Rechtsprechung; vgl. zu Art. 333 ff. SchKG auch unter Rz. 11.192 ff. hiernach.

128 BGE 123 III 402, E. 3aa.

129 BSK SchKG II-Brunner/Boller, Art. 191 N 21; KUKO SchKG-Roncoroni, Art. 191 N 12.

130 BSK SchKG II-Brunner/Boller, Art. 191 N 32 f.

131 BGE 118 III 27.

durch das Gericht nicht hat, andererseits aber über verwertbare Aktiven verfügt, welche die Kosten des weiteren (konkursamtlichen) Verfahrens decken[132] und die darüber hinaus zu Gunsten der Gläubiger verwertet werden können.[133]

9.111 Während des Konkursverfahrens kann der Schuldner keine weitere Konkurseröffnung wegen Zahlungsunfähigkeit beantragen (Art. 206 Abs. 3 SchKG). Wiedersetzt sich der Schuldner einer Betreibung, indem er bestreitet, neues Vermögen zu besitzen, kann er während der Dauer dieser Betreibung ebenfalls nicht selber die Konkurseröffnung beantragen (Art. 265b SchKG).

11. RECHTSMITTEL

9.112 Bei einer Verweigerung der Konkurseröffnung kann der Schuldner nach Art. 174 SchKG vorgehen, welcher auch im Verfahren nach Art. 191 SchKG gilt.[134] In seltenen Fällen kann der Schuldner auch gegen das Konkursdekret vorgehen (z.B. bei Vorliegen eines wesentlichen Irrtums bei Abgabe der Insolvenzerklärung).[135] Gläubiger haben hingegen kein Beschwerderecht.[136]

9.113 Auf Bundesebene ist der letztinstanzliche kantonale Entscheid über die Konkurseröffnung streitwertunabhängig (Art. 74 Abs. 2 lit. d BGG) mit der Beschwerde in Zivilsachen anfechtbar (Art. 72 Abs. 2 lit. a BGG).[137]

Tabellarische Zusammenfassung

Zweck	Konkurseröffnung
Gesetzliche Grundlage	Art. 191 SchKG
Verfahrensart	Summarisches Einparteienverfahren (Art. 248 lit. e resp. Art. 251 lit. a i. V. m Art. 252 ff. ZPO) mit beschränkter Untersuchungsmaxime
Zuständigkeit	Gericht am Betreibungsort (Art. 46 ff. SchKG)
Aktivlegitimation	Natürliche oder juristische Person
Passivlegitimation	Nicht einschlägig
Streitwert	Nicht einschlägig
Fristen	Nicht einschlägig

132 KUKO SchKG-Roncoroni, Art. 191 N 13; BGE 133 III 614; 119 III 28.
133 BSK SchKG EB-Staehelin, Art. 191 N 13.
134 Vgl. dazu Rz. 9.54 ff. hiervor.
135 BSK SchKG II-Brunner/Boller, Art. 191 N 30; a.A. KGer NE, RJN 2010, 527.
136 BSK SchKG II-Brunner/Boller, Art. 191 N 28; KUKO SchKG-Roncoroni, Art. 191 N 17; vgl. BGE 111 III 66.
137 Vock/Müller, 236.

Kombination	Gesuch um unentgeltliche Rechtspflege gem. Art. 117 ff. ZPO
Mögliche Rechtsbegehren	1. Es sei über den Gesuchsteller der Konkurs zu eröffnen. *Je nach dem mit folgendem prozessualen Antrag:* 2. Es sei dem Gesuchsteller die unentgeltliche Rechtspflege zu gewähren.
Voraussetzungen	- Schuldnerantrag - Kein Rechtsmissbrauch - Keine Aussicht auf eine Schuldenbereinigung gem. Art. 333 ff. SchKG (bei natürlichen Personen)
Besonderheiten	- Kostenvorschusspflicht, ausser bei bewilligter unentgeltlicher Rechtspflege - Art. 206 Abs. 3 SchKG - Art. 265b SchKG
Rechtsmittel	Kantonal: Streitwertunabhängige Beschwerde (Art. 319 lit. a i.V.m. Art. 309 lit. b Ziff. 7 ZPO) innert 10 Tagen (grds. Anwendbarkeit von Art. 174 SchKG) Bund: Streitwertunabhängige (Art. 74 Abs. 2 lit. d BGG) Beschwerde in Zivilsachen (Art. 72 Abs. 2 lit. a BGG) innert 30 Tagen (Art. 100 Abs. 1 BGG)

V. GESUCH UM WIDERRUF DES KONKURSES (ART. 195 SCHKG)

1. ZWECK UND WIRKUNG

Mit dem Gesuch um Konkurswiderruf wird die Wiedereinsetzung des Schuldners in die vollen Rechte und Pflichten über sein Vermögen aufgrund des Vorliegens echter Noven bezweckt.[138] 9.114

Grundsätzlich wirkt der Widerruf des Konkurses nicht zurück. Die Wirkungen des Konkurses, insbesondere die Verfügungsunfähigkeit des Schuldners gem. Art. 204 SchKG, vorsorgliche Massnahmen und Abtretungen nach Art. 260 SchKG[139] fallen dahin. Verwertungen (Art. 256 SchKG) und Abschlagszahlungen (Art. 266 SchKG) bleiben hingegen gültig. Der Schuldner kann einen aufgrund der Konkurseröffnung sistierten (vgl. Art. 207 SchKG) und nach wie vor hängigen Prozess wieder selbst führen. Durch die Konkurseröffnung aufgehobene Betreibungen (vgl. Art. 206 SchKG) leben nicht mehr auf.[140] Die an die Tatsache der Konkurseröffnung geknüpften materiellrechtlichen und zivilprozessualen Folgen bleiben bestehen.[141] 9.115

138 Kren Kostkiewicz, 501.

139 Vgl. BGE 109 III 27, E. 1a.

140 KUKO SchKG-Diggelmann, Art. 195 N 6; BGE 75 III 65.

141 Vgl. näher KUKO SchKG-Diggelmann, Art. 195 N 7b.

2. VERFAHRENSART

9.116 Gemäss Art. 251 lit. a ZPO gilt für Entscheide, die vom Konkursgericht getroffen werden, das summarische Verfahren. Ein Schlichtungsverfahren entfällt deshalb (Art. 198 lit. a ZPO). Der Sachverhalt ist von Amtes wegen abzuklären bzw. es gilt die beschränkte Untersuchungsmaxime (vgl. Art. 255 lit. a ZPO), wobei sämtliche Beweismittel zulässig sind (Art. 254 Abs. 2 lit. c ZPO). Auf die Durchführung einer mündlichen Verhandlung kann verzichtet werden (Art. 253 i.V.m. Art. 251 lit. a ZPO).[142]

3. ZUSTÄNDIGKEIT

9.117 Örtlich ist das Gericht am Konkursort zuständig.[143] Das LugÜ und das IPRG sind nicht anwendbar.[144] Die sachliche Zuständigkeit wird durch die Kantone geregelt.

4. LEGITIMATION

9.118 Aktivlegitimiert ist der Schuldner. Kommt ein Nachlassvertrag zustande, beantragt die Konkursverwaltung den Widerruf (Art. 332 Abs. 3 SchKG). Weil es sich um ein Einparteienverfahren handelt, gibt es keinen Passivlegitimierten.[145]

5. STREITWERT

9.119 Die Berechnung des Streitwerts wäre schwierig.[146] Er ist aber ohnehin weder für die Bestimmung des anwendbaren Verfahrens (vgl. Art. 251 lit. a ZPO) noch für die Höhe der Entscheidgebühr für den Konkurswiderruf (vgl. Art. 53 lit. d GebV SchKG) von Relevanz. Auch für das Rechtsmittelverfahren kommt dem Streitwert keinerlei Bedeutung zu (Art. 319 lit. a i. V. m. Art. 309 lit. b Ziff. 7 ZPO; Art. 74 Abs. 2 lit. d BGG).

6. FRISTEN

9.120 Gemäss Art. 195 Abs. 2 SchKG kann der Widerruf des Konkurses vom Ablauf der Eingabefrist an bis zum Schluss des Verfahrens verfügt werden.

---

142 KUKO SchKG-Diggelmann, Art. 195 N 4.
143 Vock/Müller, 240.
144 Art. 1 Abs. 2 lit. b LugÜ; vgl. Meier, 171.
145 Vgl. Vock/Müller, 238 f.
146 Vock/Müller, 241.

7. KOMBINATIONSMÖGLICHKEITEN

Es gibt keine naheliegenden Kombinationsmöglichkeiten. 9.121

8. MÖGLICHE RECHTSBEGEHREN

Es sei der über den Gesuchsteller am [Datum] eröffnete Konkurs zu widerrufen.[147] 9.122

9. VORAUSSETZUNGEN

Ein Konkurswiderruf ist möglich, wenn sämtliche Forderungen bezahlt werden (Art. 195 Abs. 1 Ziff. 1 SchKG), alle Gläubiger eine Rückzugserklärung abgeben (Art. 195 Abs. 1 Ziff. 2 SchKG) oder im Fall des Zustandekommens eines Nachlassvertrags (Art. 195 Abs. 1 Ziff. 3 SchKG). 9.123

Möglich ist auch eine Kombination in dem Sinne, dass der Schuldner von denjenigen Gläubigern, deren Forderung er nicht vollständig beglichen hat, einen Rückzug der Forderungseingabe beibringt.[148] Soweit Gläubiger Forderungen eingegeben haben und diese weder zurückgezogen noch bezahlt wurden, ist das Konkursverfahren grundsätzlich weiterzuführen, auch wenn die Forderungen vom Schuldner bestritten werden. Vorbehalten bleibt u.E. eine offensichtlich rechtsmissbräuchliche Forderungseingabe eines Gläubigers; eine solche soll den Konkurswiderruf nicht behindern können und es soll das Konkursgericht trotz formal noch offener Forderung des Gläubigers den Konkurs widerrufen können.[149] 9.124

Als weitere Voraussetzung für einen Widerruf ist erforderlich, dass die Kosten des Gerichts und des Konkursverfahrens (insb. auch die Massaschulden) sichergestellt sind.[150] 9.125

10. BESONDERHEITEN

Grundsätzlich ist ein Konkurswiderruf bei allen Arten der Konkursöffnung möglich.[151] Die rechtskräftig angeordnete konkursamtliche Liquidation gem. Art. 731b Abs. 1 Ziff. 3 OR kann indessen nicht gestützt auf Art. 195 SchKG widerrufen werden.[152] 9.126

Nach Art. 195 Abs. 3 SchKG wird der Konkurswiderruf öffentlich bekanntgemacht. 9.127

147 Kren Kostkiewicz, 501.

148 BSK SchKG II-Brunner/Boller, Art. 195 N 7.

149 Vgl. etwa KUKO SchKG-Diggelmann, Art. 195 N 2 f., allerdings ohne Hinweis auf Rechtsmissbrauch.

150 BSK SchKG II-Brunner/Boller, Art. 195 N 11.

151 BSK SchKG II-Brunner/Boller, Art. 195 N 3.

152 BGE 141 III 43; BSK SchKG EB-Staehelin, Art. 195 N 3.

9.128 Der Konkurs kann nach dem Gesagten widerrufen werden, wenn sich die Verhältnisse nach der Konkurseröffnung auf eine vom Gesetz definierte Weise geändert haben. Mit der Revision des Zivilprozesses kann die Berücksichtigung von Tatsachen und Beweismitteln, die erst nach dem Entscheid entstanden sind, hingegen nicht verlangt werden (Art. 328 Abs. 1 lit. a ZPO). Die Revision erlaubt vielmehr die Berücksichtigung von Umständen, welche im Zeitpunkt des abzuändernden Entscheids zwar bereits eingetreten, dem Gericht aber nicht bekannt waren.[153]

11. RECHTSMITTEL

9.129 Der Schuldner (nicht aber die Konkursverwaltung) ist zur Anfechtung des Entscheids über den Konkurswiderruf legitimiert.[154] Auf kantonaler Ebene steht die Beschwerde nach ZPO (Art. 319 lit. a i.V.m. Art. 309 lit. b Ziff. 7 ZPO) zur Verfügung. Danach ist streitwertunabhängig (Art. 74 Abs. 2 lit. d BGG) die Beschwerde in Zivilsachen ans Bundesgericht möglich (Art. 72 Abs. 2 lit. a BGG).

Tabellarische Zusammenfassung

Zweck	Widerruf des Konkurses
Gesetzliche Grundlage	Art. 195 SchKG
Verfahrensart	Summarisches Verfahren (Art. 251 lit. a ZPO) mit beschränkter Untersuchungsmaxime
Zuständigkeit	Gericht am Konkursort (Art. 46 ff. SchKG)
Aktivlegitimation	Schuldner; bei Zustandekommen eines Nachlassvertrags beantragt Konkursverwaltung den Widerruf (Art. 332 Abs. 3 SchKG)
Passivlegitimation	Nicht einschlägig
Streitwert	Nicht einschlägig
Fristen	Nach Ablauf der Eingabefrist bis zum Schluss des Konkursverfahrens
Kombination	Nicht einschlägig
Mögliche Rechtsbegehren	Es sei der über den Gesuchsteller am [Datum] eröffnete Konkurs zu widerrufen
Voraussetzungen	*Alternativ (aber kombinierbar):* – Bezahlung sämtlicher Forderungen – Rückzugserklärung betroffener Gläubiger – Zustandekommen eines Nachlassvertrags im Konkurs

153 KUKO SchKG-Diggelmann, Art. 195 N 1.

154 BSK SchKG II-Brunner/Boller, Art. 195 N 13; BGE 99 Ia 10 = Pra 1973, Nr. 120.

Besonderheiten	– Kein Konkurswiderruf bei konkursamtlicher Liquidation gem. Art. 731b Abs. 1 Ziff. 3 OR – Öffentliche Bekanntmachung des Konkurswiderrufs (Art. 195 Abs. 3 SchKG) – Abgrenzung zur Revision (Art. 328 Abs. 1 lit. a ZPO)
Rechtsmittel	Kantonal: Streitwertunabhängige Beschwerde (Art. 319 lit. a i.V.m. Art. 309 lit. b Ziff. 7 ZPO) innert 10 Tagen (Art. 321 Abs. 2 ZPO) Bund: Streitwertunabhängige (Art. 74 Abs. 2 lit. d BGG) Beschwerde in Zivilsachen (Art. 72 Abs. 2 lit. a BGG) innert 30 Tagen (Art. 100 Abs. 1 BGG)

VI. BESCHWERDE GEGEN BESCHLÜSSE DER ERSTEN GLÄUBIGERVERSAMMLUNG (ART. 239 SCHKG)

1. ZWECK UND WIRKUNG

Beschlüsse der Gläubigerversammlungen sind als Verfügungen i.S.v. Art. 17 SchKG zu qualifizieren.[155] Entsprechend handelt es sich bei der Beschwerde gegen solche Beschlüsse um einen Anwendungsfall der allgemeinen betreibungsrechtlichen Beschwerde gem. Art. 17 SchKG.[156] In erster Linie geht es um die Anfechtung von Gläubigerversammlungsbeschlüssen. Es können sowohl Wahlgeschäfte als auch Beschlussfassungen gem. Art. 238 SchKG hinsichtlich des Inhalts und / oder des Zustandekommens angefochten werden.[157] 9.130

Auch Beschlüsse der Gläubigerversammlung im Zusammenhang mit dem Gläubigerausschuss können angefochten werden, z.B.:[158] 9.131

- (Nicht-)Einsetzung eines Gläubigerausschusses;
- Grösse des Gläubigerausschusses;
- (Nicht-)Wahl eines Mitglieds;
- Fehlende Ausgewogenheit des Gläubigerausschusses.

Bei Gutheissung der Beschwerde wird der angefochtene Beschluss aufgehoben oder im verlangten Sinn abgeändert (vgl. Art. 21 SchKG). 9.132

155 SPRECHER, Rz. 404.

156 Vgl. dazu Rz. 5.56 ff. hiervor.

157 BSK SchKG II-RUSSENBERGER, Art. 239 N 1, 6.

158 SPRECHER, Rz. 407; vgl. für weitere Beispiele SPRECHER, Rz. 414.

2. VERFAHRENSART

9.133 Art. 239 Abs. 2 SchKG sieht vor, dass die Aufsichtsbehörde innerhalb kurzer Frist entscheidet und vorher das Konkursamt und, wenn es zweckmässig erscheint, den Beschwerdeführer und diejenigen Gläubiger anhört, die einvernommen zu werden verlangen.

9.134 In der Beschwerdeschrift muss dargelegt werden, welche Änderungen des angefochtenen Entscheids bzw. Gläubigerversammlungsbeschlusses beantragt werden und welche Rechtssätze inwiefern durch den angefochtenen Entscheid verletzt sein sollen.[159] Nachträgliche Ergänzungen werden nicht beachtet.[160]

9.135 Für das Verfahren vor den kantonalen Aufsichtsbehörden sind namentlich die Grundsätze von Art. 20a SchKG zu beachten. Der Sachverhalt ist somit von Amtes wegen festzustellen bzw. es gilt die eingeschränkte Untersuchungsmaxime.[161] Die Aufsichtsbehörde kann die Parteien indessen zur Mitwirkung anhalten und braucht auf deren Begehren nicht einzutreten, wenn sie die notwendige und zumutbare Mitwirkung verweigern (Art. 20a Abs. 2 SchKG).[162]

9.136 Im Übrigen kann im Wesentlichen auf das zur allgemeinen Beschwerde gem. Art. 17 SchKG Gesagte verwiesen werden.[163]

3. ZUSTÄNDIGKEIT

9.137 Die sachliche und funktionelle Zuständigkeit wird durch das kantonale Recht geregelt (vgl. Art. 4 ZPO i.V.m. Art. 13 SchKG).[164]

9.138 Im Übrigen kann hinsichtlich der Zuständigkeit ebenfalls auf das zur allgemeinen Beschwerde gem. Art. 17 SchKG Gesagte verwiesen werden.[165]

159 BSK SchKG II-Russenberger, Art. 239 N 33; BGer 7B.129/2005 vom 28.9.2005.

160 BSK SchKG II-Russenberger, Art. 239 N 33; BGer 7B.69/2005 vom 10.6.2005.

161 Sprecher, Rz. 432.

162 KUKO SchKG-Bürgi, Art. 239 N 16.

163 Vgl. Rz. 5.58 hiervor.

164 BSK SchKG II-Russenberger, Art. 239 N 32.

165 Vgl. Rz. 5.59 f. hiervor.

4. LEGITIMATION

A. AKTIVLEGITIMATION

Am häufigsten werden Beschwerden durch beteiligte Gläubiger erhoben. Kein Beschwerderecht haben Gläubiger, welche dem Beschluss ausdrücklich oder konkludent zugestimmt haben, wobei bei mündlichen Abstimmungen oder bei schriftlicher anonymisierter Stimmabgabe ein entsprechender Nachweis durch den Passivlegitimierten regelmässig schwierig ist. Blosses passives Verhalten (z.B. wegen noch bestehender Unschlüssigkeit) bedeutet aber noch nicht zwingend eine konkludent erteilte Zustimmung.[166] 9.139

Wurde ein Gläubiger vom Büro (vgl. Art. 235 Abs. 2 SchKG) zur ersten Gläubigerversammlung gar nicht zugelassen, ist er zur Beschwerde berechtigt, soweit er seine Gläubigereigenschaft glaubhaft darlegen kann.[167] 9.140

Der Gemeinschuldner kann Beschwerde gem. Art. 239 SchKG erheben, wenn die Beschlüsse seine gesetzlich gewährleisteten Rechte verletzen oder auf eine ungebührliche Begünstigung der Gläubiger zu seinem Nachteil abzielen. Die Beschwerdemöglichkeit des Gemeinschuldners ist aber insofern beschränkt, als dass er sich nur wegen Rechtsverletzung und nicht auch wegen Unangemessenheit eines Gläubigerversammlungsbeschlusses beschweren kann.[168] 9.141

Ein Dritter ist zur Beschwerde berechtigt, wenn durch den Beschluss in seine rechtlich geschützten Interessen eingegriffen wird. Auch der Dritte kann nur Rechtsverletzungen überprüfen lassen.[169] 9.142

B. PASSIVLEGITIMATION

Passivlegitimiert ist jene Instanz, von welcher die anfechtbare Verfügung ausgegangen ist, somit primär die Gläubigerversammlung, vertreten durch die Konkursverwaltung.[170] Das Bundesgericht hat ferner die Beschwerde gegen einen Büroentscheid bezüglich der (Nicht-)Zulassung eines Gläubigers zur Gläubigerversammlung für den Fall zugelassen, dass dieser Entscheid die Beschlussfähigkeit der Versammlung oder das Ergebnis der Abstimmung beeinflusst hat. Offen gelassen wurde indessen, ob die fünf- oder zehntägige Frist zur Anwendung gelangt.[171] Sicherheitshalber sollte deshalb die kürzere Frist beachtet werden. Soweit Beschlüsse des Gläubiger- 9.143

---

166 BSK SchKG II-Russenberger, Art. 239 N 21; KUKO SchKG-Bürgi, Art. 239 N 8; vgl. auch Sprecher, Rz. 424 f.

167 KUKO SchKG-Bürgi, Art. 239 N 9.

168 BSK SchKG II-Russenberger, Art. 239 N 25; KUKO SchKG-Bürgi, Art. 239 N 9; Sprecher, Rz. 426, BGE 103 III 23.

169 BSK SchKG II-Russenberger, Art. 239 N 26; KUKO SchKG-Bürgi, Art. 239 N 10; Sprecher, Rz. 426.

170 Sprecher, Rz. 428.

171 BSK SchKG II-Russenberger, Art. 239 N 7; BGE 86 III 94 ff.

ausschusses überhaupt der Beschwerde an die Aufsichtsbehörde unterliegen,[172] gilt hier die zehntägige Beschwerdefrist.[173]

9.144 Entscheide des Konkursamts sind nach Art. 17 SchKG anzufechten, wobei es sich aber immer um eine Verfügung handeln muss. Rechtsgeschäftliche Handlungen des Konkursamts unterliegen nicht der Beschwerde.[174]

5. STREITWERT

9.145 Es wäre schwierig, den Streitwert zu beziffern. Diesem kommt bei der Beschwerde gegen Beschlüsse gegen die erste Gläubigerversammlung aber ohnehin keinerlei Bedeutung zu.

6. FRISTEN

9.146 Im Gegensatz zu Art. 17 SchKG gilt gem. Art. 239 Abs. 1 SchKG eine verkürzte Frist von fünf Tagen, welche ihren Grund in der Dringlichkeit der zu überprüfenden Beschlüsse hat. Gegenüber auf dem Zirkularweg gefassten Beschlüssen gilt aber die ordentliche Beschwerdefrist von zehn Tagen.[175]

9.147 Fristbeginn ist der Tag der Beschlussfassung, wobei dies auch gegenüber Gläubigern gilt, welche an der Versammlung nicht teilgenommen haben.[176]

9.148 Eine Fristwiederherstellung gem. Art. 33 Abs. 4 SchKG ist bei Vorliegen der entsprechenden Voraussetzungen möglich.[177]

9.149 Die neuere Literatur und das Bundesgericht sprechen sich bei Beschlüssen der zweiten (und weiteren) Gläubigerversammlung(en) gegen eine analoge Anwendung von Art. 239 SchKG mit einer Beschwerdefrist von lediglich fünf Tagen aus.[178]

172 Bejaht in BGE 17 I 128, implizit verneint in BGE 95 III 25, 30.

173 BSK SchKG II-Russenberger, Art. 239 N 8 ff.; KUKO SchKG-Bürgi, Art. 239 N 4.

174 BSK SchKG II-Russenberger, Art. 239 N 11; KUKO SchKG-Bürgi, Art. 239 N 5; BGE 108 III 1.

175 BSK SchKG II-Russenberger, Art. 239 N 29; Sprecher, Rz. 431; BGE 69 III 18.

176 BSK SchKG II-Russenberger, Art. 239 N 30.

177 BSK SchKG II-Russenberger, Art. 239 N 31.

178 BGE 32 I 435; BSK SchKG II-Russenberger, Art. 239 N 6 m.w.H.; KUKO SchKG-Bürgi, Art. 239 N 2; Sprecher, Rz. 430.

7. KOMBINATIONSMÖGLICHKEITEN

Die Beschwerde hat grundsätzlich keine aufschiebende Wirkung (vgl. Art. 36 SchKG). Diese kann aber auf Antrag einer Partei oder von Amtes wegen angeordnet werden. Ein entsprechendes Begehren ist gutzuheissen, wenn ein nicht leicht wieder gut zu machender Nachteil droht und die Beschwerde nicht als offensichtlich haltlos erscheint.[179] Bei Vorliegen dieser Voraussetzungen sollte die Beschwerde gegen den Beschluss der ersten Gläubigerversammlung somit mit einem Begehren um aufschiebende Wirkung verbunden werden, wobei letzteres auch superprovisorisch, d.h. ohne Anhörung der Gegenpartei, verlangt werden kann. 9.150

8. MÖGLICHE RECHTSBEGEHREN

1. Es sei der Beschluss der Gläubigerversammlung vom [Datum] aufzuheben. 9.151

oder

1. Es sei der Beschluss der Gläubigerversammlung vom [Datum] dergestalt zu berichtigen, dass [...].[180]
2. Es sei der vorliegenden Beschwerde [sofort, d.h. ohne Anhörung der Gegenpartei] aufschiebende Wirkung zu erteilen.

9. VORAUSSETZUNGEN

Erforderlich sind in formeller Hinsicht ein zulässiges Beschwerdeobjekt (namentlich Abstimmungen und Wahlen der Gläubigerversammlungen) und die Einhaltung der fünftägigen Frist.[181] Ferner muss die Beschwerdelegitimation vorliegen.[182] 9.152

In materieller Hinsicht müssen für die Gutheissung der Beschwerde eine Gesetzesverletzung oder (soweit es sich beim Beschwerdeführer um einen Gläubiger handelt) Unangemessenheit gegeben sein.[183] Ein Teil der Lehre geht demgegenüber im Grundsatz davon aus, dass eine Anfechtung wegen Unangemessenheit (auch) bei Beschlüssen der ersten Gläubigerversammlung nicht möglich sei, zumindest soweit es nicht um Wahl- oder Bestätigungsbeschlüsse gehe.[184] 9.153

---

179 KUKO SchKG-Dieth/Wohl, Art. 36 N 2a.

180 Vgl. Kren Kostkiewicz, 478.

181 KUKO SchKG-Bürgi, Art. 239 N 2.

182 Vgl. zur Aktivlegitimation Rz. 9.139 ff. hiervor; KUKO SchKG-Bürgi, Art. 239 N 8 ff.

183 BSK SchKG II-Russenberger, Art. 239 N 14, 25 f.

184 Sprecher, Rz. 408 ff. m.w.H.

10. BESONDERHEITEN

9.154 Wie das allgemeine Beschwerdeverfahren nach Art. 17 SchKG ist das Verfahren grundsätzlich kostenlos (vgl. Art. 20 Ziff. 5 SchKG).

11. RECHTSMITTEL

9.155 Der Entscheid einer unteren Aufsichtsbehörde kann gem. Art. 18 SchKG innert zehn Tagen[185] nach Eröffnung an die je nach Kanton bestehende obere kantonale Aufsichtsbehörde weitergezogen werden, welche die Angelegenheit in vollem Umfang von Neuem zu entscheiden hat.[186] Gemäss Art. 19 SchKG richtet sich die Beschwerde an das Bundesgericht sodann nach dem Bundesgerichtsgesetz vom 17. Juni 2005. Gemäss Art. 72 Abs. 2 lit. a BGG unterliegen Entscheide in Schuldbetreibungs- und Konkurssachen der Beschwerde in Zivilsachen. Eine Streitwertgrenze ist nicht zu beachten (Art. 74 Abs. 2 lit. c BGG). Die Beschwerdefrist beträgt zehn Tage (Art. 100 Abs. 2 lit. a BGG).

Tabellarische Zusammenfassung

Zweck	Änderung oder Aufhebung von Beschlüssen der ersten Gläubigerversammlung
Gesetzliche Grundlage	Art. 239 i.V.m. Art. 17 SchKG
Verfahrensart	Feststellung des Sachverhaltes von Amtes wegen mit Entscheid innerhalb kurzer Frist, nach Anhörung des Konkursamts und ggf. Gläubiger
Zuständigkeit	Behörde nach kantonalem Recht (vgl. Art. 4 ZPO i.V.m. Art. 13 SchKG)
Aktivlegitimation	Gläubiger, welche dem angefochtenen Beschluss nicht (ausdrücklich oder konkludent) zugestimmt haben Gemeinschuldner, soweit Beschlüsse seine gesetzlich gewährten Rechte verletzen oder auf eine ungebührliche Begünstigung der Gläubiger zu seinem Nachteil abzielen Dritte, soweit durch den Beschluss in ihre rechtlich geschützten Interessen eingegriffen wird
Passivlegitimation	Gläubigerversammlung
Streitwert	Nicht einschlägig
Fristen	5 Tage seit dem Tag der Beschlussfassung (auch für an der Versammlung nicht teilnehmende Gläubiger)
Kombination	Begehren um aufschiebende Wirkung (Art. 36 SchKG)

185 Keine Anwendung der verkürzten fünftägigen Beschwerdefrist beim Weiterzug (KUKO SchKG-Bürgi, Art. 239 N 6).

186 BSK SchKG II-Russenberger, Art. 239 N 35.

Mögliche Rechtsbegehren	Es sei der Beschluss der Gläubigerversammlung vom [Datum] aufzuheben. *oder* 1. Es sei der Beschluss der Gläubigerversammlung vom [Datum] dergestalt zu berichtigen, dass [...]. 2. Es sei der vorliegenden Beschwerde [sofort, d.h. ohne Anhörung der Gegenpartei] aufschiebende Wirkung zu erteilen.
Voraussetzungen	- Formelle Voraussetzungen (Beschwerdeobjekt, Frist, Beschwerdelegitimation etc.) - Gesetzesverletzung oder Unangemessenheit (letzteres kann nur von Gläubigern gerügt werden)
Besonderheiten	Kostenlosigkeit
Rechtsmittel	Kantonal: Streitwertunabhängige Beschwerde an die obere Aufsichtsbehörde innert 10 Tagen (Art. 18 f. SchKG) Bund: Streitwertunabhängige (Art. 74 Abs. 2 lit. c BGG) Beschwerde in Zivilsachen innert 10 Tagen (Art. 19 SchKG i.V.m. Art. 72 ff. und Art. 100 Abs. 2 lit. a BGG)

VII. AUSSONDERUNGSKLAGE (ART. 242 ABS. 2 SCHKG)

1. ZWECK UND WIRKUNG

Mit der Aussonderungsklage soll Dritteigentum ausgeschieden bzw. die verwertbare Masse bestimmt werden.[187] 9.156

Das Aussonderungsverfahren kommt zur Anwendung, wenn sich ein Gegenstand, an welchem ein Dritter Eigentum geltend macht, zum Zeitpunkt der Konkurseröffnung[188] im Gewahrsam[189] des Gemeinschuldners befindet. Dies gilt ausnahmsweise dann nicht, wenn der Dritte offensichtlich zu Recht Anspruch auf die Sache erhebt.[190] Befindet sich die streitige Sache hingegen im (Mit-)Gewahrsam eines Dritten, muss die Konkursmasse gegen den Dritten klagen bzw. es kommt zum Admassierungsverfahren gem. Art. 242 Abs. 3 SchKG.[191] 9.157

Der Hauptunterschied zwischen der Aussonderungs- und der Admassierungsklage ist einerseits die unterschiedliche Parteirollenverteilung im Prozess, welche von den Gewahrsamsverhältnissen 9.158

187 KUKO SchKG-Bürgi, Art. 242 N 1.
188 Zum massgeblichen Zeitpunkt vgl. BGE 110 III 87, E. 2 c.
189 Vgl. zu diesem Begriff Rz. 9.237 hiernach.
190 KUKO SchKG-Bürgi, Art. 242 N 3; BGE 104 III 23; vgl. auch Art. 51 KOV.
191 Vgl. dazu Rz. 9.207 ff. hiernach.

bzw. dem Grundbucheintrag abhängig ist. Andererseits bildet – je nach Ansicht[192] – die materiellrechtliche Wirkung des richterlichen Entscheids einen weiteren gewichtigen Unterschied.[193]

9.159 Die Rechtskraft des Urteils der Aussonderungsklage erstreckt sich nur auf das laufende Konkursverfahren und somit nicht auf den Gemeinschuldner. Letzterer könnte grundsätzlich erneut gegen den siegreichen Kläger einen Prozess anstrengen. Es handelt sich um eine betreibungsrechtliche Klage mit Reflexwirkung auf das materielle Recht. Das materielle Recht (materiellrechtliche Berechtigung an einem Vermögenswert) wird lediglich vorfrageweise geprüft. Das Gericht klärt lediglich die Frage, ob ein strittiger Gegenstand dem Konkursbeschlag unterliegt oder nicht.[194]

2. VERFAHRENSART

9.160 Es gelangt das ordentliche bzw. bei einem Streitwert bis zu CHF 30 000.– das vereinfachte Verfahren zur Anwendung (Art. 251 ZPO e contrario; Art. 243 Abs. 1 ZPO), jedoch ohne Durchführung eines Schlichtungsverfahrens (Art. 198 lit. e Ziff. 5 ZPO). Es bestehen keine Beweis- oder Kognitionsbeschränkungen, und es gelten grundsätzlich die Dispositionsmaxime (vgl. Art. 58 ZPO) sowie der Verhandlungsgrundsatz (vgl. Art. 55 ZPO).

9.161 Das Aussonderungsverfahren wird in den Art. 45–54 KOV genauer geregelt, wobei zwischen dem Vorverfahren und der eigentlichen Aussonderungsklage unterschieden wird.[195]

9.162 Im Vorverfahren entscheidet die Konkursverwaltung über die Anerkennung des geltend gemachten Anspruchs (Art. 242 Abs. 1 SchKG). Bei Anerkennung des Anspruchs erübrigt sich eine Aussonderungsklage, weil der Gegenstand dem Dritten herauszugeben ist. Wird die Anerkennung jedoch verweigert oder erfolgt eine Abtretung des Bestreitungsanspruchs gem. Art. 260 SchKG, wird dem Drittansprecher eine 20-tägige Frist gem. Art. 242 Abs. 2 SchKG zur Erhebung der Aussonderungsklage angesetzt (vgl. Art. 53 KOV).

3. ZUSTÄNDIGKEIT

9.163 Gemäss Art. 242 Abs. 2 SchKG ist das Gericht am Konkursort örtlich zuständig. Diese örtliche Zuständigkeitsregelung ist ausschliesslich und zwingend, und zwar selbst in Fällen, bei welchen es um die Berechtigung an einem Grundstück geht.[196] Somit sind weder eine Prorogation noch eine Einlassung möglich.[197]

---

192 Vgl. dazu Rz. 9.209 f. hiernach.

193 BSK SchKG II-Russenberger, Art. 242 N 3.

194 KUKO SchKG-Bürgi, Art. 242 N 4; BSK SchKG II-Russenberger, Art. 242 N 6; BGE 131 III 595.

195 KUKO SchKG-Bürgi, Art. 242 N 8.

196 Kren Kostkiewicz, 349 Rz. 1317.

197 Vock/Müller, 247.

Das LugÜ ist auf die Aussonderungsklage gem. Art. 1 Ziff. 2 lit. b LugÜ nicht anwendbar,[198] und auch das IPRG befasst sich nicht mit vollstreckungsrechtlichen Verfahren.[199] Deshalb ist auch im internationalen Verhältnis der Konkursort der ausschliesslich zulässige Gerichtsstand.[200] 9.164

Das HGer ist nicht zuständig zur Beurteilung betreibungsrechtlicher Klagen mit Reflexwirkung auf das materielle Recht. Auch hinsichtlich der sachlichen Zuständigkeit ist (generell) keine Einlassung möglich.[201] Im Übrigen ist die sachliche Zuständigkeit von der kantonalen Gesetzgebung zu ordnen. 9.165

4. LEGITIMATION

A. AKTIVLEGITIMATION

Aktivlegitimiert ist der die Aussonderung beanspruchende Dritte.[202] 9.166

B. PASSIVLEGITIMATION

Die durch die Konkursverwaltung vertretene Konkursmasse (vgl. Art. 240 SchKG) ist passivlegitimiert.[203] 9.167

Die Zuständigkeit zur Führung von Aussonderungsprozessen liegt in erster Linie bei der Konkursverwaltung und nicht bei der zweiten Gläubigerversammlung oder einzelnen Gläubigern.[204] Falls die Konkursverwaltung den Anspruch indessen anerkennen will, muss sie bis zur zweiten Gläubigerversammlung oder einer allfälligen Abtretung des kontradiktorischen Masseanspruches am betreffenden Gegenstand nach Art. 260 SchKG zuwarten. Die Konkursverwaltung kann einen Anspruch somit (vorbehältlich Art. 51 KOV) nicht eigenständig anerkennen.[205] 9.168

Wenn die Anerkennung des geltend gemachten Aussonderungsanspruchs durch die zweite Gläubigerversammlung verweigert wird, hat der Dritte gegen die Masse mit der Konkursverwaltung als deren Vertreterin zu klagen. Erfolgt hingegen eine Abtretung des Gegenanspruchs an einzelne Gläubiger i.S.v. Art. 260 SchKG, so machen diese als Prozessstandschafter einen fremden 9.169

---

198 BSK LugÜ-Rohner/Lerch, Art. 1 N 93.
199 Vgl. Meier, 171.
200 Vock/Müller, 248.
201 BGE 140 III 355, E. 2 für Widerspruchsklagen; vgl. auch BGE 141 III 527, E. 2 für paulianische Anfechtungsklagen.
202 Vock/Müller, 247.
203 Vock/Müller, 247.
204 BSK SchKG II-Russenberger, Art. 242 N 4.
205 KUKO SchKG-Bürgi, Art. 242 N 10.

Anspruch in eigenem Namen und auf eigene Rechnung geltend.[206] Sie sind dem Dritten zusammen mit der Fristansetzung anzugeben (Art. 52 KOV).[207]

5. STREITWERT

9.170 Der Streitwert bemisst sich nach dem Schätzungswert der umstrittenen Sache.[208]

6. FRISTEN

9.171 Wenn die Anerkennung des Aussonderungsanspruchs von der zweiten Gläubigerversammlung verweigert wird oder sich einzelne Gläubiger den Gegenanspruch der Masse nach Art. 260 SchKG abtreten lassen, wird dem Drittansprecher eine 20-tägige Frist gem. Art. 242 Abs. 2 SchKG zur Erhebung der Aussonderungsklage angesetzt (vgl. Art. 46 und 52 KOV).[209] Die Frist kann grundsätzlich weder vertraglich abgeändert noch erstreckt werden.[210] Lediglich unter den strengen Voraussetzungen von Art. 33 Abs. 2 und 4 SchKG kann eine längere Frist eingeräumt, eine Frist verlängert oder eine Frist wiederhergestellt werden.

9.172 SchKG-Klagen, die sich an ein Gericht richten, sind von Art. 32 Abs. 2 SchKG hingegen nicht erfasst. Demnach erfolgt bei am falschen Ort eingereichten Klagen keine Überweisung von Amtes wegen an die zuständige Behörde. Anwendbar ist vielmehr Art. 63 ZPO. Die Klage kann demnach neu eingereicht werden, wobei als Zeitpunkt der Rechtshängigkeit das Datum der ersten Einreichung gilt.[211] Die Frist zur Neueinreichung beträgt normalerweise einen Monat, verkürzt sich allerdings entsprechend in Fällen von kürzeren SchKG-Klagen (Art. 63 Abs. 3 ZPO). Vorliegend beträgt diese verkürzte Frist somit 20 Tage (Art. 242 Abs. 2 SchKG).[212]

9.173 Nach Art. 1 lit. c ZPO gilt die ZPO für die gerichtlichen Angelegenheiten des SchKG. Art. 145 ZPO regelt den Fristenstillstand, behält aber die Bestimmungen des SchKG über die Betreibungsferien und den Rechtsstillstand vor (Abs. 4). In der Botschaft der ZPO werden als Beispiele, bei welchen die Betreibungsferien wie bisher gelten, Klagen genannt, die im Kontext einer Betreibung stehen (z.B. Aberkennungs-, Widerspruchs-, Anschluss-, oder Arrestprosekutionsklage).[213]

206 Vock/Müller, 247.
207 KUKO SchKG-Bürgi, Art. 242 N 10.
208 Vock/Müller, 248; BGer 5C.242/2004 vom 7.5.2005, E. 1.2.
209 KUKO SchKG-Bürgi, Art. 242 N 10.
210 Vgl. Art. 33 Abs. 1 SchKG.
211 KUKO SchKG-Russenberger/Minet, Art. 32 N 8.
212 KUKO ZPO-Berti, Art. 63 N 9.
213 Botschaft ZPO, 7310.

Es muss sich um Fristen des eigentlichen Betreibungsverfahrens handeln. Im Konkurs sind die Vorschriften über die Betreibungsferien (Art. 56 und 63 SchKG) deshalb nicht anwendbar.[214] Das Bundesgericht hat seine Entscheidung, dass die Betreibungsferien im Konkurs nicht anwendbar seien, damit erklärt, dass die Handlungen des Konkursamtes und der Konkursverwaltung keine Betreibungshandlungen i.S.v. Art. 56 SchKG darstellten. Die Vorschriften über die Betreibungsferien würden sodann auf dem Gedanken beruhen, dass der Schuldner während bestimmter Zeiten der Sorge um gegen ihn gerichtete Betreibungen enthoben sein solle, was im Konkurs keine Rolle mehr spiele.[215] 9.174

Die Voraussetzung einer Betreibungshandlung für die Anwendbarkeit der Vorschriften über die Betreibungsferien (Art. 63 SchKG) wird von einem grossen Teil der Lehre kritisiert, doch hält das Bundesgericht auch in seiner neusten Rechtsprechung daran fest.[216] So hat es ausgeführt, der Vorbehalt gem. Art. 145 Abs. 4 ZPO betreffe die vom SchKG vorgesehenen Fristen zur Einreichung einer Klage, wobei für diese Fristen die Art. 56 i.V.m. Art. 63 SchKG anwendbar seien, wenn sie aus einer Betreibungshandlung herrührten.[217] Entsprechend kommen nach der bundesgerichtlichen Rechtsprechung die Betreibungsferien bei der Frist zur Einreichung der Aberkennungsklage (Art. 83 Abs. 2 SchKG) zur Anwendung.[218] 9.175

Soweit keine Betreibungshandlung vorliegt, dürften nach der bundesgerichtlichen Rechtsprechung bei den in der vorerwähnten Botschaft der ZPO genannten Klagen die Vorschriften über die Betreibungsferien nicht anwendbar sein, auch wenn sie grundsätzlich im Kontext einer Betreibung stehen. Auch bei den Klagen des Konkursrechts, somit auch bei der Aussonderungsklage, kommen die Vorschriften über die Betreibungsferien (Art. 56 und Art. 63 SchKG) nach dem Gesagten nicht zur Anwendung. 9.176

Es liesse sich der Standpunkt vertreten, die Bestimmungen des SchKG über die Betreibungsferien und den Rechtsstillstand bildeten (als lex specialis) eine abschliessende Regelung betreffend die SchKG-Fristen zur Einreichung einer Klage, weshalb mangels einer Betreibungshandlung nicht einfach auf das allgemeinere und grosszügigere Regime der ZPO ausgewichen werden dürfe. Dies würde dazu führen, dass für die Verfahren bzw. Entscheide, die keine Betreibungshandlung darstellen, das grosszügigere Fristenrecht der ZPO zur Anwendung käme, während für Betreibungshandlungen die restriktiveren Betreibungsferien des SchKG Anwendung fänden. Bei der Auslegung der Tragweite des Vorbehalts von Art. 145 Abs. 4 ZPO im Zusammenhang mit von der ZPO vorgesehenen Rechtsmittelfristen hat das Bundesgericht dieses Problem dadurch gelöst, 9.177

---

214 BSK SchKG I-Bauer, Art. 63 N 8; Vock/Müller, 248 f.; BGE 96 III 77, E. 1.

215 BGE 96 III 77, E. 1.

216 BSK SchKG EB-Staehelin, Art. 63 N 7 m.V. auf die bundesgerichtliche Rechtsprechung und die kritische Lehre dazu.

217 BGE 143 III 149, E. 2.4.1; Wuffli, Jusletter, Rz. 28.

218 BGE 143 III 38, E. 2 und 3; Wuffli, Jusletter, Rz. 19.

indem es festgehalten hat, dass für Fristen nach bereits anhängig gemachten Klagen aus dem SchKG ausschliesslich die Gerichtsferien gem. Art. 145 ZPO zur Anwendung gelangen.[219]

9.178 Im Lichte der bundesgerichtlichen Rechtsprechung, wonach für vom SchKG vorgesehene Fristen zur Einreichung einer Klage die Art. 56 i.V.m. Art. 63 SchKG nur anwendbar sind, wenn sie aus einer Betreibungshandlung herrühren, ist zu entscheiden, was für die übrigen vom SchKG vorgesehenen Klagefristen gilt. Auch wenn dies nach dem Gesagten zu einer grosszügigeren Fristenregelung für diese übrigen, nicht durch eine Betreibungshandlung ausgelösten Klagen führt, sollte nach der hier vertretenen Ansicht der Fristenstillstand gemäss den Gerichtsferien der ZPO zur Anwendung gelangen. Für Klagen aus dem Konkursrecht sollte das nur schon deshalb gelten, weil im Konkurs die Bestimmungen über die Betreibungsferien nicht zur Anwendung gelangen und der Vorbehalt gem. Art. 145 Abs. 4 ZPO diese Klage bereits deshalb nicht erfassen kann. Aber auch hinsichtlich der weiteren Fristen zur Einreichung von Klagen im Kontext einer Betreibung sollte nicht einfach nichts vorgesehen sein (weder Geltung der Betreibungs- noch Gerichtsferien).

9.179 Zu beachten ist, dass seit der durch die Revision des SchKG von 1994[220] erfolgten Annäherung an die Zeiten der Gerichtsferien neben dem ursprünglichen Zweck (Schonzeit des Schuldners) auch die Schaffung von Ruhepausen im Gerichts- und Amtsbetrieb als Grund für die Betreibungsferien herangezogen wird. Ferner hat die (mit der besagten Revision in Art. 63 SchKG kodifizierte) Rechtsprechung die Wirkung der Betreibungsferien auf den Fristenlauf auch auf den Gläubiger und auf Dritte ausgedehnt.[221] Diese Entwicklungen, welche u.a. zum Anlass genommen werden, die bundesgerichtliche Rechtsprechung am Festhalten der Voraussetzung einer Betreibungshandlung für die Anwendbarkeit der Bestimmungen über die Betreibungsferien zu kritisieren, sprechen für eine grosszügigere Handhabung.

9.180 Mit einer Praxisänderung könnte man auch noch einen Schritt weitergehen und den Vorbehalt gem. Art. 145 Abs. 4 SchKG (zwar entgegen der Botschaft, aber entsprechend dem Expertenbericht zum Vorentwurf auf S. 73 i. f.)[222] nur gelten lassen, wenn das Rechtsöffnungs- oder Konkursgericht Urheber einer Betreibungshandlung ist. Für die Einhaltung der Klagefristen für SchKG-Klagen wäre in diesem Fall konsequent der Fristenstillstand von Art. 145 ZPO zu beachten (ebenso wie gemäss bundesgerichtlicher Rechtsprechung auch die Frist gem. Art. 209 Abs. 3 ZPO zur Klageeinreichung beim Gericht nach Erteilung der Klagebewilligung den Gerichtsferien unterliegt).[223]

219 BGE 143 III 149, E. 2.4.1.2; Wuffli, Jusletter, Rz. 29.

220 Vgl. Botschaft SchKG 1991, 52, welche die Sommerbetreibungsferien u.a. mit den Abwesenheiten der Ämter begründet.

221 KUKO SchKG-Sarbach, Art. 56 N 37 und Art. 63 N 2.

222 Abrufbar unter ‹https://www.bj.admin.ch/dam/data/bj/staat/gesetzgebung/archiv/zivilprozessrecht/vn-ber-d.pdf› (25.9.2017).

223 Vgl. KUKO SchKG-Sarbach, Art. 63 N 6 zur Widerspruchsklage gem. Art. 107 Abs. 2 oder Art. 108 Abs. 2 SchKG; BGE 138 III 615.

Zumindest wenn die Bestimmungen des SchKG über die Betreibungsferien und den Rechtsstillstand nicht zur Anwendung gelangen, kommt nach hier vertretener Ansicht deshalb auch der Vorbehalt gem. Art. 145 Abs. 4 ZPO nicht zur Anwendung, was wiederum die Anwendung von Art. 145 Abs. 1 ZPO erlaubt.[224] 9.181

Bis zur höchstrichterlichen Klärung und angesichts der gewichtigen Stimmen in der Lehre, welche nicht von der Anwendbarkeit des Fristenstillstands gemäss der ZPO ausgehen, sollte aber davon ausgegangen werden, dass für die Fristen zur Einreichung von Klagen des Konkursrechts, also auch für die Aussonderungsklage, weder die Betreibungs- noch die Gerichtsferien gelten könnten. 9.182

7. KOMBINATIONSMÖGLICHKEITEN

Gegebenenfalls kann eine objektive Klagehäufung erfolgen, wenn der Ansprecher mehrere Sachen herausfordert, an denen der Gemeinschuldner zum Zeitpunkt der Konkurseröffnung Gewahrsam hatte (vgl. Art. 90 ZPO). 9.183

Ist der Ansprecher der Auffassung, die Sache hätte von der Konkursverwaltung sofort herausgegeben werden müssen, weil sein Eigentum daran von vornherein als bewiesen zu betrachten gewesen wäre (Art. 51 KOV), kann in Betracht gezogen werden, gleichzeitig bei der Aufsichtsbehörde eine Beschwerde gem. Art. 17 SchKG zu erheben.[225] 9.184

8. MÖGLICHE RECHTSBEGEHREN

1. Es sei dem Kläger der sich in der Konkursmasse […] befindliche Gegenstand […] herauszugeben. 9.185
2. Unter Kosten- und Entschädigungsfolge [ev.: zzgl. MWSt] zulasten des Beklagten.

---

224 Vgl. Milani/Wohlgemuth-Bommer, Art. 46 KOV N 12; BK-Frey, Art. 145 ZPO N 20; a.A. KUKO ZPO-Hoffmann-Nowotny, Art. 145 N 11, welcher den Anwendungsbereich von Art. 63 SchKG als nicht restlos geklärt betrachtet und auch für eine Anwendung der Bestimmung über die Betreibungsferien unabhängig vom Bezug zu einer Betreibungshandlung plädiert; Brunner/Gasser/Schwander-Merz, Art. 145 ZPO N 33, wonach Art. 56 ff. SchKG als leges speciales Art. 145 Abs. 1 ZPO vorgehen; vgl. auch BSK SchKG II-Hierholzer, Art. 250 N 45 sowie KUKO SchKG-Sprecher, Art. 250 N 25 zur Situation bei der Kollokationsklage, welche dort weder von der Anwendbarkeit der Betreibungsferien noch von jener der Gerichtsferien ausgehen; vgl. auch BSK SchKG EB Bauer, Art. 250 N 45 ebenfalls zur Situation bei der Kollokationsklage, welcher lediglich die fristverlängernde Wirkung von Betreibungsferien und Rechtsstillstand zur Anwendung kommen lassen will.

225 Vgl. zur Abgrenzung der Aussonderungsklage gem. Art. 242 Abs. 2 SchKG von der Beschwerde gem. Art. 17 SchKG auch Rz. 9.203 hiernach.

9. VORAUSSETZUNGEN

A. ÜBERSICHT

9.186 Eine Aussonderungsklage setzt voraus, dass der Dritte überhaupt einen Anspruch an der Sache geltend macht, die ihre Zugehörigkeit zur Masse und die Verwertung durch die Konkursverwaltung ausschliesst.[226]

9.187 Bei Vermögenswerten, die nicht zur Konkursmasse gem. Art. 197 ff. SchKG gehören, kommt das Aussonderungsverfahren selbstredend nicht zur Anwendung.[227]

9.188 Neben den bereits genannten Voraussetzungen (namentlich Einhaltung der Frist, Sache im Gewahrsam des Gemeinschuldners zum Zeitpunkt der Konkurseröffnung, Vorliegen der Aktiv- und Passivlegitimation, Bejahung der Zuständigkeit) müssen wie bei jeder Klage auch die (weiteren) Prozessvoraussetzungen erfüllt sein, damit auf die Klage eingetreten werden kann (vgl. Art. 59 ZPO).

9.189 Die Prozessvoraussetzungen müssen grundsätzlich im entscheidmassgeblichen Zeitpunkt der Urteilsberatung gegeben sein.[228] Je nach Prozessvoraussetzung kann deren anfängliches Fehlen bis zu diesem Zeitpunkt noch behoben werden. Soweit es sich um einen behebbaren Mangel handelt, ist die betreffende Partei darauf hinzuweisen[229] und ist ihr Frist zur Verbesserung anzusetzen.[230] Die Art. 131 f. ZPO sehen für formelle Mängel schriftlicher Eingaben eine Nachfristansetzung sogar ausdrücklich vor.[231]

9.190 In materieller Hinsicht wird die Klage gutgeheissen, wenn die jeweiligen Voraussetzungen des fraglichen Anspruchs erfüllt sind.

B. OBJEKT DER AUSSONDERUNG

9.191 Der Anwendungsbereich von Art. 242 SchKG erstreckt sich nur auf körperliche Sachen (bewegliche Sachen und Grundstücke). So wird für die Aussonderungsklage auf den Begriff des Gewahrsams bzw. die tatsächliche Verfügungsgewalt abgestellt, was eine Körperlichkeit des Streitgegenstands impliziert. Das Aussonderungsverfahren kommt deshalb grundsätzlich nicht zur Anwendung, wenn ein Dritter eine nicht in einem Wertpapier verkörperte Forderung oder ein

---

226 BSK SchKG EB-Bauer, Art. 242 N 7.

227 KUKO SchKG-Bürgi, Art. 242 N 7; vgl. BSK SchKG II-Russenberger, Art. 242 N 9.

228 BGE 127 III 41, 43.

229 Vgl. Art. 56 bzw. Art. 247 Abs. 1 ZPO.

230 OGer ZH PF110040 vom 7.10.2011, E. 3.

231 KUKO ZPO-Domej, Art. 59 N 3 mit weiteren Literaturhinweisen.

anderes Recht für sich beansprucht. Ein Prätendentenstreit ist im ordentlichen Prozess auszutragen bzw. das Aussonderungsverfahren ist hier nicht zu durchlaufen.[232]

Nutzungsrechte an Urheberrechten (z.B. Software-Lizenzen) sind zwangsvollstreckungsrechtlich auch dann als Forderungen (und nicht als Sachen) zu qualifizieren, wenn sie im Hinblick auf die praktische Anwendung und Verbreitung mit einem rechtlich als Sache zu qualifizierenden Körper (Medium bzw. Datenträger) verbunden sind. Deshalb ist bei Software-Lizenzen keine Aussonderung nach Art. 242 SchKG möglich.[233] 9.192

Auch Rechtsstreitigkeiten über Bestand, Umfang und Rang beschränkter dinglicher Rechte werden nicht im Aussonderungsverfahren entschieden. Die beschränkt dinglichen Rechte hindern begrifflich eine konkursrechtliche Verwertung der Sache nicht. Sofern sie nicht aus dem Grundbuch hervorgehen (vgl. Art. 246 SchKG), müssen sie im Wege der normalen Konkurseingabe geltend gemacht werden, wobei Streitigkeiten dann im Kollokationsprozess gem. Art. 250 SchKG entschieden werden.[234] 9.193

C. AUSSONDERUNGSGRUND

Es ist primär zwischen zivilrechtlichen- und konkursrechtlichen Aussonderungsgründen zu unterscheiden. Spezielle Aussonderungsgründe sehen das Bundesgesetz betreffend die Aufsicht über Versicherungsunternehmen sowie jenes über die wirtschaftliche Landesversorgung vor.[235] 9.194

Bei den zivilrechtlichen Aussonderungsansprüchen steht die Vindikationsklage im Zentrum, mit welcher der die Aussonderung beanspruchende Dritte um Herausgabe eines sich in seinem Eigentum befindlichen Gegenstandes von der Konkursmasse verlangen kann (Art. 641 Abs. 2 ZGB).[236] 9.195

Ebenfalls praxisrelevant ist der Herausgabeanspruch des Auftraggebers im Konkurs des Beauftragten nach Auftragsrecht. Gemäss Art. 401 Abs. 3 OR kann der Auftraggeber im Konkurs des Beauftragten, unter Vorbehalt der Retentionsrechte (Art. 895 ff. ZGB) desselben, die beweglichen Sachen[237] herausverlangen, die dieser in eigenem Namen, aber für Rechnung des Auftraggebers zu Eigentum erworben hat. Vorausgesetzt wird dabei, dass der Auftraggeber seine Verpflichtungen gegenüber dem Beauftragten erfüllt hat und ihm kein Retentionsrecht entgegengehalten werden kann. Nach bundesgerichtlicher Rechtsprechung wird diese Aussonderung nur bei kurzfristigen Auftragsverhältnissen gewährt.[238] Die Aussonderung von beweglichen Sachen setzt 9.196

232 KUKO SchKG-Bürgi, Art. 242 N 7 m.H. auf die bundesgerichtliche Rechtsprechung; BSK SchKG II-Russenberger, Art. 242 N 10 f.; vgl. aber zur Möglichkeit der Aussonderung von (sich auf einem Sperrkonto befindlichen) Barmitteln sogleich unter Ziff. Rz. 9.197 hiernach.

233 BSK SchKG EB-Bauer, Art. 242 N 8; KGer GR, BlSchK 2011, 26, E. 4.2.

234 BSK SchKG II-Russenberger, Art. 242 N 11; KUKO SchKG-Bürgi, Art. 242 N 7.

235 BSK SchKG II-Russenberger, Art. 242 N 27.

236 BSK SchKG II-Russenberger, Art. 242 N 15 ff. m.H.

237 Grundstücke sind von der Bestimmung hingegen nicht erfasst.

238 BGE 85 II 101.

weiter voraus, dass eine ausreichende Individualisierung der auszusondernden Sachen gegeben ist.[239] Dem Auftraggeber obliegt der Beweis, dass der Beauftragte die Sache in Ausführung des Auftrags erworben hat und dass der Gegenstand, dessen Aussonderung er im Konkurs des Beauftragten verlangt, mit dem seinerzeit erworbenen identisch ist.[240]

9.197 Auch Geld ist genügend zu individualisieren, damit es Objekt einer Aussonderung sein kann. Erhält der Beauftragte eine Zahlung eines Dritten für Rechnung des Auftraggebers und fällt er danach in Konkurs, kommt es im Fall der Vermischung dieses Geldes mit dem Vermögen des Beauftragten nicht zu einer Aussonderung. Dies ist beispielsweise der Fall, wenn Geld auf das Postcheck- oder Bankkonto des Beauftragten überwiesen wird. Von einer genügenden Individualisierung ist hingegen auszugehen, wenn das Geld unmittelbar gesondert aufbewahrt wird oder wenn es auf ein Konto überwiesen wird, über welches der Beauftragte nicht beliebig verfügen kann.[241]

9.198 In der Praxis überträgt der Auftraggeber (Treugeber) dem Beauftragten (Treunehmer) oft Vermögenswerte fiduziarisch zu Eigentum. Nach der bundesgerichtlichen Rechtsprechung steht dem Auftraggeber in solchen Konstellationen insbesondere aufgrund des Wortlauts von Art. 401 Abs. 3 OR kein Aussonderungsanspruch zu.[242] Dies wird in der Lehre zu Recht als unpraktikabel und unsinnig kritisiert, weil nicht einzusehen ist, weshalb Treugut, welches dem Treugeber noch gar nie gehört hat, besser geschützt sein soll als Treugut, an dem er schon einmal Eigentum hatte. Bei der Bankentreuhand wird denn auch kein solcher Unterschied gemacht,[243] und es wäre unverständlich, wenn eine Bankentreuhand bezüglich des ursprünglichen Treuguts als sicherer gelten würde als jede andere Treuhand.[244]

9.199 Auch das Kollektivanlagengesetzt (KAG) sieht Aussonderungs- bzw. von Amtes wegen zu berücksichtigende Absonderungsansprüche vor. Gemäss Art. 4 Abs. 3 KAG werden Sachen und Rechte, die zum Sondervermögen gehören, im Konkurs der Bank oder des Effektenhändlers zugunsten der Anleger abgesondert. Art. 35 Abs. 1 KAG sieht sodann vor, dass Sachen und Rechte, die zum Anlagefonds gehören, im Konkurs der Fondsleitung zugunsten der Anleger abgesondert werden (vorbehältlich der Ansprüche der Fondsleitung).[245]

9.200 Wie eingangs festgehalten, gewährt das SchKG dem Dritten in gewissen Konstellationen schliesslich einen konkursrechtlichen Aussonderungsanspruch, so in Art. 201 SchKG (Inhaber- oder

239 BGE 108 II 121.

240 BSK SchKG II-Russenberger, Art. 242 N 20.

241 BSK SchKG II-Russenberger, Art. 242 N 21 u.a. m.w.H. und m.V. auf BGE 102 II 304 sowie BK-Fellmann, Art. 401 OR N 102, 107; vgl. auch BSK OR I-Weber, Art. 401 N 14 ff.

242 BGE 117 II 429, E. 3.

243 Art. 37d i.V.m. Art. 16 BankG.

244 BSK SchKG II-Russenberger, Art. 242 N 22 m.w.H. und m.V. auf Watter, ZSR 1995 II, 223; vgl. auch Amonn/Walther, § 40 Rz. 29.

245 BSK SchKG II-Russenberger, Art. 242 N 23 m.w.H.

Ordrepapiere), Art. 202 SchKG (Erlös aus fremden Sachen) sowie Art. 203 SchKG (Distanzkauf; Rücknahmerecht des Verkäufers).[246]

10. BESONDERHEITEN

Konkurrenzverhältnisse sind in den Art. 53 KOV (Konkurrenz von Pfand- mit Eigentumsansprachen) sowie Art. 54 KOV (Konkurrenz von Pfand- oder Eigentums- mit Kompetenzansprachen) geregelt. So ist beispielsweise das Verfahren nach Art. 53 KOV massgebend für Streitigkeiten zwischen einem Vindikanten und einem Pfandansprecher bzw. Retentionsgläubiger.[247] 9.201

Sofern mehrere Drittansprecher gleichzeitig und unabhängig voneinander am selben Vermögenswert ihre Ansprüche anmelden, sollten die Verfahren koordiniert werden (Zusammenfassung nach Art. 125 lit. c ZPO oder Sistierung einzelner Verfahren nach Art. 126 ZPO). Selbstverständlich können mehrere Drittansprecher als aktive (einfache) Streitgenossenschaft auftreten. Die Konkursverwaltung kann, wenn sie die Sache nicht selber beansprucht, diese dem Dritten herausgeben. Bestehen mehrere Drittansprachen und ist die Rechtsklage unklar, empfiehlt sich die Hinterlegung des Vermögenswertes. Wird ein Vermögenswert von einer Gesamthandschaft (Erbengemeinschaft; einfache Gesellschaft) beansprucht, haben die Streitgenossen als notwendige aktive Streitgenossenschaft aufzutreten. Auf der Passivseite ist eine uneigentliche notwendige Streitgenossenschaft dann möglich, wenn sich mehrere Gläubiger die Prozessführungsbefugnis nach Art. 260 SchKG haben abtreten lassen.[248] 9.202

Werden im Vorverfahren formelle Vorschriften verletzt (z.B. Nichteinleitung des Aussonderungsverfahrens, Unterlassung der Fristansetzung zur Klageerhebung, ungenaue Bezeichnung des strittigen Gegenstandes usw.), so ist dies mittels Beschwerde nach Art. 17 SchKG geltend zu machen. Wird einem Dritten Frist zur Erhebung einer Aussonderungsklage angesetzt, wobei er der Auffassung ist, dass richtigerweise Admassierungsklage zu erheben gewesen wäre, hat er dies ebenfalls mittels Beschwerde geltend zu machen.[249] 9.203

Die Aussonderungs- und Admassierungsverfahren in der Generalexekution weisen Ähnlichkeiten mit dem Widerspruchsverfahren in der Spezialexekution auf.[250] Der Ausdruck «*Aussonderung*» ändert nichts daran, dass auch das Aussonderungsverfahren ein Widerspruchsverfahren darstellt. Im Konkursverfahren entspricht die Aussonderungsklage der betreibungsrechtlichen 9.204

246 Vgl. zu den konkursrechtlichen Aussonderungsgründen BSK SchKG II-Russenberger, Art. 242 N 24 ff.; vgl. hierzu auch Amonn/Walther, § 40 Rz. 31 ff.

247 BSK SchKG EB-Bauer, Art. 242 N 7.

248 Vock/Müller, 249.

249 Vock/Müller, 246; BGE 93 III 96, E. 3; BGer 5A_631/2009 vom 27.1.2010, E. 3.

250 KUKO SchKG-Bürgi, Art. 242 N 2; vgl. dazu Rz. 7.106 ff. hiervor.

Freigabeklage (Klage des Drittansprechers gegen den bestreitenden Gläubiger oder Schuldner gem. Art. 107 Abs. 5 SchKG).[251]

9.205 Angesichts der kurzen Klagefrist mit der beschriebenen Unsicherheit, ob Gerichts- oder Betreibungsferien gelten,[252] und / oder bei gleichzeitiger Einreichung einer Beschwerde kann in Erwägung gezogen werden, im ordentlichen Verfahren eine lediglich kurze Begründung einzureichen bzw. im vereinfachten Verfahren in Anwendung von Art. 244 Abs. 2 ZPO sogar gänzlich auf eine Begründung zu verzichten. So kann eine Fokussierung auf prozessuale Fragen und die richtige Formulierung sämtlicher Begehren erfolgen, welche danach nur noch im Rahmen einer Klageänderung (Art. 227 und Art. 230 ZPO) geändert werden können. Mit dem zweiten Schriftenwechsel bzw. an der Verhandlung kann dann der ausführlichere zweite Parteivortrag erfolgen, in welchem neue Tatsachen und Beweismittel nochmals unbeschränkt möglich sind. Allerdings ist bei diesem Vorgehen darauf zu achten, dass den Vorgaben gem. Art. 221 Abs. 1 lit. d und e ZPO genügend Rechnung getragen wird.

11. RECHTSMITTEL

9.206 Im kantonalen Instanzenzug ergibt sich der Weiterzug des Aussonderungsentscheids aus Art. 308 ff. ZPO. Bei einem Streitwert von mindestens CHF 10 000.– ist eine Berufung und ansonsten eine Beschwerde möglich. Danach ist die Beschwerde ans Bundesgericht möglich.[253] Für Rechtsmittelfristen gemäss der eidgenössischen Zivilprozessordnung gelten nicht die Betreibungsferien des SchKG, sondern die Gerichtsferien der ZPO.[254]

Tabellarische Zusammenfassung

Zweck	Bestimmung der verwertbaren Aktivmasse durch Aussonderung gewisser Vermögenswerte
Gesetzliche Grundlage	Art. 242 Abs. 2 SchKG
Verfahrensart	Abhängig vom Streitwert ordentliches Verfahren (Art. 219 ff. ZPO) oder vereinfachtes Verfahren (Art. 243 ff. ZPO)
Zuständigkeit	Gericht am Konkursort (Art. 242 Abs. 2 SchKG) (ausschliesslich und zwingend)
Aktivlegitimation	Dritte, welche die Aussonderung beanspruchen
Passivlegitimation	Konkursmasse, vertreten durch die Konkursverwaltung oder einen bzw. mehrere Abtretungsgläubiger als Prozessstandschafter

251 BSK SchKG-Russenberger, Art. 242 N 1; Brunner/Reutter, 25.

252 Vgl. dazu Rz. 9.173 ff. hiervor.

253 Vock/Müller, 251.

254 BGE 143 III 149, Regeste; Wuffli, Jusletter, Rz. 22 ff.

Streitwert	Schätzungswert der umstrittenen Sache
Fristen	Ansetzung einer 20-tägigen Klagefrist bei Verweigerung der Anerkennung des Aussonderungsanspruchs (Art. 242 Abs. 2 SchKG)
Kombination	– Objektive Klagehäufung – Beschwerde gem. Art. 17 SchKG bei der Aufsichtsbehörde
Mögliche Rechtsbegehren	1. Es sei dem Kläger der sich in der Konkursmasse [...] befindliche Gegenstand [...] herauszugeben. 2. Unter Kosten- und Entschädigungsfolge [ev.: zzgl. MWSt] zulasten des Beklagten.
Voraussetzungen	– Geltendmachung eines Anspruchs an der Sache, der ihre Zugehörigkeit zur Masse und die Verwertung durch die Konkursverwaltung ausschliesst – Aussonderungsobjekt – Aussonderungsgrund
Besonderheiten	– Konkurrenzverhältnisse – Streitgenossenschaft – Abgrenzung zur Beschwerde gem. Art. 17 SchKG – Nähe zum Widerspruchsverfahren in der Spezialexekution (Art. 107 Abs. 5 SchKG)
Rechtsmittel	Kantonal: Abhängig vom Streitwert Berufung (Art. 308 ff. ZPO) oder Beschwerde innert 30 Tagen (Art. 319 ff. ZPO) Bund: Abhängig vom Streitwert Beschwerde in Zivilsachen (Art. 72 ff. BGG) oder subsidiäre Verfassungsbeschwerde (Art. 113 ff. BGG) innert 30 Tagen (Art. 100 Abs. 1 BGG)

VIII. ADMASSIERUNGSKLAGE (ART. 242 ABS. 3 SCHKG)

1. ZWECK UND WIRKUNG

Mit der Admassierungklage soll die verwertbare Aktivmasse bestimmt und bezüglich ihres Bestands vervollständigt werden. 9.207

Das Admassierungsverfahren kommt zur Anwendung, wenn sich ein Gegenstand, an welchem ein Dritter einen Anspruch geltend macht, in dessen (Mit-)Gewahrsam befindet.[255] Die Admassierungsklage bezweckt somit die Attraktion eines Gegenstandes zur Konkursmasse, der sich im alleinigen Gewahrsam oder im Mitgewahrsam eines Dritten befindet, jedoch dem Konkursiten gehört.[256] 9.208

255 Vgl. zu diesem Begriff Rz. 9.237 hiernach.
256 KUKO SchKG-Bürgi, Art. 242 N 15.

9.209 Die Rechtsnatur der Admassierungsklage ist umstritten. Ein Teil der Lehre geht davon aus, dass es sich bei ihr (wie bei der Aussonderungsklage) um eine betreibungsrechtliche Klage mit Reflexwirkung auf das materielle Recht handelt.[257] Es wird aber auch vertreten, die Admassierungsklage sei eine Klage mit voller Wirkung auf das materielle Recht. Nach unserer Ansicht ist der zweitgenannten Meinung zu folgen. Dies hat zur Folge, dass das Gericht in einem allfälligen späteren Prozess zwischen denselben Parteien gebunden ist an das Urteil im Admassierungsprozess und die Admassierungsklage als gewöhnliche materiellrechtliche Zivilklage erhoben wird, i.d.R. in Form der Vindikation nach Art. 641 Abs. 2 ZGB oder der Grundbuchberichtigungsklage nach Art. 975 ZGB.[258]

9.210 Nach dieser Anschauung wird im Admassierungsprozess demnach nicht bloss darüber entschieden, ob ein Gegenstand im laufenden Konkursverfahren verwertet werden kann oder nicht, sondern die Admassierungs- bzw. Eigentumsklage entfaltet volle materielle Rechtskraft.[259]

9.211 Die Gutheissung der Grundbuchberichtigungsklage führt zu einer Richtigstellung des Grundbuches, nachdem das Urteil die ausserbuchliche Existenz eines dinglichen Rechts feststellt.[260]

2. VERFAHRENSART

9.212 Es gelangt das ordentliche bzw. bei einem Streitwert bis zu CHF 30 000.– das vereinfachte Verfahren zur Anwendung (Art. 251 ZPO e contrario; Art. 243 Abs. 1 ZPO), jedoch ohne Durchführung eines Schlichtungsverfahrens (Art. 198 lit. e Ziff. 5 ZPO). Es bestehen keine Beweis- oder Kognitionsbeschränkungen,[261] und es gelten grundsätzlich die Dispositionsmaxime (vgl. Art. 58 ZPO) sowie der Verhandlungsgrundsatz (vgl. Art. 55 ZPO).

3. ZUSTÄNDIGKEIT

9.213 Das SchKG sieht für die Admassierungsklage keinen Gerichtsstand vor, weshalb sich die örtliche Zuständigkeit nach der Zivilprozessordnung bestimmt (vgl. Art. 46 ZPO). Einschlägig sind die Art. 29 f. ZPO. Somit befindet sich die örtliche Zuständigkeit grundsätzlich beim Gericht am Ort des Grundbucheintrags (Art. 29 ZPO), für bewegliche Sachen am Wohnsitz bzw. Sitz der beklagten Partei oder am Ort der gelegenen Sache (Art. 30 Abs. 1 ZPO).[262]

---

257 Amonn/Walther, § 45 Rz. 46; Spühler/Dolge, § 11 Rz. 139; Kren Kostkiewicz, 503, 350 Rz. 1321.

258 KUKO SchKG-Bürgi, Art. 242 N 5 und 17; BSK SchKG II-Russenberger, Art. 242 N 7, 43 ff.; Vock/Müller, 252.

259 BSK SchKG II-Russenberger, Art. 242 N 52.

260 BSK SchKG II-Russenberger, Art. 242 N 53.

261 Vock/Müller, 256.

262 KUKO SchKG-Bürgi, Art. 242 N 16.

Es handelt sich nicht um zwingende Gerichtsstände,[263] weshalb Einlassung und Prorogation möglich sind.[264] 9.214

Das HGer ist nicht zuständig zur Beurteilung betreibungsrechtlicher Klagen mit Reflexwirkung auf das materielle Recht, wobei eine Einlassung in sachlicher Hinsicht nicht möglich ist.[265] Erwähntermassen ist umstritten, ob es sich bei der Admassierungsklage um eine betreibungsrechtliche Klage mit Reflexwirkung auf das materielle Recht oder aber um eine materiellrechtliche Zivilklage handelt.[266] Wird der zweiten Auffassung gefolgt, ist die handelsgerichtliche Zuständigkeit nach hier vertretener Ansicht zu bejahen. Im Übrigen ist die sachliche Zuständigkeit von der kantonalen Gesetzgebung zu regeln. 9.215

Nach überwiegender Auffassung ist die Admassierungsklage im internationalen Verhältnis als insolvenzrechtliches Verfahren i.S.v. Art. 1 Abs. 2 lit. b LugÜ vom Anwendungsbereich des LugÜ ausgeschlossen.[267] Wird die Admassierungsklage indessen als materiellrechtliche Zivilklage qualifiziert, erscheint u.E. fraglich, weshalb die Admassierungsklage im internationalen Verhältnis vom Anwendungsbereich des LugÜ ausgenommen sein sollte (Art. 1 Abs. 2 lit. b LugÜ). In diesem Fall wäre namentlich bei Grundstücken Art. 22 Ziff. 1 LugÜ betreffend die internationale Zuständigkeit[268] beachtlich, was hinsichtlich der örtlichen Zuständigkeit zur Anwendung von Art. 97 IPRG führen würde. 9.216

Spricht man sich mit der herrschenden Lehre gegen die (sachliche) Anwendbarkeit des LugÜ aus oder ist es räumlich ohnehin nicht anwendbar, so ist im internationalen Verhältnis das IPRG für die Bestimmung der Zuständigkeit massgeblich. In diesen Fällen ist bei strittigen beweglichen Sachen das Gericht am Wohnsitz oder Aufenthalt des Beklagten oder am Ort der gelegenen Sache zuständig (Art. 98 IPRG), während bei strittigen Grundstücken das Gericht am Ort der gelegenen Sache zwingend zuständig ist (Art. 97 IPRG).[269] 9.217

---

263 Vgl. Art. 9 Abs. 1 ZPO.

264 VOCK/MÜLLER, 254.

265 BGE 140 III 355, E. 2 für Widerspruchsklagen; vgl. auch BGE 141 III 527, E. 2 für paulianische Anfechtungsklagen.

266 Vgl. Rz. 9.209 hiervor.

267 Statt vieler VOCK/MÜLLER, 254; OFK IPRG/LugÜ-KREN KOSTKIEWICZ, Art. 1 LugÜ N 16; BSK LugÜ-ROHNER/LERCH, Art. 1 N 93 m.w.H.; a.M. SPÜHLER/DOLGE, § 11 Rz. 141; Schnyder-ACOCELLA, Art. 1 LugÜ N 111; vgl. auch SHK LugÜ-DASSER, Art. 1 N 88 Fn. 222, wonach die insolvenzrechtliche Qualifikation der Admassierungsklage fraglich sei, da es sich funktional um eine Vindikationsklage handle, die als solche auch ausserhalb eines Konkurses geführt werden könne.

268 Vgl. Schnyder-KILLIAS, Art. 22 Nr. 1 LugÜ N 20 ff., 43; BSK LugÜ-GÜNGERICH, Art. 22 N 20.

269 VOCK/MÜLLER, 254; vgl. MEIER, 179; MARKUS, Rz. 255.

4. LEGITIMATION

A. AKTIVLEGITIMATION

9.218 Die Zuständigkeit zur Führung von Admassierungsprozessen liegt in erster Linie bei der Konkursverwaltung (als Vertreterin der Konkursmasse)[270] und nicht bei der zweiten Gläubigerversammlung oder einzelnen Gläubigern.[271] Im ordentlichen Konkursverfahren sind für die interne Willensbildung, ob eine Admassierungsklage einzuleiten sei, die Gläubiger (Gläubigergesamtheit oder Gläubigerausschuss) aber mitzuständig, im summarischen Verfahren die Konkursverwaltung alleine, soweit sie die Gläubiger nicht einbindet bzw. mittels Beschlussfassung auf dem Zirkularweg mitentscheiden lässt.[272]

9.219 Grundsätzlich hat die Konkursverwaltung die zweite Gläubigerversammlung über eine aus bestimmten Gründen erfolgte Nichteinleitung einer nicht aussichtslosen Vindikations- bzw. Admassierungsklage aufzuklären.[273]

9.220 Verzichtet die Gesamtheit der Gläubiger auf die Geltendmachung des Anspruchs, kann die Prozessführungsbefugnis von einem oder mehreren Abtretungsgläubiger(n) nach Art. 260 SchKG übernommen werden. Als Prozessstandschafter machen diese einen fremden Anspruch in eigenem Namen und auf eigene Rechnung geltend.[274]

9.221 Haben mehrere Abtretungsgläubiger nach Art. 260 SchKG die Prozessführungsbefugnis übernommen, liegt eine aktive uneigentliche notwendige Streitgenossenschaft vor.[275]

B. PASSIVLEGITIMATION

9.222 Der Dritte, welcher zum Zeitpunkt der Klageanhebung an der umstrittenen Sache Gewahrsam oder Mitgewahrsam hat bzw. auf dessen Namen das umstrittene Grundstück im Grundbuch eingetragen ist, ist passivlegitimiert.[276]

9.223 Ist die zu admassierende bewegliche Sache im Gewahrsam einer Gesamthandschaft (z.B. einer Erbengemeinschaft oder einer einfachen Gesellschaft) bzw. ist das Grundstück im Grundbuch als Eigentum einer Gesamthandschaft eingetragen, so liegt eine passive notwendige Streitgenossenschaft vor.[277]

---

270 Art. 240 SchKG.

271 BSK SchKG II-Russenberger, Art. 242 N 4.

272 KUKO SchKG-Bürgi, Art. 242 N 15.

273 BSK SchKG II-Russenberger, Art. 242 N 44.

274 Vock/Müller, 253; BSK SchKG II-Russenberger, Art. 242 N 44.

275 Vock/Müller, 255; BGE 121 III 488, E. 2c.

276 Vock/Müller, 253; BSK SchKG II-Russenberger, Art. 242 N 44, 47; zur Vindikation BK-Meier Hayoz, Art. 641 ZGB N 60.

277 Vock/Müller, 255.

5. STREITWERT

Der Streitwert bemisst sich nach dem Schätzungswert der umstrittenen Sache.[278] 9.224

6. FRISTEN

Das Gesetz sieht für die Anhebung der Admassierungsklage keine Frist vor.[279] 9.225

7. KOMBINATIONSMÖGLICHKEITEN

Die Grundbuchberichtigungsklage als bundesrechtlich gewährleistete Feststellungsklage mit dem Ziel der Grundbuchberichtigung kann mit der Eigentumsklage in dem Sinne verbunden werden, dass der im Grundbuch nicht eingetragene Eigentümer gegen den eingetragenen Besitzer einerseits die Klage auf Berichtigung des Grundbuches und andererseits die Klage auf Herausgabe der Sache anstrengt.[280] 9.226

Gegebenenfalls kann eine objektive und/oder subjektive Klagehäufung erfolgen, wenn mehrere Sachen (u.U.) von verschiedenen Personen herausverlangt werden (vgl. Art. 15, Art. 71 und Art. 90 ZPO). 9.227

Mit der Admassierungsklage können vorsorgliche Massnahmen beantragt werden, bei Fahrnis beispielsweise ein einstweiliges richterliches Verfügungsverbot, verbunden mit einer Strafandrohung gem. Art. 292 StGB oder bei Grundstücken der Eintrag einer Verfügungsbeschränkung im Grundbuch gem. Art. 960 ZGB. 9.228

In Frage kommt auch eine Kombination der Admassierungsklage mit den Ansprüchen des Besitzesschutzes (vgl. Art. 926 ff. ZGB). 9.229

Der Kläger kann schliesslich gem. Art. 236 Abs. 3 i.V.m. Art. 337 Abs. 1 ZPO direkte Vollstreckungsmassnahmen beantragen. So ist etwa die Ansetzung einer Frist zur Herausgabe einer widerrechtlich vorenthaltenen Sache denkbar, verbunden mit dem Auftrag an die Polizei zur zwangsweisen Wegnahme, falls die beklagte Partei dem Urteil nicht nachlebt.[281] Der Entscheid kann dadurch vollstreckt werden, ohne dass der obsiegende Kläger zuvor noch ein separates Vollstreckungsgesuch stellen müsste.[282] 9.230

---

278 Vock/Müller, 248; BGer 5C.242/2004 vom 7.5.2005, E. 1.2; Amonn/Walther, § 45 Rz. 43.

279 KUKO SchKG-Bürgi, Art. 242 N 16; BSK SchKG II-Russenberger, Art. 242 N 7; Kren Kostkiewicz, 503.

280 BSK SchKG II-Russenberger, Art. 242 N 47; BK-Meier Hayoz, Art. 641 ZGB N 155.

281 So das Beispiel der Botschaft ZPO, 7343 und 7383.

282 Vgl. statt vieler BSK ZPO-Droese, Art. 337 N 1; KUKO ZPO-Kofmel Ehrenzeller, Art. 337 N 5.

8. MÖGLICHE RECHTSBEGEHREN

9.231 1. Der Beklagte sei zu verpflichten, dem Kläger den sich in seinem Gewahrsam befindlichen Gegenstand [...] herauszugeben.
und/oder (bei Grundstücken):
1. Es sei das Grundbuchamt [...] anzuweisen, bezüglich des Grundstückes [...] den Beklagten im Grundbuch [...] als Eigentümer zu löschen und stattdessen den Kläger als neuen Eigentümer einzutragen.
2. Unter Kosten- und Entschädigungsfolge [ev.: zzgl. MWSt] zulasten des Beklagten.

9. VORAUSSETZUNGEN

A. ÜBERBLICK

9.232 Eine Admassierungsklage setzt voraus, dass der Dritte überhaupt einen Anspruch an der Sache geltend macht, der ihre Zugehörigkeit zur Masse und die Verwertung durch die Konkursverwaltung ausschliesst. Soweit ein solches Recht nicht beansprucht wird, richtet sich der Herausgabeanspruch der Konkursmasse nach Art. 222 SchKG.[283]

9.233 Neben den bereits erläuterten Erfordernissen (Vorliegen der Aktiv- und Passivlegitimation, Bejahung der Zuständigkeit) müssen wie bei jeder Klage auch die (weiteren) Prozessvoraussetzungen erfüllt sein, damit auf die Klage eingetreten werden kann (vgl. Art. 59 ZPO).

9.234 Die Prozessvoraussetzungen müssen grundsätzlich im entscheidmassgeblichen Zeitpunkt der Urteilsberatung gegeben sein.[284] Je nach Prozessvoraussetzung kann deren anfängliches Fehlen bis zu diesem Zeitpunkt noch behoben werden. Soweit es sich um einen behebbaren Mangel handelt, ist die betreffende Partei darauf hinzuweisen[285] und ist ihr Frist zur Verbesserung anzusetzen.[286] Die Art. 131 f. ZPO sehen für formelle Mängel schriftlicher Eingaben eine Nachfristansetzung sogar ausdrücklich vor.[287]

9.235 In materieller Hinsicht wird die Klage gutgeheissen, wenn die jeweiligen Voraussetzungen des fraglichen Anspruchs erfüllt sind.

283 BSK SchKG EB-Bauer, Art. 242 N 7.
284 BGE 127 III 41, 43.
285 Vgl. Art. 56 bzw. Art. 247 Abs. 1 ZPO.
286 OGer ZH PF110040 vom 7.10.2011, E. 3.
287 KUKO ZPO-Domej, Art. 59 N 3 mit weiteren Literaturhinweisen.

B. (MIT-)GEWAHRSAM ODER EINTRAG IM GRUNDBUCH

Die Sache muss sich im alleinigen Gewahrsam oder Mitgewahrsam des Dritten befinden bzw. das streitgegenständliche Grundstück muss auf den Namen des Dritten im Grundbuch eingetragen sein. 9.236

Unter dem Begriff Gewahrsam versteht man die unmittelbare faktische Herrschaft über eine Sache, verbunden mit der Möglichkeit, sie zu gebrauchen. Auf welchen Halter ein bestimmtes Fahrzeug eingelöst ist, kann hierfür ein Indiz bilden. Entscheidend ist aber nach dem Gesagten die tatsächliche Verfügungsmacht über das Fahrzeug.[288] 9.237

C. OBJEKT DER ADMASSIERUNG

Die Admassierungsklage hat lediglich Herausgabeansprüche der Konkursmasse zum Gegenstand. Beschränkte dingliche Rechte sind nicht mit der Admassierungsklage, sondern im eigens dafür vorgesehenen Rechtsschutzverfahren geltend zu machen.[289] 9.238

Bei der Vindikation handelt es sich um die Klage des nicht unmittelbar besitzenden Eigentümers, mit welcher er vom besitzenden Nichteigentümer die Herausgabe der Sache verlangt. Entsprechend ist die Admassierungsklage i.S.v. Art. 242 Abs. 3 SchKG nur angebracht, wenn es sich bei den strittigen Vermögenswerten um bewegliche oder unbewegliche Sachen handelt. Ferner ist die Grundbuchberichtigungsklage i.S.v. Art. 975 ZGB die Klage des im Grundbuch nicht eingetragenen materiell Berechtigten gegen den durch einen ungerechtfertigten Eintrag im Grundbuch formell ausgewiesenen Berechtigten auf Feststellung der wahren Rechtslage bzw. Richtigstellung des Grundbuchs.[290] 9.239

Bei der Vindikation richtet sich der Anspruch nicht nur auf die Feststellung des klägerischen Eigentums, sondern auch auf die Übertragung des unmittelbaren Besitzes an der Sache auf den Eigentümer. Der Kläger muss das Eigentum des Schuldners bzw. einen gültigen Erwerbsgrund betreffend dessen Eigentum und bei einem derivativen Eigentumserwerb auch das Eigentum des Vormannes beweisen. Auch der Besitz des Beklagten ist zu beweisen. Bei der Geltendmachung von Miteigentum ist neben dem Erwerb auch der Umfang des Anteils darzutun.[291] 9.240

Bei der Grundbuchberichtigungsklage obliegt es dem Kläger, die dem Beklagten gem. Art. 937 ZGB zustehende Vermutung des Rechts aus dem Eintrag zu zerstören, indem er die Unrichtigkeit des Eintrags nachweist.[292] 9.241

---

288 BSK SchKG EB-Bauer, Art. 242 N 43.

289 Vock/Müller, 252; BSK SchKG II-Russenberger, Art. 242 N 13; BGE 115 IV 29.

290 BSK SchKG II-Russenberger, Art. 242 N 12, 43 ff.

291 BSK SchKG II-Russenberger, Art. 242 N 45; BK-Meier Hayoz, Art. 641 ZGB N 67 ff.

292 BSK SchKG II-Russenberger, Art. 242 N 48.

10. BESONDERHEITEN

9.242 Das Admassierungsverfahren in der Generalexekution weist Ähnlichkeiten mit dem Widerspruchsverfahren in der Spezialexekution auf.[293] Im Rahmen des Konkursverfahrens entspricht die Admassierungsklage der Widerspruchsklage (Klage des Gläubigers oder des Schuldners gegen den Drittansprecher gem. Art. 108 SchKG).[294]

9.243 Soweit die Konkursmasse Rechte an einem Vermögenswert geltend macht, in Bezug auf welchen gleichzeitig Unpfändbarkeit nach Art. 92 SchKG behauptet wird, ist vor dem Admassierungsverfahren ein Beschwerdeverfahren durchzuführen.[295]

9.244 Nicht nur eine Klageanerkennung oder ein Klagerückzug, sondern auch ein Vergleich ist zulässig, und zwar gem. Art. 241 Abs. 2 ZPO mit der Wirkung eines rechtskräftigen Entscheids.[296]

9.245 Da es sich bei der Admassierungsklage nach hier vertretener Ansicht um eine materiellrechtliche Zivilklage handelt, kann sich für die Parteien im Einzelfall eine Streitverkündung lohnen (vgl. Art. 78 ZPO). Ein für den Streitverkünder ungünstiges Ergebnis des Prozesses wirkt dadurch auch gegen den Streitberufenen (Art. 80 i.V.m. Art. 77 ZPO). Denkbar ist etwa die Konstellation, in welcher der Beklagte als Käufer der streitbetroffenen Sache seinem Verkäufer den Streit verkündet für den Fall, dass er im Prozess unterliegt.[297]

11. RECHTSMITTEL

9.246 Im kantonalen Instanzenzug ergibt sich der Weiterzug des Admassierungsentscheids aus Art. 308 ff. ZPO. Bei einem Streitwert von mindestens CHF 10 000.– ist eine Berufung und ansonsten eine Beschwerde möglich.[298]

9.247 Für Rechtsmittelfristen gemäss der eidgenössischen Zivilprozessordnung gelten nicht die Betreibungsferien des SchKG, sondern die Gerichtsferien der ZPO.[299]

9.248 Danach ist die Beschwerde in Zivilsachen ans Bundesgericht möglich, sofern der Streitwert die Grenze von CHF 30 000.– überschreitet (Art. 74 Abs. 1 lit. b BGG) oder sich eine Rechtsfrage von grundsätzlicher Bedeutung stellt (Art. 74 Abs. 2 lit. a BGG). Ansonsten ist eine subsidiäre Verfassungsbeschwerde gem. Art. 113 ff. BGG denkbar.[300]

---

293 KUKO SchKG-Bürgi, Art. 242 N 2; vgl. dazu Rz. 7.126 ff. hiervor.

294 BSK SchKG II-Russenberger, Art. 242 N 1.

295 Vock/Müller, 252; vgl. auch Art. 54 Abs. 2 KOV.

296 Vock/Müller, 257.

297 Vock/Müller, 255.

298 Vock/Müller, 257.

299 BGE 143 III 149, Regeste; Wuffli, Jusletter, Rz. 22 ff.

300 Vock/Müller, 257.

Tabellarische Zusammenfassung

Zweck	Bestimmung und Vervollständigung der Aktivmasse
Gesetzliche Grundlage	Art. 242 Abs. 3 SchKG
Verfahrensart	Abhängig vom Streitwert ordentliches Verfahren (Art. 219 ff. ZPO) oder vereinfachtes Verfahren (Art. 243 ff. ZPO)
Zuständigkeit	Gericht am Ort des Grundbucheintrags für Immobilien, am Wohnsitz bzw. Sitz der beklagten Partei oder am Ort der gelegenen Sache für Mobilien; Einlassung und Gerichtstandvereinbarung möglich
Aktivlegitimation	Konkursmasse, vertreten durch die Konkursverwaltung oder einen bzw. mehrere Abtretungsgläubiger als Prozessstandschafter
Passivlegitimation	Dritter, auf dessen Namen das umstrittene Grundstück im Grundbuch eingetragen ist bei Immobilien; Dritter, der zum Zeitpunkt der Klageanhebung an der umstrittenen Sache Gewahrsam oder Mitgewahrsam hat bei Mobilien
Streitwert	Schätzungswert der umstrittenen Sache
Fristen	Nicht einschlägig
Kombination	– Gleichzeitige Erhebung der Eigentums- und der Grundbuchberichtigungsklage – Objektive und / oder subjektive Klagehäufung – Vorsorgliche Massnahmen – Direkte Vollstreckung
Mögliche Rechtsbegehren	1. Der Beklagte sei zu verpflichten, dem Kläger den sich in seinem Gewahrsam befindlichen Gegenstand [...] herauszugeben. *und / oder (bei Grundstücken):* 1. Es sei das Grundbuchamt [...] anzuweisen, bezüglich des Grundstückes [...] den Beklagten im Grundbuch [...] als Eigentümer zu loschen und stattdessen den Kläger als neuen Eigentümer einzutragen. 2. Unter Kosten- und Entschädigungsfolge [ev.: zzgl. MWSt] zulasten des Beklagten.
Voraussetzungen	– Geltendmachung eines Anspruchs an der Sache, der ihre Zugehörigkeit zur Masse und die Verwertung durch die Konkursverwaltung ausschliesst – Prozessvoraussetzungen – (Mit-)Gewahrsam oder Eintrag im Grundbuch des Dritten – Eigentum an der Sache bzw. Herausgabeanspruch der Konkursmasse
Besonderheiten	– Nähe zum Widerspruchsverfahren in der Spezialexekution (vgl. Art. 108 SchKG) – Bei behaupteter Unpfändbarkeit der umstrittenen Sache ist vorab ein Beschwerdeverfahren durchzuführen – U.U. Streitverkündung gem. Art. 78 ff. ZPO sinnvoll
Rechtsmittel	Kantonal: Abhängig vom Streitwert Berufung (Art. 308 ff. ZPO) oder Beschwerde innert 30 Tagen (Art. 319 ff. ZPO) Bund: Abhängig vom Streitwert Beschwerde in Zivilsachen (Art. 72 ff. BGG) oder subsidiäre Verfassungsbeschwerde (Art. 113 ff. BGG) innert 30 Tagen (Art. 100 Abs. 1 BGG)

IX. POSITIVE KOLLOKATIONSKLAGE IM KONKURS (ART. 250 ABS. 1 SCHKG)

1. ZWECK UND WIRKUNG

9.249 Mit der positiven Kollokationsklage gem. Art. 250 Abs. 1 SchKG kann ein Gläubiger den Kollokationsplan anfechten, weil seine Forderung ganz oder teilweise abgewiesen oder nicht im beanspruchten Rang zugelassen worden ist. Ferner kann ein Gläubiger den Entscheid der Konkursverwaltung über das Bestehen und den Umfang eines beschränkten dinglichen Rechts anfechten.[301] Die Kollokationsklage bezweckt somit die Bereinigung des Kollokationsplans. Sinngemäss stellt sie ein Rechtsmittel gegen die im Kollokationsplan enthaltene Verfügung der Konkursverwaltung dar. Es geht bei dieser Klage nicht um die rechtskräftige Beurteilung einer Forderung als solche, sondern nur um die Frage, inwieweit ein Gläubiger Anspruch auf den Erlös aus der Liquidation der Aktiven des Gemeinschuldners haben soll. Das Urteil entfaltet somit grundsätzlich nur im Konkurs Wirkungen, indem ein gutheissendes Urteil zur Änderung des (nicht mehr neu aufzulegenden) Kollokationsplans bzw. zu verhältnismässigen Kürzungen der Dividenden der Mitgläubiger führt.[302] Es handelt sich somit um eine betreibungsrechtliche Klage mit Reflexwirkung auf das materielle Recht und eine prozessuale Gestaltungsklage.[303]

9.250 Nach der bundesgerichtlichen Rechtsprechung und herrschenden Lehre sind selbst solche Entscheidungen von Kollokationsprozessen für ein späteres Verfahren nicht bindend, wenn an letzterem dieselben Personen als Gläubiger und Schuldner beteiligt sind (keine Rechtskraftwirkung über das konkrete Vollstreckungsverfahren hinaus).[304] Somit hat nicht nur das Urteil im negativen Kollokationsprozess keine Rechtskraftwirkung über das laufende Konkursverfahren hinaus, sondern auch jenes im positiven Kollokationsprozess.[305] Das Urteil hat immerhin eine Reflexwirkung auf die Rechtsverhältnisse ausserhalb des betreffenden Vollstreckungsverfahrens, indem es die Bereicherungsklage ausschliesst.[306]

301 KUKO SchKG-Sprecher, Art. 250 N 1; BGE 114 III 25, E. 2.

302 BSK SchKG II-Hierholzer, Art. 250 N 2 und 69; KUKO SchKG-Sprecher, Art. 250 N 1 und 66.

303 Vock/Müller, 262; Kren Kostkiewicz, 372 f. Rz. 1411 und 1415.

304 BSK SchKG II-Hierholzer, Art. 250 N 2 f. m.w.H. auf die bundesgerichtliche Rechtsprechung und verschiedene, auch abweichende Lehrmeinungen.

305 Vgl. Brunner/Reutter, 72.

306 BSK SchKG II-Hierholzer, Art. 250 N 4.

2. VERFAHRENSART

Seit der Abschaffung des beschleunigten Verfahrens gelangt das ordentliche Verfahren zur Anwendung (Art. 251 ZPO e contrario), jedoch ohne die Durchführung eines Schlichtungsverfahrens (Art. 198 lit. e Ziff. 6 ZPO). Bei einem Streitwert bis zu CHF 30 000.– ist das vereinfachte Verfahren durchzuführen (Art. 243 Abs. 1 ZPO).[307] 9.251

Es bestehen keine Beweis- oder Kognitionsbeschränkungen, und es gelten grundsätzlich die Dispositionsmaxime (vgl. Art. 58 ZPO) sowie der Verhandlungsgrundsatz (vgl. Art. 55 ZPO). 9.252

3. ZUSTÄNDIGKEIT

Örtlich zuständig ist gem. Art. 250 Abs. 1 SchKG das Gericht am Konkursort. Der Gerichtsstand ist ausschliesslich und zwingend.[308] Somit sind die Bestimmungen der ZPO über die örtliche Zuständigkeit nicht anwendbar (Art. 46 ZPO). 9.253

Die Kollokationsklage im Konkursverfahren ist vom Anwendungsbereich des LugÜ ausgenommen (Art. 1 Abs. 2 lit. b LugÜ).[309] Weil das IPRG keine Zuständigkeiten für vollstreckungsrechtliche Verfahren vorsieht, gelangt Art. 250 SchKG auch im internationalen Verhältnis direkt zur Anwendung.[310] 9.254

Das BGer hat in einem von der Lehre kritisierten Entscheid hinsichtlich des Kollokationsverfahrens festgehalten, «dass alle in dessen Verlauf auftauchenden, mit ihm zusammenhängenden Rechtsfragen im Streitfall ausschliesslich von den in der Schweiz örtlich zuständigen Behörden [...] zu beurteilen sind.»[311] 9.255

Präzisierend hat das BGer in einem späteren Entscheid festgehalten, im Erstentscheid sei nicht darüber entschieden worden, ob das dereinstige ausländische (belgische) Urteil in der Schweiz für vollstreckbar erklärt werden könne, sondern es sei lediglich die Anerkennbarkeit eines ausländischen Urteils als Kollokationsurteil verneint worden. Weiter führte das Bundesgericht aus, dass die Konkursverwaltung und das Kollokationsgericht an die Feststellungen über Bestand und Höhe einer Forderung gebunden seien, die sich aus einem vor der Konkurseröffnung in Rechtskraft erwachsenen und unter dem LugÜ grundsätzlich anerkennbaren Urteil ergeben würden (mit 9.256

307 BSK SchKG EB-Bauer, Art. 250 N 48; BSK SchKG II-Hierholzer, Art. 250 N 48.

308 BSK SchKG II-Hierholzer, Art. 250 N 46; Kren Kostkiewicz, 504.

309 BGE 141 III 382, E. 3.5.2; BSK LugÜ-Rohner/Lerch, Art. 1 N 93 mit diversen Hinweisen auf die Lehre.

310 Vock/Müller, 265; vgl. BGE 139 III 236, E. 5.3; Milani/Wohlgemuth-Milani/Wohlgemuth, Art. 66 KOV N 37.

311 BGE 135 III 127, E. 3.3.2; vgl. auch BGE 139 III 236, E. 5.2; kritisch zu dieser Rechtsprechung BSK LugÜ-Rohner/Lerch, Art. 1 N 58.

Vorbehalt der Überprüfung konkursrechtlicher Aspekte, wie zum Beispiel die Anfechtbarkeit nach Art. 285 ff. SchKG).[312]

9.257 In einem weiteren Entscheid erklärte das BGer sodann, das LugÜ stelle kein Hindernis dar, um in der Schweiz als Staat der Insolvenzeröffnung über die Kollokation zu entscheiden, was auch bei einem bereits im Ausland anhängigen Prozess gegen den Schuldner über eine zu kollozierende Forderung gelte.[313]

9.258 Das HGer ist nicht zuständig zur Beurteilung betreibungsrechtlicher Klagen mit Reflexwirkung auf das materielle Recht. Auch in sachlicher Hinsicht ist keine Einlassung möglich.[314] Im Übrigen ist die sachliche Zuständigkeit von der kantonalen Gesetzgebung zu regeln.[315]

4. LEGITIMATION

A. AKTIVLEGITIMATION

9.259 Zur Klage zugelassen sind Gläubiger, die im Kollokationsverfahren Forderungen angemeldet haben und die durch die Kollokationsverfügung beschwert sind. Letzteres ist dann der Fall, wenn die angemeldete Forderung von der Konkursverwaltung überhaupt nicht, nicht vollständig oder in einem anderen als dem beanspruchten Rang zugelassen wurde.[316] Weiter sind Inhaber von beschränkten dinglichen Rechten (zum Beispiel Pfandrechten) oder von vorgemerkten persönlichen Rechten, die nicht im verlangten Masse anerkannt worden sind, zur Klage legitimiert. Auch der Darleiher eines eigenkapitalersetzenden Darlehens, dessen Forderung in der 3. Klasse mit Vormerkung kolloziert worden ist, ist zur Klage zuzulassen.[317]

9.260 In der Regel lässt sich die Klagelegitimation (auch des vollständig abgewiesenen) Gläubigers anhand des Kollokationsplans feststellen. Nur bei der vollständigen Abweisung einer verspäteten Konkurseingabe ergibt sich die Klagelegitimation aus der Spezialanzeige gem. Art. 69 KOV und nicht aus dem (in diesem Fall nicht neu aufzulegenden) Kollokationsplan.[318] Ein Rangrücktrittsgläubiger ist ebenfalls klagelegitimiert. Wird der Rangrücktritt eines Gläubigers nicht berücksichtigt, können die durch den Rangrücktritt bevorzugten Gläubiger die (negative) Kollokationsklage erheben.[319]

---

312 BGE 140 III 320, insb. E. 8.3.1; BSK LugÜ-Rohner/Lerch, Art. 1 N 58 m.w.H.

313 BGE 141 III 382.

314 BGE 140 III 355, E. 2 für Widerspruchsklagen; vgl. auch BGE 141 III 527, E. 2 für paulianische Anfechtungsklagen.

315 BSK SchKG II-Hierholzer, Art. 250 N 47.

316 Brunner/Reutter, 40 f.

317 BSK SchKG II-Hierholzer, Art. 250 N 22.

318 BSK SchKG II-Hierholzer, Art. 250 N 23; vgl. Milani/Wohlgemuth-Milani/Wohlgemuth, Art. 69 KOV N 10 f.

319 BSK SchKG II-Hierholzer, Art. 250 N 34.

Bei einer Zession oder gesetzlichen Subrogation ist der Rechtsnachfolger zur Kollokationsklage legitimiert. Die Klagelegitimation des Zedenten fällt mit erfolgter Abtretung der kollozierten Forderung dahin.[320] 9.261

Eine ausländische Konkursmasse ist vor Durchführung eines Minikonkursverfahrens nach Art. 166 IPRG nicht legitimiert, im schweizerischen Konkursverfahren (Forderungen einzugeben oder) Kollokationsklagen zu erheben.[321] 9.262

B. PASSIVLEGITIMATION

Wenn der Kläger im Rahmen eines positiven Kollokationsprozesses die Kollokation seiner eigenen Forderung anficht, so hat er die Klage gem. Art. 250 Abs. 1 SchKG gegen die vor Gericht durch die Konkursverwaltung (vgl. Art. 240 SchKG) vertretene Masse zu richten.[322] 9.263

Der Gemeinschuldner ist hingegen nie passivlegitimiert.[323] Diesem steht allenfalls die Möglichkeit der Nebenintervention offen.[324] Auch kollozierte Gläubiger sind als Nebenintervenienten der Konkursmasse im von einem anderen Gläubiger gegen die Masse geführten Kollokationsprozess zuzulassen.[325] 9.264

5. STREITWERT

Der Streitwert entspricht dem mit der Klage höchstens erzielbaren Prozessgewinn und somit der Differenz zwischen der Konkursdividende des Klägers gemäss angefochtener und beanspruchter Kollokation.[326] Die Grundlagen für die Berechnung des Streitwerts bilden der Schätzwert im Inventar und die Passiven gemäss Kollokationsplan. Diese Grundlagen und die darauf gestützte Dividendenschätzung der Konkursverwaltung sind sowohl für das Gericht als auch für die Parteien verbindlich.[327] 9.265

Mit Eintritt der Rechtshängigkeit wird der Streitwert fixiert und bleibt massgeblich für die Festlegung der Parteientschädigung und der Gerichtsgebühr; eine nachträgliche Veränderung des Streitwerts, z.B. gestützt auf eine höhere Dividendenprognose des Liquidators zu einem späteren Zeitpunkt im Liquidationsverfahren, ist unzulässig.[328] 9.266

---

320 KUKO SchKG-Sprecher, Art. 250 N 17; BSK SchKG II-Hierholzer, Art. 250 N 23, 33.
321 BSK SchKG II-Hierholzer, Art. 250 N 27; KUKO SchKG-Sprecher, Art. 250 N 12b; BGE 135 III 40, E. 2.4.
322 Vgl. BSK SchKG II-Hierholzer, Art. 250 N 23 f.
323 Vock/Müller, 265.
324 Brunner/Reutter, 40; KUKO SchKG-Sprecher, Art. 250 N 47.
325 BSK SchKG II-Hierholzer, Art. 250 N 68.
326 BGE 131 III 451, E. 1.2; Kren Kostkiewicz, 504; BSK SchKG II-Hierholzer, Art. 250 N 49 m.w.H.
327 BGE 138 III 675, E. 3.2.2.
328 BGE 140 III 65, E. 3; BSK SchKG EB-Bauer, Art. 250 N 49.

9.267 Wenn voraussichtlich eine Konkursdividende von Null zu erwarten ist, der Kläger aber dennoch ein anderweitiges schutzwürdiges Interesse aufweist, weil er sich zum Beispiel aktienrechtliche Verantwortlichkeitsansprüche gem. Art. 260 SchKG abtreten lassen will, ist ein minimaler Betrag als Streitwert anzunehmen, weil das Interesse indirekter Art ist und sich nicht beziffern lässt.[329]

9.268 Ist nur das Pfandrecht streitig, ist auf die Differenz zwischen dem Betrag, den der Kläger bei Anerkennung des Pfandrechts erhalten würde, und der auf seine unbestrittene Forderung entfallenden Konkursdividende abzustellen.[330]

6. FRISTEN

9.269 Die positive Kollokationsklage muss gem. Art. 250 Abs. 1 SchKG innert 20 Tagen nach der öffentlichen Auflage des Kollokationsplans erhoben werden. Die Frist beginnt grundsätzlich mit der Publikation im SHAB. Ist das Konkursamt am Tag der Bekanntmachung der Öffentlichkeit nicht zugänglich, läuft die Frist erst ab dem der öffentlichen Bekanntmachung folgenden Werktag, an welchem das Konkursamt, bei dem der Kollokationsplan aufliegt, dem Publikumsverkehr geöffnet ist.[331]

9.270 Es handelt sich um eine Verwirkungsfrist, die unter der engen Voraussetzung von Art. 33 Abs. 4 SchKG wiederhergestellt werden kann. SchKG-Klagen, die sich an ein Gericht richten, sind von Art. 32 Abs. 2 SchKG hingegen nicht erfasst. Demnach erfolgt bei am falschen Ort eingereichten Klagen keine Überweisung von Amtes wegen an die zuständige Behörde. Anwendbar ist vielmehr Art. 63 ZPO. Die Klage kann demnach neu eingereicht werden, wobei als Zeitpunkt der Rechtshängigkeit das Datum der ersten Einreichung gilt.[332] Die Frist zur Neueinreichung beträgt normalerweise einen Monat, verkürzt sich allerdings entsprechend in Fällen von kürzeren SchKG-Klagen (Art. 63 Abs. 3 ZPO). Vorliegend beträgt diese verkürzte Frist somit 20 Tage (vgl. Art. 250 Abs. 1 SchKG).[333]

9.271 U.E. kommt der Vorbehalt gem. Art. 145 Abs. 4 ZPO bei Kollokationsklagen nicht zur Anwendung, was die Anwendung von Art. 145 Abs. 1 ZPO erlauben sollte.[334] Bis zur höchstrichterlichen Klärung und angesichts der gewichtigen Stimmen in der Lehre, welche sich gegen die Anwendbarkeit des Fristenstillstands gemäss der ZPO aussprechen, sollte aber davon ausgegangen werden,

329 BGer 5A_94/2014 vom 6.8.2015, E. 1.1.2; BSK SchKG EB-Bauer, Art. 250 N 31 m.w.H. auf die Rechtsprechung.

330 KUKO SchKG-Sprecher, Art. 250 N 31.

331 KUKO SchKG-Sprecher, Art. 250 N 22; BGE 119 V 89, E. 4.

332 KUKO SchKG-Russenberger/Minet, Art. 32 N 8.

333 KUKO ZPO-Berti, Art. 63 N 9; BSK SchKG II-Hierholzer, Art. 250 N 57.

334 Vgl. dazu die Ausführungen zur Aussonderungsklage unter Rz. 9.173 ff. hiervor.

dass für die Fristen zur Einreichung von Klagen des Konkursrechts, also auch für die Kollokationsklage, weder die Betreibungs- noch die Gerichtsferien gelten könnten.[335]

7. KOMBINATIONSMÖGLICHKEITEN

Leidet der Kollokationsplan an formellen Mängeln, kann sich die «Kombination» der positiven Kollokationsklage mit einer Beschwerde nach Art. 17 SchKG aufdrängen.[336] Im Kollokationsprozess kann in diesem Fall mit dem Hinweis auf das Beschwerdeverfahren ein Sistierungsantrag gestellt werden. 9.272

8. MÖGLICHE RECHTSBEGEHREN

1. Die im Konkurs über [Name / Firma] mit Eingabe vom [Datum][als grundpfandgesicherte / faustpfandgesicherte / im {...} Rang] vom Beklagten angemeldete und vom Konkursamt mit Verfügung vom [Datum] unter Ord. Nr.[...] [teilweise / vollständig] abgewiesene Forderung sei als [begründet / pfandgesichert / grundpfandgesichert im Lastenverzeichnis des Kollokationsplans / in der {...} Klasse] zu kollozieren. 9.273
2. Unter Kosten- und Entschädigungsfolge [ev.: zzgl. MWSt] zulasten des Beklagten.

9. VORAUSSETZUNGEN

A. PROZESSVORAUSSETZUNGEN

Neben den bereits genannten Voraussetzungen (namentlich Einhaltung der Frist, Vorliegen der Aktiv- und Passivlegitimation, Bejahung der Zuständigkeit) müssen wie bei jeder Klage auch die (weiteren) Prozessvoraussetzungen erfüllt sein, damit auf die Klage eingetreten werden kann (vgl. Art. 59 ZPO). 9.274

335 Vgl. Milani/Wohlgemuth-BOMMER, Art. 46 KOV N 12; BK-FREY, Art. 145 ZPO N 20; a.A. Milani/Wohlgemuth-MILANI/WOHLGEMUTH, Vorbem. KOV N 172; KUKO ZPO-HOFFMANN-NOWOTNY, Art. 145 N 11, welcher den Anwendungsbereich von Art. 63 SchKG als nicht restlos geklärt betrachtet und auch für eine Anwendung der Bestimmung über die Betreibungsferien unabhängig vom Bezug zu einer Betreibungshandlung plädiert; Brunner/Gasser/Schwander-MERZ, Art. 145 ZPO N 33, wonach Art. 56 ff. SchKG als leges speciales Art. 145 Abs. 1 ZPO vorgehen; BSK SchKG II-HIERHOLZER, Art. 250 N 45; KUKO SchKG-SPRECHER, Art. 250 N 25; vgl. auch BSK SchKG EB-BAUER, Art. 250 N 45, welcher lediglich die fristverlängernde Wirkung von Betreibungsferien und Rechtsstillstand zur Anwendung kommen lassen will.

336 Vgl. dazu Rz. 9.282 ff. hiernach.

9.275 Die Prozessvoraussetzungen müssen grundsätzlich im entscheidmassgeblichen Zeitpunkt der Urteilsberatung gegeben sein.[337] Je nach Prozessvoraussetzung kann deren anfängliches Fehlen bis zu diesem Zeitpunkt noch behoben werden. Soweit es sich um einen behebbaren Mangel handelt, ist die betreffende Partei darauf hinzuweisen[338] und ist ihr Frist zur Verbesserung anzusetzen.[339] Die Art. 131 f. ZPO sehen für formelle Mängel schriftlicher Eingaben eine Nachfristansetzung sogar ausdrücklich vor.[340]

9.276 Eine Prozessvoraussetzung ist, dass die klagende Partei ein schutzwürdiges Interesse hat (Art. 59 Abs. 2 lit. a ZPO). Grundsätzlich entfällt das Rechtsschutzbedürfnis, wenn nach Angaben der Konkursverwaltung eine Dividende von Null zu erwarten ist. In der Einzelvollstreckung kann ein anderweitiges schutzwürdiges Interesse im Hinblick auf die Wirkungen des Verlustscheins (Art. 149 Abs. 2 und Abs. 3 SchKG) bejaht werden. Angesichts der Wirkungen des Konkursverlustscheins (Art. 265 SchKG) sollte dies auch im Falle des Konkurses einer natürlichen Person gelten. Im Konkurs einer juristischen Person kann ein anderweitiges schutzwürdiges Interesse dann bestehen, wenn der Gläubiger erwägt, sich gem. Art. 260 SchKG Ansprüche abtreten zu lassen.[341]

B. MATERIELLE VORAUSSETZUNGEN

9.277 In materieller Hinsicht wird die Klage gutgeheissen, wenn die jeweiligen Voraussetzungen des fraglichen Anspruchs erfüllt sind.

9.278 Im positiven Kollokationsprozess hat der Kläger seine Forderung im Bestand und in der Höhe, die geltend gemachte Klasse sowie das Pfandrecht zu beweisen.[342]

9.279 Der Kläger kann zwar weniger verlangen als in seiner Konkurseingabe. Es ist aber nicht möglich, mehr zu verlangen;[343] das Gericht hat bei der Beurteilung einer Kollokationsklage vom Kollokationsplan auszugehen, der Gegenstand der Klage bildet.[344]

9.280 Es können neue und andere Tatsachen sowie Beweismittel und Rechtsgründe geltend gemacht werden als bei der Konkurseingabe. Von der ordentlichen Regelung der Kostentragung kann indessen abgewichen werden, wenn die Forderung im Kollokationsplan abgewiesen worden ist,

---

337 BGE 127 III 41, 43.

338 Vgl. Art. 56 bzw. Art. 247 Abs. 1 ZPO.

339 OGer ZH PF110040 vom 7.10.2011, E. 3; BSK SchKG EB-Bauer, Art. 250 N 70.

340 KUKO ZPO-Domej, Art. 59 N 3 mit weiteren Literaturhinweisen.

341 BSK SchKG EB-Bauer, Art. 250 N 31.

342 BSK SchKG II-Hierholzer, Art. 250 N 61; BSK SchKG EB-Bauer, Art. 250 N 61; BGer 5A_94/2014 vom 2.5.2014, E. 4.1.3.

343 Vgl. KUKO SchKG-Sprecher, Art. 250 N 34; vgl. BSK SchKG II-Hierholzer, Art. 250 N 56.

344 Vock/Müller, 261; vgl. die Abgrenzung zur Beschwerde unter Rz. 9.282 ff. hiernach.

weil der im Kollokationsprozess obsiegende Gläubiger sie damals nur ungenügend (begründet bzw.) belegt hatte.[345]

Es sind grundsätzlich alle materiellen und prozessrechtlichen Einreden sowie Einwendungen zulässig. Die Konkursmasse kann gegenüber dem Kläger alle Einreden erheben, die dem Gemeinschuldner gegen den Kläger zustehen. Sie kann gegenüber dem Kläger aber auch Einreden erheben, welche ihr selbst zustehen.[346] Wenn es die Konkursverwaltung unterlässt, eine Gegenforderung des Gemeinschuldners bei der Kollokation zur Verrechnung zu bringen, so hat sie das Verrechnungsrecht verwirkt.[347] 9.281

10. BESONDERHEITEN

A. ABGRENZUNG UND WIRKUNGEN DES BESCHWERDEVERFAHRENS FÜR DIE KOLLOKATIONSKLAGE

Das Gericht hat bei der Beurteilung einer Kollokationsklage vom Kollokationsplan auszugehen. 9.282
Es kann nicht prüfen, ob dieser Plan an einem Mangel formeller Natur leidet.[348] Die Kollokationsklage betrifft die materielle Rechtslage im Hinblick auf die Befriedigung der Gläubiger.[349] Im Kollokationsprozess wird mithin geprüft, ob das Ergebnis der Erwahrung, beispielsweise die Nichtkollokation einer Schuldbriefforderung, materiell zutreffend ist.[350]

Formelle Fehler bei der Erstellung des Kollokationsplans sind hingegen mit der Aufsichtsbeschwerde nach Art. 17 SchKG geltend zu machen. Es kann also erforderlich sein, sowohl eine Kollokationsklage gem. Art. 250 SchKG als auch eine Beschwerde gem. Art. 17 SchKG zu erheben.[351] Zu beachten ist, dass die Einreichung einer Beschwerde die 20-tägige Frist zur Einreichung der Kollokationsklage nur hemmt, wenn der Beschwerde gem. Art. 36 SchKG aufschiebende Wirkung erteilt wird.[352] 9.283

345 BSK SchKG II-Hierholzer, Art. 250 N 59.

346 BSK SchKG II-Hierholzer, Art. 250 N 62.

347 BSK SchKG II-Hierholzer, Art. 250 N 63; KUKO SchKG-Sprecher, Art. 250 N 43.

348 BGE 105 III 127, E. 4 = Pra 1980, 168, E. 4.

349 Vock/Müller, 260.

350 BGer 5A_892/2012 vom 31.1.2013, E. 4; BSK SchKG EB-Bauer, Art. 250 N 8.

351 KUKO SchKG-Sprecher, Art. 250 N 3; BSK SchKG II-Hierholzer, Art. 250 N 8 m.w.H. zur Abgrenzung des Kollokationsprozesses von der Aufsichtsbeschwerde; vgl. dazu auch Brunner/Reutter, 36 ff.

352 Vock/Müller, 261; BSK SchKG II-Hierholzer, Art. 250 N 43.

9.284 Mit der Beschwerde kann gerügt werden, dass die Kollokation ungenau bzw. unverständlich ist oder dass gar kein Entscheid über die Zulassung oder Abweisung einer Forderung getroffen worden ist.[353] Als weitere Beispiele solcher formeller Fehler können genannt werden:[354]

- keine Grundangabe für die Abweisung einer Forderung;
- Zulassung einer gar nicht eingegebenen Forderung;
- mangelhafte oder fehlende Auflage des Kollokationsplans;
- Kollokation von Masseverbindlichkeiten;
- Aufnahme von Ansprüchen im Kollokationsplan, welche nicht im Kollokationsverfahren zu erfolgen haben, wie z.B. Aussonderungsansprüche.

9.285 Das Beschwerdeverfahren kann allfällige Kollokationsprozesse massgeblich beeinflussen. Denn wird der Kollokationsplan im Rahmen eines Beschwerdeverfahrens abgeändert, so ist der abgeänderte Kollokationsplan für diesbezügliche Kollokationsklagen massgebend. Namentlich kann sich das Beschwerdeverfahren auf die Klageberechtigung auswirken, weil die positive Kollokationsklage nach dem Gesagten die Abweisung der Kollokation voraussetzt, während die negative Kollokationsklage nur von im Kollokationsplan aufgenommenen Gläubigern erhoben werden kann. Somit wird auch über die Klageberechtigung entschieden, wenn das Beschwerdeverfahren zur Aufnahme oder Weglassung eines Gläubigers im Kollokationsplan führt.[355]

9.286 Soweit sowohl eine Beschwerde als auch ein Kollokationsprozess anhängig zu machen sind,[356] drängt sich im Kollokationsprozess i.d.R. ein Sistierungsantrag mit dem Hinweis auf das Beschwerdeverfahren auf. Weiter kann (ggf. auch aus zeitlichen Gründen) die Klage einstweilen mit einer Kurzbegründung[357] versehen werden (im ordentlichen Verfahren) bzw. es kann sogar auf eine Begründung der Klage verzichtet werden (im vereinfachten Verfahren gem. Art. 244 Abs. 2 ZPO).[358]

353 BGer 5A_392/2012 vom 19.7.2012, E. 4.4.1; BGer 5A_294/2010 vom 22.6.2010, E. 2; BSK SchKG EB-Bauer, Art. 250 N 8.

354 Vock/Müller, 261.

355 Brunner/Reutter, 38.

356 Vgl. dazu Rz. 9.272 hiervor.

357 Brunner/Reutter, 39.

358 Vgl. dazu Rz. 9.291 hiernach.

B. ZUM ZEITPUNKT DER KONKURSERÖFFNUNG HÄNGIGE PASSIVPROZESSE

Liegt eine Forderung zum Zeitpunkt der Konkurseröffnung[359] bereits (im Inland)[360] im Prozess, ist kein Kollokationsverfahren einzuleiten, sondern die angemeldete Forderung ist gem. Art. 63 Abs. 1 KOV pro memoria im Kollokationsplan vorzumerken.[361] «Im Prozess» liegen Forderungen, wenn der sie betreffende Prozess rechtshängig ist gem. Art. 62 ZPO.[362] Die Konkursverwaltung erlässt sodann keine Verfügung und äussert sich weder in bestandes-, betrags-, noch rangmässiger Hinsicht zur im Prozess liegenden Forderung; sie weist die Ansprache lediglich einer Klasse i.S.v. Art. 219 Abs. 4 SchKG zu.[363] Anschliessend entscheidet im ordentlichen Konkursverfahren die zweite Gläubigerversammlung und im summarischen Konkursverfahren die Gläubiger im Rahmen einer Versammlung oder auf dem Zirkularweg darüber, ob der Prozess weitergeführt oder auf ihn verzichtet wird.[364] 9.287

Wird der Prozess weder von der Masse noch von einzelnen Gläubigern nach Art. 260 SchKG fortgeführt, so gilt die Forderung i.S. einer Fiktion als anerkannt, und die Gläubiger haben kein Recht mehr, ihre Kollokation nach Art. 250 SchKG anzufechten (Art. 63 Abs. 2 KOV).[365] Eine aufgrund von Art. 63 Abs. 2 KOV anerkannte Forderung kann nicht weiterhin streitig bleiben, auch wenn der Prozess noch hängig ist und der Streit damit formell noch weiterbesteht.[366] Die definitive Kollokation erfolgt im Umfang der im Zeitpunkt der Konkurseröffnung hängigen streitigen Rechtsbegehren.[367] 9.288

Wird der Prozess von der Konkursmasse fortgeführt, handelt es sich im Ergebnis um einen positiven Kollokationsprozess.[368] Erfolgt die Fortführung hingegen von einem oder mehreren Gläubiger(n) nach Art. 260 SchKG, handelt es sich dem Wesen nach hingegen um einen negativen Kollokationsprozess.[369] Der Gemeinschuldner kann einen gem. Art. 207 SchKG eingestellten Passivprozess indessen nicht fortführen, wenn die Konkursmasse bzw. die Konkursverwaltung die Fortführung ablehnt.[370] Ist der Prozess vor der Schlichtungsbehörde hängig und übersteigt der 9.289

---

359 Massgeblich ist die Konkurseröffnung, nicht etwa die Konkurspublikation (BGE 54 III 263, 264 f.).

360 BGE 140 III 320, E. 7.1; 135 III 127, E. 3.3.1; 130 III 769, E. 3.2.3.

361 BGE 112 III 36, 38 ff.

362 Milani/Wohlgemuth-MILANI/WOHLGEMUTH, Art. 63 KOV N 23 m.w.H.

363 Milani/Wohlgemuth-MILANI/WOHLGEMUTH, Art. 63 KOV N 4 und 9 f. m.w.H.; vgl. BGE 112 III 36, E. 4a.

364 Vgl. Art. 207 Abs. 1 bzw. 231 Abs. 3 Ziff. 1 SchKG; Milani/Wohlgemuth-MILANI/WOHLGEMUTH, Art. 63 KOV N 29 f. m.w.H.

365 BGer 5A_864/2010 vom 24.3.2011, E. 3.1; Milani/Wohlgemuth-MILANI/WOHLGEMUTH, Art. 63 KOV N 34 m.w.H.; vgl. auch Art. 63 Abs. 3 und 4 KOV.

366 BSK SchKG II-HIERHOLZER, Art. 250 N 19; BGE 109 III 31, E. 4.

367 Zu unbezifferten Forderungsklagen (Art. 85 ZPO) und Teilklagen (Art. 86 ZPO) siehe Milani/Wohlgemuth-MILANI/WOHLGEMUTH, Art. 63 KOV N 35.

368 Vgl. statt vieler BGE 135 III 127, E. 3.3.1; 133 III 386, E. 4.1; 132 III 89, E. 1.4.

369 Vgl. dazu Rz. 9.298 ff. hiernach.

370 Vgl. BSK SchKG II-HIERHOLZER, Art. 250 N 37 ff.

Streitwert CHF 2 000.– (vgl. Art. 212 ZPO), so hat letztere einen Nichteintretensentscheid (vgl. Art. 198 lit. e Ziff. 6 ZPO) zu fällen und die klagende Partei, sobald ihr die Fortführung des Prozesses angezeigt wird, innerhalb der Klagefrist von Art. 250 Abs. 1 SchKG eine Kollokationsklage einzuleiten.[371]

C. VERHÄLTNIS ZUR PAULIANISCHEN ANFECHTUNGSKLAGE

9.290 Die Konkursverwaltung ist gem. Art. 285 Abs. 2 Ziff. 2 SchKG zur Anfechtungsklage legitimiert. Deshalb steht ihr die entsprechende Einrede auch im Kollokationsprozess zu.[372] Bereits mit der Kollokationsverfügung kann die Konkursverwaltung eine als pfandgesichert angemeldete Forderung in der 3. Klasse kollozieren und das geltend gemachte Faustpfandrecht abweisen, wenn ein Anfechtungstatbestand gem. Art. 285 ff. SchKG vorliegt.[373]

D. WEITERE BESONDERHEITEN

9.291 Angesichts der kurzen Klagefrist mit der beschriebenen Unsicherheit, ob Gerichts- oder Betreibungsferien gelten,[374] und / oder bei gleichzeitiger Einreichung einer Beschwerde kann in Erwägung gezogen werden, im ordentlichen Verfahren eine lediglich kurze Begründung einzureichen bzw. im vereinfachten Verfahren in Anwendung von Art. 244 Abs. 2 ZPO sogar gänzlich auf eine Begründung zu verzichten. So kann eine Fokussierung auf prozessuale Fragen und die richtige Formulierung sämtlicher Begehren erfolgen, welche danach nur noch im Rahmen einer Klageänderung (Art. 227 und Art. 230 ZPO) geändert werden können. Mit dem zweiten Schriftenwechsel bzw. an der Verhandlung kann dann der ausführlichere zweite Parteivortrag erfolgen, in welchem neue Tatsachen und Beweismittel nochmals unbeschränkt möglich sind. Allerdings ist bei diesem Vorgehen darauf zu achten, dass den Vorgaben gem. Art. 221 Abs. 1 lit. d und e ZPO genügend Rechnung getragen wird.

9.292 Noch nicht rechtskräftig festgesetzte öffentlich-rechtliche Forderungen unterliegen grundsätzlich ebenfalls der Kollokationsklage, sofern diese nicht von Gesetzes wegen ausgeschlossen ist.[375]

9.293 Anders als im negativen Kollokationsprozess ist nach nicht unumstrittener Rechtsprechung eine Widerklage im positiven Kollokationsprozess grundsätzlich möglich.[376]

9.294 Im Falle einer Klageanerkennung oder eines Vergleichs ist Art. 66 KOV zu beachten: Die (teilweise) Anerkennung kann nur unter dem Vorbehalt der Rechte der Konkursgläubiger erfolgen,

---

371 Vgl. ausführlich Milani/Wohlgemuth-MILANI/WOHLGEMUTH, Art. 63 KOV N 44.

372 BGE 95 III 47.

373 BSK SchKG II-HIERHOLZER, Art. 250 N 18; BGE 114 III 110.

374 Vgl. dazu Rz. 9.173 ff. hiervor.

375 BSK SchKG II-HIERHOLZER, Art. 250 N 20; BGE 120 III 32.

376 BGE 50 III 149, E. 4; kritisch dazu BSK SchKG II-HIERHOLZER, Art. 250 N 66.

gem. Art. 250 SchKG die Zulassung der Forderung oder den ihr neu zugewiesenen Rang ihrerseits noch zu bestreiten (Absatz 1).[377]

11. RECHTSMITTEL

Im kantonalen Instanzenzug ergibt sich der Weiterzug des Kollokationsentscheids aus Art. 308 ff. ZPO. Bei einem Streitwert von mindestens CHF 10 000.– ist eine Berufung und ansonsten eine Beschwerde möglich.[378] 9.295

Für Rechtsmittelfristen gemäss der eidgenössischen Zivilprozessordnung gelten nicht die Betreibungsferien des SchKG, sondern die Gerichtsferien der ZPO.[379] 9.296

Soweit Bestand und Höhe der Forderung strittig sind, unterliegt der letztinstanzliche kantonale Entscheid über die Kollokation der Beschwerde in Zivilsachen an das Bundesgericht gem. Art. 72 Abs. 1 BGG. Er unterliegt indessen Art. 72 Abs. 2 lit. a BGG, wenn der Rang der Forderung strittig ist (Art. 219 SchKG). Beträgt der Streitwert weniger als CHF 30 000.– (Art. 74 Abs. 1 lit. b BGG)[380] und liegt keine Rechtsfrage von grundsätzlicher Bedeutung vor (Art. 74 Abs. 2 lit. a BGG), ist eine subsidiäre Verfassungsbeschwerde (Art. 113 ff. BGG) möglich. Hat die Forderung ihren Grund im öffentlichen Recht, findet die Beschwerde in öffentlich-rechtlichen Angelegenheiten Anwendung (Art. 82 ff. BGG),[381] wobei lediglich auf den Gebieten der Staatshaftung und der öffentlich-rechtlichen Arbeitsverhältnisse Streitwertgrenzen zu beachten sind (Art. 85 BGG). 9.297

Tabellarische Zusammenfassung

Zweck	Bereinigung des Kollokationsplans
Gesetzliche Grundlage	Art. 250 Abs. 1 SchKG
Verfahrensart	Abhängig vom Streitwert ordentliches Verfahren (Art. 219 ff. ZPO) oder vereinfachtes Verfahren (Art. 243 ff. ZPO)
Zuständigkeit	Gericht am Konkursort (Art. 250 Abs. 1 SchKG)
Aktivlegitimation	Gläubiger, welche durch die Kollokationsverfügung beschwert sind

---

377 Vgl. BSK SchKG II-HIERHOLZER, Art. 250 N 71 ff.; Milani/Wohlgemuth-MILANI/WOHLGEMUTH, Art. 66 KOV N 44 ff.

378 KUKO SchKG-SPRECHER, Art. 250 N 63.

379 BGE 143 III 149, Regeste; WUFFLI, Jusletter, Rz. 22 ff.

380 Gemäss BGE 135 III 470, E. 1.2 sind Kollokationsklagen betreffend Ansprüche aus dem Arbeitsverhältnis (und damit wohl auch aus dem Mietverhältnis) betreibungsrechtliche Angelegenheiten, weswegen «als übriger» Fall die Streitwertgrenze von CHF 30'000.– massgeblich ist.

381 BSK SchKG EB-BAUER, Art. 250 N 81.

Passivlegitimation	Konkursmasse, vertreten durch die Konkursverwaltung
Streitwert	Differenz zwischen der Konkursdividende des Klägers gemäss angefochtener und beanspruchter Kollokation
Fristen	Innert 20 Tagen nach der öffentlichen Auflage des Kollokationsplans (Art. 250 Abs. 1 SchKG)
Kombination	Beschwerde gem. Art. 17 SchKG bei der Aufsichtsbehörde
Mögliche Rechtsbegehren	1. Die im Konkurs über [Name / Firma] mit Eingabe vom [Datum][als grundpfandgesicherte / faustpfandgesicherte / im {…} Rang] vom Beklagten angemeldete und vom Konkursamt mit Verfügung vom [Datum] unter Ord. Nr.[…] [teilweise / vollständig] abgewiesene Forderung sei als [begründet / pfandgesichert / grundpfandgesichert im Lastenverzeichnis des Kollokationsplans / in der {…} Klasse] zu kollozieren. 2. Unter Kosten- und Entschädigungsfolge [ev.: zzgl. MWSt] zulasten des Beklagten.
Voraussetzungen	– Prozessvoraussetzungen, insb. Rechtsschutzinteresse – Materiellrechtliche Voraussetzungen des vom Kläger geltend gemachten Anspruchs
Besonderheiten	– In Abgrenzung zur Kollokationsklage sind formelle Fehler des Kollokationsplans im Beschwerdeverfahren (Art. 17 SchKG) vorzubringen – Für zum Zeitpunkt der Konkurseröffnung hängige Passivprozesse ist Art. 63 KOV einschlägig – Die Konkursverwaltung kann bei der Kollokation oder im Kollokationsprozess Anfechtungstatbestände gem. Art. 285 ff. SchKG vorbringen – Im Falle einer Klageanerkennung oder eines Vergleichs ist Art. 66 KOV zu beachten
Rechtsmittel	Kantonal: Abhängig vom Streitwert Berufung (Art. 308 ff. ZPO) oder Beschwerde innert 30 Tagen (Art. 319 ff. ZPO) Bund: Abhängig vom Rechtsgebiet, in dem die Forderung ihren Grund hat Zivilforderungen: Abhängig vom Streitwert Beschwerde in Zivilsachen (Art. 72 ff. BGG) oder subsidiäre Verfassungsbeschwerde (Art. 113 ff. BGG) innert 30 Tagen (Art. 100 Abs. 1 BGG) Öffentlich-rechtliche Forderungen: Vorbehältlich Art. 85 BGG streitwertunabhängige Beschwerde in öffentlich-rechtlichen Angelegenheiten (Art. 82 ff. BGG) oder subsidiäre Verfassungsbeschwerde innert 30 Tagen (Art. 100 Abs. 1 BGG)

X. NEGATIVE KOLLOKATIONSKLAGE IM KONKURS (ART. 250 ABS. 2 SCHKG)

1. ZWECK UND WIRKUNG

Mit der negativen Kollokationsklage (auch «Wegweisungsklage» genannt) gem. Art. 250 Abs. 2 SchKG kann ein Gläubiger die Zulassung eines anderen Gläubigers oder dessen Rang bestreiten. Der Kläger kann geltend machen, die Forderung eines anderen Gläubigers sei zu Unrecht, in unzutreffender Höhe oder im falschen Rang zugelassen worden.[382] Weiter kann das Bestehen oder der Umfang eines beschränkt dinglichen Rechts angefochten werden, welches von einem anderen Gläubiger angemeldet und von der Konkursverwaltung zugelassen wurde.[383] 9.298

Im Unterschied zur positiven Kollokationsklage führt ein gutheissendes Urteil nicht zwingend zu einer Anpassung des Kollokationsplans. Der Betrag, um den der Anteil des Beklagten an der Konkursmasse herabgesetzt wird, dient zur Befriedigung des Klägers bis zur vollen Deckung seiner Forderung einschliesslich der Prozesskosten, wobei er gehalten ist, letztere vorab beim Beklagten einzufordern.[384] Lediglich bei einem Überschuss erfolgt eine Berichtigung des Kollokationsplans (Art. 250 Abs. 2 SchKG). 9.299

Wie beim positiven Kollokationsprozess entfaltet auch das Urteil im negativen Kollokationsprozess lediglich im Konkurs Wirkungen,[385] wobei das Urteil immerhin insofern Reflexwirkung auf die Rechtsverhältnisse ausserhalb des betreffenden Vollstreckungsverfahrens hat, indem es die Bereicherungsklage ausschliesst.[386] 9.300

2. VERFAHRENSART

Seit der Abschaffung des beschleunigten Verfahrens gelangt das ordentliche Verfahren zur Anwendung (Art. 251 ZPO e contrario), jedoch ohne die Durchführung eines Schlichtungsverfahrens (Art. 198 lit. e Ziff. 6 ZPO). Bei einem Streitwert bis zu CHF 30 000.– ist das vereinfachte Verfahren durchzuführen (Art. 243 Abs. 1 ZPO).[387] 9.301

Es bestehen keine Beweis- oder Kognitionsbeschränkungen, und es gelten grundsätzlich die Dispositionsmaxime (vgl. Art. 58 ZPO) sowie der Verhandlungsgrundsatz (vgl. Art. 55 ZPO). 9.302

---

382 BRUNNER/REUTTER, 59.

383 KUKO SchKG-SPRECHER, Art. 250 N 1.

384 BSK SchKG II-HIERHOLZER, Art. 250 N 85; KUKO SchKG-SPRECHER, Art. 250 N 69.

385 BSK SchKG II-HIERHOLZER, Art. 250 N 2; KUKO SchKG-SPRECHER, Art. 250 N 1.

386 BSK SchKG II-HIERHOLZER, Art. 250 N 4.

387 BSK SchKG EB-BAUER, Art. 250 N 48; BSK SchKG II-HIERHOLZER, Art. 250 N 48.

3. ZUSTÄNDIGKEIT

9.303 Örtlich zuständig ist gem. Art. 250 Abs. 1 SchKG das Gericht am Konkursort. Der Gerichtsstand ist ausschliesslich und zwingend.[388] Somit sind die Bestimmungen der ZPO über die örtliche Zuständigkeit nicht anwendbar (Art. 46 ZPO).

9.304 Das HGer ist nicht zuständig zur Beurteilung betreibungsrechtlicher Klagen mit Reflexwirkung auf das materielle Recht. Auch in sachlicher Hinsicht ist keine Einlassung möglich.[389] Im Übrigen ist die sachliche Zuständigkeit von der kantonalen Gesetzgebung zu regeln.[390]

9.305 Im Übrigen kann auf die Ausführungen zur Zuständigkeit im Zusammenhang mit der positiven Kollokationsklage verwiesen werden.[391]

4. LEGITIMATION

A. AKTIVLEGITIMATION

9.306 Es kann auch hier weitgehend auf die Ausführungen im Zusammenhang mit der positiven Kollokationsklage verwiesen werden.[392]

9.307 Gemäss dem klaren Gesetzeswortlaut ist (auch) die negative Kollokationsklage grundsätzlich lediglich für den kollozierten Gläubiger möglich.[393] Ein (angeblicher) Konkursgläubiger, dessen Forderung vollständig abgewiesen worden ist, kann indes nicht nur seine eigene (Nicht-)Kollokation, sondern auch die Kollokation eines Konkurrenten anfechten.[394] Ist der Kläger bereits kolloziert, kann der Beklagte im Kollokationsprozess zur Entkräftung der Aktivlegitimation des Klägers nicht einwenden, dieser sei zu Unrecht kolloziert worden.[395]

9.308 Bereits hängige und aufgrund der Konkurseröffnung sistierte (vgl. Art. 207 SchKG) Passivprozesse können durch einen beliebigen Abtretungsgläubiger weitergeführt werden, soweit die Konkursmasse auf die Weiterführung des Prozesses verzichtet.[396] Bei einer Abtretung des Prozessführungsrechts im Passivprozess an mehrere Gläubiger bilden diese eine (uneigentliche) notwendige Streitgenossenschaft und haben ihre Prozesshandlungen aufeinander abzustimmen.[397]

---

388 BSK SchKG II-Hierholzer, Art. 250 N 46; Kren Kostkiewicz, 504.

389 BGE 140 III 355, E. 2 für Widerspruchsklagen; vgl. auch BGE 141 III 527, E. 2 für paulianische Anfechtungsklagen.

390 BSK SchKG II-Hierholzer, Art. 250 N 47.

391 Vgl. Rz. 9.253 ff. hiervor.

392 Vgl. dazu Rz. 9.259 ff.

393 BSK SchKG EB-Bauer, Art. 250 N 39.

394 Vgl. dazu Rz. 9.315 hiernach.

395 BSK SchKG II-Hierholzer, Art. 250 N 23.

396 Vgl. dazu Rz. 9.287 ff. hiervor.

397 Vgl. BSK SchKG II-Hierholzer, Art. 250 N 35 f.

Als Dritter ausnahmsweise klagelegitimiert ist der Genossenschafter mit persönlicher Haftung oder Nachschusspflicht gem. Art. 6 VGeK, obschon er nicht als Gläubiger im Kollokationsplan aufgeführt ist. Dasselbe gilt für Miteigentümer eines Grundstücks, wenn einer der Miteigentümer in Konkurs fällt und das Grundstück in die Konkursmasse einbezogen wird, weil nicht nur der Miteigentumsanteil, sondern das Grundstück als Ganzes für den Gemeinschuldner verpfändet war; die anderen Miteigentümer können in diesem Fall das Lastenverzeichnis mittels Kollokationsklage anfechten.[398] 9.309

Die Konkursverwaltung und der Gemeinschuldner sind nicht legitimiert (vgl. auch Art. 63 Abs. 2 KOV).[399] Dem Gemeinschuldner steht allenfalls die Möglichkeit der Nebenintervention offen.[400] Sodann kann sich der Gemeinschuldner auf dem Beschwerdeweg gem. Art. 17 SchKG gegen fehlerhafte Verfügungen der Konkursorgane zur Wehr setzen.[401] 9.310

B. PASSIVLEGITIMATION

Wenn der Kläger im Rahmen eines negativen Kollokationsprozesses die Kollokation des Anspruchs eines anderen Gläubigers anficht, so hat er die Klage gem. Art. 250 Abs. 2 SchKG gegen diesen Gläubiger zu richten. Somit ist jener Gläubiger passivlegitimiert, dessen Forderung im Kollokationsplan aufgenommen worden ist.[402] 9.311

Der Gemeinschuldner ist hingegen nie passivlegitimiert.[403] 9.312

5. STREITWERT

Im Wegweisungsprozess bemisst sich der Streitwert nach dem Prozessgewinn, der für den Kläger und die Masse anfallen kann,[404] wobei die Differenz auf der dem Beklagten zufallenden Dividende massgeblich ist.[405] Im Übrigen kann auf die Ausführungen zum Streitwert im Zusammenhang mit der positiven Kollokationsklage verwiesen werden.[406] 9.313

398 KUKO SchKG-Sprecher, Art. 250 N 14; BSK SchKG II-Hierholzer, Art. 250 N 25.

399 BSK SchKG EB-Bauer, Art. 250 N 39.

400 Brunner/Reutter, 40.

401 BSK SchKG II-Hierholzer, Art. 250 N 22.

402 Vgl. BSK SchKG II-Hierholzer, Art. 250 N 23; KUKO SchKG-Sprecher, Art. 250 N 18; Brunner/Reutter, 41.

403 Vock/Müller, 265.

404 BSK SchKG II-Hierholzer, Art. 250 N 53; Brunner/Reutter, 55; KUKO SchKG-Sprecher, Art. 250 N 32.

405 BGE 138 III 675, E. 3.1.

406 Vgl. dazu Rz. 9.265 ff. hiervor.

6. FRISTEN

9.314 Auch für die Wegweisungsklage und für jene Gläubiger, über deren Forderungen die Konkursverwaltung im Zeitpunkt der Auflage des Kollokationsplans noch nicht rechtskräftig entschieden hat, gilt die Klagefrist «innert 20 Tagen nach der öffentlichen Auflage des Kollokationsplans»[407] Im Übrigen kann auf die Ausführungen im Zusammenhang mit der positiven Kollokationsklage verwiesen werden.[408]

7. KOMBINATIONSMÖGLICHKEITEN

9.315 Ein nicht zugelassener Gläubiger kann einerseits gegen die Masse auf Zulassung und andererseits gegen einen Mitgläubiger auf Wegweisung klagen, wobei der zweitgenannte Prozess sistiert wird, bis die Gläubigereigenschaft des Klägers feststeht. Soweit die Kollokation der eigenen Forderung noch nicht sicher feststeht oder einstweilen abgelehnt worden ist, drängt sich somit ein Sistierungsgesuch auf.[409]

9.316 Leidet der Kollokationsplan an formellen Mängeln, kann sich die «Kombination» der negativen Kollokationsklage mit einer Beschwerde nach Art. 17 SchKG aufdrängen.[410] Im Kollokationsprozess kann sodann mit dem Hinweis auf das Beschwerdeverfahren ein Sistierungsantrag gestellt werden.[411]

8. MÖGLICHE RECHTSBEGEHREN

9.317
1. Die im Konkurs über [Name / Firma] vom Beklagten mit Eingabe vom [Datum][als grundpfandgesicherte / faustpfandgesicherte / im {...} Rang] angemeldete und vom Konkursamt [...] mit Verfügung vom [Datum] unter Ord. Nr. [...][im Betrag von CHF {Betrag} / vollständig / als grundpfandgesicherte im Lastenverzeichnis des Kollokationsplans / als faustpfandgesicherte / in der {...} Klasse] kollozierte Forderung sei als [unbegründet / nicht pfandgesichert / nicht grundpfandgesichert im Lastenverzeichnis des Kollokationsplans / in der {...} Klasse] zu [streichen / kollozieren / in den {...} Rang zu versetzen].
2. Unter Kosten- und Entschädigungsfolge [ev.: zzgl. MWSt] zulasten des Beklagten.

---

407 BSK SchKG EB-Bauer, Art. 250 N 41; BGE 135 III 545; E. 2.

408 Vgl. dazu Rz. 9.269 ff. hiervor.

409 Brunner/Reutter, 42 f.; BSK SchKG II-Hierholzer, Art. 250 N 28; KUKO SchKG-Sprecher, Art. 250 N 12a; BGE 135 III 545, E. 2.

410 Vgl. dazu Rz. 9.282 ff. hiervor.

411 Vgl. Brunner/Reutter, 39.

9. VORAUSSETZUNGEN

A. PROZESSVORAUSSETZUNGEN

Neben den bereits genannten Voraussetzungen (namentlich Einhaltung der Frist, Vorliegen der Aktiv- und Passivlegitimation, Bejahung der Zuständigkeit) müssen wie bei jeder Klage auch die (weiteren) Prozessvoraussetzungen erfüllt sein, damit auf die Klage eingetreten werden kann (vgl. Art. 59 ZPO). 9.318

Die Prozessvoraussetzungen müssen grundsätzlich im entscheidmassgeblichen Zeitpunkt der Urteilsberatung gegeben sein.[412] Je nach Prozessvoraussetzung kann deren anfängliches Fehlen bis zu diesem Zeitpunkt noch behoben werden. Soweit es sich um einen behebbaren Mangel handelt, ist die betreffende Partei darauf hinzuweisen[413] und ist ihr Frist zur Verbesserung anzusetzen.[414] Die Art. 131 f. ZPO sehen für formelle Mängel schriftlicher Eingaben eine Nachfristansetzung sogar ausdrücklich vor.[415] 9.319

Eine Prozessvoraussetzung ist, dass die klagende Partei ein schutzwürdiges Interesse hat (Art. 59 Abs. 2 lit. a ZPO). Grundsätzlich kann auf die dazu erfolgten Ausführungen bei der positiven Kollokationsklage verwiesen werden.[416] 9.320

Bei der negativen Kollokationsklage ist der Kläger dadurch beschwert, dass ein Mitgläubiger überhaupt, in zu starkem Masse oder in einem unberechtigt guten Rang zugelassen worden ist.[417] 9.321

Ein schutzwürdiges Interesse an der Wegweisung kann auch darin bestehen, dem beklagten Gläubiger mit der Absprechung der Gläubigereigenschaft die Möglichkeit zu nehmen, gegen den Kläger aufgrund einer Abtretung nach Art. 260 SchKG einen aktienrechtlichen Verantwortlichkeitsprozess zu führen.[418] Das Recht zur Erhebung einer negativen Kollokationsklage kann den Gläubigern somit nicht durch Bezahlung des Forderungsbetrags oder anderweitig entzogen werden.[419] 9.322

Mit der vollständigen Befriedigung seiner Forderung fällt das Rechtsschutzinteresse des klagenden Gläubigers sodann auch deshalb nicht dahin, weil er im Kollokationsprozess gegen einen Mitgläubiger anstelle der Masse klagt und im Prozess deren Rechte ausübt. Seinem Wesen nach 9.323

---

412 BGE 127 III 41, 43.

413 Vgl. Art. 56 bzw. Art. 247 Abs. 1 ZPO.

414 OGer ZH PF110040 vom 7.10.2011, E. 3; BSK SchKG EB-Bauer, Art. 250 N 70.

415 KUKO ZPO-Domej, Art. 59 N 3 mit weiteren Literaturhinweisen.

416 Vgl. Rz. 9.276 hiervor.

417 BSK SchKG II-Hierholzer, Art. 250 N 55; KUKO SchKG-Sprecher, Art. 250 N 15.

418 Nach hier vertretener Auffassung kann sogar bereits die Aussicht, mit einem nichtweggewiesenen Gläubiger u.U. in einem späteren Abtretungsprozess eine uneigentliche notwendige Streitgenossenschaft gegen einen Dritten bilden zu müssen, ein schutzwürdiges Interesse begründen.

419 BSK SchKG II-Hierholzer, Art. 250 N 26; BSK SchKG EB-Bauer, Art. 250 N 31; BGer 5A_769/2013 vom 20.3.2013, E. 3.

ist das Recht, die Kollokation eines anderen Gläubigers durch Klage anzufechten, ein Anwendungsfall der in Art. 260 SchKG vorgesehenen Abtretung.[420]

B. MATERIELLE VORAUSSETZUNGEN

9.324 In materieller Hinsicht wird die Klage gutgeheissen, wenn die jeweiligen Voraussetzungen des fraglichen Anspruchs erfüllt sind.

9.325 Bei der Wegweisungsklage trägt der Beklagte die Beweislast für den Bestand und Umfang der Forderung oder des beschränkten dinglichen Rechts bzw. für den ihm zugeteilten Rang. Der Kläger hat indessen zu beweisen, dass er die gesetzliche Frist zur Anhebung der Kollokationsklage gewahrt hat.[421] Der Kläger kann nur Einreden und Einwendungen gegen die Kollokation des Beklagten vorbringen, die der Masse zustehen. Beide Parteien sind frei, andere Tatsachen, Beweismittel oder Rechtsgründe ins Feld zu führen als die Konkursverwaltung.[422]

9.326 Es ist umstritten, ob der Gläubiger im Wegweisungsprozess eine Gegenforderung der Masse auch ohne Abtretung nach Art. 260 SchKG zur Verrechnung bringen kann, wenn die Konkursverwaltung bei der Kollokation darauf verzichtet hat.[423] Der Kläger kann sodann die Einrede der paulianischen Anfechtbarkeit erheben, ohne dass es einer besonderen Abtretung bedürfte.[424]

10. BESONDERHEITEN

A. GEMEINSAME BESONDERHEITEN DER POSITIVEN UND NEGATIVEN KOLLOKATIONSKLAGE

9.327 Wie bei der positiven Kollokationsklage ist bei formellen Mängeln des Kollokationsplans nicht etwa die Kollokationsklage, sondern eine Aufsichtsbeschwerde nach Art. 17 SchKG zu erheben. Es kann auf die diesbezüglichen Ausführungen zur positiven Kollokationsklage verwiesen werden.[425]

9.328 Liegt eine Forderung zum Zeitpunkt der Konkurseröffnung bereits im Prozess, entscheidet nach dessen Sistierung (vgl. Art. 207 SchKG) die zweite Gläubigerversammlung bzw. die Gläubiger über dessen Weiterführung. Wird der Prozess statt von der Masse von einem oder mehreren Gläubiger(n) nach Art. 260 SchKG weitergeführt, handelt es sich dabei dem Wesen nach um einen

---

420 KUKO SchKG-Sprecher, Art. 250 N 15; BSK SchKG II-Hierholzer, Art. 250 N 23, 31.

421 BSK SchKG II-Hierholzer, Art. 250 N 61; BSK SchKG EB-Bauer, Art. 250 N 61; BGer 5A_734/2010 vom 17.3.2011, E. 4.1.1.

422 BSK SchKG II-Hierholzer, Art. 250 N 60, 62.

423 BSK SchKG II-Hierholzer, Art. 250 N 64.

424 BSK SchKG II-Hierholzer, Art. 250 N 65.

425 Vgl. Rz. 9.282 ff. hiervor.

negativen Kollokationsprozess. Es kann im Weiteren auf die Ausführungen im Zusammenhang mit der positiven Kollokationsklage verwiesen werden.[426]

Angesichts der kurzen Klagefrist mit der Unsicherheit, ob Gerichts- oder Betreibungsferien gelten, und / oder bei gleichzeitiger Einreichung einer Beschwerde kann in Erwägung gezogen werden, im ordentlichen Verfahren eine lediglich kurze Begründung einzureichen bzw. im vereinfachten Verfahren in Anwendung von Art. 244 Abs. 2 ZPO sogar gänzlich auf eine Begründung zu verzichten.[427] 9.329

B. VERHÄLTNIS ZUR PAULIANISCHEN ANFECHTUNGSKLAGE

Die paulianische Anfechtungsklage eines oder mehrerer Gläubiger, welche auf die Feststellung der Passivmasse zielt, ist fristgerecht mittels Kollokationsklage gegen den zugelassenen Mitgläubiger geltend zu machen.[428] Im Wegweisungsprozess stehen dem klagenden Gläubiger als Vertreter der Masse alle deren Rechte und somit auch die paulianischen Anfechtungsansprüche nach Art. 285 ff. SchKG zu, ohne dass es einer ausdrücklichen Abtretung nach Art. 260 SchKG bedürfte.[429] 9.330

C. WEITERE BESONDERHEITEN

Im Wegweisungsprozess ist eine Widerklage ausgeschlossen, weil nicht das Rechtsverhältnis zwischen den Prozessparteien, sondern das Verhältnis des Beklagten zur Masse Streitgegenstand bildet.[430] 9.331

11. RECHTSMITTEL

Es kann auf die Ausführungen zu den möglichen Rechtsmitteln im Zusammenhang mit der positiven Kollokationsklage verwiesen werden.[431] 9.332

Tabellarische Zusammenfassung

Zweck	Bestreitung der Zulassung einer Forderung eines anderen Gläubigers in Bestand, Höhe oder Rang
Gesetzliche Grundlage	Art. 250 Abs. 2 SchKG

426 Vgl. Rz. 9.287 ff. hiervor.
427 Vgl. Rz. 9.291 hiervor.
428 BGE 33 II 680, E. 3.
429 BGE 95 III 47.
430 BSK SchKG II-Hierholzer, Art. 250 N 66.
431 Vgl. dazu Rz. 9.295 ff. hiervor.

Verfahrensart	Abhängig vom Streitwert ordentliches Verfahren (Art. 219 ff. ZPO) oder vereinfachtes Verfahren (Art. 243 ff. ZPO)
Zuständigkeit	Gericht am Konkursort (Art. 250 Abs. 1 SchKG)
Aktivlegitimation	Im Kollokationsplan aufgeführte Gläubiger und (noch) nicht kollozierte Gläubiger, die gleichzeitig eine positive Kollokationsklage anstrengen
Passivlegitimation	Gläubiger, welche im Kollokationsplan aufgeführt sind
Streitwert	Differenz zwischen der Konkursdividende des Beklagten gemäss angefochtener und beanspruchter Kollokation
Fristen	Innert 20 Tagen nach der öffentlichen Auflage des Kollokationsplans (Art. 250 Abs. 1 SchKG)
Kombination	– Positive Kollokationsklage betreffend die eigene Forderung – Beschwerde gem. Art. 17 SchKG bei der Aufsichtsbehörde
Mögliche Rechtsbegehren	1. Die im Konkurs über [Name / Firma] vom Beklagten mit Eingabe vom [Datum][als grundpfandgesicherte / faustpfandgesicherte / im {…} Rang] angemeldete und vom Konkursamt […] mit Verfügung vom [Datum] unter Ord. Nr. […][im Betrag von CHF {Betrag} / vollständig / als grundpfandgesicherte im Lastenverzeichnis des Kollokationsplans / als faustpfandgesicherte / in der {…} Klasse] kollozierte Forderung sei als [unbegründet / nicht pfandgesichert / nicht grundpfandgesichert im Lastenverzeichnis des Kollokationsplans / in der {…} Klasse] zu [streichen / kollozieren / in den {…} Rang zu versetzen]. 2. Unter Kosten- und Entschädigungsfolge [ev.: zzgl. MWSt] zulasten des Beklagten.
Voraussetzungen	– Prozessvoraussetzungen – Materiellrechtliche Voraussetzungen des vom Beklagten geltend gemachten Anspruchs
Besonderheiten	– Mit der positiven Kollokationsklage gemeinsame Besonderheiten hinsichtlich der Abgrenzung zur Beschwerde nach Art. 17 SchKG, der bei Konkurseröffnung hängigen Prozessen und der kurzen Klagefrist – Dem Kläger im negativen Kollokationsprozess stehen als Vertreter der Masse alle deren Rechte (inkl. Anfechtungsansprüche nach Art. 285 ff. SchKG) zu – Eine Widerklage ist im negativen Kollokationsprozess ausgeschlossen
Rechtsmittel	Kantonal: Abhängig vom Streitwert Berufung (Art. 308 ff. ZPO) oder Beschwerde innert 30 Tagen (Art. 319 ff. ZPO) Bund: Abhängig vom Rechtsgebiet, in dem die Forderung ihren Grund hat Zivilforderungen: Abhängig vom Streitwert Beschwerde in Zivilsachen (Art. 82 ff. BGG) oder subsidiäre Verfassungsbeschwerde innert 30 Tagen (Art. 100 Abs. 1 BGG) Öffentlich-rechtliche Forderungen: Vorbehältlich Art. 85 BGG streitwertunabhängige Beschwerde in öffentlich-rechtlichen Angelegenheiten (Art. 82 ff. BGG) oder subsidiäre Verfassungsbeschwerde innert 30 Tagen (Art. 100 Abs. 1 BGG)

XI. KLAGE AUF FESTSTELLUNG BZW. BESTREITUNG NEUEN VERMÖGENS (ART. 265A ABS. 4 SCHKG)

1. ZWECK UND WIRKUNG

Im Rahmen der Durchführung des summarischen oder ordentlichen Konkursverfahrens (nicht aber bei einer Einstellung mangels Aktiven gem. Art. 230 SchKG) erhält bei der Verteilung jeder Gläubiger für den ungedeckt bleibenden Betrag seiner Forderung einen Verlustschein (Art. 265 Abs. 1 SchKG). Dies gilt unabhängig davon, ob es sich beim Konkursiten um eine natürliche oder juristische Person handelt.[432] 9.333

Gestützt auf diesen Verlustschein kann nach dem Wortlaut von Art. 265 Abs. 2 SchKG eine neue Betreibung nur eingeleitet werden, wenn der Schuldner zu neuem Vermögen gekommen ist, wobei als neues Vermögen auch Werte gelten, über die der Schuldner lediglich wirtschaftlich verfügt. Richtigerweise kann eine neue Betreibung jederzeit eingeleitet, aber nicht fortgesetzt werden, solange der vom Schuldner erhobene Rechtsvorschlag des fehlenden neuen Vermögens nicht beseitigt ist. Die neuen Gläubiger des Konkurs gegangenen Schuldners werden mit dieser Bestimmung gewollt privilegiert, indem für die nach Konkurseröffnung entstandenen Schulden die Einrede des fehlenden neuen Vermögens nicht zulässig ist. Neues Vermögen bzw. dessen Fehlen wird nicht von Amtes wegen berücksichtigt. Vielmehr hat der Schuldner die Einrede mit begründetem Rechtsvorschlag geltend zu machen, wobei die Einrede danach verwirkt ist (Art. 75 Abs. 2 SchKG).[433] 9.334

Die Einrede des fehlenden neuen Vermögens wird vom Gesetzgeber ohne zeitliche Beschränkung mit der Begründung zugelassen, dass sich bei einer Beschränkung der wirtschaftliche Zusammenbruch wohl nur wiederholen würde. Dies wird in der Lehre kritisch hinterfragt. Der Zweck der Einrede des fehlenden neuen Vermögens ist darin zu sehen, dass sich der Schuldner nach der Generalliquidation wirtschaftlich und sozial erholen können soll. So soll ihm ermöglicht werden, sich eine neue Existenz aufzubauen, ohne ständig den Betreibungen der im Konkurs zu Verlust gekommenen Gläubiger ausgesetzt zu sein.[434] 9.335

Erhebt der Schuldner Rechtsvorschlag mit der Begründung, er sei nicht zu neuem Vermögen gekommen, so legt das Betreibungsamt den Rechtsvorschlag dem Gericht des Betreibungsortes vor, welches nach Anhörung der Parteien in einem summarischen Verfahren entscheidet (Art. 265a Abs. 1 SchKG). Dieses Verfahren ist in den Art. 265a Abs. 1–3 SchKG geregelt. Demnach ist (mündlich oder schriftlich)[435] eine Stellungnahme der Parteien einzuholen. Es ist darauf 9.336

---

432 KUKO SchKG-Näf, Art. 265 N 1; BSK SchKG II-Huber, Art. 265 N 3 f.

433 KUKO SchKG-Näf, Art. 265 N 5 und Art. 265a N 2; BSK SchKG II-Huber, Art. 265 N 3.

434 KUKO SchKG-Näf, Art. 265 N 6; BGE 135 III 425, E. 2.1; 129 III 385, E. 5.1.1.

435 Vgl. Art. 253 ZPO.

zu achten, auch dem Gläubiger das rechtliche Gehör zu gewähren, nachdem der Schuldner seine Einkommens- und Vermögensverhältnisse offengelegt hat. Unangemessen ist beispielsweise, wenn der betreibende Gläubiger die «umfangreichen Beweismittel und eine Berechnung» am 12. März erhält und das Gericht den Entscheid bereits am 18. März fällt.[436]

9.337 Im summarischen Verfahren nach Rechtsvorschlag mangels neuen Vermögens i.S. der Art. 265a Abs. 1–3 SchKG ist der Schuldner die klagende Partei, von der das Gericht einen Kostenvorschuss verlangen kann. Der Schuldner hat glaubhaft zu machen, dass er nicht zu neuem Vermögen gekommen ist, wobei ihn eine verstärkte Mitwirkungspflicht trifft, seine Einkommens- und Vermögensverhältnisse offenzulegen.[437]

9.338 Wenn das Gericht zum Schluss kommt, der Schuldner habe glaubhaft gemacht, er sei nicht zu neuem Vermögen gekommen, bewilligt es den Rechtsvorschlag (Art. 265a Abs. 2 SchKG). Im umgekehrten Fall der Nichtbewilligung hat das Gericht den Umfang des neuen Vermögens festzustellen (Art. 265a Abs. 3 SchKG).

9.339 Gegen den summarischen Entscheid gibt es kein Rechtsmittel (Art. 265a Abs. 1 SchKG). Die unterliegende Partei hat gem. Art. 265a Abs. 4 SchKG aber die Möglichkeit, innert 20 Tagen eine Klage im ordentlichen oder vereinfachten Verfahren einzureichen. Es handelt sich dabei um eine rein betreibungsrechtliche Streitigkeit, deren Gegenstand die Feststellung des Vorhandenseins (positive Feststellungsklage) bzw. Nichtvorhandenseins neuen Vermögens (negative Feststellungsklage) bildet.[438]

2. VERFAHRENSART

9.340 Seit der Abschaffung des beschleunigten Verfahrens gelangt das ordentliche Verfahren zur Anwendung (Art. 251 ZPO e contrario), jedoch ohne die Durchführung eines Schlichtungsverfahrens (Art. 198 lit. e Ziff. 6 ZPO).[439] Bei einem Streitwert bis zu CHF 30 000.– ist das vereinfachte Verfahren durchzuführen (Art. 243 Abs. 1 ZPO).[440]

9.341 Das Prozessthema von Art. 265a Abs. 4 SchKG ist dasselbe wie jenes im summarischen Vorverfahren gem. Art. 265a Abs. 1–3 SchKG. Es handelt sich aber um einen unabhängigen Prozess, in welchem der gesamte Prozessstoff neu aufgerollt wird. Die im Vorverfahren unterlegene Partei

436 BSK SchKG EB-Bauer, Art. 265a N 25; BGer 5D_112/2013 vom 15.8.2013, E. 3.1.

437 BGE 139 III 498, Regeste und E. 2; BSK SchKG EB-Bauer, Art. 265a N 18a und 21; KUKO SchKG-Näf, Art. 265a N 7.

438 Kren Kostkiewicz, 484, 386 Rz. 1468; Amonn/Walther, § 48 Rz. 44.

439 Entgegen dem Wortlaut von Art. 198 lit. e Ziff. 7 ZPO, welcher lediglich von der Klage auf Feststellung spricht, dürfte der Schlichtungsversuch auch für die Klage auf Bestreitung des neuen Vermögens wegfallen; Kren Kostkiewicz, 386 Rz. 1469.

440 KUKO SchKG-Näf, Art. 265a N 11.

klagt auf Feststellung, dass (kein) neues Vermögen entstanden ist, wobei aber die Beweislast unabhängig von der Parteirollenverteilung dem Gläubiger[441] obliegt.[442]

Es bestehen keine Beweis- oder Kognitionsbeschränkungen,[443] und es gelten grundsätzlich die Dispositionsmaxime (vgl. Art. 58 ZPO) sowie der Verhandlungsgrundsatz (vgl. Art. 55 ZPO). 9.342

3. ZUSTÄNDIGKEIT

Örtlich zuständig ist zwingend das Gericht am Betreibungsort.[444] Eine Prorogation oder Einlassung ist somit nicht möglich. 9.343

Das LugÜ ist u.E. auf die Feststellungsklage gem. Art. 265a Abs. 4 SchKG gem. Art. 1 Ziff. 2 lit. b LugÜ nicht anwendbar,[445] und auch das IPRG befasst sich nicht mit vollstreckungsrechtlichen Verfahren.[446] Deshalb ist auch im internationalen Verhältnis der Konkursort der zulässige Gerichtsstand. Zum selben Ergebnis gelangt die – u.E. ebenfalls vertretbare – Auffassung, wonach das LugÜ und insbesondere dessen Art. 22 Ziff. 5 SchKG (betreffend die internationale Zuständigkeit)[447] anwendbar sind, da sich in diesem Fall die (örtliche) Zuständigkeit gleichermassen nach dem SchKG beurteilt.[448] 9.344

Das HGer ist nicht zuständig zur Beurteilung rein betreibungsrechtlicher Klagen. Auch in sachlicher Hinsicht ist keine Einlassung möglich.[449] Im Übrigen ist die sachliche Zuständigkeit von der kantonalen Gesetzgebung zu regeln. 9.345

4. LEGITIMATION

Soweit im summarischen Verfahren gem. Art. 265a Abs. 1–3 SchKG der Rechtsvorschlag mangels neuen Vermögens bewilligt wird, ist der Gläubiger klagelegitimiert und der Schuldner wird beklagt. Wird der Rechtsvorschlag nicht bewilligt, ist es hingegen umgekehrt. 9.346

441 Dies im Unterschied zur Situation im summarischen Verfahren gem. Art. 265a Abs. 1–3 SchKG, in welchem die Beweislast dem Schuldner obliegt; vgl. Art. 265a Abs. 2 SchKG; BSK SchKG II-Huber, Art. 265a N 23.

442 KUKO SchKG-Näf, Art. 265a N 11; BSK SchKG-Huber, Art. 265a N 40 ff.

443 Kren Kostkiewicz, 484.

444 KUKO SchKG-Näf, Art. 265a N 11; BSK SchKG-Huber, Art. 265a N 39.

445 Dolge, 43 f.; a.A. BSK LugÜ-Rohner/Lerch, Art. 1 N 94; SHK LugÜ-Dasser, Art. 1 N 89.

446 Vgl. BGE 139 III 236, E. 5.3, wonach auch betreibungsrechtliche Streitigkeiten mit Reflexwirkung auf das materielle Recht nicht unter das IPRG fallen; ferner Meier, 171; differenziert Markus, Rz. 254 f.

447 BSK LugÜ-Güngerich, Art. 22 N 20.

448 Vgl. Schnyder-Killias, Art. 22 Nr. 5 LugÜ N 102, der zwar Art. 22 Ziff. 5 LugÜ für anwendbar hält, in einer Fussnote (153) aber bemerkt, dass die Frage offenbleiben kann, ob die Klage überhaupt in den sachlichen Anwendungsbereich des LugÜ fällt, weil sich die Zuständigkeit in jedem Fall nach dem SchKG beurteilt.

449 Vgl. BGE 140 III 355, E. 2 für Widerspruchsklagen; vgl. auch BGE 141 III 527, E. 2 für paulianische Anfechtungsklagen.

9.347 Bei teilweiser Bewilligung und teilweiser Nichtbewilligung des Rechtsvorschlags steht die Klage gem. Art. 265a Abs. 4 SchKG beiden Parteien offen. Klagt sowohl der Schuldner als auch der Gläubiger, erscheint es zweckmässig, die Verfahren zu vereinigen (Art. 125 lit. c ZPO).

9.348 Art. 265a Abs. 3 SchKG ist missverständlich formuliert, denn der Dritte ist im Verfahren nach Art. 265a SchKG nicht Partei; es geht einzig um die Prüfung, ob und in welchem Umfang die Betreibung fortgesetzt werden kann.[450]

5. STREITWERT

9.349 Der Streitwert entspricht der Höhe des ungedeckt gebliebenen Teils der Forderung des Gläubigers entsprechend dem Verlustschein,[451] soweit der gesamte Betrag geltend gemacht wird und sich der Gläubiger nicht (einstweilen) auf einen tieferen Betrag beschränkt, um zu eruieren, ob der Schuldner zu neuem Vermögen gekommen ist.[452]

6. FRISTEN

9.350 Gemäss Art. 265a Abs. 4 SchKG hat die klagende Partei die Klage innert 20 Tagen nach Eröffnung des summarischen Entscheids gem. Art. 265a Abs. 1–3 SchKG einzureichen.

9.351 Es handelt sich um eine Verwirkungsfrist, die unter der engen Voraussetzung von Art. 33 Abs. 4 SchKG wiederhergestellt werden kann. SchKG-Klagen, die sich an ein Gericht richten, sind von Art. 32 Abs. 2 SchKG hingegen nicht erfasst. Demnach erfolgt bei am falschen Ort eingereichten Klagen keine Überweisung von Amtes wegen an die zuständige Behörde. Anwendbar ist vielmehr Art. 63 ZPO. Die Klage kann demnach neu eingereicht werden, wobei als Zeitpunkt der Rechtshängigkeit das Datum der ersten Einreichung gilt.[453] Die Frist zur Neueinreichung beträgt normalerweise einen Monat, verkürzt sich allerdings entsprechend in Fällen von kürzeren SchKG-Klagen (Art. 63 Abs. 3 ZPO). Vorliegend beträgt diese verkürzte Frist somit 20 Tage (vgl. Art. 265a Abs. 4 SchKG).[454]

9.352 Soweit das Gericht im summarischen Verfahren gem. Art. 265a Abs. 1–3 SchKG neues Vermögen des Schuldners festgestellt hat, stellt dieser Entscheid eine Betreibungshandlung dar.[455] Die Frist von Art. 265a Abs. 4 SchKG wird in dieser Konstellation somit durch eine Betreibungshandlung

450 KUKO SchKG-Näf, Art. 265a N 7; vgl. BSK SchKG-Huber, Art. 265a N 44 ff. zum Rechtsschutz des Dritten.
451 Kren Kostkiewicz, 484.
452 Amonn/Walther, § 48 Rz. 44; vgl. dazu Rz. 9.373 hiernach.
453 KUKO SchKG-Russenberger/Minet, Art. 32 N 8.
454 KUKO ZPO-Berti, Art. 63 N 9.
455 Vgl. BSK SchKG EB-Bauer, Art. 265a N 43a.

ausgelöst, auf welche nach der bundesgerichtlichen Rechtsprechung die Betreibungsferien des SchKG gelten dürften.[456]

7. KOMBINATIONSMÖGLICHKEITEN

Namentlich wenn der Schuldner in der Klägerrolle ist, kann bei Vorliegen der entsprechenden Voraussetzungen ein Gesuch um unentgeltliche Prozessführung eingereicht werden.[457] 9.353

8. MÖGLICHE RECHTSBEGEHREN

Falls der Gläubiger klagt: 9.354

1. Es sei in der Betreibung Nr. [...] des Betreibungsamts [...] festzustellen, dass der Beklagte seit der Konkurseröffnung vom [Datum][zu neuem pfändbaren Vermögen im Umfang von CHF {Betrag}][zu neuem, den Betrag der in Betreibung gesetzten Forderung (inkl. Zinsen und Kosten) übersteigenden pfändbaren Vermögen] gekommen ist.
2. Unter Kosten- und Entschädigungsfolge [ev.: zzgl. MWSt] zulasten des Beklagten.

oder falls der Schuldner klagt: 9.355

1. Es sei in der Betreibung Nr. [...] des Betreibungsamts [...] festzustellen, dass der Kläger seit der Konkurseröffnung vom [Datum][nicht][lediglich im Umfang von CHF {Betrag}] zu neuem pfändbaren Vermögen gekommen ist.
2. Unter Kosten- und Entschädigungsfolge [ev.: zzgl. MWSt] zulasten des Beklagten.

9. VORAUSSETZUNGEN

A. PROZESSVORAUSSETZUNGEN

Neben den bereits genannten Voraussetzungen (namentlich Einhaltung der Frist, Vorliegen der Klageberechtigung, Bejahung der Zuständigkeit) müssen wie bei jeder Klage auch die (weiteren) Prozessvoraussetzungen erfüllt sein, damit auf die Klage eingetreten werden kann (vgl. Art. 59 ZPO). 9.356

Die Prozessvoraussetzungen müssen grundsätzlich im entscheidmassgeblichen Zeitpunkt der Urteilsberatung gegeben sein.[458] Je nach Prozessvoraussetzung kann deren anfängliches Fehlen bis zu diesem Zeitpunkt noch behoben werden. Soweit es sich um einen behebbaren Mangel 9.357

456 BGE 143 III 38, E. 3.2; WUFFLI, Jusletter, Rz. 22 ff.; vgl. ausführlicher zum Verhältnis der Betreibungsferien gemäss SchKG und den Gerichtsferien gemäss ZPO unter Rz. 9.173 ff. hiervor.

457 Vgl. dazu Rz. 9.379 hiernach.

458 BGE 127 III 41, 43.

handelt, ist die betreffende Partei darauf hinzuweisen[459] und ist ihr Frist zur Verbesserung anzusetzen.[460] Die Art. 131 f. ZPO sehen für formelle Mängel schriftlicher Eingaben eine Nachfristansetzung sogar ausdrücklich vor.[461]

B. MATERIELLE VORAUSSETZUNGEN

9.358 Materiell ist bei der Klage gem. Art. 265a Abs. 4 SchKG zu beurteilen, ob der Schuldner zu neuem Vermögen gekommen ist oder nicht. Beim Begriff «neues Vermögen» handelt es sich um einen bilanzmässigen Begriff, indem neues Vermögen nur der Überschuss der Aktiven über die Passiven sein kann.[462] Dabei sind jedoch nur jene Aktiven und Passiven zu berücksichtigen, die seit Abschluss des Konkurses erworben bzw. entstanden sind. Namentlich Konkursforderungen fallen somit ausser Betracht.[463]

9.359 Auch hypothetisches Vermögen, das der Schuldner zu bilden unterlassen hat, stellt neues Vermögen dar. So ist insbesondere Erwerbseinkommen nicht erst dann neues Vermögen, wenn es kapitalisiert und zu effektivem Vermögen geworden ist, sondern bereits dann, wenn es das zur Führung eines standesgemässen Lebens Notwendige übersteigt und entsprechend die Bildung von Ersparnissen erlauben würde. Dem Schuldner ist es somit erlaubt, ein standesgemässes Leben zu führen, sich eine neue Existenz aufzubauen und gewisse Rücklagen zu bilden. Was ihm darüber hinaus verbleibt, stellt neues Vermögen dar, unabhängig davon, ob der Schuldner diesen Überschuss beiseite gelegt oder verbraucht hat.[464]

9.360 Massgebend für die Berechnung desjenigen Betrags, welchen der Schuldner zu viel ausgegeben hat, sind nach der Rechtsprechung die Einkommensverhältnisse des Schuldners im letzten Jahr vor der Anhebung der Betreibung.[465] Diese Begrenzung auf ein Jahr ist in der Lehre verschiedentlich auf Kritik gestossen.[466]

9.361 Das Gericht hat den standesgemässen Lebensbedarf nach pflichtgemässem Ermessen zu berechnen. Ausgangspunkt für die Berechnung bildet in der Praxis regelmässig der betreibungsrechtliche Notbedarf, welcher um die Steuern[467] und um gewisse übliche Kosten (z.B. Privatversicherungen) erweitert wird. Auf den Grundbeträgen wird ein sog. Sozialzuschlag von 50–100%

459 Vgl. Art. 56 bzw. Art. 247 Abs. 1 ZPO.

460 OGer ZH PF110040 vom 7.10.2011, E. 3; BSK SchKG EB-Bauer, Art. 250 N 70.

461 KUKO ZPO-Domej, Art. 59 N 3 mit weiteren Literaturhinweisen.

462 BSK SchKG II-Huber, Art. 265 N 14; BSK SchKG EB-Bauer, Art. 265a N 1a mit zahlreichen Verweisen auf die neuere Rechtsprechung im Zusammenhang mit dem Begriff des neuen Vermögens.

463 KUKO SchKG-Näf, Art. 265 N 7; BGE 99 Ia 19, E. 3a.

464 KUKO SchKG-Näf, Art. 265 N 8; BSK SchKG II-Huber, Art. 265 N 15 ff. m.H.; BGE 109 III 93, E. 1b; 129 III 385, E. 5.1.1.

465 BGE 99 Ia 19.

466 BSK SchKG II-Huber, Art. 265 N 17 f.; KUKO SchKG-Näf, Art. 265 N 8.

467 BGE 129 III 385, E. 5.2.1.

vorgenommen, wobei es aber willkürlich ist, auf sämtlichen Positionen des erweiterten Bedarfs einen Pauschalzuschlag zu gewähren.[468]

Wenn der Schuldner verheiratet ist und mit seinem Ehepartner in einem Haushalt lebt, haben die Ehegatten an ihren gemeinsamen Bedarf für ein standesgemässes Leben im Verhältnis ihrer Einkommen beizutragen.[469] 9.362

Die Bestimmung gem. Art. 265 Abs. 2 Satz 3 SchKG, wonach auch Werte als neues Vermögen gelten, über die der Schuldner lediglich wirtschaftlich verfügt, konkretisiert das Rechtsmissbrauchsverbot, geht allerdings darüber hinaus: es kann – muss aber nicht – rechtsmissbräuchlich sein, wenn der Schuldner lediglich wirtschaftlich über Vermögenswerte verfügt.[470] 9.363

10. BESONDERHEITEN

A. ALLGEMEIN

Die gerichtliche Feststellung neuen Vermögens beschränkt lediglich umfangmässig die Haftung des Schuldners im Rahmen der hängigen Betreibung. Im Umfang des festgestellten neuen Vermögens kann der Schuldner in der anschliessenden Pfändung aber bis zum Existenzminimum gepfändet werden.[471] 9.364

Wird Rechtsvorschlag erhoben mit dem Vermerk «Rechtsvorschlag kein neues Vermögen», so ist diese Erklärung dahingehend auszulegen, dass nicht nur das Vorhandensein neuen Vermögens bestritten wird, sondern auch die Forderung selbst.[472] 9.365

Sowohl die Einrede des fehlenden neuen Vermögens als auch der richterliche Entscheid betreffend die Feststellung von neuem Vermögen wirken nur in der jeweiligen Betreibung. Die Prüfung, ob neues Vermögen erworben wurde, ist deshalb in jeder Betreibung neu vorzunehmen.[473] 9.366

Wurde im summarischen Verfahren neues Vermögen festgestellt und – soweit erforderlich – auch der Rechtsvorschlag gegen die Forderung beseitigt, kann der Gläubiger nach Ablauf der Zahlungsfrist das Fortsetzungsbegehren stellen und analog Art. 83 Abs. 1 SchKG die provisorische Pfän- 9.367

468 KUKO SchKG-Näf, Art. 265 N 8; BGE 135 III 427, E. 2.3; 129 III 385, E. 5.1.3 und 5.2.2.

469 KUKO SchKG-Näf, Art. 265 N 8; für ein illustratives Berechnungsbeispiel vgl. Gut/Rajower/Sonnenmoser, AJP 1998, 545 f.

470 KUKO SchKG-Näf, Art. 265 N 9; BSK SchKG II-Huber, Art. 265 N 24.

471 Vgl. zum Verhältnis der gerichtlichen Feststellung neuen Vermögens zur nachfolgenden Pfändung BGE 136 III 51, Regeste und E. 3; KUKO SchKG-Näf, Art. 265a N 7.

472 BGE 140 III 567, Regeste und E. 2; BSK SchKG EB-Bauer, Art. 265a N 4.

473 BSK SchKG EB-Bauer, Art. 265a N 6; BGE 136 III 51, E. 3.2; AB BS, BlSchK 2013, 165, E. 1; KUKO SchKG-Näf, Art. 265a N 4.

dung verlangen, ohne die Beurteilung der Einrede des Betriebenen durch das Gericht im ordentlichen bzw. vereinfachten Verfahren nach Abs. 4 abwarten zu müssen.[474]

9.368 Im ordentlichen bzw. vereinfachten Verfahren gem. Art. 265a Abs. 4 SchKG darf nicht dasselbe Gericht entscheiden, welches bereits den im summarischen Verfahren ergangenen Entscheid gem. Art. 265a Abs. 1–3 SchKG gefällt hat.[475]

B. SITUATION BEIM ARREST

9.369 Wird gestützt auf einen Konkursverlustschein Arrest gelegt, ist der Arrestvollzug wie eine neue Betreibung nach Art. 265 Abs. 2 SchKG nur zulässig, wenn der Betriebene zu neuem Vermögen gekommen ist,[476] was auf entsprechende Einrede hin durch das Arrestgericht im Einspracheverfahren vorfrageweise geprüft wird.[477] Der Arrestgläubiger, welcher die Rechtsöffnung nicht bereits im Einredeverfahren verlangt, ist gehalten, innert zehn Tagen seit dem Entscheid des Arrestgerichts gem. Art. 278 SchKG die Rechtsöffnung zu verlangen oder Klage nach Art. 279 SchKG zu erheben.[478]

C. HINWEISE FÜR DEN GLÄUBIGER

9.370 Bei Verletzung der Mitwirkungspflicht im summarischen Verfahren gem. Art. 265a Abs. 1–3 SchKG kann der Schuldner im ordentlichen bzw. vereinfachten Verfahren gem. Art. 265a Abs. 4 SchKG (teilweise) kostenpflichtig werden, auch wenn er obsiegt.[479] Der im ordentlichen Prozess beklagte Gläubiger sollte deshalb neben dem Antrag auf Abweisung der Klage den Eventualantrag stellen, dass der Schuldner, welcher im summarischen Verfahren mangels Mitwirkung noch unterlegen ist, im Verfahren gem. Art. 265a Abs. 4 SchKG wenigstens (teilweise) kostenpflichtig wird, falls er hier aufgrund seiner nun erfolgten Mitwirkung obsiegen sollte.

9.371 Der Gläubiger muss in seinem Betreibungsbegehren nicht erwähnen, dass für die Forderung ein Konkursverlustschein besteht.[480] Es steht ihm demnach frei, den Schuldner zu betreiben in der Hoffnung, dass dieser die Einrede des fehlenden neuen Vermögens nicht erhebt. Erhebt der Schuldner die Einrede des fehlenden neuen Vermögens mit seinem Rechtsvorschlag nicht, ist die Einrede erwähntermassen verwirkt (Art. 75 Abs. 2 SchKG).

---

474 KUKO SchKG-Näf, Art. 265a N 7; BGE 126 III 204.

475 BGE 131 I 24; KUKO SchKG-Näf, Art. 265a N 12; BSK SchKG-HUBER, Art. 265a N 40; Amonn/Walther, § 48 Rz. 44.

476 BGE 109 III 93, E. 1a.

477 Vgl. KUKO SchKG-Näf, Art. 265 N 10; BSK SchKG-Huber, Art. 265a N 14; BSK SchKG-Stoffel, Art. 271 N 97.

478 KUKO SchKG-Näf, Art. 265a N 10; BSK SchKG-Huber, Art. 265a N 37.

479 BSK SchKG EB-Bauer, Art. 265a N 38; OGer Bern ZK 12 479 vom 4.1.2013, E. 5 f.

480 BSK SchKG-Huber, Art. 265a N 8.

Es kann aus Gläubigersicht aber auch Sinn machen, den Schuldner vor der Betreibung zu kontaktieren und ihn aufzufordern, über seine Vermögensverhältnisse Auskunft zu geben. Den Schuldner trifft zwar keine vorprozessuale Pflicht zur entsprechenden Auskunftserteilung. Gerade wenn aber kein neues Vermögen vorhanden ist, kann es auch aus Schuldnersicht Sinn machen, mit offenen Karten zu spielen und beispielsweise die letzte Steuererklärung offen zu legen. Dies spart auf beiden Seiten Zeit und Kosten.[481] 9.372

Um das Kostenrisiko zu minimieren und herauszufinden, ob der Schuldner zu neuem Vermögen gekommen ist, kann der Gläubiger lediglich einen Teil der Forderung betreiben. Angesichts der grossen kantonalen Unterschiede bei der Berechnungsweise von neuem Vermögen ist auch eine vorgängige Erkundigung beim zuständigen Gericht empfehlenswert.[482] 9.373

Soweit der Schuldner im ordentlichen oder vereinfachten Verfahren die klagende Partei ist, kann der Gläubiger gem. Art. 99 Abs. 1 lit. b ZPO die Sicherstellung seiner Parteientschädigung verlangen.[483] Der Antrag auf Sicherstellung der Parteientschädigung muss nicht beziffert werden.[484] Unzulässig ist es, der teilweise mittellosen Partei die unentgeltliche Rechtspflege für die Sicherstellung der Parteikosten der Gegenpartei vollumfänglich zu gewähren, auf der Leistung des Vorschusses für die Gerichtskosten jedoch zu bestehen.[485] 9.374

Erben steht die Einrede des fehlenden neuen Vermögens nicht zu. Gegenüber den Erben des Schuldners verjährt die Verlustscheinforderung aber bereits spätestens ein Jahr nach Eröffnung des Erbgangs (Art. 149a Abs. 1 und 265 Abs. 2 SchKG). Deshalb ist ein rechtzeitiges Vorgehen gegen die Erben zu empfehlen.[486] 9.375

D. HINWEISE FÜR DEN SCHULDNER

Das Betreibungsamt prüft die Einrede des fehlenden neuen Vermögens nur in formeller Hinsicht und hat den Rechtsvorschlag nach dem Gesagten dem Gericht des Betreibungsortes vorzulegen (Art. 265a Abs. 1 SchKG). Lehnt das Amt den Rechtsvorschlag mangels neuen Vermögens stattdessen einfach ab oder protokolliert es den gültig erhobenen Rechtsvorschlag des fehlenden neuen Vermögens fälschlicherweise nicht, kann sich der Betriebene (bei Verwirkungsfolge) mittels Beschwerde gem. Art. 17 SchKG zur Wehr setzen.[487] 9.376

481 Vgl. Krampf, plädoyer 2013, 72.

482 Vgl. dazu Krampf, plädoyer 2013, insb. 74 ff.

483 Im summarischen Verfahren gem. Art. 265a Abs. 1–3 SchKG ist gem. Art. 99 Abs. 3 lit. c ZPO hingegen keine Sicherheit zu leisten.

484 BGE 140 III 444, Regeste und E. 3.2.

485 BGE 141 III 369, Regeste und E. 4.

486 Vgl. Krampf, plädoyer 2013, 72.

487 KUKO SchKG-Malacrida/Roesler, Art. 75 N 7; BGE 130 III 678, E. 2.2; KUKO SchKG-Näf, Art. 265a N 2 und 6.

9.377 Die Einrede mangelnden neuen Vermögens ist auch ausserhalb eines Betreibungsverfahrens zulässig.[488] Auch im Bestreitungsverfahren beim privilegierten Pfändungsanschluss gem. Art. 111 Abs. 4 SchKG kann die Einrede des mangelnden neuen Vermögens erhoben werden.[489]

9.378 Wenn einerseits der Rechtsvorschlag des mangelnden neuen Verfahrens im summarischen Verfahren gem. Art. 265a Abs. 1–3 SchKG nicht bewilligt wird, andererseits aber der Gläubiger erfolgreich die provisorische Rechtsöffnung verlangt (Art. 82 SchKG), kann sich der Schuldner möglicherweise gezwungen sehen, im ordentlichen bzw. vereinfachten Verfahren sowohl auf Nichtfeststellung von neuem Vermögen i.S.v. Art. 265a Abs. 4 SchKG als auch auf Aberkennung der Forderung gem. Art. 83 Abs. 2 SchKG zu klagen.[490]

9.379 Auch in Schuldbetreibungs- und Konkurssachen besteht Anspruch auf unentgeltliche Prozessführung.[491] Deshalb kann der Schuldner bei Vorliegen der entsprechenden Voraussetzungen[492] ein Gesuch um unentgeltliche Prozessführung stellen.

9.380 Es ist von Bundesrechts wegen nicht ausgeschlossen, die teilweise mittellose Partei zwar i.S.v. Art. 118 Abs. 1 lit. a ZPO von Vorschuss- und Sicherheitsleistungen zu befreien, ihr aber keinen unentgeltlichen Rechtsbeistand zu bewilligen.[493]

E. BESONDERHEITEN AUFGRUND WEITERER BESTIMMUNGEN IM SCHKG

9.381 Widersetzt sich der Schuldner einer Betreibung, indem er bestreitet, neues Vermögen zu besitzen, so kann er während der Dauer dieser Betreibung gem. Art. 265b SchKG nicht selbst die Konkurseröffnung verlangen (Art. 191 SchKG).

9.382 Die Forderungen derjenigen Gläubiger, welche am Konkurs nicht teilgenommen haben, unterliegen denselben Beschränkungen wie diejenigen, für welche ein Verlustschein ausgestellt worden ist (Art. 267 SchKG). Auch für Forderungen, welche nicht im Konkurs eingegeben wurden, steht dem Schuldner somit die Einrede des fehlenden neuen Vermögens zu.[494] Die Einrede ist hingegen erwähntermassen nicht zulässig, wenn die Forderung erst nach der Konkurseröffnung entstanden ist.[495]

488 BGE 133 II 620; BSK SchKG EB-Bauer, Art. 265a N 13; AB BL, 4102011 102 vom 8.6.2011, E. 2.2.3; a.A. BSK SchKG-Huber, Art. 265a N 13; KUKO SchKG-Näf, Art. 265a N 5.

489 OGer BE, BlSchK 2014, 140; BSK SchKG EB-Bauer, Art. 265a N 13.

490 KUKO SchKG-Näf, Art. 265a N 9; BSK SchKG-Huber, Art. 265a N 35.

491 BSK SchKG II-Huber, Art. 265a N 22; KUKO SchKG-Näf, Art. 265a N 7; BGE 121 I 60.

492 Art. 29 Abs. 3 BV bzw. Art. 117 ff. ZPO.

493 BGE 141 III 369, Regeste und E. 4.

494 KUKO SchKG-Näf, Art. 267 N 4.

495 KUKO SchKG-Näf, Art. 265a N 5; BGE 133 III 623, E. 3.1.

F. KOSTEN

Im summarischen Verfahren sind die Kosten gering (Art. 48 GebV SchKG). Es können jedoch bereits im summarischen Verfahren Parteientschädigungen zugesprochen werden. Die Kosten des ordentlichen bzw. vereinfachten Verfahrens bemessen sich nach dem kantonalen Gebührentarif mit dem Streitwert als Berechnungsgrundlage. 9.383

Wie der Kostenentscheid auszufällen ist, wenn das Gericht zum Schluss gelangt, der Schuldner sei teilweise zu neuem Vermögen gekommen, ist umstritten. Das Bundesgericht hat dazu lediglich festgehalten, dass eine sachlich begründete anteilsmässige Kostenverlegung nicht willkürlich sei.[496] 9.384

11. RECHTSMITTEL

Im kantonalen Instanzenzug ergibt sich der Weiterzug des Entscheids gem. Art. 265a Abs. 4 SchKG aus Art. 308 ff. ZPO. Bei einem Streitwert von mindestens CHF 10 000.– ist eine Berufung und ansonsten eine Beschwerde möglich. Danach ist die Beschwerde ans Bundesgericht möglich. 9.385

Für Rechtsmittelfristen gemäss der eidgenössischen Zivilprozessordnung gelten nicht die Betreibungsferien des SchKG, sondern die Gerichtsferien der ZPO.[497] 9.386

Tabellarische Zusammenfassung

Zweck	Überprüfung des im summarischen Verfahren ergangenen Entscheids betreffend die Feststellung des Vorhandenseins bzw. Nichtvorhandenseins neuen Vermögens
Gesetzliche Grundlage	Art. 265a Abs. 4 SchKG
Verfahrensart	Abhängig vom Streitwert ordentliches Verfahren (Art. 219 ff. ZPO) oder vereinfachtes Verfahren (Art. 243 ff. ZPO)
Zuständigkeit	Gericht am Betreibungsort (Art. 265a Abs. 4 SchKG)
Aktivlegitimation	Bei Bewilligung des Rechtsvorschlags der Gläubiger; bei Nichtbewilligung der Schuldner; bei teilweiser Bewilligung Gläubiger und Schuldner
Passivlegitimation	Bei Bewilligung des Rechtsvorschlags der Schuldner; bei Nichtbewilligung der Gläubiger; bei teilweiser Bewilligung Gläubiger und Schuldner
Streitwert	Höhe des geltend gemachten Teils der Verlustscheinforderung
Fristen	Innert 20 Tagen nach Eröffnung des summarischen Entscheids gem. Art. 265a Abs. 1–3 SchKG (Art. 265a Abs. 4 SchKG)

496 BSK SchKG EB-Bauer, Art. 265a N 21a; BGer 5D_15/2013 vom 5.2.2013, E. 4.3.3.
497 BGE 143 III 149, Regeste; Wuffli, Jusletter, Rz. 22 ff.

Kombination	Gesuch um unentgeltliche Prozessführung, namentlich wenn der Schuldner in der Klägerrolle ist
Mögliche Rechtsbegehren	*Falls der Gläubiger klagt:* 1. Es sei in der Betreibung Nr. [...] des Betreibungsamts [...] festzustellen, dass der Beklagte seit der Konkurseröffnung vom [Datum][zu neuem pfändbaren Vermögen im Umfang von CHF {Betrag}][zu neuem, den Betrag der in Betreibung gesetzten Forderung (inkl. Zinsen und Kosten) übersteigenden pfändbaren Vermögen] gekommen ist. 2. Unter Kosten- und Entschädigungsfolge [ev.: zzgl. MWSt] zulasten des Beklagten. *oder falls der Schuldner klagt:* 1. Es sei in der Betreibung Nr. [...] des Betreibungsamts [...] festzustellen, dass der Kläger seit der Konkurseröffnung vom [Datum][nicht][lediglich im Umfang von CHF {Betrag}] zu neuem pfändbaren Vermögen gekommen ist. 2. Unter Kosten- und Entschädigungsfolge [ev.: zzgl. MWSt] zulasten des Beklagten.
Voraussetzungen	– Prozessvoraussetzungen – Vorliegen neuen Vermögens im Sinne eines bilanzmässigen Überschusses von Aktiven über die Passiven seit des Konkurses
Besonderheiten	– Entscheid beschränkt umfangmässige Haftung des Schuldners im Rahmen der hängigen Betreibung – Die Einrede mangelnden neuen Vermögens ist auch im Arrestverfahren oder im Bestreitungsverfahren beim privilegierten Pfändungsanschluss möglich – Bei Verletzung der Mitwirkungspflicht im Verfahren nach Art. 265a Abs. 1–3 SchKG kann der Schuldner im ordentlichen bzw. vereinfachten Verfahren kostenpflichtig werden, auch wenn er obsiegt – Während der Betreibung, in welcher der Schuldner die Einrede fehlenden neuen Vermögens erhob, kann er nicht die Konkurseröffnung nach Art. 191 SchKG verlangen (Art. 265b SchKG)
Rechtsmittel	Kantonal: Abhängig vom Streitwert Berufung (Art. 308 ff. ZPO) oder Beschwerde innert 30 Tagen (Art. 319 ff. ZPO) Bund: Abhängig vom Streitwert Beschwerde in Zivilsachen (Art. 72 ff. BGG) oder subsidiäre Verfassungsbeschwerde (Art. 113 ff. BGG) innert 30 Tagen (Art. 100 Abs. 1 BGG)

§10 SICHERUNGSMITTEL

I. AUFBAU

Im Anschluss an die Regelungen über die Betreibung, die Pfändung und den Konkurs finden sich in Art. 271–292 SchKG Bestimmungen, die dem Gläubiger die Möglichkeit einräumen, Vollstreckungssubstrat des Arrestschuldners zu sichern bzw. Vermögenswerte der Vollstreckung (wieder) zuzuführen. 10.1

Der Arrest gemäss Art. 271–281 SchKG bezweckt, den Erfolg einer schon eingeleiteten oder erst noch bevorstehenden Vollstreckung, in der die Voraussetzungen einer provisorischen oder definitiven Pfändung oder der Aufnahme eines Güterverzeichnisses noch nicht gegeben sind, durch sofortige Beschränkung der Verfügungsbefugnis des Arrestschuldners zu sichern. 10.2

Für Vermieter und Verpächter von Geschäftsräumen bestehen in Art. 283 f. SchKG Spezialbestimmungen zur Sicherung ihres Retentionsrechtes und zur Rückschaffung von heimlich oder gewaltsam fortgeschafften Vermögenswerten. 10.3

Die paulianische Anfechtungsklage gemäss Art. 285–292 SchKG stellt darauf ab, durch eine anfechtbare Handlung bereits entzogenes Vermögen der Zwangsvollstreckung wieder zuzuführen. 10.4

II. ARRESTGESUCH (ART. 271 F. SCHKG)

1. ZWECK UND WIRKUNG DES GESUCHES

Mit einem Arrestgesuch bezweckt der Arrestgläubiger den Erlass eines gerichtlichen Befehls an das zuständige Betreibungsamt (Art. 274 SchKG), die Verfügungsbefugnis des Arrestschuldners über bestimmte Vermögenswerte zu beschränken. Der Arrest wird vom Betreibungsamt nach den Bestimmungen über die Pfändung vollzogen (Art. 275 SchKG).[1] 10.5

1 Vgl. Know-how Datenbank zum Arrestrecht: ‹www.arrestpraxis.ch›.

10.6 Der vollzogene Arrest bewirkt, dass der Arrestschuldner über die betroffenen Vermögenswerte bis zu einem bestimmten Betrag (Sperrlimite)[2] nicht mehr verfügen kann.[3] Alle Vermögenswerte, die pfändbar sind, sind auch arrestierbar.

10.7 Im (gerichtlichen) Arrestbewilligungsverfahren wird darüber entschieden, ob der Arrest rechtskräftig angeordnet wird (Art. 271 f. SchKG, Art. 278 SchKG). Im (betreibungsrechtlichen) Arrestvollzugsverfahren nimmt das Betreibungsamt die Arrestierung nach den Bestimmungen über die Pfändung vor (Art. 275 SchKG).[4] Im (gerichtlichen) Arrestprosequierungsverfahren muss der Gläubiger den Bestand der Arrestforderung definitiv nachweisen, um nachher die arrestierten Vermögensstücke des Arrestschuldners der Verwertung zuzuführen (Art. 279 SchKG).

2. VERFAHRENSART

10.8 Der Arrest stellt eine vorsorgliche Massnahme mit reiner Sicherungsfunktion dar.[5] Die Arrestbewilligung erfolgt wie bei einer superprovisorischen Anordnung ohne Anhörung des Arrestschuldners. Das summarische Verfahren findet Anwendung (Art. 251 lit. a ZPO).

3. ZUSTÄNDIGKEIT

10.9 Die örtliche Zuständigkeit befindet sich nach Wahl des Arrestgläubigers entweder am Betreibungsort gemäss Art. 46 ff. SchKG oder am Ort der Vermögensgegenstände (Art. 272 Abs. 1 SchKG).[6]

10.10 Hat der Arrestschuldner keinen Wohnsitz oder Sitz in der Schweiz – typischerweise beim Ausländerarrest gemäss Art. 271 Abs. 1 Ziff. 4 SchKG –, gilt aus Praktikabilitätsgründen der Sitz des Drittschulders (z.B. Bank) als Belegenheitsort der Forderung.[7]

10.11 Die sachliche Zuständigkeit bestimmt sich nach kantonalem Recht (Art. 3 f. ZPO). Das Handelsgericht (einzige kantonale Instanz, Art. 6 Abs. 1 ZPO, vgl. auch Abs. 5 ZPO) ist nicht zuständig.[8]

---

2 KUKO SchKG-MEIER-DIETERLE, Art. 275 N 7.

3 Der Schuldner kann die arrestierten Vermögensgegenstände gegen Leistung einer Sicherheit auslösen (Art. 277 SchKG).

4 Verfügungen des Betreibungsamtes können mit Beschwerde gem. Art. 17 ff. SchKG angefochten werden, vgl. § 5 Ziff. IV (Rz. 5.56 ff.).

5 BGE 133 III 589.

6 BSK SchKG EB-BAUER, Art. 272 ad N 44 ff.

7 BGE 140 III 512.

8 BlSchK 2015, 76 f.; vgl. Art. 24 lit. c und e GOG ZH.

Das örtlich zuständige Gericht kann Vermögensgegenstände des Schuldners in der ganzen Schweiz arrestieren (Art. 271 Abs. 1 SchKG). Welche Betreibungsämter diesfalls zuständig sind, ist unklar.[9] 10.12

4. LEGITIMATION

A. AKTIVLEGITIMATION

Aktivlegitimiert ist der Arrestgläubiger. 10.13

B. PASSIVLEGITIMATION

Passivlegitimiert ist der Arrestschuldner. Der Arrestschuldner ist zu unterscheiden vom Drittschuldner (Schuldner des Arrestschuldners). 10.14

5. STREITWERT

Der Streitwert bemisst sich nach Bundesrecht (Art. 1 lit. c i.V.m. Art. 91 ff. ZPO) und ergibt sich aus dem Zweck eines Arrestverfahrens, der Sicherung einer Vollstreckung. Ist der Wert der Arrestgegenstände bekannt, stellt dieser Wert den Streitwert dar. Ist der Wert (noch) nicht bekannt, ist auf die Höhe der Arrestforderung abzustellen.[10] Klagt ein Dritter, ist der Wert seiner vom Arrest erfassten Vermögenswerte massgebend.[11] Die Gebührenverordnung zum SchKG ist anwendbar.[12] 10.15

6. FRISTEN

Es gibt keine Frist.[13] 10.16

---

9 Für einen rechtshilfeweisen Arrestvollzug vgl. FELIX C. MEIER-DIETERLE/REMO CRESTANI; Die schweizweite Zuständigkeit im Arrestvollzug, AJP 2015, 1122 ff.; vgl. sodann NICOLAS JEANDIN, point de situation sur le séquestre à la lumière de la convention de Lugano, SJ 2017 II, 27 ff.

10 BGE 139 III 195; BGer 5A_28/2013 vom 15.4.2013.

11 BGer 5A_789/2010 vom 29.6.2011.

12 SR 281.35.

13 Vorbehalten bleiben Verjährung- und Verwirkungsfristen für die Arrestforderung.

7. KOMBINATIONSMÖGLICHKEITEN

10.17 Der Arrestentscheid als vorsorgliche Massnahme erwächst nicht in materielle Rechtskraft. Es kann mit ergänzter Begründung jederzeit ein neues Arrestgesuch eingereicht werden.[14]

8. MÖGLICHE RECHTSBEGEHREN

10.18 Folgende Vermögenswerte des Arrestschuldners seien zu arrestieren, alles soweit arrestierbar bis zur Deckung der Arrestforderung von CHF [Betrag] zzgl. Zins zu [Zinssatz] % seit [Datum] sowie der Kosten:

a) Sämtliche Vermögensgegenstände des Arrestschuldners, insbesondere Forderungen, Kontokorrentguthaben und Barschaften in in- und ausländischer Währung, Wertschriften, Depots, Edelmetalle, sonstige Vermögenswerte sowie sämtliche Herausgabeansprüche aus Depotverträgen und Treuhandverhältnissen, insbesondere Konto-Nr. […], lautend auf den Namen und / oder Nummer und / oder Decknamen des Arrestschuldners bei der Bank XY [genaue Adresse].
b) Die Liegenschaft [genaue Adresse], Grundbuchblatt Nr. […], Kataster Nr. […].
c) 1 Skulptur [genaue Umschreibung] in der Liegenschaft [genaue Umschreibung].
d) Fahrzeug [genaue Umschreibung], Kontrollschild ZH […].

10.19 Stützt sich die Arrestforderung auf ein ausländisches Urteil, stellt sich die Frage nach der Vollstreckbarerklärung des ausländischen Urteiles. Bei Urteilen gemäss IPRG, die nicht unter das LugÜ fallen, sowie bei Schiedssprüchen ist es ausreichend, dass das Arrestgericht vorfrageweise (inzident) summarisch prüft, ob die Voraussetzungen für die Vollstreckbarerklärung erfüllt sind (Art. 25 ff., Art. 149 IPRG).[15] In diesen Fällen genügt es, im Rechtsbegehren nur die Arrestierung zu verlangen.

10.20 Umstritten ist die Rechtslage bei LugÜ-Urteilen gemäss Art. 271 Abs. 3 SchKG.[16] Soweit der Rechtsprechung gefolgt wird, dass eine Arrestierung gestützt auf ein LugÜ-Urteil die vorhergehende Vollstreckbarererklärung dieses Urteiles voraussetzt, ist dem Rechtsbegehren auf Arrestierung ein solches auf Vollstreckbarerklärung des ausländischen Urteiles voranzustellen.[17]

10.21 Ausländische öffentliche Urkunden sind ausländischen Urteilen gleichgestellt (Art. 31 IPRG, Art. 57 ff. LugÜ).

---

14 BGE 138 III 382.
15 BGE 139 III 135 = Pra 2013, Nr. 69 E. 4.5.2.
16 ZR 2015, Nr. 79 E. 3.3 f.
17 Dafür ist eine Bescheinigung gemäss Art. 54 LugÜ erforderlich.

9. VORAUSSETZUNGEN

A. ARRESTFORDERUNG

Der Arrestgläubiger muss seine Forderung gegen den Arrestschuldner glaubhaft machen (Art. 271 Abs. 1 i.V.m. Art. 272 Abs. 1 SchKG). Die Forderung darf nicht pfandgesichert und muss grundsätzlich fällig sein. Stützt sich der Arrest auf die Arrestgründe von Art. 271 Abs. 1 Ziff. 1 und Ziff. 2 SchKG, bewirkt der Arrest gegenüber dem Arrestschuldner die Fälligkeit der Forderung (Art. 272 Abs. 2 SchKG).[18] 10.22

B. ARRESTGRUND

Der Arrestgläubiger muss einen Arrestgrund aus dem abschliessenden Katalog von Art. 271 Abs. 1 Ziff. 1–6 SchKG glaubhaft machen. Die Arrestgründe gemäss Ziffer 1–5 stellen Gefährdungstatbestände dar (Ziffer 1: Arrestschuldner ohne festen Wohnsitz, Ziffer 2: Arrestschuldner auf der Flucht, Ziffer 3: Arrestschuldner auf der Durchreise, Ziffer 4: Arrestschuldner ohne Wohnsitz in der Schweiz = Ausländerarrest, Ziffer 5: Arrestschuldner mit Verlustschein). Beim Arrestgrund von Ziffer 6 (definitiver Rechtsöffnungstitel) wird keine Gefährdung verlangt. 10.23

Die meisten Arrestverfahren stützen sich auf Ziffer 4 (Ausländerarrest) oder Ziffer 6 (definitiver Rechtsöffnungstitel). Bei einem Ausländerarrest gemäss Ziffer 4 muss der Arrestgläubiger zusätzlich zur Arrestforderung einen genügenden Bezug dieser Forderung zur Schweiz oder eine Schuldanerkennung gemäss Art. 82 SchKG glaubhaft machen.[19] 10.24

Mit einem vollstreckbaren Urteil eines kantonalen Obergerichtes (definitiver Rechtsöffnungstitel) kann (auch) gegen Schuldner in der Schweiz Arrest beantragt werden, bevor die Betreibung eingeleitet wird.[20] 10.25

C. VERMÖGENSSTÜCKE DES SCHULDNERS

Der Arrestgläubiger muss Vermögensstücke des Arrestschuldners, die sich in der Schweiz befinden, glaubhaft machen (Art. 271 Abs. 1 SchKG). Vermögensstücke können sein: Forderungen (gegen Banken), Lohn, Wertpapiere, Grundstücke, Fahrzeuge, Kunst etc.[21] 10.26

In Ausnahmefällen können Vermögenswerte von Dritten arrestiert werden (Durchgriff).[22] 10.27

18 Forderungen öffentlichrechtlicher Art sind nicht Gegenstand der vorliegenden Abhandlung (vgl. BSK SchKG II-Reiser, Art. 275 N 20a ff.).

19 BGE 135 III 608 = Pra 2010, Nr. 63.

20 OGer ZH PS160162 vom 3.11.2016.

21 BSK SchKG II-Stoffel, Art. 271 N 46 ff.

22 BGer 5A_629/2011 vom 26.4.2012.

D. BEWEISMASS

10.28 Im gesamten Arrestbewilligungsverfahren gilt das Beweismass des Glaubhaftmachens (Art. 272 Abs. 1 SchKG).[23]

10. BESONDERHEITEN

10.29 Die Vollstreckung von Geldforderungen erfolgt gemäss den Bestimmungen im SchKG. Andere bundes- oder kantonalrechtliche Sicherungsmassnahmen sind unzulässig (Art. 269 lit. a. ZPO).

10.30 Ein Schuldner kann gegen eine drohende Arrestierung eine Schutzschrift gemäss Art. 270 Abs. 1 ZPO einreichen.

11. RECHTSMITTEL

10.31 Bei der Beurteilung des Arrestgesuches wird der Arrestschuldner nicht angehört. Wird das Gesuch bewilligt, kann sich der Arrestschuldner mit der Arresteinsprache (an das Arrestgericht) wehren (Art. 278 Abs. 1 SchKG).

10.32 Wird das Gesuch ganz oder teilweise abgewiesen, steht dem Gläubiger das Rechtsmittel der Beschwerde (an die obere kantonale Instanz) zur Verfügung (Art. 309 lit. b Ziff. 6 i.V.m. Art. 319 lit. a ZPO).[24] Die Beschwerde in Zivilsachen an das Bundesgericht richtet sich nach Art. 72 Abs. 2 lit. a BGG. Die Beschwerdegründe sind beschränkt (Art. 98 BGG).

Tabellarische Zusammenfassung

Zweck	Provisorische gerichtliche Beschlagnahme von bestimmten Vermögenswerten des Arrestschuldners im Hinblick auf eine spätere Zwangsvollstreckung (Art. 271 f. SchKG)
Gesetzliche Grundlage	Art. 271 ff. SchKG
Verfahrensart	Summarisches Verfahren (Art. 251 lit. a ZPO)
Zuständigkeit	Gericht (nach kantonalem Recht, Art. 3 und 4 ZPO) am Betreibungsort oder Ort der Vermögensgegenstände (Art. 272 Abs. 1 SchKG)

23 Bei LugÜ-Arresten genügt die substantiierte Bezeichnung der Vermögenswerte, vgl. OGer ZH PS120081 vom 18.5.2016.

24 Zur Frage, mit welchem Rechtsmittel der Arrestgläubiger sich wehren kann, wenn das Arrestgericht von Amtes wegen eine Arrestkaution gemäss Art. 273 Abs. 1 SchKG auferlegt, vgl. KUKO SchKG Meier-Dieterle, Art. 272 N 26 f.

Aktivlegitimation	Arrestgläubiger
Passivlegitimation	Arrestschuldner
Streitwert	Wert der Arrestgegenstände; sofern noch nicht bekannt, Höhe der Arrestforderung. Bei Klagen von Dritten: Wert von dessen Vermögenswerten
Fristen	Jederzeit (ergänztes) neues Arrestgesuch möglich
Kombination	Nicht einschlägig
Mögliche Rechtsbegehren	1. Folgende Vermögenswerte des Arrestschuldners seien zu arrestieren, alles soweit arrestierbar bis zur Deckung der Arrestforderung von CHF [Betrag] zzgl. Zins zu [Zinssatz] % seit [Datum] sowie der Kosten: a) Sämtliche Vermögensgegenstände des Arrestschuldners, insbesondere Forderungen, Kontokorrentguthaben und Barschaften in in- und ausländischer Währung, Wertschriften, Depots, Edelmetalle, sonstige Vermögenswerte sowie sämtliche Herausgabeansprüche aus Depotverträgen und Treuhandverhältnissen, insbesondere Konto-Nr. [...], lautend auf den Namen und / oder Nummer und / oder Decknamen des Arrestschuldners bei der Bank XY [genaue Adresse]. b) Die Liegenschaft [genaue Adresse], Grundbuchblatt Nr. [...], Kataster Nr. [...]. c) 1 Skulptur [genaue Umschreibung] in der Liegenschaft [genaue Umschreibung]. d) Fahrzeug [genaue Umschreibung], Kontrollschild ZH [...]; 2. (Evtl. vorgeschobenes zusätzliches Begehren auf Vollstreckbarerklärung bei LugÜ-Urteilen: Das Urteil des Gerichtes [...] vom [...] (Gesch.Nr. [...]) sei vollstreckbar zu erklären) 3. (Unter Kosten- und Entschädigungsfolgen, zzgl. MWSt. zu Lasten des Arrestschuldners).[25]
Voraussetzungen	– Fällige, nicht pfandgesicherte Arrestforderung – Arrestgrund – Vermögensstücke des Arrestschuldners
Besonderheiten	Nicht einschlägig
Rechtsmittel	Arrestgläubiger: Kantonal: Beschwerde bei (Teil-)Abweisung des Arrestgesuches an die obere kantonale Instanz innert 10 Tagen (Art. 309 lit. b Ziff. 6 i.V.m. Art. 319 lit. a ZPO) Bund: Beschwerde an das Bundesgericht innert 30 Tagen (Art. 72 Abs. 2 lit. a BGG) Arrestschuldner: Kantonal: Arresteinsprache an das Arrestgericht und Beschwerde an die obere kantonale Instanz innert je 10 Tagen (Art. 278 Abs. 1 und 3 SchKG) Bund: Beschwerde an das Bundesgericht innert 30 Tagen (Art. 72 Abs. 2 lit. a BGG)

25 In der Praxis wird bei der Arrestbewilligung (nicht aber bei der Vollstreckbarerklärung) aufgrund der Einseitigkeit des Verfahrens keine Prozessentschädigung zugesprochen.

Kosten	CHF 40–2 000.– für das Arrestgesuch (Art. 48 GebV SchKG), Kosten Betreibungsamt für den Arrestvollzug CHF 60–3 000.– im Beschwerdeverfahren an die obere kantonale Instanz (Art. 61 GebV SchKG)

III. ARRESTEINSPRACHE (ART. 278 SCHKG)

1. ZWECK UND WIRKUNG DES GESUCHES

10.33 Ein Arrest wird ohne Anhörung des Arrestschuldners bewilligt. Dieser kann sich gegen die Arrestbewilligung mit der Arresteinsprache wehren (Art. 278 SchKG). Das Arrestgericht prüft bei der Arresteinsprache die Voraussetzungen der Arrestbewilligung unter Berücksichtigung der Sachdarstellung des Arrestschuldners.

10.34 Erachtet das Arrestgericht die Voraussetzungen für eine Bewilligung eines Arrestes auch nach Anhörung des Arrestschuldners als (weiterhin) glaubhaft, weist es die Arresteinsprache ab. Damit bleibt der Arrestbeschlag aufrecht. Erachtet das Arrestgericht die Voraussetzungen für eine Bewilligung eines Arrestes nach Anhörung des Schuldners als nicht (mehr) glaubhaft, heisst es die Arresteinsprache gut. Die Aufhebung des Arrestes erfolgt anschliessend (wie der Arrestvollzug) durch das Betreibungsamt. Das Arrestgericht kann eine Arresteinsprache auch teilweise gutheissen.

10.35 Eine Arresteinsprache und eine Beschwerde gegen den Entscheid des Arrestgerichtes an die obere kantonale Instanz hemmen die Wirkung des Arrestes nicht (Art. 278 Abs. 4 SchKG).

2. VERFAHRENSART

10.36 Das summarische Verfahren findet Anwendung (Art. 251 lit. a ZPO).

3. ZUSTÄNDIGKEIT

10.37 Das (erstinstanzliche) Arrestgericht ist zur Beurteilung der Arresteinsprache örtlich und sachlich zuständig, auch wenn der Arrestbefehl nach einer Beschwerde des Arrestgläubigers durch die obere kantonale Instanz bewilligt wurde.[26]

26 OGer ZHPS110211 vom 20.12.2011.

4. LEGITIMATION

A. AKTIVLEGITIMATION

Aktivlegitimiert ist jedermann, der in seinen Rechten betroffen ist (Art. 278 Abs. 1 SchKG). Der Arrestschuldner ist regelmässig legitimiert, da er nicht mehr frei über seine Vermögenswerte verfügen kann. 10.38

Ebenfalls legitimiert ist der Drittansprecher, der z.B. Eigentum oder ein Pfandrecht an den Vermögenswerten behauptet, oder der Drittverwahrer, der Vermögen des Arrestschuldners aufbewahrt.[27] 10.39

Der Drittschuldner, z.B. eine Bank, ist zur Einsprache legitimiert, falls er in einer Art betroffen ist, die über die Anweisung, nicht mehr befreiend an den Schuldner leisten zu können, hinausgeht.[28] 10.40

B. PASSIVLEGITIMATION

Passivlegitimiert ist der Arrestgläubiger. 10.41

5. STREITWERT

Der Streitwert bemisst sich nach Bundesrecht (Art. 1 lit. c i.V.m. Art. 91 ff. ZPO) und ergibt sich aus dem Zweck eines Arrestverfahrens, der Sicherung einer Vollstreckung. Ist der Wert der Arrestgegenstände bekannt, stellt dieser Wert den Streitwert dar. Ist der Wert (noch) nicht bekannt, ist auf die Höhe der Arrestforderung abzustellen.[29] Klagt ein Dritter, ist der Wert seiner vom Arrest erfassten Vermögenswerte massgebend.[30] Die Gebührenverordnung zum SchKG ist anwendbar.[31]. 10.42

27 BGer 5A_364/2012 vom 20.12.2012, E. 8.3.

28 BSK SchKG II-Reiser, Art. 278 N 25. Falls der Dritte keine Arresteinsprache erhebt oder diese abgewiesen wird, wird im Widerspruchsverfahren definitiv darüber entschieden, ob die arrestierten Vermögenswerte in der Zwangsvollstreckung verbleiben, vgl. §7 Ziff. IV ff. (Rz. 7.51 ff.).

29 BGE 139 III 195; BGer 5A_28/2013 vom 15.4.2013.

30 BGer 5A_789/2010 vom 29.6.2011.

31 SR 281.35.

6. FRISTEN

10.43 Die Frist für die Erhebung der Arresteinsprache beträgt 10 Tage ab Kenntnis von der Anordnung des Arrestes (Art. 278 Abs. 1 SchKG). Die Frist läuft für den Arrestschuldner ab Zustellung der Arresturkunde durch das Betreibungsamt.[32]

10.44 Beim Drittschuldner läuft die Frist ab Anzeige gemäss Art. 99 SchKG,[33] beim Dritt-Grundstückeigentümer (z.B. bei einem Durchgriff) ab der Mitteilung der Vormerkung im Grundbuch gemäss Art. 101 SchKG.

7. KOMBINATIONSMÖGLICHKEITEN

10.45 Bei der Arresteinsprache kann der Arrestschuldner verlangen, dass – für den Fall der Abweisung der Arresteinsprache – das Arrestgericht dem Arrestgläubiger eine Sicherheitsleistung (Arrestkaution) gemäss Art. 273 Abs. 1 SchKG auferlegt. Falls das Arrestgericht den Arrest ursprünglich bereits nur unter der Bedingung der rechtzeitigen Leistung einer solchen Sicherheit bewilligt hat, kann der Arrestgläubiger verlangen, dass das Arrestgericht auf die Sicherheitsleistung ganz oder teilweise verzichtet.

8. MÖGLICHE RECHTSBEGEHREN

10.46 Der Arrestbefehl vom [Datum] (Geschäfts Nr. […], Arrest Nr. […] des Betreibungsamtes […]) sei aufzuheben [Einsprache durch Arrestschuldner] bzw. der Arrestbefehl vom [Datum] (Geschäfts Nr. […], Arrest Nr. […] des Betreibungsamtes […]) sei bzgl. der dem Einsprecher gehörenden Gegenstände […] aufzuheben, und es seien diese dem Einsprecher gehörenden Vermögenswerte aus dem Arrest zu entlassen [Einsprache durch Dritte]; unter Kosten- und Entschädigungsfolgen zzgl. MWSt zu Lasten des Arrestgläubigers.

9. VORAUSSETZUNGEN

10.47 Das Arrestgericht beurteilt nicht den (ursprünglichen) Entscheid der Arrestbewilligung, sondern prüft sämtliche Voraussetzungen für die Arrestbewilligung unter Berücksichtigung sämtlicher Parteivorbringen mit Zulassung von echten und unechten Noven.[34] Zu den Voraussetzungen der Arrestbewilligung vgl. Rz. 10.22 ff.:

32 BGE 135 III 232.

33 BGE 114 III 118; BGer 5A_789/2010 vom 29.6.2011.

34 OGer ZH PS160170 vom 4.11.2016.

A. ARRESTFORDERUNG

Der Arrestgläubiger muss seine Forderung gegen den Arrestschuldner glaubhaft machen (Art. 271 Abs. 1 i.V.m. Art. 272 Abs. 1 SchKG). Die Forderung darf nicht pfandgesichert und muss grundsätzlich fällig sein. Stützt sich der Arrest auf die Arrestgründe von Art. 271 Abs. 1 Ziff. 1 und Ziff. 2 SchKG, bewirkt der Arrest gegenüber dem Arrestschuldner die Fälligkeit der Forderung (Art. 272 Abs. 2 SchKG).[35] 10.48

B. ARRESTGRUND

Der Arrestgläubiger muss einen Arrestgrund aus dem abschliessenden Katalog von Art. 271 Abs. 1 Ziff. 1–6 SchKG glaubhaft machen. Die Arrestgründe gemäss Ziffer 1–5 stellen Gefährdungstatbestände dar (Ziffer 1: Arrestschuldner ohne festen Wohnsitz, Ziffer 2: Arrestschuldner auf der Flucht, Ziffer 3: Arrestschuldner auf der Durchreise, Ziffer 4: Arrestschuldner ohne Wohnsitz in der Schweiz = Ausländerarrest, Ziffer 5: Arrestschuldner mit Verlustschein). Beim Arrestgrund von Ziffer 6 (definitiver Rechtsöffnungstitel) wird keine Gefährdung verlangt. 10.49

Die meisten Arrestverfahren stützen sich auf Ziffer 4 (Ausländerarrest) oder Ziffer 6 (definitiver Rechtsöffnungstitel). Bei einem Ausländerarrest gemäss Ziffer 4 muss der Arrestgläubiger zusätzlich zur Arrestforderung einen genügenden Bezug dieser Forderung zur Schweiz oder eine Schuldanerkennung gemäss Art. 82 SchKG glaubhaft machen.[36] 10.50

Mit einem vollstreckbaren Urteil eines kantonalen Obergerichtes (definitiver Rechtsöffnungstitel) kann (auch) gegen Schuldner in der Schweiz Arrest beantragt werden, bevor die Betreibung eingeleitet wird.[37] 10.51

C. VERMÖGENSSTÜCKE DES SCHULDNERS

Der Arrestgläubiger muss Vermögensstücke des Arrestschuldners, die sich in der Schweiz befinden, glaubhaft machen (Art. 271 Abs. 1 SchKG). Vermögensstücke können sein: Forderungen (gegen Banken), Lohn, Wertpapiere, Grundstücke, Fahrzeuge, Kunst etc.[38] 10.52

In Ausnahmefällen können Vermögenswerte von Dritten arrestiert werden (Durchgriff).[39] 10.53

35 Forderungen öffentlich-rechtlicher Art sind nicht Gegenstand der vorliegenden Abhandlung (vgl. BSK SchKG II-Reiser, Art. 275 N 20a ff.).

36 BGE 135 III 608 = Pra 2010, Nr. 63.

37 OGer ZH PS160162 vom 3.11.2016.

38 BSK SchKG II-Stoffel, Art. 271 N 46 ff.

39 BGer 5A_629/2011 vom 26.4.2012.

D. BEWEISMASS

10.54 Im gesamten Arrestbewilligungsverfahren gilt das Beweismass des Glaubhaftmachens (Art. 272 Abs. 1 SchKG).[40]

10. BESONDERHEITEN

10.55 Das Arresteinspracheverfahren ist Teil des Arrestbewilligungsverfahrens und damit Teil des Massnahmeverfahrens. Daraus ergeben sich die Parteirollen. Der Arrestgläubiger bleibt in der Kläger-, der Arrestschuldner in der Beklagtenrolle.[41] Selbst wenn Gerichte den Einsprecher als Gesuchsteller und den Arrestgläubiger als Gesuchsgegner aufführen, ändert dies nichts daran, dass allen Parteien Anspruch auf gleich viele Parteivorträge zustehen.

10.56 Die Arresteinsprache muss nicht begründet erhoben werden. Es genügt, wenn die Arresteinsprache innert Frist erhoben und um Ansetzung einer gerichtlichen Frist für die Begründung ersucht wird.[42]

11. RECHTSMITTEL

10.57 Der Einspracheentscheid kann mit Beschwerde nach Art. 309 lit. b Ziff. 6 ZPO und Art. 319 lit. a ZPO i.V.m. Art. 278 Abs. 3 und 4 SchKG angefochten werden. Die Beschwerdefrist beträgt 10 Tage (Art. 278 Abs. 1 SchKG). Die Bestimmungen der ZPO kommen zur Anwendung, sofern nicht Spezialbestimmungen gelten (Novenrecht, aufschiebende Wirkung, Art. 278 Abs. 3 und 4 SchKG, Art. 326 Abs. 2 ZPO).

10.58 Sämtliche Parteien können neue Tatsachen geltend machen (Art. 278 Abs. 3 SchKG). Im Gegensatz zum (erstinstanzlichen) Einspracheverfahren sind damit nur echte Noven gemeint.[43]

10.59 Liegt dem Arrest eine Entscheidung aus dem Anwendungsbereich des LugÜ zugrunde, spaltet sich der Rechtsmittelweg.[44] Gegen die ohne Anhörung des Arrestschuldners erteilte Vollstreckbarerklärung gem. Art. 41 LugÜ kann sich der Arrestschuldner mit Beschwerde an die obere kantonale Instanz wehren (Art. 327a Abs. 1 ZPO i.V.m. Art. 43 Ziff. 1 LugÜ).

10.60 Die Beschwerde in Zivilsachen an das Bundesgericht richtet sich nach Art. 72 Abs. 2 lit. a. und b Ziff. 1 BGG. Die Beschwerdegründe sind beschränkt (Art. 98 BGG).

---

40 Bei LugÜ-Arresten genügt die substantiierte Bezeichnung der Vermögenswerte, vgl. OGer ZH PS120081 vom 18.5.2012.

41 ZR 2002, Nr. 4.

42 BSK SchKG II-Reiser, Art. 278 N 28, OGer ZH PS150016 vom 20.2.2015.

43 Offen gelassen in BGer 5A_739/2012 vom 17.5.2013; vgl. OGer ZH PS150016 vom 20.2.2015.

44 Vgl. Rz. 10.19–10.21 und KUKO SchKG-Meier-Dieterle, Art. 278 N 17a ff.

Tabellarische Zusammenfassung

Zweck	Prüfung der Voraussetzungen der Arrestbewilligung unter Berücksichtigung der Vorbringen der Einsprecher (Arresteinsprache, Art. 278 Abs. 1 SchKG) Prüfung der Voraussetzungen für die Vollstreckbarerklärung (LugÜ-Entscheid, Art. 45 LugÜ)
Gesetzliche Grundlage	Art. 278 SchKG (Arresteinsprache) Art. 43 LugÜ (Vollstreckbarerklärung)
Verfahrensart	Arresteinsprache: Summarisches Verfahren (Art. 251 lit. a ZPO) Vollstreckbarklärung: Summarisches Verfahren (Art. 335 Abs. 3 ZPO i. V. m. Art. 339 Abs. 2 ZPO; ohne Beweismittelbeschränkung, vgl. Art. 254 Abs. 2 lit. b ZPO)
Zuständigkeit	Arresteinsprache: Erstinstanzliches Arrestgericht (Art. 278 Abs. 1 SchKG) Vollstreckbarerklärung: Obere kantonale Instanz (Art. 43 LugÜ)
Aktivlegitimation	Arresteinsprache: Arrestschuldner, betroffene Dritte Vollstreckbarerklärung: Arrestschuldner
Passivlegitimation	Arrestgläubiger
Streitwert	Arresteinsprache: Wert der Arrestgegenstände; sofern noch nicht bekannt, Höhe der Arrestforderung Bei Klagen von Dritten: Wert seiner Vermögenswerte Vollstreckbarerklärung: Forderung gemäss ausländischem Urteil
Fristen	10 Tage ab Kenntnis von der Arrestanordnung (Arresteinsprache, Art. 278 Abs. 1 SchKG) 1 bzw. 2 Monate (Vollstreckbarerklärung, Art. 43 Abs. 5 LugÜ)
Kombination	Eventualbegehren auf Sicherheitsleistung durch den Arrestschuldner oder Dritten (Arrestkaution, Art. 273 Abs. 1 SchKG)
Mögliche Rechtsbegehren	Arresteinsprache: 1. Der Arrestbefehl vom [Datum] (Gesch. Nr. […], Arrest Nr. […] des Betreibungsamtes […]) sei aufzuheben [Einsprache durch Arrestschuldner] bzw. der Arrestbefehl vom [Datum] bzgl. der dem Einsprecher gehörenden Gegenstände sei […] aufzuheben und es seien diese dem Einsprecher gehörenden Vermögenswerte aus dem Arrest zu entlassen [Einsprache durch Dritte]; 2. unter Kosten- und Entschädigungsfolgen zzgl. MWSt zu Lasten des Arrestgläubigers. Vollstreckbarerklärung: 1. Der Entscheid der Vorinstanz sei aufzuheben und das Gesuch auf Vollstreckbarerklärung des Urteils des Gerichts […] vom [Datum] (Gesch. Nr. […]) sei abzuweisen; 2. unter Kosten- und Entschädigungsfolgen zuzügl. MWSt zu Lasten des Arrestgläubigers.

Voraussetzungen	Arresteinsprache: Erneute Prüfung unter Berücksichtigung der Vorbringen des Arrestschuldners: – Fällige, nicht pfandgesicherte Arrestforderung – Arrestgrund – Vermögensstücke des Arrestschuldners Vollstreckbarerklärung: Prüfung der Gründe von Art. 34f. LugÜ (Art. 45 LugÜ)
Besonderheiten	Keine
Rechtsmittel	Arresteinsprache: Kantonal: Arresteinsprache an das Arrestgericht und Beschwerde an die obere kantonale Instanz (Art. 278 Abs. 1 und 3 SchKG) innert je 10 Tagen Bund: Beschwerde an das Bundesgericht (Art. 72 Abs. 2 lit. a BGG) innert 30 Tagen Vollstreckbarerklärung: Kantonal: Beschwerde an die obere kantonale Instanz (Art. 43 LugÜ) innert 1 bzw. 2 Monaten Bund: Beschwerde an das Bundesgericht (Art. 72 Abs. 2 lit. b Ziff. 1 BGG) innert 30 Tagen
Kosten	Arresteinsprache: CHF 40–2 000.– im erstinstanzlichen Verfahren (Art. 48 GebV SchKG), CHF 60–3 000.– im Weiterzugsverfahren an die obere kantonale Instanz (Art. 48 i.V.m. Art. 61 GebV SchKG) Vollstreckbarerklärung: Gebühren nach Streitwert sind im LugÜ-Bereich unzulässig (Art. 52 LugÜ), ansonsten kantonaler Gebührentarif

IV. ARRESTKAUTION (ART. 273 SCHKG)

1. ZWECK UND WIRKUNG DES GESUCHES

10.61 Der Arrestschuldner kann durch den Arrestbeschlag nicht mehr über die betroffenen Vermögenswerte verfügen. Dies kann zu einem Schaden führen, falls sich herausstellt, dass der Arrest unrechtmässig war. Das Arrestgericht kann den Arrestgläubiger zu einer Sicherheitsleistung (Arrestkaution) verpflichten, falls dem Schuldner oder dem Dritten durch die Arrestbewilligung ein Schaden droht (Art. 273 Abs. 1 SchKG).

10.62 Die Arrestkaution stellt eine materielle Bedingung für die Bewilligung bzw. Aufrechterhaltung des Arrestbefehls dar. Sie ist nicht zu verwechseln mit einer Sicherheitsleistung gemäss Art. 277 SchKG (Ablösung der Arrestgegenstände durch den Arrestschuldner) oder einer Prozesskaution gemäss Art. 95 ff. ZPO.

2. VERFAHRENSART

Das summarische Verfahren findet Anwendung (Art. 251 lit. a. ZPO), der Arrestschuldner wird angehört.[45] 10.63

3. ZUSTÄNDIGKEIT

Das erstinstanzliche Arrestgericht ist örtlich und sachlich zuständig.[46] 10.64

4. LEGITIMATION

A. AKTIVLEGITIMATION

Aktivlegitimiert ist der Arrestschuldner oder ein Dritter. 10.65

B. PASSIVLEGITIMATION

Passivlegitimiert ist der Arrestgläubiger. 10.66

5. STREITWERT

Der Streitwert entspricht dem Betrag der geltend gemachten Arrestkaution. Die Gebührenverordnung zum SchKG ist anwendbar.[47] 10.67

6. FRISTEN

Es gibt keine Frist. 10.68

45 BJM 1990, 96 f.

46 BGE 112 III 112, E. 1b = Pra 1987, Nr. 51; BJM 1990, 96 f.

47 SR 281.35.

7. KOMBINATIONSMÖGLICHKEITEN

10.69 Eine Arrestkaution kann schon bei der Arrestbewilligung vom Arrestgericht von Amtes wegen, im Arresteinspracheverfahren auf Antrag des Arrestschuldners bzw. eines Dritten oder in einem späteren selbständigen Verfahren angeordnet werden.

8. MÖGLICHE RECHTSBEGEHREN

10.70 Der Arrestgläubiger sei zu verpflichten, bei einer vom Gericht zu bezeichnenden Stelle innert 10 Tagen ab Zustellung des Gerichtsentscheides als Sicherheit für einen allfälligen Schaden des Schuldners [Dritten] aus dem ungerechtfertigten Arrest [...] eine Sicherheitsleistung im Betrag von CHF [Betrag] zu deponieren, unter der Androhung, dass der Arrest im Unterlassungsfall dahinfällt; unter Kosten- und Entschädigungsfolgen zzgl. MWSt zu Lasten des Arrestgläubigers.

9. VORAUSSETZUNGEN

A. DROHENDER SCHADEN

10.71 Eine Auferlegung einer Arrestkaution setzt voraus, dass dem Arrestschuldner oder dem Dritten ein Schaden entstehen kann (Art. 273 Abs. 1 SchKG). Eine pauschale Festsetzung einer Arrestkaution nur abhängig von der Arrestforderung (z.B. 10% der Arrestforderung) ist bundesrechtswidrig.[48]

10.72 Je wahrscheinlicher das Bestehen einer Arrestforderung (z.B. vollstreckbares Urteil) und eines Arrestgrundes ist, desto weniger droht eine Schädigung des Schuldners oder des Dritten.[49]

10.73 Eine Auferlegung einer Arrestkaution bei ausländischen definitiven Rechtsöffnungstiteln im Anwendungsbereich des LugÜ ist unzulässig (Art. 47 LugÜ).[50]

B. BEWEISMASS

10.74 Das Arrestkautionsverfahren ist ein Teil des Arrestbewilligungsverfahrens. Es gilt das Beweismass des Glaubhaftmachens (Art. 272 Abs. 1 SchKG i.V.m. Art. 251 lit. a ZPO).

48 BGE 126 III 95 E. 5 = Pra 2001, Nr. 52.

49 BGer 5A_255/2009 vom 10.9.2009; BGer 5A_165/2010 vom 10.5.2010 = Pra 2011, Nr. 21.

50 Botschaft LugÜ, 1816.

10. BESONDERHEITEN

Das Gesuch auf Auferlegung einer Arrestkaution kann vom Arrestschuldner bzw. von Dritten nicht nur im Rahmen der Arresteinsprache, sondern auch während der Arrestprosequierung gestellt werden. 10.75

11. RECHTSMITTEL

Der Entscheid des Arrestgerichts nach einem kontradiktorischen Verfahren über die Auferlegung einer Arrestkaution entspricht inhaltlich einem «Arresteinspracheentscheid» gemäss Art. 278 Abs. 2 SchKG. Er kann an die obere kantonale Instanz weitergezogen werden (Art. 278 Abs. 3 SchKG als «lex specialis» zu Art. 319 ZPO).[51] Die Beschwerde in Zivilsachen an das Bundesgericht richtet sich nach Art. 72 Abs. 2 lit. a BGG. Die Beschwerdegründe sind beschränkt (Art. 98 BGG). 10.76

Tabellarische Zusammenfassung

Zweck	Hinterlegung einer Sicherheitsleistung durch den Arrestgläubiger als Bedingung für die (weitere) Aufrechterhaltung des Arrestes und als Substrat für den Fall, dass dem Arrestschuldner oder dem betroffenen Dritten aus einem ungerechtfertigten Arrest ein Schaden erwächst (Art. 273 SchKG)
Gesetzliche Grundlage	Art. 273 Abs. 1 SchKG
Verfahrensart	Summarisches Verfahren (Art. 251 lit. a ZPO)
Zuständigkeit	Erstinstanzliches Arrestgericht
Aktivlegitimation	Arrestschuldner, Dritter
Passivlegitimation	Arrestgläubiger
Streitwert	Höhe der geforderten Arrestkaution
Fristen	Nicht einschlägig
Kombination	Eine Arrestkaution kann vom Arrestgericht bei der Arrestbewilligung von Amtes wegen, im Arresteinspracheverfahren oder in einem späteren selbständigen Verfahren angeordnet werden

51 Offen gelassen in BGE 126 III 485 = Pra 2001, Nr. 86.

Mögliche Rechtsbegehren	1. Der Arrestgläubiger sei zu verpflichten, bei einer vom Gericht zu bezeichnenden Stelle innert 10 Tagen ab Zustellung des Gerichtsentscheides als Sicherheit für einen allfälligen Schaden des Schuldners [Dritten] aus dem ungerechtfertigten Arrest [...] eine Sicherheitsleistung im Betrag von CHF [Betrag] zu deponieren, unter der Androhung, dass der Arrest im Unterlassungsfall dahinfällt; 2. unter Kosten- und Entschädigungsfolgen zzgl. MWSt zu Lasten des Arrestgläubigers.
Voraussetzungen	Drohender Schaden des Arrestschuldners oder des Dritten durch einen ungerechtfertigten Arrest
Besonderheiten	Nicht einschlägig
Rechtsmittel	Kantonal: Beschwerde an die obere kantonale Instanz (Art. 278 Abs. 3 SchKG) innert 10 Tagen Bund: Beschwerde an das Bundesgericht (Art. 72 Abs. 2 lit. a BGG) innert 30 Tagen
Kosten	CHF 40–2 000.– im erstinstanzlichen Verfahren (Art. 48 GebV SchKG) CHF 60–3 000.– im Weiterzugsverfahren an die obere kantonale Instanz (Art. 48 i.V.m. Art. 61 GebV SchKG)

V. ARRESTPROSEQUIERUNG (ORDENTLICHE KLAGE) (ART. 279 SCHKG)

1. ZWECK UND WIRKUNG DER KLAGE

10.77 Der Arrest ist ein reines Sicherungsinstrument. Der Gesetzgeber zwingt den Arrestgläubiger, innert jeweils kurzer Fristen gemäss Art. 279 SchKG den Arrest zu prosequieren, d.h. letztlich das arrestierte Substrat auf dem Weg der Pfändung oder des Konkurses zur Verwertung zu bringen (Art. 279 Abs. 3 SchKG). Das Gesetz spricht daher in Art. 279 Abs. 1 SchKG von einer Prosequierung durch Betreibung oder ordentlichen Klage und in Art. 279 Abs. 2 und Abs. 3 SchKG vom Rechtsöffnungsgesuch bzw. Fortsetzungsbegehren, falls der Arrestschuldner Rechtsvorschlag erhoben hat.

10.78 Die einfachste und am wenigsten aufwendige Art der Prosequierung ist die Einleitung einer Betreibung.[52] Erhebt der Arrestschuldner keinen Rechtsvorschlag, kann direkt – ohne ordentlichen Prozess – die Fortsetzung der Betreibung verlangt werden. Wird Rechtsvorschlag erhoben, muss dieser im provisorischen Rechtsöffnungsverfahren (vgl. Rz. 6.283 ff.), im ordentlichen Prozess oder (falls bereits ein Urteil vorliegt) im definitiven Rechtsöffnungsverfahren (vgl. Rz. 6.232 ff.) beseitigt werden.

52 Es ist umstritten, ob eine Betreibung am Ort von Vermögensgegenständen (nicht am Betreibungsort) im Geltungsbereich des LugÜ zulässig ist (KUKO SchKG-Meier-Dieterle, Art. 279 N 2a).

Eine Prosequierung kann im In- und Ausland vor einem staatlichen Gericht oder vor einem Schiedsgericht[53] erfolgen. 10.79

Solange die Prosequierung pendent ist, bleibt auch der Arrest bestehen. Wird eine Prosequierungsfrist nicht eingehalten, fällt der Arrest dahin (Art. 280 Ziff. 1 SchKG). Die Prosequierungsfristen laufen während dem Arresteinsprache- und dem Weiterziehungsverfahren gem. Art. 278 SchKG und während dem Verfahren auf Vollstreckbarerklärung gem. Art. 41 und Art. 43 LugÜ nicht (Art. 279 Abs. 5 SchKG). 10.80

2. VERFAHRENSART

Das ordentliche oder vereinfachte Verfahren findet Anwendung (Art. 219 ff., Art. 243 ff. ZPO, theoretisch auch der Rechtsschutz in klaren Fällen, Art. 257 ZPO). 10.81

Bei der Prosequierung vor einem Schiedsgericht kommt dessen Schiedsordnung zur Anwendung. 10.82

3. ZUSTÄNDIGKEIT

Die örtliche Zuständigkeit bestimmt sich nach Art. 9 ff. ZPO, im internationalen Verhältnis nach IPRG (vgl. Art. 4 IPRG) oder Art. 2 ff. LugÜ. Im Anwendungsbereich des LugÜ ist gem. Art. 3 LugÜ eine Klage am Arrestort ausgeschlossen soweit sich dort nicht gleichzeitig ein anderer LugÜ-Gerichtsstand befindet, z.B. Wohnsitz, Erfüllungsort, Gerichtsstandsvereinbarung etc. (Art. 2, 5 Ziff. 1, Art. 17 LugÜ). Bei Vereinbarung eines Schiedsgerichtes muss die Klage dort anhängig gemacht werden. [54] 10.83

Die sachliche Zuständigkeit bestimmt sich nach kantonalem Recht (Art. 3 f. ZPO). 10.84

4. LEGITIMATION

A. AKTIVLEGITIMATION

Aktivlegitimiert ist der Arrestgläubiger. 10.85

B. PASSIVLEGITIMATION

Passivlegitimiert ist der Arrestschuldner. 10.86

53 BGE 112 III 120; BGer 4A_12/2017 vom 19.9.2017.

54 BGE 112 III 120.

5. STREITWERT

10.87 Der Streitwert bestimmt sich nach Art. 91 ZPO und entspricht dem Betrag der Arrestforderung. Die kantonalen Tarife finden Anwendung (Art. 96 ZPO).

6. FRISTEN

10.88 Die (Prosequierungs-)Frist beträgt 10 Tage ab Zustellung der Arresturkunde an den Arrestgläubiger, Erhebung des Rechtvorschlages durch den Arrestschuldner oder Abweisung des provisorischen Rechtsöffnungsbegehrens (Art. 279 Abs. 1 SchKG).[55] Das Schlichtungsverfahren gemäss Art. 197 ff. ZPO findet grundsätzlich Anwendung.

7. KOMBINATIONSMÖGLICHKEITEN

10.89 Mit der ordentlichen Klage kann gleichzeitig auch die Beseitigung des Rechtsvorschlages erhoben werden.[56]

8. MÖGLICHE RECHTSBEGEHREN

10.90

1. Der Beklagte sei zu verpflichten, dem Kläger CHF (EUR) [Betrag] nebst Zins zu [Zinssatz] % seit [Datum] zu bezahlen (Arrestforderung).[57]
2. In der Betreibung Nr. [...] des Betreibungsamtes [...] (Zahlungsbefehl vom [Datum]) sei der Rechtsvorschlag zu beseitigen;
3. Unter Kosten- (inkl. Arrestkosten von CHF [Betrag]) und Entschädigungsfolgen zzgl. MWSt zu Lasten des Beklagten.

---

55 Die Frist von zehn Tagen gilt auch nach der Ausstellung einer Klagebewilligung durch eine Schlichtungsbehörde (Art. 209 Abs. 4 ZPO; BGE 140 III 561). Fällt die ordentliche Klage in den Anwendungsbereich eines Handelsgerichtes, entfällt ein Schlichtungsverfahren und die Klage muss innert 10 Tagen begründet eingereicht werden (Art. 198 lit. f i.V.m. Art. 6 ZPO).

56 Dies trifft zumindest bei Verfahren vor ordentlichen Gerichten in der Schweiz zu, vgl. Art. 79 SchKG.

57 Bei der ordentlichen Klage kann ein Anspruch auf Zusprechung einer Geldforderung in einer ausländischen Währung bestehen und muss auch so eingeklagt werden. Bei der Zwangsvollstreckung in der Schweiz muss die Forderung in CHF umgerechnet werden (BGE 134 III 151).

9. VORAUSSETZUNGEN

A. KLAGEVORAUSSETZUNGEN

Die Klagevoraussetzungen richten sich nach dem anwendbaren materiellen schweizerischen oder ausländischen Recht.[58] Während im Arrestgesuch die Voraussetzung für bzw. der Bestand der Arrestforderung glaubhaft gemacht werden muss (Art. 272 Abs. 1 SchKG), muss bei der ordentlichen Prosequierungsklage der Anspruch bewiesen werden (Art. 8 ZGB). 10.91

10. BESONDERHEITEN

Bei der ordentlichen Klage sind keine arrestspezifischen Punkte zu berücksichtigen. 10.92

11. RECHTSMITTEL

Der Entscheid kann abhängig vom Streitwert mit Berufung nach Art. 308 ff. ZPO bzw. Beschwerde nach Art. 319 ff. ZPO an die obere kantonale Instanz angefochten werden. Die Beschwerde in Zivilsachen an das Bundesgericht richtet sich nach Art. 72 ff. BGG. 10.93

Tabellarische Zusammenfassung

Zweck	Gerichtliche Feststellung, ob die Arrestforderung besteht
Gesetzliche Grundlage	Art. 279 Abs. 1 und 2 SchKG
Verfahrensart	Abhängig vom Streitwert ordentliches Verfahren (Art. 219 ff. ZPO) oder vereinfachtes Verfahren (Art. 243 ff. ZPO); allenfalls summarisches Verfahren (Art. 257 ZPO, Rechtsschutz in klaren Fällen) Schiedsordnung bei der Prosequierung vor einem Schiedsgericht
Zuständigkeit	Örtlich: nach Art. 9 ff. ZPO, international nach IPRG (vgl. Art. 4 IPRG) und Art. 2 ff. LugÜ Sachlich und funktionell nach Art. 3 f. ZPO (Schiedsgericht möglich)
Aktivlegitimation	Arrestgläubiger
Passivlegitimation	Arrestschuldner
Streitwert	Gemäss Art. 91 ZPO (Betrag der Arrestforderung)

58 «Wer will was von wem woraus».

Fristen	10 Tage nach Zustellung der Arresturkunde, Erhebung des Rechtsvorschlages oder Abweisung der provisorischen Rechtsöffnung (Art. 279 Abs. 1 und 2 SchKG)
Kombination	Ordentliche Forderungklage mit Klage auf Beseitigung des Rechtsvorschlages
Mögliche Rechtsbegehren	1. Der Beklagte sei zu verpflichten, dem Kläger CHF (EUR) [Betrag] nebst Zins zu [Zinssatz] % seit [Datum] zu bezahlen (Arrestforderung). 2. Der Rechtsvorschlag in der Betreibung Nr. […] des Betreibungsamtes […] (Zahlungsbefehl vom [Datum]) sei zu beseitigen, unter Kosten- (inkl. Arrestkosten von CHF [Betrag]) und Entschädigungsfolgen zzgl. MWSt zu Lasten des Beklagten.
Voraussetzungen	Nach materiellem schweizerischen oder ausländischen Recht
Besonderheiten	Nicht einschlägig
Rechtsmittel	Kantonal: Berufung (Art. 308 ff. ZPO) bzw. Beschwerde (Art. 319 ff. ZPO) an die obere kantonale Instanz innert 30 Tagen Bund: Beschwerde an das Bundesgericht (Art. 72 ff. BGG) innert 30 Tagen
Kosten	Kantonaler Gebührentarif

VI. SCHADENERSATZKLAGE (ART. 273 SCHKG)

1. ZWECK UND WIRKUNG DER KLAGE

10.94 Bei der Arrestbewilligung muss der Arrestgläubiger die Arrestforderung (ebenso wie die anderen Arrestvoraussetzungen) lediglich glaubhaft machen. Wird der Arrest bewilligt, unterlässt der Arrestgläubiger aber die Prosequierung oder unterliegt er in der Prosequierung, kann dem Arrestschuldner ein Schaden entstehen, weil der Arrest (im Nachhinein) ungerechtfertigt war.

10.95 Mit der Schadenersatzklage wird festgestellt, ob dem Arrestschuldner oder einem betroffenen Dritten durch einen ungerechtfertigen Arrest ein Schaden entstanden ist (Art. 273 Abs. 1 SchKG).

2. VERFAHRENSART

10.96 Das ordentliche oder vereinfachte Verfahren findet Anwendung (Art. 219 ff., Art. 243 ff. ZPO, theoretisch auch der Rechtsschutz in klaren Fällen, Art. 257 ZPO).

3. ZUSTÄNDIGKEIT

Die örtliche Zuständigkeit befindet sich am Wohnort des Arrestgläubigers, an jedem Gerichtsstand für eine Klage aus unerlaubter Handlung und zusätzlich am Arrestort (Art. 129 IPRG, Art. 5 Ziff. 3 LugÜ, Art. 37 ZPO, Art. 273 Abs. 2 SchKG). 10.97

Die sachliche Zuständigkeit bestimmt sich nach kantonalem Recht (Art. 3 f. ZPO). 10.98

4. LEGITIMATION

A. AKTIVLEGITIMATION

Aktivlegitimiert ist der Arrestschuldner und jeder vom Arrest betroffene Dritte (z.B. Dritte bei einem Durchgriff).[59] 10.99

B. PASSIVLEGITIMATION

Passivlegitimiert ist der Arrestgläubiger. 10.100

5. STREITWERT

Der Streitwert bestimmt sich nach Art. 91 ZPO und entspricht dem Betrag des geltend gemachten Schadens. Die kantonalen Tarife finden Anwendung (Art. 96 ZPO). 10.101

6. FRISTEN

Die Schadenersatzforderung verjährt ein Jahr nach Abweisung des (vorher bewilligten) Arrestgesuches, nach rechtskräftiger Abweisung der Prosequierungsklage oder nach verpasster Prosequierungsfrist (Art. 60 OR).[60] 10.102

Hat der Arrestgläubiger zur Aufrechthaltung des Arrestes eine Arrestkaution geleistet, darf diese dem Arrestgläubiger nach Dahinfallen des Arrestes nicht ohne Weiteres zurückerstattet werden. Das Arrestgericht muss dem Arrestschuldner vielmehr eine Frist zur Klageeinleitung ansetzen (vgl. Art. 264 Abs. 3 ZPO). 10.103

59 BGE 115 III 125.

60 BGE 64 III 107; BSK SchKG II-Stoffel, Art. 273 N 27.

7. KOMBINATIONSMÖGLICHKEITEN

10.104 Mit der ordentlichen Klage könnte auch gleichzeitig die Beseitigung eines Rechtvorschlages erhoben werden.[61]

8. MÖGLICHE RECHTSBEGEHREN

10.105
1. Der Beklagte (Arrestgläubiger) sei zu verpflichten, dem Kläger (Arrestschuldner / Dritter) CHF [Betrag] nebst Zins zu 5% seit [Datum] zu bezahlen;
2. die Gerichtskasse am Bezirksgericht […] sei anzuweisen, dem Kläger (Arrestschuldner / Dritter) den Betrag gemäss Rechtsbegehren Ziffer 1 aus der Arrestkaution im Arrestverfahren (Gesch.Nr. […]) auszuzahlen (falls eine Arrestkaution geleistet wurde);
3. unter Kosten- und Entschädigungsfolgen zzgl. MWSt zu Lasten des Beklagten.

9. VORAUSSETZUNGEN

A. SCHADEN

10.106 Dem Arrestschuldner oder dem betroffenen Dritten muss ein Schaden entstanden sein, weil der Arrestgläubiger mit dem Arrest bewirkt hat, dass der Arrestschuldner oder der Dritte nicht mehr frei über die arrestierten Gegenstände verfügen konnte.[62]

B. WIDERRECHTLICHKEIT

10.107 Die Widerrechtlichkeit besteht darin, dass sich der Arrest (im Nachhinein) als ungerechtfertigt erwiesen hat. Es handelt sich um eine Kausalhaftung. Ob sich die (damalige) Arrestlegung rückwirkend als verständlich erweist, ist nicht relevant.[63]

C. KAUSALZUSAMMENHANG

10.108 Der Schaden muss durch den ungerechtfertigten Arrest entstanden sein.

---

61 Das trifft zumindest bei Verfahren in der Schweiz zu, vgl. Art. 79 SchKG.

62 Vgl. zu den Schadensposten KUKO SchKG-Meier-Dieterle, Art. 273 N 3.

63 BGE 139 III 93.

10. BESONDERHEITEN

Bei der Schadenersatzklage sind keine arrestspezifischen Punkte zu berücksichtigen. 10.109

11. RECHTSMITTEL

Der Entscheid kann abhängig vom Streitwert mit Berufung nach Art. 308 ff. ZPO bzw. Beschwerde nach Art. 319 ff. ZPO an die obere kantonale Instanz angefochten werden. Die Beschwerde in Zivilsachen an das Bundesgericht richtet sich nach Art. 72 ff. BGG. 10.110

Tabellarische Zusammenfassung

Zweck	Gerichtliche Feststellung, ob dem Arrestschuldner oder dem betroffenen Dritten aus einem ungerechtfertigten Arrest ein Schaden entstanden ist
Gesetzliche Grundlage	Art. 273 Abs. 1 SchKG
Verfahrensart	Abhängig vom Streitwert ordentliches Verfahren (Art. 219 ff. ZPO) oder vereinfachtes Verfahren (Art. 243 ff. ZPO); allenfalls summarisches Verfahren (Art. 257 ZPO, Rechtsschutz in klaren Fällen)
Zuständigkeit	Gericht am Wohnort des Arrestgläubigers, jeder Gerichtsstand für eine Klage aus unerlaubter Handlung, zusätzlich Gericht am Arrestort (Art. 129 IPRG, Art. 5 Ziff. 3 LugÜ, Art. 37 ZPO, Art. 273 Abs. 2 SchKG)
Aktivlegitimation	Arrestschuldner oder betroffener Dritter
Passivlegitimation	Arrestgläubiger
Streitwert	Gemäss Art. 91 ZPO (Betrag des Schadens)
Fristen	Verjährungsfrist ein Jahr ab rechtskräftiger Aufhebung des Arrests (Art. 60 OR)
Kombination	Ordentliche Forderungsklage mit Klage auf Beseitigung des Rechtsvorschlages
Mögliche Rechtsbegehren	1. Der Beklagte (Arrestgläubiger) sei zu verpflichten, dem Kläger (Arrestschuldner / Dritter) CHF […] nebst Zins zu 5% seit […] zu bezahlen; 2. die Gerichtskasse am Bezirksgericht […] sei anzuweisen, dem Kläger (Arrestschuldner / Dritter) den Betrag gemäss Rechtsbegehren Ziffer 1 aus der Arrestkaution im Arrestverfahren (Gesch.Nr. […]) auszuzahlen (falls eine Arrestkaution geleistet wurde); 3. unter Kosten- und Entschädigungsfolgen zuzügl. MWSt zu Lasten des Beklagten.
Voraussetzungen	– Schaden – Widerrechtlichkeit (ungerechtfertigter Arrest) – Kausalzusammenhang zwischen ungerechtfertigtem Arrest und dem Schaden

Besonderheiten	Nicht einschlägig
Rechtsmittel	Kantonal: Berufung (Art. 308 ff. ZPO) bzw. Beschwerde (Art. 319 ff. ZPO) an die obere kantonale Instanz innert 30 Tagen Bund: Beschwerde ans Bundesgericht (Art. 72 ff. BGG) innert 30 Tagen
Kosten	Kantonaler Gebührentarif

VII. GESUCH UM AUFNAHME DES RETENTIONSVERZEICHNISSES (ART. 283 SCHKG)

1. ZWECK UND WIRKUNG DES BEGEHRENS

10.111 Das Retentionsrecht dient der Sicherung von Miet- und Pachtzinsforderungen, von Beitragsforderungen der Stockwerkeigentümergemeinschaft sowie von Forderungen von Gast- und Stallwirten aus Beherbergung und Unterkunft.

10.112 Der Vermieter von Geschäftsräumen hat für einen verfallenen Jahreszins und den laufenden Halbjahreszins ein Retentionsrecht an den pfändbaren beweglichen Sachen, die sich in den vermieteten Räumen befinden und zu deren Einrichtung oder Benutzung gehören (Art. 268 Abs. 1 OR). Bei Verpachtung von Geschäftsräumen umfasst das Retentionsrecht einen verfallenen und einen laufenden Pachtzins (Art. 299c OR), im landwirtschaftlichen Pachtrecht einen verfallenen und einen laufenden Jahrespachtzins (Art. 25b LPG). Das gleiche Retentionsrecht wie ein Vermieter oder Verpächter haben die Stockwerkeigentümergemeinschaft für ihre Beitragsforderungen der letzten drei Jahre (Art. 712k ZGB) sowie die Gast- und Stallwirte für alle Forderungen aus Beherbergung und Unterkunft (Art. 491 OR).

10.113 Das Retentionsrecht gilt als Faustpfand im Sinne des SchKG (Art. 37 Abs. 2 SchKG). Zu seiner Geltendmachung hat der Gläubiger beim Betreibungsamt das Begehren um Aufnahme eines Retentionsverzeichnisses zu stellen und innert 10 Tagen nach dessen Zustellung die Betreibung auf Pfandverwertung anzuheben (Art. 283 Abs. 3 SchKG). Die Retention ist analog zu Art. 279 SchKG zu prosequieren.[64]

10.114 Die Aufnahme des Retentionsverzeichnisses hat zur Folge, dass der Schuldner die darin aufgezeichneten Gegenstände zwar noch gebrauchen, aber nicht mehr ohne Absprache mit dem Betreibungsamt darüber verfügen darf. Andernfalls macht er sich strafbar (Art. 169 StGB). Der Retentionsbeschlag bleibt bestehen, auch wenn die retinierten Gegenstände aus den Miet- oder

64 Rz. 10.77.

Pachträumen, aus den Räumen des Stockwerkeigentümers oder aus den Gast- und Stallräumen entfernt werden. Der Gläubiger kann jederzeit die Rückschaffung solcher Gegenstände verlangen, ohne an die in Art. 284 SchKG vorgesehene Frist von 10 Tagen gebunden zu sein und ohne dartun zu müssen, dass die Wegschaffung heimlich oder gewaltsam erfolgte.[65] Will der Schuldner wegziehen oder die Gegenstände fortschaffen, kann der Gläubiger zur Ausübung seiner Zurückhaltungsrechts die Hilfe des Betreibungsamtes oder wenn Gefahr im Verzuge ist, die Hilfe der Polizei oder der Gemeindebehörde in Anspruch nehmen (Art. 268b Abs. 1 OR, Art. 283 Abs. 1 und 2 SchKG).

Vor Aufnahme des Retentionsverzeichnisses heimlich oder gewaltsam fortgeschaffte Gegenstände 10.115
können innert 10 Tagen seit der Fortschaffung mit polizeilicher Hilfe zurückgebracht werden (Art. 268b Abs. 2 OR, Art. 284 SchKG).[66]

Im Folgenden wird nur das Begehren um Aufnahme eines Retentionsverzeichnisses behandelt. 10.116
Für die Retentionsprosequierung kann auf die Darstellung des Betreibungsbegehrens,[67] der Rechtsöffnung,[68] der Anerkennungsklage[69] und des Verwertungsbegehrens[70] verwiesen werden.

2. VERFAHRENSART

Die Aufnahme des Retentionsverzeichnisses erfolgt in einem betreibungsrechtlichen, nicht in 10.117
einem gerichtlichen Verfahren. Das Retentionsbegehren ist schriftlich an das Betreibungsamt zu richten. Es kann auch elektronisch eingereicht werden (Art. 33a Abs. 1 SchKG). Freiwillig, aber am einfachsten ist die Verwendung des amtlichen Formulars Nr. 39 bzw. eines entsprechendes Formulars, das beim Betreibungsamt bezogen oder im Internet ausgedruckt werden kann.[71] Das Betreibungsamt prüft summarisch und vorfrageweise, ob die materiellrechtlichen Voraussetzungen des Retentionsrechts erfüllt sind und nimmt anschliessend das Inventar der retinierbaren Gegenstände nach den Regeln der Pfändung auf, allerdings ohne Vorankündigung an den Schuldner.[72] Ins Retentionsverzeichnis wird nur so viel aufgenommen, als zur Deckung der Retentionsforderung notwendig ist.[73]

65 BGE 104 III 25, 26 E.1.

66 Rz. 10.165.

67 Rz. 6.1 ff.; 6.38.

68 Zur definitiven Rechtsöffnung: Rz. 6.232 ff., 6.248 ff.; zur provisorischen Rechtsöffnung: Rz. 6.283, 6.300.

69 Rz. 6.384 ff., 6.411.

70 Rz. 6.443, 8.84 ff.

71 Z.B. unter ‹https://www.bj.admin.ch/bj/de/home/wirtschaft/schkg/musterformulare.html› (5.7.2017).

72 BSK SchKG II-Schnyder/Wiede, Art. 283 N 51 ff.; KUKO SchKG-Rohner, Art. 283 N 13 und 15; BGE 93 III 20, E. 3.

73 BGE 93 III 20, E. 4.

3. ZUSTÄNDIGKEIT

10.118 Zuständig für die Aufnahme des Retentionsverzeichnisses ist das Betreibungsamt am Ort der gelegenen Sache.

4. LEGITIMATION

A. AKTIVLEGITIMATION

10.119 Aktivlegitimiert ist der Forderungsgläubiger, das heisst der Vermieter / Verpächter von Geschäftsräumen, der landwirtschaftliche Verpächter, die Stockwerkeigentümergemeinschaft oder der Gastwirt / Stallwirt.

10.120 Bei der Stockwerkeigentümergemeinschaft kann in analoger Anwendung von Art. 712i ZGB auch der Verwalter oder, wenn ein solcher nicht bestellt ist, jeder dazu durch Mehrheitsbeschluss oder durch das Gericht ermächtigte Stockwerkeigentümer das Gesuch stellen, ausserdem der Gläubiger, für den die Beitragsforderung gepfändet ist.[74]

B. PASSIVLEGITIMATION

10.121 Passivlegitimiert ist der Schuldner, das heisst der Mieter, der Pächter, der Stockwerkeigentümer, der Gast oder der Einbringende.

10.122 Passivlegitimiert kann ferner ein Dritter sein, nämlich der Mieter oder Pächter eines Stockwerkanteils, ein Untermieter oder ein Unterpächter. Der Stockwerkeigentümergemeinschaft wie auch dem Hauptvermieter oder Hauptverpächter stehen nämlich an den vom Mieter, Untermieter oder Unterpächter eingebrachten Sachen ein Retentionsrecht zu, soweit diese ihre Miet- oder Pachtzinse nicht bezahlt haben (Art. 268 Abs. 2, Art. 299c OR).

5. STREITWERT

10.123 Da die Aufnahme des Retentionsverzeichnisses in einem betreibungsrechtlichen Verfahren erfolgt, ist Art. 91 ZPO nicht anwendbar. Als Streitwert gilt der Forderungsbetrag. Nach diesem bemisst sich die Gebühr für die Aufnahme des Retentionsverzeichnisses (Art. 20 und Art. 21 GebV SchKG).

74 ZK-Wermelinger, Art. 712k ZGB N 17.

6. FRISTEN

Für das Gesuch um Aufnahme des Retentionsverzeichnisses besteht keine gesetzliche Frist. Es kann vor Anhebung der Betreibung oder zusammen mit ihr gestellt werden, solange das Retentionsrecht besteht. Dieses Recht entsteht mit dem Einbringen der retentionsfähigen Gegenstände ins Mietobjekt, ins Pachtobjekt, in die Räume des Stockwerkeigentümers, in die Gasträume oder in die Stallräume. Es geht unter durch Entfernen dieser Gegenstände aus diesen Räumen oder durch Erlöschen der retentionsgesicherten Forderung. 10.124

Als Sicherungsmassnahme kann das Retentionsverzeichnis auch in den geschlossenen Zeiten, während der Betreibungsferien und während des Rechtsstillstands aufgenommen werden.[75] 10.125

Die Retentionsprosequierung unterliegt – analog zu Art. 279 SchKG – kurzen Fristen. Werden diese Fristen nicht eingehalten, so erlischt die Wirkung der Retentionsurkunde.[76] 10.126

7. KOMBINATIONSMÖGLICHKEITEN

Der Vermieter kann nebst der Retention andere Massnahmen treffen, um die Bezahlung seiner Forderung zu erwirken. So kann er z.B. eine Betreibung (auf Pfändung bzw. Konkurs) einleiten oder dem säumigen Mieter bzw. Pächter eine Zahlungsfrist mit Kündigungsandrohung nach Art. 257d OR, Art. 282 OR oder Art. 21 LPG ansetzen. Die Stockwerkeigentümergemeinschaft kann für ihre Beitragsforderung auch ein gesetzliches Grundpfandrecht zulasten eines Stockwerkanteils des Schuldners im Grundbuch eintragen lassen (Art. 712i ZGB). 10.127

8. MÖGLICHE RECHTSBEGEHREN

Es ist kein ausformuliertes Rechtsbegehren notwendig. Aus dem Gesuch muss ersichtlich sein, dass die Aufnahme eines Retentionsverzeichnisses verlangt wird. Das Gesuch muss zudem enthalten: 10.128

- die Bezeichnung des Gläubigers und des Schuldners (und allfällige Vertreter);
- die Forderungssumme (Betrag, Zeitraum des fälligen und laufenden Zinses bzw. Beitragsperiode);
- die Bezeichnung der Räume, in denen sich die zu retinierenden Gegenstände befinden;
- der Grund für die Aufnahme des Retentionsverzeichnisses (nur bei Retention für laufenden Miet- oder Pachtzins[77]).

75 Kren Kostkiewicz, § 6 Rz. 978.

76 BGE 105 III 85, E. 2.

77 Rz. 10.132–10.134

10.129 Wird das Retentionsverzeichnis für eine Beitragsforderung der Stockwerkeigentümergemeinschaft verlangt, ist dem Begehren ein Grundbuchauszug beizulegen, damit das Betreibungsamt kontrollieren kann, ob die Voraussetzungen des Retentionsrechts nach Art. 712k ZGB erfüllt sind.[78]

9. VORAUSSETZUNGEN

A. FORDERUNG

A) MIETZINSFORDERUNG FÜR GESCHÄFTSRÄUME[79]

10.130 Das Retentionsrecht dient der Deckung eines verfallenen Jahreszinses und des laufenden (fälligen oder noch nicht fälligen) Halbjahreszinses inklusive aller Nebenkosten (Art. 268 Abs. 1 OR) sowie anderer mietzinsähnlicher Forderungen; die Retentionssicherung erfasst aber keine Sicherheitsleistungen des Mieters, keine Schadenersatzforderungen und keine Ersatzansprüche gegen den Mieter.[80] Zur Sicherung des laufenden, noch nicht fälligen Zinses darf das Retentionsverzeichnis allerdings nur aufgenommen werden, wenn der Vermieter eine unmittelbare Gefährdung seines Rechts, d.h. Anzeichen dafür glaubhaft macht, dass der Mieter wegzuziehen oder die sich in den gemieteten Räumlichkeiten befindenden Sachen fortzuschaffen gedenkt (vgl. Art. 268b Abs. 1 OR).[81] Zur Abgrenzung zwischen verfallenem und laufendem Zins ist auf den letzten vertraglichen Zahlungstermin vor Einreichung des Begehrens und Aufnahme des Retentionsverzeichnisses abzustellen.[82]

B) PACHTZINSFORDERUNG FÜR GESCHÄFTSRÄUME

10.131 Das Retentionsrecht umfasst einen verfallenen und einen laufenden Pachtzins (Art. 299c OR). Im Übrigen gelten die Ausführungen zur Mietzinsforderung[83] analog.

C) PACHTZINSFORDERUNG AUS LANDWIRTSCHAFTLICHER PACHT

10.132 Das Retentionsrecht umfasst einen verfallenen und einen laufenden Jahrespachtzins (Art. 25b LPG). Im Übrigen gelten die Ausführungen zur Mietzinsforderung[84] analog.

---

78 Gilliéron, Rz. 554, 620.

79 Zum Begriff des Geschäftsraums: BSK SchKG II-Schnyder/Wiede, Art. 283 N 9; BGE 124 III 108, E. 2b.

80 BSK SchKG II-Schnyder/Wiede, Art. 283 N 38 f.; LGVE 1985 I, Nr. 42.

81 BGE 129 III 395, E. 3.1.

82 BGE 97 III 43, E. 3; BSK SchKG II-Schnyder/Wiede, Art. 283 N 32.

83 Rz. 10.132.

84 Rz. 10.132.

D) BEITRAGSFORDERUNG DER STOCKWERKEIGENTÜMERGEMEINSCHAFT

Vom Retentionsrecht gedeckt sind die auf die letzten drei Jahre entfallenden, gültig zustande gekommenen und fälligen Beitragsforderungen gegenüber dem Stockwerkeigentümer i.S.v. Art. 721h ZGB (Deckungsbeiträge, Vorschussleistungen, Beiträge an den Erneuerungsfonds).[85] Mit den «letzten drei Jahren» sind die drei letzten vor dem Gesuchszeitpunkt abgelaufenen Rechnungsjahre gemeint; diese müssen nicht mit dem Kalenderjahr übereinstimmen.[86] Das Retentionsrecht ist bei Wohn- wie auch bei Geschäftsnutzung der Räume möglich,[87] bei vermieteten Stockwerkeinheiten allerdings nur für Geschäftsräume und nur für einen verfallenen Jahreszins.[88] 10.133

E) FORDERUNG DES GAST- ODER STALLWIRTS

Art. 491 OR gewährt dem Gast- oder Stallwirt das Retentionsrecht für die Forderungen, die ihm aus der Beherbergung und der Unterkunft und dazugehörenden Nebenleistungen zustehen. Die retentionsberechtigte Forderung ist hier zeitlich nicht beschränkt.[89] 10.134

B. RETINIERBARE GEGENSTÄNDE

Retinierbar sind diejenigen beweglichen Sachen in den vermieteten oder verpachteten Räumen oder in den Räumen des Stockwerkeigentümers, die zu deren Einrichtung oder Benutzung gehören (Art. 712k ZGB, Art. 268 Abs. 1 OR). Sie müssen in einem direkten Bezug zum Gebrauch der entsprechenden Räume stehen.[90] Der Gast- oder Stallwirt kann grundsätzlich alle eingebrachten Gegenstände retinieren.[91] Dem Retentionsrecht unterliegen mit gewissen Einschränkungen[92] auch Sachen Dritter. 10.135

Sachen des Untermieters oder Unterpächters gelten nicht als Sachen Dritter. Sie können allerdings nur retiniert werden, soweit dieser seinen Miet- bzw. Pachtzins nicht bezahlt hat (Art. 268 Abs. 2, Art. 299c OR).[93] Eine analoge Einschränkung gilt für das Retentionsrecht der Stockwerkeigentümergemeinschaft: Der Mieter oder Untermieter muss mit der Bezahlung des Mietzinses selber in Verzug sein; zudem muss es sich beim Mietobjekt um Geschäftsräume handeln.[94] 10.136

Ausgeschlossen ist das Retentionsrecht an Sachen, die nicht gepfändet werden können (Art. 268 Abs. 3 OR, Art. 92 SchKG). Kein Retentionsrecht besteht ferner an gestohlenen, verlorenen oder sonst wie abhandengekommenen Sachen Dritter sowie an solchen, von denen der Vermieter 10.137

85 ZK-Wermelinger, Art. 712k ZGB N 39.
86 ZK-Wermelinger, Art. 712i ZGB N 30 ff.
87 BSK SchKG II-Schnyder/Wiede, Art. 283 N 11.
88 ZK-Wermelinger, Art. 712k ZGB N 23 ff., N 30 und N 50.
89 BSK OR I-Koller, Art. 491 N 3.
90 ZK-Higi, Art. 268–268b OR N 42; BSK SchKG II-Schnyder/Wiede, Art. 283 N 15 f.
91 BK-Gautschi, Art. 491 OR N 2a.
92 Rz. 10.137.
93 BGE 120 III 52, E. 7.
94 Rz. 10.133.

wusste oder wissen musste, dass sie nicht dem Mieter gehören (Art. 268a Abs. 1 OR). Erfährt der Vermieter erst während der Mietdauer, dass Sachen, die der Mieter eingebracht hat, nicht diesem gehören, so erlischt sein Retentionsrecht an diesen Sachen, wenn er den unbefristeten Mietvertrag nicht auf den nächstmöglichen Termin kündigt (Art. 268a Abs. 2 OR); beim befristeten Mietvertrag gilt die Retention bis zum Vertragsende.[95] Diese Regeln gelten aufgrund der Verweise in Art. 299c OR, Art. 491 Abs. 2 OR und Art. 25b LPG analog für den Verpächter und den Gast- oder Stallwirt. Auch die Stockwerkeigentümergemeinschaft kann nur pfändbare Gegenstände retinieren.

C. KEINE SICHERHEITSLEISTUNG DES SCHULDNERS

10.138 Mit Leistung einer hinreichenden Sicherheit (z.B. Bargeld, Bankgarantie) kann der Schuldner die Retention abwenden. In diesem Fall wird anstelle der Retentionsgegenstände die Sicherheit ins Verzeichnis aufgenommen. Der Gläubiger erwirbt damit an der hinterlegten Sicherheit ein Pfandrecht, das den gleichen Bedingungen und Untergangsgründen wie sein Retentionsrecht untersteht. Der Betrag der Hinterlage muss die ganzen in Betreibung stehenden Forderungen nebst allfälligen Nebenforderungen umfassen.[96]

10. BESONDERHEITEN

A. EINSCHRÄNKUNG ODER AUSSCHLUSS DES RETENTIONSRECHTS

10.139 Art. 268–268b OR sind relativ zwingend zugunsten des Mieters. Die Parteien können das Retentionsrecht des Vermieters einschränken oder ausschliessen, nicht aber erweitern.[97] Dies muss auch für das Retentionsrecht des Verpächters, der Stockwerkeigentümergemeinschaft und des Gast- oder Stallwirts gelten.

B. KONKURSERÖFFNUNG ÜBER DEN SCHULDNER

10.140 Nach Eröffnung des Konkurses über den Schuldner darf das Betreibungsamt kein Retentionsverzeichnis mehr aufnehmen. Der Retentionsbeschlag wird durch den Konkursbeschlag ersetzt. Der Gläubiger kann seine Forderung und das Retentionsrecht im Konkurs des Schuldners anmelden.[98]

---

95 LGVE 2010 I, Nr. 14.

96 BGE 121 III 93, E. 1; 90 III 53, 56 E. 1.

97 ZK-Higi, Art. 268–268b OR N 7 f.

98 BSK SchKG EB-Bauer, Art. 283 ad N 71; BGer 5A_6/2014 vom 24.3.2014, E. 3.3.

C. NACHLASSSTUNDUNG

Die bewilligte Nachlassstundung hindert die Gutheissung eines Gesuchs um Aufnahme des Retentionsverzeichnisses grundsätzlich nicht. Das während hängiger Nachlassstundung gestellte Betreibungsbegehren zur Retentionsprosequierung ist vom Betreibungsamt zu protokollieren und ggf. nach dem Wegfall der Stundung zu vollziehen.[99] 10.141

11. RECHTSMITTEL

A. KANTONALE RECHTSMITTEL

Lehnt das Betreibungsamt das Gesuch um Aufnahme des Retentionsverzeichnisses ab, kann der Gläubiger Beschwerde an die kanonale Aufsichtsbehörde (Art. 17 f. SchKG) erheben. Die betreibungsrechtliche Beschwerde steht auch gegen die Erstellung des Retentionsverzeichnisses zur Verfügung; so kann etwa der Schuldner die Unpfändbarkeit aufgezeichneter Gegenstände rügen. Die Beschwerdefrist beträgt 10 Tage (Art. 17 Abs. 2 SchKG). 10.142

Um das Retentionsrecht materiell zu bestreiten, hat der Schuldner in der nachfolgenden Betreibung auf Pfandverwertung Rechtsvorschlag zu erheben.[100] 10.143

B. RECHTSMITTEL ANS BUNDESGERICHT

Der Entscheid der einzigen oder der oberen kantonalen Aufsichtsbehörde ist – unabhängig vom Streitwert (Art. 74 Abs. 2 lit. c BGG) – beim Bundesgericht innert 10 Tagen (Art. 100 Abs. 2 lit. a BGG) mit der Beschwerde in Zivilsachen nach Art. 72 ff. BGG anfechtbar (Art. 72 Abs. 2 lit. a BGG). 10.144

Tabellarische Zusammenfassung

Zweck	Massnahme zur Sicherung von Miet- und Pachtzinsforderungen, von Beitragsforderungen der Stockwerkeigentümergemeinschaft sowie von Forderungen von Gast- und Stallwirten aus Beherbergung und Unterkunft (Verfügungsbeschränkung über retinierte Gegenstände)
Gesetzliche Grundlage	Art. 283 SchKG; Art. 712k ZGB; Art. 268–268b, 299c, 491 OR, Art. 25b LPG
Verfahrensart	Betreibungsrechtliches Verfahren

99 BGE 129 III 395, E. 2.2.

100 Kren Kostkiewicz, § 6 Rz. 982.

Zuständigkeit	Betreibungsamt am Ort der gelegenen Sache

Aktivlegitimation	– Forderungsgläubiger (Vermieter, Verpächter, Stockwerkeigentümergemeinschaft, Gast-/Stallwirt),
	– Bei der Stockwerkeigentümergemeinschaft auch
	  – Verwalter und bei dessen Fehlen ein ermächtigter Stockwerkeigentümer,
	  – Gläubiger, für den die Beitragsforderung gepfändet ist

Passivlegitimation	– Schuldner (Mieter, Pächter, Stockwerkeigentümer, Gast / Einbringender), – Dritte (Mieter oder Pächter eines Stockwerkanteils, Untermieter, Unterpächter), soweit diese ihre Miet- oder Pachtzinse nicht bezahlt haben
Streitwert	Forderungsbetrag
Fristen	– Keine gesetzliche Frist – Gesuch ist möglich, solange das Retentionsrecht besteht
Kombination	Andere Massnahmen zur Erwirkung der Forderungszahlung (z.B. Betreibung auf Pfändung oder auf Konkurs, Ansetzung Zahlungsfrist mit Kündigungsandrohung, Eintragung gesetzliches Grundpfandrecht für Beitragsforderung der Stockwerkeigentümergemeinschaft)
Mögliche Rechtsbegehren	Kein ausformuliertes Rechtsbegehren notwendig Erforderlich sind folgende Angaben: – Begehren um Aufnahme Retentionsverzeichnis – Bezeichnung Gläubiger und Schuldner (und allfällige Vertreter) – Forderungssumme (Betrag, Zeitraum des fälligen und kaufenden Zinses bzw. Beitragsperiode) – Bezeichnung der Räume, in denen sich die zu retinierenden Gegenstände befinden – Grund für die Aufnahme des Retentionsverzeichnisses (nur bei Retention für laufenden Miet- oder Pachtzins)

Voraussetzungen	– Forderung:
	  – Mietzins für Geschäftsräume (ein verfallener Jahreszins, laufender Halbjahreszins)
	  – Pachtzins für Geschäftsräume (ein verfallener und ein laufender Pachtzins)
	  – Pachtzins aus landwirtschaftlicher Pacht (ein verfallener und ein laufender Jahrespachtzins)
	  – Beitragsforderung der Stockwerkeigentümergemeinschaft (fällige Beiträge für die letzten drei Jahre, bei vermieteten Stockwerkeinheiten nur für Geschäftsräume und für einen verfallenen Jahreszins)
	  – Forderung des Gast- oder Stallwirts aus Beherbergung und Unterkunft (inkl. Nebenleistungen)
	– Retinierbare Gegenstände im Mietobjekt
	– Keine hinreichende Sicherheitsleistung des Mieters

Besonderheiten	– Abänderbarkeit des Retentionsrechts: Retentionsrecht kann eingeschränkt oder ausgeschlossen, aber nicht erweitert werden – Konkurs des Schuldners: Keine Aufnahme Retentionsurkunde durch Betreibungsamt; Gläubiger kann Forderung und Retentionsrecht im Konkurs anmelden – Nachlassstundung: Aufnahme eines Retentionsverzeichnisses auch bei bewilligter Nachlassstundung möglich
Rechtsmittel	Kantonal: Beschwerde (Art. 17 f. SchKG) innert 10 Tagen Bund: Beschwerde in Zivilsachen (Art. 72 ff. BGG) innert 10 Tagen

VIII. GESUCH UM (DULDUNG DER) RÜCKSCHAFFUNG VON RETENTIONSGEGENSTÄNDEN (ART. 284 SCHKG)

1. ZWECK UND WIRKUNG

Ein Gesuch um (Duldung der) Rückschaffung von Retentionsgegenständen bezweckt, dass *vor* der Aufnahme des Retentionsverzeichnisses heimlich oder gewaltsam fortgeschaffte Gegenstände (an denen das Retentionsrecht mit der Fortschaffung endgültig unterging) wieder dem retinierbaren Vermögenssubstrat zugeführt werden (Wiederbegründung des Retentionsrechts), wobei die Rechte allfälliger gutgläubiger Dritter vorbehalten bleiben. Bei diesem Rechtsbehelf handelt es sich um ein rein vollstreckungsrechtliches Verfolgungsrecht, das im Rahmen von Miet- und Pachtverhältnissen (vgl. Art. 268 ff. OR) angerufen werden kann.[101] 10.145

Eine Gutheissung des Gesuchs um (Duldung der) Rückschaffung von Retentionsgegenständen bewirkt die Anordnung und den Vollzug (falls erforderlich auf dem Requisitionsweg oder mit Polizeigewalt) der Rückschaffung.[102] Dies hat wiederum zur Folge, dass eine Aufnahme eines Retentionsverzeichnisses zulässig wird.[103] 10.146

101 Das vollstreckungsrechtliche Verfolgungsrecht wird in Art. 268b Abs. 2 OR der mietrechtlichen Bestimmungen ebenfalls genannt. Wurden demgegenüber Gegenstände fortgeschafft, die bereits in einem bestehenden Retentionsverzeichnis aufgenommen worden sind und deshalb dem Retentionsbeschlag unterliegen, findet Art. 284 SchKG keine Anwendung (Vock/Müller, 313; BSK SchKG I-Schnyder/Wiede, Art. 284 N 2 und 4.

102 BSK SchKG I-Schnyder/Wiede, Art. 284 N 11.

103 OFK SchKG-Kren Kostkiewicz/Walder, Art. 284–284b N 10.

2. VERFAHRENSART

10.147 Das Verfahren richtet sich nach kantonalem Verwaltungs(verfahrens)recht (betreibungsrechtliches Verfahren).[104]

3. ZUSTÄNDIGKEIT

10.148 Zuständig ist das Betreibungsamt des Ortes, von dem die Gegenstände (aus dem Miet-/Pacht-/Stockwerkeigentumsobjekt) weggeschafft wurden.[105]

4. LEGITIMATION

A. AKTIVLEGITIMATION

10.149 Legitimiert ist der **Retentionsgläubiger,** d.h. nach Art. 284 SchKG der Vermieter oder Verpächter von Geschäftsräumen. Weiter können auch die Stockwerkeigentümergemeinschaft oder ein Gast- oder Stallwirt aktivlegitimiert sein.[106]

B. PASSIVLEGITIMATION

10.150 Passivlegitimiert ist der Schuldner, d.h. der Mieter / Pächter / Stockwerkeigentümer.

5. STREITWERT

10.151 Nicht einschlägig.

---

104 Verfügungen von Vollstreckungsorganen (z.B. eines Betreibungs- oder Konkursamtes) und die gegen solche Verfügungen unter Umständen zu ergreifende betreibungsrechtliche Beschwerde gem. Art. 17 ff. SchKG fallen nicht unter den in Art. 1 lit. c ZPO bezeichneten Geltungsbereich (gerichtliche Angelegenheiten des Schuldbetreibungs- und Konkursrechts») und somit nicht unter die ZPO. Solche Verfügungen stellen vielmehr das Ergebnis «eigenständiger Verwaltungsverfahren» dar (vgl. Botschaft ZPO, 7258), welche zum Beispiel durch einen entsprechenden Antrag oder ein entsprechendes Gesuch eingeleitet werden können. Auch THOMAS SUTTER-SOMM/RAFAEL KLINGLER postulieren, dass Verfügungen der Vollstreckungsorgane und das betreibungsrechtliche Beschwerdeverfahren dem kantonalen Verwaltungsrecht unterstehen (Sutter-Somm/Hasenböhler/Leuenberger-SUTTER-SOMM/KLINGLER, Art. 1 ZPO N 8; vgl. BGer 5A_448/2011 vom 31. Oktober 2011, E. 2.1). FRANCO LORANDI führt aus, dass das Verfahren vor den Betreibungsorganen dem Verwaltungsrecht sehr verwandt sei (LORANDI, 15, 19, Besprechung des Urteils des OGer TG vom 21.2.2013, RBOG 2013, Nr. 17.

105 BSK SchKG I-SCHNYDER/WIEDE, Art. 284 N 10 f.

106 VOCK/MÜLLER, 315.

6. FRISTEN

10 Tage ab Fortschaffung der Gegenstände (Art. 284 SchKG).[107] 10.152

7. KOMBINATIONSMÖGLICHKEITEN

Je nach Sachverhalt ist eine Kombination mit einem Gesuch um Aufnahme des Retentionsverzeichnisses sinnvoll. 10.153

8. MÖGLICHE RECHTSBEGEHREN

Es wird die Rückschaffung der [Bezeichnung Gegenstand / Gegenstände] in die von [Name, Vorname, Adresse] [gemieteten / gepachteten Räumlichkeiten {Angabe der Adresse etc. der betreffenden Räumlichkeiten}] beantragt. 10.154

9. VORAUSSETZUNGEN

A. ERSTE VORAUSSETZUNG

Es wurde in Bezug auf die Gegenstände **noch kein Retentionsverzeichnis** aufgenommen.[108] 10.155

B. ZWEITE VORAUSSETZUNG

Die Gegenstände befinden sich **nicht mehr in den vermieteten bzw. verpachteten Räumlichkeiten bzw. in den Räumlichkeiten des Stockwerkeigentümers** (Art. 284 SchKG i. V. m. Art. 268 ff. OR / Art. 491 OR / Art. 712k ZGB).[109] 10.156

C. DRITTE VORAUSSETZUNG

Die Gegenstände wurden **heimlich oder gewaltsam fortgeschafft** (Art. 284 SchKG). 10.157

107 Die Zehntagesfrist ist gewahrt, wenn das Gesuch am letzten Tag der Frist dem Betreibungsamt direkt oder der Post übergeben worden ist. Zu beachten ist, dass die Frist – unabhängig von der Kenntnis des Retentionsgläubigers – vom Tage der Fortschaffung der Gegenstände an zu laufen beginnt (BSK SchKG I-Schnyder/Wiede, Art. 284 N 10).

108 OFK SchKG-Kren Kostkiewicz/Walder, Art. 284–284b N 5.

109 Wenn sich die Gegenstände jedoch noch in den Miet-/Pachträumlichkeiten befinden und Gefahr in der Wegschaffung besteht, findet Art. 283 SchKG i.V.m. Art. 268b Abs. 1 OR Anwendung (und nicht Art. 284 SchKG) (BSK SchKG I-Schnyder/Wiede, Art. 284 N 5).

D. VIERTE VORAUSSETZUNG

10.158 Das **Gesuch um Rückschaffung** wurde dem Betreibungsamt des Ortes, von wo die Gegenstände weggeschafft wurden, **rechtzeitig** gestellt.[110]

E. FÜNFTE VORAUSSETZUNG

10.159 Der Retentionsgläubiger macht alle Voraussetzungen **glaubhaft**.[111]

F. SECHSTE VORAUSSETZUNG

10.160 Falls sich die fortgeschafften Gegenstände (im Zeitpunkt der Rückschaffung) bereits im Besitz eines Dritten befinden: dieser widersetzt sich nicht der Rückschaffung.[112]

10. BESONDERHEITEN

10.161 Über die Frage, ob die (Retentions-)Gegenstände heimlich weggeschafft wurden, entscheidet die kantonale Aufsichtsbehörde auf betreibungsrechtliche Beschwerde gem. Art. 17 SchKG hin.[113]

10.162 Das Betreibungsamt kann die fortgeschafften Gegenstände anstelle der Rückschaffung auch in amtliche Verwahrung nehmen oder sich vom Schuldner eine entsprechende Sicherheitsleistung erbringen lassen.[114]

10.163 Liegt Dringlichkeit vor, kann der legitimierte Retentionsgläubiger (z.B. Vermieter / Verpächter / Stockwerkeigentümergemeinschaft) direkt die Hilfe der Polizei in Anspruch nehmen. Die Polizei darf die Gegenstände aber nur sichern bis das sofort zu benachrichtigende zuständige Betreibungsamt eingreift.[115]

---

110 Annen, BlSchK 2014, 178, 180, E. 2.1.

111 Dazu hat die gesuchstellende Person die einzelnen Tatbestandsmerkmale von Art. 284 SchKG, wie Zeitpunkt der Fortschaffung, Heimlichkeit bzw. Gewalt, Art der Gegenstände, Ort des Verbringens etc., dem Betreibungsamt wenigstens summarisch vorzutragen. Ansonsten fehlt es an der hinreichenden Glaubhaftmachung (Entscheid des KGer BL, 420 14 17, 4.3.2014, E. 2.2); BSK SchKG I-Schnyder/Wiede, Art. 284 N 11.

112 Sind die fortgeschafften Gegenstände im Besitz eines Dritten, welcher an diesen eigene Rechte geltend macht, dürfen die Gegenstände nicht einfach zwangsweise weggenommen werden. Diesfalls hat das Betreibungsamt dem Retentionsgläubiger von der Sachlage unmittelbar Kenntnis zu geben. Es liegt dann am Retentionsgläubiger, den Retentionsstreit gegen den Dritten durch Klage auf (Duldung der) Rückschaffung von Retentionsgegenständen (Art. 284 SchKG) zu erheben (BSK SchKG I-Schnyder/Wiede, Art. 284 N 14).

113 BSK SchKG I-Schnyder/Wiede, Art. 284 N 9.

114 BSK SchKG I-Schnyder/Wiede, Art. 284 N 12.

115 BSK SchKG I-Schnyder/Wiede, Art. 284 N 11.

11. RECHTSMITTEL

Gegen die Handlungen und Anordnungen des Betreibungsamtes kann betreibungsrechtliche Beschwerde gem. Art. 17 ff. SchKG an die (untere) kantonale Aufsichtsbehörde innert 10 Tagen erhoben werden.[116] 10.164

Tabellarische Zusammenfassung

Zweck	Heimlich oder gewaltsam aus (Miet-/Pacht-/Stockwerkeigentums-)Räumlichkeiten fortgeschaffte Gegenstände sollen wieder dem retinierbaren Vermögenssubstrat zugeführt werden, d.h. das Retentionsrecht des (vormals) Retentionsberechtigten soll wiederhergestellt werden
Gesetzliche Grundlage	Art. 284 SchKG (i.V.m. Art. 268 ff. OR, Art. 491 OR / Art. 712k ZGB)
Verfahrensart	Kantonales Verwaltungsverfahrensrecht (betreibungsrechtliches Verfahren)
Zuständigkeit	Betreibungsamt am Ort, von welchem die Gegenstände (aus dem Miet-/Pacht-/Stockwerkeigentumsobjekt) weggeschafft wurden (vgl. Art. 284 SchKG)
Aktivlegitimation	Retentionsgläubiger (Vermieter / Verpächter von Geschäftsräumen, Stockwerkeigentümergemeinschaft, Gast- oder Stallwirte)
Passivlegitimation	Schuldner (Mieter / Pächter / Stockwerkeigentümer)
Streitwert	Nicht einschlägig
Fristen	10 Tage ab Fortschaffung der Gegenstände
Kombination	Je nach Sachverhalt, kombinierbar mit Gesuch um Aufnahme des Retentionsverzeichnisses
Mögliche Rechtsbegehren	Es wird die Rückschaffung der [Bezeichnung Gegenstand / Gegenstände] in die von [Name, Vorname, Adresse][gemieteten / gepachteten Räumlichkeiten {Angabe der Adresse etc. der betreffenden Räumlichkeiten}] beantragt.
Voraussetzungen	– Die betreffenden Gegenstände wurden noch nicht in ein Retentionsverzeichnis aufgenommen – Die betreffenden Gegenstände befinden sich nicht mehr in den vermieteten bzw. verpachteten Räumlichkeiten bzw. in den Räumlichkeiten des Stockwerkeigentümers – Die betreffenden Gegenstände wurden heimlich oder gewaltsam fortgeschafft – Gesuch wurde fristgerecht gestellt – Der gesuchstellende Retentionsgläubiger macht alle Voraussetzungen glaubhaft – Kein Widerspruch durch einen allf. neuen Besitzer

116 BSK SchKG I-Schnyder/Wiede, Art. 284 N 13.

Besonderheiten	- Über die Frage, ob die (Retentions-)Gegenstände heimlich weggeschafft wurden, entscheidet die kantonale Aufsichtsbehörde auf betreibungsrechtliche Beschwerde gem. Art. 17 SchKG hin - Anstelle einer Rückschaffung ist auch eine amtliche Verwahrung oder eine Sicherheitsleistung durch den Schuldner möglich - Im Falle von Dringlichkeit, kann der legitimierte Retentionsgläubiger (z.B. Vermieter / Verpächter / Stockwerkeigentümergemeinschaft) Hilfe der Polizei in Anspruch nehmen, welche die Gegenstände sichert, bis zum Eingriff durch das sofort zu benachrichtigende zuständige Betreibungsamt
Rechtsmittel	Betreibungsrechtliche Beschwerde (Art. 17 ff. SchKG) innert 10 Tagen

IX. KLAGE AUF (DULDUNG DER) RÜCKSCHAFFUNG VON RETENTIONSGEGENSTÄNDEN (ART. 284 SCHKG)

1. ZWECK UND WIRKUNG

10.165 Eine Klage auf (Duldung der) Rückschaffung von Retentionsgegenständen bezweckt, dass *vor* der Aufnahme des Retentionsverzeichnisses heimlich oder gewaltsam fortgeschaffte Gegenstände (an denen das Retentionsrecht mit der Fortschaffung endgültig unterging), welche sich im Besitz eines Dritten befinden, der daran eigene Rechte geltend macht, wieder dem Retentionssubstrat zugeführt werden (Wiederbegründung des Retentionsrechts). Bei diesem Rechtsbehelf handelt sich um ein rein vollstreckungsrechtliches Verfolgungsrecht.[117]

10.166 Eine Gutheissung der Klage auf (Duldung der) Rückschaffung von Retentionsgegenständen stellt eine gerichtliche Feststellung des behaupteten materiellen Retentionsrechts am betreffenden Gegenstand dar.[118] Dies hat wiederum zur Folge, dass eine Rückschaffung und eine Aufnahme eines Retentionsverzeichnisses zulässig werden.[119]

117 Das vollstreckungsrechtliche Verfolgungsrecht wird in Art. 268b Abs. 2 OR der mietrechtlichen Bestimmungen ebenfalls genannt. Wurden demgegenüber Gegenstände fortgeschafft, die bereits in einem bestehenden Retentionsverzeichnis aufgenommen worden sind und deshalb dem Retentionsbeschlag unterliegen, findet Art. 284 SchKG keine Anwendung (Vock/Müller, 313; BSK SchKG I-Schnyder/Wiede, Art. 284 N 2 und 4).

118 Vock/Müller, 313; Art. 284 SchKG durchbricht damit den Grundsatz, dass das Retentionsrecht mit der Entfernung der Gegenstände aus den Miet-/Pachträumen untergeht, wenn noch kein Verzeichnis aufgenommen wurde, zugunsten des Vermieters / Verpächters (Annen, BlSchK 2014, 178, 180, E. 2.1).

119 OFK SchKG-Kren Kostkiewicz/Walder, Art. 284–284b N 10.

2. VERFAHRENSART

Zivilprozess, wobei je nachdem: 10.167
- entweder das **ordentliche Verfahren** (Art. 219 ff. ZPO) bei einem Streitwert von mehr als CHF 30 000.–
  oder
- das **vereinfachte Verfahren** (Art. 243 ff. ZPO) bei einem Streitwert von bis zu CHF 30 000.– zur Anwendung kommt.[120]

3. ZUSTÄNDIGKEIT

Örtlich zuständig ist das Gericht (vgl. Art. 284 SchKG i.V.m. Art. 46 ZPO i.V.m. Art. 30 ZPO): 10.168
- am Ort der gelegenen Sache, d.h. am Ort, wo sich die Gegenstände zum Zeitpunkt der Klageeinreichung im Gewahrsam des Dritten befinden, oder
- am (Wohn-)Sitz des / der Beklagten, d.h. des Dritten.[121]

Die **sachliche** und **funktionelle** Zuständigkeit bestimmt sich nach dem jeweilig anwendbaren kantonalen Recht (vgl. Art. 23 SchKG und Art. 4 ZPO). 10.169

4. LEGITIMATION

A. AKTIVLEGITIMATION

Aktivlegitimiert ist der **Retentionsgläubiger,** d.h. nach Art. 284 SchKG der Vermieter oder Verpächter von Geschäftsräumen. Weiter können auch die Stockwerkeigentümergemeinschaft oder ein Gast- oder Stallwirt aktivlegitimiert sein.[122] 10.170

B. PASSIVLEGITIMATION

Passivlegitimiert ist der **Dritte**, welcher den betreffenden **(Retentions-)Gegenstand besitzt**.[123] 10.171

120 VOCK/MÜLLER, 316.
121 BSK SchKG I-SCHNYDER/WIEDE, Art. 284 N 15.
122 VOCK/MÜLLER, 315; BSK SchKG I-SCHNYDER/WIEDE, Art. 284 N 14.
123 VOCK/MÜLLER, 315.

5. STREITWERT

10.172 Der Streitwert bemisst sich nach dem objektiven Schätzungswert des (Retentions-)Gegenstandes.[124]

6. FRISTEN

10.173 Nicht einschlägig.[125]

7. KOMBINATIONSMÖGLICHKEITEN

10.174 Es sind keine naheliegenden Kombinationsmöglichkeiten ersichtlich.

8. MÖGLICHE RECHTSBEGEHREN

10.175
1. Es sei festzustellen, dass dem Kläger an [Bezeichnung Gegenstand / Gegenstände] ein Retentionsrecht zusteht.
2. Der Beklagte sei zu verpflichten, die Rückschaffung des in Ziff. 1 genannten [Gegenstands / Gegenstände] zu dulden.
3. Unter Kosten- und Entschädigungsfolgen zulasten des Beklagten.

9. VORAUSSETZUNGEN

A. ERSTE VORAUSSETZUNG

10.176 Es wurde in Bezug auf die Gegenstände **noch kein Retentionsverzeichnis** aufgenommen.[126]

124 VOCK/MÜLLER, 317; BSK SchKG I-SCHNYDER/WIEDE, Art. 284 N 15.

125 Da der Retentionsgläubiger ein erhebliches eigenes Interesse an der raschen Streiterledigung hat, bedarf es keiner Ansetzung einer Frist durch das Betreibungsamt (BSK SchKG I-SCHNYDER/WIEDE, Art. 284 N 14).

126 OFK SchKG-KREN KOSTKIEWICZ/WALDER, Art. 284–284b N 5.

B. ZWEITE VORAUSSETZUNG

Die Gegenstände befinden sich **nicht mehr in den vermieteten bzw. verpachteten Räumlichkeiten bzw. in den Räumlichkeiten des Stockwerkeigentümers** (Art. 284 SchKG i.V.m. Art. 268 ff. OR / Art. 491 OR / Art. 712k ZGB).[127] 10.177

C. DRITTE VORAUSSETZUNG

Die Gegenstände wurden **heimlich oder gewaltsam fortgeschafft** (Art. 284 SchKG). 10.178

D. VIERTE VORAUSSETZUNG

Es wurde rechtzeitig ein gültiges **Gesuch um Rückschaffung** beim Betreibungsamt des Ortes, von wo die Gegenstände weggeschafft wurden, gestellt.[128] 10.179

E. FÜNFTE VORAUSSETZUNG

Die fortgeschafften Gegenstände befinden sich (im Zeitpunkt der Rückschaffung) bereits **im Besitz eines nicht gutgläubigen Dritten** (andernfalls bleiben dessen Rechte gem. Art. 284 SchKG vorbehalten).[129] 10.180

F. SECHSTE VORAUSSETZUNG

Der nicht gutgläubige Dritte im Besitz der fortgeschafften Gegenstände **widersetzt sich der Rückschaffung**, worüber das Betreibungsamt den Gesuchsteller unmittelbar in Kenntnis setzt.[130] 10.181

G. SIEBTE VORAUSSETZUNG

In Bezug auf die fortgeschafften Gegenstände wird **Klage** auf (Duldung der) Rückschaffung von Retentionsgegenständen eingeleitet. 10.182

127 Wenn sich die Gegenstände jedoch noch in den Miet-/Pachträumlichkeiten befinden und Gefahr in der Wegschaffung besteht, findet Art. 283 SchKG i.V.m. Art. 268b Abs. 1 OR Anwendung (und nicht Art. 284 SchKG) (BSK SchKG I-Schnyder/Wiede, Art. 284 N 5).

128 BSK SchKG I-Schnyder/Wiede, Art. 284 N 10.

129 Ein solcher Besitz liegt bspw. vor, wenn die fortgeschafften Gegenstände sich in neu gemieteten Räumlichkeiten befinden (BSK SchKG I-Schnyder/Wiede, Art. 284 N 14).

130 Annen, BlSchK 2014, 178, 180, E. 2.1; BSK SchKG I-Schnyder/Wiede, Art. 284 N 14.

10. BESONDERHEITEN

10.183 Das **Schlichtungsverfahren**, welches grundsätzlich einem ordentlichen Verfahren oder einem vereinfachten Verfahren vorgeht, **entfällt** (Art. 198 lit. e Ziff. 8 ZPO), was eine gewisse Verfahrensbeschleunigung mit sich bringt.[131]

11. RECHTSMITTEL

10.184 Der *erstinstanzliche Entscheid* ist – sofern der Streitwert mindestens CHF 10 000.– beträgt – grundsätzlich mit der **Berufung** gemäß Art. 308 ff. ZPO anfechtbar. Beträgt der Streitwert jedoch weniger, ist der Entscheid mit **Beschwerde** gem. Art. 319 ff. ZPO anfechtbar. Liegt ein *letztinstanzlicher kantonaler Entscheid* vor und beträgt entweder der Streitwert mindestens CHF 30 000.– oder stellt sich eine Rechtsfrage von grundsätzlicher Bedeutung, kann dieser mit **Beschwerde in Zivilsachen beim Bundesgericht** angefochten werden (vgl. Art. 72 Abs. 2 lit. a BGG i.V.m. Art. 74 Abs. 1 lit. b BGG bzw. Art. 74 Abs. 2 lit. a BGG). Ansonsten, d.h. bei einem Streitwert unter CHF 30 000.– und keiner Rechtsfrage von grundsätzlicher Bedeutung, findet die **subsidiäre Verfassungsbeschwerde** gem. Art. 113 ff. BGG Anwendung.

Tabellarische Zusammenfassung

Zweck	Heimlich oder gewaltsam aus (Miet-/Pacht-/Stockwerkeigentums-)Räumlichkeiten in den Besitz eines nicht gutgläubigen Dritten fortgeschaffte Gegenstände sollen wieder dem retinierbaren Vermögenssubstrat zugeführt werden, d.h. das Retentionsrecht des (vormals) Retentionsberechtigten soll wiederhergestellt werden
Gesetzliche Grundlage	Art. 284 SchKG (i.V.m. Art. 268 ff. OR, Art. 491 OR / Art. 712k ZGB)
Verfahrensart	Abhängig vom Streitwert ordentliches Verfahren (Art. 219 ff. ZPO) oder vereinfachtes Verfahren (Art. 243 ff. ZPO)
Zuständigkeit	Örtlich zuständig ist entweder das Gericht am Ort der gelegenen Sache oder am (Wohn-)Sitz des beklagten Dritten (Art. 284 SchKG i.V.m. Art. 46 ZPO i.V.m. Art. 30 ZPO) Die sachliche und funktionale Zuständigkeit bestimmt sich nach kantonalem Recht (Art. 23 SchKG, Art. 4 ZPO)
Aktivlegitimation	Retentionsgläubiger (Vermieter / Verpächter von Geschäftsräumen, Stockwerkeigentümergemeinschaft, Gast- oder Stallwirte)
Passivlegitimation	Drittperson, welche den betreffenden (Retentions-)Gegenstand besitzt
Streitwert	Objektiver Schätzungswert des (Retentions-)Gegenstandes
Fristen	Nicht einschlägig

131 BSK SchKG I-Schnyder/Wiede, Art. 284 N 15.

Kombination	Nicht einschlägig
Mögliche Rechtsbegehren	1. Es sei festzustellen, dass dem Kläger an [Bezeichnung Gegenstand / Gegenstände] ein Retentionsrecht zusteht. 2. Der Beklagte sei zu verpflichten, die Rückschaffung des in Ziff. 1 genannten [Gegenstands / Gegenstände] zu dulden. 3. Unter Kosten- und Entschädigungsfolgen zulasten des Beklagten.
Voraussetzungen	– Die betreffenden Gegenstände wurden noch nicht in ein Retentionsverzeichnis aufgenommen – Die betreffenden Gegenstände befinden sich nicht mehr in den vermieteten bzw. verpachteten Räumlichkeiten bzw. in den Räumlichkeiten des Stockwerkeigentümers – Die betreffenden Gegenstände wurden heimlich oder gewaltsam fortgeschafft – Gesuch um Rückschaffung wurde fristgerecht gestellt – Die fortgeschafften Gegenstände befinden sich im Besitz eines nicht gutgläubigen Dritten (andernfalls bleiben dessen Rechte vorbehalten) – Der besitzende nicht gutgläubige Dritte widersetzt sich der Rückschaffung – Der Retentionsgläubiger reicht Klage auf (Duldung der) Rückschaffung der betreffenden Retentionsgegenstände ein
Besonderheiten	Es findet kein vorgängiges Schlichtungsverfahren statt (Art. 198 lit. e Ziff. 8 ZPO)
Rechtsmittel	Kantonal: Abhängig vom Streitwert Berufung (Art. 308 ff. ZPO) oder Beschwerde (Art. 319 ff. ZPO) innert 30 Tagen (Art. 311 Abs. 1 und Art. 321 Abs. 1 ZPO) Bund: Beschwerde in Zivilsachen (Art. 72 ff. BGG) innert 30 Tagen, oder subsidiäre Verfassungsbeschwerde (Art. 113 ff. BGG)

X. (PAULIANISCHE) ANFECHTUNGSKLAGE (ART. 285 FF. SCHKG)

1. ZWECK UND WIRKUNG

Die sog. paulianische Anfechtung (auch Gläubigeranfechtung, Zwangsvollstreckungsrechtliche Anfechtungsklage oder Pauliana[132] genannt) dient wie der Arrest dem Gläubigerschutz. Während der Arrest die Sicherstellung von noch vorhandenem Schuldnervermögen ermöglicht, erlaubt die paulianische Anfechtung, *Vermögenswerte, die der Vollstreckung entzogen wurden, wieder zuzuführen*: Ein Gläubiger, welcher im Besitz eines Pfändungsverlustscheins ist, oder die Konkursverwaltung, kann mit der Anfechtungsklage die Zuführung von Vermögenswerten verlangen, welche durch eine anfechtbare Rechtshandlung (Art. 286–288 SchKG) der Zwangsvollstreckung entzogen wurden.[133] Keine Rolle spielt dabei, ob der Entzug von Vermögenswerten durch die Vermin- 10.185

132 «Sie ging aus der actio Pauliana» des römischen Rechts, benannt nach seinem Schöpfer, dem Prätor Lucius Aemilius Paulus, hervor, s. AMONN/WALTHER, § 52 Rz. 8.

133 AMONN/WALTHER, § 52 Rz. 1.

derung von Aktiven oder die Erhöhung von Passiven erfolgt ist.[134] Es geht darum, einen früheren Vermögensstand des Schuldners wieder herzustellen, indem bestimmte, für die Gläubiger nachteilige Rechtsgeschäfte rückgängig gemacht werden. Die paulianische Anfechtungsklage dient damit der Gläubigergleichbehandlung.[135]

10.186 Die paulianische Anfechtungsklage ist eine betreibungsrechtliche Klage und kann nur in einem konkret durchgeführten Betreibungs-, Konkurs- oder Nachlassvertragsverfahren erhoben werden. Sie *bewirkt nicht die Ungültigkeit des zugrundeliegenden zivilrechtlichen Rechtsgeschäftes*, d.h. sie verschafft dem Anfechtenden keinen Besitz oder Eigentum an den Vermögenswerten.[136] Sie hat aber dennoch gewisse Auswirkungen auf die angefochtene zivilrechtliche Rechtshandlung, denn diese kann nicht wie geplant abgewickelt oder muss nachträglich rückgängig gemacht werden,[137] weshalb sie zu den *betreibungsrechtlichen Klagen mit Reflexwirkung auf das materielle Recht* zählt.[138] Der *Anfechtungsanspruch ist obligatorischer Natur* und *beruht auf Gesetz* (bzw. einer sich aus der Billigkeit ergebenden gesetzlichen Obligation).[139]

10.187 Die Klage ist zunächst *auf die Rückgabe der Vermögensstücke in natura und subsidiär auf die Rückerstattung des Wertes gerichtet* (Art. 291 SchKG).[140] Die Anfechtung des Rechtsgeschäftes war erfolgreich, wenn entweder ein die Klage gutheissendes, rechtskräftiges Urteil (Art. 289 SchKG) oder eine freiwillige Anerkennung der Anfechtung durch den Anfechtungsgegner erwirkt wurde, oder wenn eine Einrede nicht oder erfolglos bestritten wurde. Die *Wirkung* der erfolgreichen Anfechtung regelt Art. 291 SchKG; sie besteht in der *Rückabwicklung der Vermögensverschiebung*. Eine Gutheissung der paulianischen Anfechtungsklage bewirkt also, dass entäusserte Vermögenswerte wiederbeschafft werden: die entzogenen Vermögensstücke oder entsprechende Geldleis-

134 BSK SchKG II-Staehelin, Art. 285 N 1.

135 BSK SchKG II-Staehelin, Art. 285 N 1; Amonn/Walther, § 52 Rz. 2. Zum *Zweck* der Anfechtungsklage gemäss Bundesgericht vgl. BGer 5A_835/2012 vom 16.5.2013, E. 2.1: «Die Anfechtungsklage gemäss Art. 285 ff. SchKG ist ein im Dienst der Gläubigergleichbehandlung stehendes Instrument, bei dem es darum geht, aus vollstreckungsrechtlicher Sicht unrechtmässig entäussertes Substrat wieder der Vollstreckung zuzuführen [...].»; BSK SchKG EB-Bauer, Art. 285 ad N 7.

136 BGE 134 III 52, 57; 115 III 141; 81 III 91; 52 II 54.

137 Zur *Wirkung* der Anfechtungsklage auf das zugrundeliegende Rechtsgeschäft, vgl. BGer 5A_835/2012 vom 16.5.2013, E. 2.1: «[...] Bestimmte Handlungen des Schuldners, die während einer gesetzlich festgelegten Verdachtsperiode vorgenommen worden sind, bleiben auf der vollstreckungsrechtlichen Ebene unbeachtlich, wenn tatsächlich der Konkursfall eingetreten ist oder ein Gläubiger – wie hier – einen Pfändungsverlust erlitten hat. Die betreffenden Rechtsgeschäfte bleiben zwar zivilrechtlich gültig, aber die übertragenen Vermögenswerte werden der Zwangsvollstreckung zugeführt (Art. 285 Abs. 1 und Art. 291 Abs. 1 SchKG).»; BSK SchKG EB-Bauer, Art. 285, ad N 7.

138 CPra Actions-Bohnet, § 137 Rz. 9; KUKO SchKG-Umbach-Spahn/Bossart, Art. 285 N 2; sie entfaltet nur Wirkung mit Bezug auf ein bestimmtes Vollstreckungsverfahren, BGE 131 III 227, E. 3.3; 130 III 672, E. 3.2 ff.; 129 III 683, E. 4.2.

139 BSK SchKG II-Staehelin, Art. 285 N 9; KUKO SchKG-Umbach-Spahn/Bossart, Art. 285 N 2; BGE 131 III 227; 106 III 44, E. 3.

140 Amonn/Walther, § 52 Rz. 39 ff.; BSK SchKG II-Staehelin, Art. 291 N 17 f.; CPra Actions-Bohnet, § 137 Rz. 2; KUKO SchKG-Umbach-Spahn/Bossart, Art. 285 N 2.

tungen werden wieder dem Vermögen des Schuldners zugeführt,[141] damit sie in die Pfändung oder in die Konkurs- bzw. Liquidationsmasse einbezogen werden können.[142] Die Konkursmasse ist bei Gutheissung der Klage grundsätzlich so zu stellen, wie wenn die anfechtbare Handlung nicht vorgenommen worden wäre.[143] Dem Anfechtungsgegner wird eine allfällig erbrachte Gegenleistung zurückerstattet,[144] soweit sie sich noch in den Händen des Schuldners befindet oder dieser durch sie bereichert ist, darüber hinaus kann ein Anspruch nur als Forderung gegen den Schuldner geltend gemacht werden (Art. 291 Abs. 1 SchKG). Bestand die anfechtbare Rechtshandlung in der Tilgung einer Forderung, so tritt dieselbe mit der Rückerstattung wieder in Kraft (Art. 291 Abs. 2 SchKG). Ein gutgläubiger Empfänger einer Schenkung ist nur bis zum Betrag seiner Bereicherung rückerstattungspflichtig (Art. 291 Abs. 3 SchKG).

2. VERFAHRENSART

Bei einem *Streitwert von über CHF 30'000.–* handelt sich um ein *ordentliches Verfahren* (Art. 219 ff. 10.188
ZPO) *mit Schlichtungsversuch* (Art. 197 ZPO). Bei einem *Streitwert von CHF 30'000.– oder weniger kommt das vereinfachte Verfahren* (Art. 243 ff. ZPO) zum Zug (Art. 243 Abs. 1 ZPO), dem ebenfalls ein *Schlichtungsversuch* vorangeht (Art. 198 ZPO e contrario).[145] Betreibungsrechtliche Klagen mit Reflexwirkung auf das materielle Recht gelten nicht als handelsrechtliche Streitigkeiten.[146] Ein Schlichtungsversuch entfällt, wenn die Anfechtungsklage widerklageweise geltend gemacht wird (Art. 198 lit. f und g ZPO).[147] Neben der Erhebung als Widerklage ist auch eine Erhebung als Einrede möglich, z.B. gegen eine Kollokations-, Widerspruchs- oder Aussonderungsklage oder eine Klage auf Anerkennung eines privilegierten Pfändungsausschlusses.[148]

In Fällen, in denen der *Sachverhalt unbestritten oder sofort beweisbar und die Rechtslage klar* ist, 10.189
kann der *Kläger verlangen*, dass die Angelegenheit im *summarischen Verfahren* (Art. 248 ff. ZPO) ohne vorangehenden Schlichtungsversuch (Art. 198 ZPO) entschieden wird (Art. 257 ZPO).[149] Entscheidet sich der Kläger nicht für das summarische Verfahren und kommt es

141 Wiederherstellung des Vermögens des Schuldners in den Zustand, den es o
hätte, s. BGE 135 III 265, 267; 134 III 615, 617 = Pra 2009, 772).

142 BSK SchKG II-STAEHELIN, Art. 285 N 8 f.

143 BSK SchKG EB-BAUER, Art. 291 ad N 2 m.V. auf BGer 5A_ 397/2013 und 5A

144 BSK SchKG II-BAUER, Art. 291 N 1 f.

145 KUKO ZPO-FRAEFEL, Art. 243 N 9.

146 Weshalb in Kantonen mit Handelsgericht der Prozess auch bei Vorliegen der
ZPO (u.a. Zulässigkeit der Beschwerde in Zivilsachen an das Bundesgericht, Ei
ter) nicht automatisch im ordentlichen Verfahren (Art 243 Abs. 3 ZPO) statt
Art. 289 N 19 i.V.m. BSK SchKG EB-BAUER, Art. 291 ad N 19 m.V. auf BGer 5
141 III 527, E. 3.2; 140 III 355 betr. Widerspruchsklage; HGer AG vom 15.9.201

147 BSK SchKG II-STAEHELIN, Art. 289 N 21.

148 KUKO SchKG-UMBACH-SPAHN/BOSSART, Art. 289 N 12.

149 CPra Actions-BOHNET, § 137 Rz. 10.

tungsversuch, kann die Schlichtungsbehörde den Parteien einen Urteilsvorschlag machen, wenn der Streitwert CHF 5'000.– nicht übersteigt (Art. 210 Abs. 1 lit. c ZPO). Sie kann die Streitigkeit abschliessend entscheiden, sofern der Streitwert CHF 2'000.– nicht übersteigt (Art. 212 Abs. 1 ZPO) und die klagende Partei einen entsprechenden Antrag stellt (Art. 212 Abs. 2 ZPO).[150] Kommt es beim Schlichtungsversuch zu keiner Einigung (Art. 209 ZPO), erhält die klagende Partei die Klagebewilligung (inhaltliche Anforderungen, vgl. Art. 209 Abs. 2 ZPO). Die Klage (im ordentlichen Verfahren Art. 221 ZPO, bei Anwendbarkeit des vereinfachten Verfahrens Art. 244 ZPO) muss *innert drei Monaten ab Eröffnung der Klagebewilligung beim Gericht* eingereicht werden (Art. 209 Abs. 3 ZPO).[151]

3. ZUSTÄNDIGKEIT

10.190 Hat der Beklagte *Wohnsitz bzw. Sitz in der Schweiz*, ist nach Art. 289 Satz 1 SchKG, örtlich das *Gericht am Schweizer Wohnsitz* (natürliche Personen, Art. 23–26 ZGB) *oder Sitz* (juristische Personen, Art. 56 ZGB) zuständig. Diese Gerichtsstandbestimmung in Art. 289 SchKG geht derjenigen in Art. 46 ZPO vor. Dafür, ob der Beklagte Wohnsitz bzw. Sitz in der Schweiz hat, ist der Zeitpunkt der Klageeinreichung entscheidend, nicht der Zeitpunkt der anfechtbaren Handlung.[152] In internationalen Verhältnissen bestimmt sich der Wohnsitz bzw. Sitz des Beklagten nach Art. 20 und Art. 21 IPRG.[153]

10.191 Hat der *Beklagte keinen Wohnsitz bzw. Sitz in der Schweiz* ist gem. Art. 289 Satz 2 SchKG, der örtliche Gerichtsstand am Ort *der Pfändung bzw. des Konkurses oder der Nachlassliquidation* gegeben. Das SchKG regelt den Gerichtsstand auch in internationalen Verhältnissen abschliessend; das IPRG findet keine Anwendung. Ob das LugÜ anwendbar ist, hängt davon ab, ob die Anfechtungsklage im Rahmen einer Generalexekution (Konkurs, Nachlassverfahren) oder Spezialexekution (Pfändung) erhoben wird (Art. 1 Abs. 2 lit. b LugÜ schliesst «Konkurse, Vergleiche und ähnliche Verfahren» von seinem Anwendungsbereich aus): Anfechtungsklagen gem. Art. 285 ff. SchKG *nach Konkurseröffnung* fallen nicht in den sachlichen Anwendungsbereich des LugÜ, sondern können gegenüber dem Beklagten mit Wohnsitz in einem LugÜ-Vertragsstaat am Ort der Konkurseröffnung in der Schweiz eingereicht werden. Dasselbe muss auch bei der *Nachlassliquidation* gelten, denn die Anfechtungsklage hängt auch dort unmittelbar mit dem Insolvenzverfahren zusammen.[154] Anfechtungsklagen aufgrund eines *Pfändungsverlustscheins* fallen hingegen in den Bereich des LugÜ. Umstritten ist, ob der allgemeine Gerichtsstand gem.

---

150 CPra Actions-BOHNET, § 137 Rz. 14.

151 CPra Actions-BOHNET, § 137 Rz. 15.

152 BSK SchKG II-STAEHELIN, Art. 289 N 8.

153 CPra Actions-BOHNET, § 137 Rz. 17; KUKO SchKG-UMBACH-SPAHN/BOSSART, Art. 289 N 2.

154 BSK SchKG II-STAEHELIN, Art. 289 N 9 m.w.N.; CPra Actions-BOHNET, § 137 Rz. 19 und 21; KUKO SchKG-UMBACH-SPAHN/BOSSART, Art. 289 N 4 m.V. auf BGE 131 III 227, E. 3.2; 129 III 683, E. 3.2 für das Konkursverfahren und BGE 134 III 273, E. 4.4 für die Nachlassliquidation.

Art. 2 LugÜ am Wohnsitz bzw. Sitz des Schuldners, alternativ am Ort der schädigenden Handlung (Art. 5 Ziff. 3 LugÜ, wenn die paulianisch anfechtbare Handlung zugleich eine Straftat im zivilrechtlichen oder strafrechtlichen Sinne darstellt),[155] oder der ausschliessliche Gerichtsstand der Zwangsvollstreckung gem. Art. 22 Ziff. 5 LugÜ am Betreibungsort in der Schweiz zur Anwendung gelangt.[156] Eine Anfechtungsklage aufgrund einer anfechtbar veräusserten Liegenschaft ist keine dingliche Klage, weshalb sie nicht gem. Art. 22 Ziff. 1 LugÜ am Ort der gelegenen Sache erhoben werden kann.[157]

Der Gerichtsstand am Wohnsitz bzw. Sitz des Beklagten in der Schweiz ist *ausschliesslich*, d.h. gegen seinen Willen kann er nicht an einem anderen Ort beklagt werden. Auch der Gerichtsstand am Ort der Pfändung oder des Konkurses bei ausländischem Wohnsitz bzw. Sitz des Beklagten ist ausschliesslich, wenn die Pfändung oder der Konkurs in der Schweiz durchgeführt wurde.[158] Die Prorogation des Gerichtsstands (Abänderung durch Gerichtsstandsvereinbarung) von Art. 289 SchKG *vor einer Konkurseröffnung, Nachlassliquidation oder Pfändung zwischen dem Schuldner und dem begünstigten Dritten ist ungültig*, weil der Anfechtungsanspruch nicht dem Schuldner gehört, sondern den Gläubigern.[159] *Umstritten* ist, ob eine *Prorogation nach Konkurseröffnung*, möglich ist.[160] Auch umstritten ist, ob ein Schiedsvertrag abgeschlossen werden kann, wobei aber unterschieden werden muss; eine vom Schuldner unterzeichnete Schiedsklausel ist immer ungültig.[161] Beim Konkursverwalter, Nachlassliquidator resp. Pfändungsgläubiger wird die Zulässigkeit zum Abschluss eines Schiedsvertrages teilweise bejaht,[162] obwohl das SchKG als öffentliches Recht zwingenden Charakter aufweist und die Anfechtungsklage (als betreibungsrechtliche Klage mit Reflexwirkung auf das materielle Recht) mit dem Konkurs-, Nachlass- oder Pfändungsverfahren steht und fällt.[163] 10.192

155 So CPra Actions-Bohnet, § 137 Rz. 20.

156 BSK SchKG II-Staehelin, Art. 289 N 13 mit Argumenten pro und contra; KUKO SchKG-Umbach-Spahn/Bossart, Art. 289 N 5 m.w.N. favorisiert den allgemeinen Gerichtsstand mit Alternative des Art. 5 Ziff. 3 LugÜ (vgl. Fn. 20).

157 BSK SchKG II-Staehelin, Art. 289 N 11 m.w.N.

158 BSK SchKG II-Staehelin, Art. 285 N 14; KUKO SchKG-Umbach-Spahn/Bossart, Art. 289 N 7.

159 BSK SchKG II-Staehelin, Art. 285 N 15; KUKO SchKG-Umbach-Spahn/Bossart, Art. 289 N 8.

160 BSK SchKG II-Staehelin, Art. 285 N 15; KUKO SchKG-Umbach-Spahn/Bossart, Art. 289 N 9 m.w.N.

161 BSK SchKG II-Staehelin, Art. 285 N 15a; KUKO SchKG-Umbach-Spahn/Bossart, Art. 289 N 9 m.w.N.

162 BSK SchKG II-Staehelin, Art. 285 N 15a m.w.N.; KUKO SchKG-Umbach-Spahn/Bossart, Art. 289 N 9 m.w.N.

163 BSK SchKG II-Staehelin, Art. 285 N 15a.

4. LEGITIMATION

A. AKTIVLEGITIMATION

10.193 Die Aktivlegitimation[164] ist im Falle der paulianischen Anfechtungsklage der Anfechtungsberechtigung gleichzusetzen.[165]

A) SPEZIALEXEKUTION (PFÄNDUNG)

10.194 Die Anfechtungsberechtigung in der Betreibung auf Pfändung steht gem. Art. 285 Abs. 2 Ziff. 1 SchKG *jedem Gläubiger mit einem provisorischen* (Art. 115 Abs. 2 SchKG) *oder definitiven* (Art. 115 Abs. 1, Art. 149 SchKG) *Pfändungsverlustschein* zu. Mit Eröffnung des Konkurses über den Schuldner geht die Anfechtungsberechtigung des Pfändungsverlustscheinsgläubigers auf die Konkursverwaltung über, auch wenn der Prozess bereits pendent ist.[166]

10.195 Der gegen einen Kollektivgesellschafter ausgestellte Pfändungsverlustschein berechtigt nicht zur Anfechtung von Rechtshandlungen der Kollektivgesellschaft, und umgekehrt, da betreibungsrechtlich zwei verschiedene Rechtssubjekte vorliegen, welche zwei separaten Betreibungen unterliegen.[167]

10.196 Ein nichtiger Pfändungsverlustschein hingegen taugt nicht zur paulianischen Anfechtung,[168] ebenso wenig der Pfandausfallschein (Art. 158 SchKG), der nur die ungenügende Pfanddeckung, nicht aber den Verlust des Gläubigers bei der Vollstreckung in das gesamte Vermögen des Schuldners ausweist.[169]

10.197 Ein *provisorischer Pfändungsverlustschein* bescheinigt noch nicht den endgültigen Verlust in der Betreibung und es besteht noch die Möglichkeit, dass ein Gläubiger wenigstens für einen Teil seiner Forderung befriedigt wird. Gestützt auf einen *provisorischen Pfändungsverlustschein* kann eine Anfechtungsklage nur unter dem Vorbehalt gutgeheissen werden, dass *in der hängigen Betreibung ein definitiver Verlustschein ausgestellt wird.* Ist klar, dass dies nicht mehr der Fall sein

164 Die Aktivlegitimation ist eine Erscheinungsform der Sachlegitimation; BSK SchKG II-Staehelin, Art. 285 N 29.

165 Die Anfechtungsberechtigung ist diesfalls keine blosse Prozessvoraussetzung, sondern – wie die Sachlegitimation – materiell-rechtliches Erfordernis für die Geltendmachung des Anfechtungsanspruchs, BGE 115 III 138, E. 2a; 103 III 97, E. 1; BSK SchKG II-Staehelin, Art. 285 N 29; KUKO SchKG-Umbach-Spahn/Bossart, Art. 285 N 6.

166 BSK SchKG II-Staehelin, Art. 285 N 30 m.V. auf BGE 47 III 49; KUKO SchKG-Umbach-Spahn/Bossart, Art. 285 N 6 m.V. auf BGE 61 III 54; Jaeger/Walder/Kull/Kottmann, Art. 285 SchKG N 18. In diesem Falle kann die Konkursverwaltung in den bereits hängigen Prozess an Stelle des Pfändungsverlustscheinsgläubigers eintreten; BSK SchKG II-Staehelin, Art. 285 N 30 m.V. auf BGE 61 III 55; 34 II 92 f. Verzichtet die Gesamtheit der Gläubiger auf die Weiterführung des Prozesses durch die Masse kann jeder Gläubiger die Abtretung nach Art. 260 SchKG verlangen und in eigenem Namen den Prozess weiterführen, BGE 34 II 93. Die Anfechtungsberechtigung des Konkursgläubigers geht auf die Konkursmasse über, BSK SchKG EB-Bauer, Art. 285 ad N 30.

167 BSK SchKG II-Staehelin, Art. 285 N 30.

168 BGE 80 III 147 f.

169 BSK SchKG II-Staehelin, Art. 285 N 30.

kann, fällt die Anfechtungsberechtigung dahin und eine Gutheissung der Klage ist nicht mehr möglich.[170]

B) GENERALEXEKUTION (KONKURS / NACHLASSLIQUIDATION)

Im *Konkurs* ist gem. Art. 285 Abs. 2 Ziff. 2 SchKG in erster Linie die Konkursverwaltung, bzw. die Konkursmasse,[171] zur paulianischen Anfechtung berechtigt, und zwar solange, als der Konkurs durchgeführt wird.[172] Die Anfechtungsberechtigung entfällt hingegen, sobald der Konkurs mangels Aktiven eingestellt wird. Dafür können die Gläubiger den Schuldner während zwei Jahren auf Pfändung betreiben (Art. 230 Abs. 3 SchKG) und so einen Pfändungsverlustschein erlangen, der sie zur Anfechtung legitimiert. Da sich die Verzögerung negativ auswirken könnte, kann ein Gläubiger die Durchführung des Konkurses gegen Leistung eines Kostenvorschusses verlangen (Art. 230 Abs. 2 SchKG). Wird der Konkurs widerrufen, entfällt die Anfechtungsberechtigung der Konkursverwaltung. Ausgeschlossen ist die Anfechtung, wenn die Konkursmasse zur Befriedigung aller Gläubiger ausreichend Aktiven ausweist, denn dann fehlt es an der erforderlichen Schädigung der Exekutionsrechte der Gläubiger.[173] 10.198

Verzichtet die Gläubigergesamtheit im *Konkursverfahren* (durch Gläubigerbeschluss, Art. 253 Abs. 2 SchKG) auf die Geltendmachung von Anfechtungsansprüchen, kann sich gem. Art. 285 Abs. 2 Ziff. 2 SchKG jeder Gläubiger einzeln den Anfechtungsanspruch abtreten lassen (Art. 260 SchKG), um die Anfechtungsberechtigung zu erhalten.[174] Im Falle, dass die Konkursverwaltung einem Konkursgläubiger die Befugnis zur Geltendmachung von Verantwortlichkeitsansprüchen und Anfechtungsklagen abtritt, ist ihm von der Konkursverwaltung eine angemessene Frist zur Einreichung der Klage zu setzen und nach unbenutztem Ablauf der Frist die Abtretung zu widerrufen und zu annullieren. Bis zum ausdrücklichen Widerruf verlängert sich die Frist stillschweigend.[175] 10.199

Ohne Abtretung ist der einzelne Gläubiger nur im Rahmen des Kollokationsverfahrens zur Anfechtung berechtigt, wenn er gegen einen von der Konkursverwaltung im Kollokationsplan 10.200

---

170 BSK SchKG II-Staehelin, Art. 285 N 31; KUKO SchKG-Umbach-Spahn/Bossart, Art. 285 N 8 m.V. auf BGE 115 III 138, E. 2a; 96 III 111 E. 3; 103 III 97 E. 1.

171 Die Berechtigung steht der Konkursmasse zu, die Konkursverwaltung ist nur das für die Konkursmasse handelnde Organ, s. CPra Actions-Bohnet, § 137 Rz. 23 m.w.N.

172 BSK SchKG II-Staehelin, Art. 285 N 33; CPra Actions-Bohnet, § 137 Rz. 23; KUKO SchKG-Umbach-Spahn/Bossart, Art. 285 N 9.

173 Dafür können die Gläubiger den Schuldner während zwei Jahren auf Pfändung betreiben (Art. 230 Abs. 3 SchKG) und so einen Pfändungsverlustschein erwirken, der zur Anfechtung legitimiert (mit Risiko des Ausfalls aufgrund der zeitlichen Verzögerung), s. BSK SchKG II-Staehelin, Art. 285 N 33 m.w.N.; KUKO SchKG-Umbach-Spahn/Bossart, Art. 285 N 9.

174 BSK SchKG II-Staehelin, Art. 285 N 33; CPra Actions-Bohnet, § 137 Rz. 24; KUKO SchKG-Umbach-Spahn/Bossart, Art. 285 N 9.

175 Ein Monat ohne Erstreckungsfrist wird als zu kurz angesehen, regelmässig ist eine Frist von sechs Monaten anzusetzen und diese ist angemessen zu verlängern, vgl. BSK SchKG EB-Bauer, Art. 285 ad N 34 m.V. auf KGer BL, 8.3.2011, 420 11 6, E. 2.

zugelassenen Gläubiger gem. Art. 250 Abs. 2 SchKG auf Wegweisung aus dem Plan oder auf Kollozierung als unversicherte Forderung anstelle des kollozierten Pfandrechts oder Einreihung in eine höhere Klasse mit der Begründung klagt, der beklagte Gläubiger habe seine Forderung oder deren Vorrechte (Pfandrecht, Konkursprivileg) auf eine Art erlangt, die mit der paulianischen Anfechtungsklage angefochten werden kann.[176] Ein nach Abschluss des Konkursverfahrens nachträglich entdeckter Anfechtungsanspruch hat die Konkursverwaltung den Konkursverlustscheinsgläubigern gem. Art. 269 Abs. 3 SchKG zur Abtretung nach Art. 260 SchKG anzubieten.[177]

10.201 Im *Nachlassverfahren* sind die Liquidationsorgane namens der Nachlassmasse zur Anfechtung legitimiert.[178]

B. PASSIVLEGITIMATION

10.202 Die Passivlegitimation wird in Art. 290 SchKG für alle Anfechtungstatbestände von Art. 255–288 SchKG geregelt. Die Klage richtet sich gegen die *durch die anfechtbare Handlung tatsächlich begünstigte Person.* Dies kann die Person sein, mit der der Schuldner das anfechtbare Rechtsgeschäft abgeschlossen hat, aber auch jede andere Person, die dadurch begünstigt wurde oder deren Rechtsnachfolger (Erben oder andere Gesamtnachfolger) sowie bösgläubige Dritte. Diese Personen können nicht nur Beklagte sein, sondern ihnen kann das Anfechtungsrecht auch einredeweise entgegen gehalten werden.[179]

10.203 In erster Linie ist der Vertragspartner des Schuldners (mit welchem er das anfechtbare Rechtsgeschäft abgeschlossen hat) Anfechtungsbeklagter, und zwar unabhängig davon, ob er noch im Besitz der Zuwendung oder des Vorteils ist. Der Anfechtungsanspruch bleibt als Schadenersatzanspruch gegen den ursprünglich begünstigten auch dann bestehen, wenn daneben der Rechtsnachfolger belangt werden kann. Auch derjenige Vertragspartner, der nicht sich selbst sondern einen Dritten begünstigt hat, kann Beklagter sein. Ausgenommen ist, wer Gelder im Namen Dritter bloss einkassiert und dem Dritten weiterleitet.[180]

10.204 Weitere Begünstigte können alle sein, die *direkt oder indirekt durch die anfechtbare Handlung begünstigt* wurden, ganz egal, ob sie der Handlung zugestimmt oder an ihr mitgewirkt haben. Begünstigt ist, wer aus dem Vermögen des Schuldners etwas erhalten hat, und zwar durch eine in Art. 286–288 SchKG umschriebenen Handlung. Vorausgesetzt wird aber, dass der Begünstigte seinerseits die Überschuldung gekannt hat oder sie hätte kennen müssen (Art. 287 Abs. 2 SchKG) oder die Absicht des Schuldners gem. Art. 288 SchKG erkannte. Entsprechend kann Beklagter auch ein Bürge sein, der durch die Bezahlung der Hauptschuld von seiner Eventualverbindlichkeit befreit wurde, ein Dritter bei einem Vertrag zugunsten Dritter (Art. 112 OR), der Leistungsemp-

176 BSK SchKG II-STAEHELIN, Art. 285 N 34.

177 BSK SchKG II-STAEHELIN, Art. 285 N 35.

178 KUKO SchKG-UMBACH-SPAHN/BOSSART, Art. 285 N 10.

179 BSK SchKG II-STAEHELIN, Art. 290 N 1; KUKO SchKG-UMBACH-SPAHN/BOSSART, Art. 290 N 1.

180 BSK SchKG II-STAEHELIN, Art. 290 N 3 f.; KUKO SchKG-UMBACH-SPAHN/BOSSART, Art. 290 N 2, beide m.w.N.

fänger im Rahmen einer Anweisung (Art. 466 ff. OR) sowie derjenige, der von der anfechtbaren Handlung profitiert, weil der Schuldner z.B. einen gebotenen Rechtsvorschlag nicht erhebt.[181]

Weiter können *Universalsukzessoren des Vertragspartners und der weiteren Begünstigten passivlegitimiert* sein, wobei die anfechtbare Handlung nur beim Vertragspartner oder weiteren Begünstigten vorliegen muss, nicht gleichzeitig auch noch beim Universalsukzessor. Universalsukzessoren sind Personen, die in die Rechtsstellung des Vorgängers eintreten. Art. 290 Abs. 1 SchKG nennt «Erben oder Gesamtnachfolger», was unvollständig ist, denn es sind nicht nur die Universalsukzessoren der Direktbegünstigten, sondern auch die Gesamtnachfolger der bösgläubigen Singularsukzessoren passivlegitimiert. Als Universalsukzessor gilt auch der übernehmende Rechtsträger bei einer Vermögensübertragung i.S.v. Art. 69 ff. FusG oder das aus der Fusion oder Spaltung gemäss FusG hervorgegangene Unternehmen.[182] Umstritten ist, ob derjenige, der ein Geschäft mit Aktiven und Passiven gem. Art. 180 OR übernimmt, Universalsukzessor ist.[183] 10.205

Auch passivlegitimiert ist der *bösgläubige Dritte, welcher Singularsukzessor (Einzelrechtsnachfolger) eines Vertragspartners oder Begünstigten ist*, d.h. wenn er mittels Rechtsgeschäft vom Vertragspartner oder vom Begünstigten anfechtbar erworbene Vermögenswerte erlangt hat. Auch die weiteren Singularsukzessoren eines bösgläubigen Einzelrechtsnachfolgers sind passivlegitimiert, vorausgesetzt, es waren alle bösgläubig. Ein gutgläubiger Erwerb (in einer Reihe von Singularsukzessoren) schliesst die Anfechtungsklage aus.[184] 10.206
Bösgläubigkeit liegt vor bei dem, der die Umstände, welche die Anfechtbarkeit des Erwerbes des Rechtsvorgängers begründet, im Zeitpunkt der Rechtsnachfolge gekannt hat oder bei pflichtgemässer Aufmerksamkeit hätte kennen müssen.[185]

5. STREITWERT

Bei der Berechnung des Streitwerts (Art. 91 ZPO) ist zu unterscheiden: In der *Betreibung auf Pfändung* kommt der Prozesserlös ausschliesslich dem Verlustscheinsgläubiger zu, weshalb der Streitwert nie höher ist als die *Verlustscheinsforderung des Klägers*. Beim *Konkurs und der Nachlassliquidation* kommt der Erlös der Masse zu, weshalb der Streitwert *einerseits durch den Wert des anfechtbar veräusserten Vermögenswerts, andererseits durch den konkreten Schaden der Gläu-* 10.207

181 BSK SchKG II-Staehelin, Art. 290 N 5; KUKO SchKG-Umbach-Spahn/Bossart, Art. 290 N 3.

182 BSK SchKG II-Staehelin, Art. 290 N 6; KUKO SchKG-Umbach-Spahn/Bossart, Art. 290 N 4.

183 Verneinend: BSK SchKG II-Staehelin, Art. 290 N 6 m.w.N., bejahend KUKO SchKG-Umbach-Spahn/Bossart, Art. 290 N 4 m.w.N., offen gelassen bei Jaeger/Walder/Kull/Kottmann, Art. 290 SchKG N 5.

184 Amonn/Walther, § 52 Rz. 33; BSK SchKG II-Staehelin, Art. 290 N 7; KUKO SchKG-Umbach-Spahn/Bossart, Art. 290 N 5.

185 BSK SchKG II-Staehelin, Art. 290 N 9; BSK SchKG EB-Bauer, Art. 290 ad N 9 m.V. auf BGer 5A_397/2013 und 5A_398/2013, E. 4.3.1 vom 3.12.2013; KUKO SchKG-Umbach-Spahn/Bossart, Art. 290 N 5.

biger im entsprechenden Konkurs bzw. der Nachlassliquidation begrenzt ist.[186] Eine den Gläubigern zustehende Dividende ist abzuziehen. Bei Anfechtung einer Pfandbestellung ist der *Wert des Pfandes bei Klageeinleitung* massgebend.[187]

6. FRISTEN

10.208 Art. 292 SchKG regelt die zeitliche Begrenzung des Rechts zur Geltendmachung der Anfechtungsansprüche und schreibt eine *zweijährige Verjährungsfrist* vor. Damit ist (entgegen der früheren Ausgestaltung als Verwirkungsfrist) eine Unterbrechung der Frist (Art. 135 OR) möglich.[188] Sie beginnt *mit der Entstehung des Anfechtungsrechts* zu laufen.[189] Die Berechnung, Einhaltung und der Lauf der Frist richten sich nach der ZPO (Art. 31 SchKG). Die Frist endet mit Ablauf von zwei Jahren. Sie ist eingehalten, wenn die Anfechtungsklage am letzten Tag der Frist beim Gericht eingereicht oder der Schweizerischen Post übergeben wurde (Art. 143 Abs. 1 ZPO).[190]

10.209 Eine unverschuldet verpasste Frist kann nach Art. 33 Abs. 4 SchKG wiederhergestellt werden. Nach Art. 148 ZPO muss das Gesuch um Erteilung einer Nachfrist spätestens innert zehn Tagen seit Wegfall des Hindernisses eingereicht werden; in der Regel erscheint an eine Nachfrist von einem Monat als angemessen. Bei Anrufung eines unzuständigen Gerichts besteht gem. Art. 63 Abs. 1 ZPO eine Frist von einem Monat seit Rückzug oder Nichteintretensentscheid, um beim zuständigen Gericht eine neue Klage einzureichen. Dasselbe gilt nach Art. 63 Abs. 2 ZPO bei Einreichung einer Klage im falschen Verfahren. Der Vorbehalt der besonderen gesetzlichen Klagefristen nach SchKG (Art. 63 Abs. 3 ZPO) gilt nicht für Art. 292 SchKG.[191]

10.210 Nach Ablauf der Frist ist die zivilrechtlich gültige Vermögensverschiebung auch vollstreckungsrechtlich nicht mehr anfechtbar, d.h. der Empfänger der anfechtbar erbrachten Leistung ist dem Risiko eines vollstreckungsrechtlichen Zugriffs nicht mehr ausgesetzt.[192] Die Wirkung ist aber beschränkt auf dasjenige Vollstreckungsverfahren, welches das Anfechtungsrecht ausgelöst hat, weshalb dieselbe Rechtshandlung dann wieder anfechtbar werden kann, wenn ein neuer Pfändungsverlustschein gegen denselben Schuldner ausgestellt wird (Art. 285 Abs. 2 Ziff. 1 SchKG).[193]

186 AMONN/WALTHER, § 52 Rz. 37; BSK SchKG II-STAEHELIN, Art. 289 N 19 m.w.N.; CPra Actions-BOHNET, § 137 Rz. 11, 12 m.w.N.; KUKO SchKG-UMBACH-SPAHN/BOSSART, Art. 289 N 14 m.w.N.

187 BSK SchKG II-STAEHELIN, Art. 289 N 19.

188 KUKO SchKG-UMBACH-SPAHN/BOSSART, Art. 292 N 6.

189 BSK SchKG II-BAUER, Art. 292 N 8.

190 BSK SchKG II-BAUER, Art. 292 N 10.

191 AMONN/WALTHER, § 11 Rz. 27 spricht sich für «kurze Eingabefristen» aus; BSK SchKG II-BAUER, Art. 292 N 11a; KUKO SchKG-UMBACH-SPAHN/BOSSART, Art. 292 N 4.

192 BSK SchKG II-BAUER, Art. 292 N 13.

193 BSK SchKG II-BAUER, Art. 292 N 16.

Dafür, dass der Anfechtungsanspruch *einredeweise* auch nach Ablauf der Frist noch erhoben werden kann, spricht die Rechtsnatur der Frist (Verjährung, keine Verwirkung).[194] 10.211

A. SPEZIALEXEKUTION (PFÄNDUNG)

Bei der *Betreibung auf Pfändung beginnt die Frist mit der Zustellung* (Art. 64 SchKG) *des Pfändungsverlustscheins.*[195] Liegen mehrere Betreibungen gegen einen Schuldner vor, die auch verschiedene Pfändungsverlustscheine hervorgebracht haben, sind Beginn und Ende der Frist für die verschiedenen Pfändungsgläubiger hinsichtlich desselben Rechtsgeschäfts unterschiedlich.[196] 10.212

B. GENERALEXEKUTION (KONKURS / NACHLASSLIQUIDATION)

Beim *Konkurs beginnt die Frist für alle Kläger* (d.h. die Konkursverwaltung oder den bzw. die Abtretungsgläubiger nach Art. 260 SchKG) *mit der Konkurseröffnung* (Art. 175 SchKG) zu laufen, und zwar mit dem Eintritt der Rechtskraft des Entscheids über die Konkurseröffnung.[197] Beim ordentlichen Nachlassvertrag besteht keine Anfechtungsmöglichkeit,[198] beim Nachlassvertrag mit Vermögensabtretung beginnt die Frist mit Bestätigung des Nachlassvertrages.[199] Bei Geltendmachung des Anfechtungsanspruchs in einem Nachkonkurs beginnt die Frist erst im Zeitpunkt der Wiederaufnahme des Verfahrens zu laufen.[200] 10.213

7. KOMBINATIONSMÖGLICHKEITEN

Da die Anfechtungsklage je nach Streitwert im ordentlichen oder vereinfachten Verfahren, oder in klaren Fällen im summarischen Verfahren behandelt wird, können mit der Klage alle Ansprüche kombiniert werden, für die dieselbe Verfahrensart und dieselbe sachliche Zuständigkeit (Art. 3 ZPO verweist auf das kantonale Recht) vorgeschrieben sind.[201] Gemäss Art. 15 Abs. 2 ZPO begründen sachlich miteinander verwandte Ansprüche (es braucht einen rechtlichen und tatsächlichen Zusammenhang) einen einheitlichen Gerichtsstand.[202] 10.214

194 KUKO SchKG-Umbach-Spahn/Bossart, Art. 292 N 7; Zu den unterschiedlichen Lehrmeinungen unter altem Recht (Ausgestaltung als Verwirkungsfrist), vgl. zusammenfassend BSK SchKG II-Bauer, Art. 292 N 17 m.w.N.

195 Amonn/Walther, § 52 Rz. 34; BSK SchKG II-Bauer, Art. 292 N 8; CPra Actions-Bohnet, § 137 Rz. 55; KUKO SchKG-Umbach-Spahn/Bossart, Art. 292 N 2.

196 KUKO SchKG-Umbach-Spahn/Bossart, Art. 292 N 2.

197 CPra Actions-Bohnet, § 137 Rz. 56 m.w.N.

198 BSK SchKG II-Bauer, Art. 292 N 9.

199 Nicht bereits mit der Bewilligung der Nachlassstundung, BSK SchKG II-Bauer, Art. 292 N 9 m.w.N.; KUKO SchKG-Umbach-Spahn/Bossart, Art. 292 N 3.

200 Amonn/Walther, § 52 Rz. 35; BSK SchKG II-Bauer, Art. 292 N 8.

201 Sog. «objektive Klagenhäufung», Staehelin/Staehelin/Grolimund, § 13 Rz. 29 ff.

202 Staehelin/Staehelin/Grolimund, § 9 Rz. 50.

10.215 Die Anfechtung der zivilrechtlichen Gültigkeit des anfechtbaren Rechtsgeschäftes tritt konkurrierend neben die paulianische Anfechtung,[203] d.h. die materielle Ungültigkeit des Rechtsgeschäfts und die Anfechtung können nebeneinander gelten gemacht werden.[204] Stellt die anfechtbare Handlung eine unerlaubte Handlung i.S.v. Art. 41 OR[205] oder eine Vertragsverletzung i.S.v. Art. 97 OR dar, stehen dem geschädigten Gläubiger die Anfechtungsansprüche und die Ansprüche aus Delikt kumulativ zu, wobei ihm aber anzurechnen ist, was er mit der anderen Klage geltend macht, damit sein Schaden nicht doppelt ersetzt wird.[206] Bei Anfechtung der Ausschlagung einer Erbschaft durch die Gläubiger oder die Konkursverwaltung (Art. 578 Abs. 1 ZGB) kann nach Ablaufen der Frist (sechs Monate) mittels Art. 285 ff. SchKG gegen die Ausschlagung der Erbschaft geklagt werden. Auch Art. 497 ZGB, Art. 579 ZGB, Art. 841 ZGB, Art. 525 OR und Art. 620 OR schliessen die Anfechtungsklage nicht aus.[207] Hingegen schliessen Art. 193 ZGB und Art. 524 ZGB die Anfechtung nach Art. 285 ff. SchKG aus.[208]

10.216 Die Anfechtung kann *einredeweise* im Rahmen einer Widerspruchs-,[209] Aussonderungs- oder Kollokationsklage oder gegenüber der Klage des Gläubigers auf Anerkennung seines privilegierten Pfändungsausschlusses erhoben werden, oder sie kann zur Begründung einer Klage (Widerspruchs- oder Kollokationsklage gegen den Begünstigten) herangezogen werden, wenn die Legitimation zur Anfechtung gegeben ist.[210]

8. MÖGLICHE RECHTSBEGEHREN

10.217 Es ist darauf zu achten, dass die *gewünschten Wirkungen der Anfechtungsklage* (z.B. Duldung der Pfändung, Einbezug in die Konkursmasse, Bezahlung einer bestimmten Geldsumme, Antrag auf Rückgabe des Gegenstandes) *in die Rechtsbegehren* aufgenommen werden. Eine Erklärung ist hingegen nicht notwendig, auch muss kein Antrag auf Ungültigerklärung der Rechtshandlung gestellt werden, noch auf die Art. 286 ff. SchKG hingewiesen werden. Auch ein blosser Antrag, es

---

203 BSK SchKG II-Staehelin, Art. 285 N 20.

204 BSK SchKG EB-Bauer, Art. 285 ad N 20 m.V. auf BGE 138 III 497, E. 6 betreffend erbrechtlichen (Art. 497 und Art. 579 ZGB) und paulianischen (Art. 285 SchKG) Anfechtungsklagen.

205 In der Verletzung der Art. 163 und Art. 167 StGB liegt nicht ohne weiteres eine Widerrechtlichkeit i.S.v. Art. 41 OR oder eine Anfechtbarkeit i.S.v. Art. 285 ff. SchKG. Die Vorname einer anfechtbaren Handlung kann den Verdacht eines Konkursdelikts (Art. 164 ff. StGB) begründen. Vgl. zu beidem BSK SchKG EB-Bauer, Art. 285 ad N 19 a und b.

206 BSK SchKG II-Staehelin, Art. 285 N 19.

207 BSK SchKG II-Staehelin, Art. 285 N 22, 23, 25, 26.

208 BSK SchKG II-Staehelin, Art. 285 N 21 ff.

209 Zur Geltendmachung im Widerspruchsverfahren vgl. Kommentierungen in BSK SchKG II-Staehelin, Art. 106–109.

210 Amonn/Walther, § 52 Rz. 27 m.V. auf BGE 95 III 47; 114 III 111; 135 III 135; 107 III 121; 115 III 142 f.; BSK SchKG II-Bauer, Art. 292 N 15.

sei ein bestimmtes Rechtsgeschäft als anfechtbar zu erklären, ist ausreichend, sofern zweifelsfrei feststeht, dass sich die Klage auf die Anfechtung einer bestimmten Rechtshandlung stützt.[211]

Die Anfechtungsklage kann als selbständige Klage eingereicht werden, aber auch *einredeweise* im Rahmen einer Widerspruchs-, Aussonderungs- oder Kollokationsklage oder gegenüber der Klage des Gläubigers auf Anerkennung seines privilegierten Pfändungsausschlusses erhoben werden, oder sie kann zur Begründung einer Klage (Widerspruchs- oder Kollokationsklage gegen den Begünstigten) herangezogen werden, wenn die Legitimation zur Anfechtung gegeben ist.[212] Als Einrede sind die Anfechtungsgründe zugunsten des Beklagten zu berücksichtigen, wenn erkennbar ist, dass er die Rechtshandlung ungültig erklären lassen will, durch welche die streitige Forderung begründet worden ist.[213] 10.218

A. SPEZIALEXEKUTION (PFÄNDUNG)

1. Es sei der Grundstückskaufvertrag zwischen B [Name, Vorname Begünstigter bzw. Anfechtungsbeklagter] und S [Name, Vorname Schuldner] vom TT.MM.JJJJ [Datum öffentliche Beurkundung Grundstückskaufvertrag], mit welchem S dem B das Grundstück mit Nummer [Parzellennummer oder Katasternummer gemäss Grundbucheintrag], Grundbuch [Ort], für den Preis von CHF [Kaufpreis gemäss Grundbucheintrag in CHF] verkauft hat, ungültig zu erklären, da dem Kauf eine anfechtbare Rechtshandlung i.S.v. Art. 286–288 SchKG zugrunde liegt. 10.219
2. Es sei zu verfügen, dass das Grundstück wieder dem Vermögen des Schuldners zugeführt wird, damit es in die Pfändung einbezogen werden kann, welche der Deckung der Forderung des K [Name, Vorname Kläger] in der Höhe von CHF [Höhe der Schuld in CHF] dient.
3. Unter Kosten- und Entschädigungsfolgen zulasten des Beklagten.

B. GENERALEXEKUTION (KONKURS / NACHLASSLIQUIDATION)

1. Es sei der Grundstückskaufvertrag zwischen B [Name, Vorname Begünstigter bzw. Anfechtungsbeklagter] und S [Name, Vorname Schuldner] vom TT.MM.JJJJ [Datum öff. Beurkundung Grundstückskaufvertrag], mit welchem S dem B das Grundstück mit Nummer [Parzellennummer oder Katasternummer gemäss Grundbucheintrag], Grundbuch [Ort], für den Preis von CHF [Kaufpreis gemäss Grundbucheintrag in CHF] verkauft hat, ungültig zu erklären, da dem Kauf eine anfechtbare Rechtshandlung i.S.v. Art. 286–288 SchKG zugrunde liegt. 10.220
2. Es sei zu verfügen, dass das Grundstück wieder der Konkursmasse / Masse der Nachlassliquidation des Schuldners zugeführt wird, damit es in den Konkurs einbezogen werden

211 BSK SchKG II-Staehelin, Art. 289 N 16 m.w.N.

212 Amonn/Walther, § 52 Rz. 27 m.V. auf BGE 95 III 47; 114 III 111; 135 III 135; 107 III 121; 115 III 142 f.; BSK SchKG II-Bauer, Art. 292 N 15.

213 BSK SchKG II-Staehelin, Art. 289 N 16 m.V. auf BGE 74 III 87.

kann, welcher der Deckung der Forderung u.a. des K [Name, Vorname Kläger] in der Höhe von CHF [Höhe der Schuld in CHF] dient.

3. Unter Kosten- und Entschädigungsfolgen zulasten des Beklagten.

C. VARIANTE: RÜCKGABE IN NATURA (HAUPTBEGEHREN) UND EINBRINGEN DES GEGENWERTS IN GELD (EVENTUALBEGEHREN):

10.221 1. Es sei der Abtretungsvertrag zwischen B [Name, Vorname Begünstigter bzw. Anfechtungsbeklagter] und S [Name, Vorname Schuldner] vom TT.MM.JJJJ [Datum des Abtretungsvertrags], bzgl. aller in Ziffer [Nummer oder Bezeichnung der Vertragsklausel] aufgeführten Gegenstände [eventuell Liste der Gegenstände], ungültig zu erklären, da dem Kauf eine anfechtbare Rechtshandlung i.S.v. Art. 286–288 SchKG zugrunde liegt.

2a. Es sei B zu verpflichten, die in Ziffer 1 hiervor genannten Gegenstände zurückzugeben, um sie der Konkursmasse / Masse der Nachlassliquidation des Schuldners wieder zuzuführen, damit sie in den Konkurs einbezogen werden können, welcher der Deckung der Forderung u.a. des K [Name, Vorname Kläger] in der Höhe von CHF [Höhe der Schuld in CHF] dient. Eventualiter

2b. Es sei B zu verpflichten, in die Konkursmasse / Masse der Nachlassliquidation die Summe von CHF [Gegenwert für die Gegenstände in CHF] einzuwerfen, um sie der Konkursmasse / Masse der Nachlassliquidation des Schuldners wieder zuzuführen, damit sie in den Konkurs einbezogen werden können, welcher der Deckung der Forderung u.a. des K [Name, Vorname Kläger] in der Höhe von CHF [Höhe der Schuld in CHF] dient.

3. Unter Kosten- und Entschädigungsfolgen zulasten des Beklagten.

9. VORAUSSETZUNGEN

10.222 Es gibt in den Artikeln 285 ff. SchKG drei Typen von Anfechtungsklagen, je nachdem, welches anfechtbare Rechtsgeschäft der Entäusserung der Vermögenswerte zugrunde liegt oder wer die Handlung vorgenommen hat: anfechtbar sind gewisse Formen der Vermögensentäusserung («Schenkungsanfechtung», Art. 286 SchKG), Handlungen welche der überschuldete Schuldner vornimmt («Überschuldungsanfechtung», Art. 287 SchKG) und Formen von Absicht («Absichtsanfechtung», Art. 288 SchKG).

A. ALLGEMEINE VORAUSSETZUNGEN

10.223 Allen drei Typen der Anfechtungsklage (Art. 286, Art. 287 und Art. 288 SchKG) sind drei Voraussetzungen gemeinsam:[214]

214 CPra Actions-Bohnet, § 137 Rz. 29.

A) SCHÄDIGUNG DER GLÄUBIGER

Das anfechtbare Rechtsgeschäft muss direkt oder indirekt den anfechtenden *Pfändungsverlustscheinsgläubiger oder Konkursgläubiger* (bei einer Mehrzahl zumindest einen einzigen unter ihnen) *schädigen*. Die Schädigung kann *in der Schmälerung des Haftungssubstrats bestehen*, denn diese führt zu einer Verminderung des auf die Forderung(en) fallenden Betreffnisses bei der Pfändung bzw. im Konkurs.[215] Die Schädigung kann durch direkte oder indirekte *Verminderung des Haftungssubstrats* geschehen, aber auch durch *Vermehrung der Passiven oder Schaffung einer ungünstigen rechtlichen Situation für die Gläubiger* (z.B. durch Erhebung eines Rechtsvorschlags trotz berechtigter Forderung in einer Betreibung, was zur Verzögerung führt und zur Benachteiligung des betreibenden Gläubigers führen kann). Dabei ist egal, ob der Schuldner selbst geschädigt wird.[216] 10.224

B) KAUSALZUSAMMENHANG

Es muss ein (natürlicher und adäquater) Kausalzusammenhang zwischen der Handlung des Schuldners und der Verminderung des Haftungssubstrats bestehen.[217] Entscheidend ist die Verneinung der Frage, ob der bzw. die Gläubiger auch ohne die anfechtbare Handlung des Schuldners einen Schaden im Sinne einer Verminderung des Haftungssubstrats erlitten hätten.[218] Der Entzug des Haftungssubstrats muss Folge der angefochtenen Rechtshandlung des Schuldners sein. Trotz Bestehens der Kausalität liegt keine anfechtbare Schädigung vor, wenn die Gläubiger bei korrektem Verhalten des Schuldners zum selben Verlust gekommen wären.[219] 10.225

Bei einem *Austausch von Leistungen* ist zur Beurteilung der Verminderung des Haftungssubstrats auf Gleichwertigkeit und zeitliche Abfolge der ausgetauschten Leistungen abzustellen: Leistet der Schuldner gleichzeitig mit oder erst nach der Gegenleistung des Dritten und ist *Gleichwertigkeit der Leistungen* gegeben, liegt kein Gläubigerschaden vor (z.B. Warenlieferung gegen Marktpreis Zug um Zug oder Vorauskasse, oder Einräumung eines Pfandrechts an den Schuldner im Hinblick auf ein späteres Darlehen). Hingegen fehlt die Gleichwertigkeit bei nachträglicher Zahlung gelieferter Ware durch den Begünstigten, weil *im Zeitpunkt der schuldnerischen Leistung* kein Gegenwert vorhanden war und somit das Haftungssubstrat vermindert wird.[220] 10.226

---

215 BSK SchKG II-Staehelin, Art. 286 N 1.

216 BSK SchKG II-Staehelin, Art. 285 N 14, 14a, 14b; CPra Actions-Bohnet, § 137 Rz. 30.

217 CPra Actions-Bohnet, § 137 Rz. 35.

218 CPra Actions-Bohnet, § 137 Rz. 31 m.V. auf BGer 5A_313/2012 vom 5.2.2013, E. 5.1.1.

219 Sog. «rechtmässiges Alternativverhalten», s. BSK SchKG EB-Bauer, Art. 285 ad N 14a; CPra Actions-Bohnet, § 137 Rz. 31; BGE 136 III 247, E. 3.

220 BSK SchKG EB-Bauer, Art. 285 ad N 14b m.V. auf BGE 136 III 247, E. 3; CPra Actions-Bohnet, § 137 Rz. 32 m.w.V.

C) HANDLUNG DES SCHULDNERS ODER SEINES STELLVERTRETERS

10.227 Die anfechtbare Rechtshandlung muss *vom Schuldner oder einem direkten Stellvertreter oder Organ des Schuldners im Namen des Schuldners* vorgenommen werden.[221] Es ist kein persönliches Handeln, jedoch zumindest eine Mitwirkung des Schuldners nötig.[222] Häufig bedarf die Handlung der Mitwirkung des Begünstigten (Vertragsabschluss), manchmal auch einer Behörde, wobei diese Mitwirkung weder die Anfechtbarkeit ausschliesst noch den Kausalzusammenhang zwischen der Rechtshandlung des Schuldners und der Schädigung des bzw. der Gläubiger unterbricht.[223] Konkret muss sich der Schuldner Handlungen von gesetzlichen oder gewillkürten Stellvertretern, Handlungsbevollmächtigten und Organen anrechnen lassen.[224]

B. BESONDERE VORAUSSETZUNGEN

A) SCHENKUNGSANFECHTUNG (ART. 286 SCHKG)

10.228 Mit der Schenkungsanfechtung soll verhindert werden, dass der Schuldner im Jahr vor der Pfändung oder der Konkurseröffnung sein Vermögen durch unentgeltliche Zuwendungen verringert und so die Gläubiger schädigt, d.h. Freigiebigkeiten und unwirtschaftliche Geschäfte sollen verhindert werden.[225] Bei der Schenkungsanfechtung spielen (anders als bei der Absichtsanfechtung) nur objektive Voraussetzungen wie Schenkung, Verdachtsperiode, Schädigung eines Gläubigers etc. eine Rolle, subjektive Voraussetzungen (Absicht des Schuldners, böser Glaube des Begünstigten) müssen keine vorliegen. Entsprechend gibt es auch keinen Exkulpationsbeweis.[226] Erforderlich ist nicht einmal, dass der Schuldner im Zeitpunkt der anfechtbaren Handlung zahlungsunfähig oder überschuldet war,[227] das Gesetz geht einfach von der unwiderlegbaren Vermutung aus, dass eine schenkungsweise Entäusserung des Vermögens so kurz vor dem finanziellen Zusammenbruch des Schuldners diesen zumindest mitverursacht hat.[228]

a. Schenkung / unentgeltliche Verfügung (Abs. 1) und den Schenkungen gleichgestellte Rechtsgeschäfte (Abs. 2 Ziff. 1 und 2)

aa. Schenkung / unentgeltliche Verfügung (Abs. 1)

10.229 Schenkungen sind Zuwendungen unter Lebenden, womit der *Schuldner den Begünstigten aus seinem Vermögen ohne entsprechende Gegenleistung bereichert* (Art. 239 Abs. 1 OR). Sie muss vollzogen (Art. 242 OR) sein, weshalb es eines Verpflichtungsgeschäfts und eines Verfügungsgeschäfts bedarf, ansonsten die notwenige Verminderung der Aktiven nicht vorliegt. Ein blosses Schen-

221 BSK SchKG II-Staehelin, Art. 285 N 16; CPra Actions-Bohnet, § 137 Rz. 36; BGE 95 III 86, E. 4a.
222 Amonn/Walther, § 52 Rz. 5 m.V. auf BGer 5A_44/2008 vom 7.7.2008; CPra Actions-Bohnet, § 137 Rz. 36.
223 BSK SchKG II-Staehelin, Art. 285 N 16.
224 CPra Actions-Bohnet, § 137 Rz. 36.
225 BGE 95 III 47 E. 2; 49 III 27, 30.
226 KUKO SchKG-Umbach-Spahn/Bossart, Art. 286 N 1.
227 BSK SchKG II-Staehelin, Art. 286 N 3 m.w.V.
228 Amonn/Walther, § 52 Rz. 15.

kungsversprechen reicht also nicht aus, denn es wird mit Ausstellung eines Verlustscheins oder durch Konkurseröffnung bzw. Bestätigung eines Nachlassvertrags von Gesetzes wegen aufgehoben (Art. 250 Abs. 2 OR). Das blosse Schenkungsversprechen ist deshalb nicht anfechtbar. Schenkungen von Todes wegen sind keine Zuwendungen unter Lebenden, deshalb sind sie auch nicht anfechtbar.[229]

Unentgeltliche Verfügungen i.S.v. Art. 286 Abs. 1 SchKG liegen vor, wenn der *Schuldner ohne Erhalt einer Gegenleistung eine Leistung erbringt, zu der er aus rechtlichen* (oder sittlichen)[230] *Gründen nicht verpflichtet ist.* Dies ist bei Zahlung einer fremden Schuld der Fall, wenn der Schuldner vom Drittschuldner keinen Ersatz verlangen kann oder will.[231] Darunter fallen das Eingehen einer Bürgschaft und die unwiderrufliche Begünstigung eines Dritten aus einer Personenversicherung,[232] die Bestellung einer Grundpfandverschreibung für eine Drittforderung in Fällen, in denen das Pfand von vornherein keine ausreichende Deckung für die Forderung darstellt,[233] Forderungsverzichte sowie unentgeltliche Sicherungszessionen zur Sicherung von fremden Schulden[234] und die Errichtung einer Stiftung.[235] Umstritten ist, ob unentgeltliche Sicherungszessionen zur Sicherung einer eigenen Schuld unentgeltliche Verfügungen darstellen oder unter den Tatbestand von Art. 287 Abs. 1 Ziff. 1 fallen (lex specialis).[236] 10.230

Der Erbverzicht zugunsten der eigenen Kinder stellt weder eine Schenkung noch eine unentgeltliche Verfügung dar.[237] 10.231

Vom der Anfechtung *ausgeschlossen sind übliche Gelegenheitsgeschenke.* Gelegenheitsgeschenke sind Zuwendungen, die bei und wegen einer besonderen Gelegenheit, wie z.B. Geburtstag, Weihnachten usw. erfolgen. Gelegenheitsgeschenke gelten als üblich, sofern sie im Umfeld der betroffenen Personen gemeinhin zugewendet werden. Gelegenheitsgeschenke sind von bescheidenem Wert und haben insbesondere keinen Ausstattungscharakter, d.h. sie dienen nicht der Begründung, Verbesserung oder Sicherung der Existenz. Welcher Betrag noch als Gelegenheitsgeschenk 10.232

229 BSK SchKG II-Staehelin, Art. 286 N 4; KUKO SchKG-Umbach-Spahn/Bossart, Art. 286 N 2.

230 Gemäss Art. 239 Abs. 3 OR unterstehen Schenkungen in Erfüllung einer sittlichen Pflicht zivilrechtlich nicht den Vorschriften über die Schenkung, weshalb sie auch nicht anfechtbar sind. Darunter fallen die freiwillige Unterstützung eines verwaisten Verwandten (BGE 53 II 199), Bezahlung einer Rente an das aussereheliche Kind (ohne richterliches Urteil über den Kindesunterhalt, BGE 44 II 6) und regelmässig wohl auch die Begünstigung der Ehefrau aus einer Lebensversicherung, vgl. BSK SchKG II-Staehelin, Art. 286 N 10.

231 KUKO SchKG-Umbach-Spahn/Bossart, Art. 286 N 3; BSK SchKG II-Staehelin, Art. 286 N 6.

232 BSK SchKG II-Staehelin, Art. 286 N 5.

233 BSK SchKG II-Staehelin, Art. 286 N 6; KUKO SchKG-Umbach-Spahn/Bossart, Art. 286 N 3 m.V. auf BGE 95 III 47, E. 5; 49 III 27, 31; 31 III 350, E. 4.

234 KUKO SchKG-Umbach-Spahn/Bossart, Art. 286 N 3.

235 BSK SchKG II-Staehelin, Art. 286 N 7.

236 BSK SchKG II-Staehelin, Art. 286 N 6; KUKO SchKG-Umbach-Spahn/Bossart, Art. 286 N 3 m.w.V.

237 BGE 138 III 497, E. 6, s. KUKO SchKG-Umbach-Spahn/Bossart, Art. 286 N 3; BSK SchKG EB-Bauer, Art. 286 ad N 5.

zu qualifizieren ist, hängt von den persönlichen und finanziellen Verhältnissen des Schenkers im Zuwendungszeitpunkt ab.[238]

bb. Den Schenkungen gleichgestellte Rechtsgeschäfte (Abs. 2 und 3)

aaa. Gemischte Schenkungen (Abs. 2 Ziff. 1)

10.233 Anfechtbar sind auch gemischte Schenkungen, d.h. *Schenkungen, bei welchen die Gegenleistung des Begünstigten unter dem objektiven Wert des vom Schuldner zugewandten Vermögensteils liegt.* Unerheblich ist, ob sie das Missverhältnis erkannt haben oder nicht (allein das objektive Missverhältnis ist massgebend).[239] Der Wert bestimmt sich nach dem objektiven wirtschaftlichen Wert im Zeitpunkt der Vornahme der anfechtbaren Handlung (nicht der Pfändung oder Konkurseröffnung).[240] Bei Liegenschaften ist der Verkehrswert massgebend;[241] Hypotheken, die dem Begünstigten überbunden werden, müssen abgezogen werden[242].

10.234 Es unterliegt *nur das Missverhältnis zwischen Leistung und Gegenleistung der Anfechtung,* d.h. nur die Differenz im Wert der ausgetauschten Leistungen.[243] *Bei einer unteilbaren Leistung, z.B. einer Liegenschaft, ist aber das ganze Geschäft anfechtbar* und wird die Leistung des Schuldners als solche gepfändet bzw. in die Konkursmasse einbezogen. Der begünstigte Dritte hat dafür Anspruch auf volle Vergütung seiner Leistung – sie muss in der Pfändung vom Pfändungserlös und im Konkurs als Massaschuld vorab bezahlt werden.[244]

10.235 Bei *Anfechtung einer Handlung zugunsten einer dem Schuldner nahestehenden Person* (Verwandte, Freunde, Gesellschaften eines Konzerns i.S.v. Art. 963 Abs. 2 OR, Gross- oder Mehrheitsaktionäre) wird gem. Art. 286 Ziff. 3 SchKG *vermutet, dass ein Missverhältnis besteht.* Die Person trägt also die Beweislast dafür, dass kein Missverhältnis zwischen Leistung und Gegenleistung vorliegt (Umkehr der Beweislast).[245]

bbb. Leibrente, Pfrund, Nutzniessung, Wohnrecht (Abs. 2 Ziff. 2)

10.236 Erwirbt der Schuldner eine Leibrente (Art. 516–520 OR), Pfrund (Art. 521–529 OR), Nutzniessung (Art. 745–775 ZGB) oder ein Wohnrecht (Art. 776–778 ZGB) für sich selbst, liegt keine Zuwendung an einen Dritten vor. Aber die genannten Rechte sind beschränkt pfändbar bzw. admassierbar, weshalb eine Schädigung der Gläubiger vorliegt, wenn der Schuldner dafür ein Entgelt bezahlen musste (es reicht also, wenn er pfändbares Vermögen in ein unpfändbares Recht

---

238 BSK ZGB II-Forni/Piatti, Art. 527 N 9.

239 BGE 95 III 52; 53 III 40.

240 BSK SchKG II-Staehelin, Art. 286 N 15; KUKO SchKG-Umbach-Spahn/Bossart, Art. 286 N 4 m.V. auf BGE 95 III 47, E. 2; 49 III 27, 30 u.w.V.

241 BGE III 183.

242 BGE 38 II 329.

243 BGE 6 III 142 ff.

244 BSK SchKG II-Staehelin, Art. 286 N 16 m.w.V.

245 Amonn/Walther, § 52 Rz. 15; BSK SchKG EB-Bauer, Art. 286 N 2b.

umwandelt, unabhängig davon, ob ein Missverhältnis vorliegt oder nicht).[246] Demnach ist die Anfechtbarkeit gegeben.[247]

Erwirbt der Schuldner eine Leibrente etc. nicht für sich, sondern *für einen Dritten* und erhält vom Dritten kein gleichwertiges Entgelt, so liegt eine anfechtbare unentgeltliche Verfügung vor, die unter Art. 286 Abs. 1 oder Abs. 2 Ziff. 2 SchKG fällt.[248]

b. Verdachtsperiode[249]

Die anfechtbare Handlung des Schuldners muss im Zeitraum *eines Jahres vor der Pfändung* (Art. 112 SchKG) *bzw. Konkurseröffnung* (Art. 175 SchKG) oder *vor der Bewilligung der Nachlassstundung* erfolgt sein (Art. 286 Abs. 1 SchKG).[250] Im Falle der Entäusserung von Vermögenswerten in Schädigungsabsicht (Art. 288 SchKG) verlängert sich die Frist auf fünf Jahre.[251] 10.237

Die Frist (Verdachtsperiode) wird um die Dauer einer vorausgegangenen Nachlassstundung (Art. 288a Ziff. 1 SchKG), eines Konkursaufschubs,[252] einer Notstundung (Art. 343 Abs. 2 SchKG) und eines Rechtsstillstandes[253] verlängert. Nicht zur Frist hinzugerechnet wird zudem bei der Liquidation einer Erbschaft die Zeit wischen dem Todestag und der Anordnung der Liquidation (Art. 288a Ziff. 2 SchKG) sowie die Dauer der vorausgegangen Betreibung (Art. 288a Ziff. 3 SchKG). Es ergibt sich demnach ein «dies a quo» (Tag der Pfändung oder der Konkurseröffnung) und ein «dies ad quem» (Tag, an welchem die rückwärts gerichtete Frist zu laufen begann, d.h. ein bzw. fünf Jahre vor dem Tag der Pfändung oder Konkurseröffnung).[254] 10.238

B) ÜBERSCHULDUNGSANFECHTUNG (ART. 286 SCHKG)

Mit der Überschuldungsanfechtung können Rechtshandlungen angefochten werden, welche der Schuldner zu einem Zeitpunkt vorgenommen hat, in welchem er bereits überschuldet war und der Begünstigte dies wusste oder hätte erkennen können.[255] Der Anfechtungskläger muss nur objektive Voraussetzungen nachweisen, d.h. er muss nachweisen, dass der Schuldner während der 10.239

246 BGE 130 III 235, E. 2.

247 BSK SchKG II-Staehelin, Art. 286 N 20; KUKO SchKG-Umbach-Spahn/Bossart, Art. 286 N 6.

248 BSK SchKG II-Staehelin, Art. 286 N 19; KUKO SchKG-Umbach-Spahn/Bossart, Art. 286 N 7.

249 Amonn/Walther, § 52 Rz. 6 bezeichnen den Begriff «Verdachtsperiode» bzw. «période suspecte» als sehr zutreffend. A.M.: BSK SchKG II-Staehelin, Art. 286 N 1; es gehe darum, dass das Interesse der Gläubiger an der Erhaltung des Haftungssubstrats das Interesse des Begünstigten derart stark überwiege, dass der gute Glaube des Schuldners und des Dritten unmassgeblich ist, weshalb der Begriff «Verdachtsperiode» wenig sinnvoll sei.

250 BSK SchKG II-Staehelin, Art. 286 N 1.

251 Amonn/Walther, § 52 Rz. 6.

252 Die Streichung des Konkursaufschubs (früher Art. 288a Ziff. 2 aSchKG) ist ein offensichtliches redaktionelles Versehen des Gesetzgebers, s. BSK SchKG EB-Bauer, Art. 289 N 2b.

253 Amonn/Walther, § 52 Rz. 6 m.V. auf BGE 130 III 247.

254 CPra Actions-Bohnet, § 137 Rz. 40.

255 BSK SchKG II-Staehelin, Art. 287 N 3.

einjährigen Verdachtsperiode eines der in den Ziff. 1–3 genannten Rechtsgeschäfte vorgenommen hat, obwohl er bereits überschuldet war.[256]

a. Überschuldung des Schuldners

10.240 Der Schuldner muss *im Zeitpunkt der Vornahme der Rechtshandlung überschuldet i.S.v. Art. 725 Abs. 2 OR sein.*[257] Massgebend ist der Zeitpunkt, in welchem die rechtlichen Wirkungen der anfechtbaren Handlungen eintreten, d.h. sich die Aktiven des Schuldners vermindert haben bzw. neue Schuldverpflichtungen entstanden sind.[258] Überschuldung liegt vor, wenn das Total der Verbindlichkeiten des Schuldners die Gesamtheit der pfändbaren Aktiven, bewertet sowohl nach Fortführungs- als auch nach Veräusserungswerten, übersteigt und damit das Fremdkapital nicht mehr gedeckt ist.[259] Blosse Illiquidität reicht nicht,[260] aber es kann trotz ausreichender Liquidität bereits eine Überschuldung vorliegen. Bei den Passiven sind fällige und nicht fällige Verbindlichkeiten zu berücksichtigen, die im Betreibungs- und Konkursverfahren geltend gemacht werden können. Bei einer Aktiengesellschaft wird die Vermögenslage ohne ihr Aktienkapital beurteilt.[261]

10.241 Die Beweislast für die Überschuldung liegt beim anfechtenden Aktivlegitimierten. Ob der Schuldner im Zeitpunkt der Rechtshandlung von der Überschuldung wusste ist irrelevant. Für den Beweis muss bei Gesellschaften keine ordentlich erstellte Bilanz vorgelegt werden, auch Indizien wie z.B. ausgestellte Pfändungsverlustscheine, das Vorliegen einer beträchtlichen Anzahl von Betreibungen (namentlich wenn sie bis zur Pfändung oder Konkursandrohung geführt wurden), Schuldnerflucht, Wechselproteste, Einstellung der Zahlungen und andauernde Illiquidität können relevant sein. Ob der Schuldner im Zeitpunkt der Rechtshandlung von der Überschuldung wusste ist irrelevant.[262]

b. Anfechtbare Rechtshandlung (Abs. 1 Ziff. 1–3)

10.242 Der Schuldner muss entweder *Sicherheiten für bereits bestehende Verbindlichkeiten bestellen, zu denen er nicht schon früher verpflichtet gewesen wäre* (Abs. 1 Ziff. 1), eine *Geldschuld auf andere Weise als durch Bargeld* (in der Landeswährung) *oder anderweitig übliche Zahlungsmittel tilgen* (Abs. 1 Ziff. 2) oder *eine nicht verfallene Schuld bezahlen* (Abs. 1 Ziff. 3).

aa. Bestellung von Sicherheiten für bereits bestehende Verbindlichkeiten (Abs. 1 Ziff. 1)

10.243 Sicherheiten umfassen sämtliche Arten von rechtsgeschäftlichen (keine mittelbaren oder unmittelbaren gesetzlichen Pfandrechte) Sicherheiten wie Realsicherheiten (Pfand-, Retentionsrecht, Sicherungsübereignung, Sicherungszession), Personalsicherheiten (Bürgschaft, Garantie, Schuld-

256 KUKO SchKG-Umbach-Spahn/Bossart, Art. 287 N 1.
257 CPra Actions-Bohnet, § 137 Rz. 42.
258 BSK SchKG II-Staehelin, Art. 287 N 17.
259 BSK SchKG II-Staehelin, Art. 287 N 17.
260 BSK SchKG II-Staehelin, Art. 287 N 17; CPra Actions-Bohnet, § 137 Rz. 42 m.w.V.
261 BSK SchKG II-Staehelin, Art. 287 N 17.
262 BSK SchKG II-Staehelin, Art. 287 N 18; KUKO SchKG-Umbach-Spahn/Bossart, Art. 287 N 8.

übernahme, Schuldbeitritt), die nachträgliche Vereinbarung eines Eigentumsvorbehalts und vertraglich begründete Realobligationen (wie die Vormerkung eines persönlichen Rechts im Grundbuch). *Wichtig ist, dass Schuldner und Begünstigter die Sicherung, nicht die Tilgung der Forderung bezwecken.*[263]

Irrelevant ist, worin der Sicherungsgegenstand besteht (Grundstück, Fahrnis oder sonstige Rechte) und welchem Recht die Sicherheit gemäss anwendbarem Kollisionsrecht untersteht. Die Sicherheit kann sowohl für eigene Schulden des Schuldners wie für Forderungen des Begünstigten gegen einen Dritten bestellt werden. Hingegen werden die Bestellung von Sicherheiten aufgrund einer vorgängigen Verpflichtung zur Sicherheitsbestellung und die Bestellung einer neuen Sicherheit, welche ausschliesslich eine neue bzw. zukünftige Forderung sicherstellt, nicht von Ziff. 1 erfasst.[264] 10.244

Als Sicherheiten gelten insbesondere die Verpfändung von Fahrnis, Grundstücken, Forderungen und sonstigen Rechten; die Sicherungszession und -übereignung von Forderungen inkl. der Globalzession, die nachträgliche Vereinbarung eines Eigentumsvorbehalts nach Abschluss eines zivilrechtlich gültigen Kaufvertrags (Art. 715 ZGB), die Hinterlegung einer Geldsumme zu Gunsten Dritter ab dem Zeitpunkt der Unwiderruflichkeit, die Vormerkung persönlicher Rechte im Grundbuch (Art. 595 ZGB), die fiduziarische Einräumung des Eigentums an Fahrnis oder Grundstücken sowie die fiduziarische Abtretung von Forderungen und die Abtretung zahlungshalber (Art. 172 OR), wenn der Sicherungszweck überwiegt (nicht hingegen die Abtretung an Zahlungs Statt, weil sie zur Tilgung der Forderung führt, sie fällt allenfalls unter Ziff. 1 Abs. 3).[265] 10.245

bb. Ungewöhnliche Tilgung (Abs. 1 Ziff. 2)

Die ungewöhnliche Tilgung von Geldschulden ist ebenfalls anfechtbar. Die Ungewöhnlichkeit der Tilgung bestimmt sich nach der Orts- oder Branchenüblichkeit im Zeitpunkt der Tilgung sowie den bestehenden Gepflogenheiten der Parteien.[266] 10.246

Als übliches Zahlungsmittel gelten Bargeld (in der Landeswährung), Kreditkarten, Debitkarten, Postcheck, Bankcheck, Eurochecks, Bankanweisung und unter Umständen leicht verkäufliche Wertpapiere. Hingegen *nicht üblich als Zahlungsmittel* sind die Anweisung an den Drittschuldner oder einen anderen Dritten, die Bezahlung mit ausländischer Währung, die Abtretung eines Erbanteils, die Abtretung von Forderungen zahlungshalber und an Zahlungs Statt, die Sachleistung, die Eigentumsübertragung an Grundstücken, die Tilgung durch Zuwendung eines Schuldbriefs seitens eines Dritten im Einverständnis und auf Kosten des Schuldners und die Tilgung durch Arbeitsleistung. Die Zession von Forderungen ist nur übliches Zahlungsmittel, wenn sie in der 10.247

263 BSK SchKG II-STAEHELIN, Art. 287 N 4 und 6; KUKO SchKG-UMBACH-SPAHN/BOSSART, Art. 287 N 2 f.
264 KUKO SchKG-UMBACH-SPAHN/BOSSART, Art. 287 N 3.
265 BSK SchKG II-STAEHELIN, Art. 287 N 5; KUKO SchKG-UMBACH-SPAHN/BOSSART, Art. 287 N 4.
266 BSK SchKG II-STAEHELIN, Art. 287 N 9; KUKO SchKG-UMBACH-SPAHN/BOSSART, Art. 287 N 5.

entsprechenden Branche Usanz ist, die Abtretung von Forderungen zur Bezahlung von Honoraransprüchen bei Treuhändern und Anwälten gilt als üblich.[267]

10.248 Nicht anfechtbar ist die Tilgung der Schuld, wenn der Schuldner sich die ungewöhnliche Tilgungsart bei ihrer Begründung ausbedingt hat.[268]

cc. Zahlung einer nicht verfallenen Schuld (Abs. 1 Ziff. 3)

10.249 Die Anfechtbarkeit von Zahlungen nicht verfallener Schulden bedingt, dass die Zahlung vor Eintritt der Fälligkeit erfolgt ist. Die Fälligkeit bestimmt sich nach den allgemeinen Vertragsregeln und bewirk, dass der Gläubiger die Zahlung verlangen kann. Sie tritt mit Entstehung der Forderung ein, sofern die Zeit der Erfüllung weder durch Vertrag noch durch die Natur des Rechtsverhältnisses bestimmt wird (Art. 75 OR). Die Zahlung einer suspensiv bedingten Forderung vor Eintritt der Bedingung ist der Zahlung vor Fälligkeit gleichgestellt. Vertragsklauseln, wonach die Fälligkeit mit Zahlungsunfähigkeit des Schuldners sofort eintritt, sind vollstreckungsrechtlich unbeachtlich, denn sonst könnte damit die gesetzliche Bestimmung von Art. 286 Abs. 1 Ziff. 3 SchKG unterlaufen werden.[269]

c. Verdachtsperiode

10.250 Die anfechtbare Handlung des Schuldners muss im Zeitraum *eines Jahres vor der Pfändung* (Art. 112 SchKG) *bzw. Konkurseröffnung* (Art. 175 SchKG) oder *vor der Bewilligung der Nachlassstundung* erfolgt sein (Art. 287 Abs. 1 SchKG).[270]

10.251 Die Frist (Verdachtsperiode) wird um die Dauer einer vorausgegangenen Nachlassstundung (Art. 288a Ziff. 1 SchKG), eines Konkursaufschubs,[271] einer Notstundung (Art. 343 Abs. 2 SchKG) und eines Rechtsstillstandes[272] verlängert. Nicht zur Frist hinzugerechnet wird zudem bei der Liquidation einer Erbschaft die Zeit wischen dem Todestag und der Anordnung der Liquidation (Art. 288a Ziff. 2 SchKG) sowie die Dauer der vorausgegangen Betreibung (Art. 288a Ziff. 3 SchKG). Es ergibt sich demnach ein «dies a quo» (Tag der Pfändung oder der Konkurseröffnung) und ein «dies ad quem» (Tag, an welchem die rückwärts gerichtete Frist zu laufen begann, d.h. ein bzw. fünf Jahre vor dem Tag der Pfändung oder Konkurseröffnung).[273]

267 BSK SchKG II-Staehelin, Art. 287 N 10 f. und 14 m.w.V.; KUKO SchKG-Umbach-Spahn/Bossart, Art. 287 N 5 m.w.V.

268 BSK SchKG II-Staehelin, Art. 287 N 12.

269 BSK SchKG II-Staehelin, Art. 287 N 15; KUKO SchKG-Umbach-Spahn/Bossart, Art. 287 N 6.

270 BSK SchKG II-Staehelin, Art. 287 N 16.

271 Die Streichung des Konkursaufschubs (früher Art. 288a Ziff. 2 aSchKG) ist ein offensichtliches redaktionelles Versehen des Gesetzgebers, s. BSK SchKG EB-Bauer, Art. 289 N 2b.

272 Amonn/Walther, § 52 Rz. 6 m.V. auf BGE 130 III 247.

273 CPra Actions-Bohnet, § 137 Rz. 40.

d. Bösgläubigkeit des Begünstigten / Misslingen des Exkulpationsbeweises (Abs. 3)

Das Gesetz geht von der (im Gegensatz zur Schenkungsanfechtung) *widerlegbaren Vermutung* aus, dass der Begünstigte von der kritischen Vermögenslage, der Überschuldung des Schuldners wusste. Im Falle der Überschuldungsanfechtung gibt es aber (entgegen der Schenkungsanfechtung) eine Entlastungsmöglichkeit (Exkulpationsbeweis) für den Begünstigten; er kann beweisen, dass ihm die Überschuldung des Schuldners nicht bekannt war und er sie bei Anwendung der im Geschäftsverkehr üblichen Sorgfalt auch nicht hat erkennen können.[274] Den Begünstigten trifft dabei eine Erkundigungspflicht, deren Umfang sich nach seinen konkreten Möglichkeiten richtet und je enger wird, je länger die Geschäftsbeziehungen dauerten. Bei verdächtigem Verhalten des Schuldners wie ständigen Vertröstungen auf Zahlungen, Wechselprotesten, häufigen grundlosen Abwesenheiten, Aufgabe des Geschäfts, Vorliegen zahlreicher Betreibungen u.ä. ist Vorsicht geboten. Anfragen beim Schuldner reichen in der Regel nicht, da dieser seine Situation beschönigen könnte. Zweckmässig hingegen sind Anfragen beim Betreibungsamt und Erkundigungen bei Geschäftspartnern des Schuldners.[275] 10.252

C) ABSICHTSANFECHTUNG (ART. 288 SCHKG)

Die Absichtsanfechtung (auch Deliktspauliana) bezieht sich nicht auf bestimmte, sondern auf *alle die Gläubiger schädigenden Rechtshandlungen*, jedoch muss neben den objektiven Voraussetzungen auch die subjektive Voraussetzung gegeben sein, dass der *Schuldner* sich in erkennbarer *Schädigungsabsicht* seiner Vermögenswerte entäussert hat. Die Verdachtsperiode beträgt bei der Absichtsanfechtung nicht ein Jahr (wie bei der Schenkungs- und der Überschuldungsanfechtung) sondern *fünf Jahre vor der Pfändung, Konkurseröffnung oder Bewilligung der Nachlassstundung.* 10.253

a. Anfechtbare Rechtshandlung

Der Begriff der anfechtbaren Rechtshandlung i.S.v. Art. 288 Abs. 1 SchKG ist weit zu verstehen, *vorausgesetzt wird eine objektive Schädigung des bzw. der Gläubiger.*[276] Die Norm erfasst auch die Rechtshandlungen gem. Art. 286 SchKG (Schenkungsanfechtung) und Art. 287 SchKG (Überschuldungsanfechtung), welche weiter zurückliegen als ein Jahr. Anfechtbar sind z.B. die Abtretung von Forderungen,[277] der Abschluss eines Kaufvertrags über eine Liegenschaft gegen Einräumung eines unpfändbaren Wohnrechts,[278] die Veräusserung einer Liegenschaft an den Sohn im Rahmen der Scheidung,[279] der Tausch einer werthaltigen Forderung gegen eine weniger werthaltige,[280] die Aushändigung eines Pfandes ohne Pflicht zur Pfandbestellung,[281] der Darlehens- 10.254

---

274 AMONN/WALTHER, § 52 Rz. 21; BSK SchKG II-STAEHELIN, Art. 287 N 19; KUKO SchKG-UMBACH-SPAHN/BOSSART, Art. 287 N 9.

275 BSK SchKG II-STAEHELIN, Art. 287 N 21; KUKO SchKG-UMBACH-SPAHN/BOSSART, Art. 287 N 10.

276 Vgl. die Ausführungen zum tatsächlich vorhandenen Gläubigerschaden Rz. 10.224.

277 BGer 5C.268/2002 vom 28.1.2002, E. 2.

278 BGE 130 III 235, E. 2.

279 BGer 5C.3/2007 vom 9.8.2007, E. 3.

280 BGer 4C.262/2002 vom 19.5.2004, E. 2.

281 BGE 99 III 89, E. 4.

rückzahlung,[282] prozessuale und betreibungsrechtliche Vorkehren wie Klageanerkennung, Vergleich oder blosse Unterlassung, wie z.B. Unterlassung des Rechtsvorschlags gegenüber einer in Betreibung gesetzten, inexistenten Forderung[283].[284]

b. Schädigungsabsicht

10.255 Der Schuldner muss in der Absicht gehandelt haben, seine Gläubiger oder mindestens einen von ihnen durch die anfechtbare Rechtshandlung durch Einschränkung der Exekutionsrechte zu schädigen.[285] Unter Absicht ist vorsätzliches Handeln oder Unterlassen zu verstehen, wobei Eventualvorsatz (in Kauf nehmen) genügt.[286] Fahrlässigkeit hingegen ist nicht ausreichend.[287] Die *Schädigungsabsicht* liegt gemäss Rechtsprechung des Bundesgerichts vor, *wenn der Schuldner voraussehen konnte und musste, dass die angefochtene Handlung Gläubiger benachteiligt oder einzelne Gläubiger gegenüber anderen bevorzugt.* Nicht vorausgesetzt wird, dass der Schuldner mit seiner Handlung die Benachteiligung bzw. Begünstigung geradezu bezweckt hat, sondern es genügt, dass er sich darüber Rechenschaft hat geben können und müssen und gleichsam in Kauf genommen hat, dass als natürliche Folge seiner Handlung Gläubiger geschädigt werden.[288]

10.256 Der Eventualvorsatz betrifft einen inneren Vorgang, weshalb es für den Anfechtungskläger schwierig ist, die Absicht zu beweisen, wenn kein eindeutiges Eingeständnis des Schuldners vorliegt. Die Beurteilung, ob die Absicht gegeben ist, beurteilt der Richter in freier Würdigung der äusseren Sachumstände. Dagegen ist die Frage, ob der Schuldner die Schädigung der Gläubiger hätte kennen müssen oder können eine Rechtsfrage.[289]

10.257 Die Schädigungsabsicht (wie die Erkennbarkeit derselben) von Organen oder dem rechtsgeschäftlich bestellten Stellvertreter sind der juristischen Person bzw. dem Vertretenen anzurechnen. Irrelevant ist dabei, ob der die Zahlung ausführende einzelne Mitarbeiter mit Schädigungsabsicht gehandelt hat.[290]

---

282 BGE 99 III 27, E. 5; 134 III 452, E. 3.1.

283 BGE 65 III 134.

284 KUKO SchKG-Umbach-Spahn/Bossart, Art. 288 N 2, weitere Bespiele in BSK SchKG II-Staehelin, Art. 288 N 6 (m.w.V.) und BSK SchKG EB-Bauer, Art. 288 ad N 6 (6a–e).

285 BSK SchKG II-Staehelin, Art. 288 N 14.

286 BGE 134 III 452, 456, E. 4.1; 83 III 85; 21 I 1277.

287 BSK SchKG II-Staehelin, Art. 288 N 16.

288 BSK SchKG II-Staehelin, Art. 288 N 16; BSK SchKG EB-Bauer, Art. 288 ad N 14 m.V. a. die bundesgerichtliche Rechtsprechung, z.B. BGer 5A_437/2010 vom 9.3.2011, E. 4.2; BGE 135 III 265, E. 2; 135 III 276, E. 7.1; KUKO SchKG-Umbach-Spahn/Bossart, Art. 288 N 9; BGer 4C.262/2002 vom 19.5.2004, E. 5.1; BGE 134 III 452, 456, E. 4.1.

289 CPra Actions-Bohnet, § 137 Rz. 48 m.V. auf BGE 135 III 276, E. 7.1.

290 BSK SchKG II-Staehelin, Art. 288 N 17; BSK SchKG EB-Bauer, Art. 288 ad N 17; KUKO SchKG-Umbach-Spahn/Bossart, Art. 288 N 14; BGE 134 III 452, E. 4.3.

c. Erkennbarkeit der schuldnerischen Schädigungsabsicht für den Begünstigten (Abs. 2)

Die *Schädigungsabsicht des Schuldners muss für den begünstigten Dritten im Zeitpunkt des anfechtbaren Rechtsgeschäfts erkennbar* sein. Der Begünstigte musste sie bei Einhaltung der gebotenen Sorgfalt und Aufmerksamkeit erkennen können, wobei Fahrlässigkeit ausreicht.[291] Für die Erkennbarkeit massgebend ist, ob der Begünstigte in Würdigung sämtlicher Gegebenheiten des konkreten Einzelfalles die Schädigungsabsicht des Schuldners wirklich erkannt hat oder bei pflichtgemässer Sorgfalt hätte erkennen können und müssen, dass als natürliche Folge der angefochtenen Handlung möglicherweise eine Gläubigerschädigung eintritt.[292] Es wird also keine unbeschränkte Erkundigungspflicht aufgestellt, aber vom Begünstigten eine sorgfältige Prüfung verlangt, sobald deutliche Anzeichen für eine Gläubigerschädigung vorliegen. 10.258

Steht nicht das (positive) Wissen, sondern das (hypothetische) Wissenmüssen bzw. Kennenmüssen von Umständen, die den Begünstigten zu weiteren Abklärungen hätte veranlassen müssen, im Vordergrund, bilden die Fähigkeit und die Kenntnisse des Begünstigten (Ausbildung, persönliche Nähe und Vertrautheit mit den Verhältnissen des Schuldners) einerseits, und konkrete Verdachtsmomente im Zeitpunkt der anfechtbaren Handlung andererseits Indizien dafür, ob der Begünstigte die erforderliche Sorgfalt und Aufmerksamkeit hat missen lassen.[293] Bei Anzeichen für eine schlechte Vermögenslage des Schuldners hat der Begünstigte sich, soweit möglich, über die Vermögenslage näher zu erkundigen, u.a. durch Einholen von Auskünften beim Schuldner selber.[294] Gleichzeitig bzw. vorfrageweise stellt der Richter auf die Lebenserfahrung ab, welche dagegen frei überprüft werden kann, d.h. der Richter darf Erfahrungssätze aus der eigenen Lebenserfahrung anwenden, ohne dass die Partei sie behauptet haben muss.[295] Die Obliegenheit, Erkundigungen einzuholen, wie auch die Beurteilung, ob der Dritte die Schädigungsabsicht des Schuldners erkannt hat (Tatfrage) oder hätte erkennen sollen (Rechtsfrage), richtet sich stets nach den konkreten Umständen des Einzelfalles.[296] 10.259

Gemäss Art. 288 Abs. 2 SchKG wird bei der *Anfechtung einer Handlung zwischen dem Schuldner und einer ihr nahestehenden Person oder Konzerngesellschaft (widerlegbar) gesetzlich vermutet, dass die Schädigungsabsicht vorhanden war*. Für den Entlastungsbeweis (Exkulpation) trägt der Begünstigte die Beweislast (Beweislastumkehr). Wer als nahestehende Person gilt, muss im Einzelfall abgeklärt werden, in Betracht kommen natürliche und juristische Personen wie Freunde, Verwandte, Gross- und Mehrheitsaktionäre (Konzerngesellschaften sind explizit im Gesetz genannt). 10.260

---

291 KUKO SchKG-Umbach-Spahn/Bossart, Art. 288 N 15; BGE 134 III 452, E. 8.4.

292 BGE 138 III 497, E. 7.3.

293 BSK SchKG II-Staehelin, Art. 288 N 18, BSK SchKG EB-Bauer, Art. 288 ad N 18 ff. m.V. auf BGer 5A_835/2012 vom 16.5.2013, E. 5.1 und 6.

294 KUKO SchKG-Umbach-Spahn/Bossart, Art. 288 N 15.

295 BSK SchKG EB-Bauer, Art. 288 ad N 18 ff. m.V. auf BGer 5A_835/2012 vom 16.5.2013, E. 5.1.; CPra Actions-Bohnet, § 137 Rz. 48 m.V. auf BGE 135 III 276, E. 7.1.

296 BSK SchKG EB-Bauer, Art. 288 ad N 20a m.V. auf BGE 134 III 452, E. 4.2.

Nach bisheriger Praxis gilt bei nahen Verwandten und Ehegatten eine natürliche Vermutung, dass der Begünstigte die schlechte Vermögenslage des Schuldners gekannt hat.[297]

d. Verdachtsperiode

10.261 Die anfechtbare Handlung muss bei der Absichtsanfechtung *innerhalb von fünf Jahren vor Pfändung oder Konkurseröffnung bzw. Bewilligung der Nachlassstundung* erfolgt sein. Massgebender Zeitpunkt ist das Datum des Eintritts der Rechtswirkungen der Handlung, d.h. der Verminderung der Aktiven oder Vermehrung der Passiven des Schuldners. Die Frist (Verdachtsperiode) wird um die Dauer einer vorausgegangenen Nachlassstundung (Art. 288a Ziff. 1 SchKG), eines Konkursaufschubs,[298] einer Notstundung (Art. 343 Abs. 2 SchKG) und eines Rechtsstillstandes[299] verlängert. Nicht zur Frist hinzugerechnet wird zudem bei der Liquidation einer Erbschaft die Zeit zwischen dem Todestag und der Anordnung der Liquidation (Art. 288a Ziff. 2 SchKG) sowie die Dauer der vorausgegangen Betreibung (Art. 288a Ziff. 3 SchKG). Es ergibt sich demnach ein «dies a quo» (Tag der Pfändung oder der Konkurseröffnung) und ein «dies ad quem» (Tag, an welchem die rückwärts gerichtete Frist zu laufen begann, d.h. fünf Jahre vor dem Tag der Pfändung oder Konkurseröffnung).[300]

10. BESONDERHEITEN

10.262 Bei der Schenkungsanfechtung hebt die Passivlegitimation des *bösgläubigen Singularsukzessoren* die Passivlegitimation des *ursprünglichen Vertragspartners oder Begünstigten* nicht auf, vielmehr *haften beide solidarisch* für den ganzen Betrag. *Mehrere Beklagte*, die durch dieselbe Handlung Vermögen des Schuldners erhalten haben, haften hingegen nicht solidarisch für die Rückgabe des Ganzen, sondern *jeder nur für seinen Teil.*[301] Ein allfälliger Regressanspruch gegen den Rechtsvorgänger richtet sich nach dem jeweiligen Rechtsverhältnis. Bei einem Kaufvertrag haftet der Käufer nur, wenn er sich ausdrücklich verpflichtet hat, da der bösgläubige Singularsukzessor die Gefahr der Entwehrung kannte (Art. 192 Abs. 2 OR).[302]

---

297 BSK SchKG EB-Bauer, Art. 288 ad N 23a; KUKO SchKG-Umbach-Spahn/Bossart, Art. 288 N 15.

298 Die Streichung des Konkursaufschubs (früher Art. 288a Ziff. 2 aSchKG) ist ein offensichtliches redaktionelles Versehen des Gesetzgebers, s. BSK SchKG EB-Bauer, Art. 289 N 2b.

299 Amonn/Walther, § 52 Rz. 6 m.V. auf BGE 130 III 247.

300 Vgl. Ausführungen zur Beweislastumkehr bei nahestehenden Personen weiter oben Rz. 10.235; CPra Actions-Bohnet, § 137 Rz. 40.

301 BSK SchKG II-Staehelin, Art. 290 N 10 m.w.N.; KUKO SchKG-Umbach-Spahn/Bossart, Art. 290 N 5.

302 BSK SchKG II-Staehelin, Art. 290 N 11.

11. RECHTSMITTEL

Bei der Anfechtungsklage handelt es sich um eine *betreibungsrechtliche Streitigkeit mit Reflexwirkung auf das materielle Recht.* Das Urteil im Anfechtungsprozess kann demnach nur im konkreten Betreibungsverfahren Wirkung entfalten[303] und kann nur darauf lauten, dass das entäusserte Vermögen wieder der Zwangsvollstreckung zugeführt wird oder nicht. 10.263

A. BERUFUNG

Betreibungsrechtliche Streitigkeiten mit Reflexwirkung auf das materielle Recht sind berufungsfähig, *falls der Streitwert* (im zuletzt aufrechtgehaltenen Rechtsbegehren) *mindestens CHF 10 000.– beträgt* (Art. 308 Abs. 2 ZPO). Das heisst erstinstanzliche End- (Art. 236 ZPO) und Zwischenentscheide (Art. 237 ZPO) mit Streitwert über CHF 10 000.– sind unabhängig von der Verfahrensart grundsätzlich mit der Berufung gem. Art. 308–318 ZPO anfechtbar (Art. 308 Abs. 1 lit. a ZPO). Massgeblicher Zeitpunkt für die Streitwertberechnung ist die Fällung des vorinstanzlichen Entscheids.[304] 10.264

Mit der Berufung gerügt werden kann unrichtige Rechtsanwendung oder unrichtige Sachverhaltsfeststellung (Art. 310 ZPO). Noven (neue Tatsachen, Beweismittel) und eine Klageänderung sind nur unter den Voraussetzungen von Art. 317 ZPO zulässig.[305] Die Berufung hat grundsätzlich *aufschiebende Wirkung* (Art. 315 ZPO). Sie ist *innert dreissig Tagen* seit Zustellung des begründeten Entscheides bzw. seit der nachträglichen Zustellung der Entscheidbegründung (Art. 239 ZPO) schriftlich und begründet einzureichen, der angefochtene Entscheid ist beizulegen (Art. 311 Abs. 1 und 2 ZPO). 10.265

B. SUBSIDIÄR: (KANTONALE) BESCHWERDE

Liegt der *Streitwert unter CHF 10 000.–* sind betreibungsrechtliche Streitigkeiten mit Reflexwirkung auf das materielle Recht nicht berufungsfähig, sondern können mit der subsidiären Beschwerde angefochten werden (Art. 319 lit. a ZPO). 10.266

Die unrichtige Rechtsanwendung kann mit Beschwerde uneingeschränkt gerügt werden, eine unrichtige Sachverhaltsfeststellung hingegen nur in qualifizierten Fällen, wie etwa bei Aktenwidrigkeit oder Willkür (Art. 320 ZPO). Die Beschwerde hat grundsätzlich *keine aufschiebende Wirkung* (Art. 325 ZPO). 10.267

303 CPra Actions-Bohnet, § 137 Rz. 9.

304 Im Einzelnen Sutter-Somm/Hasenböhler/Leuenberger-Reetz/Theiler, Art. 308 N 39 ff.

305 Noven werden nur berücksichtigt, wenn sie ohne Verzug vorgebracht werden (Art. 317 Abs. 1 lit. a ZPO) und trotz zumutbarer Sorgfalt nicht schon vor erster Instanz vorgebracht werden konnten (Art. 317 Abs. 1 lit. b ZPO). Die Klageänderung ist nur zulässig, wenn Voraussetzungen nach Art. 227 Abs. 1 ZPO gegeben sind (Art. 317 Abs. 2 lit. a ZPO) und sie auf neuen Tatsachen und Beweismitteln beruht (Art. 317 Abs. 2 lit. b ZPO).

10.268 Da die Anfechtungsklage im ordentlichen oder vereinfachten Verfahren beurteilt wird, beträgt die *Beschwerdefrist dreissig Tage* (Art. 321 Abs. 1 ZPO). In der Wechselbetreibung beträgt die Frist fünf Tage (Art. 185 SchKG).

C. BESCHWERDE IN ZIVILSACHEN AN DAS BUNDESGERICHT

10.269 Entscheide über *betreibungsrechtliche Klagen mit Reflexwirkung auf das materielle Recht* stellen keine Entscheide in SchKG-Sachen (i.S.v. Art. 72 Abs. 2 lit. a BGG) dar, sondern reine *Zivilsachen* (i.S.v. Art. 72 Abs. 1 BGG).[306]

10.270 Beschwerdefähig sind *Endentscheide* i.S.v. Art. 90 BGG.[307] Es muss ein oberes kantonales Gericht den Entscheid gefällt haben,[308] wobei der *Streitwert mindestens CHF 30 000.–* betragen muss (Art. 74 Abs. 1 lit. b BGG). *Kein Streitwerterfordernis* besteht, wenn sich *eine Rechtsfrage von grundsätzlicher Bedeutung stellt* (Art. 74 Abs. 2 lit. a BGG), oder wenn *eine kantonale Aufsichtsbehörden in Schuldbetreibungs- und Konkurssachen* (Art. 74 Abs. 2 lit. b BGG) oder ein *Konkurs- bzw. Nachlassgericht* den Entscheid (Art. 74 Abs. 2 lit. c BGG) gefällt hat.

10.271 Mögliche Rügegründe sind die *Verletzung von eidgenössischem* (Art. 95 BGG) und *ausländischem* (Art. 96 BGG) *Recht*. Das Bundesgericht prüft die Rügen frei.[309] Eine Sachverhaltsfeststellung kann nur gerügt werden, falls sie offensichtlich unrichtig ist oder auf einer Rechtsverletzung gem. Art. 95 BGG beruht und die Behebung des Mangels für den Ausgang des Verfahrens entscheidend sein kann (Art. 97 Abs. 1 BGG).[310]

D. SUBSIDIÄR: VERFASSUNGSBESCHWERDE

10.272 Falls das Streitwerterfordernis nicht erfüllt ist und kein Ausnahmegrund gem. Art. 74 Abs. 2 BGG vorliegt, kann der Entscheid mit der *subsidiären Verfassungsbeschwerde* nach Art. 113–119 BGG an das Bundesgericht angefochten werden. Als Rügegründe kommen nur die Verletzung verfassungsmässiger Rechte (Art. 116 BGG) in Frage, wie z.B. ein Verstoss gegen das Willkürverbot (Art. 9 BV). Das Bundesgericht wendet das Recht nicht von Amtes wegen an. Vielmehr darf es aufgrund des Rügeprinzips nur insoweit eine Prüfung vornehmen, als in der Beschwerdeschrift entsprechende Rügen vorgebracht und begründet sind (Art. 106 Abs. 2 BGG).

306 BSK BGG-Klett/Escher, Art. 72 N 6 m.V. auf BGE 135 III 127, E. 1.1.

307 BGE 134 III 143, E. 2; 133 III 399, E. 1.4.

308 BGE 137 III 238, E. 2.

309 BGE 133 III 400, E. 1.5.

310 BGE 133 III 400, E. 1.5.

Tabellarische Zusammenfassung

Zweck	Wiederbeschaffung von Vermögenswerten, die der Zwangsvollstreckung in anfechtbarer Weise (Art. 286–288 SchKG) entzogen wurden zwecks Einbezug (in natura oder Gegenwert in Geld) in die Pfändung oder in die Konkurs- bzw. Liquidationsmasse
Gesetzliche Grundlage	Art. 285–292 SchKG
Verfahrensart	Abhängig vom Streitwert ordentliches Verfahren (Art. 219 ff. ZPO) oder vereinfachtes Verfahren (Art. 243 ff. ZPO) jeweils mit Schlichtungsgesuch (Art. 197 resp. 198 ZPO e contrario) Schlichtungsverfahren: Abhängig vom Streitwert Urteilsvorschlag (Art. 210 lit. c ZPO) oder abschliessende Entscheidung durch Schlichtungsbehörde (Art. 212 ZPO) Summarisches Verfahren (Art. 257 ZPO) bei unbestrittenem / sofort beweisbarem Sachverhalt und klarer Rechtslage sowie Antrag der klagender Partei
Zuständigkeit	Gericht am (schweizerischen) Wohnsitz / Sitz des Beklagten (ausschliesslich und zwingend) (Art. 23–26 ZGB, Art. 20 IPRG; Art. 289 Satz. 1 SchKG, geht Art. 46 ZPO vor) Gericht am Ort der Pfändung oder des Konkurses / der Nachlassliquidation (bei Beklagten mit ausländischem Wohnsitz / Sitz, Art. 289 Satz 2 SchKG)

Aktivlegitimation	Spezialexekution (Pfändung):
	– Gläubiger mit provisorischem (Art. 115 Abs. 2 SchKG unter Vorbehalt der Ausstellung eines definitiven Verlustscheins) oder definitivem (Art. 115 Abs. 1, Art. 149 SchKG) Pfändungsverlustschein (bis zur Konkurseröffnung) (Art. 285 Abs. 2 Ziff. 1 SchKG)
	– Keine Aktivlegitimation aufgrund:
	  – Pfändungsverlustschein gegen Kollektivgesellschafter für Anfechtung von Rechtshandlungen der Kollektivgesellschaft (und umgekehrt)
	  – Nichtigem Pfändungsverlustschein
	  – Pfandausfallschein (Art. 158 SchKG)
	  – Provisorischem Pfändungsverlustschein nur unter Vorbehalt Ausstellung eines definitiven Verlustscheins
	
	Generalexekution (Konkurs / Nachlassliquidation):
	– Konkursverwaltung bzw. Konkursmasse solange Konkurs dauert und Konkursmasse voraussichtlich nicht zur Befriedigung aller Gläubiger ausreicht
	– Entfall Aktivlegitimation: ab Einstellung Konkurs mangels Aktiven
	  – Alternativen für Gläubiger, Betreibung auf Pfändung während zwei Jahren (Art. 230 Abs. 3 SchKG) → Pfändungsverlustschein → legitimiert zur Anfechtung
	– Widerruf des Konkurses = Entfall Anfechtungsberechtigung der Konkursverwaltung
	– Anfechtung ausgeschlossen, wenn Konkursmasse zur Befriedigung aller Gläubiger ausreicht

	– Verzicht der Gläubigergesamtheit im Konkursverfahren auf Geltendmachung Anfechtungsansprüche → Abtretung an einzelne Gläubiger möglich (Art. 260, Art. 285 Abs. 2 Ziff. 2 SchKG) – Ohne Abtretung: im Kollokationsverfahrens Anfechtung auf Wegweisung aus Plan / Kollozierung als unversicherte Forderung – Nachlassverfahren: Liquidationsorgane namens der Nachlassmasse aktivlegitimiert

Passivlegitimation	Durch anfechtbare Handlung tatsächlich Begünstigster (Art. 290 SchKG):
	– Vertragspartner des Schuldners unabhängig davon, ob noch im Besitz der Zuwendung / des Vorteils
	  – Anfechtungsanspruch bleibt als Schadenersatzanspruch gegen ursprünglich Begünstigten erhalten, selbst wenn daneben Rechtsnachfolger belangbar
	  – Auch Vertragspartner, der nicht sich selbst sondern Dritten begünstigt hat, kann Beklagter sein
	  – Nicht passivlegitimiert: blosses Inkasso und Weitergabe im Namen Dritter
	– Direkt oder indirekt durch die anfechtbare Handlung Begünstigte trotz fehlender Zustimmung zur Handlung oder Mitwirkung daran, wenn kumulativ:
	  – Er ist tatsächlich begünstigt: das ist jeder, der aus Schuldnervermögen durch Handlung i.S.v. Art. 286–288 SchKG etwas erhalten hat
	  – Er die Überschuldung gekannt hat / hätte kennen müssen (Art. 287 Abs. 2 SchKG) oder die Absicht des Schuldners gem. Art. 288 SchKG erkannte
	– Universalsukzessoren Vertragspartner / weiterer Begünstigter und bösgläubiger Singularsukzessoren wenn anfechtbare Handlung zumindest beim Vertragspartner oder dem Erstbegünstigten vorlag
	– Bösgläubiger Dritter, der Singularsukzessor v. Vertragspartner / Begünstigtem ist und ihm nachfolgende bösgläubige Singularsukzessoren (→ ein gutgläubiger Erwerb schliesst die Anfechtungsklage aus!)

Streitwert	*Berechnung des Streitwerts (Art. 91 ZPO)* – Betreibung auf Pfändung: Prozesserlös ausschliesslich an Verlustscheinsgläubiger → Streitwert ist max. die Höhe der Verlustscheinsforderung des Klägers – Konkurs / Nachlassliquidation: Prozesserlös an Masse → Streitwert begrenzt durch Wert des anfechtbar veräusserten Vermögenswerts (max.) und konkretem Schaden der Gläubiger in Konkurs / Nachlassliquidation (Abzug von Dividenden, die Gläubigern zustehen) – Anfechtung einer Pfandbestellung: Streitwert=Wert des Pfandes bei Klageeinleitung
Fristen	Art. 292 SchKG: Verjährung innert zwei Jahren ab Entstehung Anfechtungsrecht, Vorbehalt von Art. 63 Abs. 3 SchKG nicht anwendbar: – Berechnung, Einhaltung und Lauf der Frist nach der ZPO (Art. 31 SchKG) – Wiederherstellung einer unverschuldet verpassten Frist (Art. 33 Abs. 4 SchKG; Art. 148 ZPO), Neueinreichung nach Rückzug oder Nichteintretensentscheid des unzuständigen Gerichts (Art. 63 ZPO) und Unterbrechung Frist (Art. 135 OR) möglich – Vorbehalt der besonderen gesetzlichen Klagefristen nach SchKG (Art. 63 Abs. 3 ZPO) gilt nicht für Art. 292 SchKG Einredeweise auch nach Ablauf von 2 Jahren noch möglich

Kombination	Anfechtung der zivilrechtlichen Gültigkeit des anfechtbaren Rechtsgeschäftes
	– Anfechtungsklage kumulativ zu
	  – Art. 41 OR / Art. 97 OR (Anrechnung des mit der anderen Klage erworbenen, kein Doppelersatz), Art. 525 OR und Art. 620 OR
	  – Art. 578 Abs. 1 ZGB / Art. 497 ZGB / Art. 579 ZGB / Art. 841 ZGB
	– Anfechtungsklage alternativ zu
	  – Art. 193 ZGB / Art. 524 ZGB

Mögliche Rechtsbegehren	Spezialexekution (Pfändung): 1. Es sei der Grundstückskaufvertrag zwischen B [Name, Vorname Begünstigter bzw. Anfechtungsbeklagter] und S [Name, Vorname Schuldner] vom TT.MM.JJJJ [Datum öffentliche Beurkundung Grundstückskaufvertrag Grundstückskaufvertrag], mit welchem S dem B das Grundstück mit Nummer [Parzellennummer oder Katasternummer gemäss Grundbucheintrag], Grundbuch [Ort], für den Preis von CHF [Kaufpreis gemäss Grundbucheintrag in CHF] verkauft hat, ungültig zu erklären, da dem Kauf eine anfechtbare Rechtshandlung i.S.v. Art. 286–288 SchKG zugrunde liegt. 2. Es sei zu verfügen, dass das Grundstück wieder dem Vermögen des Schuldners zugeführt wird, damit es in die Pfändung einbezogen werden kann, welche der Deckung der Forderung des K [Name, Vorname Kläger] in der Höhe von CHF [Höhe der Schuld in CHF] dient. 3. Unter Kosten- und Entschädigungsfolgen zulasten des Beklagten. Generalexekution (Konkurs / Nachlassliquidation): 1. Es sei der Grundstückskaufvertrag zwischen B [Name, Vorname Begünstigter bzw. Anfechtungsbeklagter] und S [Name, Vorname Schuldner] vom TT.MM.JJJJ [Datum öff. Beurkundung Grundstückskaufvertrag], mit welchem S dem B das Grundstück mit Nummer [Parzellennummer oder Katasternummer gemäss Grundbucheintrag], Grundbuch [Ort], für den Preis von CHF [Kaufpreis gemäss Grundbucheintrag in CHF] verkauft hat, ungültig zu erklären, da dem Kauf eine anfechtbare Rechtshandlung i.S.v. Art. 286–288 SchKG zugrunde liegt. 2. Es sei zu verfügen, dass das Grundstück wieder der Konkursmasse / Masse der Nachlassliquidation des Schuldners zugeführt wird, damit es in den Konkurs einbezogen werden kann, welcher der Deckung der Forderung u.a. des K [Name, Vorname Kläger] in der Höhe von CHF [Höhe der Schuld in CHF] dient. 3. Unter Kosten- und Entschädigungsfolgen zulasten des Beklagten. Variante: 1. Es sei der Abtretungsvertrag zwischen B [Name, Vorname Begünstigter bzw. Anfechtungsbeklagter] und S [Name, Vorname Schuldner] vom TT.MM.JJJJ [Datum des Abtretungsvertrags], bzgl. aller in Ziffer [Nummer oder Bezeichnung der Vertragsklausel] aufgeführten Gegenstände [eventuell Liste der Gegenstände], ungültig zu erklären, da dem Kauf eine anfechtbare Rechtshandlung i.S.v. Art. 286–288 SchKG zugrunde liegt. 2a. Es sei B zu verpflichten, die in Ziffer 1 hiervor genannten Gegenstände zurückzugeben, um sie der Konkursmasse / Masse der Nachlassliquidation des Schuldners wieder zuzuführen, damit sie in den Konkurs einbezogen werden können, welcher der Deckung der Forderung u.a. des K [Name, Vorname Kläger] in der Höhe von CHF [Höhe der Schuld in CHF] dient.

	Eventualiter 2b. Es sei B zu verpflichten, in die Konkursmasse / Masse der Nachlassliquidation die Summe von CHF [Gegenwert für die Gegenstände in CHF] einzuwerfen, um sie der Konkursmasse / Masse der Nachlassliquidation des Schuldners wieder zuzuführen, damit sie in den Konkurs einbezogen werden können, welcher der Deckung der Forderung u.a. des K [Name, Vorname Kläger] in der Höhe von CHF [Höhe der Schuld in CHF] dient. 3. Unter Kosten- und Entschädigungsfolgen zulasten des Beklagten.
Voraussetzungen	Allgemeine Voraussetzungen für alle drei Typen der Anfechtung: 1. Direkte oder indirekte Schädigung mindestens eines Gläubigers durch Verminderung Aktiven / Vermehrung Passiven → Schmälerung zwangsvollstreckungsrechtliches Haftungssubstrat / Verschlechterung d. rechtlichen Situation 2. Natürlicher und adäquater Kausalzusammenhang zwischen Handlung Schuldner und Schmälerung Haftungssubstrat (1.); Fehlen von sog. korrektem Alternativverhalten 3. Handlung durch Schuldner oder gesetzlichen / gewillkürten Stellvertreter (Anrechnung Handlungen von Stellvertretern, Organen, Handlungsbevollmächtigten) Besondere Voraussetzungen Schenkungsanfechtung (Art. 286 SchKG): 4. Schenkung / unentgeltliche Verfügung (Abs. 1) / gleichgestelltes Rechtsgeschäft (Abs. 2 Ziff. 1 und 2) – Schenkung / unentgeltliche Verfügung (Abs. 1) – Gemischte Schenkungen (Abs. 2 Ziff. 1) – Leibrente / Pfrund / Nutzniessung / Wohnrecht (Abs. 2 Ziff. 2) 5. Verdachtsperiode: 1 Jahr seit Pfändung (Art. 112 SchKG) bzw. Konkurseröffnung (Art. 175 SchKG) oder Bewilligung Nachlassstundung → Entäusserung von Vermögenswerten in Schädigungsabsicht (Art. 288 SchKG) Verlängerung auf 5 Jahre → Berechnung der Frist nach Art. 288a SchKG Besondere Voraussetzungen Überschuldungsanfechtung (Art. 287 SchKG): 4. Überschuldung i.S.v. Art. 725 Abs. 2 OR im Zeitpunkt des Eintritts der Rechtswirkungen (=Minderung Haftungssubstrat) der angefochtenen Handlung 5. Anfechtbare Rechtshandlung – Bestellung von Sicherheiten für bereits bestehende Verbindlichkeiten (Abs. 1 Ziff. 1) – Ungewöhnliche Tilgung (Abs. 1 Ziff. 2) – Zahlung einer nicht verfallenen Schuld (Abs. 1 Ziff. 3) 6. Verdachtsperiode: 1 Jahr seit Pfändung (Art. 112 SchKG) bzw. Konkurseröffnung (Art. 175 SchKG) oder Bewilligung Nachlassstundung → Berechnung der Frist nach Art. 288a SchKG 7. Bösgläubigkeit des Begünstigten / Misslingen des Exkulpationsbeweises (Abs. 3): gesetzliche Vermutung → Exkulpationsbeweis möglich (↔ Schenkungsanfechtung)

	Besondere Voraussetzungen Absichtsanfechtung (Art. 287 SchKG): 4. anfechtbare Rechtshandlung: jede Handlung, die zu einer objektiven Schädigung des / Gläubiger führt 5. Schädigungsabsicht Schuldner 6. Erkennbarkeit Schädigungsabsicht für den Begünstigten (Abs. 2): Wissen oder Wissenmüssen → bei Verdachtsmomenten Erkundigungspflicht je nach konkreten Umständen, Vermutung des Wissens bei nahen Verwandten und Ehegatten 7. Verdachtsperiode: 5 Jahre seit Pfändung (Art. 112 SchKG) bzw. Konkurseröffnung (Art. 175 SchKG) oder Bewilligung Nachlassstundung → Berechnung der Frist nach Art. 288a SchKG
Besonderheiten	- Passivlegitimation des bösgläubigen Singularsukzessoren hebt Passivlegitimation des ursprünglichen Vertragspartners oder Begünstigten nicht auf → beide haften solidarisch für ganzen Betrag - Mehrere Beklagte, die durch dieselbe Handlung Vermögen des Schuldners erhalten haben → jeder haftet nur für seinen Teil - Allfällige Regressansprüche gegen Rechtsvorgänger richten sich nach dem jeweiligen Rechtsverhältnis
Rechtsmittel	Kantonal: Abhängig vom Streitwert Berufung (Art. 308 ff. ZPO) oder Beschwerde (Art. 319 ff. ZPO) innert 30 Tagen Bund: Abhängig vom Streitwert Beschwerde in Zivilsachen (Art. 72 ff. BGG) innert 30 Tagen oder subsidiäre Verfassungsbeschwerde (Art. 113 ff. BGG)

§11 SANIERUNGSRECHT

I. GESUCH UM (PROVISORISCHE) NACHLASSSTUNDUNG (ART. 293 SCHKG)

1. ZWECK UND WIRKUNG

A. ZWECK

Das gerichtliche Nachlassverfahren gem. Art. 293 ff. SchKG («Nachlassverfahren») ist ein gesetzlich geregeltes Schuldbereinigungsverfahren, das darauf abzielt, die Gesamtheit der Verbindlichkeiten eines Schuldners zu bereinigen und gleichzeitig den Schuldner (als Rechtssubjekt) und/oder ein allfälliges von diesem betriebenes Unternehmen (als wirtschaftliche Einheit) ganz oder teilweise zu erhalten bzw. in diesem Sinne zu sanieren. In gewissen Fällen wird mit dem Nachlassverfahren keine Sanierung angestrebt, sondern (nur) eine möglichst schonungsvolle Liquidation der schuldnerischen Aktiven ausserhalb eines Konkurses (Nachlassvertrag mit Vermögensabtretung; Art. 317 ff. SchKG).[1] 11.1

Im Regelfall wird ein Nachlassverfahren eingeleitet durch ein Gesuch des Schuldners («Nachlassschuldner»), in Einzelfällen auch durch ein Gesuch eines Gläubigers. Der Zweck eines Gesuchs um Nachlassstundung liegt darin, das gerichtliche Nachlassverfahren beim zuständigen Nachlassgericht einzuleiten und von diesem zu erwirken, dass es dem Schuldner eine provisorische Nachlassstundung (auch: «Stundung») bewilligt und ggf. weitere Anordnungen trifft, insb. die Einsetzung eines provisorischen Sachwalters und evtl. die Genehmigung allfälliger genau bezeichneter Rechtsgeschäfte. Da ein Nachlassgericht immer zunächst eine provisorische Nachlassstundung bewilligt und (ggf.) erst später (auch noch) eine definitive, lautet das Gesuch in diesem ersten Verfahrensstadium auf Bewilligung einer provisorischen Nachlassstundung und ggf. auf Einsetzung eines provisorischen Sachwalters. 11.2

1 KUKO SchKG-Hunkeler, Vor Art. 293–336 N 15 ff.; vgl. zur Bedeutung der Nachlassstundung auch Hunkeler 195 f.

B. WIRKUNG

A) PROVISORISCHE NACHLASSSTUNDUNG

11.3 Wird ein Gesuch um Bewilligung einer (provisorischen) Nachlassstundung gutgeheissen, wird dem Nachlassschuldner vom Nachlassgericht eine provisorische Nachlassstundung mit einer Maximaldauer von vier Monaten gewährt, die gem. Art. 293c Abs. 1 SchKG «die gleichen Wirkungen wie eine definitive Stundung» zeitigt.[2] Die Wirkungen der Nachlassstundung treten grundsätzlich zum Zeitpunkt der richterlichen Bewilligung der Nachlassstundung und nicht erst mit deren Kenntnisnahme oder Publikation ein.[3]

11.4 Im Unterschied zur definitiven Stundung kann bei der provisorischen Stundung in begründeten Fällen von der Einsetzung eines Sachwalters abgesehen (Art. 293b Abs. 2 SchKG) oder – sofern der Schutz Dritter gewährleistet ist und ein entsprechender Antrag vorliegt – ausnahmsweise[4] auf die öffentliche Bekanntmachung bis zur Beendigung der provisorischen Stundung verzichtet werden (Art. 293c Abs. 2 SchKG). Diesfalls unterbleibt die Mitteilung an die Ämter (vgl. Art. 296; Art. 293c Abs. 2 lit. a SchKG), und es kann weiterhin gegen den Schuldner eine Betreibung eingeleitet, nicht aber fortgesetzt werden (Art. 293c Abs. 2 lit. b SchKG). Darüber hinaus tritt die Rechtsfolge von Art. 297 Abs. 4 SchKG nur und erst dann ein, wenn die provisorische Stundung dem Zessionar mitgeteilt wird (Art. 293c Abs. 2 lit. c SchKG). Beim Verzicht auf eine öffentliche Bekanntmachung wird zwingend ein provisorischer Sachwalter eingesetzt, der den Schuldner überwacht, ihm Weisungen erteilt, in Einzelfällen an seiner Stelle handelt und, falls dies zum Schutze Dritter nötig ist, beim Nachlassgericht unverzüglich Antrag auf öffentliche Bekanntmachung der Stundung (vgl. Art. 293c Abs. 2 lit. d SchKG)[5] oder auf Widerruf der Stundung bzw. auf Konkurseröffnung (vgl. Art. 296b lit. c SchKG) stellt.

11.5 Anders als bei der definitiven Stundung kann während einer provisorischen Stundung vom Nachlassgericht noch kein Gläubigerausschuss eingesetzt werden.[6]
Die Bestimmungen über das Stundungsverfahren gem. Art. 299 ff. SchKG sind auf die definitive Stundung zugeschnitten. Entsprechend wird in der Praxis beispielsweise im Rahmen der provisorischen Stundung normalerweise noch kein Schuldenruf nach Art. 300 SchKG durchgeführt. Auch eine Gläubigerversammlung (vgl. Art. 295b Abs. 2 und 3 sowie Art. 302 SchKG) findet während der provisorischen Stundung nicht statt.[7]

11.6 Besteht aus Sicht des mit der Beurteilung des Gesuchs um provisorische Nachlassstundung befassten Nachlassgerichts offensichtlich keine Aussicht auf Sanierung oder auf Bestätigung eines Nach-

2 Vgl. zu diesen Rz. 11.7 ff. hiernach.

3 KUKO SchKG-Hunkeler, Art. 297 N 4 f.; vgl. demgegenüber insb. Art. 293c Abs. 2 lit. c i.V.m. Art. 297 Abs. 4 SchKG und Art. 298 Abs. 3 SchKG.

4 Vgl. dazu KUKO SchKG-Hunkeler, Art. 293c N 10 ff.

5 Zum Ganzen KUKO SchKG-Hunkeler, Art. 293c N 4 ff.

6 KUKO SchKG-Hunkeler, Art. 293c N 7 und Art. 295a N 3 und N 12; offensichtlich versehentlich oder zumindest missverständlich demgegenüber derselbe Autor in KUKO SchKG-Hunkeler, Art. 293 N 28.

7 KUKO SchKG-Hunkeler, Art. 293c N 7.

lassvertrages, wird das Gesuch abgewiesen und erfolgt von Amtes wegen die Konkurseröffnung über den Schuldner (Art. 293a Abs. 3 SchKG).

B) DEFINITIVE NACHLASSSTUNDUNG

Ergibt sich aufgrund des Verlaufs und der Erkenntnisse der provisorischen Stundung, insb. aufgrund eines mündlichen oder (regelmässig vorgängig) schriftlichen Berichts des Sachwalters,[8] dass Aussicht auf Sanierung i.w.S. besteht, d.h. auf Sanierung mit oder ohne Nachlassvertrag, bewilligt das Nachlassgericht dem Nachlassschuldner eine definitive Stundung für vorerst weitere vier bis sechs Monate (Art. 294 Abs. 1 SchKG). Ausserdem setzt es zwingend (vgl. dazu Art. 295 SchKG; vgl. demgegenüber Art. 293b Abs. 2 i.V.m. Art. 293c Abs. 2 lit. d SchKG zur provisorischen Stundung) einen oder mehrere definitive Sachwalter – und wo es die Umstände erfordern einen Gläubigerausschuss (vgl. Art. 295a SchKG) – ein. Daneben trifft das Nachlassgericht allfällige weitere Anordnungen zum Erhalt des schuldnerischen Vermögens.[9] Der Bewilligungsentscheid wird öffentlich bekannt gemacht und dem Betreibungs-, dem Handelsregister- und dem Grundbuchamt unverzüglich mitgeteilt (Art. 296 SchKG). Im Übrigen führt die definitive Nachlassstundung die Wirkungen der provisorischen Nachlassstundung fort (vgl. Art. 293c SchKG): 11.7

Die Wirkungen der Nachlassstundung auf die Rechte der Gläubiger[10] sind in Art. 297 SchKG geregelt: 11.8
Gemäss Abs. 1 wirkt sich die Stundung insoweit aus, als gegen den Schuldner eine Betreibung weder eingeleitet noch fortgesetzt werden kann. Betreibungen auf Pfandverwertung für grundpfandgesicherte Forderungen bleiben indessen möglich. Lediglich die Verwertung des Grundpfandes bleibt ausgeschlossen. Ausgenommen vom Betreibungsverbot sind auch Betreibungen auf Pfändungen für Forderungen, die der Schuldner während der Nachlassstundung mit Zustimmung des Sachwalters eingegangen ist und die gem. Art. 310 Abs. 2 SchKG als Masseverbindlichkeiten nicht unter den Nachlassvertrag fallen.[11]

Bereits gepfändete Vermögensstücke bleiben grundsätzlich dem Zugriff der Pfändungsgläubiger entzogen, ausser die gepfändeten Vermögenswerte seien bereits verwertet worden oder es seien Barbeträge gepfändet oder aus einer Lohnpfändung abgeliefert worden, in welchen Fällen der Erlös an die berechtigten Pfändungsgläubiger verteilt werden darf (vgl. Art. 297 Abs. 2 und Art. 199 Abs. 2 SchKG). 11.9

Unzulässig sind fortan der Arrest und andere Sicherungsmassnahmen für Nachlassforderungen (Abs. 3). 11.10

---

8 Vgl. Art. 294 Abs. 2 SchKG.

9 KUKO SchKG-Hunkeler, Art. 294 N 6.

10 Zum Ganzen KUKO SchKG-Hunkeler, Art. 297 N 12 ff.; BSK SchKG EB-Bauer, Art. 297 N 1 ff.

11 KUKO SchKG-Hunkeler, Art. 297 N 14 ff. m.w.H.; Hunkeler, 55; BGE 126 III 294; Amonn/Walther, § 54 Rz. 45.

11.11 Soweit vor der Bewilligung der Stundung die Abtretung einer zukünftigen Forderung vereinbart wurde, entfaltet eine solche Vereinbarung keine Wirkungen, wenn die abgetretene Forderung erst während der Stundung entsteht (Abs. 4).[12]

11.12 Zivilprozesse und Verwaltungsverfahren über Nachlassforderungen werden mit Ausnahme dringlicher Fälle sistiert (Abs. 5). Streitigkeiten über Masseverbindlichkeiten und generell Aktivprozesse des Nachlassschuldners werden demgegenüber nicht sistiert («Nachlassforderungen»).[13] Der Anspruch des Vermieters auf Rückgabe der Mietsache stellt keine Nachlassforderung im Sinn von Art. 297 Abs. 5 SchKG dar.[14]

11.13 Verjährungs- und Verwirkungsfristen stehen still (Abs. 6).

11.14 Gläubiger nicht pfandgesicherter Forderungen können ab dem Zeitpunkt der Stundungsbewilligung keine Zinsen mehr geltend machen, sofern der Nachlassvertrag nicht etwas anderes vorsieht oder sofern nicht ausnahmsweise eine Sanierung des Nachlassschuldners vor Ablauf der Stundung ohne einen Nachlassvertrag gelingt (Abs. 7).

11.15 Die Beschränkungen des konkursrechtlichen Verrechnungsrechts der Gläubiger gem. Art. 213 und 214 SchKG kommen auch in der Nachlassstundung zur Anwendung (Abs. 8).
Realforderungen können grundsätzlich in Geldforderungen von entsprechendem Werte umgewandelt werden, sofern und sobald der Sachwalter die Umwandlung der Forderung mitteilt (Abs. 9).

11.16 Dauerschuldverhältnisse des Schuldners werden durch die Bewilligung einer Nachlassstundung nicht von Gesetzes wegen aufgelöst, doch besteht die Möglichkeit, sie mit Zustimmung des Sachwalters während der Stundung auf einen beliebigen Zeitpunkt zu kündigen, sofern andernfalls der Sanierungszweck vereitelt würde (Art. 297a SchKG).[15] Im umgekehrten Sinn hat das Bundesgericht indessen festgehalten, dass es keine rechtliche Bestimmung gebe, gestützt auf welche ein Schuldner, dem die provisorische Nachlassstundung genehmigt worden sei, von einem Dritten den Abschluss oder die Beibehaltung eines Dauerschuldverhältnisses (z.B. eines Mietvertrags) bzw. allgemein eine für die Weiterführung der Gesellschaft notwendige Leistung verlangen könne.[16]

---

12 Zur entsprechendne Rechtslage im Konkurs vgl. BGE 111 III 73, E. 3a.

13 KUKO SchKG-Hunkeler, Art. 297 N 30 ff., 37, 44 m.w.H.

14 BGE 143 III 173, Regeste und E. 6. Das Bundesgericht führte dabei zur Begründung u.a. an, der Anwendungsbereich des SchKG und somit auch die Wirkungen der (provisorischen) Nachlassstundung beträfen nur Forderungen auf Geldzahlung oder auf Sicherheitsleistung (Art. 38 Abs. 1 SchKG; Art. 335 Abs. 1 und 2 ZPO). Auch wenn uns der Bundesgerichtsentscheid im Ergebnis überzeugt, hätte uns hinsichtlich der Begründung richtiger erschienen, mit dem Fehlen einer Nachlassforderung und dem Vorliegen eines «dringenden Falls» gem. Art. 297 Abs. 5 SchKG zu argumentieren.

15 Vgl. dazu KUKO SchKG-Hunkeler, Art. 297a N 1 ff.; BSK SchKG EB-Bauer, Art. 297a N 1 ff.

16 BGE 143 III 173, E. 7.

Keine Auswirkungen hat die Bewilligung der Nachlassstundung auf die Fälligkeit von Forderungen.[17]

Auf die Verfügungsbefugnis des Schuldners[18] (Art. 298 SchKG) wirkt sich die Stundung insoweit aus, als der Schuldner seine Geschäftstätigkeit nur (aber immerhin) unter Aufsicht des Sachwalters fortsetzen kann. Das Nachlassgericht kann jedoch anordnen, dass gewisse Handlungen rechtsgültig nur unter Mitwirkung des Sachwalters vorgenommen werden können, oder den Sachwalter ermächtigen, die Geschäftsführung anstelle des Schuldners zu übernehmen (Abs. 1). Ohne Ermächtigung des Nachlassgerichts oder eines allfälligen Gläubigerausschusses können während der Stundung nicht mehr in rechtsgültiger Weise Teile des Anlagevermögens veräussert oder belastet, Pfänder bestellt, Bürgschaften eingegangen oder unentgeltliche Verfügungen getroffen werden (Abs. 2). Vorbehalten – sowohl hinsichtlich Art. 298 Abs. 1 als auch Abs. 2 SchKG[19] – bleiben indessen die Rechte gutgläubiger Dritter (Abs. 3). Handelt der Schuldner Art. 298 SchKG oder den Weisungen des Sachwalters zuwider, kann das Nachlassgericht auf Anzeige des Sachwalters dem Schuldner die Verfügungsbefugnis über sein Vermögen entziehen oder von Amtes wegen den Konkurs eröffnen (Abs. 4). 11.17

Die definitive Stundung wird für eine Dauer von vier bis sechs Monaten bewilligt, ohne dass dabei die Dauer der vorangegangenen prov. Stundung angerechnet wird («weitere»). Eine einmal gewährte Stundung kann auch verlängert (Art. 295b SchKG) oder jederzeit vorzeitig widerrufen werden, wenn die Voraussetzungen für das Zustandekommen eines Nachlassvertrags oder für eine Sanierung nicht mehr gegeben sind (Art. 296b SchKG).[20] 11.18

Ergibt sich aufgrund der Erkenntnisse der prov. Stundung, dass keine Aussicht d.h. realistische Chancen auf Sanierung oder Bestätigung eines Nachlassvertrags besteht, eröffnet das Nachlassgericht von Amtes wegen den Konkurs über den Schuldner, und zwar auch über einen Schuldner, der nicht der Konkursbetreibung unterliegt (vgl. Art. 39 SchKG).[21] 11.19

2. VERFAHRENSART

A. ALLGEMEIN

Der Entscheid des Nachlassgerichts ergeht – sowohl hinsichtlich der provisorischen als auch der definitiven Nachlassstundung – im summarischen Verfahren (vgl. Art. 251 Abs. 1 lit. a ZPO). Ein Schlichtungsverfahren entfällt deshalb (Art. 198 lit. a ZPO). Es gilt die beschränkte Unter- 11.20

17 Amonn/Walther, § 54 Rz. 35. Vorbehalten bleibt selbstverständlich der Fall, in welchem die Parteien für die Eröffnung eines Nachlassverfahrens (oder die Einreichung eines Stundungsgesuches) vertraglich eine Fälligkeit einer Forderung vereinbart haben (sog. «default»-Klausel).

18 Zum Ganzen KUKO SchKG-Hunkeler, Art. 298 N 1 ff.; BSK SchKG II-Vollmar, Art. 298 N 1 ff.

19 KUKO SchKG-Hunkeler, Art. 298 N 18 ff.

20 KUKO SchKG-Hunkeler, Art. 294 N 7.

21 KUKO SchKG-Hunkeler, Art. 294 N 15 f.

suchungsmaxime, wonach das Gericht den Sachverhalt zwar festzustellen, nicht jedoch zu erforschen hat,[22] wobei grundsätzlich sämtliche Beweismittel zulässig sind (vgl. Art. 254 Abs. 2 lit. c ZPO).[23]

B. PROVISORISCHE NACHLASSSTUNDUNG

11.21 Das Gesuch ist regelmässig in schriftlicher Form einzureichen, wobei in Ausnahmesituationen, bei einfachen oder dringlichen Fällen das Gesuch auch mündlich beim Gericht zu Protokoll gegeben werden kann (Art. 251 Abs. 1 lit. a ZPO i.V.m. Art. 252 Abs. 2 ZPO).[24]

11.22 Wenngleich das Gesetz davon spricht, dass im Anschluss an eine Verfahrenseinleitung «unverzüglich» eine provisorische Stundung zu bewilligen sei, kann das Nachlassgericht dem Schuldner eine kurze Nachfrist zur gehörigen Begründung und Dokumentation seines Nachlassstundungsgesuchs, insb. zum Nachweis seiner Vermögenslage setzen.[25] Hält der Gesuchsteller die Nachfrist nicht ein, so ist auf das Gesuch um provisorische Nachlassstundung nicht einzutreten und der Konkurs nicht zu eröffnen.[26] Wenn es aber statt an der Darlegung des Sanierungsbedarfs, was – wie gesagt – zur Rückweisung zwecks Verbesserung führt, zweifelsfrei am Sanierungsbedarf fehlt oder eine Stundung gar nicht geeignet oder notwendig ist, eine Sanierung zu bewirken, ist das Gesuch abzuweisen.[27] Eine Frist kann auch zur Leistung eines Vorschusses für die Gerichtskosten und (ggf.) für die Kosten des Sachwalters gesetzt werden.[28] Auch einem antragstellenden Gläubiger kann eine kurze Nachfrist gesetzt werden, wobei dieser regelmässig über weniger Informationen und Unterlagen verfügen wird als der Schuldner selber. Das Gericht kann in Einzelfällen auch die Parteien oder allfällige Dritte (etwa Hauptgläubiger, Arbeitnehmer, ein Betriebsübernehmer / Investor oder den Ehegatten des Schuldners) anlässlich einer Verhandlung (nochmals) anhören oder von ihnen zu bestimmten Fragen eine schriftliche Stellungnahme einholen (vgl. dazu auch Art. 255 Abs. 1 lit. a ZPO i.V.m. Art. 256 ZPO).[29] In Ausnahmefällen kann das Nachlassgericht eine allfällige Verhandlung über die Bewilligung der provisorischen Stundung auch öffentlich bekannt machen, soweit die Stundung nicht geheim gehalten werden soll (vgl. Art. 293c Abs. 2 SchKG) und sich dies in zeitlicher Hinsicht rechtfertigen lässt.[30]

11.23 Soweit ein Verfahren gegen den Willen des Schuldners eingeleitet wurde (vgl. Art. 293 Abs. 1 lit. b und c SchKG), hat dieser als Partei im Verfahren Anspruch auf (mündlich oder schriftlich

22 OFK ZPO-Lazopoulus/Leimgruber, Art. 255 N 2.

23 Vgl. KUKO SchKG-Hunkeler, Art. 293a N 10 sowie Art. 294 N 3.

24 KUKO SchKG-Hunkeler, Art. 293 N 7.

25 KUKO SchKG-Hunkeler, Art. 293a N 11.

26 OGer ZH PS160185-O/U vom 21.11.2016, ZR 2016, 276 ff., E. 3.6.2.

27 KUKO SchKG-Hunkeler, Art. 293a N 9 und diesem folgend BSK SchKG EB-Bauer, Art. 293a N 4; vgl. auch OGer ZH PS160185-O/U vom 21.11.2016, ZR 2016, 276 ff. E. 3.6.2; BGer 5A_950/2015 vom 29.9.2016, E. 8.2.

28 BSK SchKG EB-Bauer, Art. 293a N 10 m.w.H.

29 Vgl. BSK SchKG EB-Bauer, Art. 293a N 9.

30 KUKO SchKG-Hunkeler, Art. 293a N 12.

gewährtes) rechtliches Gehör (unter dem Vorbehalt von Art. 253 ZPO bei einem offensichtlich unzulässigen oder unbegründeten Gesuch).[31]

C. DEFINITIVE NACHLASSSTUNDUNG

Anders als beim Entscheid über die provisorische Stundung ist vor der Bewilligung der definitiven Stundung die Vorladung zu einer Verhandlung gesetzlich vorgeschrieben (Art. 294 Abs. 2 SchKG). Vorzuladen sind vorab die Parteien, mithin der Schuldner und ggf. der antragstellende Gläubiger (Art. 293 Abs. 1 lit. b SchKG). Das Nachlassgericht wird regelmässig auch den provisorischen Sachwalter vorladen, falls ein solcher bestellt wurde, zumal dieser je nach Anordnung des Nachlassgerichts mündlich oder vorgängig schriftlich dem Nachlassgericht Bericht zu erstatten hat und für die Beurteilung der Frage der Weiterführung der Stundung über besondere Kenntnisse verfügt. Wie bereits beim Entscheid über die provisorische Stundung kann das Nachlassgericht nach freiem Ermessen weitere Personen vorladen bzw. anhören, so namentlich weitere Gläubiger, ohne dass diese allerdings dadurch Parteistellung erhalten würden.[32] 11.24

Im Gegensatz zur richterlichen Bestätigungsverhandlung (vgl. Art. 304 Abs. 3 SchKG) muss die Verhandlung hier nicht öffentlich bekannt gemacht werden.[33] Allerdings kann das Nachlassgericht nach freiem Ermessen den Verhandlungstermin über die Bewilligung der definitiven Stundung gem. Art. 35 SchKG öffentlich bekannt machen, insb. dann, wenn bereits während der Stundung über wichtige Vermögensbestandteile oder gar über das Unternehmen des Schuldners verfügt werden soll, wenn verschiedenen Gläubigergruppen und/oder den Arbeitnehmern des Schuldners Gehör verschafft werden soll oder wenn bereits während der definitiven Stundung ein Gläubigerausschuss gem. Art. 295a SchKG eingesetzt werden soll.[34] 11.25

3. ZUSTÄNDIGKEIT

Für die Beurteilung eines Gesuchs um provisorische Nachlassstundung ist das Nachlassgericht am ordentlichen Betreibungsort d.h. am Wohnsitz bzw. am Sitz des Schuldners oder des Erblassers (Art. 46 bzw. 49 SchKG),[35] örtlich zwingend[36] zuständig.[37] Die sachliche Zuständigkeit liegt beim Nachlassgericht und ergibt sich im Weiteren aus dem kantonalen Recht (Art. 4 ZPO).[38] 11.26

31 KUKO SchKG-Hunkeler, Art. 293a N 13.
32 KUKO SchKG-Hunkeler, Art. 294 N 3; vgl. BSK SchKG EB-Bauer, Art. 294 N 20.
33 KUKO SchKG-Hunkeler, Art. 294 N 4.
34 KUKO SchKG-Hunkeler, Art. 294 N 5; BSK SchKG EB-Bauer, Art. 294 N 18.
35 KUKO SchKG-Hunkeler, Art. 293 N 6.
36 Vock/Müller, 348.
37 BGE 98 III 37, E. 2.
38 Vock/Müller, 348.

11.27 Für die Bewilligung der definitiven Nachlassstundung ist das Nachlassgericht, das bereits die provisorische Nachlassstundung bewilligt hat, örtlich und sachlich zuständig. Hat der Schuldner während der Stundung seinen Wohnsitz oder Sitz verändert, soll u.E. das bisher zuständige Nachlassgericht zuständig bleiben.

4. LEGITIMATION

A. ALLGEMEIN

11.28 Eröffnet werden kann das Nachlassverfahren über jeden Schuldner, der auf Pfändung oder auf Konkurs betrieben werden kann und in der Schweiz Sitz oder Wohnsitz hat. Darunter fallen alle natürlichen und juristischen Personen (Aktiengesellschaften, Gesellschaften mit beschränkter Haftung, Genossenschaften, Stiftungen, Vereine) und die im Handelsregister eingetragenen Personengesellschaften (Kollektiv- und Kommanditgesellschaften) sowie die Stockwerkeigentümergemeinschaften (Art. 46 Abs. 4 SchKG) und Erbengemeinschaften vor der Teilung (Art. 49 SchKG).[39]

11.29 Eine einfache Gesellschaft kann das Nachlassverfahren nicht für sich in Anspruch nehmen, da sie keine juristische Person ist und als solche nicht betrieben werden kann.[40] Als Folge des Territorialitätsprinzips können auch Schuldner mit Wohnsitz oder Sitz im Ausland das Nachlassverfahren nicht für sich beanspruchen, selbst wenn sich in der Schweiz Vermögenswerte befinden und ein Betreibungsort besteht (Art. 50–52 SchKG).[41]

11.30 Das Gesetz lässt es auch zu, dass das Nachlassverfahren vom Konkursgericht von Amtes wegen eingeleitet wird, indem dieses beim Vorliegen eines Antrags auf Konkurseröffnung die Akten von Amtes wegen dem Nachlassgericht zwecks Prüfung und ggf. amtlicher Eröffnung eines Nachlassverfahrens überweist (Art. 293 lit. c i.V.m. Art. 173a Abs. 2 SchKG).

11.31 Beim Gesuch um Nachlassstundung und im Nachlassverfahren soll es keine Passivlegitimierte geben.[42] Das gilt u.E. jedoch nur, wenn der Schuldner selber das Gesuch stellt. Wird das Gesuch von einem Gläubiger gestellt, ist dieser Gesuchsteller und der Nachlassschuldner Gesuchsgegner und mutiert das Bewilligungsverfahren somit vom Ein- zum Zweiparteienverfahren.

B. PROVISORISCHE NACHLASSSTUNDUNG

11.32 Unter gegebenen Voraussetzungen sind sowohl der Schuldner (Art. 293 lit. a SchKG) als auch ein Gläubiger (lit. b) zur Stellung eines Gesuchs um provisorische Nachlassstundung aktivlegitimiert.

---

39 KUKO SchKG-Hunkeler, Art. 293 N 3; Amonn/Walther, § 54 Rz. 5.

40 KUKO SchKG-Hunkeler, Art. 293 N 4.

41 KUKO SchKG-Hunkeler, Art. 293 N 5.

42 Kren Kostkiewicz, 513; Vock/Müller, 347.

Liegt (seitens des Schuldners oder eines Gläubigers) ein Antrag auf Konkurseröffnung vor, kann das Konkursgericht das Konkurserkenntnis erwähntermassen auch von Amtes wegen aussetzen und die Akten dem Nachlassgericht zur Prüfung der Möglichkeiten auf einen Nachlassvertrag übersenden, wenn es Anhaltspunkte dafür hat, dass ein Nachlassvertrag zustande kommen könnte (Art. 173a Abs. 2 SchKG). Gleich vorgehen kann das Konkursgericht – ebenfalls im Rahmen pflichtgemässen Ermessens –, wenn zwar nicht das Zustandekommen eines Nachlassvertrags im Raum steht, dennoch aber Sanierungsaussichten bestehen.[43] Diesfalls dürfte aber immerhin erforderlich sein, dass die Sanierung kurzfristig möglich ist und die dafür sprechenden Anzeichen deutlich sind.[44]

C. DEFINITIVE NACHLASSSTUNDUNG

Der Entscheid über die Bewilligung der definitiven Nachlassstundung ergeht von Amtes wegen, 11.33
d.h. auch ohne entsprechenden Antrag der Parteien oder des provisorischen Sachwalters, und zwar noch vor Ablauf der provisorischen Stundung. Dies ist bei der Terminierung der gerichtlichen Vorladung inkl. dem Einverlangen des Kostenvorschusses, bei der Einreichung (bzw. erforderlichenfalls beim gerichtlichen Einverlangen) des Berichts des provisorischen Sachwalters und bei einer allfälligen öffentlichen Bekanntmachung der Verhandlung zu berücksichtigen.[45]

5. STREITWERT

Da das Nachlassverfahren das gesamte Vermögen des Schuldners betrifft, ist die Berechnung des 11.34
Streitwerts heikel und fast unmöglich.[46] Der Streitwert ist indessen weder für die Bestimmung des anwendbaren Verfahrens (vgl. Art. 251 lit. a ZPO) noch für die Höhe der Gebühr für den Entscheid des Nachlassgerichts (vgl. Art. 54 GebV SchKG) von Relevanz. Auch für das Rechtsmittelverfahren kommt dem Streitwert keinerlei Bedeutung zu (Art. 293d und Art. 295c SchKG; Art. 72 Abs. 2 lit. a und Art. 74 Abs. 2 lit. d BGG).

6. FRISTEN

Das Gesetz sieht keine eigene Frist für die Stellung eines Gesuchs um provisorische Nachlass- 11.35
stundung vor. In zeitlicher Hinsicht ist aber zu bemerken, dass ein Gesuch (erfolgreich) frühestens gestellt werden kann, wenn dem Schuldner über kurz oder lang (wenn auch nicht unmittelbar)

---

43 KUKO SchKG-Hunkeler, Art. 293 N 48.

44 BSK SchKG EB-Bauer, Art. 293 N 29a.

45 KUKO SchKG-Hunkeler, Art. 294 N 1.

46 Vock/Müller, 350; Kren Kostkiewicz, 513.

zumindest eine Insolvenz droht[47], und spätestens dann, wenn nicht schon offensichtlich keine Aussichten mehr auf Sanierung oder Bestätigung eines Nachlassvertrages bestehen (Art. 293a Abs. 3 SchKG). Während im letzteren Fall der Konkurs eröffnet wird, ist das verfrühte Gesuch abzuweisen, ohne gleichzeitig den Konkurs zu eröffnen.[48]

11.36 Ein Gläubiger muss sein Gesuch stellen, solange auch sein Begehren um Konkurseröffnung über den Schuldner statthaft ist (vgl. Art. 166 SchKG). Ausgeschlossen ist ein Gesuch um (provisorische) Nachlassstundung, wenn bereits der Konkurs eröffnet worden ist;[49] diesfalls kommt allenfalls noch ein Nachlassvertrag im Konkurs (auf Begehren des Gemeinschuldners oder eines Gläubigers) in Betracht (vgl. Art. 332 SchKG).
Gemäss Art. 294 Abs. 1 i.f. SchKG entscheidet das Nachlassgericht vor Ablauf der provisorischen Stundung über die Bewilligung der definitiven Stundung. Eine verspätete Entscheidung bedeutet indes nicht, dass die Stundungswirkungen entfielen oder der Konkurs zu eröffnen wäre; vielmehr währen die Stundungswirkungen u.E. bis zum (verspäteten) Entscheid über eine allfällige definitive Stundung einstweilen weiter.

7. KOMBINATIONSMÖGLICHKEITEN

11.37 Vor oder nebst (aber nicht an Stelle[50]) der Bewilligung der provisorischen Stundung trifft das Nachlassgericht von Amtes wegen weitere Massnahmen, die zur Erhaltung des schuldnerischen Vermögens notwendig sind. Solche Anordnungen haben Sicherungscharakter und sollen verhindern, dass der Schuldner zum Nachteil der Gläubiger über sein Vermögen verfügt, oder dass sich einzelne Gläubiger noch Vorteile gegenüber anderen verschaffen können. Sie können in Veräusserungsverboten, der Sperrung von Konten, der Vormerkung von Verfügungsbeschränkungen im Grundbuch usw., aber auch in der Einstellung einer vor Einleitung des Nachlassverfahrens angeordneten betreibungsamtlichen Versteigerung bestehen.[51] Die provisorische Stundung und weitere vermögenserhaltende Massnahmen können im Sinne von «superprovisorischen Massnahmen» bei besonderer Dringlichkeit auch ohne eine vorgängige Anhörung sofort angeordnet werden (vgl. Art. 265 ZPO).[52]

11.38 Auch kann – soweit schon bei der Verfahrenseinleitung klar erscheint, dass während der Stundung genehmigungsbedürftige Rechtsgeschäfte gem. Art. 298 Abs. 2 SchKG bewilligt werden müssen – bereits im Stundungsgesuch beantragt werden, dass das Nachlassgericht im Bewilligungsentscheid die Ermächtigung zum Abschluss von genau umschriebenen solchen Rechts-

47 KUKO SchKG-Hunkeler, Art. 293 N 10; BSK SchKG EB-Bauer, Art. 293 ad N 22; vgl. auch ders., Art. 294 N 5.
48 KUKO SchKG-Hunkeler, Art. 293a N 9; BSK SchKG EB-Bauer, Art. 293a N 5.
49 Kren Kostkiewicz, 513.
50 Die Anordnung von lediglich vermögenserhaltenden Massnahmen ohne eine provisorische Nachlassstundung oder gar die sofortige Bewilligung einer def. Stundung sind nicht möglich (KUKO SchKG-Hunkeler, Art. 293a N 1).
51 KUKO SchKG-Hunkeler, Art. 293a N 18.
52 KUKO SchKG-Hunkeler, Art. 293a N 19.

geschäften erteilt, bspw. für den Verkauf eines konkreten Grundstücks[53] oder eine sonst bereits (bedingt) getroffenen Vereinbarung betr. Verkauf von Anlagevermögen (sog. «prepack-Sanierungslösung»).[54] Das Nachlassgericht wird eine solche «Vorabermächtigung» allerdings nur in Ausnahmefällen erteilen, insb. dann, wenn besondere zeitliche Dringlichkeit besteht. Im Regelfall wird das Nachlassgericht die Prüfung und Antragstellung eines (prov.) Sachwalters abwarten und später (während der Stundung) über die Ermächtigung entscheiden.

Nachdem das Nachlassgericht anordnen kann, dass gewisse Handlungen rechtsgültig nur unter Mitwirkung des Sachwalters vorgenommen werden können oder letzterer sogar die Geschäftsführung anstelle des Schuldners übernimmt,[55] kann der Antrag um provisorische Nachlassstundung durch einen Gläubiger mit einem Antrag auf Entmachtung des Schuldners in diesem Sinn verbunden werden. 11.39

Im Zuge eines allfälligen Gesuchs um Bewilligung der definitiven Nachlassstundung bzw. des anstehenden (und von Amtes wegen zu ergehenden) richterlichen Bewilligungsentscheids sind grundsätzlich dieselben Kombinationsmöglichkeiten denkbar. Hier kann zusätzlich auch Antrag auf Einsetzung eines Gläubigerausschusses gem. Art. 295a Abs. 1 SchKG gestellt und können einzelne Gläubiger oder Gläubigervertreter als Mitglieder desselben vorgeschlagen werden. 11.40

8. MÖGLICHE RECHTSBEGEHREN

Als Rechtsbegehren eines Gesuchs um provisorische Nachlassstundung kommen etwa nachfolgende Anträge in Frage: 11.41

1. Es sei dem Gesuchsteller [bzw. beim Gesuch eines Gläubigers: «dem Gesuchsgegner»] eine provisorische Nachlassstundung [von zwei Monaten] zu bewilligen.
2. Es sei [Name resp. Firma] als provisorischer Sachwalter einzusetzen.

oder

2. Es sei auf die Einsetzung eines provisorischen Sachwalters zu verzichten.

allenfalls

3. Es sei bis auf weiteres von einer öffentlichen Bekanntmachung der provisorischen Stundung abzusehen.
4. Es sei dem Gesuchsteller richterlich zu bewilligen, während der Stundung die Liegenschaft [Bezeichnung] zu einem Mindestpreis von CHF [Betrag] zu verkaufen.

und/oder

4. Es sei der zwischen dem Gesuchsteller und der [Name resp. Firma] am [Datum] abgeschlossene bzw. abzuschliessende Vertrag über den Verkauf von Anlagevermögen richterlich zu genehmigen.

53 KUKO SchKG-Hunkeler, Art. 293 N 28 f.
54 Vgl. dazu Rz. 11.49 hiernach.
55 Art. 298 Abs. 1 SchKG; vgl. dazu Rz. 11.17 hiervor.

11.42 Da das Nachlassgericht von Amtes wegen über die definitive Nachlassstundung entscheidet (Art. 294 Abs. 1 i.f. SchKG), erübrigen sich an sich Rechtsbegehren. Gleichwohl wird ein allfälliger prov. Sachwalter regelmässig analoge Rechtsbegehren zu den aufgezeigten stellen (die zweitgenannte Möglichkeit betreffend Ziff. 2 sowie die Ziff. 3 entfallen indes stets, da im Stadium der def. Nachlassstundung jedenfalls ein Sachwalter einzusetzen und diese auch in jedem Fall öffentlich bekannt zu machen ist). Da die Offizialmaxime gilt, können freilich auch andere Beteiligte, insb. der Schuldner selber oder ein Gläubiger entsprechende Anträge stellen. Anders als im Bewilligungsverfahren der prov. Stundung kann im Zusammenhang mit der Bewilligung der def. Stundung auch Antrag auf Einsetzung eines allfälligen Gläubigerausschusses gestellt werden, etwa wie folgt:

5. Es sei ein Gläubigerausschuss einzusetzen, bestehend aus drei Mitgliedern mit den folgenden Personen:
   [Namen, Heimat- und Wohnorte der Mitglieder des Gläubigerausschusses].

9. VORAUSSETZUNGEN

A. PROVISORISCHE NACHLASSSTUNDUNG

11.43 Soweit das Nachlasssverfahren nicht von Amtes wegen durch die Überweisung der Akten nach Art. 173a Abs. 2 SchKG eingeleitet wird (Art. 293 lit. c SchKG), ist ein entsprechendes Gesuch des Schuldners oder eines Gläubigers notwendig (Art. 293 lit. a resp. b SchKG).

11.44 Der Schuldner hat sein Gesuch zu begründen und zu belegen. Neben einem provisorischen Sanierungsplan sind eine aktuelle Bilanz, eine Erfolgsrechnung und eine Liquiditätsplanung oder entsprechende Unterlagen einzureichen,[56] aus denen die derzeitige und künftige Vermögens-, Ertrags- oder Einkommenslage des Schuldners ersichtlich ist (Art. 293 lit. a SchKG). Im provisorischen Sanierungsplan hat der Schuldner darüber Auskunft zu geben, wie er seine Sanierung i.w.S. bewerkstelligen will (mit oder ohne Nachlassvertrag). Weiter hat er regelmässig die Ursachen aufzuzeigen, die zu seiner aktuellen finanziellen Situation geführt haben.[57]

11.45 Der Schuldner muss nicht nachweisen, dass er insolvent ist, d.h. zahlungsunfähig oder überschuldet.[58] Vielmehr kann und soll er möglichst frühzeitig ein Nachlassverfahren einleiten, zumal mit einer frühzeitigen Verfahrenseinleitung die Sanierungschancen regelmässig steigen. Demgegenüber darf einem verfrühten, unnötigen oder gar missbräuchlichen Gesuch vom Nachlassgericht nicht stattgegeben werden.[59] U.E. muss sich aus der Gesuchsbegründung des Schuldners

56 Zu den einzureichenden Unterlagen KUKO SchKG-Hunkeler, Art. 293 N 24 ff.

57 Zum provisorischen Sanierungsplan KUKO SchKG-Hunkeler, Art. 293 N 13 ff.

58 Zu den Begriffen vgl. KUKO SchKG-Huber, Art. 190 N 7 ff.

59 BGE 120 III 94 = Pra 1994, 927; BGer 5A_268/2010 vom 30.4.2010, E. 3.2.

bei einer summarischen Überprüfung daher ergeben, dass dem Schuldner über kurz oder lang (wenn auch nicht unmittelbar) zumindest eine Insolvenz droht. Von einer drohenden Insolvenz in diesem Sinne ist auszugehen, wenn anzunehmen ist, dass der Schuldner ohne den Schutz einer Nachlassstundung in absehbarer Zeit überschuldet oder zahlungsunfähig werden wird.[60]

Ist ein Gläubiger berechtigt, die Konkurseröffnung über den Schuldner zu verlangen (Art. 166, Art. 188 und Art. 190 Abs. 1 Ziff. 1 und 2 SchKG), kann er statt eines Konkursbegehrens auch ein Gesuch um Bewilligung einer provisorischen Stundung stellen, und zwar auch dann, wenn seine Forderung privilegiert oder pfandgesichert ist. Im Gegensatz zur Situation beim Gesuch des Schuldners verlangt das Gesetz hier somit den Nachweis eines besonderen Insolvenzgrundes, wobei nebst formellen auch materielle Konkurseröffnungsgründe gem. Art. 190 SchKG genügen.[61] Dafür verlangt das Gesetz vom Gläubiger kein begründetes Gesuch; es liegt vielmehr am Schuldner, das Gesuch des Gläubigers im weiteren Verfahren zu unterstützen oder darzulegen, dass die Voraussetzungen für eine Stundung nicht gegeben sind.[62] 11.46

In welchem Mass Sanierungschancen nachgewiesen sein müssen, ergibt sich aus Art. 293a Abs. 3 SchKG. Danach muss der Schuldner seit der Revision nicht mehr glaubhaft machen, dass ihm eine Sanierung gelingt, sondern – im Sinne einer negativen Voraussetzung – nur noch, dass nicht offensichtlich keine Aussicht auf Sanierung (i.w.S.) besteht, in welchem Fall das Nachlassgericht (ungeachtet seiner grundsätzlichen Konkursfähigkeit) den Konkurs eröffnet. Für eine Konkurseröffnung muss auf der Grundlage der bekannten Tatsachen und der vom Schuldner beabsichtigten Massnahmen die Durchführung des Nachlassverfahrens als geradezu sinnlos erscheinen und die Konkursreife muss augenfällig sein.[63] Aussichten auf Sanierung (im positiven Sinne) müssen erst aufgrund der während der provisorischen Stundung gewonnenen Erkenntnisse vorliegen, als Voraussetzung dafür, dass das Nachlassgericht später die definitive Stundung bewilligt.[64] 11.47

B. DEFINITIVE NACHLASSSTUNDUNG

Für die Bewilligung der definitiven Nachlassstundung ist die Aussicht auf Sanierung oder auf Bestätigung eines Nachlassvertrages erforderlich (Art. 294 Abs. 1 SchKG), wobei realistische Chancen auf eine Sanierung i.w.S. vorausgesetzt werden.[65] 11.48

Aussicht auf Sanierung besteht dann, wenn erwartet werden kann, dass dem Schuldner während der Stundung eine Sanierung i.e.S. gelingt, d.h. eine solche ohne den Abschluss eines Nachlass- 11.49

60 Zum Ganzen KUKO SchKG-Hunkeler, Art. 293 N 9 ff.; vgl. BSK SchKG EB-Bauer, Art. 293 ad N 22.
61 KUKO SchKG-Hunkeler, Art. 293a N 44 f.; vgl. BGer 5A_950/2015 vom 29.9.2016, E. 8.1.
62 BSK SchKG EB-Bauer, Art. 293 ad N 24 ff. lit. e.
63 BSK SchKG EB-Bauer, Art. 293a N 5.
64 KUKO SchKG-Hunkeler, Art. 293 N 18; vgl. dazu sogleich.
65 BGer 5A_495/2016 vom 11.11.2016, E. 3.1 m.w.H.; vgl. auch BGer 5A_950/2015 vom 29.09.2016, E. 8.3.1.

vertrags.[66] Neuerdings wird auch von einer Sanierung über eine «prepack-Nachlasslösung» gesprochen, womit zum Ausdruck gebracht wird, dass die vertraglichen Abreden zur Übernahme eines Unternehmens zwischen den involvierten Parteien (Nachlassschuldner, Übernehmehmer, involvierte Hauptgläubiger, insb. Pfandgläubiger, evtl. beteiligte Arbeitnehmer etc.) bereits vor der Bewilligung einer (prov. oder def.) Stundung getroffen werden («prepack»), allerdings (und insb.) unter den aufschiebenden (oder allenfalls auflösenden) Bedingungen, dass das Nachlassgericht die Stundung bewilligt und dem Verkauf gem. Art. 298 Abs. 2 SchKG zustimmt («Nachlasslösung»). Gegenüber einer aussergerichtlichen Sanierung hat die «prepack-Nachlasslösung» insb. den Vorteil, dass der Verkauf von Anlagevermögen während der Nachlassstundung anfechtungsresistent wird (vgl. Art. 285 Abs. 3 SchKG), und dass die mit dem veräusserten Unternehmen (oder Unternehmensteil) verbundenen Arbeitsverhältnisse nicht und erst noch ohne Solidarhaftung des Erwerbers mit dem bisherigen Arbeitgeber übernommen werden können (vgl. Art. 333b OR).[67]

11.50 Aussicht auf Bestätigung eines Nachlassvertrages besteht, wenn das Nachlassgericht im Rahmen einer summarischen Beurteilung zum Schluss kommt, dass ein allfälliger (allenfalls bereits beim Entscheid über die prov. Stundung zur Diskussion gestandener) Nachlassvertrag realistische Chancen hat, von den Gläubigern gem. Art. 305 SchKG angenommen und vom Nachlassgericht gem. Art. 306 SchKG bestätigt zu werden.[68]

11.51 Im Allgemeinen darf überdies vorausgesetzt werden, dass der Schuldner für die angestrebte Sanierung den durch die Stundung gewährten Schutz vor den Gläubigern bedarf. Angesichts des Eingriffs der Stundung in die Gläubigerrechte kann es nämlich nicht angehen, dass einem Schuldner die Stundung gewährt wird, obwohl diese für die beabsichtigten Massnahmen nicht erforderlich oder unzweckmässig wäre.[69]

11.52 Besteht keine Aussicht auf Sanierung oder auf Bestätigung eines Nachlassvertrags, darf die def. Stundung nicht bewilligt werden. Dies gilt auch dann, wenn das Nachlassverfahren im öffentlichen Interesse, z.B. durch den Erhalt von Arbeitsplätzen, liegt. Sind Vorteile der Gläubiger als Folge einer Nachlasslösung jedoch anzunehmen oder zumindest unsicher, können öffentliche Interessen wie die Erhaltung von Arbeitsplätzen oder weiterer vom Schuldner abhängiger Unternehmen ebenfalls Kriterien sein, die für eine Bewilligung der def. Stundung sprechen.[70]

66 KUKO SchKG-Hunkeler, Art. 294 N 13.

67 Vgl. zum Ganzen Vandebroek/Hunkeler, SJZ 2017, 389 ff.

68 KUKO SchKG-Hunkeler, Art. 294 N 8; vgl. BGer 5A_243/2015 vom 12.8.2015, E. 2; BSK SchKG EB-Bauer, Art. 294 N 10.

69 BSK SchKG EB-Bauer, Art. 294 N 7.

70 KUKO SchKG-Hunkeler, Art. 294 N 12.

10. BESONDERHEITEN

Als Alternative zum Gesuch um provisorische Nachlassstundung, mit der Aktiengesellschaften, Kommanditaktiengesellschaften, Gesellschaften mit beschränkter Haftung und Genossenschaften ihrer gesetzlichen Verpflichtung zur Bilanzdeponierung nachkommen können, besteht für sie auch die Möglichkeit, beim Konkursgericht zusammen mit der Bilanzdeponierung einen Konkursaufschub i.S.v. Art. 725a Abs. 1 OR zu beantragen. Soweit «Aussicht auf Sanierung besteht» und ein entsprechender Antrag des Schuldners oder eines Gläubigers vorliegt, kann das Konkursgericht trotz erfolgter Bilanzdeponierung die Konkurseröffnung aufschieben (Art. 725a Abs. 1 OR) und damit dem überschuldeten Schuldner einen sog. Konkursaufschub bewilligen. Gleichzeitig kann das Konkursgericht einen Sachwalter bestellen und entweder dem Schuldner die Verfügungsbefugnis entziehen oder dessen Beschlüsse von der Zustimmung des Sachwalters abhängig machen (Art. 725a Abs. 2 OR). Veröffentlicht werden muss der Konkursaufschub nur, wenn dies zum Schutze Dritter erforderlich ist (Art. 725a Abs. 3 OR).[71] 11.53

Da das Nachlassverfahren heute grundsätzlich alle wesentlichen Funktionen des Konkursaufschubs, insb. eine mögliche Sanierung ohne Nachlassvertrag («Moratorium») und die Möglichkeiten zur stillen Sanierung bzw. zur Sanierung ohne die Einsetzung eines Sachwalters erfüllt, kommt dem Konkursaufschub nur noch geringe praktische Bedeutung zu.[72] In Einzelfällen ist es immerhin möglich, dass ein Konkursaufschub anstelle eines Nachlassverfahrens weiterhin Sinn macht. Dazu sind die jeweiligen konkreten Umstände einlässlich zu analysieren. Massgebende Kriterien, die für einen Konkursaufschub an Stelle eines gerichtlichen Nachlassverfahrens sprechen, können insb. in einem Bedürfnis liegen: 11.54

- das Sanierungsverfahren länger als vier Monate diskret zu halten (Art. 725a Abs. 3 OR; vgl. demgegenüber Art. 293a Abs. 2 i.V.m. Art. 293c Abs. 2 SchKG für das Nachlassverfahren);
- ein mutmasslich länger als vier Monate dauerndes Sanierungsverfahren ohne einen Sachwalter durchzuführen (vgl. demgegenüber Art. 293c Abs. 2 lit. d SchKG);
- ein Sanierungsverfahren in jedem Fall ohne einen Gläubigerausschuss durchzuführen (vgl. demgegenüber Art. 295a, Art. 295b SchKG);
- die Unsicherheiten und Unzulänglichkeiten des Konkursaufschubs bewusst (z.B. aus taktischen Gründen) in Kauf nehmen zu wollen;
- Kosten zu sparen, insb. dort, wo beim Konkursaufschub kein Sachwalter und kein Gläubigerausschuss eingesetzt werden;
- Satzungen des Schuldners oder einer Vereinigung, welcher der Schuldner angeschlossen ist, gerecht zu werden.

---

71 KUKO SchKG-Hunkeler, Art. 293 N 31 ff.; s.a. Hunkeler, 63 ff.

72 KUKO SchKG-Hunkeler, Art. 293 N 40.

11. RECHTSMITTEL

A. PROVISORISCHE NACHLASSSTUNDUNG

11.55 Gemäss Art. 293d SchKG sind die Bewilligung der provisorischen Stundung und die Einsetzung des provisorischen Sachwalters nicht anfechtbar. Gläubiger, die nicht selber Antrag auf Verfahrenseröffnung gestellt haben (Art. 293 Abs. 1 lit. b SchKG), sind u.E. somit in jedem Fall von einem Rechtsmittel ausgeschlossen, und zwar sowohl gegen die Bewilligung der provisorischen Stundung und die Einsetzung eines provisorischen Sachwalters wie auch gegen einen ablehnenden Bewilligungsentscheid.[73] Soweit einem Gläubiger Parteistellung zukommt, weil er selber Antrag auf Verfahrenseröffnung gestellt hat (Art. 293 Abs. 1 lit. b SchKG), kann er sich u.E. immerhin gegen die Ablehnung seines Gesuchs bzw. gegen die damit einhergehende amtliche Konkurseröffnung zur Wehr setzen, und zwar auf kantonaler Ebene mittels Beschwerde gem. ZPO (vgl. Art. 319 ff. ZPO), wie dies u.a. auch beim ablehnenden Entscheid des Konkursgerichts über die Konkurseröffnung gem. Art. 174 SchKG der Fall ist.[74] Der Beschwerde kommt nur dann aufschiebende Wirkung zu, wenn dies von der Rechtsmittelinstanz angeordnet wurde (vgl. Art. 325 Abs. 2 ZPO). Regelmässig sollte daher sofort aufschiebende Wirkung beantragt werden.[75] Die Rechtsmittelinstanz kann nötigenfalls sichernde Massnahmen anordnen (vgl. Art. 325 Abs. 2 ZPO).

11.56 Auf eidgenössischer Ebene steht die Beschwerde in Zivilsachen an das Bundesgericht offen (Art. 72 Abs. 2 lit. a SchKG), und zwar ohne Streitwertbegrenzung (Art. 74 Abs. 2 lit. d BGG) und wiederum ohne aufschiebende Wirkung für den Regelfall (vgl. Art. 103 BGG).[76]

11.57 Soweit sich ein antragsstellender Gläubiger im Fall einer bewilligten provisorischen Stundung nur gegen den richterlichen Entscheid über die Einsetzung der Person des Sachwalters (vgl. auch Art. 293b SchKG)[77] oder gegen die Dauer der bewilligten Stundung wehren will, steht ihm u.E. wiederum die Beschwerde gem. ZPO und ggf. jene an das Bundesgericht offen. Denn Art. 293d SchKG schliesst ein Rechtsmittel nur gegen die Bewilligung der Stundung bzw. gegen die Einsetzung des provisorischen Sachwalters aus.[78]

11.58 Der antragstellende Schuldner kann sich gegen einen ablehnenden Stundungsentscheid vorab in gleicher Weise wie ein antragstellender Gläubiger mit Beschwerde gem. ZPO und Beschwerde in Zivilsachen an das Bundesgericht wehren,[79] ebenso gegen den richterlichen Entscheid über die

73 KUKO SchKG-Hunkeler, Art. 293d N 1; vgl. BSK SchKG EB-Bauer, Art. 293d N 4.

74 KUKO SchKG-Hunkeler, Art. 293d N 2.

75 KUKO SchKG-Hunkeler, Art. 293d N 3.

76 KUKO SchKG-Hunkeler, Art. 293d N 3.

77 BGE 141 III 188, E. 4.3 m.w.H.

78 KUKO SchKG-Hunkeler, Art. 293d N 4; a.M. BSK SchKG-Bauer, Art. 293 N 3.

79 Vgl. BGE 142 III 364, E. 2, dabei greift die Beschränkung der Rüge auf verfassungsmässige Rechte gem. Art. 98 BGG nicht Platz (E. 2.3); BGer 5A_495/2016 vom 11.11.2016, E. 1.2.

Einsetzung der Person des Sachwalters und über die Dauer der bewilligten Stundung.[80] Hat der Schuldner nicht selber Antrag auf Verfahrenseröffnung gestellt (vgl. Art. 293 Abs. 1 lit. b und c SchKG), kommt ihm im Verfahren gleichwohl Parteistellung zu; es muss ihm wie dem antragstellenden Gläubiger u.E. gegen den richterlichen Entscheid über die Nichtbewilligung der Stundung und die damit verbundene amtliche Konkurseröffnung ebenfalls die Beschwerde gem. ZPO und die Beschwerde in Zivilsachen offen stehen.[81] Zu beachten ist, dass die Entscheidung, mit welcher das Gericht die prov. Stundung verweigert und den Konkurs eröffnet, keine vorsorgliche Massnahme ist. Gegen die besagte Entscheidung ist die Beschwerde in Zivilsachen wegen Rechtsverletzung nach Massgabe von Art. 95 BGG zulässig.[82]

B. DEFINITIVE NACHLASSSTUNDUNG

Zur Beschwerde nach der ZPO gegen die richterliche Bewilligung der definitiven Stundung sind 11.59 der Schuldner und die Gläubiger berechtigt, ungeachtet dessen, ob sie selber Antrag auf Verfahrenseröffnung gestellt (Art. 293 Abs. 1 lit. b SchKG) oder an einer vorangegangenen Verhandlung vor dem Nachlassgericht teilgenommen haben (vgl. Art. 295c SchKG).[83] Angefochten werden kann u.E. grundsätzlich alles, was das Nachlassgericht in seinem Urteilsdispositiv im Zusammenhang mit der Bewilligung der def. Stundung anordnet. Nebst dem eigentlichen Entscheid über die Bewilligung der def. Stundung ist dies in erster Linie derjenige über die Einsetzung des Sachwalters. Es können aber auch die Dauer der bewilligten Stundung, der Entscheid über die Einsetzung und die Zusammensetzung eines allfälligen Gläubigerausschusses (vgl. Art. 295a SchKG), richterliche Anordnungen über Verfügungsbeschränkungen des Schuldners während der Stundung oder über genehmigungsbedürftige Rechtsgeschäfte gem. Art. 298 SchKG, (weitere) richterliche Sicherungsmassnahmen sowie der Kostenentscheid angefochten werden.[84] Ebenso mit Beschwerde angefochten werden kann der Entscheid über die Verlängerung der Nachlassstundung (Art. 295b SchKG).[85] Soweit ein Gläubigerausschuss anstelle eines Nachlassgerichts über die Ermächtigung i.S.v. Art. 298 Abs. 2 SchKG entschieden hat, ist dessen Entscheid u.E. ebenfalls mit Beschwerde nach ZPO vor dem oberen Nachlassgericht und nicht mit Beschwerde gem. Art. 17 SchKG vor der Aufsichtsbehörde anfechtbar.[86]

80 KUKO SchKG-Hunkeler, Art. 293d N 5.

81 KUKO SchKG-Hunkeler, Art. 293d N 6; BSK SchKG EB-Bauer, Art. 293d N 6; zu den Rechtsmitteln auf kantonaler und eidgenössicher Ebene gegen den Entscheid über die Genehmigung eines Rechtsgeschäfts gem. Art. 298 Abs. 2 SchKG siehe Rz. 11.80 ff. hiernach.

82 BGE 142 III 364 = Pra 2017, Nr. 73.

83 KUKO SchKG-Hunkeler, Art. 295c N 2; BSK SchKG EB-Bauer, Art. 295c N 6.

84 KUKO SchKG-Hunkeler, Art. 295c N 3; BSK SchKG EB-Bauer, Art. 295c N 4 m.w.H.

85 BSK SchKG EB-Bauer, Art. 295c N 5.

86 KUKO SchKG-Hunkeler, Art. 298 N 38.

11.60 Die Beschwerdefrist beträgt gem. Art. 321 Abs. 1 ZPO 10 Tage. Massgebend für den Beginn des 10-tägigen Fristenlaufs ist die förmliche Eröffnung des Entscheids des Nachlassgerichts gegenüber dem Beschwerdeführer, die gegenüber dem Grossteil der Gläubiger durch öffentliche Bekanntmachung gem. Art. 296 SchKG erfolgen wird.[87] Der Beschwerde gegen die Bewilligung der Nachlassstundung kann keine aufschiebende Wirkung erteilt werden (vgl. Art. 295c Abs. 2 SchKG).[88] Zur Erhaltung des schuldnerischen Vermögens kann die Beschwerdeinstanz indes vorsorgliche Massnahmen anordnen (vgl. Art. 325 Abs. 2 ZPO und Art. 174 Abs. 3 SchKG).[89]

11.61 Auf eidgenössischer Ebene steht u.E. die Beschwerde in Zivilsachen an das Bundesgericht offen gem. Art. 72 Abs. 2 lit. a BGG, und zwar ohne Streitwertbegrenzung (vgl. Art. 74 Abs. 2 lit. d BGG). Als vorsorgliche Massnahme i.S.v. Art. 98 BGG kann gegen die Bewilligung einer Nachlassstundung vor Bundesgericht indes einzig die Verletzung verfassungsmässiger Rechte gerügt werden.[90]

11.62 Eröffnet das Nachlassgericht von Amtes wegen den Konkurs (Art. 294 Abs. 3 SchKG), ist der gleiche Kreis der Beschwerdeführer beschwerdelegitimiert wie bei einer Beschwerde gegen die Bewilligung der Stundung, d.h. grundsätzlich der Schuldner und alle Gläubiger.[91] Anders als bei einer richterlichen Bewilligung der definitiven Stundung kann hier von der Rechtsmittelinstanz vollumfänglich aufschiebende Wirkung erteilt werden, d.h. insb. auch gegen den erstinstanzlichen richterlichen Nichtbewilligungsentscheid über die Stundung selber.[92] Die Rechtsmittelinstanz kann auch allfällige vorsorgliche Massnahmen (Art. 261 ff. ZPO) zum Schutz der Gläubiger und (auch aufgrund einer analogen Anwendung von Art. 174 Abs. 3 SchKG) zum Schutz des Schuldners bzw. seines zu sanierenden Unternehmens anordnen. Gläubiger und Sachwalter können insb. beantragen, dass dem Sachwalter einstweilen die Verfügungsbefugnis über das schuldnerische Vermögen eingeräumt wird, oder dass andere Massnahmen einer Verfügungsbeschränkung gem. Art. 298 SchKG angeordnet werden. Die Rechtsmittelinstanz entscheidet kassatorisch oder reformatorisch (Art. 327 Abs. 3 lit. b ZPO).[93] Auf eidgenössischer Ebene kann auch hier streitwertunabhängig die Beschwerde in Zivilsachen ans Bundesgericht erhoben werden (Art. 72 ff., insb. Art. 74 Abs. 2 lit. d BGG), wobei keine Beschränkung auf Rügen der Verletzung verfassungsmässiger Rechte Platz greift.[94]

87 KUKO SchKG-Hunkeler, Art. 295c N 5; BSK SchKG EB-Bauer, Art. 295c N 7.

88 KUKO SchKG-Hunkeler, Art. 295c N 6 m. w. H.

89 BSK SchKG EB-Bauer, Art. 296 N 10.

90 BGer 5A_243/2015 vom 12.8.2015, E. 1.2; BSK SchKG EB-Bauer, Art. 296 N 13.

91 KUKO SchKG-Hunkeler, Art. 295c N 10; BSK SchKG EB-Bauer, Art. 295c N 6.

92 KUKO SchKG-Hunkeler, Art. 295c N 12; vgl. BSK SchKG EB-Bauer, Art. 295c N 8.

93 KUKO SchKG-Hunkeler, Art. 295c N 13 f.

94 BGer 5A_495/2016 vom 11.11.2016, E. 1.2.

Tabellarische Zusammenfassung

Zweck	Schuldenbereinigung und / oder Sanierung
Gesetzliche Grundlage	Art. 293 ff. SchKG
Verfahrensart	Summarisches Verfahren (Art. 251 Abs. 1 lit. a ZPO)
Zuständigkeit	Nachlassgericht am ordentlichen Betreibungsort (Art. 46 bzw. Art. 49 SchKG)
Aktivlegitimation	Schuldner, ggf. auch Gläubiger
Passivlegitimation	Schuldner, falls der Gläubiger das Gesuch stellt
Streitwert	Nicht einschlägig
Fristen	Nicht einschlägig
Kombination	– Vorsorgliche Massnahmen – Antrag auf Bewilligung genehmigungsbedürftiger Rechtsgeschäfte (Abs. 298 Abs. 2 SchKG) und / oder Verfügungsbeschränkungen des Schuldners (Art. 298 Abs. 1 SchKG) – Bei definitiver Nachlassstundung: ev. zusätzlich Antrag auf Einsetzung eines Gläubigerausschusses (Art. 295a Abs. 1 SchKG)
Mögliche Rechtsbegehren	1. Es sei dem Gesuchsteller [bzw. beim Gesuch eines Gläubigers: «dem Gesuchsgegner»] eine provisorische Nachlassstundung [von zwei Monaten] zu bewilligen. 2. Es sei [Name resp. Firma] als provisorischer Sachwalter einzusetzen. *oder* 2. Es sei auf die Einsetzung eines provisorischen Sachwalters zu verzichten. *allenfalls* 3. Es sei bis auf weiteres von einer öffentlichen Bekanntmachung der provisorischen Stundung abzusehen. 4. Es sei dem Gesuchsteller richterlich zu bewilligen, während der Stundung die Liegenschaft [Bezeichnung] zu einem Mindestpreis von CHF [Betrag] zu verkaufen. *und / oder* 4. Es sei der zwischen dem Gesuchsteller und der [Name resp. Firma] am [Datum] abgeschlossene Vertrag über den Verkauf von Anlagevermögen richterlich zu genehmigen. *allenfalls bei der def. Stundung* 5. Es sei ein Gläubigerausschuss einzusetzen, bestehend aus drei Mitgliedern mit den folgenden Personen: [Namen, Heimat- und Wohnorte der Mitglieder des Gläubigerausschusses].

Voraussetzungen	Bei provisorischer Nachlassstundung: – Bei einem Gesuch durch den Schuldner: Begründetes Gesuch um eine provisorische Nachlasstundung unter Einreichung verschiedener Beilagen, aus denen die derzeitige und künftige Vermögens-, Ertrags- oder Einkommenslage des Schuldners ersichtlich ist (Bilanz, Erfolgsrechnung, Liquiditäsplanung etc.) sowie eines provisorischen Sanierungsplans (Art. 293 lit. a SchKG) – Bei einem Gesuch durch einen Gläubiger: Anstatt eines begründeten Gesuchs gem. Art. 293 lit. a SchKG bedarf es eines besonderen Insolvenzgrundes bzw. der Gläubiger muss berechtigt sein, die Konkurseröffnung über den Schuldner zu verlangen (Art. 293 lit. b SchKG) – Drohende Überschuldung oder Zahlungsunfähigkeit (nicht zwingend unmittelbar) – Keine offensichtliche Aussichtslosigkeit auf Sanierung oder Bestätigung eines Nachlassvertrags (Art. 293a Abs. 3 SchKG) Bei definitiver Nachlassstundung: Art. 294 Abs. 1 SchKG – Aussicht auf eine Sanierung oder auf Bestätigung eines Nachlassvertrags – Erfoderlichkeit und Zweckmässigkeit der Stundung
Besonderheiten	Konkursaufschub als mögliche Alternative
Rechtsmittel	Kantonal: Streitwertunabhängige Beschwerde innert 10 Tagen (vgl. Art. 293d und 295c SchKG; Art. 319 lit. a i. V. m. Art. 309 lit. b Ziff. 7 ZPO; vgl. Art. 319 ff. ZPO) Bund: Streitwertunabhängige (Art. 74 Abs. 2 lit. d BGG) Beschwerde in Zivilsachen (Art. 72 Abs. 2 lit. a BGG) innert 30 Tagen (Art. 100 Abs. 1 BGG)

II. BEGEHREN UM ERMÄCHTIGUNG ZU BESTIMMTEN RECHTSGESCHÄFTEN WÄHREND DER NACHLASSSTUNDUNG (ART. 298 ABS. 2 SCHKG)

1. ZWECK UND WIRKUNG

11.63 In Art. 298 Abs. 2 SchKG werden jene Rechtshandlungen aufgezählt, die dem Nachlassschuldner (und auch dem Sachwalter, welcher die Geschäftsführung gem. Art. 298 Abs. 1 SchKG übernommen hat) ohne Ermächtigung des Nachlassgerichts oder des Gläubigerausschusses von Gesetzes wegen untersagt sind.[95]

11.64 Eigentliche Verwertungshandlungen sind indessen bereits während der Nachlassstundung (d.h. ab dem Zeitpunkt des Bewilligungsentscheids[96]) möglich und mitunter auch erforderlich, auch wenn eine Verwertung von Aktiven des Schuldners vom Verfahrensablauf her an sich (konzep-

95 BSK SchKG II-Vollmar, Art. 298 N 10.

96 KUKO SchKG-Hunkeler, Art. 298 N 3.

tionell) durch einen Nachlassvertrag mit Vermögensabtretung (z.B. durch Abtretung an einen «Dritten» i.S.v. Art. 317 Abs. 1 i.f. SchKG) oder in der Nachlassliquidation (vgl. Art. 322 ff. SchKG) erfolgen soll. Wird zur Beschaffung notwendiger liquider Mittel oder zur Abwendung drohenden Wertverlustes die Veräusserung oder Belastung von Anlagevermögen bereits während der Nachlassstundung notwendig, ist dazu die erwähnte Ermächtigung des Nachlassgerichts oder – sofern ein solcher eingesetzt wurde – des Gläubigerausschusses[97] einzuholen.[98] Ohne Zustimmung des Nachlassgerichts bzw. eines Gläubigerausschusses können ferner keine Pfänder bestellt, Bürgschaften eingegangen und unentgeltliche Verfügungen über das schuldnerische Vermögen getroffen werden, da derartige Rechtsgeschäfte die Substanz des schuldnerischen Vermögens schmälern können, wenn damit nicht ein unmittelbarer Gegenwert für die Weiterführung der Geschäftstätigkeit des Schuldners erzielt oder ein noch grösserer Substanzverlust vermieden werden kann.[99] Die genannten genehmigungspflichtigen Rechtsgeschäfte zählt Art. 298 Abs. 2 SchKG abschliessend auf.[100]

Anlagevermögen sind alle Sachwerte und Vermögensanlagen, welche nicht zum Umlaufvermögen gehören, wie Liegenschaften, Produktionsanlagen, Finanzanlagen, Patente und andere immaterielle Anlagen sowie Beteiligungen am Kapital anderer Unternehmen usw. (vgl. dazu Art. 959 Abs. 2 und Art. 959a Abs. 1 Ziff. 2 OR). Der Begriff des Anlagevermögens ist zum Schutz der Gläubiger im Zweifelsfall weit auszulegen, so dass Vermögenswerte, welche nicht unmittelbar im täglichen Geschäft umgesetzt werden, als Anlagevermögen zu betrachten sind, auch wenn sie nicht als solche bilanziert sind.[101] Auch ein Unternehmensverkauf[102] bedarf deshalb jedenfalls der Ermächtigung durch das Nachlassgericht bzw. durch einen Gläubigerausschuss.[103] 11.65

Wird eine gemäss Art. 298 Abs. 2 SchKG bewilligungspflichtige Handlung ohne die erforderliche Ermächtigung vorgenommen, ist sie grundsätzlich vollstreckungsrechtlich unbeachtlich.[104] Veräusserte Objekte können unter Vorbehalt von Art. 298 Abs. 3 SchKG wieder beigebracht werden; Verpflichtungsgeschäfte berechtigen den Gläubiger weder zu einer Nachlassdividende noch werden sie im Falle eines nachfolgenden Konkurses oder eines Liquidationsvergleichs überhaupt kolloziert.[105] Eine Ermächtigung des Sachwalters zur Genehmigung derartiger Rechtsgeschäfte ist ausgeschlossen und unbehelflich, weil damit die Kontrolle durch das Nachlassgericht bzw. durch den Gläubigerausschuss in unzulässiger Weise an den Sachwalter delegiert würde.[106] Immerhin werden Nachlassgericht bzw. Gläubigerausschuss regelmässig die Stellungnahme des 11.66

97 Vgl. Art. 295a Abs. 3 SchKG.
98 KUKO SchKG-Hunkeler, Art. 298 N 14; vgl. BSK SchKG II-Vollmar, Art. 298 N 10.
99 KUKO SchKG-Hunkeler, Art. 298 N 15.
100 BSK SchKG II-Vollmar, Art. 298 N 10; Amonn/Walther, § 54 Rz. 40.
101 KUKO SchKG-Hunkeler, Art. 298 N 14.
102 Dazu im Einzelnen BSK SchKG II-Vollmar, Art. 298 N 17 ff.
103 A.M. BSK SchKG II-Vollmar, Art. 298 N 23.
104 Vgl. Art. 204 SchKG betreffend die Verfügungsunfähigkeit des Schuldners im Konkurs.
105 Vgl. Amonn/Walther, § 54 Rz. 42; BSK SchKG II-Vollmar, Art. 298 N 14 m.w.H.
106 KUKO SchKG-Hunkeler, Art. 298 N 16 m.w.H.

Sachwalters zum genehmigungsbedürftigen Geschäft einholen und dieser besonderes Gewicht zumessen.

11.67 Erteilt das Nachlassgericht oder (falls vorhanden) der Gläubigerausschuss die Ermächtigung, so ist das Geschäft nicht nur vollstreckungsrechtlich gültig, sondern darüber hinaus ex lege *anfechtungsresistent* (Art. 285 Abs. 3 SchKG). Letztere erst unter neuem Sanierungsrecht geltende Regelung erleichtert Veräusserungen während einer Nachlassstundung. Sie kann dazu führen, dass eine Sanierung, auch wenn sie an sich ausserhalb eines Nachlassverfahrens realisiert werden könnte, vor einer Nachlassstundung erst vorbereitet wird, um dann (und mitunter sehr rasch) nach erteilter Nachlassstundung bewilligt und (anfechtungsresistent) vollzogen zu werden. In diesem Zusammenhang wird neuerdings auch von einer sog. «*prepack-Nachlasslösung*»[107] gesprochen, da die Sanierungslösung zwar ausserhalb einer Sanierung vorbereitet wird, insb. durch bedingt abgeschlossene Verträge zwischen den Beteiligten («prepack»), jedoch erst im Nachlassverfahren bzw. während einer Nachlassstundung umgesetzt wird («Nachlasslösung»). Dabei kann mitunter auch hilfreich sein, dass die provisorische Stundung nicht mehr publiziert werden muss,[108] so dass die Gläubiger und die Öffentlichkeit überhaupt erst von der Sanierung erfahren, wenn sie bereits realisisert wurde.[109]

2. VERFAHRENSART

11.68 Der Entscheid des Nachlassgerichts ergeht im summarischen Verfahren (vgl. Art. 251 Abs. 1 lit. a ZPO.) Ein Schlichtungsverfahren entfällt deshalb (Art. 198 lit. a ZPO). Es gilt die beschränkte Untersuchungsmaxime, wonach das Gericht den Sachverhalt zwar festzustellen, nicht jedoch zu erforschen hat,[110] wobei grundsätzlich sämtliche Beweismittel zulässig sind (vgl. Art. 254 Abs. 2 lit. c ZPO).

11.69 Eine Verhandlung ist dem Grundsatz nach nicht vorgesehen, kann aber im Rahmen pflichtgemässen Ermessens vom Gericht angesetzt und (falls erforderlich und nicht dem Ziel eines allf. stillen Sanierungsverfahrens zuwiderlaufend) öffentlich bekannt gemacht werden. Auch kann das Gericht bestimmte Gläubiger, inbesondere Hauptgläubiger, anhören. Zur Beschwerde gegen den entsprechenden Entscheid sind die Gläubiger dennoch nicht legitimiert.[111]

---

107 Vgl. zur sog. «prepack-Nachlasslösung» Vandebroek/Hunkeler, SJZ 2017, 389 ff.

108 Vgl. Art. 293c SchKG und die Ausführungen in diesem Zusammenhang unter Rz. 11.4 hiervor.

109 Auch weitere Errungenschaften des neuen Sanierungsrechts können Vorteile bieten sein, so etwa eine Übernahme lediglich ausgewählter statt aller mit einem Betrieb verbundenen Arbeitnehmer eines Schuldners durch einen Übernehmer (vgl. Art. 333b OR), eine vorzeitige Auflösung von Dauerschuldverhältnissen des Schuldners nach Art. 297a SchKG oder die Umwandlung von Realverpflichtungen des Schuldners in Geldschulden gem. Art. 297 Abs. 9 i.V.m. Art. 211 Abs. 1 SchKG.

110 OFK ZPO-Lazopoulus/Leimgruber, Art. 255 N 2.

111 Vgl. dazu Rz. 11.80 hiernach.

3. ZUSTÄNDIGKEIT

Während der provisorischen und im Regelfall auch der definitiven Nachlassstundung ist für die Erteilung der Ermächtigung das Nachlassgericht zuständig (Art. 298 Abs. 2 SchKG). Demnach ist für die örtliche Zuständigkeit der ordentliche Betreibungsort massgeblich; die sachliche Zuständigkeit ergibt sich im Weiteren aus dem kantonalen Recht (Art. 4 ZPO). 11.70
Soweit ausnahmsweise bereits während der (definitiven) Stundung ein Gläubigerausschuss eingesetzt wurde, ist (ausschliesslich) dieser anstelle des Nachlassgerichts zur Erteilung der Ermächtigung zuständig (Art. 295a Abs. 3 i.V.m. Art. 298 Abs. 2 SchKG).[112]

4. LEGITIMATION

Die Ermächtigung durch das Nachlassgericht oder den Gläubigerausschuss setzt für jedes einzelne Rechtsgeschäft einen klaren und begründeten Antrag des Schuldners und/oder des Sachwalters voraus.[113] Regelmässig stellt der Schuldner den Antrag, wobei sich der Sachwalter diesem anschliesst. Wurde dem Schuldner indes die Geschäftsführungsbefugnis entzogen (Art. 298 Abs. 1 SchKG), so stellt der Sachwalter für den Schuldner den Antrag. 11.71

Dass ein Gläubiger Antrag auf Genehmigung eines Rechtsgeschäfts gem. Art. 298 Abs. 2 SchKG stellen will, wird in der Praxis demgegenüber kaum je vorkommen. Im Übrigen ist ein Gläubiger dazu ohnehin nicht berechtigt. 11.72

Es gibt keine passivlegitimierte Partei. Insbesondere sind die Gläubiger nicht passivlegitimiert. 11.73

5. STREITWERT

Der Streitwert entspricht dem Wert der zu veräussernden Sache bzw. der zu bestellenden Sicherheit. Er ist indes weder für die Bestimmung des anwendbaren Verfahrens (vgl. Art. 251 lit. a ZPO) noch für die Höhe der Gebühr für den Entscheid des Nachlassgerichts (vgl. Art. 54 GebV SchKG) von Relevanz. Auch im Zusammenhang mit der Frage nach den zulässigen Rechtsmitteln kommt dem Streitwert keine Bedeutung zu (Art. 319 lit. a i.V.m. Art. 309 lit. b Ziff. 7 ZPO; Art. 74 Abs. 2 lit. d BGG). 11.74

112 KUKO SchKG-Hunkeler, Art. 298 N 14.

113 KUKO SchKG-Hunkeler, Art. 298 N 16.

6. FRISTEN

11.75 Eine eigentliche Frist sieht das Gesetz nicht vor. Da die in Art. 298 Abs. 2 SchKG enthaltene Verfügungsbeschränkung eine Wirkung der Stundung ist, erfährt das hier interessierende Gesuch um Ermächtigung insoweit eine zeitliche Beschränkung, als es nur während der Nachlassstundung gestellt werden kann bzw. muss. Darüber hinaus kann in zeitlicher Hinsicht bemerkt werden, dass die Genehmigung des Nachlassgerichts bzw. Gläubigerausschusses auch nach Abschluss des (in diesem Fall bedingt geschlossenen) Rechtsgeschäfts eingeholt werden kann.[114]

7. KOMBINATIONSMÖGLICHKEITEN

11.76 Das Gesuch um Ermächtigung gem. Art. 298 Abs. 2 SchKG kann bereits im Zuge des Gesuchs um provisorische Nachlassstundung gestellt werden. Überdies kann um eine solche Ermächtigung auch etwa zusammen mit dem Gesuch um Verlängerung der Nachlassstundung ersucht werden. So kommt es nicht selten vor, dass um die Ermächtigung – etwa zu einem Unternehmensverkauf – bereits im Rahmen des Entscheids um Bewilligung der Nachlassstundung ersucht wird.[115]

8. MÖGLICHE RECHTSBEGEHREN

11.77
1. Es sei dem Gesuchsteller zu bewilligen, während der Stundung die Liegenschaft [Bezeichnung] zu einem Mindestpreis von CHF [Betrag] zu verkaufen.
2. Es sei der zwischen dem Gesuchsteller und der [Name resp. Firma] am [Datum] abgeschlossene Vertrag über den Verkauf von Anlagevermögen zu genehmigen.
3. Es sei dem Gesuchsteller zu erlauben, für die Forderung des XX gegenüber [ihm][YY] den Gegenstand [ZZ] als Pfand zu bestellen.
4. Es sei dem Gesuchsteller zu erlauben, für die Forderung des XX gegenüber [YY] eine Bürgschaft gemäss Art. [Artikel der beantragten Bürgschaft] OR einzugehen.
5. Es sei dem Gesuchsteller zu erlauben, über den Gegenstand [Bezeichnung] unentgeltlich zu verfügen.

9. VORAUSSETZUNGEN

11.78 Die Voraussetzungen für die Ermächtigung zu einem bewilligungspflichtigen Rechtsgeschäft gem. Art. 298 Abs. 2 SchKG statuiert das Gesetz nicht ausdrücklich. Entsprechend verfügen das Nachlassgericht bzw. gegebenenfalls der Gläubigerausschuss über einen grossen Ermessensspielraum.

---

114 KUKO SchKG-Hunkeler, Art. 298 N 17 m.w.H.; BSK SchKG II-Vollmar, Art. 298 N 14.

115 Vgl. BSK SchKG II-Vollmar, Art. 298 N 24.

Mit Blick auf den Zweck der Einschränkungen der Verfügungsbefugnis des Schuldners, das Vermögen im Interesse der Gläubiger während der Stundungsphase zu erhalten,[116] muss allerdings die bestmögliche Wahrung der Interessen der Gläubiger Leitgedanke bei der Entscheidungsfindung sein.

Das Nachlassgericht bzw. ein allfälliger Gläubigerausschuss haben das Geschäft mit anderen Worten auf die Angemessenheit und die Vereinbarkeit mit den Interessen der Gläubigergesamtheit zu prüfen.[117] Insbesondere ist darauf zu achten, dass nicht Anlagevermögen veräussert wird, dessen Weggabe die Weiterführung des Betriebs verunmöglicht, womit das Nachlassverfahren in Frage gestellt würde.[118] Umgekehrt ist demgegenüber ein Geschäft bei gegebenen Voraussetzungen zu bewilligen, wenn mit ihm gerade die Weiterführung eines Betriebs oder Betriebsteils durch den Erwerber bezweckt wird, auch wenn der Schuldner selber (z.B. eine juristische Person) mit den verbleibenden Aktiven und den Passiven hernach in einem Nachlassverfahren mit Vermögensabtretung oder gar in einem Konkurs nur noch abgewickelt wird.[119] Bei der Ermächtigung zur Bestellung von Sicherheiten ist zu prüfen, ob sich der dadurch drohende Substanzverlust mit einem unmittelbaren Gegenwert für die Weiterführung der Geschäftstätigkeit des Schuldners oder der Vermeidung eines noch grösseren Substanzverlusts rechtfertigen lässt.

10. BESONDERHEITEN

Eine richterliche Ermächtigung zum Abschluss bestimmter Rechtsgeschäfte während der Nachlassstundung kannte bereits das frühere Recht (vgl. Art. 298 Abs. 2 aSchKG). Mit dem neuen Sanierungsrecht führt die Ermächtigung jedoch dazu, dass das fragliche Rechtsgeschäft anfechtungsresistent wird (Art. 285 Abs. 3 SchKG), was für einen Erwerber in einem Sanierungsverfahren mitunter von besonderer Bedeutung sein kann. 11.79

11. RECHTSMITTEL

Der Entscheid des Nachlassgerichts, mit welchem die Ermächtigung gem. Art. 298 Abs. 2 SchKG nicht erteilt wird, kann vom Schuldner (allenfalls vertreten durch den Sachwalter)[120] mit Beschwerde gem. ZPO (Art. 319 ff. ZPO) an das obere Nachlassgericht und mit Beschwerde in Zivilsachen (Art. 72 ff. BGG) ans Bundesgericht weitergezogen werden. Gläubiger haben hingegen kein Anfechtungsrecht, unabhängig davon, ob die Ermächtigung i.S.v. Art. 298 Abs. 2 SchKG erteilt oder verweigert wird. 11.80

116 BSK SchKG II-Vollmar, Art. 298 N 1.
117 KUKO SchKG-Hunkeler, Art. 298 N 16.
118 BSK SchKG II-Vollmar, Art. 298 N 10.
119 So möglicherweise bei einer «prepack-Nachlasslösung»; vgl. dazu Rz. 11.49 hiervor.
120 Vgl. Art. 298 Abs. 1 SchKG.

11.81 Soweit ein Gläubigerausschuss anstelle eines Nachlassgerichts entschieden hat, wird die Praxis weisen müssen, ob dessen Entscheid an das (obere) Nachlassgericht oder an die Aufsichtsbehörde (vgl. Art. 17 SchKG) weitergezogen werden kann. U.E. sollte hier eher das obere Nachlassgericht im Beschwerdeverfahren nach ZPO (Art. 319 ff. ZPO) als Rechtsmittelinstanz amten, auch um die Einheit des Verfahrens zu gewährleisten (gleiche Rechtsmittelinstanz gegen Verfügungen im Zusammenhang mit Art. 298 SchKG, unabhängig davon, ob ein Nachlassgericht oder Gläubigerausschuss entschieden hat).[121]

11.82 Der Weiterzug von Entscheiden des Nachlassgerichts und des Gläubigerausschusses hat – auf kantonaler sowie eidgenössischer Ebene – keine aufschiebende Wirkung, wenn diese nicht von der angerufenen Instanz gewährt wird (Art. 36 SchKG, Art. 325 ZPO sowie Art. 103 BGG).[122]

Tabellarische Zusammenfassung

Zweck	Erlangen der Ermächtigung zu während der Nachlassstundung bewilligungspflichtigen Rechtsgeschäften
Gesetzliche Grundlage	Art. 298 Abs. 2 SchKG
Verfahrensart	Summarisches Verfahren (Art. 251 Abs. 1 lit. a ZPO)
Zuständigkeit	Nachlassgericht am ordentlichen Betreibungsort (Art. 46 bzw. 49 SchKG) Soweit ein Gläubigerausschuss eingesetzt wurde, ist (ausschliesslich) dieser zuständig (Art. 295a Abs. 3 i.V.m. Art. 298 Abs. 2 SchKG)
Aktivlegitimation	Schuldner (vertreten durch den Sachwalter, sofern dem Schuldner i.S.v. Art. 298 Abs. 1 SchKG die Geschäftsführungsbefugnis entzogen wurde)
Passivlegitimation	Nicht einschlägig
Streitwert	Nicht einschlägig
Fristen	Nicht einschlägig
Kombination	– Gesuch um provisorische Nachlassstundung – Gesuch um Verlängerung der Nachlassstundung
Mögliche Rechtsbegehren	1. Es sei dem Gesuchsteller zu bewilligen, während der Stundung die Liegenschaft [Bezeichnung] zu einem Mindestpreis von CHF [Betrag] zu verkaufen. 2. Es sei der zwischen dem Gesuchsteller und der [Name resp. Firma] am [Datum] abgeschlossene Vertrag über den Verkauf von Anlagevermögen zu genehmigen.

121 Zur Zuständigkeit des oberen Nachlassgerichts tendierend KUKO SchKG-Hunkeler, Art. 298 N 37.

122 KUKO SchKG-Hunkeler, Art. 298 N 38.

	3. Es sei dem Gesuchsteller zu erlauben, für die Forderung des XX gegenüber [ihm][YY] den Gegenstand [ZZ] als Pfand zu bestellen. 4. Es sei dem Gesuchsteller zu erlauben, für die Forderung des XX gegenüber [YY] eine Bürgschaft gemäss Art. [Artikel der beantragten Bürgschaft] OR einzugehen. 5. Es sei dem Gesuchsteller zu erlauben, über den Gegenstand [Bezeichnung] unentgeltlich zu verfügen.
Voraussetzungen	Grosser Ermessenspielraum: Angemessenheit und die Vereinbarkeit mit den Interessen der Gläubigergesamtheit sind zentral
Besonderheiten	Ermächtigung macht das fragliche Rechtsgeschäft anfechtungsresistent (Art. 285 Abs. 3 SchKG)
Rechtsmittel	Kantonal: Streitwertunabhängige (Art. 319 lit. a i. V. m. Art. 309 lit. b Ziff. 7 ZPO) Beschwerde an das obere Nachlassgericht innert 10 Tagen (vgl. Art. 319 ff. ZPO) Bund: Streitwertunabhängige (Art. 74 Abs. 2 lit. d BGG) Beschwerde in Zivilsachen (Art. 72 ff. BGG) innert 30 Tagen (Art. 100 Abs. 1 BGG)

III. GESUCH UM BESTÄTIGUNG RESP. ABLEHNUNG DES NACHLASSVERTRAGS (ART. 304 FF. SCHKG)

1. ZWECK UND WIRKUNG

Nach der Abstimmung der Gläubiger gem. Art. 305 SchKG muss das Nachlassgericht in einer öffentlich bekannt zu machenden Bestätigungsverhandlung (Art. 304 SchKG) den Nachlassvertrag auf sein Zustandekommen und seine Rechtmässigkeit hin überprüfen und einen Entscheid über dessen Bestätigung fällen. Ein solcher richterlicher «Bestätigungsentscheid» (auch «Homologationsentscheid» genannt) ist erforderlich, nachdem das Nachlassverfahren eine besondere Form der Zwangsvollstreckung ist, welches der Offizialmaxime unterliegt und ein rechtsgültiger Nachlassvertrag insb. auch für die nicht zustimmenden Gläubiger rechtsverbindlich ist (vgl. Art. 305 und 310 SchKG).[123] 11.83

Die vollstreckbare richterliche Bestätigung bewirkt, dass der Nachlassvertrag für sämtliche Gläubiger verbindlich wird, deren Forderungen vor der Bewilligung der Stundung oder seither ohne Zustimmung des Sachwalters entstanden sind (Nachlassforderungen; Art. 310 Abs. 1 Satz 1 SchKG; massgebend ist der Zeitpunkt der Bewilligung der (provisorischen) Stundung, d.h. das Stundungsurteil; vgl. Art. 293c SchKG).[124] Damit sind in erster Linie die Gläubiger der dritten Klasse gem. Art. 219 Abs. 4 SchKG ohne Pfandsicherung betroffen. Darüber hinaus gelten 11.84

123 KUKO SchKG-Hunkeler, Art. 306 N 1; BSK SchKG II-Hardmeier, Art. 306 N 1.
124 KUKO SchKG-Hunkeler, Art. 310 N 3; vgl. BSK SchKG EB-Bauer, Art. 310 ad N 7.

auch Pfandgläubiger als Nachlassgläubiger, sofern und soweit sie einen Pfandausfall erleiden (vgl. Art. 310 Abs. 1 Satz 2 SchKG) oder wenn eine Drittpfandsicherheit vorliegt.[125]

11.85 Alle diese Nachlassgläubiger haben statt ihrer ursprünglichen Forderungen (und vorbehältlich von Art. 313 und Art. 316 SchKG und eines ausnahmsweise im Nachlassvertrag statuierten Nachforderungsrechts) nur noch Anspruch auf die im Nachlassvertrag festgelegten bzw. sich aus dem Kollokations- und Verteilungsverfahren (beim Nachlassverfahren mit Vermögensabtretung) ergebenden Nachlassdividenden bzw. beim Stundungsvergleich auf den vollen Forderungsbetrag nach Ablauf der nachlassvertraglichen Stundungsdauer.[126] Ob die Gläubiger am Nachlassverfahren teilgenommen haben, insb. ob sie ihre Forderungen überhaupt angemeldet haben, hat keinen Einfluss darauf, ob sie dem Nachlassvertrag unterliegen.[127] Unerheblich ist auch, ob ein Gläubiger dem Nachlassvertrag zugestimmt hat oder nicht.[128]

11.86 Die Vollstreckbarkeit[129] des richterlichen Bestätigungsentscheids des Nachlassvertrags führt zum Dahinfallen von Betreibungen (Art. 311 SchKG). Betroffen sind grundsätzlich alle Betreibungen, die «vor der Stundung» gegen den Schuldner eingeleitet worden sind, mit Ausnahme der Betreibungen auf Pfandverwertung. Grundsätzlich fallen somit alle vor der Bewilligung der (provisorischen) Nachlassstundung eingeleiteten Betreibungen gegen den Schuldner dahin, ungeachtet dessen, ob die auf sie entfallenden Nachlassdividenden bezahlt oder sichergestellt wurden.[130] Neben den Betreibungen auf Pfandverwertung sind auch die vor der Stundung eingeleiteten Betreibungen für privilegierte Forderungen, die im Nachlassverfahren ausnahmsweise unbezahlt blieben, vom Dahinfallen ausgenommen.[131] Dahingefallene Betreibungen und damit insb. auch allfällige Pfändungen und betreibungsrechtliche Sicherungsmassnahmen verlieren ihre Wirkungen ex nunc. Werden sie nach Vollstreckbarkeit des richterlichen Bestätigungsentscheids gleichwohl fortgesetzt, sind sie nichtig.[132] Zur gerichtlichen Aufhebung des Nachlassvertrags wegen Nichterfüllung durch den Schuldner wird auf die nachfolgenden Ausführungen zu Art. 316 SchKG verwiesen.[133]

11.87 Wenn hingegen der angestrebte Nachlassvertrag gescheitert ist, weil ihn das Nachlassgericht nicht gem. Art. 306 SchKG bestätigt hat, ist die Konkursreife des Schuldners erstellt und soll über diesen von Amtes wegen der Konkurs eröffnet werden (Art. 309 SchKG).[134] Da die Nachlassstundung sowohl für juristische als auch für natürliche Personen beantragt werden kann, erfolgt die Konkurseröffnung über alle Schuldner, unabhängig von ihrer Konkursfähigkeit gem. Art. 39 SchKG.[135]

125 KUKO SchKG-Hunkeler, Art. 310 N 17; vgl. BSK SchKG II-Hardmeier, Art. 310 N 5.

126 KUKO SchKG-Hunkeler, Art. 310 N 5.

127 Amonn/Walther, § 55 Rz. 4.

128 KUKO SchKG-Hunkeler, Art. 310 N 6; BSK SchKG II-Hardmeier, Art. 310 N 1.

129 KUKO SchKG-Hunkeler, Art. 311 N 5.

130 BSK SchKG II-Hardmeier, Art. 310 N 3a.

131 KUKO SchKG-Hunkeler, Art. 311 N 2.

132 KUKO SchKG-Hunkeler, Art. 311 N 6.

133 Vgl. dazu Rz. 11.174 ff. hiernach.

134 KUKO SchKG-Hunkeler, Art. 309 N 1.

135 KUKO SchKG-Hunkeler, Art. 309 N 24.

Die Konkurseröffnung erfolgt mit dem Eintritt der Vollstreckbarkeit des richterlichen Nichtbestätigungsentscheids über den Nachlassvertrag, wobei das Nachlassgericht im gleichen Urteil sowohl die Nichtbestätigung des Nachlassvertrags wie auch die Konkurseröffnung verfügt, letztere allerdings erst auf den Zeitpunkt der Vollstreckbarkeit des richterlichen Nichtbestätigungsentscheids hin.[136] Das Nachlassgericht soll mit der Konkurseröffnung regelmässig auch die genaue Uhrzeit derselben festhalten (z.B. «mit dem Eintritt der Vollstreckbarkeit des Nichtbestätigungsentscheid gemäss Urteilsdispositiv Ziff. 1 hiervor, 08:00 Uhr wird der Konkurs über den Schuldner eröffnet»), zumal mit diesem Zeitpunkt die Rechtswirkungen des Konkurses eintreten.[137]

Aus Praktikabilitäts- und Rechtssicherheitsgründen wird es indes regelmässig sinnvoll sein, dass das Nachlassgericht nach Eintritt der Vollstreckbarkeit den genauen Zeitpunkt des Eintritts der Vollstreckbarkeit bzw. der Konkurseröffnung in einer späteren Mitteilung ausdrücklich festhält, insb. zu Handen der Behörden, denen der Nichtbestätigungsentscheid gem. Art. 308 SchKG (erst) mit dessen Vollstreckbarkeit zugestellt werden darf. Nur das Nachlassgericht weiss verlässlich, wann die Vollstreckbarkeit seines Entscheids über den Nachlassvertrag eingetreten ist. Soweit Beschwerde gegen diesen Entscheid ergriffen wurde (Art. 307 SchKG), muss die Rechtsmittelinstanz den Zeitpunkt der Konkurseröffnung neu festlegen, falls die Beschwerde abgewiesen oder auf sie nicht eingetreten wurde. Gleiches gilt, falls während des Verfahrens die aufschiebende Wirkung entzogen wurde (Art. 307 Abs. 2 i.V.m. Art. 175 SchKG analog).[138] Zur Beschwerde gegen den Bestätigungs- bzw. Nichtbestätigungsentscheid wird auf die nachfolgenden Ausführungen zu Art. 307 SchKG verwiesen.[139] 11.88

2. VERFAHRENSART

Der Entscheid des Nachlassgerichts ergeht im summarischen Verfahren (vgl. Art. 251 Abs. 1 lit. a ZPO). Ein Schlichtungsverfahren findet selbstverständlich nicht statt (vgl. auch Art. 198 lit. a ZPO). Gemäss Art. 304 Abs. 3 SchKG findet zwingend eine gerichtliche Verhandlung statt, deren Ort und Zeit öffentlich bekanntgemacht wird. Die Bestätigungsverhandlung soll möglichst rasch nach Eingang des Sachwalterberichts stattfinden (vgl. Art. 304 Abs. 2 SchKG). Sachwalter und Schuldner sind persönlich zur Verhandlung vorzuladen, ebenso wie betroffene Grundpfandgläubiger, wenn das Nachlassgericht die Verwertung eines als Pfand haftenden Grundstücks des Schuldners einstellen will (Art. 306a Abs. 2 SchKG).[140] Den Gläubigern wird bei der öffentlichen 11.89

136 KUKO SchKG-Hunkeler, Art. 308 N 9 und Art. 309 N 15 ff.; a.M. BSK SchKG EB-Bauer, Art. 309 N 2b.

137 KUKO SchKG-Hunkeler, Art. 309 N 19.

138 Vgl. hinsichtlich Festlegung des Zeitpunktes der Konkurseröffnung durch die Rechtsmittelinstanz auch KUKO SchKG-Diggelmann, Art. 175 N 4.

139 Vgl. dazu Rz. 11.107 ff. hiernach.

140 Da es sich bei der in Art. 306a SchKG vorgesehenen Pfandstundung um einen absoluten Spezialfall handelt, verzichten wir darauf, sie hier besonders zu behandeln. Vgl. dazu ausführlich KUKO SchKG-Hunkeler, Art. 306a N 1 ff.; BSK SchKG II-Hardmeier, Art. 306a N 1 ff.

Bekanntmachung angezeigt, dass sie ihre Einwendungen gegen den Nachlassvertrag in der Verhandlung anbringen können. Darüber hinaus können sich die Einwendungen auch gegen alle anderen Sachverhalte, die für die richterliche Bestätigung massgeblich sind, richten. Im Allgemeinen sind Einwendungen indes den Gläubigern vorbehalten, die dem Nachlassvertrag nicht zugestimmt haben oder sich bei der Abgabe ihrer Zustimmungserklärung im Irrtum befunden haben (Art. 23 ff. OR); sie sind zu begründen.[141]

11.90 Es gilt die beschränkte Untersuchungsmaxime, wonach das Gericht den Sachverhalt zwar festzustellen, nicht jedoch zu erforschen hat,[142] wobei grundsätzlich sämtliche Beweismittel zulässig sind (vgl. Art. 254 Abs. 2 lit. c ZPO).[143] Das Nachlassgericht entscheidet auch ohne entsprechenden Antrag der Parteien. Das Nachlassgericht entscheidet allerdings regelmässig auf der Grundlage des Sachwalterberichts und allfälliger ergänzender Ausführungen und Anträge des Sachwalters, des Schuldners oder eines Gläubigers.[144] Es kann vom Sachwalter auch einen Ergänzungsbericht verlangen, wenn die eingereichten Unterlagen zur Entscheidfindung nicht genügen.[145]

3. ZUSTÄNDIGKEIT

11.91 Das Nachlassgericht am Nachlassort ist örtlich zwingend zuständig.[146] Eine Frage der internationalen Zuständigkeit stellt sich hier nicht.[147]
Sachlich zuständig ist das Nachlassgericht. Im Weiteren regeln die Kantone die sachliche Zuständigkeit (Art. 4 ZPO).[148]

4. LEGITIMATION

11.92 Zum Gesuch legitimiert ist der Sachwalter;[149] dieser «empfiehlt» gem. Art. 304 SchKG in seinem Sachwalterbericht an das Nachlassgericht «die Bestätigung oder Ablehnung des Nachlassvertrages» (vgl. Art. 304 Abs. 1 SchKG). Seinen Antrag kann der Sachwalter später und selbst noch an der richterlichen Bestätigungsverhandlung (vgl. Art. 304 Abs. 3 SchKG) aus begründetem Anlass selbstverständlich abändern oder ergänzen. Der Schuldner oder ein Gläubiger sind zwar nicht zur Einreichung eines Berichts legitimiert, doch können sie nur schon aufgrund der Offizialmaxime

141 KUKO SchKG-Hunkeler, Art. 304 N 9 f.; vgl. BSK SchKG II-Vollmar, Art. 304 N 9 ff.
142 OFK ZPO-Lazopoulus/Leimgruber, Art. 255 N 2.
143 Vgl. KUKO SchKG-Hunkeler, Art. 293a N 10 sowie Art. 294 N 3.
144 KUKO SchKG-Hunkeler, Art. 306 N 2; vgl. zur Bedeutung des Sachwalterberichts auch Hunkeler, 257.
145 KUKO SchKG-Hunkeler, Art. 304 N 8; Vock/Müller, 359.
146 Kren Kostkiewicz, 514; BSK SchKG II-Hardmeier, Art. 306 N 9b.
147 Vock/Müller, 358.
148 Vock/Müller, 358.
149 Kren Kostkiewicz, 514; Vock/Müller, 357.

bis zur Bestätigungsverhandlung ebenfalls entsprechende (und ggf. von der Antragstellung des Sachwalters abweichende) Anträge an das Nachlassgericht stellen. Bezüglich des Gläubigerantrags ergibt sich dies auch aus Art. 304 Abs. 3 SchKG, wonach die Gläubiger «ihre Einwendungen gegen den Nachlassvertrag in der Verhandlung anbringen können».

Passivlegitimierte gibt es keine.[150] 11.93

5. STREITWERT

Da die Bestätigung oder Ablehnung des Nachlassvertrags gegenüber allen Gläubigern wirkt und 11.94 das gesamte Vermögen des Schuldners betrifft, ist die Berechnung des Streitwerts heikel und mitunter fast unmöglich.[151] Der Streitwert ist indessen weder für die Bestimmung des anwendbaren Verfahrens (Art. 251 lit. a ZPO) noch für die Höhe der Gebühr für den Entscheid des Nachlassgerichts (vgl. Art. 54 GebV SchKG) von Relevanz. Auch im Zusammenhang mit der Frage nach den zulässigen Rechtsmitteln kommt dem Streitwert keine Bedeutung zu (Art. 307 SchKG; Art. 319 lit. a i.V.m. Art. 309 lit. b Ziff. 7 ZPO; Art. 74 Abs. 2 lit. d BGG).

6. FRISTEN

Das Gesuch um Bestätigung resp. Ablehnung des Nachlassvertrags muss samt Sachwalterbericht 11.95 und Akten vor Ablauf der Stundungsfrist eingereicht werden (Art. 304 Abs. 1 SchKG).[152] Hält der Sachwalter diese Frist nicht ein, so fallen nach der bundesgerichtlichen Rechtsprechung die Nachlassstundung und deren Wirkungen mit Ablauf der bewilligten Stundungsdauer ohne weiteres dahin.[153]

Es muss jedoch genügen, wenn der Sachwalter den Bericht und die dazugehörigen Akten noch 11.96 während der Dauer der Nachlassstundung (d.h. am letzten Tag) beim Gericht einreicht oder zu dessen Handen der Schweizerischen Post übergibt (Art. 31 SchKG i.V.m. Art. 143 Abs. 1 ZPO). Diesfalls verlängern sich die Wirkungen der Nachlassstundung bis zum Zeitpunkt der Vollstreckbarkeit des Entscheids des Nachlassgerichts.[154] Auf einen verspätet abgelieferten Bericht hingegen

150 KREN KOSTKIEWICZ, 514.

151 KREN KOSTKIEWICZ, 514; VOCK/MÜLLER, 357.

152 KREN KOSTKIEWICZ, 514.

153 BGE 130 III 380, E. 3.3; vgl. HUNKELER, 258; BSK SchKG II-VOLLMAR, Art. 304 N 3; sanierungsfreundlicher wäre allerdings, wenn die Stundungswirkungen weiter währen würden und dem Sachwalter eine Nachfrist gesetzt werden könnte; vgl. dazu Rz. 11.36 hiervor zur Situation, wenn das Gericht entgegen Art. 294 Abs. 1 i.f. SchKG nicht vor Ablauf der provisorischen Stundung über die Bewilligung der definitiven Stundung entscheidet.

154 BGE 84 III 117, E. 1; vgl. auch Art. 308 Abs. 2 SchKG, wonach (erst) mit der Vollstreckbarkeit des richterlichen Bestätigungsentscheids die Wirkungen der Stundung dahinfallen.

kann das Nachlassgericht nicht mehr eintreten, auch wenn diese Regelung hart erscheint;[155] vielmehr können sich diesfalls Haftungsfragen gem. Art. 5 SchKG stellen.[156]

7. KOMBINATIONSMÖGLICHKEITEN

11.97 Gleichzeitig mit dem Antrag auf Bestätigung oder Nichtbestätigung eines Nachlassvertrags können weitere Anträge gestellt werden, so etwa auf amtliche Ergänzung einer ungenügenden Regelung eines Nachlassvertrags (Art. 306 Abs. 3 SchKG) oder auf Sicherstellung von Nachlassdividenden, die auf bestrittene Forderungen entfallen (vgl. dazu Art. 315 Abs. 2 SchKG).

8. MÖGLICHE RECHTSBEGEHREN

11.98 Die möglichen Rechtsbegehren unterscheiden sich auch danach, ob ein ordentlicher Nachlassvertrag oder ein Nachlassvertrag mit Vermögensabtretung zu bestätigen resp. abzulehnen ist.[157]

11.99 Bei einem ordentlichen Nachlassvertrag kommen etwa folgende Begehren in Frage:

1. Es sei der vom Schuldner anlässlich der Gläubigerversammlung vom [Datum] vorgeschlagene und von den Gläubigern angenommene ordentliche Nachlassvertrag zu bestätigen (oder: nicht zu bestätigen und der Konkurs über den Schuldner zu eröffnen).
2. Es sei der Schuldner zu verpflichten, die auf die nachfolgend genannten bestrittenen Forderungen entfallenden Betreffnisse (Nachlassdividenden) durch Barhinterlage beim Sachwalter sicherzustellen: [genaue Bezeichnung der Forderungen / Gläubiger und die darauf sicherzustellenden Betreffnisse (Nachlassdividenden)] (oder: es sei bezüglich der folgenden bestrittenen Forderungen von Gläubigern auf eine Sicherstellung der Betreffnisse (Nachlassdividenden) abzusehen: [genaue Bezeichung der Forderungen / Gläubiger])
3. Es sei der Nachlassvertrag dahingendend zu ergänzen, dass der bisherige Sachwalter mit dem Vollzug des Nachlassvertrags beauftragt wird.

11.100 Bei einem Nachlassvertrag mit Vermögensabtretung kommen folgende Begehren in Frage:

1. Es sei der vom Schuldner anlässlich der Gläubigerversammlung vom [Datum] vorgeschlagene Nachlassvertrag mit Vermögensabtretung gerichtlich zu bestätigen (oder: nicht zu bestätigen und der Konkurs über den Schuldner zu eröffnen).
2. Es sei von der Wahl folgender Personen als Liquidationsorgane Vormerk zu nehmen:
   - Als Liquidator [Name, Heimat- und Wohnort des Liquidators]
   - Als Mitglieder des Gläubigerausschusses [Namen, Heimat- und Wohnorte der Mitglieder des Gläubigerausschusses]

155 BGE 85 I 77; Vock/Müller, 360.

156 BSK SchKG II-Vollmar, Art. 304 N 4; KUKO SchKG-Hunkeler, Art. 304 N 7.

157 Zum Ganzen Kren Kostkiewicz, 514; Vock/Müller, 359.

9. VORAUSSETZUNGEN

A. ALLGEMEIN

Obwohl im Gesetz nicht ausdrücklich gesagt, überprüft das Nachlassgericht neben den in Art. 306 SchKG genannten drei Voraussetzungen selbstverständlich (und vorab) auch, ob das Gläubigerquorum gem. Art. 305 SchKG erreicht wurde. Weiter klärt es, ob sonstige Umstände einer richterlichen Bestätigung des Nachlassvertrags entgegenstehen oder zumindest eine inhaltliche Ergänzung des Nachlassvertrags erfordern.[158] Sind alle Bestätigungsvoraussetzungen erfüllt, besteht ein Anspruch auf Bestätigung des Nachlassvertrags.[159] Die drei Bestätigungsvoraussetzungen gem. Art. 306 SchKG werden in den folgenden Abschnitten behandelt. 11.101

B. RICHTIGES VERHÄLTNIS ZWISCHEN LEISTUNG UND MÖGLICHKEITEN DES SCHULDNERS

Erstens muss der Wert der vom Schuldner «angebotenen Leistungen» im richtigen Verhältnis zu den Möglichkeiten des Schuldners stehen (Art. 306 Abs. 1 Ziff. 1 SchKG). Der Schuldner kann seinen Gläubigern nicht nur Geld anbieten, sondern insb. auch Anteilsscheine (vgl. Art. 314 Abs. 1bis und Art. 318 Abs. 1bis SchKG), allfällige weitere Leistungen oder das Verfügungsrecht über seine Aktiven (Art. 317 ff. SchKG). Das schuldnerische Angebot ist daher in seiner Gesamtheit vom Nachlassgericht zu überprüfen, wobei auch die Folgen einer allfälligen Konkurseröffnung für die Gläubiger zu berücksichtigen sind, mitsamt den damit verbundenen Nachteilen (z.B. Zeitverlust und allfälliger Werteverlust der Aktiven) und Vorteilen (z.B. Zeitgewinn, Einbezug aller pfändbaren Aktiven des Schuldners statt einer blossen Dividende beim ordentlichen Nachlassvertrag oder die Ausstellung eines Konkursverlustscheins gem. Art. 265 SchKG). Der Schuldner muss seinen Gläubigern ein faires Angebot unterbreiten, das gemessen an seinen finanziellen Möglichkeiten und am Gesamtbetrag der zu erfüllenden Verbindlichkeiten (unter Berücksichtigung auch der nicht angemeldeten Forderungen von bekannten Gläubigern) angemessen erscheint. Ist indessen die mutmassliche Konkursdividende höher als die Leistungen aus einem Nachlassvertrag, fällt ein Bestätigungsentscheid ausser Betracht (sog. «best interest test»).[160] 11.102

158 KUKO SchKG-Hunkeler, Art. 306 N 3.

159 Kren Kostkiewicz, 461 Rz. 1775; BGer 5P.164/2003 vom 29.10.2003, E. 4.1.

160 KUKO SchKG-Hunkeler, Art. 306 N 5 ff. m.w.H.; BSK SchKG II-Hardmeier, Art. 306 N 10; vgl. zur Angemessenheit des schuldnerischen Angebots auch Hunkeler, 261.

C. BEFRIEDIGUNG DER PRIVILEGIERTEN GLÄUBIGER SOWIE SICHERSTELLUNG DER MASSEVERBINDLICHKEITEN

11.103 Zweitens müssen die vollständige Befriedigung der angemeldeten privilegierten Gläubiger sowie die Erfüllung der Masseverbindlichkeiten hinlänglich sichergestellt sein, soweit nicht einzelne Gläubiger ausdrücklich auf die Sicherstellung ihrer Forderung verzichten (Art. 306 Abs. 1 Ziff. 2 SchKG). Nachlassforderungen bzw. die auf diese entfallenden Nachlassdividenden sind nicht mehr ex lege sicherzustellen. Indes kann selbstverständlich im Nachlassvertrag selber (d.h. «vertraglich») vorgesehen werden, dass die Nachlassdividenden ganz oder zumindest teilweise sichergestellt werden, was die Akzeptanz eines Nachlassvertrags bei den Gläubigern in der Praxis regelmässig erhöhen wird.[161] Die erforderliche «hinlängliche» Sicherstellung setzt eine vollumfängliche Absicherung der betroffenen Forderungen (inkl. allfälliger darauf entfallender Zinsen) durch Real- oder Personalkautionen voraus. Doch sind auch andere Formen der Absicherung denkbar, nur ist darauf zu achten, dass die betroffenen Gläubiger (vorbehältlich ihres ausdrücklichen Verzichts) ein ausschliessliches Recht an der Sicherheit erhalten.[162] Tritt der Schuldner seinen Gläubigern (oder einem Dritten) das ganze Vermögen ab, verliert er seine Dispositionsbefugnis darüber, weshalb beim Nachlassvertrag mit vollständiger Vermögensabtretung auf eine Sicherstellung verzichtet werden kann. Allerdings muss diesfalls erwartet werden können, dass die Massegläubiger und die privilegierten Gläubiger vollumfänglich befriedigt werden, ansonsten ein Nachlassvertrag mit (vollständiger) Vermögensabtretung nicht bestätigt werden darf.[163] Die berechtigten Gläubiger können auf ihre Sicherstellung ganz oder teilweise verzichten, sofern ihr Verzicht individuell und ausdrücklich erfolgt. Ebenso kann auf den Status als Massegläubiger oder auf das Konkursprivileg verzichtet werden.[164] Ist strittig, ob eine sicherzustellende Forderung besteht, entscheidet darüber das zuständige Zivil- oder Verwaltungsgericht (vgl. Art. 305 Abs. 3 SchKG). Das Nachlassgericht hat (nebst dem Stimmrecht) nur über die Sicherstellungspflicht des Schuldners zu entscheiden, wobei es aufgrund einer summarischen Prüfung die Wahrscheinlichkeit abzuwägen hat, dass und in welcher Höhe eine Forderung besteht und ob auf sie allfällige Vorzugsrechte entfallen.

D. LEISTUNG EINES ANGEMESSENEN SANIERUNGSBEITRAGS DURCH DIE ANTEILSINHABER

11.104 Drittens müssen bei einem ordentlichen Nachlassvertrag die Anteilsinhaber einen angemessenen Sanierungsbeitrag leisten (Art. 306 Abs. 1 Ziff. 3 SchKG). Anteilsinhaber sind diejenigen Personen, die an einem Schuldner wirtschaftlich beteiligt bzw. berechtigt sind, mithin die wirtschaftlichen «Eigner» eines Schuldners, wie etwa die Aktionäre bei einer Aktiengesellschaft. Hinsicht-

161 KUKO SchKG-Hunkeler, Art. 306 N 21.

162 Für Beispiel möglicher Sicherheiten siehe CR LP-Marchand, Art. 306 N 21 und 43.

163 KUKO SchKG-Hunkeler, Art. 306 N 28.

164 KUKO SchKG-Hunkeler, Art. 306 N 33.

lich Art und Umfang des zu leistenden Sanierungsbeitrags entscheidet das Nachlassgericht nach freiem Ermessen aufgrund der Umstände des Einzelfalls. Zu denken ist etwa an Forderungsverzichte oder Rangrücktritte von Anteilseignern sowie Gewährung neuer Darlehen an die zu sanierende Gesellschaft, soweit auf Sicherheiten verzichtet wird.[165] Keinesfalls kann von Anteilseignern gegen deren Willen ein Sanierungsbeitrag durchgesetzt werden, etwa eine aktienrechtliche Nachschusspflicht von den Aktionären verlangt werden (vgl. Art. 680 OR).[166] Sanierungsbeiträge i.S.v. Ziff. 3 sind in diesem Zusammenhang «freiwillig» von Anteilsinhabern zu leisten, wenn auch oftmals aufgrund faktischer Zwänge vor dem Hintergrund, dass andernfalls die Gläubiger einem Nachlassvertrag nicht zustimmen oder ein von den Gläubigern angenommener Nachlassvertrag richterlich nicht bestätigt wird. Das Nachlassgericht soll u.E. in erster Linie stossende Fälle im Auge haben, d.h. Fälle, in denen Anteilseigner offensichtlich in ungebührlicher Weise gegenüber den Nachlassgläubigern vom Nachlassvertrag profitieren, zumal das Nachlassgericht nicht ohne Weiteres vom Willen der zustimmenden Gläubigermehrheit abweichen soll.[167]

10. BESONDERHEITEN

Gläubiger können ihre Zustimmung zum Nachlassvertrag noch bis zum Bestätigungsentscheid abgeben (vgl. Art. 305 Abs. 1 SchKG).[168] Sie können an der Verhandlung nach dem Gesagten auch Einwendungen gegen den Nachlassvertrag anbringen. Eine Beschwerde im Sinn von Art. 17 SchKG gegen den Bericht des Sachwalters bzw. dessen Antrag ist indessen nicht möglich.[169] 11.105

11. RECHTSMITTEL

Der Entscheid des Nachlassgerichts über die Bestätigung des Nachlassvertrags kann auf kantonaler Ebene gem. Art. 307 SchKG weitergezogen werden. Dementsprechend stellt die Beschwerde nach ZPO sowohl das Rechtsmittel gegen den Bestätigungs- als auch den Nichtbestätigungsentscheid dar.[170] Die Weiterziehung gem. Art. 307 SchKG und die (auf eidgenössicher Ebene mögliche) Anfechtung des Weiterziehungsentscheids mittels Beschwerde in Zivilsachen werden nachfolgend separat behandelt.[171] 11.106

165 KUKO SchKG-Hunkeler, Art. 306 N 40; BSK SchKG EB-Bauer, Art. 306 N 32.

166 KUKO SchKG-Hunkeler, Art. 306 N 41; a.M. Giroud, 186 f.

167 KUKO SchKG-Hunkeler, Art. 306 N 41.

168 BSK SchKG II-Vollmar, Art. 304 N 2.

169 Hunkeler, Rz. 991; BSK SchKG II-Vollmar, Art. 304 N 8.

170 KUKO SchKG-Hunkeler, Art. 307 N 2; BSK SchKG EB-Bauer, Art. 307 N 5b.

171 Vgl. dazu Rz. 11.107 ff. hiernach.

Tabellarische Zusammenfassung

Zweck	Gerichtliche Prüfung des Nachlassvertrags
Gesetzliche Grundlage	Art. 304 ff. SchKG
Verfahrensart	Summarisches Verfahren (Art. 251 Abs. 1 lit. a ZPO) mit einer zwingend öffentlich bekannt zu machenden Verhandlung
Zuständigkeit	Nachlassgericht am Nachlassort (Art. 46 bzw. 49 SchKG)
Aktivlegitimation	Sachwalter «empfiehlt»; Gläubiger und Schuldner sind antragsberechtigt
Passivlegitimation	Nicht einschlägig
Streitwert	Nicht einschlägig
Fristen	Vor Ablauf der Stundungsfrist (Art. 304 Abs. 1 SchKG)
Kombination	– Antrag auf Ergänzung einer ungenügenden Regelung eines Nachlassvertrags (Art. 306 Abs. 3 SchKG) – Antrag auf Sicherstellung von Nachlassdividenden, die auf bestrittene Forderungen entfallen (vgl. dazu Art. 315 Abs. 2 SchKG)
Mögliche Rechtsbegehren	Bei einem ordentlichen Nachlassvertrag kommen etwa folgende Begehren in Frage: 1. Es sei der vom Schuldner anlässlich der Gläubigerversammlung vom [Datum] vorgeschlagene und von den Gläubigern angenommene ordentliche Nachlassvertrag zu bestätigen (oder: nicht zu bestätigen und der Konkurs über den Schuldner zu eröffnen). 2. Es sei der Schuldner zu verpflichten, die auf die nachfolgend genannten bestrittenen Forderungen entfallenden Betreffnisse (Nachlassdividenden) durch Barhinterlage beim Sachwalter sicherzustellen: [genaue Bezeichnung der Forderungen / Gläubiger und die darauf sicherzustellenden Betreffnisse (Nachlassdividenden)] (oder: es sei bezüglich der folgenden bestrittenen Forderungen von Gläubigern auf eine Sicherstellung der Betreffnisse (Nachlassdividenden) abzusehen: [genaue Bezeichung der Forderungen / Gläubiger]). 3. Es sei der Nachlassvertrag dahingendend zu ergänzen, dass der bisherige Sachwalter mit dem Vollzug des Nachlassvertrags beauftragt wird. Bei einem Nachlassvertrag mit Vermögensabtretung kommen folgende Begehren in Frage: 1. Es sei der vom Schuldner anlässlich der Gläubigerversammlung vom [Datum] vorgeschlagene Nachlassvertrag mit Vermögensabtretung gerichtlich zu bestätigen (oder: nicht zu bestätigen und der Konkurs über den Schuldner zu eröffnen). 2. Es sei von der Wahl folgender Personen als Liquidationsorgane Vormerk zu nehmen: – Als Liquidator [Name, Heimat- und Wohnort des Liquidators] – Als Mitglieder des Gläubigerausschusses [Namen, Heimat- und Wohnorte der Mitglieder des Gläubigerausschusses].

Voraussetzungen	– Gläubigerquorum gem. 305 SchKG – «Angebotene Leistungen» im richtigen Verhältnis zu den Möglichkeiten des Schuldners (Art. 306 Abs. 1 Ziff. 1 SchKG) – Vorbehältlich eines Verzichts hinlängliche Sicherstellung der vollständigen Befriedigung der angemeldeten privilegierten Gläubiger sowie die Erfüllung der Masseverbindlichkeiten (Art. 306 Abs. 1 Ziff. 2 SchKG) – (Bei einem ordentlichen Nachlassvertrag) angemessener Sanierungsbeitrag der Anteilsinhaber (Art. 306 Abs. 1 Ziff. 3 SchKG)
Besonderheiten	– Möglichkeit für Gläubiger zur Zustimmung zum Nachlassvertrag bis zum Bestätigungsentscheid (Art. 305 Abs. 1 SchKG) – Keine (direkte) Anfechtbarkeit des Sachwalterberichts mittels Beschwerde (Art. 17 SchKG)
Rechtsmittel	Kantonal: Streitwertunabhängige Beschwerde innert 10 Tagen (Art. 307 SchKG i.V.m. Art. 319 ff. ZPO) Bund: Streitwertunabhängige (Art. 74 Abs. 2 lit. d BGG) Beschwerde in Zivilsachen (Art. 72 ff. BGG) innert 30 Tagen (Art. 100 Abs. 1 BGG)

IV. WEITERZIEHUNG DES ENTSCHEIDS ÜBER DEN NACHLASSVERTRAG (ART. 307 SCHKG)

1. ZWECK UND WIRKUNG

11.107 Die Weiterziehung des Entscheids über den Nachlassvertrag in Art. 307 SchKG ermöglicht es dem Schuldner und den Gläubigern, den richterlichen Bestätigungsentscheid über den Nachlassvertrag (Art. 306 SchKG; inkl. damit zusammenhängender Entscheidungen, bspw. bezüglich einer beantragten amtlichen Ergänzung des Nachlassvertrags oder der Sicherstellung der auf bestrittene Forderungen entfallenden Nachlassdividenden) von einem höheren Gericht überprüfen zu lassen. Dabei stellt die in Art. 307 SchKG vorgesehene Beschwerde nach der ZPO sowohl das Rechtsmittel gegen den Bestätigungs- als auch den Nichtbestätigungsentscheid dar.[172] Das Gesetz sieht dieses Rechtsmittel deshalb vor, weil der Bestätigungsentscheid für Schuldner und Gläubiger weitreichende Konsequenzen hat[173] und die meisten Gläubiger (jedenfalls die kleineren) auf den Verlauf der Nachlassstundung und auf den Inhalt des Nachlassvertrags kaum Einfluss nehmen können.[174]

172 KUKO SchKG-Hunkeler, Art. 307 N 2; BSK SchKG EB-Bauer, Art. 307 N 5b.

173 Gemäss BGE 142 III 705 verliert ein privilegierter Gläubiger, der in der Nachlassstundung vom Sachwalter und vom Nachlassgericht im erstinstanzlichen Bestätigungsgericht zu Unrecht als Nachlassgläubiger behandelt wurde, gar sein Privileg, wenn er sich nicht mittels Beschwerde gegen den Entscheid des Nachlassgerichts gem. Art. 307 SchKG zur Wehr gesetzt hat.

174 KUKO SchKG-Hunkeler, Art. 307 N 1.

11.108 Wird der Entscheid über den Nachlassvertrag weitergezogen i.S.v. Art. 307 SchKG, richtet sich die Wirkung des Rechtsmittels, unabhängig davon, ob ein Entscheid über die Bestätigung oder ein Entscheid über die Nichtbestätigung eines Nachlassvertrags weitergezogen wird, – vorbehältlich Art. 307 Abs. 2 SchKG – nach der Regelung der Beschwerde nach Art. 319 ff. ZPO.[175]

11.109 Gemäss Art. 307 Abs. 2 SchKG hat die Beschwerde – im Gegensatz zur herkömmlichen Beschwerde (Art. 325 ZPO) – aufschiebende Wirkung, sofern die Rechtsmittelinstanz nichts anderes verfügt. Dies gilt sowohl für die Beschwerde gegen den Entscheid, mit dem der Nachlassvertrag bestätigt wurde, als auch für diejenige gegen den Entscheid, mit dem der Nachlassvertrag abgelehnt wurde.[176] Eine andere Auffassung lässt sich aus dem Wortlaut von Art. 307 SchKG nicht gewinnen, zumal darin keine entsprechende Differenzierung vorgenommen wird. Nichts anderes ergibt sich überdies – zumindest nicht unmissverständlich – aus der Botschaft, die womöglich primär, nicht aber ausschliesslich den (positiven) Bestätigungsentscheid anspricht. Im Interesse der Sanierung verfügt demnach jede Weiterziehung im Sinne von Art. 307 SchKG grundsätzlich über die aufschiebende Wirkung. Sofern die Rechtsmittelinstanz einer eingereichten Beschwerde die aufschiebende Wirkung nicht (ganz oder teilweise) entzogen hat, gilt somit trotz erhobener Beschwerde immer noch dieselbe Rechtslage wie vor dem erstinstanzlichen richterlichen Beschwerdeentscheid, d.h. der Sachwalter bleibt weiterhin im Amt und es gelten immer noch die Beschränkungen der Stundung auf die Rechte der Gläubiger (Art. 297 SchKG) und des Schuldners (Art. 298 SchKG). Die Rechtsmittelinstanz kann allerdings vorsorgliche Massnahmen treffen.[177]

11.110 Eine Gutheissung der Beschwerde über die Bestätigung oder Nichtbestätigung eines Nachlassvertags bewirkt, dass der vorinstanzliche Entscheid aufgehoben und ins Gegenteil gekehrt oder (nach unserer Erfahrung wohl nur in Ausnahmefällen) zur Neubeurteilung an die Vorinstanz zurückgewiesen wird[178].

2. VERFAHRENSART

11.111 Bei der Weiterziehung des Entscheids über den Nachlassvertrag handelt es sich im Wesentlichen um eine Beschwerde nach Art. 319 ff. ZPO. Die Beschwerde ist schriftlich einzureichen und zu begründen; der angefochtene Entscheid ist beizulegen (Art. 321 Abs. 1 und 3 ZPO). Nach dem Grundsatz des rechtlichen Gehörs ist den am Verfahren vor erster Instanz Beteiligten Gelegenheit zu geben, sich zu den Vorbringen der antragstellenden Partei zu äussern, sofern die Beschwerde nicht offensichtlich unzulässig oder unbegründet ist (Art. 322 ZPO). Eine neue Verhandlung, die

175 KUKO SchKG-Hunkeler, Art. 307 N 3.

176 A.M. BSK SchKG EB-Bauer, Art. 307 N 5g, wonach sich die aufschiebende Wirkung auf die Beschwerde gegen den Entscheid beschränkt, mit dem der Nachlassvertrag bestätigt wird.

177 KUKO SchKG-Hunkeler, Art. 307 N 16.

178 Zur Konkurseröffnung und ggf. Neufestsetzung des entsprechenden Zeitpunkts durch die Rechtsmittelinstanz vgl. Rz. 11.87 f. hiervor.

allen Gläubigern anzuzeigen wäre (Art. 304 Abs. 3 SchKG), ist demgegenüber nicht vorgesehen. Die Beschwerdeinstanz kann aufgrund der Akten entscheiden (Art. 327 Abs. 2 ZPO). Sie kann den angefochtenen Entscheid aufheben und die Sache an die Vorinstanz zurückweisen oder selbst neu entscheiden, wenn die Sache spruchreif ist (Art. 327 Abs. 3 ZPO).[179]

3. ZUSTÄNDIGKEIT

Zuständig für die Behandlung der Weiterziehung des Entscheids über den Nachlassvertrag ist das obere Nachlassgericht.[180] Im Weiteren regeln die Kantone die sachliche und funktionale Zuständigkeit. 11.112

4. LEGITIMATION

Zum Weiterzug legitimiert ist nur, wer im Verfahren vor erster Instanz als Partei aufgetreten und durch den angefochtenen Entscheid in seinen Rechten betroffen ist, d.h. ein schutzwürdiges Interesse an der Anfechtung hat (Art. 59 Abs. 2 lit. a ZPO).[181] 11.113

Vorab legitimiert ist grds. der Schuldner, der selber das Nachlassstundungsgesuch gestellt hat (Art. 293 Abs. 1 lit. a SchKG) und damit Partei im Verfahren ist. Parteistellung kommt einem Schuldner aber auch dann zu, wenn ein Gläubiger das Nachlassstundungsgesuch gestellt hat (Art. 293 Abs. 1 lit. b SchKG), oder wenn das Verfahren von Amtes wegen ohne oder gegen den Willen des Schuldners eingeleitet bzw. durchgeführt wurde (Art. 173a Abs. 2 i.V.m. Art. 293 Abs. 1 lit. c und Art. 298 Abs. 4 SchKG). In solchen Fällen kann der Schuldner Beschwerde gegen den erstinstanzlichen Bestätigungsentscheid führen, wenn er zumindest an der richterlichen Bestätigungsverhandlung (Art. 306 SchKG) als Partei teilgenommen und dort (oder vorher) einen entsprechenden Antrag gestellt hat.[182] 11.114

Daneben können aber auch die Gläubiger legitimiert sein, und zwar grds. ungeachtet dessen, ob sie allenfalls pfandgesichert oder konkursrechtlich privilegiert sind, sofern sie ein schutzwürdiges Interesse an der Anfechtung haben. Derjenige Gläubiger, der selber das Nachlassstundungsgesuch gestellt hat (Art. 293 Abs. 1 lit. b SchKG), ist Partei im Verfahren und damit grds. zur Beschwerde legitimiert.[183] Die übrigen Gläubiger können am richterlichen Bestätigungsverfahren vor erster Instanz teilnehmen (Art. 304 Abs. 3 i.V.m. Art. 306 SchKG), womit sie Parteistellung erhalten. Diesfalls sind sie zum Weiterzug eines den Nachlassvertrag bestätigenden Entscheids legitimiert, 11.115

179 KUKO SchKG-Hunkeler, Art. 307 N 8.
180 KUKO SchKG-Hunkeler, Art. 307 N 8.
181 BSK SchKG II-Hardmeier, Art. 307 N 6.
182 KUKO SchKG-Hunkeler, Art. 307 N 10.
183 KUKO SchKG-Hunkeler, Art. 307 N 11 f.

wenn sie anlässlich der Bestätigungsverhandlung (oder vorher schriftlich) Antrag auf Nichtbestätigung oder sonstige Anträge gestellt haben, von denen im richterlichen Bestätigungsentscheid abgewichen wurde.[184] Beschwerdelegitimiert können dabei auch Gläubiger sein, die ihre Forderung verspätet (vgl. Art. 300 Abs. 1 SchKG) beim Sachwalter angemeldet haben[185] sowie solche, deren Konkursprivileg missachtet wurde.[186]

11.116 Gläubiger, die dem Nachlassvertrag zugestimmt haben (Art. 305 SchKG), können einen den Nachlassvertrag bestätigenden Entscheid nicht anfechten, ausser sie könnten sich auf einen Willensmangel bei der Abgabe der Zustimmungserklärung berufen.[187] Gläubiger, die dem Nachlassvertrag zugestimmt haben und im erstinstanzlichen Bestätigungsverfahren teilgenommen und abweichende Anträge gestellt haben, sind auch gegen eine richterliche Nichtbestätigung des Nachlassvertrags beschwerdelegitimiert.[188]

11.117 Wenn sich die Beschwerde eines Gläubigers gegen die Bestätigung des Nachlassvertrags richtet, besteht die Beschwerdegegnerschaft aus dem (mit dem Nachlassvertrag einverstandenen) Schuldner sowie ggf. den dem Nachlassvertrag zustimmenden Gläubigern.
Grundsätzlich kein Weiterzugsrecht kommt dem Sachwalter zu, ausser beim Entscheid über sein Honorar. Wird sein (erstinstanzlich genehmigtes) Honorar mit Beschwerde beanstandet, so ist er auch passivlegitimiert. Der «Dritte» im Nachlassverfahren mit Vermögensabtretung ist nicht beschwerdelegitimiert.[189]

5. STREITWERT

11.118 Da das Nachlassverfahren das gesamte Vermögen des Schuldners betrifft, ist die Berechnung des Streitwerts heikel und fast unmöglich. Der Streitwert ist indessen weder für die Bestimmung des anwendbaren Verfahrens (vgl. Art. 307 Abs. 1 SchKG) noch für die Höhe der Gebühr für den Entscheid des Nachlassgerichts (vgl. Art. 61 GebV SchKG) von Relevanz. Auch für das Rechtsmittelverfahren kommt dem Streitwert keinerlei Bedeutung zu (Art. 72 Abs. 2 lit. a und Art. 74 Abs. 2 lit. d BGG).

184 KUKO SchKG-Hunkeler, Art. 307 N 11 f. m.w.H.
185 BSK SchKG II-Hardmeier, Art. 307 N 8; KUKO SchKG-Hunkeler, Art. 307 N 12; a.M. CR LP-Marchand, Art. 307 N 8.
186 Vgl. BGE 142 III 705 sowie Rz. 11.107 und Fn. 173 hiervor.
187 BSK SchKG II-Hardmeier, Art. 307 N 8.
188 KUKO SchKG-Hunkeler, Art. 307 N 13 m.w.H.
189 KUKO SchKG-Hunkeler, Art. 307 N 14.

6. FRISTEN

Die Frist für die Einreichung der Beschwerde beträgt zehn Tage seit der Zustellung des begründeten Entscheids oder seit der nachträglichen Zustellung der Entscheidbegründung (Art. 321 Abs. 2 i.V.m. Art. 239 ZPO). Für die Berechnung, den Lauf und die Wiederherstellung der Frist gelten die Bestimmungen von Art. 142–149 ZPO. Damit steht die Frist während der Betreibungs- und Gerichtsferien nicht still (Art. 145 Abs. 2 lit. b ZPO).[190] 11.119

7. KOMBINATIONSMÖGLICHKEITEN

Da es sich bei der Weiterziehung gem. Art. 307 SchKG im Wesentlichen um eine Beschwerde nach ZPO handelt, drängen sich u.E. keine Kombinationen zur Anfechtung des Bestätigungsentscheids auf. 11.120

8. MÖGLICHE RECHTSBEGEHREN

Beim ordentlichen Nachlassvertrag: 11.121

1. Es sei der Entscheid des Nachlassgerichts vom [Datum] aufzuheben mit entsprechenden Kosten- und Entschädigungsfolgen [ev.: zzgl. MWSt] und der vom Schuldner anlässlich der Gläubigerversammlung vom [Datum] vorgeschlagene und von den Gläubigern angenommene ordentliche Nachlassvertrag zu bestätigen.
2. [Ev.:] Es sei der Entscheid des Nachlassgerichts vom [Datum] dahingehend zu ergänzen, dass der bisherige Sachwalter mit dem Vollzug des Nachlassvertrags beauftragt wird.

Oder bei erstinstanzlicher Bestätigung des ordentlichen Nachlassvertrags: 11.122

Es sei der Entscheid des Nachlassgerichts vom [Datum] aufzuheben mit entsprechenden Kosten- und Entschädigungsfolgen [ev.: zzgl. MWSt] und über den Schuldner der Konkurs zu eröffnen.

Beim Nachlassvertrag mit Vermögensabtretung: 11.123

1. Es sei der Entscheid des Nachlassgerichts vom [Datum] aufzuheben mit entsprechenden Kosten- und Entschädigungsfolgen [ev.: zzgl. MWSt] und der vom Schuldner anlässlich der Gläubigerversammlung vom [Datum] vorgeschlagene und von den Gläubigern angenommene Nachlassvertrag mit Vermögensabtretung gerichtlich zu bestätigen.
2. [Ev.:] Es sei von der Wahl folgender Personen als Liquidationsorgane Vormerk zu nehmen:
   - Als Liquidator [Name, Heimat- und Wohnort des Liquidators]
   - Als Mitglieder des Gläubigerausschusses [Namen, Heimat- und Wohnorte der Mitglieder des Gläubigerausschusses].

190 KUKO SchKG-Hunkeler, Art. 307 N 7.

11.124 Oder bei erstinstanzlicher Bestätigung des Nachlassvertrags mit Vermögensabtretung:
Es sei der Entscheid des Nachlassgerichts vom [Datum] aufzuheben mit entsprechenden Kosten- und Entschädigungsfolgen [ev.: zzgl. MWSt] und über den Schuldner der Konkurs zu eröffnen.

9. VORAUSSETZUNGEN

11.125 Ein Entscheid wird mit Erfolg i.S.v. Art. 307 SchKG weitergezogen, wenn eine Rüge des Beschwerdeführers durchdringt, wobei sich je nach Gegenstand der Anfechtung andere Beschwerdegründe aufdrängen. Einer Weiterziehung unterliegt vorab der eigentliche richterliche Bestätigungsentscheid gem. Art. 306 SchKG, ungeachtet dessen, ob mit ihm der Nachlassvertrag bestätigt oder abgelehnt wurde. Der Weiterziehung unterliegen aber auch sonstige Anordnungen des Nachlassgerichts, bspw. bzgl. der Verpflichtung des Schuldners, bestrittene Forderungen sicherzustellen (Art. 305 Abs. 3 SchKG) oder betr. eine allfällige richterliche Ergänzung einer (angeblich) ungenügenden nachlassvertraglichen Regelung gem. Art. 306 Abs. 2 SchKG. Schliesslich kann auch der Entscheid über das Sachwalterhonorar mit Beschwerde gem. ZPO weitergezogen werden.[191]

11.126 Gerügt werden können nur eine unrichtige Rechtsanwendung und eine offensichtlich unrichtige Feststellung des Sachverhalts (Art. 320 ZPO). Soweit dem Nachlassgericht ein Ermessensspielraum zusteht, etwa bei der Beurteilung der Angemessenheit des schuldnerischen Angebots an die Gläubiger (Art. 306 Abs. 1 Ziff. 1 SchKG), der Angemessenheit eines Sanierungsbeitrags der Anteilseigner beim ordentlichen Nachlassvertrag (Art. 306 Abs. 1 Ziff. 3 SchKG) oder bei der Zulassung von bestrittenen und bedingten Forderungen oder solchen mit ungewisser Verfallzeit (Art. 305 Abs. 3 SchKG);[192] können nur eine offensichtlich unrichtige Beurteilung durch die Vorinstanz gerügt werden (Art. 320 lit. b ZPO) bzw. Ermessensmissbrauch, Ermessensüberschreitung oder Ermessensunterschreitung als Rechtsverletzung (Art. 320 lit. a ZPO).[193] Zulässige Rügen bei einem eigentlichen richterlichen Bestätigungsentscheid sind etwa, dass das Nachlassgericht von einer unrichtigen Quorumsberechnung gem. Art. 305 SchKG ausgegangen sei oder die Bestätigungsvoraussetzungen des Art. 306 Abs. 1 SchKG falsch angewendet habe.[194]

10. BESONDERHEITEN

11.127 Grundsätzlich statuiert das Gesetz in Art. 307 Abs. 1 SchKG eine herkömmliche Beschwerde nach der ZPO. In Abs. 2 wird die Beschwerde indes mit der Besonderheit ergänzt, dass sie ohne Weiteres aufschiebende Wirkung hat, sofern das obere Nachlassgericht nichts anderes verfügt.

191 KUKO SchKG-Hunkeler, Art. 307 N 4 m.H. auf die bundesgerichtliche Rechtsprechung.

192 Vgl. dazu Hunkeler, 251.

193 KUKO SchKG-Hunkeler, Art. 307 N 5.

194 KUKO SchKG-Hunkeler, Art. 307 N 4; vgl. BSK SchKG EB-Bauer, Art. 307 N 5c und 5i.

11. RECHTSMITTEL

Der obere kantonale Entscheid kann mittels Beschwerde in Zivilsachen innert 30 Tagen (Art. 100 Abs. 1 BGG) an das Bundesgericht weitergezogen werden (Art. 72 ff. BGG), und zwar ohne Streitwertbegrenzung (Art. 74 Abs. 2 lit. d BGG). Die Beschwerde hat jedoch keine aufschiebende Wirkung, ausser eine solche würde vom Instruktionsrichter des Bundesgerichts ausdrücklich angeordnet (Art. 103 Abs. 3 BGG). Mit der Beschwerde kann eine offensichtlich unrichtige Feststellung des Sachverhalts oder eine Verletzung von Bundesrecht oder von ausländischem Recht geltend gemacht werden (Art. 95 ff. BGG).[195] 11.128

Zur Beschwerde legitimiert ist, wer am vorinstanzlichen Verfahren teilgenommen hat (oder keine Möglichkeit zur Teilnahme erhalten hatte) und wer ein rechtlich geschütztes Interesse an der Aufhebung oder Abänderung des angefochtenen Entscheids hat (Art. 76 BGG).[196] 11.129

Tabellarische Zusammenfassung

Zweck	Gerichtliche Überprüfung des Bestätigungsentscheids über den Nachlassvertrag, inkl. damit zusammenhängender Entscheidungen
Gesetzliche Grundlage	Art. 307 SchKG
Verfahrensart	Beschwerdeverfahren (Art. 319 ff. ZPO)
Zuständigkeit	Oberes Nachlassgericht nach kantonalem Recht (Art. 4 ZPO)
Aktivlegitimation	Schuldner; gesuchstellender Gläubiger und weitere Gläubiger, soweit sie Anträge gestellt haben, denen nicht entsprochen wurde; Sachwalter betreffend sein Honorar
Passivlegitimation	Schuldner und / oder Gläubiger, deren Anträgen entsprochen wurde; Sachwalter betreffend sein Honorar
Streitwert	Nicht einschlägig
Fristen	10 Tage seit der Zustellung des begründeten Entscheids oder seit der nachträglichen Zustellung der Entscheidbegründung (Art. 321 Abs. 2 i.V.m. Art. 239 ZPO)
Kombination	Nicht einschlägig
Mögliche Rechtsbegehren	Beim ordentlichen Nachlassvertrag: 1. Es sei der Entscheid des Nachlassgerichts vom [Datum] aufzuheben mit entsprechenden Kosten- und Entschädigungsfolgen [ev.: zzgl. MWSt] und der vom Schuldner anlässlich der Gläubigerversammlung vom [Datum] vorgeschlagene und von den Gläubigern angenommene ordentliche Nachlassvertrag zu bestätigen.

195 KUKO SchKG-Hunkeler, Art. 307 N 19.

196 KUKO SchKG-Hunkeler, Art. 307 N 20.

	2. [Ev.:] Es sei der Entscheid des Nachlassgerichts vom [Datum] dahingehend zu ergänzen, dass der bisherige Sachwalter mit dem Vollzug des Nachlassvertrags beauftragt wird. Oder bei erstinstanzlicher Bestätigung des ordentlichen Nachlassvertrags: Es sei der Entscheid des Nachlassgerichts vom [Datum] aufzuheben mit entsprechenden Kosten- und Entschädigungsfolgen [ev.: zzgl. MWSt] und über den Schuldner der Konkurs zu eröffnen. Beim Nachlassvertrag mit Vermögensabtretung: 1. Es sei der Entscheid des Nachlassgerichts vom [Datum] mit entsprechenden Kosten- und Entschädigungsfolgen [ev.: zzgl. MWSt] aufzuheben und der vom Schuldner anlässlich der Gläubigerversammlung vom [Datum] vorgeschlagene und von den Gläubigern angenommene Nachlassvertrag mit Vermögensabtretung gerichtlich zu bestätigen. 2. [Ev.:] Es sei von der Wahl folgender Personen als Liquidationsorgane Vormerk zu nehmen: – Als Liquidator [Name, Heimat- und Wohnort des Liquidators] – Als Mitglieder des Gläubigerausschusses [Namen, Heimat- und Wohnorte der Mitglieder des Gläubigerausschusses]. Oder bei erstinstanzlicher Bestätigung des Nachlassvertrags mit Vermögensabtretung: Es sei der Entscheid des Nachlassgerichts vom [Datum] aufzuheben mit entsprechenden Kosten- und Entschädigungsfolgen [ev.: zzgl. MWSt] und über den Schuldner der Konkurs zu eröffnen.
Voraussetzungen	Rügegrund nach Art. 320 ZPO
Besonderheiten	Beschwerde hat ohne Weiteres aufschiebende Wirkung (Art. 307 Abs. 2 SchKG)
Rechtsmittel	Bund: Streitwertunabhängige (Art. 74 Abs. 2 lit. d BGG) Beschwerde in Zivilsachen (Art. 72 ff. BGG) innert 30 Tagen (Art. 100 Abs. 1 BGG)

V. GESUCH UM WIDERRUF DES NACHLASSVERTRAGS (ART. 313 SCHKG)

1. ZWECK UND WIRKUNG

11.130 Der Zweck eines Gesuchs um Widerruf eines Nachlassvertrags liegt darin, die unter richterlicher Mitwirkung zustande gekommene Allgemeinverbindlichkeit eines Nachlassvertrags post festum richterlich wieder aufheben zu lassen, wenn nachträglich festgestellt wird, dass der Nachlassvertrag auf unredliche Weise zustande gekommenen ist. Gemäss Art. 313 SchKG kann jeder Gläubiger beim Nachlassgericht verlangen, dass auf den richterlichen Bestätigungsentscheid zurückgekommen und der Nachlassvertrag widerrufen wird.[197]

197 KUKO SchKG-Hunkeler, Art. 313 N 1; BSK SchKG II-Hardmeier, Art. 313 N 1.

Der richterliche Widerruf hat das Dahinfallen des ganzen Nachlassvertrags zur Folge und wirkt damit gegenüber allen Gläubigern («erga omnes»; vgl. demgegenüber Art. 316 SchKG, wo der Entscheid nur «inter partes» wirkt). Der Nachlassvertrag fällt – unter Vorbehalt der von den Gläubigern (oder von allfälligen beteiligten gutgläubigen Dritten) bereits erhaltenen Leistungen – ex tunc dahin. Gleichzeitig mit dem (vollstreckbaren) Widerruf des Nachlassvertrags eröffnet das Nachlassgericht von Amtes wegen den Konkurs über den Schuldner (vgl. Art. 313 Abs. 2 i.V.m. Art. 309 SchKG).[198] Infolge des Verweises auf die Art. 307–309 SchKG wird entsprechend bereits im Widerrufsentscheid der Konkurs über den Schuldner eröffnet, allerdings erst auf den Zeitpunkt der Vollstreckbarkeit dieses Entscheids hin (vgl. Art. 309 SchKG). Auf denselben Zeitpunkt hin erfolgt die öffentliche Mitteilung gem. Art. 308 SchKG.[199] 11.131

Allfällige bestellte Sicherheiten und Bürgschaften fallen dahin, auch wenn sie gem. Art. 306 SchKG zur Sicherstellung des Vollzugs des Nachlassvertrags bestellt wurden. Die ursprünglichen Forderungen der Gläubiger leben wieder auf inkl. dazugehöriger Zinsforderungen. Die mit der Bestätigung des Nachlassvertrags gem. Art. 311 SchKG dahingefallenen Betreibungen bleiben hinfällig bzw. sind gem. Art. 206 SchKG mit der Konkurseröffnung ohnehin aufgehoben.[200] 11.132

Leistungen, die Gläubiger in Erfüllung des Nachlassvertrags bereits erhalten haben, müssen grds. nicht zurückerstattet werden, da nur der Nachlass bzw. das Entgegenkommen der Gläubiger gegenüber dem Schuldner widerrufen wird und die erbrachten Leistungen in (teilweiser) Erfüllung der schuldnerischen Verbindlichkeiten angerechnet werden können. Dies gilt selbst dann, wenn die bisherigen Leistungen durch einen Dritten erfolgten.[201] 11.133

2. VERFAHRENSART

Der Entscheid des Nachlassgerichts ergeht im summarischen Verfahren (vgl. Art. 251 Abs. 1 lit. a ZPO). Ein Schlichtungsverfahren entfällt deshalb (Art. 198 lit. a ZPO). Es gilt die beschränkte Untersuchungsmaxime, wonach das Gericht den Sachverhalt zwar festzustellen, nicht jedoch zu erforschen hat,[202] wobei grundsätzlich sämtliche Beweismittel zulässig sind (vgl. Art. 254 Abs. 2 lit. c ZPO). 11.134

Nachdem ein Widerrufsentscheid Auswirkungen auf alle Gläubiger hat, ist zu fordern, dass die Widerrufsverhandlung in analoger Anwendung von Art. 304 Abs. 3 SchKG öffentlich bekannt gemacht wird, unter Anzeige an die Gläubiger, dass sie Einwendungen gegen den Widerrufsantrag 11.135

198 KUKO SchKG-Hunkeler, Art. 313 N 9.

199 Vgl. dazu Rz. 11.135 hiernach.

200 KUKO SchKG-Hunkeler, Art. 313 N 10.

201 BSK SchKG II-Hardmeier, Art. 313 N 11 und 14.

202 OFK ZPO-Lazopoulus/Leimgruber, Art. 255 N 2.

an der Verhandlung anbringen können.[203] Der Widerrufsentscheid und die mit ihm einhergehende Konkurseröffnung über den Schuldner wird unverzüglich den betroffenen Ämtern mitgeteilt und öffentlich bekannt gemacht, sobald der Widerrufsentscheid vollstreckbar ist (Art. 313 Abs. 2 i.V.m. Art. 308 Abs. 1 SchKG).[204]

3. ZUSTÄNDIGKEIT

11.136 Das Nachlassgericht am Nachlassort ist örtlich zwingend zuständig, auch wenn der Nachlassschuldner nach Bestätigung des Nachlassvertrags seinen Sitz oder Wohnsitz an einen anderen Ort verlegt hat.[205] Sachlich zuständig ist das Nachlassgericht, das den betreffenden Nachlassvertrag bestätigt hat. Im Weiteren wird die sachliche Zuständigkeit durch die Kantone geregelt (Art. 4 ZPO).[206]

4. LEGITIMATION

11.137 Antragsberechtigt ist «jeder Gläubiger». Damit müssen – auch wegen der einschneidenden Folgen eines Widerrufs – Gläubiger gemeint sein, deren Forderungen unter den Nachlassvertrag fallen, mithin die Nachlassgläubiger. Die privilegierten und die pfandgesicherten Gläubiger sowie die Massegläubiger sollten für ihre Forderungen vollumfänglich befriedigt bzw. zumindest sichergestellt werden, weshalb ihnen die Legitimation zur Antragstellung abzusprechen ist. Voraussetzung ist, dass dem Antragssteller die Widerrufsgründe nicht bereits an der Bestätigungsverhandlung bekannt waren und er sie dort hätte vorbringen können.[207]

11.138 Dritte (z.B. eine den Nachlassvertrag finanzierende Person) sind nicht antragsberechtigt und können lediglich zivilrechtlich (und allenfalls strafrechtlich) vorgehen.[208] Ebenso wenig aktivlegitimiert sind der Schuldner sowie der Liquidator im Nachlassverfahren mit Vermögensabtretung. Auch kann der Widerruf nicht von Amtes wegen ausgesprochen werden.[209]

11.139 Beim Gesuch um Widerruf des Nachlassvertrags ist der Schuldner passivlegitimiert.[210]

---

203 KUKO SchKG-Hunkeler, Art. 313 N 6; CR LP-Marchand, Art. 313 N 26; laut Kren Kostkiewicz, 515, findet zwingend eine gerichtliche Verhandlung statt (Art. 304 Abs. 3 SchKG analog).

204 KUKO SchKG-Hunkeler, Art. 313 N 9.

205 Vgl. in Bezug auf die richterliche Aufhebung des Nachlassvertrags gegenüber einem Gläubiger (Art. 316 SchKG) BSK SchKG II-Guggisberg/Hardmeier, Art. 316 N 8. Die gleiche richterliche Zuständigkeit ist auch insoweit zu begrüssen, als es vorteilhaft erscheint, wenn das gleiche Nachlassgericht, das seinerzeit den richterlichen Bestätigungsentscheid gefällt hat, auch über den nachträglichen Widerruf des Nachlassvertrags befindet.

206 Vock/Müller, 367.

207 KUKO SchKG-Hunkeler, Art. 313 N 5; Vock/Müller, 366; BSK SchKG II-Hardmeier, Art. 313 N 5 f. m.w.H.

208 KUKO SchKG-Hunkeler, Art. 313 N 5; BSK SchKG II-Hardmeier, Art. 313 N 5.

209 Vock/Müller, 366; BSK SchKG II-Hardmeier, Art. 313 N 5.

210 A.M. offenbar Kren Kostkiewicz, 515, wonach es beim Gesuch um Widerruf des Nachlassvertrags keine Passivlegitimierte gibt.

5. STREITWERT

Die Berechnung des Streitwerts ist heikel und fast unmöglich, weil der Widerruf des Nachlassvertrags gegenüber allen Gläubigern wirkt und das gesamte Vermögen des Schuldners betroffen ist.[211] Der Streitwert ist indessen weder für die Bestimmung des anwendbaren Verfahrens (vgl. Art. 251 lit. a ZPO) noch für die Höhe der Gebühr für den Entscheid des Nachlassgerichts (vgl. Art. 54 GebV SchKG) von Relevanz. Auch im Zusammenhang mit der Frage nach den zulässigen Rechtsmitteln kommt dem Streitwert keine Bedeutung zu (Art. 319 lit. a i.V.m. Art. 309 lit. b Ziff. 7 ZPO; Art. 74 Abs. 2 lit. d BGG). 11.140

6. FRISTEN

Das SchKG sieht keine Frist für ein Gesuch um Widerruf des Nachlassvertrags vor. Da mangels einer besonderen gesetzlichen Bestimmung über die Verjährung die allgemeine Verjährungsfrist von Art. 127 OR anwendbar ist, verjährt das Forderungsrecht innert zehn Jahren.[212] Die Verjährungsfrist beginnt mit der Vollstreckbarkeit des Bestätigungsentscheids zu laufen, unabhängig davon, zu welchem Zeitpunkt der Gläubiger von der unredlichen Handlung Kenntnis erhalten hat.[213] 11.141

7. KOMBINATIONSMÖGLICHKEITEN

Gleichzeitig mit dem Widerrufsantrag kann Antrag auf Konkurseröffnung über den Schuldner gestellt werden. Dies ist jedoch nicht zwingend erforderlich, da mit der Vollstreckbarkeit des Widerrufsentscheids ohnehin von Amtes wegen der Konkurs eröffnet wird (vgl. Art. 313 Abs. 2 i.V.m. Art. 308 SchKG). In gewissen Fällen wird es sich jedoch aufdrängen, zumindest sofort anzuordnende vorsorgliche Massnahmen zur Vermögenssicherung zu beantragen, damit der Schuldner bis zur Konkurseröffnung nicht (weitere) Handlungen zum Nachteil seiner Gläubiger vornimmt. Beispielsweise kann die Sperrung von Vermögenswerten des Schuldners bei einer Bank verlangt werden, von denen der Antragsteller aus dem vorausgegangenen Nachlassverfahren Kenntnis hat oder die Blockierung von (sonstiger) Fahrnis des Schuldners, evtl. auch eine Grundbuchsperre. Auch kann das Gericht die genannten vorsorglichen Anordnungen von Amtes wegen treffen (Art. 170 SchKG analog). Mit dem Widerrufsbegehren wird zudem früher oder später mitunter auch eine Strafanzeige bei den zuständigen Strafbehörden einhergehen. 11.142

---

211 VOCK/MÜLLER, 368; KREN KOSTKIEWICZ, 515.

212 VOCK/MÜLLER, 368.

213 A.M. offenbar KREN KOSTKIEWICZ, 515, wonach die Zehnjahresfrist mit der Bestätigung zu laufen beginnt.

8. MÖGLICHE RECHTSBEGEHREN

11.143 1. Es sei der vom Nachlassgericht am [Datum] bestätigte Nachlassvertrag zwischen dem Gesuchsgegner und dessen Gläubigern zu widerrufen und es sei der Konkurs über den Gesuchsgegner zu eröffnen.
2. Es seien [ev.: ohne Anhörung des Gesuchsgegners sofort] die zur Wahrung der Rechte der Gläubiger erforderlichen Anordnungen zu treffen.

oder

2. Es sei zur Wahrung der Rechte der Gläubiger [ev.: ohne Anhörung des Gesuchsgegners sofort][der Gegenstand A zu verwahren][das Geschäftslokal B zu schliessen][der Raum C zu versiegeln][eine grundbuchamtliche Verfügungsbeschränkung des Grundstücks D anzuordnen][dem Gesuchsgegner ein Zahlungsverbot aufzuerlegen][usw.].
3. Unter Kosten- und Entschädigungsfolgen [ev.: zzgl. MWSt] zu Lasten des Gesuchsgegners.

9. VORAUSSETZUNGEN

11.144 Das Gesetz verlangt einen auf unredliche Weise zustande gekommenen Nachlassvertrag. Dabei verweist es explizit auf die zivilrechtlichen Gründe der Nichtigkeit und der Willensmängel gem. Art. 20, Art. 28 und Art. 29 OR. Somit wird klargestellt, dass insb. vertragsrechtliche Nichtigkeitsgründe (Art. 20 OR), absichtliche Täuschung (Art. 28 OR) sowie Drohung (Art. 29 OR) einen Vertragswiderruf rechtfertigen können. In Betracht kommen auch alle sonstigen Treu und Glauben verletzenden Verhaltensweisen, mit denen der Schuldner auf das Zustandekommen eines Nachlassvertrags hingewirkt hat.[214] Von Bedeutung sind in diesem Zusammenhang insb. Verhaltensweisen i.S. der Tatbestände des betrügerischen Konkurses (Art. 163 Ziff. 1 i.V.m. Art. 171 StGB), der Gläubigerschädigung durch Vermögensverminderung (Art. 164 Ziff. 1 i.V.m. Art. 171 StGB), der Bevorzugung eines Gläubigers (Art. 167 i.V.m. Art. 171 StGB), der Bestechung bei der Zwangsvollstreckung (Art. 168 StGB) sowie der Erschleichung eines gerichtlichen Nachlassvertrags (Art. 170 StGB); eine strafrechtliche Verurteilung des Schuldners ist nicht vorausgesetzt.[215]

11.145 Zustande gekommen ist ein Nachlassvertrag, wenn er in vollstreckbarer Weise (Art. 308 SchKG) richterlich bestätigt wurde. Die unredlichen Handlungen können dabei bereits bei der Einreichung des Nachlassgesuchs beim Nachlassgericht erfolgt sein (z.B. durch unrichtige Darstellung der Vermögenslage) oder während der Nachlassstundung (gegenüber Gläubigern, dem Sachwalter und dem Nachlassgericht) bis hin zur richterlichen Bestätigung des Nachlassvertrags. Soweit unredliche Handlungen bereits vor dem Zustandekommen des Nachlassvertrags entdeckt werden, können sie zur Nichtbestätigung des Nachlassvertrags (Art. 306 SchKG) mit damit ver-

214 Amonn/Walther, § 56 Rz. 7; BSK SchKG II-Hardmeier, Art. 313 N 3 m.w.H; Hunkeler, 303.

215 KUKO SchKG-Hunkeler, Art. 313 N 2; BSK SchKG II-Hardmeier, Art. 313 N 3; Hunkeler, 303.

bundener Konkurseröffnung (vgl. Art. 309 SchKG) oder ggf. auch schon während laufender Stundung zur Konkurseröffnung führen (vgl. Art. 296b SchKG).[216]

Damit ein Nachlassvertrag «auf unredliche Weise zustande gekommen» ist, genügt es nicht, wenn unredliche Handlungen nachgewiesen werden. Vielmehr müssen solche Handlungen in adäquatkausaler Weise zum Zustandekommen des Nachlassvertrags geführt haben. Es muss somit nachgewiesen werden, dass der Nachlassvertrag bei Kenntnis der Beteiligten über die widerrechtlichen Vorgänge nicht zustande gekommen wäre, andernfalls ein Widerruf nicht gerechtfertigt wäre und insb. regelmässig nicht im Interesse der Gläubiger liegen würde.[217] 11.146

10. BESONDERHEITEN

Unabhängig davon, ob er nur von einem oder mehreren Gläubigern angestrebt wurde, wirkt die Gutheissung des Gesuchs um Widerruf des Nachlassvertrags gegenüber allen Gläubigern bzw. generell gegenüber allen Personen, die von einem Widerruf des Nachlassvertrags betroffen sind. Dies gilt selbstredend erst recht für die mit dem Widerruf einhergehende Konkurseröffnung über den Schuldner («erga omnes»). 11.147

11. RECHTSMITTEL

Gemäss Art. 313 Abs. 2 SchKG sind die Art. 307–309 SchKG sinngemäss anwendbar. Der richterliche Widerrufsentscheid kann mit der Beschwerde nach der ZPO angefochten werden, wobei diese aufschiebende Wirkung hat, sofern die Rechtsmittelinstanz nichts anderes verfügt (Art. 307 Abs. 2 SchKG). Legitimiert zum Weiterzug sind die Parteien des erstinstanzlichen Verfahrens, d.h. vorab der den Widerruf beantragende Gläubiger und der Schuldner. Die Legitimation muss u.E. jedoch auch anderen (antragsberechtigten) Gläubigern zukommen für den Fall, dass sie an der Widerrufsverhandlung teilgenommen und Anträge gestellt haben, die vom richterlichen Widerrufsentscheid abweichen.[218] 11.148

Gegen den Entscheid der Beschwerdeinstanz kann Beschwerde in Zivilsachen vor Bundesgericht erhoben werden (Art. 72 ff. BGG). Eine Streitwertgrenze ist nicht vorgesehen (Art. 74 Abs. 2 lit. d BGG).[219] 11.149

216 KUKO SchKG-Hunkeler, Art. 313 N 3.

217 KUKO SchKG-Hunkeler, Art. 313 N 4; BSK SchKG II-Hardmeier, Art. 313 N 4 m.w.H.

218 KUKO SchKG-Hunkeler, Art. 313 N 8.

219 Vock/Müller, 370; Kren Kostkiewicz, 515.

Tabellarische Zusammenfassung

Zweck	Nachträgliche gerichtliche Aufhebung eines auf unredliche Weise zustandegekommenen Nachlassvertrags
Gesetzliche Grundlage	Art. 313 SchKG
Verfahrensart	Summarisches Verfahren (Art. 251 Abs. 1 lit. a ZPO) mit einer zwingend öffentlich bekannt zu machenden Verhandlung
Zuständigkeit	Nachlassgericht am Nachlassort, das den betreffenden Nachlassvertrag bestätigt hat
Aktivlegitimation	Nachlassgläubiger
Passivlegitimation	Schuldner
Streitwert	Nicht einschlägig
Fristen	Nicht einschlägig, jedoch Verjährung möglich
Kombination	– Antrag um Konkurseröffnung – Insb. vorsorgliche Massnahmen zur Vermögenssicherung
Mögliche Rechtsbegehren	1. Es sei der vom Nachlassgericht am [Datum] bestätigte Nachlassvertrag zwischen dem Gesuchsgegner und dessen Gläubigern zu widerrufen und es sei der Konkurs über den Gesuchsgegner zu eröffnen. 2. Es seien [ev.: ohne Anhörung des Gesuchsgegners sofort] die zur Wahrung der Rechte der Gläubiger erforderlichen Anordnungen zu treffen. *oder* 2. Es sei zur Wahrung der Rechte der Gläubiger [ev.: ohne Anhörung des Gesuchsgegners sofort][der Gegenstand A zu verwahren][das Geschäftslokal B zu schliessen][der Raum C zu versiegeln][eine grundbuchamtliche Verfügungsbeschränkung des Grundstücks D anzuordnen][dem Gesuchsgegner ein Zahlungsverbot aufzuerlegen][usw.]. 3. Unter Kosten- und Entschädigungsfolgen [ev.: zzgl. MWSt] zu Lasten des Gesuchsgegners.
Voraussetzungen	– Unredliche Handlung des Schuldners beim Zustandekommen des Nachlassvertrags – Unredlichkeit adäquat-kausal für Zustandekommen des Nachlassvertrags
Besonderheiten	Auch wenn nur von einem Gläubiger angestrebt, wirkt der Widerruf «erga omnes»
Rechtsmittel	Kantonal: Streitwertunabhängige Beschwerde an das obere Nachlassgericht innert 10 Tagen (Art. 313 Abs. 2 i. V. m. Art. 307 SchKG; vgl. Art. 319 ff. ZPO) Bund: Streitwertunabhängige (Art. 74 Abs. 2 lit. d BGG) Beschwerde in Zivilsachen (Art. 72 ff. BGG) innert 30 Tagen (Art. 100 Abs. 1 BGG)

VI. FORDERUNGSKLAGE BEIM ORDENTLICHEN NACHLASSVERTRAG (ART. 315 SCHKG)

1. ZWECK UND WIRKUNG

Zum Zeitpunkt des richterlichen Bestätigungsentscheids steht noch nicht fest, ob Bestreitungen von angemeldeten Forderungen durch den Schuldner (gem. Art. 300 Abs. 2 SchKG) zu Recht erfolgt sind. Über den materiellen Bestand einer solchen Forderung (oder deren Höhe sowie ggf. das Vorzugsrecht) entscheidet nicht das Nachlassgericht, sondern das Gericht im dafür vorgesehenen Zivil- oder Verwaltungsverfahren. Dabei hat es der Gläubiger nach der Bestätigung des Nachlassvertrags grundsätzlich selber in der Hand, zu welchem Zeitpunkt er seine Forderung geltend machen will. Art. 315 SchKG schreibt dem Nachlassgericht vor, dass es Gläubigern mit bestrittenen Forderungen eine Frist von 20 Tagen zur gerichtlichen Geltendmachung ihrer Forderungen anzusetzen hat, verbunden mit der Androhung des Verlusts einer Sicherstellung ihrer Nachlassdividende.[220] 11.150

Bei der vom Gläubiger anzustrengenden Klage handelt es sich nicht etwa um eine Anerkennungs- bzw. eine Feststellungsklage, sondern um eine Leistungsklage materieller Art.[221] 11.151

Die Vorschrift betrifft nur den ordentlichen Nachlassvertrag. Beim Nachlassvertrag mit Vermögensabtretung wird (in der anschliessenden Nachlassliquidation) das Kollokationsverfahren durchgeführt, und zwar in Bezug auf alle Forderungen, d.h. auch derjenigen, die vom Schuldner in der Nachlassstundung anerkannt wurden (vgl. Art. 321 Abs. 2 i.V.m. Art. 244 ff. SchKG).[222] 11.152

Die Bestimmung von Art. 315 SchKG wurde mit der Revision des Sanierungsrechts nicht verändert, doch wurde sie teilweise ihres Sinngehalts entleert.[223] Denn unter neuem Recht ist die bisherige gesetzliche Pflicht des Schuldners zur Sicherstellung von Nachlassdividenden grundsätzlich entfallen.[224] Vor diesem Hintergrund macht eine Androhung des Verlusts der Sicherstellung der Dividende keinen Sinn mehr, weshalb in diesem Regelfall die richterliche Anordnung der Frist zur Klageeinreichung innert 20 Tagen zur reinen Ordnungsfrist geworden ist, deren Nichtbeachtung für den Nachlassgläubiger einer bestrittenen Forderung grundsätzlich keine negativen Rechtsfolgen zeitigen kann.[225] 11.153

Lediglich soweit die Nachlassgläubiger sichergestellt sind, sei dies aufgrund einer Hinterlegung der Dividenden beim Sachwalter und/oder einer ausdrücklichen Regelung im Nachlassver- 11.154

---

220 KUKO SchKG-Hunkeler, Art. 315 N 1; BSK SchKG II-Guggisberg/Hardmeier, Art. 315 N 5.

221 KUKO SchKG-Hunkeler, Art. 315 N 6 m.w.H.; Vock/Muller, 371.

222 KUKO SchKG-Hunkeler, Art. 315 N 2; vgl. dazu KUKO SchKG-Rothenbühler/Wüthrich, Art. 321 N 1 ff.

223 KUKO SchKG-Hunkeler, Art. 315 N 2.

224 Vgl. Art. 306 SchKG.

225 KUKO SchKG-Hunkeler, Art. 315 N 4.

trag,[226] oder für Gläubiger mit privilegierten (und damit sicherzustellenden)[227] Forderungen ergibt die Bestimmung nach wie vor Sinn.[228] Selbst in diesen Fällen mit einer grundsätzlichen Sicherstellungspflicht befindet gem. Art. 315 Abs. 2 SchKG indessen das Nachlassgericht darüber, ob eine allfällige Dividende bis zur Erledigung des Prozesses bei der Depositenanstalt zu hinterlegen ist. Wird vom Nachlassgericht keine solche Sicherstellung angeordnet, kommt der Einhaltung der Frist ebenfalls keine praktische Bedeutung zu.[229]

11.155 Hält der Gläubiger die Klagefrist gem. Art. 315 Abs. 1 SchKG nicht ein, verliert er somit (lediglich)[230] seinen Sicherstellungsanspruch, soweit er einen solchen hatte. Eine vom Schuldner bereits geleistete Sicherheit wird zu dessen Gunsten wieder frei bzw. der Schuldner hat keine Verpflichtung zur Sicherstellung mehr, falls er die Sicherheit noch nicht geleistet hat.[231]

11.156 Die Gutheissung der fristgerecht eingereichten Klage bewirkt somit nicht nur, dass die geltend gemachte Forderung als (ganz oder teilweise) bestehend anerkannt und der Schuldner demnach auf der Grundlage des Nachlassvertrags zur entsprechenden Zahlung gegenüber dem klagenden Gläubiger verpflichtet wird, sondern insbesondere, dass die Depositenanstalt angewiesen wird, dem Gläubiger den hinterlegten Betrag (ganz oder teilweise) auszubezahlen.

2. VERFAHRENSART

11.157 In Abhängigkeit des Streitwerts der Sache ist das ordentliche oder das vereinfachte Verfahren anwendbar (vgl. Art. 243 ZPO). Ein Schlichtungsversuch entfällt gem. Art. 198 lit. h ZPO.[232] Es besteht keine Beweis- oder Kognitionsbeschränkungen, und es gelten grundsätzlich die Dispositionsmaxime (vgl. Art. 58 ZPO) sowie der Verhandlungsgrundsatz (vgl. Art. 55 ZPO).

3. ZUSTÄNDIGKEIT

11.158 Die Klage ist gemäss der gesetzlichen Regelung innert Frist am Ort des Nachlassverfahrens anzuheben (örtliche Zuständigkeit). Eine abweichende Prorogation ist zu beachten, ebenso wie eine allfällige Schiedsklausel.[233] Der Gerichtsstand ist demnach nicht zwingend, aber ausschliess-

226 Vgl. KUKO SchKG-Hunkeler, Art. 306 N 21.

227 Vgl. Art. 306 Abs. 1 Ziff. 2.

228 KUKO SchKG-Hunkeler, Art. 315 N 5.

229 KUKO SchKG-Hunkeler, Art. 315 N 9, 12 ff. m.w.H.

230 Der Gläubiger kann auch nach Ablauf der 20-tägigen Frist seine Forderung gegen den Schuldner geltend machen und hat Anspruch auf Befriedigung im Umfang, wie der Nachlassvertrag dies vorsieht; KUKO SchKG-Hunkeler, Art. 315 N 11.

231 KUKO SchKG-Hunkeler, Art. 315 N 10.

232 Kren Kostkiewicz, 516; Vock/Müller, 372.

233 BSK SchKG II-Guggisberg/Hardmeier, Art. 315 N 11.

lich.[234] Auch für internationale Verhältnisse sind u.E. die entsprechenden prozessrechtlichen Rechtsgrundlagen (z.B. das IPRG und das LugÜ) zu beachten. Bei einem eurointernationalen Sachverhalt bestimmt sich der Gerichtsstand nach Art. 2 ff. LugÜ. Ausserhalb des Anwendungsbereichs des LugÜ sind in internationalen Verhältnissen die Gerichtsstandsbestimmungen des IPRG anwendbar.[235]

Da Verfahrensgegenstand der materielle Bestand der bestrittenen Forderung ist, entscheidet das Zivil- und nicht das Nachlassgericht. Entstammt die bestrittene Forderung dem öffentlichen Recht, so sind die Verwaltungsbehörden bzw. die erstinstanzlich verfügenden Behörden sowie die entsprechenden Beschwerdeinstanzen zuständig.[236] Im Weiteren wird die sachliche Zuständigkeit durch die Kantone geregelt.[237] 11.159

4. LEGITIMATION

Aktivlegitimiert ist jeder Gläubiger, der eine vom Schuldner im Nachlassverfahren bestrittene Forderung geltend macht und dem (regelmässig) das Nachlassgericht im Bestätigungsentscheid eine Frist zur Klageeinreichung nach Art. 315 Abs. 1 SchKG angesetzt hat.[238] 11.160

Passivlegitimiert ist der Nachlassschuldner.[239] 11.161

5. STREITWERT

Der Streitwert entspricht der Höhe der vom Gläubiger gegenüber dem Schuldner beanspruchten Forderung.[240] Weil der Gläubiger die geltend gemachte Forderung nur auf der Grundlage des Nachlassvertrags und somit namentlich unter Berücksichtigung der allfälligen Dividende verlangen kann, bemisst sich der Streitwert (bzw. das tatsächliche Streitinteresse) u.E. nach dieser. 11.162

234 KREN KOSTKIEWICZ, 516.

235 VOCK/MÜLLER, 372; zum Ganzen KUKO SchKG-HUNKELER, Art. 315 N 7 m.w.H.

236 VOCK/MÜLLER, 373.

237 KREN KOSTKIEWICZ, 516.

238 KREN KOSTKIEWICZ, 516; VOCK/MÜLLER, 372.

239 KREN KOSTKIEWICZ, 516.

240 Vgl. KREN-KOSTKIEWICZ, 516; vgl. VOCK/MÜLLER, 374.

6. FRISTEN

11.163 Das Nachlassgericht ist gem. Art. 315 Abs. 1 SchKG verpflichtet, in seinem Bestätigungsentscheid («bei der Bestätigung des Nachlassvertrags») den Gläubigern mit bestrittenen Forderungen eine Frist von 20 Tagen zur Klageeinreichung anzusetzen mit der Androhung des Verlustes der Sicherstellung der Dividende im Unterlassungsfall.[241]

11.164 Die Fristansetzung durch das Nachlassgericht hat ungeachtet dessen zu erfolgen, ob die betreffenden Gläubiger ihre Forderungen rechtzeitig beim Sachwalter angemeldet haben oder ob sie stimmberechtigt über den Nachlassvertrag waren.[242]

11.165 Die Frist ist eine gesetzliche und beträgt von Bundesrechts wegen 20 Tage. Für den Beginn, die Berechnung und den Lauf der Frist gelten aufgrund des Verweises in Art. 31 Abs. 1 SchKG grundsätzlich die Bestimmungen von Art. 142–146 ZPO.[243] U.E. kommt der Vorbehalt gem. Art. 145 Abs. 4 ZPO nicht zur Anwendung, was die Anwendung von Art. 145 Abs. 1 ZPO erlauben sollte. Bis zur höchstrichterlichen Klärung sollte aber davon ausgegangen werden, dass für die Fristen zur Einreichung von Klagen des Konkurs- und Nachlassrechts, also auch für die Klage gem. Art. 315 SchKG, weder die Betreibungs- noch die Gerichtsferien gelten könnten.[244]

11.166 Eine Verlängerung oder Wiederherstellung der Frist ist nur unter den strengen Voraussetzungen von Art. 33 SchKG möglich. Fristwahrend wirkt die Einreichung einer Klage im ordentlichen Prozess oder im Verwaltungsverfahren nach Massgabe der anwendbaren prozessrechtlichen Bestimmungen; eine Betreibung mit allfällig anschliessendem Rechtsöffnungsverfahren genügt nicht.[245]

11.167 Der Gläubiger kann nach dem Gesagten auch nach Ablauf der 20-tägigen Frist seine Forderung gegen den Schuldner geltend machen und hat Anspruch auf Befriedigung im Umfang, wie der Nachlassvertrag dies vorsieht. Doch muss er in Kauf nehmen, dass selbst wenn seine Forderung zu Recht besteht und dies später gerichtlich festgestellt wird, er mangels Sicherstellung vom Schuldner allenfalls keine Befriedigung mehr erhalten kann.[246]

---

241 Vgl. dazu Rz. 11.150 ff. hiervor.

242 KUKO SchKG-Hunkeler, Art. 315 N 5.

243 Vock/Müller, 374.

244 Vgl. dazu die Ausführungen zur Aussonderungsklage unter Rz. 9.173 ff. hiervor.

245 KUKO SchKG-Hunkeler, Art. 315 N 6.

246 KUKO SchKG-Hunkeler, Art. 315 N 11.

7. KOMBINATIONSMÖGLICHKEITEN

Der klagende Gläubiger ist gut beraten, in seiner Klage nicht nur die Verurteilung des Schuldners zur Zahlung zu beantragen, sondern – soweit eine Hinterlage bei der Depositenanstalt angeordnet wurde bzw. erfolgte (vgl. Art. 315 Abs. 2 SchKG) – auch die Verpflichtung der Depositenanstalt, ihm (unter befreiender Wirkung für den Schuldner) den bei ihr hinterlegten Betrag (ganz oder teilweise) herauszugeben. 11.168

8. MÖGLICHE RECHTSBEGEHREN

1. Der Beklagte sei zu verpflichten, dem Kläger den Betrag von CHF [Betrag] (zzgl. Zins von [Zinssatz] % seit [Datum]) gemäss den Bestimmungen des Nachlassvertrags zu bezahlen. 11.169
2. Die Depositenanstalt sei richterlich anzuweisen, dem Kläger aus den bei ihr im Zusammenhang mit dem gerichtlichen Nachlassverfahren des Beklagten (vom Beklagten, ev.: vom Sachwalter) hinterlegten Beträgen den Betrag gemäss Rechtsbegehren Ziff. 1 (zzgl. Zins von [Zinssatz] % seit [Datum]) auszubezahlen.
3. Unter Kosten- und Entschädigungsfolge [ev.: zzgl. MWSt] zulasten des Beklagten.

9. VORAUSSETZUNGEN

Besondere Voraussetzungen gibt es für die Forderungsklage beim ordentlichen Nachlassverfahren nicht. Es obliegt dem Kläger, seinen vom Schuldner bestrittenen Anspruch gemäss dem anwendbaren formellen und materiellen Recht darzulegen. 11.170

10. BESONDERHEITEN

Die Regelung in Art. 315 SchKG gilt nach dem Gesagten nur für Klagen betreffend bestrittene Forderungen beim ordentlichen Nachlassvertrag; im Nachlassverfahren mit Vermögensabtretung findet das Kollokationsverfahren Anwendung (Art. 321 Abs. 2 i. V. m. Art. 244 ff. SchKG).[247] 11.171

247 KUKO SchKG-Hunkeler, Art. 315 N 2; vgl. dazu Rz. 11.152 hiervor.

11. RECHTSMITTEL

11.172 Soweit es sich um einen (bestrittenen) zivilrechtlichen Anspruch handelt, ist auf kantonaler Ebene in Abhängigkeit des Streitwerts die Berufung oder Beschwerde nach ZPO möglich (vgl. Art. 308 Abs. 2 ZPO).[248] Der kantonale Rechtsmittelentscheid kann in Abhängigkeit des Streitwerts entweder mit Beschwerde in Zivilsachen (Art. 72 Abs. 1 BGG) oder subisidärer Verfassungsbeschwerde (Art. 113 ff. BGG) vor Bundesgericht angefochten werden.

11.173 Soweit es sich um einen (bestrittenen) öffentlich-rechtlichen Anspruch handelt, sind die erstinstanzlich verfügenden Behörden für den Entscheid zuständig und anschliessend ist entsprechend der öffentlich-rechtliche Rechtsmittelweg einzuschlagen.[249] Auf kantonaler Ebene ist je nach verfügender Behörde Bundes- oder kantonales Verwaltungsverfahrensrecht für die Bestimmung des Rechtsmittels massgeblich. An das Bundesgericht kann sodann in Abhängigkeit des Einzelfalls (vgl. insb. die Streitwertgrenzen gem. Art. 85 BGG) die Beschwerde in öffentlich-rechtlichen Angelegenheiten (Art. 82 ff. BGG) oder die subsidiäre Verfassungsbeschwerde (Art. 113 ff. BGG) erhoben werden.

Tabellarische Zusammenfassung

Zweck	Materiell-rechtlicher Entscheid über Bestand und Höhe der im Nachlassverfahren bestrittenen und sichergestellten Forderungen
Gesetzliche Grundlage	Art. 315 SchKG
Verfahrensart	Abhängig vom Streitwert ordentliches Verfahren (Art. 219 ff. ZPO) oder vereinfachtes Verfahren (Art. 243 ff. ZPO)
Zuständigkeit	Gericht am Ort des Nachlassverfahrens (Art. 46 bzw. 49 SchKG)
Aktivlegitimation	Gläubiger, der eine vom Schuldner im Nachlassverfahren bestrittene Forderung geltend macht
Passivlegitimation	Nachlassschuldner
Streitwert	Höhe der vom Gläubiger gegenüber dem Schuldner beanspruchten Forderung
Fristen	20 Tage ab Bestätigung des Nachlassvertrags
Kombination	Antrag auf Verpflichtung der Depositenanstalt, dem Gläubiger den bei ihr hinterlegten Betrag (ganz oder teilweise) herauszugeben

248 Kren Kostkiewicz, 516.
249 Vgl. Vock/Müller, 373.

Mögliche Rechtsbegehren	1. Der Beklagte sei zu verpflichten, dem Kläger den Betrag von CHF [Betrag] (zzgl. Zins von [Zinssatz] % seit [Datum]) gemäss den Bestimmungen des Nachlassvertrags zu bezahlen. 2. Die Depositenanstalt sei richterlich anzuweisen, dem Kläger aus den bei ihr im Zusammenhang mit dem gerichtlichen Nachlassverfahren des Beklagten (vom Beklagten, ev.: vom Sachwalter) hinterlegten Beträgen den Betrag gemäss Rechtsbegehren Ziff. 1 (zzgl. Zins von [Zinssatz] % seit [Datum]) auszubezahlen. 3. Unter Kosten- und Entschädigungsfolge [ev.: zzgl. MWSt] zulasten des Beklagten.
Voraussetzungen	Der Kläger hat seinen vom Schuldner bestrittenen Anspruch gemäss dem anwendbaren formellen und materiellen Recht darzulegen
Besonderheiten	Art. 315 SchKG gilt beim ordentlichen Nachlassvertrag; im Nachlassverfahren mit Vermögensabtretung findet das Kollokationsverfahren Anwendung (Art. 321 Abs. 2 i. V. m. Art. 244 ff. SchKG)
Rechtsmittel	Abhängig vom Rechtsgebiet, in dem die Forderung ihren Grund hat Zivilforderungen: Kantonal: Abhängig vom Streitwert Berufung (Art. 308 ff. ZPO) oder Beschwerde innert 30 Tagen (Art. 319 ff. ZPO) Bund: Abhängig vom Streitwert Beschwerde in Zivilsachen (Art. 72 ff. BGG) oder subsidiäre Verfassungsbeschwerde (Art. 113 ff. BGG) innert 30 Tagen (Art. 100 Abs. 1 BGG) Öffentlich-rechtliche Forderungen: Kantonal: öffentlich-rechtlicher Rechtsmittelweg Bund: Vorbehältlich Art. 85 BGG streitwertunabhängige Beschwerde in öffentlich-rechtlichen Angelegenheiten (Art. 82 ff. BGG) oder subsidiäre Verfassungsbeschwerde (Art. 113 ff. BGG) innert 30 Tagen (Art. 100 Abs. 1 BGG)

VII. GESUCH UM AUFHEBUNG DES ORDENTLICHEN NACHLASSVERTRAGS GEGENÜBER EINEM GLÄUBIGER (ART. 316 SCHKG)

1. ZWECK UND WIRKUNG

Für den Fall, dass der Schuldner seinen Gläubigern gegenüber den Nachlassvertrag nicht erfüllt, ermöglicht das Gesuch um Aufhebung des ordentlichen Nachlasssvertrags den betroffenen Gläubigern beim Nachlassgericht für ihre Forderungen die Aufhebung des Nachlassvertrags zu verlangen, ohne ihre Rechte daraus zu verlieren (Art. 316 Abs. 1 SchKG). Da der Nachlassvertag mit Vermögensabtretung bereits mit Bestätigung und der damit verbundenen Vermögensabtretung 11.174

erfüllt ist, kommt eine Aufhebung i.S.v. Art. 316 SchKG nur bei einem ordentlichen Nachlassvertrag in Frage.[250]

11.175 Bei einer Gutheissung des Antrags wird der Nachlassvertrag gegenüber dem antragstellenden Gläubiger richterlich aufgehoben, allerdings ohne Verlust seiner Rechte aus dem Nachlassvertrag (z.B. auf privilegierte Behandlung oder auf geleistete Sicherheit).[251] Die Aufhebung wirkt nur zwischen dem Nachlassschuldner und dem antragstellenden Gläubiger («inter partes») und nicht – wie bei einem Widerruf gem. Art. 313 SchKG – gegenüber allen Gläubigern. Sie hat zur Folge, dass die Forderung des Gläubigers nicht mehr den Beschränkungen des Nachlassvertrags unterliegt und der Gläubiger seine frühere Rechtsstellung wiedererlangt. Er kann seine Forderung demnach insb. wieder in voller Höhe fordern und in Betreibung setzen. Ohne gerichtlichen Aufhebungsbeschluss leben die ursprünglichen Forderungen demgegenüber nicht wieder auf, auch nicht zufolge dahingehender Vereinbarung im Nachlassvertrag.[252] Betreibungen, die der Gläubiger vor der Nachlassstundung gegen den Schuldner angehoben hat und die gem. Art. 311 SchKG durch die Bestätigung des Nachlassvertrags dahingefallen sind, leben wieder auf und können fortgesetzt werden.[253] Allfällige aus der Erfüllung des Nachlassvertrags bereits erhaltene Leistungen (insb. eine Teilzahlung) darf der Gläubiger trotz erfolgter Aufhebung behalten.[254]

2. VERFAHRENSART

11.176 Der Entscheid des Nachlassgerichts ergeht im summarischen Verfahren (vgl. Art. 251 Abs. 1 lit. a ZPO). Ein Schlichtungsverfahren entfällt deshalb (Art. 198 lit. a ZPO). Es gilt die beschränkte Untersuchungsmaxime, wonach das Gericht den Sachverhalt zwar festzustellen, nicht jedoch zu erforschen hat,[255] wobei grundsätzlich sämtliche Beweismittel zulässig sind (vgl. Art. 254 Abs. 2 lit. c ZPO).

11.177 Der Schuldner muss mündlich oder schriftlich Stellung nehmen können (vgl. Art. 253 ZPO).[256]

250 HUNKELER, 302; AMONN/WALTHER, § 56 Rz. 3; BSK SchKG II-GUGGISBERG/HARDMEIER, Art. 316 N 1.
251 HUNKELER, 301; VOCK/MÜLLER, 381; BSK SchKG II-GUGGISBERG/HARDMEIER, Art. 316 N 15.
252 BGE 79 III 86, E. 2d.
253 KUKO SchKG-HUNKELER, Art. 316 N 5; BSK SchKG II-GUGGISBERG/HARDMEIER, Art. 316 N 16 m.w.H.
254 KUKO SchKG-HUNKELER, Art. 316 N 6.
255 OFK ZPO-LAZOPOULUS/LEIMGRUBER, Art. 255 N 2.
256 BSK SchKG II-GUGGISBERG/HARDMEIER, Art. 316 N 19.

3. ZUSTÄNDIGKEIT

Das Nachlassgericht am Nachlassort ist örtlich zuständig, und bleibt dies auch dann, wenn der Schuldner nach der Bestätigung des Nachlassvertrags seinen Sitz oder Wohnsitz an einen anderen Ort verlegt hat.[257] Der Gerichtsstand ist zwingend, so dass weder eine Prorogation noch eine Einlassung zulässig sind.[258] 11.178

Sachlich zuständig ist das Nachlassgericht, das den betreffenden Nachlassvertrag bestätigt hat.[259] Im Weiteren regeln die Kantone die sachliche Zuständigkeit (Art. 4 ZPO).[260] 11.179

4. LEGITIMATION

Jeder Gläubiger, für den der Nachlassvertrag verbindlich ist und dem gegenüber er nicht erfüllt worden ist, ist aktivlegitimiert. Wurde die Forderung des Gläubigers im Nachlassverfahren vom Schuldner bestritten, so kann der Gläubiger die Aufhebung nur verlangen, wenn die Bestreitung zurückgezogen oder gerichtlich beseitigt wurde (vgl. auch Art. 315 SchKG). Die Aufhebung des Nachlassvertrags ist nur auf Antrag des betroffenen Gläubigers anzuordnen, nicht jedoch von Amtes wegen.[261] 11.180

Der Nachlassschuldner ist passivlegitimiert.[262] 11.181

5. STREITWERT

Der Streitwert richtet sich nach der Höhe der Forderung des Gläubigers, gegenüber welchem der Nachlassvertrag nicht erfüllt wurde (Art. 91 ZPO).[263] Der Streitwert ist indessen weder für die Bestimmung des anwendbaren Verfahrens (vgl. Art. 251 lit. a ZPO) noch für die Höhe der Gebühr für den Entscheid des Nachlassgerichts (vgl. Art. 54 GebV SchKG) von Relevanz. Auch im Zusammenhang mit der Frage nach den zulässigen Rechtsmitteln kommt dem Streitwert keine Bedeutung zu (Art. 319 lit. a i.V.m. Art. 309 lit. b Ziff. 7 ZPO; Art. 74 Abs. 2 lit. d BGG). 11.182

---

257 BSK SchKG II-Guggisberg/Hardmeier, Art. 316 N 8.

258 Vock/Müller, 379; Kren Kostkiewicz, 517.

259 Amonn/Walther, § 56 Rz. 2.

260 Vock/Müller, 379; vgl. Kren Kostkiewicz, 517.

261 Vock/Müller, 378 m.w.H.; BSK SchKG II-Guggisberg/Hardmeier, Art. 316 N 17.

262 Kren Kostkiewicz, 517; Vock/Müller, 378; BSK SchKG II-Guggisberg/Hardmeier, Art. 316 N 7.

263 Vock/Müller, 379; Kren Kostkiewicz, 517.

6. FRISTEN

11.183 Das Gesetz sieht keine Frist für das Gesuch um Aufhebung des ordentlichen Nachlassvertrags vor.[264] Indessen ist der Antrag auf Aufhebung des Nachlassvertrags abzuweisen, sofern die Forderung des betreffenden Gläubigers inzwischen verjährt ist und der Schuldner die Verjährungseinrede erhebt.[265]

7. KOMBINATIONSMÖGLICHKEITEN

11.184 Es sind keine naheliegenden Kombinationsmöglichkeiten ersichtlich.

8. MÖGLICHE RECHTSBEGEHREN

11.185 Es sei der vom Nachlassgericht am [Datum] bestätigte Nachlassvertrag für die Forderung des Gesuchstellers in Höhe von CHF [Betrag] gegen den Gesuchgegner aufzuheben, unter Kosten und Entschädigungsfolgen [ev.: zzgl. MWSt] zulasten des Gesuchgegners.

9. VORAUSSETZUNGEN

11.186 Ein ordentlicher Nachlassvertrag wird unter der Voraussetzung aufgehoben, dass der Schuldner ihn nicht erfüllt (Art. 316 Abs. 1 SchKG). Nichterfüllung des Nachlassvertrags bedeutet, dass Gläubiger nicht diejenigen Leistungen zu demjenigen Zeitpunkt erhalten, wie dies gemäss Nachlassvertrag vorgesehen ist. Beispielsweise erhält ein Gläubiger eine Nachlassdividende oder eine darauf entfallende Ratenzahlung nicht (oder nicht rechtzeitig), oder ein privilegierter Gläubiger wird nicht (voll) befriedigt.[266]

11.187 Erforderlich ist ein Antrag des betroffenen Gläubigers beim Nachlassgericht auf Aufhebung des Nachlassvertrags, verbunden mit dem Nachweis, dass der Nachlassvertrag ihm gegenüber nicht erfüllt wurde. Letzterer Nachweis setzt voraus, dass der Gläubiger den Schuldner wenigstens einmal gemahnt hat, nachdem er seine Leistung nicht erhalten hat, zumal nachlassvertragliche Termine Fälligkeitstermine und nicht Verfalltage sind (Art. 102 OR).[267] Hat der Gläubiger den

264 Kren Kostkiewicz, 517; Vock/Müller, 380.

265 BSK SchKG II-Guggisberg/Hardmeier, Art. 316 N 9; Vock/Müller, 380.

266 KUKO SchKG-Hunkeler, Art. 316 N 3; vgl. BSK SchKG II-Guggisberg/Hardmeier, Art. 316 N 10 ff.; Hunkeler, 301.

267 BGE 110 III 40, E. 2; BSK SchKG II-Guggisberg/Hardmeier, Art. 316 N 13 m.w.H. (auch auf abweichende Meinungen).

Schuldner gemahnt und wurde er gleichwohl nicht befriedigt, ist sein Antrag auch dann gutzuheissen, wenn er nach Antragstellung befriedigt wurde.[268]

10. BESONDERHEITEN

Die richterliche Aufhebung des Nachlassvertrags ist dem Betreibungs- und Grundbuchamt nicht mitzuteilen und auch nicht öffentlich bekannt zu machen.[269] Da die Aufhebung nur zwischen dem antragstellenden Gläubiger und dem Schuldner wirkt, wird sie im Gegensatz zum Widerruf gem. Art. 313 SchKG weder publiziert, noch ergibt sich aus ihr grds. einen materiellen Konkursgrund. Vorbehalten bleibt immerhin die Konkurseröffnung über einen Schuldner infolge dessen Zahlungseinstellung, wenn die Voraussetzungen des Art. 190 Abs. 1 Ziff. 2 SchKG erfüllt sind.[270] 11.188

Die vorbehaltlose Annahme einer verspätet geleisteten Nachlassdividende durch den Gläubiger ist nach Treu und Glauben als Verzicht auf die Geltendmachung des Aufhebungsanspruchs auszulegen.[271] 11.189

11. RECHTSMITTEL

Gleich wie beim Widerruf (Art. 313 Abs. 2 i.V.m. Art. 307 SchKG) findet gem. Art. 316 Abs. 2 SchKG die Vorschrift über die Weiterziehung gem. Art. 307 SchKG sinngemässe Anwendung, d.h. der Entscheid kann von den am Verfahren beteiligten Parteien (Schuldner und antragstellender Gläubiger) mit Beschwerde nach der ZPO weitergezogen werden. Dabei kommt der Beschwerde aufschiebende Wirkung zu, sofern die Rechtsmittelinstanz nichts anderes verfügt (Art. 307 Abs. 2 SchKG).[272] 11.190

Gegen den mit Beschwerde erwirkten Rechtsmittelentscheid kann die Beschwerde in Zivilsachen vor Bundesgericht erhoben werden. Ein Mindeststreitwert ist nicht vorausgesetzt (Art. 74 Abs. 2 lit. d BGG).[273] 11.191

Tabellarische Zusammenfassung

Zweck	Aufhebung des ordentlichen Nachlassvertrags gegenüber einem Gläubiger
Gesetzliche Grundlage	Art. 316 SchKG

268 KUKO SchKG-Hunkeler, Art. 316 N 4 m.w.H.

269 BSK SchKG II-Guggisberg/Hardmeier, Art. 316 N 20 f., Amonn/Walther, § 56 Rz. 5.

270 KUKO SchKG-Hunkeler, Art. 316 N 7; BSK SchKG II-Guggisberg/Hardmeier, Art. 316 N 22.

271 Vock/Müller, 377; BSK SchKG II-Guggisberg/Hardmeier, Art. 316 N 11 m.w.H.

272 KUKO SchKG-Hunkeler, Art. 316 N 8.

273 Vock/Müller, 382; Kren Kostkiewicz, 517.

Verfahrensart	Summarisches Verfahren (Art. 251 Abs. 1 lit. a ZPO) mit beschränkter Untersuchungsmaxime
Zuständigkeit	Gericht am Nachlassort (zwingend) (Art. 46 bzw. 49 SchKG)
Aktivlegitimation	Gläubiger, für den der Nachlassvertrag verbindlich ist und gegenüber welchem er nicht erfüllt worden ist
Passivlegitimation	Nachlassschuldner
Streitwert	Nicht einschlägig
Fristen	Nicht einschlägig, jedoch Verjährung möglich
Kombination	Nicht einschlägig
Mögliche Rechtsbegehren	Es sei der vom Nachlassgericht am [Datum] bestätigte Nachlassvertrag für die Forderung des Gesuchstellers in Höhe von CHF [Betrag] gegen den Gesuchgegner aufzuheben, unter Kosten und Entschädigungsfolgen [ev.: zzgl. MWSt] zulasten des Gesuchgegners.
Voraussetzungen	– Nichterfüllung des Nachlassvertrags durch den Schuldner – Antrag
Besonderheiten	– Nur Wirkung zwischen dem antragsstellenden Gläubiger und dem Schuldner – Aufhebung des Nachlassvertrags gegenüber einem Gläubiger ist dem Betreibungs- und Grundbuchamt nicht mitzuteilen und auch nicht öffentlich bekannt zu machen – Die vorbehaltlose Annahme einer verspätet geleisteten Nachlassdividende durch den Gläubiger ist nach Treu und Glauben als Verzicht auf die Geltendmachung des Aufhebungsanspruchs auszulegen
Rechtsmittel	Kantonal: Streitwertunabhängige Beschwerde an das obere Nachlassgericht innert 10 Tagen (Art. 316 Abs. 2 i. V. m. Art. 307 SchKG; vgl. Art. 319 ff. ZPO) Bund: Streitwertunabhängige (Art. 74 Abs. 2 lit. d. BGG) Beschwerde in Zivilsachen (Art. 72 ff. BGG) innert 30 Tagen (Art. 100 Abs. 2 BGG)

VIII. GESUCH UM STUNDUNG ZUR EINVERNEHMLICHEN PRIVATEN SCHULDENBEREINIGUNG INKL. WEITERZIEHUNG (ART. 333 FF. SCHKG)

1. ZWECK UND WIRKUNG

11.192 Die einvernehmliche private Schuldenbereinigung bezweckt, den zahlungswilligen Schuldner zu unterstützen bzw. seine finanziellen Verhältnisse zu ordnen, ohne dass eine Insolvenzerklärung gem. Art. 191 SchKG abgegeben werden muss. Meistens geht es um kleinere Fälle, teilweise auch

Sozialfälle[274], und stets um Schuldner, die nicht der Konkursbetreibung unterliegen (vgl. Art. 333 Abs. 1 i.V.m. Art. 39 SchKG).

Wird ein Gesuch um Stundung zur einvernehmlichen privaten Schuldenbereinigung gutgeheissen, gewährt das Nachlassgericht dem Schuldner eine Stundung von höchstens drei Monaten (Art. 334 Abs. 1 SchKG). Auf Antrag des Sachwalters kann die Stundung auf höchstens sechs Monate verlängert werden. Sie kann vorzeitig widerrufen werden, wenn eine einvernehmliche Schuldenbereinigung offensichtlich nicht herbeigeführt werden kann (Art. 334 Abs. 2 SchKG). Während der Stundung kann der Schuldner nur für periodische familienrechtliche Unterhalts- und Unterstützungsbeiträge betrieben werden (Art. 334 Abs. 3 SchKG). 11.193

Eine Beschränkung der Verfügungsbefugnis des Schuldners bewirkt die Stundung – im Gegensatz zur Nachlassstundung (vgl. Art. 298 SchKG) – indes nicht.[275] Dem Schuldner wird aber ein Sachwalter zur Seite gestellt (Art. 334 Abs. 1 SchKG), der ihn beim Erstellen eines Schuldenbereinigungsvorschlags unterstützt, Verhandlungen mit Gläubigern führt und auf Geheiss des Nachlassgerichts hin den Schuldner bei der Erfüllung einer abgeschlossenen Vereinbarung überwacht (Art. 335 SchKG).[276] 11.194

2. VERFAHRENSART

Da das Nachlassgericht entscheidet und es sich um eine Angelegenheit der freiwilligen Gerichtsbarkeit[277] handelt, gilt das summarische Verfahren (vgl. Art. 248 lit. e resp. Art. 251 Abs. 1 lit. a i.V.m. Art. 252 ff. ZPO). Ein Schlichtungsverfahren entfällt (Art. 198 lit. a ZPO).[278] Es gilt die beschränkte Untersuchungsmaxime, wonach das Gericht den Sachverhalt zwar festzustellen, nicht jedoch zu erforschen hat,[279] wobei grundsätzlich sämtliche Beweismittel zulässig sind (vgl. Art. 254 Abs. 2 lit. c ZPO). 11.195

3. ZUSTÄNDIGKEIT

Das Gericht am Betreibungsort des Schuldners ist örtlich zwingend zuständig.[280] 11.196

274 Vock/Müller, 392.

275 Amonn/Walther, § 57 Rz. 7; KUKO SchKG-Roncoroni, Art. 335 N 2.

276 Zum Ganzen KUKO SchKG-Roncoroni, Art. 335 N 1 f.

277 BSK SchKG II-Brunner/Boller, Art. 333 N 17.

278 Kren Kostkiewicz, 520.

279 OFK ZPO-Lazopoulus/Leimgruber, Art. 255 N 2.

280 Vock/Müller, 395; Kren Kostkiewicz, 520.

11.197 Sachlich zuständig ist das Nachlassgericht, wobei die Kantone die sachliche Zuständigkeit im Weiteren selbst regeln (Art. 4 ZPO).[281]

4. LEGITIMATION

11.198 Aktivlegitimiert ist ein Schuldner, der nicht der Konkursbetreibung (vgl. Art. 39 SchKG) unterliegt. Überdies muss es sich gemäss der h.L. beim Schuldner um eine natürliche Person handeln; juristische Personen wie etwa Vereine und Stiftungen sind nicht aktivlegitimiert.[282] Die Einleitung einer einvernehmlichen privaten Schuldenbereinigung soll nie von Amtes wegen erfolgen.[283]

11.199 Passivlegitimierte gibt es – wie stets bei der freiwilligen Gerichtsbarkeit[284] – keine.[285]

5. STREITWERT

11.200 Beim Gesuch um eine einvernehmliche private Schuldenbereinigung ist das gesamte Vermögen des Schuldners betroffen, weshalb die Berechnung des Streitwerts heikel und fast unmöglich ist.[286] Der Streitwert ist indessen weder für die Bestimmung des anwendbaren Verfahrens (vgl. Art. 248 lit. e resp. Art. 251 lit. a ZPO) noch für die Höhe der Gebühr für den Entscheid des Nachlassgerichts (vgl. Art. 56 GebV SchKG) von Relevanz. Auch im Zusammenhang mit der Frage nach den zulässigen Rechtsmitteln kommt dem Streitwert keine Bedeutung zu (Art. 319 lit. a i.V.m. Art. 309 lit. b Ziff. 7 ZPO; Art. 74 Abs. 2 lit. d BGG).

6. FRISTEN

11.201 Das Gesetz sieht keine Frist für das Gesuch um Stundung zur einvernehmlichen privaten Schuldenbereinigung vor.[287] In zeitlicher Hinsicht ist aber zu bemerken, dass ein Gesuch (erfolgreich) spätestens bis zu demjenigen Zeitpunkt zu stellen ist, in welchem nicht schon von vornherein eine Schuldenbereinigung mit den Gläubigern als ausgeschlossen erscheint (vgl. Art. 334 Abs. 1 SchKG). Umgekehrt muss der Schuldner effektiv einer Schuldenbereinigung bedürfen, d.h. es

281 Vock/Müller, 395; Kren Kostkiewicz, 520.

282 KUKO SchKG-Roncoroni, Art. 333 N 1; Vock/Müller, 395; BSK SchKG II-Brunner/Boller, Art. 333 N 7; a.M. Jaeger/Walder/Kull/Kottmann, Art. 333 SchKG N 3.

283 KUKO SchKG-Roncoroni, Art. 333 N 2; Vock/Müller, 395; vgl. dazu allerdings Rz. 11.202 hiernach.

284 Vgl. Staehelin/Staehelin/Grolimund, § 8 Rz. 2.

285 Kren Kostkiewicz, 520.

286 Vock/Müller, 397; Kren Kostkiewicz, 520.

287 Vock/Müller, 397; Kren Kostkiewicz, 520.

muss absehbar sein, dass er ohne eine solche über kurz oder lang in ernsthafte (weitere) finanzielle Schwierigkeiten bzw. gar in eine Insolvenz (Auspfändung oder ggf. Konkurs) geraten wird.[288]

7. KOMBINATIONSMÖGLICHKEITEN

Eine Konkurseröffnung auf eigenes Begehren hin (sog. Insolvenzerklärung) wird dem Schuldner gem. Art. 191 SchKG nur bewilligt, «wenn keine Aussicht auf eine Schuldenbereinigung nach den Art. 333 ff. [SchKG] besteht». Es wird kaum je vorkommen, dass ein Schuldner im Hauptantrag die Konkurseröffnung und im Eventualantrag eine Überweisung der Akten an das Nachlassgericht beantragt. Immerhin kann wohl das Konkursgericht auf einen gestellten Konkursantrag hin (zumindest) im Einverständnis mit dem Schuldner die Akten dem Nachlassgericht zwecks allfälliger Bewilligung einer Stundung und Einsetzung eines Sachwalters überweisen.[289] 11.202

8. MÖGLICHE RECHTSBEGEHREN

1. Es sei dem Gesuchsteller eine Stundung für einstweilen drei Monate zu gewähren. 11.203
2. Es sei [Name oder Firma] als Sachwalter zu ernennen.

9. VORAUSSETZUNGEN

Im Gesuch um Stundung zur einvernehmlichen privaten Schuldenbereinigung hat der Schuldner seine Schulden sowie seine Einkommens- und Vermögensverhältnisse darzulegen (Art. 333 Abs. 2 SchKG). Dabei listet er alle bekannten Gläubiger auf, erstellt ein Sanierungsbudget, das über den Wortlaut der Bestimmung hinaus neben den Einkommensverhältnissen auch die Ausgabenseite erfasst und erklärt sich über seine Vermögensverhältnisse.[290] 11.204

Nebst dem Vorliegen eines besonders zu begründenden (vgl. Art. 333 Abs. 2 SchKG) Gesuchs des Schuldners ist kumulativ erforderlich, dass eine Schuldenbereinigung mit den Gläubigern nicht von vornherein als ausgeschlossen erscheint und die Kosten des Verfahrens sichergestellt sind (Art. 334 Abs. 1 SchKG). 11.205

Ausgeschlossen ist eine Schuldenbereinigung, wenn das Verfahren nicht geeignet erscheint, den Gesuchsteller aus seiner Überschuldungssituation zu führen,[291] entweder weil dessen Überschuldungssituation hoffnungslos ist und / oder weil dessen wirtschaftliche Leistungsfähigkeit ungenü- 11.206

288 Vgl. dazu im Zusammenhang mit dem Gesuch um Nachlassstundung Rz. 11.45 hiervor.
289 KUKO SchKG-Roncoroni, Art. 191 N 12.
290 Zum Ganzen KUKO SchKG-Roncoroni, Art. 333 N 3 ff.
291 KUKO SchKG-Roncoroni, Art. 334 N 1.

gend und keine Sparquote möglich ist.[292] Demgegenüber genügt es, wenn das Verhältnis zwischen Fremd- und Eigenmitteln vernünftige Vertragsverhandlungen über eine teilweise Befriedigung der Gläubiger aus noch vorhandenen Eigenmitteln nahelegen.[293] Massgeblich ist, ob und inwieweit der Schuldner unter Berücksichtigung eines erweiterten Existenzminimums über ein genügendes Einkommen verfügt, um allen Gläubigern aufgrund seiner freien Mittel eine Regelung anzubieten, die ihm ermöglicht, seine Verpflichtungen innerhalb nützlicher Frist (zumindest teilweise) zu tilgen.[294] Zu berücksichtigen ist schliesslich auch eine allfällige Unterstützung des Schuldners aus dem Vermögen eines Dritten zu Gunsten der Gläubiger.

11.207 Damit die Kosten des Verfahrens als sichergestellt gelten, muss der Schuldner über noch genügende Liquidität verfügen, um das Verfahren vor dem Nachlassgericht sowie die Kosten des Sachwalters tragen zu können.[295] Insoweit muss der Schuldner noch zahlungsfähig sein oder aber die Liquidität ist durch Beiträge von Dritten zu gewährleisten.[296]

10. BESONDERHEITEN

11.208 Die Besonderheit der einvernehmlichen privaten Schuldenbereinigung liegt darin, dass eine Schuldenreduktion oder ggf. eine Stundung der Forderungen nur insoweit möglich ist, als jeder betroffene Gläubiger zustimmt («einvernehmliche» private Schuldenbereinigung) – ein Zwang von nicht zustimmenden Gläubigern beim Vorliegen bestimmter Mehrheitsverhältnisse bzw. aufgrund eines richterlichen Bestätigungsentscheids[297] wie im Nachlassverfahren (vgl. Art. 305 f. SchKG) ist nicht möglich.

11.209 Folgt auf die Stundung zur einvernehmlichen privaten Schuldenbereinigung ein Nachlassverfahren, inbs. weil auf diese Weise renitente Gläubiger zum Mitmachen bei der Sanierung gezwungen werden sollen, wird die Dauer der Stundung nach Art. 333 ff. SchKG auf die Dauer der Nachlassstundung angerechnet (Art. 336 SchKG).

11.210 Der Stundungsentscheid ist nicht zu publizieren, wird aber den Gläubigern direkt mitgeteilt (Art. 334 Abs. 4 SchKG).[298]Auch dem Betreibungsamt eröffnet das Nachlassgericht die Stundung.[299]

---

292 Vgl. Vock/Müller, 393 m.w.H.

293 Vock/Müller, 393.

294 Vgl. zum Ganzen BSK SchKG II-Brunner/Boller, Art. 333 N 10 m.w.H.

295 BSK SchKG II-Brunner/Boller, Art. 333 N 18.

296 Vock/Müller, 393.

297 Eine richterliche Genehmigung eines allfälligen Vertrags zwecks Schuldenbereinigung ist nicht erforderlich (vgl. BSK SchKG II-Brunner/Boller, Art. 334 N 16 m.w.H.).

298 BSK SchKG II-Brunner/Boller, Art. 333 N 17 m.w.H.

299 KUKO SchKG-Roncoroni, Art. 334 N 12.

11. RECHTSMITTEL

Vor der Revision des Sanierungsrechts legte der Verweis in Art. 334 Abs. 4 SchKG ein Rechtsmittel fest. Auch wenn der Gesetzgeber mit dem erwähnten Gesetzesverweis (irrtümlich) nicht mehr auf die Rechtsmittelregelung des Nachlassvertragsrechts verweist, ist vorliegend Art. 295c SchKG über das Rechtsmittel im Nachlassverfahren analog anzuwenden, zumal der Gesetzgeber unter neuem Sanierungsrecht den Rechtsschutz nicht einschränken wollte.[300] 11.211

Demnach kann jedenfalls der Schuldner den Entscheid über die Nichtgewährung, die Nichtverlängerung oder den Widerruf der Stundung und über die Einsetzung des Sachwalters mit der Beschwerde nach der ZPO (Art. 319 ff. ZPO) anfechten. 11.212

Gegebenenfalls sollen auch Gläubiger anfechtungslegitimiert sein, wobei dies in der Lehre aufgrund deren fehlenden Parteistellung im erstinstanzlichen Verfahren nicht unumstritten ist.[301] 11.213

Dem Sachwalter geht ebenfalls die Parteistellung ab, weswegen er nur berechtigt ist, die Festsetzung seines Honorars anzufechten.[302] 11.214

Gegen den Entscheid des oberen Nachlassgerichts kann vor Bundesgericht Beschwerde in Zivilsachen erhoben werden. Ein Mindeststreitwert ist nicht vorausgesetzt (Art. 74 Abs. 2 lit. d BGG).[303] 11.215

Tabellarische Zusammenfassung

Zweck	Unterstützung des zahlungswilligen Schuldners bzw. Ordnung von dessen finanziellen Verhältnissen
Gesetzliche Grundlage	Art. 333 ff. SchKG
Verfahrensart	Summarisches Verfahren (Art. 248 lit. e resp. Art. 251 Abs. 1 lit. a i.V.m. Art. 252 ff. ZPO, freiwillige Gerichtsbarkeit) mit beschränkter Untersuchungsmaxime
Zuständigkeit	Nachlassgericht am Betreibungsort des Schuldners (ausschliesslich und zwingend) (Art. 46 SchKG)
Aktivlegitimation	Schuldner (natürliche Person), welcher nicht der Konkursbetreibung unterliegt
Passivlegitimation	Nicht einschlägig
Streitwert	Nicht einschlägig
Fristen	Nicht einschlägig

300 KUKO SchKG-Roncoroni, Art. 334 N 13; KUKO SchKG-Hunkeler, Vor Art. 293–336 N 60.

301 Vgl. dazu KUKO SchKG-Roncoroni, Art. 334 N 13 f.; Vock/Müller, 399; BSK SchKG II-Brunner/Boller, Art. 334 N 10.

302 Vgl. BSK SchKG II-Brunner/Boller, Art. 334 N 15 m.w.H.; vgl. Vock/Müller, 399 f.

303 Vock/Müller, 400; Kren Kostkiewicz, 520.

Kombination	Nicht einschlägig
Mögliche Rechtsbegehren	1. Es sei dem Gesuchsteller eine Stundung für einstweilen drei Monate zu gewähren. 2. Es sei [Name oder Firma] als Sachwalter zu ernennen.
Voraussetzungen	- Gesuch gem. Art. 333 Abs. 2 SchKG - Schuldenbereinigung mit den Gläubigern erscheint nicht von vornherein als ausgeschlossen (Art. 334 Abs. 1 SchKG) - Sicherstellung der Verfahrenskosten (Art. 334 Abs. 1 SchKG)
Besonderheiten	- Zustimmungserfordernis jedes betroffenen Gläubigers («einvernehmlich») - Art. 336 SchKG - Keine Publikation des Stundungsentscheids, jedoch Mitteilung an Gläubiger und Betreibungsamt
Rechtsmittel	Kantonal: Streitwertunabhängige Beschwerde an das obere Nachlassgericht innert 10 Tagen (Art. 295c SchKG analog; vgl. Art. 319 ff. ZPO) Bund: Streitwertunabhängige (Art. 74 Abs. 2 lit. d BGG) Beschwerde in Zivilsachen (Art. 72 ff. BGG) innert 30 Tagen (Art. 100 Abs. 2 BGG)

SACHREGISTER

A

B

D

E

F

G

L

M

N

O

P

R

S

T

U

Z